D1674140

Buch-Updates
Registrieren Sie dieses Buch auf unserer Verlagswebsite. Sie erhalten dann Buch-Updates und weitere, exklusive Informationen zum Thema.

Galileo BUCH UPDATE

Und so geht's

> Einfach **www.galileodesign.de** aufrufen

<<< Auf das Logo **Buch-Updates** klicken

> Unten genannten **Zugangscode** eingeben

Ihr persönlicher Zugang zu den Buch-Updates 101124220596

Philippe Fontaine

Adobe After Effects 7

Das Praxisbuch zum Lernen und Nachschlagen

Galileo Design

Liebe Leser,

ein mächtiges Programm für Motiondesign, Compositing und Animation bietet Adobe in seiner Production Suite mit After Effects 7. Auch wenn in der neuen Version die Arbeitsorganisation durch eine aufgeräumtere Oberfläche sehr stark vereinfacht wurde: After Effects ist ein ungeheuer umfangreiches Programm, das man sich kaum selbst aneignen kann.

Aber das ist ja auch nicht nötig, denn Philippe Fontaine hat für Sie ein Buch geschrieben, das es in sich hat: Es führt Sie gekonnt in die Arbeit mit After Effects ein und verhilft Ihnen anhand zahlreicher Workshops zu erster Praxiserfahrung. Das Buch begleitet Sie von Ihrem ersten Projekt über die wichtigen Keyframes, mit denen Sie Ihre Animationen erstellen, bis hin zu fortgeschrittenen Techniken wie Maskierung, Motion Tracking, dem Programmieren mit Expressions und natürlich den Effekten! Der immer bedeutenderen Integration mit anderer Software wie Photoshop, Illustrator, Premiere Pro, Encore DVD, aber auch Cinema 4D widmet es sich natürlich ausführlich.

Kennen Sie sich mit After Effects schon aus, nutzen Sie das Buch am besten als Nachschlagewerk: Der ausführliche Index leitet Sie sicher zur richtigen Erklärung. Und auf der beiliegenden Referenzkarte finden Sie die wichtigen Tastenkürzel versammelt. Stellen Sie die Referenzkarte einfach neben Ihren Rechner, und Sie haben die Abkürzung Ihres Arbeitswegs immer im Blick.

Jede Workshopdatei des Buchs finden Sie auf der beiliegenden DVD, so dass Sie die Übungen Schritt für Schritt nacharbeiten können. Außerdem bietet die DVD attraktive Video-Lektionen zu den Themen After Effects 7, Premiere Pro 2, Encore DVD 2 und auch zu Photoshop CS2. Diese haben wir unseren Video-Trainings entnommen und speziell für Sie zu einem eigenen Trainings zusammengestellt.

So bleibt mir nur zu hoffen, dass sich unser Buch zu Ihrem ständigen Begleiter entwickelt und Sie mit After Effects bald die schönsten Animationen zaubern. Viel Spaß dabei!

Ruth Wasserscheid
Lektorat Galileo Design

Ruth.Wasserscheid@galileo-press.de
www.galileodesign.de
Galileo Press • Rheinwerkallee 4 • 53227 Bonn

TEIL VI Titel und Texte

TEIL VII Masken und Effekte

Schritt-für-Schritt-Anleitungen

Grundlagen

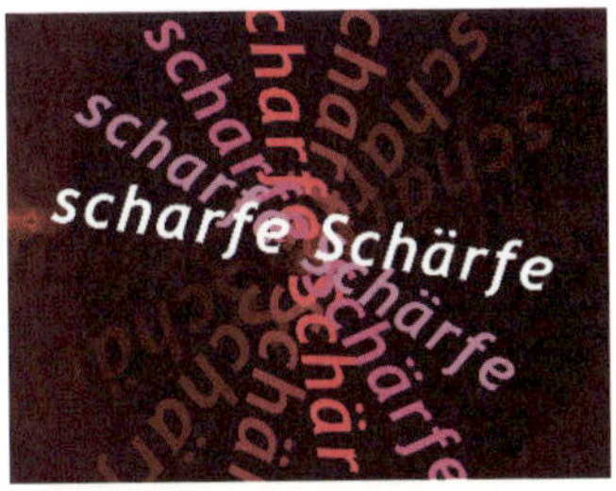

Keyframes

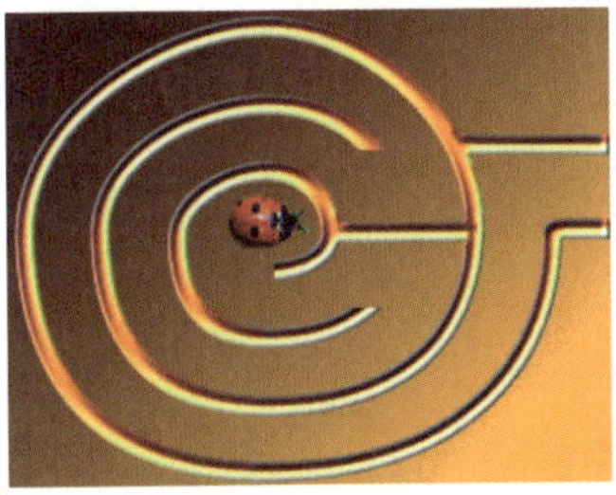

Rendern

Text animieren

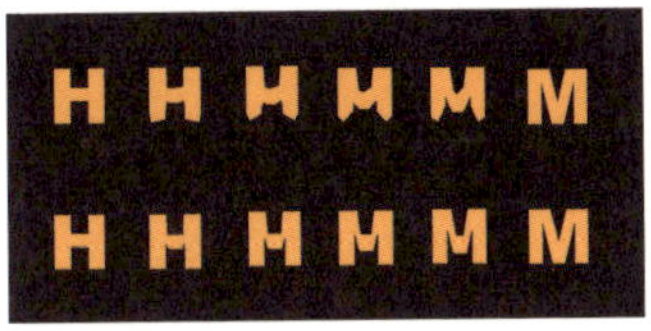

Masken

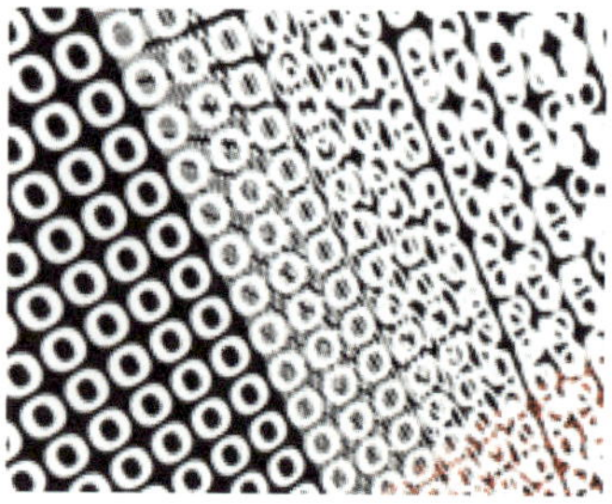

Effekte

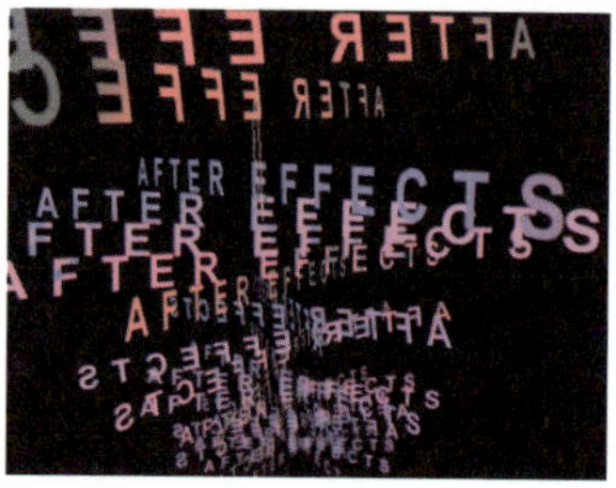

Farbkorrektur

3D

Malen und Retuschieren

Motion-Tracker

Expressions

Workflow

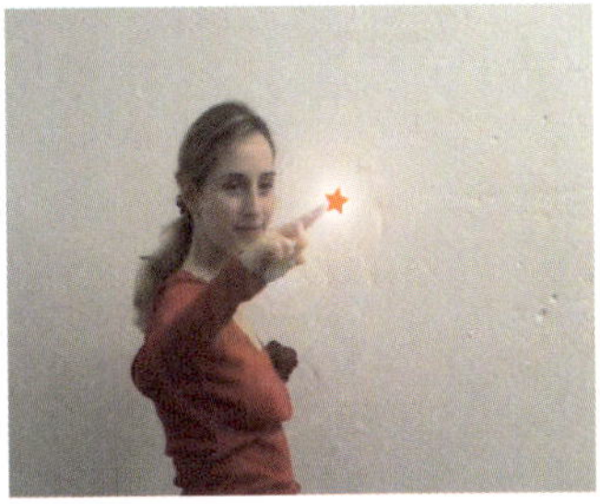

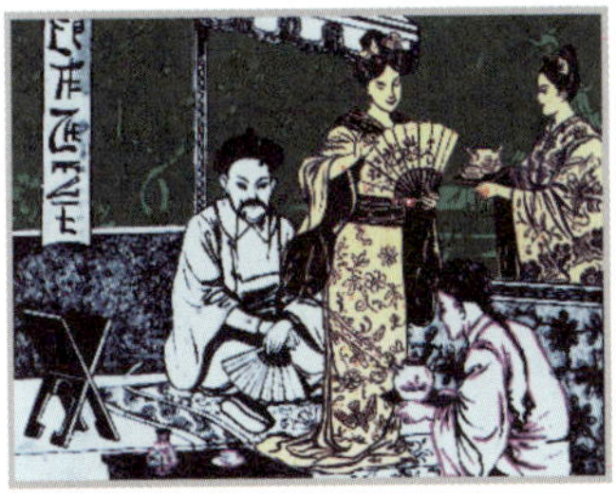

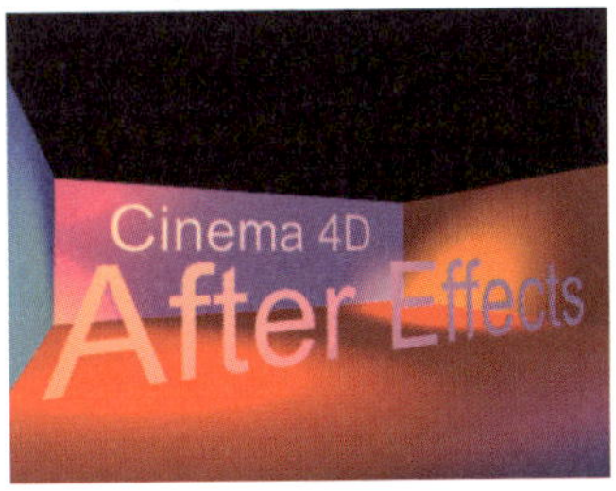

Video-Lektionen auf der DVD

Kapitel 1: Die Neuheiten von After Effects 7

1. Die Arbeitsoberfläche (7:13)
2. Der Diagrammeditor (5:18)
3. Rendertest (1:59)
4. Animationsvorgaben (3:08)
5. Der 32-Bit-Farbraum (1:01)
6. Ein Animationsbeispiel (0:46)

Die Video-Lektionen wurden dem Video-Training »Adobe After Effects 7 – Professionelle Workshops« von slashCAM entnommen, ISBN 3-89842-766-8.

Kapitel 2: Premiere Pro 2

1. Einleitung
2. Ein neues Projekt anlegen (06:57)
3. Assets und Verknüpfungen (08:57)
4. Die Arbeitsoberfläche (11:22)
5. Schnittfenster I (09:31)
6. Schnittfenster II (10:52)
7. Schnitte in der Timeline (07:18)
8. Clips trimmen (05:26)
9. Beleuchtung korrigieren (07:08)
10. Clips schärfen (03:57)

Kapitel 3: Encore DVD2

1. Einleitung
2. DVD-Menü in Photoshop erzeugen (09:08)
3. Ein DVD-Projekt vorbereiten (08:16)
4. Eine DVD strukturieren und ausgeben (08:15)

Die Video-Lektionen von Kapitel 2 und 3 wurden dem Video-Training »Adobe Premiere Pro 2« von Robert Klaßen entnommen, ISBN 3-89842-799-4.

Kapitel 4: Photoshop CS2 Grundlagen

1. Einleitung
2. Schnelleinstieg: Ein erstes Projekt (14:02)
3. Grundlegender Aufbau der Arbeitsoberfläche (04:20)
4. Pixel und Vektoren (15:08)
5. Dateien anlegen und speichern (10:33)

6. Bilder vergrößern und verkleinern (15:04)
7. Das Prinzip der Ebenen (02:02)
8. Bilder für den Ausdruck vorbereiten (02:06)

Die Video-Lektionen wurden dem Video-Training »Adobe Photoshop CS2« von Marc Weber entnommen, ISBN 3-89842-710-2.

Vorwort

Dieses Buch ist für all diejenigen geschrieben worden, die so viel wie möglich über After Effects und seine Möglichkeiten wissen wollen. Das Gewicht von vielen Seiten und langjähriger Erfahrung mit After Effects liegt nun in Ihren Händen. Sie müssen nur noch alles lesen, am besten von der ersten bis zur letzten Seite. Vielleicht mögen Sie es aber nicht, unendlich dicke Computerbücher jeden Abend mit ins Bett zu nehmen, um bei Ihrer ohnehin schon arg knappen Freizeit überhaupt durch den Schmöker zu kommen. In diesem Fall bietet es sich an, das Buch am Arbeitsplatz bereitzuhalten und die relevanten Teile passend zu Ihrem Arbeitskontext nachzuschlagen. Sie glauben es bei den vielen Seiten vielleicht nicht, aber ich habe versucht, mich kurz zu fassen.

Ich fühle mich auch ganz unschuldig, dass die Seitenzahl so angewachsen ist. Eigentlich ist das engagierte After Effects-Team daran schuld. Die haben dem Programm nämlich in den vielen Jahren seiner Entwicklung ständig neue Funktionen hinzugefügt und es zu einer Art Werkzeug für alle Lebenslagen gemacht.

In den über 50 Workshops, die ich für Sie geschrieben habe, kommen Sie den unterschiedlichen Programmfunktionen Schritt für Schritt näher. Die übrigen Texte sind nicht dazu gedacht, Sie zu quälen, auch wenn sich hier und da dornige und sperrige Konzepte von After Effects in den Weg zum Verständnis stellen wollen. Diesen Weg durch die Widrigkeiten habe ich für Sie zu ebnen versucht, indem ich schwierige Begriffe und Hintergründe erläutert und mit Beispielen veranschaulicht habe, und zwar von den Grundlagen der Animation bis zu den fortgeschrittenen Themen wie Farbkorrektur, Motion Tracking und Expressions.

Das war manchmal wie im Märchen von Dornröschen, aber es hat nicht hundert Jahre gedauert. Im Märchen hat der Prinz es allein geschafft, durch die Dornen zu kommen; eigentlich auch nur, weil er zufällig nach hundert Jahren vorbeikam. Da Sie als Leser sicher nicht solange warten wollen, um an die für Sie wichtigen Informationen zu gelangen, möchte ich Ihnen das vorliegende Buch zur Beschleunigung anbieten.

Um einen solchen Wälzer zu schreiben, waren das entspannende Lesen einiger Bücher (von Thomas Mann bis Jorge Volpi) wichtig, die Kochabende mit Thomas, Anke, Katrin und Eileen, die dafür gesorgt haben, den Schreiber bei Laune und Normalgewicht zu halten, die anregenden Gespräche mit Kerstin und das unterhaltsame Talent von Jens.

Sie sehen schon, ab hier wird das Vorwort zur Danksagung, denn in der Realität bin ich kein Prinz, das Programm ist keine Prinzessin und vollkommen allein habe ich den Berg an Arbeit auch nicht bewältigt.

Dank

Ganz konkret möchte ich mich an erster Stelle bei Ruth Wasserscheid für die Anregung bedanken, dieses Buch zu schreiben. Außerdem für die Überstunden, die ihr durch meine viele Schreiberei entstanden sind und für die Freude, welche mir die Zusammenarbeit bereitet hat.

Außer Frau Wasserscheid musste schon Robert Seidel (www.2minds.de) das ganze Buch durchlesen und hat mit vielen kompetenten Anregungen sehr freundlich geholfen. Danke Robert! Dank auch an den Korrektor Jürgen Dubau.

I´m very grateful for the support of David Simons (DaveS – there is a 50 % chance my name is Dave :-), Nina Ramos (thanks a lot for the picture) and Steve Kilisky. Creating After Effects was a great job!

David Pfluger hat einen großen Anteil daran, dass der Abschnitt »Filme für das Kino« so geworden ist, wie er ist und war dabei tatkräftig und sehr zuverlässig. Für viele Fragen hatte Michael Lehmann-Horn immer ein offenes Ohr. Vielen Dank an die magic multi media GmbH (www.digitalschnitt.de).

Für den schönen Grillabend und die Info-Veranstaltung danke ich Armin Ißmayer und der Firma C.A.I. Systeme GmbH.

Vor Robert hat Thomas Skornia das Buch schon neben seiner Arbeit gelesen und dafür gesorgt, dass die Korrekturarbeit erheblich vereinfacht wurde – eine hervorragende Freundschaftstat. Großen Dank, mein Freund! Großartig geholfen hat auch Heiko Schlichting (www-heiko-schlichting.de) mit wertvollen Hinweisen und klasse Ergänzungen sozusagen als Programmierer-TÜV.

Bei Dr. Katrin Röder bedanke ich mich besonders und von Herzen für die unendliche, unermüdliche Unterstützung, Geduld und konkrete Hilfe, vielerlei Dornen in Blumen zu verwandeln!

An Prinzessin, Frosch und Kalif können Sie sich im Buch erfreuen, weil Anke Thomas (www.anketho.de) sie extra dafür geschaffen hat.

Weiterhin haben mich Maria Osende, Reno Sartorius, Jule Flierl, Lorella Borelli und Anne Mate ;-) unterstützt. Michael Walz (michael.w.al.z@web.de) hat das freundlicherweise mit Sounds getan.

Außerdem haben mir Kerstin Gürke (www.k---g.de) und Constance Hybsier (eigentlich Constance H.-F. oder F.-H.?) frisch und freundlich immer Beistand geleistet. Bedanken möchte ich mich auch bei Martin Hertkorn und Andrea Lang vom Inqua-Institut (www.inqua-institut.de) sowie bei den Medienautoren (www.medienautoren.de).

Philippe Fontaine

In Liebe für meine Eltern
Dirk und Griseldis

TEIL I
Grundlagen

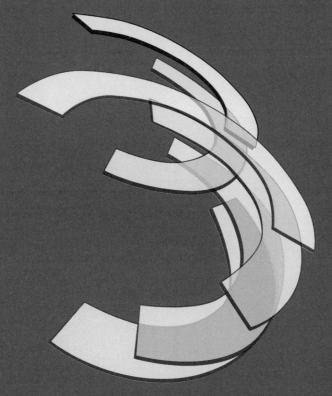

1 Einleitung

In diesem Kapitel werden Sie einen Überblick über After Effects und seine Geschichte, die Neuerungen in After Effects seit der Version 4 und in der Version 7 und Empfehlungen für die günstigste Systemkonfiguration erhalten.

After Effects ist die richtige Wahl für jeden Anwender, der in den Bereich Bewegtbild vordringen will oder schon vorgedrungen ist. Eine optimale Voraussetzung für die Arbeit mit After Effects ist die Kenntnis von Grafik- und Bildbearbeitungsprogrammen. Wer vom Schnitt her kommt, wird in After Effects eine ideale Ergänzung seiner Werkzeuge finden. Effektbearbeitungen, Titelanimationen und Farbkorrektur finden in After Effects neben Video- und Audiobearbeitung bis hin zur 3D-Animation ihren Platz. Durch die weit reichende Funktionalität des Programms und die benutzerfreundliche Bedienung bietet After Effects ein Spektrum vom Hobbyfilmer bis zum Profianwender. Für Filmschaffende, Mediengestalter und Webdesigner ist es das Werkzeug der Wahl.

After Effects bietet die Möglichkeit, Bild und Ton, Video, Typografie und 3D-Animation miteinander zu kombinieren und als Film in verschiedenste Präsentationsformate auszugeben. Die Ausgabe für Medien wie CD-ROM, DVD, die Verteilung über das Web und die Ausgabe für Film und Fernsehen gehören zum Funktionsumfang des Programms.

Wer mit den Programmen von Adobe vertraut ist, wird sich als Neuling in After Effects schnell orientieren können, da bis auf einige Werkzeuge die Benutzeroberflächen der Adobe-Software angeglichen wurde.

1.1 Ziel des Buches

Bevor Sie richtig in die Materie einsteigen, möchte ich Ihnen verraten, wie das vorliegende Buch aufgebaut ist. Das Buch richtet sich sowohl an den Einsteiger als auch an den Fortgeschrittenen.

Für den **Einsteiger** ist es ratsam, aber nicht zwingend erforderlich, die Kapitel linear durchzuarbeiten. In späteren Kapiteln werden Grundfunktionen des Programms vorausgesetzt, auch wenn die Erläuterungen dazu so einfach und verständlich wie möglich gehalten wurden. Am Beginn eines Kapitels finden Sie immer eine kurze Einleitung, die Ihnen den Inhalt des Kapitels überschaubar beschreibt. Jedes Kapitel enthält meist ein oder mehrere Projekte, die Schritt für Schritt in Workshops erläutert werden. Hier erlernen Sie den Arbeitsablauf mit dem Programm am besten.

Themen, die nicht in den Workshops besprochen werden, sind über zugehörige Screenshots und detaillierte Beschreibungen erschließbar. Dazu finden Sie oft zusätzlich einige Projektdateien zur Vertiefung auf der DVD.

Für den **Fortgeschrittenen** habe ich versucht, das Buch so zu gestalten, dass es auch als Nachschlagewerk dienen kann. Sie können nervige Vorreden schnell überspringen, indem Sie das Gesuchte im Index nachschlagen. In den Workshops können Sie sich an den Überschriften orientieren und so auch ohne einen Workshop durchzuarbeiten schnell zum Punkt kommen. Und natürlich tragen alle Themen gut auffindbare Überschriften.

1.1.1 Die DVD zum Buch

In diesem Buch finden Sie zu den wichtigen Themen zahlreiche Workshops. Die Dateien, die Sie für Ihre Arbeit benötigen, liegen für Sie auf der dem Buch beigelegten DVD bereit. Dort sind die Projekte nach Kapitelnummern in Ordnern abgelegt.

Mehr zum Inhalt der DVD finden Sie im letzten Kapitel »Die DVD zum Buch«.

Meistens gibt es in jedem Ordner einen fertigen Film des Projekts, die zum Nachbau nötigen einzelnen Dateien und eine Projektdatei (**aep**). Die Dateiendung **aep** bezeichnet eine After Effects-Projektdatei. Legen Sie die Projektdatei am besten gleich zu Beginn Ihrer Arbeit an, indem Sie das Projekt nach dem Start von After Effects unter einem sinnfälligen Namen speichern.

Löschen Sie diese Datei nie unbedacht! Sie enthält Ihre gesamte Arbeit und ist immer nötig, um später eventuell auftretende Veränderungen einzuarbeiten.

Die auf der DVD mitgelieferten Filmdateien der fertigen Projekte schauen Sie sich am besten mit dem QuickTime-Player an, bevor Sie das Projekt beginnen. Unter Windows ist der Player nicht vorinstalliert. Sie können den aktuellsten Player kostenlos von der Apple-Website downloaden. Hier der Link dazu: www.apple.com/quicktime/download.

1.1.2 Unterschiede unter Mac und Windows

Man kann After Effects sowohl für die Mac- als auch für die Windows-Plattform erwerben. Das Programm läuft auf beiden Systemen gleich, auch die Programmfenster sehen beinahe identisch aus. Daher wurde im Buch auf die Abbildung der Mac-Programmoberfläche verzichtet.

Außer bei einigen Tastaturübersichten sind die Mac-Tastaturkürzel in diesem Buch unerwähnt geblieben, da wir davon ausgehen, dass eine Übertragung kein Problem darstellt und wir die Beschreibung der Tastenkürzel nicht unnötig verkomplizieren wollten. Daher sollen hier die Unterschiede zwischen den Tastaturbezeichnungen klargestellt werden.

- **Wichtige Tasten:** Viele Funktionen werden unter Windows mit den Tasten [Strg], [Alt], [⇧] und der rechten Maustaste erschlossen. Die [Strg]-Taste unter Windows entspricht der Befehl-Taste [⌘] auf dem Mac. Die [Alt]-Taste unter Windows wird auf dem Mac als Wahl-Taste [⌥] bezeichnet. Die Taste [⇧] ist bei beiden Systemen gleich benannt.

Windows	Mac
[Strg]	[⌘]
[Alt]	[⌥]
Kontextmenü: Rechte Maustaste	Kontextmenü: [Ctrl]+Klick

- **Eingabetaste:** Oft wird die Eingabetaste verwendet, die auch als Taste [↵] bzw. [Return] bekannt ist. Auf der Tastatur gibt es zwei dieser Eingabetasten, die mitunter Verschiedenes bewirken. Im Text ist daher zur Unterscheidung von der Taste »Eingabe« die Rede, wenn es sich um »Eingabe im Haupttastaturfeld« handelt (beim Mac Zeilenschalter), und im anderen Fall von der Taste »Eingabe im Ziffernblock«.
- **Datei oder Ablage:** Ein weiterer Unterschied besteht in der Menübezeichnung DATEI unter Windows, was dem Menüeintrag ABLAGE auf dem Mac entspricht. Wenn also von DATEI • IMPORTIEREN bzw. SPEICHERN UNTER die Rede ist, entspricht das beim MAC ABLAGE • IMPORTIEREN bzw. SPEICHERN UNTER.
- **Mac- und Windows-Voreinstellungen:** Die Voreinstellungen sind beim Mac und unter Windows an unterschiedlichen Orten verborgen. Unter Windows wählen Sie BEARBEITEN • VOREINSTELLUNGEN. Beim Mac ist es AFTER EFFECTS • EINSTELLUNGEN.
- **Tastaturtabellen:** Falls Sie dennoch unsicher sind, welche Tastaturbefehle Sie verwenden können, kommen Sie ganz einfach innerhalb von After Effects über HILFE • TASTATURBEFEHLE zu sämtlichen relevanten Tastaturkürzeln.

Kontextmenüs

Kontextmenüs, die sich unter Windows über die rechte Maustaste öffnen, werden auf dem Mac durch einen Klick auf das entsprechende Element bei gleichzeitigem Drücken der Taste [Ctrl] eingeblendet.

Adobe Production Studio (nur Windows)

Adobe liefert beim Kauf des in zwei Versionen erhältlichen Adobe Production Studio Programmpakete, die den Anforderungen der Postproduction in höchstem Umfang gerecht werden.

Im Adobe Production Studio Premium sind die Programme After Effects 7 Professional, Premiere Pro 2.0, Photoshop CS2, Audition 2.0, Encore DVD 2.0 und Illustrator CS2 enthalten. Hinzu kommen noch Adobe Dynamic Link und Adobe Bridge für eine hocheffiziente Gestaltung des Workflows zwischen den einzelnen Applikationen.

Beim Kauf von Adobe Production Studio Standard erhalten Sie die Programme After Effects 7 Standard, Premiere Pro 2.0 und Photoshop CS2. Adobe Dynamic Link und Adobe Bridge sind ebenfalls enthalten.

Neben den Adobe Production Studio-Paketen können Sie das Adobe Video Bundle erwerben. Dieses enthält zusätzlich zu den im Adobe Production Studio Premium enthaltenen Programmen noch Macromedia Flash Professional 8 zur Gestaltung interaktiver Webinhalte. →

Adobe Production Studio (nur Windows) (Fortsetzung)

→ Durch den gegenüber den Einzelprogrammen günstigeren Preis der Gesamtpakete erhofft sich Adobe, eine Bindung an diese Werkzeugpalette zu erreichen. Tatsächlich ist die sehr gute Integration der Adobe-Programme untereinander ein großer Vorteil gegenüber den Konkurrenzprodukten von After Effects. Durch die Möglichkeit, in After Effects DVD-Schaltflächen zu erstellen und diese in Encore DVD zu verwenden, wird von After Effects auch dem Authoring-Programm Encore DVD zugearbeitet. Obwohl die Integration der Programme sehr lobenswert ist und die Einarbeitung auf Grund der ähnlichen Benutzeroberflächen stark erleichtert wurde, findet man für ähnliche Funktionen oft verschiedene Tastaturkürzel vor. Wenn Sie so entstehende Verwirrungen für bemerkenswert halten oder sonst einen Verbesserungsvorschlag einbringen wollen, den Sie für die nächste Programmversion gern verwirklicht sähen, schreiben Sie dem Team von Adobe After Effects unter aftereffects@adobe.com.

Bevor es richtig losgeht und Sie das Programm starten, schauen wir uns rund um das Programm etwas um.

1.2 After Effects Standard und Professional

After Effects wird in zwei Versionen vertrieben. Sie können After Effects in der Standard-Version erwerben, die bereits einen sehr großen Funktionsumfang enthält. Für professionelles Arbeiten ist die mit umfangreicheren Werkzeugen und einer größeren Farbtiefe ausgestattete Pro-Version allerdings unverzichtbar. Anwender, die bereits mit After Effects arbeiten, kennen die Professional-Version noch unter dem Namen *Production Bundle*.

Wenn Sie mit diesem Buch vor einer Standard-Version sitzen, sollten Sie keine Sorgen haben, das Buch nun weglegen zu müssen. Im Buch wird auf die Funktionen der Standard- und der Professional-Version eingegangen. Ist eine Funktion explizit nur in der Professional-Version enthalten, wird darauf mit einem **»(nur Pro)«** hingewiesen. Diese Stellen werden auch mit einem Icon gekennzeichnet (Abbildung 1.1). Vielleicht überfliegen Sie dann einmal die entsprechenden Themen und holen sich Appetit auf den Erwerb der Professional-Version.

▲ **Abbildung 1.1**
Dieses Icon kennzeichnet Textabschnitte, die sich mit Funktionen der Professional Version von After Effects 7 beschäftigen.

Sie sollten sich auch nicht grämen, »nur« die Standard-Version zu besitzen. Sie enthält bereits viele wichtige und umfangreiche Funktionen und natürlich auch die Möglichkeit der Ausgabe in verschiedenste Formate. Sie können jederzeit von der Standard- auf die Professional-Version umsteigen. Empfehlenswert ist der Erwerb der Professional-Version allemal. Sie haben einfach mehr Möglichkeiten – und nicht zuletzt noch mehr Spaß.

Die Professional-Version enthält zusätzliche Keying-Effekte für den professionellen Anwender, Werkzeuge, um Bewegungen in Videomaterial zu tracken bzw. zu stabilisieren, einige zusätzliche Effekte zur Erzeugung und Animation von Partikeln oder wasserähnlichen Oberflächen und Effekte zur besseren Audiokontrolle und überhaupt ... Effekte.

Zudem ist es in der Professional-Version möglich, Bilder mit 16 und 32 Bit pro Kanal zu verwenden und die Projektfarbtiefe entsprechend zu wählen. Die Standard-Version arbeitet grundsätzlich mit 8 Bit pro Kanal, das ist die zurzeit noch allgemein eher verbreitete Variante. Die Möglichkeit, professionelle Zeitlupen zu erzeugen oder mit dem integrierten Skripteditor zu arbeiten, ist ebenfalls nur dem Besitzer der Professional-Version vorbehalten.

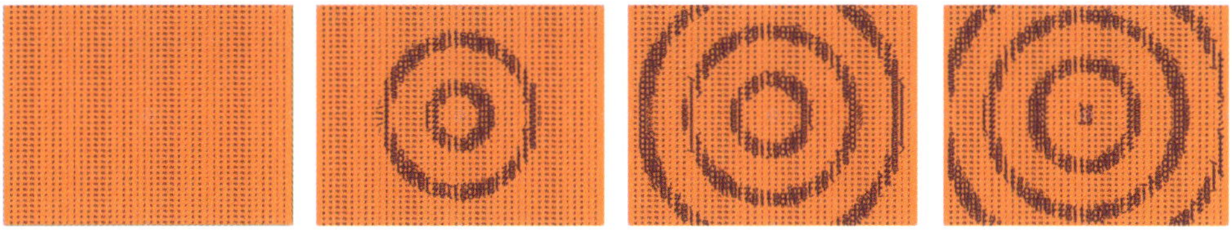

▲ **Abbildung 1.2**
Hier wurde der Effekt Partikelsimulation mit dem Effekt Radiowelle kombiniert und auf Texteigenschaften angewendet.

▲ **Abbildung 1.3**
Der Effekt Partikelsimulation in Verbindung mit Text

1.3 Frühere Versionen von After Effects

Zunächst ein kurzer Überblick über die interessantesten, ab der Version 4 hinzugekommenen Funktionen.

Version 4 | Die sicherlich auffälligste Änderung von der Version 3 zur Version 4 bestand im neuen Design der Benutzeroberfläche. Hinzu kam die Möglichkeit, mehrere Masken auf einer Ebene anzulegen. Auch an der Integration der Adobe-Produktpalette wurde bereits gearbeitet. Premiere-Projekte und Photoshop-Dateien konnten als Kompositionen importiert werden. Neue Effekte wie Audio-Wellenform, Motion Tile usw. und neue Modi waren weitere Neuerungen.

Version 5 | Als gravierendste Änderung kann zweifellos die Einführung der dritten Dimension in After Effects ab der Version 5 gelten, die gleich komplett mit animierbaren Kameras und Lichteinstellungen aufwartete, sowie die Möglichkeit, Animationen und Eigenschaftsabhängigkeiten durch Expressions, einer auf JavaScript basierenden Programmiersprache, zu definieren. Zusätzlich kam der 3D-Invigorator als Plugin der Firma Zaxwerks mit der Version 5.5, der es gestattet, echtes 3D in After Effects zu gestalten.

Auch das ebenfalls mit der Version 5 eingeführte Parenting, das die Definition ebenenhierarchischer Abhängigkeiten gestattet, gehört zu den größeren Funktionserweiterungen.

▼ Abbildung 1.4
Die dritte Dimension kam mit animierbaren Kameras und Lichtern bereits in der Version 5 in After Effects hinzu.

Natürlich wurde an der Verbesserung schon vorhandener ebenso bedeutsamer Programmerweiterungen weitergearbeitet. Dazu gehört die Verbesserung des ab der Version 5 eingeführten Motion Trackers, der das Verfolgen und Stabilisieren von so genannten Track-Punkten in Videomaterial ermöglicht.

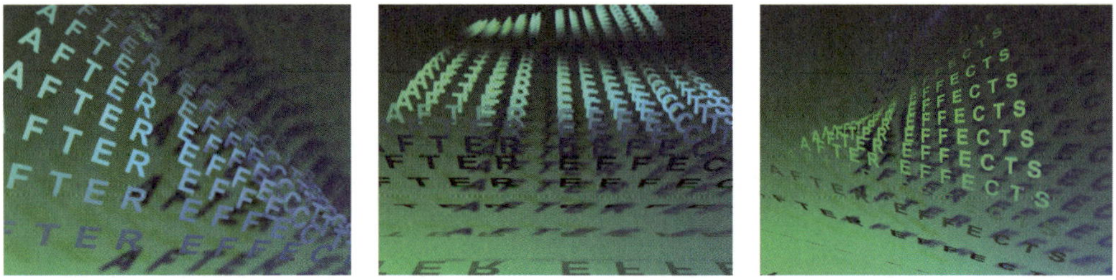

Version 6 | Ab der Version 6 hat das Team von Adobe After Effects dem Anwender ein vollkommen neues Textwerkzeug gegönnt, das eine sehr komfortable Erstellung, Bearbeitung und Animation von Text ermöglicht. Erweiterte Maskierungsfunktionen wie RotoBézier-Masken kamen ebenfalls mit der Version 6. Rotoscoping-Arbeiten bzw. Retusche selbst in bewegtem Filmmaterial wurden seit der Einführung der Mal-, Kopier- und Radierwerkzeuge problemlos durchführbar und gehören zu den geschätzten Erweiterungen der Programmfunktionen.

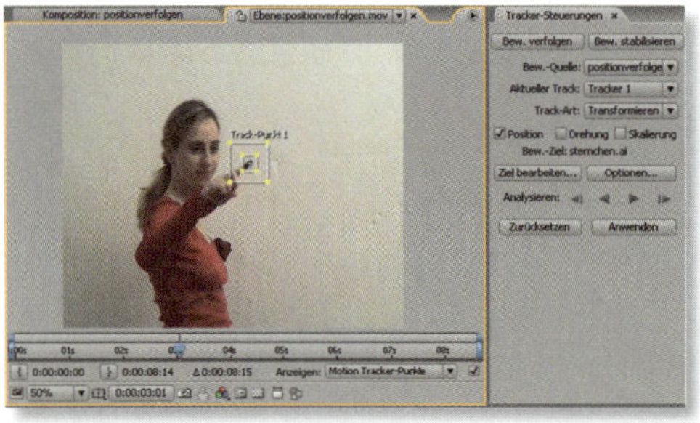

▲ Abbildung 1.5
Mit der Tracker-Steuerungen-Palette lassen sich Punkte in bewegtem Material verfolgen und verwackelte Aufnahmen stabilisieren. Die vom Tracker ermittelten Bewegungsdaten können auf Effekte und Ebenen übertragen werden.

▲ Abbildung 1.6
Text kann seit der Version 6 direkt im Kompositionsfenster von After Effects eingegeben werden. Die Zeichen-Palette ähnelt der in anderen Adobe-Anwendungen.

Version 6.5 | Seit der Version 6.5 wird Color Finesse der Firma Synthetic Aperture zur Farbkorrektur auf höchstem Niveau mitgeliefert. Dies ist ebenfalls eine der großartigen Neuerungen, die allerdings durch fehlende Integration in die After Effects-Oberfläche einen anderen Arbeitsstil forciert.

1.4 Neu in After Effects 7

Die wichtigsten Besonderheiten, Funktionen und Möglichkeiten der Version 7 von After Effects werden auf den folgenden Seiten das Thema sein.

1.4.1 Die neue Bedienoberfläche

Mit der Version 7 hat Adobe After Effects ein auffällig professionelles Gewand – eine neue Bedienoberfläche, die sich ganz ähnlich auch beim Bruder Premiere Pro zeigt – geschenkt bekommen. Kenner der bisherigen Versionen werden sich schnell an die neue anwenderorientierte Bedienoberfläche gewöhnen, dem Einsteiger wird der Start damit leicht fallen.

Die Bedienoberfläche ist individuell anpassbar. Fenster und Paletten können problemlos verschoben und an anderer Stelle angedockt werden. Außerdem bietet After Effects 7 voreingestellte Arbeitsbereiche für verschiedenste Aufgaben und die Möglichkeit, individuelle Arbeitsbereiche zu erstellen und zu speichern.

Bedienerfreundlich ist auch die freie Skalierbarkeit des Kompositionsfensters, die zuvor ausschließlich auf Größen wie 25% oder 100% festgelegt war, welche zusätzlich immer noch wählbar sind. Mit dem Scrollrad der Maus kann zudem schnell ein- und ausgezoomt werden.

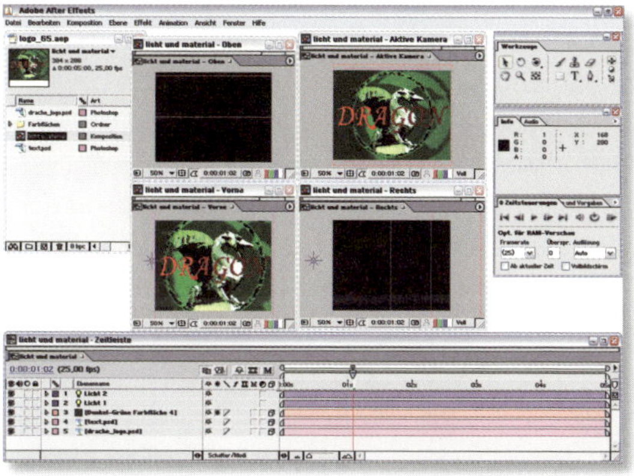

▲ **Abbildung 1.7**
In den Vorgängerversionen von After Effects 7 konnten sich die Fenster leicht unübersichtlich überlagern.

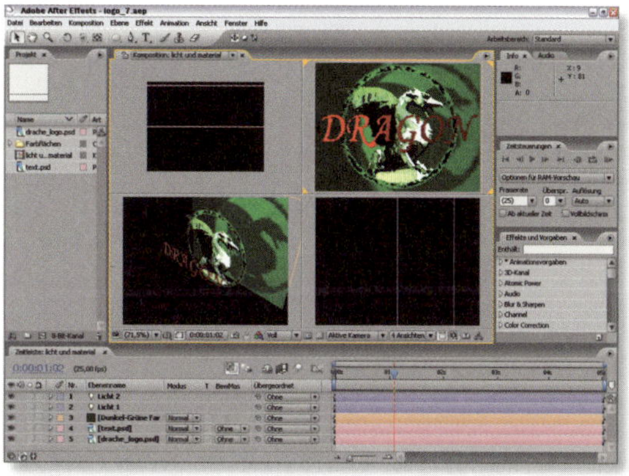

▲ **Abbildung 1.8**
In After Effects 7 können Fenster und Paletten individuell verschoben und angedockt werden.

1.4.2 Verbesserte OpenGL-Unterstützung

Die schon in den Vorgängerversionen von After Effects unterstützte OpenGL-Technologie ist mit OpenGL 2.0 erweitert worden und ermöglicht zum Beispiel eine schnellere Vorschau von Lichtern, Schatten, sich überschneidenden Ebenen, Transformationen für 2D- und 3D-Ebenen, bewegten Masken, Bewegungsunschärfe, Glättung und ein schnelleres Rendering von Effekten. Außerdem ist es nun auch möglich, OpenGL zum schnelleren Rendern Ihrer Kompositionen einzusetzen – eine leistungsfähige Grafikkarte vorausgesetzt, am besten mit PCI Express.

1.4.3 Adobe Bridge

Adobe Bridge ist in der Handhabung vergleichbar mit dem Windows-Dateiexplorer bzw. dem Finder beim Mac, beinhaltet allerdings weitergehende Funktionalitäten. Neben dem Verschieben, Duplizieren, Umbenennen und Sortieren von Bild-, Audio- und Videodateien und der Möglichkeit, neue Ordner zu erstellen, ist eine Suchfunktion enthalten, über die Dateien nach Name, Größe, Erstellungsdatum gesucht werden können.

Zusatzkapitel im Web

Die Adobe Bridge-Funktionen werden ausführlich in einem Zusatzkapitel auf der Website zum Buch unter www.galileo-design.de/1114 erklärt. Dort müssen Sie nur auf BUCHUPDATES klicken.

Um eine Datei näher zu spezifizieren, können Sie umfangreiche Dateiinformationen selbst hinzufügen oder einsehen. Dateien können schnell in verschiedenen Applikationen geöffnet und dort bearbeitet werden.

Eine komfortable Vorschau ermöglicht es, Audio- und Videodateien abzuspielen und Standbilder zu betrachten, bevor sie dem Projekt hinzugefügt werden. Ebenso können After Effects-Animationsvorgaben in einer Vorschau animiert betrachtet werden, Kompositionen bleibt diese Möglichkeit jedoch verwehrt.

Camera Raw

Hervorzuheben ist außerdem die Möglichkeit, Camera Raw-Dateien in Adobe Bridge öffnen, importieren und bearbeiten zu können. Die Camera Raw-Dateien werden nach der Bearbeitung in einem zu Photoshop kompatiblen Format abgespeichert. Mehr zu Camera Raw finden Sie im Abschnitt 5.5.3 unter »Import von Camera Raw-Dateien«.

1.4.4 Adobe Dynamic Link (nur Adobe Production Studio und nur Windows)

Adobe Dynamic Link ermöglicht die Übernahme von Kompositionen aus After Effects in Premiere Pro und Encore DVD mit sämtlichen darin enthaltenen Ebenen. Kompositionen müssen nun nicht erst gerendert werden, um diese in den beiden anderen Applikationen zu verwenden.

Der Clou dabei ist: Wenn Sie in der Komposition innerhalb von After Effects Änderungen vornehmen und dann das Projekt speichern, werden diese Änderungen sofort auch in Premiere Pro bzw. Encore DVD ohne zeit- und platzraubendes Rendering sichtbar. Übrigens: Sie können auch in Premiere Pro After Effects-Kompositionen starten. Diese sind danach in After Effects verfügbar.

Sie finden die Option in Premiere Pro und Encore DVD unter DATEI • ADOBE DYNAMIC LINK • AFTER EFFECTS KOMPOSITION IMPORTIEREN bzw. NEUE AFTER EFFECTS KOMPOSITION.

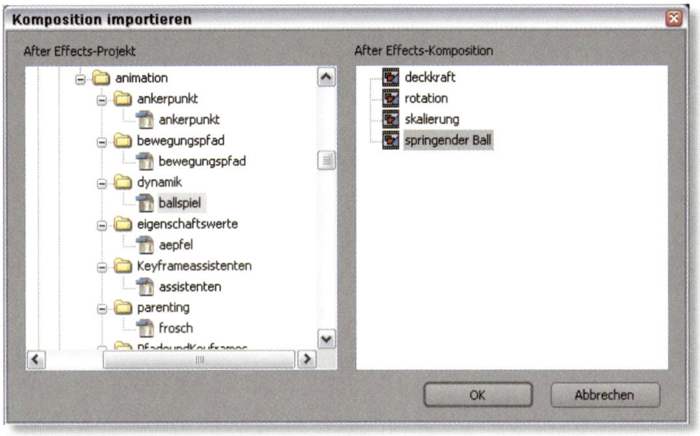

◂ **Abbildung 1.9**
In Premiere Pro und Encore DVD können After Effects-Kompositionen direkt importiert werden. Änderungen in After Effects werden in beiden Programmen sofort aktualisiert.

1.4.5 Integration mit Premiere Pro

Aufgepasst! Darauf haben Sie vielleicht schon lange gewartet. After Effects-Projekte können jetzt als Premiere Pro-Projekte exportiert werden! – Manko: An die Mac-Welt wurde dabei nicht gedacht. Über DATEI • EXPORTIEREN • ADOBE PREMIERE PRO-PROJEKT wird die After Effects-Datei im Format .prproj gesichert.

Von vielen Anwendern ist auch das **Capturen** (das Aufnehmen von Videodaten direkt in After Effects) bereits heiß ersehnt worden. Das ist, na ja, immer noch nicht so ganz möglich. Aber: Der Capturing-Prozess kann von After Effects 7 direkt gestartet werden. Über den Befehl DATEI • IMPORTIEREN • IN ADOBE PREMIERE PRO ERFASSEN wird Premiere Pro gestartet und das Fenster AUFNEHMEN erscheint. Das aufgenommene Material wird automatisch in After Effects importiert. Allerdings ist diese Möglichkeit nur beim Besitz des Adobe Production Studio (nur Windows) verfügbar.

1.4.6 Integration mit Photoshop

Problemlos können Sie 8-, 16- oder 32-Bit-Dateien aus Photoshop in After Effects verwenden bzw. umgekehrt, dabei werden allerdings nicht alle Ebeneneigenschaften hundertprozentig übernommen.

Sehr schön ist die Möglichkeit, dass After Effects nun selbst Photoshop-Dateien erzeugen kann. Dies geht über EBENE • NEU • ADOBE-PHOTOSHOP-DATEI. Die automatisch geöffnete Photoshop-Datei erhält die Größe der After Effects-Komposition und kann nun bearbeitet werden. In After Effects werden die Änderungen nach Anwendung des Befehls DATEI • FOOTAGE NEU LADEN sichtbar.

1.4.7 Erweiterte Unterstützung von Import- und Exportformaten

- **HDV:** After Effects 7 unterstützt HDV-Material in den Spezifikationen 720p und 1080i. Zudem sind zahlreiche Kompositionsvorgaben für die Erstellung von HDV-Kompositionen verfügbar.
- **Camera Raw-Dateien:** In After Effects 7 können folgende Camera Raw-Dateiformate importiert werden: TIF, CRW, NEF, RAF, ORF, MRW, DCR, MOS, RAW, PEF, SRF, DNG, X3F, CR2, FRF, 16-Bit-Kanal.
- **OpenEXR:** OpenEXR-Dateien können von After Effects 7 importiert und ausgegeben werden. Dieses von Industrial Light & Magic entwickelte Format ist besonders für den professionellen Bereich interessant, da es sowohl 16-Bit- als auch 32-Bit-Bilder (HDR) unterstützt. Damit sind ein größerer Detailreichtum und eine höhere Farbtreue als bei 8- oder 16-Bit-Bildern möglich.
- **16- und 32-Bit bei Photoshop-Dateien und TIFF (32-Bit nur Pro):** 16- und 32-Bit-Photoshop- und -TIFF-Dateien werden sowohl beim Import als auch bei der Ausgabe unterstützt.
- **AAF-Projekt (nur Pro):** Das AAF-Projektformat (Advanced Authoring Format) wird zum Austausch von Multimediadaten zwischen verschiedenen Applikationen und Plattformen verwendet. After Effects 7 kann AAF-Dateien importieren. Adobe Premiere Pro verfügt über eine entsprechende Exportfunktion (Projekt • Projekt exportieren als AAF).
- **Advanced Audio Coding (AAC):** Das AAC-Dateiformat kann in After Effects 7 importiert werden. Gegenüber MP3 (in After Effects seit längerem importierbar und exportierbar) bietet es bessere Qualität bei gleicher Dateigröße und unterstützt Mehrkanal-Audio.
- **32-Bit Audio:** 32-Bit-Audiodateien, die Sie beispielweise in Adobe Audition erstellen können, werden von After Effects 7 unterstützt. Mit Effekten wie Stereo-Mischpult und Parametrischer Equalizer können in After Effects 7 32-Bit-Audiodateien bearbeitet werden.
- **8-Bit und 10-Bit YUV (v210):** Bei der Ausgabe von AVI-Dateien können Sie mit 8-Bit- oder 10-Bit-Kanal-YUV (4:2:2 YUV)-Komprimierung rendern. Diese Dateien können in Adobe Premiere Pro mit HD-Footage verwendet werden.
- **OMF-Unterstützung:** OMF-Videomediendaten, die in Avid OMF-Mediendateien verwendet werden, kann After Effects importieren und ausgeben.
- **Flash Video Format (FLV):** Mit After Effects 7 können Sie nun Ihre Kompositionen in das Flash Video Format ausgeben und

anschließend in Flash laden und dort weiterverarbeiten. Sie finden die Exportoption unter Datei • Exportieren • Flash Video (FLV).

1.4.8 Projektfarbraum

Sie können den Arbeitsfarbraum von After Effects 7 an den Ausgabefarbraum anpassen, um eine höhere Farbübereinstimmung zwischen Ihrer Bearbeitung und dem Ergebnis auf dem Medium des Empfängers zu erhalten. Wenn Sie beispielsweise eine Komposition für die Ausgabe auf Video oder für die Fernsehübertragung vorbereiten, ist es günstig, nicht den voreingestellten Farbraum Ihres Monitors zu verwenden, sondern den Projektfarbraum SDTV (PAL). Für den sinnvollen Einsatz von individuellen Farbeinstellungen ist allerdings ein genau kalibrierter Monitor notwendig, sonst sind die Ergebnisse verfälscht! Mehrere voreingestellte Farbprofile finden Sie unter Datei • Projekteinstellungen unter Arbeitsfarbraum.

1.4.9 Diagrammeditor

Wer sich bisher bei der Bearbeitung von Keyframe-Werten und Geschwindigkeitskurven gequält und ein intuitives Werkzeug gewünscht hat, kommt nun auf seine Kosten. Der Diagrammeditor zeigt je nach Wahl für die aktuell ausgewählte oder alle animierten Eigenschaften eine Werte- oder Geschwindigkeitskurve oder sogar beide Kurven übereinander an.

Die Keyframes können intuitiv an neue zeitliche Positionen verschoben werden. Auch die Werte der Keyframes lassen sich hier ändern oder neue Keyframes setzen. Sehr komfortabel ist die bisher nicht möglich gewesene gleichzeitige Darstellung der Kurven mehrerer verschiedener Eigenschaften und die Bearbeitung mehrerer Keyframes mit dem Transformationsfeld. Da es jedoch nur einen Diagrammeditor gibt, müssen Sie bei der Arbeit mit vielen Kurven in verschiedenen Wertebereichen kontinuierlich die Ansicht anpassen. Hier war die alte Ansicht, die jede Kurve in einem eigenen Fenster darstellte, im Vorteil.

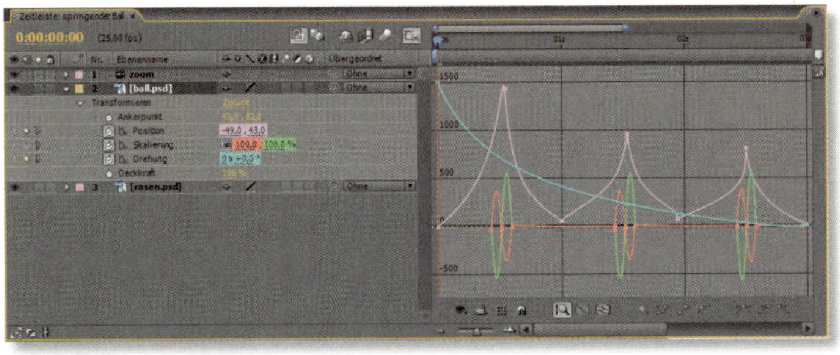

◂ **Abbildung 1.10**
Im Diagrammeditor werden Keyframe-Werte, zeitliche Positionen und die Geschwindigkeit der Animation bearbeitet.

1.4.10 32-Bit-Farbe in HDR-Qualität (nur Pro)

Mit der Unterstützung von Bilddaten in 32-Bit-Qualität bildet After Effects 7 auch an dieser Stelle wieder ein Team mit Photoshop, bei dem es in der Version CS 2 möglich ist, 32-Bit-Dateien zu erstellen.

Etwas klingt es noch wie der Aufbruch in ferne Welten, aber im Profibereich werden HDR-Dateien bereits für Spezialeffekte, beispielsweise realistische Lichtreflexionen, und für 3D-Darstellungen in Spielfilmen eingesetzt. Durch den Einsatz von HDR-Bildmaterial kann auch ein größerer Detailumfang in hellen und dunklen Bereichen gesichert werden.

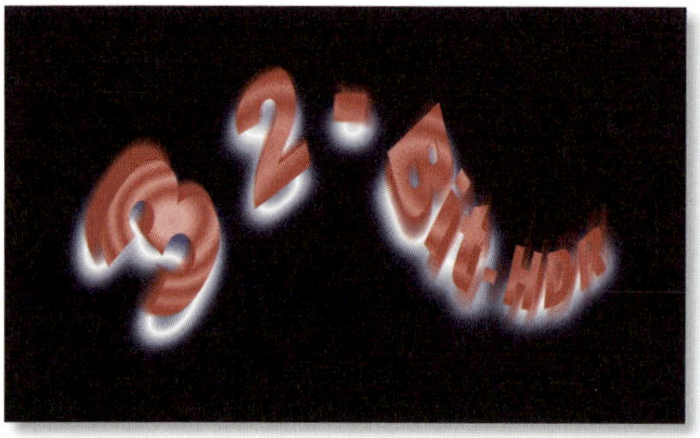

▲ **Abbildung 1.11**
In diesem Bild mit einer Farbtiefe von 8 Bit sind die Glanzlichter relativ schwach gezeichnet.

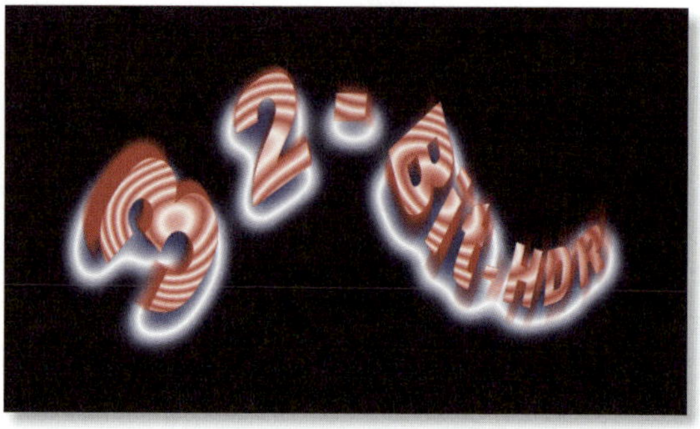

▲ **Abbildung 1.12**
Bei einer Farbtiefe von 32 Bit sind die Glanzlichter in bester Qualität dargestellt. Die Farben und Verläufe wirken brillanter.

HDR (High Dynamic Range)

HDR steht für Bilddaten, die mit einem Beleuchtungsumfang aufgezeichnet oder erzeugt wurden, der dem in der Natur vorkommenden annähernd entspricht. Nachvollziehbar ist das am Beispiel fotografischer Aufnahmen, bei denen mit verschiedenen Blendenwerten ein Teilbereich des natürlichen Beleuchtungsumfangs erfasst werden kann. Filmmaterial und Computermonitore können nur einen begrenzten Beleuchtungs- bzw. Dynamikumfang wiedergeben.

In After Effects 7 unterstützen bereits einige Effekte wie Schneller Weichzeichner, Gaussscher Weichzeichner, Kanal-Weichzeichner oder Feld weichzeichnen die 32-Bit-Farbtiefe. Mit den Effekten HDR-Compander und Helligkeit in HDR-Bildern komprimieren können Sie HDR-Dateien an die Farbtiefe von 16- oder 8-Bit-Dateien anpassen und so auch 16- oder 8-Bit-Effekte auf HDR-Bilder anwenden, was je nach Tonwertumfang des Ausgangsmaterials mit gewissen Rundungsfehlern einhergeht.

1.4.11 Erweiterte Animationsvorgaben

Für ein schnelles Arbeiten können Sie eine Vielzahl an Animationsvorgaben und vordefiniertem Verhalten verwenden. Unterschiedlichste animierte Hintergründe, Texteffekte, Maskenformen und Überblendungen befinden sich in der Palette Effekte und Vorgaben.

▲ **Abbildung 1.13**
Hier sehen Sie eine Animationsvorgabe für den Hintergrund, die mit einer Animationsvorgabe für den Text kombiniert wurde.

▲ **Abbildung 1.14**
In der Palette Effekte und Vorgaben von After Effects befindet sich eine Vielzahl unterschiedlichster Animationsvorgaben.

1.4.12 Projektvorlagen

After Effects 7 stellt Ihnen für verschiedene Anforderungen Projektvorlagen zur Verfügung, die Sie als Start für eigene Projekte verwenden können. Einige DVD-Menüs stehen ebenfalls als Vorlage bereit. Sie finden die Vorlagen über Datei • Vorlagenprojekte durchsuchen.

1.4.13 Auto-Speichern

Eine automatische Speicherfunktion gibt es nun auch in After Effects. Wird an der Voreinstellung nichts geändert, wird das Projekt alle 20 Minuten automatisch gespeichert und nach jedem fünften Speichervorgang die älteste Projektversion überschrieben.

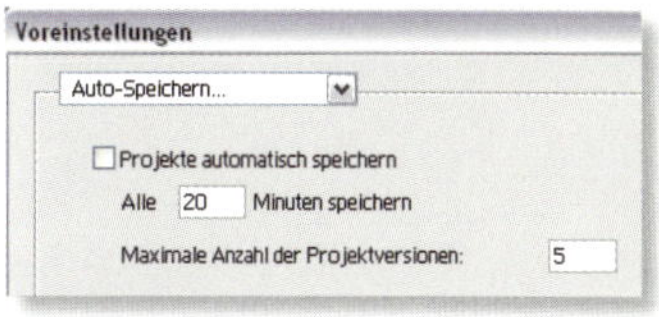

▲ **Abbildung 1.15**
In After Effects 7 gibt es nun auch einen automatischen Speichervorgang.

1.4.14 Zeitverkrümmung (nur Pro)

Der Effekt Zeitverkrümmung bietet gegenüber der Funktion Zeitverzerrung, die im Menü unter Ebene zu finden ist, eine Erweiterung mit umfangreichen Kontrollfunktionen für das beschleunigte oder abgebremste Material. Zusammen mit dem Diagrammeditor ein wirklich starkes Werkzeug!

1.4.15 Selektiver Weichzeichner

Der neue Effekt Selektiver Weichzeichner zeichnet ein Bild weich, ohne die Details dabei zu zerstören. Zu finden ist der Effekt unter Effekte • Weich- und Scharfzeichnen • Selektiver Weichzeichner.

▲ **Abbildung 1.16**
Ein Bild ohne angewendete Effekte

▲ **Abbildung 1.17**
Das gleiche Bild mit angewendetem Effekt SELEKTIVER WEICHZEICHNER. Die Details bleiben unversehrt.

1.5 Systemvoraussetzungen

After Effects lässt sich in einer Minimalkonfiguration verwenden, die für den Einstieg ausreicht. Um den Funktionsumfang des Programms aber so richtig schätzen lernen zu können, ist mehr nötig.

1.5.1 Minimalkonfiguration

Macintosh

- PowerPC®-Prozessor (G5 mit Multiprozessor empfohlen)
- Mac OS X Version 10.3.9 (Version 10.4 für optimale OpenGL-Leistung empfohlen)

Windows

- Intel® Pentium® 4-Prozessor (Multiprozessor-System empfohlen)
- Microsoft® Windows® XP Professional oder Home mit Service Pack 2

Alle Systeme

- 512 MB RAM (1 GB empfohlen)
- 500 MB freier Festplattenspeicher für die Installation (10 GB für Disk-Caching und 1 GB für funktionelle Inhalte empfohlen)
- 24-Bit-Farbgrafikkarte
- DVD-ROM-Laufwerk
- Internet- oder Telefonanschluss für die Produktaktivierung
- Für die Render-Engine (nur After Effects 7.0 Professional): Es gelten dieselben Systemanforderungen wie für die Applikation.

- Für die Unterstützung von OpenGL: After Effects-kompatible OpenGL 2.0-Karte. Für Windows sind Nvidia-Karten empfohlen.
- Eine aktuelle Liste finden Sie unter www.adobe.de/products/aftereffects/opengl.html.

1.5.2 Empfohlene Systemkonfiguration

Mit der Minimalkonfiguration zu arbeiten, rate ich Ihnen nicht, Sie werden sonst womöglich nicht die volle Freude an den After Effects-Funktionen haben.

Sehr abhängig ist die Arbeitsgeschwindigkeit Ihres Systems von schnellen Prozessoren und von der Größe Ihres Arbeitsspeichers.

Prozessor | Sie können optimal mit After Effects arbeiten, wenn Sie bei beiden Systemen, ob bei Macintosh oder Windows, multiple Prozessoren verwenden. After Effects errechnet dann die Frames Ihrer Animation deutlich schneller, was ein großes Kriterium für den Spaß mit dem Programm ist. Für den Macintosh G5 Prozessor ist After Effects sogar optimiert worden.

Arbeitsspeicher | Ein weiteres Spaßkriterium findet sich bei der Größe des Arbeitsspeichers. Wenn Sie in After Effects große Dateien verarbeiten oder aufwendige Effektberechnungen durchführen, kommen Sie schnell an die Grenzen der in After Effects verwendeten Vorschau. Die Vorschau kann nur soviel von Ihrer Animation anzeigen, wie in den Arbeitsspeicher »passt«. – Also: je mehr davon, desto besser. Nicht zu vernachlässigen ist auch die Geschwindigkeit des Arbeitsspeichers. Auch hier gilt wieder: je schneller, desto besser. Empfehlenswert ist der Einsatz von Dual Channel (PC400 mit 800 MHz FSB).

Allerdings gibt es auch für den Arbeitsspeicher Grenzen. Unter Windows XP Professional kann After Effects bis zu 3 GB RAM verwenden, wenn Windows entsprechend konfiguriert wurde. Andernfalls sind es maximal 2 GB RAM. Wenn Sie ein 64-Bit-Betriebssystem von Windows besitzen, sind es ohne besondere Konfiguration sogar bis zu 4 GB RAM.

Unter Mac OS x kann After Effects bis zu 3,5 GB RAM verwenden.

OpenGL | Vorteilhaft für die Vorschaubeschleunigung wirkt sich besonders auch die von After Effects unterstützte OpenGL-Technologie aus. Wenn Sie eine Grafikkarte verwenden, die OpenGL unterstützt, gewinnen Sie bei der Darstellung Ihrer Animationen – eine leistungsfähige Grafikkarte vorausgesetzt.

DirectX

Ebenfalls unterstützend wirkt sich bei Windows-Usern die DirectX-Technologie zur besseren Wiedergabe von Audiodaten und von 2D-Inhalten aus.

Festplatte | Für Ihre Festplatte gilt wie für den Arbeitsspeicher: je mehr davon und je schneller, desto weiter, höher, besser. Oft werden Animationen mehrfach oder nur zur Kontrolle gerendert. Sie benötigen also zusätzlich zu den Daten, die Sie ohnehin im Projekt verwenden und die nicht selten bereits sehr groß sind, weiteren Platz. Wollen Sie eine Stunde unkomprimiertes Video in voller Auflösung speichern, sind dafür schon mehr als 100 GB nötig. Die Geschwindigkeit der Festplatte spielt bei der Videobearbeitung eine wichtige Rolle, häufig kommt es daher zum Einsatz von RAID-Systemen. Wie schnell Daten von der Festplatte gelesen werden, ist wesentlich für ein flüssiges Abspielen Ihres Filmmaterials. Und auch für das Komprimieren von Daten mit einigen Codecs benötigen Sie eine schnelle Festplatte.

QuickTime

Windows-Usern sei noch der QuickTime-Player zur Wiedergabe von Medieninhalten empfohlen, der für Mac-User bereits vorinstalliert ist. Auch der Kauf von QuickTime Pro lohnt sich, denn es gestattet, Videos in zusätzlichen Formaten auszugeben und zu komprimieren.

After Effects Professional | Wer sich dem professionellen Bereich annähern möchte, sollte auf jeden Fall die After Effects Professional-Version erwerben. Neben vielen weiteren wichtigen Funktionen bietet die Professional-Version eine Netzwerkrenderfunktion, die es ermöglicht, After Effects-Projekte auf mehrere Rechner verteilt zu rendern. Der Renderprozess kann dabei erheblich beschleunigt werden.

Zusätzlicher Monitor | Der solo existierende Computermonitor sollte noch einen Bruder erhalten, um die Arbeit mit den Fenstern und Paletten in After Effects bequemer zu gestalten. Und noch ein Monitor gehört ins Equipment – der Videokontrollmonitor, der für Video- und Fernsehprojekte als Kontrollbildschirm unerlässlich ist. Bei kleinerem Budget kann auch ein normaler Fernseher gute Dienste leisten.

Vorschau, Schnittstellen und Karten | Wenn Sie nur mit DV-Material arbeiten, genügt zur Ausgabe des DV-Signals eine Firewire-Schnittstelle, auch iLink oder IEEE 1394 genannt. Sollte Ihr PC eine solche Schnittstelle nicht haben, lässt sich diese als PCI-Karte (oder fürs Notebook: PCMCIA-Karte) einfach nachrüsten (ca. 30–100 EUR). Die Vorschau wird dann als DV-Datenstrom über diesen Firewire-Anschluss ausgegeben und automatisch von einem angeschlossenen DV-in-fähigen Gerät (wie einem DV-Rekorder oder DV/D8 Camcorder) nach analog gewandelt. Um die Vorschau auf einem Fernsehmonitor auszugeben, verbinden Sie den Camcorder mit dem Fernsehmonitor.

Steht kein DV-Gerät zur Verfügung, empfiehlt sich als A/D-Wandler der Canopus ADVC-110 oder 300. Letzterer bietet sogar zusätzliche YUV-Komponentenausgänge.

Sollte Ihnen ein DV-Gerät und der Firewire-Anschluss fehlen, können Sie auch eine kombinierte Karte wie den Canopus ACED-Vio einsetzen, der neben Firewire auch gleich analoge Ein- und Ausgänge mitbringt (ca. 300 EUR).

Für die Vorschau von HD-Material ist die Matrox Parhelia eine lohnenswerte, weil auch preislich sehr gute Investition. Noch besser in diesem Bereich ist die Canopus EDIUS NX oder SP für HDV. Hier kann auch die Echtzeitleistung verbessert werden.

Karten für die beiden Welten von Mac und Windows kommen aus dem Hause Blackmagic Design. Die DeckLink-Serie ermöglicht bei sehr günstigen Preisen den Einstieg in die HD-Nachbearbeitung.

DV-in freischalten

Verfügt Ihr Camcorder nicht über DV-in, kann dies bei manchen, vor allem älteren Modellen im Nachhinein für einen geringen Aufpreis freigeschaltet werden.

HD- und SD-Editing | Hochprofessionelles HD- und SD-Editing in Echtzeit wird mit den Matrox Axio HD- und SD-Editingplattformen möglich. Die enge Zusammenarbeit von Adobe und Matrox gewährleistet eine bestmögliche Integration von Hard- und Software. Neben der Umwandlung von Adobe Premiere Pro in ein Echtzeit HD- und SD-Editingsystem wird hier auch After Effects unterstützt.

2 Begriffe und Standards

In diesem Kapitel erfahren Sie Grundlegendes zur Animation, zu Frames und Keyframes, zu Vollbild und Halbbild, zu Fernseh- und Videonormen und einiges mehr. Einige Begriffe und Standards, die nachfolgend beschrieben werden, begegnen Ihnen nicht nur in After Effects, sondern auch in anderen Applikationen zur Videobearbeitung. Es lohnt sich also, vor der eigentlichen Arbeit mit dem Programm ein paar Minuten auf die nachfolgenden Themen zu verwenden.

2.1 Was ist Animation?

Hätten wir diese Frage noch vor zehn Jahren gestellt, hätte die Antwort sicher immer gelautet: Animation hat etwas mit Trickfilm zu tun. Und falsch ist die Antwort ja auch heute noch nicht. Im Fernsehen und Kino sind Animationen nicht mehr wegzudenken; mit der klassischen Trickfilmanimation haben sie aber meistens nicht viel zu tun, jedenfalls was den Arbeitsablauf betrifft. Man kann die Art der Animation in zwei Kategorien einteilen: die traditionelle Einzelbildanimation und die modernere Keyframe-Animation.

2.1.1 Einzelbildanimation

Zusammenfassend gesagt setzt sich eine Animation aus schnell nacheinander gezeigten Einzelbildern zusammen, wobei jedes Bild eine leichte Veränderung gegenüber dem vorigen Bild enthält.

Es gibt verschiedene Möglichkeiten, wie die einzelnen Bilder erstellt werden. Für den Trickfilm wurde jeder Bewegungsschritt beispielsweise einzeln auf so genannten *Cels* (Kurzname für »Celluloid«) gezeichnet. Es handelt sich dabei um transparente Folien, die es ermöglichen, einen unbewegten Hintergrund durch mehrere Folien mit unterschiedlichen Bewegungsschritten zu überlagern. Erst durch das schnelle Abspielen der einzelnen Bilder nacheinander entsteht der Eindruck einer Bewegung.

Animationen aus einzeln erstellten Bildern können Sie in After Effects leicht herstellen, was im Kapitel 5, »Import«, im Absatz 5.2.2 zur Sprache kommt.

Einzelbildsequenzen kommen in After Effects häufig sowohl beim Import als auch beim Export zum Einsatz – sei es, um Animationen in höchster Qualität aus anderen Applikationen zur Weiterverarbeitung in After Effects zu übernehmen, oder um Daten aus After Effects zur Weiterverwendung zu nutzen, beispielsweise für den Transfer auf Filmmaterial.

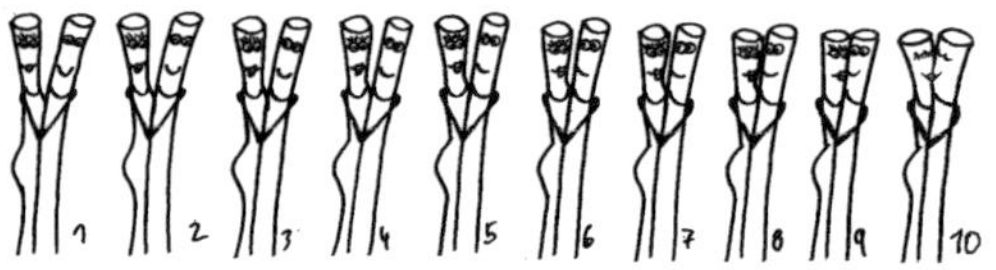

Abbildung 2.1 ▶
Die Bilder einer Einzelbildanimation erwecken den Eindruck einer Bewegung, wenn sie schnell nacheinander abgespielt werden.

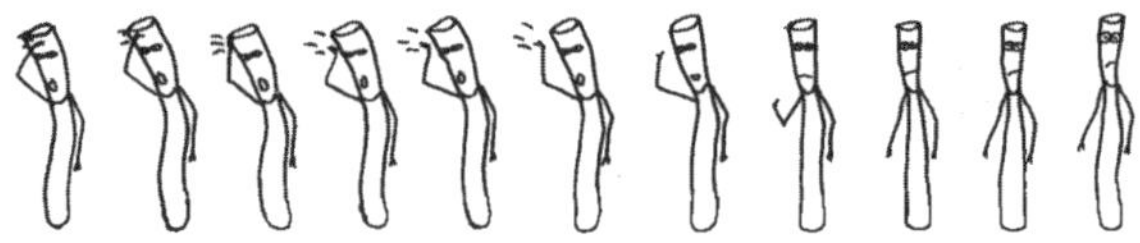

Abbildung 2.2 ▶
Für einen Trickfilm wird jedes Bild einzeln gezeichnet.

2.1.2 Keyframe-Animation

Der große Vorteil der computergestützten Animation liegt in der Automatisierung vieler Animationsprozesse. Veränderungen einer Form in die andere, Positionsveränderungen, Drehungen und dergleichen werden automatisch berechnet. In After Effects können Sie beinahe jede Eigenschaft eines Bildes, Videos oder einer Tondatei über die Zeit verändern, also animieren. Was Sie dazu benötigen, sind die so genannten **Keyframes**.

▲ Abbildung 2.3
In After Effects kann beinahe jede Eigenschaft animiert werden.

▲ **Abbildung 2.4**
Der animierte Effekt Einfärben

Frames und Keyframes | In After Effects setzen sich Animationen aus einzelnen Bildern zusammen: den Frames. Jeder Frame enthält dabei wieder eine kleine Veränderung gegenüber dem vorigen und dem nachfolgenden Bild. Alle Bilder zusammen abgespielt ergeben die Animation, die Bewegung.

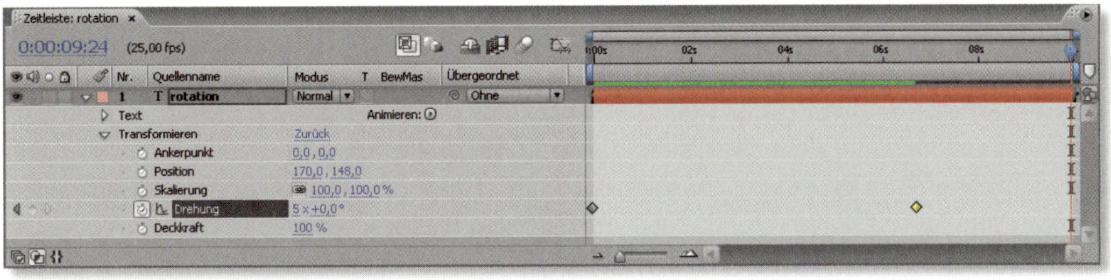

▲ **Abbildung 2.5**
Mindestens zwei Keyframes sind für eine Animation nötig. Das Zwischenrechnen der einzelnen veränderten Bilder nennt man Interpolation.

Es ist aber nicht nötig, jedes einzelne Bild selbst zu »zeichnen«. Es wird nur ein Anfangs- und ein Endbild der Animation und die **Interpolationsart** für die fehlenden Zwischenbilder definiert. In mindestens zwei Schlüsselbildern, den Keyframes, wird die Ausgangssituation und die Veränderung »gespeichert«. Mehr ist für eine Animation grundsätzlich nicht nötig. Den Rest erledigt After Effects für Sie.

[Interpolation]
Interpolation meint das Berechnen von Zwischenwerten aus vorhandenen Werten. Dies können beispielsweise Farb- und andere Bildinformationen sein. Durch die Interpolation kann die fehlende (Bild-)Information errechnet werden.

Dabei kann die Interpolationsart z.B. zwischen Linear und Bézier gewechselt werden, was jeweils eine andere Berechnung der Zwischenwerte zur Folge hat. Das Ergebnis ist in Werte- oder Geschwindigkeitskurven darstellbar.

Framerate | Wie schon erwähnt entsteht der Eindruck der bewegten Bilder durch ein schnelles Abspielen der Bilder nacheinander. Bei einem Kinofilm sind dies immer volle Bilder. Damit unser Auge die einzelnen Bilder nicht mehr als solche erkennt, müssen sie in einer bestimmten Geschwindigkeit abgespielt werden. Diese Geschwindigkeit nennt man **Abspielgeschwindigkeit** oder auch Framerate.

Damit unser Auge die einzelnen Bilder als Bewegungsablauf und einigermaßen flüssig wahrnimmt, müssen mindestens 16 Bilder pro Sekunde angezeigt werden. Für einen Kinofilm werden 24 Bilder pro Sekunde projiziert, beim Fernsehstandard PAL 25 und bei NTSC 30. Die Abkürzung für die Framerate ist fps (Frames per Second) bzw. bps (Bilder pro Sekunde).

Wenn Sie After Effects verwenden, können Sie mit verschiedenen Frameraten innerhalb eines Projekts arbeiten, d.h. Sie können Rohmaterial mit unterschiedlichen Frameraten importieren und Kompositionen mit verschiedenen Frameraten anlegen und ausgeben.

2.2 Auflösung

Ein Bild wird in einzelne Punkte aufgelöst, um es zu drucken oder am Computer sichtbar zu machen. Die Qualität eines Bildes hängt von der Dichte der dargestellten Bildpunkte auf einer bestimmten Fläche ab. Je mehr Punkte pro Zoll, desto feiner die Auflösung. Die Maßeinheit hierfür wird in dpi (Dots per Inch) angegeben.

In der Fernseh- und Videotechnik wird ein Bild nicht in Punkte zerlegt, sondern in Zeilen. Die Auflösung eines Videobildes hängt somit von der Anzahl der Zeilen ab, aus denen sich ein Video- oder Fernsehbild zusammensetzt. Für die Auflösung in der Video- und Fernsehtechnik haben sich einige Standards durchgesetzt, wie später noch eingehend gezeigt wird. Für die Darstellung eines Video- oder Fernsehbilds am Computermonitor wird die zeilenweise Auflösung in Pixel umgerechnet.

2.2.1 Vollbild oder Halbbild

Im Fernseher werden die empfangenen Bilder nicht etwa wie bei einem Diavortrag hintereinander auf den Bildschirm projiziert, sondern jedes Bild wird im so genannten **Zeilensprungverfahren** in zwei Halbbilder geteilt. Der Elektronenstrahl »zeichnet« dabei zuerst die Zeilen eines Halbbilds mit gerader Nummerierung und

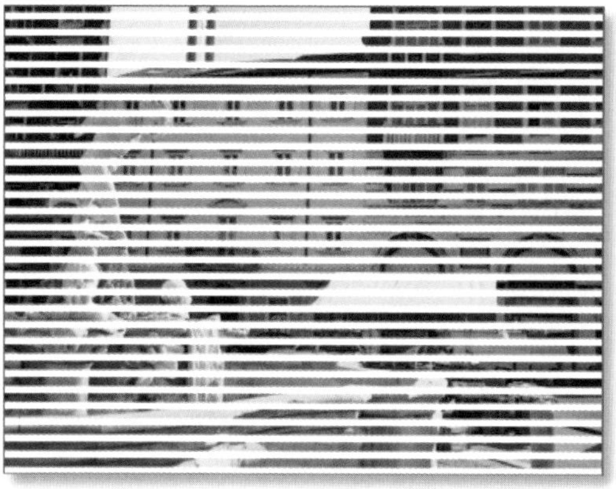

▲ **Abbildung 2.6**
Beim Zeilensprungverfahren wird ein volles Bild in zwei Halbbilder geteilt, die auch oberes ...

▲ **Abbildung 2.7**
... und unteres Halbbild genannt werden.

anschließend die Zeilen eines Halbbilds mit ungerader Nummerierung auf den Bildschirm.

Dies geschieht mit einer bestimmten Frequenz, der **Bildwechselfrequenz**, die dafür sorgt, dass der Wechsel der Bilder von unserem trägen menschlichen Auge nicht wahrgenommen wird. Darum erscheinen uns die beiden nacheinander gezeigten Halbbilder wie ein volles Bild. Außerdem leuchtet die Beschichtung auf dem Bildschirm noch eine Weile nach, nachdem der Elektronenstrahl sie dazu angeregt hat.

Die Splittung der einzelnen Bilder sorgt wie die Bildwechselfrequenz für ein »flüssigeres« Sehen. Wenn pro Sekunde beispielsweise 25 volle Bilder dargestellt werden sollen, entstehen durch das Splitting 50 halbe Bilder pro Sekunde.

Interlaced | Bei der Beschäftigung mit Videodaten wird Ihnen der Begriff *Interlaced* immer wieder begegnen. Er bezeichnet die Aufteilung eines Vollbilds in die beiden Halbbilder. Die Halbbilder werden oberes Halbbild oder upper field, field1 oder odd field bzw. unteres Halbbild, lower field, field 2 oder even field genannt.

In After Effects können Sie verschiedene Videodateiformate verarbeiten und Ihre fertige Animation für die Ausgabe auf Video in Halbbildern ausgeben. Wenn Sie eine Animation für den Computer produzieren, müssen Sie sich bei der Ausgabe um die Halbbilder keine Gedanken machen. Der Computermonitor, aber auch Plasmageräte und Beamer stellen jedes Bild zeilenweise von oben nach unten in einem einzigen Durchgang dar *(Progressive Scan)*. Halbbilder sind in diesen Fällen unerwünscht, da sie Artefakte verursachen.

▲ **Abbildung 2.8**
Zwei halbe, in Zeilen aufgelöste Bilder ergeben dieses Vollbild.

▲ **Abbildung 2.9**
Beim Progressive Scan wird das Bild in einem Durchgang zeilenweise aufgebaut. Halbbilder entstehen dabei nicht.

2.2.2 Bildformat

Das noch heute verbreitete Bildformat mit einem Verhältnis von Breite zu Höhe von 4:3 fand schon zu Beginn der Filmgeschichte im Stummfilm Verwendung. Es wird auch als **Normalformat** bzw. als *1:1,33 Format* bezeichnet. Zum Standard wurde das Format von der Academy of Motion Picture Arts and Sciences erklärt, weshalb es auch den Namen *Academy Ratio* trägt. Es entwickelte sich in den fünfziger Jahren zu einem weit verbreiteten Format, da auch das Fernsehbild nach diesem Standard definiert wurde.

Demgegenüber stehen **Breitwandformate** mit einem Verhältnis von Breite zu Höhe von 16:9. Das 16:9 Format trägt auch die Bezeichnung *Widescreen* und wird bei HDTV verwendet.

▲ **Abbildung 2.10**
Das 4:3 Format (Normalformat) fand schon zu Beginn der Filmgeschichte Verwendung.

▲ **Abbildung 2.11**
Das 16:9 Format (Widescreen) entspricht den menschlichen Sehgewohnheiten am besten.

Das Frame- bzw. Bildseitenverhältnis steht für die Breite und Höhe des gesamten Bildes. Neben den Bildformaten bzw. Frameseitenverhältnissen spielt das Pixelseitenverhältnis eine wichtige Rolle. Dazu mehr im Abschnitt 2.3.5, »Pixelseitenverhältnis«, in diesem Kapitel.

2.2.3 8 Bit, 16 Bit und 32 Bit

[Farbtiefe]
Die Farben eines Pixels werden in After Effects durch je einen Farbkanal für Rot, Blau und Grün dargestellt. Je höher der pro Kanal zur Verfügung stehende Bit-Wert ist, desto mehr Farbabstufungen sind pro Kanal darstellbar.

Die Farbtiefe bezeichnet also die Anzahl der Bit pro Kanal (bpc).

In After Effects können Sie die **Projektfarbtiefe** mit 8, 16 oder 32 Bit wählen, wenn Sie Besitzer der Professional-Version sind. Die Standard-Version hingegen arbeitet mit einer 8-Bit-Farbtiefe.

Der Sinn, mit einer höheren Farbtiefe als 8 Bit zu arbeiten, liegt in der höheren Anzahl der pro Pixel darstellbaren Farben und der damit verbundenen höheren Bildqualität. Mit einer höheren Farbtiefe erreichen Sie feinere Details, Glanzlichter und Verläufe. Für Effektbearbeitungen, Farbkorrektur und das Keying ist eine höher gewählte Farbtiefe allemal ratsam.

Während 8 Bit allgemein noch recht verbreitet ist, ist eine höhere Farbtiefe im professionellen Bereich schon lange gang und gäbe. Die in After Effects 7 neu hinzugekommene Unterstützung der 32-Bit-Farbtiefe ist allerdings fast noch Zukunftsmusik. Nichtsdestotrotz können Sie auch jetzt schon Dateien in Photoshop und in 3D-Software in 32 Bit erstellen und in After Effects verwenden. Auch einige Effekte wie Tonwertkorrektur, Leuchten, Richtungsunschärfe, Malen und vieles mehr sind bereits in der 32-Bit-Farbwelt einsetzbar.

Sie wählen die Projektfarbtiefe über DATEI • PROJEKTEINSTELLUNGEN unter TIEFE.

2.3 Fernsehnormen

Zur Übertragung von Bildsignalen vom Ausstrahlungsort zum Empfänger wurden verschiedene Standards entwickelt. Beim früheren Schwarz-Weiß-Fernsehen wurden nur die Helligkeitswerte übertragen, erst später kamen die Farbinformationen hinzu.

Die Normen unterscheiden sich unter anderem durch die unterschiedliche Anzahl der Zeilen und durch die verschiedene Bildwechselfrequenz. Für die Übertragung der Farbinformation haben sich NTSC, PAL und SECAM als Standards durchgesetzt.

2.3.1 NTSC

1940 wurde das National Televisions System Committee (NTSC) in den USA gegründet, um den über eine einheitliche Fernsehnorm entbrannten Konflikt einiger Firmen zu lösen. 1941 folgte die Einführung des NTSC-Systems in Schwarz-Weiß und 1953 in Farbe.

Bei der Einführung in Schwarz-Weiß wurde die Bildwechselfrequenz an das Wechselstromnetz der USA angepasst und lief mit 60 Hz. Es wurden 30 volle Bilder bzw. 60 Halbbilder pro Sekunde übertragen, was für eine flimmerfreie Darstellung der Bilder ausreichte. Die Auflösung wurde auf 525 Zeilen pro Bild festgelegt. Davon werden 480 Zeilen für die Bildinformation benutzt, der Rest für andere Informationen wie Untertitel.

[Hertz]
Hertz (Hz) bezeichnet die physikalische Einheit für Schwingungen pro Sekunde (Frequenz). 1 Kilohertz (KHz) = 1.000 Hz.

Die Einführung des Farbfernsehens baute auf der Schwarz-Weiß-Technologie auf. Die Bildwechselfrequenz wurde dabei auf 29,97 Vollbilder pro Sekunde festgelegt. Ein großer Nachteil des NTSC-Systems besteht in der Anfälligkeit des Bildsignals bei der Übertragung über Funk und Kabel, was zu erheblichen Farbtonveränderungen führen kann.

Verwendung findet das NTSC-System heute in Nord-, Mittel- und Südamerika und in Ostasien.

CCIR

Das europäische Pendant zum National Televisions System Committee (NTSC) ist das CCIR (Comité Consultatif International des Radio Communications). Inzwischen hat das CCIR den Namen gewechselt und heißt ITU-R (Radiocommunication Bureau) und ist Teilorganisation der ITU (International Telecommunications Union).

Das CCIR legte den Standard für ein Schwarz-Weiß-Format mit einer Auflösung von 625 Zeilen pro Bild und einer Bildwechselfrequenz von 25 Vollbildern bzw. 50 Halbbildern pro Sekunde fest.

PAL und SECAM basieren größtenteils auf diesem Standard und bilden eine Farbspezifikation.

2.3.2 PAL

Die PAL-Spezifikation (Phase Alternating Line) basiert auf der NTSC-Technologie und wurde von der Firma Telefunken in Deutschland entwickelt. Beim PAL-System treten die störenden Farbschwankungen des NTSC-Systems nicht mehr auf.

Der Standard, der das PAL- und das NTSC-System definiert, wurde 1998 von der ITU unter dem Titel ITU-R BT.470-6 publiziert. Die ITU geht auf den 1865 gegründeten Internationalen Telegraphenverein zurück und ist heute Teilorganisation der UNO.

Die Bildwechselfrequenz wurde bei PAL auf 50 Hz, passend zur europäischen Netzfrequenz, festgelegt. Es werden 25 Vollbilder, also 50 Halbbilder pro Sekunde übertragen. Allgemein üblich benutzt das PAL-System ein Videoformat mit 625 Zeilen pro Bild. Davon werden 575 Zeilen für die Bildinformation benutzt und der Rest für andere Informationen wie Videotext.

Verbreitet ist PAL in Deutschland und weiten Teilen Europas, in einigen afrikanischen und asiatischen Ländern und in Australien.

2.3.3 SECAM

Das SECAM-System (Séquenciel Couleur avec Mémoire) wurde in Frankreich aus politischen Gründen entwickelt, um die einheimischen Gerätehersteller vor Importen ausländischer Geräte zu schützen.

In Frankreich wurde die Anzahl der Zeilen pro Bild auf 819 erhöht. In den früheren RGW-Staaten, in denen das SECAM-System ebenfalls aus politisch motivierten Gründen eingeführt wurde, hielt man sich an die Norm der CCIR mit 625 Zeilen pro Bild. Das SECAM-System arbeitet wie das PAL-System mit 50 Hz und überträgt 25 Vollbilder bzw. 50 Halbbilder. Nachteil des SECAM-Systems ist die Störanfälligkeit des Signals, die zu Farbrauschen führen kann.

SECAM wird heute noch in vielen Ländern Osteuropas und in Frankreich verwendet.

2.3.4 PAL, SECAM und NTSC digital

Die Standards PAL, SECAM und NTSC existieren nicht nur im analogen, sondern auch im digitalen Bereich. Allerdings gibt es dabei einige Unterschiede zu den analogen Normen. Die Bildauflösung wird zwar noch von der Auflösung in Zeilen hergeleitet, die Maßeinheit ist aber Pixel. So hat ein digitales PAL-Format eine Auflösung von 720 × 576 rechteckigen Pixeln. Ein digitales NTSC-Format hat eine Auflösung von 720 × 480 Pixeln.

Im Gegensatz zu den analogen Standards sind DVDs mit digitalem PAL und digitalem NTSC nicht mit verschiedenen Farbsystemen kodiert, sondern mit YUV 4:2:0, einer Kompressionsform beim **Farbsampling**. Erst im DVD-Player wird ein SECAM-, NTSC- oder PAL-Videosignal erzeugt. So ist es möglich, dass eine NTSC-DVD auf einem PAL-DVD-Player abgespielt werden kann und umgekehrt. Ebenso verhält es sich bei der Wiedergabe einer PAL-DVD auf einem Secam-DVD-Player.

Auch die unterschiedliche Bildwechselfrequenz von 25 Vollbildern pro Sekunde bei PAL und SECAM und 30 Vollbildern pro Sekunde bei NTSC kann von den meisten DVD-Playern entsprechend erzeugt werden; eher verhindert der Fernseher oder der Regionalcode die Wiedergabe.

Farbsampling
Durch das Farbsampling ist eine Verringerung der Datenmenge von analogen Videosignalen vor der Speicherung möglich. Weitere Informationen dazu erhalten Sie in Abschnitt 20.1.5 im Kapitel »Farbkorrektur«.

2.3.5 Pixelseitenverhältnis

In der Videobearbeitung am Computer taucht häufig der Begriff **Pixel Aspect Ratio** (PAR) bzw. Pixelseitenverhältnis auf. Man unterscheidet quadratische Pixel mit einem gleichen Seitenverhältnis (1:1) und rechteckige Pixel mit einem unterschiedlichen Pixelseitenverhältnis (z.B.: 1:1,067). Dieser Umstand führt oft zur Verwirrung und resultiert aus der Umwandlung von Videodaten von der analogen in die digitale Welt und umgekehrt.

Eine Zeile mehr | In der analogen Fernsehtechnik wurden für die PAL-Fernsehnorm 575 Bildzeilen für das aus zwei Halbbildern bestehende Fernsehbild festgelegt. Für die digitale Welt wurden die 575 Zeilen jedoch in 576 Pixel für die Bildhöhe bei digitalem PAL übersetzt. Der Grund liegt in der besseren Berechnung bei der Interpretation der analogen Halbbilder, die in die digitalen Pixel übersetzt werden müssen. Aus 575 Zeilen hätten sich so 287,5 Pixel für ein Halbbild ergeben. Bei 576 Bildpunkten erhalten wir die gerade Zahl von 288 Pixeln.

PAL digital | Der digitale PAL-Standard wurde vom CCIR (Comité Consultatif International des Radiocommunications, heute ITU) im Protokoll ITU-R BT.601 festgelegt. Das Bildseitenverhältnis wurde für digitales PAL mit 4:3 festgeschrieben. Bei 576 Pixeln Höhe ergibt sich also eine Breite von 768 Pixeln.

Um eine Annäherung an den digitalen NTSC-Standard zu erreichen, der mit 640 × 480 quadratischen Pixeln festgelegt ist, wurde das PAL-Format auf eine Größe von 720 × 576 rechteckige Pixel geschrumpft. Und da haben wir das Problem.

Damit bei der analogen Übertragung die PAL-Fernsehnorm mit einer Breite von 768 Pixeln auch mit den 720 Pixeln erreicht wird, müssen die 720 Pixel etwas breiter sein. Das Pixelseitenverhältnis ist also nicht mehr quadratisch, sondern rechteckig und beträgt etwa 1:1,067 bei PAL. Daraus ergibt sich, dass ein DV-PAL-Video

Mehr wissen?
Wenn Sie wissen wollen, wie Sie der Problematik Pixelseitenverhältnis in After Effects begegnen, lesen Sie weiter im Abschnitt 5.10.3, »Pixel Aspect Ratio (PAR)«.

HDTV-fähige Geräte

In Europa werden HDTV-fähige Geräte (also Monitore, Fernseher und Displays) mit dem Gütesiegel »HD ready« versehen.

Für die Vergabe des »HD ready«-Siegels müssen die Geräte eine minimale native Auflösung von 720 Bildschirmzeilen, das 16:9-Seitenverhältnis und die Formate 720p (1280 × 720 bei 50/60 progressiv) und 1080i (1920 × 1080 bei 50/60 interlaced) unterstützen.

Mit dem HDTV-Symbol werden HDTV-fähige Receiver und Empfangsgeräte gekennzeichnet.

Wer einen neueren Computermonitor besitzt, kann sich freuen, bereits ein Wiedergabegerät für HDTV zu besitzen, da die neuen Monitore über eine entsprechende Auflösung verfügen.

am Computermonitor schmaler aussieht als im Original, denn der Computermonitor stellt wiederum nur quadratische Pixel dar. Andersherum können Grafiken, die im Computer erstellt wurden, im Fernseher breiter dargestellt werden, wenn die Grafik nicht entsprechend vorbereitet wurde.

2.4 HDTV

HDTV (High Definition Television), das hochauflösende Fernsehen, bildet neben den analogen Fernsehsystemen eine dem digitalen Zeitalter gerechte Weiterentwicklung des Fernsehens. HDTV ist ein Sammelbegriff für mehrere Fernsehnormen und arbeitet gegenüber PAL, SECAM und NTSC mit einer weit höheren Bildauflösung.

- Bei der progressiven Wiedergabe (nur Vollbilder) wird eine Bildauflösung von 1280 × 720 Pixeln verwendet. Die Bezeichnung dafür lautet »720p«.
- Für die Interlaced-Wiedergabe (in Halbbildern) mit der Bezeichnung »1080i« wird eine Bildauflösung von 1920 × 1080 Pixeln verwendet.

Die Bildwechselfrequenz kann bei HDTV 25 oder 50 volle Bilder pro Sekunde bzw. 50 Halbbilder pro Sekunde (EBU) und 24, 30 oder 60 volle Bilder pro Sekunde bzw. 60 Halbbilder pro Sekunde (FCC/ATSC-System) betragen.

Während in Europa die Einführung des HDTV so langsam in Gang kommt, wird in den USA bereits seit der Jahrtausendwende in HDTV gesendet. In Japan wurden bereits Mitte der neunziger Jahre Programme in HDTV übertragen. In den USA und Japan sind die Preise für HDTV-Fernseher bereits in erschwinglichem Rahmen.

Ähnlich wie in dem Märchen von Hase und Igel, die einen Wettlauf machen, hat Europa durch seine Langsamkeit den Vorteil gewonnen, später entwickelte Technologieverbesserungen wie die Übertragung der Bilddaten in MPEG 4 für sein HDTV verwenden zu können, und hat dadurch, wie zuvor mit dem PAL-System, die Nase vorn.

After Effects ist schon seit langem auf die HDTV-Auflösungen vorbereitet und bietet Einstellungen sowohl für 1280 × 720 Pixel als auch für 1920 × 1080 Pixel.

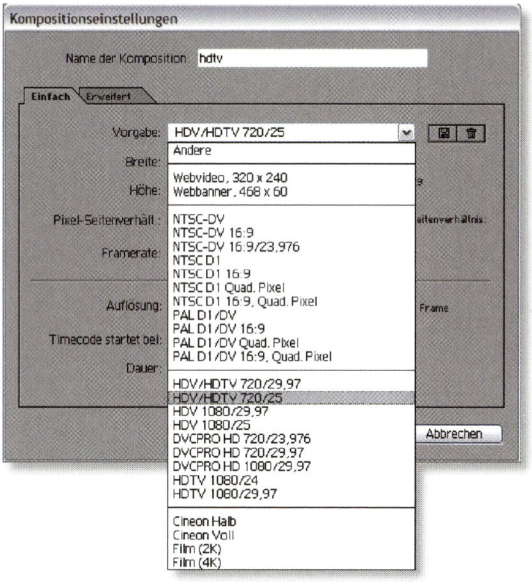

◄ **Abbildung 2.12**
After Effects bietet Einstellungen für die HDV- und HDTV-Produktion als voreingestellte Formate an.

2.4.1 4:3 und 16:9 Format

Das allgemein gebräuchliche 4:3 Format mit einem Bildseitenverhältnis von 1,33:1 findet bei HDTV keine Anwendung mehr, obwohl es auf den Wiedergabegeräten ausgestrahlt werden kann. Stattdessen arbeitet HDTV mit einem 16:9 Format mit einem Bildseitenverhältnis von 1,78:1 und quadratischen Pixeln. Das auch unter dem Namen Widescreen bekannte Format ergibt einen breitwandigen Kinoeindruck und entspricht den menschlichen Sehgewohnheiten besser als das 4:3 Format.

2.5 Videonormen

Für die Aufzeichnung von Bilddaten sind in der Vergangenheit eine ganze Reihe an Aufzeichnungsverfahren entstanden. Ein einheitlicher Standard hat sich dabei leider nicht durchgesetzt. Am bekanntesten sind sicherlich die Aufzeichnungsverfahren VHS und S-VHS, die es ermöglichen, Videos auf dem heimischen Videorekorder abzuspielen. Etwas neueren Datums ist die DV-Technologie, die sowohl im Consumer- als auch im Profibereich eingesetzt wird.

2.5.1 DV

DV ist ein Sammelbegriff, der sowohl für eine bestimmte Bandart zur Aufzeichnung von Videodaten als auch für eine speziell bei dieser Aufzeichnung verwendete Komprimierung der Videodaten

VHS und S-VHS

VHS (Video Home System) wurde von der Firma JVC entwickelt und ist ein analoges Aufnahme- und Wiedergabesystem. Die Daten werden bei VHS auf einem Magnetband gespeichert.

S-VHS (Super Video Home System) ist eine Weiterentwicklung von VHS und dazu abwärtskompatibel. S-VHS erlaubt die Aufzeichnung einer gegenüber VHS beinahe verdoppelten Auflösung. Die bessere Bildqualität gegenüber VHS resultiert außerdem aus der Trennung der Farb- und der Helligkeitsinformation bei der Aufzeichung, einem schnelleren Bandtransport und einer höheren Bandqualität.

verwendet wird. Außerdem werden Kameras, die eine entsprechende Komprimierung und ein Band für die Aufzeichnung verwenden, als DV-Kameras bezeichnet.

Zunächst wurde das DV-Aufzeichnungsverfahren von Sony 1997 für den Consumer-Bereich eingeführt. Bald kamen DVCAM von Sony und DVCPRO von Panasonic als Weiterentwicklung für den Profibereich hinzu. Das Revolutionäre der Technologie von Sony ist, dass Bilddaten nicht analog, sondern digital aufgezeichnet werden. Das heißt, die in der Kamera ankommenden analogen Bildsignale werden vor der Speicherung in digitale Signale umgewandelt und erst dann auf ein Magnetband aufgezeichnet.

Gab es bei der analogen Aufzeichnungsvariante noch nicht wiederherstellbare Bildverluste bei Bandfehlern, können diese bei DV durch Korrekturmechanismen vermieden werden. Auch bei der Übertragung der Videodaten ergeben sich Vorteile durch die vorherige Digitalisierung, da keine so genannten Generationenverluste mehr entstehen.

Die Qualität der DV-Aufnahmen im Consumer-Bereich wird durch mehrere Komprimierungsvorgänge der Bilddaten **vor** der Aufzeichnung geschmälert, obwohl immer noch eine sehr hohe Qualität erreicht wird. Vor der Speicherung durchlaufen die ankommenden Bilddaten eine kleine Fabrik, bei der sie mehrfach komprimiert werden, bis eine kontinuierliche Datenrate von 25 Mbit/s erreicht wird. Diese Komprimierung wird als **DV25** bezeichnet. Die CCD-Wandler der Kamera liefern dabei ein RGB-Signal. Die Abtastung des Signals erfolgt mit 4:2:0-Farbsampling, wobei die RGB-Daten in den YUV-Farbraum übertragen werden.

[Datenrate]
Die Datenrate bezeichnet die Menge der innerhalb einer bestimmten Zeit übertragenen Daten. Die Datenrate begegnet einem auch, um die Geschwindigkeit zu beschreiben, mit der Daten von Speichermedien gelesen werden.

Die Daten können digital über die Firewire-Schnittstelle (auch unter IEEE 1394 und i.LINK bekannt) übertragen und auf der Festplatte gespeichert werden. DV-Camcorder im Consumer-Bereich verwenden zur Speicherung auf Band miniDV-Kassetten.

2.5.2 DVCAM und DVC Pro

DVCAM-Geräte sind in der Lage, DV-Aufnahmen abzuspielen, und umgekehrt. Die Bandgeschwindigkeit ist gegenüber DV erhöht, wodurch weniger Daten auf einem Band gespeichert werden und dieses dadurch weniger störanfällig wird. Die Komprimierung erfolgt wie bei DV.

Das Format DVC Pro basiert ebenfalls auf dem DV-Format. Auch hier wurde die Bandgeschwindigkeit erhöht. Für PAL wird mit einer Komprimierung der Farbinformation von 4:1:1 gearbeitet. Das weiterentwickelte Format DVCPro50 arbeitet mit einer höheren Datenrate von 50 Mbit/s und einem Farbsampling von 4:2:2.

2.5.3 HDV

HDV (High Definition Video) wurde entwickelt, um hochauflösendes Video auf den im Consumer-Bereich eingesetzten miniDV-Kassetten aufzuzeichnen. Dabei wird eine MPEG2-Komprimierung verwendet.

Bei dieser Kompression entstehen durch die bei MPEG2 angewandte Zusammenfassung mehrerer aufeinander folgender Bilder zu Bildblöcken (GOP- bzw. IBP-Struktur) Probleme bei einem framegenauen Schnitt. Die Auflösung ist gegenüber HDTV geringer und beträgt 1440 × 1080 Pixel, wenn mit bester Qualität aufgezeichnet wird. Die Aufzeichnung ist in dieser Auflösung nur im Interlaced-Modus, also in Halbbildern möglich. Die Framerate kann bei 60 bzw. 50 Halbbildern pro Sekunde gewählt werden. Bei der Aufzeichnung mit 1280 × 720 Pixel ist auch eine Aufzeichnung im Vollbildmodus möglich, also progressiv mit den Frameraten 60, 50, 30 und 25 pro Sekunde.

Sicherlich wird dieses neue Format einiges in Bewegung setzen. After Effects ist in der Version 7 bereits durch entsprechende Kompositionsvorgaben dafür gerüstet.

D1, D5

D1 ist ein Videokassetten- und Videorekorderformat, das die Videonorm CCIR-601 bzw. ITU-R 601 verwendet. Die Pixel sind in dieser Norm nicht rechteckig und werden bei der Darstellung auf dem Computermonitor leicht verzerrt. Bei D1 und dem neueren D5 Standard werden die Videodaten, der Videonorm entsprechend, mit einer Auflösung von 4:2:2 und unkomprimiert gespeichert. Auf Grund der hohen Qualität der nach dieser Norm gespeicherten Videodaten werden D1 und D5 zur Archivierung und als Mastertapes in der Musikindustrie und in der Werbung verwendet und eignen sich für hochwertige Postproduction.

Das D1-Format bildet die Basis für die digitalen Bandformate und die digitale Signalverarbeitung von Video-Informationen.

3 Tour durchs Programm

In diesem Kapitel erhalten Sie einen Überblick über die Arbeitsoberfläche von After Effects. Es werden die wichtigsten Fenster und Paletten von After Effects erläutert, und Sie führen Ihr erstes komplettes Projekt durch!

3.1 Die Benutzeroberfläche im Überblick

Die wichtigsten Fenster von After Effects sind das Projektfenster ❶, das Kompositionsfenster ❷ und die Zeitleiste ❸. Daneben werden Ihnen häufig das Effektfenster, ab und an das Footage-Fenster und das Ebenenfenster begegnen.

▼ **Abbildung 3.1**
Die Abbildung zeigt eine für die meisten Arbeiten optimale Einrichtung der Bedienoberfläche.

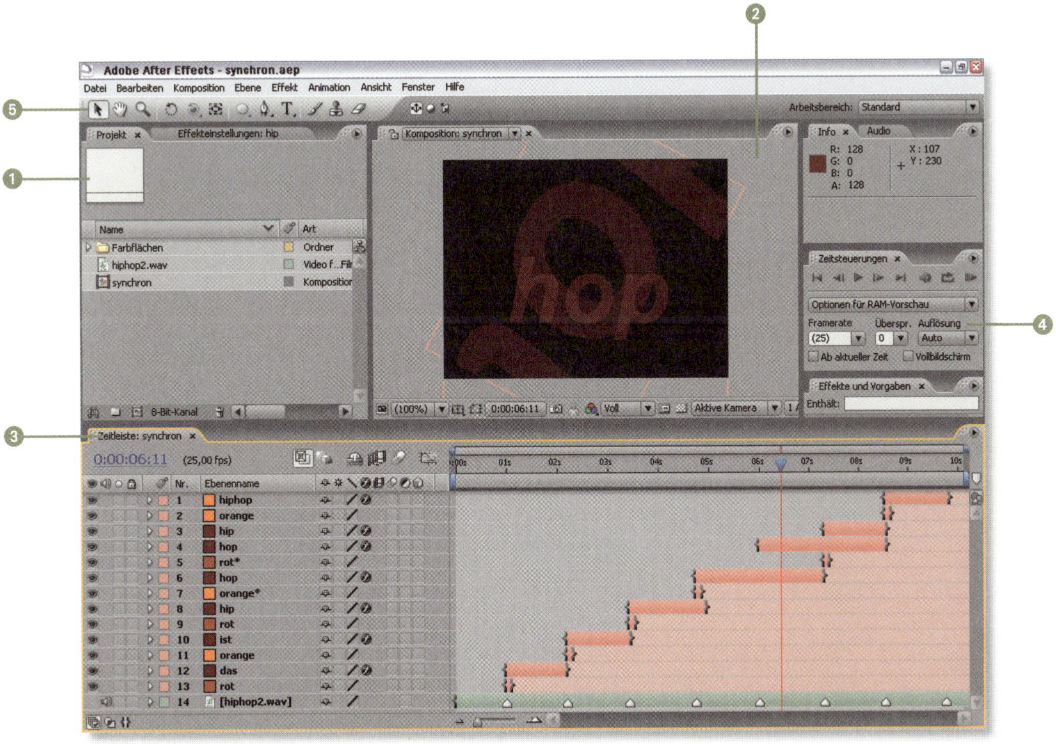

Projektfenster | Im Projektfenster ❶ verwalten Sie Ihre importierten Rohmaterialdateien, die Footage genannt werden. Sie finden neben jeder importierten Datei eine Reihe an Informationen, die Ihnen etwas über den Typ der Datei, ihre Dauer und ihren Pfad auf der Festplatte verraten. Außerdem können Sie Dateien in Ordnern ablegen und nach Dateinamen suchen.

Kompositionsfenster | Das Kompositionsfenster ❷ legt die Ausgabegröße Ihres Films fest. Das Layout Ihrer Dateien gestalten Sie im Kompositionsfenster ähnlich wie in Grafikprogrammen. Bild- und Videodaten werden darin räumlich angeordnet. Sie haben die Möglichkeit, mehrere Kompositionen mit unterschiedlichen Einstellungen anzulegen und können diese ineinander verschachteln. Die räumlichen Eigenschaften wie Skalierung, Drehung oder Position Ihres Rohmaterials können Sie in der Komposition festlegen. Bei größeren Projekten werden Sie sicher mit mehreren Kompositionen arbeiten. Diese ermöglichen Ihnen zum einen Übersichtlichkeit und zum anderen auch manche Effekte, die in einer einzigen Komposition nicht möglich sind.

Zeitleiste | In erster Linie dient die Zeitleiste ❸ dazu festzulegen, zu welchem Zeitpunkt welches Material im Kompositionsfenster zu sehen ist. Auch der Beginn und das Ende der Animation einer Eigenschaft werden in der Zeitleiste eingestellt. Mehrere Rohmaterialdateien werden in der Zeitleiste übereinander angeordnet, wobei die jeweils oberste die unteren verdeckt. So können mehrere zeitliche Veränderungen nebeneinander stattfinden. In der Zeitleiste wird jede Rohmaterialdatei **Ebene** genannt, egal um welchen Dateityp es sich dabei handelt. Jede Ebene besitzt mehrere animierbare Eigenschaften.

Footage-Fenster | Im Footage-Fenster (siehe Abbildung 3.2) können Sie eine importierte Datei in ihrem Originalzustand begutachten. Audio- und Videodateien werden ebenfalls abgespielt. Sie öffnen das Footage-Fenster über einen Doppelklick auf die entsprechende importierte Datei im Projektfenster. Daraufhin öffnet sich für Standbilder und für Video- und Audiodateien das Footage-Fenster, das wie eine Karteikarte neben dem Kompositionsfenster angezeigt wird. Sie können die Dateien abspielen, indem Sie die Taste [0] im Ziffernblock drücken.

Ebenenfenster | Das Ebenenfenster (Abbildung 3.3) bietet die Möglichkeit, eine Ebene separat von anderen Ebenen der Komposition zu betrachten. Zu öffnen ist das Ebenenfenster über einen Doppelklick auf die markierte Ebene in der Zeitleiste bzw. über das

Menü Ebene • Ebene öffnen. Auch das Ebenenfenster wird wie eine Karteikarte neben dem Kompositionsfenster eingeblendet.

Essentiell wird das Ebenenfenster bei Verwendung der Malwerkzeuge, die sich nicht im Kompositionsfenster anwenden lassen. Masken können schon seit längerem auch im Kompositionsfenster erzeugt werden, aber auch dabei ist die Bearbeitung im Ebenenfenster manchmal einfacher.

▲ **Abbildung 3.2**
Im Footage-Fenster werden die unbearbeiteten Dateien angezeigt.

▲ **Abbildung 3.3**
Das Ebenenfenster unterscheidet sich kaum vom Kompositionsfenster. Manche Bearbeitungen sind im Ebenenfenster einfacher.

Effektfenster | Im Effektfenster verwalten Sie einen oder mehrere Effekte und können selbst vorgenommene Einstellungen als Vorlagen speichern.

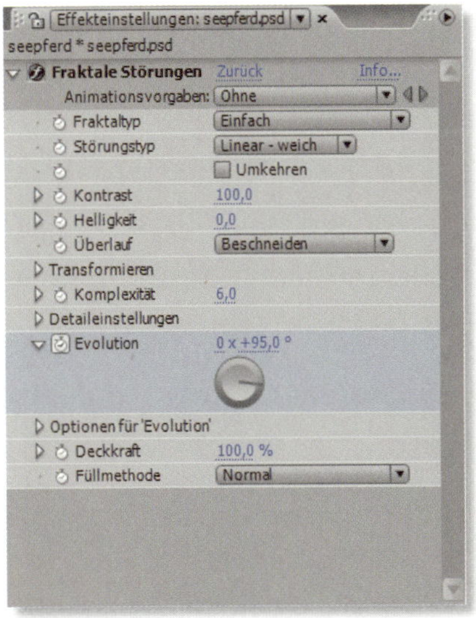

◂ **Abbildung 3.4**
Im Effektfenster werden ein oder mehrere Effekte verwaltet und eingestellt.

▲ **Abbildung 3.5**
Die Zeitsteuerungen-Palette enthält die Abspielsteuerung für Kompositionen und Vorschauoptionen.

Der erfahrene Anwender kann Animationen von Effekteinstellungen oft schneller im Effektfenster als in der Zeitleiste vornehmen. Sie öffnen das Fenster, indem Sie die Ebene, die einen Effekt enthält, in der Zeitleiste markieren und dann EFFEKT • EFFEKTEINSTELLUNGEN ÖFFNEN bzw. [F3] wählen oder Sie klicken einfach auf den Namen des Effekts in der Zeitleiste.

Zeitsteuerungen- und Werkzeugpalette | Neben den Fenstern werden Sie von Anfang an mit der Zeitsteuerungen-Palette ❹ (Abbildung 3.1) zu tun haben, die Sie über FENSTER • ZEITSTEUERUNGEN öffnen. Auch die Werkzeugpalette ❺, die Sie über FENSTER • WERKZEUGE öffnen, wird Sie nie verlassen.

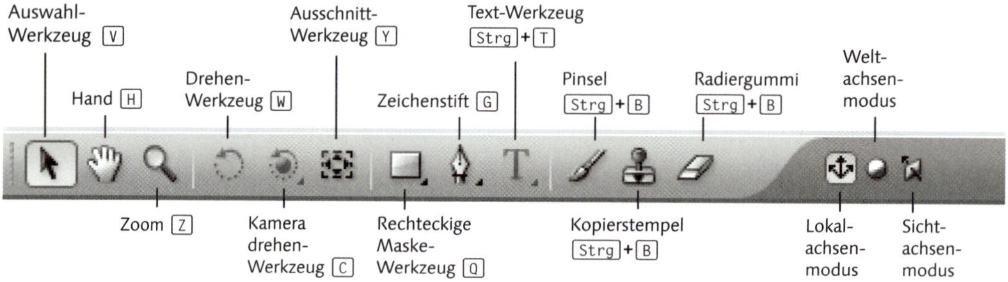

▲ **Abbildung 3.6**
Die Werkzeugpalette enthält unter anderem Werkzeuge zur Bearbeitung von Masken, Text und zum Malen in Ebenen.

Ein paar weitere interessante Fenster, auf die später in diesem Buch noch intensiv eingegangen wird, seien vorab kurz vorgestellt.

Tracker-Steuerungen-Palette (nur Pro) | Die Tracker-Steuerungen-Palette (nur Pro), die Sie über FENSTER • TRACKER-STEUERUNGEN öffnen, ermöglicht es, ausgewählte Punkte in bewegtem Footage wie Video zu tracken bzw. zu verfolgen (Abbildung 3.7). Das Ergebnis lässt sich beispielsweise auf Effekte anwenden und macht es möglich, einen Effekt einem bewegten Objekt in Videofootage folgen zu lassen. Eine andere Möglichkeit besteht darin, verwackelte Kameraaufnahmen zu stabilisieren.

Zeichen-Palette | Die Zeichen-Palette (Abbildung 3.8), die Sie über FENSTER • ZEICHEN öffnen, enthält umfangreiche Editiermöglichkeiten für Text. Laufweiten, Zeilenabstände oder Zeichenabstände lassen sich problemlos ändern, ebenso wie die Textfarbe, die Kontur oder die Schriftart. Der Wechsel zwischen Kursivschrift oder hoch- und tiefgestellten Zeichen ist mühelos.

Intelligente-Maskeninterpolation-Palette (nur Pro) | Mit der Intelligente-Maskeninterpolation-Palette (nur Pro), die Sie über FENSTER • INTELL. MASKEN-INTERPOLATION öffnen, stellen Sie bessere Übergänge zwischen Maskenformen her (Abbildung 3.9).

In After Effects werden Sie im Laufe der Arbeit mit diesem Buch noch einige weitere Fenster und Paletten kennen lernen. Aber alles zu seiner Zeit.

▲ **Abbildung 3.7**
Mit der Tracker-Steuerungen-Palette (nur Pro) lassen sich Trackpunkte in Videomaterial verfolgen und verwackelte Kameraaufnahmen stabilisieren.

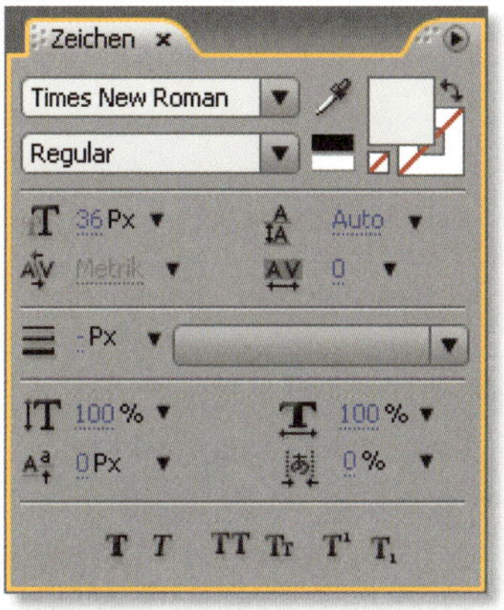

▲ **Abbildung 3.8**
Umfangreiche Editiermöglichkeiten für Text bietet die Zeichen-Palette.

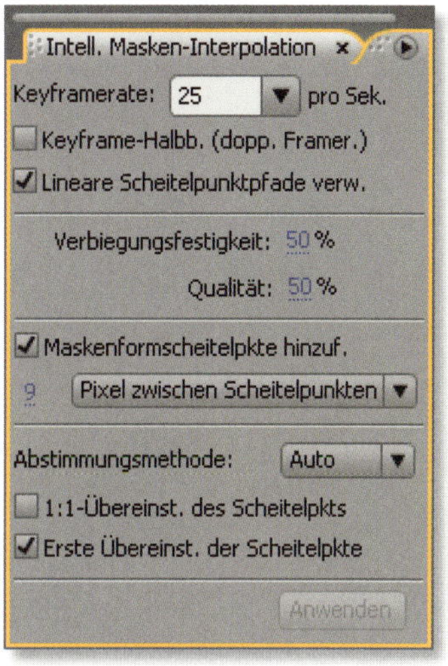

▲ **Abbildung 3.9**
Für bessere Übergänge zwischen Maskenformen sorgt die Intelligente-Maskeninterpolation-Palette (nur Pro).

3.2 Ein erstes Projekt

Schritt für Schritt werden Sie nun ein Projekt vom Import bis hin zur fertigen Ausgabe selbst gestalten und sich so einen schnellen Einblick in die Arbeitsweise mit After Effects verschaffen. Der Umgang mit den Grundfunktionen wird Ihnen schon bald leicht fallen.

Beispieldateien/03_Tour/meer.mov

Schritt für Schritt: Ihr erstes Projekt

Bevor Sie beginnen, schauen Sie sich erst einmal Ihr Ziel an: den fertigen kleinen Film »meer.mov«. Starten Sie dazu den QuickTime Player und gehen dann unter DATEI auf FILM ÖFFNEN. Der Film befindet sich wie die Projektdatei »erstesProjekt.aep« in dem Ordner 03_TOUR auf der DVD zum Buch.

Projektorganisation

Oft ist es günstig, die für die Projekte in den verschiedenen Workshops benötigten Dateien auf die Festplatte zu kopieren. Legen Sie sich dafür am besten bei der zukünftigen Arbeit für jeden Workshop jeweils entsprechende Ordner an.

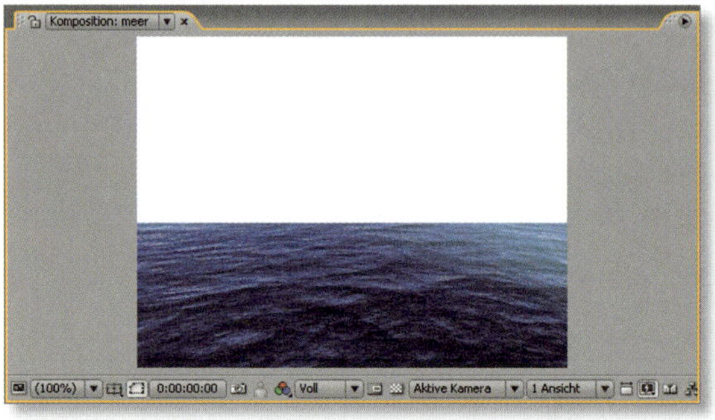

Abbildung 3.10 ▸
Unser Projekt: Das Meer

1 Projekt anlegen

Starten Sie After Effects per Doppelklick auf das After Effects-Icon. Als Erstes erscheint ein leeres Projektfenster ①.

Geben Sie dem Projekt gleich einen Namen unter Datei • Speichern unter. Wählen Sie einen Verzeichnispfad, den Sie nachher leicht wiederfinden. Speichern Sie das Projekt günstigenfalls in dem Ordner, der auch die im Projekt verwendeten Dateien enthält.

▾ **Abbildung 3.11**
Nach dem Start von After Effects finden Sie zunächst ein leeres, unbenanntes Projekt vor.

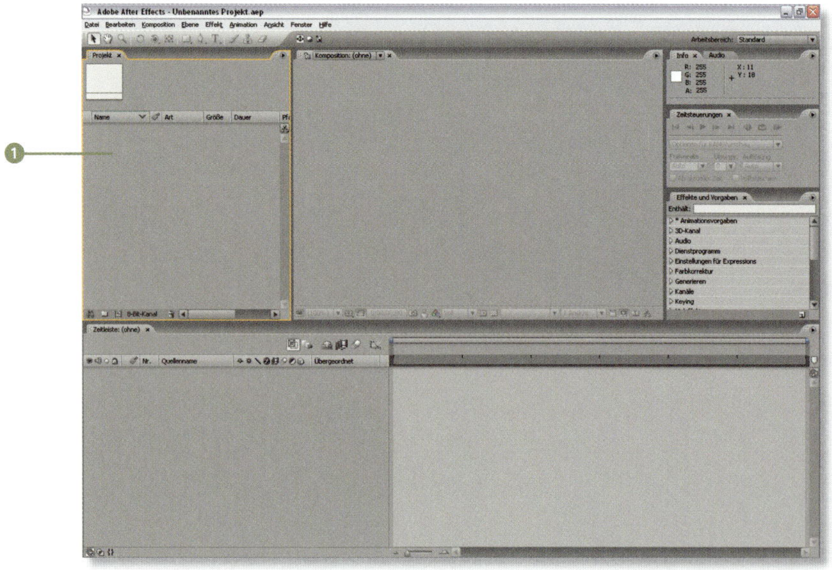

2 Import der Rohmaterialien

Importieren Sie nun die Dateien »meer.psd«, »wolken.psd«, »albatros.psd« über Datei • Importieren • Datei. Halten Sie die Maustaste gedrückt, während Sie den Cursor über mehrere Dateien ziehen. Alternativ können Sie auch mehrere Dateien einzeln auswählen, indem Sie sie nacheinander mit gedrückter [Strg]- bzw. [⌘]-Taste anklicken.

Beim Import erscheint ein Dialogfenster, über das Sie auswählen können, welche Ebenen einer Datei Sie importieren möchten. Wählen Sie dort AUF EINE EBENE REDUZIERT und bestätigen mit OK. Die Dateien befinden sich nun im Projektfenster ②, wo sie verwaltet werden (ordnen, löschen etc).

▼ **Abbildung 3.12**
Die Daten liegen nun im Projektfenster.

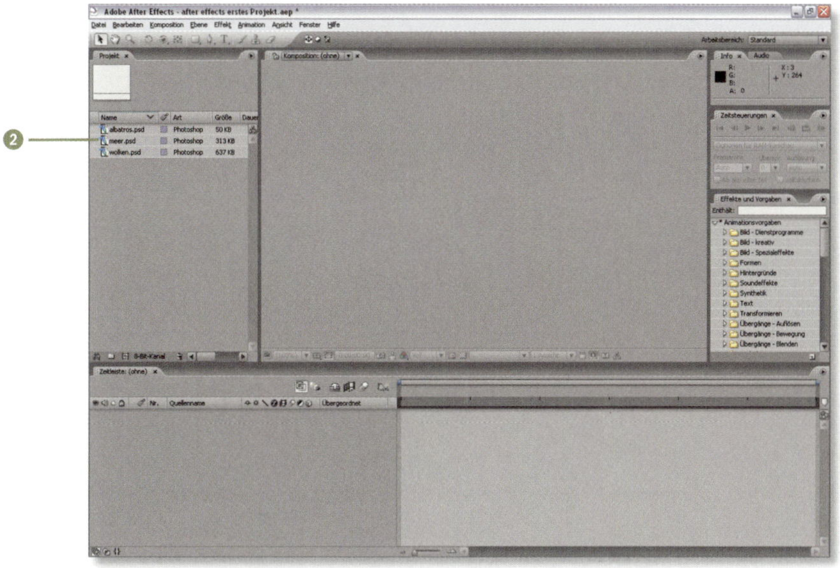

3 Komposition anlegen

Markieren Sie die Datei »meer.psd« ③ und ziehen Sie sie auf das Symbol NEUE KOMPOSITION ④ im Projektfenster, so wie in der Abbildung dargestellt.

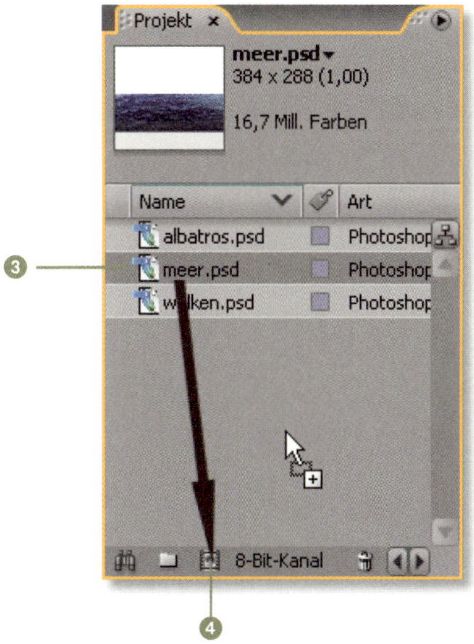

◀ **Abbildung 3.13**
Die Datei »meer.psd« ziehen Sie auf das Kompositionssymbol im Projektfenster.

Es wird automatisch eine Komposition ❶ in der Größe der Datei »meer.psd« angelegt. Außerdem ist die zur Komposition dazugehörige Zeitleiste ❷ entstanden, die schon die Datei »meer.psd« enthält. Auch im Projektfenster wird die Komposition mit einem Symbol angezeigt ❸.

▼ Abbildung 3.14
So sieht Ihre Oberfläche jetzt aus.

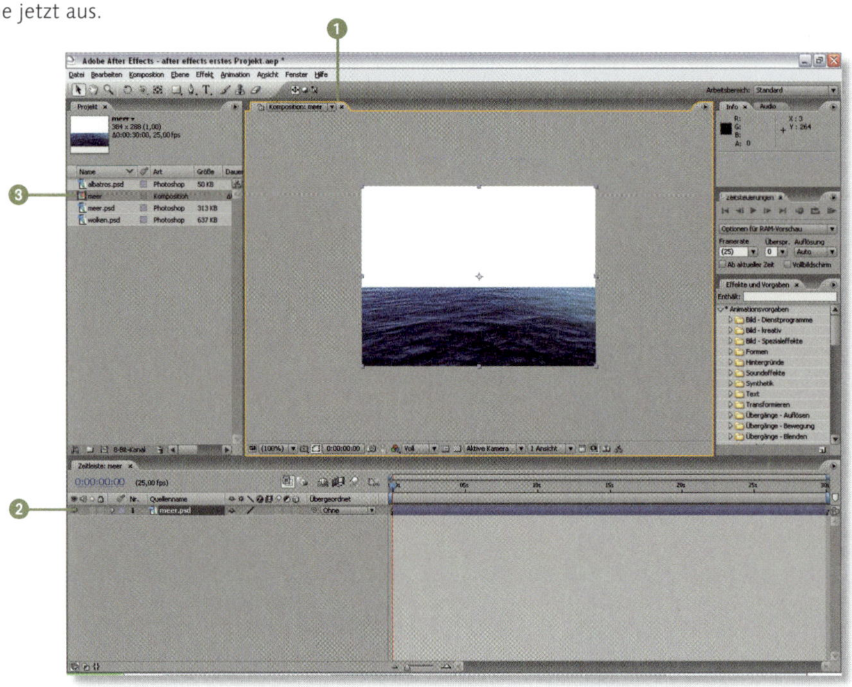

Öffnen Sie über Komposition • Kompositionseinstellungen den Einstellungsdialog und markieren unter Dauer den eingetragenen Wert. Tragen Sie dort den Wert 500, der für die gewünschte Dauer von 5:00 Sekunden steht, ins Feld ein und bestätigen dann mit OK.

Sie können die Ansichtsgröße der Komposition verändern. Wählen Sie dazu aus dem Popup-Menü ❹ des Kompositionsfensters einen neuen Prozentwert.

4 Weiteres Rohmaterial hinzufügen

Um die Wolken über dem Meer zu positionieren und das Layout festzulegen, das zu Beginn sichtbar sein soll, muss weiteres Material der Zeitleiste hinzugefügt werden. Ziehen Sie die Datei »wolken.psd« nach unten in den linken, dunkelgrauen Bereich der Zeitleiste und lassen Sie sie direkt über dem »Meer« los (Sie erkennen es an einem schwarzen Balken).

Die Wolken sind ein bisschen groß geraten und füllen das gesamte Kompositionsfenster aus. Das Meer wird von den Wolken verdeckt, da diese in der Zeitleiste über dem Meer »liegen«.

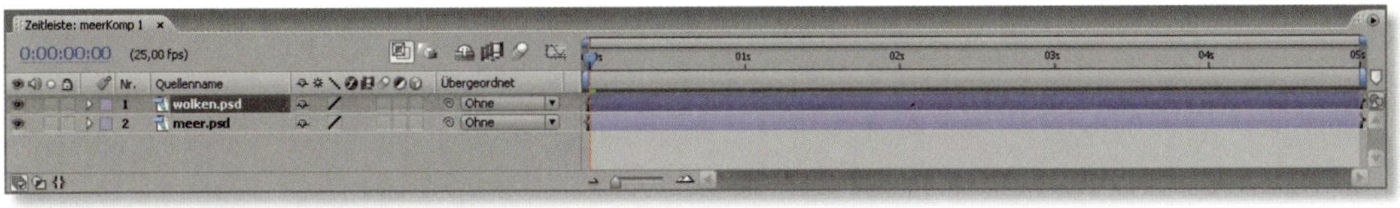

▲ **Abbildung 3.15**
In der Zeitleiste werden die Rohmaterialdateien in Ebenen übereinander geschichtet.

In der Zeitleiste schichten Sie die Dateien wie Papierbögen übereinander. Wenn Sie die Ebene »wolken.psd« in der Zeitleiste markieren, sehen Sie im Kompositionsfenster ein kleines Kreuz ❺.

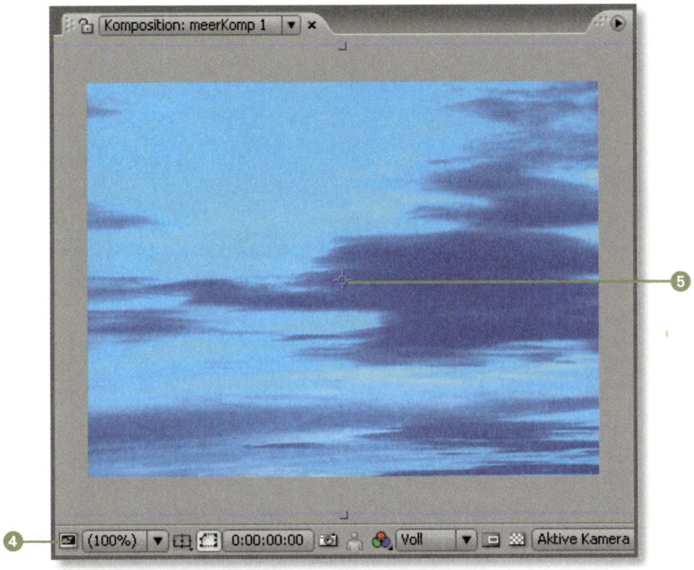

◀ **Abbildung 3.16**
Das kleine Kreuz, der Ankerpunkt, liegt standardmäßig immer in der Ebenenmitte.

Das ist der Ankerpunkt. Der Ankerpunkt ist ein Bezugspunkt der Ebene, der standardmäßig immer in der Mitte der Ebene liegt. Im Abschnitt 10.2, »Ankerpunkte definieren«, kommen wir darauf noch näher zu sprechen.

5 Ebenen positionieren

Verkleinern Sie zuerst das Kompositionsfenster auf 25 % ❹. Die Ebene »wolken.psd« ist größer als die Komposition und wird daher mit einem Rahmen (❶ Abbildung 3.17) angezeigt.

Sie können die Ebene direkt im Kompositionsfenster anklicken und darin verschieben. Ziehen Sie die Ebene wie in der Abbildung 3.18, bis das »Meer« sichtbar wird und der linke Rand der Ebene mit der Komposition abschließt.

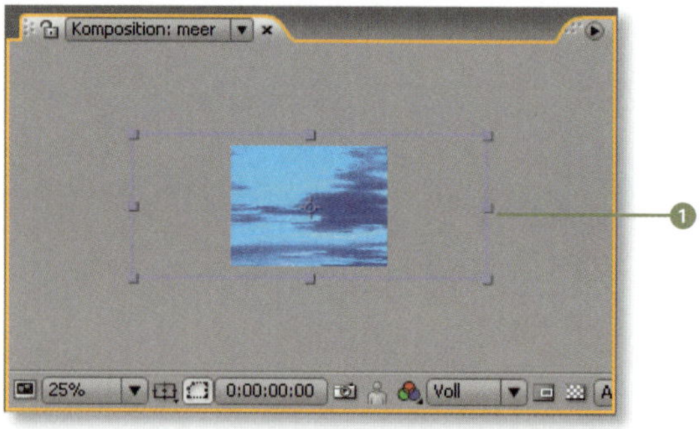

Abbildung 3.17 ▸
Wird die Ansicht verkleinert, werden die Umrisse der Himmel-Ebene sichtbar.

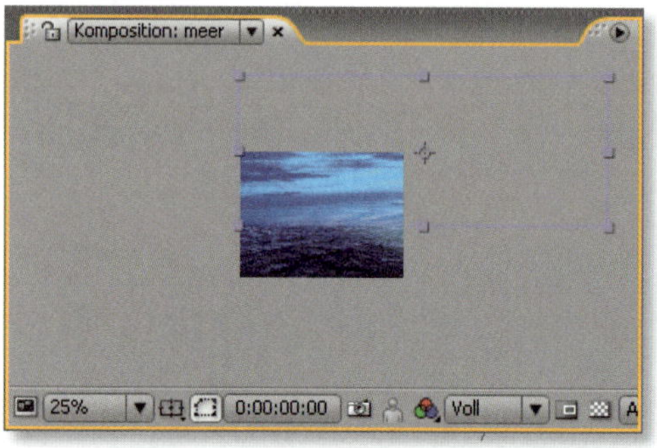

Abbildung 3.18 ▸
Zur Animation wird die Ausgangsposition der Himmel-Ebene zuerst definiert.

6 Animation der Wolken

Für die Animation soll die Ebenenposition in einem ersten Keyframe festgehalten werden.

Öffnen Sie dazu in der Zeitleiste die Transformieren-Eigenschaften. Klicken Sie dafür zuerst auf das kleine Dreieck ❷ und anschließend auf das danach erscheinende Dreieck ❸. Setzen Sie einen ersten Keyframe bei der Eigenschaft Position und klicken dazu auf das Stoppuhr-Symbol ❹.

Vorsicht! – Ein zweiter Klick auf die Stoppuhr löscht alle Ihre Keyframes, die Sie bei dieser Eigenschaft gesetzt haben! Im Moment noch kein Problem für Sie – Sie haben ja erst einen Keyframe ❺. Um einen zweiten Keyframe zu setzen, den Sie mindestens noch benötigen, damit sich etwas bewegt, klicken Sie **nicht** auf die Stoppuhr!

Ziehen Sie die Zeitmarke ❻ auf das Ende der Zeitleiste. Wenn Sie jetzt im Kompositionsfenster die Ebene »wolken.psd« verschieben, wird automatisch ein zweiter Keyframe genau an der Position der Zeitmarke gesetzt. Richten Sie die Ebene »wolken.psd« am rechten Rand der Komposition aus (siehe Abbildung 3.19). Die Linie, die am Ankerpunkt ansetzt, wird *Bewegungspfad* genannt.

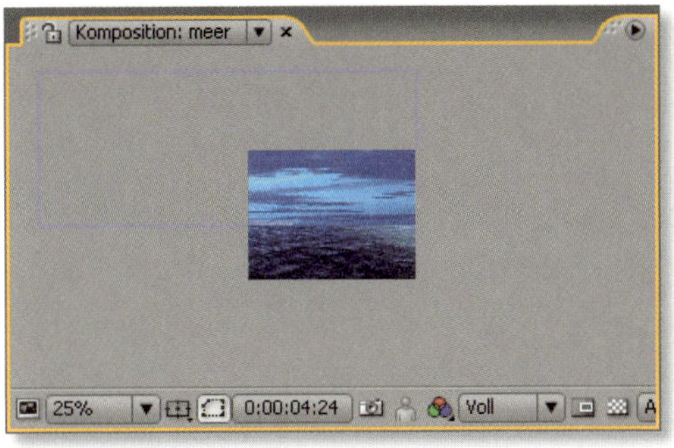

◂ **Abbildung 3.19**
Anschließend definieren Sie die Endposition der Himmel-Ebene.

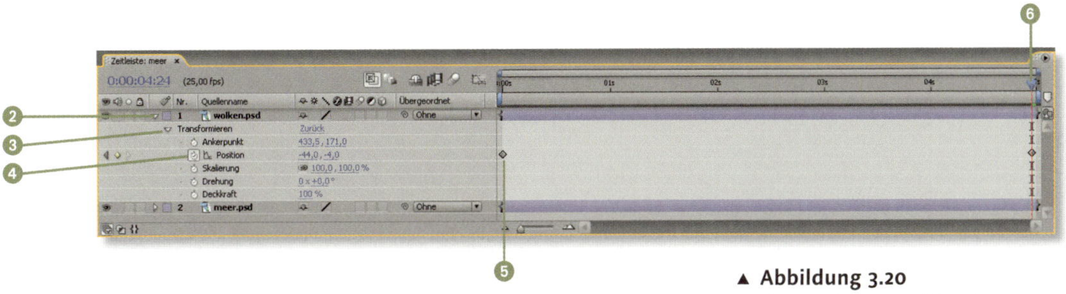

▴ **Abbildung 3.20**
In der Zeitleiste sind für die zwei Himmel-Positionen zwei Keyframes entstanden.

Nun ist Ihre erste Animation schon fertig. After Effects rechnet sämtliche Einzelbilder der Animation zwischen den beiden Keyframes aus. Sie haben lediglich das Anfangs- und das Endbild festgelegt.

7 Abspielen

Ihre Animationen können Sie als Vorschau anzeigen lassen und im Kompositionsfenster abspielen. Im Menü FENSTER • ZEITSTEUERUNGEN finden Sie die Abspielsteuerung. Diese sollte allerdings bereits sichtbar sein. Betätigen Sie Play ❼, um Ihre Animation ohne Sound abzuspielen. Betätigen Sie die RAM-Vorschau ❽, um Ihre Animationen mit Sound und in Echtzeit zu genießen.

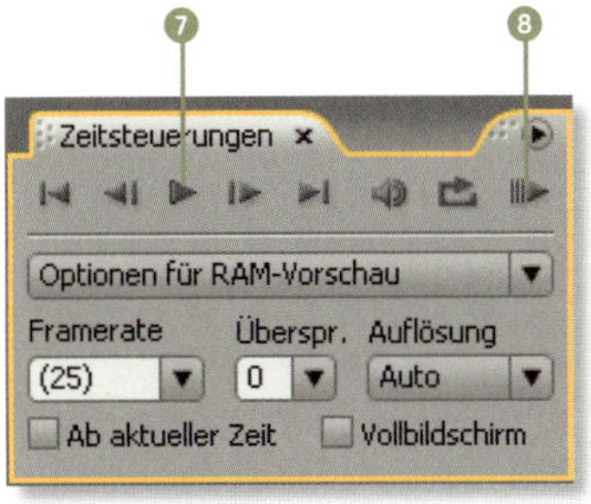

◂ **Abbildung 3.21**
Die Palette ZEITSTEUERUNGEN beinhaltet verschiedene Abspieloptionen zur Vorschau der Animation.

After Effects errechnet zuerst die Animation und spielt sie danach ab. Die bereits berechneten Bilder werden in der Zeitleiste mit einer grünen Linie dargestellt.

8 Ein Albatros fliegt dahin

Der Albatros überquert gerade das Schwarze Meer auf dem Weg von der Krim zur kroatischen Adria und verschwindet später am Horizont.

Positionieren Sie die Zeitmarke auf den Beginn Ihrer Komposition bei 0 Sekunden. Ziehen Sie die Datei »albatros.psd« in den linken, dunkelgrauen Bereich der Zeitleiste über die Datei »wolken.psd«. Die Ebene wird mit dem so genannten In-Point ❶, also dem Beginn der Ebene, am Zeitpunkt 00:00 ausgerichtet.

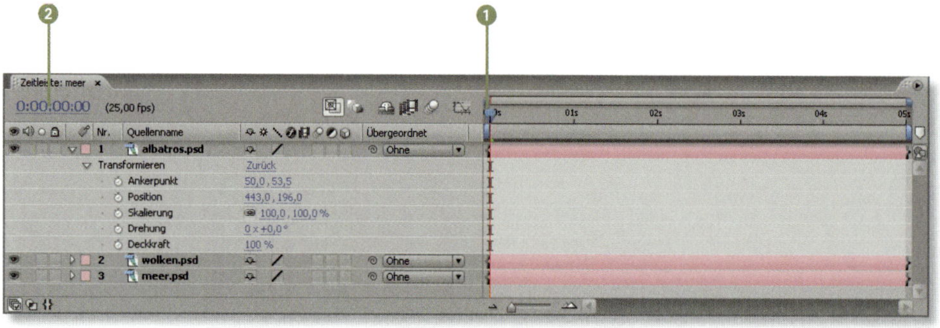

▲ **Abbildung 3.22**
Alle Ebenen haben einen In-Point. Das ist der Punkt, an dem die Ebene sichtbar wird.

Öffnen Sie wie vorhin bei den Wolken die Transformieren-Eigenschaften per Klick auf die kleinen Dreiecke. Ziehen Sie den Albatros nach rechts außerhalb der Komposition, so dass der Albatros nur noch als Rahmen sichtbar ist. Dieser außerhalb liegende Bereich ist die Arbeitsfläche. Sie können Ebenen dort positionieren, um sie später von außen ins Bild kommen zu lassen.

Setzen Sie wieder einen ersten Keyframe bei der Eigenschaft Position per Klick auf das Stoppuhr-Symbol. Um weitere Keyframes zu setzen, gehen Sie in Ein-Sekunden-Schritten wie folgt vor: Klicken Sie auf Aktueller Zeitpunkt ❷ und geben dann in dem Dialogfeld Gehe zu Zeitpunkt den Wert 100 ein und bestätigen mit OK.

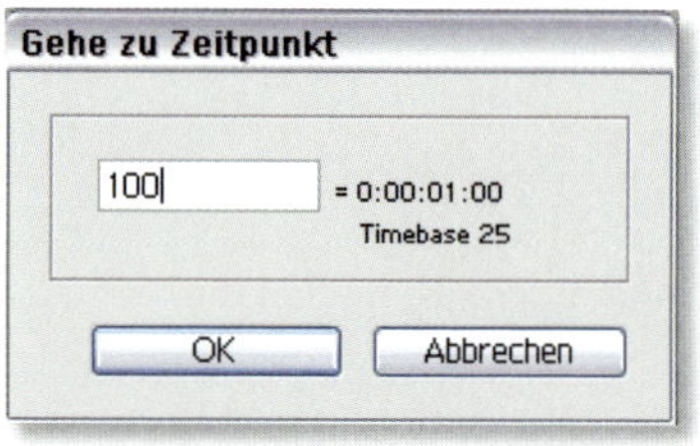

Abbildung 3.23 ▶
Im Feld Gehe zu Zeitpunkt geben Sie Zeitwerte ein, die die Zeitmarke danach anspringt.

After Effects interpretiert diesen Wert als Sekunde 1. Die Zeitmarke springt zur Sekunde 1. Verändern Sie nun die Position der Ebene »albatros.psd«, um einen weiteren Keyframe zu setzen. Wiederholen Sie die Schritte bis zum Zeitpunkt 5 Sekunden. Die Keyframes sollten dann denen bei der Positionseigenschaft in der Abbildung 3.25 ähneln ❸. Der entstandene Bewegungspfad könnte so aussehen wie in Abbildung 3.25.

◂ **Abbildung 3.24**
Der Bewegungspfad des Albatros sollte nach der Animation so oder ähnlich aussehen.

In der Abbildung 3.25 sehen Sie, dass nicht nur die Positionseigenschaft animiert wurde, sondern auch die Eigenschaft Skalierung. Setzen Sie für die Eigenschaft Skalierung den ersten Keyframe bei Sekunde 1 per Klick auf die Stoppuhr. Ziehen Sie anschließend die Zeitmarke auf das Ende der Zeitleiste. Klicken Sie dann in das Wertefeld ❹ neben der Eigenschaft Skalierung und tragen den Wert 0 ein. Bestätigen Sie mit [↵] im Haupttastaturfeld oder per Klick auf einen leeren Bereich.

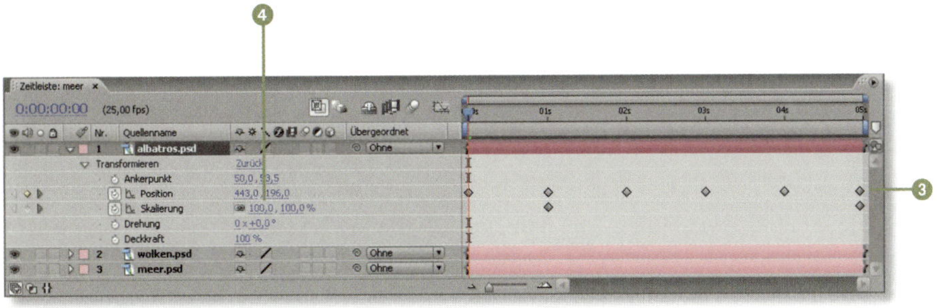

▴ **Abbildung 3.25**
Sämtliche Keyframes zur Animation von Position und Skalierung des Albatros' sind in der Zeitleiste sichtbar.

Der Albatros sollte nun, während die Wolken vorbeiziehen, am Horizont verschwinden.

9 Ausgabe

Um Ihren eigenen Film jetzt in einem Player wie dem QuickTime-Player anzeigen zu können, muss der Film noch gerendert werden. Ihre Projektdatei bleibt dabei für spätere Änderungen erhalten. Der gerenderte Film ist eine Extradatei neben Ihren verwendeten Rohmaterialien.

Um eine Komposition zu rendern, muss sie im Projektfenster markiert werden. Wählen Sie dann im Menü Komposition • Film erstellen. Es öffnet sich die Renderliste.

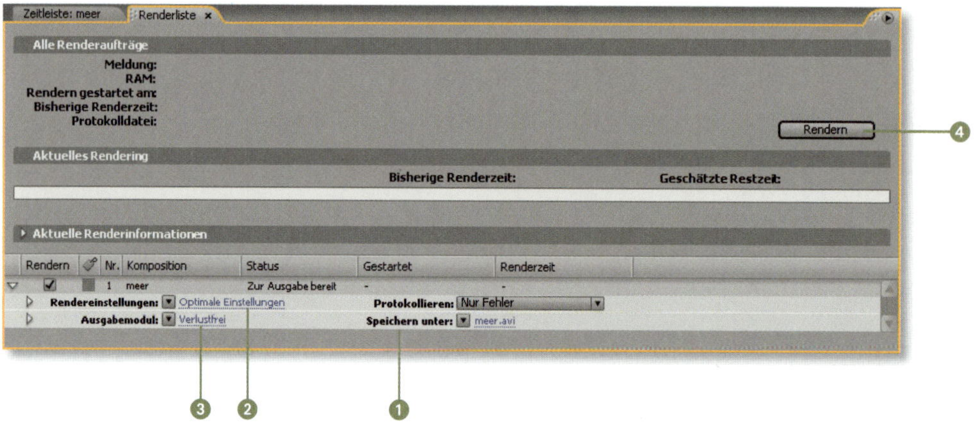

▲ **Abbildung 3.26**
Die fertige Komposition wird der Renderliste angefügt, um anschließend ein eigenständiges Movie zu erhalten.

Geben Sie bei SPEICHERN UNTER ❶ einen Ordner an, in den der fertige Film gespeichert werden soll. Benennen Sie Ihren Film.

Neben dem Eintrag RENDEREINSTELLUNGEN steht mit blauer Schrift OPTIMALE EINSTELLUNGEN ❷. Ändern Sie hier nichts. Unter dem Eintrag AUSGABEMODUL klicken Sie auf das blaue unterstrichene Wort VERLUSTFREI ❸. Es öffnet sich die Dialogbox EINSTELLUNGEN FÜR AUSGABEMODULE.

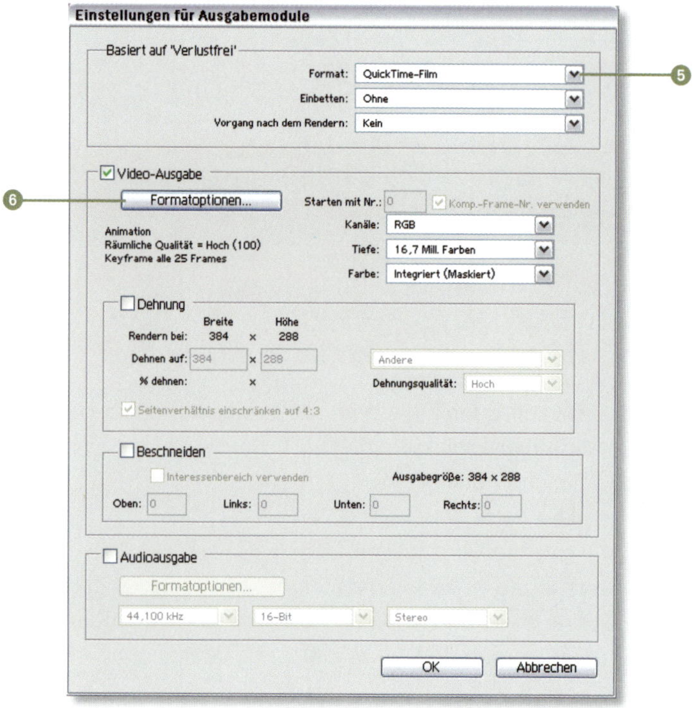

Abbildung 3.27 ▶
Im Ausgabemodul legen Sie das Format des fertigen Films und einiges mehr fest.

Unter dem Eintrag FORMAT ❺ wählen Sie QUICKTIME-FILM. Sie können Ihren Film natürlich auch in andere Formate ausgeben. Beim Rendern eines Films wird ein Codec verwendet. Dieser sorgt für eine bestimmte Kompression der Bilddaten. Wählen Sie in unserem Falle unter FORMATOPTIONEN ❻ den Codec ANIMATION ❼. Bestätigen Sie mit OK.

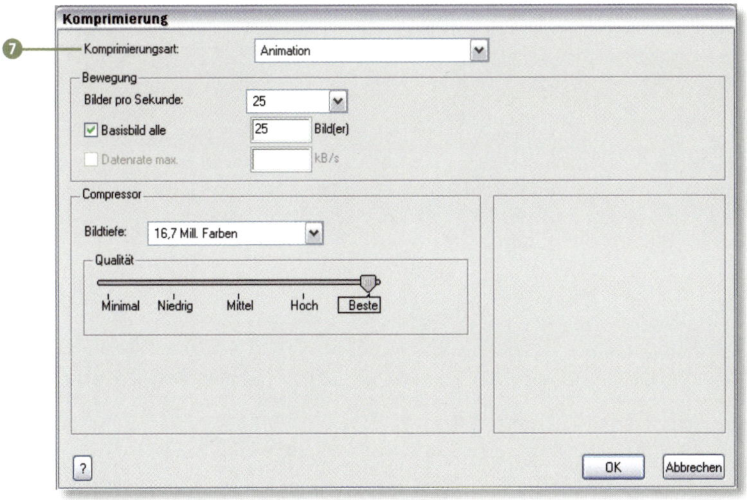

▲ **Abbildung 3.28**
Im Fenster KOMPRIMIERUNG wird der Kompressor für den zu rendernden Film gewählt.

Um den Rendervorgang zu starten, drücken Sie den Button RENDERN in der Renderliste ❹. Am Fortschrittsbalken erkennen Sie, wann der Film in etwa fertig gerendert ist. Nach dem Rendervorgang ertönt ein Signal, das bei langen Renderzeiten dazu dient, Sie aus Ihrem Nickerchen zu wecken, da After Effects während des Renderns blockiert ist, es sei denn, Sie nutzen das Netzwerkrendering (siehe Abschnitt 13.7).

10 Das Ergebnis

Starten Sie den gerenderten Film im QuickTime-Player. Wenn Sie Fehler bemerken oder nicht zufrieden sind, korrigieren Sie die Animation in Ihrer Projektdatei (aep) und rendern die Komposition anschließend noch einmal. ■

TEIL II
Konzeption und Import

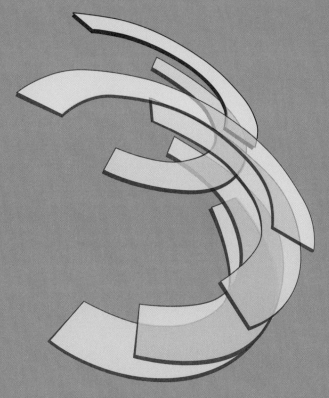

4 Ein Filmprojekt vorbereiten

Vor dem Compositing in After Effects steht die Konzeption des Films und die Erfassung und Bearbeitung unterschiedlicher Medienformate. Was Sie besser vor dem Import von Rohmaterial tun, steht in diesem Kapitel.

4.1 Projektplanung und -organisation

4.1.1 Idee

Die Planung eines Films, auch wenn er kurz ist, beginnt weit vor der Bearbeitung der Rohmaterialien und dem Import in After Effects. Bevor Sie anfangen, Sounds und Videos aufzunehmen oder Grafiken zu zeichnen, sollte Ihnen klar sein, welche Idee Sie ausdrücken wollen und welche Aussage Ihr Film enthalten soll. Sie können später anhand Ihrer vorherigen Festlegungen testen, ob Ihre Aussage auch beim Publikum ankommt oder ob Sie andere Ausdrucksmittel benötigen.

Sie können sich mühen wie Sisyphos, ständig neues Material aufnehmen, bereits bearbeitetes Material verwerfen ... Bei guter Planung können Sie Ihre Nerven schonen, Zeit sparen und vermeiden, im schlimmsten Fall den ganzen Film zu opfern.

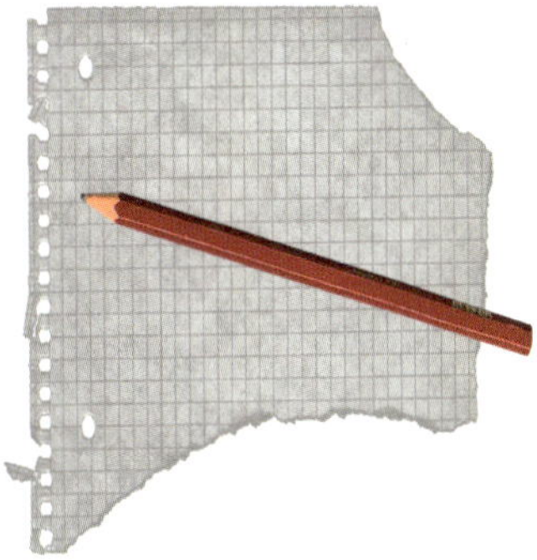

▲ **Abbildung 4.1**
Ideen lassen sich auch einfach mit Papier und Bleistift festhalten.

4.1.2 Storyboard

Der beste Weg, Fehler und Lücken im Konzept zu entdecken oder einer »so« nicht gemeinten Aussage auf die Spur zu kommen, ist, die Idee und alle zugehörigen Gedanken zu fixieren. Formulieren Sie Ihre Idee und die gewünschte Aussage. Legen Sie Mittel fest, wie die Aussage erreicht werden soll. Die von Ihnen verwendeten Mittel machen Ihre Kunst aus. Vielleicht arbeiten Sie nur mit gescannten Zeichnungen, vielleicht zeichnen Sie lieber vektororientiert in After Effects (ja, das geht!) oder einem Bildbearbeitungsprogramm. Vielleicht besteht Ihr Film aber auch ausschließlich aus Videomaterial, das Sie in After Effects verändern. In welche Farbigkeit bzw. Stimmung möchten Sie Ihren Film tau-

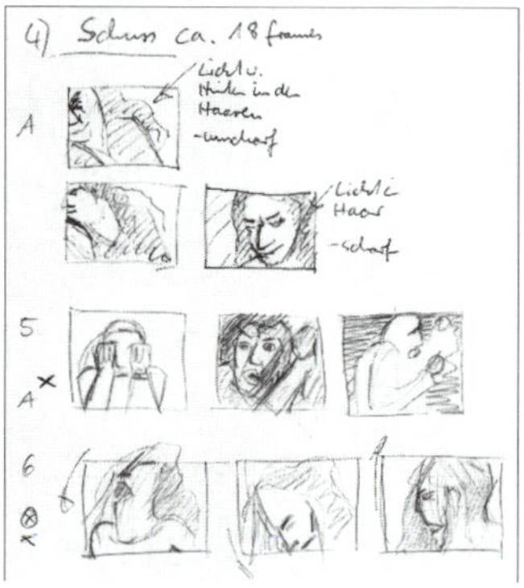

▲ **Abbildung 4.2**
Skizzen oder ein Storyboard sind grundlegend für eine gute Planung wichtiger Schlüsselszenen oder von Animationen und Effekten.

chen? Welche Effekte sollen verwendet werden und was wollen Sie mit den Effekten erreichen? Welche Schriften sind passend? Und vergessen Sie auch den Sound nicht. Die Stummfilmzeiten sind vorbei.

Haben Sie ein entsprechendes Exposé für Ihren Film formuliert, folgen Überlegungen zum zeitlichen Ablauf Ihres Films. Und da Sie mit einem visuellen Medium arbeiten, ist es sehr vorteilhaft, die Schlüsselszenen Ihres Films im Zeitverlauf darzustellen. Die einzelnen Szenen mitsamt den geplanten Effekten werden dazu in einem Storyboard gezeichnet. Ein Storyboard kann sehr detailliert ausgeführt sein und ähnelt bisweilen einem Comic. Es genügt aber auch ein Scribble, eine kleine Freihandskizze. Sie müssen nicht zeichnen können wie Henri de Toulouse-Lautrec, um eine Idee zu Papier zu bringen.

4.1.3 Vorbereiten von Rohmaterial

Bevor Sie Rohmaterial (**Footage**) in After Effects importieren, ist es günstig, die Rohmaterialien weitgehend vorbereitet zu haben. Wichtig ist dabei, auf eine möglichst optimale Qualität Ihrer Standbild-, 3D-, Video- und Audiodaten zu achten. Die Vorbereitung beginnt also bei der Aufnahme eines Fotos oder Videos bzw. bei der Audioaufnahme.

Standbilddateien | Fotos, 2D- und 3D-Grafiken werden nicht in After Effects vorbereitet. Das bedeutet für Sie, bereits einzelne Bildbearbeitungen in pixelorientierten Anwendungen wie Photoshop und vektororientierten Programmen wie Illustrator gemacht zu haben, da After Effects nicht den gleichen Umfang und Komfort für die Bildbearbeitung bietet.

▲ **Abbildung 4.3**
Bildbearbeitungen wie diese Auswahl sollten in entsprechenden Bildbearbeitungsprogrammen und nicht in After Effects durchgeführt werden.

▲ **Abbildung 4.4**
Zur Vorbereitung von Grafiken eignen sich Programme wie Adobe Illustrator.

Video- und Audiomaterial | Auch für die Verwendung von Videomaterial ist vorausschauendes Denken vorteilhaft. Das fängt bereits bei der Aufnahme des Materials an. In jeder Minute Material steckt am Ende eine lange Nachbearbeitung, sowohl beim Schnitt als auch beim Compositing. Es geht dabei nicht darum, so wenig wie möglich aufzunehmen, sondern um eine gute Vorplanung. Nach der Aufnahme schneiden Sie Ihr Videomaterial in einem entsprechenden Programm wie Premiere Pro, danach erfolgt der Import in After Effects.

Ähnlich verhält es sich mit Audiomaterial. Auch hier gilt es, eine Aufnahme in möglichst hoher Qualität vorbereitet zu haben und diese in einem Soundprogramm wie Adobe Audition zu bearbeiten und zu schneiden, bevor die Sounddatei in After Effects importiert wird. Dies gilt natürlich nicht für die komplette Nachvertonung eines Films. In diesem Falle würden Sie den fertigen Film bzw. einen Dummy davon zur Vertonung in ein Soundprogramm laden.

3D-Material | After Effects bietet einige Möglichkeiten zur Verarbeitung von 3D-Material. Ein wirkliches 3D zum aufwendigen Modelling ist jedoch nicht die Sache von After Effects. Sie sind auch hier auf andere Applikationen angewiesen. After Effects bietet dafür eine unterschiedlich gute Integration mit 3D-Programmen, die es ermöglicht, viele 3D-Daten in After Effects zu übernehmen. Hervorzuheben ist dabei die Zusammenarbeit zwischen Cinema 4D und After Effects. Im Kapitel 27, »Integration mit 3D-Applikationen«, werden Möglichkeiten der Datenübernahme aus 3D-Programmen aufgezeigt.

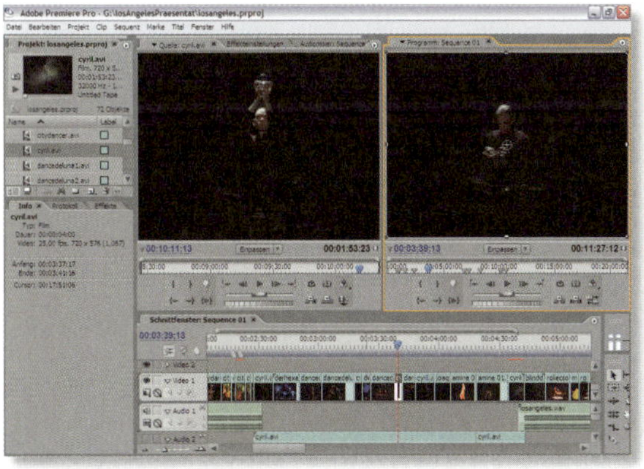

▲ **Abbildung 4.5**
Filmmaterial wird vor dem Import in After Effects in einem Editingprogramm wie Premiere Pro geschnitten.

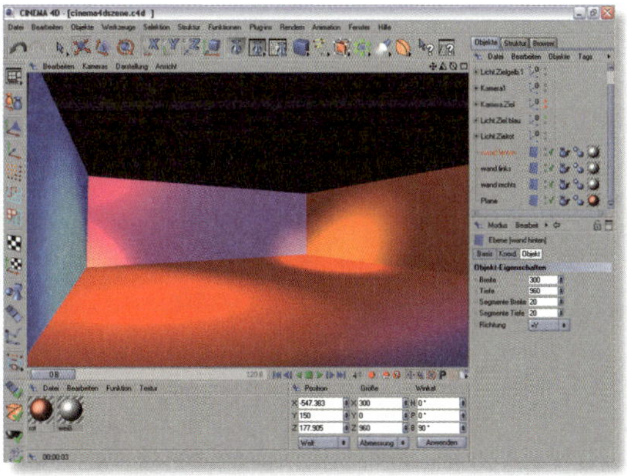

▲ **Abbildung 4.6**
After Effects bietet eine gute Integration mit 3D-Applikationen. Für das 3D-Modelling sollten diese Applikationen, hier am Beispiel von Cinema 4D, eingesetzt werden.

Außerdem können viele Aufgaben über das Plugin 3D-Invigorator der Firma Zaxwerks erledigt werden, welches »echtes« 3D in After Effects ermöglicht. Mehr dazu im Kapitel »Der 3D-Invigorator«, das Sie auf der Website zum Buch finden: www.galileodesign.de/1114.

Bevor das Compositing beginnt ist, also eine Menge an vorbereitenden Schritten nötig. Allerdings können Sie natürlich auch während der Arbeit am Projekt neues Rohmaterial erstellen oder in der Originalanwendung korrigieren.

Sie sollten nun aber keine Angst haben, mit After Effects nichts anfangen zu können, weil Sie nicht die ganze Palette der Programme beherrschen. Es ist mit After Effects immer eine Menge möglich. Und für die Arbeit mit diesem Buch liegen alle in den Workshops verwendeten Rohmaterialien bereits auf der DVD für Sie bereit.

4.1.4 Ausgabemedium in den Kompositionseinstellungen einstellen

Nachdem das Storyboard konzipiert ist und bevor Sie ein Projekt in After Effects anlegen, sollte das Verteilermedium geklärt sein, d.h. die Frage, für welches Medium produziert wird. Überlegen Sie also immer: Wie wird der Film am Ende ausgegeben? Für die Ausgabe auf Video sind zum Beispiel andere Einstellungen nötig als für eine Ausgabe, die nur im Computer läuft.

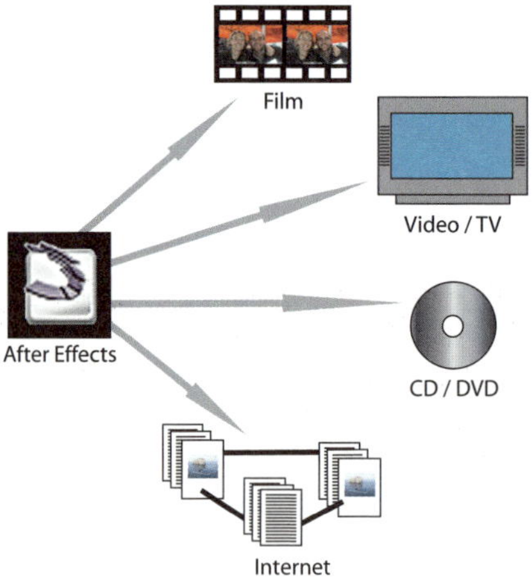

Abbildung 4.7 ▸
Mit After Effects können Sie Filme für die verschiedensten Medien produzieren. Vor der Arbeit mit After Effects sollten Sie sich auf eines davon festlegen.

Getroffen werden diese Einstellungen gleich am Anfang beim Anlegen einer Komposition. Wählen Sie KOMPOSITION • NEUE KOMPOSITION. Es öffnet sich das Fenster KOMPOSITIONSEINSTELLUNGEN. Dort können Sie unter VORGABE eines der gebräuchlichen Formate wählen und legen zum Beispiel auch die Framerate und die Framegröße fest.

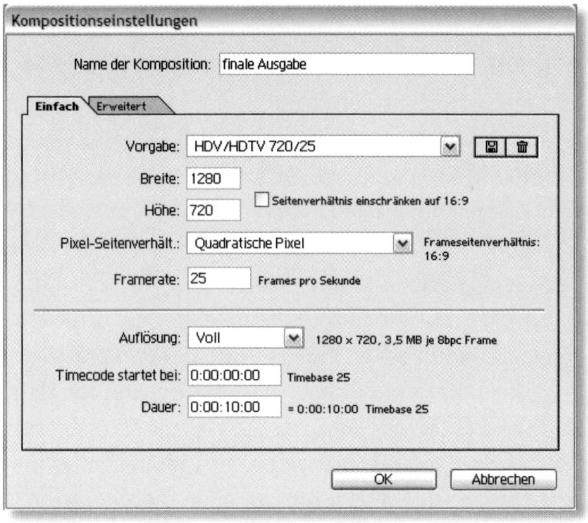

◂ **Abbildung 4.8**
Bevor mit der Animation begonnen wird, muss klar sein, mit welcher Kompositionsgröße und welcher Framerate gearbeitet wird. Das hängt vom Ausgabemedium ab.

Es ist günstig, das Format nicht zu wechseln. Wenn Sie das Ausgabeformat im Nachhinein vergrößern, müssen Sie mit Qualitätseinbußen rechnen. Eine Ausgabe in ein kleineres Format bereitet in dieser Hinsicht keine Probleme. Das Verteilerformat ist auch für die Rohmaterialien entscheidend, die Sie im Projekt verwenden wollen. Eine Grafik für die Ausgabe auf Video muss beispielsweise anders erstellt werden als für die Ausgabe auf ein Filmformat. Sie sollten sich also auf jeden Fall mit den Spezifikationen Ihres Verteilermediums vertraut machen, bevor Sie mit der Arbeit beginnen.

4.2 Projekte anlegen, speichern und öffnen

4.2.1 Projekt anlegen

Ein neues Projekt legen Sie einfach über DATEI • NEU • NEUES PROJEKT bzw. [Strg]+[Alt]+[N] an. After Effects speichert in Ihrer **Projektdatei** mit der Dateiendung **.aep** die Verknüpfungen zu Rohmaterialdateien, Projekteinstellungen, Ihre Kompositionen, Animationen, Effekteinstellungen und den Inhalt der Renderliste. Die kleine Projektdatei enthält also alles, was Sie zur Weiterarbeit an laufenden Projekten benötigen.

Voreinstellungsdatei | Eine in den Anwendungsordnern von After Effects versteckte Datei regelt derweil die Erscheinung aller Ihrer Projekte auf dem Bildschirm: die **Voreinstellungsdatei**. After Effects startet mit Standardeinstellungen, die in dieser Voreinstellungsdatei gespeichert sind.

In dieser Voreinstellungsdatei werden von Ihnen während der Arbeit mit After Effects geänderte Einstellungen gespeichert. Darin enthalten sind zum Beispiel Positionen von Fenstern und Paletten sowie Arbeitsbereiche, die Sie selbst definieren können. Wie das geht, lesen Sie im Abschnitt »Arbeitsbereiche einrichten und speichern« weiter unten im Text nach.

Voreinstellungsdatei zurücksetzen | Manchmal ist es nötig, die Voreinstellungsdatei auf die Standardeinstellungen zurückzusetzen, zum Beispiel, wenn After Effects einmal gar nicht mehr »will«. Beenden Sie dazu After Effects und halten Sie vor dem Neustart die Tasten [Strg]+[Alt]+[⇧] gedrückt, bis After Effects gestartet ist. Sie werden gefragt, ob die Voreinstellungsdatei tatsächlich gelöscht werden soll, und bestätigen mit OK. Danach hat After Effects alle veränderten Einstellungen vergessen und ist auf die Standardeinstellungen zurückgesetzt, als wäre es gerade erst installiert worden.

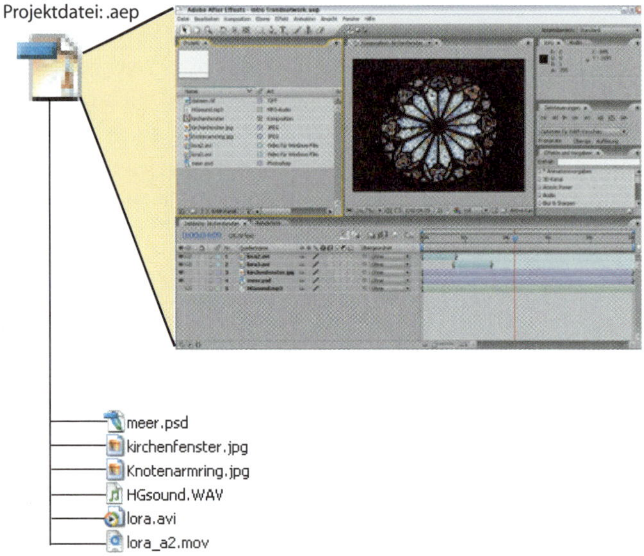

Abbildung 4.9 ▸
In der Projektdatei (.aep) werden Verknüpfungen zu den importierten Rohmaterialien, Ihre Kompositionen, Animationen – also alles zur Weiterarbeit Nötige – gespeichert.

4.2.2 Projekte öffnen und schließen

Zum Öffnen bereits angelegter Projekte wählen Sie Datei • Projekt öffnen. Unter Datei • Letzte Projekte öffnen können Sie sich eine Auswahlliste zum schnellen Auffinden Ihrer früheren Projekte anzeigen lassen. Haben Sie die Voreinstellungsdatei zuvor gelöscht, ist damit allerdings auch die Auswahlliste verschwunden. Natürlich wird sie aber neu angelegt.

Zum Schließen von Projekten wählen Sie natürlich Datei • Projekt schliessen.

4.2.3 Projekte speichern

Sobald Sie After Effects starten, wird ein Projekt ohne Titel angezeigt. Günstig ist es, das Projekt gleich zu Beginn zu speichern und einen passenden Titel einzutragen. Wählen Sie dazu Datei • Speichern unter.

Unter Bearbeiten • Voreinstellungen • Auto-Speichern können Sie den Speicherintervall festlegen und unter Maximale Anzahl der Projektversionen festlegen, nach dem wievielten Speichervorgang die älteste Projektversion überschrieben wird.

Sie können Kopien Ihres Projekts komfortabel mit einer fortlaufenden Nummerierung speichern. Die Option findet sich unter Datei • Inkrementieren und Speichern. Dem Projektnamen wird bei jedem Aufrufen des Befehls eine neue Nummer hinzugefügt.

Sicher ist sicher

Obwohl After Effects wie bei anderen Programmen Ihr Projekt automatisch in bestimmten Zeitintervallen speichert, sollten Sie sich angewöhnen, nach wichtigen Schritten [Strg]+[S] zu betätigen. Änderungen im bereits angelegten Projekt werden dann unter gleichem Namen gesichert.

4.2.4 Projektvorlagen

In After Effects können Sie vordefinierte Projektvorlagen laden, die Ihnen als Ausgangspunkt für eigene Animationen oder DVD-Menüs dienen können. Lassen Sie sich davon aber nicht abhalten, eigene Projekte zu kreieren, schließlich ist After Effects ein ideales Werkzeug für die unterschiedlichsten Kreationen.

Sie finden die Vorlagen unter Datei • Vorlagenprojekte durchsuchen. Die Projektvorlagen werden anschließend im Vorschaufenster von Adobe Bridge angezeigt und können über einen Doppelklick auf das betreffende Projekt geöffnet werden.

Mehr zu Adobe Bridge erfahren Sie in einem Zusatzkapitel unter http://www.galileodesign.de/1114, dann BuchUpdates klicken.

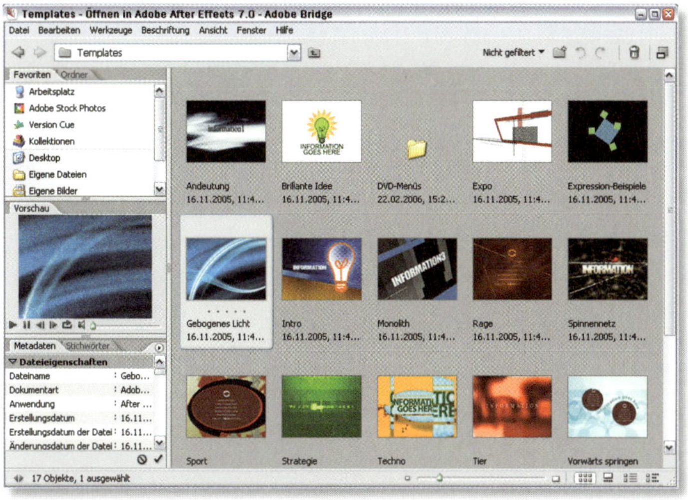

▲ **Abbildung 4.10**
In Adobe Bridge werden die verfügbaren Vorlagenprojekte im Vorschaufenster angezeigt und können per Doppelklick geöffnet werden. Sie können den kreativen Kopf nicht ersetzen, bilden aber vielleicht manchmal einen guten Start.

4.3 Projekteinstellungen

In After Effects können Sie in den Projekteinstellungen die Timecode-Anzeige und die Farbeinstellungen für Ihr Projekt ändern. Sie finden die Einstellungen unter DATEI • PROJEKTEINSTELLUNGEN.

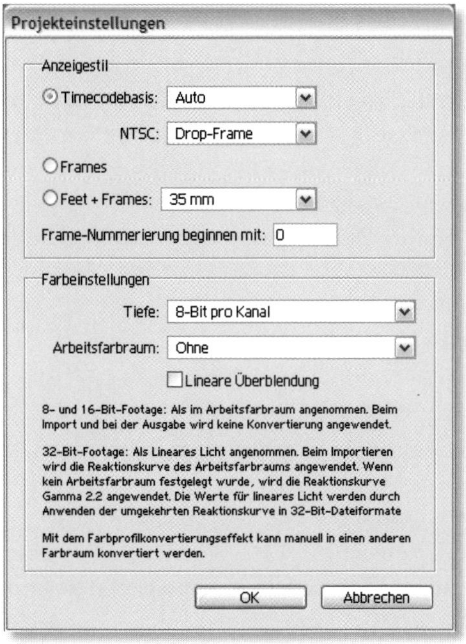

Abbildung 4.11 ▶
Der Dialog PROJEKTEINSTELLUNGEN

4.3.1 Projekt-Timecode festlegen

[Timecode]
Mit dem Timecode wird eine Einheit zur Zeitmessung angegeben. In Videobändern wird der Timecode mitgespeichert und dient so als Referenz für die spätere Schnittbearbeitung. Ein bild- bzw. framegenaues Schneiden ist somit möglich.

In After Effects wird standardmäßig mit dem SMPTE-Timecode der Society of Motion Picture and Television Engineers gearbeitet. Der SMPTE-Timecode gibt die Zeit in Stunden, Minuten, Sekunden und Frames im Format 00:00:00:00 an. Dabei wird jede Zeiteinheit durch einen Doppelpunkt voneinander getrennt. Bei einem PAL-Projekt ergeben 25 Frames eine Sekunde Animation, da der PAL-Standard mit 25 fps (Frames per Second) definiert ist.

Sie können die Timecode-Anzeige an Ihre Arbeitsaufgabe anpassen. Wenn Sie in After Effects einen anderen Timecode wählen, wird dadurch lediglich die Nummerierung der Frames geändert.

Framerate des Rohmaterials/der Komposition verwenden | In den Projekteinstellungen wählen Sie unter TIMECODEBASIS den Eintrag AUTO, um die Framerate des importierten Rohmaterials oder einer Komposition zu verwenden. Feste Frameraten von 24 fps, 25 fps, 30 fps etc. sind ebenfalls wählbar.

NTSC an SMPTE-Timecodeformat angleichen | NTSC-Material arbeitet mit einer annähernden tatsächlichen Framerate von 29,97 fps. Um die Anzeige an das SMPTE-Timecodeformat anzugleichen, wird auf glatte 30 fps aufgerundet. Als Methoden stehen hierbei NON-DROP-FRAME und DROP-FRAME zur Auswahl.

- Wird NON-DROP-FRAME gewählt, zählt After Effects nach jeder abgelaufenen Stunde zusätzliche 3 Sekunden und 18 Frames dazu, um den zeitlichen Unterschied zwischen 29,97 und 30 fps auszugleichen.
- Beim DROP-FRAME-Timecode erfolgt die Berechnung etwas anders. Nach jeder vergangenen Minute werden 2 Frames übersprungen, außer bei jeder zehnten Minute.

Timecode-Anzeige wechseln

Die Timecode-Anzeige kann in der Zeitleiste und im Kompositionsfenster schnell gewechselt werden, wenn Sie bei gedrückter [Strg]-Taste auf die Zeitanzeige (1) klicken.

Frames | Wenn Sie den Eintrag FRAMES aktivieren, werden die Einzelbilder Ihrer Animation fortlaufend nummeriert. Die Anzeige eignet sich daher besonders für Einzelbildanimationen. Unter FEET+FRAMES legen Sie fest, ob Ihre Animation mit einer Framerate von 16 mm- oder 35 mm-Film dargestellt wird. Wählen Sie diese Anzeige, wenn Sie vorhaben, Ihre Animation auf 16 mm- oder 35 mm-Filmmaterial auszugeben.

Voreinstellungen für die Arbeit mit dem Buch

Für die Projekte in diesem Buch verwenden Sie die SMPTE-Anzeige im Format 00:00:00:00 und wählen AUTO als Timecodebasis.

▲ **Abbildung 4.12**
Die Zeitanzeige kann zwischen dem SMPTE-Format, Frames oder Feet+Frames umgeschaltet werden.

4.3.2 Projektfarbtiefe wählen

In der Standard-Version von After Effects können Sie ausschließlich mit einer Projektfarbtiefe von 8 Bit pro Kanal arbeiten. In der Professional-Version von After Effects haben Sie die Möglichkeit, die Projektfarbtiefe zwischen 8, 16 und 32 Bit pro Kanal zu wechseln. Bei der Arbeit in einer höheren Farbtiefe können brillantere Ergebnisse vor allem bei der Bearbeitung von Effekten, beim Keying, beim Motion Tracking, bei der Farbkorrektur und bei der Verwendung von HDR-Bildmaterial erzielt werden.

Sie müssen die Tiefe nicht unbedingt in den Projekteinstellungen wählen, Sie können sie auch schnell wechseln, indem Sie bei gedrückter [Alt]-Taste auf die Anzeige der Farbtiefe im Projektfenster (2 Abbildung 4.13) klicken. Sie sollten dabei die für Ihr Projekt nötige Farbtiefe einstellen. Es macht keinen Sinn, grundsätzlich mit einer höheren Farbtiefe zu arbeiten, da mit steigender Genauigkeit auch die Rechenzeit und der Speicherbedarf steigen, zudem wird eine hohe Farbtiefe nicht von allen Plugins unterstützt.

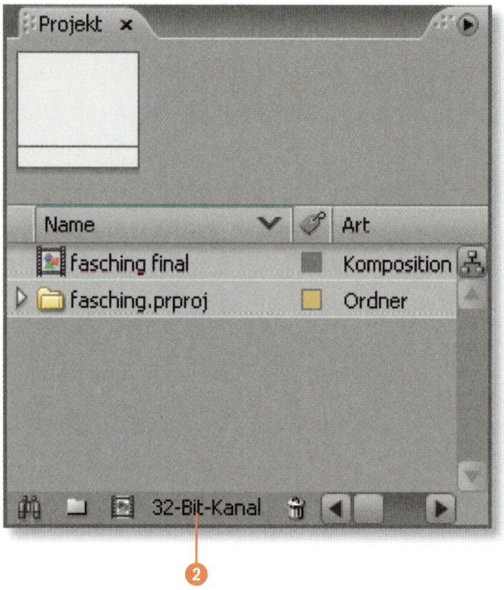

Abbildung 4.13 ▸
Die Projektfarbtiefe kann auch im Projektfenster direkt geändert werden.

4.3.3 Arbeitsfarbraum wählen

Um beste Ergebnisse bei der Farbübereinstimmung Ihrer Animationen am Monitor mit dem Ausgabemedium zu erzielen, ist es ratsam, einen zum Ausgabemedium passenden Arbeitsfarbraum zu wählen. Im Dialog PROJEKTEINSTELLUNGEN können Sie unter ARBEITSFARBRAUM zwischen verschiedenen Farbprofilen wählen.

- ▸ Bei der Einstellung OHNE verwendet After Effects den Farbraum des Monitors.
- ▸ Wenn Sie eine Ausgabe für Video oder die Fernsehübertragung planen, wählen Sie SDTV (PAL).
- ▸ Für eine HDTV-Ausgabe wählen Sie HDTV (REC. 709).
- ▸ Bei einer Ausgabe im Web verwenden Sie SRGB IEC61966-2.1.

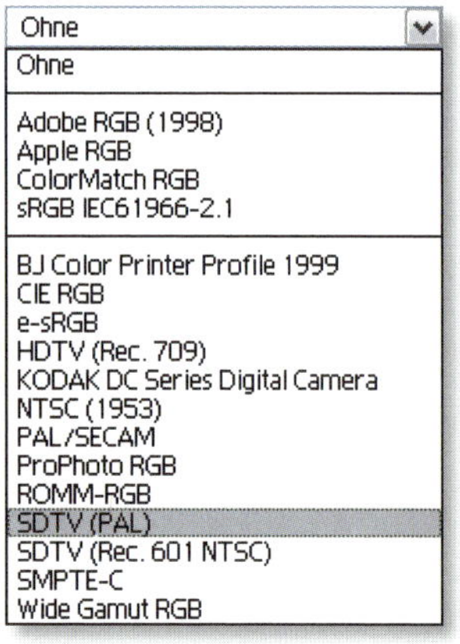

▴ **Abbildung 4.14**
In After Effects können Sie zwischen verschiedenen Arbeitsfarbräumen passend zum Ausgabemedium wählen.

Voraussetzung ist ein kalibrierter Monitor, anderenfalls wäre die Farbdarstellung durch diesen verfälscht! Der Nachteil bei der Arbeit mit einem Arbeitsfarbraum ist, dass sich die Vorschau Ihrer Animationen erheblich verlangsamen kann.

4.4 Die Arbeitsoberfläche anpassen

Alle Fenster und Paletten können Sie an Ihre Arbeitsbedürfnisse anpassen. Sie können jedes Fenster oder jede Palette an einen anderen Ort verschieben und neu andocken. In der Voreinstellung existieren keine überlappenden Fenster. Alle Fenster und Paletten werden dynamisch an Veränderungen angepasst. Aber auch das Loslösen aus dem Fensterverbund ist möglich und insbesondere bei der Arbeit mit mehreren Monitoren hilfreich. Solche abgedockten Fenster werden zuoberst dargestellt.

Fenster und Paletten an- und abdocken | Um ein Fenster oder eine Palette an einen anderen Ort zu verschieben, klicken Sie auf den Reiter des entsprechenden Fensters und ziehen es auf die neue Position.

Wenn Sie zu den Standardeinstellungen zurückkehren möchten, wählen Sie FENSTER • ARBEITSBEREICH • STANDARD ZURÜCKSETZEN. Sie finden dort auch weitere vordefinierte Arbeitsbereiche für spezifische Arbeiten wie MALEN, EFFEKTE, ANIMATION oder MOTION-TRACKING.

Jedes Fenster und jede Palette enthält ein kleines Menü für weitere Fensteroptionen, die selbsterklärend sind. Es verbirgt sich unter der kleinen Schaltfläche oben rechts in jedem Fenster. Sie können beispielsweise den Eintrag FENSTER ABDOCKEN wählen, um ein Fenster aus dem Gesamtverbund zu lösen.

Adobe Bridge

Zum Organisieren Ihrer Dateien sollten Sie unbedingt mit Adobe Bridge arbeiten. Mehr dazu erfahren Sie in einem Zusatzkapitel auf der Website zum Buch unter http://www.galileodesign.de/1114, dann BUCHUPDATES klicken.

Eigener Arbeitsbereich | Wenn Sie sich für eine bestimmte Verteilung der Fenster entschieden haben, die nicht als Voreinstellung existiert, können Sie Ihren individuellen Arbeitsbereich über FENSTER • ARBEITSBEREICH • NEUER ARBEITSBEREICH abspeichern. Nachdem Sie einen Namen vergeben haben, ist dieser Arbeitsbereich dann in der Menüleiste (1) abrufbar bzw. über den Eintrag ARBEITSBEREICH LÖSCHEN zu entfernen.

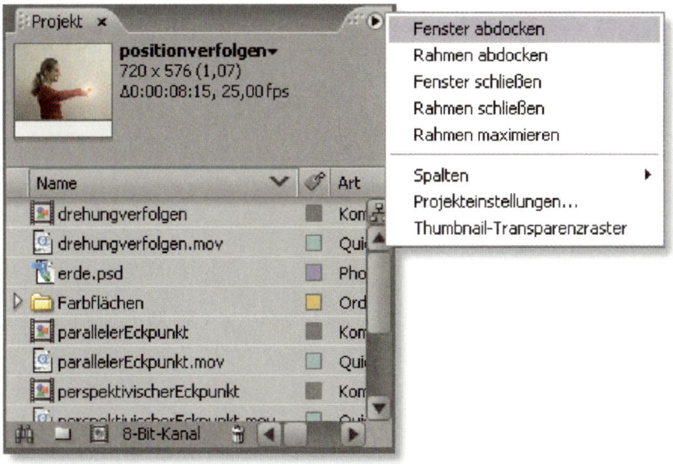

▲ **Abbildung 4.15**
Jedes Fenster besitzt ein Einblendmenü mit weiteren Optionen, z.B. zum Abdocken des Fensters.

▲ **Abbildung 4.16**
Jeder voreingestellte oder selbst erstellte Arbeitsbereich ist in der Menüleiste abrufbar.

Mehrere Kompositionsansichten | In After Effects haben Sie die Möglichkeit, mit mehr als einer Kompositionsansicht zu arbeiten. Im Kompositionsfenster können Sie im Einblendmenü ❶ wählen, ob eine, zwei oder vier Ansichten der Komposition angezeigt werden. Mehrere Ansichten sind besonders beim 3D-Compositing in After Effects hilfreich. Fürs Erste wird es Ihnen ausreichen, mit einer Kompositionsansicht zu arbeiten. Sie müssen also erst einmal nichts ändern.

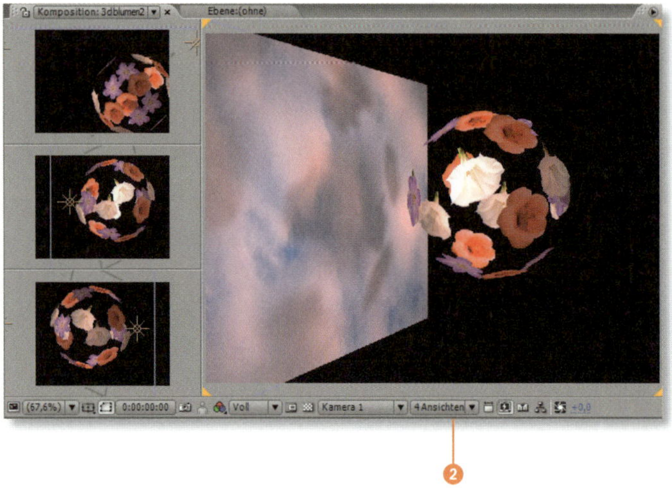

Abbildung 4.17 ▸
Ein Arbeitsbereich mit vier Kompositionsansichten erleichtert die Arbeit beim 3D-Compositing in After Effects.

GUI-Farben | Wenn Ihnen die Farbe der Benutzeroberfläche zu dunkel oder zu hell erscheint, können Sie die Farben aller Fenster, Paletten und Dialogfelder insgesamt abdunkeln bzw. aufhellen. Wählen Sie beim Mac After Effects • Einstellungen • GUI-Farben. Unter Windows wählen Sie Bearbeiten • Voreinstellungen • GUI-Farben. Per Klick auf die Schaltfläche Standard kehren Sie zum Ausgangszustand zurück.

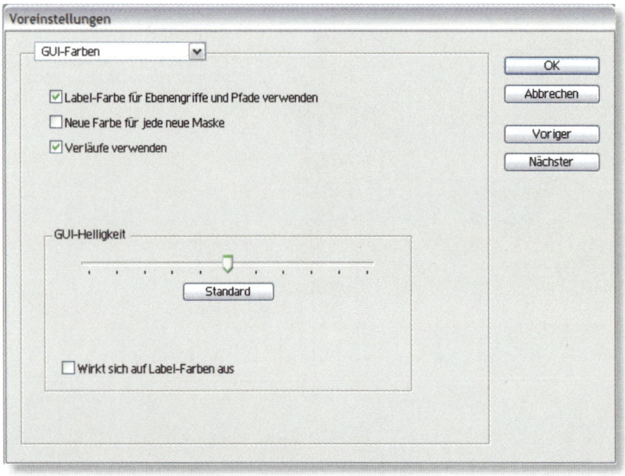

Abbildung 4.18 ▸
Das Dialogfenster zur Einstellung der GUI-Helligkeit.

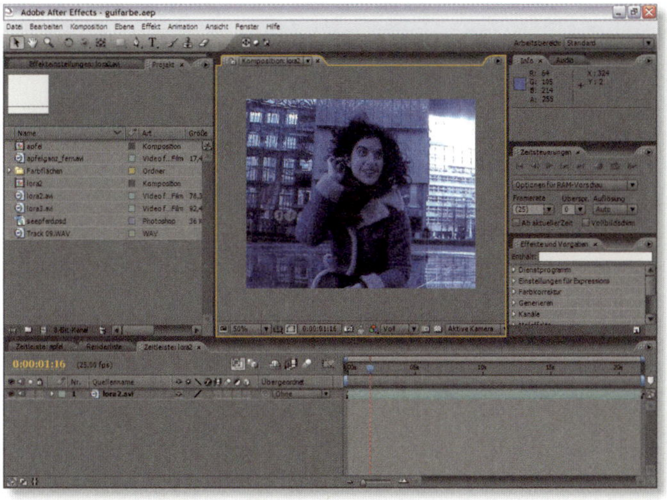

◂ **Abbildung 4.19**
In After Effects können Sie die Farbe der Benutzeroberfläche mit der GUI-Farben-Einstellung abdunkeln oder aufhellen.

5 Der Import

KAPITEL 5

Wie Sie gesehen haben, kann After Effects mit einer ganzen Menge an Rohmaterialien (Footage) aus verschiedensten Anwendungen umgehen. Daher ist es auch manchmal nötig, beim Import Optionen für das jeweilige Rohmaterial festzulegen. So kann ein Standbild aus einer oder mehreren Ebenen bestehen oder die Transparenzinformation des Materials ist unterschiedlich gespeichert. Videomaterial besteht aus Halbbildern, und beim Import muss die Reihenfolge der Halbbilder interpretiert werden.

Für die folgenden Erläuterungen können Sie gern die Dateien im Ordner BEISPIELDATEIEN/05_IMPORT von der DVD verwenden.

5.1 Der Importdialog

Über den Importdialog wählen Sie die Art des Imports und das entsprechende Material. After Effects bietet Ihnen verschiedene Möglichkeiten an, Dateien zu importieren:

- Wählen Sie im Menü DATEI/ABLAGE • IMPORTIEREN • DATEI... bzw. MEHRERE DATEIEN.
- Klicken Sie mit der rechten Maustaste bzw. [Ctrl]+Mausklick (Mac) ins Projektfenster.
- Tastaturkürzel: [Strg]+[I] bzw. wie üblich auf dem Mac [⌘]+[I].
- Ziehen Sie die Dateien per Drag and Drop ins Projektfenster.

Unter DATEITYP ① (Abbildung 5.1) bzw. ZEIGEN (Mac) können Sie die für den Import anzuzeigenden Formate eingrenzen. Wählen Sie ALLE ZULÄSSIGEN FORMATE, um nur die von After Effects unterstützten Formate anzuzeigen. Der Auswahlpunkt ALLE FOOTAGEDATEIEN schließt Dateien wie After Effects- oder Premiere Pro-Projekte vom Import aus. Nicht unterstützte Formate zeigen Sie über die Auswahl von ALLE DATEIEN an. Wenn Sie ein ganz bestimmtes Format auswählen, werden nur die Dateien dieses Formats angezeigt, andere Dateien werden ausgeblendet.

Auf die Importieren als-Einstellungen ② kommen wir auf den nächsten Seiten zu sprechen.

Mehrere Dateien importieren

Sie können im Importdialogfenster mehrere Dateien auswählen, indem Sie wie im Einführungsworkshop beschrieben mit gedrückter Maustaste einen Rahmen über die zu importierenden Dateien ziehen oder diese per [Strg]-Taste einzeln auswählen.

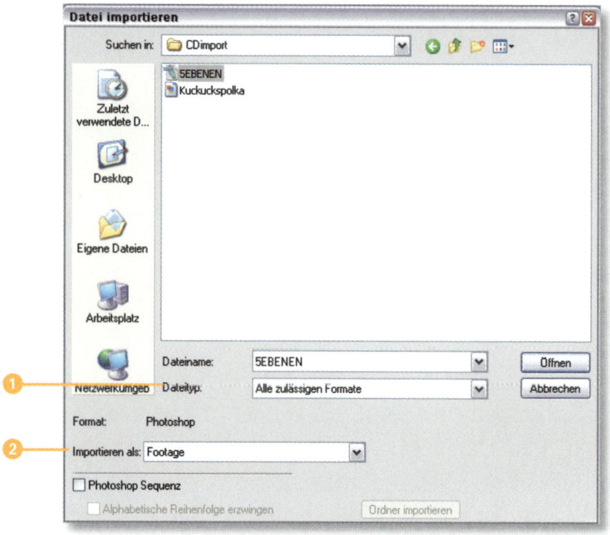

Abbildung 5.1 ▶
Im Importdialogfenster können Sie zwischen verschiedenen Importmethoden wählen.

5.2 Import von Photoshop- und Illustrator-Dateien

5.2.1 Pixel und Vektoren

In After Effects lassen sich sowohl pixelorientierte Dateien (aus Photoshop) als auch vektororientierte Dateien wie Illustrator- und EPS-Dateien verarbeiten.

▲ Abbildung 5.2
Ein Vektorbild ohne Skalierung und ...

▲ Abbildung 5.3
... das gleiche Bild skaliert. Die Konturen bleiben scharf.

Der Unterschied besteht vor allem in der Auflösung bei der Skalierung. Während eine pixelorientierte Datei bei einer Skalierung über ihre Originalabmessungen verschwommen wirkt, behält die

Vektorgrafik ihre scharfen Kanten auch bei hohen Skalierungswerten bei.

▲ **Abbildung 5.4**
Eine pixelorientierte Datei ohne Vergrößerung ...

▲ **Abbildung 5.5**
... und ein skalierter Ausschnitt der selben Datei. Zur Verdeutlichung wurde hier der Qualitätsmodus ENTWURF eingestellt.

Bei der Dateigröße findet sich der nächste Unterschied. Vektorgrafiken sind recht klein, Pixelbilder größer. Die Vorteile bei der Skalierung büßt die Vektorgrafik bei der Farbvielfalt und der Darstellung von Texturen ein.

Die unterschiedliche Dateigröße von Vektorgrafiken und Pixelbildern erklärt sich aus der unterschiedlichen Berechnung der Bilddaten. Pixelbilder setzen sich aus einer genau definierten Anzahl einzelner Bildpunkte, den Pixeln, zusammen, die in einem Raster angeordnet werden. Jedes einzelne Pixel wird mit Farb- und Helligkeitsinformationen gespeichert. Bei einer größeren Bilddatei werden entsprechend mehr Pixel zur Darstellung benötigt, was den Speicherbedarf der Datei anwachsen lässt. Beim Skalieren werden die Pixel proportional vergrößert. Die Struktur des Rasters, auf dem die Pixel angeordnet sind, wird dabei sichtbar.

Vektorgrafiken hingegen bestehen aus einfachen grafischen Elementen wie Linie, Kurve, Kreis und Rechteck, die mathematisch beschrieben werden können. So wird eine Linie durch ihren Anfangs- und Endpunkt definiert, ein Kreis durch Kreismittelpunkt und -durchmesser. Bei jeder Skalierung wird die Vektorgrafik neu berechnet, und es sind keine Pixelstrukturen erkennbar.

5.2.2 Ein komplettes Layout importieren

Bei der Vorbereitung Ihrer Bilddaten ist es häufig günstig, ein komplettes Layout in Photoshop oder in Illustrator anzulegen und After Effects »nur« noch zur Animation zu verwenden.

Für die nächsten Erläuterungen können Sie die Datei »5ebenen.psd« und die Datei »prinzessin.ai« aus dem Ordner 05_IMPORT auf der DVD zum Ausprobieren verwenden.

After Effects bietet Ihnen die Möglichkeit, Photoshop- und Illustrator-Dateien, die aus mehreren Ebenen bestehen, komplett als eine Komposition zu importieren. Dabei übernimmt After Effects die genaue Positionierung der einzelnen Ebenen. Auch Ebenennamen, Hilfslinien und Ebenenmasken werden übernommen, manches bleibt aber auch auf der Strecke. Vertiefende Informationen finden Sie im Kapitel 25, »Workflow mit Photoshop und Illustrator«.

Aus einer Datei mit mehreren Ebenen können Sie einzelne Ebenen beim Import auswählen. Es ist daher sehr wichtig, die Ebenen in Photoshop bzw. Illustrator eindeutig zu benennen, sonst kommen Sie durcheinander.

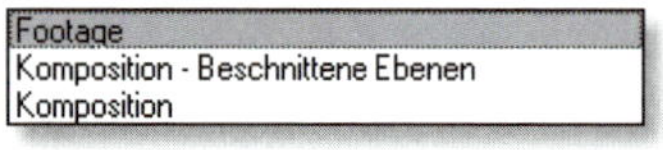

▲ **Abbildung 5.6**
Einige Dateien, die aus mehreren Ebenen bestehen, können als Komposition importiert werden. Ein komplettes Layout lässt sich so übernehmen.

Import als Komposition | Für den Import als Komposition wählen Sie die Datei aus, die mehrere Ebenen enthält, und wählen dann unter IMPORTIEREN ALS die Bezeichnung KOMPOSITION bzw. KOMPOSITION – BESCHNITTENE EBENEN.

Wenn Sie KOMPOSITION wählen, werden Ihre Ebenen auf die Größe Ihres Layouts beschnitten, d.h. überstehende Ebenen werden abgeschnitten. Dieses Ergebnis passt zwar eigentlich eher zu der anderen Option KOMPOSITION – BESCHNITTENE EBENEN. Dort aber bleiben die Ebenen in ihrer Ursprungsgröße erhalten.

Im Projektfenster von After Effects wird ohne Ihr Zutun eine Komposition angelegt. Die Framegröße der Komposition entspricht den Abmessungen der Datei in Photoshop bzw. Illustrator. Zusätzlich befindet sich über der Komposition ein Ordner, der sämtliche Ebenen der Datei im Einzelnen enthält. Doppelklicken Sie auf das Kompositionssymbol, um die Komposition und die dazugehörige Zeitleiste zu öffnen. Sie können nun sämtliche Ebenen einzeln animieren.

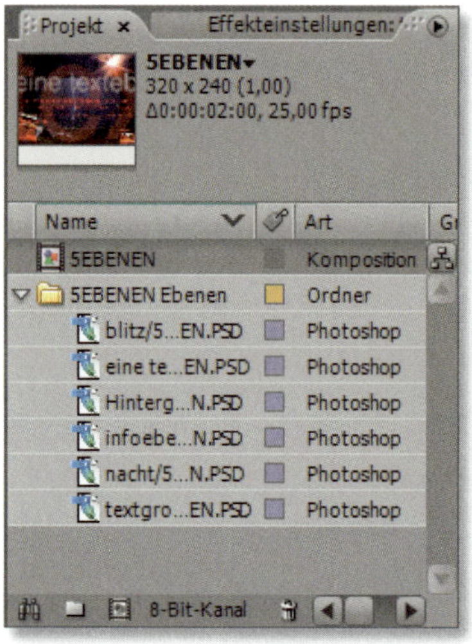

Abbildung 5.7 ▶
Im Projektfenster wird automatisch eine Komposition und ein Ordner mit allen einzelnen Ebenen der importierten Datei angelegt.

Einzelne Ebenen importieren | Zum Import von einzelnen Ebenen wählen Sie unter Importieren als die Bezeichnung Footage. Enthält die Datei mehrere Ebenen, bietet After Effects Ihnen daraufhin Ebenenoptionen an. Wählen Sie Auf eine Ebene reduziert, um alle Ebenen zusammenzurechnen. Markieren Sie Ebene wählen, um eine bestimmte Ebene aus der Datei zu importieren. Bei dieser Importvariante entsteht die Komposition nicht automatisch.

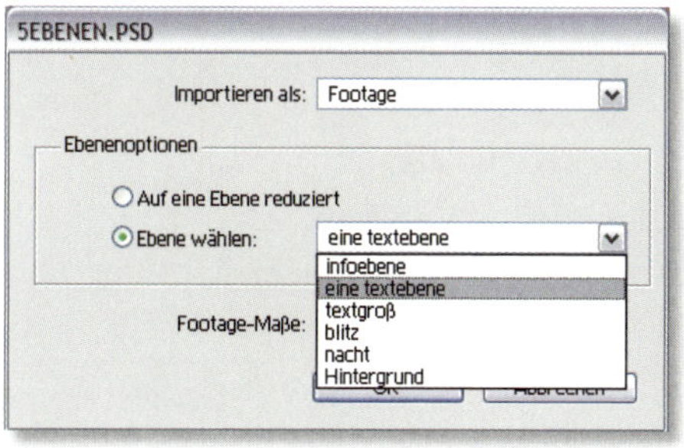

◂ **Abbildung 5.8**
Beim Footage-Import einer Datei, die mehrere Ebenen enthält, können einzelne Ebenen aus dieser Datei importiert werden.

Schritt für Schritt: Die Bilder lernen laufen: Trickfilm

In dem folgenden kleinen Workshop werden Sie lernen, aus einer Reihe von einzelnen Bildern einen Film zu machen und den Umgang von After Effects mit Dateien nach dem Import neu zu definieren.

Import von Audiodaten

Audiodaten importieren Sie genauso in After Effects Projekte wie anderes Footage auch.

1 Komposition anlegen

Schauen Sie sich zuerst das Movie »AllesTrick.mov« aus dem Ordner 05_Import /AllesTrick an. Starten Sie After Effects und speichern zuerst das noch leere Projekt über Datei • Speichern unter. Legen Sie eine Komposition über Komposition • Neue Komposition bzw. Strg+N an.

In dem Dialogfenster Kompositionseinstellungen tragen Sie möglichst immer zuerst einen Namen für die Komposition ein, da es später sehr viele Kompositionen in einem Projekt geben kann. Tragen Sie unter Breite 320 ein und unter Höhe 240. Als Framerate wählen Sie 25 Bilder bzw. Frames pro Sekunde (PAL).

Bei der Dauer soll der voreingestellte Wert auf 8 Sekunden geändert werden. Es genügt, wenn Sie dazu den voreingestellten Wert markieren und 800 ins Feld tippen. After Effects trägt selbstständig die Doppelpunkte nach (0:00:08:00) und erkennt, dass es sich um eine Dauer von 8 Sekunden handelt. Die anderen Einstellungen ignorieren Sie vorerst. Bestätigen Sie mit OK.

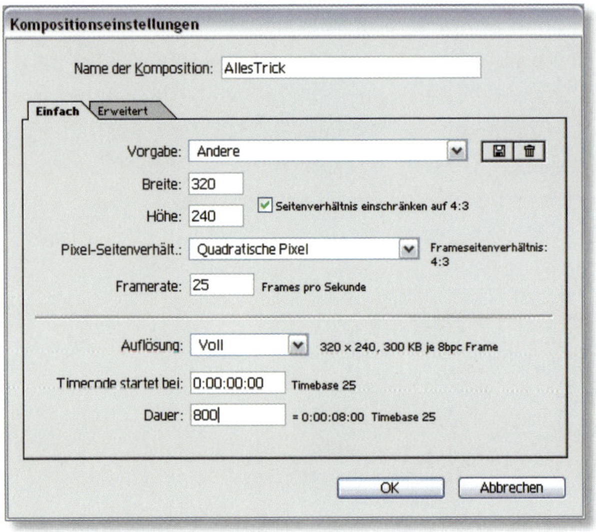

Abbildung 5.9 ▸
Nehmen Sie diese Einstellungen vor.

Kompositionseinstellungen überprüfen

Falls Sie die Einstellungen noch einmal nachsehen oder verändern möchten, können Sie dies über Komposition • Kompositionseinstellungen bzw. Strg+K tun.

2 Import einer Bildsequenz

Wählen Sie über Komposition • Hintergrundfarbe die Farbe Weiß im Farbwähler aus.

Für das Projekt habe ich einige Dateien vorbereitet, die als Trickfilm abgespielt werden sollen. Jede Datei enthält gegenüber der vorhergehenden einen kleinen Bewegungsschritt. Schnell nacheinander abgespielt ergeben die Dateien einen kleinen Film.

Wählen Sie im Importdialog den Ordner 05_Import/AllesTrick/Sequenz1 und markieren die erste Datei in der Liste. Achten Sie darauf, dass ein Häkchen bei Photoshop Sequenz gesetzt ist, und klicken auf Öffnen bzw. Importieren. Der Eintrag Alphabetische Reihenfolge erzwingen dient übrigens dazu, Bilder in alphabetischer Reihenfolge zu ordnen.

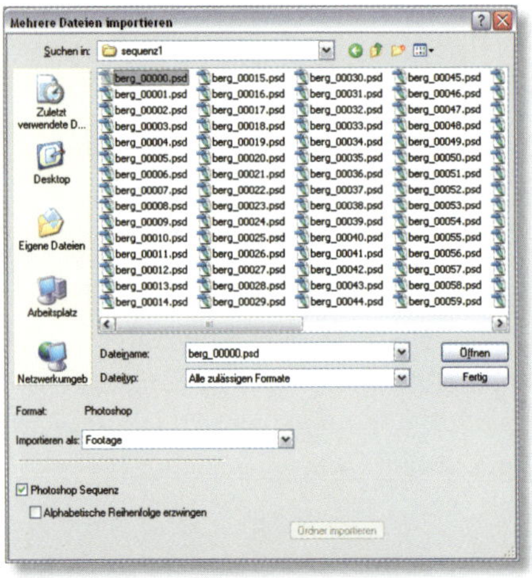

Abbildung 5.10 ▸
In After Effects lassen sich verschiedenste Dateiformate als Bildsequenzen importieren.

Die Einzelbilder werden nun im Projektfenster als eine einzige Datei, als Bildsequenz, angezeigt. Sie haben die Möglichkeit, auch Targa-, JPG-, TIFF-Sequenzen und viele mehr zu importieren. Importieren Sie nun noch die Bilder im Ordner Sequenz2 in gleicher Weise.

Damit After Effects die Bildsequenz als solche erkennen kann, ist eine fortlaufende Nummerierung der Einzelbilder erforderlich. Wichtig bei der Benennung der Dateien ist, jeder Bildnummer mehrere Nullen voranzustellen, sonst geht's schief. Ausserdem müssen die Einzelbilder sämtlich die gleichen Bildabmessungen aufweisen, da sonst der Bildausschnitt falsch interpretiert werden kann. Ausschlaggebend für alle nachfolgenden Bilder ist das erste Bild der Sequenz. Wenn Sie diese Prämissen beachten, wird Ihnen das eigene Erstellen kurzer Sequenzen bald Spaß machen. Noch etwas: 16 Bilder pro Sekunde benötigen Sie mindestens für einen einigermaßen flüssigen Bewegungsablauf.

Importieren Sie die dritte Sequenz aus dem Ordner Sequenz3. Wählen Sie beim Import gegebenenfalls Auf eine Ebene reduziert.

Importieren Sie dann die Datei »sisyphos.ai« und wählen beim Import Auf eine Ebene reduziert. Jetzt haben Sie alle Dateien zusammen.

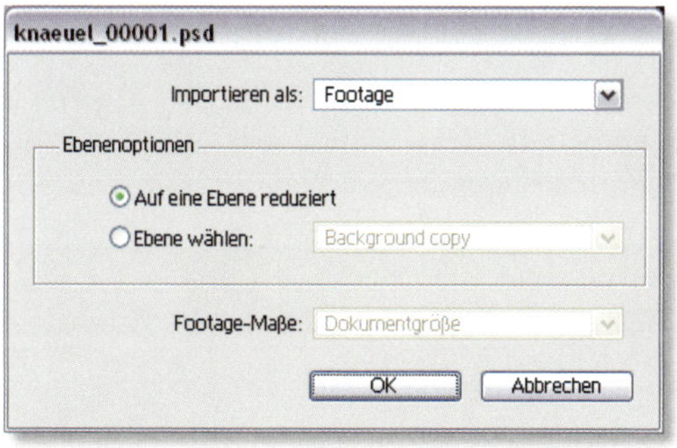

▲ **Abbildung 5.11**
Beim Import müssen die Dateien auf eine Ebene reduziert werden.

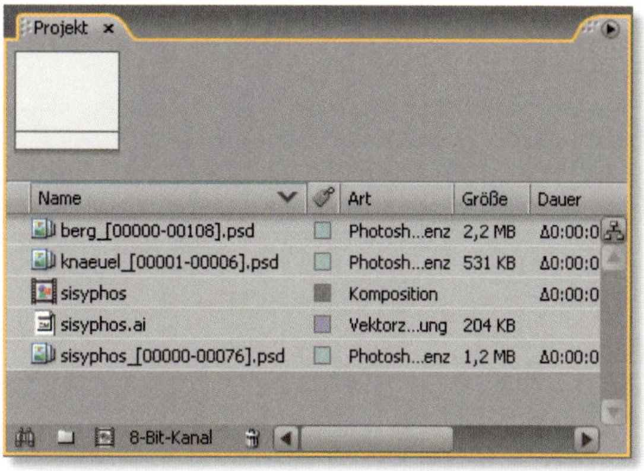

▲ **Abbildung 5.12**
Im Projektfenster wird jede Bildsequenz mit einem Symbol für eine Reihe von Bildern angezeigt.

3 Los geht's mit der Animation

Ziehen Sie zuerst Ihre Zeitmarke auf den Zeitpunkt 00:00. Sie können auch die Taste [Pos1] verwenden, um die Zeitmarke an den Anfang der Komposition springen zu lassen. Ziehen Sie die Datei »sisyphos.ai« in den linken, dunkelgrauen Bereich der Zeitleiste. Der In-Point der Ebene wird genau am Zeitpunkt 00:00 ausgerichtet, so dass die Ebene ab diesem Zeitpunkt sichtbar ist.

Öffnen Sie die Transformationseigenschaften der Ebene »sisyphos.ai«. Ziehen Sie die Zeitmarke auf 00:14 und setzen per Klick auf das Stoppuhr-Symbol bei Deckkraft einen ersten Keyframe. Damit eine Animation zustande kommt, setzen Sie einen zweiten Keyframe. Positionieren Sie die Zeitmarke bei 02:00 und klicken Sie in den Wert bei Deckkraft (100 %) und tragen 0 ein. Der Keyframe entsteht automatisch, nachdem Sie neben das Wertefeld klicken. Der Text blendet sich nun allmählich aus. Übrigens müssen Sie keine Fremdapplikationen zum Erstellen von Text verwenden. Wir machen das nur für den Import und weil Sie das Kapitel »Titel und Texte« noch nicht kennen.

▼ Abbildung 5.13
Für das Ausblenden des Textes werden zwei Keyframes bei der Deckkraft gesetzt.

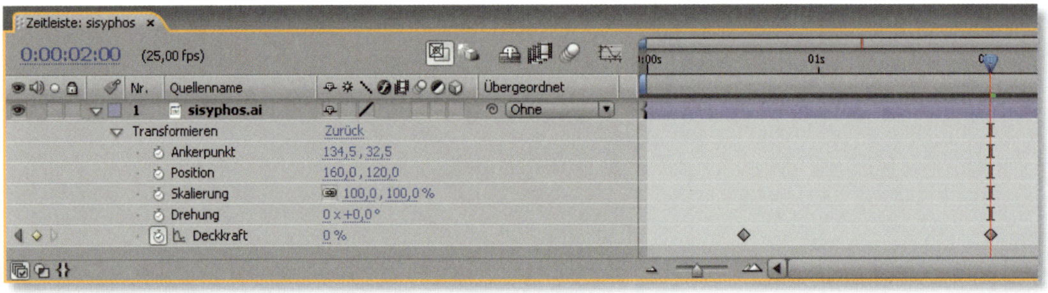

4 Ebenen positionieren

Ziehen Sie die Sequenz »sisyphos« unter den Text in die Zeitleiste.

Klicken Sie die Ebene einmal in der Mitte an und halten die Maustaste gedrückt, um sie zu verschieben. Wenn Sie nun noch die Taste [⇧] hinzunehmen, richtet sich der In-Point wie magnetisch an Keyframes oder der Zeitmarke aus.

▼ Abbildung 5.14
Mit der Taste [⇧] springen Ebenen, die Sie verschieben, automatisch auf In-Points, Keyframes oder die Zeitmarke.

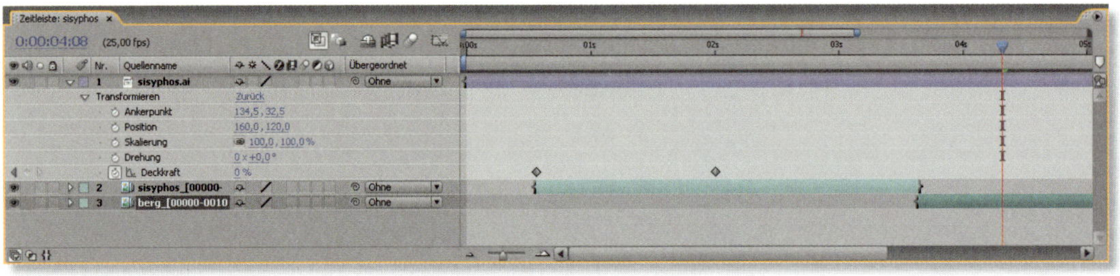

Beim Verschieben von Keyframes funktioniert das genauso. Lassen Sie auf diese Weise die Ebene dort beginnen, wo Sie den ersten Keyframe für den Text gesetzt haben. Ebenso richten Sie die Sequenz »berg« am Out-Point, also dem Ende der Sequenz »sisyphos« aus.

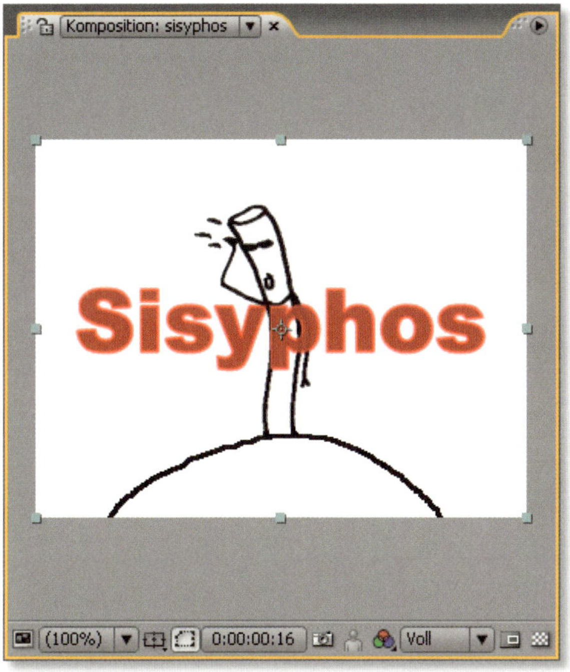

▲ **Abbildung 5.15**
Der Text wird über der Tricksequenz positioniert.

5 Footage interpretieren

Nach dem Import von Dateien ins Projektfenster ist es nicht selten nötig, den Umgang von After Effects mit diesen Dateien neu zu definieren. So lassen sich beispielsweise in einer Datei die Optionen für die Interpretation des Alphakanals im Nachhinein ändern. Auch die Framerate einer Datei, die Halbbildreihenfolge und das Pixelseitenverhältnis sind noch nach dem Import änderbar. Der Weg zur Dialogbox, um das Footage im Nachhinein zu interpretieren, ist bei allen Dateien der gleiche, die Optionen sind es nicht.

Um Footage zu interpretieren, markieren Sie in unserem Falle die Sequenz »knaeuel« im Projektfenster. Klicken Sie die Sequenz mit der rechten Maustaste an oder gehen über das Menü Datei • Footage interpretieren • Footage einstellen. In dem erscheinenden Dialogfeld (Abbildung 5.16) finden Sie unter Andere Optionen den Eintrag Schleife.

Tragen Sie hier den Wert 10 ein. Die Bildsequenz wird nun beim Abspielen zehnmal wiederholt. Sie können auch Filme oder Sounddateien auf diese Weise loopen lassen.

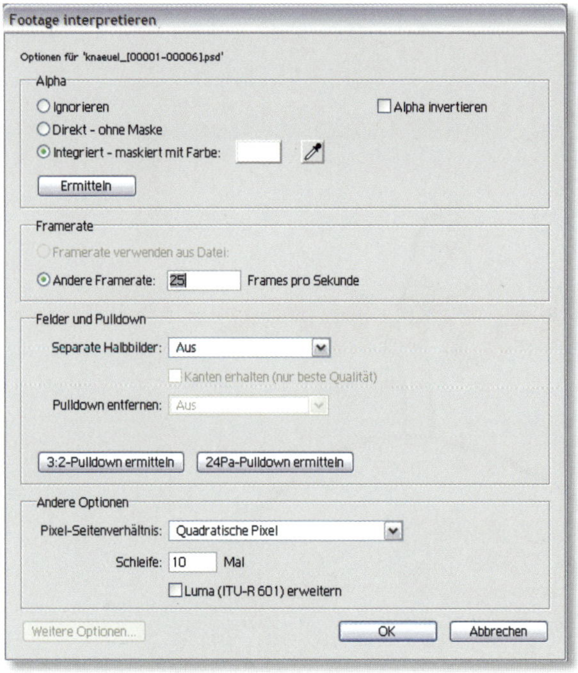

Abbildung 5.16 ▶
Im Dialog Footage interpretieren wählen Sie unter Schleife, wie oft das Material hintereinander abgespielt wird.

6 Abschluss der Animation

Ziehen Sie die loopende Sequenz »knaeuel« in die Zeitleiste über die Sequenz »sisyphos« und richten Sie den In-Point der Knäuel-Sequenz am In-Point der Sequenz »sisyphos« aus.

Positionieren Sie das Knäuel im Kompositionsfenster wie in der Abbildung. Dazu müssen Sie nur auf das Knäuel klicken und es verschieben.

Abbildung 5.17 ▶
Die Position von Sisyphos' Knäuel sollte dieser Abbildung ähneln.

Öffnen Sie die Transformationseigenschaften der Sequenz »knaeuel« und wählen die Eigenschaft POSITION bzw. markieren Sie die Ebene und drücken die Taste [P]. Setzen Sie einen ersten Keyframe für die Position bei 01:09. Erstellen Sie den zweiten Keyframe automatisch, indem Sie die Zeitmarke auf den Out-Point, also das Ende der Ebene »knaeuel« ziehen und die Ebene wie in der Abbildung nach außerhalb der Komposition ziehen.

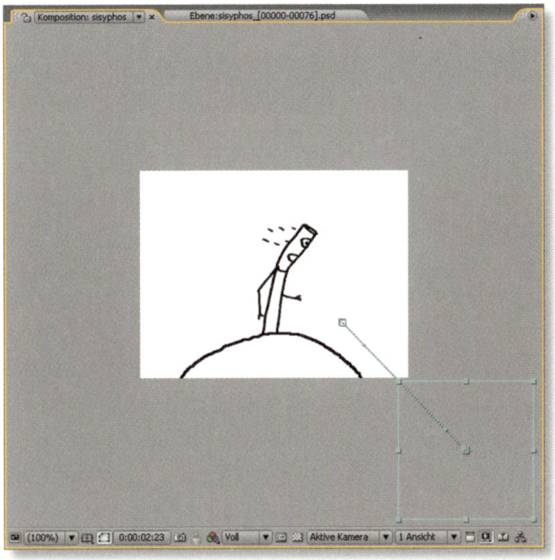

◄ **Abbildung 5.18**
Der zweite Positionskeyframe entsteht automatisch, wenn Sie das Knäuel aus dem Bild ziehen.

Tja, das Knäuel ist nun den Berg hinabgerollt und Sisyphos muss von vorne anfangen. Wenn Sie die Sequenz »berg« richtig angeordnet haben, tut er dies auch. Das fertige Projekt rendern Sie am besten noch auf dem gleichen Wege, wie bereits im Kapitel »Ein erstes Projekt« beschrieben.

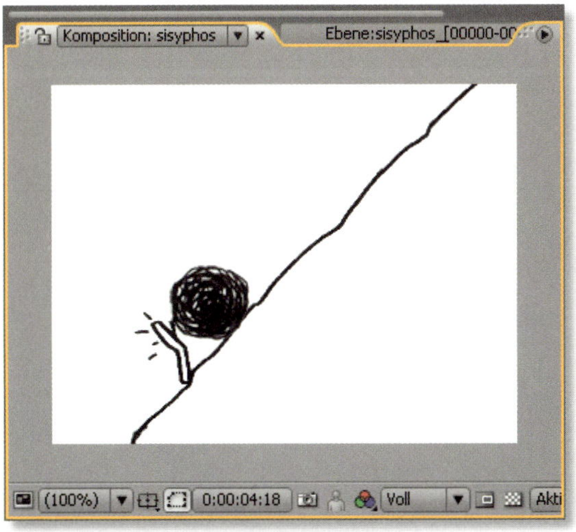

◄ **Abbildung 5.19**
Sisyphos muss sich hier mühen, das Knäuel erneut den Berg hinaufzurollen.

5.2.3 Transparentes Material importieren

Wie schon erwähnt, sollte die Bildbearbeitung vor dem Import möglichst abgeschlossen sein. Dazu gehört auch das Festlegen transparenter Bildbereiche. Da Transparenzen in verschiedenen Programmen erstellt werden können, ist es nicht verwunderlich, dass verschiedene Möglichkeiten existieren, Transparenzen zu definieren.

Footage interpretieren | Beim Import von Dateien, die Transparenzen enthalten, erscheint der Dialog FOOTAGE INTERPRETIEREN. After Effects »fragt« Sie, wie es die Transparenzinformation in der Datei interpretieren soll.

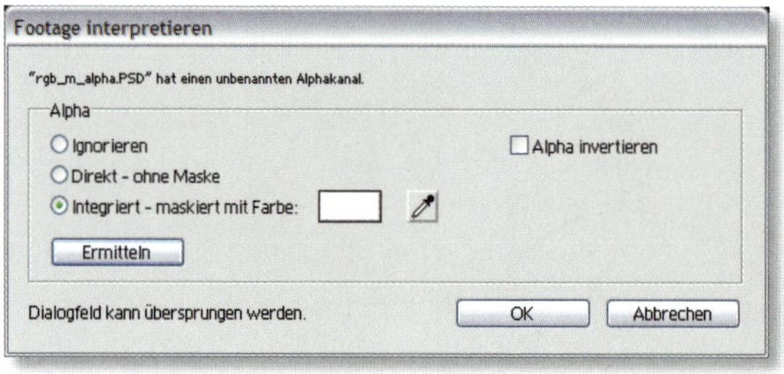

Abbildung 5.20 ▶
Beim Import von Transparenzen enthaltenden Dateien »fragt« After Effects, wie diese interpretiert werden sollen.

Direkter Alphakanal

Die Transparenzinformation wird neben den RGB-Farbkanälen in einem Extrakanal, dem Alphakanal, in der Datei gespeichert.

Wenn Sie sich unsicher sind, wählen Sie hier einfach ERMITTELN. After Effects findet dann automatisch heraus, wie die Transparenzinformation in der Datei gespeichert wurde.

Wird Ihnen das Klicken auf die Schaltfläche ERMITTELN zu umständlich und Sie wollen nicht mehr gefragt werden, weil Sie etliche Dateien mit einem Alphakanal importieren, können Sie die Importvoreinstellung ändern.

Integrierter Alphakanal

Die Transparenzinformation wird sowohl in einem Extrakanal gespeichert als auch in die RGB-Farbkanäle eingerechnet. Das heißt für halbe Deckkraft 50 % der Farbe des Pixels und 50 % der eingerechneten Farbe.

Alphakanal und Transparenz | Wenn Sie mit Photoshop arbeiten, können Sie im Fenster KANÄLE bei einer Datei, die einen Alphakanal enthält, den Alphakanal neben den RGB-Kanälen entdecken.

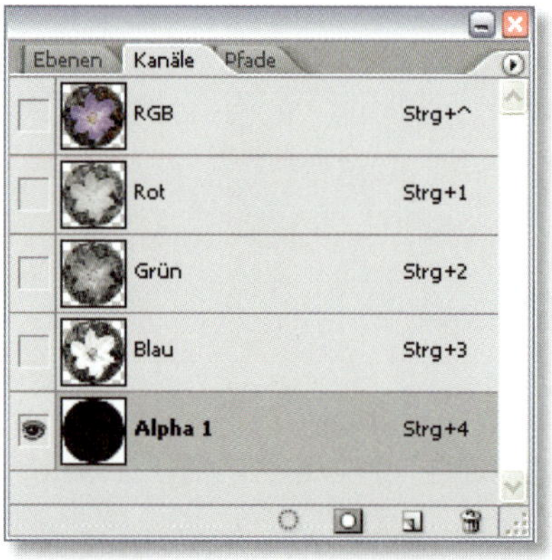

Abbildung 5.21 ▶
In Photoshop ist der Alphakanal neben den RGB-Kanälen leicht zu entdecken.

In After Effects können Sie den Farbanteil eines jeden Kanals in einer Datei über das Kompositionsfenster anzeigen lassen. Auch die Alphainformation ist separat darstellbar. Unter der kleinen Schaltfläche ① verbirgt sich ein Menü, in dem Sie den jeweiligen Kanal einzeln auswählen können.

Importvoreinstellung ändern

Wählen Sie BEARBEITEN • VOREINSTELLUNGEN • IMPORTIEREN. Unter UNBENANNTES ALPHA INTERPRETIEREN ALS wählen Sie dann ERMITTELN.

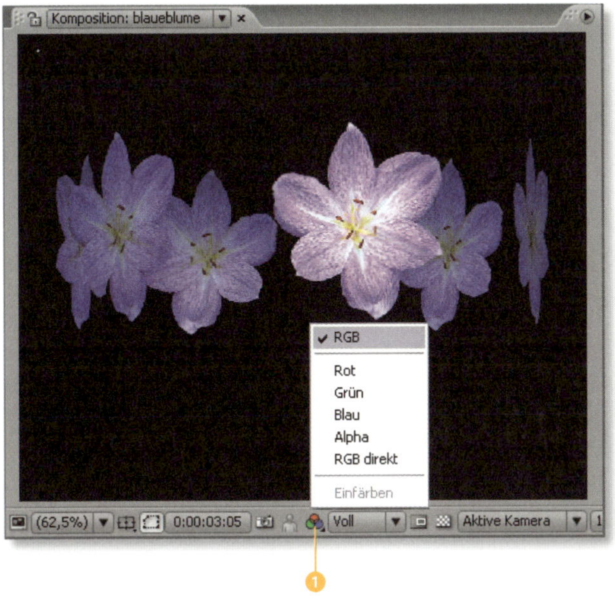

◂ **Abbildung 5.22**
Die Farbinformation kann für jeden Farbkanal einzeln angezeigt werden. Das Gleiche gilt für den Alphakanal.

Sie können sicher sein, dass After Effects Ihre Transparenzen, soweit richtig interpretiert, korrekt darstellt. After Effects arbeitet in der Standard-Version mit einer 8-Bit-Farbtiefe. Für jeden der vier Kanäle stehen somit je 8 Bit zur Verfügung. Es ist also genügend »Platz« für die Information im Alphakanal vorhanden.

Enthält Ihr importiertes Footage keinen Alphakanal bzw. ist die Farbtiefe des Footage geringer als die 32 Bit der vier Kanäle zusammen, legt After Effects für die Datei einen Kanal an, der mit weißer Farbe gefüllt ist. Damit wird die Datei als vollständig deckend definiert. Bei Dateien mit 16 oder 32 Bit Farbtiefe pro Kanal, die Sie in der Professional-Version von After Effects verwenden können, ist noch mehr Platz für feine Abstufungen und bessere Detailgenauigkeit vorhanden.

Weitere Informationen zu Transparenzen und Alphakanälen finden Sie auch im Kapitel 18, »Masken, Matten und Alphakanäle«.

5.3 Import von After Effects-Projekten

Sollten Sie an größeren Projekten arbeiten, ist es oft nötig, mit mehreren Projektdateien zu arbeiten. Möglicherweise arbeiten auch mehrere Personen an einem Projekt und speichern ihre Arbeit in verschiedene Projektdateien. Um diese am Ende wie-

RGB- und CMYK-Dateien

After Effects arbeitet im RGB-Farbraum. Das heißt, Dateien mit den Kanälen Rot, Grün, Blau und Alpha können importiert werden. Wenn Sie CMYK-Dateien importieren wollen, erhalten Sie eine Fehlermeldung und der Import wird abgebrochen. CMYK-Dateien werden für eine Ausgabe zum Drucken auf Papier verwendet. Dabei steht CMYK für die Druckfarben Cyan, Magenta, Yellow und Key (Schwarz).

der zusammenzubringen, ist es möglich, komplette After Effects-Projekte in ein finales Projekt zu importieren. Der Import erfolgt dabei wie bei jedem anderen Rohmaterial.

Das importierte Projekt erhält einen eigenen Ordner, der wiederum sämtliche Kompositionen und Verknüpfungen zu Rohmaterialdateien des Ursprungsprojekts enthält. Sämtliche im importierten Projekt vorhandenen Kompositionen, Animationen oder sonstige Einstellungen bleiben hundertprozentig erhalten. Sie sollten aber nicht vergessen, die Rohmaterialdateien des importierten Projekts auch auf Ihrer Festplatte zur Verfügung zu stellen, ansonsten zeigt After Effects Ihnen nur Platzhalter an.

5.4 Import von Premiere Pro-Projekten

Sehr komfortabel ist die Zusammenarbeit von After Effects mit dem Schnittprogramm Premiere Pro. Allerdings gilt dies nur für die Windows-Plattform. Auf dem Mac läuft Premiere Pro nicht und auch die Windows-Dateien aus Premiere Pro lassen sich nicht in die Mac-Version von After Effects importieren. Ein Trick, um Premiere Pro-Projekte dennoch in After Effects auf dem Mac importieren zu können, bildet der AAF-Import. Lesen Sie dazu weiter unten den Abschnitt 5.4.1, »AAF-Import«.

Premiere Pro-Projekte müssen nicht gerendert werden, um sie in After Effects weiterbearbeiten zu können. Sichern Sie einfach nur ganz normal die Projektdatei.

Um Premiere Pro-Projekte zu importieren, wählen Sie [Strg]+[I]. Im Importdialog markieren Sie die Premiere Pro-Projektdatei und verfahren weiter wie bei jeder anderen Datei auch. Im Projektfenster erscheint nach dem Import ein Ordner, der sämtliche Clips aus dem Premiere Pro-Projekt enthält. Sequenzen werden in dem Ordner als Kompositionen angelegt.

▼ Abbildung 5.23
Die Zeitleiste eines Schnittprojekts in Premiere Pro ...

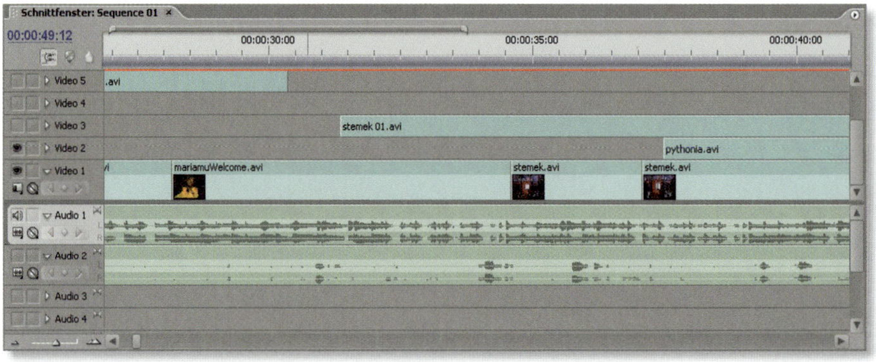

Um sich eine in Premiere Pro geschnittene Sequenz in After Effects anzeigen zu lassen, müssen Sie die Sequenz, die in After Effects eine Komposition geworden ist, doppelt anklicken. Es öffnen sich Kompositionsfenster und Zeitleiste.

In der Zeitleiste von After Effects erscheinen in Premiere Pro gesetzte Marker in einer Extraebene. Die geschnittenen Clips behalten ihre In- und Out-Points bei. Allerdings sind sie nicht mehr in einer oder mehreren Spuren angeordnet, sondern, wie bei After Effects üblich, als Ebenen untereinander. Dabei werden die Reihenfolge der Clips und das ursprünglich vorhandene Material der Clips beibehalten. Außerdem werden einige Effekte und ihre Keyframes sowie Überblendungen übernommen.

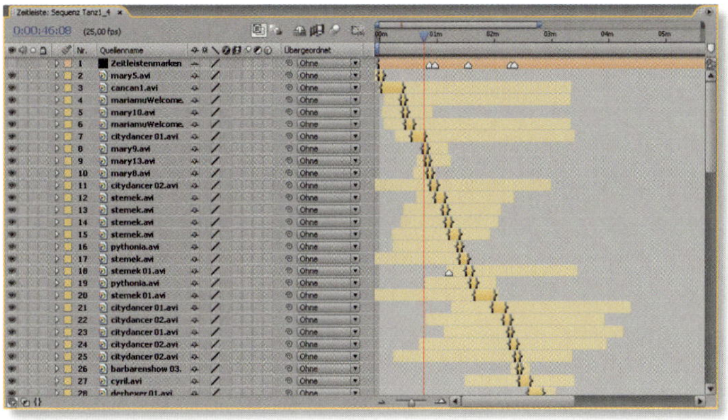

◂ **Abbildung 5.24**
... und in After Effects. Übernommen werden die Reihenfolge der Clips, die Schnitteinstellungen, einige Effekte, Keyframes und mehr.

5.4.1 AAF-Import

Das Format AAF (Advanced Authoring Format) ist ein relativ neuer Standard zum Austausch von Zeitleisten und Sequenzinformationen. Es bildet die einzige Möglichkeit, Projekte von Premiere Pro in eine Mac-Version von After Effects zu importieren. Aber auch für den Austausch mit anderen Programmen, die Dateien im AAF-Format ausgeben können, ist diese Importmöglichkeit sehr wichtig. Sie können beispielsweise AAF-Dateien aus Avid-Bearbeitungssystemen in After Effects verwenden.

Eine AAF-Datei erzeugen Sie aus Premiere heraus über Projekt • Projekt exportieren als AAF. Importiert wird die AAF-Datei in After Effects wieder wie gehabt über Strg + I.

Es werden allerdings nicht alle Einstellungen aus Premiere übernommen. Erhalten bleiben nach dem Import in After Effects die Schnitteinstellungen der einzelnen Clips, einfache Transformationen und Überblendungen, nicht aber Projektordner, Marker, Texte, viele Effekte und Farbflächen. Die Dateien müssen in manchen Fällen neu mit dem After Effects-Projekt verlinkt werden. Ganz ausgereift ist diese Austauschvariante also noch nicht, und es ist besser, nach Möglichkeit andere Austauschformate zu verwenden.

5.5 Weitere Importmöglichkeiten

5.5.1 OMF-Import

OMF (Open Media Framework) ist ein bevorzugtes Avid-Dateiformat. After Effects kann OMF-Videomediendaten, die in Avid OMF-Mediendateien verwendet werden, sowohl importieren als auch ausgeben. Da beim OMF-Dateiformat keine Audiodaten unterstützt werden, müssen diese separat importiert werden. Avid speichert die Audioinformation in einer .wav-Datei, die in After Effects importiert werden kann. Bei AAF-Dateien, die Verweise auf OMF-Footage enthalten, wird auch das OMF-Footage importiert.

Beim Export einer OMF-Datei aus Avid-Bearbeitungssystemen muss bei der Benennung der Dateien, Clips und Bins auf Sonderzeichen und Umlaute verzichtet werden, und die Namen dürfen nicht mehr als 32 Zeichen enthalten. Der Import selbst erfolgt genau wie bei anderen Rohmaterialdateien auch.

5.5.2 Import von Bilddaten mit hohem dynamischen Bereich (HDR)

In After Effects werden Dateien und Projekte mit einem hohen dynamischen Bereich in der Professional-Version unterstützt. Mit dem dynamischen Bereich ist der Helligkeitsumfang zwischen größtem und kleinstem Helligkeitswert eines digitalen Bildes gemeint. In der sichtbaren Welt existiert ein weit größerer Helligkeitsumfang als derjenige, der am Computermonitor, auf Filmmaterial oder auf Papier darstellbar ist. Es wird also immer nur in einem begrenzten Dynamikbereich gearbeitet.

- Als **Low Dynamic Range-Image** bezeichnet man Dateien, die mit einer Farbtiefe von 8 Bit oder weniger erstellt wurden.
- Ein **Medium Dynamic Range-Image** weist eine Farbtiefe von 16 Bit auf.
- Ein **High Dynamic Range-Image** wurde mit einer Farbtiefe von 32 Bit erstellt.

Hierbei sind durch die Verwendung von Gleitkommazahlen weit mehr Werte beschreibbar als bei der Verwendung von Festkommazahlen. Bilder in dieser Farbtiefe können mehr Details in dunklen Bildbereichen und realistische Lichteffekte darstellen.

After Effects kann Dateiformate wie OpenEXR, TIFF und PSD, Radiance (HDR, RGBE, XYZE) mit einer Farbtiefe von 32 Bit als

Standbilder bzw. Standbildsequenzen importieren. Eine Ausgabe als OpenEXR-, TIFF-, PSD- oder Radiance-Sequenz ist ebenfalls möglich.

Um die Projektfarbtiefe zu ändern, wählen Sie DATEI • PROJEKTEINSTELLUNGEN. Unter TIEFE können Sie zwischen 8, 16 UND 32 BIT PRO KANAL wählen.

5.5.3 Import von Camera Raw-Dateien

Camera Raw-Dateien sind Bildsensor-Rohdaten einer Digitalkamera. Die Rohdaten liegen in einer Farbtiefe von 10, 12 oder 14 Bit pro Pixel und mehr vor. Dadurch kann bei der Arbeit mit Raw-Dateien auf weit mehr Bildinformationen zugegriffen werden als bei den normalerweise im JPEG-Format abgespeicherten Bilddaten. Dies resultiert in größerem Detailreichtum und mehr Farb- und Helligkeitsabstufungen. Camera Raw-Dateien können wie jede andere Datei in After Effects importiert werden. Auch der Import ganzer Raw-Sequenzen ist möglich.

Beim Import werden die Camera Raw-Dateien je nach der im Projekt gewählten Farbtiefe in 8 oder 16 Bit umgewandelt. Beim Import in After Effects lassen sich Weißbalance, Tonwertbereich, Kontrast, Farbsättigung und Scharfzeichnung im Dialogfeld CAMERA RAW einstellen. Außerdem können Störungen im Bildmaterial wie Helligkeits- und Farbrauschen und Farbränder an Konturen korrigiert werden.

Wenn Sie eine Camera Raw-Bildsequenz laden, werden die Einstellungen, die Sie für das erste Bild der Sequenz verwendet haben, auf alle weiteren Bilder der Sequenz angewendet, wenn für diese keine eigenen Einstellungen definiert wurden.

Camera Raw

Raw-Dateien sind Bildsensor-Rohdaten. Normalerweise werden diese vor der Speicherung vom Bildprozessor einer Digitalkamera in ein JPEG-Format umgewandelt. Die Daten werden dabei recht klein gehalten, was auf Kosten der eigentlich von den CCD-Sensoren gelieferten Bildinformation geht. Camera Raw-Dateien werden mit einer Farbtiefe von 10, 12 oder 14 Bit pro Pixel und mehr gegenüber 8 Bit bei der JPEG-Komprimierung gespeichert. In der Nachbearbeitung der Rohdatenbilder ergibt sich so ein größerer Spielraum bei Helligkeits- und Farbabstufungen und ein größerer Detailreichtum. Vor der Bearbeitung wirken die Raw-Dateien allerdings weniger brillant, da kein Bildprozessor zur Optimierung zwischengeschaltet wurde.

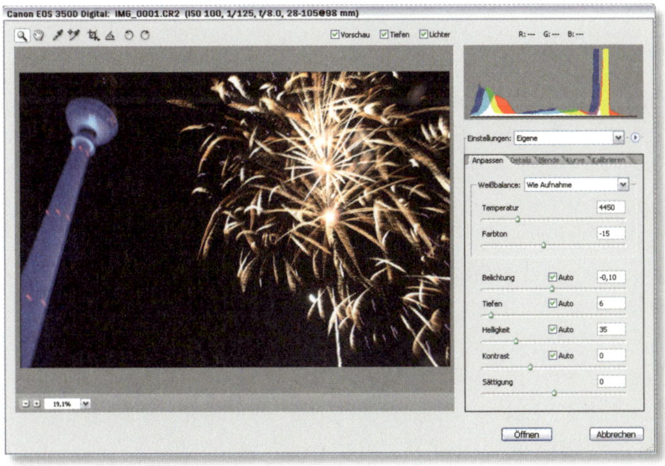

◂ **Abbildung 5.25**
Beim Import einer Camera Raw-Datei öffnet sich der Dialog CAMERA RAW. Hier können verschiedenste Bildanpassungen vorgenommen werden.

Um Camera Raw-Bilddaten nach dem Import anzupassen, wählen Sie die Raw-Datei im Projektfenster aus und wählen dann

Datei • Footage interpretieren • Footage einstellen. Im sich öffnenden Dialogfeld Footage interpretieren klicken Sie auf die Schaltfläche Weitere Optionen und ändern dann die Einstellungen wieder im Dialog Camera Raw.

5.5.4 Import per Drag and Drop

Ergänzend zu den beschriebenen Importoptionen sei die Möglichkeit erwähnt, Dateien einfach vom Explorer bzw. vom Finder in das Projektfenster zu ziehen. Probieren Sie das ruhig einmal aus. Sie können sowohl einzelne Dateien als auch ganze Ordner ins Projektfenster ziehen.

Bei einzelnen Dateien erhalten Sie wie beim schon zuvor beschriebenen Import die Möglichkeit, die Datei als Komposition oder als Footage zu importieren. Bei Dateien mit mehreren Ebenen können Sie einzelne Ebenen der Datei auswählen oder sämtliche Ebenen auf eine Ebene reduzieren und zusammenrechnen.

Wenn Sie einen Ordner ins Projektfenster ziehen, der eine Bildsequenz enthält, erkennt After Effects, dass es sich um eine Sequenz handelt, und legt diese im Projektfenster ab. Benötigen Sie unterschiedliche Dateien genau so, wie sie in einem Ordner angelegt sind, ziehen Sie den Ordner bei gedrückter Alt-Taste ins Projektfenster. Es wird dann ein entsprechender Ordner im Projektfenster angelegt, der alle Dateien enthält.

5.5.5 Importvoreinstellungen

Um festzulegen, wie die Alphainformation einer Datei beim Import behandelt wird, haben Sie bereits die Dialogbox Voreinstellungen kennen gelernt.

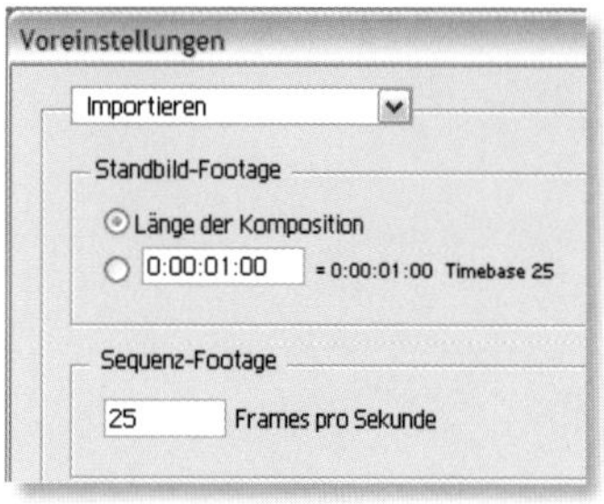

▲ **Abbildung 5.26**
Voreinstellungen • Importieren

Wählen Sie Bearbeiten • Voreinstellungen • Importieren. Im Workshop »Die Bilder lernen laufen: Trickfilm« in Abschnitt 5.2.2 ist Ihnen vielleicht aufgefallen, dass die importierte Illustrator-Datei sich über die gesamte Länge der Komposition erstreckte. Unter Standbild-Footage können Sie das ändern. Tragen Sie dazu nicht Länge der Komposition, sondern einen eigenen Wert ein, z.B. 02:00. Ihr Footage wird dann immer in der Länge von 2 Sekunden in der Komposition eingesetzt.

Unter Sequenz-Footage legen Sie die Framerate Ihrer importierten Sequenzen fest. Damit lassen sich Sequenzen an die Framerate Ihrer Komposition anpassen.

Legen Sie unter Standard-Drag+Drop importieren als fest, ob Sie Dateien beim Import per Drag and Drop als Bildsequenz (Footage) oder als Komposition importieren wollen.

5.6 Videodaten in After Effects

Der Import und Umgang mit Videodaten in After Effects unterscheidet sich etwas von dem der bisher kennen gelernten Importformate. Bei der Arbeit mit Videodateien begegnen Ihnen des Öfteren die Begriffe Pixelseitenverhältnis bzw. Pixel Aspect Ratio (PAR) und Halbbildreihenfolge bzw. Interlaced-Footage.

Jeder Frame eines Videos kann, wie Sie bereits wissen, aus zwei Halbbildern bestehen, die kurz nacheinander angezeigt werden. Solches Videofootage wird daher auch als Interlaced-Material bezeichnet. After Effects muss die Halbbilder des Videos trennen und daraus Vollbilder erzeugen. Erst dann werden Effekte und Transformationen des Interlaced-Materials in hoher Qualität berechnet. Bei der Ausgabe des Films für Fernsehen kann After Effects die Vollbilder wieder in Halbbilder umrechnen, um eine hohe Qualität bei der Wiedergabe zu sichern.

Sie haben bereits im Workshop »Die Bilder lernen laufen: Trickfilm« den Dialog FOOTAGE INTERPRETIEREN kennen gelernt, um Bildsequenzen in Schleife abzuspielen. Nun werden Sie erneut mit diesem Dialog in Berührung kommen.

Lesen Sie vertiefend auch den Abschnitt 2.2.1, »Vollbild oder Halbbild«.

5.6.1 Separate Halbbilder festlegen

In Videofootage wird entweder das obere oder das untere Halbbild zuerst angezeigt. Dies hängt ganz vom System ab, auf dem das Video erzeugt wurde.

Automatische Interpretation der Halbbildreihenfolge | Beim Import von Interlaced-Videomaterial erkennt After Effects in den meisten Fällen die Halbbildreihenfolge automatisch und trennt die Halbbilder des Videofootage. Es entstehen keine Probleme. Dies ist zum Beispiel bei D1- und DV-Footage der Fall. After Effects trennt hier die Halbbilder automatisch.

Manuelle Interpretation der Halbbildreihenfolge | Interpretiert After Effects die Halbbildreihenfolge beim Import nicht richtig, muss das Videofootage manuell interpretiert werden. Wenn Sie analoge Karten zum Aufnehmen von Video verwenden, ist eine manuelle Interpretation der Halbbildreihenfolge angeraten.

Markieren Sie dazu die entsprechende Videodatei im Projektfenster. Wählen Sie DATEI • FOOTAGE INTERPRETIEREN • FOOTAGE EINSTELLEN. In dem Abschnitt FELDER UND PULLDOWN können Sie unter SEPARATE HALBBILDER (1 Abbildung 5.27) wählen, welche Halbbilder getrennt werden. Ausschlaggebend, ob OBERES oder UNTERES HALBBILD ZUERST gewählt wird, ist die Halbbildreihenfolge des Originals. Wählen Sie AUS für Videofootage, das keine Halbbilder enthält.

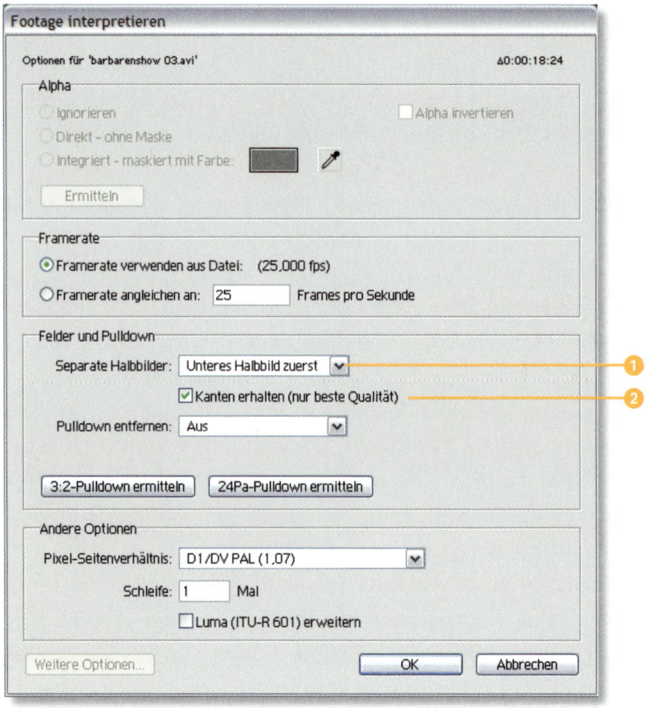

Abbildung 5.27 ▸
Noch einmal der Dialog FOOTAGE INTERPRETIEREN – hier zum Separieren der Halbbilder von importiertem Videomaterial

Wenn Sie Videofootage verwenden, das im DV-Format vorliegt, oder Videofootage über eine Firewire-Schnittstelle (IEEE 1394 bzw. i.Link) aufgenommen haben, wählen Sie immer UNTERES HALBBILD ZUERST. Die Option KANTEN ERHALTEN (NUR BESTE QUALITÄT) ❷ wählen Sie, um die Qualität in nicht bewegten Bereichen zu erhöhen.

5.6.2 Halbbildreihenfolge des Originals testen

Falls Sie unsicher sind, ob Sie die Halbbildreihenfolge Ihres importierten Videomaterials richtig interpretiert haben, machen Sie folgenden kleinen Test.

Markieren Sie die Videodatei im Projektfenster. Im Dialogfeld FOOTAGE INTERPRETIEREN wählen Sie OBERES HALBBILD ZUERST. Bestätigen Sie mit OK. Halten Sie dann die Taste [Alt] gedrückt und doppelklicken Sie auf Ihr Footage im Projektfenster. Es öffnet sich das Footage-Fenster. Wählen Sie einen Bereich im Video, der eine kontinuierliche Bewegung enthält. Um zu kontrollieren, ob die Halbbildreihenfolge richtig interpretiert ist, spielen Sie das Video frameweise ab. Dazu drücken Sie in den ZEITSTEUERUNGEN die Schaltfläche NÄCHSTER FRAME ❸.

Springt die Bewegung in jedem zweiten Frame zurück, muss die andere Option für die Halbbildtrennung gewählt werden.

▴ **Abbildung 5.28**
Mit der Zeitsteuerungenpalette werden Animationen abgespielt.

5.6.3 Pixel Aspect Ratio (PAR)

Wenn Ihnen die Bezeichnung Pixel Aspect Ratio (PAR) begegnet, ist damit das Pixelseitenverhältnis gemeint. Das Pixelseitenverhältnis steht für die Breite und Höhe eines Pixels in einem Bild.

Bilder im PAL-Format werden mit einer Auflösung von 768 × 576 quadratischen Bildpunkten wiedergegeben. Das entspricht einem Frameseitenverhältnis von 4:3. Der Standard von D1/DV PAL ist jedoch auf eine Auflösung von 720 × 576 Pixel festgelegt. Um dennoch auf ein Maß von 768 Pixel für die Breite und somit auf das für D1/DV PAL ebenfalls standardisierte 4:3 Format zu kommen, sind die D1/DV PAL-Pixel nicht quadratisch (**square**), sondern rechteckig (**non-square**). Das Pixelseitenverhältnis beträgt 1,0666. Jedes Pixel ist also etwas breiter als hoch. Rechnen wir 720 × 1,0666, erhalten wir in etwa 768.

Obwohl einige Formate das gleiche Frame- bzw. Bildseitenverhältnis haben, unterscheidet sich deren Pixelseitenverhältnis. So sind D1/DV PAL-Pixel horizontal ausgerichtet und D1/DV NTSC-Pixel vertikal. Das liegt daran, dass bei D1/DV NTSC die Höhe ausgeglichen werden muss, um das standardisierte 4:3 Format zu erhalten. Auch bei manchen HDV-Formaten liegen rechteckige Pixel vor. Das ist bei einer Aufzeichnung in der Größe 1440 × 1080 der Fall. Nach der Entzerrung auf das Bildseitenverhältnis 16:9 beträgt dann die Größe 1920 × 1080. Das Pixelseitenverhältnis beträgt bei diesen rechteckigen Pixeln 1,33.

Wie es zu diesem Umstand kam, erfahren Sie im Abschnitt 2.3.5, »Pixelseitenverhältnis«.

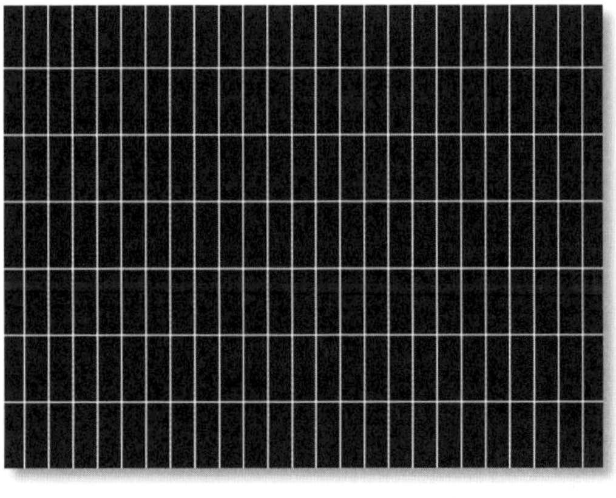

▲ **Abbildung 5.29**
Pixel in einem D1/DV NTSC-Video werden vertikal ausgerichtet, um die Höhe zu kompensieren.

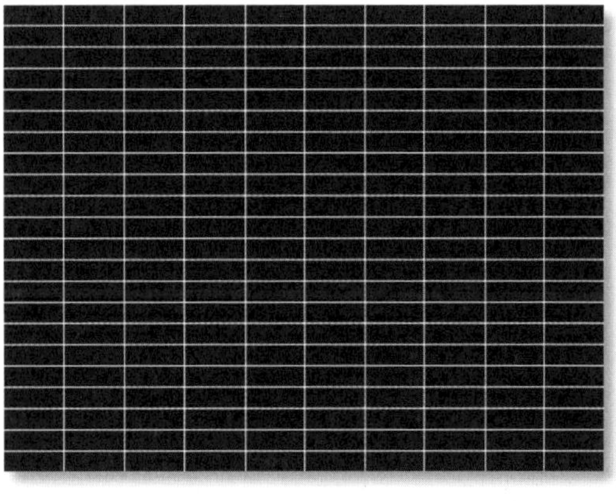

▲ **Abbildung 5.30**
In einem D1/DV PAL-Video werden Pixel horizontal ausgerichtet, um die Breite zu kompensieren.

5.6.4 D1/DV PAL, D1/DV NTSC und HDV (1440 × 1080) am Computermonitor

Computermonitore arbeiten mit quadratischen Pixeln, nutzen also ein Pixelseitenverhältnis von 1:1, während Video oft mit unterschiedlichen Pixelseitenverhältnissen, also rechteckigen

Pixeln, arbeitet. Wird nun ein Videobild mit rechteckigen Pixeln am Computermonitor dargestellt, erscheint es verzerrt. Unverzerrt werden hingegen Dateien mit quadratischen Pixeln wiedergegeben.

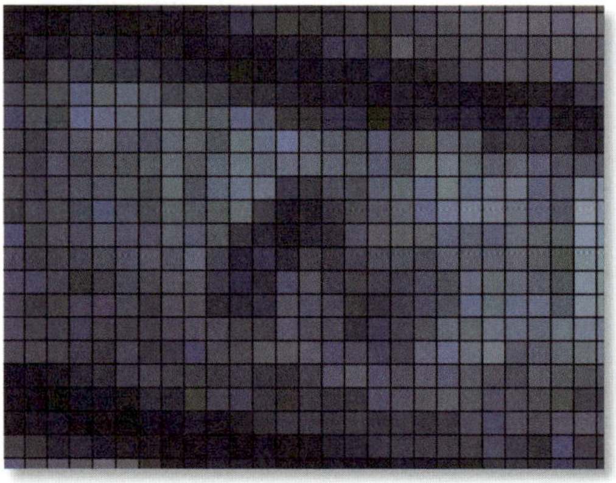

Abbildung 5.31 ▶
Dateien mit quadratischen Pixeln, wie hier in der Vergrößerung zu sehen, werden am Computermonitor unverzerrt wiedergegeben.

Etwas schmaler als das Original erscheinen die horizontal ausgerichteten Pixel von D1/DV PAL-Videos am Monitor, da diese an die Breite der quadratischen Monitor-Pixel angepasst werden. Da bei D1/DV NTSC die Pixel vertikal ausgerichtet sind, erscheint das Bild auf dem Computermonitor etwas breiter. HDV-Footage, das mit einer Framegröße von 1440 × 1080 und rechteckigen Pixeln aufgezeichnet wurde, wirkt am Computermonitor deutlich schmaler.

▲ **Abbildung 5.32**
Dies ist ein PAL-Video, das am Computermonitor etwas schmaler dargestellt wird.

▲ **Abbildung 5.33**
Kaum sichtbar, aber wahr: das gleiche PAL-Video unverzerrt

5.6.5 Pixelseitenverhältnis interpretieren

After Effects interpretiert D1/DV NTSC- und D1/DV PAL-Footage oder HDV-Footage beim Import automatisch mit dem richtigen

Pixelseitenverhältnis. Es schadet aber nicht, wenn Sie die Interpretation kontrollieren und wissen, wie Sie das Pixelseitenverhältnis für andere Standards einstellen.

Photoshop CS2-Dateien enthalten die Pixelseitenverhältnis-Information, so dass After Effects beim Import immer die richtige Interpretation für das Pixelseitenverhältnis wählt. Andere Dateien, welche diese Information nicht enthalten und eine Framegröße aufweisen, die der in der Tabelle 5.1 für D1/DV PAL bzw. NTSC oder HDV angegebenen entsprechen, werden jedoch von After Effects grundsätzlich als Dateien mit rechteckigen Pixeln interpretiert, auch wenn die Datei mit quadratischen Pixeln erstellt wurde.

Um Material, das in dieser Größe mit quadratischen Pixeln erstellt wurde, richtig zu interpretieren, wählen Sie Datei • Footage interpretieren • Footage einstellen. Unter andere Optionen stellen Sie das Pixel-Seitenverhältnis auf Quadratische Pixel bzw. auf den Standard, der Ihrem importierten Material entspricht.

Die goldene Regel ist, importiertes Footage so zu interpretieren, wie es erstellt wurde, und **nicht**, wie es ausgegeben werden soll. In der Tabelle 5.1 finden Sie eine Übersicht über einige wichtige Formate und das dazugehörige Pixelseitenverhältnis.

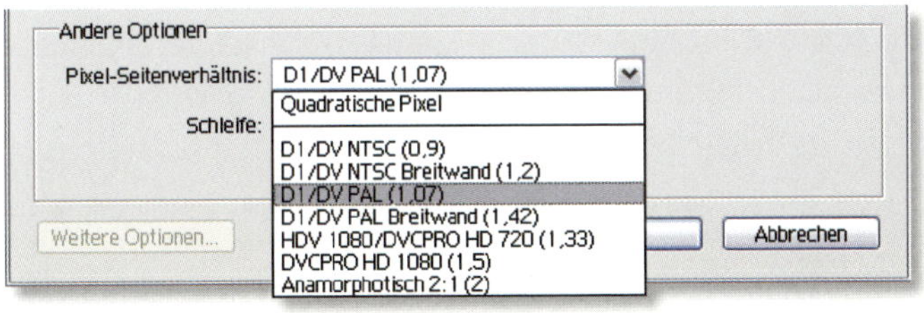

◂ **Abbildung 5.34**
Einmal mehr der Dialog Footage interpretieren: hier zum Einstellen des Pixelseitenverhältnisses für importiertes Material

Format	Framegröße in Pixeln	Pixelseitenverhältnis (PAR)
Quadratisch		1,0
D1/DV PAL	720 × 576	1,07
D1-NTSC	720 × 486	0,9
DV-NTSC	720 × 480	0,9
HDV	1440 × 1080	1,33
HDTV	1280 × 720	1,0
HDTV	1920 × 1080	1,0

▴ **Tabelle 5.1**
Pixelseitenverhältnisse

5.6.6 D1/DV PAL, D1/DV NTSC oder HDV bearbeiten und ausgeben

Was ergibt sich bei der Arbeit mit D1/DV PAL bzw. D1/DV NTSC oder HDV in After Effects?

Solange Sie in Ihrem Projekt beispielsweise nur D1/DV PAL-, D1/DV NTSC- oder HDV (1440 × 1080)-Video als Quellmaterial verwenden und dieses nach der Bearbeitung auch in das gleiche Format ausgeben, entstehen keine Probleme. Das Video wird am Monitor etwas schmaler dargestellt, nach der Ausgabe erscheint es aber unverzerrt auf dem TV. Als Kompositionseinstellung verwenden Sie die zu Ihrem importierten Video passende Spezifikation.

After Effects hält Vorgaben für D1/DV- oder HDV-Material bereit. Wählen Sie dazu Komposition • Neue Komposition und dann im Fenster Kompositionseinstellungen unter Vorgabe einen passenden Eintrag (Abbildung 5.35). In dieser Komposition nehmen Sie alle Bearbeitungsschritte vor. Und auch für die finale Ausgabe wird dieselbe Komposition verwendet.

Dabei ist darauf zu achten, dass die Framerate Ihrer Ausgabekomposition der Framerate Ihres Ausgabeformats entspricht und auch die Halbbildreihenfolge beim Rendern dem Ausgabeformat entsprechend gewählt wird. Bei der Ausgabe einer Komposition kann in den Rendereinstellungen unter Halbbilder rendern zwischen Aus, Oberes oder Unteres Halbbild zuerst gewählt werden. Bei den meisten DV-Geräten wird die Einstellung Unteres Halbbild verwendet.

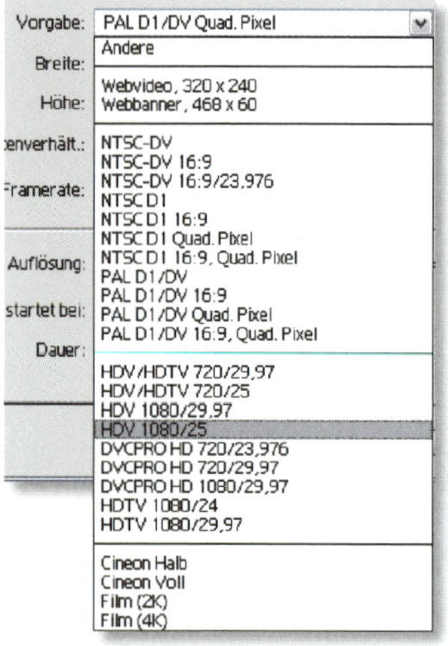

▲ **Abbildung 5.35**
Für die Arbeit mit D1/DV PAL- bzw. NTSC- und HDV-Material etc. bietet After Effects eine Reihe an Kompositionsvorgaben.

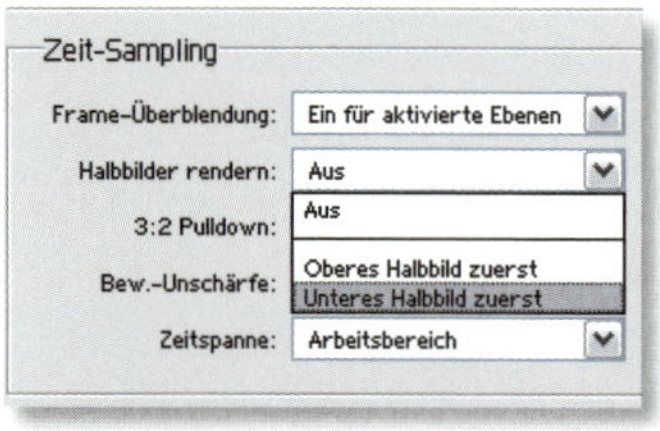

▲ **Abbildung 5.36**
Bei der Ausgabe einer Komposition kann unter Halbbilder rendern zwischen Aus, Oberes oder Unteres Halbbild zuerst gewählt werden.

Abbildung 5.37 ►
Mit der Pixelseitenverhältnis-Korrektur lässt sich D1/DV- und HD-Video auch am Computermonitor unverzerrt darstellen.

Mit der Pixelseitenverhältnis-Korrektur im Kompositionsfenster ① lässt sich das Video mit rechteckigen Pixeln übrigens auch auf dem Computermonitor korrekt darstellen. Diese Korrektur hat allerdings keine Auswirkung auf die letztendliche Ausgabe und dient nur der Vorschau. Außerdem geht die Korrektur etwas zu Ungunsten der Rechenleistung, die Platzierung von Ebenen kann unpräzise ausfallen und das Bild wirkt pixelig.

Etwas mehr Vorbereitung ist bei Projekten nötig, in denen Videomaterial mit rechteckigen Pixeln und Grafikmaterial mit quadratischen Pixeln gemischt wird.

5.6.7 Quadratpixel-Footage für D1/DV und HDV (1440 × 1080) vorbereiten und ausgeben

Vorbereitung | Nicht alle Grafikapplikationen unterstützen so wie Photoshop ab der Version CS die Erstellung von Dateien mit rechteckigen Pixeln für die Ausgabe auf D1/DV PAL bzw. NTSC oder HDV.

Falls Sie vorhaben, mit quadratischen Pixeln erstelltes Material in ein Format mit rechteckigen Pixeln auszugeben, wird das quadratische Material bei der Ausgabe verzerrt dargestellt. Damit Sie trotzdem Material mit quadratischen Pixeln unverzerrt auf D1/DV PAL bzw. NTSC oder HDV (1440 × 1080) ausgeben können, müssen Sie das Material entsprechend vorbereiten. Tabelle 5.2 gibt Ihnen hierfür einen Überblick.

Ausgabe	Footagegröße	Bearbeitungskomposition
D1/DV PAL	768 × 576 (quadrat. Pixel)	768 × 576 (quadrat. Pixel)
D1 NTSC	720 × 540 (quadrat. Pixel)	720 × 540 (quadrat. Pixel)
DV NTSC	720 × 534 (quadrat. Pixel)	720 × 534 (quadrat. Pixel)
HDV	1920 × 1080 (quadrat. Pixel)	1920 × 1080 (quadrat. Pixel)

▲ **Tabelle 5.2**
Footage- und Kompositionsgröße für D1/DV- und HDV-Bearbeitung

Ausgabe	Ausgabekomposition	Pixelseitenverhältnis
D1/DV PAL	PAL D1/DV, 720 × 576	D1/DV PAL (1,07)
D1 NTSC	NTSC D1, 720 × 486	D1/DV NTSC (0,9)
DV NTSC	NTSC DV, 720 × 480	D1/DV NTSC (0,9)
HDV	HDV, 1440 × 1080	HDV (1,33)

▲ **Tabelle 5.3**
Kompositionseinstellungen für D1/DV- und HDV-Ausgabe

Ihnen ist aufgefallen, dass beispielsweise das D1/DV PAL-Format mit einer Framegröße von 720 × 576 Pixeln standardisiert ist? – Und nun sollen Sie das Footage in einer Größe von 768 × 576 mit quadratischen Pixeln erstellen. Da stimmt doch etwas nicht!

Doch. After Effects passt das quadratische Footage automatisch an die Kompositionsgröße an! Das funktioniert, wenn Sie für die Ausgabe eine Kompositionsgröße von 720 × 576 mit rechteckigen Pixeln gewählt haben, genau so, als wenn Sie eine Kompositionsgröße von 768 × 576 mit quadratischen Pixeln gewählt haben.

Am besten, Sie probieren es selbst einmal. Erstellen Sie dazu eine Photoshop-Datei in der Größe 768 × 576 mit quadratischen Pixeln. Photoshop CS hilft Ihnen bei der Erstellung der in der Tabelle 5.2 angegebenen Formate. Wählen Sie unter DATEI • NEU in Photoshop CS in dem Dialogfeld unter VOREINSTELLUNG bzw. VORGABE ein entsprechendes Format, zum Beispiel PAL D1/DV SQUARE PIX, 768 × 576. Legen Sie einen perfekten Kreis an, den Sie mit einer Farbe füllen, und importieren Sie die Datei nach dem Speichern in After Effects.

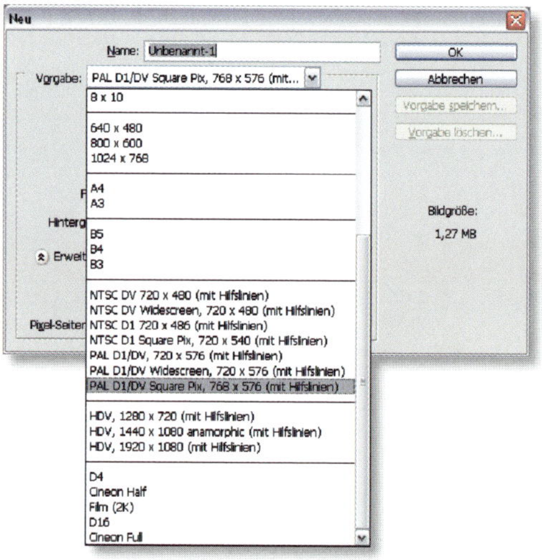

Abbildung 5.38 ▸
Photoshop CS hilft bei der Erstellung von Dateien für die Ausgabe auf D1/DV PAL/NTSC und HDV.

Erstellen Sie eine Komposition über KOMPOSITION • NEUE KOMPOSITION bzw. Strg+N. Wählen Sie unter VORGABE: PAL D1/DV QUAD. PIXEL mit der Größe 768 × 576 Pixel und bestätigen mit OK. Ziehen Sie die Photoshop-Datei in die Zeitleiste. Klar: Hier passt es.

Und nun rufen Sie unter KOMPOSITION • KOMPOSITIONSEINSTELLUNGEN das Fenster erneut auf und wechseln die VORGABE auf PAL D1/DV in der Größe 720 × 576 mit rechteckigen Pixeln und bestätigen mit OK. Die Photoshop-Datei passt immer noch genau ins Format. Oder?

Sie finden, dass der Kreis nun eher einem Ei ähnelt? Das ist richtig, aber nach der Ausgabe und bei der Betrachtung im Fernseher ist es wieder ein echter Kreis.

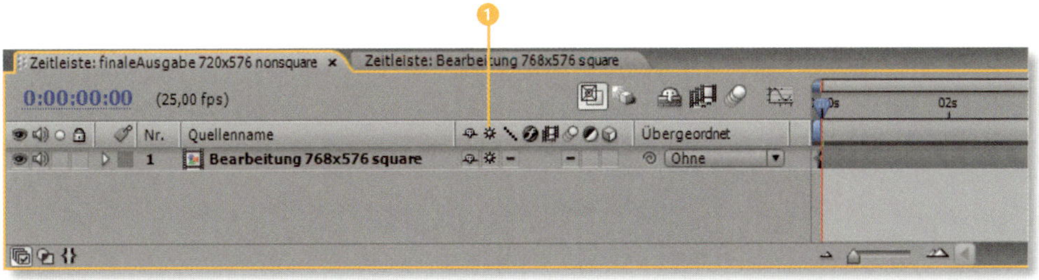

▲ **Abbildung 5.39**
Die 768 × 576 quadratische Pixel große Komposition zur Bearbeitung wird in die Ausgabekomposition mit 720 × 576 rechteckigen Pixeln gezogen und dann gerendert.

Ausgabe | Nachdem Sie Ihre Grafiken mit quadratischen Pixeln wie in der Tabelle 5.2 unter Footage-Größe erstellt haben, legen Sie in After Effects die Kompositionseinstellungen am besten so an, wie es in der Tabelle 5.2 unter Bearbeitungskomposition aufgeführt ist.

Falls Sie sich über das Pixelseitenverhältnis Ihrer Grafik uneinig sind, können Sie es in Photoshop ab der Version CS unter Bild • Pixel-Seitenverhältnis kontrollieren oder auch ändern.

Wenn Sie die Kompositionseinstellungen für die Bearbeitung aus Tabelle 5.2 mit denen für die Ausgabe in Tabelle 5.3 vergleichen, werden Sie bemängeln, dass die Kompositionseinstellungen der Tabelle 5.2 nicht den Ausgabeeinstellungen entsprechen. Dies hat aber im Falle der Bearbeitung für D1/DV und HDV einige Vorteile.

Wenn Sie beispielsweise in einer D1/DV PAL-Komposition in der Größe 768 × 576 oder in einer HDV-Komposition in der Größe 1920 × 1080 mit quadratischen Pixeln arbeiten, können Sie nun Ihre Grafiken präzise positionieren. Eine Pixelseitenkorrektur erübrigt sich (der kleine Button im Kompositionsfenster). Daher verringert sich bei dieser Methode die Rechenleistung nicht. Außerdem werden Ihr Grafikmaterial und das Video so angezeigt wie bei der Endausgabe. After Effects passt nämlich automatisch die Framegröße des Videos mit 720 × 576 bzw. 1440 × 1080 rechteckigen Pixeln an die Kompositionsgröße mit 768 × 576 bzw. 1920 × 1080 quadratischen Pixeln an. Nach der Bearbeitung können Sie die Komposition in verschiedenste Ausgabeformate rendern.

Für die Ausgabe in ein Format mit rechteckigen Pixeln gehen Sie wie folgt vor:

1. Legen Sie eine neue Ausgabekomposition in der Größe und mit dem Pixelseitenverhältnis an, das Ihrem Ausgabeformat aus Tabelle 5.3 entspricht.

Weitere Informationen

Alles Wichtige rund um die Ausgabe finden Sie in Teil V, »Raus zum Film«. Zum Verschachteln von Kompositionen lesen Sie mehr im Abschnitt 7.4, »Verschachtelte Kompositionen«.

2. Ziehen Sie anschließend die Bearbeitungskomposition (z.B. 768 × 576 quadratisch), die Ihre Animationen enthält, in die Ausgabekomposition (z.B. 720 × 576 rechteckig). Man nennt diesen Vorgang Verschachteln von Kompositionen.
3. Wählen Sie TRANSFORMATIONEN FALTEN ①, um eine hohe Bildqualität zu gewährleisten.
4. Abschließend rendern Sie Ihre Ausgabekomposition.

TEIL III
Vom Rohmaterial zur Ebene

6 Rohdaten verwalten

Importiertes Rohmaterial im Projektfenster organisieren, fehlende Dateien ersetzen, trotz noch fehlender Dateien ein Projekt beginnen – das sind die Themen des folgenden Kapitels.

6.1 Das Projektfenster

Die Verwaltung von importiertem Rohmaterial und der von Ihnen angelegten Kompositionen erfolgt im Projektfenster von After Effects. Das Projektfenster öffnet sich automatisch beim Start des Programms. Sie sind das bereits aus den Workshops in anderen Kapiteln gewohnt. Im Projektfenster sind die Verknüpfungen zu Ihren Rohmaterialien auf der Festplatte enthalten. Außerdem bietet es Ihnen einige wichtige Funktionen und Informationen.

▼ **Abbildung 6.1**
Das Projektfenster enthält Informationen zu importierten Dateien und dient der Verwaltung des Rohmaterials.

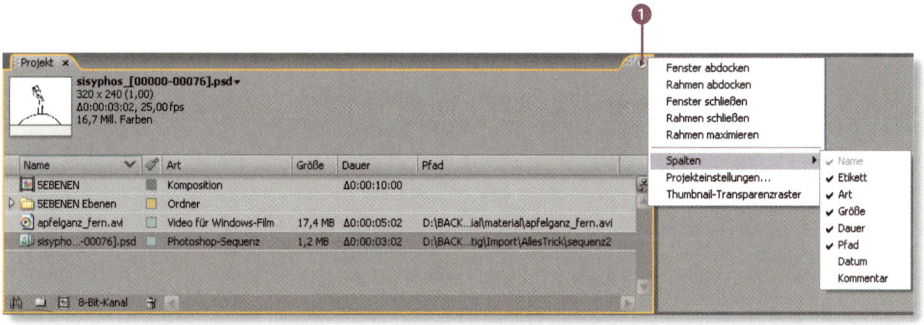

Spalten | In Abbildung 6.1 sehen Sie das Projektfenster, nachdem es erweitert wurde. Ziehen Sie dazu am rechten Rand des Projektfensters. Neben den importierten Rohmaterialien erscheinen zusätzliche Informationen zu der Datei unter ART, GRÖSSE, DAUER und PFAD. Der Pfad bildet einen Verweis auf das Rohmaterial auf der Festplatte. Zum Sortieren Ihrer Dateien im Projektfenster klicken Sie auf einen Listeneintrag, beispielsweise auf den Eintrag ART. Ihre Dateien werden dann nach Erstellungstyp neu geordnet.

Bei Klick auf das kleine Dreieck ❶ lassen sich weitere Spalten wie DATUM und KOMMENTAR hinzufügen. Das gleiche Popup finden Sie bei Klick mit der rechten Maustaste auf einen Spaltennamen unter SPALTEN. Dort lassen sich die Spalten auch ein- und ausblenden. Um die Reihenfolge der Spalten neu zu ordnen, klicken Sie die Spalte an und ziehen sie an eine andere Stelle im Projektfenster.

Dateiinformationen | Weitere Informationen zu den importierten Dateien werden angezeigt, sobald Sie eine der Dateien markieren. Im linken oberen Bereich des Projektfensters werden neben einer Thumbnail-Darstellung des Rohmaterials Informationen zur Framegröße, Dauer des Materials, der Framerate, Farbtiefe, zum Alphakanal und zum verwendeten Kompressor angezeigt. Für jeden Dateityp erscheinen die Informationen, die ihm entsprechen. Daher unterscheiden sich die angezeigten Informationen voneinander.

Abbildung 6.2 ▸
Neben der Miniaturdarstellung der Komposition finden Sie weitere Informationen.

Rechts neben der Thumbnail-Darstellung des Materials findet sich fett geschrieben der Dateiname. Gleich dahinter steht eine Angabe, wie oft die Datei im Projekt verwendet wurde. Bei Klick auf den Dateinamen ❷ öffnet sich ein kleines Popup. Hier finden Sie Informationen, in welcher Komposition und welcher Ebene Ihr Material eingesetzt wurde.

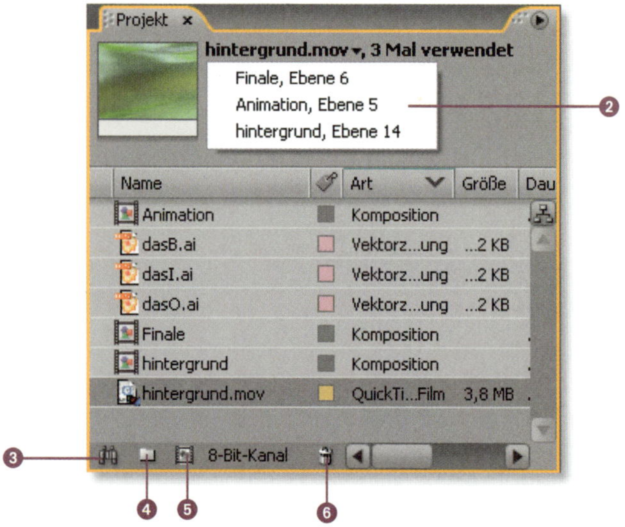

Abbildung 6.3 ▸
Im Popup unter dem Dateinamen befinden sich Informationen, wo die betreffende Datei verwendet wird.

Etiketten | Sollten Sie für bestimmtes Rohmaterial eine andere als die automatisch beim Import zugeordnete Etikettenfarbe wünschen, klicken Sie einfach auf das Etikett und wählen aus dem Menü in Abbildung 6.4 eine neue Farbe.

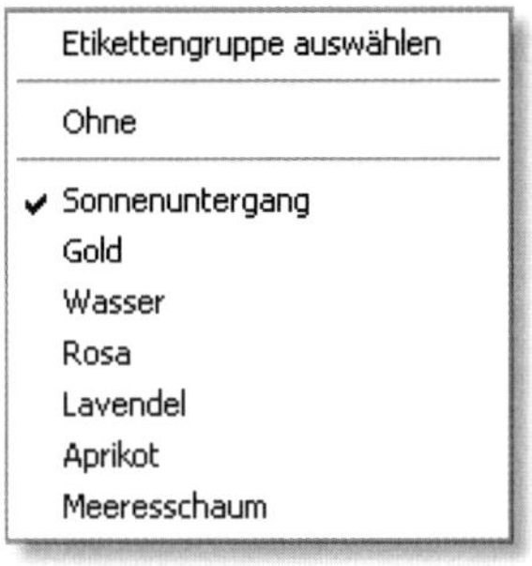

▲ **Abbildung 6.4**
Importiertes Rohmaterial lässt sich leicht über Etikettenfarben zuordnen. Das Rohmaterial kann nach Etikettengruppen ausgewählt werden.

Suchen im Projektfenster | Hinter dem Fernglassymbol ❸ verbirgt sich eine Suchfunktion. Bei Klick öffnet sich die Dialogbox SUCHEN. Hier geben Sie den vollständigen Namen Ihres Footage (Rohmaterial) oder nur einen Teil ein. Grenzen Sie dabei die Suche ein, indem Sie NUR GANZES WORT anklicken, GROSS- UND KLEINSCHREIBUNG BEACHTEN oder FEHLENDES FOOTAGE SUCHEN markieren. Anschließend wird das Footage, das Ihren Suchoptionen am besten entspricht, im Projektfenster markiert. – Für Projekte mit umfangreichem Rohmaterial ist das sehr hilfreich.

◄ **Abbildung 6.5**
Dateien lassen sich über die Suchfunktion leicht im Projektfenster auffinden, wenn Teile des Namens eingegeben werden.

Organisation | Für umfangreiche Projekte ist außerdem das Ordnersymbol ❹ interessant. Durch einen Klick auf das Ordnersymbol erhalten Sie einen leeren, unbenannten Ordner, dem Sie gleich einen Namen geben sollten. Günstig ist es, für unterschiedliche Dateitypen oder thematisch verschiedenes Rohmaterial eigene Ordner einzurichten. Eine Möglichkeit wäre beispielsweise, die Ordner mit sinnfälligen Namen wie Sound, Bild, Video oder Titel, Logo, Abspann bzw. mit dem Namen der entsprechenden Szene zu versehen.

Die entsprechenden Dateien markieren Sie entweder einzeln mit der `Strg`-Taste oder ziehen einen Rahmen bei gedrückter Maustaste über den Dateien auf. Anschließend ziehen Sie das markierte Rohmaterial auf den Ordner Ihrer Wahl und lassen die Maustaste los. Schon haben Sie das Footage in einem Ordner abgelegt.

Eine Umbenennung der Ordner im Nachhinein ist möglich. Markieren Sie dazu den entsprechenden Ordner und drücken `↵` im Haupttastaturfeld, geben einen neuen Namen ein und drücken erneut `↵`. Auch Kompositionen können Sie auf diese Weise im Projektfenster leicht umbenennen.

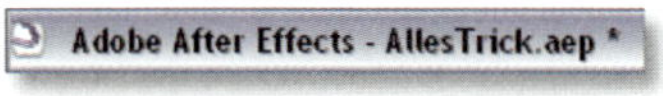

▲ **Abbildung 6.6**
Nicht gespeicherte Änderungen im Projekt werden durch ein Sternchen hinter dem Projektnamen signalisiert.

Neben dem Namen Ihres Projekts findet sich ab und an ein Sternchen. Es erscheint, sobald Sie nach dem Speichern eine Veränderung vornehmen, und weist Sie darauf hin, dass diese Veränderung noch nicht gespeichert wurde.

Weitere Funktionen | Über das Kompositionssymbol ❺ erstellen Sie eine neue Komposition. Zu den Kompositionseinstellungen kommen wir noch später in diesem Kapitel.

Der kleine Papierkorb ❻ ist Ihnen sicher aus anderen Adobe-Anwendungen vertraut. Um ein oder mehrere Elemente aus dem Projektfenster zu löschen, markieren Sie diese und klicken das Papierkorbsymbol an bzw. ziehen die Dateien auf den Papierkorb. Sie können zum Löschen von Elementen auch die [Entf]-Taste betätigen.

6.2 Wanted: Rohmaterial ersetzen

Wie schon erwähnt, ist das importierte Rohmaterial nur mit dem Material auf der Festplatte verknüpft. Angezeigt wird es im Projekt nur dann, wenn die Projektdatei das Footage unter dem gespeicherten Pfad findet. Was aber, wenn jemand die Rohmaterialien gestohlen, auf der Festplatte verschoben oder umbenannt hat? Bei Projekten, an denen mehrere Personen arbeiten, kann das schon vorkommen.

Nun könnten Sie denken, Ihr Projekt ist verloren. Ganz so schlimm ist es nicht. After Effects hilft Ihnen zwar nicht, das verlorene Material neu zu beschaffen, aber es zeigt an, wo das Material zuletzt gespeichert war und wie es hieß. Bereits beim Start Ihres Projekts meldet sich After Effects mit der Angabe, dass Dateien fehlen.

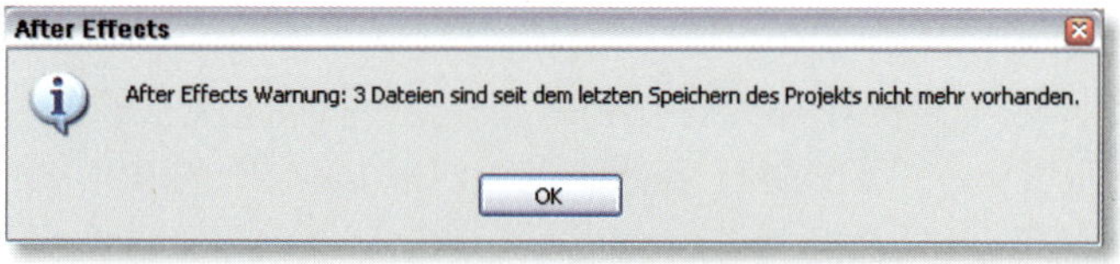

Abbildung 6.7 ►
Auf fehlende Dateien im Projekt weist After Effects bereits beim Öffnen hin.

Im Projektfenster wird das fehlende Rohmaterial kursiv dargestellt und erhält ein anderes Dateisymbol – das eines Platzhalters ❶. Unter der Spalte PFAD ist noch angegeben, wo die Datei sich zuvor befand.

Und Ihre Animationen? Keine Angst! – Die sind alle noch erhalten und zwar mitsamt den Keyframes und Effekten. In der Komposition werden die fehlenden Dateien als Testbild angezeigt.

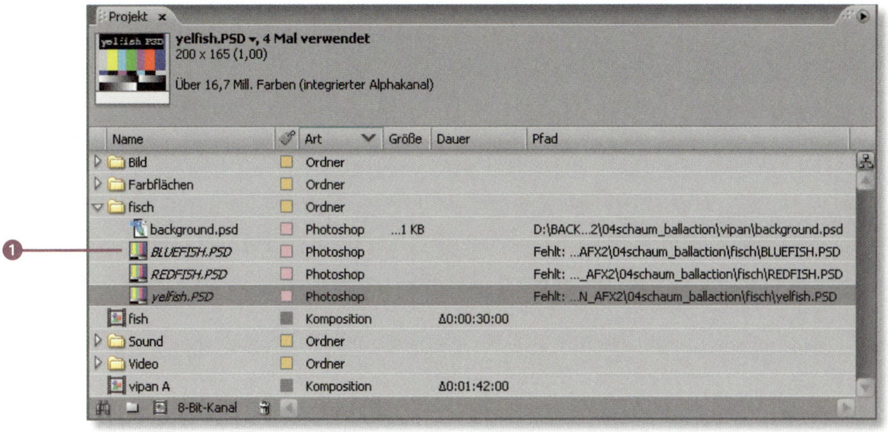

▲ Abbildung 6.8
Fehlende Dateien werden mit einem Platzhaltersymbol und kursiver Schrift dargestellt.

Nun geht die Suche los: Ist die Datei vielleicht noch am Platz und hat nur einen neuen Namen erhalten, ist sie gelöscht und vielleicht noch wiederherstellbar oder hat sie ein Kollege auf seinem USB-Stick am Schlüsselbund?

◄ Abbildung 6.9
Im Kompositionsfenster erscheinen fehlende Dateien als Testbild. Bereits erstellte Animationen werden beibehalten.

Wie auch immer – sollten Sie Ersatz für Ihre Dateien gefunden haben, müssen Sie diese nur unter gleichem Namen in dem Ordner speichern, in dem die fehlenden Dateien zuvor abgelegt waren. Beim Neustart des Projekts werden dann die neuen Dateien mit dem Projekt verknüpft.

6.2.1 Footage ersetzen

Eine weitere Möglichkeit bietet der Befehl FOOTAGE ERSETZEN. Markieren Sie das kursiv dargestellte fehlende Rohmaterial im Projektfenster und wählen DATEI • FOOTAGE ERSETZEN • DATEI oder nutzen Sie das Kontextmenü. Mit [Strg]+[H] finden Sie das darauf folgende Dialogfenster, das aussieht wie der Importieren-Dialog, noch schneller.

Sie können nun auch anders benanntes oder neues Footage aus einem neuen Ordner auswählen. Betätigen Sie den Button ÖFFNEN, um das Footage zu ersetzen. Anschließend wird das ersetzte Footage in allen Kompositionen, in denen das vormalige Footage verwendet wurde, wieder angezeigt. Sollten noch weitere Dateien fehlen, diese aber im zugewiesenen Verzeichnis zu finden sein, erkennt und ersetzt After Effects diese automatisch. Seien Sie vorsichtig mit Dateien, die nicht der Framegröße Ihrer vorher genutzten Dateien entsprechen, oder die eine andere Zeitdauer und ähnliche Veränderungen aufweisen. Es ist dann möglich, dass Sie unerwünschte Ergebnisse in Ihren Kompositionen erhalten.

6.2.2 Footage in der Originalanwendung bearbeiten

Nicht selten kommt es vor, dass Sie bereits importiertes Footage noch einmal verändern müssen, auch wenn schon Animationen damit erstellt wurden. After Effects erleichtert Ihnen, wie die anderen Adobe-Applikationen auch, den Workflow mit anderen Programmen. Zur externen Bearbeitung wird das jeweilige Programm gestartet und muss auf Ihrem System installiert sein.

Um die Originalanwendung von After Effects aus zu starten, markieren Sie die entsprechende Datei im Projektfenster und wählen BEARBEITEN • DATEI EXTERN BEARBEITEN bzw. [Strg]+[E].

Nachdem Sie Ihre Änderungen vorgenommen und die Datei gespeichert haben, fahren Sie in After Effects einfach mit Ihrer Arbeit fort, denn dort sollten die Änderungen ohne weiteres übernommen worden sein. Schauen Sie in Ihre Kompositionen und Sie werden sehen, auch dort sind die Änderungen wirksam geworden. Sollten sich doch einmal Probleme bei der Aktualisierung der Dateien ergeben, wählen Sie DATEI • FOOTAGE NEU LADEN.

6.2.3 Platzhalter und Stellvertreter

Bei Auftragsarbeiten kann es vorkommen, dass Dateien, mit denen Sie arbeiten müssen, noch nicht geliefert wurden. Sie können trotzdem schon mit Ihrer Arbeit beginnen. After Effects bietet Ihnen dafür selbst generierte Dateien an: die Platzhalter.

Platzhalter | Einen Platzhalter erstellen Sie per Klick mit der rechten Maustaste ins Projektfenster. Wählen Sie dann IMPORTIEREN • PLATZHALTER. In der Dialogbox legen Sie die Framegröße, Framerate und Zeitdauer fest, die das benötigte Footage aufweisen soll.

Der Platzhalter wird im Projektfenster und in den Kompositionen als wunderschönes Testbild angezeigt. Soll der Platzhalter nach Eintreffen des richtigen Materials ausgetauscht werden, klicken Sie ihn doppelt im Projektfenster an. Sie erhalten dann die Dialogbox Footage ersetzen. Wählen Sie die gewünschte Datei aus und dann Öffnen.

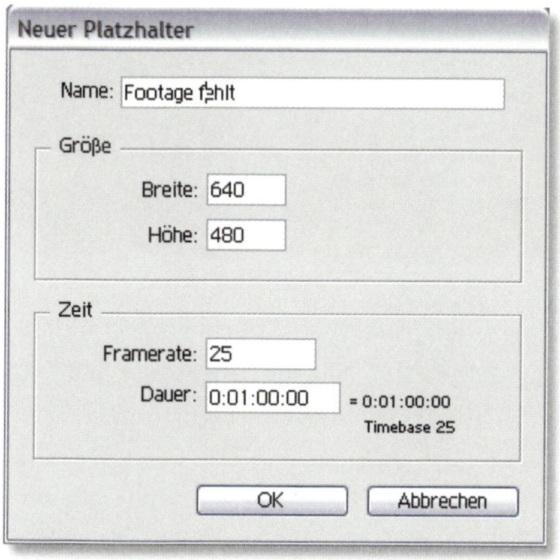

▲ **Abbildung 6.10**
Für noch fehlendes Material kann ein Platzhalter angelegt und später gegen das gewünschte Material ausgetauscht werden.

▲ **Abbildung 6.11**
Ein Platzhalter wird als Testbild angezeigt. Animationen und Effekte werden vor Eintreffen des gewünschten Materials auf den Platzhalter angewendet.

Stellvertreter | Stellvertreter erleichtern Ihnen Ihre Arbeit, da sie den Arbeitsprozess beschleunigen. Sie bestehen aus einer niedrigaufgelösten Version Ihres Footage und werden eingesetzt, um den Rechenaufwand während der Arbeit zu verringern. Die Geschwindigkeit Ihrer Vorschau wird damit erhöht. Wenn Ihre Animationen fertig sind, wird der Stellvertreter gegen hochaufgelöstes Material ausgetauscht.

Einen Stellvertreter wählen Sie per Klick mit der rechten Maustaste auf eine Datei im Projektfenster. Wählen Sie Stellvertreter • Datei. In der erscheinenden Dialogbox suchen Sie die Stellvertreterdatei aus und klicken dann auf Öffnen.

Die Stellvertreterdatei wird im Projektfenster mit einem schwarzen Quadrat gekennzeichnet (Abbildung 6.12 ❶).

Klicken Sie im Wechsel auf das Quadrat, ist es entweder schwarz ausgefüllt oder leer. Sie wechseln damit zwischen dem Original-Footage und dem Stellvertreter. In den Kompositionen, die den Stellvertreter enthalten, werden abwechselnd der Stellvertreter oder das Original-Footage angezeigt. Dadurch haben Sie im laufenden Projekt immer die Kontrolle, wie sich die am Stellvertreter vollzogenen Animationen und Veränderungen auf das Original-Footage auswirken.

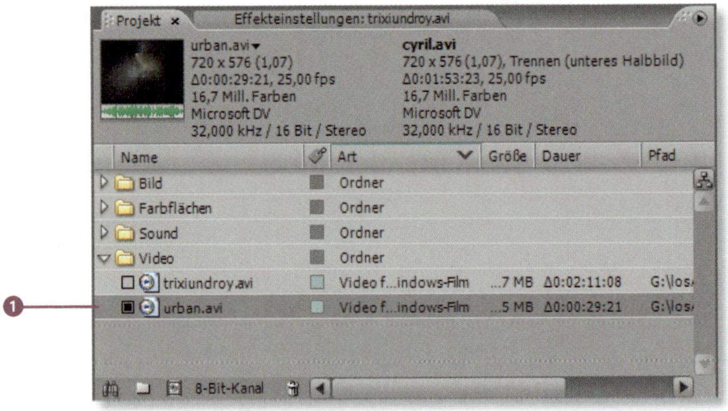

Abbildung 6.12 ▸
Stellvertreterdateien werden als niedrig aufgelöstes Material für den späteren Austausch mit hochaufgelöstem Originalmaterial eingesetzt.

Sie können Stellvertreter auch direkt aus dem Projekt heraus **erstellen**. Klicken Sie mit der rechten Maustaste auf eine Datei im Projektfenster und wählen STELLVERTRETER ERSTELLEN • STANDBILD bzw. FILM.

Als Vorgriff auf das Kapitel 13, »Rendern«, können Sie hier schon einmal die Renderliste kennen lernen. Verändern Sie in dem Dialogfenster an dieser Stelle noch gar nichts und geben nur bei SPEICHERN UNTER ❷ einen Pfad und einen Namen für den zu erstellenden Stellvertreter an. Drücken Sie anschließend auf den Button RENDERN ❸.

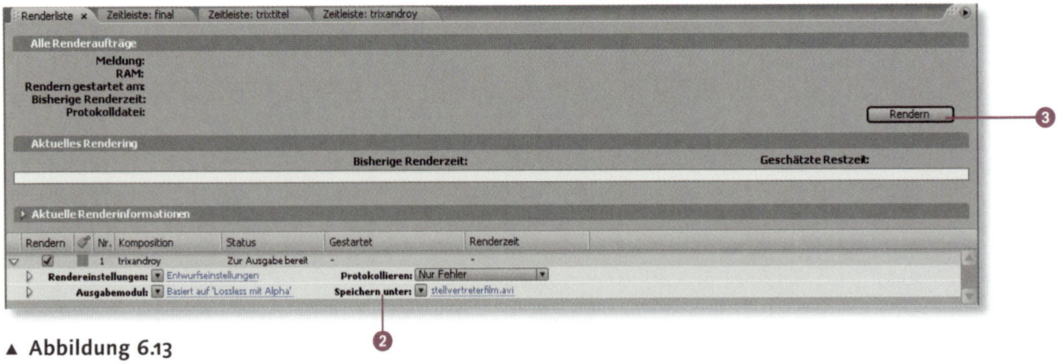

▴ Abbildung 6.13
Stellvertreter können aus dem After Effects-Projekt heraus erstellt werden.

Haben Sie zuvor STANDBILD gewählt, erstellt Ihnen After Effects ein solches und verknüpft es mit der Datei im Projektfenster. Für Kompositionen ist es sinnvoll, STELLVERTRETER ERSTELLEN • FILM zu wählen. Daraufhin erscheint die Renderliste. Dort klicken Sie auf den blauen Text bei SPEICHERN UNTER und geben einen Speicherort für den Stellvertreterfilm an. Danach starten Sie den Rendervorgang über die Schaltfläche RENDERN. Der entstandene und mit der Komposition verknüpfte Stellvertreterfilm enthält alle Animationen und Änderungen, die Sie zuvor in der Komposition vorgenommen haben, verbraucht aber je nach Auflösung weniger Rechenkapazität und spart Ihnen Zeit. Aktuelle Änderungen am Original-Footage werden allerdings nicht in den Stellvertreter übernommen.

Sollten Sie Ihre Stellvertreter einmal satt haben, wählen Sie die Dateien im Projektfenster mit der rechten Maustaste aus und dann STELLVERTRETER • OHNE.

6.3 Dateien sammeln und Dateien »zerstreuen«

6.3.1 Dateien sammeln

Dateien, die zerstreut auf der Festplatte liegen und die Sie in Ihrem Projekt verwenden, können Sie an einem Ort sammeln. After Effects legt Ihnen einen neuen Ordner an, in den beim Sammeln sämtliche im Projekt verwendete Footage-Elemente und die Projektdatei selbst hineinkopiert werden. Zusätzlich wird ein Bericht generiert, der Angaben zu den verwendeten Effekten, Schriften, den Quelldateien und mehr enthält.

Es ist günstig, zunächst überflüssige Dateien zu entfernen, bevor Sie Dateien sammeln. Sie wählen die Option unter DATEI • DATEIEN SAMMELN.

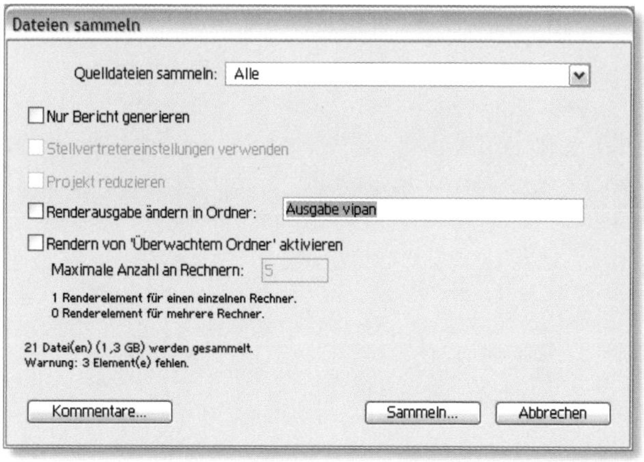

◂ **Abbildung 6.14**
Der Dialog DATEIEN SAMMELN ermöglicht es, sämtliche im Projekt verwendete Dateien, die Projektdatei und einen Bericht an einem Ort zu sammeln.

Es öffnet sich die Dialogbox DATEIEN SAMMELN. Wenn Sie in der Box nichts ändern, werden standardmäßig alle Dateien Ihres Projekts in einem Ordner gesammelt, der den Namen Ihres Projekts trägt. Betätigen Sie dafür den Button SAMMELN. Legen Sie anschließend einen Ort zum Speichern Ihrer Daten fest.

Da die Dateien bei diesem Vorgang kopiert und ein zweites Mal auf der Festplatte abgelegt werden, sollten Sie genügend Speicherplatz bereitstellen. Auch die Projektdatei gibt es dann ein zweites Mal. Änderungen wirken sich also nur in der Projektdatei aus, in der sie vorgenommen werden. Sehr hilfreich ist die Option DATEIEN SAMMELN beim Austausch der Daten mit anderen Projektpartnern oder wenn Sie ein Backup der Daten machen wollen.

Die Dialogbox DATEIEN SAMMELN enthält weitere Optionen, die erst wählbar sind, wenn im Popup unter QUELLDATEIEN SAMMELN eine andere Option als ALLE gewählt wurde. Sobald sich ein Element in der Renderliste befindet, sind Optionen verfügbar, die beim Netzwerkrendern eingesetzt werden. In diesem Falle wird eine Komposition mit mehreren, über ein Netzwerk verbundene Rechner in Einzelbildsequenzen gerendert. Weitere Informationen hierzu finden Sie im Kapitel 13, »Rendern«.

6.3.2 Dateien entfernen

Bei längerer Arbeit an einem Projekt fallen eine Menge Dateien an, die letztendlich vielleicht gar nicht mehr verwendet werden. Für solche überflüssigen Dateien müssen Sie nicht langwierig Ihre Ordner durchwühlen und prüfen, ob eine Datei in den Kompositionen noch verwendet wird oder nicht.
Sie haben drei Möglichkeiten:

- Entfernen sämtlicher Dateien, die in keiner Ihrer Kompositionen mehr auftauchen: DATEI • UNGENUTZTES FOOTAGE ENTFERNEN
- Entfernen von Dateien, die doppelt in Ihrem Projekt vorhanden sind: DATEI • KOMPLETTES FOOTAGE KONSOLIDIEREN
- Entfernen von ungenutztem Footage aus ausgewählten Kompositionen und entfernen von Kompositionen, die Sie **nicht** zuvor im Projektfenster ausgewählt haben: DATEI • PROJEKT REDUZIEREN

7 Layout in After Effects: Kompositionen und Zeitleiste

»Es ist klar, dass jeder tatsächlich vorhandene Körper sich in vier Dimensionen ausdehnen muss: in Länge, Breite, Höhe – und in Dauer. (...) Der einzige Unterschied zwischen der Zeit und irgendeiner Dimension des Raumes besteht darin, dass unser Bewusstsein sich in ihr bewegt.« *H.G. Wells – Die Zeitmaschine*

Importiertes Rohmaterial, das Sie in After Effects einer Komposition hinzufügen, wird Ebene genannt. Ein Layout in After Effects bedeutet nicht eine rein räumliche Anordnung von Grafiken und Video, es geht vielmehr um ein Layout in Raum und Zeit. Sie finden daher auch Kompositionen nie ohne eine dazugehörige Zeitleiste, die sich den zeitlichen Dimensionen Ihres Rohmaterials widmet.

Kompositionen sind essentiell für Ihre Arbeit mit After Effects, es geht Ihnen ja um mehr als die reine Verwaltung der Rohmaterialien im Projektfenster. Apropos: Genau dort, im Projektfenster, finden Sie jede von Ihnen kreierte Komposition wieder. After Effects behandelt Ihre Kompositionen gewissermaßen auch als Rohmaterial.

Sie können einer Komposition Bilder, Sound oder Video hinzufügen und das Material anschließend räumlich (im Kompositionsfenster) und zeitlich (in der Zeitleiste) anordnen.

7.1 Eine Komposition anlegen

Sie können in After Effects mehrere Kompositionen anlegen, um Projekte besser zu organisieren. Zu jeder Komposition gehört eine eigene, von den anderen Kompositionen unabhängige Zeitleiste. Nicht vergessen: Mit den Kompositionseinstellungen legen Sie zumeist bereits Ihr Ausgabeformat fest.

Ihnen stehen vier Wege offen, eine Komposition anzulegen. Wählen Sie im Projekt KOMPOSITION • NEUE KOMPOSITION, klicken Sie auf den Kompositionsbutton im Projektfenster oder wählen Sie Strg+N. Eine weitere Möglichkeit besteht darin, importiertes Rohmaterial auf den Kompositionsbutton im Projektfenster zu ziehen. Die Komposition weist dann die gleichen Abmessungen und Eigenschaften (z.B. Dauer und Framerate) wie das Rohmaterial auf.

Haben Sie eine der oben beschriebenen Optionen gewählt, öffnet sich das Fenster KOMPOSITIONSEINSTELLUNGEN.

7.1.1 Kompositionseinstellungen

Im Fenster KOMPOSITIONSEINSTELLUNGEN treffen Sie Festlegungen für die spätere Ausgabe Ihres Films. Bevor Sie eine Komposition anlegen, sollten Sie also wissen, für welches Verteilermedium Sie produzieren. After Effects hält die wichtigsten Formate für Sie als Vorgaben bereit.

Natürlich können Sie auch frei wählbare Formate bearbeiten; eine spätere Umwandlung in ein anderes Format ist jedoch problematisch, wenn Sie in ein größeres Format ausgeben wollen, da hier mit Qualitätseinbußen gerechnet werden muss. Außerdem ist auf das Bildseitenverhältnis zu achten.

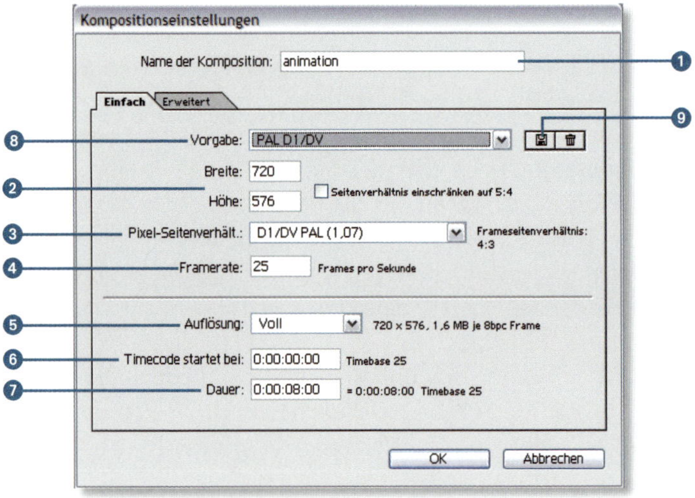

Abbildung 7.1 ▸
Die Kompositionseinstellungen sollten gewissenhaft festgelegt werden, da sie entscheidend für die spätere Ausgabe des Films sind.

Zunächst ist es jedoch wichtig, die jeweilige Komposition eindeutig zu benennen ❶, da in einem Projekt viele Kompositionen verwendet werden können.

Vertiefende Informationen zum Pixelseitenverhältnis und zur Vorbereitung von Rohmaterial für die Ausgabe auf D1/DV und HDV erhalten Sie im Abschnitt 5.6, »Videodaten in After Effects«.

Einstellungen für BREITE und HÖHE ❷ sowie für das PIXEL-SEITENVERHÄLTNIS ❸ wählen Sie immer in Bezug auf die Spezifikation Ihres Verteilermediums wie z.B. DVD, DV-Band, Web oder Film. Für eine Ausgabe, die nur auf Computermonitoren präsentiert wird, wählen Sie immer quadratische Pixel.

Die FRAMERATE ❹ richtet sich ebenfalls nach der Spezifikation Ihres Verteilermediums. Nach der in Europa üblichen PAL-Spezifikation verwenden Sie immer 25 Frames pro Sekunde (fps). Bei einer Ausgabe in der NTSC-Spezifikation sind es 29,97 fps. Für eine Ausgabe im Filmformat geben Sie 24 fps an.

An der AUFLÖSUNG ❺ und dem TIMECODE ❻ werden Sie meist nichts ändern, die DAUER ❼ allerdings häufiger. Sie können die Zahlen im Feld für DAUER markieren und für eine Dauer von 10 Sekunden eine 1000 ins Feld tippen. After Effects erkennt das Format automatisch richtig als 0:00:10:00. Die Angabe steht für Stunden:Minuten:Sekunden:Frames. Gewöhnen Sie sich schnell daran, dass eine Sekunde nach PAL-Spezifikation aus 25 Frames besteht.

[Framerate]
Die Framerate gibt die Vollbilder an, die pro Sekunde angezeigt werden.

[Timecode]
Der Timecode stellt eine fortlaufende Nummerierung von Vollbildern dar, die meist im Format Stunden:Minuten:Sekunden:Frames (H:MM:SS:FF) angegeben wird.

7.1.2 Kompositionsvorgaben

Sie müssen nicht alle Kompositionseinstellungen selbst eingeben. After Effects bietet Ihnen unter dem Eintrag VORGABE ❽ die gängigen Ausgabeformate. Sie können hier zwischen den PAL- und den NTSC-Spezifikationen wählen. Auch die Einstellungen für die Ausgabe in größere Formate wie für HDV, HDTV oder Film sind bereits in den Vorgaben integriert.

Selbstdefinierte Formate und Einstellungen können über das Diskettensymbol ❾ mit eigenem Namen gespeichert werden. In der Vorgabenliste ist das selbstdefinierte Format dann jederzeit wählbar. Löschen können Sie Vorgaben per Klick auf das Papierkorbsymbol. Umgekehrt können Sie verloren gegangene Vorgaben durch Drücken der Alt-Taste und Klick auf den Papierkorb wiederherstellen.

Kompositionseinstellungen ändern

Die Einstellungen für Ihre Kompositionen können Sie jederzeit ändern. Wählen Sie dazu KOMPOSITION • KOMPOSITIONSEINSTELLUNGEN oder Strg+K.

7.2 Footage einer Komposition hinzufügen

In den vorangegangenen Workshops haben Sie ja bereits verschiedentlich Rohmaterial einer Komposition hinzugefügt, nun hier noch einmal eine systematische Darstellung. Ist Rohmaterial importiert und eine Komposition angelegt worden, bieten sich drei Möglichkeiten, Footage (d.h. Rohmaterial) der Komposition hinzuzufügen:

Markieren Sie ein oder mehrere Rohmaterialelemente im Projektfenster oder auch einen ganzen Ordner.

- Ziehen des Rohmaterials direkt in die Zeitleiste (das Rohmaterial wird im Kompositionsfenster zentriert)
- Ziehen des Rohmaterials auf das Icon Ihrer selbst erstellten Komposition im Projektfenster (das Rohmaterial wird im Kompositionsfenster zentriert)

- Ziehen des Rohmaterials direkt ins Kompositionsfenster (das Rohmaterial wird nicht zentriert, sondern an der Stelle abgelegt, wo Sie die Maustaste loslassen).

Ob das Rohmaterial an der Position der Zeitmarke oder am Beginn der Komposition eingefügt wird, entscheidet grundsätzlich eine After Effects-Voreinstellung. Wählen Sie Bearbeiten • Voreinstellungen • Allgemein und entfernen das Häkchen bei Ebenen zu Beginn der Komposition erstellen, um Ebenen grundsätzlich an der Position der Zeitmarke einzusetzen.

Außerdem wird, wenn Sie das Material in den Bereich des Zeitlineals rechts in der Zeitleiste ziehen, temporär eine zweite Zeitmarke angezeigt. Dort, wo diese sich befindet, wird Ihr Material eingefügt. Das Rohmaterial wird immer genau an der Position der Zeitmarke im Zeitplan eingesetzt, wenn Sie es direkt auf die Zeitmarke ziehen. In diesem Falle wird der In-Point ❶ der Ebene genau an der Position der Zeitmarke ❷ ausgerichtet.

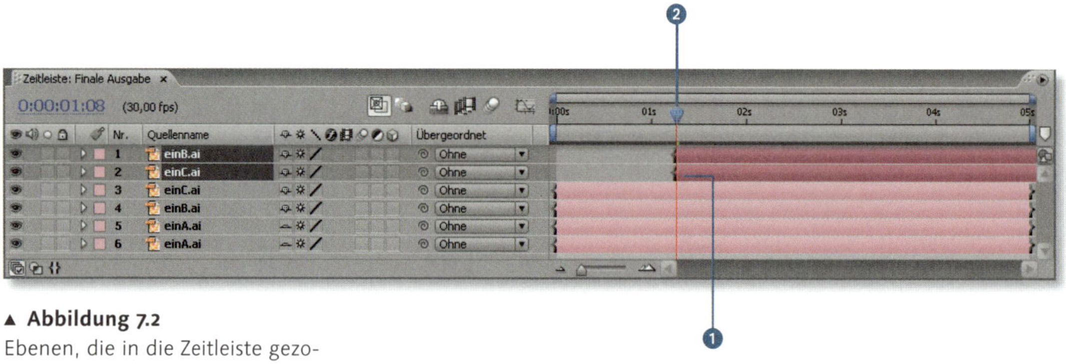

▲ **Abbildung 7.2**
Ebenen, die in die Zeitleiste gezogen werden, »landen« mit ihrem In-Point je nach Voreinstellung am Beginn der Komposition oder an der Position der Zeitmarke.

7.3 Das Kompositionsfenster

Das Kompositionsfenster dient der Vorschau Ihrer Animationen und der räumlichen Anordnung von Ebenen. Sie können dabei Ebenen frei im Kompositionsfenster positionieren oder diese an einem Raster und an Hilfslinien ausrichten. Die graue Fläche, von der Ihre Komposition umgeben ist, gehört zum **Arbeitsbereich** und dient der Positionierung von Ebenen, die von außen ins Bild kommen sollen.

Das kleine Projekt finden Sie auf der DVD im Ordner Beispieldateien/07_Ebenenlayout/Buchstaben/Buchstaben.aep.

In den Abbildungen sehen Sie eine Animation, in der Buchstaben von außen ins Bild »wandern«. In der Abbildung 7.3 sind die Ebenen nur als Umrisslinien erkennbar, ihr Inhalt wird erst sichtbar, wenn sie in den Vorschaubereich der Komposition gelangen.

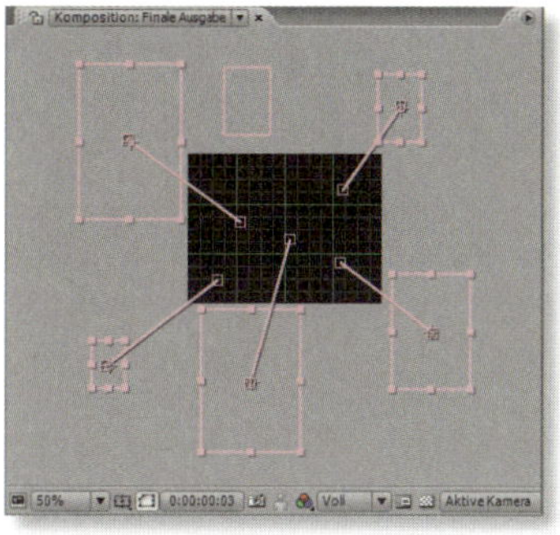

▲ **Abbildung 7.3**
Rings um den sichtbaren Bereich der Komposition können Ebenen positioniert werden ...

▲ **Abbildung 7.4**
... die von außen ins Bild kommen.

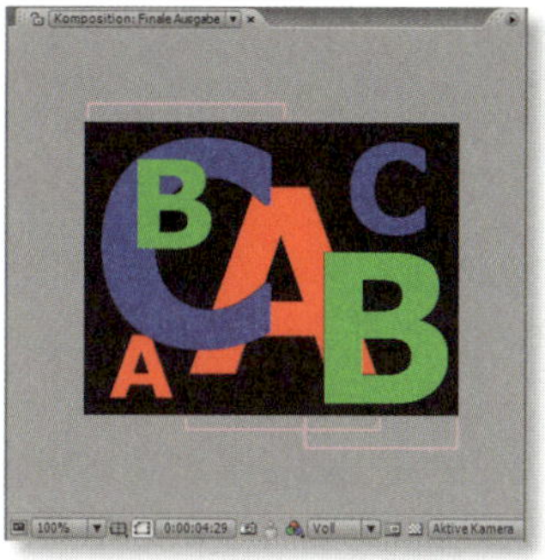

▲ **Abbildung 7.5**
Fertig!

7.3.1 Positionierung von Ebenen

Wie aus vielen anderen Programmen bekannt, sind auch in After Effects Hilfsmittel zur Positionierung von Ebenen verfügbar.

Lineale | Im Kompositionsfenster erhalten Sie Lineale über den Menüpunkt ANSICHT • LINEALE EINBLENDEN bzw. [Strg]+[R]. Auch im Kompositionsfenster haben Sie schnellen Zugriff auf die Lineale und zusätzlich auf Hilfslinien und Raster, die ebenfalls als Positionierungshilfen dienen. Sie erreichen ein Einblendmenü mit entsprechenden Optionen über eine kleine Schaltfläche am unteren Rand des Kompositionsfensters ❶.

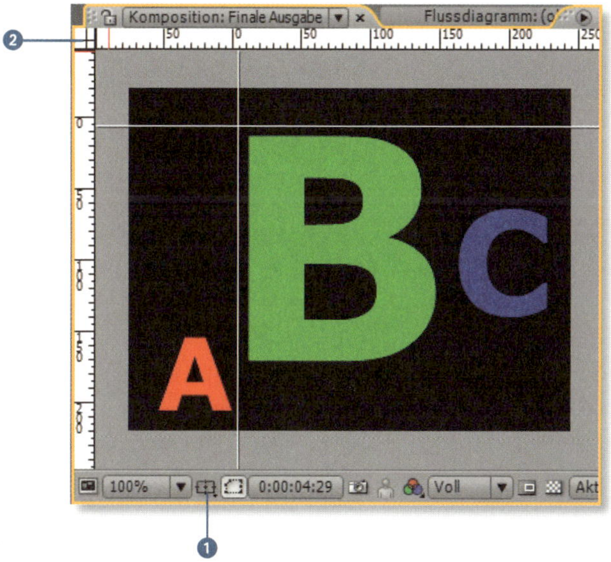

◂ **Abbildung 7.6**
Lineale dienen der genauen Positionierung von Ebenen im Kompositionsfenster. Der Nullpunkt der Lineale kann verschoben werden.

Nullpunkt | Der Nullpunkt der Lineale liegt in der linken oberen Ecke der Komposition. Um den Nullpunkt zu verschieben, klicken Sie in das kleine Kästchen links oben ❷ und ziehen ihn bei gedrückter Maustaste an eine neue Stelle. Per Doppelklick in das gleiche Kästchen links oben wird der Nullpunkt wieder zurückgesetzt.

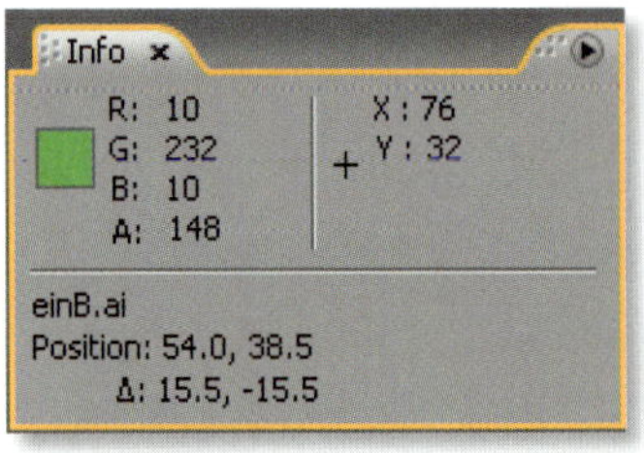

▲ **Abbildung 7.7**
In der Infopalette werden kontextabhängige Informationen wie zum Beispiel zu Ebenen, Keyframes und zur Vorschauanzeige eingeblendet.

Infopalette | In der Infopalette werden Werte für die X,Y-Position des Mauszeigers bzw. von Ebenen, die Sie markieren oder verschieben, angezeigt. Falls Sie die Palette gerade nicht sehen, finden Sie sie über Fenster • Info bzw. Strg+2. Das Infofenster ist eine mächtige Informationszentrale, da es kontextabhängig Informationen wie Farb-, Positions- oder Drehungswerte anzeigt. Beobachten Sie das Fensterchen ruhig einmal, während Sie Änderungen vornehmen oder den Mauszeiger über das Kompositionsfenster gleiten lassen.

Die X-Koordinate stellt die horizontale Achse dar und die Y-Koordinate die vertikale Achse. Auch in der Zeitleiste finden Sie eine Entsprechung für die Positionskoordinaten. Die zwei Werte hinter der Positionseigenschaft stehen für die X-Koordinate ❸ und die Y-Koordinate ❹.

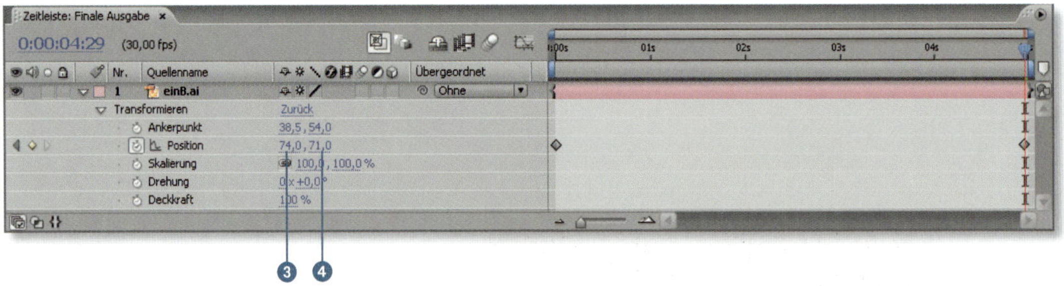

▲ **Abbildung 7.8**
Hinter jeder animierbaren Eigenschaft in der Zeitleiste stehen numerische Werte.

Hinter jeder animierbaren Eigenschaft stehen solche numerische Werte, um möglichst genaue Einstellungen für Animationen treffen zu können. Nun lassen Sie sich aber von den vielen Werten nicht abschrecken: Sehr oft kommen die Werte ganz automatisch bei Ihrer intuitiven Arbeit zustande.

Hilfslinien | Nun sind die Hilfslinien ganz ins Hintertreffen geraten. Ziehen Sie sie einfach aus den Linealen heraus. Während Sie an einer Hilfslinie ziehen, verrät Ihnen übrigens die Infopalette die Hilfslinienposition.

Unter Ansicht finden Sie dann noch einige Optionen für Ihre Hilfslinien. Dort können Sie sie ausblenden oder schützen, wenn die Hilfslinien nicht mehr verändert werden sollen, und löschen. Über die Option An Hilfslinien ausrichten springen Ebenen magnetisch an die Hilfslinie heran, wenn sie in deren Nähe kommen.

Raster | Zur Ausrichtung der Ebenen im Kompositionsfenster seien außerdem noch das Standardraster und das proportionale Raster erwähnt. Sie finden das Standardraster unter Ansicht • Raster einblenden. Mit Am Raster ausrichten wird dieses magnetisch und sehr anziehend für Ihre Ebenen. Die Option Raster ist außerdem in dem weiter oben erwähnten Einblendmenü am unteren Rand des Kompositionsfensters zu finden, wo zusätzlich die Option Proportionales Raster wählbar ist.

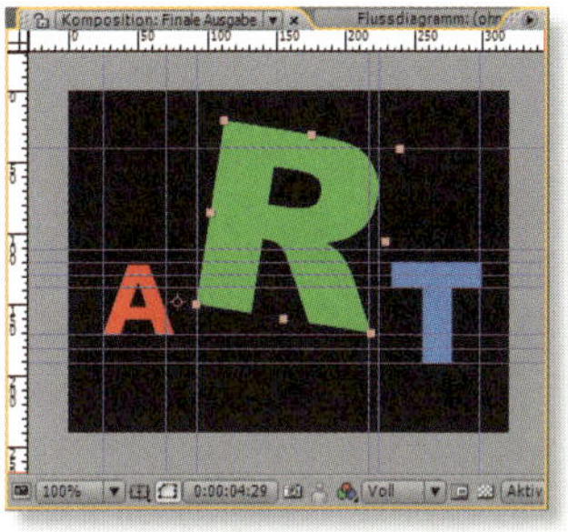

▲ **Abbildung 7.9**
Ebenen können an magnetischen Hilsflinien ausgerichtet werden.

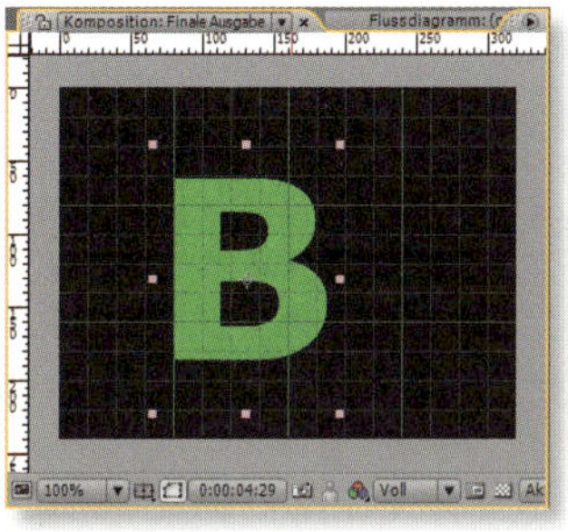

▲ **Abbildung 7.10**
Auch am magnetischen Raster können Ebenen ausgerichtet werden.

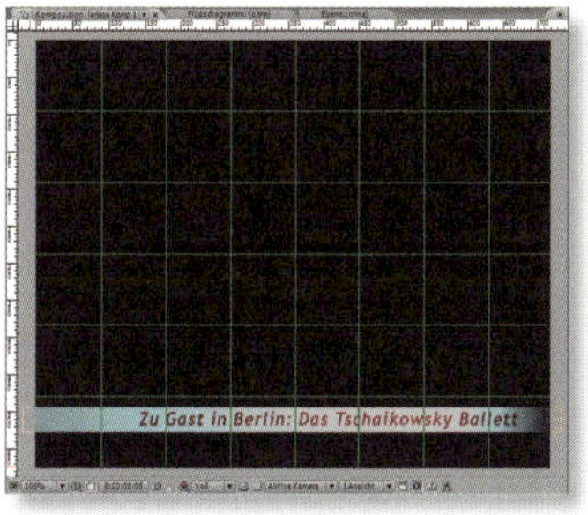

▲ **Abbildung 7.11**
Ein proportionales Raster ist hilfreich bei der Positionierung von Ebenen.

In dem Dialog Voreinstellungen können Sie für Raster und Hilfslinien eigene Festlegungen zur Darstellung des Rasters und der Hilfslinien treffen. Der Dialog findet sich unter Bearbeiten • Voreinstellungen • Raster und Hilfslinien und ist selbsterklärend.

7.3.2 Die Schaltflächen des Kompositionsfensters

Einige Schaltflächen des Kompositionsfensters werden an dieser Stelle nicht ausführlich erläutert. Dies wird aber an besser passender Stelle nachgeholt.

In mehreren Projekten sind Sie nun schon mit dem Kompositionsfenster in Berührung gekommen und haben vielleicht den einen oder anderen Schalter, das eine oder andere Popup selbst entdeckt. Im Folgenden gehen wir die wichtigsten Schalter einmal durch. Schalter, die nachfolgend nicht erläutert werden, erklären sich entweder selbst oder sind eingehend an anderer Stelle erläutert.

▼ **Abbildung 7.12**
Diese Optionen finden sich im Kompositionsfenster.

▲ **Abbildung 7.13**
In der Werkzeugleiste befindet sich die Lupe zum Ein- und Auszoomen von Kompositionen.

Zoomstufen anpassen | Sie können die Ansicht der Komposition verkleinern, um Bereiche außerhalb des Vorschaubereichs der Komposition anzuzeigen. Klicken Sie dazu im Kompositionsfenster auf den Button ZOOMSTUFEN ❶ und wählen eine festgelegte, prozentuale Darstellung.

Sie haben auch die Möglichkeit, die Lupe aus der Werkzeugleiste ❷ zum Ein- und Auszoomen in festen Stufen zu verwenden. Die Werkzeugleiste verbirgt sich hinter dem Tastenkürzel [Strg]+[1]. Trägt die Lupe ein Pluszeichen in der Mitte, wird vergrößert. Verkleinert wird bei gleichzeitigem Drücken von [Alt] und Klicken mit der Lupe.

Wenn Sie die Einstellung FENSTERGRÖSSE wählen, wird die Darstellung automatisch der jeweiligen Fenstergröße in freien Zoomstufen angepasst.

Zoomen mit Tastenkürzel

Noch schneller sind Sie, wenn Sie sich gleich die Tastaturkürzel [.] zum Vergrößern und [,] zum Verkleinern angewöhnen oder die Zoomstufen mit dem Scrollrad der Maus einstellen, während der Cursor über dem Bild verweilt.

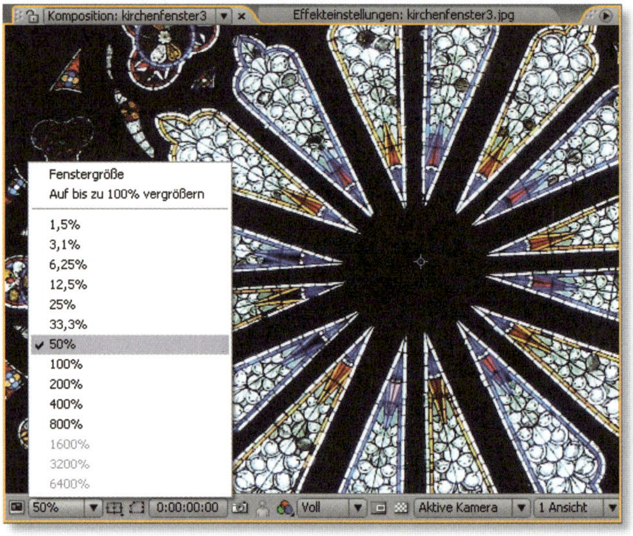

Abbildung 7.14 ▶
Die Ansicht der Komposition wird gezoomt, um Details oder Bereiche außerhalb des Vorschaubereichs der Komposition zu bearbeiten.

Sicherer Titelbereich | Sollten Sie planen, Ihre Animation einer Fernsehanstalt zur Ausstrahlung zu schicken oder den Film später über eine DVD auf einem Fernseher abzuspielen, könnten Sie eine böse Überraschung erleben. Wenn Sie den sicheren Titelbereich nicht beachtet haben, sind womöglich Texte, Bildunterschriften und dergleichen angeschnitten. Der Grund liegt beim Fernseher. Ein Fernseher stellt nicht das ganze Format dar, sondern beschneidet es an den Rändern. Man nennt dies **Overscan**.

Nach einem Klick auf den Button SICHERER TITELBEREICH ❸ blendet sich ein Rahmen ein, der bei der Ausgabe nicht mehr sichtbar ist. Außerhalb des sichtbaren Bereichs können sogar die Bildinhalte beschnitten sein (Abbildung 7.17).

▲ **Abbildung 7.15**
Titel können am Computerbildschirm anders aussehen ...

▲ **Abbildung 7.16**
... als später am Fernseher betrachtet.

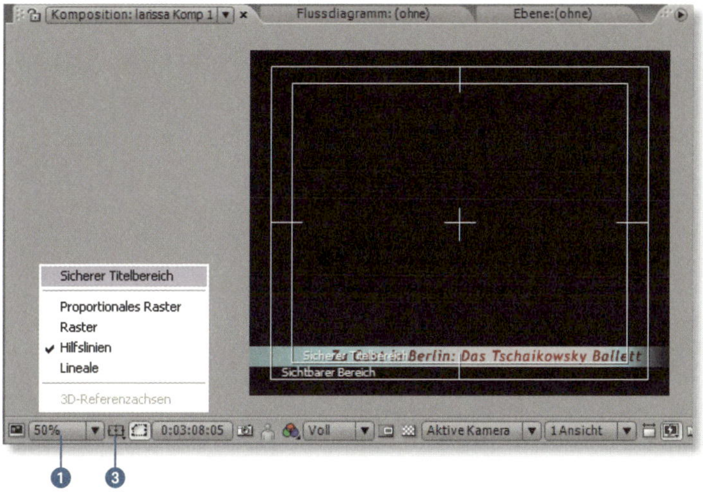

◄ **Abbildung 7.17**
Mit dem sicheren Titelbereich werden abgeschnittene Titel vermieden.

Der Overscan ist nicht bei allen Fernsehern gleich. Sie sollten dennoch darauf achten, wichtige Grafikelemente innerhalb des sichtbaren Bereichs und Titel innerhalb des sicheren Titelbereichs zu positionieren.

In den Voreinstellungen lassen sich andere prozentuale Werte für den sichtbaren Bereich und den sicheren Titelbereich einstellen. Auch für eine Ausgabe im Kinoformat ist diese Einstellung wichtig, da auch hier Bereiche am Rand durch das Abkaschen bei der Projektion wegfallen. Dies hat den Grund, dass bei der Projektion des Films im Kino ein Projektionscache eingelegt wird. Das Projektionscache ist im Prinzip eine Metallplatte mit einem Loch im Seitenverhältnis des zu projizierenden Films.

[Abkaschen]
Abkaschen = beschneiden

Abbildung 7.18 ►
In den Voreinstellungen lassen sich prozentuale Werte für titelsichere und aktionssichere Bereiche festlegen.

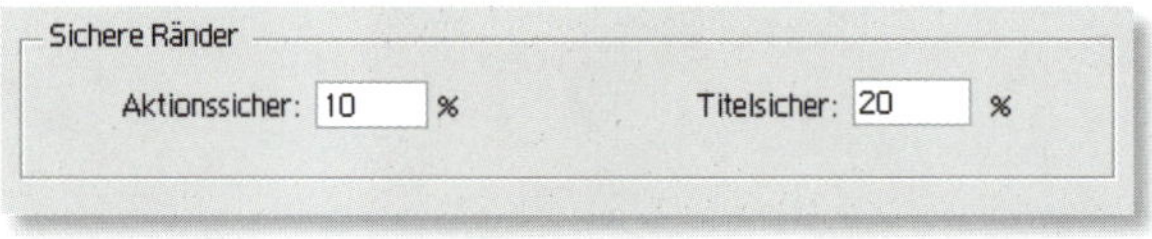

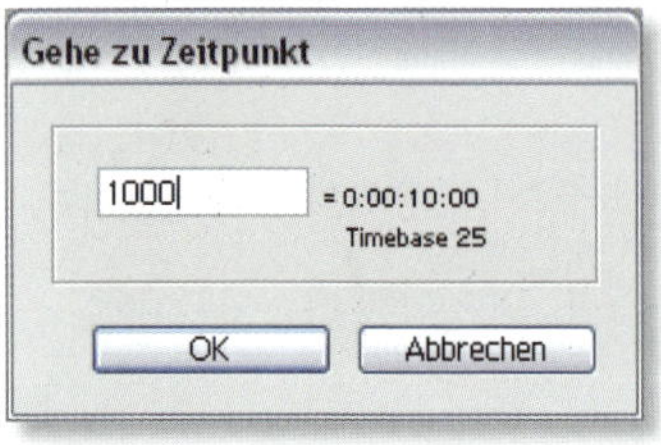

▲ **Abbildung 7.19**
Über den Dialog Gehe zu wird die Zeitmarke genau positioniert.

Gehe zu ... | Jede Komposition enthält eine Anzeige ❶, an der Sie ablesen können, an welchem Zeitpunkt sich Ihre Zeitmarke gerade befindet. Klicken Sie auf die Zeitanzeige, öffnet sich der Dialog Gehe zu Zeitpunkt. In das Feld können Sie einen neuen Zeitpunkt eingeben, damit Ihre Zeitmarke zu dem angegebenen Zeitpunkt springt. Tippen Sie beispielsweise 1000 ins Feld, um die Zeitmarke zur Sekunde 10 springen zu lassen. Das Timecodeformat 0:00:10:00 wird automatisch erkannt.

Schnappschuss | Über den Button Schnappschuss ❷ können Sie das aktuell angezeigte Bild fotografieren und mit dem Button Letzten Schnappschuss einblenden ❸ zu einem anderen Zeitpunkt wieder in Ihre Komposition einblenden. Die Funktion dient dem Vergleich zweier Bilder zu verschiedenen Zeitpunkten. Sie können so beispielsweise zwei Logos aneinander ausrichten, die an verschiedenen Zeitpunkten auftauchen, sich optisch aber an der gleichen Stelle befinden sollen. Fotografieren Sie dazu das erste Logo und blenden es dann zum Zeitpunkt des zweiten Logos ein.

Kanäle | Über die Schaltfläche Kanal anzeigen ❹ wird ein Menü eingeblendet. Sie können dort je nach Bedarf wählen, ob Sie die RGB-Kanäle einer Komposition gemeinsam oder jeden Kanal

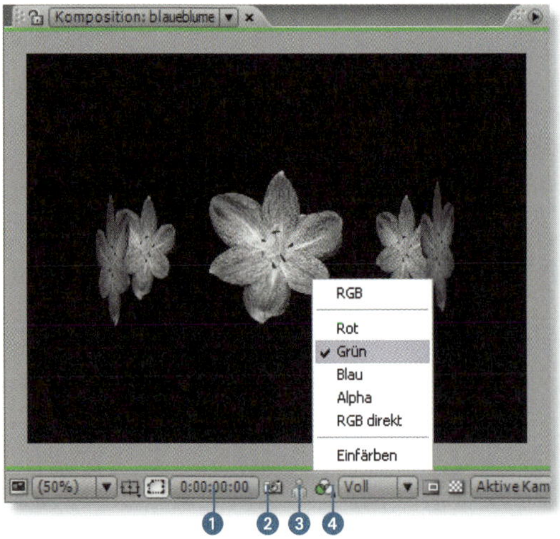

▲ **Abbildung 7.20**
Der grüne Kanal erhält einen entsprechenden grünen Rahmen.

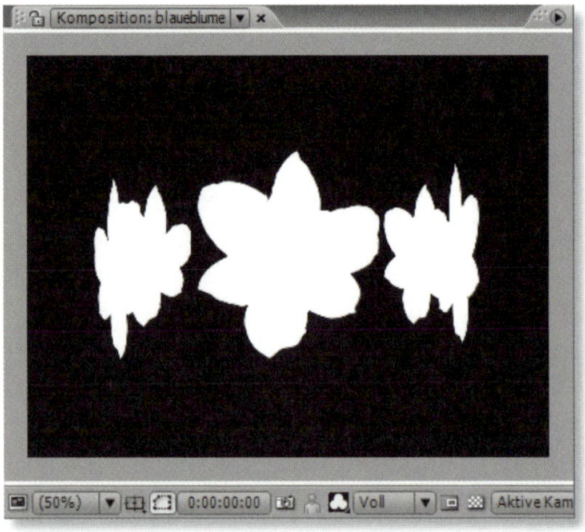

▲ **Abbildung 7.21**
Mit dem Button für den Alphakanal wird nur die Transparenzinformation angezeigt.

einzeln anzeigen lassen. Die Komposition erhält der Kanalfarbe entsprechend einen Rahmen. Die gewählte Kanalfarbe kann verwendet werden, um die Kompositionsinhalte einzufärben. Wählen Sie dazu die Option EINFÄRBEN. Mit der Option ALPHA können Sie auch den Alphakanal separat anzeigen lassen, was bei der Arbeit mit transparentem Material vorteilhaft ist und auch beim Keying eingesetzt wird.

Pixelseitenverhältnis-Korrektur | Der Kreis wirkt viel zu schmal! Sie sehen das verflixte Problem der Arbeit mit Grafiken, die am Computer mit quadratischen Pixeln erstellt wurden und nun auf ein DV-Band mit rechteckigen Pixeln ausgespielt bzw. auf einem Fernsehmonitor angezeigt werden sollen. Aber keine Sorge. – Nach dem Ausspielen sieht der Kreis wieder kreisrund aus, wenn das Material entsprechend vorbereitet wurde. Wie das gehen soll? – Das erfahren Sie ganz genau im Kapitel 5.6, »Videodaten in After Effects«.

Es ist alles nur eine Darstellungsfrage. Auf dem Computermonitor herrscht ein anderes Pixelseitenverhältnis (quadratisch) als auf einem DV-Band (rechteckig). Mit dem Korrekturschalter 5 können Sie die Ansicht zur korrekten Darstellung von DV- und manchem HDV-Material am Computermonitor entzerren. Dies ist allerdings nicht sehr empfehlenswert, da die Vorschaugeschwindigkeit negativ davon beeinflusst wird und die Vorschau zudem pixelig wirkt. Eine Alternative dazu finden Sie in dem schon erwähnten Kapitel.

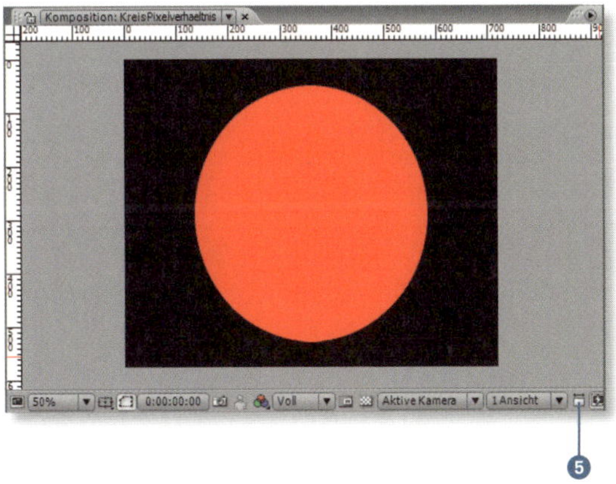

▲ **Abbildung 7.22**
Eine Grafik in einer D1/DV PAL-Komposition kann horizontal verzerrt wirken. Nach dem Ausspielen auf DV-Band ist der Kreis wieder rund.

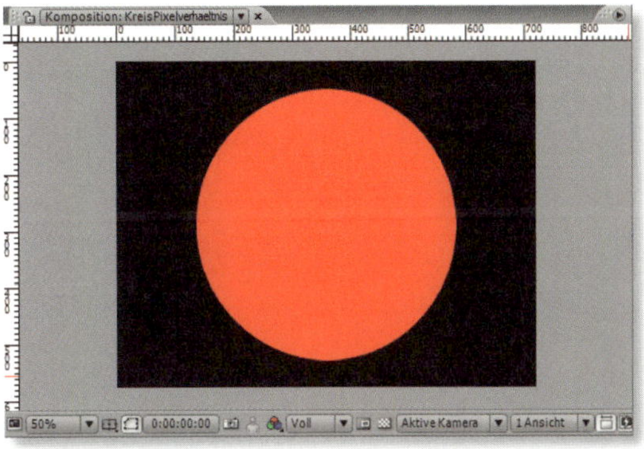

▲ **Abbildung 7.23**
Mit dem Korrekturbutton werden Grafiken und DV- bzw. HDV-Material am Monitor entzerrt dargestellt.

7.4 Verschachtelte Kompositionen (Nesting)

Innerhalb einer Komposition wird das jeweilige hinzugefügte Rohmaterial zu einer Ebene. Das Gleiche gilt aber auch für eine Komposition, die einer anderen Komposition hinzugefügt wird. Man nennt diesen Vorgang Verschachtelung und spricht von verschachtelten Kompositionen. Der Sinn des Verschachtelns ist recht vielfältig. Zum einen lassen sich größere Projekte übersichtlicher gestalten, zum anderen sind verschachtelte Kompositionen manchmal nötig, um bestimmte Animationen oder Effekte bewerkstelligen zu können.

In dem folgenden kleinen Workshop werden Sie erfahren, wie Sie zwei Kompositionen anlegen, die mindestens nötig sind, um eine verschachtelte Komposition einzurichten. Im Laufe des Buches werden Sie die sinnvolle oder notwendige Anwendung des Verschachtelns noch weiter kennen lernen.

Schritt für Schritt: Doppelgänger – Verschachtelte Kompositionen

Wiederholung macht den Meister. Im Kapitel 5, »Import«, haben Sie schon eine Komposition angelegt. Und wie Sie nun sehen, ist dies bei jedem neuen Projekt nötig. In diesem Workshop geht es um Ebenen im Kompositionsfenster und um das Prinzip der verschachtelten Kompositionen.

Starten Sie After Effects und speichern zuerst das noch leere Projekt über Datei • Speichern unter mit dem Namen »verschachteln«.

1 Import

Importieren Sie über Datei • Importieren • Datei bzw. [Strg]+[I] aus dem Ordner 07_Ebenenlayout/Verschachtelung die Dateien »hintergrund.mov«, »dasB«, »dasI«, »dasO«.

2 Erste Komposition anlegen

Legen Sie eine Komposition über Komposition • Neue Komposition bzw. [Strg]+[N] an.

Tragen Sie in dem Dialogfenster Kompositionseinstellungen den Namen »Finale« ein. Gerade wenn mit verschachtelten Kompositionen gearbeitet wird, ist die Benennung wichtig, damit kein Durcheinander entsteht. Tragen Sie unter Breite 320 und unter Höhe 240 ein. Die Framerate wählen Sie bei 25 Bildern bzw. Frames pro Sekunde (PAL). Bei der Auflösung wählen Sie Voll.

Markieren Sie den voreingestellten Wert bei DAUER und tippen 500 ins Feld. After Effects übernimmt selbstständig die Umwandlung in das Timecode-Format (0:00:05:00). Bestätigen Sie mit OK.

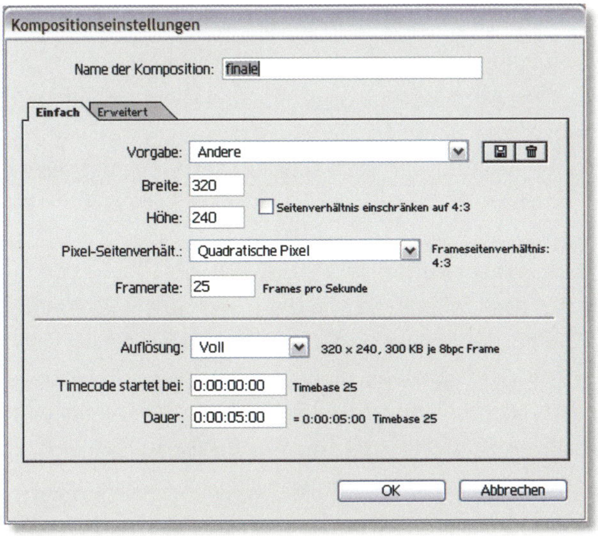

◂ **Abbildung 7.24**
Wichtig bei der Verwendung mehrerer Kompositionen ist die eindeutige Benennung.

3 Datei in die Zeitleiste ziehen

Ihre Komposition ist nun mit dem Namen »Finale« im Projektfenster zu sehen ①. Auch auf der Registerkarte im Kompositionsfenster sehen Sie den Namen »Finale« ② und in der zugehörigen Zeitleiste findet sich ebenfalls auf der Registerkarte der Name »Finale« ③.

Ziehen Sie aus dem Projektfenster die Datei »hintergrund.mov« in die Zeitleiste. Die Datei wird nun in der Zeitleiste als Ebene dargestellt.

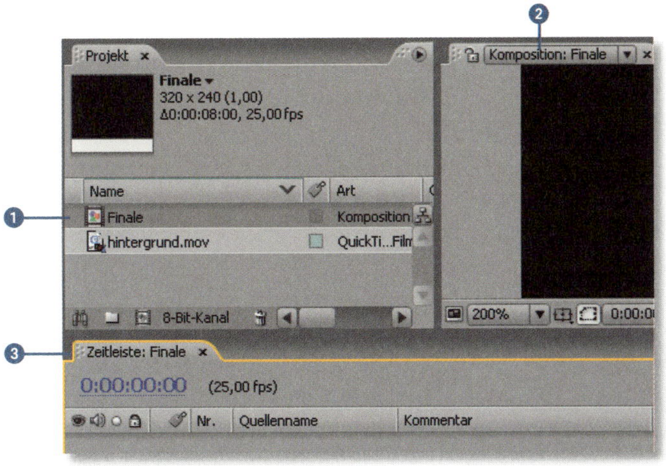

◂ **Abbildung 7.25**
Kompositionen werden wie Rohmaterial im Projektfenster angezeigt.

4 Zweite Komposition anlegen

Legen Sie eine genau gleiche Komposition an wie unter Schritt 2. Der einzige Unterschied zwischen den zwei Kompositionen besteht im Namen. Tippen Sie für die zweite Komposition den Namen »Animation« ein.

Wie die Komposition »Finale« wird die Komposition »Animation« im Projektfenster angezeigt. Zusätzlich ist in der Zeitleiste eine Registerkarte mit dem Namen »Animation« hinzugekommen. Sie können nun per Klick auf die Registerkarten zwischen den Kompositionen hin und herwechseln. Dies ist für ein schnelles Arbeiten sehr bequem.

Kompositionen per Doppelklick öffnen

Scheint eine Komposition mitsamt Zeitleiste einmal abhanden gekommen, obwohl sie im Projektfenster noch sichtbar ist, klicken Sie sie dort einfach doppelt an. Kompositionsfenster und dazugehörende Zeitleiste öffnen sich dann.

5 Rohmaterial zur Zeitleiste hinzufügen

Markieren Sie das Rohmaterial im Projektfenster. Sie können mehrere Dateien nacheinander mit der [Strg]-Taste auswählen oder bei gedrückter Maustaste einen Rahmen über die Dateien ziehen. Ziehen Sie die Dateien »dasB«, »dasI«, »dasO« aus dem Projektfenster in die Zeitleiste der Komposition »Animation«.

▼ Abbildung 7.26
Beim Hinzufügen von Ebenen in den Bereich der Zeitmarke erscheint eine zweite Marke als Positionierhilfe.

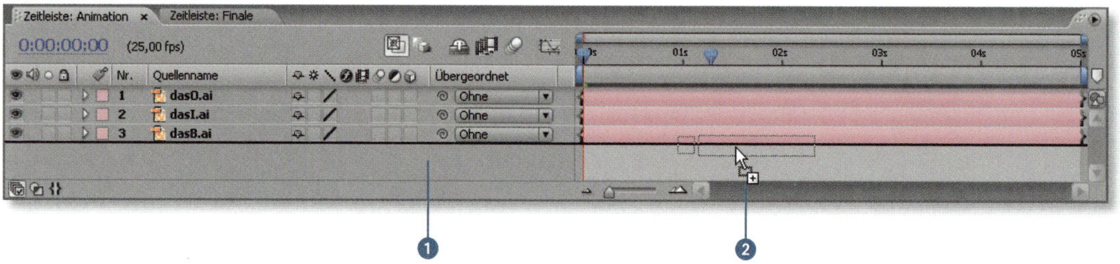

6 Ebenen im Kompositionsfenster bearbeiten

Wenn Sie Dateien aus dem Projektfenster direkt in die Zeitleiste ziehen, werden diese im Kompositionsfenster zentriert. Der In-Point der Ebenen wird am Zeitpunkt 00:00 der Komposition positioniert, wenn Sie die Ebenen in den linken, etwas dunkleren Bereich des Zeitleistenfensters ❶ ziehen. Werden die Dateien hingegen in den rechten Bereich der Zeitmarke ❷ gezogen, erscheint eine zweite Markierung als Positionierhilfe, um Dateien an der Zeitmarke oder an einem bestimmten anderen Zeitpunkt beginnen zu lassen. Sobald diese deckungsgleich zur aktuellen Zeitmarke ist, wird der In-Point einer Ebene genau an der Zeitmarke ausgerichtet.

Ziehen Sie »dasB« ein zweites Mal am Zeitpunkt 00:00 in die Zeitleiste.

Um ein Layout festzulegen, erfolgt die Anordnung von Ebenen im Kompositionsfenster. Hier werden die Ebenen auch grob

In-Point und Out-Point

Der In-Point markiert den Beginn einer Ebene, also den Zeitpunkt, an dem das Material sichtbar wird. Der Out-Point markiert dementsprechend das Ende einer Ebene.

Ebenen ins Kompositionsfenster ziehen

Sie können Ebenen direkt ins Kompositionsfenster ziehen. Allerdings sind diese dann nicht mehr zentriert, sondern werden an der Stelle »fallen gelassen«, über der Sie die Maustaste losgelassen haben.

bearbeitet. Trotzdem wählen Sie Ebenen zur Bearbeitung am besten in der Zeitleiste aus.

In der Werkzeugpalette sollten Sie das Auswahl-Werkzeug ❸ gewählt haben. Falls Ihnen die Werkzeugpalette abhanden gekommen ist, wählen Sie FENSTER • WERKZEUGE oder [Strg]+[1]. Markieren Sie jeweils eine der Ebenen in der Zeitleiste und verändern ihre Positionen nacheinander so, bis Sie eine ähnliche Anordnung wie in der Abbildung 7.28 erreicht haben. Dazu klicken Sie die Ebenen im Kompositionsfenster direkt an und ziehen Sie an die gewünschte Position.

Ebenen an der Zeitmarke einfügen

Sie können Ebenen, die der Zeitleiste hinzugefügt werden, grundsätzlich am Beginn der Komposition oder an der Zeitmarkenposition einsetzen. Dies wird über BEARBEITEN • VOREINSTELLUNGEN im Dialog ALLGEMEIN mit der Option EBENEN ZU BEGINN DER KOMPOSITION ERSTELLEN erreicht. Wenn Sie dort das Häkchen entfernen, wird jede Ebene mit dem In-Point an der Zeitmarkenposition und andernfalls am Beginn der Komposition eingesetzt.

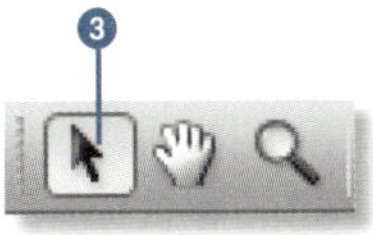

▲ **Abbildung 7.27**
Zum Positionieren von Ebenen wird das Auswahl-Werkzeug verwendet.

▲ **Abbildung 7.28**
Die Anordnung der Buchstaben sollte in etwa dieser Abbildung entsprechen.

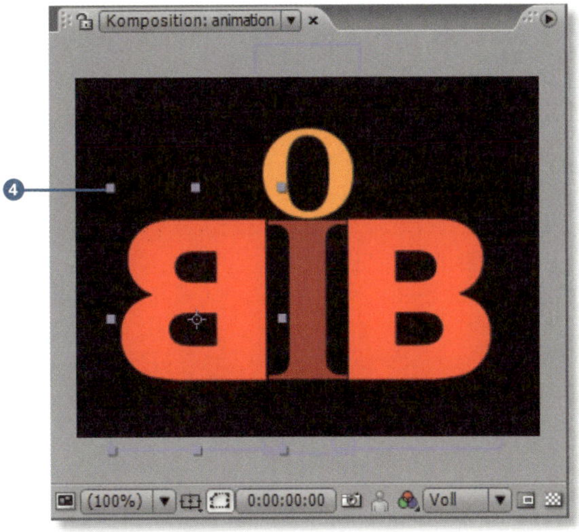

▲ **Abbildung 7.29**
Die Ebenengriffe dienen der schnellen Transformation von Ebenen.

Die seltsamen Punkte, die immer dann erscheinen, wenn eine Ebene ausgewählt ist, sind die **Ebenengriffe** ❹. Der Punkt in der Mitte ist der **Ankerpunkt**. Aber dazu kommen wir noch. Durch Ziehen an den Ebenengriffen können Sie die Ebenen skalieren. Markieren Sie die Datei »dasB«, die Sie links positioniert haben, und ziehen Sie am mittleren Ebenengriff, bis »dasB« genau seitenverkehrt erscheint. Wenn Sie übrigens, während Sie skalieren, gleichzeitig die Taste [⇧] betätigen, erscheint die Ebene im

Wechsel genau verkehrt herum. Wir benötigen »dasB« allerdings nur vertikal gespiegelt.

7 Kompositionshintergrundfarbe

Die Hintergrundfarbe Ihrer Komposition »Animation« ändern Sie wie folgt: Wählen Sie KOMPOSITION • HINTERGRUNDFARBE. Klicken Sie in das kleine Farbfeld des Dialogs und wählen eine Farbe aus dem FARBWÄHLER. Sie können Farben auch numerisch festlegen. Bestätigen Sie mit OK.

Es ist unwichtig, welche Farbe Sie wählen. Ich möchte Ihnen hier nur zeigen, dass diese Hintergrundfarbe verschwindet, also transparent wird, nachdem wir die Komposition »Animation« in die Komposition »Finale« gezogen, also verschachtelt haben.

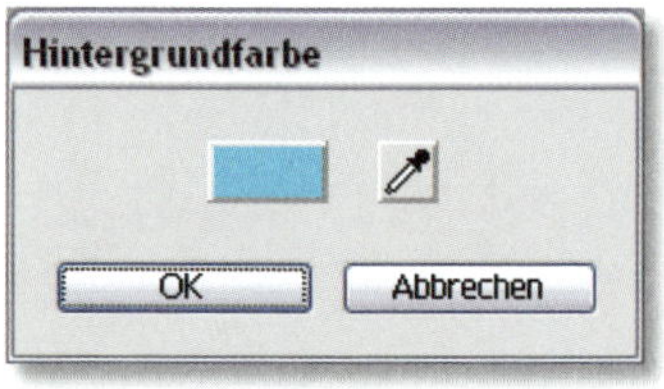

▲ **Abbildung 7.30**
Die Hintergrundfarbe wird über den Farbdialog eingestellt.

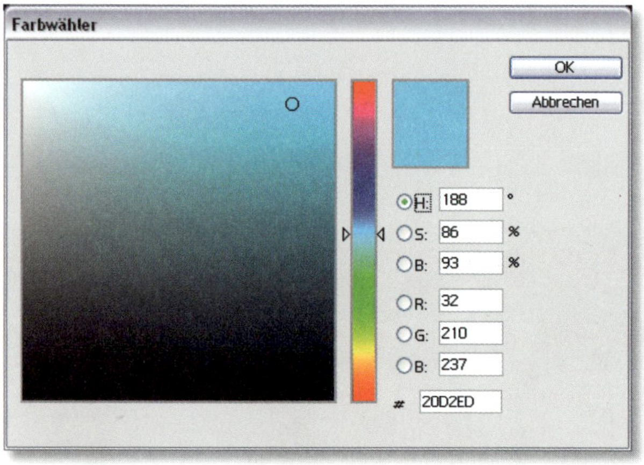

Abbildung 7.31 ▶
Im Farbwähler ist auch die numerische Eingabe zur Festlegung von Farben möglich.

8 Nesting: Verschachtelte Kompositionen

Es ist ganz einfach. Sie haben in Ihrem Projektfenster zwei Kompositionen. Eine heißt »Finale« und enthält nur ein Hintergrundmovie. Die andere heißt »Animation« und enthält mehrere, (zugegeben) im Moment nicht animierte Ebenen.

Öffnen Sie die Komposition »Finale« per Klick auf die Registerkarte oder per Doppelklick auf das Kompositionssymbol im Projektfenster. Ziehen Sie, wie jedes andere Rohmaterial auch, die Komposition »Animation« in die Zeitleiste der Komposition »Finale«. Stellen Sie sicher, dass die verschachtelte Komposition sich über der Hintergrundebene befindet. Das war's.

▼ **Abbildung 7.32**
Die Komposition »Animation« wird aus dem Projektfenster in die Zeitleiste der Komposition »Finale« gezogen.

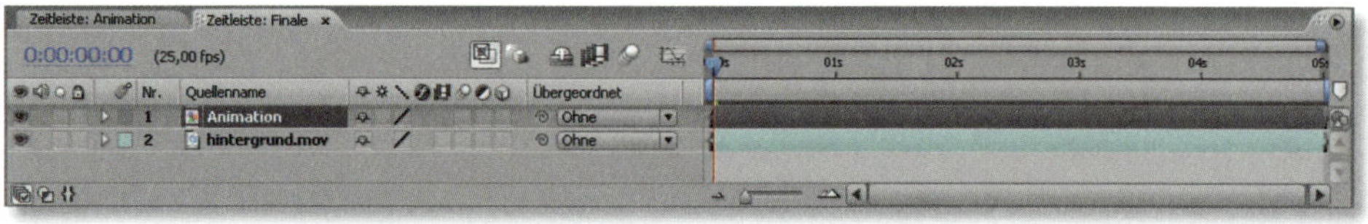

9 Vorteile der verschachtelten Komposition

Wechseln Sie nun einmal zwischen Ihren beiden Kompositionen hin und her. Zuerst lässt sich feststellen, dass der Hintergrund der Komposition »Animation« im »Finale« transparent ist.

◂ **Abbildung 7.33**
Nach dem Verschachteln ist die Hintergrundfarbe der Komposition »Animation« transparent geworden.

Zweitens werden Änderungen, die Sie in der Komposition »Animation« vornehmen, in die »Finale«-Komposition übernommen. Verschieben Sie in der Komposition »Animation« einfach einmal die Ebenen oder skalieren Sie die Ebenen mit den Ebenengriffen. Die Änderungen sind anschließend auch im »Finale« sichtbar.

Drittens haben die vier Buchstaben verschachtelt im »Finale« nur noch einen gemeinsamen Ankerpunkt. Die Ebenen wurden sozusagen zu einer Ebene zusammengefasst. Und so können Sie vier (oder mehr) Ebenen mit einem Mal skalieren, die Position ändern usw.

Viertens ist die Komposition »Animation« eine **Instanz**. Sie können sie also, sooft Sie wollen, im »Finale« auftauchen lassen. Ziehen Sie Ihre Komposition ruhig noch ein paar Mal ins »Finale«. Es könnte dann ähnlich aussehen wie in Abbildung 7.34.

▾ **Abbildung 7.34**
Hier sehen Sie mehrere Instanzen der Komposition »Animation« in der Zeitleiste.

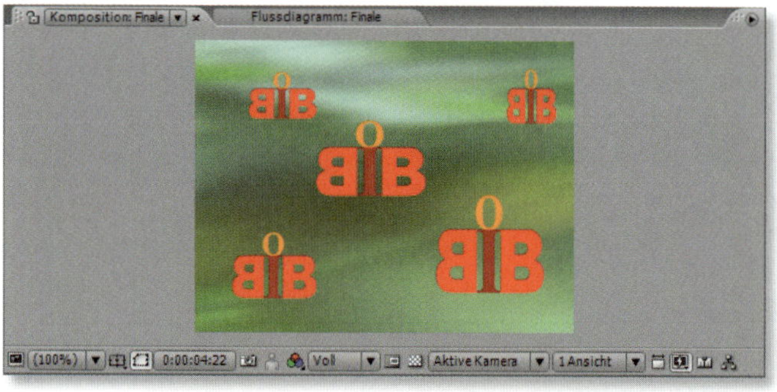

Abbildung 7.35 ▸
Kompositionen können als Instanzen in anderen Kompositionen verwendet werden.

Zum Nesting, also dem Umgang mit verschachtelten Kompositionen, möchte ich noch ein paar Anmerkungen machen. In unserem kleinen Workshop haben wir nur eine Komposition in eine andere »verschachtelt«. Es ist aber möglich und üblich, noch weit mehr als nur eine Komposition zu verschachteln. Allerdings sollten Kompositionen nicht »wild« ineinander verschachtelt werden, da dies die Vorschau bremst und die Renderzeit Ihrer Animationen verlängert.

Sinnvoll ist es, eine »finale« Komposition einzurichten, die die Ausgabeeinstellungen enthält, und dort andere Kompositionen »hineinzuziehen«, die Animationen enthalten. Auf diese Weise lassen sich komplexe Projekte recht übersichtlich gestalten.

Haben Sie eine Animation allerdings bereits vollständig fertig in einer Komposition animiert, kann es günstig sein, diese unkomprimiert zu rendern und dann den gerenderten Film in der finalen Komposition zu verwenden. Doch dazu mehr im Kapitel 13.5, »Verlustfreie Ausgabe«.

7.5 Flussdiagramm

Das Projekt, das Sie im Workshop »Doppelgänger: Verschachtelte Kompositionen« angelegt haben, eignet sich gut, um das Flussdiagramm erläutern. Öffnen Sie, falls Sie es bereits geschlossen haben, am besten nochmals Ihr Projekt oder das auf der DVD befindliche unter 07_Ebenenlayout/Verschachtelung/Nesting.aep.

Das Flussdiagramm dient der Darstellung des strukturellen Aufbaus eines Projekts oder einer Komposition und gibt einen Überblick, welche Rohmaterialien wo und wie verwendet wurden.

Öffnen Sie das Projekt »nesting.aep« und dann die Komposition »Finale« per Doppelklick im Projektfenster. Sollte das Projektfenster nicht sichtbar sein, blenden Sie es mit der Tastenkombination Strg+0 ein. Einige Schalter im Kompositionsfenster finden Sie erst, wenn Sie das Fenster vergrößern. Ziehen Sie es dazu nach rechts auf. Über den Flussdiagramm-Button gelangen Sie in die FLUSSDIAGRAMMANSICHT. Für den Projektüberblick gibt es einen solchen Button auch im Projektfenster oben rechts.

Im Flussdiagramm sind die Komposition »Finale« ❶ und darüber ein Pluszeichen zu sehen. Bei Klick auf das Pluszeichen ❷ werden das Rohmaterial ❸, in der Komposition enthaltene Ebenen ❹ und verschachtelte Kompositionen ❺ angezeigt. Rohmaterialien erhalten vor ihrem Namen andere Symbole als Ebenen, ebenso Kompositionen.

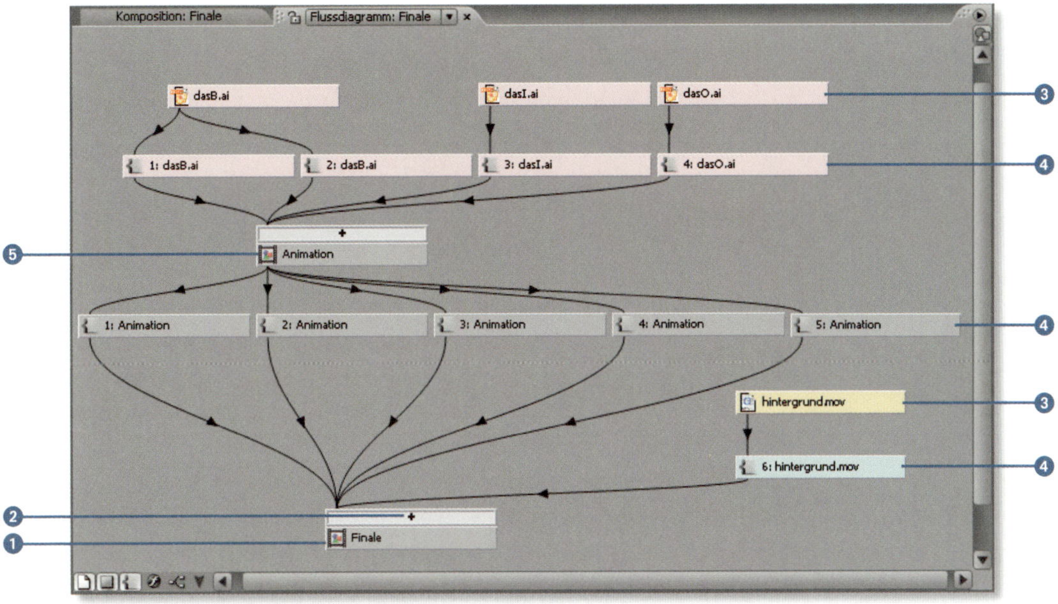

▲ **Abbildung 7.36**
In der Flussdiagrammansicht gewinnen Sie einen Überblick über den Aufbau Ihres Projekts.

Am unteren Rand des Diagramms finden Sie sechs Schaltflächen zur Änderung der Ansicht. Blenden Sie Rohmaterial und Ebenen ein und aus, indem Sie den Footage-Button ❻ betätigen. Wenn Ihre Komposition Farbflächen enthält, blenden Sie diese über den zweiten Button in der Reihe ein und aus. Mit dem dritten Button werden die Ebenen angezeigt oder ausgeblendet.

Noch haben Sie Effekte nicht angewendet, falls später doch gewünscht, blenden Sie Effekte mit dem Effektbutton ❼ ein und aus. Der Umschaltenbutton ❽ wechselt die Darstellung zwischen geraden und schrägen Linien. Schließlich lässt sich noch die Richtung des Flussdiagramms im Popup ❾ ändern.

Sie können im Flussdiagramm jedes Element markieren und an eine andere Stelle ziehen, um so Ihr eigenes Ordnungsprinzip einzurichten. Das Markieren hat aber noch eine andere Funktion. Die markierten Elemente werden dann auch in den Komposi-

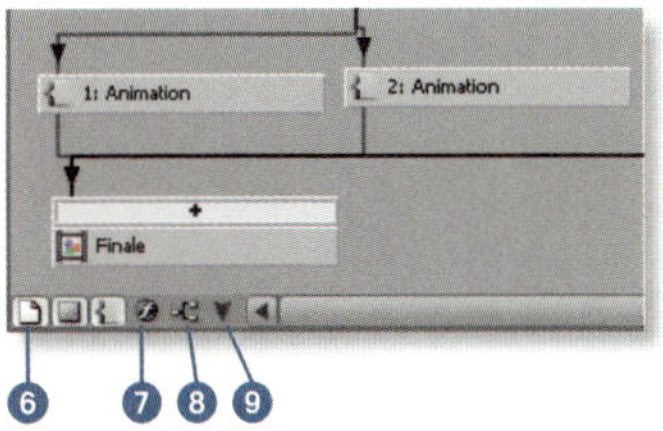

▲ **Abbildung 7.37**
Die Schalter für die Darstellung des Flussdiagramms

tionen bzw. im Projektfenster markiert. Sie können mit [Entf] auch Elemente aus Ihrem Projekt löschen. In der Praxis werden Sie eine solche Vorgehensweise allerdings kaum finden. Ganz hilfreich zum Verschieben des gesamten Diagramms ist es, gleichzeitig die Leertaste und die Maustaste zu verwenden.

7.6 Die Zeitleiste

Die Zeitleiste dient dem zeitlichen Anordnen von Ebenen. Die Ebenen sind hier tatsächlich als solche erkennbar. Das Erscheinen und Verschwinden von Ebenen zu einem bestimmten Zeitpunkt wird in der Zeitleiste definiert. Dafür verantwortlich sind In-Point und Out-Point einer Ebene in After Effects.

Ebenen werden in der Zeitleiste übereinander »gestapelt«. Eine Ebene, die sich in der Zeitleiste ganz oben befindet, verdeckt ganz oder teilweise Ebenen, die weiter darunter angeordnet sind. Eine Ausnahme dabei bilden dreidimensionale Ebenen, bei denen die Anordnung auf der Z-Achse entscheidend ist. Doch dazu später im Kapitel 21, »3D in After Effects«.

Visuelle Ebenen und Audioebenen besitzen jeweils gleiche animierbare Eigenschaften. Solche Transformationen und Animationen können für jede Ebene eingestellt werden. Spezielle Effekte, die Sie den Ebenen hinzufügen, können den Animationsspielraum erheblich erweitern. Sämtliche an einer Ebene vorgenommenen Veränderungen sind non-destruktiv, das heißt, dem auf der Festplatte gespeicherten Rohmaterial geschieht nichts.

In späteren Kapiteln werden Sie einige der zahlreichen Animationsmöglichkeiten von Ebenen genauer studieren können. Die nächsten Seiten sind vorerst den vielen Funktionen der Zeitleiste gewidmet.

7.6.1 Zeitmarke

Das wichtigste Instrument der Zeitleiste ist zweifelsohne die Zeitmarke ❶. Mit der Zeitmarke steuern Sie bestimmte Zeitpunkte in der Komposition an. An der Zeitmarke werden außerdem Ebenen ausgerichtet, wie bereits beim Hinzufügen von Rohmaterial zur Zeitleiste sichtbar wurde. Außerdem werden Keyframes an der Zeitmarkenposition gesetzt und können an ihr mit Hilfe der Taste [⇧] magnetisch ausgerichtet werden.

Vor dem Setzen eines Keyframes gilt also immer, die Zeitmarke auf den entsprechenden Zeitpunkt zu setzen. Dazu kann die Zeitmarke angeklickt und manuell gezogen werden oder es wird einfach auf das Zeitlineal ❷ geklickt. Die Zeitmarke springt dann auf diesen Zeitpunkt.

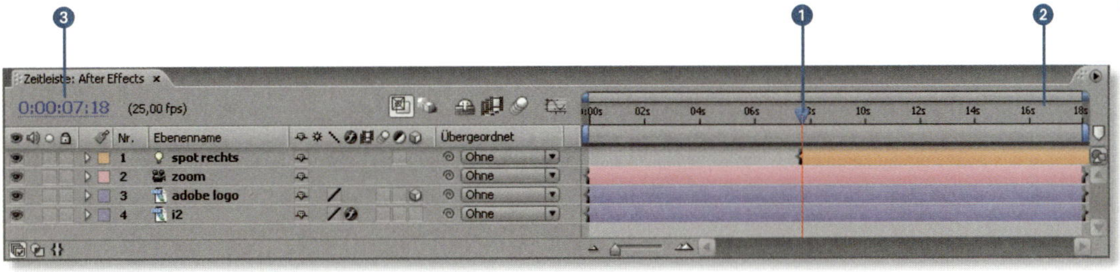

▲ **Abbildung 7.38**
Die blaue Zeitmarke dient dem Navigieren in der Zeitleiste. Ebenen und Keyframes lassen sich an der Zeitmarke ausrichten.

Für genauere Ansteuerungen werden die gewünschten Zeitpunkte numerisch eingegeben. Bei Klick auf die Zeitanzeige ❸ für den aktuellen Zeitpunkt oder mit [Strg]+[G] öffnet sich der Dialog GEHE ZU, der Ihnen schon vom Kompositionsfenster her bekannt ist. Dort tippen Sie den gewünschten Zeitpunkt, beispielsweise 300, ein. Das Timecodeformat 0:00:03:00 erkennt After Effects automatisch.

Funktion	Windows	Mac OS
An den Arbeitsbereichanfang	[⇧]+[Pos1]	[⇧]+[Pos1]
Zum Arbeitsbereichende	[⇧]+[Ende]	[⇧]+[Ende]
Zur Ebenenmarke davor	[J]	[J]
Zur Ebenenmarke danach	[K]	[K]
Ebenenmarke entfernen	[Strg]+Klick auf die Marke	[⌘]+Klick auf die Marke
Zur Kompositionszeitmarke	[0] bis [9] auf der Haupttastatur	[0] bis [9] auf der Haupttastatur
Zum Ebenen-In-Point	[I]	[I]
Zum Ebenen-Out-Point	[O]	[O]

▲ **Tabelle 7.1**
Weitere Tastenkürzel zum Navigieren der Zeitmarke

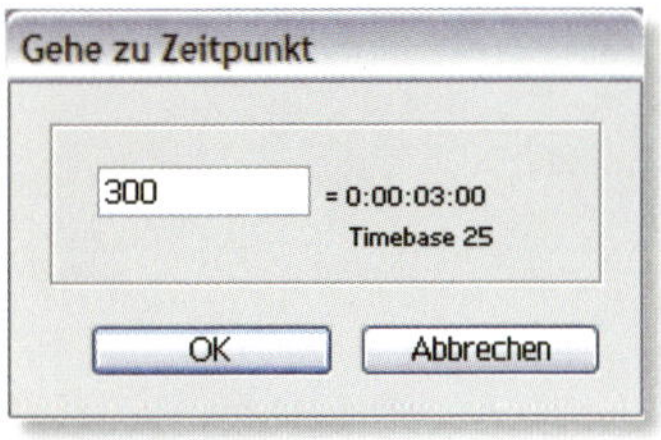

▲ **Abbildung 7.39**
Der Dialog GEHE ZU ist auch von der Zeitleiste aus erreichbar.

7.6.2 Arbeitsbereich

Sehr wichtig ist der Arbeitsbereich (❹ Abbildung 7.40) im oberen Teil der Zeitleiste. Mit dem Arbeitsbereich legen Sie fest, welcher Teil Ihrer Komposition in der Vorschau angezeigt werden soll. – Dies gilt zwar nicht für jede Art Vorschau, doch mehr dazu später in Kapitel 9, »Optimieren der Vorschau«. Spätestens bei größeren Projekten wird die Anpassung des Arbeitsbereichs auf eine bestimmte Zeitspanne notwendig.

Zum Anpassen des Arbeitsbereichs ziehen Sie dessen Beginn ❺ und dessen Ende ❻ an die von Ihnen gewünschte Stelle. Alternativ können Sie zuerst die Zeitmarke auf den gewünschten Beginn positionieren und anschließend die Taste [B] drücken. Für das gewünschte Ende setzen Sie wieder die Zeitmarke und drücken anschließend die Taste [N]. Beginn und Ende des Arbeitsbereichs springen an die erwünschten Zeitpunkte.

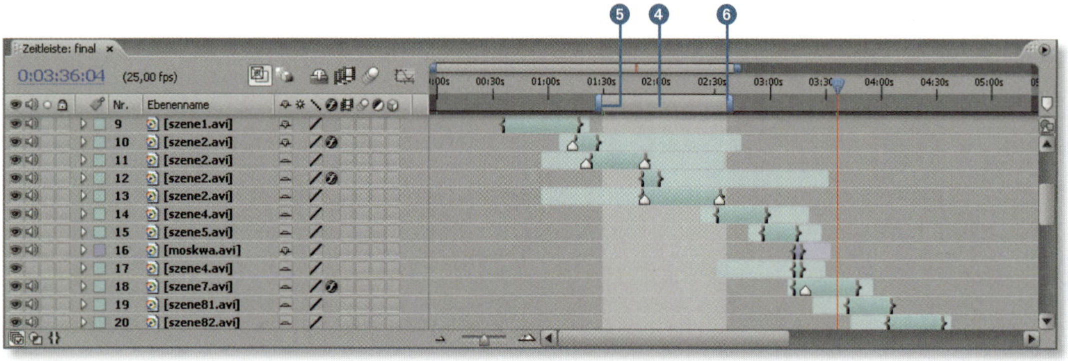

▲ **Abbildung 7.40**
Bei größeren Projekten ist es günstig, den Arbeitsbereich auf eine bestimmte Zeitspanne anzupassen.

Zum Verschieben eines einmal gewählten Arbeitsbereichs klicken Sie die Leiste an und ziehen den Arbeitsbereich seitwärts.

7.6.3 Zoomfunktion der Zeitleiste

Sie können das Zeitlineal der Zeitleiste zoomen. Normalerweise werden die Zeitwerte im Zeitlineal in Sekunden angezeigt (hinter jeder Zahl in der Zeitleiste steht ein kleines »s«). Sie können aber auch bis in die einzelnen Frames einzoomen, um beispielsweise Keyframes zeitlich sehr dicht zu setzen.

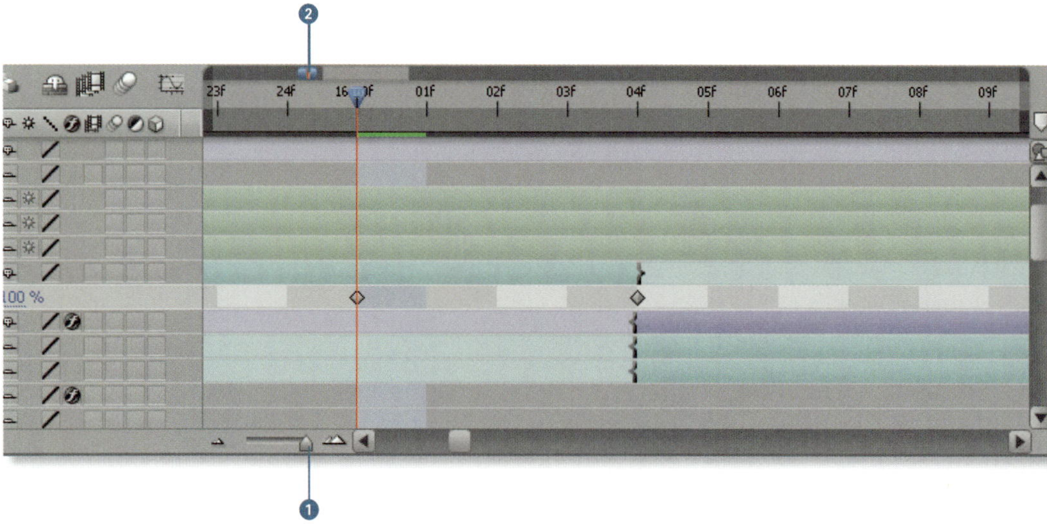

▲ **Abbildung 7.41**
Für genauere Arbeiten ist oft das Einzoomen bis hin zur Darstellung einzelner Frames notwendig.

Verwenden Sie zum Zoomen eine der nachfolgenden Möglichkeiten:

Zum Einzoomen ziehen Sie den Schieberegler ❶ nach rechts, zum Auszoomen nach links. Haben Sie sehr weit eingezoomt, wird hinter den Zahlen im Zeitlineal ein kleines »f« dargestellt, das für Frame steht, also für das Einzelbild. Wundern Sie sich nicht, dass Ihre Zeitmarke beim Ziehen dann so komisch »hüpft« – sie springt ja nur von Frame zu Frame. Sie wissen schon: Viele einzelne Bilder ergeben einen Film.

Die Berge links und rechts vom Schieberegler dienen ebenfalls dem Ein- und Auszoomen – per Klick. Eine weitere Möglichkeit für das Zoomen bieten die beiden Markierungen ❷, die dazu nach links bzw. nach rechts gezogen werden können.

▲ **Abbildung 7.42**
Der Zeitleiste können weitere Spalten hinzugefügt werden.

7.6.4 Anzeigeoptionen in der Zeitleiste

In der Zeitleiste sind einige standardmäßig angezeigte Spalten zu sehen, einige Spalten sind aber auch verborgen. Durch einen Klick mit der rechten Maustaste auf einen Spaltennamen öffnet sich das Menü SPALTEN. Dort sind die bereits angezeigten Spalten mit einem Häkchen versehen. Weitere Spalten lassen sich auswählen und werden anschließend in der Zeitleiste angezeigt.

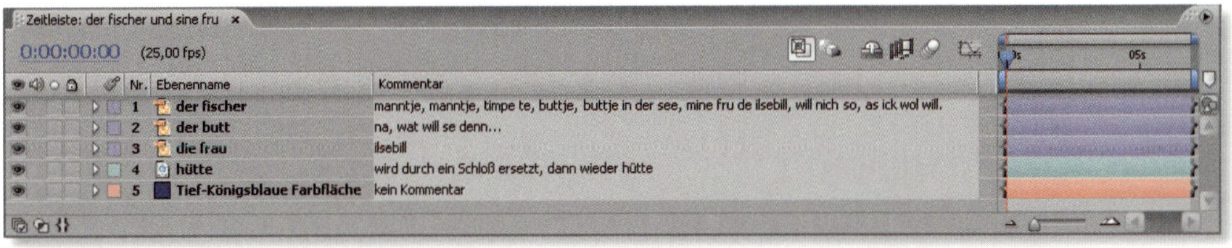

▲ **Abbildung 7.43**
In der Spalte KOMMENTAR lassen sich für jede Ebene Bemerkungen eintragen.

7.6.5 Audio-/Video-Funktionen

Augensymbol | Zum Ausblenden von Videos oder Bildern klicken Sie auf das Augensymbol ❶, das Sie vielleicht aus anderen Adobe-Anwendungen kennen. Für Sounddateien steht das Lautsprechersymbol ❷ zur Verfügung. Dateien, die auf diese Weise ausgeblendet sind, werden auch bei der Ausgabe nicht sichtbar oder hörbar.

Solo | Der Soloschalter ❸ wird verwendet, um zeitweise nur die solo geschaltete Ebene anzuzeigen oder anzuhören. Alle anderen Ebenen werden ausgeblendet und die gewählte Ebene wird zum Single. Es können auch mehrere Ebenen solo geschaltet werden. Wie bei dem Augen- und dem Lautsprechersymbol werden die ausgeblendeten Ebenen nicht mitgerendert.

Schützen | Das Vorhängeschloss ❹ dient dem Schutz der gewählten Ebene. Eine geschützte Ebene kann nicht verändert werden und blinkt, wenn sie in der Zeitleiste angeklickt wird.

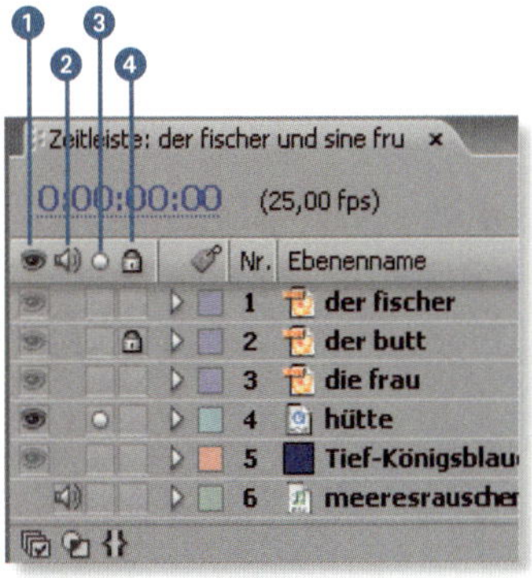

▲ **Abbildung 7.44**
Jede Ebene besitzt Schalter zum Schützen, Soloschalter und je nach Typ Audio- und Videoschalter.

7.6.6 Etiketten

Schalter für Schnelle

Sämtliche Ebenenschalter können für mehrere Ebenen aktiviert/deaktiviert werden, wenn Sie bei gedrückter Maustaste über ein Schaltersymbol »ziehen«.

Sie können Ebenen mit verschiedenen Etikettenfarben ausstatten, um in Projekten mit sehr vielen Ebenen die Übersicht zu bewahren. Klicken Sie dazu in der Zeitleiste auf eins der Etiketten ❶. In dem sich öffnenden Menü können Sie eine neue Farbe festlegen.

Es wird nicht nur das Etikett neu eingefärbt, sondern auch die Ebene in der Zeitleiste sowie die Ebenengriffe und Bewegungspfade im Kompositionsfenster. Haben Sie mehrere Ebenen in der gleichen Farbe angelegt, hält das Einblendmenü noch die schöne Option für Sie bereit, eine ganze Etikettengruppe auszuwählen, also alle Ebenen mit dem gleichen Etikett. Und das ist kein Etikettenschwindel.

7.6.7 Ebenennummerierung

Die Nummerierung ❷ ist nicht fest mit einer Ebene verbunden. Ziehen Sie zum Beispiel eine Ebene mit der Nummer 15 nach ganz oben, trägt sie anschließend die Nummer 1. Die Nummern kennzeichnen nur die Reihenfolge der Ebenen, man muss also keine besonders große Nummer daraus machen.

Wenn Sie tastaturbegeistert sind, wird es Sie aber freuen, dass Sie die Ebenen über den Ziffernblock Ihrer Tastatur auswählen können. Tippen Sie dazu einfach die Nummer, und die Ebene wird markiert.

7.6.8 Ebenenname

Die Spalte Ebenenname ❸ ist eine Schaltstelle zwischen dem von Ihnen festgelegten Ebenennamen und dem Namen des Rohmaterials. Um die Anzeige zwischen dem Ebenennamen und dem Rohmaterialnamen zu wechseln, klicken Sie jeweils auf die Spalte Ebenenname.

Ist der Name Ihrer Ebene mit einer eckigen Klammer versehen, haben Sie keinen Ebenennamen vergeben und der Rohmaterialname wird angezeigt. Um eigene Ebenennamen zu vergeben, markieren Sie die Ebene und drücken [↵] im Haupttastaturfeld. Der Name wird blau unterlegt dargestellt. Tippen Sie den gewünschten Namen und betätigen erneut [↵].

Eine Benennung der Ebenen ist oft hilfreich und wichtig, wenn Sie Rohmaterial mehrfach in einer Komposition verwenden, aber unterschiedliche Veränderungen damit planen. Die Änderung des Ebenennamens hat im Gegensatz zu früheren Versionen meistens keine Auswirkungen auf Expressions. Mit Expressions erzeugen Sie Verlinkungen zwischen mehreren Eigenschaften einer oder mehrerer Ebenen. Mehr dazu lesen Sie im Kapitel 24, »Expressions«.

7.6.9 Ebenenschalter

Die Ebenenschalter ❹ können optional aus- oder eingeblendet werden. Dies ist über die kleine Schaltfläche ❺ am linken unteren Rand des Zeitleistenfensters möglich. Nach dem Einblenden ist eine ganze Reihe weiterer Optionen verfügbar.

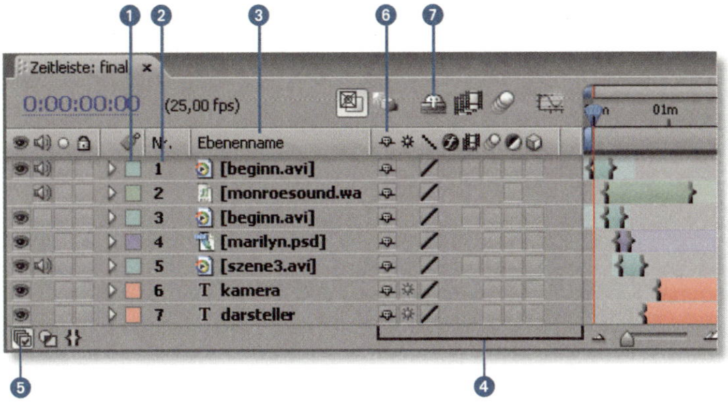

◂ **Abbildung 7.45**
Mit einer kleinen Schaltfläche können die Ebenenschalter ein- und ausgeblendet werden.

Tarnen | In After Effects können Ebenen sogar Tarnkappen erhalten! Die Funktion ist sehr hilfreich, wenn in einer Komposition sehr viele Ebenen enthalten sind. Sie können die 235 Ebenen, an denen Sie gerade nicht arbeiten, aus der Zeitleiste ausblenden und sich ewiges Hin- und Herscrollen ersparen. Im Kompositionsfenster bleiben die Ebenen präsent.

Die Spalte Tarnen ❻ zeigt an, ob eine Ebene getarnt ist oder nicht. Um Ebenen in der Zeitleiste zu tarnen, klicken Sie auf das Männlein. Die getarnten Ebenen verschwinden allerdings erst, wenn Sie noch das größere Männlein bzw. Fräulein ❼ drücken. Ach ... und nicht vergessen, das große Männlein zum Einblenden erneut zu drücken – es hat schon mancher verzweifelt vermisste Ebenen gesucht.

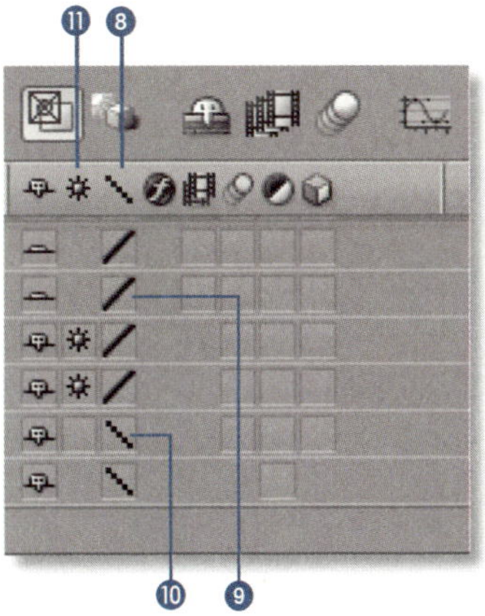

▴ **Abbildung 7.46**
Die eingeblendeten Ebenenschalter in der Zeitleiste

Qualität | Mit dem Schalter Qualität ❽ bestimmen Sie die Vorschauqualität der Ebene. Bei besserer Qualitätseinstellung ❾ dauert die Berechnung der Bilder länger. Bei heute gebräuchlichen Rechnern fällt dies nicht sehr ins Gewicht. Allerdings macht es bei einigen auf die Ebene angewendeten Effekten, großen Skalierungen und großen Bildern Sinn, in den Entwurfsmodus ❿ umzuschalten. Klicken Sie den Schalter dazu einfach an (Abbildung 7.47 und 7.48).

Optimieren/Transformationen falten | Die Option Optimieren/Transformationen falten ⓫ hat zweierlei Funktion. Zum einen dient sie dazu, Vektorgrafiken wie Adobe Illustrator-Dateien und EPS-Dateien in bester Qualität in After Effects anzuzeigen. Zum anderen wird sie für 2D- und 3D-Kompositionen verwendet, die in eine andere Komposition verschachtelt werden.

▲ **Abbildung 7.47**
Im Entwurfsmodus erscheinen Grafiken an den Kanten stufig.

▲ **Abbildung 7.48**
Bei bester Qualität sind die Kanten geglättet.

Mit der Option TRANSFORMATIONEN FALTEN werden Informationen mit in die andere Komposition übernommen und gewährleisten so eine korrekte Anzeige. Beim Import in After Effects werden vektorbasierte Dateien in pixelorientierte Dateien umgerechnet. Der Unterschied zu sonstigen pixelorientierten Dateien besteht darin, dass Illustrator- und EPS-Dateien bei aktiviertem Schalter in jedem Frame neu berechnet werden, so auch bei Skalierungen. Die Option TRANSFORMATIONEN FALTEN wird daher auch **kontinuierlich Rastern** genannt. Schlicht gesagt können Sie Ihre Vektorgrafiken so groß skalieren, wie Sie wollen, wenn Sie den Schalter aktivieren.

▲ **Abbildung 7.49**
Eine Vektorgrafik ohne Vergrößerung wird in gleicher Qualität dargestellt wie ...

▲ **Abbildung 7.50**
... eine vergrößerte Vektorgrafik.

Effektschalter | Wenn auf einzelne Ebenen Effekte angewandt wurden, kennzeichnet After Effekts die jeweilige Ebene mit einem »*f*« ❶. Bei einem Klick darauf wird die Ebene ohne angewendete Effekte dargestellt und bei entsprechender Option auch ohne Effekte gerendert. Die Option ist oft nützlich, um die Wirkung eines Effekts beurteilen zu können und die Vorschau bei deaktivierten Effekten zu beschleunigen.

Näheres zu Effekten und deren Verwendung erfahren Sie im Teil VIII »After Effects und die Effekte«

Frame-Überblendung | Bei Ebenen, die bewegtes Rohmaterial wie Video oder Bildsequenzen enthalten, kann Frame-Überblendung aktiviert werden.

Die Option eignet sich für Bildsequenzen, die eine geringere Framerate aufweisen als die Komposition, in der sie verwendet werden. Wird eine Bildsequenz mit einer Framerate von 15 fps in einer Komposition mit einer Framerate von 25 fps verwendet, rechnet After Effects die fehlenden Bilder in der Sequenz hinzu, indem diese dupliziert werden. Die Bewegung kann dadurch beim Abspielen ruckelnd wirken.

Wird Frame-Überblendung aktiviert, werden aus je zwei aufeinander folgenden Originalbildern Zwischenbilder errechnet und mit den Originalbildern überblendet. Beim Abspielen wirkt die Bewegung flüssiger. Verwenden Sie Filmmaterial, hat Frame-Überblendung nur Sinn, wenn Sie das Material zeitverzerren bzw. eine Zeitlupe darauf angewandt haben.

Für die Berechnung der Zwischenbilder bietet After Effects unter EBENE • FRAME-ÜBERBLENDUNG die Optionen **Frame-Mix** und **Pixel-Motion** an. Für Dateien, die sehr stark verlangsamt wurden, bietet sich letztere Option an. Es werden mit Pixel-Motion überhaupt bessere Ergebnisse erzielt, allerdings zu Lasten der Vorschau und des Renderprozesses. Wenn Sie eine Ebene im Qualitätsmodus ENTWURF bearbeiten, verwendet After Effects zur Vorschaubeschleunigung automatisch die Option FRAME-MIX.

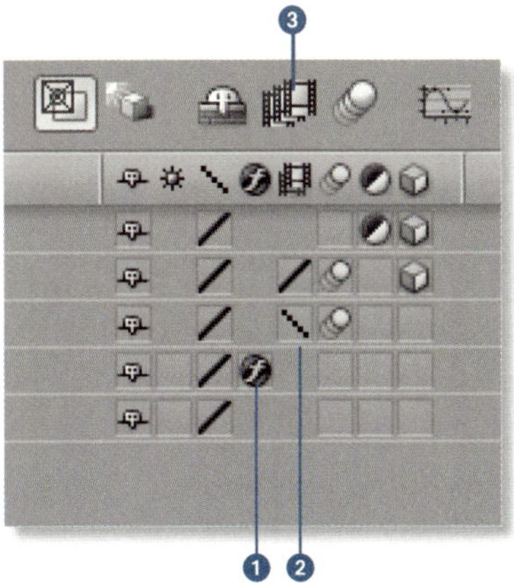

◂ **Abbildung 7.51**
Einige Ebenenschalter haben erst dann eine Wirkung, wenn weitere Schalter für die Komposition aktiviert wurden.

Zum Aktivieren der Frame-Überblendung klicken Sie in das Feld ❷ und drücken den Button ❸. Sie können sehr schnell zwischen den Optionen AUS, FRAME-MIX und PIXEL-MOTION wechseln, indem Sie nacheinander auf den Button ❷ klicken. Wird kein schräger Balken angezeigt, ist die Frame-Überblendung deaktiviert, was einer schnelleren Vorschau dient. Frame-Mix ist eingestellt, wenn der Balken gepunktet dargestellt wird, und Pixel-Motion in der dritten Einstellung.

Abbildung 7.52 ▶
Bei aktivierter Frame-Überblendung werden aus zwei aufeinander folgenden Originalbildern Zwischenbilder errechnet und eingeblendet.

Bewegungsunschärfe | Schnell bewegte Objekte, die von einer Kamera aufgenommen werden, erscheinen im Einzelframe des Films betrachtet verwischt. Die Bewegungsunschärfe simuliert diesen Effekt und lässt so Bewegungen realistischer erscheinen. Daher wirkt sich die Option nur auf sich bewegende Ebenen aus. Um eine Wirkung zu erzielen, müssen Keyframes, beispielsweise für die Positionseigenschaft, gesetzt worden sein. Schnell bewegte Pixel werden dabei stärker verwischt als langsam bewegte.

▲ Abbildung 7.53
Bei aktivierter Bewegungsunschärfe werden schnell bewegte Pixel in Bewegungsrichtung verwischt.

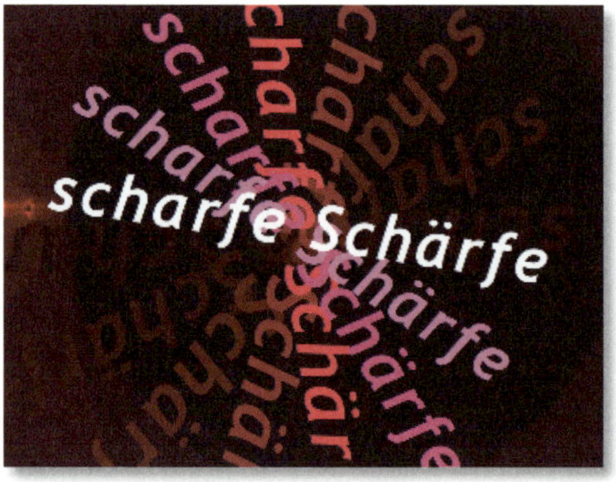

▲ Abbildung 7.54
Die gleiche Komposition ohne aktivierte Bewegungsunschärfe

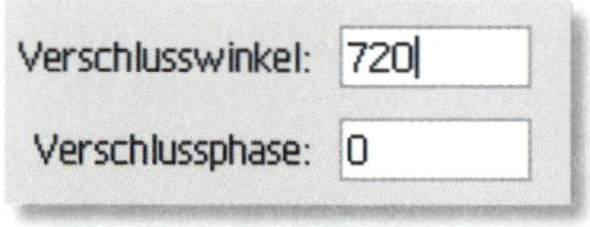

▲ Abbildung 7.55
Festlegungen für die Bewegungsunschärfe werden in den KOMPOSITIONSEINSTELLUNGEN getroffen.

Um die Bewegungsunschärfe zu aktivieren, setzen Sie ein Häkchen ❶ und drücken den Button ❷. Da die Bewegungsunschärfe sehr rechenintensiv ist, empfiehlt es sich, bei weiterer Bearbeitung die Unschärfe zu deaktivieren.

Die Stärke der Bewegungsunschärfe kann in den Kompositionseinstellungen festgelegt werden. Gehen Sie dazu über das Menü KOMPOSITION • KOMPOSITIONSEINSTELLUNGEN bzw. [Strg]+[K]. Klicken Sie im Dialog auf die Registerkarte ERWEITERT.

Da die Bewegungsunschärfe den Verwischeffekt bei Kameras nachahmt, werden auch ähnliche Einstellmöglichkeiten wie bei

Kameras verwendet. Unter VERSCHLUSSWINKEL geben Sie einen höheren Wert ein, um die Bewegungsunschärfe zu verstärken (max. 720). Der Wert unter VERSCHLUSSPHASE (max. 360) legt einen zeitlichen Abstand zum aktuellen Frame für die Bewegungsunschärfe fest.

Einstellungsebenen | Über den Schalter ❸ können Sie eine Ebene zu einer Einstellungsebene umschalten. Die Ebene wird dann ausgeblendet. Effekte, die auf die Einstellungsebene angewendet wurden, wirken sich auf alle darunter befindlichen Ebenen aus. Dies kann eine Menge Zeit sparen. Neben dem Schalter im Kompositionsfenster können Einstellungsebenen auch über das Menü EBENE • NEU • EINSTELLUNGSEBENE erstellt werden.

Wenn Sie eine Lichtebene zu einer Einstellungsebene erklären, wird deswegen das Licht nicht ausgeblendet. Die Lichtebene wird nicht mehr dargestellt, sondern wirkt sich dann aber nur noch auf darunter liegende 3D-Ebenen aus.

Live-Update, 3D-Entwurf und Diagrammeditor

Für Informationen zu den Schaltern LIVE-UPDATE ❼, 3D-ENTWURF ❽ und DIAGRAMMEDITOR ❾ schauen Sie bitte im Index nach, da diese an besser passender Stelle erläutert werden.

3D-Ebenen | Über den Schalter 3D-Ebenen ❹ werden zweidimensionale Ebenen als dreidimensionale Ebenen definiert und können im 3D-Raum animiert werden.

Weiterführend lesen Sie hierzu das Kapitel 21, »3D in After Effects«.

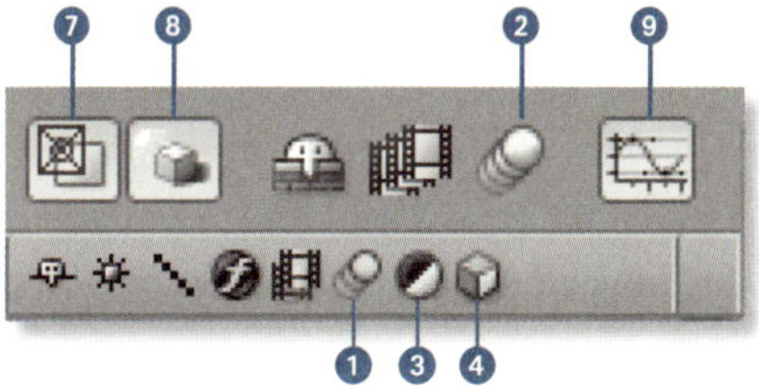

◂ **Abbildung 7.56**
In der Zeitleiste befinden sich noch die Schalter LIVE-UPDATE, 3D-ENTWURF und DIAGRAMMEDITOR.

7.6.10 Ebenenmodifenster

Versteckt hinter der Schaltfläche EBENENMODIFENSTER ❺ finden sich noch die drei interessanten Funktionen MODUS, TRANSPARENZ ERHALTEN und BEWEGTE MASKE ❻.

▾ **Abbildung 7.57**
Beim Klick auf die Schaltfläche EBENENMODIFENSTER wechselt die Anzeige und es kommen weitere Optionen zum Vorschein.

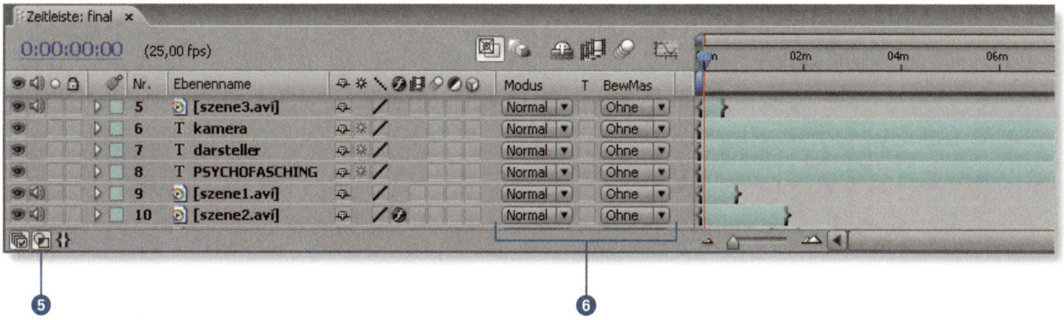

Zu MODUS lesen Sie mehr im Abschnitt 8.6, »Bitte mischen: Füllmethoden«. Der Schalter TRANSPARENZ ERHALTEN und die Funktion BEWEGTE MASKE werden im Kapitel 18, »Masken, Matten und Alphakanäle«, eingehend beschrieben.

Aus älteren Versionen ist Ihnen vielleicht noch die Möglichkeit bekannt, über die Schaltfläche SCHALTER/MODI, die sich unter den Ebenenschaltern befand, schnell zu den Ebenenmodi zu wechseln. Dies ist immer noch möglich. Klicken Sie dazu einfach auf den grauen Bereich unter der Spalte EBENENSCHALTER, wenn beide nicht schon gleichzeitig dargestellt werden.

Funktion	Windows/Mac OS
Arbeitsbereichbeginn setzen	B
Arbeitsbereichende setzen	N
Einzoomen ins Kompositionsfenster	. (Punkt)
Auszoomen aus Kompositionsfenster	, (Komma)

▲ **Tabelle 7.2**
Tastenkürzel für Arbeitsbereich und Zoom

Funktion	Windows/Mac OS
An den Zeitleistenanfang	Pos1
Zum Zeitleistenende	Ende
Ein Bild vor	Bild ↓
Ein Bild zurück	Bild ↑
10 Bilder vor	⇧ + Bild ↓
10 Bilder zurück	⇧ + Bild ↑

▲ **Tabelle 7.3**
Tastenkürzel zum Navigieren der Zeitmarke

8 Ebenen organisieren und bearbeiten

Sie können Ebenen organisieren, mit einfachen Schnittfunktionen anpassen, zeitlich dehnen oder stauchen, mit anderen Ebenen visuell mischen und Markierungen an prägnanten Stellen von Ebenen setzen. Wie das geht, zeige ich Ihnen in diesem Kapitel.

8.1 Ebenen anordnen und ausrichten

Haben Sie keine Lust mehr auf so viel Theorie? – Das kann ich gut verstehen! Dann widmen wir uns nun der Praxis. Im folgenden Workshop befassen wir uns mit der zeitlichen Anordnung und Ausrichtung von Ebenen.

Schritt für Schritt: Geburtstag – Ebenen anordnen

1 Vorbereitung

Zunächst schauen Sie sich am besten den Film »geburtstag.mov« aus dem Ordner 08_Ebenenorganisation/Positionen an.

2 Import

Importieren Sie über Datei • Importieren • Datei bzw. Strg+I aus dem Ordner 08_Ebenenorganisation/Positionen/Footage die Dateien »birthday.eps«, »happy.eps«, »kraft.psd«, »liebe.psd«, »glueck.psd«. Wählen Sie gegebenenfalls Auf eine Ebene reduziert.

3 Komposition anlegen

Legen Sie eine Komposition über Komposition • Neue Komposition bzw. Strg+N an. Benennen Sie Ihre Komposition. Wählen Sie unter Vorgabe: Webvideo, 320 × 240. Tragen Sie wie gehabt bei Framerate 25 ein. Bei Dauer wählen Sie 700 bzw. 0:00:07:00.

4 **Rohmaterial zur Ebene**

Positionieren Sie die Zeitmarke auf 00:00 bzw. drücken Sie [Pos1]. Ziehen Sie die Datei »happy.eps« in die Zeitleiste. Die Ebene wird im Kompositionsfenster zentriert.

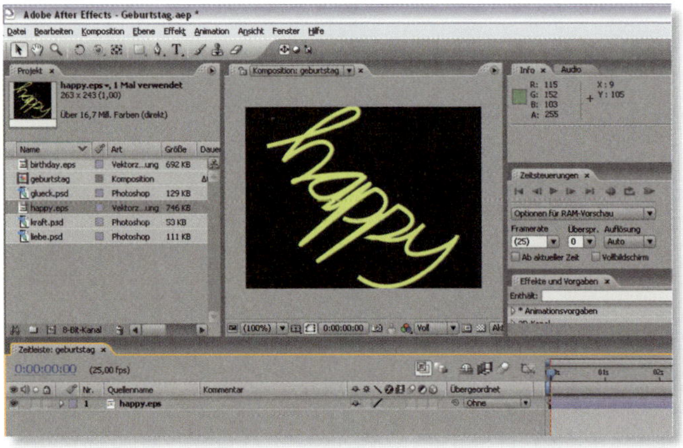

Abbildung 8.1 ▶
»Happy« im Kompositionsfenster

Ziehen Sie nun die Zeitmarke auf 01:00 bzw. wählen Sie [Strg]+[G] und tippen 100 anstelle des markierten Werts. Ziehen Sie die Datei »birthday.eps« über die Ebene »happy« in die Zeitleiste. Um die Ebene an der Zeitmarke auszurichten, ziehen Sie diese in den Zeitmarkenbereich rechts und achten darauf, dass Sie die Positioniermarke auf die Zeitmarke verschieben bzw. ziehen Sie die Ebene direkt auf diese. Der In-Point der Birthday-Ebene sollte anschließend am Zeitpunkt 01:00 liegen.

▼ **Abbildung 8.2**
Der In-Point der Birthday-Ebene wird mit Hilfe der Positioniermarke an der Zeitmarke ausgerichtet.

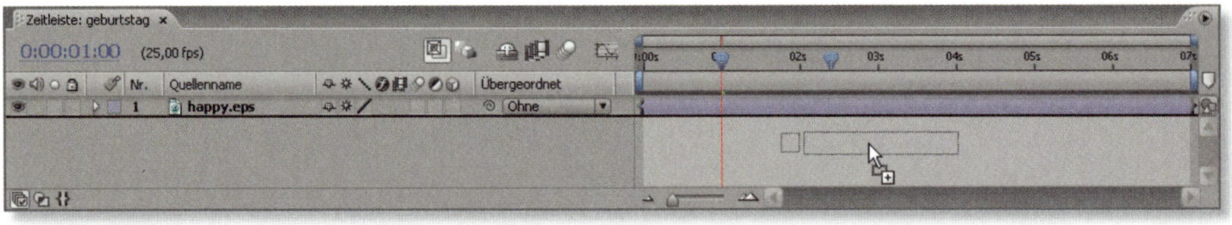

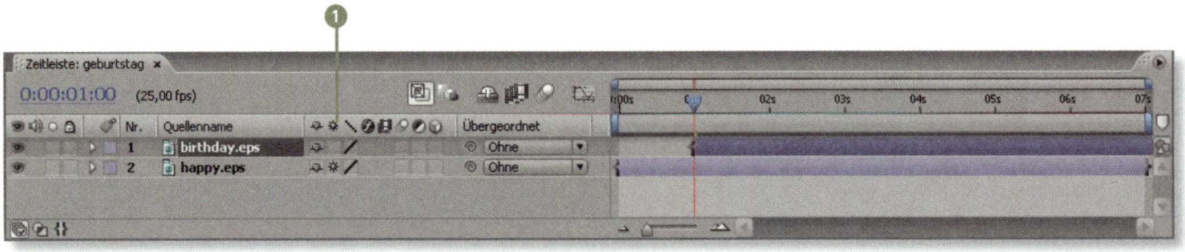

▲ **Abbildung 8.3**
Der In-Point wird genau deckungsgleich zur Zeitmarke ausgerichtet, wenn die Ebene direkt auf die Standard-Zeitmarke gezogen wird.

Klicken Sie für beide Ebenen den Schalter Optimieren/Transformationen Falten **1** an. Wählen Sie über Komposition • Hintergrundfarbe beispielsweise die Farbe Blau.

5 Keyframes für Position

Öffnen Sie per Klick auf das kleine Dreieck ② die Transformieren-Eigenschaften der Ebene »happy.eps«. Setzen Sie einen ersten Keyframe bei der Eigenschaft POSITION bei 01:00 per Klick auf das Stoppuhr-Symbol ③. Verschieben Sie die Zeitmarke auf 02:15 und tippen nach Klick in das erste Wertefeld ④ den Wert –700 ein. Bestätigen Sie mit [↵] im Haupttastaturfeld oder klicken in einen leeren Bereich.

6 Keyframes für Skalierung

Ziehen Sie die Zeitmarke auf den ersten Keyframe für die Eigenschaft POSITION. Halten Sie die Taste [⇧] gedrückt, um die Zeitmarke magnetisch an den Key springen zu lassen. Alternativ navigieren Sie zum vorherigen Keyframe mit der Taste [J] und zum nachfolgenden Keyframe mit der Taste [K].

Setzen Sie einen Key per Klick auf das Stoppuhr-Symbol für die Eigenschaft SKALIERUNG. Drücken Sie die Taste [K], um zum nächsten Positionskey zu springen. Tippen Sie in eines der Wertefelder für die Eigenschaft SKALIERUNG einen Wert von ca. 1500 und bestätigen mit [↵] im Haupttastaturfeld. Spielen Sie die Animation durch Drücken der Taste [0] im Ziffernblock ab.

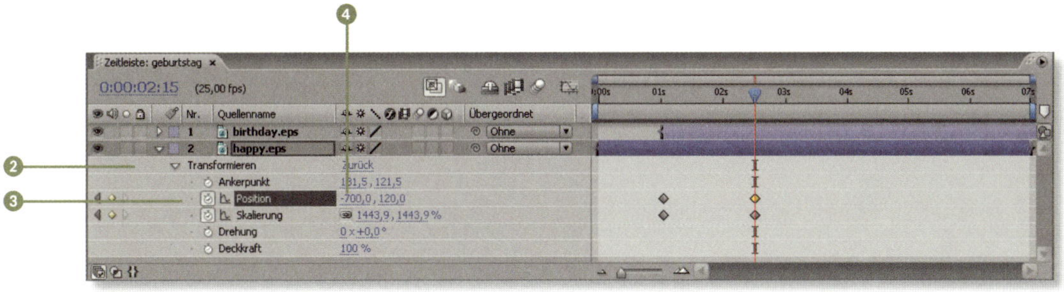

▲ **Abbildung 8.4**
Für die Eigenschaften POSITION und SKALIERUNG werden Keyframes gesetzt.

7 Keyframes für »birthday«

Markieren Sie die Ebene »birthday« und drücken die Taste [P], um die Eigenschaft POSITION einzublenden. Drücken Sie anschließend die Tasten [⇧]+[S], um zusätzlich die Eigenschaft SKALIERUNG einzublenden. Die Ebene »birthday« sollte bei 01:00 beginnen. Lassen Sie die Zeitmarke auf den In-Point der Ebene springen, indem Sie die Taste [I] drücken. Die Taste [O] ist übrigens für den Out-Point, das Ende der Ebene, zuständig.

Setzen Sie für die Eigenschaft POSITION einen Keyframe und tragen in das linke Wertefeld den Wert –3000 ein. Setzen Sie einen weiteren ersten Key bei SKALIERUNG und tragen den Wert 2000 ins Feld ein.

Setzen Sie die nächsten Keys bei 02:15 mit folgenden Werten: Position 160, 120; Skalierung 100, 100. Aktivieren Sie für die Ebenen »happy« und »birthday« den Schalter Bewegungsunschärfe ❶ und ❷. Aktivieren Sie das Vorhängeschloss ❸, um die beiden Ebenen zu schützen. Spielen Sie die Animation mit der Taste [0] ab.

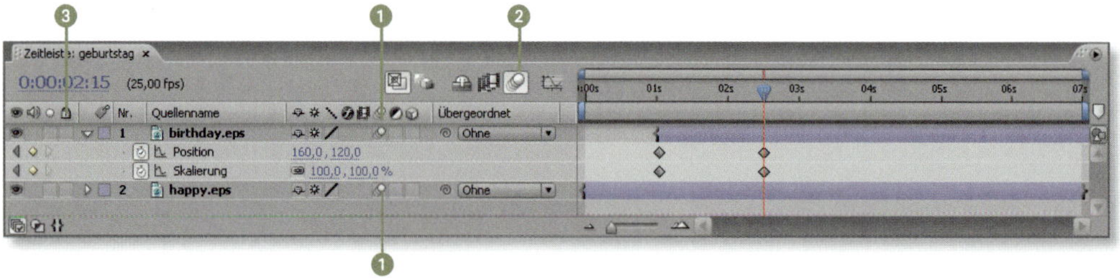

▼ **Abbildung 8.5**
Die Ebene »birthday« erhält ebenfalls Keyframes für Position und Skalierung.

▲ **Abbildung 8.6**
Durch Aktivieren des Schalters Bewegungsunschärfe werden schnelle Bewegungen weichgezeichnet.

▲ **Abbildung 8.7**
Das Wort »birthday« erscheint in der Animation für einen Moment lesbar.

8 Erstellen von Farbflächen

Sie können in After Effects Rohmaterial generieren, das nicht importiert werden muss. Es handelt sich um so genannte Farbflächen. Behandelt werden Farbflächen wie jede andere Ebene auch.

Wählen Sie Ebene • Neu • Farbfläche bzw. [Strg]+[Y]. Geben Sie einen Namen ein. After Effects generiert allerdings auch selbst sehr klangvolle Namen wie »Mittelgrau-Blaue Farbfläche 1«. Tragen Sie für Breite und Höhe 320 × 240 ein oder wählen Sie über den Button Wie Kompositionsgrösse die Abmessungen der Komposition. Das Pixel-Seitenverhältnis bleibt für den Computermonitor auf quadratische Pixel eingestellt.

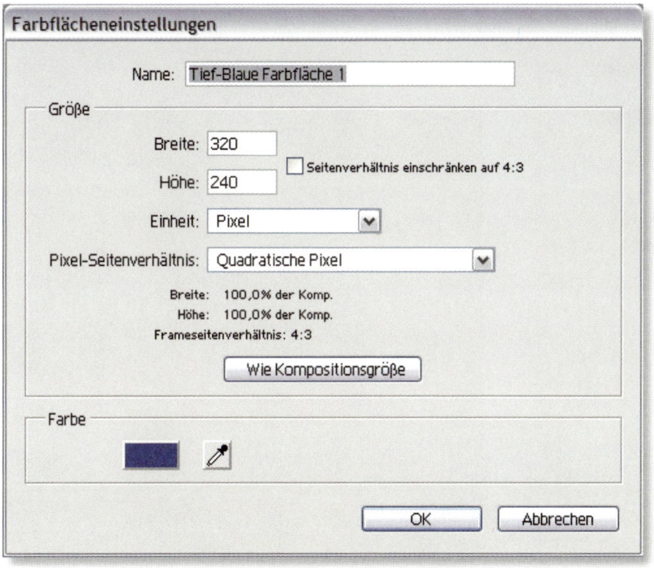

◂ **Abbildung 8.8**
Über den Dialog FARBFLÄCHENEINSTELLUNGEN erstellen Sie in After Effects generiertes Rohmaterial.

Legen Sie eine Farbe (Magenta) über den Farbwähler oder mit der Pipette fest. Die von Ihnen kreierten Farbflächen legt After Effects automatisch in einem Ordner im Projektfenster ab.

Erstellen Sie noch zwei weitere gleich große Farbflächen in den Farben Hellblau und Dunkelblau. Die Farbflächen werden je nach Voreinstellung automatisch an der Zeitposition 00:00 oder an der Zeitmarke in die Komposition eingefügt.

9 Farbflächen zeitlich anordnen

Setzen Sie die Zeitmarke auf 04:00. Klicken Sie die Magenta-Farbfläche im Zeitlineal mittig an und verschieben Sie sie in die Nähe der Zeitmarke, bis der In-Point bei gedrückter [⇧]-Taste auf die Zeitmarke springt. Richten Sie die beiden anderen Farbflächen auf gleiche Weise magnetisch an der Zeitmarke aus und lassen diese bei 05:00 (hellblau) und bei 06:00 (dunkelblau) beginnen.

▾ **Abbildung 8.9**
Die Farbflächen werden zeitlich gestaffelt.

10 Positionskeyframes setzen

Markieren Sie alle Farbflächen mit der [Strg]-Taste in der Zeitleiste und drücken die Taste [P]. Setzen Sie die Zeitmarke auf den In-Point der Magenta-Ebene bei 04:00. Verkleinern Sie Ihre Komposition auf 25% ❶. Markieren Sie die Magenta-Ebene im

Kompositionsfenster und ziehen Sie sie bei gedrückter [⇧]-Taste nach oben wie in der Abbildung 8.10.

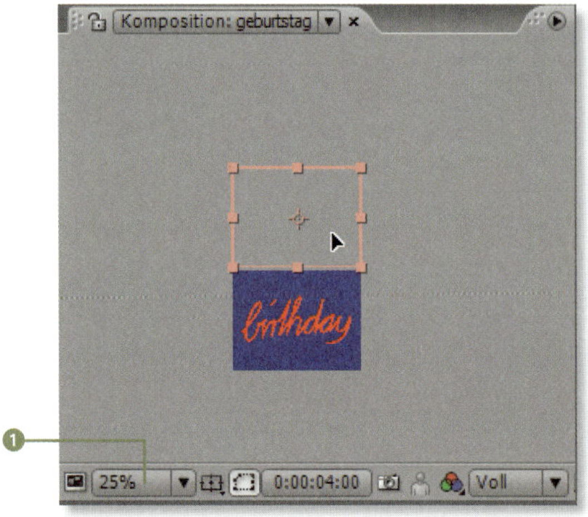

▲ **Abbildung 8.10**
Die Magenta-Fläche wird zuerst nach oben verschoben.

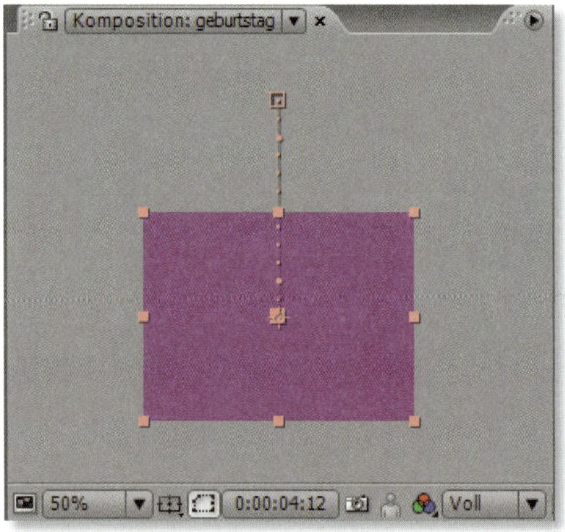

▲ **Abbildung 8.11**
Am Zeitpunkt 04:12 wird die Magenta-Fläche wieder genau auf die Kompositionsfläche verschoben.

Setzen Sie einen Positionskey bei 04:00. Setzen Sie einen zweiten Key bei 04:12, indem Sie die Magenta-Ebene wie in der Abbildung 8.11 deckungsgleich zur Komposition ziehen. Zur haargenauen Positionierung vergrößern Sie die Komposition wieder auf 100 %.

Mit den beiden anderen Farbflächen verfahren Sie ähnlich und lassen Sie von rechts und von links ins Bild kommen. Sie können aber auch die folgenden Werte eintragen:

- Hellblaue Farbfläche: bei 05:00 Position 480, 120; bei 05:12 Position 160, 120.
- Dunkelblaue Farbfläche: bei 06:00 Position –160, 120; bei 06:12 Position 160, 120.

▼ **Abbildung 8.12**
Nach den Setzen der Positions-Keyframes sollte es in der Zeitleiste ähnlich wie hier aussehen.

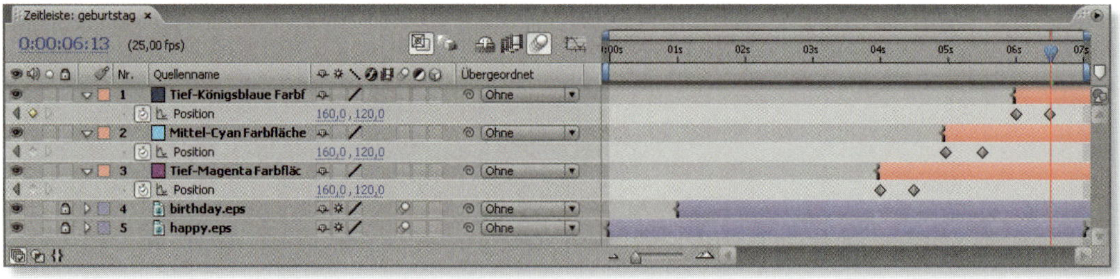

Ihre Zeitleiste sollte nun wie in der Abbildung 8.12 aussehen. Spielen Sie die Animation zur Kontrolle ab. Sie können auch das Projekt »geburtstag.aep« im Ordner 08_Ebenenorganisation/Positionen zum Vergleich öffnen.

11 Texte anordnen

Nicht die Geduld verlieren. Es ist ja gleich geschafft. Im nächsten Schritt sollen die Dateien »liebe«, »kraft« und »glück« der Bewegung der Farbflächen angepasst werden.

Fügen Sie die Dateien der Zeitleiste hinzu. Positionieren Sie die Datei »liebe« in der Zeitleiste über die Magenta-Fläche, die Datei »kraft« über die hellblaue und die Datei »glueck« über die dunkelblaue Fläche. Klicken Sie dazu auf den Namen und ziehen die Dateien nach oben bzw. unten. Zoomen Sie etwas ins Zeitlineal ein. Ziehen Sie die Ebenen mit dem In-Point deckungsgleich zum In-Point der jeweiligen Farbfläche, indem Sie dabei die Taste [⇧] verwenden.

▼ **Abbildung 8.13**
Jede Textebene wird mit dem In-Point deckungsgleich zum In-Point der jeweiligen Farbfläche ausgerichtet.

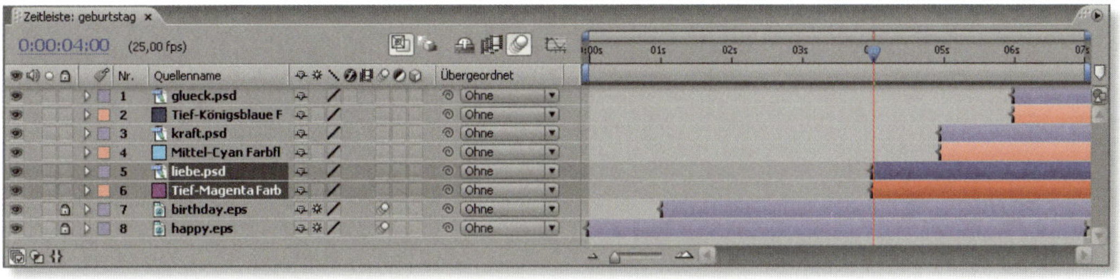

12 Texte animieren

Nun machen wir's uns einfach. Wir kopieren einfach die Keys aus den Farbflächen in die Textebenen.

Markieren Sie die Magenta-Ebene und drücken die Taste [P]. Klicken Sie auf das Wort Position. Dadurch werden – ein kleiner Vorgriff – alle für diese Eigenschaft gesetzten Keys ausgewählt. Kopieren Sie die Keys mit [Strg]+[C].

▼ **Abbildung 8.14**
Die Keyframes werden aus den Farbflächen in die Textebenen kopiert.

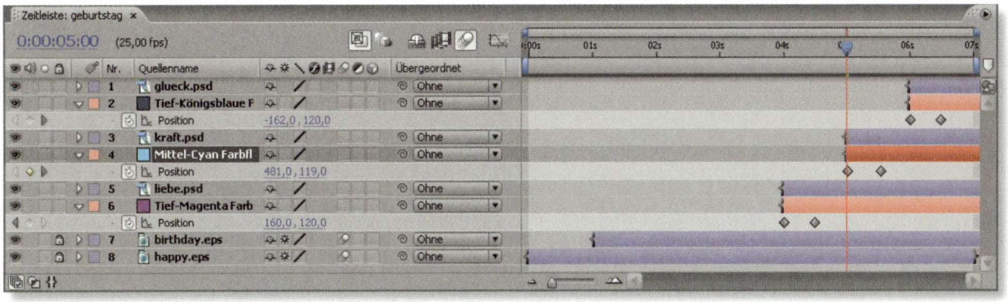

Markieren Sie die Ebene »liebe« und achten Sie darauf, dass die Zeitmarke auf den In-Point gesetzt ist. Fügen Sie die Keys mit [Strg]+[V] ein. Kopieren Sie aus den beiden anderen Farbflächen jeweils die Keys für die Dateien »kraft« und »glueck« und setzen Sie sie analog wie in der Abbildung ein. Zum Abschluss verschieben Sie die Dateien »liebe«, »kraft«, »glueck« ganz nach oben in der Zeitleiste (dazu auf den Ebenennamen klicken). Geschafft! ■

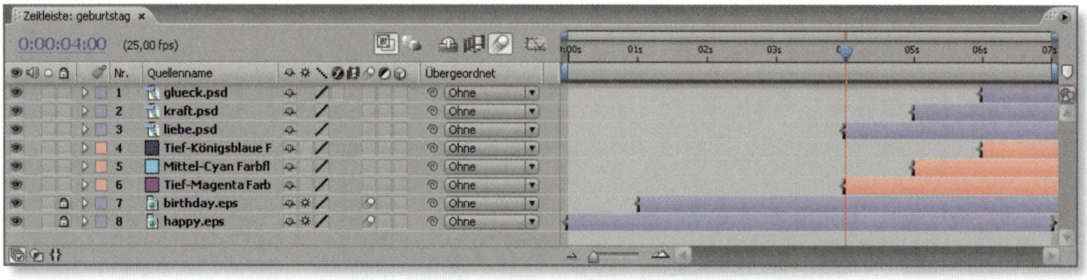

▲ **Abbildung 8.15**
Zum Abschluss werden die Textebenen in der Zeitleiste ganz nach oben verschoben.

Abbildung 8.16 ▶
Das Endbild der Animation ist dieses hier.

■

8.2 Ebenen bearbeiten

Nach dem Studium des Kapitels 13, »Rendern«, gönnen Sie Ihrem Projekt am besten noch eine kleine Renderrunde.

Im Workshop »Geburtstag: Ebenen anordnen« haben Sie Tuchfühlung zur Arbeit mit Ebenen aufnehmen können. Die nun folgenden Ausführungen dienen einer noch besseren Handhabung des Materials. Die Ebenen werden bei den folgenden Bearbeitungen verändert. Behalten Sie dabei im Hinterkopf, dass diese Änderungen das Rohmaterial im Projektfenster unverändert lassen und auch auf der Festplatte kein Schaden am Rohmaterial angerichtet wird.

8.2.1 Das Ebenenfenster

Zu jeder Ebene lässt sich ein Ebenenfenster öffnen. Sie erhalten es über Ebene • Ebene öffnen oder durch Drücken der Taste [↵] im Ziffernblock bei in der Zeitleiste markierter Ebene oder per Doppelklick auf die Ebene. Es ist möglich, dass Sie keine grandiose Änderung bemerken, da das Ebenenfenster als Registerkarte im gleichen Rahmen geöffnet wird wie das Kompositionsfenster. Sie können die Ansicht über die Registerkarte ❶ umschalten.

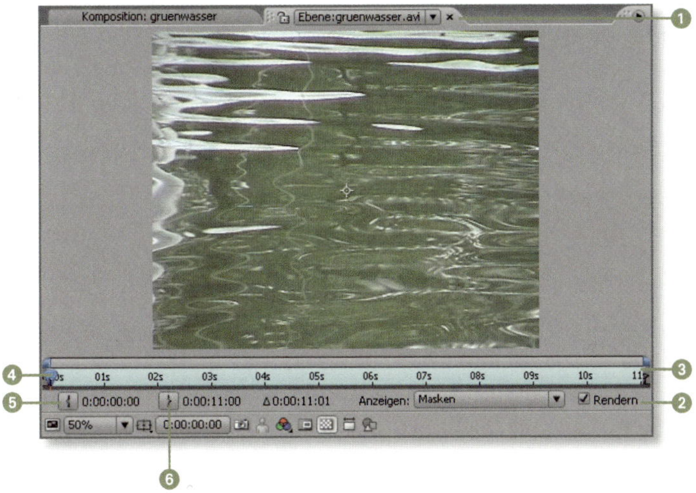

◂ **Abbildung 8.17**
Das Ebenenfenster unterscheidet sich kaum vom Kompositionsfenster. Auch die meisten Buttons sind gleich.

Die Schalter im Ebenenfenster entsprechen in ihren Funktionen und ihrem Aussehen denen im Kompositionsfenster. Einen Unterschied bildet das Häkchen bei RENDERN ❷, das entfernt werden kann. Änderungen der Ebene wie die Bearbeitung durch Masken und Effekte werden mit Häkchen gerendert, also angezeigt. Weitere Unterschiede bilden das eigene Zeitlineal ❸ und die Zeitmarke ❹ sowie der In-Point der Ebene ❺ und der Out-Point ❻.

8.3 Trimmen von Ebenen

Eine Ebene besitzt in der Zeitleiste immer einen In-Point und einen Out-Point, also Anfang und Ende. Wird der In- oder Out-Point einer Ebene verschoben, wird Material am Anfang oder am Ende ausgeblendet.

Über diese Funktion können Sie einfache Schnittarbeiten in After Effects durchführen. Die auf diese Weise gekürzten (getrimmten) Ebenen haben keinen Einfluss auf Ihr Rohmaterial, das unbehelligt weiter Ihre Festplatte belegt.

▾ **Abbildung 8.18**
Der Anfang jeder Ebene wird mit dem In-Point, das Ende mit dem Out-Point gekennzeichnet.

Sie haben vier Möglichkeiten, Ebenen zu trimmen:

- Ziehen/Setzen von In- und Out-Point im Ebenenfenster
- Ziehen/Setzen von In- und Out-Point in der Zeitleiste
- Ziehen/Setzen von In- und Out-Point im Footage-Fenster
- Setzen des In-Points mit [Alt]+[Ö] und des Out-Points mit [Alt]+[Ä]

8.3.1 Trimmen im Ebenenfenster

Zum Trimmen der Ebenen im Ebenenfenster ziehen Sie den In- oder Out-Point der Ebene auf den gewünschten Zeitpunkt.

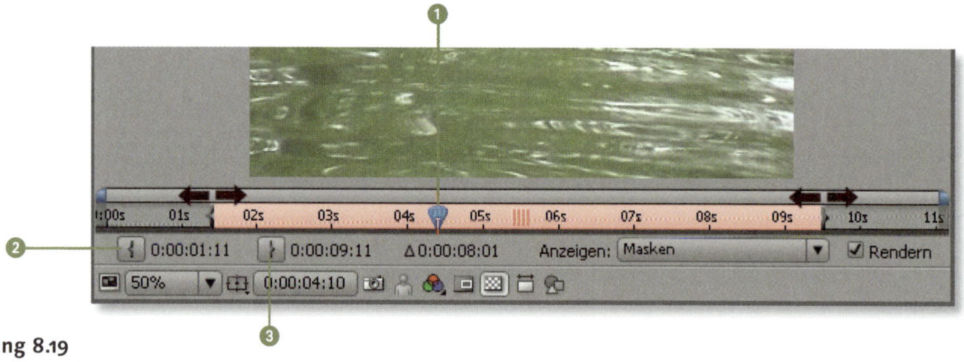

▲ **Abbildung 8.19**
Im Ebenenfenster lassen sich In- und Out-Point trimmen.

Eine zweite Möglichkeit zum Trimmen im Ebenenfenster besteht darin, zuerst die Zeitmarke ❶ auf den gewünschten Zeitpunkt zu setzen und anschließend entweder den In-Button ❷ oder den Out-Button ❸ zu drücken. Der In- bzw. Out-Point springt sodann zur Position der Zeitmarke.

▲ **Abbildung 8.20**
Das Trimmen im Ebenenfenster ist auch durch vorheriges Setzen der Zeitmarke und anschließendes Drücken der Buttons für In bzw. Out möglich.

Das Ergebnis der Bearbeitung ist sofort in der Zeitleiste der Komposition sichtbar. In- und Out-Point sind verschoben. Das Material vor dem In-Point und nach dem Out-Point ist ausgeblendet. Allerdings wird immer noch die volle Länge der Ebene dargestellt.

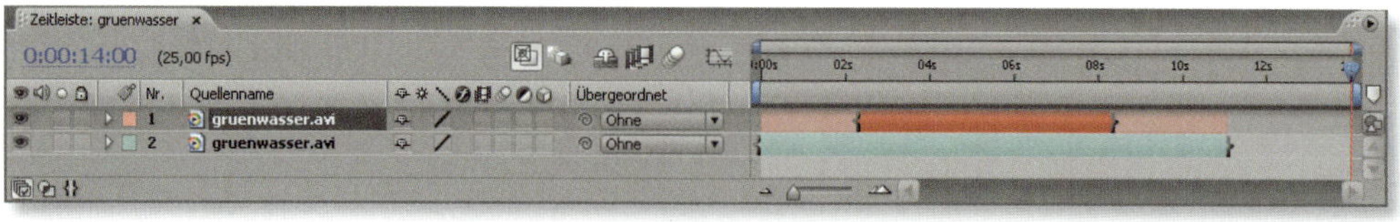

▲ **Abbildung 8.21**
Getrimmte Ebenen erscheinen in der Zeitleiste mit einem halb deckend dargestellten Rest, der auf das ausgeblendete Material hinweist.

Der halb deckend dargestellte Teil der geschnittenen Ebene weist darauf hin, dass das geschnittene Material noch vorhanden und wieder herstellbar ist. Ziehen Sie dazu erneut den In- bzw. Out-Point im Ebenenfenster nach links oder rechts auf einen neuen Zeitpunkt.

8.3.2 Trimmen in der Zeitleiste

Zum Trimmen von Ebenen in der Zeitleiste ziehen Sie einfach den In- bzw. Out-Point einer Ebene in der Zeitleiste auf den gewünschten Zeitpunkt. Achten Sie dabei auf das Infofenster oder öffnen es mit [Strg]+[2]. Dort wird die genaue Zeitposition des In- bzw. Out-Points angegeben. Achten Sie darauf, dass Sie den In- oder Out-Point einer Ebene genau treffen, um ihn zu verschieben. Wenn Sie innerhalb einer Ebene klicken und ziehen, wird diese insgesamt verschoben.

▼ **Abbildung 8.22**
Auch in der Zeitleiste lassen sich Ebenen trimmen, indem der In- bzw. Out-Point verschoben wird.

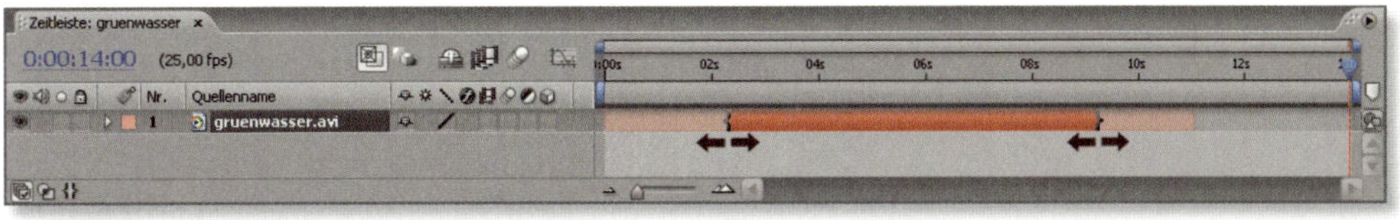

8.3.3 Trimmen im Footage-Fenster

Bevor Sie einer Komposition Material hinzufügen können Sie es im Footage-Fenster trimmen und den Rohschnitt dort kontrollieren. Sie öffnen das Footage-Fenster über einen Doppelklick auf das Rohmaterial im Projektfenster bzw. unter Hinzunahme der Taste [Alt]. Es wird als Registerkarte neben dem Kompositionsfenster angezeigt. Der Schnitt erfolgt analog zum Trimmen von Material im Ebenenfenster. Der einzige Unterschied besteht darin, dass Sie das Material ähnlich wie in Adobe Premiere Pro zur Zeitleiste hinzufügen können. Hierbei gibt es zwei Varianten: EINFÜGEN und ÜBERLAGERN.

Trimmen mit [⇧]

Bei gedrückter [⇧]-Taste springt der In- bzw. Out-Point magnetisch an die Zeitmarke, auf In-Points anderer Ebenen und auf Ebenenmarken.

Einfügen | Beim Betätigen der Schaltfläche EINFÜGEN UND LÜCKE SCHLIESSEN ❶ im Footage-Fenster wird das Material an der Position der Zeitmarke in die Zeitleiste eingesetzt. Beim weiteren Betätigen der Schaltfläche wird das Material fortgesetzt eingefügt und zwar so, dass die Ebenen auf Stoß angeordnet werden. Wird das neue Material zwischen bereits in der Zeitleiste vorhandenem Material eingefügt, so wird das vorhandene Material an der Position der Zeitmarke geteilt, das neue Material eingefügt und die Lücken werden geschlossen.

▼ **Abbildung 8.23**
Beim mehrfachen Einfügen desselben Materials wird dieses auf Stoß angeordnet.

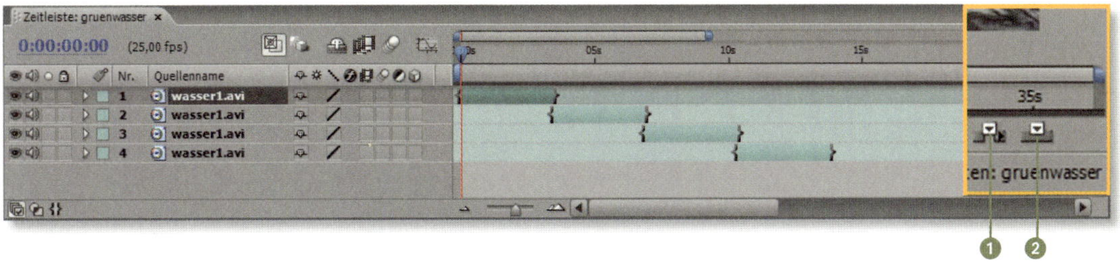

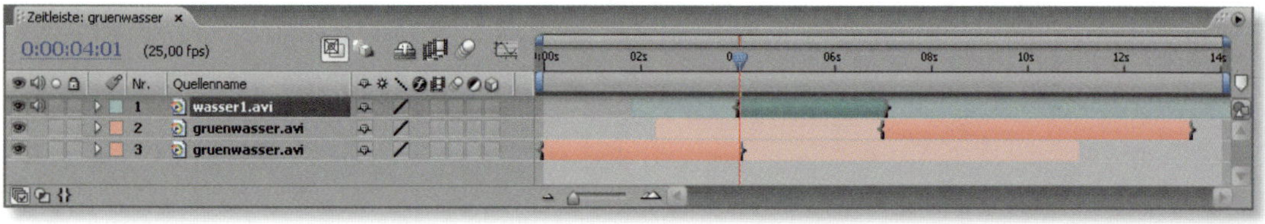

▲ **Abbildung 8.24**
Beim Einfügen zwischen vorhandenem Material wird dieses geteilt, das neue Material eingefügt und Lücken werden geschlossen.

Überlagern | Wenn Sie die Schaltfläche ÜBERLAGERN ❷ im Footage-Fenster betätigen, fügen Sie das Material an der Position der Zeitmarke in die Zeitleiste ein. Anderes, bereits vorhandenes Material wird überlagert. Beim weiteren Betätigen der Schaltfläche wird das Material weiterhin an der Zeitmarkenposition eingefügt und anderes Material überlagert.

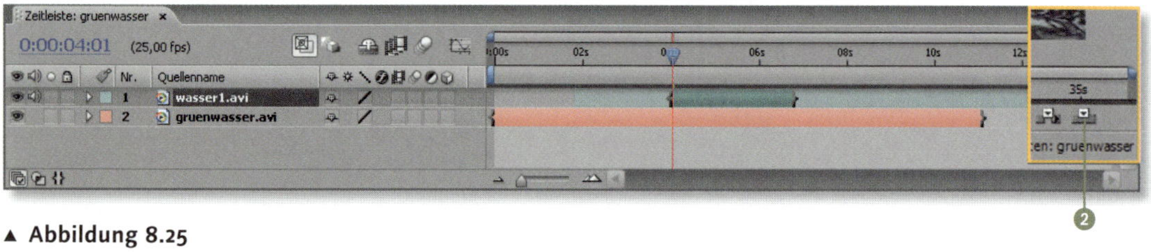

▲ **Abbildung 8.25**
Mit der Option ÜBERLAGERN wird Rohmaterial an der Zeitmarkenposition der Zeitleiste hinzugefügt und überlagert bereits vorhandenes Material.

8.3.4 Trimmen per Tastatur

Für eine schnelle Bearbeitung ist das Trimmen per Tastatur empfehlenswert. Positionieren Sie dazu zuerst die Zeitmarke für den In-Point. Nutzen Sie dafür gegebenenfalls den Dialog GEHE ZU mit [Strg]+[G].

Wenn Sie die Zeitmarke positioniert haben, drücken Sie [Alt]+[Ö] zum Setzen des In-Points und [Alt]+[Ä] zum Setzen des Out-Points. Der In- bzw. Out-Point springt an die Position der Zeitmarke. Diese Möglichkeit steht Ihnen sowohl im Footage-Fenster und im Ebenenfenster als auch in der Zeitleiste zur Verfügung.

8.3.5 Material aus Ebenen entfernen und Ebenen teilen

Im vorigen Abschnitt haben Sie gesehen, wie Material am In- bzw. Out-Point einer Ebene ausgeblendet werden kann. Eine Möglichkeit, Material auch mittig zu entfernen bzw. auszublenden, bietet After Effects mit den Funktionen EXTRAHIEREN und HERAUSNEHMEN. Bei diesen Funktionen wird der zu extrahierende bzw. herauszunehmende Bereich über den Arbeitsbereich festgelegt.

Arbeitsbereich herausnehmen | Positionieren Sie die Zeitmarke auf den Beginn des zu entfernenden Materials und drücken die Taste [B], um den Anfang des Arbeitsbereichs auf die Position der

Zeitmarke zu setzen. Verschieben Sie die Zeitmarke auf das Ende des zu entfernenden Materials und drücken die Taste [N], um das Ende des Arbeitsbereichs zur Zeitmarkenposition springen zu lassen.

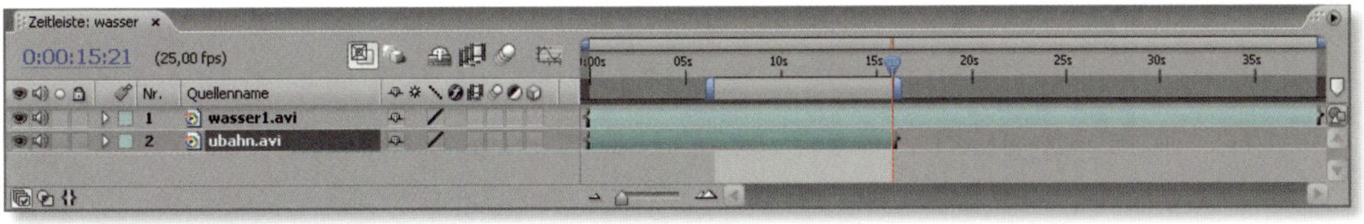

▲ **Abbildung 8.26**
Mit Zeitmarke und Tastatur kann der Arbeitsbereich genau festgelegt werden.

Markieren Sie eine oder mehrere Ebenen in der Zeitleiste. Wählen Sie anschließend BEARBEITEN • ARBEITSBEREICH HERAUSNEHMEN, um Material aus den gewählten Ebenen zu entfernen.

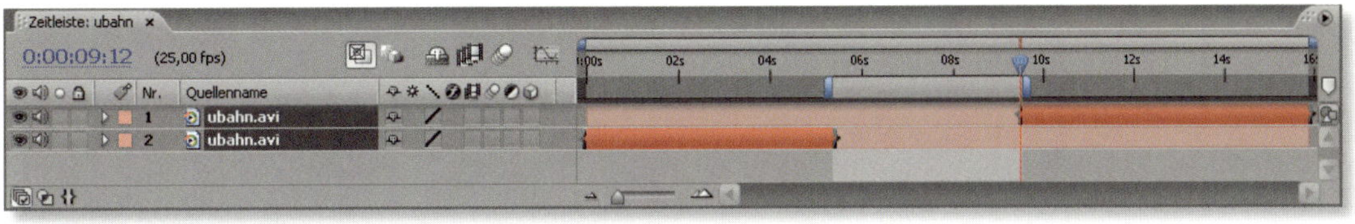

▲ **Abbildung 8.27**
Mit dem Befehl ARBEITSBEREICH HERAUSNEHMEN wird eine Lücke in markierte Ebenen geschnitten.

Das Material wird ausgeblendet und es entsteht anstelle dessen eine Lücke. Anders als in Schnittprogrammen dupliziert After Effects die Ebenen.

Arbeitsbereich extrahieren | Zum Extrahieren legen Sie den Arbeitsbereich analog wie oben beschrieben fest und wählen BEARBEITEN • ARBEITSBEREICH EXTRAHIEREN. Das Material wird ausgeblendet und die entstehende Lücke geschlossen.

▼ **Abbildung 8.28**
Mit dem Befehl ARBEITSBEREICH EXTRAHIEREN wird Material extrahiert und die entstehende Lücke geschlossen.

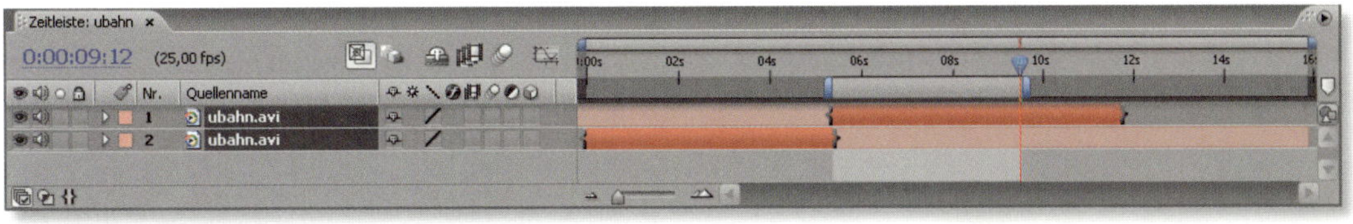

Ebenen teilen | Mit der Option EBENEN TEILEN »zerschneiden« Sie eine oder mehrere markierte Ebenen an der aktuellen Zeitmarkenposition.

Wählen Sie dazu einen Frame mit der Zeitmarke aus, markieren eine oder mehrere Ebenen und gehen im Menü über BEARBEITEN • EBENE TEILEN bzw. [Strg]+[⇧]+[D]. Jede Ebene wird in je ein geschnittenes Original und ein Duplikat geteilt, da After Effects geschnittene Ebenen nicht in einer einzigen Spur anzeigen kann, wie es in Schnittprogrammen üblich ist.

Zeitmarkenposition

Die Zeitmarke lässt sich framegenau positionieren bzw. verschieben, indem Sie die Tasten [Bild↑] und [Bild↓] verwenden. Nehmen Sie die Taste [⇧] hinzu, um die Zeitmarke in 10-Frame-Schritten zu verschieben.

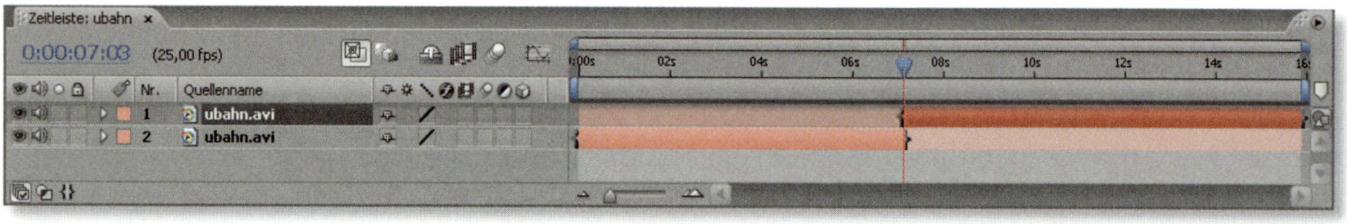

▲ **Abbildung 8.29**
Mit dem Befehl Ebenen teilen werden markierte Ebenen an der Zeitmarkenposition zerteilt.

8.3.6 Inhalt in einer Ebene verschieben

Sämtliches Material einer geschnittenen Ebene ist nicht entfernt worden, sondern nur ausgeblendet. Sie können innerhalb eines fertigen Schnitts das Material verschieben. Das heißt, die Positionen von In- und Out-Point bleiben erhalten, nur das dazwischen angezeigte Material ändert sich.

Mit dem Auswahl-Werkzeug klicken Sie in den halb deckenden Bereich links oder rechts der geschnittenen Ebene und ziehen den Cursor bei gedrückter Maustaste nach rechts/links. Sie können das Material auch mit dem Ausschnitt-Werkzeug verschieben. Vorteilhaft ist, dass Sie damit auch mitten in die Ebene klicken können, ohne dabei die gesamte Ebene zu verschieben.

Ebenen duplizieren

Eine oder mehrere Ebenen lassen sich mitsamt aller eventuell enthaltenen Keyframes, Effekte und Veränderungen duplizieren. Wählen Sie Bearbeiten • Duplizieren bzw. [Strg]+[D]. Die duplizierte Ebene wird über der Originalebene im Zeitplan angelegt.

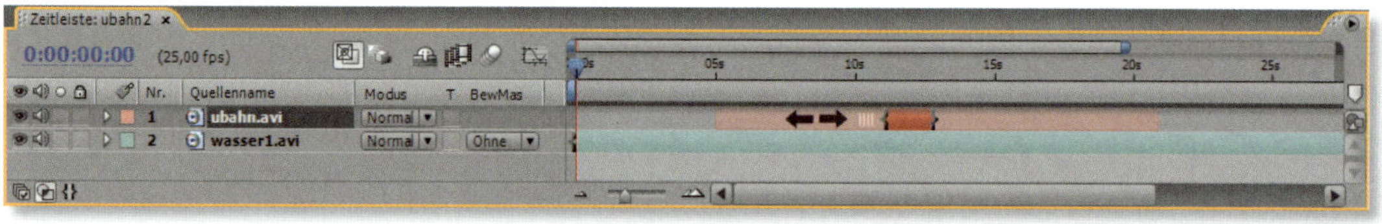

▲ **Abbildung 8.30**
Material in getrimmten Ebenen kann verschoben werden, ohne dass sich die Position von In- und Out-Point ändert.

8.4 Ebenen dehnen und stauchen

Für Geschwindigkeitsänderungen von Filmmaterial, Bildsequenzen, verschachtelten Kompositionen und Audio hält After Effects die in der Zeitleiste versteckte Funktion Dehnung bereit. Sie erhalten darüber die Möglichkeit, Material schneller oder langsamer abspielen zu lassen als das Originalmaterial. Auch ein rückwärts Abspielen von Material ist möglich.

Betätigen Sie den Button ❶ in der Zeitleiste, um die Tabellen In, Out, Dauer und Dehnung anzuzeigen. Unter Ebene • Zeit • Zeitdehnung finden Sie ebenfalls diese Option.

In- und Out-Point an Zeitmarke ausrichten

Um den In-Point einer Ebene zur Zeitmarkenposition springen zu lassen und damit die gesamte Ebene zu verschieben, klicken Sie bei gedrückter [Alt]-Taste auf die In-Spalte und für den Out-Point auf die Out-Spalte. Alternativ drücken Sie die Taste [Ö] für den In-Point und die Taste [Ä] für den Out-Point.

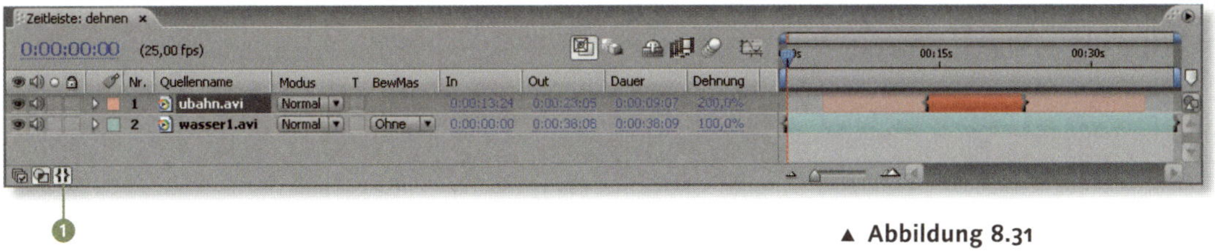

▲ **Abbildung 8.31**
Durch andere Werte in den Spalten DAUER und DEHNUNG wird eine Ebene zeitlich gestaucht oder gedehnt.

Um die Zeitdauer und damit die Abspielgeschwindigkeit einer Ebene zu ändern, klicken Sie auf den Wert bei DAUER oder bei DEHNUNG. Es öffnet sich der Dialog ZEITDEHNUNG.

8.4.1 Schnelleres bzw. verlangsamtes Abspielen

Geben Sie bei DEHNFAKTOR einen geringeren Wert als 100 % ein, um ein schnelleres Abspielen des Materials zu erreichen. Ein geringerer Wert bei NEUE DAUER als der des Originalmaterials erzielt das gleiche Ergebnis.

◀ **Abbildung 8.32**
Im Dialog ZEITDEHNUNG können Werte für das zeitliche Dehnen und Stauchen festgelegt werden.

Höhere Werte als 100 % führen dementsprechend zu einer Verlangsamung beim Abspielen. Die Ebene erscheint nach Anwendung der neuen Werte im Zeitplan verkürzt oder verlängert. Dazu wird entweder der In- oder der Out-Point der Ebene verschoben. Legen Sie unter POSITION HALTEN fest, ob der In-Point oder der Out-Point an seiner zeitlichen Position gehalten werden soll. Mit AKTUELLER FRAME verschieben sich sowohl In- als auch Out-Point in Richtung der aktuellen Zeitmarkenposition.

▼ **Abbildung 8.33**
Ebenen mit Zeitdehnung werden verkürzt oder verlängert dargestellt.

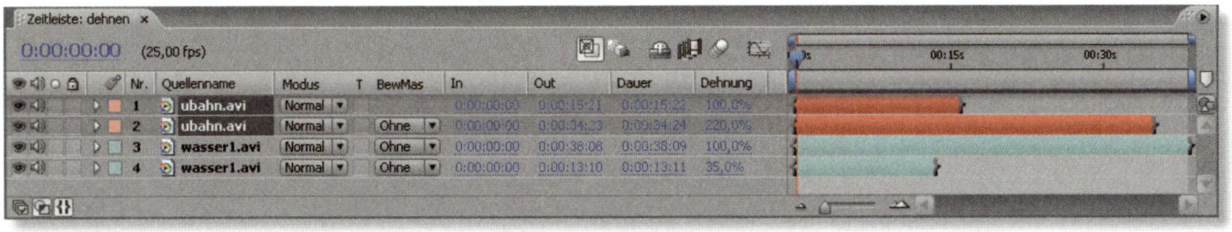

8.4.2 Abspielrichtung umkehren

Mit einem Dehnungsfaktor von –100 % lassen sich Ebenen in ihrer Abspielrichtung umkehren. Alternativ wählen Sie [Strg]+[Alt]+[R]. In der Zeitleiste erscheinen umgekehrte Ebenen mit einem Streifenmuster.

▼ **Abbildung 8.34**
Ebenen mit umgekehrter Abspielrichtung

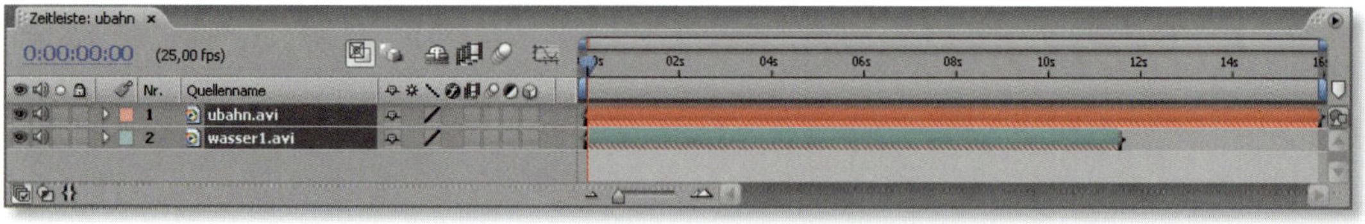

8.4.3 Ebenen als Sequenz

Eine große Arbeitserleichterung bietet After Effects mit der Möglichkeit, mehrere einzelne Ebenen zeitlich aufeinander folgend als Sequenz in der Zeitleiste anzuordnen. Dabei können die Ebenen automatisiert auf eine bestimmte Dauer eingestellt werden. Obendrein lassen sich Überblendungen von einer in die andere Ebene automatisieren bzw. die Ebenen an ihren In- und Out-Points ausrichten.

Dehnen von Ebenen mit Keyframes

Bei Ebenen, die Keyframes enthalten, werden die Abstände der Keyframes proportional zum Dehnungfaktor mitgedehnt. Die Animation wird dadurch an die neue Geschwindigkeit angepasst.

Nicht zu verwechseln ist die Option mit der bereits beschriebenen Möglichkeit, Bilder als Sequenz zu importieren. Vielmehr müssen die Bilder im Projektfenster als einzelne Dateien vorliegen.

Sie haben zwei Möglichkeiten, Bilder als Sequenz anzulegen:

- Bilder im Projektfenster markieren und auf das Kompositionssymbol ziehen
- Ebenen in der Zeitleiste markieren und die Option SEQUENZEBENEN wählen

Zum eigenen Ausprobieren der nachfolgend beschriebenen Möglichkeiten bietet es sich an, die Einzelbilder von der DVD aus dem Ordner 08_EBENENORGANISATION/BILDER zu verwenden. Markieren Sie beim Import alle Bilder mit [Strg]+[A].

Für die erste Möglichkeit markieren Sie die Bilder im Projektfenster in der Reihenfolge, in der sie später angeordnet werden sollen. Ziehen Sie anschließend alle Bilder auf das Kompositionssymbol. Es öffnet sich, anders als sonst, das Fenster NEUE KOMPOSITION AUS AUSWAHL.

Unter OPTIONEN legen Sie bei DIMENSIONEN VERWENDEN AUS fest, welche Größe die neue Komposition haben soll. Es wird die Framegröße des im Listenmenü ❶ gewählten Bildes verwendet. Ratsam ist es, bei verschieden großen Bildern das größte Bild der Sequenz zu verwenden, da einige Bilder ansonsten beschnitten werden können. Bei DAUER DES STANDBILDES wird die spätere Anzeigedauer jedes einzelnen Bildes gewählt.

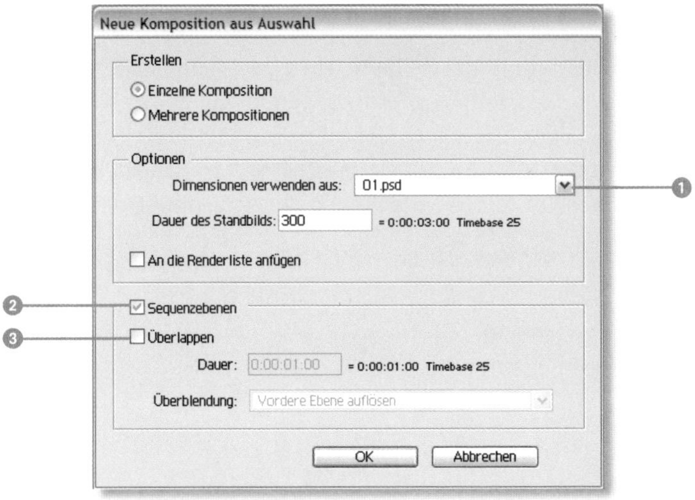

◂ **Abbildung 8.35**
Optionen für die Ebenensequenz

Ein Häkchen bei SEQUENZEBENEN ❷ ist entscheidend, um nachher auch die gewünschte Sequenz zu erhalten. Um die Ebenen nicht »auf Stoß« anzuordnen, setzen Sie ein Häkchen bei ÜBERLAPPEN ❸. Unter DAUER legen Sie fest, wie viele Frames die Überlappung betragen soll.

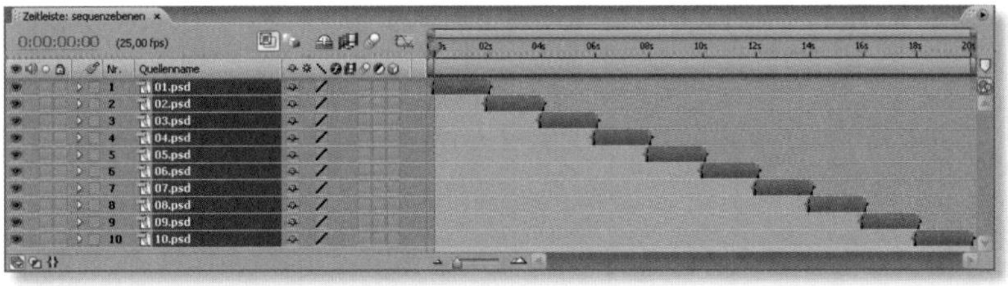

▴ **Abbildung 8.36**
Auf Stoß als Sequenz angeordnete Ebenen

Wünschen Sie zusätzlich ein Überblenden der aufeinander folgenden Ebenen, wählen Sie bei ÜBERBLENDUNG die Option VORDERE EBENE AUFLÖSEN oder VORDERE UND HINTERE EBENE AUFLÖSEN. Damit werden automatisch Keyframes für die Eigenschaft DECKKRAFT gesetzt. Nach dem OK haben Sie nichts weiter zu tun, als das Ergebnis abzuspielen.

▾ **Abbildung 8.37**
Eine Ebenensequenz mit ineinander überblendeten Ebenen

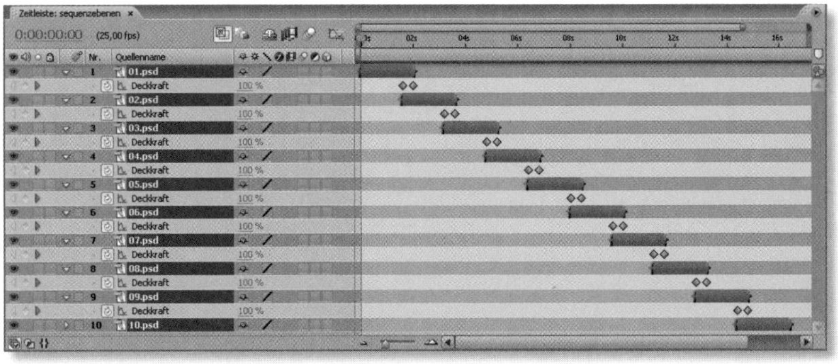

Die zweite oben erwähnte Möglichkeit funktioniert ganz ähnlich. Wählen Sie dazu in der Zeitleiste die Ebenen in der Reihenfolge aus, in der sie später angeordnet werden sollen. Anschließend gehen Sie über das Menü Animation • Keyframe-Assistent • Sequenzebenen. Im Dialog Sequenzebenen treffen Sie Ihre Festlegungen analog zum Überlappen in der obigen Beschreibung.

Abbildung 8.38 ▶
Für in der Zeitleiste befindliche Ebenen öffnet sich ein eigener Dialog.

8.5 Marker setzen

Bei größeren Projekten sind Markierungen im Projekt oft unverzichtbar, um die Übersicht zu bewahren. Sie setzen Marker in der Zeitleiste und auf Ebenen. Marker können eine magnetische Anziehungskraft ausüben. Sie richten daran die Zeitmarke, den Ebenen-In- und -Out-Point und Keyframes aus. Marker erlauben Ihnen die Synchronisation Ihrer Animationen mit Sound.

Eine wichtige Möglichkeit bei Ebenenmarken besteht im Hinzufügen von Kommentaren, Weblinks oder Kapitelverknüpfungen. Über Weblinks lassen sich Webseiten im Browser öffnen. Kapitelverknüpfungen dienen dazu, zu anderen Kapiteln innerhalb bestimmter Filmformate zu gelangen. Doch nun sehen wir uns das Ganze noch einmal genauer an.

8.5.1 Kompositionszeitmarken

Sie können in einer Komposition maximal 10 Markierungen setzen. Kompositionsmarken setzen Sie, indem diese aus dem kleinen Markersymbol ❶ in der Zeitleiste auf einen gewünschten Zeitpunkt gezogen werden. Die Markierungen ❷ erscheinen nummeriert in der Zeitleiste.

Drücken Sie die Markernummer auf Ihrer Tastatur, wird die Zeitmarke genau auf den entsprechenden Marker gesetzt. Bei gedrückter [⇧]-Taste springen Keyframes, In- und Out-Points und die Zeitmarke magnetisch an die Markierungen. Zum Entfernen einer Markierung ziehen Sie diese zurück auf das kleine Markersymbol.

Markierungen per Tastatur

Drücken Sie gleichzeitig die [⇧]-Taste und eine Zahl zwischen Null und Neun auf der Tastatur im Haupttastaturfeld, um eine Markierung an der Position der Zeitmarke zu setzen. Bereits gesetzte Marker werden verschoben.

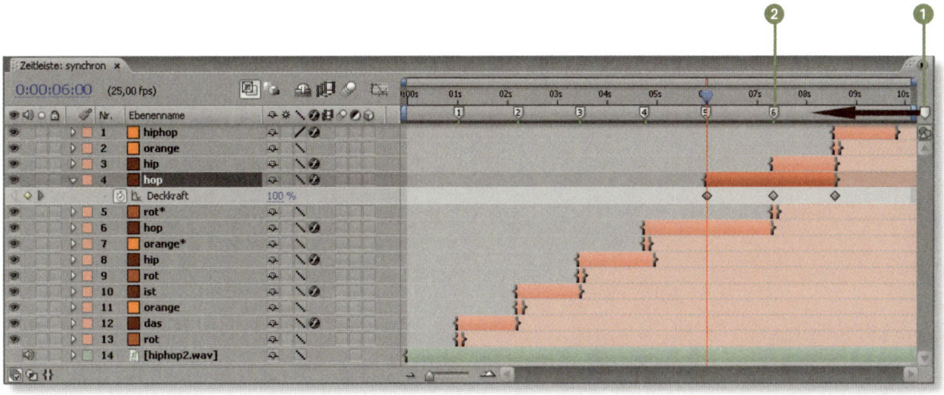

▲ **Abbildung 8.39**
Eine Komposition mit Kompositionszeitmarken

Innerhalb einer verschachtelten Komposition werden die Kompositionszeitmarken als Ebenenmarker angezeigt, wenn die Marker vor der Verschachtelung erstellt wurden. Das ist eine sehr sinnvolle Erfindung, um entscheidende Stellen in einer Animation leicht wieder zu finden.

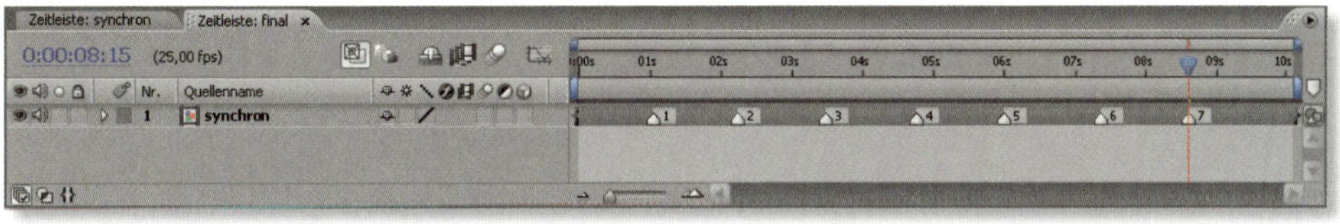

▲ **Abbildung 8.40**
In verschachtelten Kompositionen werden Kompositionszeitmarken als Ebenenmarken übernommen.

8.5.2 Ebenenmarken

Sie können einer Ebene beliebig viele Ebenenmarken hinzufügen. In größeren Projekten wird oftmals eine Ebene angelegt, die ausschließlich dem Setzen von Ebenenmarken dient.

Ebenenmarker setzen | Markieren Sie zum Setzen von Ebenenmarken die gewünschte Ebene in der Zeitleiste. Wählen Sie anschließend EBENE • MARKE HINZUFÜGEN. Noch schneller ist das Setzen von Ebenenmarken mit der Taste [*] auf dem Ziffernblock der Tastatur.

Ebenenmarker löschen | Das Löschen von Markern ist über das Kontextmenü möglich, das sich bei Klick mit der rechten Maustaste auf einen Marker öffnet. Wählen Sie dort DIESE MARKE LÖSCHEN bzw. ALLE MARKEN LÖSCHEN. Schützen Sie Marker mit MARKEN SCHÜTZEN. Bei Klick mit gedrückter [Strg]-Taste auf einen Marker lässt sich dieser ebenfalls löschen.

Marker während der Audiovorschau setzen

Drücken Sie die Taste [,] auf dem Ziffernblock der Tastatur, um eine Audiovorschau abzuspielen. Während der Vorschau setzen Sie im Rhythmus Marken mit der Taste [*] auf dem Ziffernblock. Die Marken werden erst nach Beenden der Vorschau angezeigt. Diese Methode eignet sich zum Synchronisieren von Sound und Animationen.

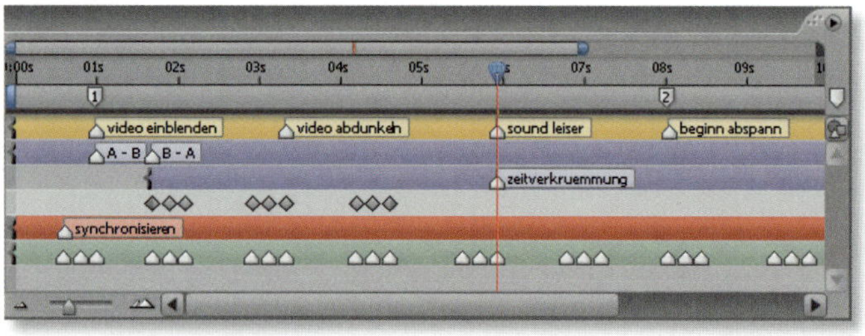

Abbildung 8.41 ▸
Ebenenmarker werden auf Ebenen zur Ausrichtung anderer Ebenen gesetzt und um Kommentare einzufügen.

Zu Ebenenmarker springen

Verwenden Sie die Tasten J+K, um die Zeitmarke auf Ebenenmarken springen zu lassen. Werden gleichzeitig Keyframes angezeigt, springt die Zeitmarke auch an die Position der Keyframes.

Kommentare hinzufügen | Zum Hinzufügen von Kommentaren doppelklicken Sie auf einen Marker. Es öffnet sich das Dialogfeld MARKE. Geben Sie unter KOMMENTAR einen kurzen, aussagefähigen Kommentar ein.

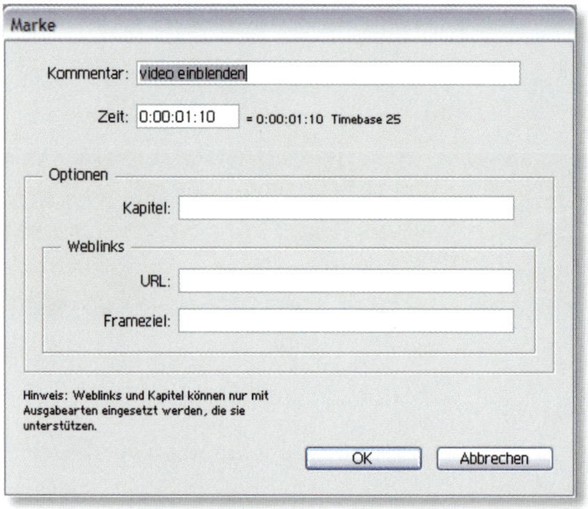

Abbildung 8.42 ▸
Im Dialogfeld MARKE werden Kommentare, Kapitelverknüpfungen und Weblinks eingetragen.

Kapitelverknüpfungen | Im Dialogfeld MARKE geben Sie unter OPTIONEN Kapitelverknüpfungen und Weblinks an. Unter KAPITEL muss der Name des Kapitels und gegebenenfalls eine Kapitelnummer eingegeben werden. Erreicht der Abspielkopf eine solche Marke im Film, springt er zu dem benannten Kapitel. QuickTime-Filme unterstützen die Kapitelverknüpfungen. Bei Formaten, die Kapitelverknüpfungen nicht unterstützen, werden die Verknüpfungen einfach übergangen.

Weblinks | Um aus Filmen heraus eine bestimmte Website zu öffnen, werden Weblinks verwendet. Dafür ist die Angabe der URL im Dialogfeld MARKE nötig. Werden so erstellte Filme in Webseiten integriert, wird die URL erkannt und zu der entsprechenden URL gesprungen.

8.6 Bitte mischen: Füllmethoden

Grundsätzlich sind Ebenen immer opak, das heißt weiter oben in der Zeitleiste befindliche Ebenen decken darunter befindliche ab. Beeinflusst werden kann dies noch durch Deckkraftänderungen und durch die Füllmethoden (früher Ebenenmodi). Werden Füllmethoden auf eine Ebene angewandt, werden die Pixel dieser Ebene mit den Pixeln der darunter befindlichen Ebenen gemischt. Weiter oben befindliche Ebenen werden von der Füllmethode nicht beeinflusst.

▲ **Abbildung 8.43**
Bilder ohne angewandte Füllmethoden

▲ **Abbildung 8.44**
Ein Bild mit der Füllmethode DIFFERENZ

Die Wirkung der Füllmethoden ist sehr unterschiedlich und hängt von den Farbwerten der Pixel der gemischten Ebenen ab. Wenige Füllmethoden nutzen den Alphakanalwert einer Ebene. Aus Photoshop sind Ihnen die Füllmethoden vielleicht ohnehin schon vertraut. Falls nicht, ist es das Beste, Sie probieren die verschiedenen Füllmethoden einmal praktisch aus. Aber versuchen Sie nicht vergeblich, einen Wechsel der Methode zu animieren. Das ist nicht möglich.

Sie finden die Füllmethoden versteckt hinter einer kleinen Schaltfläche in der Zeitleiste. Klicken Sie auf die Schaltfläche EBENENMODIFENSTER ❶ (Abbildung 8.45), um zu den Füllmethoden zu gelangen. Unter dem Spalteneintrag MODUS gelangen Sie zum Füllmethoden-Popup durch Klick auf den Eintrag NORMAL ❷. Haben Sie eine Füllmethode aus der Liste gewählt, wird die Ebene mit einem dunklen Augen-Symbol ❸ gekennzeichnet.

Sie finden die Füllmethoden bzw. Modi in verschiedene Gruppen unterteilt, von denen im Folgenden einige vorgestellt werden.

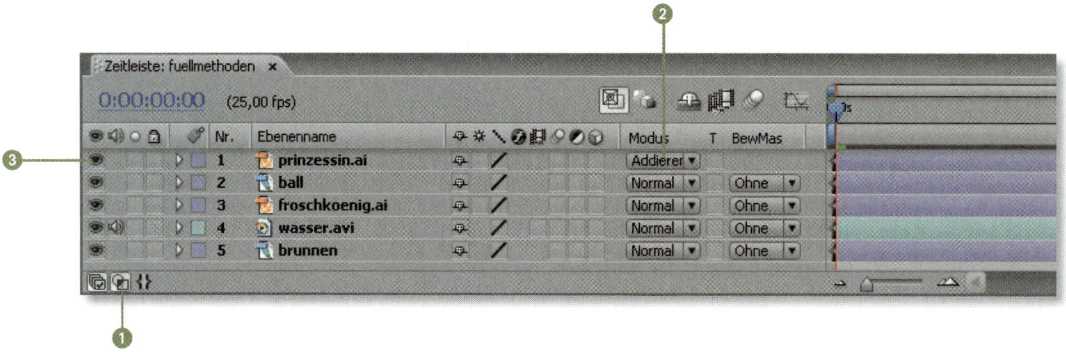

▲ **Abbildung 8.45**
Um die Füllmethoden anzuwenden, muss zuerst die Anzeige der EBENENMODIFENSTER eingeblendet werden.

▲ **Abbildung 8.46**
Unter dem Eintrag MODUS befindet sich für jede Ebene ein Popup mit sämtlichen Füllmethoden.

8.6.1 Transparenzmodi

Die Transparenzmodi verwenden die Alphainformation einer Ebene, um sie mit den darunter befindlichen Ebenen zu kombinieren. Zu den Transparenzmodi zählen Normal, Streuen und Sprenkeln mit Rauschen. Alle Ebenen sind grundsätzlich auf den Modus Normal eingestellt. Die Ebenenpixel werden bei dieser Einstellung nicht gemischt.

Bei den Modi STREUEN und SPRENKELN MIT RAUSCHEN werden einige Pixel einer Ebene per Zufallsverteilung komplett transparent und andere komplett deckend dargestellt. Um eine Wirkung zu erzielen, muss die Ebene eine geringere Deckkraft als 100 % aufweisen. Einen schönen Effekt erzielen Sie bei Sprenkeln mit Rauschen, da hier die Pixel über die Zeit verändert, sozusagen animiert werden.

8.6.2 Abdunkel-Modi

Die Abdunkel-Modi dunkeln die Pixel einer Ebene insgesamt ab. Die Modi ABDUNKELN, MULTIPLIZIEREN, LINEAR NACHBELICHTEN und FARBIG NACHBELICHTEN gehören zu den Abdunkel-Modi. FARBIG NACHBELICHTEN – KLASSISCH verwenden Sie, um die Kompatibilität zu älteren After Effects-Projekten zu erhalten.

Der Modus ABDUNKELN vergleicht die Farbwerte eines Bildes mit denen der darunter befindlichen Bilder. Der dunkelste Farbwert wird übernommen. Im Modus MULTIPLIZIEREN werden die Farbwerte der Pixel übereinander liegender Bilder multipliziert und anschließend durch den maximalen Pixelwert dividiert. Beim LINEAR NACHBELICHTEN wird die Helligkeit eines Bildes verringert, indem mit den Farbwerten darunter befindlicher Ebenen verglichen wird. Im Modus FARBIG NACHBELICHTEN wird die Helligkeit eines Bildes durch Erhöhen des Kontrasts anhand der Farbinformation in den verglichenen Bildern verringert.

▲ **Abbildung 8.47**
Der Text, das Schilf und ...

▲ **Abbildung 8.48**
... das Wasser ohne Füllmethoden und ...

▲ **Abbildung 8.49**
... mit dem Modus Multipliziert oder ...

▲ **Abbildung 8.50**
... im Modus Farbig nachbelichtet.

8.6.3 Aufhellen-Modi

Die Aufhellen-Modi sind ähnlich den Abdunkel-Modi zu betrachten und werden daher hier nur kurz erwähnt. Aufhellen-Modi führen im Gegensatz zu den Abdunkel-Modi, wie der Name schon sagt, zu einer Aufhellung des Bildes.

8.6.4 Kombinieren-Modi

Die Kombinieren-Modi vergleichen, ob Bildpixel sich über oder unter einem bestimmten Grenzwert wie beispielsweise 50 % Grau befinden. Abhängig davon werden Pixel im Bild heller oder dunkler dargestellt. Den Namen Weiches Licht, Hartes Licht, Lineares Licht, Punktuelles Licht lässt sich leicht entnehmen, dass bei diesen Modi eine unterschiedliche Beleuchtung der Ebenen simuliert wird. Beim Modus Ineinander kopieren werden die Ebenenfarben gemischt. Glanzlichter und Schatten bleiben dabei erhalten. Der Modus HARTE MISCHUNG führt zu einer extremen Verstärkung des Kontrasts des Bildes.

▲ **Abbildung 8.51**
Der Modus LINEARES LICHT simuliert die Beleuchtung der Ebene.

▲ **Abbildung 8.52**
Im Modus INEINANDER KOPIEREN

8.6.5 Differenz- und Ausschlussmodi

Die Differenz- und Ausschlussmodi vergleichen die Farbwerte zweier Ebenen und subtrahieren die niedrigeren von den höheren Farbwerten. Mit diesen Modi können psychedelische Effekte erzielt werden.

8.6.6 Farbmodi

Die Farbmodi ersetzen bestimmte Farbwerte einer Ebene mit Werten einer darunter befindlichen Ebene. Mit den Modi FARBTON, SÄTTIGUNG, FARBE und LUMINANZ erreichen Sie oftmals unaufdringliche Farbveränderungen Ihres Materials.

▲ **Abbildung 8.53**
Im Modus FARBTON

▲ **Abbildung 8.54**
Im Modus LUMINANZ

Funktion	Windows	Mac OS
Ebene, Komposition umbenennen	↵	Zeilenschalter
Ebenen nacheinander auswählen	Strg + Klick auf Ebene	⌘+Klick auf Ebene
Ebenen in Zeitleiste ausrichten	Strg+⇧+Ebene ziehen	⌘+⇧+Ebene ziehen
Abspielreihenfolge umkehren	Strg+Alt+R	⌘+⌥+R
In-Point festlegen	Ö	Ö
Out-Point festlegen	Ä	Ä
In-Point einer Ebene trimmen	Alt+Ö	⌥+Ö
Out-Point einer Ebene trimmen	Alt+Ä	⌥+Ä
In-Point an Anfang der Komposition	Alt+Pos1	⌥+Pos1
Out-Point ans Ende der Komposition	Alt+Ende	⌥+Ende

▲ **Tabelle 8.1**
Tastenkürzel zum Arbeiten mit Ebenen

9 Optimieren der Vorschau

Bevor Sie beginnen, sich Sorgen um Ihren Computer zu machen, weil der Rechner plötzlich bei der Arbeit mit After Effects so langsam ist, möchte ich Ihnen hier ein paar Möglichkeiten an die Hand geben, Ihren Arbeitsprozess flüssig zu halten.

After Effects arbeitet nicht in Echtzeit. Das heißt, für eine Vorschau Ihrer Animationseinstellungen müssen die entsprechenden Frames bei jeder Änderung neu berechnet werden. Das kostet je nach Systemkonfiguration mehr oder weniger viel Zeit und – wollen wir es nicht leugnen – Nerven. Die Entwickler von After Effects sind auch einmal Studenten gewesen und hatten damals noch genügend Zeit zu warten, bis so eine Vorschau mal angezeigt wurde. Aber Scherz beiseite.

Tatsächlich haben die ehemaligen Studenten, die heute beispielsweise als Engineering Manager in Seattle an der ständigen Verbesserung von After Effects arbeiten, dem Programm einige wichtige Möglichkeiten zur Vorschaubeschleunigung gegönnt, die im Weiteren erläutert werden. Eine schnelle Vorschau zu erhalten, ist zum einen Sache der installierten Hardware, zum anderen hängt sie von Optionen ab, die Sie im Kompositionsfenster, in der Zeitsteuerungspalette und in der Zeitleiste festlegen. Doch zunächst zum Umgang von After Effects mit der Vorschau von Animationen.

9.1 Standard- und RAM-Vorschau

Um die Einzelframes einer Animation darstellen zu können, müssen sie zuvor von After Effects berechnet werden. Das Ergebnis dieser Berechnung wird im Arbeitsspeicher abgelegt. Daher ist es auch günstig, dem System einen größeren RAM-Baustein zu gönnen. Die von After Effects berechneten Frames werden in der Zeitleiste durch eine grüne Linie gekennzeichnet.

Bereits während Sie arbeiten, werden Frames im RAM gespeichert. Schon berechnete Frames verbleiben dabei solange im Arbeitsspeicher, bis Sie Änderungen in einer Ebene vornehmen.

Günstig ist, dass nur die von der Änderung betroffenen Frames aus dem RAM gelöscht und für die Vorschau neu berechnet werden.

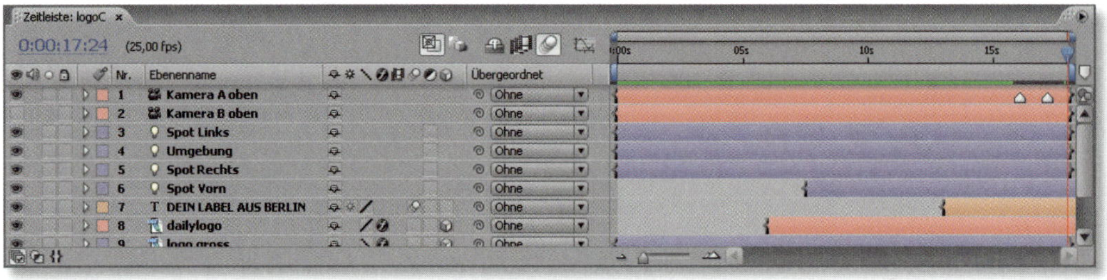

▲ **Abbildung 9.1**
Frames, die After Effects bereits berechnet und in den Arbeitsspeicher »abgelegt« hat, werden mit einer grünen Linie in der Zeitleiste dargestellt.

Eine **Standardvorschau** erhalten Sie durch Drücken der Leertaste. In diesem Fall wird jeder Frame berechnet, der von der Zeitmarke angesteuert wird. Eine Audiovorschau erhalten Sie dabei nicht. Es werden nur bereits berechnete Frames in Echtzeit angezeigt.

Eine reine **Audiovorschau** erhalten Sie nach dem Betätigen der Taste [,] im Ziffernblock.

Zur RAM-Vorschau kommen wir nun.

9.1.1 RAM-Vorschau über die Zeitsteuerungspalette

Bei einer RAM-Vorschau wird eine bestimmte Menge an Frames im RAM gespeichert und danach in Echtzeit abgespielt. Die RAM-Vorschau kann mit und ohne Sound berechnet werden. Sie erhalten die RAM-Vorschau durch Drücken der Taste [0] im Ziffernblock oder alternativ über die Palette ZEITSTEUERUNGEN. In der Zeitleiste zeigt eine grüne Linie an, welcher Teil Ihrer Animation in der Vorschau in Echtzeit abgespielt werden kann. Ist Ihr Arbeitsspeicher zu klein, wird nur ein Teil der Frames in der RAM-Vorschau angezeigt, und die grüne Linie endet dann abrupt in der Zeitleiste.

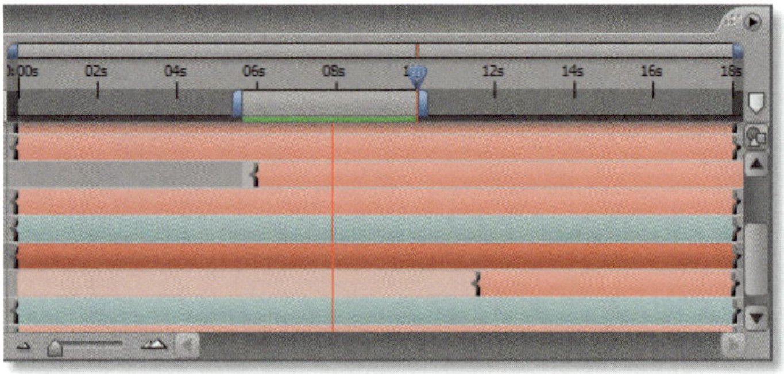

Abbildung 9.2 ►
Für eine RAM-Vorschau werden die Frames innerhalb des Arbeitsbereichs berechnet und anschließend in Echtzeit abgespielt.

Die in der Zeitsteuerungspalette enthaltenen Abspielfunktionen kennen Sie von Ihren Wiedergabegeräten daheim. Ein paar

Funktionen bedürfen allerdings der Erläuterung. Sie erhalten die Zeitsteuerungspalette über FENSTER • ZEITSTEUERUNGEN bzw. [Strg]+[3].

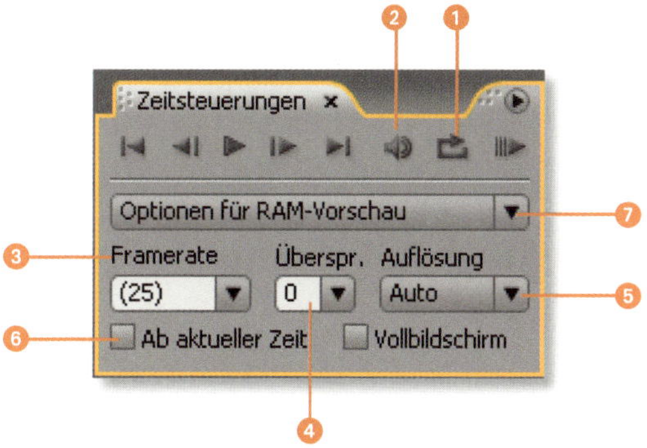

◄ **Abbildung 9.3**
Die Zeitsteuerungspalette mit den Buttons für die Wiedergabe

Abspielfunktionen | Der Schalter ❶ wechselt auf Knopfdruck zwischen drei Zuständen. Sie können die errechnete RAM-Vorschau in Schleife immer vorwärts abspielen lassen oder in Schleife vor- und zurück oder einmalig vorwärts.

Mit dem Schalter AUDIO ❷ legen Sie fest, ob Audio in der Vorschau enthalten sein soll oder nicht.

Vorschaubeschleunigung | Wichtige Einstellungen zur beschleunigten Berechnung Ihrer RAM-Vorschau finden Sie im unteren Teil der Zeitsteuerungspalette.

Unter FRAMERATE ❸ wird die Framerate der Komposition verwendet, wenn Sie die Option AUTO einstellen. Bei einer geringeren Framerate wird die Vorschau schneller berechnet, spielt aber nicht mehr ganz flüssig ab. Bei ÜBERSPRINGEN ❹ legen Sie fest, wie viele Frames in der Vorschau übersprungen, also nicht angezeigt werden sollen. Werte zwischen 1–5 sind üblich und verfälschen die Vorschau nicht all zu sehr im Vergleich zu einem gerenderten Film.

Unter AUFLÖSUNG ❺ wird in der Einstellung AUTO die Auflösung der Komposition verwendet. HALB, DRITTEL und VIERTEL verringern die wiedergegebene Auflösung, beschleunigen aber das Erstellen der Vorschau und sparen zudem viel RAM. Das Häkchen bei AB AKTUELLER ZEIT ❻ setzen Sie, um die Vorschau ab der Position der Zeitmarke zu rendern und nicht innerhalb des Arbeitsbereichs.

Die Option VOLLBILDSCHIRM führt nach der Berechnung zur Anzeige der Vorschau im Vollbildmodus. Diese können Sie mit einem Klick auf die Vorschauanzeige wieder verlassen. Der Schalter OPTIONEN FÜR RAM-VORSCHAU ❼ dient dazu, mit zwei ver-

Arbeitsbereich festlegen

Empfehlenswert ist es, den Beginn des Arbeitsbereichs mit der Taste [B] und das Ende des Arbeitsbereichs mit der Taste [N] auf den Teil Ihrer Animationen einzustellen, den Sie gerade beurteilen wollen. Für eine Vorschau des gesamten Films ist es besser, die Animation als eigenständigen Film zu rendern.

schiedenen Einstellungen für die Vorschauberechnung zu arbeiten. Sie können dazu bei aktivierter Schaltfläche OPTIONEN FÜR UMSCHALTTASTE +RAM individuelle Einstellungen von Framerate, Auflösung usw. treffen und diese abrufen, wenn Sie wieder auf OPTIONEN FÜR RAM-VORSCHAU gewechselt haben. Betätigen Sie dazu dann gleichzeitig die Taste [⇧] und den Button für die RAM-Vorschau.

9.2 Audiovorschau und Audio synchronisieren

Eine reine Audiovorschau erhalten Sie durch Drücken der Taste [,] im Ziffernblock der Tastatur. Die Vorschau spielt ab der Position der Zeitmarke. Drücken Sie [Alt] und die Taste [,] auf dem Ziffernblock der Tastatur, um die Audiovorschau nur innerhalb des Arbeitsbereichs abzuspielen.

Ebenenmarken

Hilfreich ist es, beim Synchronisieren Ebenenmarken zu Hilfe zu nehmen. Im Abschnitt 8.5.2, »Zeitleisten- und Ebenenmarken«, finden Sie dazu vertiefende Informationen.

Die Dauer der Audiovorschau ist begrenzt und bricht nach einer in den Voreinstellungen festgelegten Zeit ab. Die Voreinstellung ändern Sie über BEARBEITEN • VOREINSTELLUNGEN • VORSCHAU. Unter Audiovorschau legen Sie unter DAUER eine neue Vorschaudauer fest. Höhere Werte für Dauer und Qualität der Audiovorschau, die Sie unter SAMPLERATE, SAMPLEGRÖSSE und KANÄLE festlegen, gehen direkt zu Lasten des Arbeitsspeichers.

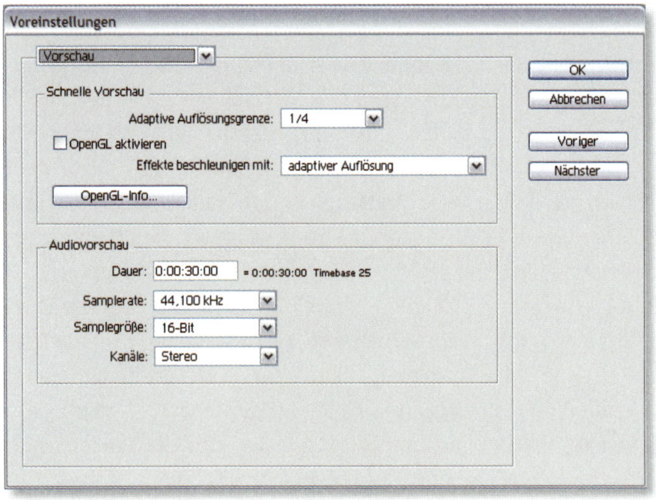

Abbildung 9.4 ▸
In den Voreinstellungen werden Festlegungen zu Dauer und Qualität der Audiovorschau getroffen.

Sound scrubben | Um Sound mit Ihren Animationen zu synchronisieren, können Sie den Sound scrubben, d.h. Sie erhalten analog zum Ziehen der Maus in der Zeitleiste eine Audiovorschau.

Drücken Sie dazu die [Strg]-Taste und ziehen die Zeitmarke vorwärts oder rückwärts in der Zeitleiste. Wenn Sie die [Strg]-Taste gedrückt halten und beim Ziehen der Zeitmarke innehalten, wird ein kurzer Teil des Sounds ab der Position der Zeitmarke in Schleife abgespielt. Auf diese Weise lassen sich schwierige Stellen im Sound besser lokalisieren.

Audio-Wellenform im Diagrammeditor

Die Audio-Wellenform können Sie sich außerdem im Diagrammeditor anzeigen lassen. Mehr Infos dazu finden Sie in Abschnitt 10.4.

9.2.1 Audio-Wellenform

In der Zeitleiste können Sie bei Ebenen, die Audio enthalten, eine Audio-Wellenform einblenden, die ebenfalls das Synchronisieren erleichtern kann. Die Audio-Wellenform dient der visuellen Kontrolle des Sounds. Um die Wellenform anzuzeigen, klicken Sie nacheinander auf die kleinen Dreiecke ❶, ❷ und ❸. Sie können die Wellenform per Klick auf die Schaltflächen ❹ und ❺ ein- und auszoomen.

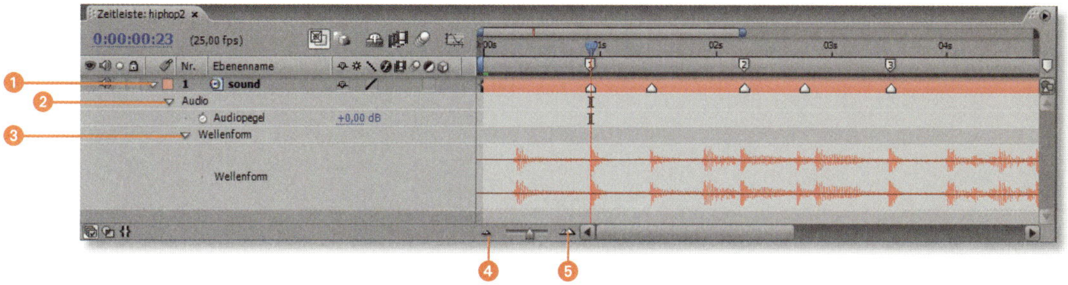

▲ **Abbildung 9.5**
Zur Erleichterung der Synchronisation von Sound und Animation werden Ebenenmarken gesetzt, und es kann die Audio-Wellenform angezeigt werden.

9.2.2 Audiopalette

Eine weitere Audiokontrolle bietet die Audiopalette. Die Pegelanzeige ❻ zeigt Ihnen die Lautstärke und übersteuerte Sounds an. Mit den Pegelsteuerungen ❼ und ❽ lässt sich die Lautstärke für den linken und rechten Kanal separat bzw. gemeinsam steuern. Die Dezibelwerte für eine importierte Datei werden im Feld für Pegelwerte ❾ immer mit 0 angegeben. Dies ist unabhängig davon, ob Ihr Sound bereits übersteuert importiert wurde.

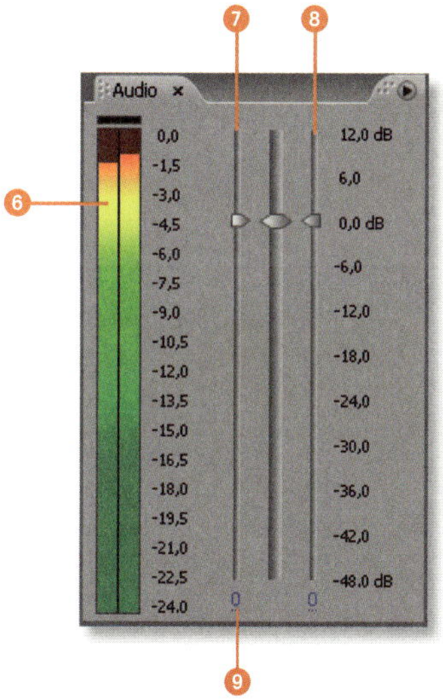

▲ **Abbildung 9.6**
Die Audiopalette gibt Kontrolle über die Lautstärke von Audioinhalten.

9.3 Vorschau optimieren

9.3.1 Arbeitsspeicher entlasten

Der Vorteil, dass von der Vorschau bereits berechnete Frames nicht wiederholt berechnet werden müssen, ist manchmal ein Grund für eine Verlangsamung von Berechnungen. Es ist daher von Zeit zu Zeit ratsam, den Arbeitsspeicher wieder zu leeren, um Platz für neue Informationen zu schaffen.

Nutzen Sie dazu unter BEARBEITEN • ENTLEEREN eine der folgenden Optionen. Wählen Sie ALLES, um sämtliche im Arbeitsspeicher gehaltenen Daten zu entleeren. Mit RÜCKGÄNGIG werden nur die gespeicherten, bereits vergangenen Schritte gelöscht. Mit BILDCACHE werden gerenderte Frames aus dem Speicher entfernt. Die Option SCHNAPPSCHUSS entfernt nur den letzten Schnappschuss, und die Option GRAFIKSPEICHER dient dem Entleeren der Grafikinformation.

9.3.2 Optionen in der Zeitleiste

Zur Beschleunigung der Vorschau haben Sie in der Zeitleiste Möglichkeiten, die Komposition in anderer Weise berechnen zu lassen. Sie können in der Zeitleiste festlegen, ob After Effects, während Sie Änderungen vornehmen, diese sofort im Kompositionsfenster aktualisiert, oder erst, nachdem die Änderung abgeschlossen ist.

Live-Update | Drücken Sie den Button LIVE-UPDATE ❶, um eine Aktualisierung während jeder Änderung anzeigen zu lassen. Bei umfangreichen Berechnungen, beispielweise bei einigen Effektberechnungen, deaktivieren Sie den Button.

3D-Entwurf | Den Button 3D-ENTWURF ❷ nutzen Sie nach dem Studium der 3D-Funktionen von After Effects, um 3D-Ebenen ohne den Einfluss von Lichtern, Schatten und Tiefenschärfeeinstellungen der Kamera anzuzeigen.

Ebenenqualität | Sie können Ebenen in verminderter Qualität anzeigen lassen, um die Berechung von Animationen zu beschleunigen. Klicken Sie dazu auf den Qualitätsschalter einer Ebene ❸ oder ziehen Sie bei gedrückter Maustaste über die Schalter mehrerer Ebenen. Manche Effekte werden bei verminderter Qualität allerdings nicht korrekt angezeigt, z.B. der Effekt STRAHL.

▼ Abbildung 9.7
Ein paar Buttons im Zeitleistenfenster beinhalten Funktionen für die Vorschau.

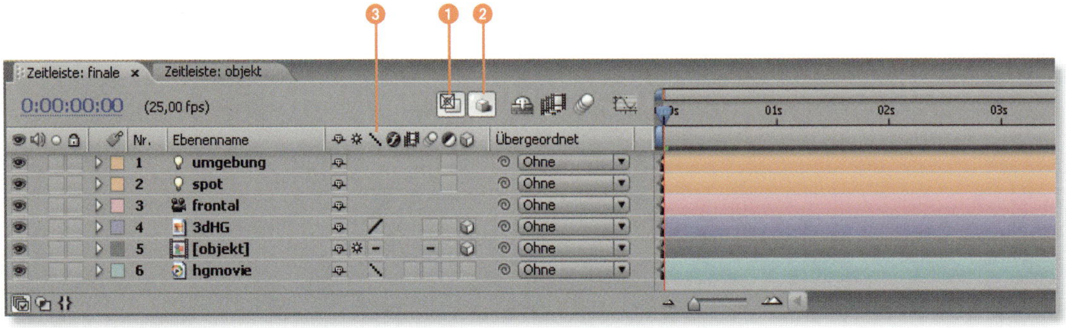

9.3.3 Kompositionsvorschau optimieren

Auflösung | Die Vorschau Ihrer Animationen kann, je nach den von Ihnen vorgenommenen Transformationen und hinzugefügten Effekte, erst sehr verzögert abgespielt werden. Mit der Schaltfläche 4 können Sie die Auflösung Ihrer Kompositionsvorschau verringern.

Bei einer geringeren Auflösung wird eine längere Zeitspanne Ihrer Animation angezeigt bzw. die Vorschau wird schneller berechnet. Für die endgültige Ausgabe hat die Auflösung im Kompositionsfenster keine Bedeutung. Entscheidend für die in der Vorschau angezeigte Zeitspanne ist die Größe des installierten Arbeitsspeichers.

▼ **Abbildung 9.8**
Im Kompositionsfenster dienen einige Buttons dazu, die Vorschauberechnung zu beschleunigen.

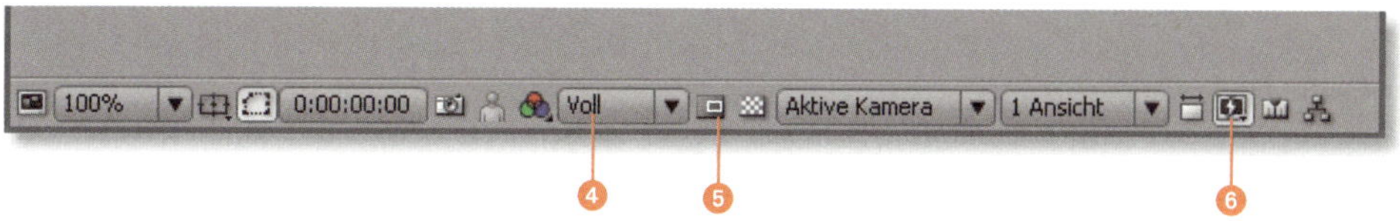

Interessenbereich | Interessant ist, was Sie gerade in Bearbeitung haben. Das kann auch nur ein Ausschnitt Ihrer Komposition sein. Den legen Sie mit der Schaltfläche 5 fest, indem Sie einen Rahmen über dem relevanten Ausschnitt aufziehen. Dieser Spaß dient wieder der Vorschaubeschleunigung, spart Speicher und hat keinen Einfluss auf Ihre endgültige Ausgabe. Anschließend können Sie mit dem Schalter zwischen Vollanzeige und Interessenbereich hin- und herwechseln. Im gerenderten Film erscheint dann die Vollanzeige Ihrer Animationen.

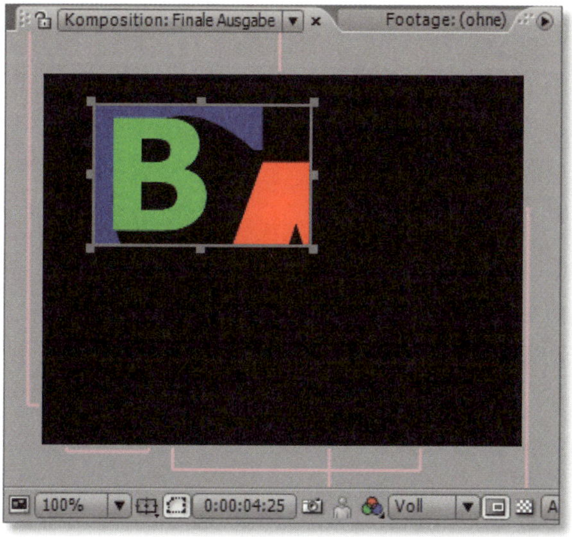

◀ **Abbildung 9.9**
Mit dem Interessenbereich wird nur der Teil im Kompositionsfenster angezeigt, der für die jeweilige Bearbeitung relevant ist.

Schnelle Vorschau | Die Vorschaugeschwindigkeit hängt unter anderem von der gewählten Auflösung im Kompositionsfenster ab. Je geringer die Auflösung, desto schneller die Vorschau. Mit dem Button für SCHNELLE VORSCHAU ⑥ lassen sich weitere Optionen zur Vorschaubeschleunigung festlegen.

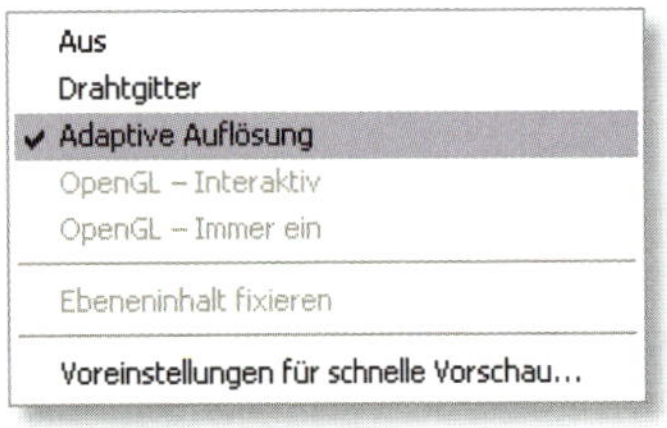

▲ **Abbildung 9.10**
In dem Popup SCHNELLE VORSCHAU kann zwischen verschiedenen Arten der Vorschauberechnung gewählt werden.

In dem sich öffnenden Listenmenü wählen Sie AUS für eine Standardvorschau. Die Vorschauberechnung erfolgt dann für jeden Frame in der von Ihnen im Kompositionsfenster gewählten Auflösung, also VOLL, HALB etc.

Mit der Option DRAHTGITTER werden Ihre Ebenen nur als Rahmen dargestellt, die Inhalte werden nicht angezeigt, was die Vorschau beschleunigt. Mit dieser Option ist eine Beurteilung der Geschwindigkeit Ihrer Animation möglich.

Die Option ADAPTIVE AUFLÖSUNG passt die Auflösung des Kompositionsfensters interaktiv an. Die Auflösung wird herabgesetzt, solange Änderungen im Kompositionsfenster vorgenommen werden, wie zum Beispiel das Verschieben einer Ebene. Ist die Änderung abgeschlossen, wird wieder die höchste eingestellte Auflösung angezeigt.

▲ **Abbildung 9.11**
Ist die adaptive Auflösung als Vorschauoption gewählt, werden Ebenen während Interaktionen automatisch in schlechterer Qualität dargestellt, um die Vorschauberechnung zu beschleunigen.

▲ **Abbildung 9.12**
Ist die Interaktion abgeschlossen, wird die höchste Anzeigequalität berechnet und dargestellt.

Adaptive Auflösung anpassen

Um die adaptive Auflösung an Ihre Bedürfnisse anzupassen, wählen Sie BEARBEITEN • VOREINSTELLUNGEN • VORSCHAU. Unter ADAPTIVE AUFLÖSUNGSGRENZE wählen Sie 1/2, 1/4 oder 1/8.

Die nächsten drei Optionen sind nur dann verfügbar, wenn eine OpenGL-Grafikkarte im System installiert ist. Außerdem muss OpenGL in den Voreinstellungen von After Effects aktiviert sein. Doch dazu im nächsten Abschnitt.

OPENGL – INTERAKTIV dient dazu, alle Frames einer Ebene in der Vorschau anzuzeigen. Sie können mit der Option OPENGL – INTERAKTIV festlegen, ob OpenGL für die Vorschau nur dann verwendet werden soll, wenn Ebenen im Kompositionsfenster bewegt werden, oder wenn Sie die Zeitmarke manuell in der

Zeitleiste bewegen. Aktivieren Sie in diesem Fall die Option. Sollten Sie OpenGL in jedem Fall für die Vorschau verwenden wollen, wählen Sie die Option OPENGL – IMMER EIN.

Mit der Option EBENENINHALT FIXIEREN können Sie den ersten Frame einer Ebene für eine Vorschauberechnung verwenden lassen. Die anderen Frames der Ebene werden für die Vorschauberechnung nicht herangezogen. Der Speicher der OpenGL-Karte wird dabei stark entlastet.

Dynamische Vorschau

Der Button SCHNELLE VORSCHAU entspricht dem Button DYNAMISCHE VORSCHAU in früheren After Effects-Versionen.

OpenGL | Wenn Sie Ihr System mit einer OpenGL-fähigen Grafikkarte ausgestattet haben, erkennt After Effects diese automatisch. Die Vorschau wird dann standardmäßig auf eine OpenGL-Vorschau gesetzt. Günstig für die Arbeit mit After Effects 7 ist es, eine Grafikkarte installiert zu haben, die OpenGL 2.0, mindestens aber OpenGL 1.5 unterstützt.

Eine OpenGL-Vorschau bietet immer dann große Vorteile, wenn sich bewegende oder überschneidende Ebenen, Lichter, animierte Masken und Alphakanäle berechnet werden sollen. Effektberechnungen werden von OpenGL nur in einigen Fällen, z.B. bei KURVEN, SCHNELLER WEICHZEICHNER, RICHTUNGSUNSCHÄRFE u.a. unterstützt. Für die Vorschau von effektintensiven Ebenen ist es häufig günstig, die adaptive Auflösung zu wählen.

Die OpenGL-Karte spielt eine entscheidende Rolle dabei, welche Funktionen von After Effects unterstützt werden. Sollten Sie keine leistungsfähige OpenGL-fähige Grafikkarte installiert haben, ist es empfehlenswert, sich vor dem Kauf unter www.adobe.de/products/aftereffects/opengl.html über die von After Effects unterstützten OpenGL-Karten zu informieren.

Unter BEARBEITEN • VOREINSTELLUNGEN • VORSCHAU können die OpenGL-Einstellungen geändert werden. Treffen Sie Ihre Festlegungen unter SCHNELLE VORSCHAU.

Für das Rendern von Kompositionen können Sie von OpenGL 2.0 profitieren. Dazu wählen Sie im Dialog RENDEREINSTELLUNGEN die Option OPENGL-RENDERER VERWENDEN (1).

Alle wichtigen Informationen zum Rendern von Kompositionen finden Sie im Kapitel 13, »Rendern«.

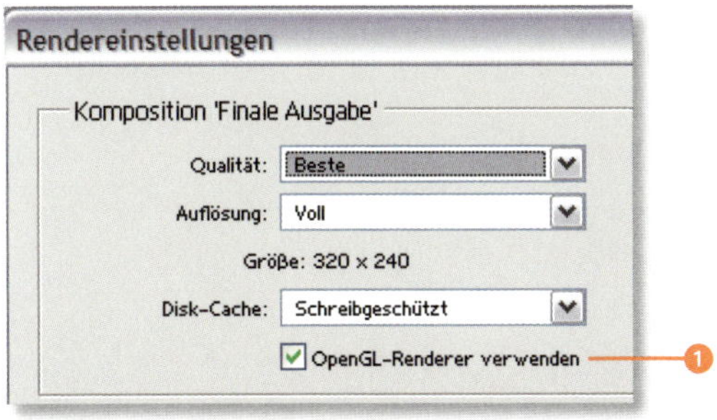

◂ **Abbildung 9.13**
Für ein schnelleres Rendern Ihrer Kompositionen aktivieren Sie den OpenGL-Renderer.

Funktion	Windows	Mac OS
Start/Stop	Leertaste	Leertaste
Nur Audio	[,] (im Ziffernblock)	[,] (im Ziffernblock)
RAM-Vorschau	[0] (im Ziffernblock)	[0] (im Ziffernblock)
Audio scrubben	[Strg]+Zeitmarke ziehen	[⌘]+Zeitmarke ziehen

▲ **Tabelle 9.1**
Tastenkürzel für Wiedergabe und Vorschau

TEIL IV

Keyframes und Animation

10 Keyframe-Grundlagen

In diesem Kapitel geht es um den Umgang mit Keyframes, die grundlegend für Animationen in After Effects sind. An verschiedenen Beispielen lernen Sie, Keyframes für die wichtigsten Eigenschaften zu setzen und an späterer Stelle Animationen durch Beschleunigung und Abbremsen zu dynamisieren.

Sehr beliebt beim ersten Kennenlernen von After Effects ist das exzessive und recht unkontrollierte Setzen einer Unzahl von Keyframes. Oftmals rufen die dadurch mehr zufällig entstandenen Animationen bereits einige Freude hervor. Ohne einen näheren Blick auf die kleinen »Dinger«, die in der Zeitleiste über das Sein und Nichtsein von Animation entscheiden, wechselt Freude oft in Verwirrung.

Keyframes sind der Dreh- und Angelpunkt für Animationen der verschiedensten Eigenschaften in After Effects. Sie werden sehen, dass die Auseinandersetzung mit Keyframes grundlegend für Ihre gesamte Arbeit in After Effects sein wird, da sämtliche animierbaren Eigenschaften durch Keyframes beeinflusst werden. Es lohnt also, dieses Kapitel intensiv zu studieren.

Was sind Keyframes?

Keyframes sind Schlüsselbilder in Ihrer aus einzelnen Bildern, den Frames, bestehenden Animation. In den Schlüsselbildern werden die wichtigsten Eckpunkte Ihrer Animation fixiert, während After Effects die einzelnen Zwischenbilder errechnet.

10.1 Setzen von Keyframes

Durch das Setzen von Keyframes legen Sie den Anfang und das Ende einer Animation fest. Sie erstellen eine Animation bereits mit nur zwei Keyframes. Allerdings setzt dies voraus, dass zwei unterschiedliche Eigenschaftswerte durch die Keyframes repräsentiert werden.

Nehmen wir beispielsweise an, Sie wollten die Skalierung einer Ebene verändern. Eine Animation erreichen Sie durch zwei verschiedene Skalierungswerte an unterschiedlichen Zeitpunkten: Zeitpunkt 1: 0 %, Zeitpunkt 2: 100 %. Fertig ist die Animation. In der Ebenenansicht der Zeitleiste werden diese beiden Werte wie in der Abbildung 10.1 sichtbar durch zwei Keyframes für die Eigenschaft Skalierung dargestellt.

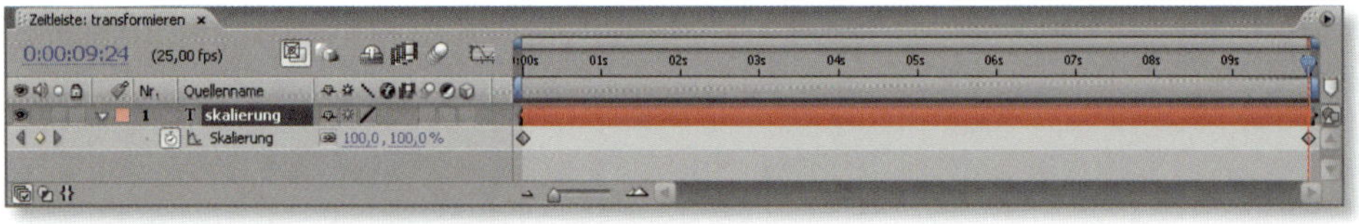

▲ **Abbildung 10.1**
Die Werte einer Eigenschaft werden durch Keyframes dargestellt. Mindestens zwei Keyframes mit verschiedenen Werten sind für eine Animation nötig.

Grundsätzlich werden Keyframes, wie schon erwähnt, an Schlüsselpositionen der Animation gesetzt, daher auch der Name **Schlüsselbild** (Keyframe). Alles, was zwischen den Keyframes geschieht, muss Sie nicht kümmern. Hier rechnet After Effects selbsttätig die Animation aus. Dieser Vorgang wird **Interpolation** genannt. Für unser Beispiel bedeutet das nichts weiter, als dass für jeden Frame, also jedes Einzelbild, eine andere Skalierungsstufe berechnet wird.

Es gilt also, nur so viele Keyframes wie nötig zu setzen. Weniger ist mehr.

10.1.1 Eigenschaften

Parallel oder zeitlich versetzt zu der Eigenschaft SKALIERUNG können natürlich für alle möglichen Eigenschaften Keyframes gesetzt – Werte definiert – werden.

Die für den Anfang wichtigsten Eigenschaften finden Sie beim »Aufklappen« einer Ebene in der Zeitleiste durch Klick auf das kleine Dreieck (1). Es handelt sich um die Eigenschaften unter dem Eintrag TRANSFORMIEREN: ANKERPUNKT, POSITION, SKALIERUNG, DREHUNG und DECKKRAFT.

▼ **Abbildung 10.2**
Für jede visuelle Ebene können Keyframes für Eigenschaften unter TRANSFORMIEREN gesetzt werden.

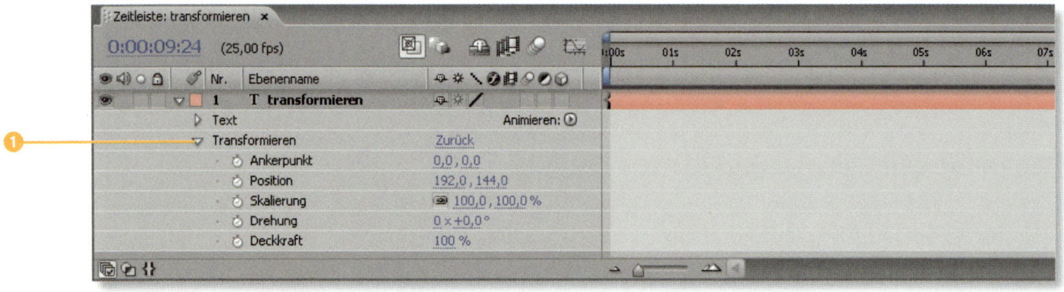

Noch mehr Eigenschaften

Im Laufe der Arbeit mit After Effects erscheinen zusätzliche Eigenschaften in der Zeitleiste, wenn einer Ebene beispielsweise Effekte oder Masken hinzugefügt werden. Dadurch kann die Menge der animierbaren Eigenschaften ungeheuer erweitert werden.

Sie können jede der Eigenschaften entweder in der **Ebenenansicht** anzeigen lassen und dort Keyframes setzen oder Sie nutzen dazu den **Diagrammeditor**. Ob Sie die Werte der Eigenschaften in der Ebenenansicht oder im Diagrammeditor ändern, bleibt dabei Ihnen überlassen.

Das Setzen und Verändern von Keyframes lernt man am besten am praktischen Beispiel. In den nächsten Workshops geht es um die Eigenschaften unter TRANSFORMIEREN und die Handhabung von Keyframes in der Ebenenansicht und im Diagrammeditor.

Die Workshops bauen auf den Workshops der vorhergehenden Kapitel auf.

▼ **Abbildung 10.3**
Keyframes werden in der Ebenenansicht gesetzt und bearbeitet.

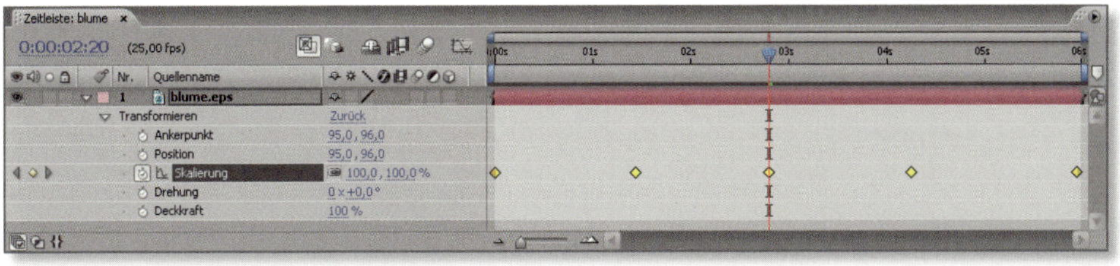

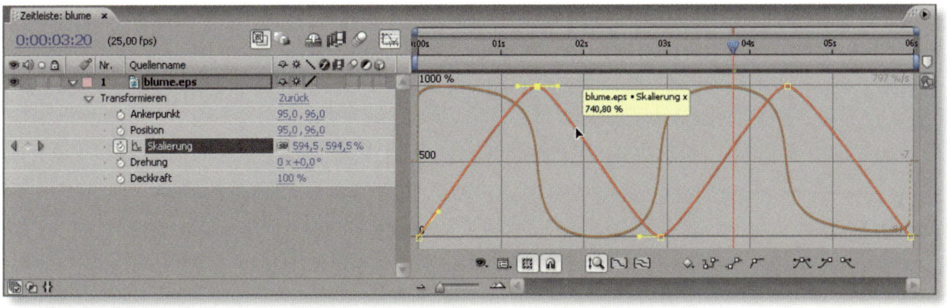

▲ **Abbildung 10.4**
Der Diagrammeditor ermöglicht eine visuelle Kontrolle über Werte von Eigenschaften und die Geschwindigkeit Ihrer Animationen. Keyframes können auch hier gesetzt und bearbeitet werden.

Eigenschaften mehrerer Ebenen einblenden

Sie können die Eigenschaften mehrerer Ebenen gleichzeitig einblenden. Wählen Sie dazu mehrere Ebenen aus. Wenn Sie anschließend die Eigenschaften einer markierten Ebene einblenden, werden auch die Eigenschaften der anderen markierten Ebenen angezeigt.

Schritt für Schritt: Eigenschaften und Eigenschaftswerte

Im folgenden Workshop werden wir uns mit dem Setzen, Kopieren und Verändern von Keyframes bzw. Eigenschaftswerten in der Ebenenansicht der Zeitleiste befassen. Schauen Sie sich zuerst das Movie »apfeldrehung« aus dem Ordner 10_KEYFRAME_GRUNDLAGEN/EIGENSCHAFTSWERTE an.

1 Vorbereitung

Importieren Sie per [Strg]+[I] aus dem Ordner 10_KEYFRAME_GRUNDLAGEN/EIGENSCHAFTSWERTE die Dateien »apfel1.psd«, »apfel2.psd«, »apfel3.psd«, »apfelBG«. Wählen Sie gegebenenfalls AUF EINE EBENE REDUZIERT. Legen Sie mit [Strg]+[N] eine Komposition in den Abmessungen 320 × 240 und einer Dauer von 10 Sekunden (0:00:10:00) an.

Setzen Sie unter BEARBEITEN • VOREINSTELLUNGEN • ALLGEMEIN ein Häkchen bei STANDARD FÜR GEOMETRISCHE INTERPOLATION IST LINEAR. Was das genau bedeutet, erfahren Sie später im Kapitel 11, »Keyframe-Interpolation«.

2 Apfelposition animieren

Setzen Sie die Zeitmarke auf 00:00. Ziehen Sie alle importierten Dateien in die Zeitleiste. Die Datei »apfelBG« sollte sich als Hintergrund ganz unten befinden. Schützen Sie den Hintergrund mit dem Schloss-Symbol.

▼ Abbildung 10.5
Die importierten Dateien werden zuerst in die Zeitleiste gezogen.

Damit die drei Äpfel von außen ins Bild kommen, müssen sie zuerst wie in der Abbildung außerhalb der Kompositionsansicht positioniert werden.

Abbildung 10.6 ▶
Alle drei Apfel-Ebenen werden zu Beginn außerhalb der Kompositionsansicht positioniert.

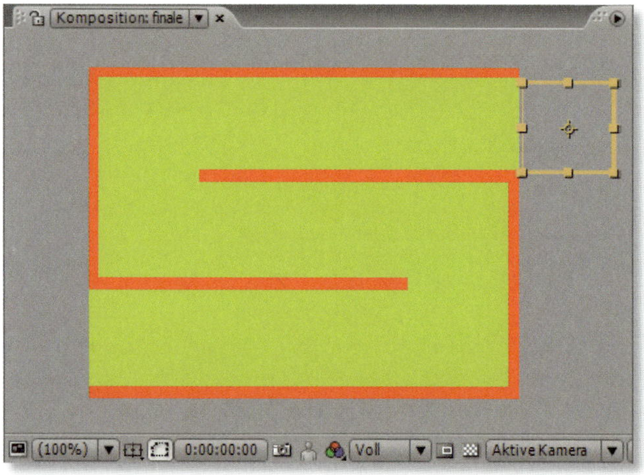

▼ Abbildung 10.7
Ein erster Keyframe wird für jede zu animierende Eigenschaft immer zuerst mit Klick auf das Stoppuhr-Symbol gesetzt.

Für die Datei »apfel1« werden Positions-Keyframes gesetzt. Markieren Sie dazu die Ebene und drücken die Taste [P] zum Einblenden der Positionseigenschaft. Setzen Sie einen ersten Keyframe bei 00:00 durch Klick auf das Stoppuhr-Symbol ①.

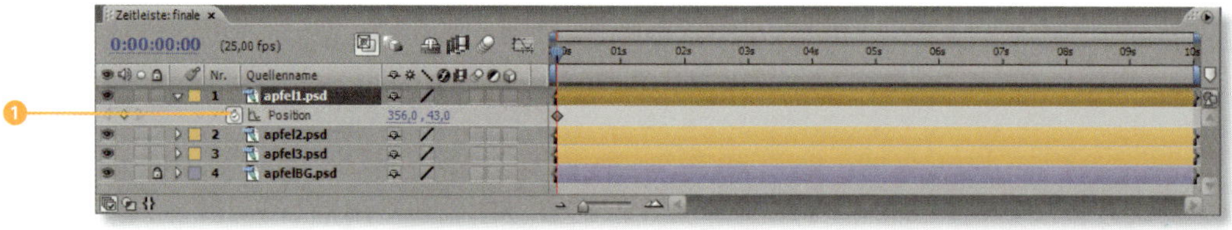

Vorsicht! – Klicken Sie kein zweites Mal auf die Stoppuhr, da sonst alle Keyframes der Eigenschaft gelöscht werden. Für einen zweiten Keyframe setzen Sie die Zeitmarke auf 01:12. Ziehen Sie anschließend die Ebene »apfel1« ins Bild. Damit Sie dabei die richtige Ebene erwischen, markieren Sie diese am besten zuerst in der Zeitleiste. Verwenden Sie beim Ziehen die [⇧]-Taste, um die Bewegung der Ebene horizontal zu beschränken (erst ziehen, dann die Taste drücken).

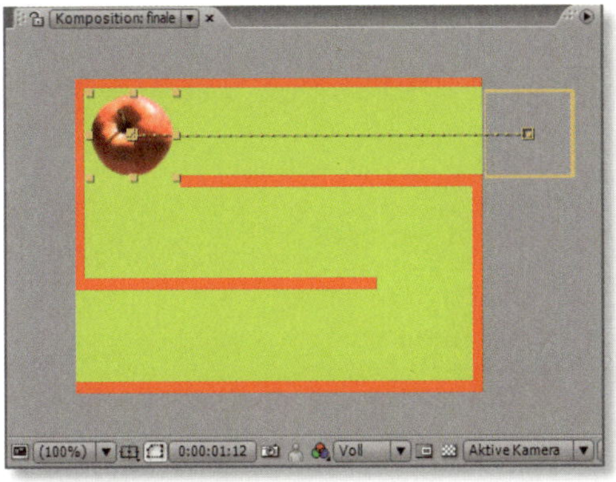

▲ **Abbildung 10.8**
Mit Hilfe der [⇧]-Taste wird die Ebene »apfel1« waagerecht verschoben.

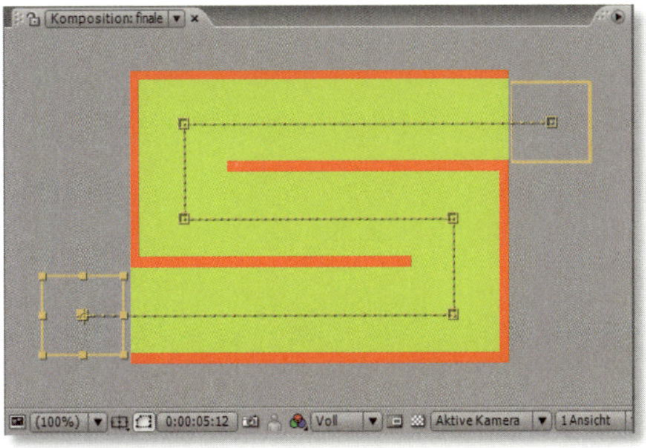

▲ **Abbildung 10.9**
Der Bewegungspfad der Ebene »apfel1«

Nun soll der Apfel herunterfallen. Setzen Sie den nächsten Keyframe auf die gleiche Weise bei 02:00, indem Sie die Ebene nach unten ziehen. Die nächsten Keys setzen Sie bei 03:12 durch Ziehen der Ebene an den rechten Rand, bei 04:00 durch Ziehen nach unten und bei 05:12 durch Ziehen nach links, aus dem Bild hinaus. Es ist ein Bewegungspfad für den »apfel1« entstanden, der wie in der Abbildung aussehen sollte.

3 Drehung animieren

Sie sehen, die Keyframes entstehen durch die Werteänderung bei der Positionseigenschaft ganz automatisch. Manchmal müssen die Keys aber auch numerisch gesetzt werden.

Blenden Sie zusätzlich zur Positionseigenschaft die Eigenschaft DREHUNG ein, und zwar mit der Tastenkombination [P] und anschließend [⇧]+[R]. Das »R« steht für Rotation. Setzen Sie die Zeitmarke mit [Pos1] auf 00:00 und klicken auf die Stoppuhr für einen ersten Drehungs-Keyframe.

Die weiteren Keyframes werden synchron zu den Positionskeys gesetzt. Drücken Sie die Taste [K], um zum nächsten Positionskey bei 01:12 zu springen, oder nutzen Sie die Pfeile ❶ und ❷ zum Navigieren. Die Drehungskeys setzen Sie numerisch. Klicken Sie dazu auf den Wert für die volle Drehung ❸ und tragen dort den Wert –2 x +0.0° ein. Bestätigen Sie mit [↵] im Ziffernblock bzw. der Haupttastatur. In dem kleinen Feld ❹ können Sie auch Gradzahlen für die Drehung festlegen.

Keyframes auswählen

Zum Auswählen einzelner Keyframes klicken Sie diese an. Zum Auswählen mehrerer Keyframes drücken Sie zusätzlich die Taste [⇧] oder Sie ziehen bei gedrückter Maustaste einen Rahmen über die betreffenden Keyframes.

Keyframes abwählen

Um einzelne Keyframes abzuwählen, klicken Sie mit der Maus bei gedrückter Taste [⇧] auf die markierten Keyframes. Um alle ausgewählten Keyframes abzuwählen, klicken Sie auf eine leere Stelle in der Zeitleiste.

Keyframes löschen

Um einzelne oder mehrere ausgewählte Keyframes zu löschen, drücken Sie die Taste [Entf]. Zum Löschen aller Keyframes einer Eigenschaft klicken Sie (erneut) auf das Stoppuhr-Symbol.

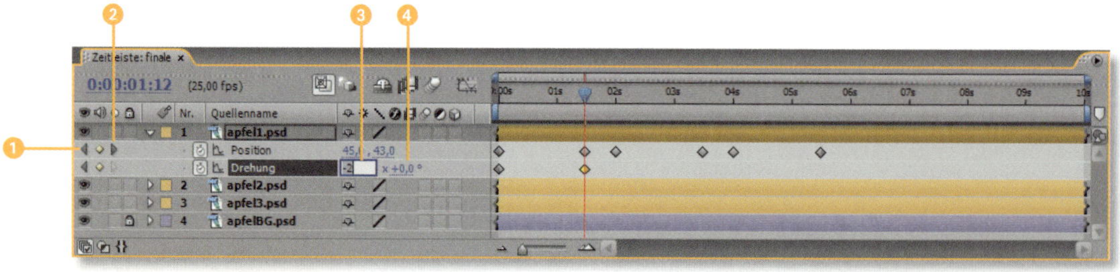

▲ **Abbildung 10.10**
Der Wert für die Drehung wird numerisch im Wertefeld gesetzt.

Keyframes verschieben

Sie können einzelne Keyframes oder mehrere markierte Keyframes mehrerer Eigenschaften zu einem anderen Zeitpunkt verschieben. Wählen Sie dazu die Keyframes aus und ziehen Sie sie mit der Maus zu einem neuen Zeitpunkt.

Keyframe-Werte ändern

Die Zeitmarke muss zum Ändern der Werte immer genau auf dem Keyframe positioniert sein, da sonst neue Keyframes gesetzt werden! Mit den Tasten J und K springen Sie genau zu einzelnen Keyframes. Der Wert wird in den Wertefeldern jeder Eigenschaft geändert und mit ↵ auf der Haupttastatur bzw. im Ziffernblock bestätigt.

Vergleichen Sie die gesetzten Werte, indem Sie die Zeitmarke auf dem jeweiligen Key positionieren. Der erste Wert ist 0 × +0,0°, der zweite ist –2 × +0,0°. Der Apfel dreht sich demzufolge zwei Umdrehungen nach links.

4 Animation stoppen

Die Animation der Drehung soll kurz stoppen. Dazu werden nacheinander zwei Keyframes gesetzt, die die gleichen Werte aufweisen. Dadurch gibt es zwischen den zwei Keys keine Veränderung. Springen Sie einen Key weiter auf 02:00. Markieren Sie den zuletzt gesetzten Key und wählen Strg+C und danach Strg+V. Der kopierte Key wird an der Zeitmarkenposition eingesetzt. Während der Apfel fällt, dreht sich nichts.

Das **Keyframe-Symbol** 5 dient ebenfalls dem Setzen von Keys. Allerdings wird hier der Wert an der aktuellen Zeitmarkenposition ausgelesen und in einem Key verewigt. Befindet sich die Zeitmarke gerade an einem Key und Sie klicken auf das Symbol, wird dieser Key gelöscht.

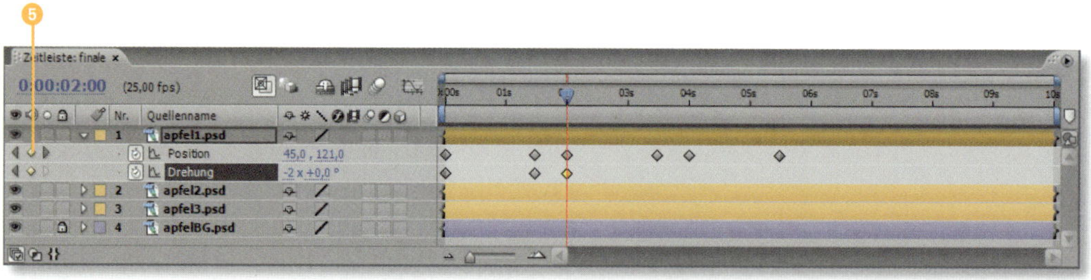

▲ **Abbildung 10.11**
Zum Stoppen der Animation wird der letzte Keyframe kopiert und an der Zeitmarkenposition eingesetzt.

Kehren Sie jetzt die Drehrichtung um. Bei 03:12 tragen Sie dazu anstelle der –2 eine 0 ins Wertefeld. Nicht vergessen: Bestätigen Sie mit ↵ oder klicken Sie einfach, wo Platz ist. Für unsere Drehung haben wir –2 × +0,0° und 0 × +0,0° gesetzt. Der Apfel dreht sich demnach nach rechts.

Die Werte für die zwei letzten Keys sind 0 × +0,0° bei 04:00 und –2 × +0,0° bei 05:12.

5 Keyframes proportional stauchen und strecken

Sie können die gesetzten Keyframes einer Eigenschaft stauchen, um die Animation zu beschleunigen, oder strecken, um sie zu verlangsamen. Die Ebene wird dabei nicht verändert.

Setzen Sie die Zeitmarke auf 03:00. Markieren Sie die Keyframes der Eigenschaft POSITION, indem Sie auf das Wort POSITION klicken. Drücken Sie gleichzeitig die Taste Alt und klicken den letzten Key in der Reihe an. Ziehen Sie dabei den letzten Key auf die Zeit 03:00. Stauchen Sie die Drehungskeys in gleicher Weise. Die Abstände zwischen den Keys bleiben dabei proportional erhalten.

Keyframes per Tastatur

Keyframes lassen sich auch per Tastatur an der Zeitmarkenposition setzen. Verwenden Sie dazu die Tasten

- Alt + ⇧ + A für den Ankerpunkt,
- Alt + ⇧ + P für die Position,
- Alt + ⇧ + S für Skalierung,
- Alt + ⇧ + R für Drehung und
- Alt + ⇧ + T für Deckkraft.

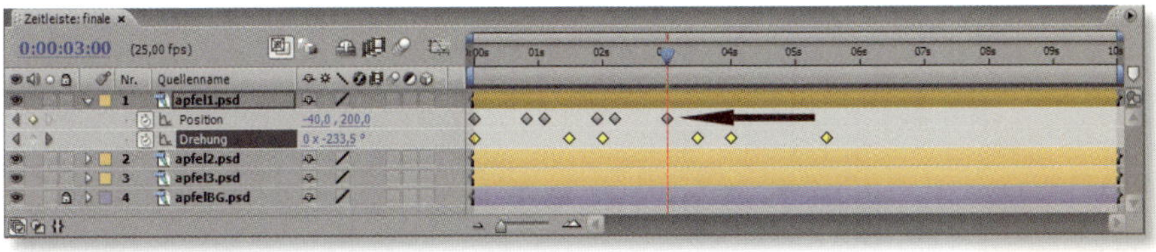

▲ **Abbildung 10.12**
Eine Reihe Keyframes kann mit der Taste Alt auf eine neue Zeitdauer gedehnt werden.

Das Prinzip Drehung

After Effects vergleicht immer jeweils die Werte zweier aufeinander folgender Keys. Für die Drehung bedeutet das ein bisschen Rechenarbeit, um die richtige Drehrichtung zu erhalten. Ein Beispiel:

Wollten Sie den Apfel erst 3-mal nach rechts, dann noch 5-mal nach rechts und 9-mal nach links drehen, ergäben sich folgende Keyframe-Werte: 0 × +0,0° / 3 × +0,0° / 8 × +0,0° / –1 × +0,0°. Üben Sie am besten außerhalb des Workshops einmal mit eigenen Werten.

6 Keyframes in andere Ebenen kopieren

Ab hier wird's wieder einfach. Die Keyframes können Sie einfach für die anderen beiden Äpfel übernehmen. Klicken Sie nacheinander mit Strg auf die Worte POSITION und DREHUNG, um alle Keys auszuwählen. Wählen Sie Strg + C zum Kopieren der Keys.

Positionieren Sie die Zeitmarke auf 01:00 und markieren Sie die Ebene »apfel2«. Wählen Sie Strg + V. Die Keyframes für beide Eigenschaften werden zeitlich etwas versetzt genau an der Position der Zeitmarke eingefügt. Wiederholen Sie das Einfügen für »apfel3« bei 03:00 und vergleichen Sie Ihre Keys mit denen in der Abbildung.

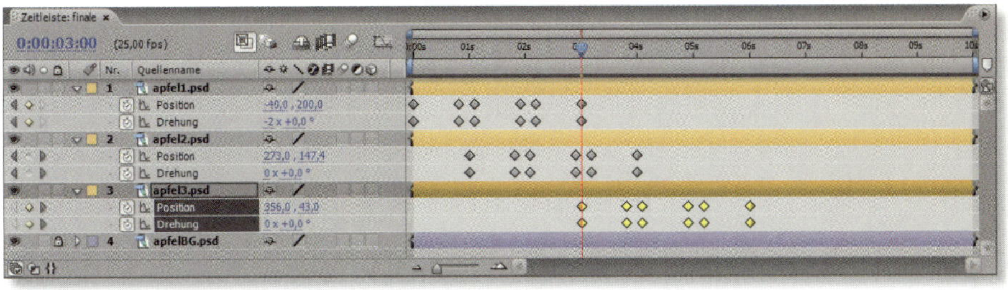

▲ **Abbildung 10.13**
Die Keyframes der Ebene »apfel1« werden kopiert und in die beiden anderen Ebenen eingefügt.

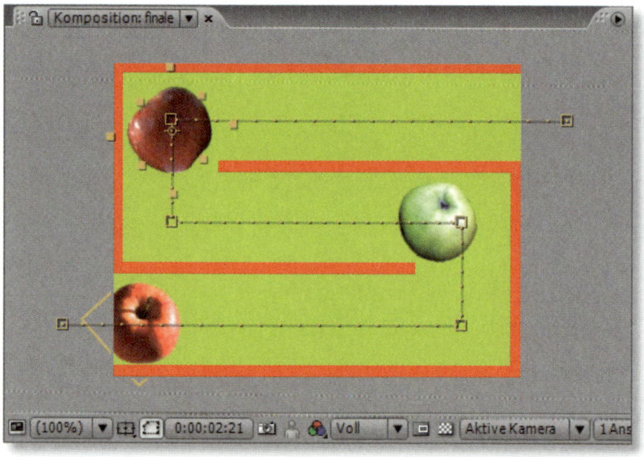

Abbildung 10.14 ▸
Alle drei Äpfel bewegen sich auf einem ähnlichen Bewegungspfad, nur zeitlich versetzt.

Ebenenkeyframes ein- und ausblenden

Mit der Taste U blenden Sie sämtliche für eine Ebene gesetzten Keyframes ein oder aus. Die Ebene muss dazu markiert sein. Sehr hilfreich ist diese Möglichkeit vor allem später, wenn Sie lange Listen animierbarer Eigenschaften ausblenden wollen.

Werte in Schritten ändern

Wenn Sie einen Wert durch Ziehen in der Zeitleiste ändern und zusätzlich die Taste ⇧ verwenden, werden die Werte in Zehnerschritten erhöht bzw. vermindert.

Aktualisierung im Kompositionsfenster unterdrücken

Halten Sie zusätzlich die Alt-Taste gedrückt, während Sie Werte durch Ziehen verändern, dann wird die Anzeige im Kompositionsfenster erst aktualisiert, wenn Sie die Maustaste loslassen. Sinn macht das bei zu langen Vorschauberechnungen.

7 Keyframe-Reihenfolge umkehren

Zum Schluss machen wir uns noch den Spaß, einen der Äpfel wieder zurückrollen zu lassen. Der »apfel1« möchte zurück zum Baum.

Wir werden dazu die Animation umkehren. Kopieren Sie daher wie eben gehabt die Eigenschafts-Keyframes bei POSITION und DREHUNG von »apfel1« und fügen Sie sie bei 06:00 in der gleichen Ebene ein. Lassen Sie die eingefügten Keys markiert und wählen Sie ANIMATION • KEYFRAME-ASSISTENT • KEYFRAME-REIHENFOLGE UMKEHREN oder klicken Sie mit der rechten Maustaste auf die markierten Keys und wählen den Befehl im Kontextmenü. Spielen Sie die Animation in der RAM-Vorschau mit der Taste 0 im Ziffernblock ab. – Das war alles. ■

Bevor wir mit dem nächsten Workshop beginnen, folgen noch ein paar Ergänzungen zum Thema.

Werte global setzen | Einige Möglichkeiten, Eigenschaftswerte zu setzen, haben Sie im vorhergehenden Workshop bereits ausprobiert. Unerwähnt blieb die Möglichkeit, Werte global zu setzen, also ohne Animation. Dazu müssen Sie nichts weiter tun, als den Wert einer Eigenschaft zu verändern, ohne jedoch Keyframes zu setzen. Die Drehung einer Ebene um 90° beispielsweise bleibt dann unverändert bestehen.

Werte mit der Maus ändern | Wichtig ist auch noch die Möglichkeit, Werte in der Zeitleiste durch Ziehen mit der Maus zu verändern. Blenden Sie dazu die entsprechende Eigenschaft in der Zeitleiste ein und positionieren den Mauszeiger genau über dem blau dargestellten Eigenschaftswert. Der Mauszeiger ändert sich in ein Hand-Symbol. Um den Wert zu erhöhen, ziehen Sie den Mauszeiger nach rechts, und um ihn zu vermindern, nach links.

▼ **Abbildung 10.15**
Eigenschaftswerte können durch Ziehen mit der Maus geändert werden.

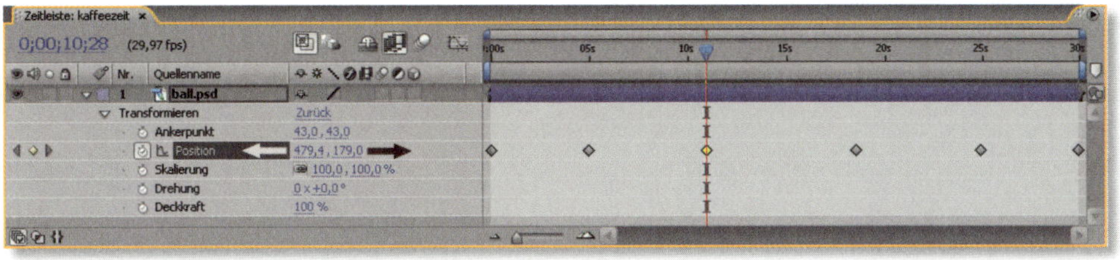

Keyframe-Dialogbox | Die Werte bereits gesetzter Keyframes können über eine Keyframe-Dialogbox geändert werden. Markieren Sie dazu den Keyframe einer Eigenschaft in der Zeitleiste und klicken mit der rechten Maustaste darauf oder besser doppelklicken Sie einfach auf den Keyframe. In der sich öffnenden Dialogbox tragen Sie die neuen Werte ein, die dann für diesen Keyframe übernommen werden. Sie ersparen sich damit mühseliges Positionieren der Zeitmarke.

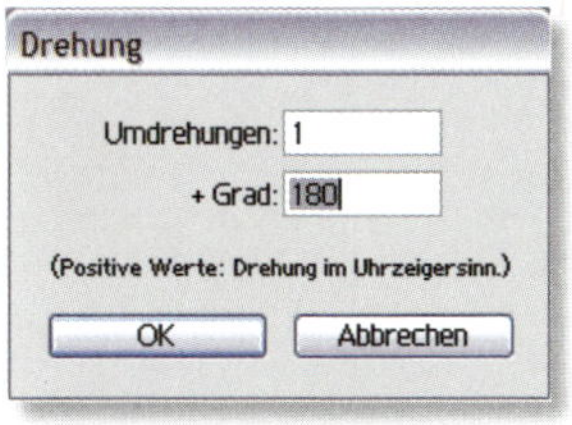

▲ **Abbildung 10.16**
In der Wertedialogbox lassen sich Werte von Keyframes schnell ändern.

Drehen-Werkzeug | Für die im Workshop besprochene Änderung der Drehung können Sie auch das Drehen-Werkzeug verwenden. Es eignet sich, um freihändige Drehungen einer Ebene auszuführen. Aktivieren Sie dazu den Button in der Werkzeugpalette.

Mit dem Drehen-Werkzeug verändern Sie die Drehung einer markierten Ebene direkt im Kompositionsfenster. Klicken Sie die Ebene an und ziehen gleichzeitig den Mauszeiger. Die Werteänderung wird in der Zeitleiste bei der Eigenschaft DREHUNG angezeigt.

▲ **Abbildung 10.17**
Mit dem Drehen-Werkzeug lässt sich die Drehung einer markierten Ebene direkt im Kompositionsfenster verändern.

Drehung zurücksetzen

Ein Doppelklick auf das Drehen-Werkzeug setzt Drehungswerte auf 0° zurück.

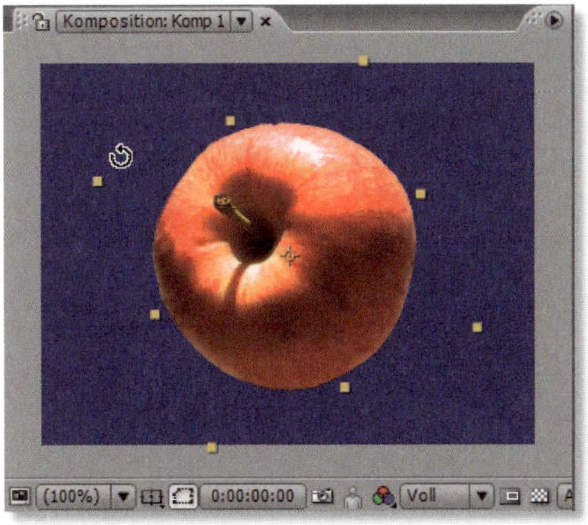

◄ **Abbildung 10.18**
Der Mauszeiger ändert sich, wenn das Drehen-Werkzeug aktiv ist.

10.2 Ankerpunkte definieren

In dem Workshop »Eigenschaften und Eigenschaftswerte« haben Sie die Drehung einer Ebene animiert. Die Drehung erfolgte dabei, wie Ihnen vielleicht aufgefallen ist, um den Ebenenmittelpunkt, den Ankerpunkt.

Standardmäßig liegt der Ankerpunkt immer in der Mitte. Für einige Animationen muss der Ankerpunkt verschoben oder sogar animiert werden. In dem folgenden Workshop gehen wir das Ganze praktisch an.

Schritt für Schritt: Dreh- und Angelpunkt ist der Ankerpunkt

Bevor Sie beginnen, schauen Sie sich das Movie »allestrick« aus dem Ordner 10_Keyframe_Grundlagen/Ankerpunkt an.

1 Vorbereitung

Importieren Sie per [Strg]+[I] aus dem Ordner 10_Keyframe_Grundlagen/Ankerpunkt die Datei »allestrick.psd«. Legen Sie mit [Strg]+[N] eine Komposition in den Abmessungen 320 × 240 und einer Dauer von 9 Sekunden (0:00:09:00) an. Wählen Sie unter Komposition • Hintergrundfarbe ein dunkles Grün.

2 Farbfläche erstellen

Erstellen Sie eine Farbfläche über Ebene • Neu • Farbfläche oder mit [Strg]+[Y]. Klicken Sie auf die Schaltfläche Wie Kompositionsgrösse. Als Farbe wählen Sie Rot.

3 Ankerpunkt und Skalierung

Die Farbfläche erscheint genau zentriert in der Komposition. In der Mitte sehen Sie bei markierter Ebene den Ankerpunkt. Dieser soll jetzt verschoben werden. Aktivieren Sie das Ausschnitt-Werkzeug.

Abbildung 10.19 ▸
Der Ankerpunkt einer Ebene kann mit dem Ausschnitt-Werkzeug verschoben werden.

Ankerpunkt zurücksetzen

Durch einen Doppelklick auf das Ausschnitt-Werkzeug setzen Sie einen verschobenen Ankerpunkt wieder zurück auf den Ebenenmittelpunkt.

Ziehen Sie den Ankerpunkt im Kompositionsfenster ganz genau auf den rechten Rand der Farbfläche. Nutzen Sie eventuell die Vergrößerungsoption des Kompositionsfensters bzw. die Tasten [,] und [.] für eine genaue Positionierung. Wenn Sie über eine Maus mit Scrollrad verfügen, können Sie auch einfach per Rad vergrößern und verkleinern. Sie können die Leertaste nutzen, um den Ausschnitt der vergrößerten Kompositionsansicht zu verschieben.

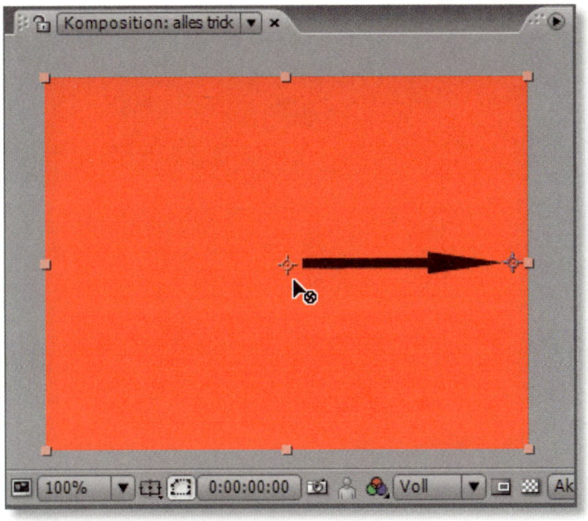

◂ **Abbildung 10.20**
Für die Farbfläche wird der Ankerpunkt an den rechten Rand der Ebene verschoben.

Wählen Sie wieder das Auswahl-Werkzeug [V]. Als Nächstes wird die Skalierung verändert. Markieren Sie die Farbflächenebene und blenden Sie die Eigenschaft SKALIERUNG mit der Taste [S] ein. Setzen Sie einen ersten Key per Klick auf das Stoppuhr-Symbol bei 00:12. Der zweite Key wird automatisch durch Verändern des Skalierungswerts entstehen.

Es soll nur die Breite skaliert werden. Entfernen Sie das Verketten-Symbol 1, um die Skalierung für Breite und Höhe unabhängig zu ändern. Klicken Sie in das Wertefeld für Breite und tragen bei 01:12 den Wert 0 ein. Die Fläche wird in Richtung des Ankerpunkts, nach rechts, kleiner skaliert und ist dann unsichtbar.

▾ **Abbildung 10.21**
Nur die Breite der Farbfläche wird skaliert.

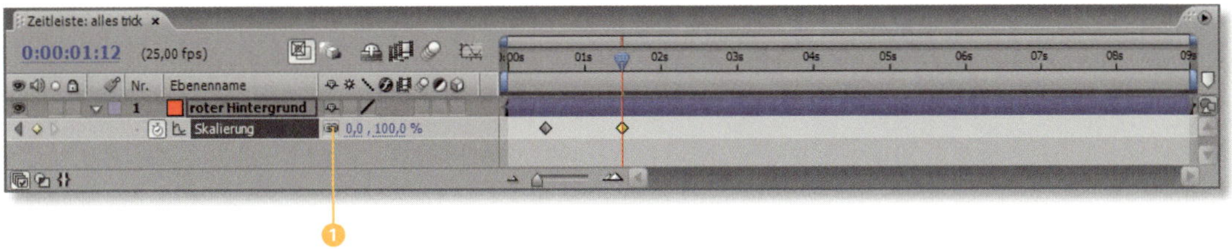

4 Ankerpunkt und Drehung

Als Nächstes werden wir die Datei »allestrick« mit Hilfe des Ankerpunkts animieren. Positionieren Sie die Zeitmarke auf 02:00 und ziehen die Datei »allestrick« in den rechten Bereich der Zeitleiste. Wenn Sie die Ebene genau auf die Zeitmarke ziehen, wird der In-Point der Ebene genau dort positioniert. Setzen Sie den Ankerpunkt in die linke untere Ecke.

Skalierung zurücksetzen

Durch einen Doppelklick auf das Auswahl-Werkzeug setzen Sie die Skalierungswerte wieder auf 100 % zurück.

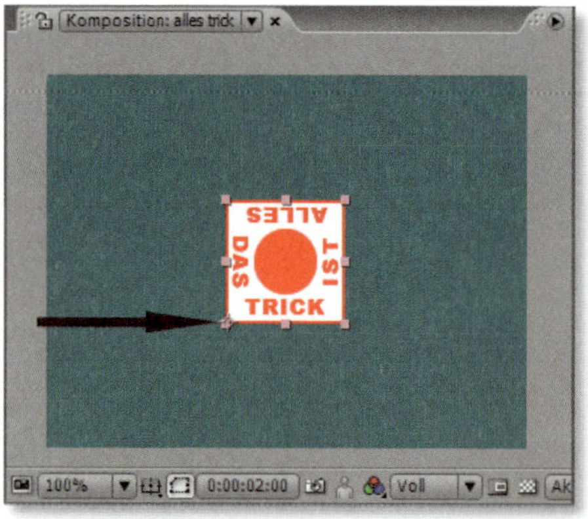

▲ **Abbildung 10.22**
Zuerst wird der Ankerpunkt für die Ebene »allestrick« auf die linke untere Ecke gesetzt.

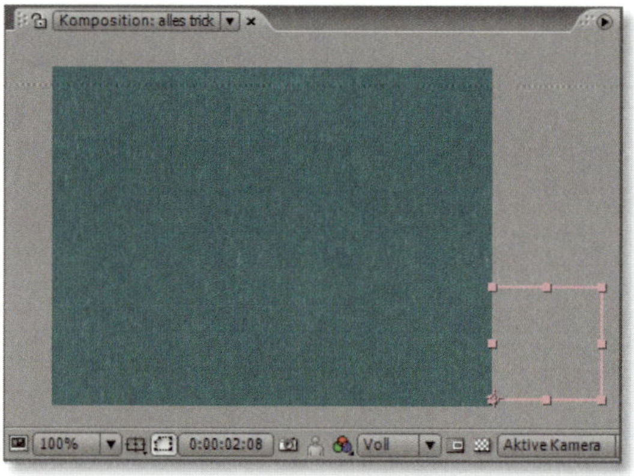

▲ **Abbildung 10.23**
Die Ebene »allestrick« wird zu Beginn an den rechten Kompositionsrand gesetzt.

Ebenen per Tastatur verschieben

Markierte Ebenen können mit den Pfeil-Tasten nach rechts, links, oben und unten um je einen Pixel verschoben werden. Bei Zuhilfenahme von ⇧ wandern die Ebenen in 10-Pixel-Schritten.

Erweitern Sie das Kompositionsfenster etwas und positionieren Sie die Ebene jetzt außerhalb der Ansicht, genau am rechten Rand der Komposition, wie in der Abbildung 10.23.

Öffnen Sie die Eigenschaft DREHUNG mit der Taste R. Setzen Sie den ersten Key genau am In-Point der Ebene bei 02:00. Setzen Sie den nächsten Key bei 02:12, indem Sie den Wert –90 in das Wertefeld ❶ eintragen. Die Ebene kippt um den Ankerpunkt nach links.

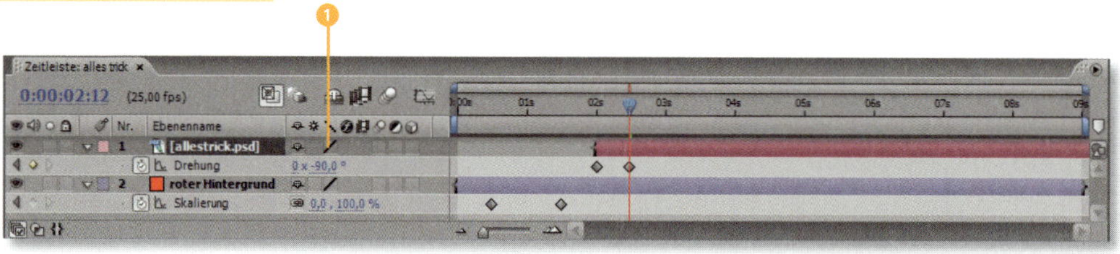

▲ **Abbildung 10.24**
Die Drehung der Ebene »allestrick« wird in 90°-Schritten animiert.

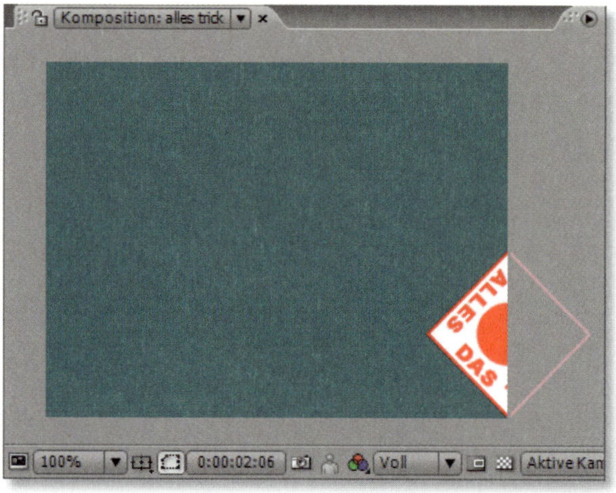

Abbildung 10.25 ▶
Die Ebene »allestrick« kommt von rechts ins Bild.

5 Ankerpunkt animieren

Blenden Sie zusätzlich zur Drehung die Eigenschaften Ankerpunkt und Position ein. Und zwar bei markierter Ebene mit [R], [⇧]+[A], [⇧]+[P]. Passen Sie jetzt gut auf! Setzen Sie je für Ankerpunkt und Position einen ersten Key bei 02:11, also genau einen Frame vor dem Drehungskey. Vergleichen Sie mit der Abbildung.

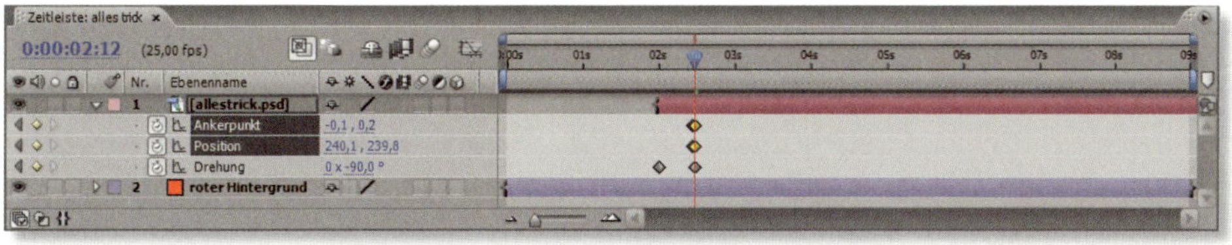

▼ **Abbildung 10.26**
Zur Animation des Ankerpunkts werden kurz nacheinander Keyframes für die Position und den Ankerpunkt gesetzt.

Gehen Sie jetzt nur um ein Bild in der Zeitleiste weiter auf 02:12. Nutzen Sie dazu die Taste [Bild ↓]. Die Zeitmarke springt einen Frame weiter. Verschieben Sie den Ankerpunkt von »allestrick« mit dem Ausschnitt-Werkzeug zur linken unteren Ecke. Achten Sie dabei auf Genauigkeit und nutzen Sie die Vergrößerung.

Es entstehen zwei neue Keyframes bei Ankerpunkt und Position. Der Ankerpunkt »rutscht« dabei innerhalb eines Frames auf seine neue Position.

Ankerpunkte als Erstes setzen

Es ist wichtig, den Ankerpunkt zu setzen, **bevor** Sie andere Keyframes definiert haben. Ein später verschobener Ankerpunkt kann zu erheblichen Veränderungen der Animation bis hin zur Verzweiflung führen.

6 Weitere Animation

Markieren Sie den Drehungskey bei 02:12. Kopieren Sie den Key mit [Strg]+[C] und setzen ihn bei 03:12 mit [Strg]+[V] ein. Durch den erneut eingesetzten Key stoppt die Animation der Drehung für eine Sekunde.

▼ **Abbildung 10.27**
Die Drehung stoppt für eine Sekunde. Dazu wird der letzte Keyframe kopiert und später eingefügt.

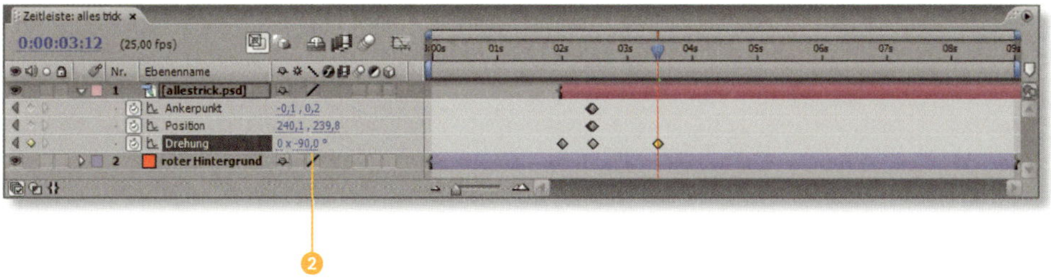

Ab jetzt wiederholt sich der Ablauf. Für die Drehung setzen Sie bei 04:00 einen Key, indem Sie ins Wertefeld ❷ –180 eintragen. Die Ebene kippt erneut nach links um den neu definierten Ankerpunkt (siehe Abbildung 10.28).

Es folgt das erneute Verschieben des Ankerpunkts. Markieren Sie dazu zunächst nacheinander mit der Taste [⇧] die beiden letzten Keys für Ankerpunkt und Position bei 02:12. Kopieren Sie die Keys und setzen Sie diese bei 03:24, einen Frame vor dem Drehungskey, ein. Verschieben Sie bei 04:00 wieder den Ankerpunkt auf die neuerliche linke untere Ecke. Es entstehen wie vorher automatisch zwei neue Keys für ANKERPUNKT und POSITION.

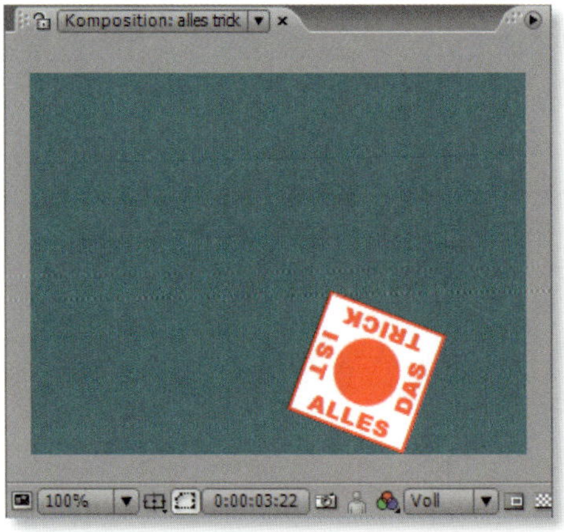

Abbildung 10.28 ▸
Erneut kippt die Ebene, diesmal um eine andere Ecke.

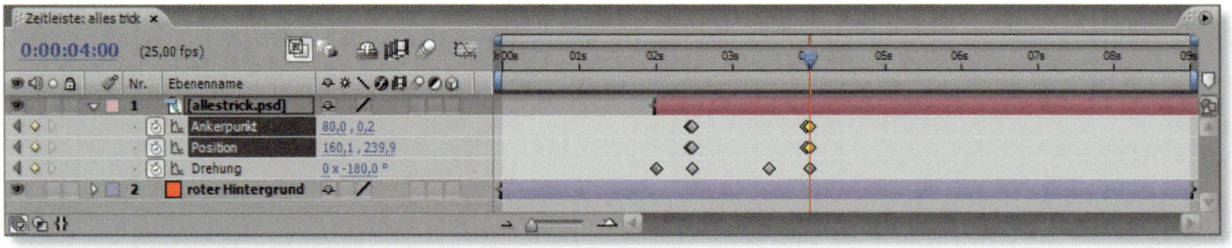

▴ **Abbildung 10.29**
Die letzten Keyframes für Drehung und Ankerpunkt werden kopiert und einen Frame vor dem Drehungs-Keyframe eingefügt. Ein Bild weiter wird der Ankerpunkt wieder verschoben.

Das Prinzip für die weitere Animation bleibt gleich. Daher werden die nächsten Schritte nicht näher beschrieben. Zum Vergleich schauen Sie eventuell in das Projekt »ankerpunkt.aep« im Ordner 10_KEYFRAME_GRUNDLAGEN/ANKERPUNKT und orientieren sich an der folgenden Abbildung. ■

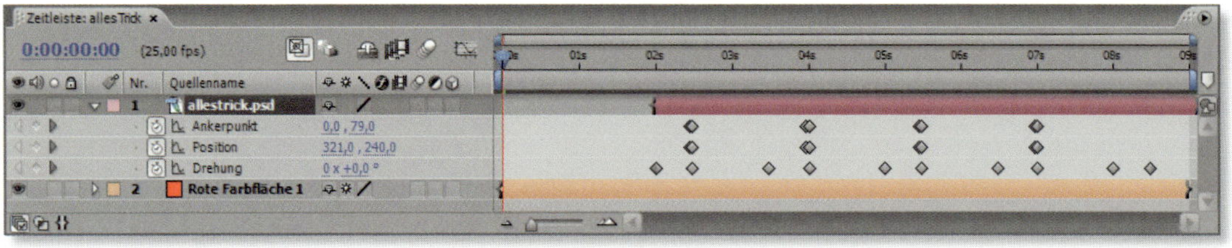

▴ **Abbildung 10.30**
Die fertige Animation sehen Sie hier.

10.3 Animationsvorgaben

In der Palette EFFEKTE UND VORGABEN von After Effects finden Sie eine große Anzahl an vordefinierten Animationen, die Sie auf Ihre Ebenen in der Zeitleiste anwenden können. Sie öffnen die Palette über FENSTER • EFFEKTE UND VORGABEN oder mit [Strg]+[5].

Animationsvorgaben anzeigen | Sie können die Animationsvorgaben über zwei Wege erreichen: einmal über das Menü Animation • Vorgaben durchsuchen oder über das Menü der Palette Effekte und Vorgaben ❶ per Klick auf den Eintrag Animationsvorgaben anzeigen. Falls Adobe Bridge installiert ist, sind die Vorgaben dort aufgelistet und können bequem durchsucht und in einer Vorschau angeschaut werden. In der Palette Effekte und Vorgaben wird der Eintrag Animationsvorgaben zusätzlich zu den Effekt-Kategorien eingeblendet.

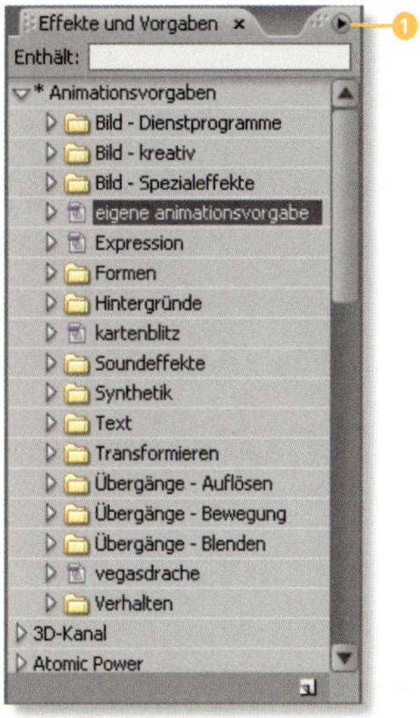

▲ **Abbildung 10.31**
Aus der Palette Effekte und Vorgaben heraus ziehen Sie die Animationsvorgabe auf eine markierte Ebene oder klicken sie doppelt an.

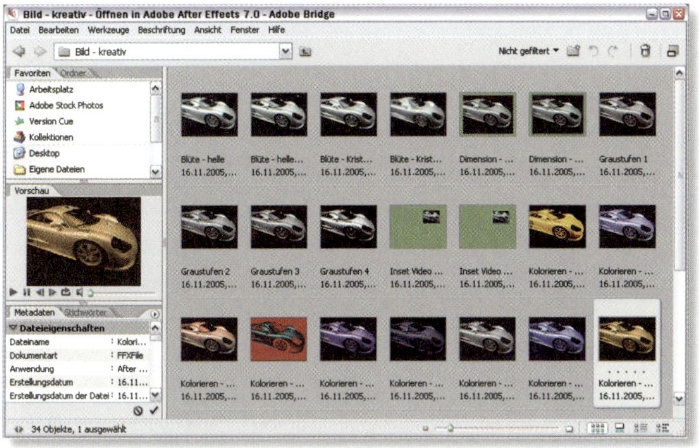

◀ **Abbildung 10.32**
In Adobe Bridge werden die Animationsvorgaben in einer Vorschau angezeigt und können schnell einer oder mehreren markierten Ebenen zugewiesen werden.

Animationsvorgaben anwenden | Wenn Sie einer oder mehreren Ebenen eine Vorgabe zuweisen wollen, markieren Sie die Ebenen zuerst in der Zeitleiste. Danach setzen Sie die Zeitmarke auf eine Zeitposition, an der die Animation beginnen soll. In Adobe Bridge klicken Sie anschließend doppelt auf die gewünschte Vorgabe. Ebenso gehen Sie in der Palette Effekte und Vorgaben vor. Alternativ wählen Sie Animation • Animationsvorgabe anwenden. In der sich öffnenden Dialogbox wählen Sie Ihre selbsterstellte Animationsvorgabe aus. Sie werden standardmäßig im Installationsordner von After Effects im Ordner Presets gespeichert und können dort geöffnet werden.

▼ **Abbildung 10.33**
Nach Anwendung einer Animationsvorgabe erscheinen die Keyframes in allen zuvor markierten Ebenen.

10.3.1 Eigene Animationsvorgaben

Im Workshop »Eigenschaften und Eigenschaftswerte« haben Sie Keyframes aus mehreren Eigenschaften kopiert und in andere Ebenen eingesetzt. Sie haben also eine Animation aus einer Ebene in eine andere Ebene übertragen. Sehr komfortabel ist das auch mit eigenen Animationsvorgaben machbar.

After Effects bietet Ihnen mit eigenen Animationsvorgaben die Möglichkeit zum dauerhaften Speichern von Keyframes einer oder mehrerer Eigenschaften. Die so gesicherten Animationen können aus animierten Effekten, Masken, Ebenentransformationen, sprich allen mit Keyframes animierbaren Eigenschaften bestehen. Nach dem Speichern ist es ein Kinderspiel, die Animationen den Ebenen Ihrer Wahl hinzuzufügen.

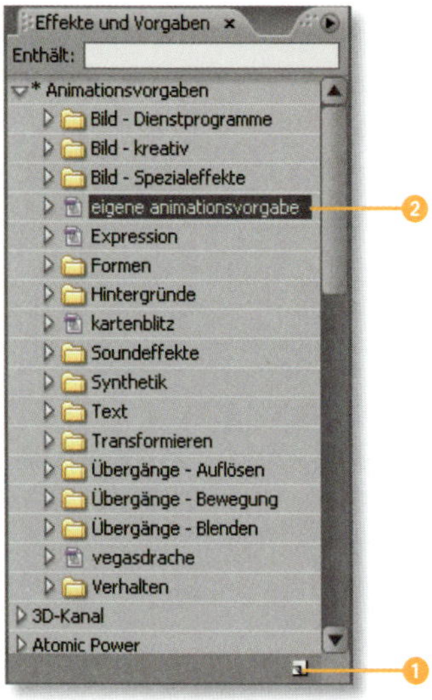

▲ **Abbildung 10.34**
In der Palette Effekte und Vorgaben werden selbst definierte Animationsvorgaben angezeigt.

Animationsvorgabe anlegen | Bevor Sie eine Animationsvorgabe anlegen, markieren Sie die Keyframes einer Ebene, die Sie in einer anderen Ebene als Vorgabe verwenden wollen. Wählen Sie anschließend Animation • Animationsvorgabe speichern. Es öffnet sich ein Dialog zum Speichern der Animationsvorgabe. Denselben Dialog erhalten Sie auch per Klick auf ein kleines Symbol 1 unten rechts in der Palette Effekte und Vorgaben.

Wenn Sie selbst keinen neuen Speicherpfad eingeben, wird die Animationsvorgabe als eigene Datei mit der Endung .ffx im Ordner Support Files/Presets im After Effects-Installationsordner unter dem von Ihnen gewählten Namen abgelegt.

Sollten Sie die Vorgabe an einem anderen Ort speichern, wird diese nur dann in der Vorgaben-Palette angezeigt, wenn der Ordner Presets eine Verknüpfung zu dem Ordner mit der Vorgabe enthält. Die neue Animationsvorgabe wird sowohl in Adobe Bridge als auch in der Palette Effekte und Vorgaben mit dem gewählten Namen angezeigt 2.

Wenn Sie Ihre Animationsvorgabe anwenden möchten, gehen Sie so vor, wie es oben bereits beschrieben wurde. Die zuvor als Vorgabe gespeicherten Keyframes Ihrer animierten Effekte und Transformationen werden jeweils in die markierten Ebenen eingesetzt.

Animationsvorgabe löschen | Um eine Animationsvorgabe wieder zu entfernen, muss diese in der Palette Effekte und Vorgaben zuerst markiert werden. Anschließend wählen Sie aus dem Menü der Palette den Eintrag Im Explorer anzeigen bzw. Im Finder anzeigen (Mac OS). Daraufhin wird der Ordner Presets angezeigt und die gewählte Vorgabe ist dort markiert. Zum Löschen betätigen Sie dann die Taste `Entf`. Im Menü der Palette wählen Sie abschließend den Eintrag Liste aktualisieren.

Funktion	Windows	Mac OS
Ankerpunkt	A	A
Position	P	P
Skalierung	S	S
Deckkraft	T	T
Drehung	R	R
Alle animierten Eigenschaften	U	U

▲ **Tabelle 10.1**
Tastenkürzel zum Einblenden von Ebeneneigenschaften

Funktion	Windows	Mac OS
Ebene entlang der X-, Y-Achse verschieben	⇧+Ebene ziehen	⇧+Ebene ziehen
Proportionale Skalierung	⇧+Eckpunkt der Ebene ziehen	⇧+Eckpunkt der Ebene ziehen
Drehung in 45°-Schritten	⇧+mit Drehwerkzeug ziehen	⇧+mit Drehwerkzeug ziehen
Rotation auf 0° zurücksetzen	Doppelklick auf Drehen-Werkzeug	Doppelklick auf Drehen-Werkzeug
Skalierung auf 100% zurücksetzen	Doppelklick auf Auswahl-Werkzeug	Doppelklick auf Auswahl-Werkzeug

▲ **Tabelle 10.2**
Tastenkürzel zum Arbeiten mit Ebeneneigenschaften

10.4 Der Diagrammeditor

Mit dem Diagrammeditor meistern Sie Ihre Animationen schneller, führen Änderungen an bereits gesetzten Keyframes durch oder definieren neue Keyframes. Außerdem behalten Sie die Kontrolle über die Geschwindigkeiten Ihrer Animationen.

In den vorangegangenen Workshops haben Sie Keyframes in der Ebenenansicht des Zeitleistenfensters definiert, um damit Animationen zu schaffen. Eine Alternative zu der bekannten Bearbeitung bietet der Diagrammeditor. Trotz seines vielleicht abschreckenden Namens lohnt es sehr, den Editor zu studieren. Sie haben mehr Kontrolle über Ihre Keyframes und können darin – nach kurzer Eingewöhnungsphase – mindestens ebenso leicht Animationen erstellen wie in der Ebenenansicht. Auch Änderungen sind sehr schnell und intuitiv bewerkstelligt. Zu guter Letzt erhalten Sie die volle Kontrolle über die Geschwindigkeiten Ihrer Animationen und können im Editor dynamisch wirkende Bewegungen erzeugen.

10.4.1 Funktion des Diagrammeditors

Der Diagrammeditor dient der visuellen Darstellung der Geschwindigkeits- und Werteänderungen aller Ihrer Animationen. Sie können jederzeit über den Button ① in der Zeitleiste zwischen Ebenenansicht und dem Diagrammeditor wechseln.

Abbildung 10.35 ▶
In der Zeitleiste kann schnell zwischen Ebenenansicht und Diagrammeditor gewechselt werden.

Der Diagrammeditor besteht aus einem zweidimensionalen Diagramm, das genau wie in der Ebenenansicht den zeitlichen Verlauf von Eigenschaftsänderungen wiedergibt. In diesem Diagramm kann für jede Eigenschaft eine **Geschwindigkeits-** und eine **Wertekurve** eingeblendet werden. Die Geschwindigkeitskurve stellt die Geschwindigkeit, mit der sich Eigenschaftswerte ändern, visuell dar. In der Wertekurve hingegen werden die Eigenschaftswerte visualisiert. Diese können einzeln oder auch gemeinsam angezeigt werden.

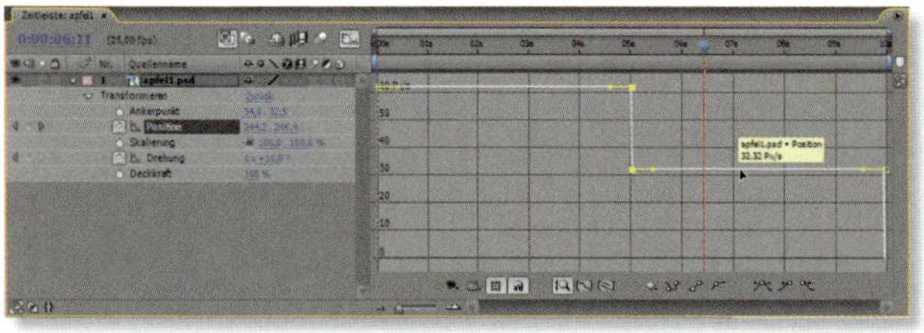

▲ **Abbildung 10.36**
Die Geschwindigkeitskurve stellt die Geschwindigkeit, mit der sich Eigenschaftswerte ändern, visuell dar.

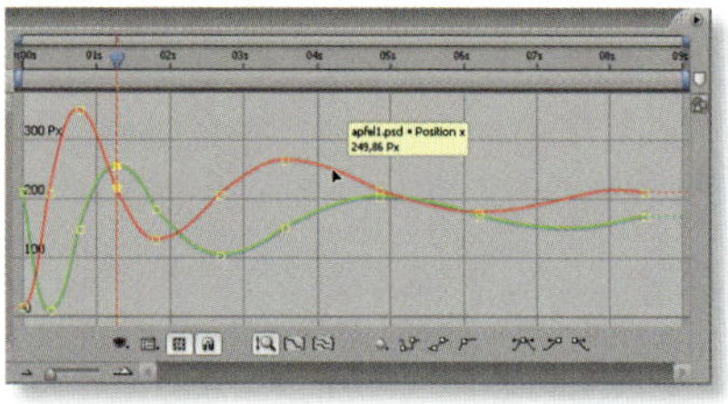

▲ **Abbildung 10.37**
In der Wertekurve werden Eigenschaftswerte visualisiert.

Außerdem ist es möglich, die Kurven für mehrere Eigenschaften gleichzeitig anzuzeigen. Dabei passt sich allerdings die Anzeige dem Minimal- und Maximalwert der Kurven an. Damit sind Kurven mit kleineren Wertebereichen manchmal kaum noch bearbeitbar. Bei sehr unterschiedlichen Wertebereichen ist es also nötig, die Ansicht anzupassen oder die entsprechenden Eigenschaften wieder einzeln auszuwählen. Die frühere Ansicht, die jede Kurve in einem eigenen Fenster mit jeweils eigenem Wertebereich darstellte, gibt es in After Effects 7 nicht mehr.

10.4.2 Arbeit mit dem Diagrammeditor

Schauen wir uns als Nächstes den Diagrammeditor näher an.

Um im Diagrammeditor eine Eigenschaft anzeigen zu lassen, muss diese zuvor markiert werden. Der Editor blendet dann je nach Eigenschaftstyp automatisch entweder die Geschwindigkeits- oder die Wertekurve ein. Wenn Sie mehrere Eigenschaften markieren, werden die jeweiligen Kurven übereinander eingeblendet. Jeder Eigenschaft bzw. Kurve sind dabei zur besseren Unterscheidung Farben zugeordnet, mit denen auch der Wert oder die Werte der Eigenschaft unterlegt sind. Verschiedene Eigenschaften und Werte lassen sich so besser auseinanderhalten, wenn diesen nicht von den After Effects-Entwicklern dieselbe Farbe zugeordnet wurde. Gleiche Eigenschaften erscheinen sogar grundsätzlich in immer gleichen Farben.

Auswahl der angezeigten Eigenschaften | Über den Button ❷ gelangen Sie in ein kleines Menü. Die zwei wichtigsten Optionen sind AUSGEWÄHLTE EIGENSCHAFTEN ANZEIGEN und ANIMATIONSEIGENSCHAFTEN ANZEIGEN. Mit der ersten Option werden nur die Werte der Eigenschaften als Kurven dargestellt, die Sie direkt markieren. Mit der zweiten Option benötigen Sie nur einen Klick auf die Ebene, um die Kurven sämtlicher animierter Eigenschaften gemeinsam einzublenden. Die Optionen sind auch gemeinsam wählbar.

▼ **Abbildung 10.38**
Die Werte mehrerer ausgewählter Eigenschaften werden im Editor mit verschiedenen Farben dargestellt.

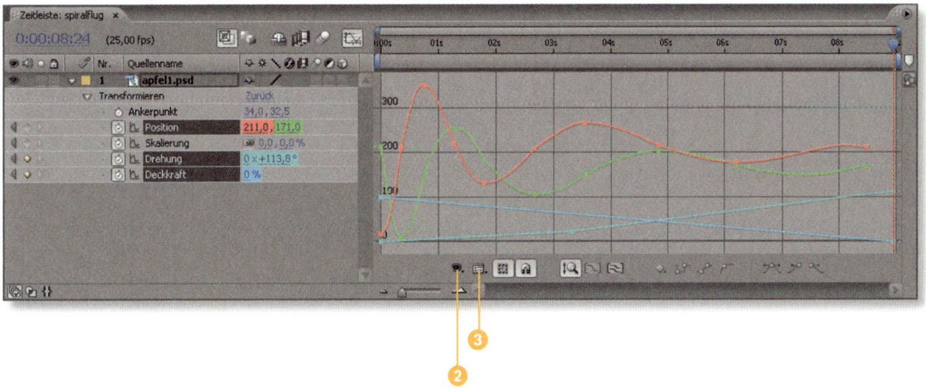

Diagrammtyp und Optionen | In dem Einblendmenü DIAGRAMMTYP UND OPTIONEN WÄHLEN ❸ finden Sie eine Auswahl, welcher Kurventyp angezeigt werden soll. Um die Kurven jeweils einzeln anzuzeigen, wählen Sie entweder WERTEKURVE BEARBEITEN oder GESCHWINDIGKEITSKURVE BEARBEITEN. Zusätzlich zu dem gewählten Kurventyp kann die jeweils nicht gewählte Kurve als Referenz eingeblendet werden, wenn außerdem ein Häkchen bei REFERENZDIAGRAMM ANZEIGEN gesetzt wurde.

Mit der Option KURVENTYP AUTOMATISCH WÄHLEN entscheidet After Effects selbst, welche Kurve bei einer markierten Eigenschaft angezeigt wird. Bei einer räumlichen Eigenschaft wie der Position ist es die Geschwindigkeits- und sonst die Wertekurve.

Nützlich sind auch die folgenden Optionen: Sie können AUDIO-WELLENFORM ANZEIGEN wählen, um Audiodateien besser

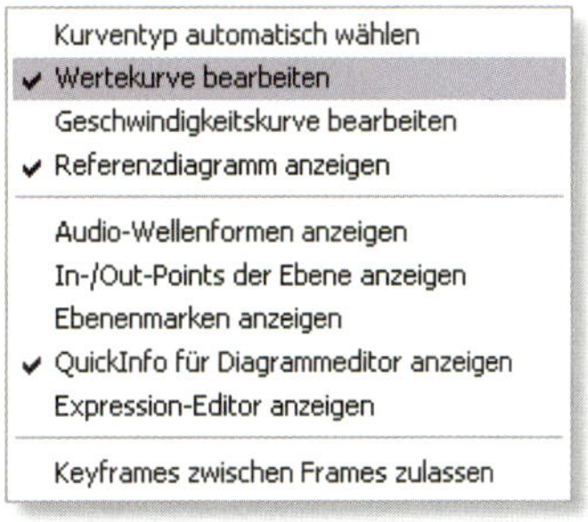

▲ **Abbildung 10.39**
Für das Diagramm sind viele Anzeigeoptionen wählbar.

mit Animationen zu synchronisieren, indem die Audioinformation visualisiert wird. Eine ähnliche Option ist auch in der Ebenenansicht verfügbar.

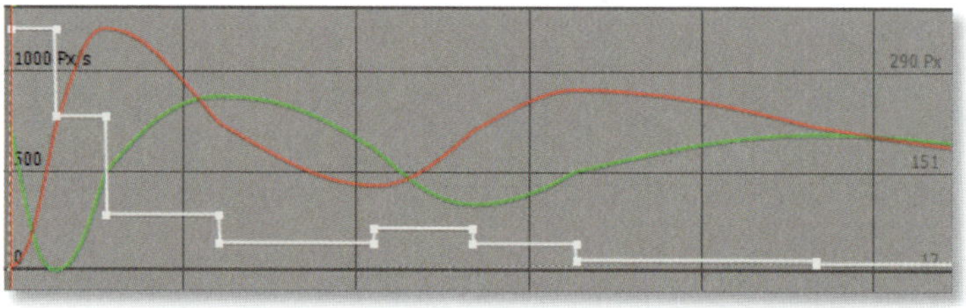

Abbildung 10.40 ►
Wird die Option REFERENZDIAGRAMM ANZEIGEN gewählt, werden Geschwindigkeits- und Wertekurve gemeinsam im Diagramm dargestellt.

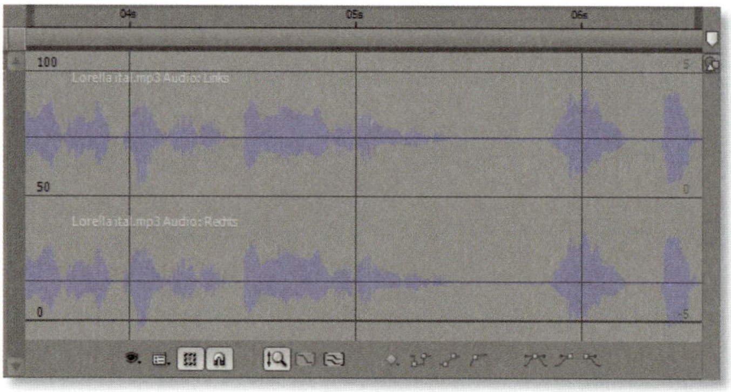

Abbildung 10.41 ►
Mit Hilfe der Audio-Wellenform lassen sich Animationen und Sound besser synchronisieren.

Weitere Optionen

Die Optionen IN-/OUT-POINTS DER EBENE ANZEIGEN, EBENENMARKEN ANZEIGEN und EXPRESSION-EDITOR ANZEIGEN sind selbsterklärend. Allerdings sind sehr gute Augen vonnöten, um die angezeigten In- und Out-Points oder Marken zu entdecken. Der Expression-Editor gleicht dem Expressions-Feld in der Ebenenansicht. Im Kapitel 24, »Expressions«, erfahren Sie mehr.

Die Option QUICKINFO FÜR DIAGRAMMEDITOR ANZEIGEN dient dazu, Informationen direkt dort anzuzeigen, wo sich der Mauszeiger gerade über einer der Kurven befindet.

Die letzte Möglichkeit KEYFRAMES ZWISCHEN FRAMES ZULASSEN ermöglicht es, Keyframes im Editor so zu verschieben, dass sie auch zwischen Frames liegen können, was eine sehr hohe Präzision des Timings ermöglicht.

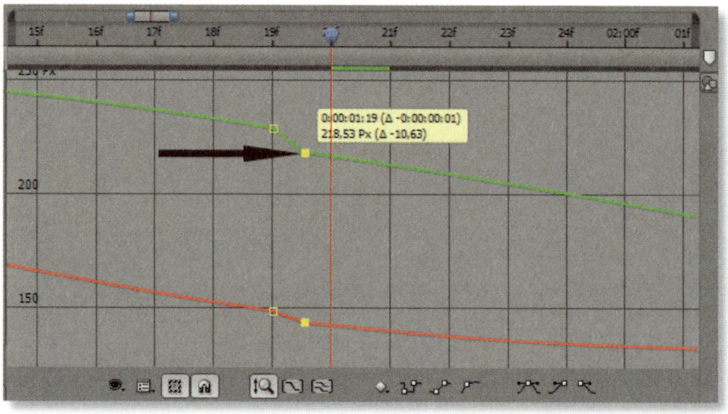

Abbildung 10.42 ►
Mit der Option KEYFRAMES ZWISCHEN FRAMES ZULASSEN wird es möglich, Keyframes so zu verschieben, dass sie zwischen Frames platziert werden können.

10.4.3 Keyframe-Bearbeitung im Diagrammeditor

Die Keyframe-Bearbeitung im Diagrammeditor ähnelt derjenigen in der Ebenenansicht. Der Hauptunterschied besteht in den unterschiedlich dargestellten Keyframes und in der Möglichkeit, ein Transformationsfeld über diesen Keyframes aufziehen zu können.

Keyframe-Darstellung | Im Unterschied zur Keyframe-Darstellung in der Ebenenansicht sind die Keyframes im Diagrammeditor im markierten Zustand als gelbe Punkte sichtbar, die durch eine Linie miteinander verbunden sind. In der Geschwindigkeitskurve gibt es für jeden Keyframe zusätzlich noch Anfasser, über welche die Kurve verändert werden kann.

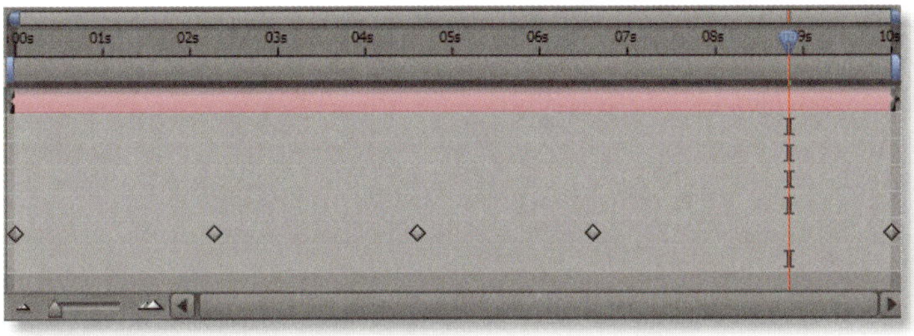

◀ Abbildung 10.43
Keyframes in der Ebenenansicht und …

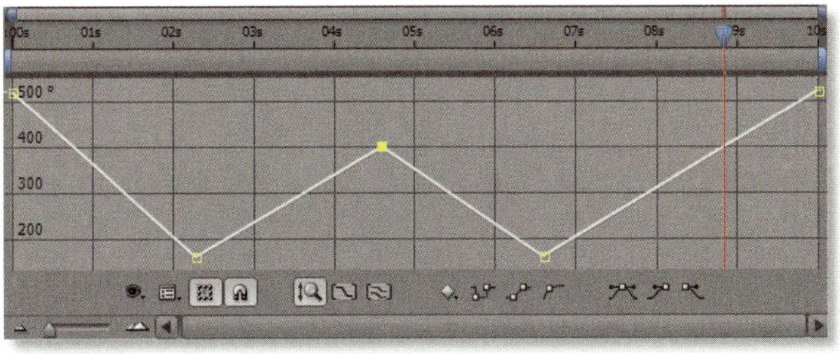

◀ Abbildung 10.44
… in der Wertekurve des Diagrammeditors …

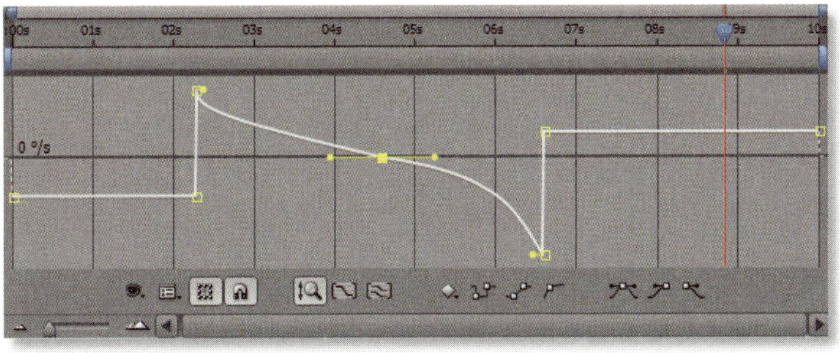

◀ Abbildung 10.45
… und noch einmal in der Geschwindigkeitskurve.

Keyframes auswählen | Um alle Keyframes einer Eigenschaft im Diagrammeditor auszuwählen, klicken Sie bei gedrückter [Alt]-Taste auf ein Segment zwischen den Keyframes der Geschwindigkeits- oder der Wertekurve. Um mehrere Keyframes einzeln nacheinander auszuwählen, klicken Sie diese mit der [⇧]-Taste an.

10.4.4 Transformationsfeld

Sie können im Diagrammeditor – egal ob Sie gerade in der Geschwindigkeits- oder Wertekurve arbeiten – ein Transformationsfeld aufziehen. Es dient dazu, Abstände zwischen mehreren Keyframes bequem zu verändern oder Keyframe-Gruppen zu verschieben.

Keyframes kopieren, einfügen und löschen

Wie in der Ebenenansicht auch können Sie im Diagrammeditor ausgewählte Keyframes mit [Strg]+[C] kopieren, mit [Strg]+[V] einfügen und mit der Taste [Entf] löschen.

Transformationsfeld aufziehen | Ziehen Sie bei gedrückter Maustaste ein Feld über den Keyframes auf, die Sie bearbeiten wollen. Mit dem Button ① können Sie das Transformationsfeld ein- und ausblenden. Wenn Sie in der Wertekurve Keyframes bearbeiten, wirkt sich die Änderung sowohl für die Keyframe-Werte als auch für die Geschwindigkeit aus. Bei einer Bearbeitung in der Geschwindigkeitskurve bleiben die Werte unverändert.

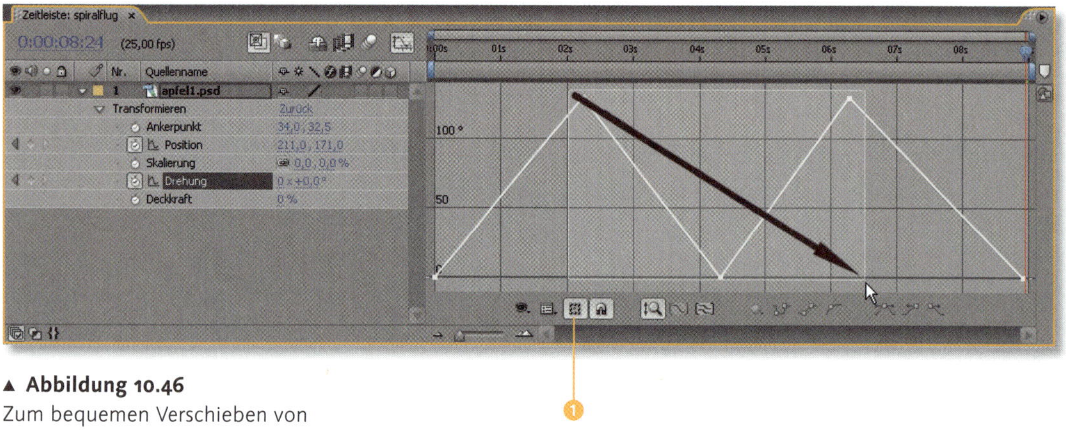

▲ **Abbildung 10.46**
Zum bequemen Verschieben von Keyframes oder dem Verändern der Abstände zwischen Keyframes kann das Transformationsfeld verwendet werden.

Transformationsfeld bearbeiten | Wenn Sie ein Transformationsfeld aufgezogen haben, können Sie es anschließend mit dem Auswahl-Werkzeug skalieren oder verschieben. Geschwindigkeitskurven bzw. Keyframe-Abstände können nur im Zeitverlauf skaliert und verschoben werden. Die ausgewählten Keyframes bewegen sich entsprechend und die Kurve wird angepasst.

Transformationsfeld skalieren | Sie skalieren das Transformationsfeld, indem Sie auf einen der Punkte ② des Begrenzungsrahmens klicken und daran ziehen, sobald ein Doppelpfeil sichtbar wird. Zum proportionalen Skalieren halten Sie die Taste [⇧] gedrückt und ziehen den Rahmen an einem seiner Eckpunkte auf die neue Größe. Zum Skalieren um den Ankerpunkt des Rahmens

3, den Sie auch anklicken und verschieben können, nehmen Sie die Taste [Strg] zu Hilfe. Um einen einzelnen Eckpunkt frei zu verschieben, klicken Sie diesen bei gedrückter [Alt]-Taste an und ziehen ihn an eine andere Stelle.

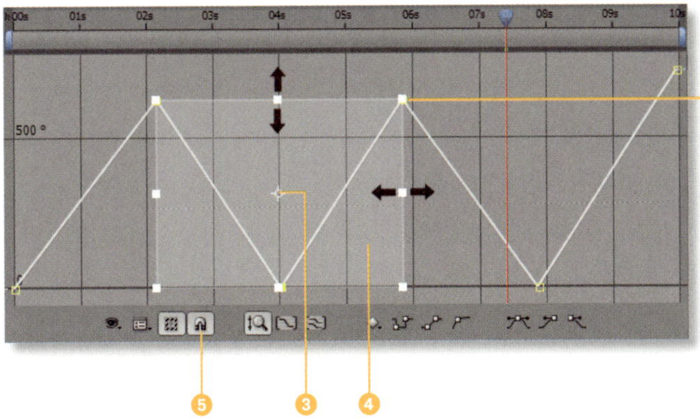

◂ **Abbildung 10.47**
Das Transformationsfeld kann skaliert und verschoben werden. Die ausgewählten Keyframes bewegen sich entsprechend und die Kurve wird angepasst.

Transformationsfeld verschieben | Zum Verschieben des Transformationsfelds klicken Sie beliebig ins Feld 4 und ziehen es an eine neue Position. Mit der Taste [⇧] wird die Bewegung des Felds auf die Horizontale bzw. Vertikale beschränkt.

Ausrichten | Wenn Sie im Wertediagramm einzelne Keyframes verschieben, können diese an der Zeitmarke, an Keyframes, Ebenen- und Kompositionsmarken, In- und Out-Points und am Anfang und Ende des Arbeitsbereichs ausgerichtet werden. Dazu wird eine orangefarbene Linie als Positionierhilfe eingeblendet. Sie aktivieren diese Funktion mit dem Button 5.

10.4.5 Ansicht im Diagrammeditor anpassen

Im Diagrammeditor gibt es drei Buttons, mit denen Sie die Ansicht des Diagramms schnell anpassen können.

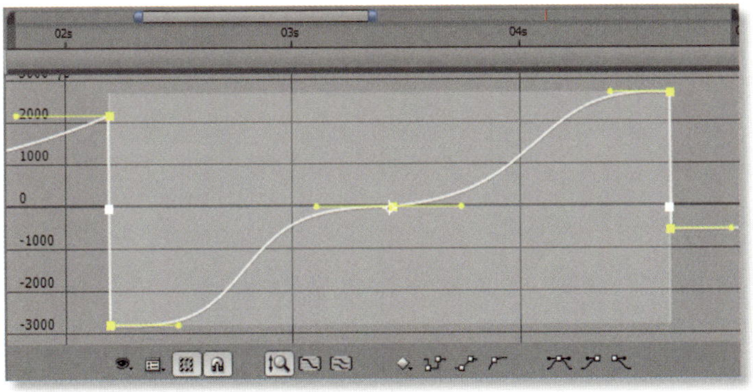

◂ **Abbildung 10.48**
Sie können in eine Auswahl schnell einzoomen und …

Auswahl in Ansicht einpassen | Mit dem Button ① können Sie eine mit dem Transformationsfeld getroffene Auswahl auf die Größe Ihres Zeitleistenfensters zoomen. Zum schnellen Auszoomen nutzen Sie den Button ②.

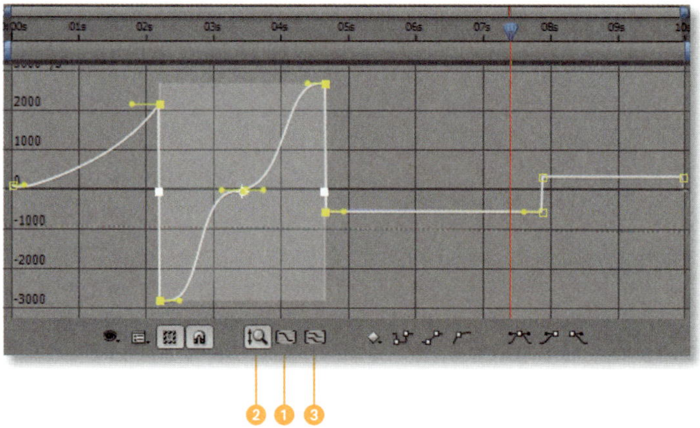

Abbildung 10.49 ▸
... wieder auszoomen.

Alle an dieser Stelle nicht erwähnten Buttons des Diagrammeditors dienen der Bearbeitung der **Keyframe-Interpolation**. Mehr dazu erfahren Sie im nächsten Kapitel.

Diagrammhöhe anpassen | Sie können das Diagramm automatisch an Ihre Änderungen der Geschwindigkeits- und Wertekurven anpassen lassen. Dazu muss der Button ③ aktiviert sein. Besonders deutlich wird diese Funktion, wenn Sie den Button zuerst deaktivieren, dann Keyframes sehr weit nach oben im Diagramm ziehen und anschließend den Button wieder aktiv schalten.

11 Keyframe-Interpolation

Pfade für Bewegungen, Kurven für die Zeit: In diesem Kapitel geht es um das Justieren von Bewegungen und die Feinabstimmung der Geschwindigkeit von Animationen. Über Methoden zur Interpolation zwischen Keyframes können Sie realistisch wirkende Animationen erstellen.

Zur Freude der Anwender bietet After Effects einiges, um Animationen realistischer und dynamischer wirken zu lassen. Es hält verschiedene Interpolationsmethoden bereit, um die Berechnung von Bewegungen und zeitlichen Abläufen zu ändern. In diesem Kapitel geht es um das Justieren von Bewegungen und die Feinabstimmung der Geschwindigkeit von Animationen. Dabei werden Pfade für Bewegungen und Kurven für die Zeit eingesetzt.

11.1 Zwei Arten der Interpolation

Man unterscheidet zwei Grundarten der Interpolation:

1. die **räumliche** oder auch **geometrische Interpolation** und
2. die **zeitliche Interpolation** zur Veränderung von Geschwindigkeiten Ihrer Animationen.

Räumliche bzw. geometrische Interpolation | Bei der räumlichen beziehungsweise geometrischen Interpolation geht es darum, wie After Effects **Bewegungen** im Raum berechnet. Genauer gesagt berechnet After Effects die Zwischenbilder, also die Frames, zwischen den von Ihnen gesetzten Keyframes. Bei dieser Interpolationsart bezieht sich diese Berechnung auf Veränderungen, die am **Bewegungspfad** einer Ebene, also räumlich, vorgenommen werden. Ein Pfad kann durch unterschiedliche Interpolationsmethoden gebogen oder eckig geformt sein.

Zeitliche Interpolation | Bei der zeitlichen Interpolation geht es darum, wie After Effects die **Geschwindigkeit** zwischen Keyframes berechnet. Die zeitliche Interpolation bezieht sich auf die Berechnung der Veränderung der Geschwindigkeit von animierten

Eigenschaften. Auch hier gibt es unterschiedliche Interpolations- bzw. Berechnungsarten. Animationen, egal welche, werden mittels **Geschwindigkeitskurven** abgebremst oder beschleunigt.

11.2 Die räumliche (geometrische) Interpolation und Bewegungspfade

In After Effects gibt es zwei Arten von Pfaden: den Bewegungspfad und den Maskenpfad.

- **Bewegungspfade** entstehen durch Animation der Eigenschaften POSITION, ANKERPUNKT, EFFEKTANKERPUNKT und 3D-AUSRICHTUNG einer Ebene und werden im Kompositionsfenster angezeigt. Sie haben den Pfad schon gesehen, als Sie in verschiedenen Workshops die Position einer Ebene animiert haben.
- **Maskenpfade** können auf unterschiedlichen visuellen Ebenen erstellt werden und dienen vor allem dazu, Bereiche von Ebenen transparent zu setzen. Genaue Informationen dazu finden Sie im Kapitel 18, »Masken, Matten und Alphakanäle«.

11.2.1 Bewegungspfad

Wie Sie einen Bewegungspfad ganz praktisch selbst erstellen, erfahren Sie im Workshop »Labyrinth: Bewegungspfad bearbeiten und geometrische Interpolationsarten ändern« im Abschnitt 11.2.2.

Was ist ein Bewegungspfad? | Im Folgenden wird erläutert, was ein Bewegungspfad ist und wie dieser bearbeitet werden kann.

Wenn Sie sich den Bewegungspfad in der Abbildung 11.1 genau anschauen, lässt sich feststellen, dass der Bewegungspfad aus vielen kleinen **Punkten** und einigen fett dargestellten **Scheitelpunkten** besteht.

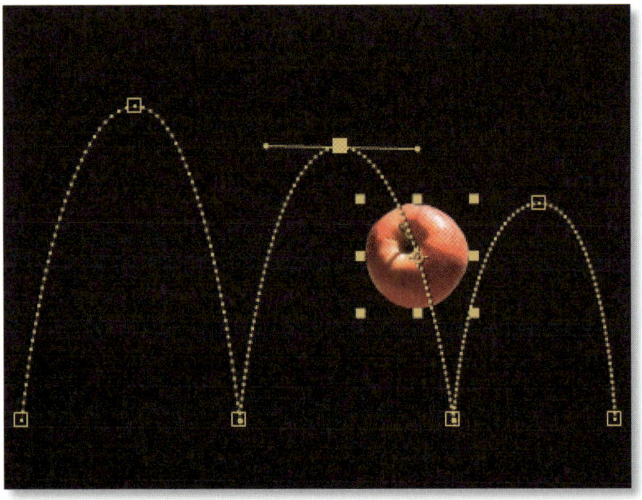

Abbildung 11.1 ▸
Die Scheitelpunkte eines Bewegungspfads im Kompositionsfenster entsprechen den Keyframes im Zeitplanfenster.

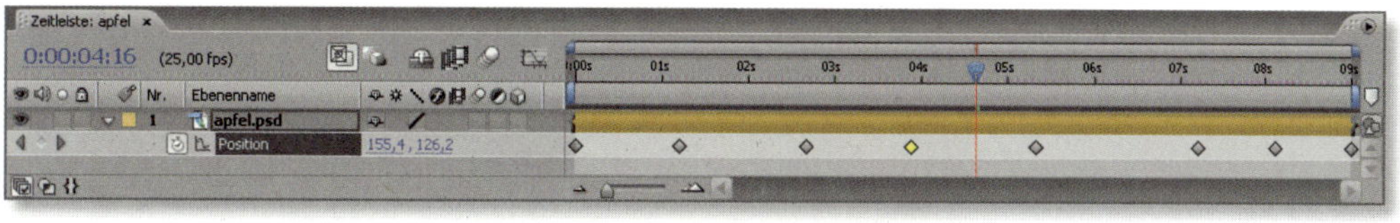

▲ **Abbildung 11.2**
Wird im Zeitplanfenster ein Keyframe markiert, wird auch im Kompositionsfenster der Scheitelpunkt aktiviert.

Die im Zeitplan gesetzten Keyframes spiegeln sich im Kompositionsfenster als Scheitelpunkte wider. Das heißt, wenn Sie einen Keyframe in der Zeitleiste markieren, wird der Scheitelpunkt im Kompositionsfenster markiert und umgekehrt.

Die Punkte sind erst dann einzeln erkennbar, wenn Sie einen etwas größeren zeitlichen Abstand zwischen den Keyframes wählen. Sie werden im Kompositionsfenster zwischen den Scheitelpunkten dargestellt und bezeichnen die einzelnen Bewegungsschritte von Bild zu Bild. Sie können das selbst einmal testen, indem Sie die Tasten `Bild↑` und `Bild↓` verwenden, um frameweise durch die Zeitleiste zu navigieren. Der Ankerpunkt der Ebene liegt genau auf dem Pfad und springt dann von Pünktchen zu Pünktchen. Jeder Punkt stellt dabei einen Frame dar. Die Anzahl der Frames, die pro Sekunde dargestellt werden, hängt von der Framerate der Komposition ab.

Das Aussehen des Pfads, ob mehr oder weniger gekrümmt, eckig oder gar ohne Interpolation, wird durch die Interpolationsmethoden bestimmt.

11.2.2 Methoden der räumlichen Interpolation

Grundsätzlich kann zwischen der linearen Interpolation und der Bézier-Interpolation unterschieden werden.

- Eine **Bézier-Interpolation** spiegelt sich in einem gekrümmten Bewegungspfad wider (Abbildung 11.1).
- Bei der **linearen Interpolation** ist der Bewegungspfad gerade (Abbildung 11.3).

Interpolationsmethoden räumlich und zeitlich

Die Interpolationsmethoden bei der räumlichen und der zeitlichen Interpolation sind fast vollkommen die gleichen. Allerdings wirkt sich die geometrische Interpolation auf Scheitelpunkte und Bewegungspfad im Kompositionsfenster aus, während bei der zeitlichen Interpolation Keyframes in der Zeitleiste und die Geschwindigkeitskurve beeinflusst werden.

Die Bézier-Interpolation wiederum unterteilt sich in drei Methoden:

1. Die reine **Bézier-Interpolation**
2. **Gleichmäßige Bézier-Interpolation**
3. **Automatische Bézier-Interpolation**

Der Unterschied zwischen den Interpolationsmethoden liegt darin, wie mit **Tangenten** der Bewegungspfad beeinflusst wird.

Lineare Interpolation | Bei der linearen Interpolation werden keine Tangenten verwendet und der Bewegungspfad verläuft vollkommen gerade. Ein Scheitelpunkt mit linearer Interpolation ist einem Eckpunkt aus anderen Anwendungen vergleichbar.

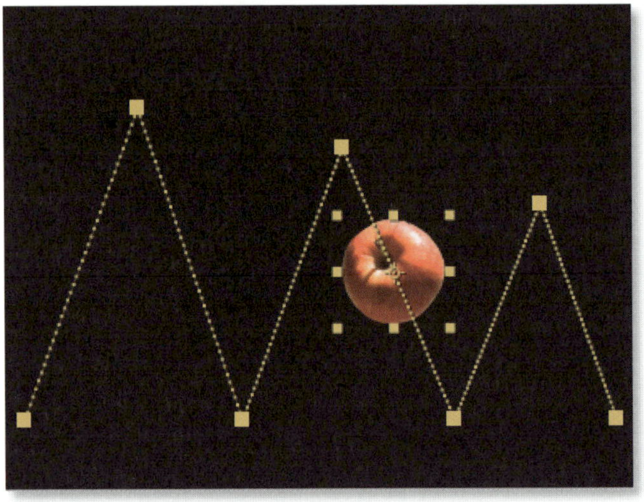

Abbildung 11.3 ▸
Bei linearer Interpolation erscheint der Bewegungspfad im Gegensatz zur Bézier-Interpolation gerade.

Bézier-Interpolation | Die reine Bézier-Interpolation verwendet zwei voneinander unabhängige Tangenten ❶ und ❷, mit denen der Pfad links und rechts vom Scheitelpunkt ❸ unterschiedlich gekrümmt werden kann.

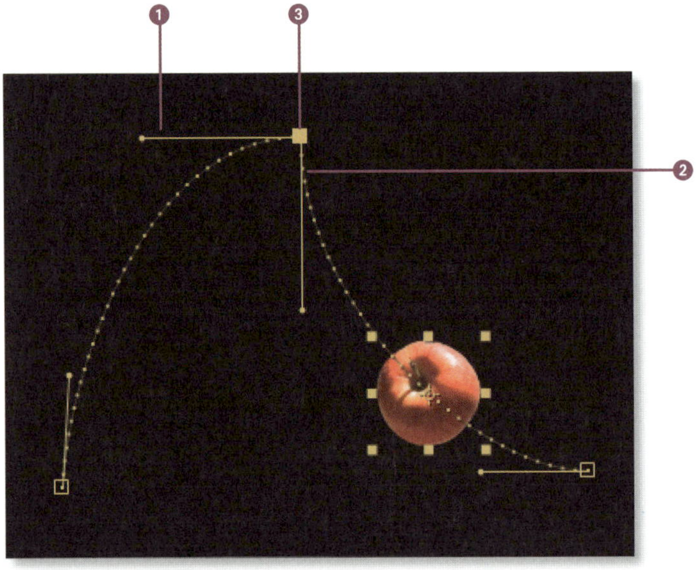

Abbildung 11.4 ▸
Bei der reinen Bézier-Interpolation sind die Tangenten zu beiden Seiten eines Scheitelpunkts unabhängig voneinander.

Gleichmäßige Bézier-Interpolation | Die gleichmäßige Bézier-Interpolation verwendet miteinander verbundene Tangenten ❹. Ziehen Sie an einer Tangente, wird davon die andere ebenfalls beeinflusst.

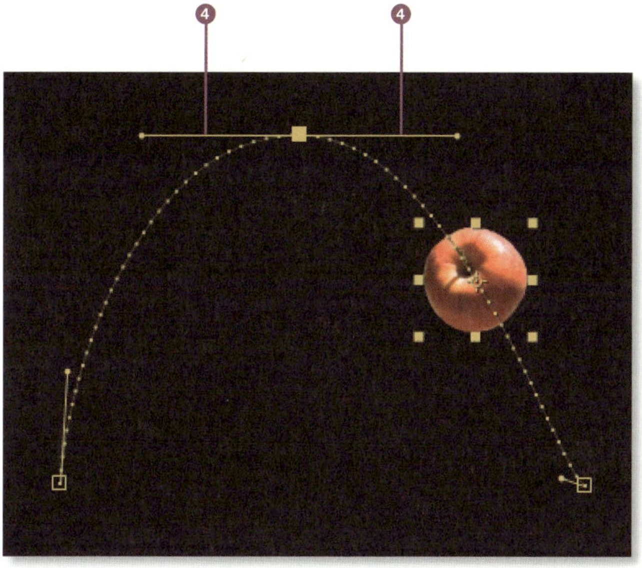

◂ **Abbildung 11.5**
Bei der gleichmäßigen Bézier-Interpolation sind die Tangenten miteinander verbunden.

Automatische Bézier-Interpolation | Die automatische Bézier-Interpolation verwendet zwei gleich lange Tangenten auf beiden Seiten des Scheitelpunkts, die nicht durch eine Linie miteinander verbunden sind ❺. Nach der Anwendung wird die Kurve geglättet. Das Resultat ist ein weicher Übergang von der einen in die andere Kurve. Sobald Sie an einer der Tangenten ziehen, wird die gleichmäßige Bézier-Interpolation für diesen Scheitelpunkt eingestellt.

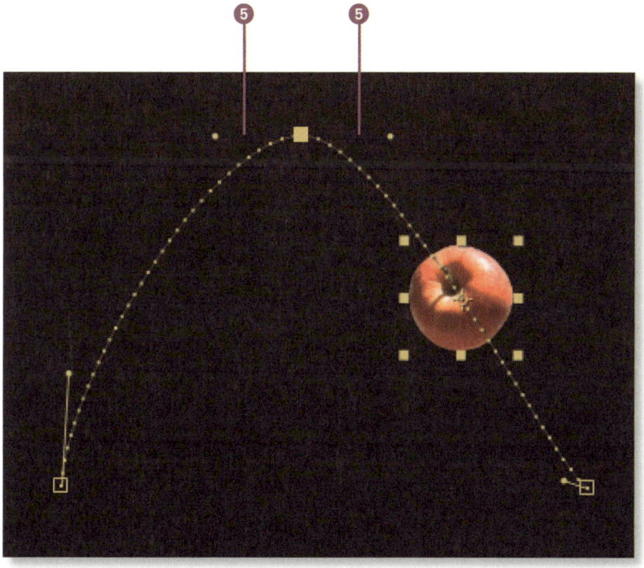

◂ **Abbildung 11.6**
Die Tangenten sind bei der automatischen Bézier-Interpolation gleich lang und werden nicht durch eine Linie miteinander verbunden.

Einige Möglichkeiten, wie Sie die Interpolationsmethode für Scheitelpunkte in einem Bewegungspfad ändern können, finden Sie im anschließenden Workshop.

Schritt für Schritt: Labyrinth – Bewegungspfad bearbeiten und geometrische Interpolationsmethoden ändern

In diesem Workshop geht es um die Bearbeitung eines Bewegungspfads.

In dem Movie »labyrinth« im Ordner 11_INTERPOLATION/BEWEGUNGSPFAD auf der DVD zum Buch findet ein Marienkäfer den Weg aus dem Labyrinth. Die zu importierenden Dateien »labyrinth.psd« und »marienkaefer.psd« befinden sich im selben Ordner. Wählen Sie beim Import AUF EINE EBENE REDUZIERT. Die Komposition wird auf die Größe 320 × 240 angelegt und ist 10 Sekunden lang.

1 Bewegungspfad erstellen

Ziehen Sie die beiden Dateien zum Zeitpunkt 00:00 in die Zeitleiste und achten Sie darauf, dass der Marienkäfer sich in der Zeitleiste ganz oben befindet.

Setzen Sie einen ersten Positions-Keyframe für den Marienkäfer per Klick auf die Stoppuhr oder mit [Alt]+[⇧]+[P] bei 00:00. Vergleichen Sie die Ausgangssituation mit der Abbildung von Kompositionsfenster und Zeitleiste.

Abbildung 11.7 ▸
Das Ausgangsbild der Animation

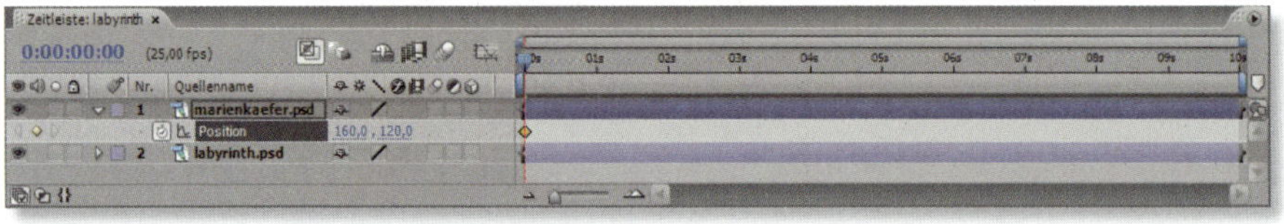

▴ Abbildung 11.8
Die Zeitleiste zu Beginn

Ziehen Sie für kürzere Strecken die Zeitmarke immer etwa eine halbe Sekunde und für längere Strecken eine Sekunde nach rechts. Verschieben Sie die Ebene »marienkaefer« jeweils an eine neue Position. Die weiteren Positionskeys entstehen automatisch. Die ersten Positionskeys könnten dann wie in der Abbildung aussehen.

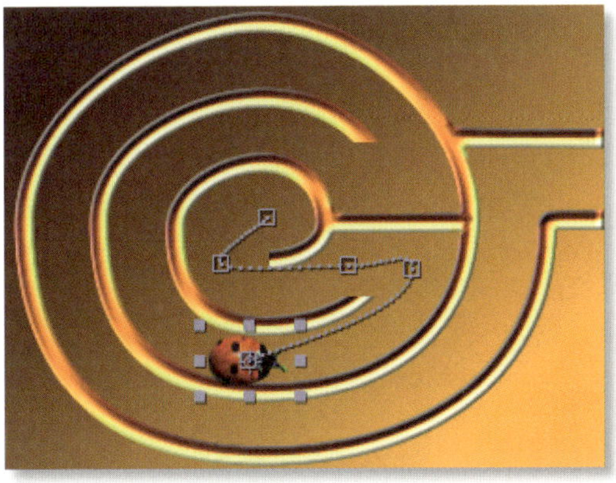

◂ **Abbildung 11.9**
Am Anfang könnte der Bewegungspfad wie hier abgebildet aussehen.

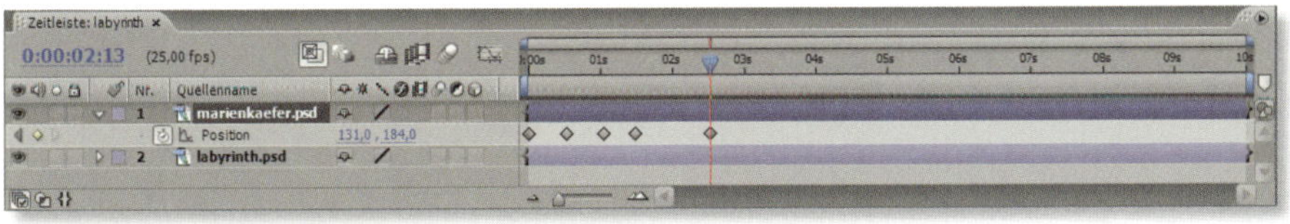

▴ **Abbildung 11.10**
Die Keyframes werden bei kürzeren Wegen im Abstand einer halben und bei längeren im Abstand einer Sekunde gesetzt.

Stören Sie sich nicht daran, dass sich der Marienkäfer rückwärts durch das Labyrinth bewegt. Wir ändern das am Schluss. Auch der komisch gebogene Pfad muss Sie nicht beunruhigen. Er kann im Nachhinein bearbeitet werden.

Für die die nächsten Keys ziehen Sie die Ebene wie gehabt im Zeitverlauf immer ein Stück weiter. Schauen Sie sich zum Vergleich die Position der Scheitelpunkte in der Abbildung an. Der Bewegungspfad muss noch korrigiert werden.

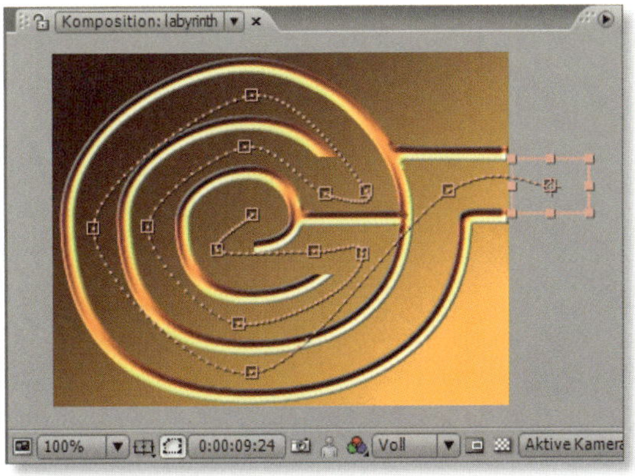

◂ **Abbildung 11.11**
Vorerst sieht der Bewegungspfad noch etwas unansehnlich aus.

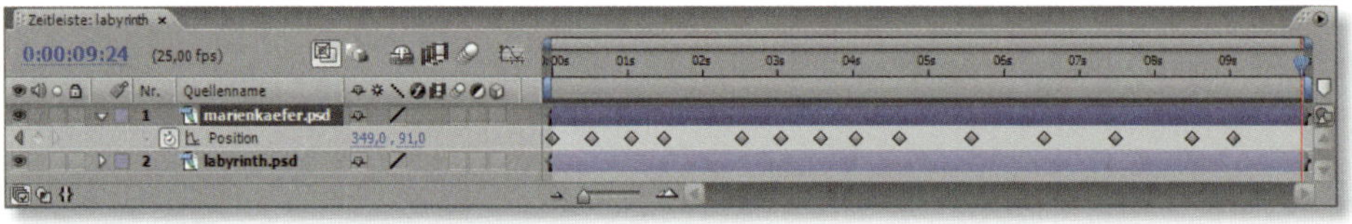

▲ **Abbildung 11.12**
Die fertig gesetzten Keyframes in der Ebenenansicht

2 Bearbeiten des Bewegungspfads

Zur Bearbeitung des Bewegungspfads vergrößern Sie Ihr Kompositionsfenster auf 200 %. Sie können das Bild innerhalb des Fensters mit dem Hand-Werkzeug verschieben. Noch besser ist es, zwischen Auswahl-Werkzeug und Hand-Werkzeug zu wechseln. Wählen Sie zum Verschieben des Ausschnitts im Kompositionsfenster das Auswahl-Werkzeug und drücken zum Verschieben die Leertaste. Beim Loslassen wechselt das Werkzeug wieder.

Zur Bearbeitung markieren Sie einen Scheitelpunkt. Es werden zwei Tangenten ❶ und ❷ sichtbar. Ziehen Sie an einem der Anfasser ❸ und ❹, um die Rundung des Pfads zu ändern.

Scheitelpunkte im Bewegungspfad setzen

Mit dem Zeichenstift-Werkzeug G lassen sich leicht zusätzliche Scheitelpunkte im Bewegungspfad setzen. Klicken Sie dazu mit dem Zeichenstift-Werkzeug einfach auf eine Stelle im Bewegungspfad. Die weitere Bearbeitung erfolgt dann mit dem Auswahl-Werkzeug V.

Beim Setzen eines neuen Scheitelpunkts entsteht auch ein entsprechender Keyframe in der Zeitleiste.

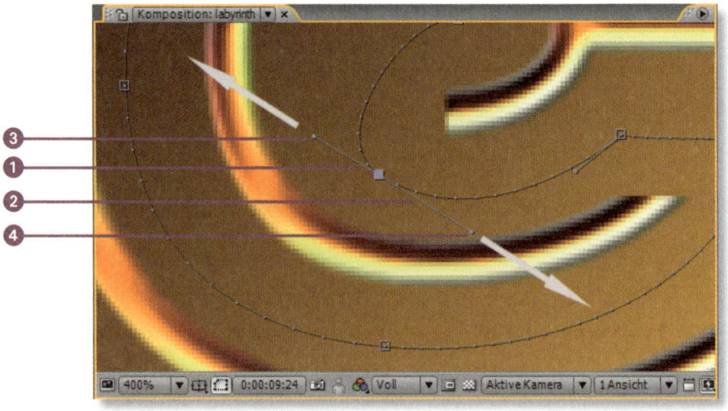

Abbildung 11.13 ▶
Mit den Tangenten kann der Bewegungspfad zu beiden Seiten eines Scheitelpunkts geändert werden.

3 Interpolationsmethode ändern

Es ist von vornherein die gleichmäßige Bézier-Interpolation eingestellt. Mit Hilfe der Strg-Taste können Sie bequem zwischen den Interpolationsmethoden wechseln. Drücken Sie zuerst die Strg-Taste und positionieren den Mauszeiger über einem der Anfasser. Der Mauszeiger ändert sich wie in der Abbildung.

Ziehen Sie an dem Anfasser. Dadurch wechseln Sie bei jeder Wiederholung zwischen miteinander verbundenen Tangenten und voneinander unabhängigen Tangenten bzw. zwischen gleichmäßiger und reiner Bézier-Interpolation. Haben Sie einmal gewechselt, bearbeiten Sie den Pfad weiter mit dem Auswahl-Werkzeug.

Scheitelpunkte verschieben

Zum Verschieben von Scheitelpunkten im Bewegungspfad nutzen Sie am besten das Auswahl-Werkzeug V.

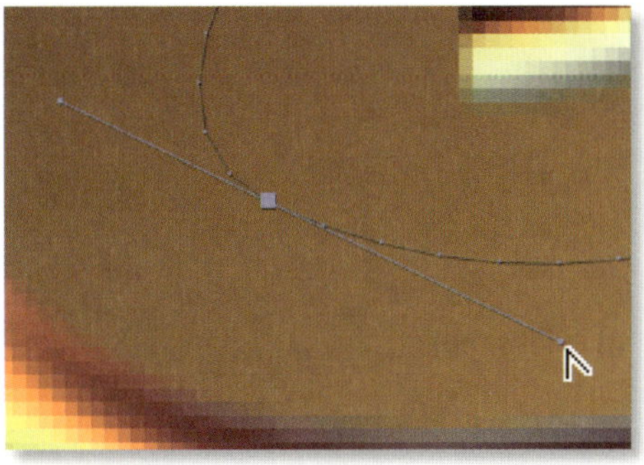

◂ **Abbildung 11.14**
Die Interpolationsmethode kann schnell mit Hilfe der [Strg]-Taste gewechselt werden

Zum Wechsel zwischen linearer Interpolation (Eckpunkt) und automatischer Bézier-Interpolation (Kurvenpunkt) klicken Sie bei gedrückter [Strg]-Taste abwechselnd auf einen Scheitelpunkt des Bewegungspfads im Kompositionsfenster.

Für unser Labyrinth benötigen Sie die gleichmäßige Interpolation (verbundene Tangenten) bei Rundungen und die reine Bézier-Interpolation (unabhängige Tangenten) an Kanten. Bearbeiten Sie den Pfad Punkt für Punkt, bis Sie ein ähnliches Ergebnis wie in der Abbildung 11.17 erhalten.

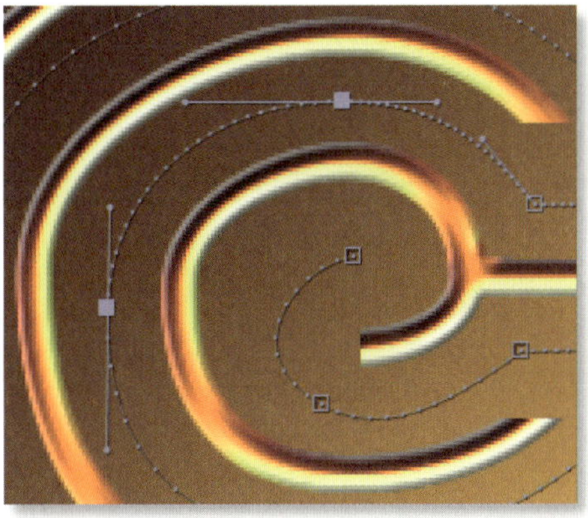

▴ **Abbildung 11.15**
Für Kurven wird die gleichmäßige Interpolation mit verbundenen Tangenten verwendet.

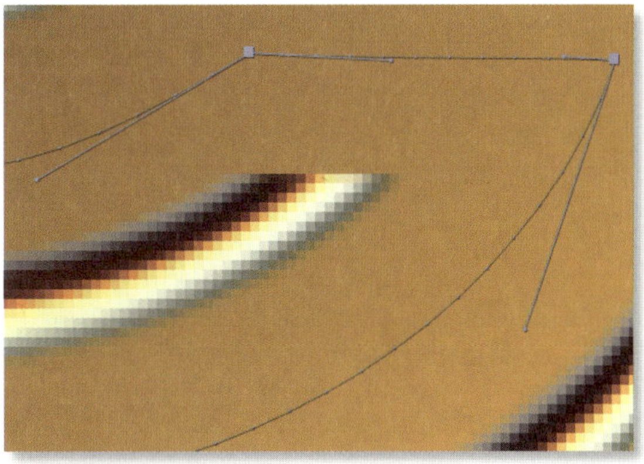

▴ **Abbildung 11.16**
Für Eckpunkte benötigen Sie Bézier-Interpolation, also unabhängige Tangenten.

◂ **Abbildung 11.17**
Dies ist der fertige Bewegungspfad.

4 **Ebene am Pfad ausrichten**

Damit der Marienkäfer nicht rückwärts durch das Labyrinth wandert, wird er am Pfad ausgerichtet. Markieren Sie dazu die Ebene »marienkaefer« und wählen dann EBENE • TRANSFORMIEREN • AUTOMATISCHE AUSRICHTUNG. Im Dialogfeld wählen Sie AUSRICHTUNG ENTLANG PFAD und bestätigen mit OK.

Schauen Sie sich die Animation an! Der Marienkäfer ist frei und Sie sind fertig mit dem Workshop. ■

11.2.3 Der Dialog Keyframe-Interpolation: Räumliche Interpolationsmethoden einstellen

Einige schnelle Möglichkeiten, die Interpolationsmethode zu wechseln, kennen Sie bereits aus dem vorangegangenen Workshop. Eine weitere Möglichkeit will ich Ihnen nicht vorenthalten.

Über den Dialog KEYFRAME-INTERPOLATION wird ein Scheitelpunkt im Bewegungspfad zwischen den verschiedenen Interpolationsmethoden umgeschaltet. Wählen Sie dazu zuerst einen oder mehrere Scheitelpunkte bzw. Keyframes aus und öffnen dann über ANIMATION • KEYFRAME-INTERPOLATION den Dialog. Sie erhalten den Dialog schneller über das Kontextmenü oder mit `Strg`+`Alt`+`K`.

Zum Ändern der räumlichen (hier: geometrischen) Interpolation wählen Sie unter GEOMETRISCHE INTERPOLATION einen der Einträge. Mit AKTUELLE EINSTELLUNGEN behalten Sie die eingestellte Interpolationsmethode bei.

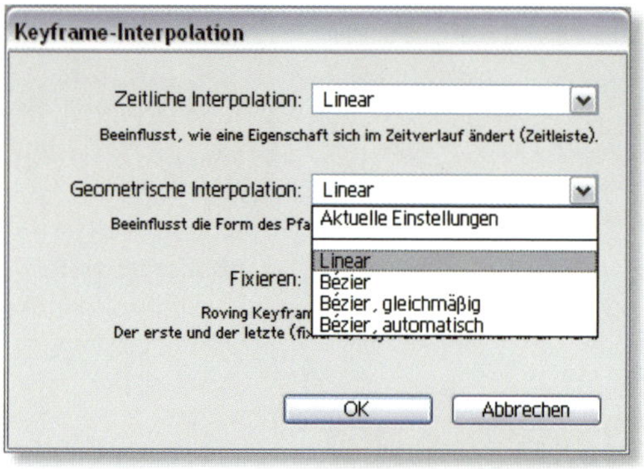

Abbildung 11.18 ▸
In der Dialogbox KEYFRAME-INTERPOLATION wird die Interpolationsmethode für Bewegungspfade (geometrisch) und für den zeitlichen Verlauf eingestellt.

11.2.4 Bewegungspfad mit Pfad-Werkzeugen bearbeiten

Pfad-Werkzeuge finden bei der Bearbeitung von Bewegungspfaden, bei Maskenpfaden, die Sie noch kennen lernen werden, und bei der Bearbeitung von Geschwindigkeitskurven Anwendung. Sie finden die Pfad-Werkzeuge in der Werkzeugpalette.

Mit dem **Zeichenstift-Werkzeug** fügen Sie dem Bewegungspfad Punkte hinzu, indem Sie damit in den Pfad klicken. Das Zeichenstift-Werkzeug wechselt dabei über dem Pfad in das **Scheitelpunkt-hinzufügen-Werkzeug**. Zum Entfernen von Punkten wählen Sie entweder das **Scheitelpunkt-löschen-Werkzeug** oder markieren einen Scheitelpunkt im Kompositionsfenster und drücken die Taste [Entf]. Das **Scheitelpunkt-konvertieren-Werkzeug** kennen Sie bereits aus dem Workshop. Sie wechseln damit bequem und schnell die Interpolationsmethode.

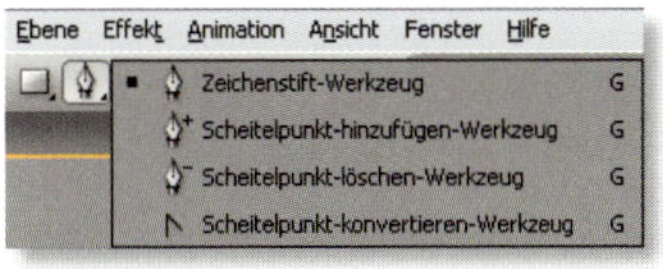

▲ **Abbildung 11.19**
Mit den Pfad-Werkzeugen werden Keyframes einem Bewegungspfad hinzugefügt bzw. die Interpolation der Keyframes wird verändert.

11.2.5 Voreinstellungen für Bewegungspfade

Standardmäßig sind Bewegungspfade bei der Erstellung auf automatische Bézier-Interpolation eingestellt. Im Workshop »Eigenschaften und Eigenschaftswerte« in Abschnitt 10.1.1 haben Sie dies bereits geändert. Falls nicht, sei es hier wiederholt. Die Voreinstellung kann auf Linear als Standard geändert werden.

Setzen Sie dazu unter Bearbeiten • Voreinstellungen • Allgemein ein Häkchen bei Standard für geometrische Interpolation ist linear. Günstig ist diese Einstellung, wenn Sie hauptsächlich lineare Bewegungspfade verwenden wollen.

Unter Bearbeiten • Voreinstellungen • Anzeige finden Sie Optionen für die Darstellung des Bewegungspfads. Per Klick auf einen der Auswahlpunkte wählen Sie Kein Bewegungspfad, um den Pfad ganz auszublenden, Alle Keyframes, um den gesamten Pfad einzublenden, oder Nicht mehr als, um eine Beschränkung auf eine bestimmte Anzahl Keyframes bzw. auf eine bestimmte Zeitspanne einzurichten, die im Pfad dargestellt werden soll. Dies dient bei sehr vielen Keyframes ein klein wenig der Übersichtlichkeit und der Entlastung des Arbeitsspeichers.

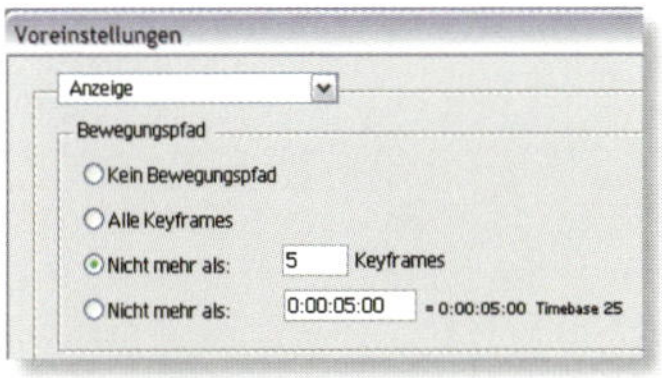

▲ **Abbildung 11.20**
Einstellungen für die Anzeige eines Bewegungspfads werden in den Voreinstellungen festgelegt.

Auswahl-Werkzeug und Pfad-Werkzeug

Zur Bearbeitung von Pfaden können Sie das Auswahl-Werkzeug im Wechsel mit den Pfad-Werkzeugen verwenden. Aktivieren Sie dazu das Zeichenstift-Werkzeug in der Werkzeugpalette und arbeiten dann weiter mit dem Auswahl-Werkzeug. Bei gleichzeitigem Drücken der [Strg]-Taste über dem Pfad oder einem Scheitelpunkt wechseln Sie schnell zum Pfad-Werkzeug.

11.3 Zeitliche Interpolation und Geschwindigkeitskurven

Der Begriff »Zeitliche Interpolation« wirkt sicherlich etwas trocken. Durch das Verstehen der zeitlichen Interpolationsmethoden ergeben sich jedoch grundlegende und weit reichende Möglichkeiten für alle Ihre Animationen. Sie erreichen durch die zeitliche Interpolationsveränderung, also durch Veränderung der Geschwindigkeitskurven von animierten Eigenschaften, sehr dynamisch wirkende Animationen. All dies ist mit dornigen Begriffen umwoben und erfordert etwas Geduld bei der Einübung. Versuchen wir also, das Dornröschen aus dem Schlaf zu holen.

11.3.1 Geschwindigkeit ist Weg durch Zeit

Sie kennen das ja noch aus der Schule. Legt ein Objekt einen gleich langen Weg in kürzerer Zeit zurück als ein anderes, hat es eine höhere Geschwindigkeit. So weit, so gut.

In After Effects wird die Geschwindigkeit grundsätzlich über den Abstand der Keyframes in der Zeitleiste geregelt. Ein kürzerer Abstand erhöht die Geschwindigkeit einer Animation, ein größerer Abstand verringert sie.

Sehr gut sichtbar ist dies am Beispiel der animierten Positionseigenschaft einer Ebene. Wie Sie schon wissen, repräsentieren die kleinen Punkte im Bewegungspfad die einzelnen (interpolierten) Frames zwischen den Keyframes. Gleichzeitig wird über den **Abstand der Pünktchen** die Geschwindigkeit der Ebene deutlich.

Geschwindigkeit 1

Für die Erläuterungen empfehle ich Ihnen, die Projektdatei »geschwindigkeit.aep« aus dem Ordner 11_INTERPOLATION/ZEITKURVEN zu nutzen, in der die Position eines Apfels animiert wurde. Die ersten Erläuterungen werden anhand der Komposition »geschwindigkeit 1« nachvollziehbar.

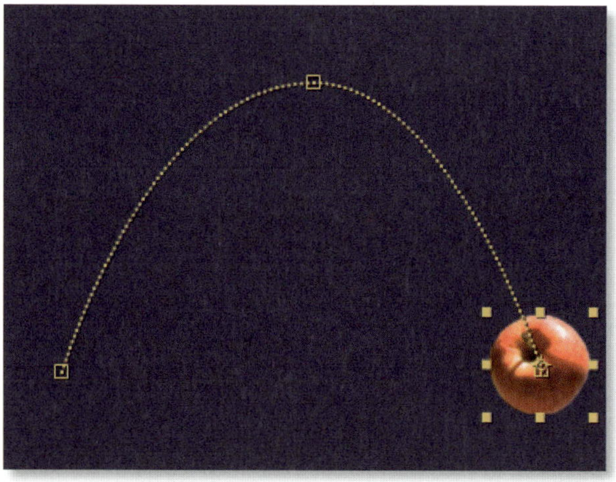

Abbildung 11.21 ▸
Die Geschwindigkeit einer Ebene lässt sich anhand des Bewegungspfads sehr gut am Abstand der Pünktchen zueinander erkennen.

Weg durch Zeit | In der Zeitleiste können Sie die Geschwindigkeit durch Verändern der Abstände zwischen den Keyframes erhöhen oder verringern. Dabei sollten Sie darauf achten, dass ein Keyframe meist nicht allein existiert: Eine Veränderung an einem Keyframe hat eine Auswirkung auf die Animation vor und nach dem Keyframe.

Verschieben Sie einen Keyframe in der Zeitleiste nach links, erhöhen Sie die Geschwindigkeit der Animation vor dem Keyframe und verringern Sie gleichzeitig nach dem Keyframe.

Beobachten Sie beim Verändern der Geschwindigkeit in der Zeitleiste die Pünktchen im Bewegungspfad! Je größer der Abstand zwischen den Pünktchen, desto höher die Geschwindigkeit, je kleiner der Abstand, desto mehr Frames liegen zwischen zwei Keyframes, und die Geschwindigkeit ist geringer.

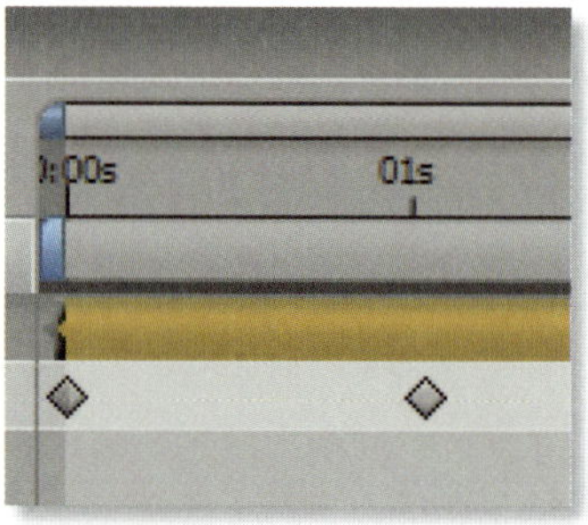

▴ Abbildung 11.22
Die Geschwindigkeit einer Animation wird durch die Abstände der Keyframes zueinander in der Zeitleiste geregelt.

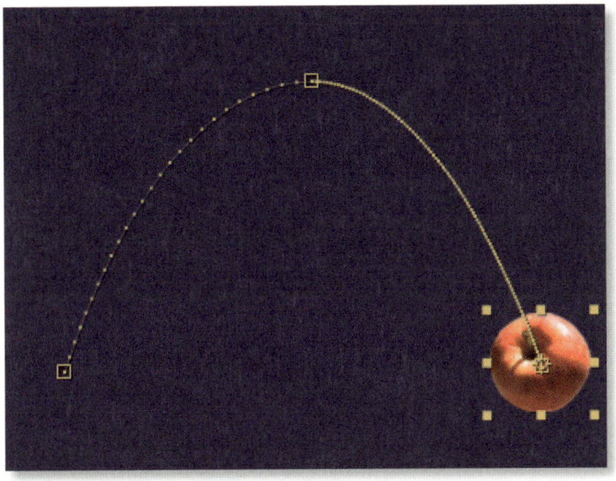

◂ **Abbildung 11.23**
Die Keyframes in der Zeitleiste und im Bewegungspfad entsprechen einander. Eine höhere Geschwindigkeit wird im Bewegungspfad durch einen größeren Abstand zwischen den Pünktchen dargestellt.

Geschwindigkeit überprüfen | Im Bewegungspfad lässt sich die Geschwindigkeit, mit der sich eine Ebene von einer Position zu einer anderen bewegt, sehr leicht visuell sichtbar machen. Bei anderen animierten Eigenschaften entsteht kein Bewegungspfad, und trotzdem kann auch hier die Geschwindigkeit sehr gut visuell oder anhand von Zahlenwerten überprüft werden.

Dazu bietet After Effects den Diagrammeditor mit der Geschwindigkeits- und der Wertekurve an. Die Namen klingen vielleicht abschreckend. Und sie sind auch nicht Schall und Rauch. Aber keine Angst, der Diagrammeditor bietet mit der Geschwindigkeitskurve wunderbare Möglichkeiten für die Beschleunigung und das Abbremsen von Animationen, denen wir uns als Nächstes widmen.

Beispiel

In der Projektdatei »geschwindigkeit.aep« befindet sich die Komposition »spiralflug«. Hier wurde die Geschwindigkeit der Bewegung allein durch den zeitlichen Abstand der Keyframes zueinander geregelt.

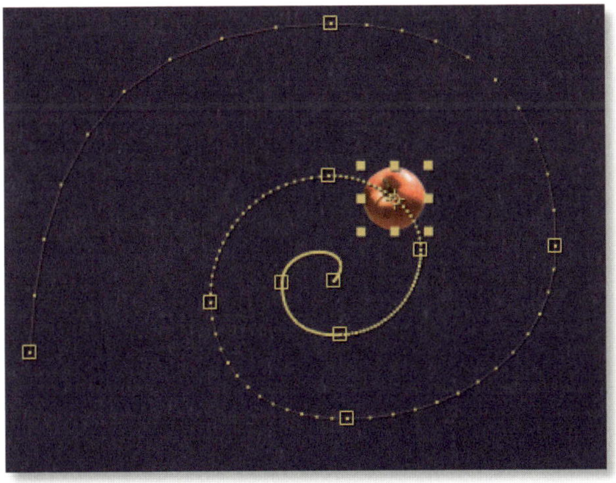

◂ **Abbildung 11.24**
Die Geschwindigkeit wurde für dieses Beispiel allein durch den zeitlichen Abstand der Keyframes zueinander geregelt.

11.3.2 Die Geschwindigkeitskurve

Sobald Sie in irgendeiner Eigenschaft Keyframes gesetzt haben, können Sie die Geschwindigkeit der entstandenen Animation beschleunigen oder abbremsen.

Die Geschwindigkeitskurve gibt Ihnen eine visuelle und numerische Kontrolle über die Geschwindigkeitsänderungen Ihrer Animationen. In der Geschwindigkeitskurve wird die Geschwindigkeit in Einheiten pro Sekunde angegeben. – Für die Skalierung wären das also Prozent pro Sekunde (%/s), für die Position Pixel pro Sekunde (Px/s) usw.

Bleiben wir ruhig noch bei der animierten Positionseigenschaft. Mit einem Klick auf den Button ❶ wird der **Diagrammeditor** geöffnet. Wenn die Geschwindigkeitskurve noch nicht sichtbar ist, markieren Sie die Eigenschaft, die Sie bearbeiten wollen. Eventuell muss dann noch im Einblendmenü, das Sie über den Button ❷ erreichen, der Eintrag GESCHWINDIGKEITSKURVE BEARBEITEN gewählt werden.

In dem abgebildeten Beispiel für die animierte Positionseigenschaft wird der aktuelle Geschwindigkeitswert über der Linie an der Mausposition eingeblendet. Außerdem befindet sich die Kurve in einem Diagramm, in dem die Geschwindigkeitswerte auf einer senkrechten Achse links und der zeitliche Verlauf in Sekunden bzw. Frames auf der waagerechten Achse angezeigt werden.

Sobald ein Keyframe verschoben wird, ändern sich die Zahlenwerte und auch die Geschwindigkeitskurve. Die Geschwindigkeiten zwischen jeweils zwei Keyframes werden in diesem Beispiel durch eine unterschiedliche Höhe der Geschwindigkeitskurven dargestellt. Die Kurven erscheinen als Linien. Das bedeutet, die Geschwindigkeit ist konstant, linear – es gibt keine Beschleunigung. Passiert die Zeitmarke einen Keyframe, ändert sich das Geschwindigkeitsniveau abrupt.

▼ **Abbildung 11.25**
Die Geschwindigkeitskurve zeigt Informationen zur Geschwindigkeit jeder ausgewählten Eigenschaft an. Verschiedene Geschwindigkeiten werden im Diagramm durch ein unterschiedlich hohes Geschwindigkeitsniveau dargestellt.

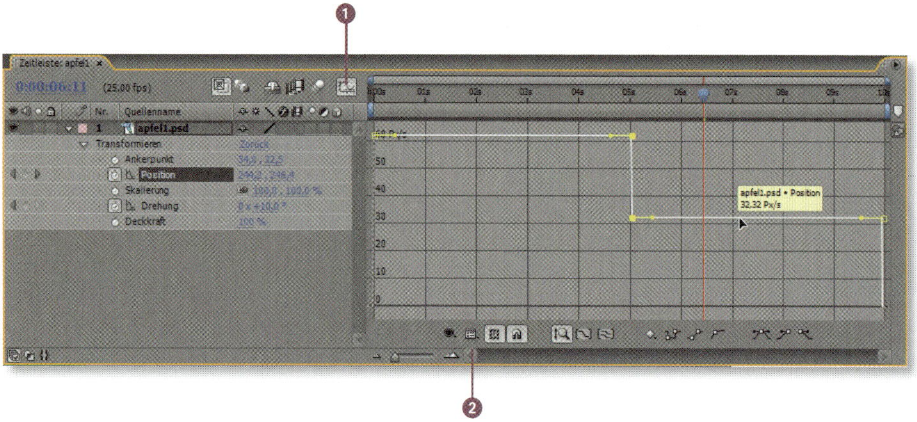

In der Praxis müssen Sie sich nicht allzu sehr den Kopf über die in der Geschwindigkeitskurve eingeblendeten Zahlenwerte zerbrechen. Man kann die Geschwindigkeiten meistens recht intuitiv einstellen. Merken sollten Sie sich allerdings, dass die grobe Regelung der Geschwindigkeit über den zeitlichen Abstand zwischen den Keyframes und über die Höhe der in den Keyframes gespeicherten Werte eingestellt wird.

Negative Werte | Sind in Ihrer Animation von einem zu einem anderen Keyframe negative Werte, beispielsweise eine Drehung von 0° auf –200° enthalten, ändert sich das dargestellte Geschwindigkeitsdiagramm in einen oberen Teil für positive Werte und einen unteren Teil für negative Werte. Der Nullpunkt der Geschwindigkeit wird durch eine dickere Linie ❸ dargestellt. Sie können sich das Diagramm für negative Werte um diese Nulllinie gespiegelt vorstellen. Die Bearbeitung der Kurven ist nicht schwierig, auch wenn die Handhabung gewöhnungsbedürftig ist.

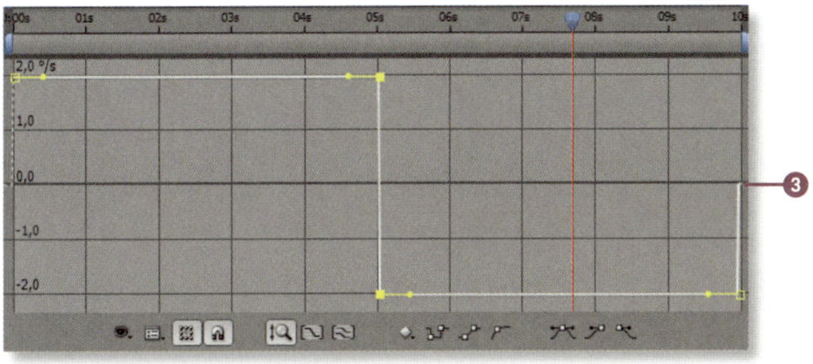

◂ **Abbildung 11.26**
Positive Werte werden im Geschwindigkeitsdiagramm oberhalb und negative Werte unterhalb der Nulllinie dargestellt.

11.3.3 Geschwindigkeitskurven bearbeiten

Geschwindigkeitskurven können bei jeder animierten Eigenschaft verändert werden. After Effects gibt Ihnen damit ein Instrument zum Beschleunigen oder Abbremsen von Animationen an die Hand.

Die standardmäßig konstante Geschwindigkeit einer Animation wird im Geschwindigkeitsdiagramm durch eine gerade Linie repräsentiert. Die Interpolationsmethode ist dabei Linear. Jeder Keyframe wird in der Geschwindigkeitskurve als gelber Punkt dargestellt. Wenn Sie einen solchen Keyframe anklicken, wird links und rechts davon je eine Grifflinie sichtbar.

Griffe und Anfasser | Sobald an einem der Griffe per Klick auf den kleinen Anfasser gezogen wird, ändert sich die Geschwindigkeitskurve zwischen den Keyframes und führt zu einer Beschleunigung oder zum Abbremsen der Animation.

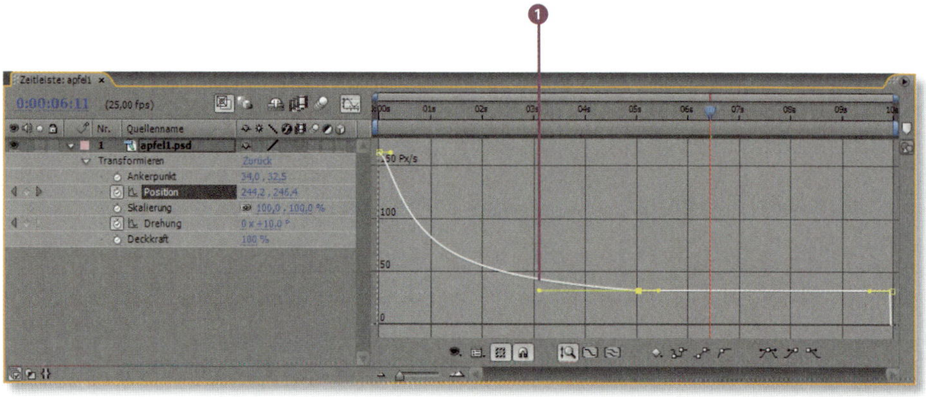

▲ **Abbildung 11.27**
Die zeitliche Interpolationsmethode wird verändert, sobald an den Anfassern ❶ eines Keyframes gezogen wird.

Wenn Sie an dem Griff links ziehen, hat das eine Auswirkung auf die Kurve rechts vom Keyframe. Dieselbe Kurve wird aber auch durch den gegenüberliegenden Griff beeinflusst. Daher ist es bei der Bearbeitung günstig, immer nur zwei aufeinander folgende Keyframes und deren gegenüberliegende Griffe zu betrachten. Die gesamte Geschwindigkeitskurve wird also nacheinander von Keyframe zu Keyframe bearbeitet.

Abbildung 11.28 ▶
Zum Verändern der zeitlichen Interpolationsmethode, also zum Beschleunigen und Abbremsen von Animationen, werden Zeitkurven über Anfasser verändert.

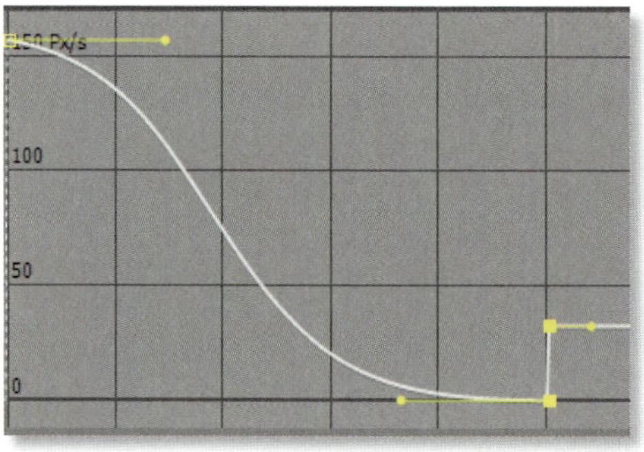

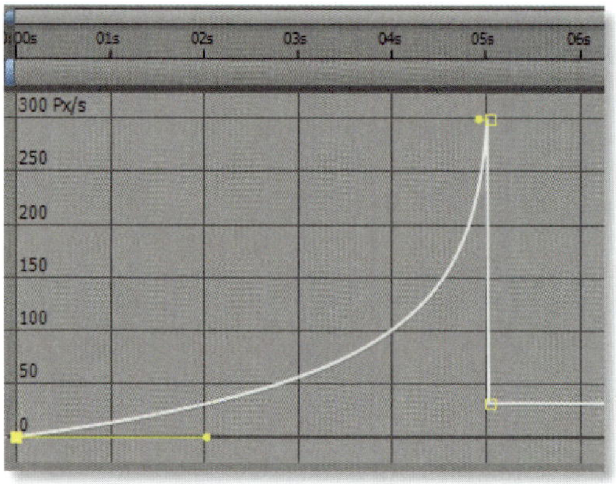

▲ **Abbildung 11.29**
Eine beschleunigte Animation wird in der Geschwindigkeitskurve ansteigend dargestellt.

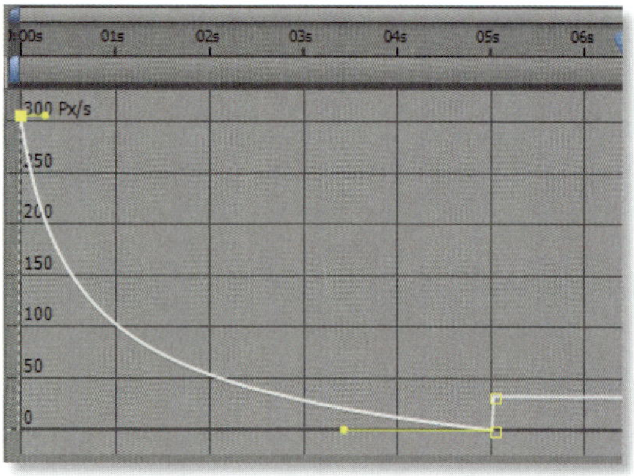

▲ **Abbildung 11.30**
Umgekehrt wird das Abbremsen als abfallende Kurve dargestellt.

In den beiden Abbildungen 11.29 und 11.30 sehen Sie jeweils ein Beispiel für das Beschleunigen und eines für das Abbremsen einer Animation. Übrigens wird für die Positionseigenschaft eine Beschleunigung oder das Abbremsen der Bewegung wieder pünktchenweise im Kompositionsfenster dargestellt. – Auch hier gilt: je dichter die Punkte, desto langsamer die Bewegung.

Geschwindigkeit 2

Zur Anschauung einer abgebremsten und einer beschleunigten Bewegung öffnen Sie die Komposition »geschwindigkeit 2« aus der Datei »geschwindigkeit.aep« im Ordner 11_INTERPOLATION/ZEITKURVEN.

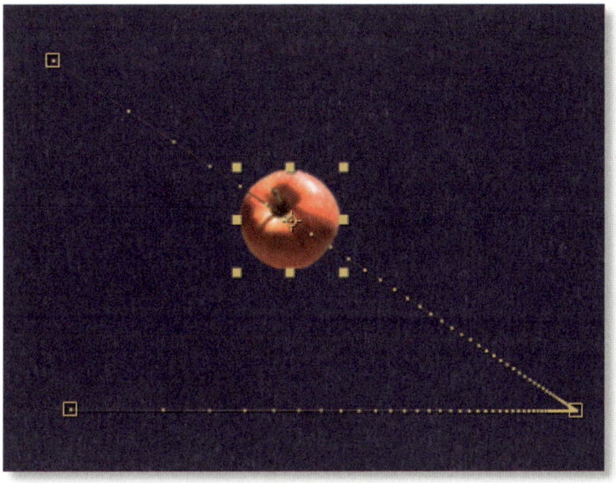

◄ **Abbildung 11.31**
Im Bewegungspfad ist das Beschleunigen und Abbremsen einer Bewegung am Abstand der Pünktchen nachvollziehbar.

Durch das Ziehen an den Griffen wird auch die Form der Keyframes in der Ebenenansicht aktualisiert. Lassen Sie sich davon nicht beunruhigen. Es dient nur der Information, was an dem Keyframe verändert wurde. An späterer Stelle dazu mehr.

Zum Bearbeiten der Kurve an einem Keyframe werden die Griffe nach oben und unten oder seitwärts gezogen und dabei verlängert bzw. verkürzt. Durch das vertikale Ziehen stellen Sie die gewünschte Geschwindigkeit beim Erreichen oder Verlassen eines Keyframes ein. Mit der horizontalen Verlängerung oder Verkürzung der Griffe wird die Auswirkung dieser eingestellten Geschwindigkeit auf die Frames vor bzw. nach einem Keyframe festgelegt.

Infofenster

Im Infofenster werden die eingestellten Geschwindigkeitswerte zusätzlich zum Diagrammeditor angezeigt. Sie erhalten das Infofenster mit Strg+2.

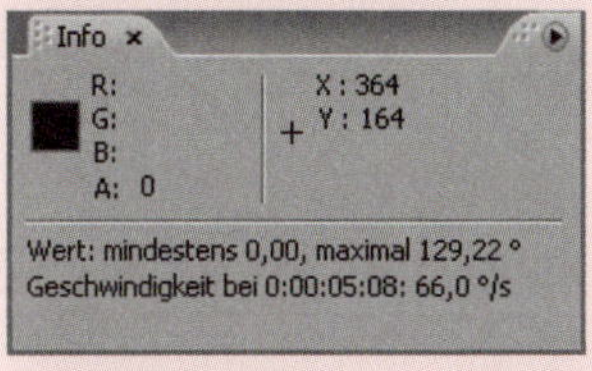

▲ **Abbildung 11.32**
Hier das Infofenster mit kontextbezogenen eingeblendeten Werten.

Diagramm anpassen | Bei der Bearbeitung der Kurven ist Geduld gefragt und ein eher vorsichtiges Ziehen an den Kurven. Vermeiden Sie vor allem, die Griffe unendlich weit nach oben zu ziehen – es werden dann sehr hohe Geschwindigkeiten eingestellt, die mit der aktuell vorhandenen Anzahl an Frames vielleicht gar nicht mehr dargestellt werden können. Da die Dimensionen des Diagramms automatisch angepasst werden, können die Kurven abgeflacht erscheinen und sind nur noch schwer zu bearbeiten.

Im Geschwindigkeitsdiagramm wird die Kurve nicht angepasst, wenn Sie das Lupensymbol deaktivieren. Die Spitzen einer Geschwindigkeitskurve können danach abgeschnitten dargestellt

▼ **Abbildung 11.33**
Das Geschwindigkeitsdiagramm wird automatisch an die aktuelle Bearbeitung Ihrer Kurven angepasst.

werden. Dies ist besonders dann der Fall, wenn die Griffe weit nach oben gezogen wurden, wie in Abbildung 11.33 dargestellt. Wird das Kästchen erneut aktiviert, was zu empfehlen ist, passt sich das Diagramm wieder automatisch an.

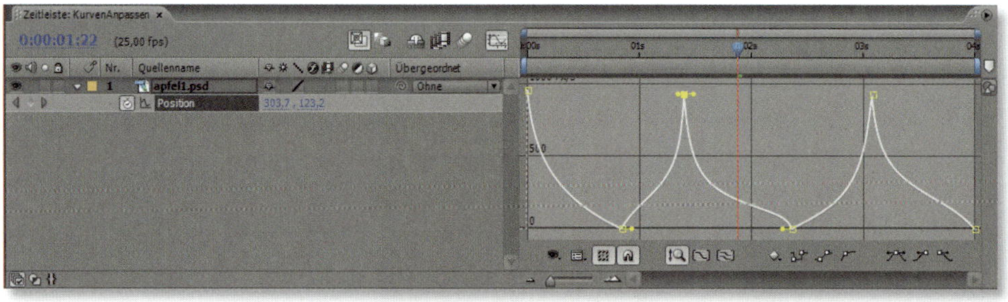

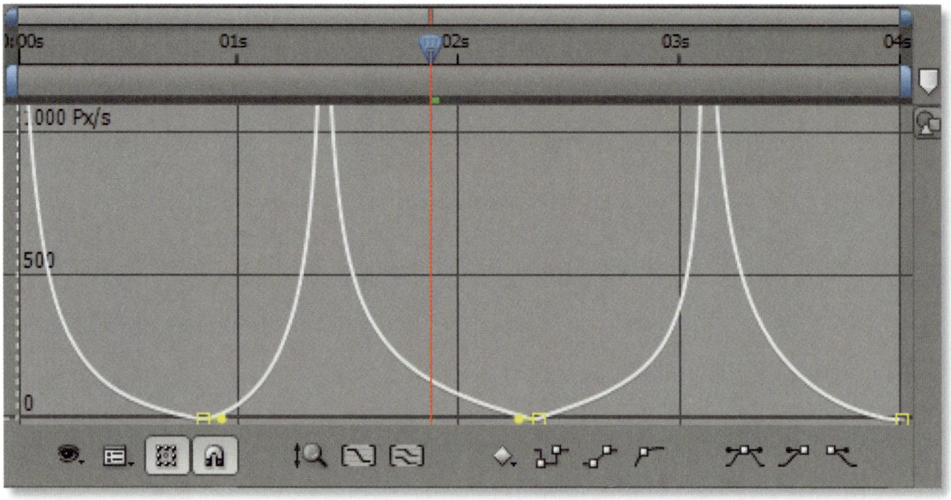

▲ **Abbildung 11.34**
Die Kurven können abgeschnitten werden, wenn die Anpassung des Diagramms deaktiviert wurde.

Keyframe-Geschwindigkeit numerisch | Als Ergänzung sei noch bemerkt, dass die Keyframe-Geschwindigkeit auch rein numerisch festgelegt werden kann, was manchmal hilfreich ist. Dazu markieren Sie einen Keyframe und wählen im Menü Animation • Keyframe-Geschwindigkeit. Sie gelangen auch über das Kontextmenü der rechten Maustaste dorthin oder mit [Strg]+[⇧]+[K].

In der sich öffnenden Dialogbox lässt sich die Eingangs- und die Ausgangsgeschwindigkeit eintragen, also die Geschwindigkeit links vom Keyframe und rechts davon. Die Geschwindigkeit ❶ entspricht der vertikalen Position des Griffs in der Geschwindigkeitskurve. Die Auswirkung ❷ entspricht der Länge des Griffs.

Durch ein Häkchen in der Box ❸ wird die Ausgangsgeschwindigkeit an die Eingangsgeschwindigkeit angepasst.

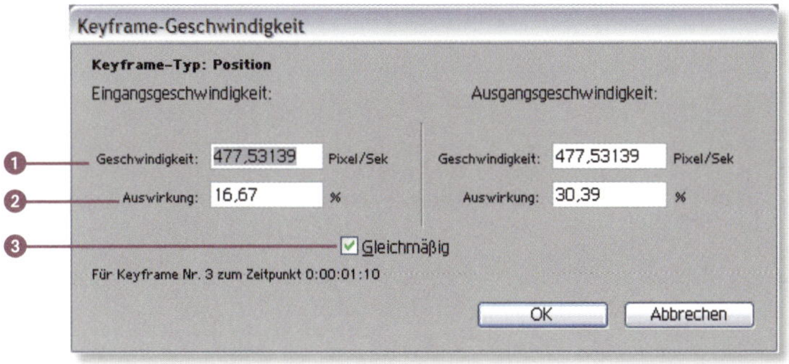

◂ **Abbildung 11.35**
Im Dialog Keyframe-Geschwindigkeit kann die Geschwindigkeit an einem Keyframe und die Länge der Griffe (Auswirkung) numerisch festgelegt werden.

Schritt für Schritt: Mehr Dynamik – Geschwindigkeitskurven

Die Bearbeitung der Geschwindigkeits- und Wertekurven ist vor allem eine Übungssache. In diesem Workshop möchte ich Schritt für Schritt eine Möglichkeit der Kurvenbearbeitung mit Ihnen durchspielen.

In dem Movie »ballspiel« im Ordner 11_Interpolation/Dynamik wird ein Ball beim Fallen beschleunigt, während die Geschwindigkeit beim Flug nach oben abnimmt. Die zu importierenden Dateien »ball.psd« und »rasen.psd« befinden sich im selben Ordner. Wählen Sie im Dialog Footage interpretieren beim Import der Datei »ball.psd« Ermitteln. Die Komposition wird auf die Größe 384 × 288 mit einer Länge von 6 Sekunden angelegt.

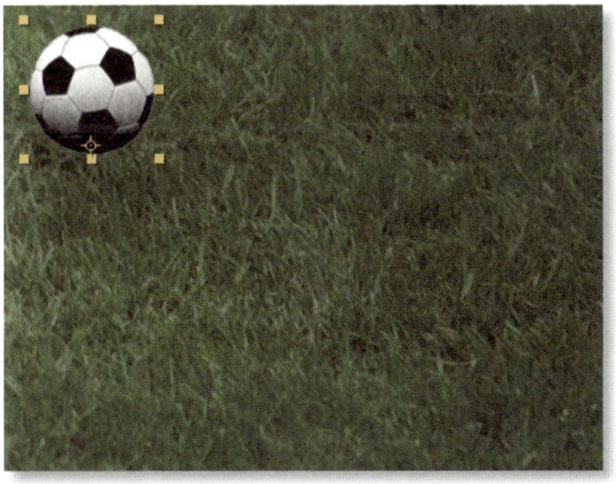

▴ **Abbildung 11.36**
Der Ankerpunkt des Balls wird gleich zu Beginn positioniert.

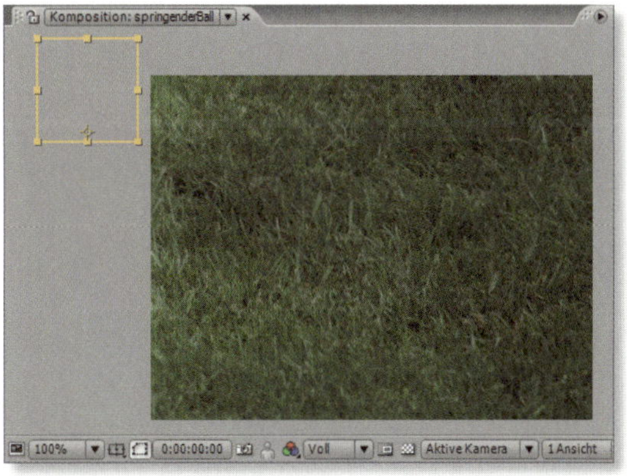

▴ **Abbildung 11.37**
Der Ball kommt von außen ins Bild.

1 Bewegungspfad erstellen

Nachdem Sie die beiden Dateien zum Zeitpunkt 00:00 in die Zeitleiste gezogen haben, schützen Sie die Ebene »rasen« vor Veränderungen mit dem Schloss-Symbol. Da der Ball beim Auftreffen auf den Boden per Skalierung gestaucht werden soll, muss der Ankerpunkt wie in der Abbildung gleich zu Beginn nach unten verschoben werden. Nutzen Sie dazu das Ausschnitt-Werkzeug.

Blenden Sie die Positionseigenschaft der Ebene »ball« mit der Taste [P] ein und setzen Sie bei 00:00 einen ersten Keyframe. Positionieren Sie die Ballebene dazu außerhalb der Kompositionsansicht wie in der Abbildung 11.37.

Weitere Positionskeys erstellen Sie bei jeder vollen Sekunde durch Verändern der Position der Ballebene im Kompositionsfenster. Der Bewegungspfad und die Positions-Keyframes sollten denen in den Abbildungen 11.39 und 11.40 gleichen.

▲ **Abbildung 11.38**
Der Ankerpunkt der Ball-Ebene wird mit dem Ausschnitt-Werkzeug verschoben.

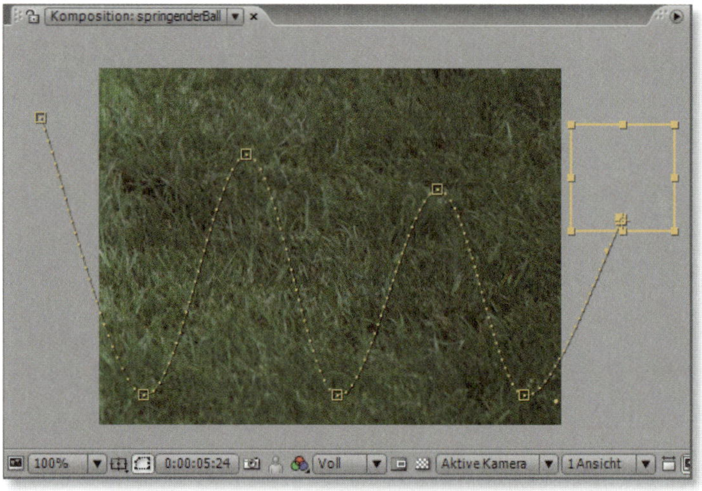

Abbildung 11.39 ▶
Der Bewegungspfad des Balls sollte dem hier abgebildeten ähneln.

▼ **Abbildung 11.40**
Die Positions-Keyframes werden in Abständen von einer Sekunde gesetzt.

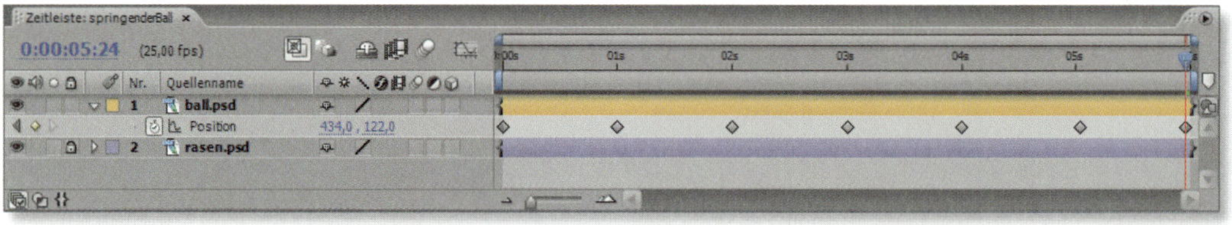

2 Bewegungspfad bearbeiten

Bevor die Geschwindigkeit für den Ball verändert wird, widmen wir uns dem Bewegungspfad. Markieren Sie die Ballebene, um den Bewegungspfad sichtbar zu machen. Der Pfad wird so verändert, dass der Ball in einer spitzen Kurve auftrifft und in hohem Bogen wie in der Abbildung 11.41 sichtbar davonfliegt.

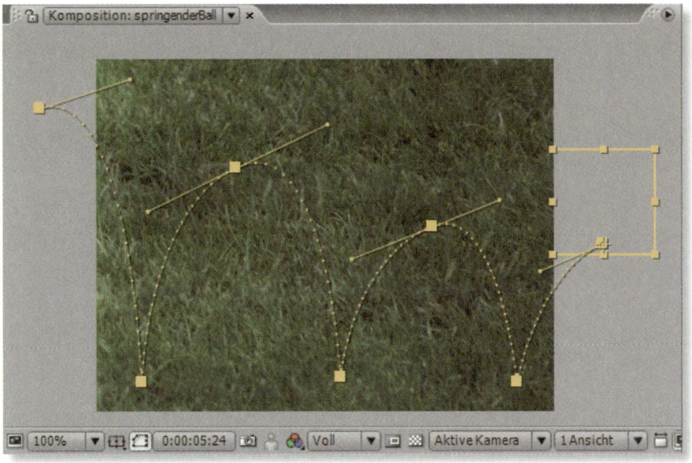

◂ **Abbildung 11.41**
Der Bewegungspfad wird mit geometrischer Interpolation verändert.

Bearbeiten Sie den Pfad dazu mit dem Auswahl-Werkzeug. Wählen Sie zuerst nacheinander bei gedrückter [⇧]-Taste den zweiten, vierten und sechsten Keyframe aus. Anschließend wechseln Sie die geometrische Interpolationsmethode. Öffnen Sie dazu die Dialogbox KEYFRAME-INTERPOLATION über ANIMATION • KEYFRAME-INTERPOLATION bzw. [Strg]+[Alt]+[K] und wählen unter GEOMETRISCHE INTERPOLATION die Interpolationsmethode LINEAR.

Bearbeiten Sie danach den Bewegungspfad für die restlichen Keyframes. Durch das Ziehen an den Griffen wird die Interpolationsmethode von automatischer Bézier-Interpolation zu gleichmäßiger Bézier-Interpolation gewechselt. Orientieren Sie sich dabei an der oben erwähnten Abbildung. Der Ball bewegt sich noch ohne zeitliche Interpolationsveränderung durchs Bild. Das werden wir gründlich ändern.

3 Geschwindigkeitskurve bearbeiten

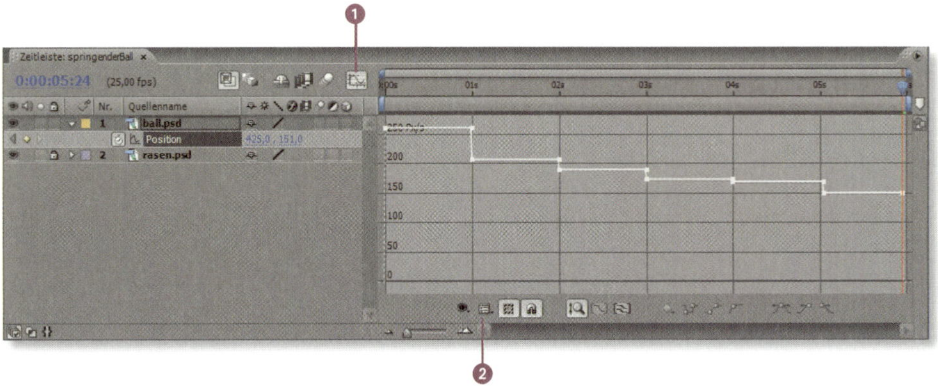

▴ **Abbildung 11.42**
Das Geschwindigkeitsdiagramm zeigt für den Ball eine leicht abnehmende Geschwindigkeit an.

Öffnen Sie den Diagrammeditor per Klick auf das Symbol ❶. Wenn Sie die Positionseigenschaft markieren, sollte die Geschwindigkeitskurve angezeigt werden. Falls nicht, wählen Sie über den Button ❷ den Eintrag GESCHWINDIGKEITSKURVE BEARBEITEN aus dem Einblendmenü.

Bevor etwas verändert wird, sollte überlegt werden, was überhaupt mit dem Ball geschehen soll. Schon Galileo Galilei fand heraus, dass fallende Körper sich nicht mit konstanter Geschwindigkeit bewegen, sondern beschleunigt werden. So auch unser Ball.

Für eine Beschleunigung der Bewegung vom ersten zum zweiten Keyframe muss die Geschwindigkeitskurve also ansteigend eingestellt werden. Markieren Sie dazu den ersten Key und ziehen Sie den Griff ❸ nach unten auf die Nulllinie. Anschließend verlängern Sie den Griff durch Ziehen nach rechts. Den gegenüberliegenden Griff am zweiten Key ❹ ziehen Sie bis zur Spitze der Kurve und verkürzen ihn etwas. Vergleichen Sie mit der Abbildung.

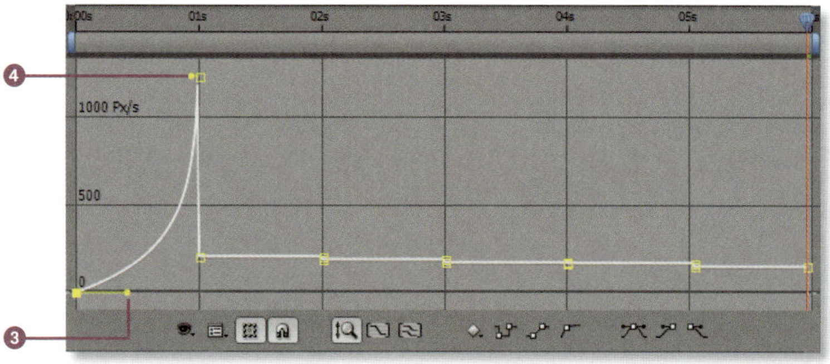

Abbildung 11.43 ▸ Die zeitliche Interpolation wird durch Ziehen an den Griffen eines Keyframes verändert.

Das Geschwindigkeitsdiagramm wird bei der Bearbeitung angepasst, und die Keyframes in der Ebenenansicht verändern ihre Form. Zwischen zweitem und drittem Key beginnt die Ballbewegung bereits mit einer hohen Geschwindigkeit. Beim »Flug nach oben« wird die Bewegung etwas abgebremst.

Ziehen Sie dazu den Griff rechts vom zweiten Key ❺ an die Spitze der Kurve und verkürzen ihn etwas. Den Griff ❻ links vom dritten Key ziehen Sie bis kurz vor die Nulllinie und verlängern ihn etwas, bis die Kurve der Abbildung ähnelt. Falls der Griff immer auf die Nulllinie springt, können Sie das verhindern, indem Sie das Magnet-Symbol ❼ deaktivieren.

Für die folgenden Keys wiederholt sich die Bearbeitung der Kurve. Beginnen Sie wieder wie beim ersten Key und und fahren fort wie beim zweiten. Immer, wenn der Ball nach unten »fällt«, beschleunigen Sie die Bewegung, ansonsten bremsen Sie sie ab.

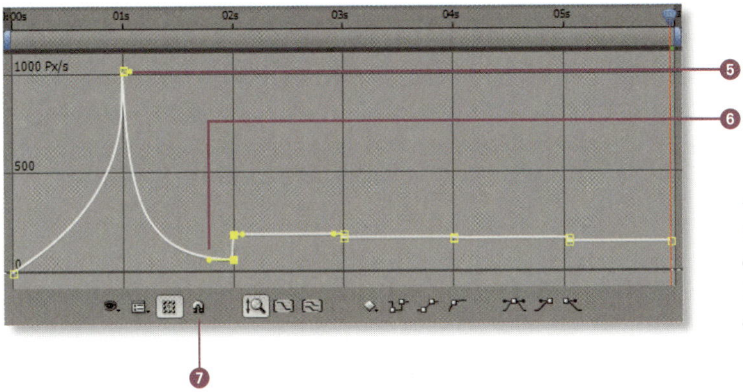

◂ **Abbildung 11.44**
Für die Bewegung nach oben wird die Geschwindigkeit abgebremst. Die Geschwindigkeitskurve ist abfallend.

Empfehlen möchte ich noch Folgendes: **Verbinden** Sie die Griffe links und rechts von jedem Keyframe, indem Sie mit der Alt-Taste auf einen Key klicken. Arbeiten Sie danach weiter mit dem Auswahl-Werkzeug. Sie können die Griffe gemeinsam nach oben oder unten ziehen. Sie können die Anfasser außerdem verbinden, indem Sie die entsprechenden Keyframes markieren und im Dialog Keyframe-Interpolation unter Zeitliche Interpolation den Eintrag Bézier, gleichmässig wählen. Zur Bearbeitung der Kurven empfiehlt es sich, immer nur zwei gegenüberliegende Griffe vorsichtig zu verlängern bzw. zu verkürzen. Nach der Bearbeitung sollte die Kurve der abgebildeten ähneln. Ist Ihnen die Bearbeitung nicht auf Anhieb gelungen, verzweifeln Sie nicht. Es geht vielen ähnlich. Dagegen hilft nur Üben. Und es lohnt sich!

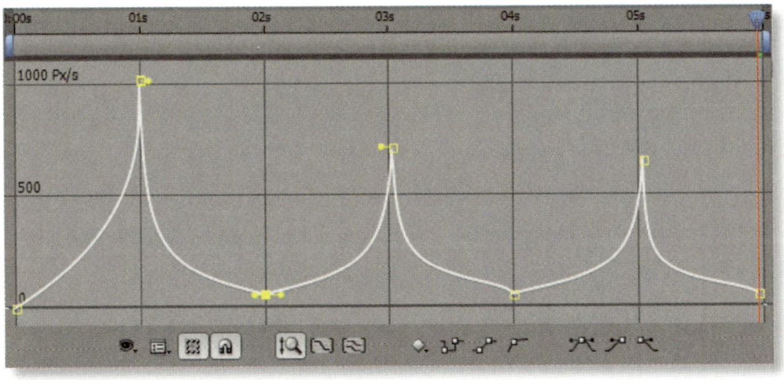

◂ **Abbildung 11.45**
Die fertig bearbeitete Geschwindigkeitskurve für den animierten Ball

4 Geschwindigkeit erhöhen

Der Ball ist lahm und alles könnte schneller animiert sein? – Dann drücken Sie die Alt-Taste und klicken auf ein Segment zwischen zwei Keys in der Kurve. Alle Keys werden ausgewählt und es erscheint das **Transformationsfeld**. Klicken Sie auf den Rahmen rechts (siehe Abbildung 11.46) und schieben dann alle Keys auf 3 Sekunden zusammen. Eventuell müssen Sie danach Ihre Zeitkurve leicht nachbearbeiten.

Das Transformationsfeld erscheint auch, indem Sie einen Rahmen über den Keys aufziehen oder mit dem Auswahl-Werkzeug auf die Kurve zwischen zwei Keys klicken.

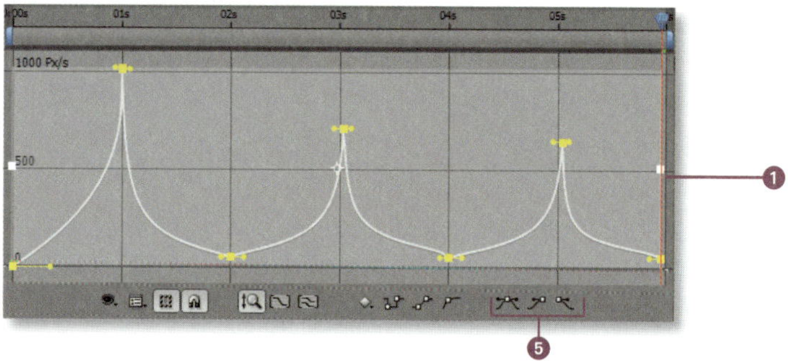

Abbildung 11.46 ▸
Per Klick mit der Taste [Alt] auf ein Segment zwischen zwei Keyframes erscheint das Transformationsfeld für alle Keyframes.

5 Skalierung bearbeiten

Zu guter Letzt wird der Ball noch bei jeder »Bodenberührung« gestaucht. Drei Keys sind dafür nötig, die wir mehrfach einsetzen. Schließen Sie den Diagrammeditor und wechseln zur Ebenenansicht. Blenden Sie zusätzlich zur Positionseigenschaft die Skalierung mit [⇧]+[S] ein.

Ziehen Sie die Zeitmarke kurz vor den zweiten Positionskey, also kurz bevor der Ball auftrifft. Setzen Sie dort den ersten Key für die Skalierung. Ziehen Sie die Zeitmarke möglichst genau synchron auf den zweiten Positionskey. Entfernen Sie per Klick das Verketten-Symbol ❷ bei der Eigenschaft SKALIERUNG, um unproportional zu skalieren.

Tragen Sie in den Wertefeldern ❸ und ❹ die Werte 120 und 70 ein, damit der Ball gestaucht erscheint. Gehen Sie mit der Taste [Bild ↓] zwei Frames vorwärts, kopieren den ersten Skalierungskey mit [Strg]+[C] und fügen ihn mit [Strg]+[V] ein. Für die weiteren Skalierungskeys markieren Sie die drei bereits gesetzten Keys und fügen Sie jeweils kurz vor dem vierten und sechsten Positionskey ein.

Weitere Beispiele

In der Datei »ballspiel.aep« im Ordner 11_INTERPOLATION/DYNAMIK befinden sich noch ein paar Kompositionen mit ganz einfachen weiteren Beispielen für zeitliche Interpolationen von animierten Eigenschaften. Probieren Sie am besten selbst einmal ähnliche Animationen aus.

▾ Abbildung 11.47
Für die Skalierung werden zuerst drei Keyframes gesetzt.

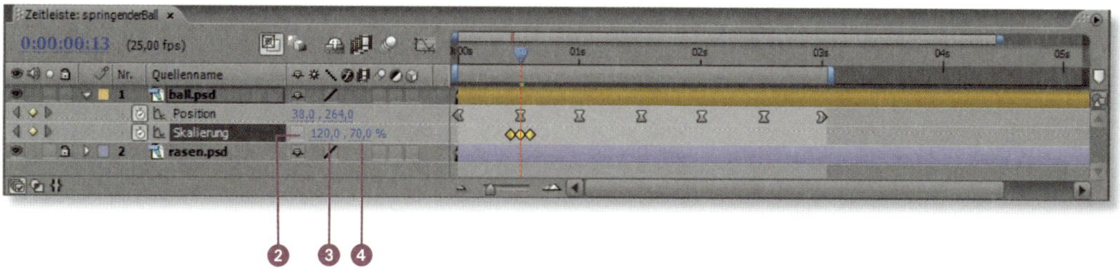

Sie haben es geschafft! – Jetzt können Sie die Geschwindigkeitskurven auch für andere Animationen einsetzen. ■

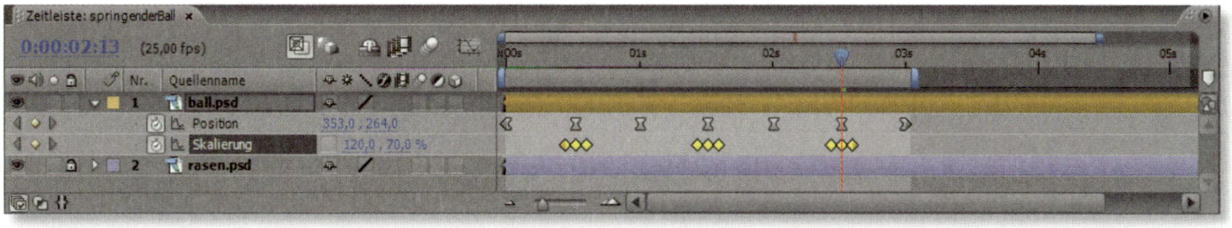

▲ **Abbildung 11.48**
Nach dem Kopieren und Einsetzen der Skalierungs-Keyframes

11.3.4 Assistenten für Keyframe-Geschwindigkeit

Die einigermaßen mühevolle Bearbeitung der Zeitkurven lässt sich in manchen Fällen umgehen. After Effects bietet zur automatischen Berechnung der Geschwindigkeitskurven mehrere Assistenten. Die Helfer bei der Erstellung weicher Übergänge bei Animationen heißen **Easy Ease, Easy Ease In** und **Easy Ease Out**.

Sie können die Assistenten sowohl in der Ebenenansicht als auch im Diagrammeditor auf ausgewählte Keyframes anwenden. Markieren Sie einen oder mehrere Keyframes und wählen dann ANIMATION • KEYFRAME-ASSISTENTEN. Wählen Sie dann einen der Easy Ease-Assistenten. Sie finden das Menü auch als Kontextmenü. Im Diagrammeditor können Sie außerdem einen der drei Buttons ❺ (Abbildung 11.46) verwenden.

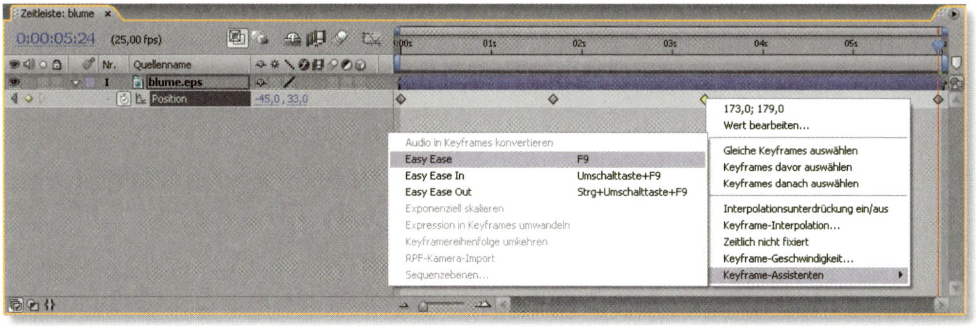

▲ **Abbildung 11.49**
Die Keyframe-Assistenten können über das Kontextmenü angewendet werden.

Easy Ease | Der Assistent Easy Ease ❶ (Abbildung 11.50) sorgt für weiche Änderungen in einer animierten Eigenschaft. Die Geschwindigkeit wird an jedem Keyframe auf Null verringert, und die Griffe sind zu beiden Seiten gleich lang. Die Auswirkung zu beiden Seiten ist somit gleich. Resultat ist eine zum Keyframe hin abgebremste Bewegung und eine vom Keyframe ausgehende beschleunigte Bewegung, was in der Abbildung 11.50 anschaulich wird.

Beispiele

Im Ordner 11_INTERPOLATION/KEYFRAMEASSISTENTEN finden Sie die Projektdatei »assistenten.aep«, die mehrere Beispiele für die im Text erläuterten Assistenten enthält.

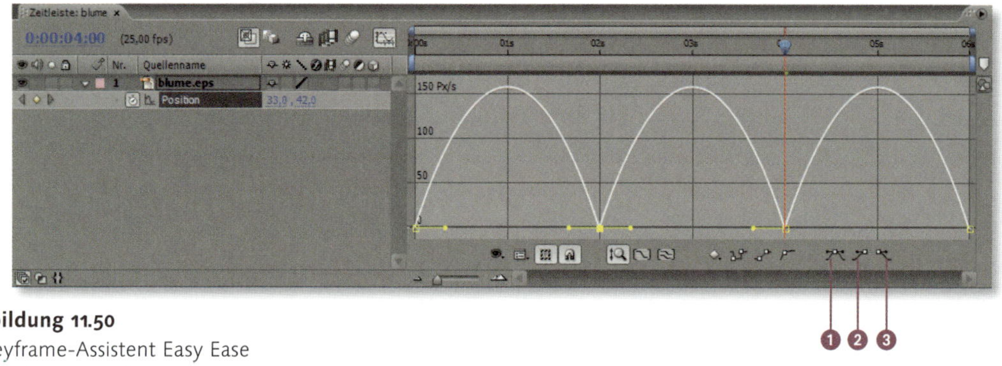

▲ **Abbildung 11.50**
Der Keyframe-Assistent Easy Ease ❶ sorgt für weiche Änderungen zwischen zwei Keyframes.

Easy Ease In | Der Assistent Easy Ease In ❷ verringert nur die Eingangsgeschwindigkeit an einem Keyframe auf Null und bremst somit die Bewegung zum Keyframe hin ab.

Easy Ease Out | Der Assistent Easy Ease Out ❸ macht genau das Umgekehrte von Easy Ease In und beschleunigt die Bewegung nach dem Keyframe.

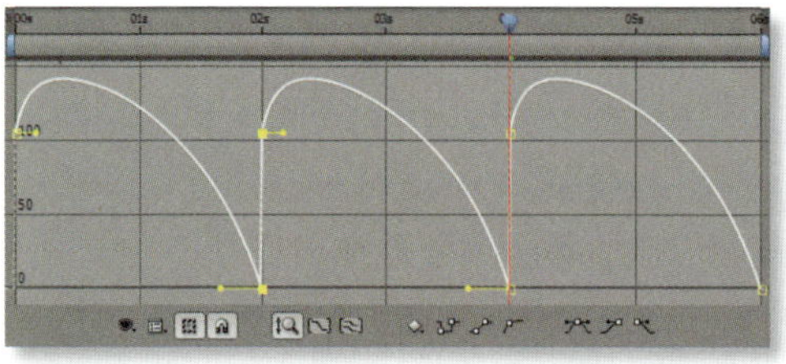

▲ **Abbildung 11.51**
Der Assistent Easy Ease In verringert die Eingangsgeschwindigkeit an einem Keyframe.

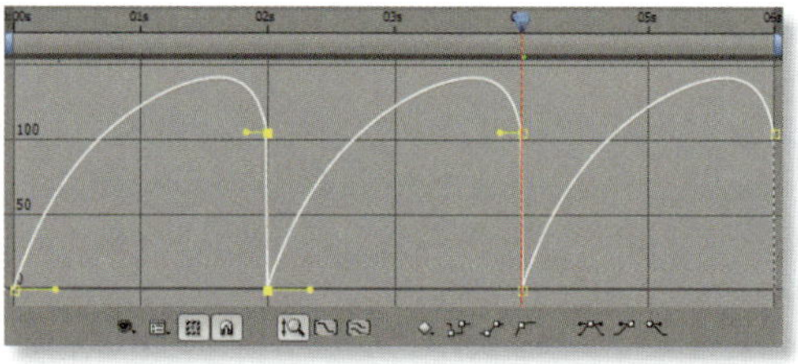

▲ **Abbildung 11.52**
Der Assistent Easy Ease Out beschleunigt die Bewegung nach einem Keyframe.

11.3.5 Methoden der zeitlichen Interpolation

Die zeitlichen Interpolationsmethoden tragen dieselben Namen wie bei der geometrischen Interpolation, die Sie schon im Bewegungspfad angewandt haben.

Sobald eine zeitliche Interpolation auf einen Keyframe angewandt wurde, verändert dieser sein Aussehen in der Ebenenansicht. In der Abbildung 11.53 sind Keyframes dargestellt, auf die verschiedene Interpolationsmethoden angewandt wurden.

▼ **Abbildung 11.53**
Verschiedene zeitliche Interpolationsmethoden sind in der Ebenenansicht an der Form der Keyframes erkennbar: Linear ❶, Bézier-Interpolation ❷, Automatische Bézier-Interpolation ❸, Interpolationsunterdrückung ❹, Gleichmäßige Bézier-Interpolation ❺

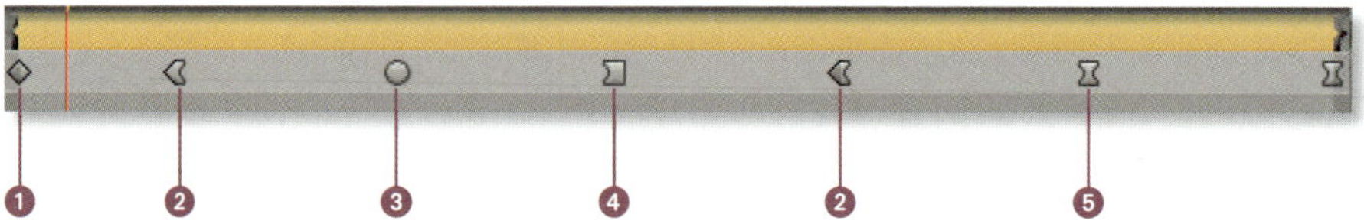

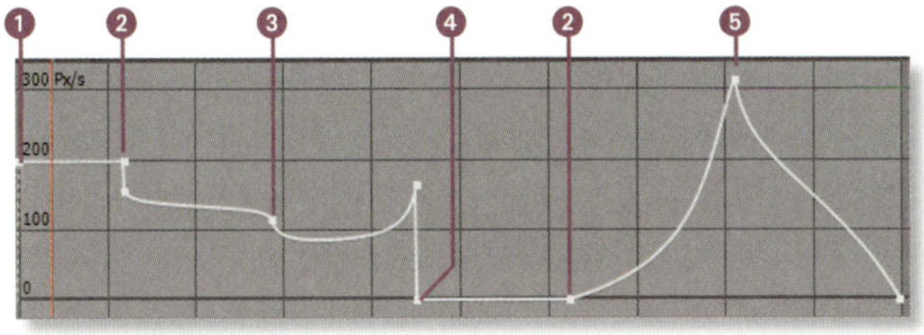

▲ **Abbildung 11.54**
So kann das Geschwindigkeitsdiagramm bei verschiedenen Interpolationsmethoden aussehen.

Lineare Interpolation | Die lineare Interpolation wurde für den Keyframe ❶ beibehalten. Die Kurve ist als Linie dargestellt und symbolisiert den konstanten zeitlichen Verlauf der Animation.

Bézier-Interpolation | Für den Keyframe ❷ ist die Kurve links vom Keyframe auf lineare Interpolation gestellt. Die Kurve rechts vom Keyframe wurde durch Bézier-Interpolation verändert und ist, wenn die Kurve wie in Abbildung 11.55 ansteigt, als Beschleunigung zu lesen. Die Griffe links und rechts vom Keyframe sind voneinander unabhängig, sowohl was die Geschwindigkeitseinstellung angeht als auch was die Länge der Griffe, also die eingestellte Auswirkung dieser Geschwindigkeit, betrifft (siehe Abbildung 11.55).

Automatische Bézier-Interpolation | Die automatische Bézier-Interpolation wird mit einem kreisförmigen Keyframe ❸ symbolisiert. Die eingehende Kurve links und die ausgehende Kurve rechts vom Keyframe werden in einem weichen Übergang aneinander angeglichen. Die Griffe sind wie in Abbildung 11.56 auf beiden Seiten gleich lang und miteinander verbunden. Sobald daran gezogen wird, wandelt sich die Interpolationsmethode in gleichmäßige Bézier-Interpolation um.

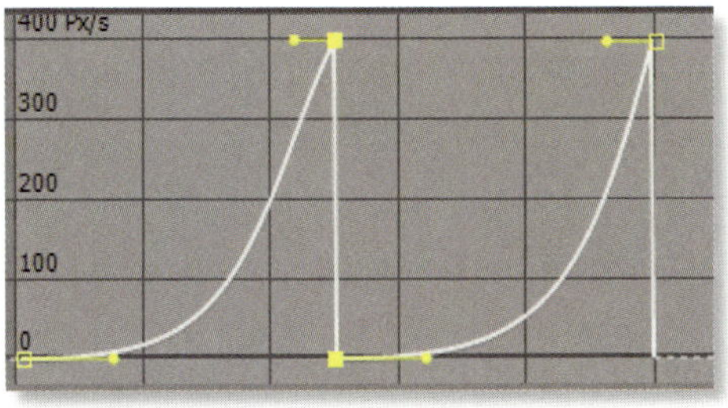

▲ **Abbildung 11.55**
Bei der reinen Bézier-Interpolation sind die Griffe voneinander unabhängig veränderbar.

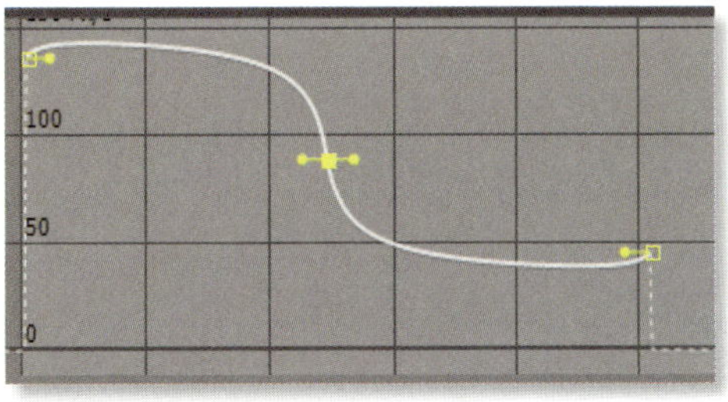

▲ **Abbildung 11.56**
Die automatische Bézier-Interpolation verwendet Griffe, die auf beiden Seiten gleich lang und miteinander verbunden sind. Die Auswirkung zu beiden Seiten ist gleich.

Interpolationsunterdrückung | Die Interpolationsunterdrückung ist beim nächsten Keyframe ❹ zu finden. Ist Interpolationsunterdrückung eingestellt, werden die Werte nach dem Keyframe nicht mehr interpoliert, bis die Zeitmarke auf einen neuen Keyframe trifft. Anders ausgedrückt heißt das, es findet keine Animation statt, wenn Interpolationsunterdrückung gewählt ist. Veränderungen werden dann erst beim nächsten Keyframe schlagartig angezeigt (Abbildung 11.57).

Gleichmäßige Bézier-Interpolation | Die gleichmäßige Bézier-Interpolation wurde für den Keyframe ❺ und den letzten Keyframe verwendet. Hier sind die beiden Griffe wie in Abbildung 11.58 miteinander verbunden, können aber unterschiedlich lang gezogen werden, um die Auswirkung der Geschwindigkeit zu beiden Seiten des Keyframes verschieden einzustellen.

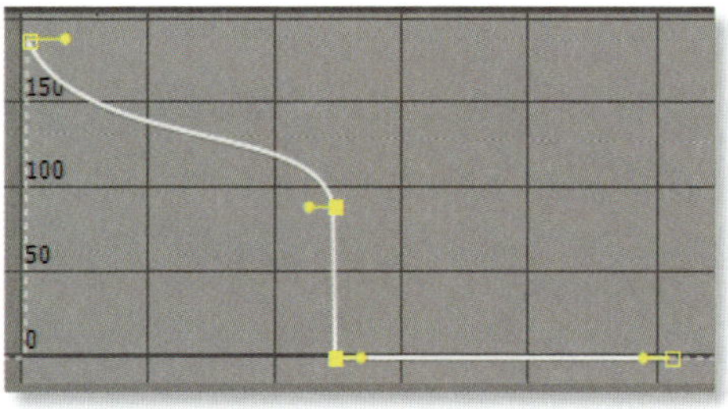

▲ **Abbildung 11.57**
Bei der Interpolationsunterdrückung wird die Kurve auf der Nulllinie dargestellt.

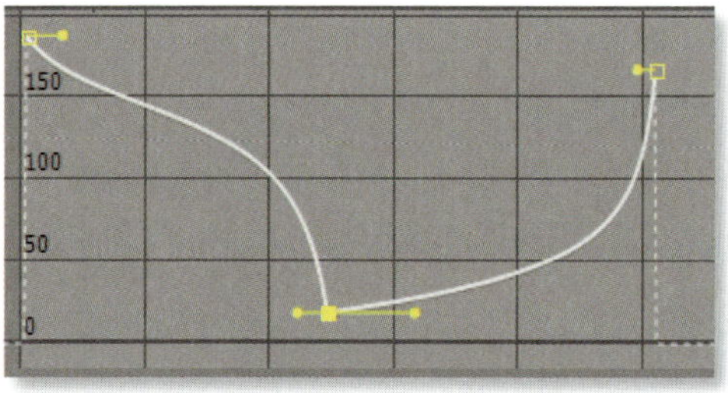

▲ **Abbildung 11.58**
Bei der gleichmäßigen Bézier-Interpolation sind die Griffe miteinander verbunden, die Auswirkung kann aber unterschiedlich eingestellt werden.

11.3.6 Zeitliche Interpolationsmethoden einstellen

Wie bereits erwähnt, ist die einfachste und schnellste Methode, eine konstante Bewegung in eine beschleunigte oder abgebremste zu ändern, das Ziehen an den Griffen der Geschwindigkeitskurve einer animierten Eigenschaft . Nicht selten muss die Interpolationsmethode jedoch geändert werden. Sie haben dafür vier Möglichkeiten. Für alle vier müssen zuvor ein oder mehrere Keyframes markiert worden sein.

Dialogbox Keyframe-Interpolation | Zum Ändern der Interpolation wählen Sie im Menü ANIMATION • KEYFRAME-INTERPOLATION bzw. [Strg]+[Alt]+[K]. Es öffnet sich die Dialogbox KEYFRAME-INTERPOLATION. Dort wählen Sie unter ZEITLICHE INTERPOLATION eine Interpolationsmethode aus dem Popup-Menü und bestätigen mit OK. Sie können sowohl im Diagrammeditor als auch in der Ebenenansicht mit der Dialogbox KEYFRAME-INTERPOLATION arbeiten, um die Interpolationsmethode eines Keyframes zu ändern.

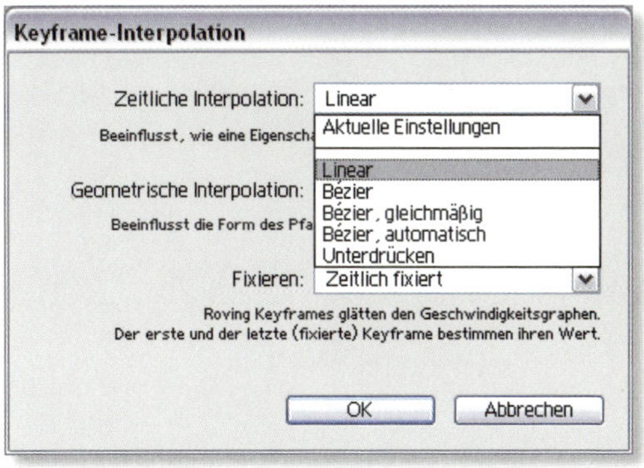

◄ **Abbildung 11.59**
In der Dialogbox zur Keyframe-Interpolation wird die zeitliche Interpolationsmethode eines Keyframes gewechselt.

Die Dialogbox erhalten Sie im Übrigen auch über das Kontextmenü, wenn Sie mit der rechten Maustaste (oder [Ctrl]+Klick) auf einen markierten Keyframe klicken, oder über das Keyframe-Symbol ❶ im Diagrammeditor, mit dem Sie das gleiche Menü einblenden.

Buttons im Diagrammeditor | Eine schnelle Änderungsmöglichkeit für die Interpolationsmethode bietet der Diagrammeditor mit den Buttons IN HOLD KONVERTIEREN ❷, IN LINEAR KONVERTIEREN ❸ und IN AUTO-BÉZIER KONVERTIEREN ❹. Der erste Button dient dazu, Interpolationsunterdrückung einzustellen. Sie können dazu aber auch einen oder mehrere Keyframes mit der rechten Maustaste anklicken und aus dem Kontextmenü den Eintrag INTERPOLATIONSUNTERDRÜCKUNG EIN/AUS wählen.

▲ **Abbildung 11.60**
Im Diagrammeditor kann die Interpolationsmethode schnell über ein paar Buttons gewechselt werden.

Tastatur im Diagrammeditor | Im Diagrammeditor können Sie die Interpolationsmethode sehr schnell wechseln, indem Sie bei gedrückter [Alt]-Taste und aktivem Auswahl-Werkzeug abwechselnd direkt einen Keyframe anklicken. Es wird zwischen linearer Interpolation und automatischer Bézier-Interpolation gewechselt. Sind mehrere Keyframes ausgewählt, ändert sich die Interpolation für alle diese Keyframes (Abbildung 11.61).

Wenn die lineare Interpolation gewählt ist, müssen Sie nur an einem der Griffe ziehen, und schon ist es eine reine Bézier-Interpolation.

Tastatur in der Ebenenansicht | In der Ebenenansicht wechseln Sie sehr schnell zwischen linearer und automatischer Bézier-Interpolation, indem Sie bei gedrückter [Strg]-Taste auf einen oder mehrere Keyframes klicken.

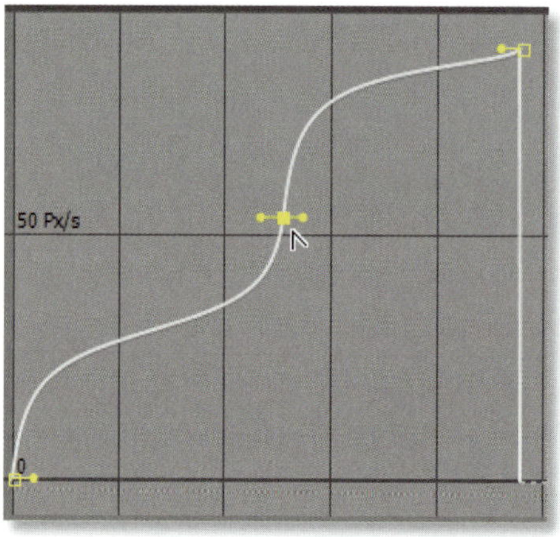

Abbildung 11.61 ▸
Durch Klicken auf einen Keyframe im Diagrammeditor wird bei gedrückter [Alt]-Taste sehr einfach und schnell die Interpolationsmethode gewechselt.

11.3.7 Die Wertekurve

In der Wertekurve des Diagrammeditors werden die Werte der Eigenschaften grafisch dargestellt. Sie können damit arbeiten, um Keyframes zu setzen, Werte zu ändern und präzise Animationen zu erstellen. Um die Wertekurve für eine Eigenschaft anzuzeigen, blenden Sie zuerst über den gleichnamigen Button den Diagrammeditor ein und markieren dann die entsprechende Eigenschaft. Gegebenenfalls müssen Sie noch über den Button ❶ den Eintrag WERTEKURVE BEARBEITEN aus dem Einblendmenü wählen.

In der Wertekurve werden x-Werte rot, y-Werte grün und z-Werte bei 3D-Ebenen blau dargestellt. Die Wertekurve gibt Ihnen so eine hervorragende visuelle Kontrolle über den Wert von Keyframes zu verschiedenen Zeitpunkten und die Möglichkeit, die Werte an Keyframes zu verändern.

▾ Abbildung 11.62
Einige Eigenschaften haben eine Wertedimension von Zwei oder Drei. Die Skalierung hat hier die Dimension Zwei – je ein Wert für Breite und Höhe.

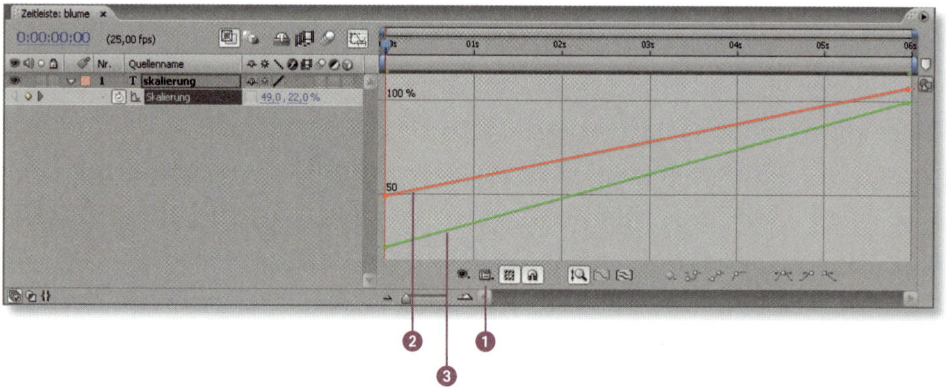

Durch die Änderung der Werte an Keyframes beeinflussen Sie auch den Geschwindigkeitsverlauf von Animationen. Dies hängt damit zusammen, dass ein kleiner Unterschied zwischen zwei Keyframe-Werten eine langsamere Animation bewirkt als bei sehr unterschiedlichen Werten.

Wenn Sie beispielsweise für eine Ebene 10 Umdrehungen innerhalb von 10 Sekunden festgelegt haben und für eine zweite Ebene nur eine Umdrehung in 10 Sekunden, ergibt sich für die zweite Ebene eine geringere Drehgeschwindigkeit.

In den Abbildungen 11.62 und 11.64 sehen Sie die Wertekurven für die Eigenschaft Drehung und für die Eigenschaft Skalierung. Während bei der Drehung nur eine Kurve für die Darstellung der Werte zu sehen ist, wird die Skalierung mit zwei Wertekurven dargestellt, eine für die Breite ❷ und eine für die Höhe ❸. Sichtbar ist das nur bei unterschiedlichen Skalierungswerten für Breite und Höhe. Für die Skalierung kann noch eine dritte Kurve hinzukommen, wenn die Ebene eine 3D-Ebene ist. Die Geschwindigkeitskurve wird für Breite und Höhe ebenfalls gedoppelt.

Werte in der Wertekurve ändern | Um Werte in der Wertekurve zu ändern, klicken Sie auf einen Keyframe ❹ in der Wertekurve und ziehen ihn nach oben für höhere und nach unten für verringerte Werte. Im Diagrammeditor und in der Infopalette, die Sie mit Strg+2 einblenden, werden die Werte dabei angezeigt.

Sie können Werte auch auf herkömmlichem Weg wie in der Ebenenansicht ändern. Dazu verändern Sie die Werte durch Ziehen im Wertefeld ❺ bzw. tippen dort den gewünschten Wert ein. Außerdem können Sie ebenso wie in der Ebenenansicht direkt auf einen Keyframe doppelt klicken, um das Werte-Dialogfeld einzublenden. Dort tragen Sie neue Werte ein und bestätigen mit OK.

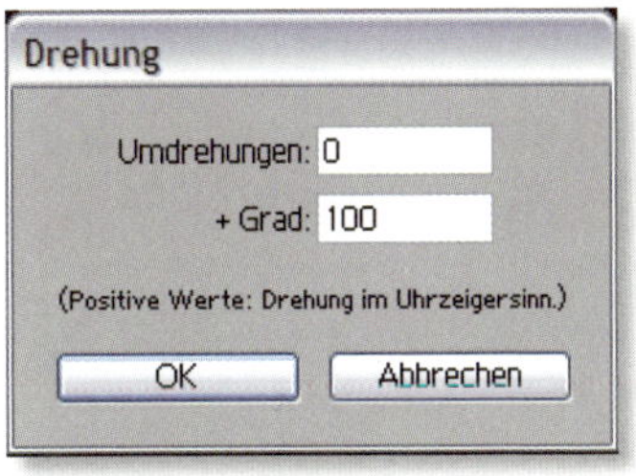

▲ **Abbildung 11.63**
Wird ein Keyframe doppelt angeklickt, erscheint das Werte-Dialogfeld. Dort können Sie neue Werte eintragen.

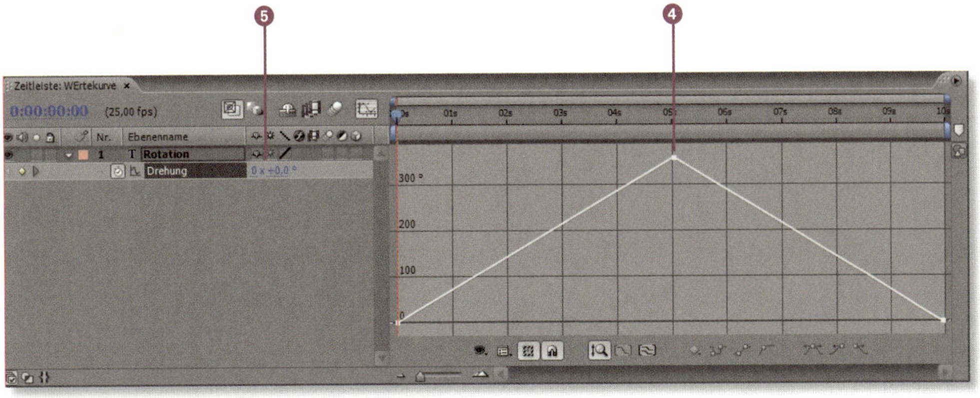

▲ **Abbildung 11.64**
Die Wertedimension der Eigenschaft Drehung ist 1. Daher wird auch nur eine Kurve für diesen Wert dargestellt.

Geschwindigkeit 3

Zum Bearbeiten von Wertekurven können Sie die Dateien in der Komposition »geschwindigkeit 3« aus dem Projekt »geschwindigkeit.aep« im Ordner 11_Interpolation/Zeitkurven verwenden.

Keyframes in der Wertekurve setzen | Wird die Zeitmarke neben einem oder zwischen zwei Keyframes positioniert und Sie ändern dann den Eigenschaftswert im Wertefeld oder im Kompositionsfenster (z.B. Ändern der Position), entsteht ein neuer Keyframe ganz so wie in der Ebenenansicht. Auch beim Kopieren, Einfügen und Löschen von Keyframes gibt es keinen Unterschied.

11.4 Pfade als Keygenerator

Keyframes per Pfad-Werkzeug hinzufügen

Der Wertekurve können mit dem Pfad-Werkzeug Keyframes hinzugefügt werden. Klicken Sie dazu mit dem Pfad-Werkzeug in die Wertekurve, um den dort angezeigten Wert in einem Keyframe zu »speichern«.

In After Effects können Vektorpfade, die in anderen Programmen zum Zeichnen von Linien, Konturen und Formen dienen, als Bewegungspfade verwendet werden. Dazu wird ein Pfad, der beispielsweise in Illustrator, Photoshop oder auch in After Effects erstellt wurde, in Eigenschaften eingefügt, die über Positionskoordinaten verfügen. Eigenschaften mit Positionskoordinaten sind beispielsweise Position und Ankerpunkt, aber auch manche Eigenschaften von Effekten. Einige Effekte mit Positionskoordinaten werden noch im Teil VIII, »After Effects und die Effekte«, besprochen. Ein eingefügter Pfad erscheint in der entsprechenden Eigenschaft als Reihe von Keyframes, wie Sie anschließend noch sehen werden.

Außerdem ist es möglich, in After Effects erstellte Maskenpfade ebenso in Eigenschaften mit Positionskoordinaten einzufügen. Doch dies wird ausführlich im Abschnitt 18.4.2, »Maskenpfad versus Bewegungspfad«, besprochen.

Das Einfügen von Pfaden in After Effects ist besonders dann zu empfehlen, wenn Sie komplizierte Bewegungspfade erstellen wollen, die besser mit den Zeichen-Werkzeugen von Illustrator zu kreieren sind. Aber auch für manch einfachen Pfad wie einen Kreispfad ist es sinnvoll, Illustrator zu verwenden, da solch ein Bewegungspfad in After Effects wegen fehlender geometrischer Kurvengrundformen nicht ganz leicht herzustellen ist.

11.4.1 Pfade aus Illustrator und Photoshop

Es ist nicht schwer, einen Pfad aus Illustrator oder Photoshop für After Effects zu verwenden. Der Weg ist bei beiden Anwendungen der gleiche. Die folgende Beschreibung vollzieht den Weg an einem Illustrator-Pfad nach.

Schritt für Schritt: Pfade erstellen und einfügen

Öffnen Sie in Illustrator die Datei »Blume.eps« aus dem Verzeichnis 11_Interpolation/Pfade_Keyframes der Buch-DVD.

1 Pfade erstellen in Illustrator/Photoshop

In Illustrator markieren Sie alle Punkte eines dort erstellten Pfads mit dem Auswahl-Werkzeug [V] und wählen dann Bearbeiten • Kopieren bzw. [Strg]+[C].

In Photoshop wählen Sie das Pfad-Auswahlwerkzeug [A], um alle Punkte eines Pfads zu markieren. Wechseln Sie dann zu After Effects.

Verschobener Pfad

Ist der aus Illustrator oder Photoshop eingefügte Pfad in After Effects etwas verschoben, hilft es, alle eingefügten Keyframes zu markieren und im Kompositionsfenster zu verschieben. Sie können dazu auch die Pfeil-Tasten verwenden.

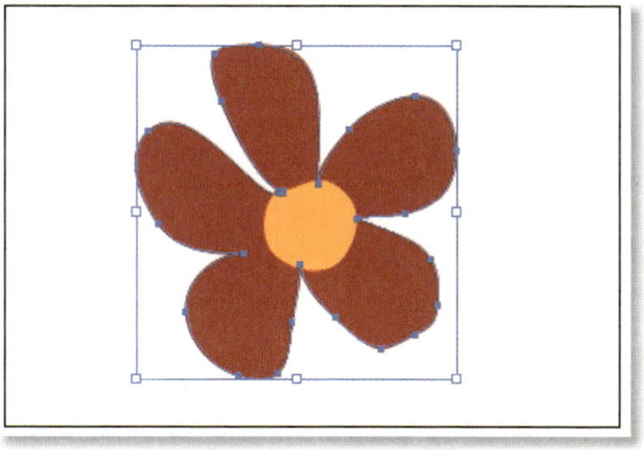

◄ **Abbildung 11.65**
Ein Pfad aus Adobe Illustrator kann kopiert und in After Effects verwendet werden.

2 Pfad einfügen

Zum Einfügen des Pfads in After Effects ist eines notwendig: Sie müssen die Eigenschaft, in die der Pfad eingefügt wird, markieren und nicht nur die Ebene. Wird nur die Ebene markiert, erhalten Sie einen Maskenpfad. Das ist sicher auch schön und nützlich, aber erst im Maskenkapitel ein Thema.

▲ **Abbildung 11.66**
Zum Einfügen eines Adobe Illustrator-Pfads in die Positionseigenschaft muss diese zuvor markiert werden.

3 Bewegungspfad erzeugen

Um einen Bewegungspfad aus dem Illustrator-Pfad zu erzeugen, markieren Sie die Eigenschaft Position einer Ebene in der Zeitleiste und wählen dann Bearbeiten • Einfügen bzw. [Strg]+[V]. Jedem Punkt aus dem Illustrator-Pfad ist ein Keyframe in der Zeitleiste bzw. ein Scheitelpunkt im Kompositionsfenster zugeordnet. Pfade können auch in andere Eigenschaften, die mit Positionswerten arbeiten, eingefügt werden, beispielsweise in einigen Effekteigenschaften wie beim Effekt Blendenflecke. Wenn es nicht funktioniert hat, hilft es manchmal auch, den Pfad in Illustrator auszuwählen und zuerst Objekt • Zusammengesetzter Pfad • Erstellen zu wählen und dann zu kopieren.

Illustrator-Voreinstellung

Damit das Kopieren und Einfügen von Pfaden aus Illustrator nicht schiefgeht, muss in Illustrator folgende Voreinstellung gewählt werden: Unter Bearbeiten • Voreinstellungen wählen Sie bei Dateien verarbeiten und Zwischenablage die Option AICB und Pfade beibehalten.

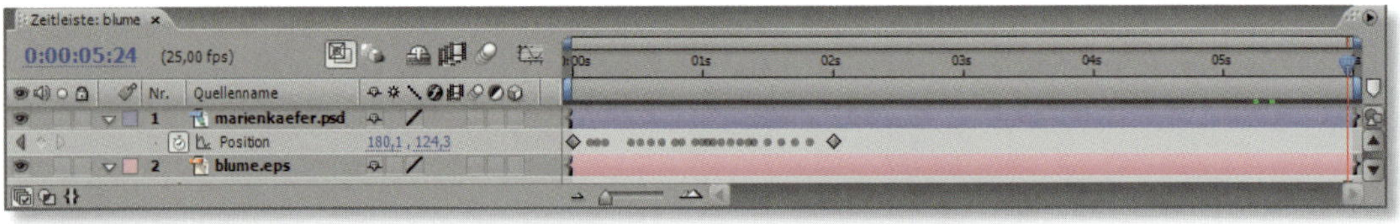

▲ **Abbildung 11.67**
Ein eingefügter Pfad wird in der Zeitleiste mit zeitlich nicht fixierten Keyframes (Roving Keyframes) dargestellt.

Abbildung 11.68 ▶
Der eingefügte Pfad ist ein Bewegungspfad geworden.

11.4.2 Roving Keyframes

Die Reihe der eingefügten Keyframes ist standardmäßig auf 2 Sekunden Länge begrenzt. Anfang und Ende der Reihe werden mit zwei auf lineare Interpolation eingestellten Keyframes markiert. Die runden Punkte dazwischen sind so genannte Roving Keyframes, das heißt, zeitlich nicht fixierte Keyframes.

Ziehen Sie an einem der linearen äußeren Keyframes, um die Reihe zeitlich zu verlängern oder zu verkürzen und damit die Geschwindigkeit der Animation zu verlangsamen oder zu erhöhen. Die Roving Keyframes bewegen sich mit, und die zeitlichen Abstände zwischen diesen nicht fixierten Keyframes bleiben proportional erhalten.

Beispiele

Zwei Beispiele für eingefügte Pfade finden sich im Ordner 11_INTERPOLATION/PFADE_KEYFRAMES in der Projektdatei »illustratorpfad.aep«.

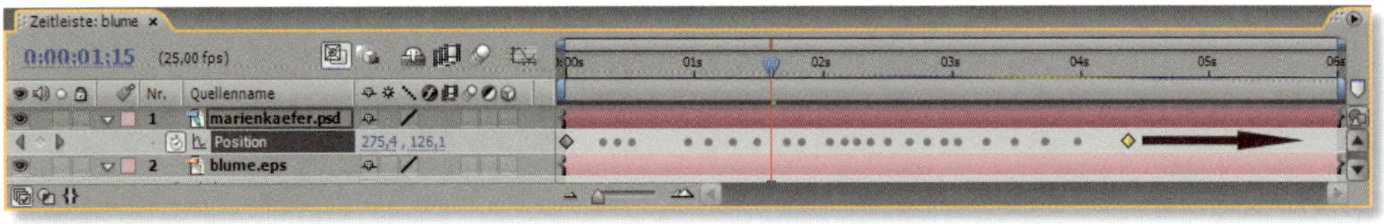

▲ **Abbildung 11.69**
Die Reihe der Roving Keyframes kann verlängert oder verkürzt werden. Die zeitlichen Werte zwischen den Keyframes bleiben proportional erhalten.

Roving Keyframes entstehen also automatisch durch das beschriebene Einfügen von Pfaden in Eigenschaften mit Positionskoordinaten. Roving Keyframes können aber auch sehr einfach erzeugt werden, um Bewegungsabläufe zu glätten. Diese besondere Art der Keyframes können nur für Eigenschaften, die mit Positionswerten arbeiten, geschaffen werden. Schauen wir uns dies anhand eines kleinen Workshops einmal genauer an.

Schritt für Schritt: Roving Keyframes – Geglättete Geschwindigkeit

In diesem Workshop geht es um zeitlich nicht fixierte Keyframes und die Bearbeitung von Animationen mit Hilfe von Keyframe-Assistenten. Schauen Sie sich zuerst das Movie »bewegteBlume« aus dem Ordner 11_INTERPOLATION/ROVING_KEYFRAMES an.

Öffnen Sie das für Sie schon vorbereitete Projekt »blume.aep« aus demselben Ordner. Sie finden dort eine Komposition vor, die eine per Position animierte Blume enthält. Der Bewegungspfad wurde in After Effects erstellt. Die Positions-Keyframes sind dafür im Abstand von etwa einer halben Sekunde gesetzt und auf lineare Interpolation gestellt. Gleichzeitig wird die Ebene von 0 % auf 100 % skaliert.

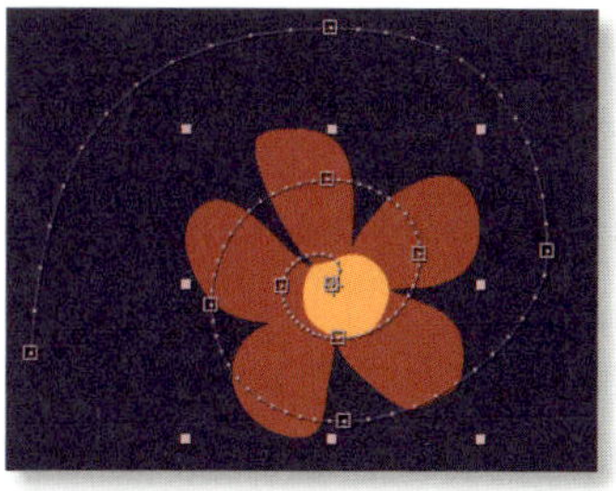

▲ **Abbildung 11.70**
Für diese Blume wurde ein spiralförmiger Bewegungspfad kreiert.

1 Roving Keyframes

Blenden Sie für die Blume-Ebene die Eigenschaft POSITION und das Geschwindigkeitsdiagramm im Diagrammeditor ein. Beim Übergang vom einen zum anderen Keyframe gibt es eine abrupte Änderung der Geschwindigkeit. Das Diagramm wirkt daher stufig.

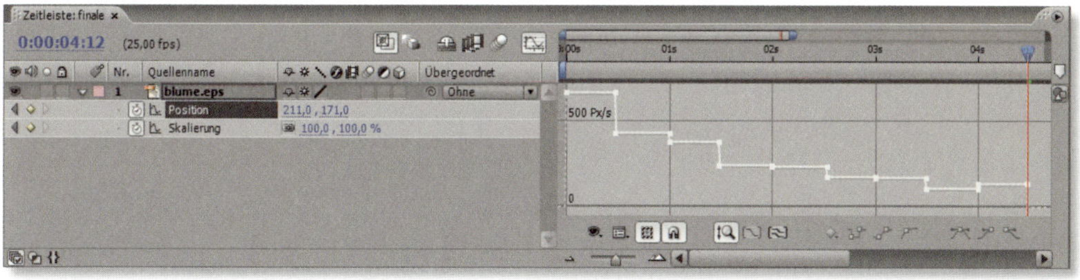

▲ **Abbildung 11.71**
Von einem zum anderen Keyframe gibt es abrupte Geschwindigkeitsänderungen.

Die unterschiedlichen Geschwindigkeitsstufen lassen sich leicht angleichen, indem die zeitliche Fixierung der Keys gelöst wird. Ziehen Sie dazu mit der Maus einen Rahmen vom ersten bis zum vorletzten Key auf. Der erste und der letzte Key dürfen nicht markiert sein, denn zwischen diesen beiden Keys soll die Geschwindigkeit gemittelt werden.

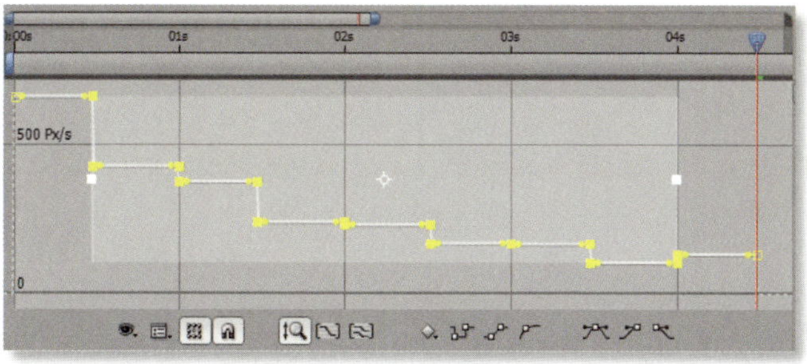

◂ **Abbildung 11.72**
Im Diagrammeditor wird über den Keyframes der Geschwindigkeitskurve das Transformationsfeld aufgezogen.

Klicken Sie dann auf das Keyframe-Symbol oder klicken mit der rechten Maustaste auf einen der ausgewählten Keys und wählen im Einblendmenü ZEITLICH NICHT FIXIERT.

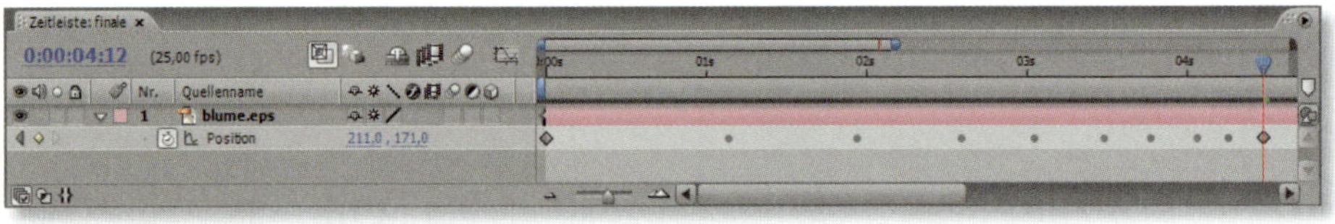

▲ **Abbildung 11.73**
In der Ebenenansicht sind die zeitlich nicht fixierten Keyframes sehr gut als Punkte erkennbar.

Die Keyframes werden zwischen dem ersten und letzten Key gemittelt und die Geschwindigkeiten aneinander angepasst. Die Keyframes im Bewegungspfad bleiben davon unbeeinflusst.

Übrigens lassen sich die Roving Keyframes wieder in **zeitlich fixierte Keys umwandeln**, wenn Sie einen der runden Punkte anklicken und verschieben oder wieder in das bereits genutzte Einblendmenü wechseln und dort das Häkchen bei ZEITLICH NICHT FIXIERT entfernen. Sie können das auch in der Ebenenansicht tun.

2 Keyframe-Assistent und Roving Keyframes

Im nächsten Schritt lassen wir die Blume schnell herein fliegen und nachher allmählich abbremsen. Markieren Sie dazu mit der Taste [⇧] in der Ebenenansicht oder im Diagrammeditor nacheinander den ersten und den letzten Key. Wählen Sie dann per Klick mit der rechten Maustaste das Kontextmenü KEYFRAME-ASSISTENTEN und dort EASY EASE IN.

Durch Anwenden einer zeitlichen Interpolationsmethode auf die beiden äußeren Keys wird auch der Geschwindigkeitsverlauf für die dazwischen befindlichen Roving Keyframes gleichmäßig verändert.

▼ **Abbildung 11.74**
Mit dem Keyframe-Assistenten EASY EASE IN gelingt ein sehr gleichmäßiger Geschwindigkeitsverlauf über alle Keyframes.

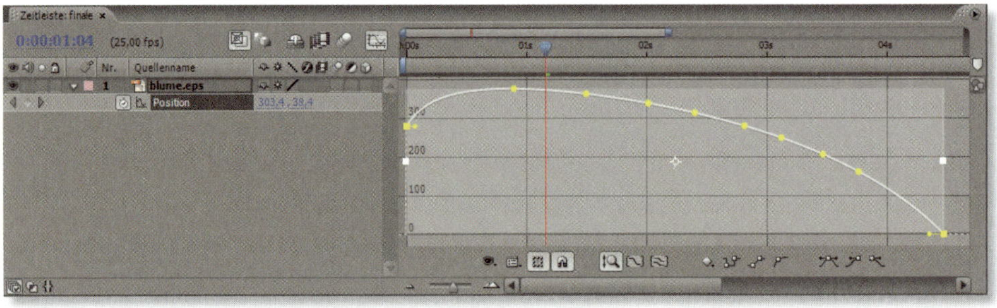

3 Easy Drehung

Blenden Sie noch die Eigenschaft DREHUNG bei ausgewählter Ebene mit der Taste [R] ein und setzen einen ersten Key bei 04:12, also am Ende der Positionsanimation, mit 0 x +0,0°. Sie können dazu in der Ebenenansicht oder auch im Diagrammeditor arbeiten. Weitere Keys folgen bei 05:05 mit 0 x –100,0°, bei 06:00 mit 0 x +0,0°, bei 06:16 mit 0 x –100,0° und am Ende der Komposition mit 4 x +0,0°.

Markieren Sie anschließend alle Drehungs-Keys per Klick auf das Wort DREHUNG und wählen per Klick mit der rechten Maustaste das Kontextmenü KEYFRAME-ASSISTENTEN und dort EASY EASE.

▼ **Abbildung 11.75**
Die Drehungs-Keyframes werden ausgewählt und über das Kontextmenü oder die Buttons im Diagrammeditor der Keyframe-Assistent EASY EASE verwendet.

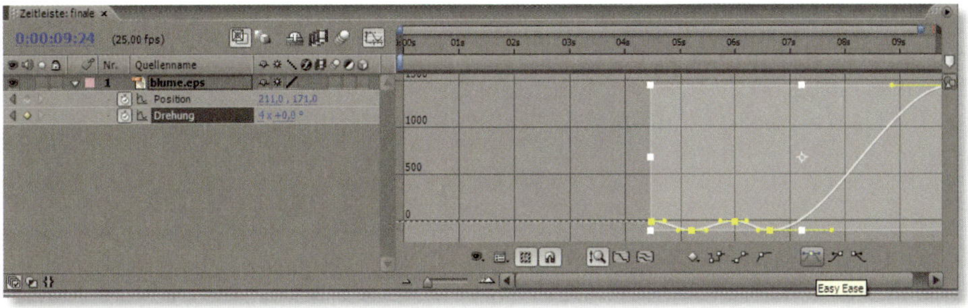

4 Letzter Schritt

Zum Schluss lassen wir die Blume wieder verschwinden. Kopieren Sie dazu den Skalierungskey mit dem Skalierungswert 100 % bei 04:12 und setzen ihn bei 07:12 ein. Die Animation der Skalierung stoppt also für drei Sekunden. Setzen Sie die Zeitmarke mit der Taste [Ende] ans Ende der Komposition. Dort soll die Skalierung 0 % betragen.

Anschließend markieren Sie die zwei eben gesetzten Keys und wählen den Keyframe-Assistenten EASY EASE OUT. Aktivieren Sie vielleicht noch ganz zum Schluss die Bewegungsunschärfe mit zwei Klicks ❶ und ❷. Lassen Sie eine Vorschau berechnen, indem Sie die Taste [0] im Ziffernblock drücken. Herzlichen Glückwunsch! – Sie haben es wieder einmal gemeistert! ■

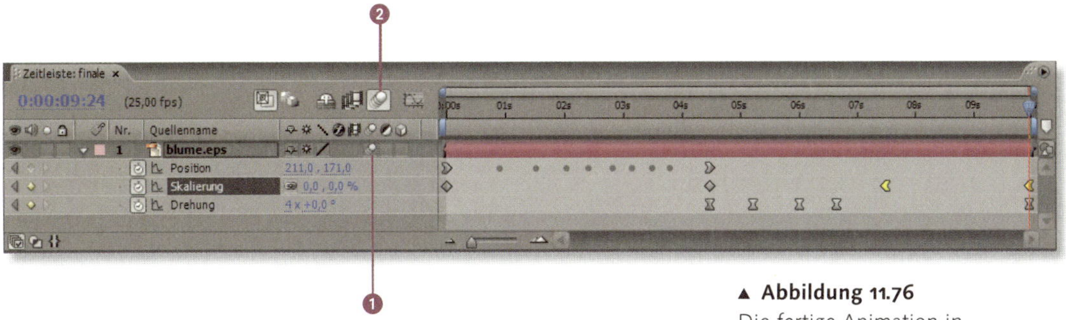

▲ **Abbildung 11.76**
Die fertige Animation in der Ebenenansicht

11.5 Keyframes für Schnelle

After Effects bietet mit drei kleinen versteckten Paletten Möglichkeiten zur schnellen Erstellung und Bearbeitung von Keyframes an. Es handelt sich um die Paletten Bewegung skizzieren, Glätten und Verwackeln.

11.5.1 Bewegung skizzieren

Mit der Palette Bewegung skizzieren, die Sie über Fenster • Bewegung skizzieren erreichen, erhalten Sie die Möglichkeit, Bewegungspfade von Ebenen ohne vorheriges Definieren von Positions-Keyframes zu zeichnen. Dazu wird Ihre Mausbewegung aufgezeichnet. Die Ebene folgt nachher nicht nur dem aufgezeichneten Pfad, sondern behält auch die Geschwindigkeit der Mausbewegung bei.

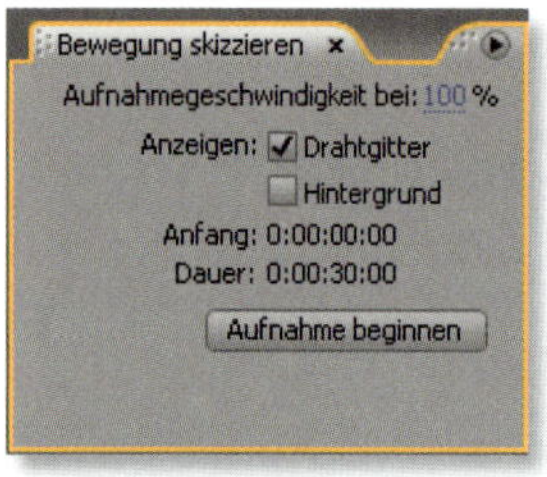

▲ **Abbildung 11.77**
Mit der Palette Bewegung skizzieren werden Animationen von bewegten Ebenen kinderleicht.

Zur Aufzeichnung sollte sich eine Ebene in der Zeitleiste befinden. Danach können Sie sofort loslegen, indem Sie in der Palette die Schaltfläche Aufnahme beginnen aktivieren. Der Mauszeiger hat sich verändert. An der Stelle, wo Sie zuerst im Kompositionsfenster klicken, entsteht der erste Positions-Keyframe. Zeichnen Sie, ohne abzusetzen solange, bis Sie mit dem Bewegungspfad zufrieden sind.

Anschließend sind eine Menge Keyframes entstanden. Beim Abspielen der Animation werden Sie feststellen, dass der Pfad und die Geschwindigkeit Ihren Mausbewegungen genau entsprechen. Übrigens wird die Aufzeichnung immer am Anfang Ihres Arbeitsbereichs begonnen. Gefällt Ihnen das Ergebnis nicht, löschen Sie die Positions-Keyframes durch Klick auf das Stoppuhr-Symbol.

▲ **Abbildung 11.78**
Die Zeitleiste nach dem Skizzieren einer Bewegung. Für jeden Frame wurde ein Keyframe erstellt.

Durch höhere Werte im Feld Aufnahmegeschwindigkeit bei wird die Aufnahme verlangsamt, Sie können dann also längere Zeit zeichnen (bei kleineren Werten natürlich umgekehrt). Der Wert 100 % entspricht immer einer Echtzeitaufnahme. Bei aktiviertem Feld Drahtgitter einblenden wird die Ebene während der Aufzeichnung als Umrisslinie dargestellt. Der Hintergrund der Komposition wird beibehalten, wenn Sie ein Häkchen für Hintergrund beibehalten setzen.

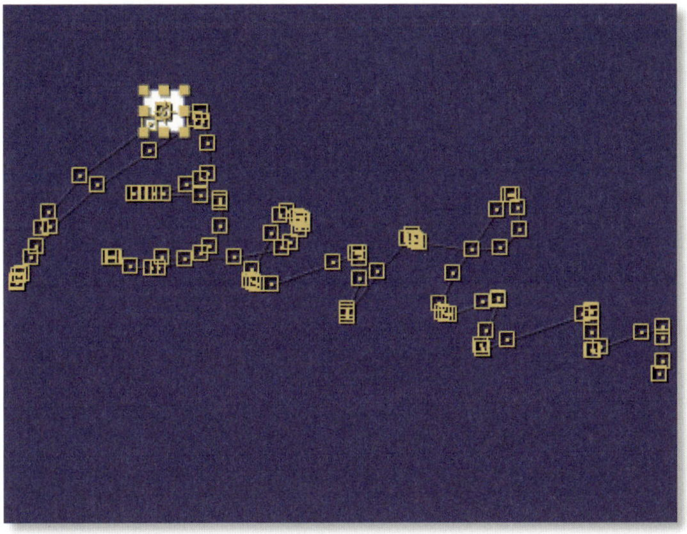

◂ **Abbildung 11.79**
Ein Bewegungspfad nach dem Aufzeichnen einer Mausbewegung

Sie fragen sich vielleicht, was Sie mit derart vielen Keyframes in der Positionseigenschaft eigentlich anfangen sollen? Ich würde sagen: reduzieren. Damit kommen wir zur nächsten Palette.

11.5.2 Glätten

Die Palette GLÄTTEN wird verwendet, um Keyframes in animierten Eigenschaften zu reduzieren und die Zeitkurve zu glätten, um somit weiche Übergänge zu schaffen. Sie blenden die Palette über FENSTER • GLÄTTEN ein. Um die Palette zum Einsatz zu bringen, müssen einige Keyframes einer Eigenschaft ausgewählt sein. Gut sichtbar ist das Ergebnis anhand der zuvor mit der Palette BEWEGUNG SKIZZIEREN erstellten Positions-Keyframes.

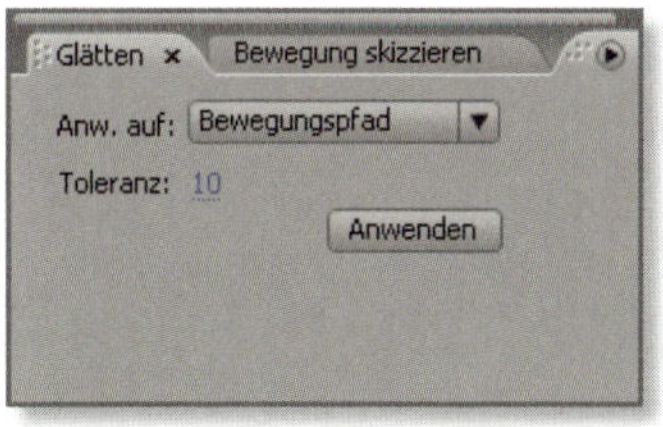

▴ **Abbildung 11.80**
Mit der Palette GLÄTTEN lassen sich Keyframes reduzieren. Bewegungspfade und Zeitkurven können geglättet werden.

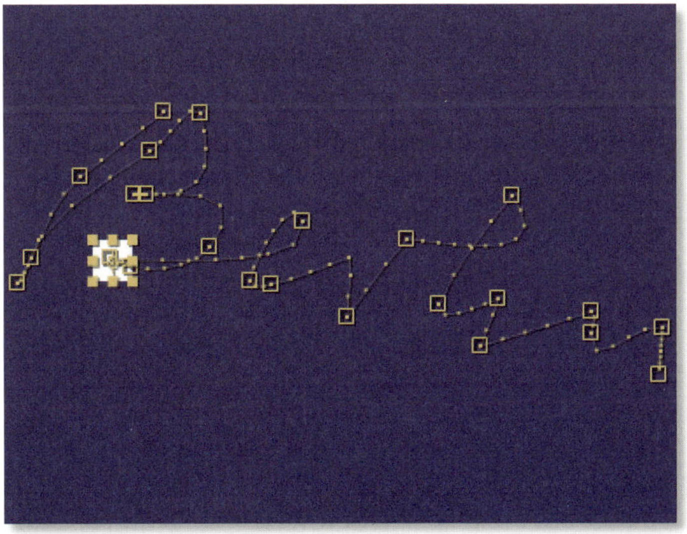

◂ **Abbildung 11.81**
Nach der Bewegungspfad geglättet wurde, ist die Animation im Wesentlichen erhalten geblieben.

Dazu werden die Positions-Keyframes markiert. Automatisch wird unter ANWENDEN AUF das Wort BEWEGUNGSPFAD in der Palette eingeblendet. Bei anderen Eigenschaften erscheint dort ZEITLICHE KURVE. Unter TOLERANZ können Sie den eingetragenen Wert auf 10 erhöhen und das Glätten eventuell mehrmals anwenden, wenn das Ergebnis noch nicht ausreichend ist. Nach dem Anwenden sind die Keyframes weniger geworden, der Bewegungspfad ist geglättet und enthält dennoch die wesentliche Bewegung der Ebene.

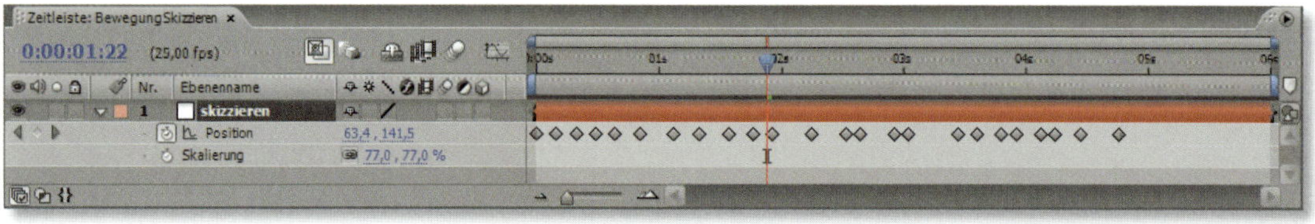

▼ **Abbildung 11.82**
Nach dem Glätten enthält die Zeitleiste weniger Keyframes.

Glätten der Geschwindigkeitskurve | Wenn Sie die Palette GLÄTTEN für Eigenschaften verwenden, die keine Positionswerte nutzen, wird unter ANWENDEN AUF automatisch der Eintrag ZEITLICHE KURVE angezeigt. Die Funktion ist sicherlich noch ausbaufähig, da mit minimal drei ausgewählten Keyframes gearbeitet werden kann, um die Glättung verwenden zu können. Die Palette ist also nicht als Alternative zu den Easy-Assistenten zu denken. Nach der Anwendung ähnelt die Geschwindigkeitskurve selten einem in diesem Sinne erwarteten Ergebnis.

11.5.3 Verwackeln

Über die Palette VERWACKELN, die Sie über FENSTER • VERWACKELN einblenden, können zusätzliche Keyframes für bereits animierte Eigenschaften generiert werden. Dabei werden die Werte der bereits vorhandenen Keyframes genutzt, um neue Keyframes mit abweichenden Werten zu schaffen. Außerdem wird die Interpolation von Keyframes durch Zufallswerte verändert.

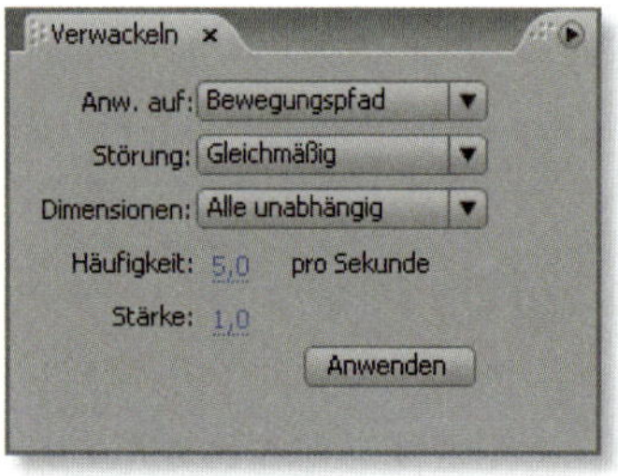

▲ **Abbildung 11.83**
Die Palette VERWACKELN dient dazu, bereits animierte Eigenschaften um einen bestimmten Betrag abzulenken, zu verwackeln.

Vor dem Verwenden der Palette VERWACKELN müssen mindestens zwei Keyframes vorhanden sein. Gut sichtbar ist die Wirkung der Palettenoptionen anhand einiger animierter Eigenschaften wie Position, Skalierung, Drehung oder Deckkraft.

Es ist günstig, vor dem Anwenden der Funktion VERWACKELN eine Kopie der gesetzten Keyframes anzufertigen, da diese durch die Funktion mehr oder weniger stark verändert werden und von der Masse der erzeugten Keys nicht zu unterscheiden sind. Mit [Strg]+[Z] können Sie aber auch einige Schritte rückgängig machen.

Um die Verwackeln-Optionen anzuwenden, wählen Sie einige Keyframes einer Eigenschaft, beispielsweise POSITION, aus. Mit

ANWENDEN AUF können Sie für die Positionseigenschaft zwischen BEWEGUNGSPFAD und ZEITLICHE KURVE wählen. Bei Eigenschaften ohne Positionskoordinaten ist nur ZEITLICHE KURVE eingeblendet. Unter STÖRUNG wählen Sie GLEICHMÄSSIG, um eine eher sanft wirkende Ablenkung von der bisherigen Animation zu erreichen, und ECKIG für abrupte Änderungen.

Unter DIMENSIONEN legen Sie fest, ob die Eigenschaft nur auf der X-Achse, der Y-Achse, für beide gleich oder für beide unabhängig abgelenkt werden soll. Dies ist für Eigenschaften interessant, deren Wertedimension größer ist als 1. Die Eigenschaft POSITION kann beispielsweise nur über mindestens zwei Werte beschrieben werden, nämlich den Werten für die X- und die Y-Achse. Zu solchen mehrdimensionalen Eigenschaften zählen auch die Skalierung und der Ankerpunkt.

Mit X oder Y legen Sie die Achse fest, um die die Ablenkung stattfinden soll. Mit ALLE UNABHÄNGIG erzeugt man eher unruhige Animationen, beispielsweise tanzende Zahlen oder Buchstaben. Mit HÄUFIGKEIT wird festgelegt, wie viele Keyframes pro Sekunde nach der Anwendung in der Eigenschaft erscheinen sollen. Mit der STÄRKE bestimmen Sie, wie stark die jeweilige Eigenschaft verwackelt wird. Es wird dabei die Wert-Einheit der ausgewählten Eigenschaft zugrunde gelegt.

Beispiele

Im Ordner 11_INTERPOLATION/VERWACKELN finden Sie ein paar Movies als Beispiele für verwackelte Eigenschaften und daraus resultierende Animationen. Öffnen Sie zum Nachmachen die Projektdatei »verwackeln.aep«.

▼ Abbildung 11.84
Nach dem Verwackeln sind mehr Keyframes als zuvor vorhanden, in denen die »verwackelten« Werte enthalten sind.

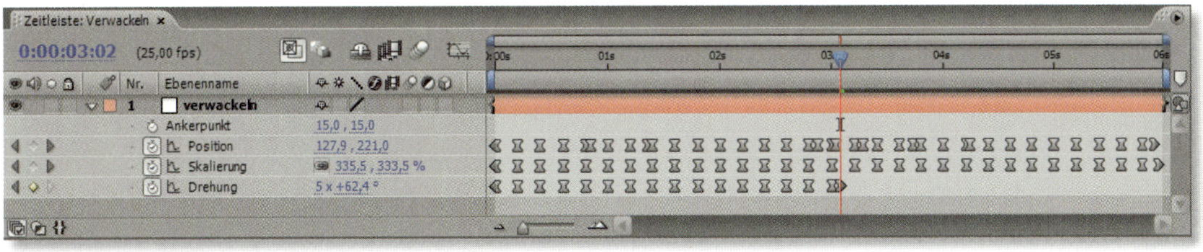

11.6 Zeitverzerrung

In After Effects können Ebenen, die keine Standbilder sind, zeitverzerrt werden. Dazu gehören Video- und Audiomaterial ebenso wie verschachtelte Kompositionen, die Bewegung enthalten. Mit der Zeitverzerrungs-Funktion können Sie das Material an beliebiger Stelle vorwärts oder rückwärts abspielen lassen oder Standbilder einfügen. Das Material kann im Zeitraffer oder in Zeitlupe abgespielt werden, und Sie können es mit den in diesem Kapitel erläuterten Geschwindigkeitskurven beschleunigen und abbremsen.

Die Zeitverzerrung bietet weit mehr Kontrolle als die bereits erläuterten Möglichkeiten, Ebenen zu dehnen und zu stauchen. Außer der Funktion ZEITVERZERRUNG bietet After Effects in der

Probieren geht über studieren

Damit Sie hier keine Trockenübungen vollführen müssen, gibt es auf der DVD im Ordner 11_Interpolation/Zeitverzerrung ein kurzes Video namens »kaffeezeit.mov«, das Sie am besten in ein Projekt importieren. Die hier beschriebenen Möglichkeiten können Sie daran am besten nachvollziehen. Außerdem befindet sich im selben Ordner die Projektdatei »zeitverzerrung.aep« mit Beispielen.

Professional-Version den Effekt Zeitverkrümmung mit einer noch größeren Auswahl an Parametern für professionelle Bearbeitungen. Wenn Sie mit der Zeitverzerrung Erfahrungen gesammelt haben, wird Ihnen die Arbeit mit Zeitverkrümmung sicher leicht fallen.

Die Zeitverzerrung wird aktiviert, indem Sie eine Videoebene oder eine verschachtelte Komposition in der Zeitleiste markieren und dann Ebene • Zeit • Zeitverzerrung aktivieren bzw. [Strg]+[Alt]+[T] wählen.

In der Ebenenansicht kommt der Eintrag Zeitverzerrung hinzu. Die zu verzerrende Ebene selbst wird – wie in Abbildung 11.85 an der unteren Ebene sichtbar – auf die Länge der Komposition verlängert, ohne dabei jedoch zeitverzerrt zu werden. Damit das Material auch tatsächlich bis zum Kompositionsende angezeigt wird, müssen Sie den Out-Point allerdings selbst noch an das neue Ende der Ebene verschieben. Die ursprüngliche Dauer der Ebene ist in einem Anfangs- und einem End-Keyframe gespeichert.

Es gibt zwei Möglichkeiten, um die Zeitverzerrung zu bearbeiten: die Bearbeitung im Diagrammeditor und die Bearbeitung im Ebenenfenster. Egal, wo Sie arbeiten, die Keyframes werden anschließend auch in der Ebenenansicht angezeigt.

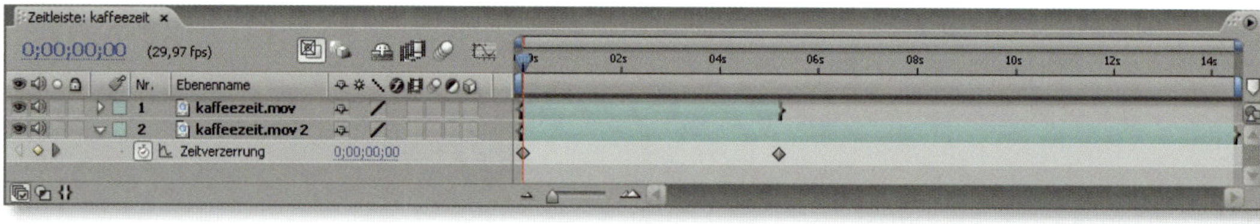

▲ **Abbildung 11.85**
In dieser Komposition wurde das Video »kaffeezeit« zweimal verwendet. Nur das untere der beiden Videos ist mit der Funktion Zeitverzerrung belegt.

11.6.1 Zeitverzerrung im Diagrammeditor

Im Diagrammeditor wird automatisch die Wertekurve zur Bearbeitung eingeblendet, wenn das Wort Zeitverzerrung markiert ist.

Sie sind schon an die horizontale Darstellung der Kompositionszeit im Zeitplanfenster gewöhnt. Im Diagrammeditor wird die Gesamtzeit des Videos jedoch in der Vertikalen am linken Rand des Diagramms dargestellt. Das erste Bild des Videos wird auf dem vertikalen Zeitstrahl (im Diagramm also ganz unten auf der Nulllinie) und das Endbild ganz oben dargestellt. Die Linie zwischen beiden Punkten stellt die Einzelbilder dar, die im Zeitverlauf bis zum Endbild angezeigt werden. Die Gesamtzeit des Videos kann in der Kompositionszeitleiste verschoben, verkürzt oder verlängert werden.

Standbild am Anfang und am Ende | Wenn Ihre Kompositionszeit lang genug ist, also ein gutes Stück länger als das zu verzerrende Material, haben Sie Spielraum für ein Standbild vor und hinter dem Video. Dazu müssen nur der Anfangs- und der End-Keyframe des Videos im Diagramm ausgewählt werden, was mit der [Alt]-Taste und einem Klick auf die Wertekurve zu bewerkstelligen ist.

Wenn die Schaltfläche TRANSFORMATIONSFELD ANZEIGEN ❶ aktiv ist, wird ein Rahmen um die Keyframes gelegt. Diesen können Sie mittig anklicken und dann verschieben. Bei Zuhilfenahme der Taste [⇧] rastet das Feld auf der Nulllinie ein. In dem abgebildeten Beispiel wird für den Bereich vor der ansteigenden Linie das erste Bild und dahinter das letzte Bild als Standbild angezeigt.

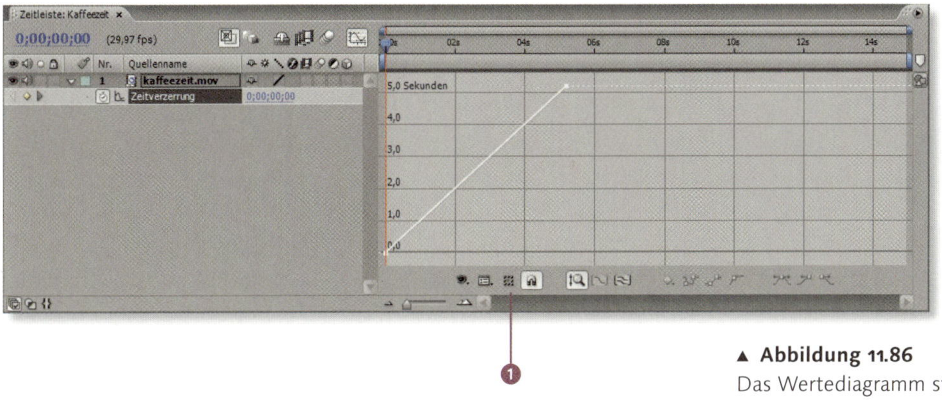

▲ **Abbildung 11.86**
Das Wertediagramm stellt die Zeit des zu verzerrenden Materials bei aktiver Zeitverzerrung auf einer vertikalen Achse dar.

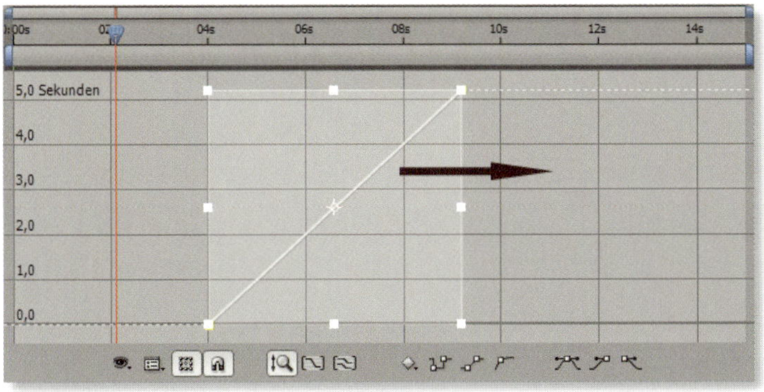

◄ **Abbildung 11.87**
Hier wurde der Anfangs- und End-Keyframe eines Videos in der Kompositionszeit nach hinten verschoben.

Standbild im Material einfügen | Etwas anspruchsvoller ist es, in laufendem Material ein Standbild einzufügen. Zuerst wird das Standbild gewählt. Dazu wird die Zeitmarke auf den Frame positioniert, der fixiert werden soll. Mit der Schaltfläche ❷ (Abbildung 11.88) wird ein Keyframe gesetzt. In das Feld GEHE ZU, das per Klick auf die aktuelle Zeit ❸ erscheint, wird ein späterer Zeitpunkt eingegeben. Anschließend wird der neu gesetzte Keyframe kopiert und an der neuen Zeitposition eingesetzt. Der End-Keyframe sollte allerdings um den Betrag in der Zeit verschoben werden, der der Länge des Standbilds entspricht, da das Material hinter dem Standbild sonst im Zeitraffer abläuft.

▼ Abbildung 11.88
Ein Standbild wird in der Wertekurve als gerade Linie dargestellt.

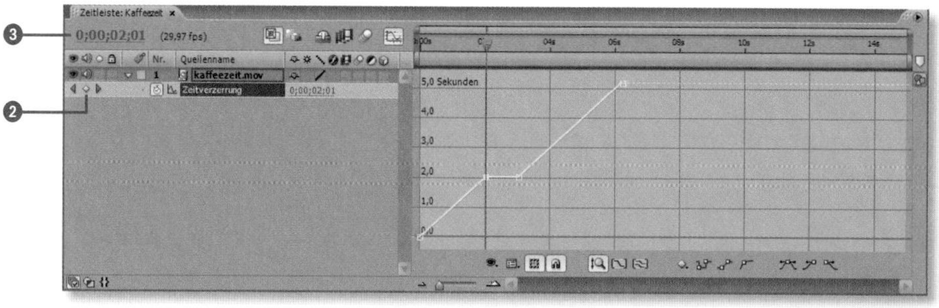

Zeitraffer, Zeitlupe und Rückwärts | Das Prinzip von Zeitraffer und Zeitlupe ist schnell erklärt. Angenommen, Ihr Video ist 5 Sekunden lang, dann werden dafür in der Wertekurve ein Anfangs-Keyframe bei 0 Sekunden und ein End-Keyframe bei 5 Sekunden angezeigt. Wird der End-Keyframe in der Kompositionszeitleiste nach rechts auf einen späteren Zeitpunkt verschoben, haben wir eine Zeitlupe, umgekehrt ist es ein Zeitraffer. Bei Audiomaterial kommt es zu einer Veränderung der Tonhöhe.

Sie können Material auch rückwärts abspielen. Dazu muss der Keyframe unter den Wert des vorherigen Keyframes gezogen werden.

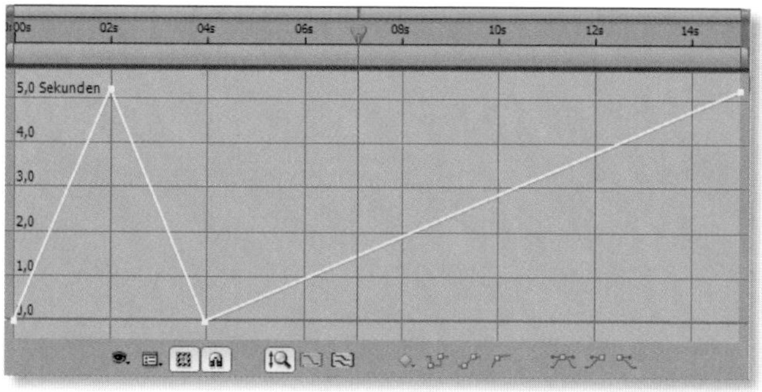

Abbildung 11.89 ▶
Diese Kurve zeigt einen Zeitraffer vorwärts, einen Zeitraffer rückwärts und eine Zeitlupe.

Bilder durch Ziehen festlegen | Sie können ein Bild, das im Diagrammeditor auf einem bestimmten Keyframe angezeigt wird, schnell ändern, indem Sie den Keyframe im Editor markieren und nach oben oder unten ziehen. Günstig ist es, dabei die Zeitmarke genau auf dem Keyframe zu positionieren und die Taste ⇧ zu verwenden. Der Keyframe bewegt sich dann nur vertikal entlang der Zeitmarkierung. Wenn Sie einen Keyframe bewegen, verändert sich die Geschwindigkeit vor und nach dem Keyframe, und Sie erhalten einen Zeitraffer bzw. eine Zeitlupe.

Eine zweite Möglichkeit, Bilder an einem Keyframe zu ändern, bietet das Wertefeld. Klicken und ziehen Sie dazu mit der Maustaste nach rechts oder links. Ein neuer Keyframe entsteht, wenn Sie die Zeitmarke zwischen zwei Keyframes setzen und dann wieder das Wertefeld nutzen, um ein Bild einzustellen.

Geschwindigkeitskurve und Zeitverzerrung | Diese Möglichkeit soll hier nicht fehlen. Wenn Sie die Geschwindigkeitskurven fleißig geübt haben, können Sie Video- und Audiomaterial oder verschachtelte Kompositionen auch beschleunigt oder abgebremst abspielen. Nutzen Sie dazu einfach Ihr gesammeltes Wissen aus dem Kapitel 11, »Keyframe-Interpolation«. Ein Beispiel finden Sie auch im Projekt »zeitverzerrung.aep« in der Komposition »beschleunigung«.

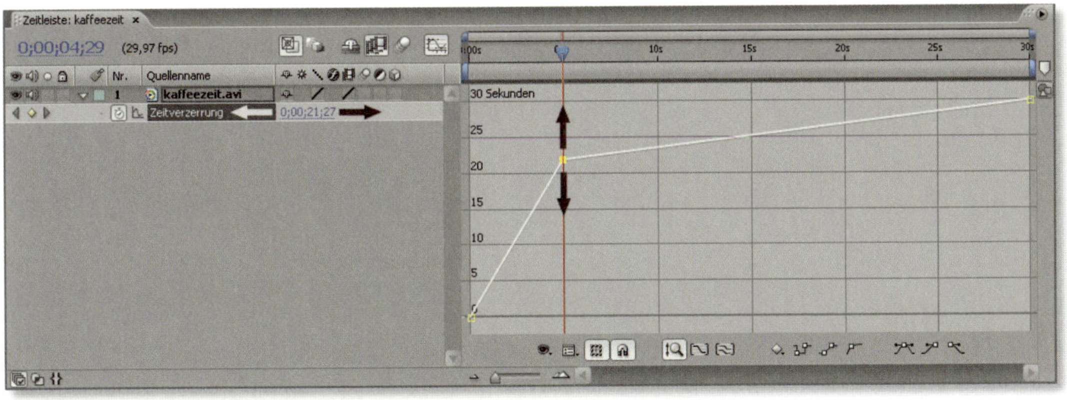

▼ **Abbildung 11.90**
Um ein anderes Bild am Keyframe einzustellen, wird dieser nach oben oder unten verschoben oder das Wertefeld verwendet.

11.6.2 Zeitverzerrung im Ebenenfenster

Als Alternative zur Bearbeitung der Zeitverzerrung im Diagrammeditor gibt es die Möglichkeit, das Ebenenfenster zu verwenden. Wenn die Zeitverzerrung über EBENE • ZEIT • ZEITVERZERRUNG AKTIVIEREN bzw. [Strg]+[Alt]+[T] eingestellt wurde, klicken Sie doppelt auf die betreffende Ebene, um damit das Ebenenfenster zu öffnen. Sie finden dort zwei Zeitleisten vor.

Die untere Zeitleiste entspricht der Kompositionszeitleiste, die Sie auch in der Ebenenansicht vorfinden. Sie wählen damit den Zeitpunkt aus, an dem eine Änderung stattfinden soll. Die obere Zeitmarke dient der Darstellung der Quellzeit, daher ist diese Zeitleiste auch nicht länger als Ihr Material. Sie wählen damit das Bild in Ihrem Material aus, das am Zeitpunkt einer Änderung angezeigt werden soll.

Frameüberblendung

Bei zeitverzerrtem Material kann es Sinn machen, die Frameüberblendung einzuschalten. Es werden dann weitere Frames zwischen die vorhandenen Bilder gerechnet. Dazu sind zwei Klicks auf den Kompositionsschalter ❶ und den Ebenenschalter ❷ nötig. Der Ebenenschalter kann per Klick drei Zustände annehmen: AUS, FRAME-MIX und PIXEL-MOTION. Mit ersterer Option kann die Überblendung vorübergehend ausgeschaltet werden. Das Kästchen bleibt dann leer. Bei FRAME-MIX zeigt ein Balken im Kästchen nach links; die Berechnung erfolgt in geringerer Qualität. Die höchste Qualität wird mit PIXEL-MOTION erreicht, wenn der Balken nach rechts ansteigt. Im Effekt ZEITVERKRÜMMUNG stehen Ihnen die ähnlichen Optionen GANZE FRAMES, FRAME-MISCHUNG und PIXELBEWEGUNG zur Verfügung.

Standbild im Material | Um im Ebenenfenster Standbilder festzulegen, positionieren Sie zuerst die obere Zeitmarke ❸ auf dem Bild, das Sie fixieren möchten. Setzen Sie dann die untere Zeitmarke ❹ auf den Zeitpunkt, an dem das Standbild enden soll. Danach muss die obere Zeitmarke wieder zurück auf das Bild gesetzt werden, das Sie fixieren möchten.

Es gibt andere mögliche Wege. Erstens: das zu fixierende Bild (obere Marke) wählen, dann auf die Schaltfläche QUELLE ❺ klicken und mit OK bestätigen. Notieren Sie sich am besten die Zeitangabe. Zweitens: Über die Schaltfläche ❻ den Endzeitpunkt des Standbilds eingeben. Drittens: wieder auf QUELLE klicken, den notierten Zeitpunkt eintragen und mit OK bestätigen.

Zeitverzerrungen, die Sie im Ebenenfenster erstellt haben, können Sie natürlich auch über die Werte- und die Geschwindigkeitskurve im Diagrammeditor ändern.

▲ **Abbildung 11.91**
Im Ebenenfenster wird die Zeitverzerrung über zwei Zeitmarken geregelt.

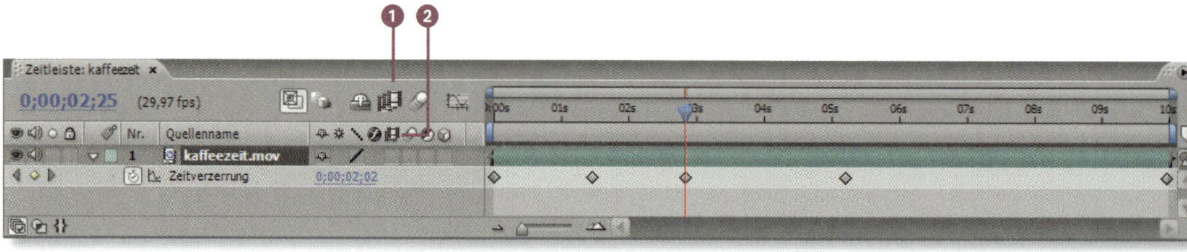

▲ **Abbildung 11.92**
Keyframes für die Zeitverzerrung werden bei der Arbeit im Ebenenfenster automatisch gesetzt.

11.7 Parenting: Vererben von Eigenschaften

Parenting macht es möglich, Eigenschaftswerte von einer Ebene auf eine andere zu übertragen. Dafür werden einander über- und untergeordnete Ebenen geschaffen. Verknüpfte untergeordnete Ebenen vollziehen somit die Animationen einer übergeordneten Ebene nach. Man nennt diese Funktion daher auch ebenenhierarchische Verknüpfung.

Nützlich ist Parenting beispielsweise bei Figurenanimationen, um Drehbewegungen vom Oberarm zur Hand zu übertragen, oder um mehrere Ebenen einer übergeordneten Ebene folgen zu lassen, ohne dafür eigens in jeder Ebene Keyframes setzen zu müssen. Am besten lässt sich dies jedoch am Beispiel demonstrieren. Im folgenden Workshop schreiten wir zur Tat.

Schritt für Schritt: Papa Parenting und Frosch junior

In diesem Workshop werden Sie Ebenen überordnen und unterordnen, Ankerpunkte verschieben und intuitiv Animationen erstellen.

1 Vorbereitung

Schauen Sie sich zuerst das Movie »froschjunior« aus dem Ordner 11_Interpolation/Parenting an. Im selben Ordner liegt ein für Sie vorbereitetes Projekt namens »frosch.aep«. Es befinden sich zwei Kompositionen in dem Projekt. Eine Komposition mit Namen »parentingFertig« ist zur Ansicht gedacht, die andere mit Namen »Uebung« zum ungefähren Nachbau.

2 Ankerpunkt verschieben

Bevor Sie die einzelnen Ebenen (die Froschgliedmaßen) animieren, werden die Ankerpunkte der Ebenen verschoben. Verschieben Sie den Ankerpunkt mit dem Ausschnitt-Werkzeug bzw. Y für jede Ebene auf den jeweiligen Gelenkpunkt. Markieren Sie dazu jeweils eine Ebene, am besten im Zeitplanfenster, und verschieben dann den Ankerpunkt auf einen Gelenkpunkt wie in der Abbildung 11.93.

▲ **Abbildung 11.93**
Für jede der Froschgliedmaßen wird der Ankerpunkt auf einen Gelenkpunkt verschoben.

3 Überordnung festlegen

Sicher ist Ihnen schon die Spalte ÜBERGEORDNET im Zeitplan aufgefallen. Falls die Spalte fehlt, klicken Sie mit der rechten Maustaste auf EBENENNAME ❶ und wählen dann ÜBERGEORDNET aus dem Kontextmenü oder Sie wählen das Menü SPALTEN über den kleinen Button ❷ oben rechts im Zeitplan.

Wählen Sie für die Ebene »linker_schenkel« die Ebene »froschkopf« als die übergeordnete Ebene. Sie haben dazu zwei Möglichkeiten: Klicken Sie auf das Wort OHNE und wählen die Ebene aus der Liste aus. Der Name der Ebene »froschkopf« erscheint anschließend in der Spalte ÜBERGEORDNET ❸. Die zweite Möglichkeit ist, den Button ❹ zu benutzen und mit der Linie auf die Ebene zu zeigen, die übergeordnet werden soll.

▼ **Abbildung 11.94**
In der Spalte ÜBERGEORDNET erscheinen die Namen der Ebenen, die übergeordnet wurden.

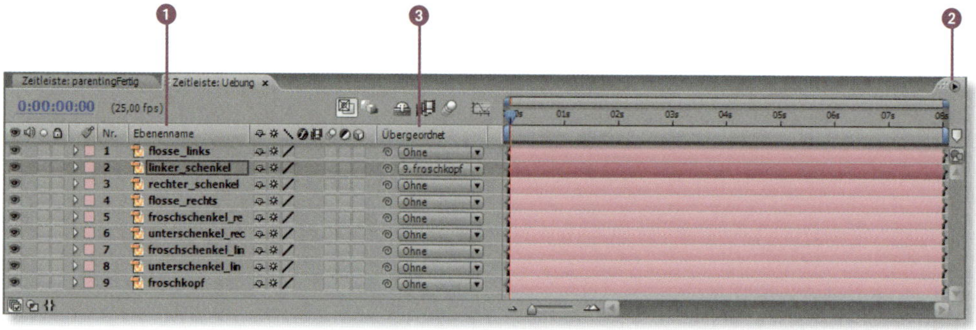

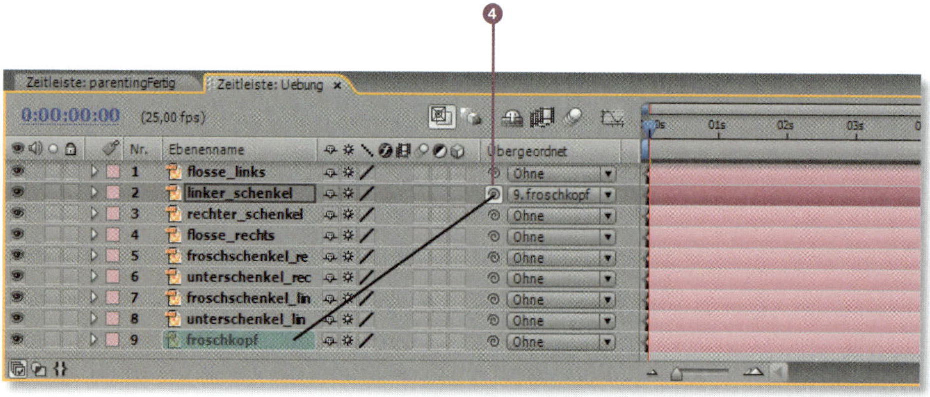

▲ **Abbildung 11.95**
Sie können das Gummiband auf eine Ebene ziehen, die übergeordnet werden soll.

Sie haben die Ebene »linker_schenkel« der Ebene »froschkopf« untergeordnet. Wenn Sie in der Ebene »froschkopf« etwas an den Eigenschaften ändern, die Sie unter TRANSFORMIEREN finden, werden diese Änderungen von der untergeordneten Ebene übernommen. Verfahren Sie mit den Ebenen »rechter_schenkel«, »froschschenkel_rechts« und »froschschenkel_links« wie beschrieben. Wie Sie die restlichen Ebenen verknüpfen, entnehmen Sie bitte der Abbildung 11.96. Falls etwas schief gegangen ist, wählen Sie aus der Liste einfach OHNE und verknüpfen neu.

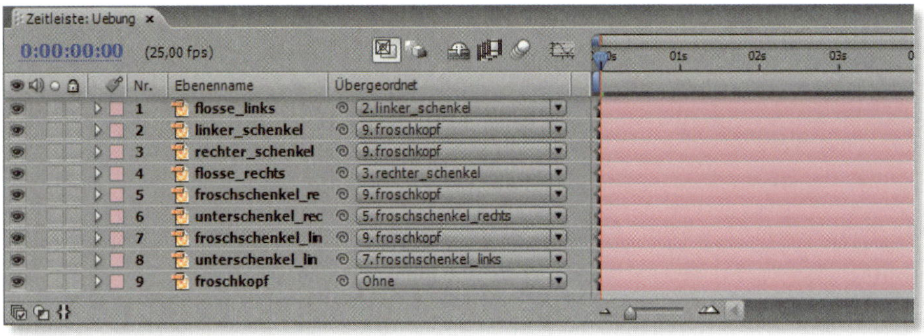

Alle Ebenen richtig verknüpft? Dann ziehen Sie doch einmal spaßeshalber die Ebene »froschkopf« an eine neue Position oder verändern die Skalierung (nachdem Sie OPTIMIEREN – das Sonnen-Symbol – für die Ebenen aktiviert haben). Alle untergeordneten Ebenen werden dabei an eine neue Position verschoben oder skaliert: Die Transformationen werden übertragen.

▲ **Abbildung 11.96**
Die richtige Verknüpfung der Ebenen für die Frosch-Animation

4 Animation

An dieser Stelle werden wir nur beispielhaft eine kleine Animation durchführen, Sie werden aber sicher viel Spaß haben, danach Ihre eigenen Animationen mit dem Frosch zu machen.

Blenden Sie die Eigenschaft ROTATION für die Ebenen »flosse_links« und »linker_schenkel« mit der Taste R ein. Setzen Sie jeweils einen ersten Keyframe bei 00:00 und ziehen die Zeitmarke etwa eine halbe Sekunde weiter. Lassen Sie beide Ebenen ruhig markiert und erhöhen oder verringern Sie dann den Wert für Drehung durch Ziehen mit dem Mauszeiger. Stellen Sie einen Wert von etwa 0 x +120° ein.

▼ **Abbildung 11.97**
Die Drehungswerte werden durch Ziehen geändert.

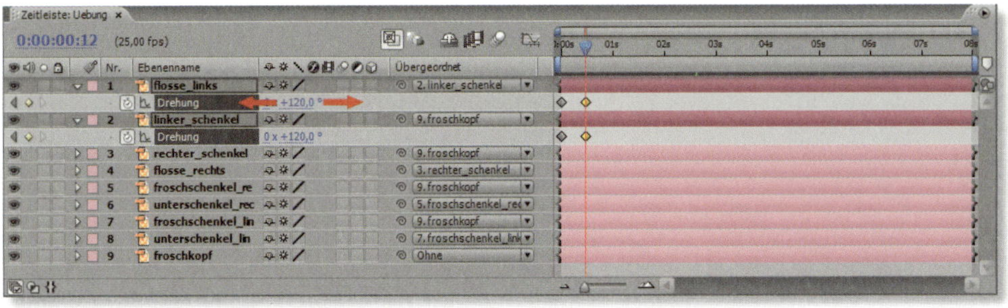

Setzen Sie dann die Zeitmarke auf 01:00 und stellen einen Wert von 0 x +60° für beide Ebenen ein. Die weiteren Keys können kopiert werden. Markieren Sie dazu die beiden zuletzt gesetzten Keys für jede Drehung einzeln und setzen Sie sie im Abstand einer halben Sekunde wieder ein. Der Frosch scheint zu winken.

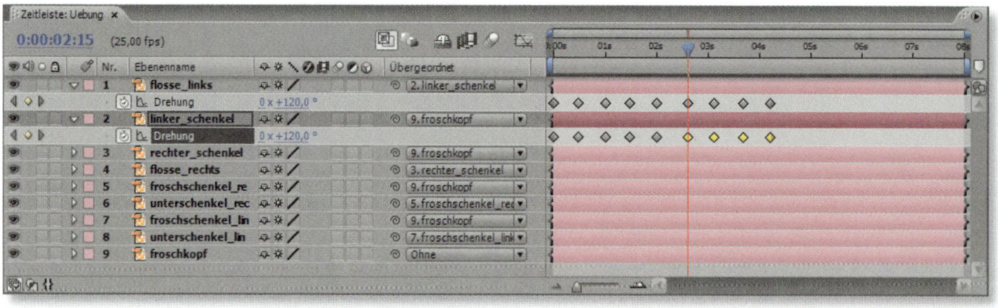

▲ **Abbildung 11.98**
Die Keyframes für die Drehung werden kopiert und mehrfach hintereinander eingesetzt.

Abbildung 11.99 ▶
So leicht winkt ein Froschkönig.

Ähnlich können Sie die anderen Gliedmaßen animieren. Um den Frosch hüpfen zu lassen, animieren Sie zusätzlich die Positionseigenschaft der Ebene »froschkopf«. Im Beispielfilm ist zuerst nur das »Gesicht« des Frosches sichtbar. Animieren Sie dazu die Eigenschaft SKALIERUNG für die Ebene »froschkopf«. Den letzten Schliff geben Sie Ihren Froschbewegungen mit der schon geübten zeitlichen Interpolation. Viel Spaß! ■

TEIL V

Raus zum Film

12 Kompression und Ausgabe: Die Grundlagen

Dieses Kapitel soll Ihnen einen Einblick in die verschiedenen Ausgabemöglichkeiten für Ihre im Projekt angelegten Kompositionen geben. Wie Sie bereits im allerersten Projekt in diesem Buch sehen konnten, ist ein Projekt erst beendet, wenn der Film im gewünschten Ausgabeformat vorliegt. Mit Überlegungen zum späteren Ausgabeformat und zum späteren Verteilermedium, mit denen jedes Projekt beginnt, machen wir nun weiter.

Dieses Kapitel enthält erst einmal eine Menge graue Theorie. Bei allem Vergnügen, Animationen zu erstellen, ist es doch entscheidend, wie der Film später bei Ihrem Publikum ankommt. Qualität und Dateigröße Ihres fertigen Films sind dabei genauso wichtig wie die richtigen Einstellungen, um Ihre Kompositionen für Fernsehen, DVD, CD-ROM, Web, Film oder zur Weiterverarbeitung auszugeben.

12.1 Kompression

12.1.1 Warum Kompression?

Der Sinn der Kompression liegt kurz gesagt in einer Reduktion der Datenmenge. Bei der Reduktion der Datenmenge geht es für Bild-, Video- und Toninhalte um die Verringerung des Speicherbedarfs. Für die Bearbeitung oder die Verbreitung dieser Inhalte ist es außerdem wichtig, für den nötigen Datentransfer die Menge der zu übertragenden Daten bei größtmöglicher Qualität so gering wie möglich zu halten.

Zur Weiterverarbeitung auf einem Computer müssen analoge Signale digitalisiert werden. Bei der Aufzeichnung von Video geschieht dies bereits in der Kamera. Dabei wird, außer im Profibereich, schon bei der Abtastung des analogen Bildsignals eine Datenreduktion erreicht. Trotzdem fallen dabei immer noch enorme Datenmengen an.

Bei der Bearbeitung von digitalem Video, beispielsweise beim Schnitt, muss die Datenmenge oft verringert werden. Denn jedes

Abtastung eines analogen Signals

Bei der Abtastung eines analogen Signals wird das Signal in geringen Zeitabständen immer wieder gemessen. Die Messwerte werden dann in Form von binären Zahlenwerten gespeichert, sprich digitalisiert.

Bild muss praktisch in Echtzeit von der Festplatte gelesen und auf dem Computermonitor dargestellt werden.

Ein unkomprimiertes Videobild mit einer Framegröße von 720 × 576 Pixeln ist etwa 1,2 MB groß. Das macht bei 25 Bildern pro Sekunde etwa 30 MB. Es ist also mindestens eine Datenübertragungsrate von 30 MB/sec. nötig, um eine flüssige Darstellung zu erreichen. Dies ist trotz schneller Festplatten noch immer problematisch, da Umrechnungsprozesse zur Anzeige der Bilder auf dem Monitor die Übertragungsrate verringern. Auch die für das Lesen und Schreiben von Videodaten notwendige konstante Datenrate schmälert das Übertragungsvolumen. Um Material ohne Kompression (unkomprimiert) verarbeiten zu können, werden daher an das Rechnersystem hohe Anforderung gestellt, verbunden mit höheren Kosten bei der Ausstattung.

Datenrate

Die Datenrate oder Datenübertragungsrate beschreibt die Menge an übertragenen Daten pro Zeiteinheit. Die kleinste Dateneinheit ist das Bit, weswegen die Datenrate auch als Bitrate bekannt ist.

Je kleiner die Datenmenge pro Bild, desto geringere **Datenraten** können zur Bearbeitung und Wiedergabe von Videomaterial eingesetzt werden.

Die erreichbare Datenrate ist außerdem vom Verteilermedium abhängig. So sind beim Lesen der Daten von einer CD nur geringe Datenraten möglich. Daher muss hier auch die Datenmenge pro Bild recht klein sein. Wird von einer Festplatte gelesen, können größere Datenmengen pro Bild dargestellt werden, da die Datenrate beim Lesen höher ist. Sehr gering ist die Datenrate bei der Übertragung von Bild-, Video- und Toninhalten über das Internet. Sind die Bild- oder Tondaten für die erreichbare Datenrate zu groß, stottert salopp gesagt die Wiedergabe.

Damit trotz geringer Datenraten noch etwas von den Bildern und dem Sound beim Publikum ankommt, gibt es die Kompression. Durch dünne Leitungen mit geringeren Datenraten passen kleinere Datenmengen. Die stärkste Kompression kommt daher auch gerade da zum Einsatz, wo der geringste Datendurchsatz möglich ist. Dabei liegt die Grenze der Kompression dort, wo es der menschlichen Wahrnehmung gerade noch zumutbar ist.

12.1.2 Kompressionsarten

Man unterscheidet grundsätzlich zwischen verlustfreier und verlustbehafteter Kompression.

Verlustfreie Kompression | Bei der verlustfreien Kompression (Lossless) werden die Daten zusammengepackt und reduziert. Nach dem Entpacken sind die Daten vollständig wiederhergestellt. Es gehen keine Informationen verloren. Bei dieser Form der Kompression werden Wiederholungen im Material erkannt und auf andere Art gespeichert. Sind zum Beispiel fünf Pixel rot, sechs Pixel gelb und vier blau, wird die Information nicht für jeden Pixel einzeln gespeichert, sondern in verkürzter Form: 5 × rot, 6 × gelb und 4 × blau. Verwendet wird diese Art der Komprimierung zum Beispiel bei dem verbreiteten GIF-Format.

Verlustbehaftete Kompression | Bei der verlustbehafteten Kompression (Lossy) werden Bilddaten mit Rücksicht auf die menschliche Wahrnehmung entfernt. Wichtig dabei ist immer das Verhältnis zwischen möglichst hoher Kompression und ebenfalls möglichst hoher Qualität. Oft werden die für das menschliche Auge weniger wichtigen Informationen reduziert, dazu gehören die Farbinformationen. Sich wiederholende Bildinformationen werden zusammengefasst. Bei der Dekompression und Wiedergabe ist die Bildinformation nicht wieder in die vorherige Qualität rückführbar.

Kompressionsartefakte | Vielleicht kennen Sie die durch Kompression entstandenen Bildstörungen von Bildern oder Filmen aus dem Internet. Diese Störungen nennen sich Kompressionsartefakte. Je nach verwendetem Kompressor unterscheiden sich die Artefakte und können sich in Blöckchenbildung, unscharfen Kanten, ausblutenden Farben, verwaschenem Ton und ähnlichem äußern. Das soll Ihnen aber keine Angst vor dem Komprimieren machen, denn die Qualität von komprimierten Dateien nimmt durch neue Verfahren immer mehr zu, während immer kleinere Datenmengen entstehen.

▲ **Abbildung 12.1**
Ein Bild ohne Kompression ...

▲ **Abbildung 12.2**
... das gleiche Bild mit Kompressionsartefakten. Zur Verdeutlichung wurde hier eine besonders geringe Qualität für die Kompression gewählt.

Intraframe- und Interframekompression | Die Intraframekompression ist eine Einzelbildkompression (räumliche Kompression).

Die einzelnen Bilder werden dabei unabhängig von den Folgebildern komprimiert. Daten innerhalb des Einzelbilds werden entfernt oder zusammengefasst. Intraframekompression wird beispielsweise bei der M-JPEG-Kompression und bei DV verwendet.

Die Interframekompression ist eine Bewegtbildkompression (zeitliche Kompression). Mehrere aufeinander folgende Bilder werden hierbei zu einer Gruppe zusammengefasst. Es wird ein erstes Bild festgelegt, das mit allen Informationen gespeichert wird. Mit diesem Bild werden alle anderen Bilder der Gruppe verglichen. Nur die Änderungen in den nachfolgenden Bildern werden gespeichert. Daher ist es im Übrigen auch günstig, Kameraaufnahmen möglichst verwackelungsfrei, also mit Stativ, durchzuführen.

Durch die geringeren Änderungen kann der Kompressor stärker komprimieren. Das reduziert letztendlich die Datenmenge. Verwendung findet die Interframekompression beispielsweise bei der MPEG-Kompression.

12.2 Codecs und ihre Verwendung

Asymmetrische Codecs

Die meisten Codecs sind asymmetrisch. Das heißt, sie benötigen weit mehr Zeit für das Komprimieren als für das Dekomprimieren bzw. Abspielen.

Um eine Audio- oder Videoinformation in ein digitales Format umzuwandeln, sind soft- bzw. hardwareseitige Berechnungen nötig. Zumeist geschieht dies mit dem Ziel der Datenreduktion, der Kompression.

Wird ein komprimierter Film wieder abgespielt, ist ein Decoder nötig, der die komprimierte Information wieder zu einem sichtbaren Ergebnis umwandelt. Diese beiden Vorgänge werden über so genannte Codecs durchgeführt, wie auch aus dem Namen Codec (**co**der und **dec**oder) ersichtlich wird.

Klar wird dadurch auch, dass ein Film, der mit einem bestimmten Codec komprimiert wurde, nur dann decodiert und abgespielt wird, wenn der Codec auf dem System installiert wurde. Und da eine sehr, sehr hohe Anzahl verschiedener Codecs Anwendung findet, kann es durchaus sein, dass von Ihrem schönen Film bei Ihrem Zielpublikum nicht ein Bild oder ein Ton ankommt, wenn die Kompressionsart nicht erkannt und decodiert werden kann.

Für ein breites Zielpublikum sollte also zu einem weit verbreiteten Codec gegriffen werden. Zum Glück sind die wichtigsten Codecs bereits auf den meisten Rechnern vorhanden. Codecs gibt es als Softwarevarianten, die nachinstalliert werden können, und als Hardwarevariante in Video- und Grafikkarten, um Berechnungen in Echtzeit zu ermöglichen.

12.2.1 Player, Encoder und Codecs

Zum Abspielen eines Films auf einem Rechner ist ein Player notwendig. Darum müssen Sie sich meistens nicht weiter sorgen. Für den Mac wird der QuickTime-Player und für Windows-Systeme der Windows Media-Player vorinstalliert. Beide Player liefern gleich die gängigsten Codecs zur Dekompression, also zum Abspielen unterschiedlich komprimierter Medieninhalte, mit. Weitere Codecs und Player können nachinstalliert werden. Die Player zum Abspielen von Videos sind kostenfrei.

Mit After Effects werden ebenfalls wichtige Codecs auf dem System installiert, um eine Kompression direkt aus After Effects anbieten zu können.

Real Media-Player Download

Unter www.real.com/international/playerplus kann der Real Media-Player kostenlos heruntergeladen werden.

QuickTime-Player Download

Unter www.apple.com/quicktime/download kann der QuickTime-Player kostenlos heruntergeladen werden.

Windows Media-Player Download

Unter http://www.microsoft.com/windows/windowsmedia/de/ kann der Windows Media-Player kostenlos heruntergeladen werden.

Encoder | Außerdem ist es möglich, Daten über einschlägige Encoder zu komprimieren, die allerdings meistens nicht kostenfrei zu haben sind. Auch die Encoder enthalten verschiedenste Codecs zur Kompression. Die Kompressionseinstellungen sind meistens umfangreicher und professioneller als in den kostenfreien Versionen.

Erwähnenswert sind der MPEG-Encoder von Mainconcept, der auch in After Effects enthalten ist, DivX, Sorenson Squeeze Suite, TMPGEnc, der auch in der Demoversion voll funktionstüchtig ist, und QuickTime Pro von Apple.

Da ständig an der Verbesserung der erreichbaren Ausgabequalität bei gleichzeitig kleiner werdenden Dateien gearbeitet und die Geschwindigkeit beim Komprimieren (Encodieren) beschleunigt wird, gibt es eine Vielzahl an Codecs und Encodern.

12.2.2 Gängige Formate, Kompressoren und Medien

Bei der Arbeit mit Audio- und Videodaten muss man zwischen **Audio- und Videoformaten** und **Containerformaten** unterscheiden.

Bekannte Containerformate sind AVI und MOV. In diesen beiden Containerformaten können Audio- oder Videodaten getrennt oder kombiniert enthalten sein. Beide können viele verschiedene Audio- oder Videoformate enthalten. Es ist möglich, dass die Daten in unkomprimiertem Zustand in dem Containerformat vorliegen oder mittels verschiedener Kompressoren komprimiert worden sind. So kann die Videoinformation beispielsweise entweder mit dem Cinepak-Codec, dem Sorenson-Codec oder mit MPEG 4 codiert sein.

Bei anderen Formaten ist bereits an der Dateiendung erkennbar, um welche Datei bzw. welche Kompression es sich handelt. Hierzu kann man beispielsweise das GIF-Format zählen.

12.2.3 Kompression in After Effects

After Effects beherrscht die Ausgabe in unterschiedliche gängige Formate für verschiedenste Medien. Dazu bietet After Effects eine große Zahl der gebräuchlichen Kompressoren an. Dennoch müssen Codecs bisweilen nachinstalliert werden, um verschiedenen Anforderungen gerecht werden zu können. Wenn beispielsweise QuickTime nicht auf Ihrem System installiert ist, sind die dazugehörigen Komponenten einschließlich Codecs nicht in After Effects verfügbar.

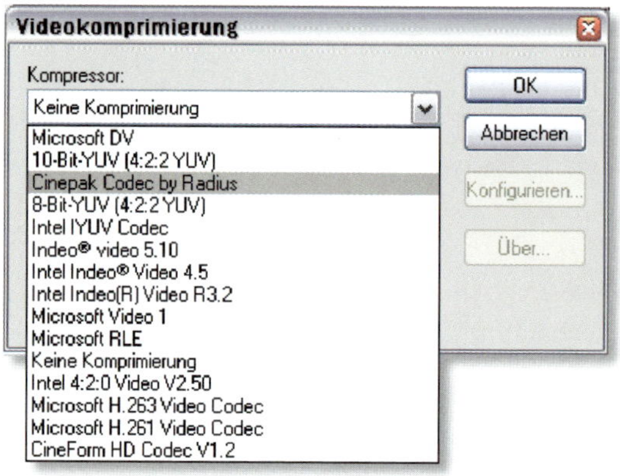

Abbildung 12.3 ▸
In After Effects sind einige wichtige Codecs bereits in der installierten Software enthalten.

Welche Codecs und Formate für die Ausgabe auf den gängigen Medien gebräuchlich sind, können Sie der folgenden Tabelle entnehmen.

Tabelle 12.1 ▸
Codecs, Formate und dazugehörige Medien

Codec	Format	Medium
Cinepak, MPEG1, Sorenson u.a.	AVI, MOV, SWF, MPEG1 etc.	CD-ROM
MPEG2	MPEG2 (.mpg, .m2v, .mp2)	DVD
Sorenson, MPEG4	Quicktime (.mov)	WWW
Windows Media Video/Audio	Windows Media (.wmv/.wma)	WWW
RealVideo/Audio	RealVideo (.rm)	WWW
Sorenson Spark	Flash Datei (.swf)	WWW

Zum besseren Verständnis seien hier einige der wichtigsten in After Effects verfügbaren Kompressoren etwas genauer erläutert.

Unkomprimiert | Die unkomprimierte Ausgabe dient dem Zusammenfassen von Animationen in einer Datei. Das Resultat ist eine hohe Bildqualität bei entsprechend großen Dateien. Meist werden Daten zur Weiterverarbeitung unkomprimiert ausgegeben. Eine solche Datei kann auch Alphainformationen innerhalb eines ebenfalls ausgegebenen Alphakanals enthalten. Dadurch ist es beispielsweise möglich, aus mehreren Ebenen bestehende Titelanimationen in einer Datei mit transparentem Hintergrund zusammenzufassen, die über einem neuen Hintergrund platziert werden kann.

In After Effects ist für die unkomprimierte Ausgabe im AVI-Format die Option KEINE KOMPRIMIERUNG und im Format MOV die Option KEINE wählbar.

Cinepak | Die Kompressionsgeschwindigkeit des Cinepak-Codec ist gering. Dagegen ist die Dekompression deutlich schneller. Verwendung findet der Codec bei Dateien, die für eine breite Verteilung vorgesehen sind, da er sowohl auf den meisten neuen als auch älteren Systemen vorhanden ist. Außerdem stellt der Codec nur geringe Anforderungen an die Prozessorleistung, was ein flüssiges Abspielen der damit komprimierten Filme gewährt. Nachteil ist die gegenüber einigen anderen Codecs geringere erreichbare Bildqualität.

Sorenson | Der Sorenson-Codec ist in einer älteren (Sorenson) und einer neueren Variante (Sorenson 3) in After Effects integriert. Die Kompressionsgeschwindigkeit von Sorenson ist der von Cinepak vergleichbar. Sorenson 3 ist schneller. Zum Abspielen mit hohen Auflösungen ist eine relativ hohe Prozessorleistung nötig, die allerdings nur bei langsamen Systemen ins Gewicht fällt. Daher ist der Codec für ältere Systeme nicht empfehlenswert. Die erreichbare Bildqualität ist bedeutend höher als beim Cinepak-Codec bei weit geringeren Datenraten. Die resultierende Dateigröße kann sich gegenüber dem Cinepak-Codec halbieren.

Ein Nachteil ist die Tendenz zum »Ausbluten« der Farben, besonders bei Rottönen. Mit Sorenson 3 komprimierte Filme sind nur mit Playern ab der QuickTime-Version 5 abspielbar.

DV-PAL und DV-NTSC | DV-PAL bzw. DV-NTSC wird verwendet, um Animationen im DV-Standard auszugeben. Der Codec ist nicht für eine Datenreduktion und zur Verbreitung von damit komprimierten Filmen auf multimediatypischen Medien wie DVD geeignet. Wenn eine Ausgabe auf MiniDV, DVCam und DVCPro geplant ist, können die entsprechenden DV-Codecs verwendet werden.

Standardmäßig sind für das AVI-Format der Codec MICROSOFT DV wählbar und für die Ausgabe im MOV-Format die Codecs DV-PAL, DV/DVCPRO-NTSC und DVCPRO-PAL.

MPEG 2 (nur Windows) | Die Kompressionsgeschwindigkeit des MPEG2-Codecs ist relativ gering. Allerdings wird das durch kleine Dateien mit sehr guter Bildqualität belohnt. Mit dem MPEG2-Codec komprimierte Dateien finden beim DVD-Authoring und zur Präsentation Verwendung (dabei ist nicht jeder Player in der Lage, die Datei abzuspielen).

Der Encoder ist im Ausgabemodul unter FORMAT: MPEG2 wählbar.

MPEG2-DVD (nur Windows) | Es wird der gleiche Codec wie bei der MPEG2-Ausgabe verwendet. Optional kann jeweils ein separater Audio- und Videodatenstrom, je nach Weiterverarbeitungsart, oder eine gemultiplexte Variante (Audio- und Videodaten sind dabei in einer Datei zusammengefügt) ausgegeben werden. Die Ausgabe eignet sich, wie der Name schon vermuten lässt, für Dateien, die letztlich auf einer DVD publiziert werden.

Der Encoder ist im Ausgabemodul unter FORMAT: MPEG2-DVD wählbar.

MPEG-4 Video | Auch hier ist der Rechenaufwand bei der Kompression recht hoch und die Encodiergeschwindigkeit daher relativ niedrig. Resultat sind kleine Dateien in hoher Bildqualität. Die Ausgabe ist in After Effects für das MOV-Format möglich. Allerdings muss mindestens der QuickTime-Player auf dem System installiert sein, sonst wird der Codec nicht angeboten. Die komprimierten Filme sind über den QuickTime-Player abspielbar. Die so komprimierte Ausgabe dient meist der Verteilung im Web.

Im Ausgabemodul finden Sie den Codec MPEG-4 VIDEO unter FORMAT: QUICKTIME-FILM und weiter unter KOMPRIMIERUNGSART im Dialog KOMPRIMIERUNG.

H.261, H.263 und H.264 | Seinem Verwendungszweck für die Videotelefonie und für Videokonferenzen entsprechend werden mit dem H.261 genannten Verfahren Bilddaten bei recht guter Bildqualität stark reduziert. Der H.261-Standard bildet die Grundlage für MPEG-1, MPEG-2, H.262, H.263 und H.264.

Das im MPEG-4 Standard enthaltene H.263-Komprimierungsverfahren ist eine Weiterentwicklung von H.261 und ist wie dieses Verfahren für niedrige Datenraten und wenig Bewegung optimiert. Das Verfahren wird daher zum Beispiel bei Videokonferenzen eingesetzt.

Ebenfalls als Teil des MPEG-4 Standards (MPEG-4 Part 10) ist der neueste Videokonferenz-Standard H.264 zu nennen. Hier sind Bildauflösungen bis hin zu 1920 × 1080 (HD-Video) bei geringen Datenraten möglich. Das Verfahren findet zunehmend bei

HD-DVD, Videokonferenzen, Video-on-Demand, Streaming und Multimedia-Nachrichten Verwendung und ist für TV-Sendungen geeignet.

In After Effects können Sie für das Format AVI mit dem MICROSOFT H.261 VIDEO CODEC und dem MICROSOFT H.263 VIDEO CODEC komprimieren. Für das Format MOV ist eine Kompression mit H.261 und H.263 möglich, und wenn QuickTime 7 installiert ist, zusätzlich mit H.264.

10 Bit YUV | Sie können Kompositionen aus After Effects mit 10-Bit-Kanal-YUV-Komprimierung rendern, wenn Sie AVI-Dateien in Premiere Pro mit HD-Material verwenden wollen.

Dazu wählen Sie im Ausgabemodul unter FORMAT den Eintrag AVI und im Dialog KOMPRIMIERUNG unter KOMPRIMIERUNGSART den Eintrag 10-BIT-YUV (4:2:2 YUV).

12.3 Ausgabearten

12.3.1 Rendern: Was ist das?

Um eine Komposition zu einem eigenständigen Film zu machen, muss sie berechnet werden. After Effects erstellt beim so genannten *Rendern* Frame für Frame Ihre Animation.

Dabei werden Transformationen, Effekte, Maskenbearbeitungen und Sound in die fertige Datei eingerechnet. Das Ergebnis ist eine Filmdatei, die unabhängig von der Projektdatei auf der Festplatte gespeichert wird und auf verschiedene Medien verteilt werden kann. Abhängig von dem verwendeten Codec, der sich von Ausgabeformat zu Ausgabeformat unterscheiden kann, nimmt die resultierende Datei mehr oder weniger Platz auf der Festplatte ein.

▼ Abbildung 12.4
In der Renderliste »warten« die zur Ausgabe bereiten Kompositionen. In den Rendereinstellungen und im Ausgabemodul werden zuvor wichtige Einstellungen getroffen.

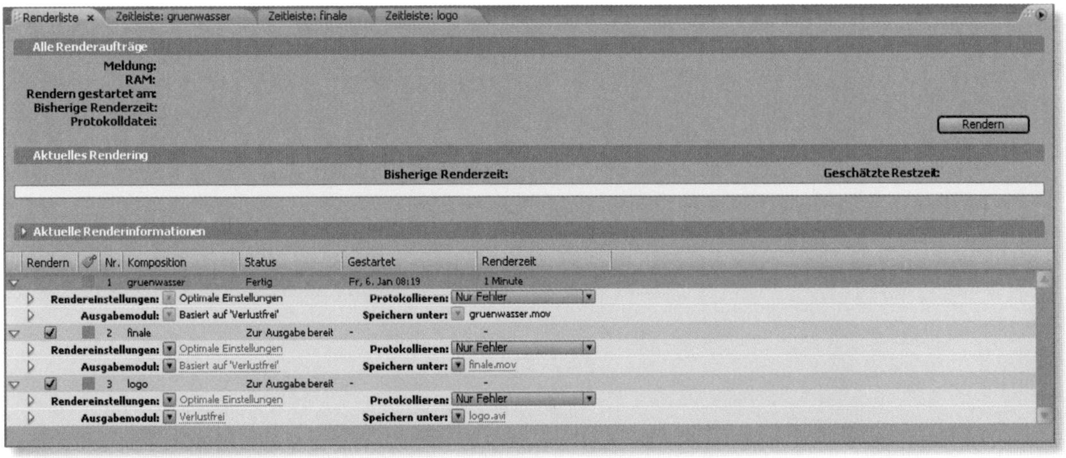

Wesentliche Einstellungen zum Rendern nehmen Sie in der Renderliste, in den Rendereinstellungen und im Ausgabemodul vor.

Alles zum Rendern finden Sie im nächsten Kapitel.

Renderliste | Um eine Komposition zu rendern, wird sie der Renderliste hinzugefügt. Dort können mehrere verschiedene Kompositionen mit verschiedenen Render- und Ausgabeeinstellungen als Liste angelegt werden. Mit dem Start des Rendervorgangs arbeitet After Effects die Liste ab und speichert die Filme auf der Festplatte.

Rendereinstellungen | Die Rendereinstellungen dienen der Festlegung der Ausgabequalität, der Wahl der Zeitspanne, die als Film ausgegeben werden soll, und der Wahl der Halbbildreihenfolge.

Ausgabemodul | Im Ausgabemodul wird das spätere Dateiformat definiert und eventuell eine Komprimierung zur Reduktion der Datenmenge gewählt. Auch die Farbtiefe der auszugebenden Datei und die Audioausgabe werden hier festgelegt.

Die Ausgabe kann für verschiedene Zwecke definiert werden. After Effects macht es möglich, Dateien für die Wiedergabe auf Computern, auf denen ein Player installiert ist, zu rendern. Außerdem ist es möglich, die Ausgabeeinstellungen für das Abspielen von Filmen von CD-ROM, DVD und über das Web oder für die Aufnahme auf Videobändern, auf Kinomaterial und für die Ausstrahlung im Fernsehen einzustellen. Die Ausgabe für HDV und HDTV ist ebenfalls möglich.

Renderprozess | Der Renderprozess dauert, je nach Art Ihrer Animationen, der Kompositionsgröße und nicht zuletzt der Ausstattung Ihres Rechners, unterschiedlich lange. Oft macht es Sinn, schon mal einen Picknickkorb für die Rechenzeit zurechtzupacken. Daher ist es sinnvoll, wenn Sie die Ausgabe in verschiedene Formate planen, zuerst ein **Masterformat** zu rendern. In diesen Masterfilm werden alle verwendeten Ebenen, deren Transformationen, darauf angewendete Effekte etc. eingerechnet. Anschließend wird der Masterfilm reimportiert und kann für verschiedene Zwecke mit verschiedenen Codecs komprimiert und unter Beachtung der Frame-Seitenverhältnisse in verschiedene Formate ausgegeben werden. Der Rechenaufwand ist dabei viel geringer, als wenn man die Kompositionen jeweils neu rendern würde. Eine entsprechende Ausgabemöglichkeit wird im Abschnitt 13.3.5 beschrieben.

12.3.2 Exportieren: Was ist das?

After Effects bietet neben dem Rendern von Kompositionen den Export als zweite Möglichkeit der Ausgabe. Zu finden ist das Export-Untermenü über DATEI • EXPORTIEREN.

- Über den Export ist es möglich, **QuickTime**- und **MPEG-4**-Dateien auszugeben. Wenn QuickTime weitere Komponenten hinzugefügt werden, erscheinen diese im Export-Untermenü.
- **AVI-Dateien** können auf beiden Rechnersystemen exportiert werden.
- Auch der reine **Audioexport** in die Formate AIFF und WAV ist möglich. Dies geht schnell und unkompliziert, ohne Rendereinstellungen und Ausgabemodul. Für umfangreiche Einstellmöglichkeiten sind diese aber vorzuziehen.
- Interessant ist der Export von Kompositionen in die Formate FLV und SWF, um Filme für den **Einsatz im Web** auszugeben. Dabei gibt es zwar einige Einschränkungen hinsichtlich nicht unterstützter Funktionen von After Effects, dennoch sind die Exportmöglichkeiten hervorzuheben, um einige Stärken von After Effects für das Web zu nutzen und Filme mit sehr geringer Dateigröße zu erstellen.

Mehr dazu lesen Sie im Kapitel 15, »Ausgabe für das Web«, im Abschnitt 15.2, »SWF-Dateien ausgeben«, und im Abschnitt 15.3, »Export ins Flash Video Format (FLV)«.

13 Das Rendern

In diesem Kapitel erfahren Sie alles über die Funktionsweise des Renderns in After Effects und über Möglichkeiten, die Ausgabe von Dateien effektiv zu gestalten.

Die folgenden Abschnitte sind dazu gedacht, Ihnen Arbeitsweisen und verschiedene Rendermöglichkeiten aufzuzeigen. Es geht darum, die Renderliste gut kennen zu lernen, Rendereinstellungen vorzunehmen, Vorlagen für das Rendern selbst zu definieren, um sich die Arbeit zu erleichtern, und um einiges mehr. Zuerst sehen wir uns aber den Rendervorgang genauer an.

13.1 Der Rendervorgang

Beim Rendern wird jede Ebene oder verschachtelte Komposition Frame für Frame entsprechend ihrer Reihenfolge in der Zeitleiste gerendert.

2D-Ebenen | 2D-Ebenen werden dabei von der untersten zur obersten Ebene berechnet. Für jede Ebene errechnet After Effects zuerst die auf die Ebene angewendeten Masken, dann die Effekte und schließlich die Transformationen. Hat sich After Effects durch den Ebenenstapel bis zur obersten Ebene durchgearbeitet, wird das Ergebnis an die in der Renderliste definierten Ausgabemodule (es können mehrere sein) gesendet, um den Ausgabefilm zu erstellen.

3D-Ebenen | Bei 3D-Ebenen, die später noch genauer besprochen werden, ist die Renderreihenfolge durch die räumliche Anordnung der Ebenen bestimmt. After Effects beginnt mit der Berechnung der räumlich am weitesten entfernten Ebene der Komposition. Für Drehungen werden nacheinander zuerst die X- und Y-Drehung und zum Schluss die Z-Drehung berechnet.

2D- und 3D-Ebenen | Das wäre nun alles sehr schön, wenn nicht bisweilen mit Kompositionen gearbeitet würde, die 2D- und 3D-

Ebenen enthalten. After Effects sieht in der Zeitleiste aufeinander folgende 3D-Ebenen als eine Gruppe an, aus der die am weitesten entfernte Ebene ermittelt wird. Ein Problem ergibt sich in dem Moment, wenn 2D-Ebenen in der Zeitleiste zwischen 3D-Ebenen platziert werden. Ist dies der Fall, teilt After Effects die 3D-Ebenen in zwei Gruppen, die jeweils extra berechnet werden.

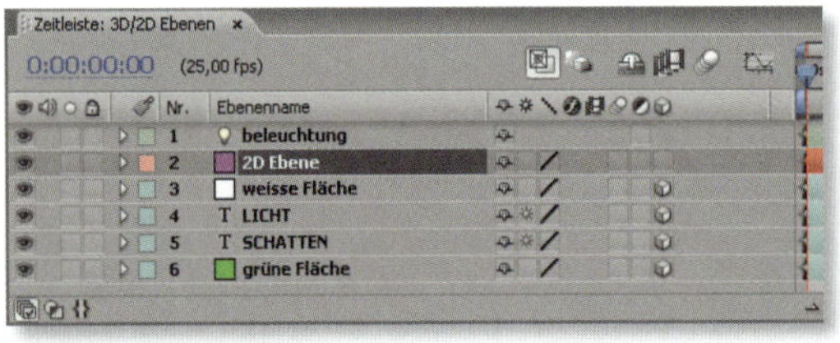

▲ **Abbildung 13.2**
Die 2D-Ebene ist in der Zeitleiste separat neben den 3D-Ebenen platziert.

▲ **Abbildung 13.1**
In dieser Abbildung sind alle Ebenen wunschgemäß dargestellt.

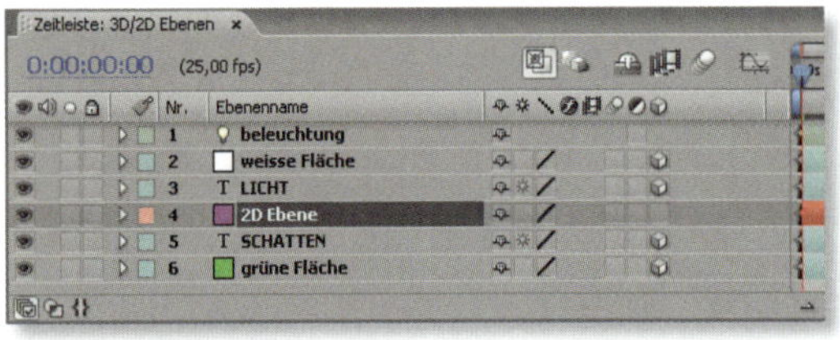

▲ **Abbildung 13.4**
In der Zeitleiste ist die 2D-Ebene zwischen den 3D-Ebenen platziert und teilt diese in zwei Gruppen, die extra berechnet werden.

▲ **Abbildung 13.3**
Hier wird die Durchdringung von weißer und grüner Farbfläche nicht mehr dargestellt und ein Schatten fehlt.

Im Kapitel 21, »3D in After Effects«, finden Sie weitere Informationen zur Arbeit mit 3D-Ebenen.

Das Ärgerliche daran ist, dass nun Schatten, die eigentlich von der einen Gruppe der 3D-Ebenen auf die andere Gruppe fallen sollen, nicht mehr sichtbar sind, wie das im Vergleich der Abbildungen 13.1 und 13.3 gut erkennbar ist. Auch geometrisch werden beide Gruppen durch die 2D-Ebenen getrennt, wie an der weißen Farbfläche sichtbar wird, die einmal die grüne Fläche durchdringt und einmal ohne Durchdringung dargestellt wird. Zur Verhinderung dieser Misere hilft es also nur, die 2D-Ebenen in der Zeitleiste über oder unter sämtliche 3D-Ebenen zu ziehen.

13.1.1 Die Renderliste

Die Renderliste dient dazu, Kompositionen, die gerendert werden sollen, in einer Liste zu sammeln. Wird der Rendervorgang gestartet, arbeitet After Effects diese Liste von oben nach unten systematisch ab, wobei die jeweils getroffenen Einstellungen Qualität, Format und Ausgabeort der Datei bestimmen.

Die Renderliste kann, falls das Fenster geschlossen ist, über FENSTER • RENDERLISTE bzw. mit [Strg]+[Alt]+[0] geöffnet werden.

13.2 Rendern in der Praxis: QuickTime-Film ausgeben

Im Folgenden geht es um den grundsätzlichen Weg, aus einer Komposition einen Film zu rendern.

Als Beispiel soll hier ein QuickTime-Film ausgegeben werden, der mit dem Sorenson 3-Codec komprimiert wird. Der resultierende Film soll als finale Ausgabe einer Komposition für das Abspielen auf einem Computer optimiert werden. Verwenden Sie für die Ausgabe eine Ihrer Projektdateien oder eine beliebige Workshopdatei von der DVD.

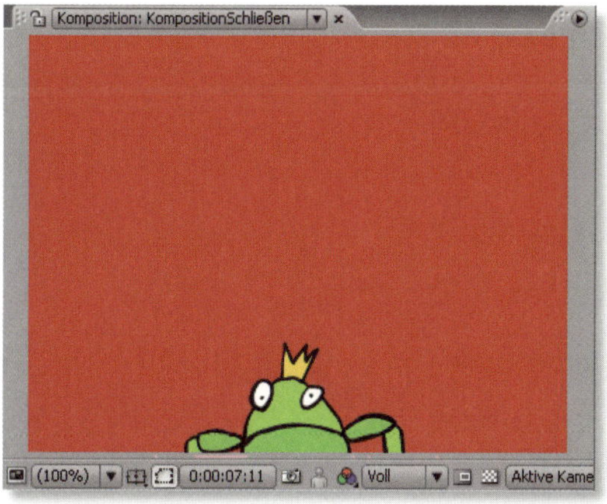

◂ **Abbildung 13.5**
Vor dem Rendern sollten geöffnete Kompositionen über das Schließkreuz ausgeblendet werden.

Komposition schließen | Günstig ist es, eine geöffnete Komposition vor dem Rendern zu schließen, denn dadurch wird der Rendervorgang leicht beschleunigt, was allerdings nur bei sehr aufwendigen, effektgeladenen Kompositionen und hohen Auflösungen etwas ins Gewicht fällt. Um die Komposition zu schließen, klicken Sie auf das kleine Schließkreuz der Registerkarte der Komposition. Sie können das Kompositionsfenster sehr einfach wieder über einen Doppelklick auf die entsprechende Komposition im Projektfenster öffnen. Wird die Komposition nicht geschlossen, zeigt After Effects die Animation während des Renderns an.

Komposition zur Renderliste hinzufügen | Markieren Sie die Komposition, die gerendert werden soll, im Projektfenster und wählen dann KOMPOSITION • AN DIE RENDERLISTE ANFÜGEN bzw. Strg+⇧+<. Es öffnet sich die Renderliste mit den Rendereinstellungen und dem Ausgabemodul.

▼ Abbildung 13.6
Die zu rendernde Komposition wird der Renderliste hinzugefügt. Dort gelangen Sie zu den Rendereinstellungen und dem Ausgabemodul.

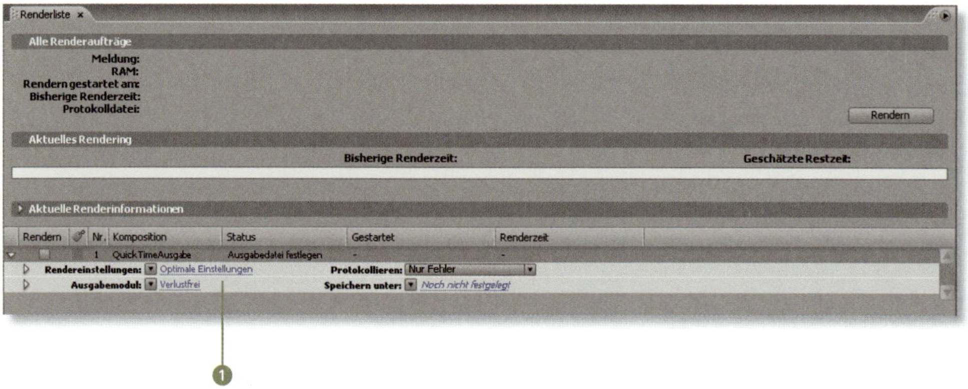

Als Alternative lassen sich Kompositionen der Renderliste hinzufügen, indem Sie die Kompositionen direkt vom Projektfenster in die Renderliste ziehen.

13.2.1 Rendereinstellungen

Um die Rendereinstellungen, die standardmäßig auf optimale Qualität gestellt sind, zu ändern, klicken Sie in der Renderliste auf den blauen Text OPTIMALE EINSTELLUNGEN ❶. Es öffnet sich der Dialog RENDEREINSTELLUNGEN.

Mehrere Kompositionen rendern

Mehrere Kompositionen können markiert und anschließend der Renderliste hinzugefügt werden. Dabei erscheinen für jede Komposition die Rendereinstellungen und das Ausgabemodul. Auch ein Speicherort muss für jede Komposition festgelegt werden. Erst zum Schluss wird der Button RENDERN betätigt.

Einstellungen zur Komposition | Unter QUALITÄT ❷ wird die Renderqualität für alle Ebenen der Komposition festgelegt. Die Einstellungen ENTWURF und DRAHTGITTER dienen dem Rendern einer qualitativ schlechteren Datei zur reinen Vorschau und Kontrolle der Animationen. Der Rendervorgang wird bei geringerer Qualität schneller. Dennoch ist für die hier gewünschte qualitativ hochwertige Ausgabe die Einstellung BESTE zu empfehlen.

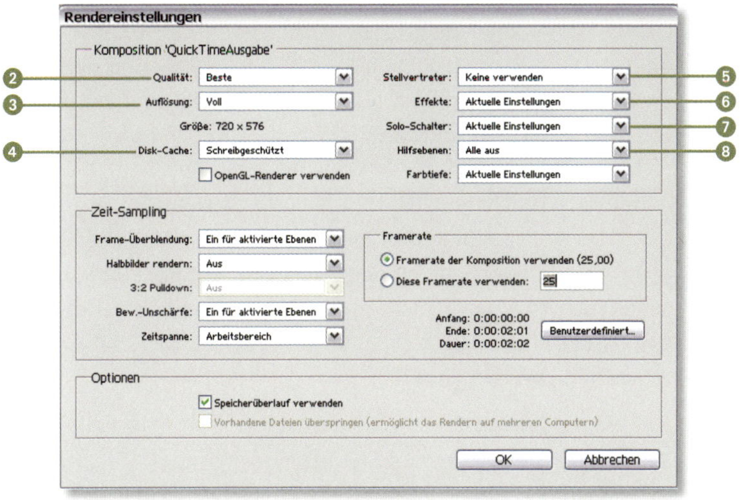

◂ **Abbildung 13.7**
Im Dialog RENDEREINSTELLUNGEN werden grundsätzliche Festlegungen zum Rendern von Komposition getroffen.

Unter AUFLÖSUNG ❸ wird eingestellt, ob die resultierende Datei der Originalgröße entspricht oder in einer kleineren Größe ausgegeben wird. Die Einstellung VOLL sollte gewählt werden, es sei denn, Sie wünschen eine reine Vorschaudatei zur Kontrolle Ihrer Animationen.

Unter DISK-CACHE ❹ kann festgelegt werden, ob die unter den Voreinstellungen getroffenen Festlegungen zum Disk Cache (dazu später) verwendet werden oder ob der Cache während des Rendervorgangs schreibgeschützt ist. Wählen Sie AKTUELLE EINSTELLUNGEN, um die Voreinstellungen zu verwenden oder SCHREIBGESCHÜTZT.

Mit der aktivierten Option OPENGL-RENDERER VERWENDEN können Sie eine OpenGL-Karte mit OpenGL 1.5 oder höher nutzen, um den Renderprozess für 8-Bit- und 16-Bit-Kanal-Projekte zu beschleunigen, eine leistungsfähige Grafikkarte vorausgesetzt. Unter STELLVERTRETER ❺ legen Sie fest, ob diese bei der Ausgabe verwendet werden oder nicht. Stellvertreter sind Dateien, die in geringer Qualität vorliegen und später durch hochaufgelöstes Material ersetzt werden. Wählen Sie hier bei der endgültigen Ausgabe KEINE VERWENDEN.

Unter EFFEKTE ❻ wird festgelegt, ob alle, kein oder die in der Komposition aktivierten Effekte verwendet werden sollen. Meist wird hier AKTUELLE EINSTELLUNGEN gewählt, um die für die Ebenen aktivierten Effekte zu verwenden.

Unter SOLO-SCHALTER ❼ legen Sie fest, ob in der Zeitleiste auf solo geschaltete Ebenen gerendert werden oder nicht. Solo-Ebenen blenden sämtliche nicht auf solo geschaltete Ebenen aus. Wählen Sie AKTUELLE EINSTELLUNGEN, um die aktivierten Solo-Ebenen zu rendern, oder ALLE AUS, um dies zu unterbinden.

Unter HILFSEBENEN ❽ wird entschieden, ob diese gerendert werden oder nicht. Hilfsebenen können aus jeder Ebene erstellt

Einstellungen in der Zeitleiste

Im Abschnitt 7.6, »Die Zeitleiste«, sind die einzelnen Schalter, die auch für die Rendereinstellungen Bedeutung haben, eingehend erläutert.

werden und dienen zum Beispiel dem Speichern von Kommentaren oder zur Synchronisation von Animationen mit Sound. Hilfsebenen werden normalerweise nicht gerendert, es sei denn, es wird AKTUELLE EINSTELLUNGEN gewählt.

Zeit-Sampling verstehen | Die FRAME-ÜBERBLENDUNG ❶ ist wie viele andere Einstellungen in Zusammenhang mit den in der Komposition gewählten Einstellungen zu sehen. Mit EIN FÜR AKTIVIERTE EBENEN wird Frame-Überblendung für Ebenen berechnet, bei denen diese Option in der Zeitleiste in der Spalte EBENENSCHALTER gewählt wurde.

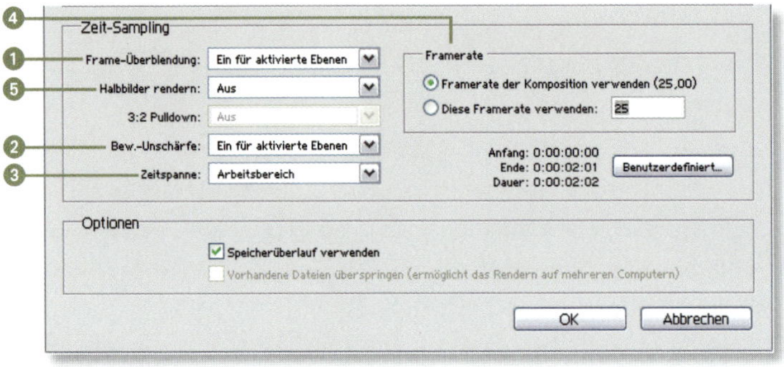

Abbildung 13.8 ▸
Im Feld ZEIT-SAMPLING befinden sich unter anderem Optionen zur Festlegung der Frame-Überblendung, der Halbbildreihenfolge und des zu rendernden Zeitbereichs.

Mit den Optionen bei BEWEGUNGSUNSCHÄRFE ❷ wird diese für in der Zeitleiste aktivierte Ebenen berechnet bzw. nicht berechnet. Die ZEITSPANNE ❸ ist standardmäßig auf Arbeitsbereich eingestellt. Sie können hier aber auch die Länge der Komposition oder eine selbstdefinierte Zeitspanne über ANDERE wählen. Sie legen damit den Zeitbereich Ihrer Komposition fest, der gerendert werden soll.

Die Einstellungen unter FRAMERATE ❹ empfehle ich Ihnen nicht zu ändern, da dies zu Verfälschungen Ihrer Animationen führen kann. Sie erhalten kleine Dateien mit eventuell stockenden Animationen bei sehr geringen Frameraten und größere Dateien bei höheren Frameraten.

Ganz zum Schluss noch ein paar gar nicht unwichtige Einstellungen. Unter HALBBILDER RENDERN ❺ legen Sie die Halbbildreihenfolge für Kompositionen fest, für die eine Videoausgabe erfolgen soll. Je nachdem, für welches Gerät oder Band die Ausgabe gedacht ist, wird hier UNTERES HALBBILD ZUERST oder OBERES HALBBILD ZUERST gewählt. Im Zweifelsfall muss getestet werden. Im Falle von DV-Material wird immer das untere Halbbild verwendet.

Für die Ausgabe als QuickTime-Film wählen Sie AUS, da der Film später nur auf dem Computer präsentiert werden soll. Endlich können Sie OK drücken und gelangen wieder in die Renderliste.

Verschiedene Formate und Formatoptionen

Nicht bei jedem Format öffnet sich das Fenster KOMPRIMIERUNG. Je nach Format sind entsprechende Optionen wählbar. Bei einigen Formaten sind keine weiteren Optionen verfügbar.

13.2.2 Ausgabemodul

Als Nächstes geht es um die Ausgabeoptionen. Klicken Sie in der Renderliste hinter AUSGABEMODUL auf den Text VERLUSTFREI. Auch in den sich öffnenden EINSTELLUNGEN FÜR AUSGABEMODULE gibt es wieder viele Optionen.

Optionen

Über den Button OPTIONEN öffnet sich ein Fenster, in dem als Appetizer auf Optionen der Professional-Edition des Sorenson-Kompressors aufmerksam gemacht wird, die durch Kauf erworben werden kann.

◂ **Abbildung 13.9**
Klicken Sie in der Renderliste auf VERLUSTFREI.

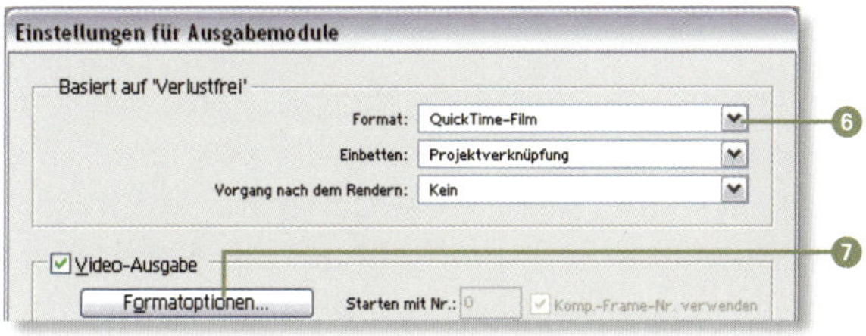

◂ **Abbildung 13.10**
Im Dialog EINSTELLUNGEN FÜR AUSGABEMODULE wird das Format für den späteren Film, die Kompression und eine optionale Audioausgabe festgelegt.

Zuerst zum FORMAT ❻. Wählen Sie für das gewünschte MOV-Format aus der Liste den Eintrag QUICKTIME-FILM. Es öffnet sich das Fenster KOMPRIMIERUNG. Sollte es sich einmal nicht öffnen, klicken Sie auf die Schaltfläche FORMATOPTIONEN ❼.

Einstellungen im Fenster Komprimierung | Im Listenfeld unter KOMPRIMIERUNGSART (Abbildung 13.11) wählen Sie den gewünschten Kompressor, in unserem Fall SORENSON VIDEO 3.

Unter BEWEGUNG werden Optionen zur zeitlichen Kompression bzw. Bildberechnung festgelegt. Wählen Sie unter BILDER PRO SEKUNDE die Framerate Ihrer Komposition, in diesem Fall 25 für die PAL-Spezifikation. Unter BASISBILD ALLE wird festgelegt, in welchem Intervall Schlüsselbilder gesetzt werden. Diese Bilder sind Frames, die bei der Komprimierung vollständig gespeichert werden. Mit einer der Framerate entsprechenden Anzahl können Sie nicht fehlgehen. Wenn Sie im PAL-Standard ausgeben, sind das also 25 Bilder.

Die DATENRATE gibt die Menge der Information an, die ein Computer in einer bestimmten Zeit verarbeiten muss, um ein Movie ohne Ruckeln und Stottern abzuspielen. Von der Datenrate hängt die resultierende Dateigröße ab. Bei einer höheren Datenrate werden die Dateien größer und die Qualität nimmt zu. Welche Datenrate gewählt wird, richtet sich nach dem Zielmedium. Mit 600 KB/s kann man nichts falsch machen, da selbst eine CD-R bereits mit mindestens 1500 KB/s gelesen werden kann.

Keyframes für die Kompression

Basisbilder oder Schlüsselbilder sind nicht zu verwechseln mit den Keyframes, die für Animationen in der Zeitleiste gesetzt werden. Bei der Kompression kann eine geringere Anzahl an Schlüsselbildern für schlechtere Qualität und eine höhere Anzahl für bessere Qualität gesetzt werden, woraus größere Dateien resultieren.

Alle Bilder zwischen den Schlüsselbildern werden mit dem jeweiligen vorherigen Bild verglichen und nur die geänderte Information wird gespeichert. Es handelt sich dabei um eine zeitliche Kompression. Moderne Codecs fügen bei Szenenwechseln automatisch neue Schlüsselbilder ein, weshalb Sie nicht zu viele manuell erzwingen sollten, da es auf Kosten der Kompression geht.

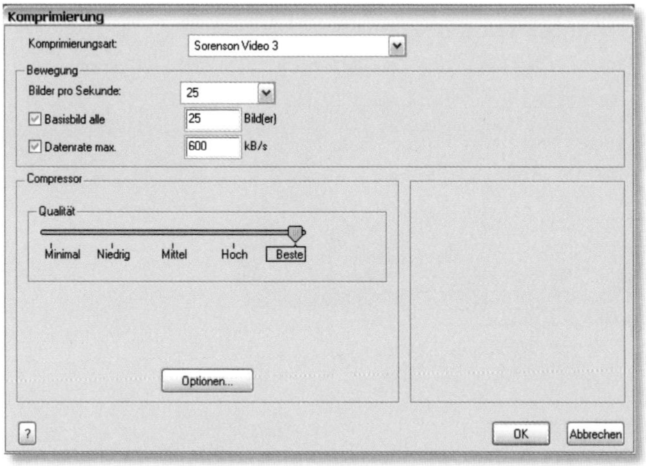

Abbildung 13.11 ▸
Im Dialog KOMPRIMIERUNG wird der Codec für die Kompression ausgewählt und einige Qualitäts- bzw. Komprimierungseinstellungen werden getroffen.

Mit der QUALITÄT wird die räumliche Kompression bestimmt. Es kann BESTE gewählt werden, wenn eine entsprechend hohe Datenrate eingestellt wurde. Sehr geringe Datenraten können bei hoher Qualitätseinstellung zu einem **Abbruch des Renderprozesses** führen. Eine Ausgabe mit geringen Datenraten ist nur für ältere Systeme und für eine Übertragung mit geringen Bandbreiten empfehlenswert.

Für die hier beschriebene Ausgabe als QuickTime-Film wählen Sie die beste Qualitätsstufe. Bestätigen Sie die Einstellungen mit OK, und Sie gelangen wieder ins Fenster EINSTELLUNGEN FÜR AUSGABEMODULE.

Einstellungen unter Ausgabemodule | Weiter geht es mit den restlichen Optionen im Fenster EINSTELLUNGEN FÜR AUSGABEMODULE. Änderungen der eben getroffenen Kompressionseinstellungen können über den Button FORMATOPTIONEN ❶ getroffen werden.

Unter dem Eintrag KANÄLE ❷ kann für einige Formate festgelegt werden, ob die Datei nur den Alphakanal, die RGB-Kanäle und den Alphakanal oder nur RGB enthalten soll. Für den hier beschriebenen Sorenson-komprimierten QuickTime-Film kann der Alphakanal nur separat ausgegeben werden. Für die geplante finale Ausgabe wird der Alphakanal allerdings nicht benötigt. Wenn Sie für Ausgabeformate wie Targa zwischen RGB und RGB+ALPHA wechseln, ändern sich auch die Einträge unter TIEFE.

Über den Eintrag TIEFE ❸ sind für einige Ausgabeformate die Option ÜBER 16,7 MILL. FARBEN und eventuell weitere Werte für die Farbtiefe wählbar. In diesem Fall ist Platz genug für die RGB-Kanäle und einen zusätzlichen Alphakanal innerhalb einer Datei. Wird der Alphakanal in die RGB-Datei integriert (RGB+Alpha), ist die Kompositionshintergrundfarbe im Ergebnisfilm auf transparent gestellt, was aber nur für eine Weiterverarbeitung der Datei interessant ist. Sie können vorerst getrost mit der voreingestellten Bildtiefe von nur 16,7 MILL. FARBEN rendern.

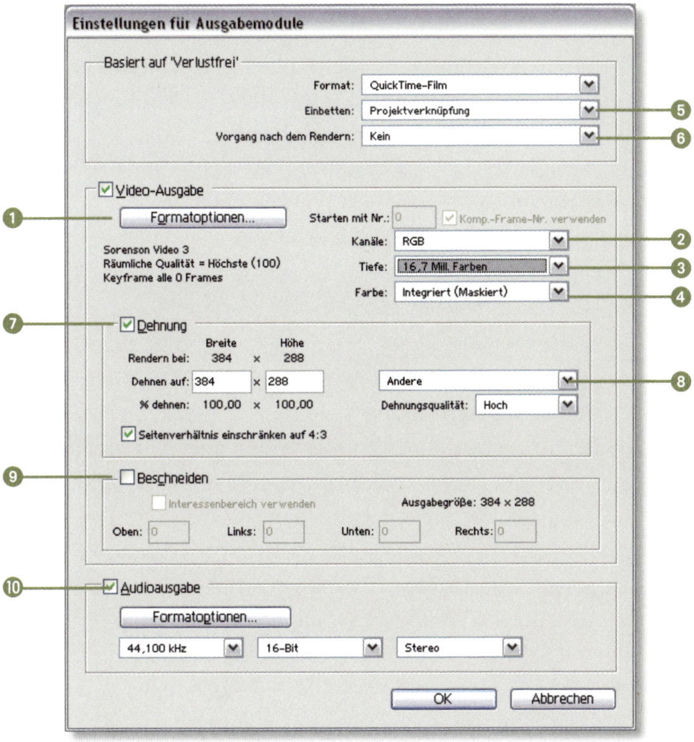

◄ **Abbildung 13.12**
Die Einstellungen für Ausgabemodule

Unter FARBE ❹ wird gewählt, nach welcher Methode der Alphakanal gespeichert wird.

Der Eintrag EINBETTEN ❺ dient dazu, in der Ausgabedatei eine Verknüpfung zur Projektdatei anzulegen. Wählen Sie dazu den Eintrag PROJEKTVERKNÜPFUNG. Nachdem die Ausgabedatei in einer anderen Applikation wie Adobe Premiere Pro verwendet wird, kann sie in der Quellapplikation modifiziert werden. Dazu wird der Befehl DATEI EXTERN BEARBEITEN bzw. Strg+E verwendet. Die Option PROJEKTVERKNÜPFUNG UND KOPIE legt zusätzlich noch eine Kopie des Originalprojekts mit in die Datei. Die Ausgabedatei kann auch dann nachbearbeitet werden, wenn die Originaldatei fehlt. Da hier beide Optionen nicht benötigt werden, wählen Sie den Eintrag OHNE.

Informationen zu integrierten und direkten Alphakanälen finden Sie im Kapitel 18, »Masken, Matten und Alphakanäle«.

Bei VORGANG NACH DEM RENDERN ❻ kann bestimmt werden, ob die gerenderte Datei zur Weiterverarbeitung automatisch ins Projekt importiert wird. Wählen Sie hier den Eintrag KEIN. Mehr dazu unter Abschnitt »Vorgang nach dem Rendern«.

Im Feld Dehnung ❼ lässt sich die Skalierungsgröße für den Film angeben. Sie können damit Formatanpassungen durchführen. Im Einblendmenü ❽ finden Sie voreingestellte, gängige Formatgrößen.

Die Skalierung beim Rendern erfolgt Frame für Frame. Die Dehnungsqualität wird zur Endausgabe auf Hoch eingestellt. Einstellungen zur Dehnung erhöhen die Rechenzeit. Zu empfehlen ist es, die Komposition zuvor in der richtigen Größe erstellt zu haben, um die Dehnung unnötig zu machen.

Einstellungen im Feld Beschneiden ❾ dienen dem Entfernen oder Hinzufügen von Pixeln an den Formaträndern und sollten ebenfalls gut bedacht sein. Lassen Sie für beide Einstellungen die Checkboxen deaktiviert. Die Audioausgabe ❿ aktivieren Sie, falls Audiodaten für Ihre Komposition mitgerendert werden sollen. Bestätigen Sie die Einstellungen für das Ausgabemodul mit OK.

13.2.3 Rendern abschließen

Wichtig ist, für den zukünftigen Film einen geeigneten Speicherort festzulegen. Klicken Sie dazu in der Renderliste hinter Speichern unter auf den Text Noch nicht festgelegt und geben einen passenden Dateinamen und Speicherpfad an.

Es ist soweit: Das Rendern kann gestartet werden. Betätigen Sie dazu den Button Rendern ❶. Sie können in Ruhe mit Ihrem Kollegen ein Schwätzchen halten, bis After Effects sich mit einem typischen Ton meldet, wenn das Rendern beendet ist. Den fertigen Film öffnen Sie anschließend in einem Player. Wenn alles in Ordnung ist, können Sie die Filmdatei zum Beispiel über eine DVD verteilen.

▼ **Abbildung 13.13**
Mit der Schaltfläche Rendern wird der Rendervorgang gestartet und anschließend ein Fortschrittsbalken eingeblendet.

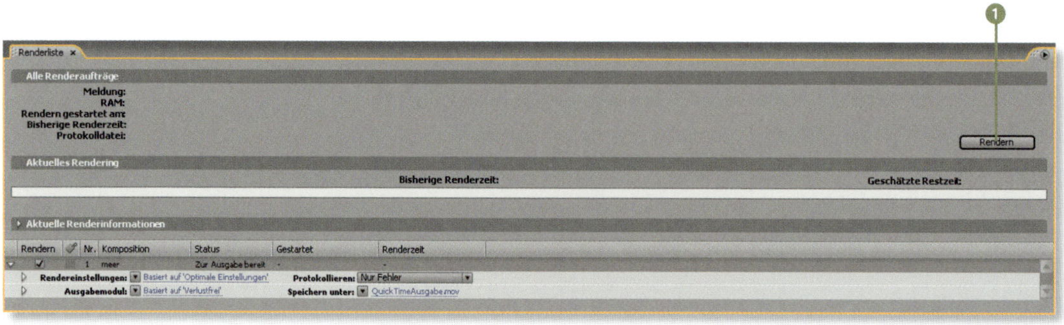

13.3 Ausgabemöglichkeiten

Neben der vorgestellten Variante, einen QuickTime-Film aus einer Komposition zu rendern, gibt es noch einige weitere Möglichkeiten der Ausgabe. Im Folgenden möchte ich Ihnen eine Auswahl daraus vorstellen. Es werden hier nur noch Unterschiede zu den Einstellungen, die bereits zur Sprache kamen, erläutert.

13.3.1 DV-Ausgabe

After Effects bietet für die Ausgabe auf DV-Band in den Rendereinstellungen die Vorlage DV-Einstellungen und im Ausgabemodul Microsoft DV NTSC bzw. PAL mit 32 bzw. 48 kHz Audio.

Die Kompositionseinstellungen für die auszugebende Komposition müssen einem DV-Format entsprechen. Bei der Ausgabe mit der Rendervorlage wird passend zur DV-Spezifikation mit der Einstellung Unteres Halbbild zuerst gerendert. Wenn Sie die Komposition auf diese Weise gerendert haben, können Sie sie über Premiere Pro auf Band ausgeben. Dazu nutzen Sie in Premiere Pro die Option Datei • Exportieren • Auf Band ausgeben.

Arbeit mit D1/DV- und HDV-Material

Falls Sie in diesem Kapitel eine Auseinandersetzung zur Arbeit mit D1/ DV-PAL bzw. NTSC- und HDV-Material vermissen, seien Sie auf den Abschnitt 5.6, »Videodaten in After Effects«, verwiesen.

Wie Sie Material für die DV-Ausgabe vorbereiten, erfahren Sie ebenfalls im Kapitel 5.6 »Videodaten in After Effects«.

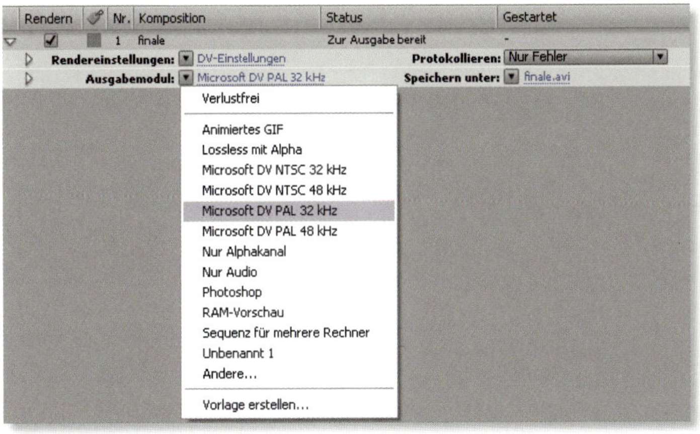

◂ **Abbildung 13.14**
After Effects bietet für die DV-Ausgabe eigens Vorlagen in den Rendereinstellungen und im Ausgabemodul an.

13.3.2 MP3-Ausgabe

Eine schöne Möglichkeit – und darum sei sie hier erwähnt – ist auch die Ausgabe von MP3-Dateien aus After Effects. So können beispielsweise Dateien aus dem WAV- oder AIF-Format in MP3-Dateien umgewandelt werden.

Der Weg ist einfach. Ziehen Sie die Sounddatei aus dem Projektfenster direkt in die mit Strg+Alt+0 geöffnete Renderliste. After Effects legt automatisch eine Komposition an, die nur die Sounddatei enthält. Im Dialog Einstellungen für Ausgabemodule wird nun unter Format der Eintrag MP3 gewählt. Die Videoausgabe wird inaktiv.

Über die Formatoptionen im Feld Audioausgabe können Qualität, Samplerate, Kanäle und Bitrate der MP3-Datei eingestellt werden. Eine Bitrate von 224 Kbit/s ist meistens ausreichend.

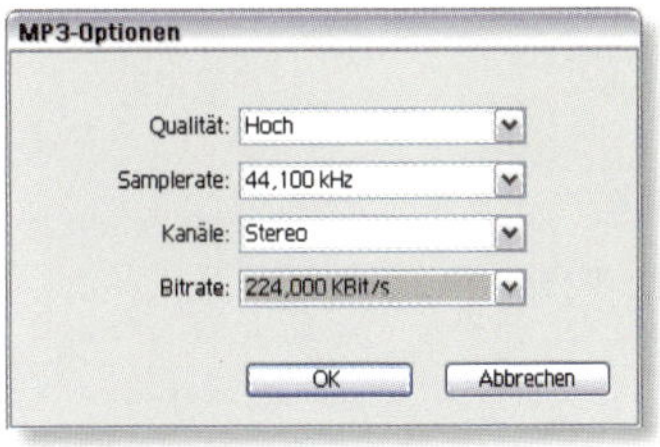

▴ **Abbildung 13.15**
Über die Formatoptionen können Einstellungen zur Qualität, Samplerate, Bitrate und zu den Kanälen festgelegt werden.

Wenn Sie MP3 als Format bei der Ausgabe einer Komposition, die Audio- und Videodaten enthält, wählen, wird nur die Soundspur ausgegeben und in MP3 konvertiert.

13.3.3 Ausgabe ins OMF-Format (nur Pro)

Das OMF-Format (Open Media Framework) dient dazu, Avid-Mediendateien zu erstellen, und unterstützt nur Videodaten. Es kann nur eine festgelegte Framegröße und -rate als Kompositions- und Rendereinstellung verwendet werden. Eine Projektverknüpfung kann in einer OMF-Datei nicht mitgespeichert werden. Wenn Sie zusätzlich Audiodaten ausgeben wollen, so muss dies auf separatem Weg geschehen.

Vor dem Ausgeben einer OMF-Datei beachten Sie die in der Tabelle 13.1 angegebenen Framegrößen und Frameraten, die Sie als Kompositions- und Rendereinstellungen verwenden müssen, um beim Rendern keine Fehlermeldung zu erhalten.

Tabelle 13.1 ►
OMF: Framegrößen und Frameraten

AVR-Codec	PAL	NTSC
1:1	720 × 576 i, 25 fps	720 × 480 i, 29,97 fps
1:1 (24p/25p)	720 × 576 p, 25 fps	720 × 486 p, 24 fps
DV	720 × 576 i, 25 fps	720 × 480 i, 29,97 fps

* Progressive ist mit p bezeichnet, Interlaced mit i

Um eine Komposition in das OMF-Format zu rendern, wählen Sie im Ausgabemodul unter Format den Eintrag OMF. Über den Schalter Formatoptionen gelangen Sie in den Dialog OMF-Optionen. Dort können Sie zwischen PAL und NTSC wählen. Unter Auflösung können Sie zwischen den in der Tabelle 13.1 aufgeführten AVR-Codec-Optionen (Avid Video Resolution) wählen, nämlich 1:1, 1:1 (24p/25p) und DV. Für die Abwärtskompatibilität mit älteren Avid-Systemen wird die OMFI-Version 1.0 unterstützt.

Zusammenfassung

Im Dialog MPEG2-DVD finden Sie unter Zusammenfassung die wichtigsten Einstellungen aufgelistet, die Sie für die Ausgabe ins MPEG-Format getroffen haben.

13.3.4 DVD MPEG2-Movie

Voraussetzung für eine im DVD-Standard ausgegebene Datei ist eine entsprechende Kompositionseinstellung, die zuvor festgelegt werden muss. Für eine Ausgabe nach PAL-Standard muss die Komposition eine Größe von 720 × 576 Pixel aufweisen. Die Kompositionsvorgabe PAL D1/DV, 720 × 576 erleichtert die Einstellung.

Die Ausgabe ins DVD-kompatible Format wird im Ausgabemodul festgelegt. Dort wählen Sie unter Format den Eintrag MPEG2-DVD. Es öffnet sich der Dialog MPEG2-DVD, der Ihnen vielleicht aus Premiere Pro bekannt vorkommt. Sollte sich der

Dialog nicht öffnen, betätigen Sie die Schaltfläche FORMATOPTIONEN.

Voreingestellt ist eine NTSC-Ausgabe. Im Feld EXPORTEINSTELLUNGEN unter VORGABE ❶ kann dies geändert werden. Wählen Sie dort beispielsweise PAL DV 4X3 HIGH QUALITY 7MB CBR 1 PASS. Das wäre schon alles, Sie können OK drücken und das Ganze rendern. Warten Sie! Einen Moment noch. Schauen wir uns die Einstellungen etwas genauer an.

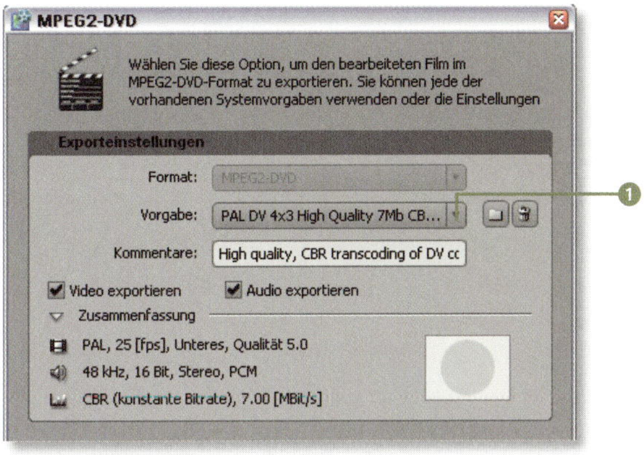

◀ **Abbildung 13.16**
Der Dialog MPEG2-DVD ähnelt dem entsprechenden Dialog in Premiere Pro. (Hier sehen Sie nur die obere Hälfte des Dialogs.)

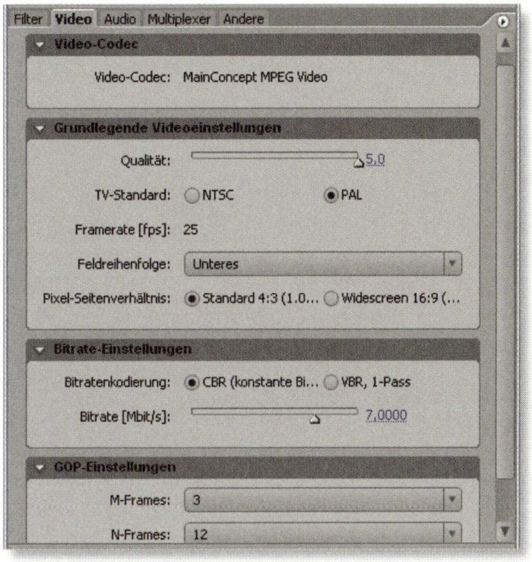

▲ **Abbildung 13.17**
Per Klick auf die Registerkarte VIDEO erscheinen die Videoeinstellungen und sind dort änderbar.

Videoeinstellungen | Mit einem Klick auf die Registerkarte VIDEO erscheinen die Videoeinstellungen (Abbildung 13.17). Der MainConcept MPEG Video-Codec ist für die Kompression verantwortlich. Im Feld GRUNDLEGENDE VIDEOEINSTELLUNGEN muss nichts geändert werden, es sei denn, es soll im TV-Standard NTSC oder im Breitwandformat 16:9 ausgegeben werden. Dann wählen Sie anstelle von STANDARD 4:3 (1,067) die Option WIDESCREEN 16:9 (1,422).

Die BITRATENEINSTELLUNGEN können zwischen konstanter (CBR) und variabler Bitrate (VBR) gewechselt werden. Je nachdem, ob es wichtiger ist, eine vorhersagbare Dateigröße bei schwankender Qualität zu erhalten (CBR), oder ob das Ergebnis eine hohe Qualität bei nicht hundertprozentig vorhersagbarer, resultierender Dateigröße (VBR) sein soll, wird eine konstante oder variable Bitrate gewählt. Mehr zur Bitrate im Infokasten auf Seite 304.

Überlassen Sie die GOP-EINSTELLUNGEN ruhig dem Experten. Die eingestellten Werte für M-Frames und N-Frames entsprechen dem Standard bei PAL. GOP wird Ihnen auf Seite 305 erläutert.

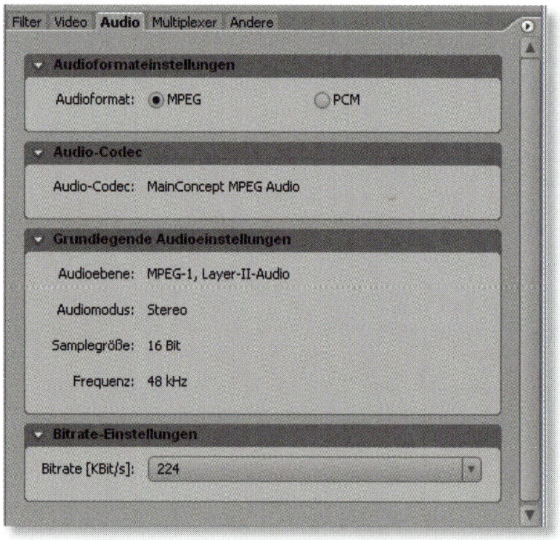

Abbildung 13.18 ▸
Neben den Videoeinstellungen kann in der Registerkarte AUDIO das Audioformat gewählt werden.

Konstante oder variable Bitrate

Bei konstanter Datenrate wird diese durchgängig für den gesamten Encodierprozess verwendet und unabhängig von der Komplexität der Bildinhalte nicht variiert. Der Speicherplatz wird also nicht an den Bedarf angepasst, was dazu führt, dass weniger komplexen Bildinhalten mehr Speicherplatz als nötig zugewiesen wird. Bildinhalten, die beispielsweise viel Bewegung aufweisen, wird hingegen, wenn die Grenze der konstanten Bitrate erreicht ist, nicht genügend Speicherplatz zugewiesen, worunter die Qualität leidet.

Bei einer variablen Datenrate werden Bildunterschiede im Film berücksichtigt. Sind größere Bildänderungen vorhanden, werden diese mit mehr Bits gespeichert als Teile des Films mit geringen Bildänderungen. Die Bitrate variiert demnach je nach Bildinhalt.

Audioeinstellungen | Nun zu den Einstellungen in der Registerkarte AUDIO. Unter AUDIOFORMATEINSTELLUNGEN ist es besser, auf die Einstellung MPEG zu wechseln. Zusätzlich wird dann der Eintrag BITRATE-EINSTELLUNG eingeblendet. Die Bitrate kann auf 224 Kbit/s belassen werden. Wird PCM gewählt, entsteht eine bedeutend größere WAV-Datei ohne hörbaren Qualitätsunterschied.

Multiplexer | Beim Klick auf die Karte MULTIPLEXER kann zwischen DVD und KEINE gewählt werden. Seltsam ist, dass gerade bei der DVD-Einstellung eine Datei entsteht, in der Audio- und Videodaten ineinander verflochten (gemultiplext) sind. Für die Weiterverarbeitung sind zwei unabhängige Datenströme für Audio und Video aber empfehlenswert. Es bleibt daher bei der Einstellung KEINE.

Nach dem Rendern entstehen zwei unabhängige Audio- und Videodateien mit den Dateiendungen .mpa und .m2v. Die Dateien können nun von einem Authoring-Programm wie Adobe Encore DVD weiterverarbeitet und in ein vom DVD-Player lesbares Format umgewandelt werden.

FTP (File Transfer Protocol)

Das File Transfer Protocol ist ein Netzwerkprotokoll zum Übertragen von Dateien über TCP/IP-Netzwerke. Die Dateien können per Download von einem Server geladen oder per Upload zum Server hochgeladen werden. Es wird außerdem für die Dateiübertragung zwischen zwei Servern genutzt.

Filter und Andere | Die in den Karten FILTER und ANDERE wählbaren Optionen dienen dazu, vor dem Rendern Filter hinzuzufügen (Bildrauschen unterdrücken) und nach dem Rendern die resultierende Datei via FTP hochzuladen.

13.3.5 Verlustfreie Ausgabe

Zur Weiterverarbeitung ausgegebene Dateien liegen oft in den unterschiedlichsten Formaten vor, je nach Art der weiteren Verwendung. Eine Variante sei hier kurz erwähnt: **die verlustfreie Ausgabe**.

Sie können diese Ausgabevariante wählen, um komplexe Kompositionen mit vielen Effekten oder Ebenen in einer Datei zusammenzufassen, die dann anstelle der Komposition in Ihrem Projekt weiterverwendet wird.

Die Datei wird bei dieser Ausgabevariante in der höchstmöglichen Qualität gerendert. Ob die Komposition Effekte, Transformationen, Masken, Sound oder alles gleichzeitig beinhaltet, nach dem Rendern ist eine einzige Filmdatei das Resultat. Wichtig ist hierbei, dass diese Datei einen Alphakanal enthalten kann. Nützlich ist das beispielsweise bei Titeln, die aus vielen Ebenen bestehen und später über einem Hintergrund platziert werden sollen. Zuerst wird der Titel fertig gestellt, dann transparent, also mit Alphakanal gerendert, und anschließend wird die gerenderte Filmdatei importiert. Der Titel besteht nun nur noch aus einer Ebene und kann über einem beliebigen Hintergrund platziert werden.

Eine solche Datei kann wahlweise im AVI-Format oder im QuickTime-Format erstellt werden. Häufig werden auf Grund ihrer Plattformunabhängigkeit auch Sequenzen zur Weiterverarbeitung verwendet.

[GOP (group of picture)]
Bei der MPEG-Kompression werden mehrere einzelne aufeinander folgende Bilder als Gruppen für die Kompression zusammengefasst. Dabei wird jeweils das Anfangsbild der Gruppe, der I-Frame (Intra-Frame), mit den meisten Bildinformationen abgespeichert. Danach folgt eine Anzahl an B-Frames (Bidirectional-Frames). Diese hängen sowohl von den vorhergehenden als auch von den nachfolgenden Bildern ab, die jeweils als Referenz für die Komprimierung genutzt werden. Es werden nur die von Bild zu Bild geänderten Informationen gespeichert. Zusätzlich werden P-Frames (Predicted-Frames) gespeichert. Diese werden vom I-Frame als Referenz verwendet. Es ergibt sich eine typische GOP-Struktur, die wie folgt aussehen kann: IBBPBBPBBPBB.

Im Dialog MPEG2-DVD stehen die M-Frames für die Anzahl der B-Frames zwischen I- und P-Frames und die N-Frames für die Anzahl der Frames zwischen den I-Frames. Beim Nachdenken darüber lindert eine Alka-Seltzer den Schmerz.

Einstellungen | Aus den Rendereinstellungen-Vorlagen wählen Sie Optimale Einstellungen für die beste Qualität. Aus den Ausgabemodul-Vorlagen wählen Sie Verlustfrei. Es lohnt sich, auf den Text Verlustfrei zu klicken und die Einstellungen zu ändern. Für das Format Video für Windows wird über die Formatoptionen der Eintrag Keine Komprimierung gewählt und beim Format QuickTime der Eintrag Keine.

Es ist wichtig, im Ausgabemodul unter Kanäle die Option RGB+Alpha zu wählen. Damit erreichen Sie, dass die Hintergrundfarbe Ihrer gerenderten Komposition nach der Ausgabe als transparent interpretiert wird. Bei der erwähnten Titelanimation könnten Sie so jeden neuen Hintergrund hinter dem Titel platzieren.

Damit der Film nach dem Rendern automatisch ins laufende Projekt importiert wird, wählen Sie im Ausgabemodul unter Vorgang nach dem Rendern den Eintrag Importieren. Die anderen Optionen werden später erläutert.

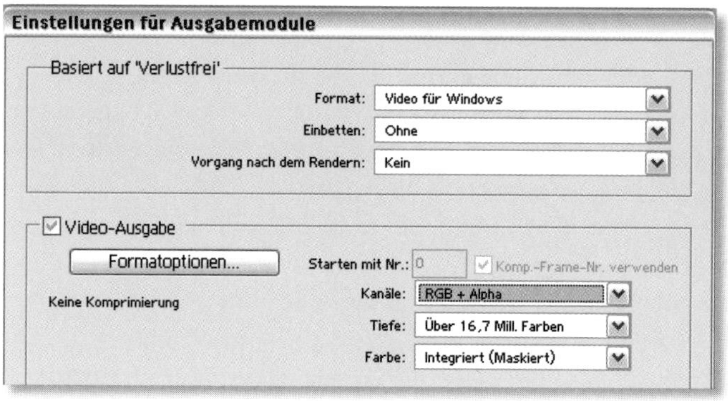

Abbildung 13.19 ▸
Im Ausgabemodul muss, damit der Hintergrund der zu rendernden Komposition im fertigen Film transparent wird, die Option RGB+ALPHA gewählt werden.

13.3.6 Ausgabe eines einzelnen Frames

Sie können einzelne Frames einer Komposition zur anschließenden Weiterverarbeitung in Photoshop oder zur Verwendung in After Effects als Standbild ausgeben. Dazu wählen Sie das Bild in der Zeitleiste mit der Zeitmarke aus. Nehmen Sie anschließend den folgenden Weg: KOMPOSITION • FRAME SPEICHERN UNTER • DATEI bzw. PHOTOSHOP MIT EBENEN.

Wenn Sie PHOTOSHOP MIT EBENEN ausgesucht haben, müssen Sie nur einen geeigneten Speicherort festlegen. Die resultierende Datei ist eine Photoshop-Datei, die sämtliche Ebenen Ihrer Komposition enthält und natürlich in Photoshop bearbeitet werden kann.

Wenn Sie DATEI gewählt haben, öffnet sich nach dem Speichern die Renderliste. In den Rendereinstellungen kann die Qualität noch von AKTUELLE EINSTELLUNGEN auf die Vorlage OPTIMALE EINSTELLUNGEN gesetzt werden. Die Ausgabedatei wird mit Alphakanal gerendert, und die Framenummer ist direkt im Dateinamen mitgespeichert. Eventuell enthaltene Ebenen werden zu einer einzigen zusammengerechnet, nachdem Sie die Schaltfläche RENDERN betätigt haben.

▾ **Abbildung 13.20**
Zur Bearbeitung in Photoshop oder Weiterverwendung in Ihrem Projekt können Sie aus After Effects ein Standbild aus einer Komposition ausgeben.

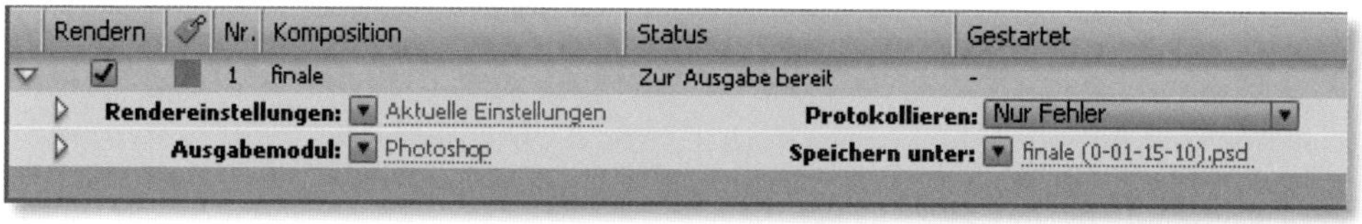

13.3.7 Ausgabe als Standbildsequenz

Oft ist es sinnvoll, Kompositionen als Standbildsequenzen auszugeben und nicht als einzelne Datei. Eine Standbildsequenz wird beispielsweise verwendet, um Animationen für den Transfer auf Filmmaterial vorzubereiten. Weitere wichtige Verwendungsmöglichkeiten von Sequenzen sind die Weiterverwendung in 3D-Applikationen und in professionellen Videosystemen. Die Ausgabe von Standbildern macht aber auch für die Bearbeitung in Grafikprogrammen Sinn.

Mit Standbildsequenzen können die Einzelbilder beim Rendern auf verschiedene Volumes ausgegeben werden, so dass der Rendervorgang nicht abgebrochen wird, wenn der Platz für die gesamte gerenderte Animation auf einem Volume nicht ausreicht. Jedes einzelne Bild der Animation wird bei der Ausgabe automatisch nummeriert, wodurch die spätere erneute Zusammensetzung als fortlaufende Bildersequenz gesichert wird.

Wichtig ist, vor dem Rendern für die Standbildsequenz einen Ausgabeordner mit eindeutiger Benennung anzulegen, denn Sie möchten doch sicher nicht, dass es nachher auf Ihrer Festplatte aussieht wie bei einem Messi in der Wohnung!

Für die Ausgabe einer Komposition gehen Sie wie üblich vor und wählen dann im Ausgabemodul unter FORMAT eine der angebotenen Sequenzen aus, z.B. TARGA SEQUENZ. Als Speicherort wählen Sie den Ausgabeordner. Das Rendern erfolgt wie gewohnt.

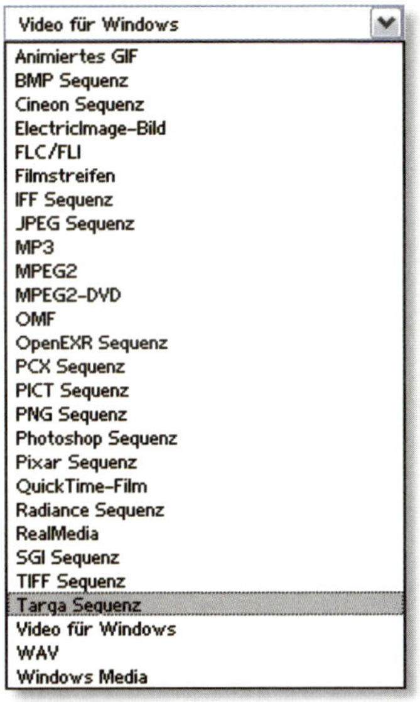

▲ **Abbildung 13.21**
Für den Transfer auf Filmmaterial, die Verwendung in 3D-Applikationen und in professionellen Videosystemen und vieles mehr ist es sinnvoll, Standbildsequenzen auszugeben.

13.4 Arbeiten mit der Renderliste

Lernen Sie nun noch vereinfachende Arbeitsweisen und fortgeschrittene Rendermöglichkeiten kennen.

Rendern pausieren und anhalten | Nachdem der Rendervorgang bereits gestartet wurde, lässt sich der Rechenprozess mit den Buttons UNTERBRECHEN und ANHALTEN die dann anstelle des Buttons RENDERN erscheinen, temporär oder final stoppen.

Der Button UNTERBRECHEN dient dazu, das Rendern kurz zu stoppen, um beispielsweise in einer anderen Applikation zu arbeiten. In After Effects kann allerdings nicht mehr gearbeitet werden. Dies ist erst nach dem Rendern wieder möglich. Wenn der Button FORTSETZEN betätigt wird, fährt After Effects mit dem Renderprozess fort.

Der Button ANHALTEN bricht das Rendern ab. In der Renderliste erscheint automatisch ein neues Modul RENDEREINSTELLUNGEN und ein dazugehöriges AUSGABEMODUL. Wird die Komposition mit den neuen Modulen gerendert, beginnt der Renderprozess mit dem Frame, an zuvor angehalten wurde. Es entstehen also zwei Ausgabefilme.

Standbildsequenz von Mac für Windows

Für Standbilddateien, die auf einem Mac OS-System für Windows gerendert werden sollen, muss der Dateiname folgendes Format haben: Dateiname[###]. Der Teil in eckigen Klammern wird beim Rendern durch die Framenummer des gerenderten Einzelbilds ersetzt.

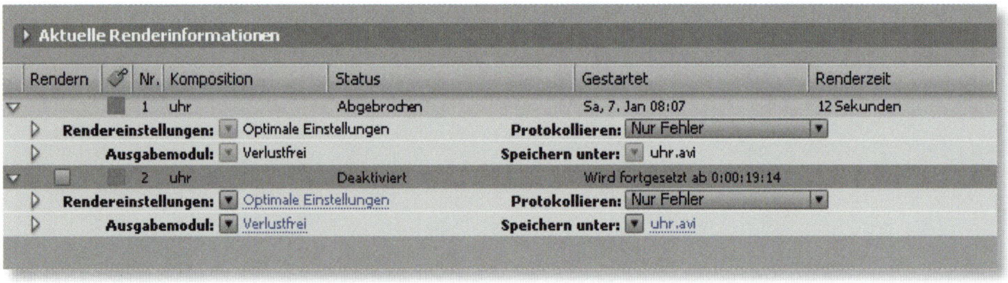

▲ **Abbildung 13.22**
Wird der Renderprozess angehalten, wird automatisch eine neue Ausgabemöglichkeit angelegt.

Kompositionen löschen

Falls Ihnen ein Fehler unterlaufen ist, können Sie Kompositionen löschen. Markieren Sie dazu die Komposition in der Renderliste und drücken die Taste [Entf].

Reihenfolge ändern | Zum Ändern der Reihenfolge, in der die zur Ausgabe bereiten Kompositionen abgearbeitet werden, markieren Sie die entsprechende Komposition in der Renderliste und ziehen sie nach oben oder unten an eine neue Position.

Ausgabe deaktivieren | Soll eine Komposition erst einmal nicht ausgegeben werden, lässt sich die Ausgabe deaktivieren. Entfernen Sie dazu das kleine Häkchen ❶ in der Spalte Rendern vor der betreffenden Komposition. Der Status der Komposition wird nun mit Deaktiviert angezeigt. Nach dem Rendern wechselt die Statusanzeige auf Fertig, Abgebrochen oder Fehlgeschlagen.

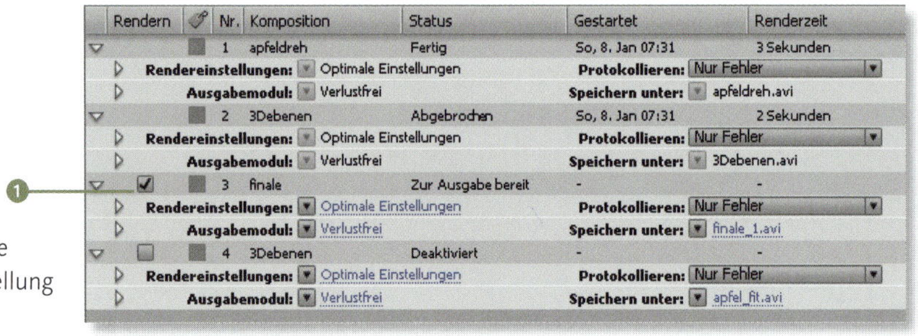

Abbildung 13.23 ▶
Der Renderstatus wechselt je nach vorgenommener Einstellung oder nach dem Rendern.

Duplikate

Von den in der Renderliste enthaltenen Kompositionen können, wie im Projektfenster übrigens auch, Duplikate erzeugt werden, falls Sie nur wenige Einstellungen modifizieren wollen. Markieren Sie dazu die Komposition in der Renderliste und nutzen die Tastenkombination [Strg]+[D].

Rendereinstellungen überprüfen | Ihre Rendereinstellungen überprüfen Sie anhand der Tabellen für die Rendereinstellungen und für das Ausgabemodul. Mit einem Klick auf die zwei kleinen Dreiecke vor Rendereinstellungen und Ausgabemodul werden die protokollierten Einstellungen einsehbar. Dies ist sowohl bei fertig gerenderten Kompositionen möglich als auch für noch nicht gerenderte Kompositionen. Schön ist die Möglichkeit, per Klick auf den blauen Text im Ausgabemodul direkt zum fertig gerenderten Film zu gelangen.

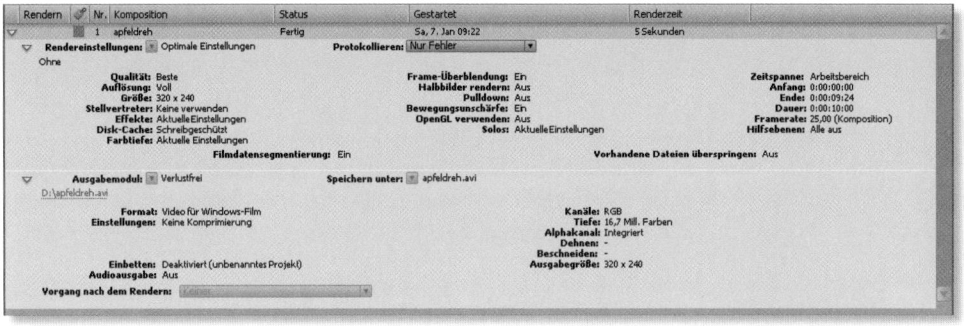

▲ Abbildung 13.24
Um Rendereinstellungen und die Festlegungen im Ausgabemodul überprüfen zu können, werden diese von After Effects protokolliert.

Aktuelle Renderinformation | Während des Rendervorgangs können aktuelle Renderinformationen angezeigt werden. Dazu werden die Informationen über das kleine Dreieck unter AKTUELLE RENDERINFORMATIONEN eingeblendet ①.

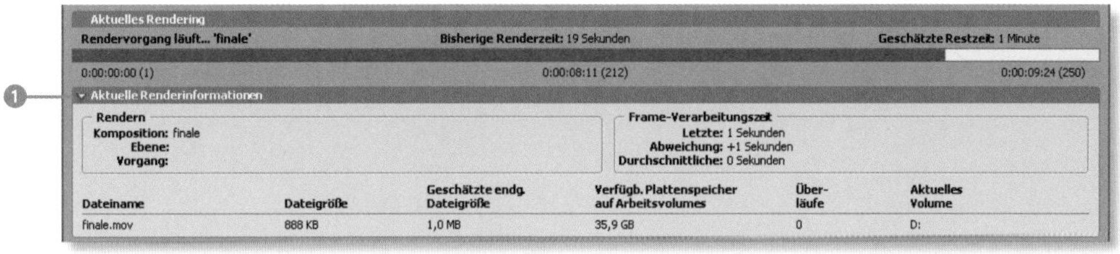

▲ Abbildung 13.25
Aktuelle Informationen zum Fortgang des Renderns können unter AKTUELLE RENDERINFORMATIONEN eingeblendet werden.

13.4.1 Mehrere Ausgabemodule verwenden

After Effects bietet eine einfache Möglichkeit, aus einer Komposition mehrere verschiedene Ausgabevarianten zu erstellen. Beispielsweise möchten Sie gern Ihre Animation mit verschiedenen Kompressoren, den Codecs, rendern, um nach dem Rendern zu sehen, welcher Ausgabefilm die beste Qualität aufweist. Oder Sie haben vor, Ihre Animation in verschiedenen Ausgabeformaten auf unterschiedliche Medien zu verteilen.

In diesem Fall müssen Sie die Komposition nicht mehrfach der Renderliste hinzufügen. Fügen Sie die Komposition nur einmal wie gewohnt der Renderliste hinzu, markieren die Komposition in der Renderliste und wählen danach weitere Ausgabemodule über KOMPOSITION • AUSGABEMODUL HINZUFÜGEN. Für jedes Ausgabemodul können Sie nun unterschiedliche Einstellungen wählen, was die Kompression und das Ausgabeformat betrifft. Die ausgegebenen Filme werden automatisch mit fortlaufenden Nummern versehen.

▼ Abbildung 13.26
Für eine zu rendernde Komposition können mehrere Ausgabemodule mit unterschiedlichen Ausgabeeinstellungen festgelegt werden.

13.4.2 Vorgang nach dem Rendern

Im Ausgabemodul lässt sich bestimmen, was nach dem Rendern mit dem Ergebnis, dem gerenderten Film, geschehen soll. Es sind drei Optionen verfügbar, die automatisch nach dem Rendern ausgeführt werden und die einem das Leben mit After Effects erleichtern. Die Optionen verbergen sich unter der Schaltfläche VORGANG NACH DEM RENDERN in einem kleinen Popup-Menü.

▼ Abbildung 13.27
Über ein kleines Menü im Ausgabemodul wird festgelegt, was nach dem Rendern mit dem fertigen Film geschehen soll.

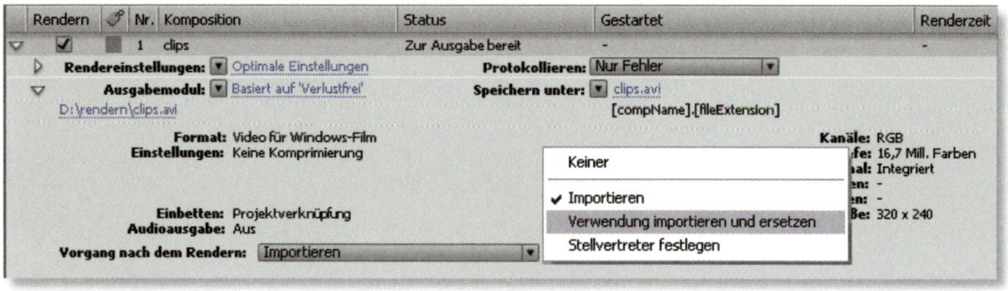

Rohmaterial rendern

Um Rohmaterial in verschiedene Formate umzuwandeln, bietet es sich an, das Rohmaterialelement in die Renderliste zu ziehen und anschließend mehrere Ausgabemodule mit verschiedenen Ausgabeeinstellungen anzulegen. Für das Rohmaterialelement wird dabei automatisch eine eigene Komposition angelegt.

Importieren | Über den Eintrag IMPORTIEREN wird entschieden, dass die fertig gerenderte Datei anschließend sofort wieder ins Projekt importiert wird. Sie erscheint dann als Rohmaterial im Projektfenster.

Dies ist beispielsweise nützlich, um eine Komposition, die bereits weitestgehend fertig bearbeitet ist, nicht als verschachtelte Komposition weiterverwenden zu müssen, sondern als gerenderte Datei. Die Berechnung der Vorschau ist schneller, wenn nicht mit verschachtelten Kompositionen gearbeitet wird.

Verwendung importieren und ersetzen | Der Eintrag VERWENDUNG IMPORTIEREN UND ERSETZEN hat einen ähnlichen Hintergrund. Neben dem Eintrag erscheint nun noch ein Button ❶, aus dem ein Gummiband auf jedes beliebige Element im Projektfenster gezogen werden kann. Alle Instanzen ❷ des ausgewählten Elements ❸, die sich auch in verschiedenen Kompositionen befinden können, werden nach dem Rendern durch die gerenderte Datei ersetzt ❹. Zusätzlich wird die gerenderte Datei als Rohmaterial importiert und erscheint im Projektfenster ❺.

Sehr günstig ist diese Option, wenn eine Komposition, die in viele weitere Kompositionen verschachtelt ist, auf diese Art durch den fertig gerenderten Film ersetzt wird. Die Vorschaugeschwindigkeit kann sich deutlich erhöhen, wenn in der verschachtelten Komposition umfangreiche Effektbearbeitungen und Transformationen enthalten waren. Im abgebildeten Beispiel wurde die Funktion auf einen Platzhalter angewendet.

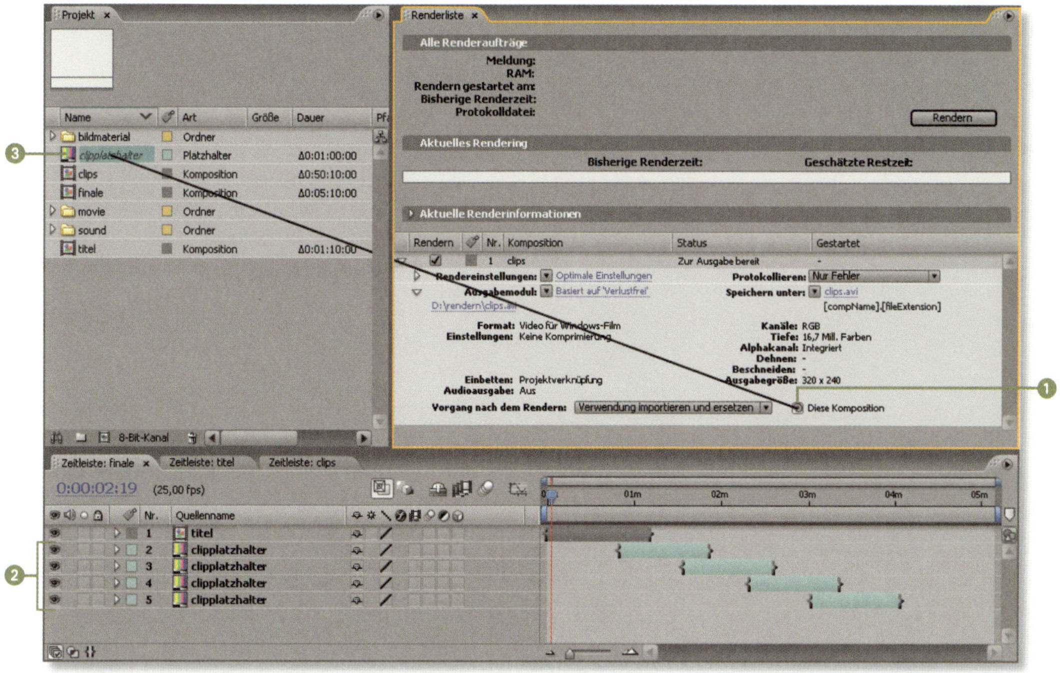

▲ **Abbildung 13.28**
Jedes Element im Projektfenster kann durch eine gerenderte Komposition ersetzt werden.

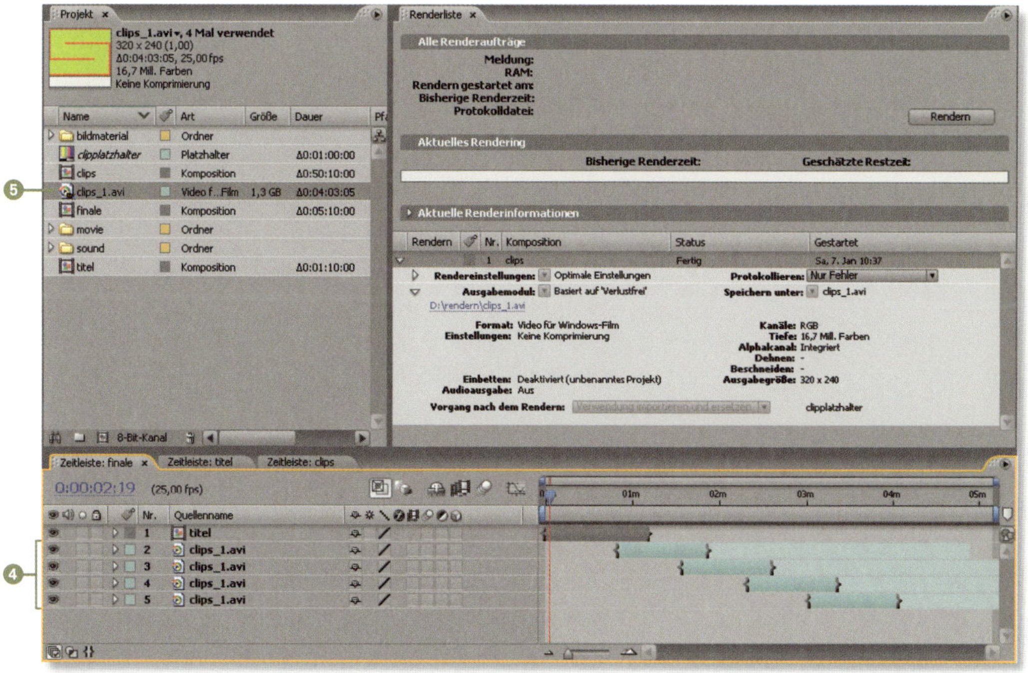

▲ **Abbildung 13.29**
Alle Instanzen eines im Projektfenster zuvor ausgewählten Elements werden nach dem Rendern durch die gerenderte Datei ersetzt.

Die Funktion und Verwendung von Platzhaltern und Stellvertretern wird im Abschnitt 6.2.3, »Platzhalter und Stellvertreter«, beschrieben.

Stellvertreter festlegen | Über den Eintrag STELLVERTRETER FESTLEGEN wird die gerenderte Datei als Stellvertreter für das mit dem Gummiband ausgewählte Projektelement festgelegt. Wenn das Gummiband nicht bedient wird, erhält die aktuelle Komposition einen Stellvertreter.

Ein solcher Stellvertreter ist nützlich, da After Effects dann bei der Erstellung der Vorschau nicht einzeln auf die Elemente der Komposition zugreifen muss, sondern auf Ihren bereits fertig gerechneten Film-Stellvertreter, was die Vorschau beschleunigt. Zwischen Stellvertreter und eigentlicher Komposition kann dann im Projektfenster gewechselt werden. Dazu wird jeweils auf das schwarze Quadrat ❶ geklickt. Ist es leer, wird die Komposition angezeigt, ansonsten der Stellvertreter. Um Änderungen für den Stellvertreter zu übernehmen, muss das Prozedere wiederholt werden.

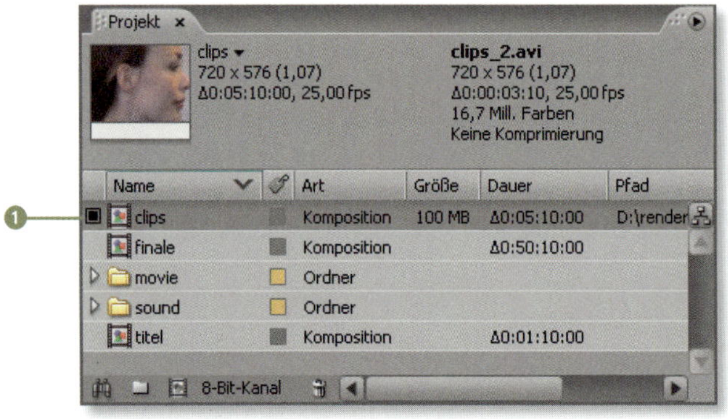

▲ **Abbildung 13.30**
Im Projektfenster wird eine Datei oder Komposition, die mit einem Stellvertreter angezeigt wird, mit einem Quadrat markiert.

13.4.3 Ausgabeketten erstellen

Als Vorgang nach dem Rendern kann, wie Sie gesehen haben, die Option VERWENDUNG IMPORTIEREN UND ERSETZEN auf einen Platzhalter angewendet werden. Eine alternative Möglichkeit dazu besteht darin, Ausgabeketten zu erstellen.

Eine Komposition, sagen wir die Komposition »Titel«, wird dazu wie gewohnt der Renderliste hinzugefügt. Ungewohnt ist vielleicht, dass nun das Ausgabemodul zurück ins Projektfenster gezogen wird und dort als Platzhalter erscheint (Abbildung 13.31). Das Ausgabemodul wird dabei automatisch unter VORGANG NACH DEM RENDERN auf VERWENDUNG IMPORTIEREN UND ERSETZEN eingestellt. Der entstandene Titel-Platzhalter kann anschließend in einer finalen Komposition verwendet werden, die wiederum zur Ausgabe in die Renderliste gezogen wird (Abbildung 13.32).

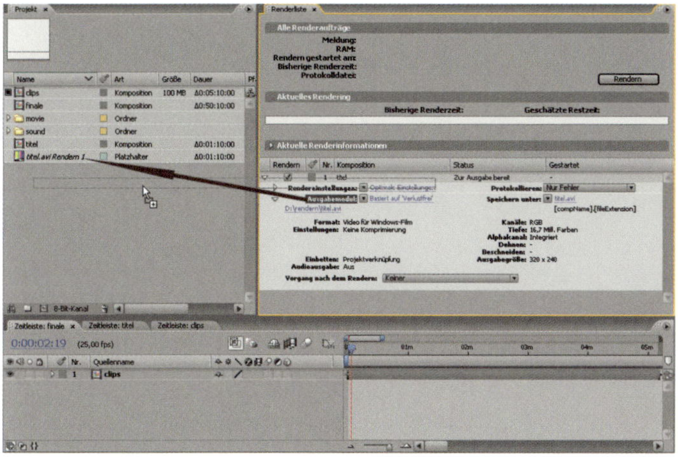

◀ **Abbildung 13.31**
Für die Titel-Komposition wird das Ausgabemodul ins Projektfenster gezogen und erscheint dann dort als Platzhalter.

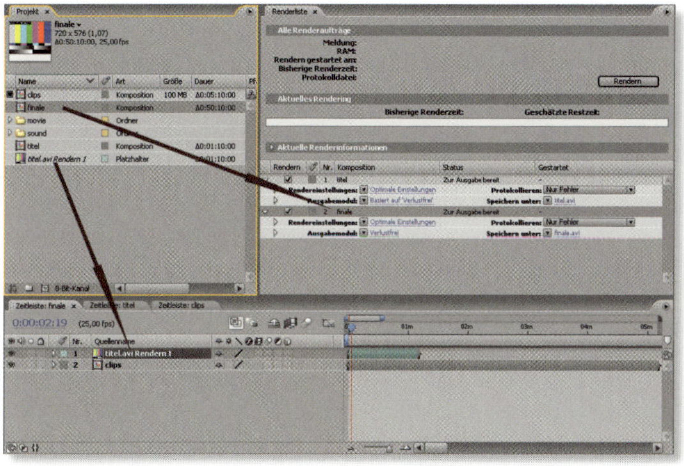

◀ **Abbildung 13.32**
Der Titel-Platzhalter wird in der finalen Komposition verwendet, und diese wird wie die Titel-Komposition in die Renderliste gezogen.

Nach dem Start des Rendervorgangs wird zuerst die Titelkomposition gerendert, wenn Sie nicht zuvor die Renderreihenfolge geändert haben. Mit dem fertigen Film wird sofort der in der finalen Komposition verwendete Platzhalter ersetzt, und der Rendervorgang läuft weiter, bis auch die finale Komposition fertig gerendert ist.

Es spielt dabei übrigens keine Rolle, ob der Platzhalter andere Einstellungen (beispielsweise eine andere Framerate) aufweist als die finale Ausgabekomposition, denn zuerst wird der Platzhalter berechnet und danach die finale Komposition. Nachdem gerendert wurde, ist der Titel-Platzhalter in der finalen Komposition durch den gerenderten Titel-Film ersetzt worden.

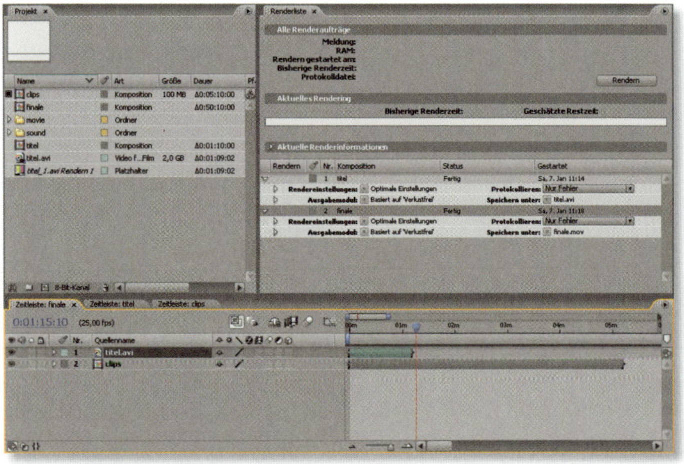

Abbildung 13.33 ▶
Nach dem Rendern ist der Titel-Platzhalter durch den fertigen Titel-Film ersetzt worden. Und die finale Komposition ist auch schon fertig gerendert.

13.4.4 Testrendern

Im laufenden Projekt macht es oft Sinn, eine Testdatei zu rendern, die schon einmal einen Eindruck von den Bewegungsabläufen des fertigen Films gibt. Damit die Renderzeit möglichst kurz gehalten wird, sollte der Arbeitsbereich in der Zeitleiste nur auf den wirklich relevanten Teil des Films eingestellt werden. In den Rendereinstellungen muss man darauf achten, dass die Framegröße des Testfilms reduziert wird. Dazu kann aus dem Popup-Menü die Vorlage Entwurfseinstellungen gewählt werden. Zur Unterstützung des Rendervorgangs können Sie, wenn Sie über eine leistungsfähige Grafikkarte verfügen, ein Häkchen bei OpenGL-Renderer verwenden setzen. Dazu ist allerdings eine OpenGL-Karte (am besten mit PCI Express) nötig, die OpenGL 1.5 oder höher unterstützt.

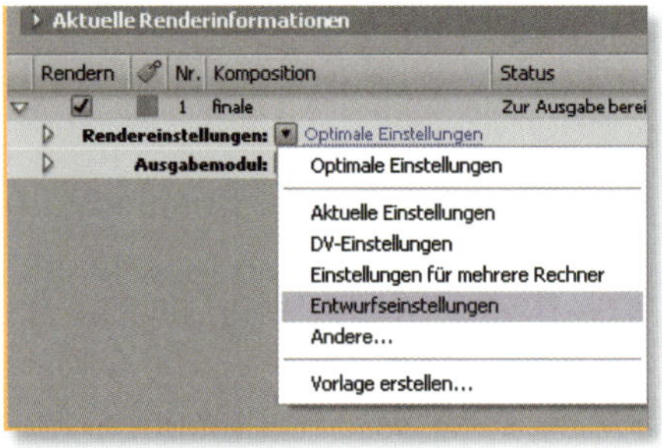

Abbildung 13.34 ▶
In den Rendereinstellungen kann die Vorlage Entwurfseinstellungen verwendet werden, um ein Testrendern durchzuführen.

Im Ausgabemodul kann unter Format der Eintrag Video für Windows (AVI) oder QuickTime Film (MOV) gewählt werden. Für die Ausgabe im QuickTime-Format sei hier empfohlen, im Dialog Komprimierung den Eintrag Animation mit Qualität 100 % (verlustfrei) zu wählen. Dieser Kompressor ist relativ schnell. Optional wird ein Häkchen bei Audioausgabe gesetzt.

Nach dem Rendern lässt sich das Ergebnis in einem Player beurteilen. Eventuelle Änderungen werden im Projekt vorgenommen.

13.5 Ausgabe-Voreinstellungen

In den Ausgabe-Voreinstellungen bietet After Effects Optionen, wie mit dem Festplattenplatz umgegangen werden soll und in welcher Größe gerenderte Dateien gespeichert werden. Sie finden die Voreinstellung unter Bearbeiten • Voreinstellungen • Ausgabe bzw. für Mac After Effects • Einstellungen • Ausgabe.

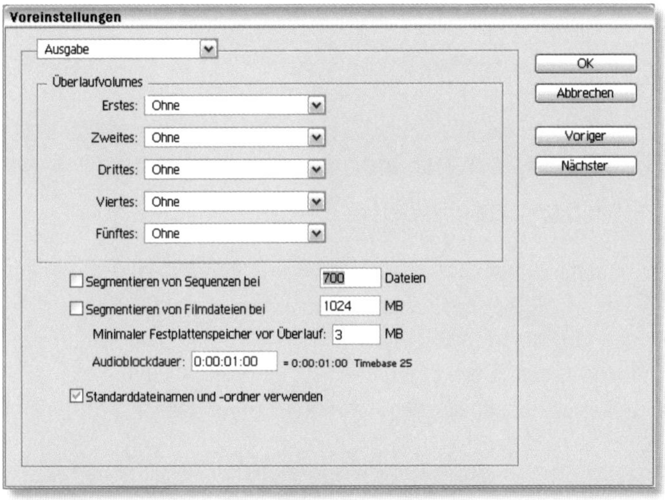

◂ **Abbildung 13.35**
Die Voreinstellungen für die Ausgabe

Im Feld Überlaufvolumes kann eine Reihe weiterer Festplattenlaufwerke angegeben werden. Dateien, die auf einem Laufwerk keinen Platz mehr finden, werden auf dem ersten angegebenen Laufwerk weitergeschrieben.

Die Option Segmentieren von Sequenzen bei ist nützlich für besonders lange Sequenzen, die gerendert werden. Sie sollte auf einen Wert von wenigen Hundert begrenzt werden, wenn der Renderprozess sich spürbar verlangsamt. Um festzulegen, wie viele Dateien ein Ordner maximal enthalten soll, aktivieren Sie die Option und geben die gewünschte Anzahl der Dateien ein.

Die Option Segmentieren von Filmdateien bei ist sinnvoll, wenn Ihre Ausgabedatei ohnehin nur auf eine bestimmte Größe limitiert ist, wie bei einer Datei, die auf einer DVD oder einer CD verwendet wird. Je nach dort vorhandenem Platz wird hier die maximale Dateigröße eingetragen.

Die Einstellung für MINIMALER FESTPLATTENSPEICHER VOR ÜBERLAUF legt fest, ab welchem Minimalwert auf dem oben festgelegten Laufwerk weitergeschrieben wird.

Die AUDIOBLOCKDAUER ist angegeben, da Audiodaten nicht frameweise, sondern in Blöcken gespeichert werden. Die Speicherung in größere Blöcke von je einer halben oder ganzen Sekunde sind für eine Wiedergabe von MP3-Dateien ohne Störgeräusche empfehlenswert.

Die Option STANDARDDATEINAMEN UND -ORDNER VERWENDEN kann gewählt werden, wenn aus dem Namen einer Komposition, die der Renderliste hinzugefügt wurde, gleich der Dateiname generiert werden soll. Außerdem wird in diesem Fall nach dem Rendern jede nachfolgend gerenderte Datei an gleicher Stelle gespeichert wie die vorhergehende. Wird das Häkchen entfernt, muss für jedes neue Element in der Renderliste der Dateiname und Speicherort neu festgelegt werden.

13.6 Vorlagen für Rendereinstellungen und Ausgabemodule

After Effects bietet zum schnelleren Arbeiten mit der Renderliste Vorlagen für die Rendereinstellungen und das Ausgabemodul. Die Vorlagen enthalten alle Einstellungen, die ansonsten für jede Option akribisch einzeln getroffen werden müssten.

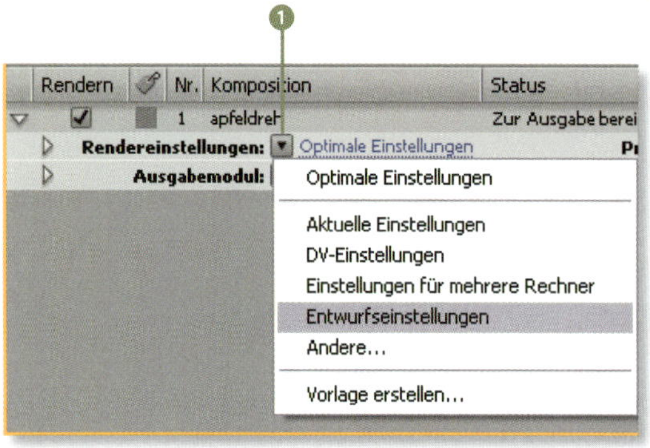

▲ **Abbildung 13.36**
Für das schnelle Arbeiten bietet After Effects die Möglichkeit, After Effects-Vorlagen zu nutzen oder selbst neue zu erstellen.

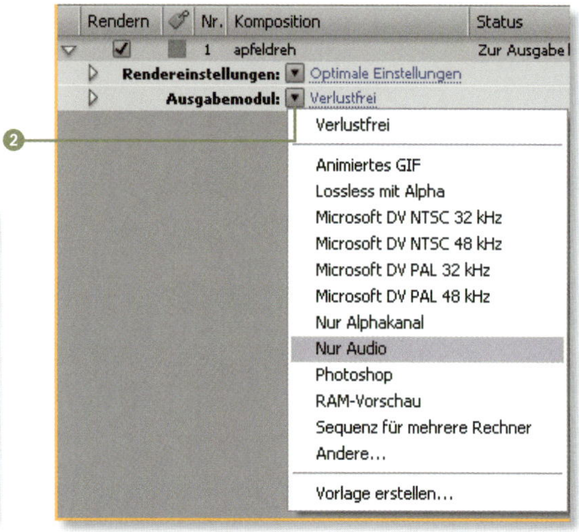

▲ **Abbildung 13.37**
Auch für das Ausgabemodul gibt es einige vordefinierte Vorlagen, und Sie können diese auch selbst definieren.

Außerdem können eigene Vorlagen definiert werden. Die Verwendung von Vorlagen ist eine sehr angenehme Möglichkeit, wenn Sie häufig die gleichen Einstellungen für verschiedene Kompositionen benötigen.

Vorlagen, die bereits in After Effects enthalten sind, finden Sie unter dem Button für die Rendereinstellungen ❶ und unter dem Button für das Ausgabemodul ❷. Aus den Listen wählen Sie einen gewünschten Eintrag. Änderungen sind anschließend noch möglich. Dazu wird jeweils auf den Text geklickt, um die entsprechenden Einstellungen zu öffnen.

13.6.1 Vorlagen für Rendereinstellungen und Ausgabemodule selbst erstellen

Es ist günstig, häufig verwendete Rendereinstellungen und Ausgabemodule, die mühsam definiert wurden, in Vorlagen zu speichern. Eine selbst erstellte Vorlage erscheint nach dem Speichern wie jede andere Vorlage in einer Auswahlliste. Vorlagen können außerdem dauerhaft gesichert und auf anderen Computern verwendet werden.

Der Weg, eine Vorlage zu definieren, ist für die Rendereinstellungen und das Ausgabemodul gleich. Daher wird der Weg hier nur exemplarisch für das Ausgabemodul beschrieben.

Zum Erstellen einer Vorlage wählen Sie aus der Liste VORLAGE ERSTELLEN. Im Dialog AUSGABEMODULVORLAGEN wird unter NAME FÜR EINSTELLUNGEN ❶ eine Bezeichnung für die Vorlage gewählt, die eindeutig über die getroffenen Einstellungen Auskunft geben sollte.

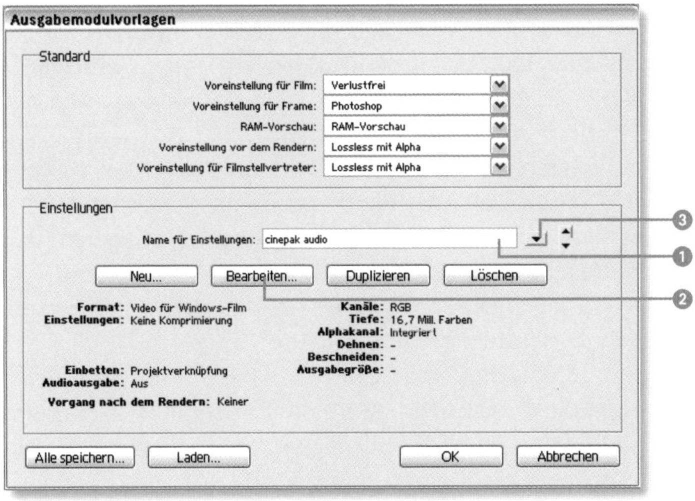

◂ **Abbildung 13.38**
Im Dialog AUSGABEMODULVORLAGEN legen Sie Einstellungen für eigene Vorlagen fest oder bearbeiten bereits vorhandene Ausgabevorlagen.

Über den Button BEARBEITEN ❷ gelangen Sie in den Dialog für die Rendereinstellungen bzw. hier für das Ausgabemodul. Es kön-

▲ **Abbildung 13.39**
Die neue Vorlage erscheint schließlich in der Auswahlliste unter den anderen Vorlagen.

nen nun wie beschrieben einzeln die Einstellungen für FORMAT, FORMATOPTIONEN, AUDIOAUSGABE etc. getroffen werden. Bestätigen Sie Ihre Einstellungen mit OK. Auch im Dialog AUSGABEMODULVORLAGEN bestätigen Sie mit OK. Die Vorlage erscheint nun zusätzlich zu den anderen Vorlagen in der Auswahlliste. Die Einstellungen sind damit gespeichert und können beliebig oft aufgerufen werden.

Vorlage löschen | Um die Vorlage wieder zu löschen, öffnen Sie erneut den Dialog VORLAGEN FÜR AUSGABEMODULE mit der Option VORLAGE ERSTELLEN. Über den Button ❸ wählen Sie die zu löschende Vorlage aus der Liste aus und betätigen anschließend den Button LÖSCHEN.

13.6.2 Vorlagen in einer Datei sichern und laden

Über den jeweiligen Vorlagen-Dialog für Rendereinstellungen oder Ausgabemodule können Sie auch Vorlagen in einer eigenen Datei sichern. Vorlagen für Ausgabemodule erhalten dabei die Dateiendung .aom und die Vorlagen für Rendereinstellungen die Dateiendung .ars.

Zum Sichern muss nur der Button ALLE SPEICHERN jeweils für die Ausgabe oder die Rendereinstellungen betätigt werden. Um die Vorlagen zu laden, wird der Button LADEN verwendet.

13.7 Netzwerkrendern (nur Pro)

Die Professional-Version von After Effects ermöglicht es, Kompositionen über ein Netzwerk von verschiedenen Rechnern für die Ausgabe berechnen zu lassen. Der Renderprozess wird dadurch erheblich beschleunigt. Die beschriebenen Funktionen sind nur in der Professional-Version ausführbar.

Voraussetzung für das Rendern im Netzwerk ist, dass die Professional-Version von After Effects auf einem der Netzwerkrechner installiert ist. Auf den anderen assistierenden Rechnern, den Renderclients, muss die **Render-Engine** von After Effects installiert sein. Die Render-Engine ist eine nur für den Renderprozess bestimmte Installationsversion von After Effects.

Bei der Installation kann zwischen Vollversion und Render-Engine gewählt werden. Wenn Sie Besitzer der Professional-Version sind, haben Sie die Berechtigung zur Installation beliebig vieler Render-Engines in einem Netzwerk.

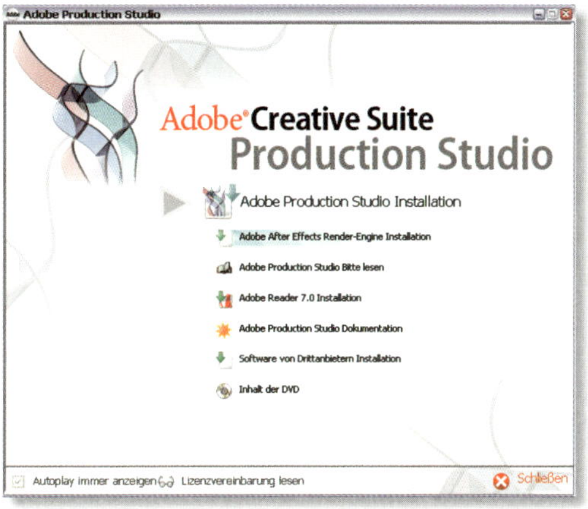

◂ **Abbildung 13.40**
Bei der Installation von After Effects kann zwischen vollständiger Installation und Render-Engine gewählt werden.

Notwendig ist es, die Professional-Version mit der zu rendernden Projektdatei auf einem Rechner (Projektrechner) bereitzustellen. Hier wird ein so genannter überwachter Ordner angelegt, in den eine Kopie der Projektdatei und aller verknüpften Dateien kopiert wird. Die Assistentenrechner, die Renderclients, werden angewiesen, diesen Ordner permanent zu überwachen. Sobald sich in dem überwachten Ordner ein zu renderndes Element befindet, beginnen die Clients automatisch mit dem Rendern. Gespeichert werden die fertig gerenderten Frames in einem weiteren Ordner auf dem Projektrechner, dem Ausgabeordner.

Nur Einzelbilder

Beim Rendern mit mehreren Rechnern können nur Einzelbilder berechnet werden. Die Frames einer Komposition werden dabei als nummerierte Sequenzen ausgegeben. Es ist nicht möglich, eine einzelne Filmdatei mit mehreren Rechnern zu rendern.

Schritt für Schritt: Einrichten eines Rendernetzwerks

1 Überwachten Ordner anlegen

Nachdem Sie die Professional-Version von After Effects auf einem Projektrechner und auf den Assistentenrechnern die Render-Engine von After Effects installiert haben, ist es nötig, einen überwachten Ordner auf einem Server anzulegen. Dieser Ordner soll später die zu rendernde Projektdatei enthalten. Die Renderclients sollen den Ordner überwachen und mit dem Rendern beginnen, sobald sich ein zu renderndes Element im Ordner befindet.

Benennen Sie den Ordner eindeutig, z.B. »ueberwachen«. Geben Sie den Ordner frei, damit die Renderclients darauf zugreifen können. Damit dieser Ordner ein überwachter Ordner wird, wählen Sie in jeder Render-Engine der Renderclients den Befehl Datei/Ablage • Überwachter Ordner. Wählen Sie den eben erstellten Ordner aus. Jede Render-Engine prüft nun alle zehn Sekunden, ob sich ein zu renderndes Element in dem Ordner befindet.

Multiprozessor-Systeme

Bei Multiprozessor-Systemen kann es Sinn machen, sowohl die Vollversion als auch die Render-Engine von After Effects auf dem System zu installieren. Beim Rendern wird das System effektiv ausgenutzt. Ein schnelleres Rendering ist das Ergebnis.

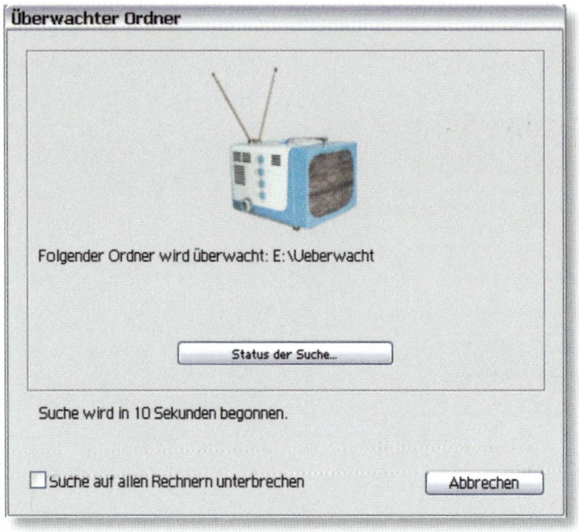

Abbildung 13.41 ▶
Ein auf einem Server erstellter Ordner wird von den Renderclients überwacht. Sobald sich ein zu renderndes Element darin befindet, beginnen die Clients mit dem Rendern.

Renderclients unter Windows

Alle Windows-Rechner, die einen Ordner überwachen sollen, müssen über denselben Laufwerksbuchstaben mit dem Laufwerk verbunden werden, auf dem der zu überwachende Ordner liegt.

Sichern der Überwachung

Damit das Rendern durch die Renderclients nicht fehlschlägt, sollten Sie sicherstellen, dass auf jedem der Clients alle im Projekt verwendeten Effekte und Schriften installiert sind. Auch die im Projekt verwendeten Kompressoren sollten sich auf allen Clients befinden.

2 Zu rendernde Dateien anlegen

Die nächsten Schritte werden auf dem Projektrechner ausgeführt. Die auszugebende Komposition wird mit Strg + ⇧ + < der Renderliste hinzugefügt. Hier werden die Render- und Ausgabeeinstellungen getroffen. Im Ausgabemodul muss als Format eine Bildsequenz, beispielsweise eine Targa-Sequenz, festgelegt werden. Es kann aber auch die Vorlage SEQUENZ FÜR MEHRERE RECHNER gewählt werden. Damit wird eine Photoshop-Sequenz erstellt. Geben Sie dann bei SPEICHERN UNTER einen Ausgabenamen und einen Speicherort an.

Bei den Rendereinstellungen empfiehlt es sich, die Vorlage EINSTELLUNGEN FÜR MEHRERE RECHNER zu verwenden. Wenn Sie zuvor eine Sequenz als Ausgabe festgelegt haben, ist im Dialog RENDEREINSTELLUNGEN bereits ein Häkchen für VORHANDENE DATEIEN ÜBERSPRINGEN gesetzt. Die Option bewirkt, dass jeder Renderclient prüft, welche Dateien noch nicht berechnet wurden. Diese »greift« sich der Client, berechnet sie und legt das gerenderte Ergebnis in einem Ausgabeordner ab, der später automatisch erstellt werden kann.

▲ **Abbildung 13.42**
Unter RENDEREINSTELLUNGEN und unter AUSGABEMODUL sind Vorlagen für das Rendern im Netzwerk wählbar.

3 Dateien sammeln

Als Nächstes wird der Befehl DATEIEN SAMMELN ausgeführt. Das Projekt und alle dazugehörenden Rohmaterialdateien sollen damit in dem überwachten Ordner gesammelt werden. Wählen Sie dazu im Projekt DATEI • DATEIEN SAMMELN. Es folgen einige Festlegungen im Dialog DATEIEN SAMMELN.

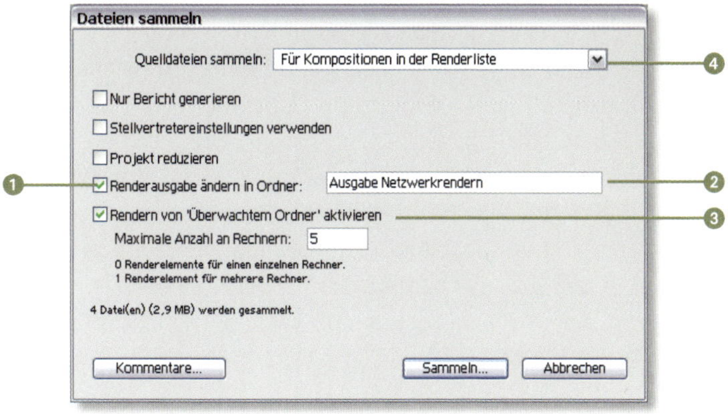

◂ **Abbildung 13.43**
Über den Dialog Dateien sammeln wird der Name des Ausgabeordners festgelegt und das Rendern des überwachten Ordners aktiviert.

Wenn die Renderliste eine Komposition zur Ausgabe enthält und ein Ausgabename festgelegt wurde, ist die Option Renderausgabe ändern in Ordner ❶ anwählbar. Dort sollte ein Häkchen gesetzt werden. Beim Sammeln wird dann in dem bereits erstellten überwachten Ordner automatisch ein Unterordner angelegt, dessen Name im Eingabefeld ❷ bestimmt werden kann. In diesem werden dann die gerenderten Dateien abgelegt. Es handelt sich also um den Ausgabeordner, der sich wie der überwachte Ordner auf dem Server befinden sollte. Stellen Sie sicher, dass alle Clients auf den Ausgabeordner zugreifen können.

Damit die Renderclients auch wirklich mit dem Rendern beginnen, muss ein Häkchen bei Rendern von 'Überwachtem Ordner' aktivieren ❸ gesetzt werden. Effektiv ist es, unter Quelldateien sammeln ❹ die Option für Kompositionen in der Renderliste zu wählen. Es werden dann nicht sämtliche im Projekt enthaltenen Dateien kopiert.

Über die Schaltfläche Sammeln öffnen Sie den Dialog Dateien in einem Ordner sammeln. Geben Sie dort den überwachten Ordner als Sammelort an. Geben Sie einen Namen für den Sammelordner an und bestätigen Sie mit Speichern. Daraufhin werden die Projektdatei, die Quelldateien, der Ausgabeordner und eine Renderkontrolldatei im überwachten Ordner gespeichert.

Finden die Renderclients eine Renderkontrolldatei, die auf ein nicht gerendertes Projekt verweist, öffnen sie das Projekt und rendern es. Danach setzen die Clients die Überwachung fort, und sobald ein neues zu renderndes Element im überwachten Ordner landet, beginnen die Clients wieder mit ihrer Arbeit. ■

Renderkontrolle

Jeder Renderclient speichert seine Renderergebnisse in einer Datei namens WATCH_FOLDER.HTM im überwachten Ordner. In einem Webbrowser kann die Datei geöffnet werden, um protokollierte Fehler und den Renderverlauf zu verfolgen. Dazu muss die Anzeige im Browser des Öfteren aktualisiert werden.

13.7.1 Netzwerkrendern mit der Standard-Version

Als Besitzer der Standard-Version von After Effects können Kompositionen über ein Netzwerk gerendert werden, wenn auf allen Rechnern die Standard-Version installiert ist. Außerdem müssen eine Kopie des Projekts einschließlich aller Quelldateien und sämtliche verwendeten Schriften auf jedem System vorhanden sein. Das Projekt wird auf jedem System geöffnet und gespeichert.

Damit gleiche Frames nicht doppelt bearbeitet werden, wird in den Rendereinstellungen die Vorlage EINSTELLUNGEN FÜR MEHRERE RECHNER und dort die Option VORHANDENE DATEIEN ÜBERSPRINGEN gewählt. Im Ausgabemodul muss eine Einzelbildsequenz gewählt werden. Alle Systeme müssen die Einzelbildsequenzen in denselben freigegebenen Ordner rendern. Anschließend wird der Rendervorgang auf allen Systemen möglichst gleichzeitig gestartet.

14 Filme für das Kino

Bei der geplanten späteren Ausgabe auf Filmmaterial kommt man nicht umhin, sich mit Aufzeichnungsformaten und Filmformaten zu beschäftigen.

Die Verwirrung um die für die Bearbeitung in After Effects zu wählenden Formate ist oft groß. Wenn man bedenkt, dass verschiedensten Aufzeichnungsformaten unterschiedliche, später im Kino projizierte Filmformate gegenüberstehen, ist das auch kein Wunder. Bei der Ausgabe muss das ankommende Videoformat an das gewünschte Kinoformat angepasst werden. Das angepasste Format wird schließlich auf Filmmaterial ausbelichtet, also transferiert. In einem Teil dieses Kapitels wird daher beispielhaft die Anpassung des gängigen HD-Standard Formats 1920 × 1080 an die Ausgabe für Widescreen Europa und Widescreen USA beschrieben.

14.1 Eine Frage des Formats

Bevor mit der Arbeit in After Effects überhaupt begonnen wird, muss geklärt werden, in welcher Form das gefilmte Material vorliegt, denn davon hängt ab, welche Bearbeitungseinstellungen in After Effects gewählt werden müssen. Je nach Aufzeichnungsformat sind dabei unterschiedliche Umwandlungsverfahren nötig, um das gefilmte Material digital weiterverarbeiten zu können. Eine solche Umwandlung übernimmt eine darauf spezialisierte Firma, mit der zuvor unbedingt kommuniziert werden sollte.

Normalerweise werden aus After Effects Bildsequenzen zur Ausbelichtung auf Filmmaterial ausgegeben. Die Ausbelichtung der von Ihnen angelieferten Bildsequenzen übernimmt wiederum eine darauf spezialisierte Postproduktionsfirma. Diese kann vor dem endgültigen Transfer auf das Filmmaterial noch Farbkorrekturen durchführen. Die Maschinen, über die das von Ihnen gelieferte Material auf Filmmaterial ausbelichtet wird, arbeiten nach unterschiedlichen Standards, die für die ausbelichtete Framegröße relevant sind. Eine eingehende Kommunikation mit den Spezialisten der Postproduktionsfirma kann Ihnen viel Ärger ersparen und garantiert, dass der Film im Kino auch Ihren oder den Wünschen des Kunden entsprechend projiziert wird. Außerdem ist eine Ausbelichtung recht kostspielig. Eine enge Zusammenarbeit mit der Firma Ihrer Wahl vor und während der Produktion ist daher unbedingt erforderlich.

Belichtungsprofis

Für Ihr konkretes Filmprojekt wenden Sie sich vertrauensvoll an eine Firma, beispielsweise Swiss Effects www.swisseffects.ch, mit deren freundlicher Unterstützung (David Pfluger) dieser Abschnitt entstanden ist.

Einen weiteren Beitrag zur Verwirrung leistet der folgende Umstand: Bei der Bearbeitung eines Projekts für die Filmausgabe muss daran gedacht werden, dass jegliches im Kino projizierte Format an allen **Rändern** leicht beschnitten wird. Dies liegt an dem bei der Projektion vom Filmvorführer verwendeten Projektionscache, einer Metallplatte mit einer rechteckigen Öffnung im Seitenverhältnis des zu projizierenden Films. Ähnlich wie bei einer Produktion für das Fernsehen müssen daher aktions- und titelsichere Bereiche schon bei der Bearbeitung berücksichtigt werden. Bei einer Vernachlässigung dieser Formateinschränkungen können Titel in der Projektion durch das Cache angeschnitten erscheinen.

14.1.1 Häufige Aufzeichnungsformate

Um etwas Klarheit in die Formatfrage zu bringen, sollen hier zunächst einige wichtige Formate vorgestellt werden, bevor eine Weiterverarbeitungsmöglichkeit in After Effects thematisiert wird.

Der Tabelle 14.1 entnehmen Sie einige häufig verwendete Aufzeichnungsformate, die in After Effects weiterverarbeitet werden können. Bei der Arbeit in After Effects ergibt sich das zu wählende Bearbeitungsformat aus dem jeweiligen ankommenden Videoformat. Wird ohne Verwendung von Videomaterial gearbeitet, beispielsweise bei einer rein in After Effects generierten Titelanimation, ergeben sich teils andere Formate, die in Abschnitt 14.3, »Arbeit mit synthetischem Bildmaterial«, aufgeführt sind.

Aspect Ratio*	Framegröße	Bezeichnung
4:3 bzw. 1:1,33	720 × 576	Alter TV SD**-Standard (PAL)
	648 × 486	Alter TV SD-Standard (NTSC)
16:9 bzw. 1:1,77	1024 × 576	SD-PAL
	853 × 480	SD-NTSC
	1280 × 720	HD-Standard
	1920 × 1080	HD-Standard

* Aspect Ratio ist die Bezeichnung für Seitenverhältnis.
** SD steht für Standard Definition, während HD High Definition bezeichnet.

▲ **Tabelle 14.1**
Videoformate/Digitale Bildformate

Alter PAL TV-Standard | Mit der Framegröße 720 × 576 ergibt sich eine eigentliche Ratio von 1:1,25 (die Ratio ergibt sich aus dem Verhältnis von Breite durch Höhe eines reproduzierten Bilds). Da aber der PAL-Standard mit rechteckigen Pixeln (non square Pixel) mit einem Pixelseitenverhältnis von 1,07 arbeitet, wird das reproduzierte Bild auf die Framegröße 768 × 576 gestreckt. Die resultierende Ratio beträgt dann 1:1,33 (siehe Abbildung 14.1).

SD-PAL/SD-NTSC 16:9 | Die eigentliche Größe von 16:9 SD-PAL beträgt 720 × 576 Pixel und für SD-NTSC 720 × 480 Pixel. Das 16:9 Bild wird, um mit der 4:3 Ratio aufgezeichnet zu werden, horizontal gestaucht. Ein in solcher Form vorliegendes Material wird als anamorphotisch bezeichnet. Bei der späteren Reproduktion wird das Bildformat wieder auf die ursprüngliche Größe von 1024 × 576 für SD-PAL und auf 853 × 480 für SD-NTSC entzerrt. Die aufgezeichneten Pixel werden dabei in der Breite gestreckt (Abbildung 14.4 und 14.5).

Weitere Informationen zu PAL und NTSC finden Sie im Kapitel 2, »Begriffe und Standards«, und zur Arbeit mit PAL- und NTSC-Video im Abschnitt 5.6, »Videodaten in After Effects«.

Anamorph

Filmbilder, die zur Speicherung oder für die Übertragung in einer Dimension (horizontal) gestaucht wurden, bezeichnet man als anamorph verzerrt.

HD-Standard 1280 × 720 | Die Auflösung 1280 × 720 wird voraussichtlich europäischer HDTV-Standard. HD-Kameras von Panasonic zeichnen mit dieser Auflösung auf (Abbildung 14.2).

HD-Standard 1920 × 1080 | Ein sehr gängiges Format im Kinobereich ist der HD-Standard 1920 × 1080. Diese Auflösung ist bereits HDTV-Standard in den USA. Die Aufzeichnung erfolgt beispielsweise mit HD-Kameras von Sony (Abbildung 14.3).

▲ **Abbildung 14.1**
SD PAL 720 × 576

▲ **Abbildung 14.2**
HD Standard Europa 1280 × 720

▲ **Abbildung 14.3**
HD Standard USA 1920 × 1080

▲ **Abbildung 14.4**
SD PAL anamorph verzerrt 720 × 576

▲ **Abbildung 14.5**
SD PAL anamorph entzerrt 1024 × 576.

14.1.2 Gängige Kinoformate

Wie Sie dem Vergleich der in der Tabelle 14.2 aufgeführten gängigsten Filmformate mit den in Tabelle 14.1 aufgelisteten Aufzeichnungsformaten entnehmen können, gleichen sich die Formate kaum. Bei der Ausgabe eines fertigen Projekts für ein Filmformat müssen demnach Formatanpassungen erfolgen.

Tabelle 14.2 ▶
Gängigste Filmformate

Aspect Ratio	Framegröße 2K*	Framegröße 4K	Bezeichnung
4:3 bzw. 1:1.33	2048 × 1536	4096 × 3072	Vollbild (35mm)
4:3 bzw. 1:1.33	1828 × 1332	3656 × 2664	Academy
1:1.66	1828 × 1100	3656 × 2200	Widescreen Europa
1:1.85	1828 × 988	3656 x1976	Widescreen USA
1:2.35	1828 × 1556	3656 × 3112	Cinemascope

* Die Filmauflösung wird mit 1K, 2K und 4K angegeben

Vollbild-Format | Das Vollbild-Format (Abbildung 14.6) ist das Stummfilm-Format aus den Anfängen der Filmgeschichte. Eine Aufzeichnung in diesem Format ist heute sehr selten und dient dazu, beste Qualität zu erreichen. Da auf dem Negativ keine Tonspur Platz findet, wird es nie so projiziert, geschweige denn in dieser Auflösung ausbelichtet. Daher ist von der in After Effects wählbaren Kompositionsvorgabe Film (2KB) in der Größe 2048 × 1556 abzuraten. Einige Filmscanner – je nach Postproduktionshaus – verwenden allerdings eine solche Auflösung.

Academy-Format | Mit der Einführung des Tonfilms wurde es nötig, eine Tonspur auf dem Vollbild-Negativ unterzubringen. Das kleinere Academy-Format bot dafür Platz (Abb. 14.7). Die tatsächliche Aspect Ratio des Academy-Formats beträgt 1:1,37, wird aber bei der Projektion auf eine 1:1,33 Ratio beschnitten. Das Format wird heutzutage kaum noch ausbelichtet oder in 4:3 projiziert.

Widescreen Europa/Widescreen USA | Die beiden Formate sind die gängigen im Kino projizierten Formate. Die Ausgabegröße muss meist an eines dieser Formate angepasst werden.

Cinemascope | Cinemascope ist vergleichbar mit dem als Panavision bekannten Verfahren. Das eigentliche Seitenverhältnis auf dem Film-Negativ beträgt 1:1,175. Das Bild ist horizontal gestaucht und wird erst bei der Projektion durch eine spezielle Projektionslinse, den Anamorphot, auf ein Seitenverhältnis von 1:2,35 horizontal verdoppelt (siehe Abbildung 14.9).

◂ **Abbildung 14.6**
Vollbild bzw. Stummfilmformat 2048 × 1536

◂ **Abbildung 14.7**
Die Abbildung zeigt das Academy-Format, das kaum noch ausbelichtet wird, sowie die gängigen Kinoformate. Diese Formate bieten Platz genug für die Tonspur.

◂ **Abbildung 14.8**
Beim Cinemascope-Verfahren wird das Bild horizontal gestaucht auf den Film belichtet ...

▾ **Abbildung 14.9**
... und bei der Projektion durch eine spezielle Linse entzerrt.

14.1.3 Aktions- und titelsichere Ränder

Wie bei den Fernsehproduktionen muss auch bei einer Kinoproduktion an aktions- und titelsichere Ränder gedacht werden. Wichtige informationstragende Bildelemente müssen sich innerhalb des aktionssicheren Bereichs befinden, Titel müssen innerhalb des noch kleineren titelsicheren Bereichs angelegt werden.

Notwendig ist dieser sichere Bereich, da, wie erwähnt, bei der Projektion im Kino das Projektionscache eingelegt wird, welches das Kinoformat an allen Rändern beschneidet. Der durch das Projektionscache entstehende Formatabzug ist nicht standardisiert, es sollte aber mit etwa 5 % Beschnitt auf allen Seiten gerechnet werden.

Dementsprechend wird der aktionssichere Bereich ❶ für das jeweilige projizierte Filmformat eingerichtet. Noch kleiner zu wählen ist der titelsichere Bereich ❷, bei dem etwa 10 % vom jeweiligen projizierten Format abgezogen werden müssen.

Abbildung 14.10 ▶
In diesem Beispiel sind die aktions- und titelsicheren Bereiche für das europäische Widescreenformat (1828 × 1100) eingeblendet.

14.2 Formate in After Effects

14.2.1 Arbeit mit HD 1920 × 1080 in After Effects

Für die Ausgabe einer Komposition in ein gängiges Filmformat sind, wie aus den oben beschriebenen Ausführungen ersichtlich wird, oft Formatanpassungen nötig. Fragen, die die Wahl des Ausgabeformats, die einzustellende Projektbittiefe, die Framerate und eventuelle Anpassungen des Farbraums in After Effects betreffen, sollten vor Beginn des Projekts intensiv mit der Postproduktionsfirma kommuniziert werden. Da nicht auf alle Möglichkeiten an dieser Stelle eingegangen werden kann, ist die folgende Beschreibung auf das heute sehr gängige Format HD-Standard 1920 × 1080 bezogen, mit dem im Kinobereich häufig aufgezeichnet wird.

Das HD-Material wird zur Weiterverarbeitung in After Effects zuerst in Bildsequenzen umgewandelt. Zumeist handelt es sich dabei um TIFF-Sequenzen. Beim Import muss darauf geachtet werden, dass ein Häkchen bei TIFF-Sequenz gesetzt wird.

Framegröße und Framerate | Die importierte TIFF-Sequenz sollte, um die richtige Framegröße und auch die richtige Framerate zu erhalten, auf den Kompositionsbutton im Projektfenster gezogen werden. Die entstehende Komposition übernimmt automatisch die Framegröße und Framerate des Ausgangsmaterials.

Die Framerate kann von Projekt zu Projekt differieren, da HD-Kameras in unterschiedlichen Frameraten aufzeichnen können. Im HD-Standard 1920 × 1080 kann wahlweise mit 60 Halbbildern pro Sekunde (60i), 30 Vollbildern (30p) oder 24 Vollbildern (24p) aufgezeichnet werden. Das europäische Format erlaubt 50 Halb- (50i) und 25 Vollbilder (25p) pro Sekunde.

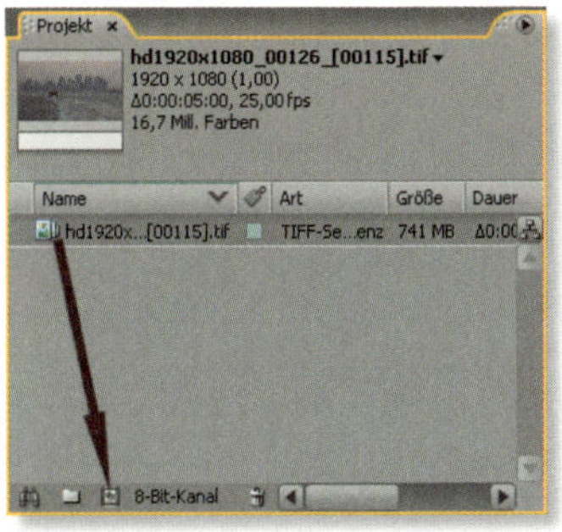

▲ **Abbildung 14.11**
Um die Framerate und Framegröße des importierten Materials automatisch zu übernehmen, ziehen Sie die Sequenz auf den Kompositionsbutton.

Projektbittiefe | Eine Anpassung der Projektbittiefe ist bei HD-Material nicht nötig, da die meisten HD-Kameras in 8 Bit lin aufzeichnen. Auch eine Anpassung des linearen Computerfarbraums an das Aufnahmematerial ist in diesem Fall nicht nötig.

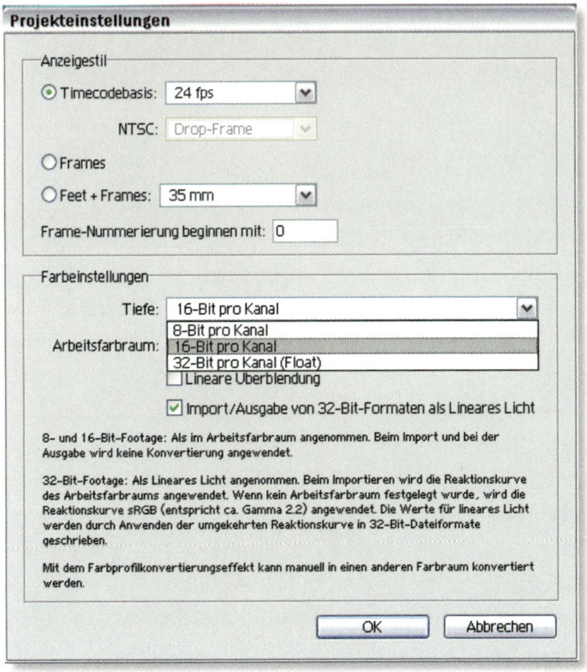

◄ **Abbildung 14.12**
Die Timecodebasis sollte in den Projekteinstellungen an das importierte Material angepasst werden. Eine höhere Bittiefe ist hier ebenfalls wählbar.

Sollte dennoch eine höhere Projektbittiefe erwünscht sein (z.B. für die spätere Ausgabe ins Cineon Datei-Format), kann diese unter Datei • Projekteinstellungen im Feld Farbeinstellungen

8 bit lin

Die Abkürzung *lin* steht für eine Aufzeichnung im linearen Farbraum. Dieser steht dem logarithmischen Farbraum von Filmmaterial gegenüber, welcher der menschlichen Wahrnehmung besser entspricht. Im logarithmischen Farbraum sind mehr Abstufungen in hellen und dunklen Bereichen darstellbar. Im linearen Farbraum sind die Farbwerte gleichmäßig verteilt.

von 8 Bit auf 16 Bit (bzw. 32 Bit) geändert werden. In den Projekteinstellungen sollte außerdem unter TIMECODEBASIS eine dem Ausgangsmaterial entsprechende Framerate gewählt werden. Die Einstellung wirkt sich auf die Zeitanzeige in der Zeitleiste aus.

Aktions- und titelsichere Bereiche | Diese blenden Sie über die Schaltfläche ❶ in After Effects ein. Der aktionssichere Bereich ist standardmäßig auf 10 % und der titelsichere Bereich auf 20 % gesetzt. Sie können diese Einstellung unter BEARBEITEN • VOREINSTELLUNGEN • RASTER UND HILFSLINIEN im Feld SICHERE RÄNDER anpassen.

Abbildung 14.13 ▸
Aktions- und titelsichere Bereiche können in After Effects eingeblendet werden.

14.2.2 Formatanpassung in After Effects

Nicht jede Firma nutzt die gleiche Maschine zur Ausbelichtung des produzierten Materials auf Film. Was also wie auf den Film kommt, sollte von Anfang an besprochen werden. Man kann zwar davon ausgehen, dass die Ausbelichter jede Formatgröße akzeptieren und eine Formatanpassung auch durch den Ausbelichter vorgenommen werden kann; dennoch gibt es gängige Formate, die als Richtwert gelten können. Da zumeist in den Kinoformaten **Widescreen Europa** (1828 × 1100) und **Widescreen USA** (1828 × 988) projiziert wird, ist es sinnvoll, die Ausbelichtung auf eines dieser Formate zu beziehen.

Das hier als Beispiel gewählte HD-Standard-Format (1920 × 1080) wird, da es so verbreitet ist, oft schon unverändert von den meisten Ausbelichtern akzeptiert. Obwohl die Breite von 1920 Pixeln nicht den 1828 Pixeln der Filmformate entspricht, können einige Ausbelichter diesen Unterschied dadurch kompensieren, dass bei der Ausbelichtung engere Zeilen geschrieben werden. Ergebnis ist eine mit dem Filmstandard übereinstimmende Breite. In der Produktion begegnet man oft dem Arri Laser-Ausbelichter, mit dem eine solche Formatanpassung möglich ist. Erfragen Sie in jedem Fall die Möglichkeiten bei Ihrer Postproduktionsfirma.

Da die Formatanpassung auch schon zuvor innerhalb von After Effects erfolgen kann, nenne ich hier einige Möglichkeiten, das HD-Format (1920 × 1080) an die beiden gängigen Kinoformate anzupassen.

Die Formatanpassung in After Effects gestaltet sich recht einfach. Für die Ausgabe des HD-Formats in eines der Kinoformate legen Sie eine Komposition in der Ausgabegröße an, also 1828 × 1100 für Widescreen Europa oder 1828 × 988 für Widescreen USA. Ziehen Sie anschließend die HD-Komposition in die jeweilige Ausgabekomposition. Sie können die Formate wie folgt ausgeben.

Widescreen Europa | Skalieren Sie die HD-Komposition auf 102 %, um die Höhe des HD-Formats an die Höhe für Widescreen Europa anzupassen. Es ergibt sich ein Beschnitt des HD-Formats am linken und rechten Rand (Abbildung 14.14).

Sie geben die Komposition ohne Veränderung im HD-Format aus. Die Anpassung der Breite von 1920 auf 1828 erfolgt durch den Ausbelichter. Bei der Projektion im Kino im europäischen Widescreenformat entsteht ein kleiner schwarzer Rand oben und unten (Abbildung 14.16).

◄ **Abbildung 14.14**
Hier eine Anpassung des HD 1920 × 1080 an das europäische Widescreenformat. Die Ränder links und rechts werden beschnitten.

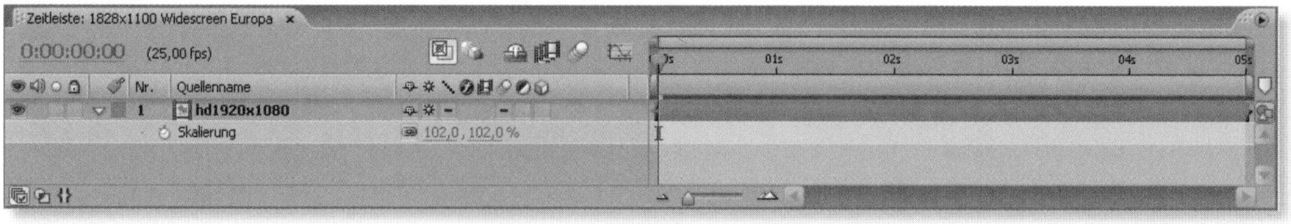

▲ **Abbildung 14.15**
Die HD 1920 × 1080-Komposition wird zur Ausgabe in eine Komposition in der Größe 1828 × 1100 für Widescreen Europa gezogen.

Abbildung 14.16 ▶
Wird HD-Material 1920 × 1080 im europäischen Widescreenformat projiziert, ergibt sich oben und unten ein kleiner schwarzer Rand.

Widescreen USA | Skalieren Sie die HD-Komposition auf 95,2 %, um die Breite des HD-Formats an die Breite für Widescreen USA anzupassen. Das HD-Format wird dadurch am oberen und unteren Rand leicht beschnitten.

Skalieren Sie die HD-Komposition auf 91,5 %, um die Höhe des HD-Formats an die Höhe des Widescreenformats anzupassen. Links und rechts ergeben sich schwarze Ränder.

Da die Unterschiede bei der Projektion nicht sehr erheblich sind, ist es letztendlich eine Geschmacksfrage, welche Größe für die Ausbelichtung gewählt wird.

▲ **Abbildung 14.17**
Das Format HD 1920 × 1080 wird zur Anpassung an das amerikanische Widescreenformat oben und unten leicht beschnitten.

▲ **Abbildung 14.18**
Bei dieser Anpassung des HD-Formats an das amerikanische Widescreenformat entsteht links und rechts ein schwarzer Rand.

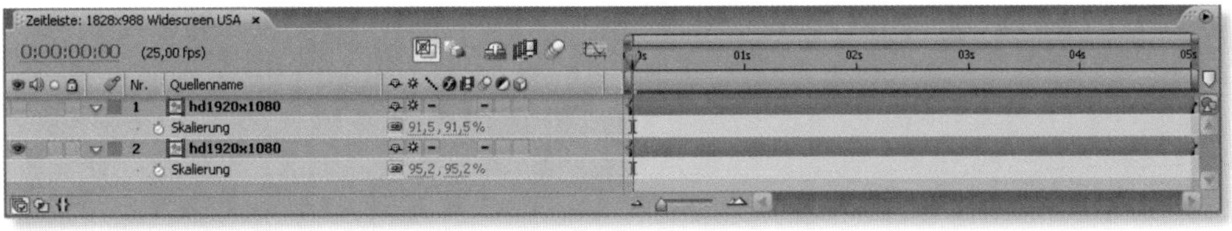

▲ **Abbildung 14.19**
Die HD 1920 × 1080-Komposition in einer Komposition mit 1828 × 988 für Widescreen USA mit zwei verschiedenen Anpassungsmöglichkeiten

14.3 Arbeit mit synthetischem Bildmaterial

Wenn Sie rein synthetisches Material, z.B. eine Titelanimation, mit Filmmaterial mischen, ergibt sich die Kompositionsgröße zur Bearbeitung aus der Formatgröße des Materials, mit dem gemischt wird. Falls Sie ausschließlich mit synthetisch generiertem Material arbeiten, sind Kompositionsgrößen im Format Widescreen Europa, Widescreen USA oder im HD-Standard zu empfehlen.

Für den HD-Standard hält After Effects in den KOMPOSITIONSEINSTELLUNGEN die Vorlage HDTV, 1920 × 1080 mit einer Framerate von 24 fps und quadratischen Pixeln bereit. Wird das Material nicht weiter gemischt und unverändert auf Film ausbelichtet, kann die Framerate auf 24 fps belassen werden.

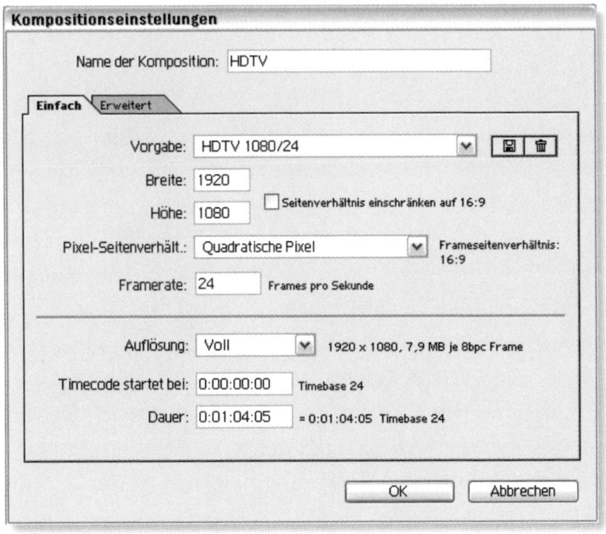

◀ **Abbildung 14.20**
In den Kompositionseinstellungen ist nur das HDTV-Format wählbar. Einstellungen für die Widescreenformate werden manuell eingetragen.

Soll das After Effects-Material allerdings später mit Filmmaterial gemischt werden, ist die Framerate des Filmmaterials maßgebend. Diese kann auch 25 fps betragen, da oft mit 25 fps aufgezeichnet und auch mit 25 fps auf Film ausbelichtet wird. Filme, die mit 25 fps ausbelichtet werden, laufen im Kino unmerklich langsamer, da mit 24 fps projiziert wird. Der leicht verzerrte Ton wird vor der Kopierung angepasst.

Die Widescreenformate sind nicht wählbar und müssen manuell eingetragen werden.

14.3.1 Rendern ins Ausgabeformat

Die Ausgabe der Komposition für eine weitere Ausbelichtung auf Filmmaterial erfolgt wie bereits erwähnt in Form von Bildsequenzen. Es wird also eine Reihe nummerierter Einzelbilder gerendert, die jeweils eine möglichst hohe Auflösung aufweisen sollten.

RAM

Für die Ausgabe von Material für die Filmbelichtung sollte beim Festplattenspeicher und auch beim Arbeitsspeicher nicht gespart werden. Auf Grund der hohen Auflösung der Filmframes fallen leicht erhebliche Datenmengen an, und auch innerhalb der Filmkomposition kann die Berechnung von Effekten und Transformationen sich in die Länge ziehen. Es sollte also auch genügend RAM für die Berechnung der Filmframes installiert sein. Mit ein bis zwei Gigabyte RAM kann man gut leben.

Bei längeren Kompositionen macht es Sinn, die Ausgabe in mehrere kleinere Sequenzen zu unterteilen, wobei darauf geachtet werden muss, dass die jeweilige Folgesequenz mit der jeweils nächsten Framenummer beginnt. Umfasst die erste Sequenz beispielsweise die Framenummern 00000 bis 01000, sollte die nächste Sequenz mit der Nummer 01001 beginnen.

Bevor Sie die Sequenz ausgeben, ist es üblich, einen Ordner mit dem Namen Ihres Films anzulegen. In einen weiteren Ordner, den Sie mit der Ausgabegröße Ihres Films und dem Filmnamen betiteln (z.B. finale_1828x1100), wird die Sequenz gespeichert und später an die Postproduktionsfirma weitergeleitet.

Ausgabe | Für die Ausgabe wählen Sie die Komposition wie üblich aus und fügen sie der Renderliste hinzu. Im Ausgabemodul wählen Sie eine der folgenden Ausgabemöglichkeiten: SGI SEQUENZ oder CINEON SEQUENZ, TIFF- oder TARGA SEQUENZ. Die beiden letzteren Ausgabeformate sind zu empfehlen, da die Postproduktionsfirmen diese sicher akzeptieren. Die im Ausgabemodul unter FORMATOPTIONEN angebotene RLE-Komprimierung bzw. LZW-Komprimierung für die Sequenzen kann aktiviert werden, um den Speicherbedarf der gerenderten Sequenzen ohne Qualitätseinbußen zu verringern.

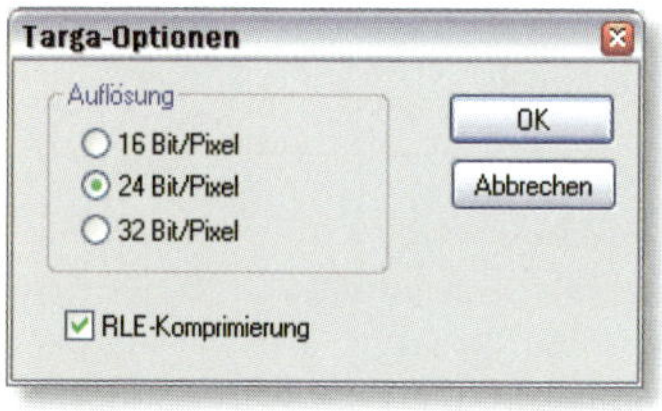

▲ **Abbildung 14.21**
Für TGA-Sequenzen, die später ausbelichtet werden, kann die verlustfreie RLE-Komprimierung aktiviert werden, um den Speicherbedarf der Sequenzen zu verringern.

Die Ausgabe ins Cineon Datei-Format macht Sinn, wenn zuvor in einem 16-Bit-Projekt mit Cineon-Sequenzen gearbeitet wurde, die zum Beispiel bei der Filmabtastung anfallen können. Es sind dann allerdings weitere Anpassungen in After Effects an den logarithmischen Farbraum des Cineon-Formats nötig, der an die lineare Bildschirmdarstellung angepasst werden sollte. Eine Auswahloption zwischen FIDO/Cineon und DPX ist im After Effects-Ausgabemodul für Cineon-Sequenzen enthalten.

Im Zweifelsfalle fragen Sie immer bei Ihrer Postproduktionsfirma nach, welches Format verarbeitet wird.

15 Export für das Web

After Effects kann auf Grund seiner vielfältigen Ausgabemöglichkeiten auch zur Erstellung von Animationen für das Web eingesetzt werden. Es ist in der Lage, Animationen in wichtige webtaugliche Formate wie QuickTime, RealMedia, Windows Media und in das Shockwave Flash-Format (SWF) oder das Flash Video Format (FLV) auszugeben.

Da SWF-Dateien in After Effects auch importiert werden können, ist die nötige Funktionalität bereitgestellt, Animationen in Flash vorzubereiten und dann über After Effects in ein sendefähiges Format auszugeben. Anderseits können die Animationen aus After Effects über das Web verteilt werden, nachdem sie als SWF-Dateien ausgegeben wurden. Die Exportmöglichkeit in das SWF-Format ist sicherlich als eine der interessantesten Möglichkeiten der Ausgabe für das Web zu sehen. Vor dem Vergnügen, den die Animation fürs Web in After Effects bringen kann, sind jedoch erst einmal die Rahmenbedingungen zu studieren.

15.1 Die passende Ausgabe

Es ist nicht sinnvoll, jede Datei, die in After Effects animiert wurde, in das Format **SWF** auszugeben. Die Ausgabe in das SWF-Format eignet sich besonders für Inhalte, die aus Pfaden und einfachen Flächen aufgebaut werden können.

Für Inhalte mit vielen Effekten oder gar für die Ausgabe von Videodaten sollte die Animation als **QuickTime-, RealMedia-, FLV-** oder **Windows Media-Datei** ausgegeben werden.

Der Grund liegt in der unterschiedlichen Konzeption der Formate.

Eine SWF-Datei wird auch als vektorbasiert bezeichnet. Sie enthält im Grunde nur Vektoren und Referenzen auf innerhalb der Datei gespeicherte Bilder. Erst beim Abspielen der Animation auf einem Wiedergaberechner werden ebenfalls gespeicherte Bewegungen der Bilder zur Darstellung am Bildschirm berechnet. Im günstigsten Fall muss beim Export also nicht jeder einzelne

QuickTime

Für den Import von SWF-Dateien in After Effects (oder besser für die Umwandlung der Daten in Pixel) zeichnet QuickTime verantwortlich. Vektorinformationen gehen dabei verloren. Es sollte die neueste QuickTime-Version auf dem Rechner installiert sein, um Probleme beim Import zu vermeiden.

Frame der Animation berechnet und komprimiert werden. Die entstehende Datei ist dann vergleichsweise winzig.

Sobald Videodaten oder Inhalte mit vielen Effekten in der SWF-Datei enthalten sein sollen, ist es allerdings mit den kleinen Dateien vorbei. Die Information wird dann beim Export aus After Effects frameweise als JPEG-Bitmap in der SWF-Datei gespeichert. In diesem Falle ist es besser, die Formate QuickTime, RealMedia, FLV oder Windows Media für die Ausgabe zu nutzen. Durch den hier möglichen Einsatz von verschiedenen Kompressoren ist eine bessere Berechnung der Pixelinformation möglich. Mit den Kompressoren kann diese effektiv komprimiert werden.

15.2 SWF-Dateien ausgeben

Beispiele

Auf der DVD zum Buch finden Sie im Ordner 15_Ausgabe_Web/SWF_Beispiele mehrere SWF-Dateien, die in After Effects erzeugt wurden und im Flash-Player abspielbar sind.

Grundsätzlich ist es erst einmal erwähnenswert, dass die großen Möglichkeiten, die After Effects bei der Animation bietet, durch die Ausgabe ins SWF-Format auf einen kleinen, aber immerhin feinen Teil zusammenschrumpfen.

Eine SWF-Datei besticht trotz der umfangreichen Animationen, die sie enthalten kann, durch ihre minimale Dateigröße. Wie bereits erwähnt, liegt das daran, das SWF-Dateien meist nur Vektordaten enthalten, die sehr wenig Speicherplatz beanspruchen. Daneben können noch Pixel- und Audiodaten in einer SWF-Datei enthalten sein. Audiodaten werden beim Export in MP3 umgewandelt und der SWF-Datei hinzugefügt. Die Pixeldaten sind dafür verantwortlich, dass die Dateigröße einer SWF-Datei erheblich anwachsen kann. Daher gibt es hinsichtlich der für SWF-Dateien sinnvollen After Effects-Funktionen einige Einschränkungen, aber auch viele Möglichkeiten.

15.2.1 Möglichkeiten und Unmöglichkeiten beim SWF-Export

Flash-Player Download

Unter www.macromedia.com bzw. unter http://www.adobe.de kann per Klick auf das Icon »Get Macromedia Flash Player« ein entsprechender Player zum Abspielen von SWF-Dateien heruntergeladen werden.

Wird eine SWF-Datei aus After Effects exportiert, werden Pixelbilder und Ebenen, die Effekte enthalten oder auf die Bewegungsunschärfe angewendet wurde, in JPEG-Bitmaps innerhalb der SWF-Datei umgewandelt. Die Animation wird dabei Frame für Frame gerastert.

Dementsprechend groß ist die resultierende Datei. Genau das sollte aber vermieden werden, um dem Sinn des SWF-Formats gerecht zu werden. Schließlich geht es darum, besonders kleine Dateien zu erzeugen, die jeden Bildschirm füllen können. Den Aufwand wäre es nicht Wert, wenn nicht doch einige Funktionen zur Ausgabe als Vektordaten unterstützt würden.

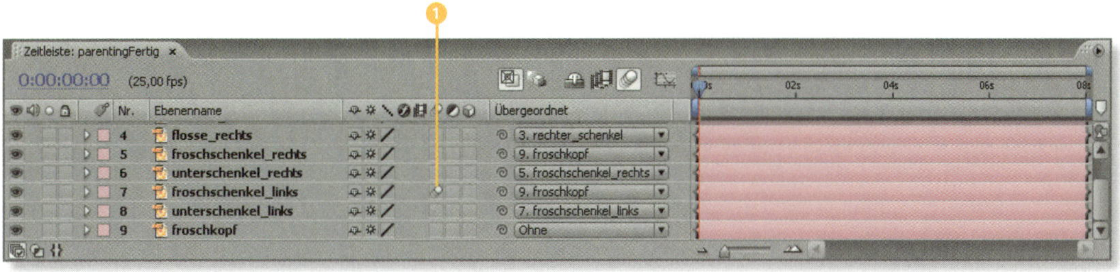

▲ **Abbildung 15.1**
Der kleine Schalter für die Bewegungsunschärfe ① hat die große Wirkung, dass die gesamte Komposition beim SWF-Export in JPEG-Bitmaps ausgegeben wird.

Textebenen | Besonders erfreulich ist die Möglichkeit, Textebenen aus After Effects in einer SWF-Datei als Vektordaten ausgeben zu können. Der im Kapitel 17 besprochenen Animation von Texten sind somit auch für den SWF-Export keine Grenzen gesetzt. Aufpassen muss man nur bei der Verwendung von Animationsvorgaben für Texte, die Effekte enthalten, denn diese werden wieder gerastert, also Frame für Frame in Bitmaps umgerechnet.

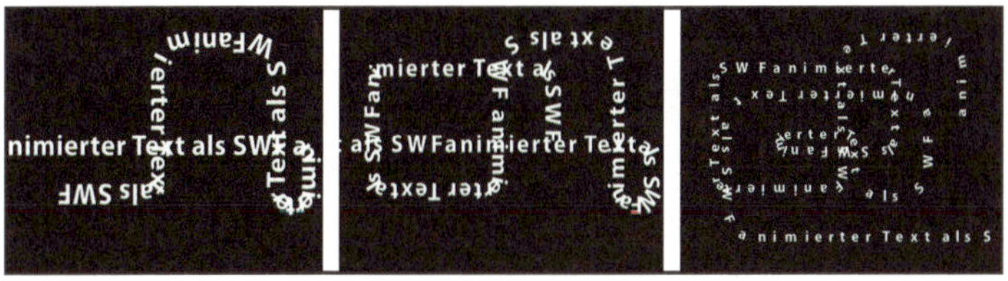

◀ **Abbildung 15.2**
Animierte Texte lassen sich problemlos aus After Effects in eine sehr kleine SWF-Datei exportieren.

Maskierte Ebenen | Maskierte Ebenen lassen sich exportieren. Es ist ratsam, die Masken nur auf Farbflächen anzuwenden.

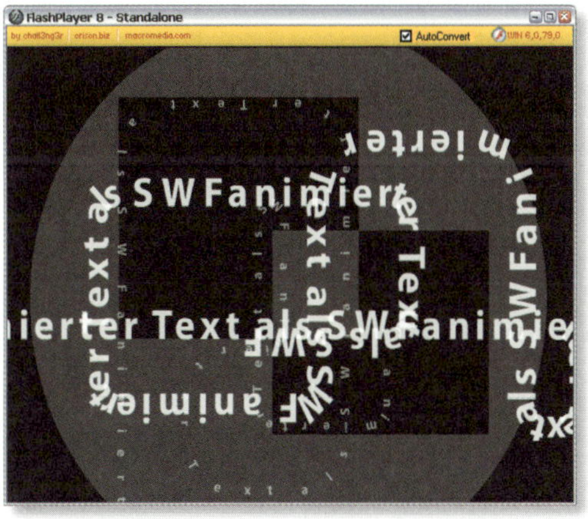

▲ **Abbildung 15.3**
Maskierte Farbflächen werden beim SWF-Export nicht gerastert, wenn alle Masken den gleichen Maskenmodus verwenden. Textanimationen sind problemlos als SWF exportierbar.

Effekte als Vektordaten

Ein Rudiment aus Zeiten, als Textwerkzeuge in After Effects noch nicht zu finden waren, ist der Effekt PFADTEXT, der mit fast allen seiner Funktionen beim Export in Vektordaten umgerechnet wird. Sie finden ihn unter EFFEKT • TEXT • PFADTEXT. Außerdem werden die beiden Effekte AUDIO-WELLENFORM und AUDIOSPEKTRUM, die Sie unter EFFEKT • GENERIEREN finden, in Vektoren umgerechnet, allerdings mit ein paar Einschränkungen, was unterschiedliche Linienstärken, die Option GLÄTTUNG etc. angeht.

Im Kapitel 18, »Matten, Masken oder Alphakanäle«, sind Masken genau erläutert.

Video- und Pixelgrafiken resultieren in großen SWF-Dateien. Masken dürfen nur in den Maskenmodi ADDIEREN und DIFFERENZ verwendet werden, und es darf bei mehreren Masken nur derselbe Maskenmodus eingestellt sein. Die WEICHE MASKENKANTE wird nicht unterstützt und führt zum Rastern der Frames (daher auf 0 setzen). Und auch animierte Masken führen immer zum Rastern und damit zu einer ungewollt großen SWF-Datei. Auch duplizierte Masken vergrößern die Datei, da sie beim Export nicht als Instanzen der Quellmaske gesehen werden. Stattdessen wird in jeder SWF-Datei ein extra Objekt pro Maske angelegt.

▼ **Abbildung 15.4**
Masken können, wenn sie in den Modi ADDIEREN oder DIFFERENZ erstellt wurden, in eine kleine SWF-Datei exportiert werden.

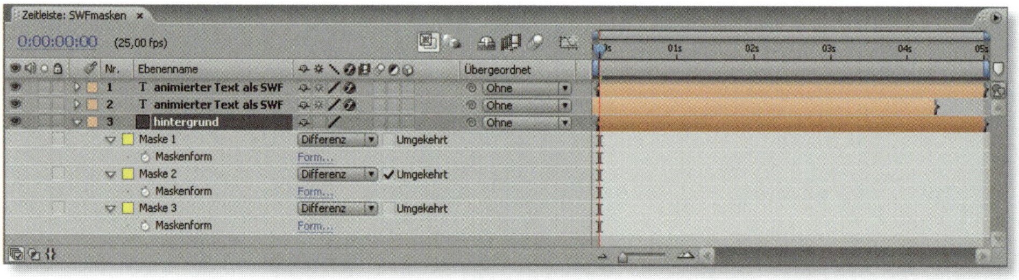

Farbflächen | Über EBENE • NEU • FARBFLÄCHE werden in After Effects Farbflächen erstellt. Diese werden als Vektordaten exportiert. Farbflächen können über die Transformieren-Eigenschaften wie Skalierung oder Drehung animiert werden.

3D-Ebenen | Ebenen, die zu 3D-Ebenen umgewandelt wurden, können nicht als Vektordaten ausgeben werden. Wird der 3D-Schalter aktiviert, ist es um die kleinen Dateien geschehen. Die SWF-Datei wird nach dem Export entsprechend größer.

▼ **Abbildung 15.5**
Wird die 3D-Funktion für Ebenen aktiviert, ist es um die kleinen SWF-Dateien geschehen.

Adobe Illustrator-Dateien | Die beste Möglichkeit, Bildmaterial für den SWF-Export zu verwenden, ist es, Adobe Illustrator-Dateien als Rohmaterial für die Animation in After Effects zu nutzen. Die Illustrator-Dateien sollten, um tatsächlich als Vektoren ausgegeben zu werden, keine Verläufe enthalten. Text, der in Illustrator erzeugt wurde, sollte dort in Pfade bzw. Outlines umgewandelt werden, da sonst der Text beim Export gerastert oder später gar nicht angezeigt wird. Im Zweifelsfall kann mit dem After Effects-Textwerkzeug beim Textexport nichts schief gehen. Illustrator-Ebenen werden beim Export gerastert, wenn in After Effects Masken hinzugefügt wurden. Kontur- und Füllpfade der Illustrator-Dateien lassen sich dafür aber als Vektoren exportieren. Wird eine Illustrator-Ebene in After Effects dupliziert, spart das letztlich Platz, denn beim Export werden duplizierte Ebenen als Instanzen einer Quellebene gesehen. Auf die einzelnen Illustratorebenen können ebenfalls sämtliche Transformationseigenschaften wie Skalierung, Drehung etc. angewendet werden.

◀ **Abbildung 15.6**
Illustrator-Prinzessin von Anke Thomas im Flash-Player. Es handelt sich um eine SWF-Datei, die beim Export aus After Effects erzeugt wurde.

Verschachtelte Kompositionen | Beim Export von verschachtelten Kompositionen werden keine Vektordaten unterstützt. Wird es trotzdem gemacht, ist das Ergebnis eine entsprechend größere Datei, da wieder Frame für Frame gerastert wird.

Zusammenfassung

Vermieden werden sollte also für den Export ins SWF-Format:

- der Einsatz von Effekten
- der Einsatz von Bewegungsunschärfe
- das Animieren von Masken
- die Verwendung von 3D-Ebenen
- der Einsatz von verschachtelten Kompositionen

Was machbar ist ... | Den relativ vielen Einschränkungen stehen die umfangreichen verbleibenden Möglichkeiten entgegen, die den Einsatz von After Effects für die Ausgabe ins SWF-Format und damit für die Internetwelt lohnen. Dazu zählt die Parenting-Funktion – die Möglichkeit, komplexe Animationen mit verknüpften Ebenen zu schaffen.

Interessant ist es auch, auf animierte Transformieren-Eigenschaften wie Drehung, Skalierung etc. das VERWACKELN und GLÄTTEN anzuwenden oder über BEWEGUNG SKIZZIEREN natürliche Bewegungsabläufe zu animieren. Sie finden die Paletten unter dem Menüpunkt FENSTER. Eine große Erweiterung der Animationsmöglichkeiten liegt im Einsatz von Expressions, wovon sich Vektoren nicht stören lassen. Lesen Sie dazu das Kapitel 24, »Expressions«.

Im Abschnitt 11.7, »Parenting: Vererben von Eigenschaften«, finden Sie zum Vererben weitere Informationen.

15.2.2 Referenzen in einer SWF-Datei

Das Exportmodul speichert jedes Element einer Komposition wie beispielsweise ein Standbild nur ein einziges Mal in der SWF-Datei. Für Positionsveränderungen und andere animierte Transformieren-Eigenschaften wird eine Referenz auf dieses Standbild verwendet. Die animierte Datei wird also in jedem Frame der Animation referenziert. Auch duplizierte Ebenen verwenden als Referenz das einmal gespeicherte Standbild.

Für ein Video, eine animierte Maske, eine 3D-Ebene und andere nicht unterstützte Funktionen wird die Animation frameweise berechnet und als JPEG-Dateien in der SWF-Datei gespeichert. Es werden keine Referenzen zur Darstellung der einzelnen Frames verwendet.

Für eine Illustrator-Datei wird ein SWF-Filmclip erstellt, der dann wiederum als Referenz dient, um Animationen frameweise darzustellen.

15.2.3 SWF-Export und Exportoptionen

Um eine Komposition in das SWF-Format auszugeben, markieren Sie die Komposition und wählen dann Datei • Exportieren • Macromedia Flash (SWF). In dem Dialog SWF-Einstellungen lässt sich im Feld Bilder festlegen, ob Effekte und andere nicht unterstützte Funktionen zum Rastern der Bilder führen sollen oder ob sie ignoriert werden.

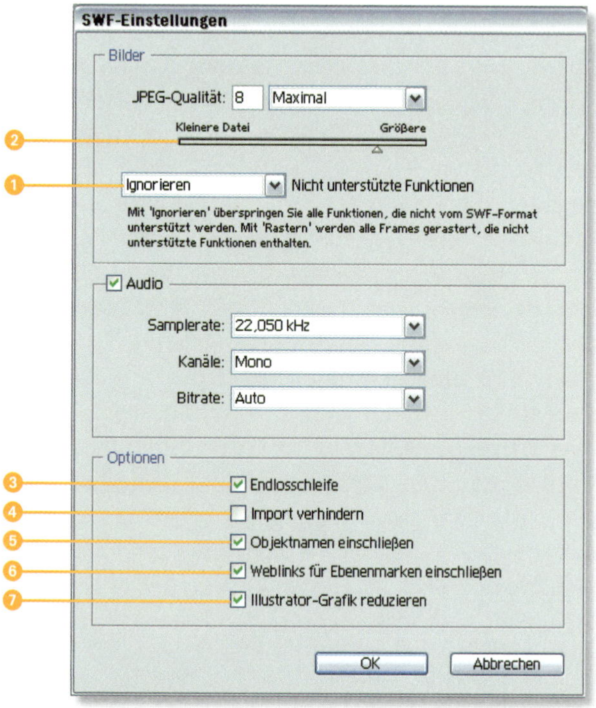

Abbildung 15.7 ▶
Im Dialog SWF-Einstellungen wird entschieden, ob Effekte und nicht unterstützte Funktionen gerastert oder ignoriert werden sollen.

Wenn die SWF-Datei nur Vektoren enthalten soll, was für die Verteilung im Web Sinn macht, wählen Sie bei Nicht unterstützte Funktionen den Eintrag Ignorieren ❶.

Haben Sie anstelle dessen Rastern gewählt, werden Bilder, die einen hinzugefügten Effekt, eine 3D-Option oder eine andere nicht unterstützte Funktion enthalten, gerastert, also in JPEG-Bilder umgerechnet. Die Qualität dieser Bilder wird über den Schieberegler ❷ eingestellt.

Im Feld Audio können Sie in Abstimmung mit der gewünschten Dateigröße die Qualität der Audiodaten bestimmen, falls Ihre Komposition solche enthält. Eine geringe Samplerate, die Einstellung Mono und kleine Bitraten ergeben eine kleinere Datei. Komprimiert werden die Audiodaten wie MP3-Dateien.

Wenn Sie ein Häkchen im Feld Optionen bei Endlosschleife ❸ setzen, wird der SWF-Film nach dem Export geloopt. Nach jedem Abspielen wiederholt sich also der Film wie ein Lied aus dem Leierkasten. Die Option Import verhindern ❹ bewirkt, dass der resultierende Film nicht in eine Applikation wie Flash importiert und dort weiterbearbeitet werden kann.

Wird die Option Objektnamen einschliessen ❺ aktiviert, werden Namen von Ebenen, Masken und Effekten in der SWF-Datei verwendet, was allerdings eine größere Datei produziert. Wenn in der Komposition Ebenenmarker verwendet werden, für die eine Webadresse angeben wurde, kann es sinnvoll sein, die Option Weblinks für Ebenenmarke einschliessen ❻ zu aktivieren. Erreicht dann der Player den Frame mit dem angegebenen Weblink, wird die entsprechende Seite im Browser geöffnet.

Per Doppelklick auf einen Ebenenmarker gelangen Sie in den Dialog Marke. Dort können Sie unter Weblinks bei URL eine Webadresse eingeben. Welche Ergebnisse die aktivierte Option Illustrator-Grafik reduzieren ❼ bringt, ist von Fall zu Fall zu testen. Eine reduzierte Datei kann, obwohl der Begriff anderes vermuten lässt, größer als eine nicht reduzierte Datei ausfallen. Auch sind die resultierenden Dateien oft unscharf und sollten nicht größer skaliert werden. Beim Reduzieren kann es vorkommen, dass Frames gerastert werden und manche Objekte weiße Ränder aufweisen. Bei der Verwendung von Transparenzen sollte das Ausgabeergebnis getestet werden.

Export eines Froschs

Auf der DVD zum Buch finden Sie im Ordner 11_Interpolation/Parenting eine Datei namens **frosch.aep**, deren Erstellung im Kapitel 11.7 Thema war. Sie finden in der dort enthaltenen Komposition »parentingFertig« eine animierte Illustrator-Grafik vor. Öffnen Sie doch die Komposition einmal und exportieren Sie sie ins SWF-Format.

▼ Abbildung 15.8
Erreicht der Flash-Player eine in der SWF-Datei gespeicherte Webmarke, öffnet er automatisch die in der Webmarke angegebene Seite in einem Browser.

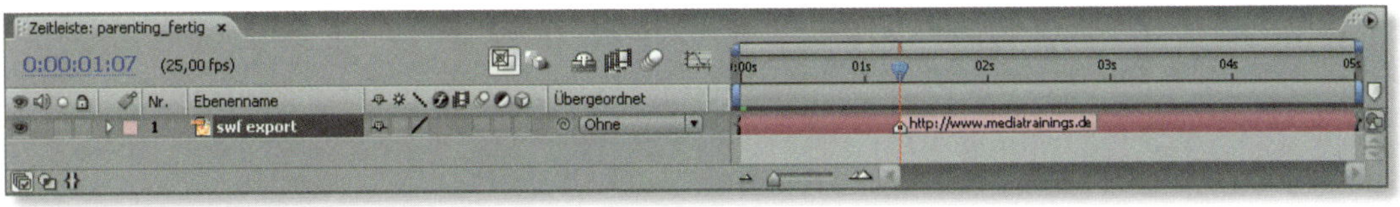

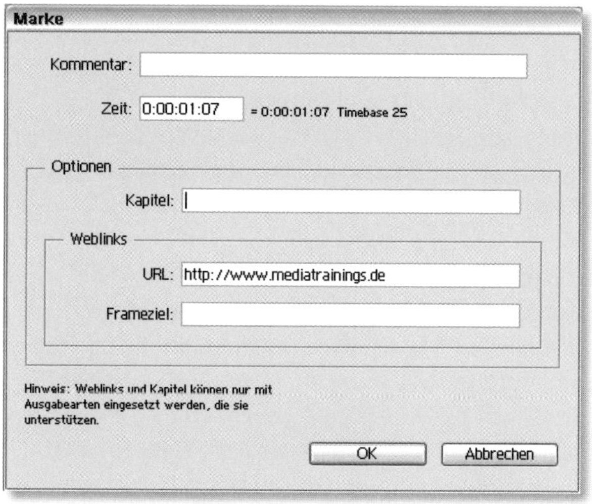

Abbildung 15.9 ▶
Im Dialog MARKE können in After Effects Weblinks für Ebenenmarker angegeben werden.

15.2.4 Nach dem Export

Eine exportierte Datei wird nicht allein gespeichert. Zusätzlich zu der SWF-Datei generiert das Exportmodul eine HTML-Datei, die die getroffenen Einstellungen auflistet und einen Link zur SWF-Datei enthält. Klicken Sie auf den Link, um die exportierte Datei abzuspielen. Wenn der Flash-Player auf Ihrem System installiert ist, kann die SWF-Datei auch direkt darin angezeigt werden. Dafür reicht ein Doppelklick auf die exportierte SWF-Datei aus.

15.3 Export ins Flash Video Format (FLV)

After Effects bietet mit der Möglichkeit, Kompositionen in das Flash Video Format zu exportieren, eine verbesserte Integration mit Macromedia Flash. Da der Flash-Player auf Desktop-Computern und Geräten sehr weit verbreitet ist, bietet die Exportfunktion auch eine Erweiterung der Verbreitungsmöglichkeiten Ihrer After Effects-Animationen für das Internet. Vor allem aber ist die Exportfunktion für Flash-Anwender interessant, die die Möglichkeiten einer Videobearbeitungssoftware zur Weiterverarbeitung in Macromedia Flash verwenden wollen.

Wenn Sie auf Ihrem Computer Macromedia Flash Professional 8 und QuickTime ab der Version 6.1.1 installiert haben, werden FLV-Dateien mit dem FLV QuickTime Export-Plug-In exportiert. Die exportierten FLV-Dateien lassen sich direkt in Flash importieren und in Flash-Dokumente einbinden.

Beim Export einer FLV-Datei können Sie zwischen den Video-Codecs Sorenson Spark und On2 VP6 wählen. Außerdem können Bildrate, Datenrate, Schlüsselbilder und Qualität vor der Ausgabe festgelegt und ohne erneutes Kodieren in Flash importiert werden.

Beim Export von Videos in das FLV-Format sollte darauf geachtet werden, dass die Videos nicht bereits komprimiert wurden, da dies eventuell bereits eine Reduzierung der Bildqualität (Artefakte) und der Bildrate mit sich gebracht hat. Die Kodierung mit den oben genannten Codecs beeinflusst dies negativ. Der Encoder benötigt dann eine höhere Datenrate, um eine gute Qualität zu erzeugen. Wenn in den Einzelbildern des Videos sehr viel Bewegung enthalten ist, also große Unterschiede in den Bildinhalten bestehen, muss ebenfalls mit einer höheren Datenrate gerechnet werden.

15.3.1 Einstellungen für Flash Video

Um eine Komposition in das Flash Video-Format auszugeben, markieren Sie die Komposition im Projektfenster und wählen Datei • Exportieren • Flash Video (FLV).

Im Dialog Flash Video-Kodierungseinstellungen legen Sie alle wichtigen Exporteinstellungen fest. Anschließend wählen Sie einen Speicherort und starten den Exportvorgang mit OK.

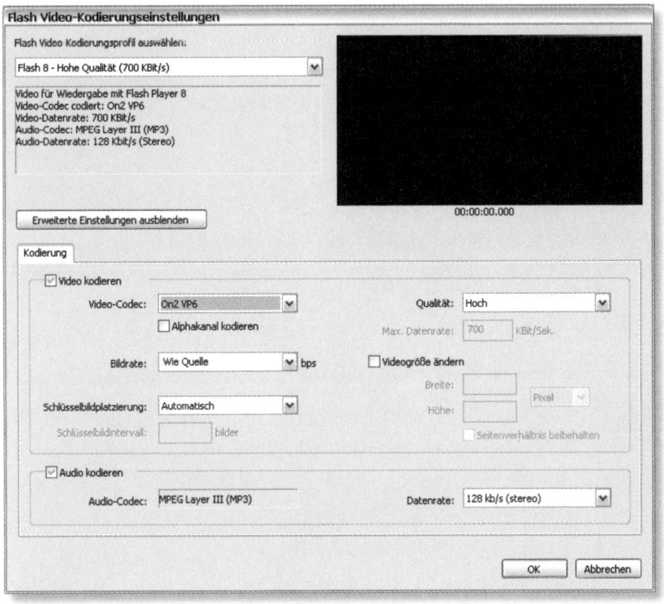

◂ **Abbildung 15.10**
Im Dialog Flash Video-Kodierungseinstellungen legen Sie Codec, Qualität, Schlüsselbildintervall, Datenrate und andere Einstellungen fest.

Im Dialog legen Sie unter Flash Video-Kodierungsprofil auswählen fest, ob die Datei für Flash 7 oder für Flash 8 ausgegeben werden soll. Außerdem wird damit eine voreingestellte Qualität und maximale Datenrate angegeben.

Mit der Schaltfläche Erweiterte Einstellungen einblenden gelangen Sie zur Wahl des Codecs und weiteren Optionen. Wenn

Sie Videos für die Weiterverwendung in Flash ausgeben wollen, empfiehlt sich der **VP6-Codec**, der das beste Verhältnis zwischen Dateigröße und Qualität gewährleistet.

Mit höheren Datenraten erreichen Sie eine bessere Bildqualität und können größere Dateien erzeugen. Enthält Ihr Video viel Bewegung, sollte auf jeden Fall eine höhere Datenrate gewählt werden. Außerdem müssen Sie in diesem Fall zusätzlich die Schlüsselbildrate und die Bildrate erhöhen.

Für ein Flash-Video werden bei der Kodierung in bestimmten Zeitintervallen **Schlüsselbilder** festgelegt, die vollständig gespeichert werden. Von allen dazwischen liegenden Bildern werden nur die veränderten Bildinformationen gespeichert. Mit der Option SCHLÜSSELBILDINTERVALL können Sie die Anzahl der Bilder zwischen den Schlüsselbildern festlegen. Unter SCHLÜSSELBILDPLATZIERUNG wählen Sie dazu die Option BENUTZERDEFINIERT. Das Intervall sollte bei Videos mit viel Bewegung nicht zu groß gewählt werden. Im Zweifelsfall wählen Sie AUTOMATISCH oder führen Tests durch, mit welchem Intervall die gewünschte Qualität erreicht wird.

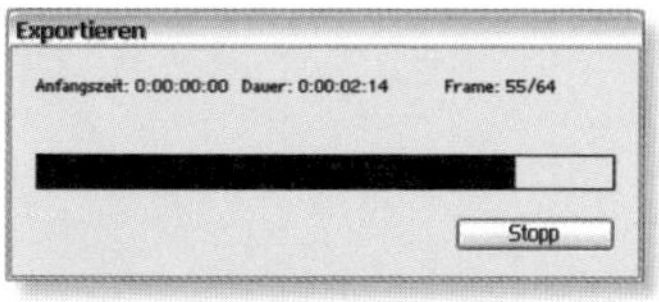

▲ **Abbildung 15.11**
Beim Export einer Flash Video-Datei wird diese Fortschrittsanzeige eingeblendet.

Die Bildrate bestimmt, wie viele Bilder pro Sekunde beim Abspielen der resultierenden Datei abgespielt werden sollen. Sie können zwischen der Option WIE QUELLE oder festen Bildraten von 10 bis 30 wählen. Wenn die Bandbreite beschränkt ist und Bildrate sowie Qualität Priorität haben, reduzieren Sie die Bildgröße.

15.4 Ausgabe als RealMedia-Datei (nur Windows)

Die Ausgabe in das RealMedia-Format macht Sinn, wenn Sie vorhaben, Ihre Animationen im Internet zum Download oder per Streaming bereitzustellen. Besitzer des RealMedia-Players sind in der Lage, die entstehenden Dateien abzuspielen.

15.4.1 Einstellungen für RealMedia

Um eine Komposition ins RealMedia-Format auszugeben, muss sie der Renderliste hinzugefügt werden. Im Ausgabemodul wird anschließend unter FORMAT der Eintrag REALMEDIA gewählt. Es sollte sich automatisch der Dialog REALMEDIA öffnen. Ist dies nicht der Fall, öffnen Sie den Dialog über die Schaltfläche FORMATOPTIONEN.

Exporteinstellungen | Für die RealMedia-Ausgabe sind einige Einstellungen bereits im Feld EXPORTEINSTELLUNGEN unter VORGABE aus einer Liste wählbar. Durch einen Wechsel der Vorgabe verändern sich die Einstellungen in der Registerkarte PUBLIKUM. Dort können die Einstellungen auch modifiziert werden.

Bei den Vorlagen kann grundsätzlich zwischen NTSC und PAL und zwischen einer zum Download oder zum Streaming bestimmten Datei gewählt werden. Die weiteren Wahlmöglichkeiten beziehen sich auf die Bandbreite bzw. die Datenmenge, die übertragen bzw. vom Zielrechner empfangen werden kann.

Welche Bandbreite Sie wählen sollten, hängt davon ab, mit welcher Internetanbindung Ihr Zielpublikum »ins Netz« geht. Eine DSL-Verbindung vermag größere Datenmengen zu übertragen als eine ISDN-Verbindung. Bei einer größeren Bandbreite ist daher auch eine größere Qualität des Ausgabefilms erreichbar.

Im Feld EXPORTEINSTELLUNGEN können Sie außerdem entscheiden, ob die resultierende Datei Video und Audio enthalten soll oder nur je einen Datenstrom.

Download und Streaming

Beim Download einer Datei über das Internet wird diese vollständig übertragen und auf dem Zielrechner gespeichert, bevor sie abgespielt werden kann. Beim Streaming wird eine Datei in Datenpaketen versendet und zwischenzeitlich im RAM des Zielrechners gespeichert. Die Größe der von einem Streamingserver versendeten Datenpakete hängt von der Internetanbindung des Zielrechners ab. Während der Übertragung kann die Datei abgespielt und angesehen werden, solange der Datenstrom nicht versiegt wie eine Finanzquelle. Streaming-Filme können meist nicht vom User gespeichert werden, bieten also einen gewissen Datenschutz.

Video | In der Karte VIDEO wird bei VIDEOINHALT ① gewählt, ob die auszugebende Komposition mehr oder weniger bewegtes Material enthält. Damit ist gemeint, ob die Animationen eher ruhig verlaufen oder sehr schnelle Bewegungen enthalten. Bei Videomaterial kann es schnelle Kameraschwenks und Szenen geben.

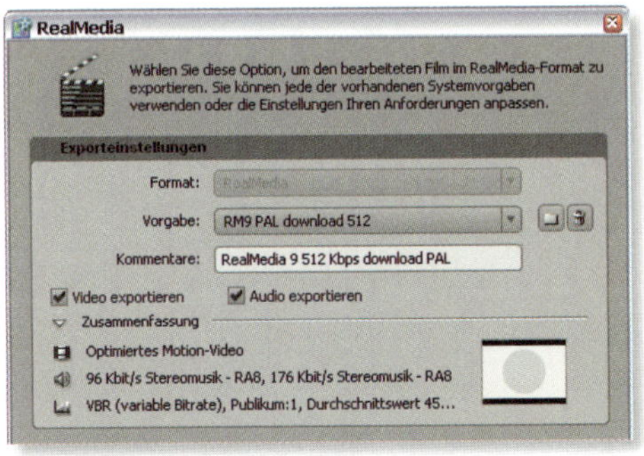

▲ **Abbildung 15.12**
Im Dialog für die RealMedia-Ausgabe werden Einstellungen für Ausgabe und Zielpublikum getroffen und einiges mehr.

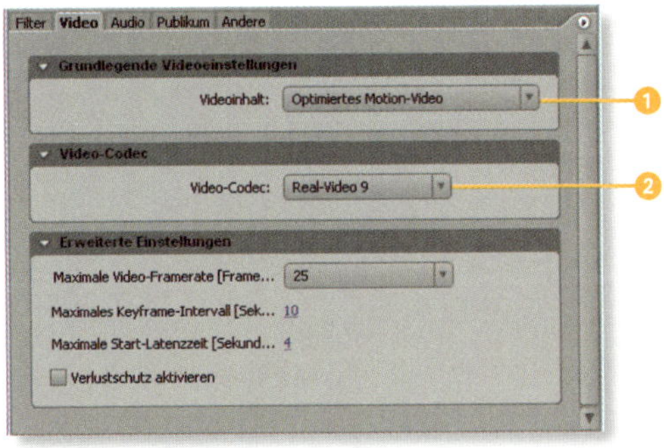

▲ **Abbildung 15.13**
In der Karte VIDEO werden Einstellungen für Videos mit viel oder wenig Bewegung und der Codec festgelegt.

Der Eintrag NORMALES MOTION-VIDEO ist für Filme gedacht, die in großen Teilen moderate Bewegung enthalten. Die SCHÄRFSTE BILDQUALITÄT eignet sich für Filme mit vielen und schnellen Bewegungen. OPTIMIERTES MOTION-VIDEO ist günstig bei Filmen mit schnellen und langsamen Szenen. Der Eintrag BILDSCHIRM-

PRÄSENTATION schließlich ist für äußerst ruhige Filme mit sehr geringer Bewegung gedacht.

Beim VIDEO-CODEC 2 ist man mit REAL-VIDEO 9 gut beraten, der der Neueste unter den angebotenen ist.

Audio | In der Registerkarte AUDIO kann bei AUDIOINHALT zwischen MUSIK und SPRACHE gewählt werden. In den Feldern VIDEO- UND AUDIOCODEC-EINSTELLUNGEN bzw. AUDIOCODEC-EINSTELLUNGEN können Sie eine Bitrate für die in der Datei enthaltene Sprache und Musik festlegen. Die Kompression ist bei der Einstellung SPRACHE bzw. bei niedrigen Bitraten am höchsten. Mit einer höher gewählten Bitrate wird eine bessere Qualität erzielt.

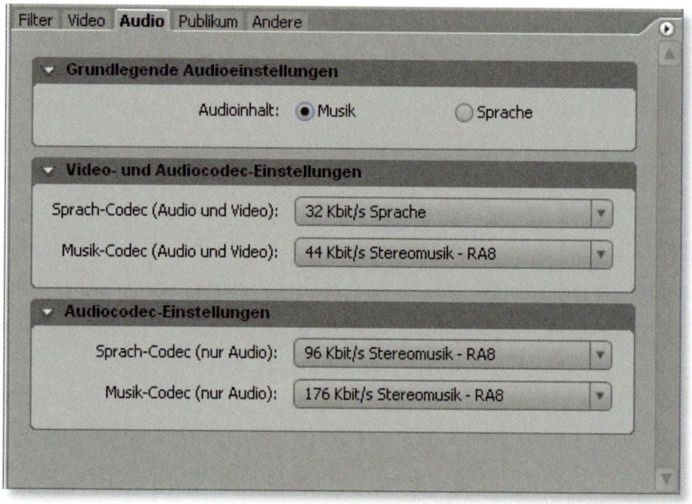

▲ **Abbildung 15.14**
In der Karte AUDIO wird gewählt, ob in der Datei eher Musik oder eher Sprache enthalten ist. Die eingestellte Bitrate hat Einfluss auf die Qualität.

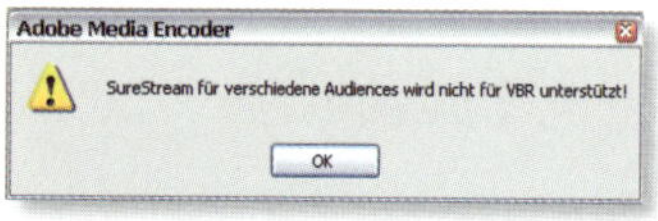

▲ **Abbildung 15.15**
Wenn Sie eine für das Streaming vorgesehene Datei mit variabler Bitrate ausstatten wollen, wird gemeckert.

Publikum | In der Karte PUBLIKUM wählen Sie unter GRUNDPARAMETER per Klick auf die Box AUFNAHME ZULASSEN 1 aus, ob die entstehende Datei aufgezeichnet werden kann oder nicht. Abhängig davon, ob Sie sich im Feld EXPORTEINSTELLUNGEN unter VORGABE für die Ausgabe einer Download- oder Streaming-Datei entschieden haben, können Sie unter BITRATEKODIERUNG 2 zwischen variabler und konstanter Bitratekodierung wählen.

Wenn Sie sich für Streaming entschieden haben und die Option VARIABLE BITRATE wählen, wird erst einmal gemeckert: SURESTREAM FÜR VERSCHIEDENE AUDIENCES WIRD NICHT FÜR VBR UNTERSTÜTZT. Audiences meint das Publikum.

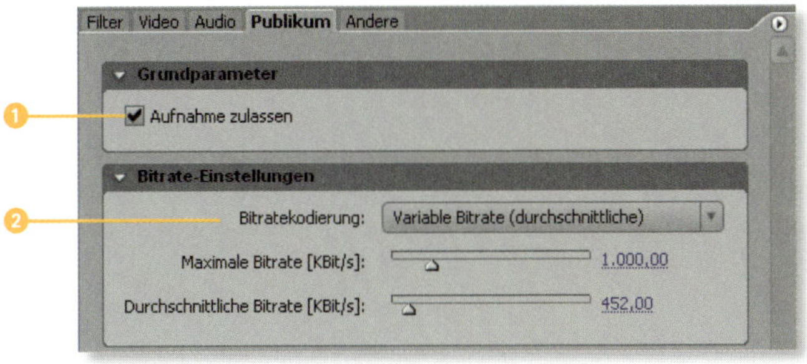

◀ **Abbildung 15.16**
Was in der Karte PUBLIKUM einstellbar ist, hängt von den unter EXPORTEINSTELLUNGEN gewählten Vorgaben ab.

Beim SureStream-Verfahren wird nur eine **konstante Bitrate** unterstützt. Egal ob im Film eher bewegte oder ruhige Passagen enthalten sind, die zur Speicherung spendierten Bits bleiben dabei gleich. Bei einer **variablen Bitrate** werden bei komplexeren Bildteilen mehr Bits und bei weniger komplexen Teilen weniger Bits verwendet.

Unter BITRATECODIERUNG kann der Eintrag KONSTANTE BITRATE gewählt werden. Danach ist eine Ausgabe in verschiedensten Bandbreiten kein Problem. Dadurch entsteht automatisch eine SureStream-Datei.

Wie viel Kbit/s dabei übertragen werden können, wählen Sie mit dem Schieberegler bei KONSTANTE BITRATE [KBIT/S] aus.

Bei Dateien, die für den Download bereitgestellt werden, stehen auch die Optionen VARIABLE BITRATE (DURCHSCHNITTLICHE) und VARIABLE BITRATE (QUALITÄT) zur Verfügung. Bei Ersterem legen Sie die maximal erreichbare Bitrate und eine durchschnittliche Bitrate per Schieberegler fest. Bei der Option VARIABLE BITRATE (QUALITÄT) kann nur die maximale Bitrate definiert werden.

SureStream

Mit SureStream ist gemeint, dass auf den fertig ausgegebenen Film mehrere Zielgruppen mit verschiedenen Internetanbindungen zugreifen können.

Der ausgegebene Film muss auf einem Streamingserver bereitgestellt werden. Dieser Server erkennt, mit welcher Anbindung das Zielpublikum auf die Filmdatei zugreift, und sendet die Filmdatei mit der passenden Bandbreite. Das kann eine kleine Datei mit geringer Bandbreite und Qualität oder eine größere mit höherer Qualität sein.

Filter und Andere | Die in den Karten FILTER und ANDERE wählbaren Optionen dienen dazu, vor dem Rendern Filter hinzuzufügen (Bildrauschen unterdrücken) und nach dem Rendern die resultierende Datei via FTP hochzuladen.

TEIL VI
Titel und Texte

16 Texte erstellen & bearbeiten

After Effects werden Sie noch mehr zu schätzen wissen, wenn Sie mit den Textfunktionen, die das Programm zu bieten hat, vertraut sind. Dieses Kapitel gibt Ihnen einen ersten Einblick in die Texterstellung.

16.1 Texte: Was ist möglich?

Es ist, als hätten die Entwickler von Adobe ihre Liebe zu Textanimationen für die sechste Version von After Effects neu entdeckt und aus einem langjährigen Schlaf ans Licht der Welt geholt. Während Text früher über die Effekte Basic Text (heute Einfacher Text) und Pfadtext generiert wurde, die in der aktuellen Version auch noch verfügbar sind, kann seit After Effects 6 direkt im Kompositionsfenster geschrieben werden. Sämtliche Möglichkeiten, welche die Texteffekte bieten, sind in den neueren Textfunktionen eingeschlossen, diese bieten aber sogar noch mehr. In After Effects 7 kann Text zusätzlich zu den bekannten Animationsmöglichkeiten weichgezeichnet werden.

Eine Textebene kann über das Ebenenmenü geschaffen werden. Bei Verwendung der Text-Werkzeuge wird eine Textebene sogar automatisch in der Zeitleiste angelegt. Nach jeder Veränderung wird die Textebene neu gerastert. Das bedeutet, dass die Darstellungsqualität von Texten auch bei großen Skalierungswerten sehr hoch bleibt.

Große Animationsmöglichkeiten eröffnen sich durch leicht bedienbare Funktionen und durch eine große Anzahl an vorgegebenen Textanimationen, die jedem Text einfach hinzugefügt werden können.

▼ Abbildung 16.1
After Effects bietet eine große Anzahl vorgegebener Textanimationen, die jeder Textebene hinzugefügt werden können.

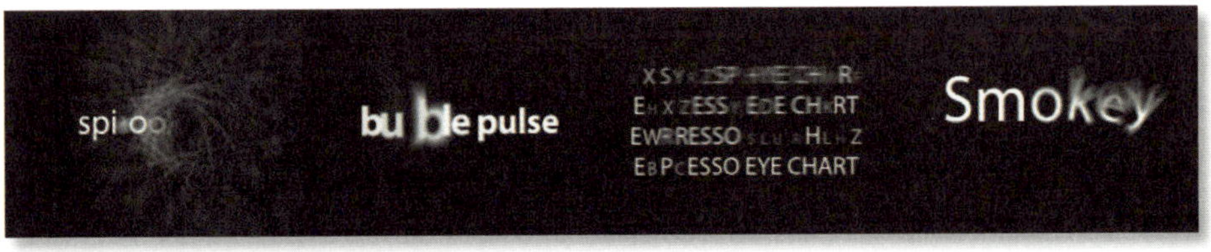

Und es geht noch mehr: das Erstellen von Masken aus der Konturlinie der Textzeichen, die Umwandlung von Text aus Photoshop in editierbaren Text in After Effects, die Animation von Text entlang eines Maskenpfads und die Verwendung von Text aus der Zwischenablage. Masken, Effekte und Expressions sind außerdem auf Textebenen anwendbar. Zudem bleibt Text immer editierbar, auch wenn er als 3D-Ebene verwendet wird. Doch das sind Themen, die später noch ausführlich beschrieben werden. Sie sehen, mit jedem Kapitel kommt eine Möglichkeit mehr hinzu, die Sie anschließend mit dem Gelernten kombinieren können. Ihrer Experimentierfreude wird also keine Grenze gesetzt.

Die Zeichen- und Absatz-Paletten für Text machen umfangreiche Formatierungen möglich, wie sie auch in anderen Anwendungen, beispielsweise in Adobe Illustrator und Adobe Photoshop, zu finden sind. Doch jetzt zur Texterstellung.

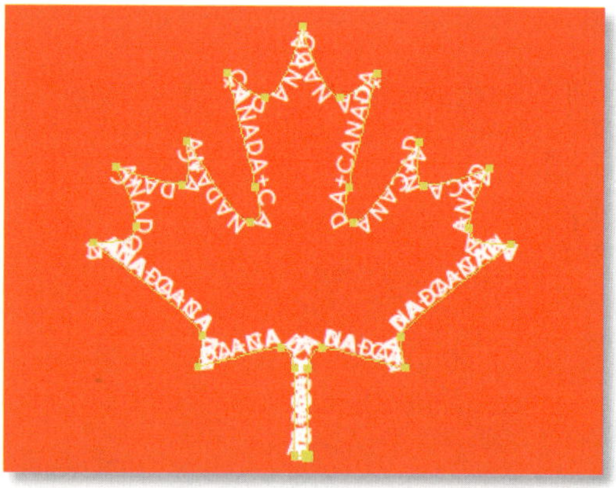

▲ **Abbildung 16.2**
Text kann entlang eines Maskenpfads animiert werden.

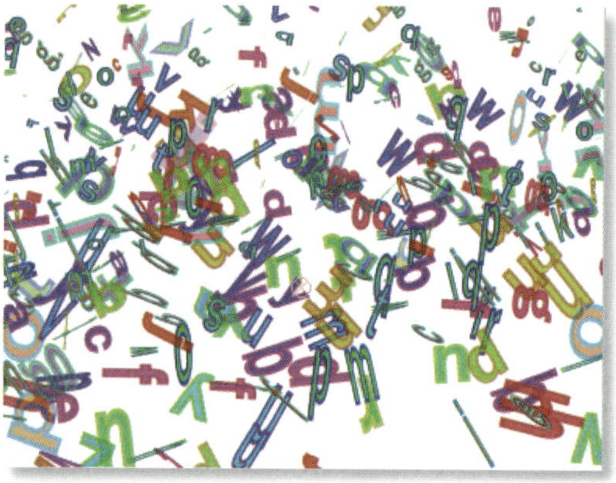

▲ **Abbildung 16.3**
Beinahe jede Texteigenschaft lässt sich in After Effects auch animieren.

16.2 Punkt- und Absatztext erstellen

In After Effects sind zwei Arten von Text zu unterscheiden: Punkttext und Absatztext. **Punkttext** ist sinnvoll, um eine Textzeile oder einzelne Worte einzugeben. Absatztext verwenden Sie, um Text in mehreren Absätzen anzulegen.

Ein wesentlicher Unterschied zwischen beiden Eingabemöglichkeiten, die eine Art Standard in Grafikprogrammen sind, liegt darin, dass Punkttext fortlaufend geschrieben werden kann, ohne dass der Textfluss in einer nächsten Zeile fortgesetzt wird. Beim Absatztext hingegen bricht der Text an einem zuvor definierten Rahmen um und wird in der nächsten Zeile fortgesetzt. Beide

Textarten können horizontal oder vertikal ausgerichtet sein. Formatierungen für beide Textarten werden in der Zeichen- und der Absatz-Palette festgelegt. Jetzt aber erst einmal zur praktischen Anwendung.

16.2.1 Punkttext erstellen

In diesem kleinen Workshop geht es um horizontalen und vertikalen Punkttext sowie um einige Formatierungsmöglichkeiten für Text. Die Kompositionsgröße ist frei wählbar und auch eine Zeitbegrenzung gibt es nicht, da hier noch nicht animiert wird.

Schritt für Schritt: Der Weg zum Punkttext

1 Horizontaler Punkttext

Texte können Sie direkt im Kompositionsfenster eingeben. Hierzu gibt es zum einen die Möglichkeit, zuerst eine Textebene anzulegen, zum anderen kann diese auch automatisch mit dem Text-Werkzeug geschaffen werden.

Legen Sie über EBENE • NEU • TEXT bzw. [Strg]+[Alt]+[⇧]+[T] eine neue Textebene an. Die Ebene erscheint in der Zeitleiste. In der Mitte der Komposition wird eine Einfügemarke sichtbar. Es kann sofort losgeschrieben werden. Tippen Sie die Buchstaben »t«, »e«, und »x« ein.

◂ **Abbildung 16.4**
Jede neue Textebene ist zuerst an ihrer Einfügemarke erkennbar. Dort wird der Text eingegeben.

2 Text markieren und formatieren

Wählen Sie das Textbearbeitungs-Werkzeug und klicken in den Text. Markieren Sie dann die drei Buchstaben, indem Sie direkt auf die Textzeichen oder die Textebene doppelklicken, oder wählen Sie den Text bei gedrückter Maustaste durch seitliches Ziehen aus. Markierter Text wird andersfarbig unterlegt. Es können auch einzelne Zeichen ausgewählt und anders formatiert werden.

In der Palette ZEICHEN wählen Sie im Popup-Menü ❶ eine andere Schriftart aus, beispielsweise ARIAL BLACK. Ändern Sie den Schriftgrad im Feld ❷ auf 150.

Weitere Zeilen

Um weitere Zeilen in einem Punkttext zu erzeugen, drücken Sie die Taste [↵] im Haupttastaturfeld.

▲ **Abbildung 16.5**
Zum Markieren von Text ziehen Sie die Markierung über die Textzeichen.

▲ **Abbildung 16.6**
Markierter Text wird andersfarbig unterlegt.

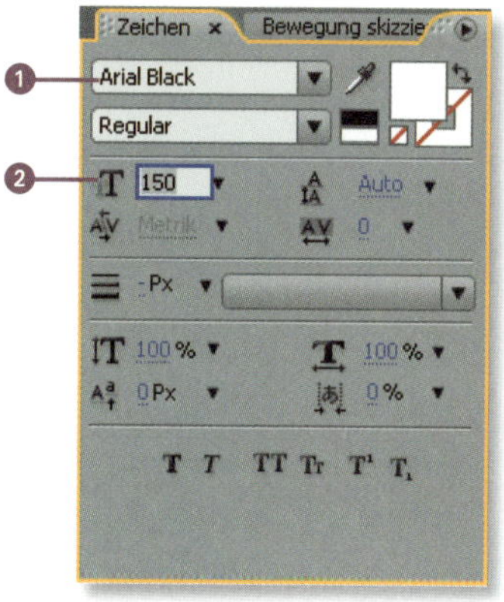

▲ **Abbildung 16.7**
In der Palette ZEICHEN, die in mehreren Adobe-Applikationen ihr Pendant hat, sind umfangreiche Textformatierungen möglich.

Änderungen in der Zeichen-Palette

Änderungen in der Zeichen-Palette wirken sich nur auf markierten Text und auf markierte Textebenen aus. Ist kein Text und keine Textebene markiert, wirkt sich die Änderung auf den Text aus, der als Nächstes erstellt wird.

3 Text positionieren

Der noch markierte Text kann an eine andere Stelle in der Komposition gezogen werden. Dazu wird der Textcursor solange vom Text wegbewegt, bis er seine Form ändert. Ziehen Sie den Text an den linken unteren Rand.

Eine zweite Möglichkeit zur Positionierung von Text ist, ihn so wie jede andere Ebene bei aktivem Auswahl-Werkzeug [V] anzuklicken und zu verschieben. Achten Sie dabei darauf, dass der Text nicht gerade ausgewählt ist, wenn Sie zum Auswahl-Werkzeug wechseln.

▲ **Abbildung 16.8**
Wird der Mauszeiger während der Bearbeitung vom Text fortbewegt, kann der Text neu positioniert werden.

▲ **Abbildung 16.9**
Schon ist der Text dort, wo er landen sollte.

4 Vertikalen und horizontalen Punkttext eingeben und positionieren

Als zweite, bequemere Möglichkeit, Textebenen zu erstellen, verwenden Sie das Text-Werkzeug aus der Werkzeugpalette. Halten Sie die Maustaste über dem Text-Werkzeug länger gedrückt, so erscheint ein kleines Popup-Menü zur Wahl zwischen horizontalem und vertikalem Text-Werkzeug.

◂ **Abbildung 16.10**
In der Werkzeugpalette steht ein Werkzeug für horizontalen und eines für vertikalen Text zur Auswahl.

Klicken Sie mit dem vertikalen Text-Werkzeug an beliebiger Stelle ins Kompositionsfenster und geben das Wort »type« ein. Wählen Sie als Schriftgröße 33 px und als Schriftart Arial Black. Klicken Sie in der Zeitleiste auf einen leeren Bereich, um den Text zu deaktivieren.

Wählen Sie jetzt das horizontale Text-Werkzeug und tippen das Wort »typo« ein. Markieren Sie den Text und wählen nochmals Arial Black als Schriftart. Die Schriftgröße sollte ebenfalls nicht mehr als 33 px betragen.

Die beiden Worte »typo« und »type« sollen das fehlende »t« für das Wortrudiment »tex« bilden. Positionieren Sie dazu das Wort »type« wie in der Abbildung zu sehen über dem Wort »typo«.

Ziehen Sie anschließend beide Worte gleichzeitig an das Ende des Wortrudiments. Am besten geht das, wenn Sie die beiden Textebenen zuvor in der Zeitleiste nacheinander mit [⇧] ausgewählt haben und zum Verschieben das Auswahl-Werkzeug verwenden.

Textbearbeitung beenden

Wenn Sie einen Text fertig editiert haben, drücken Sie die Taste [↵] im Ziffernblock, um die Textbearbeitung zu beenden.

Werte in der Zeichen-Palette »ziehen«

Sie können Werte in der Zeichen-Palette bequem ändern, indem Sie den Mauszeiger über dem jeweiligen blau geschriebenen Wert, z.B. bei Schriftgrad, positionieren und dann, wenn ein Hand-Symbol erscheint, den Wert bei gedrückter Maustaste »ziehen«.

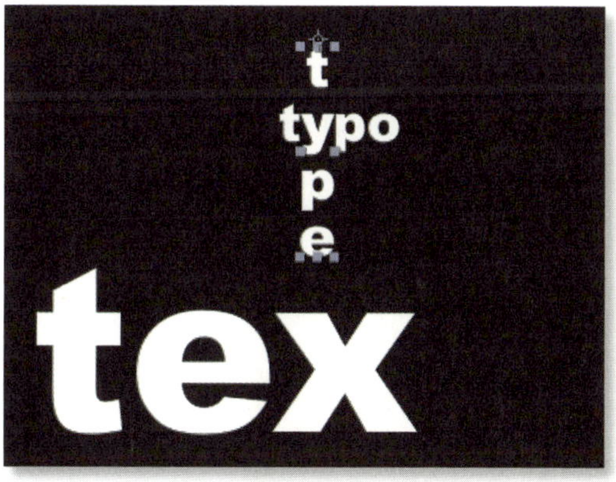

▴ **Abbildung 16.11**
Die Worte »typo« und »type« werden deckungsgleich übereinander positioniert.

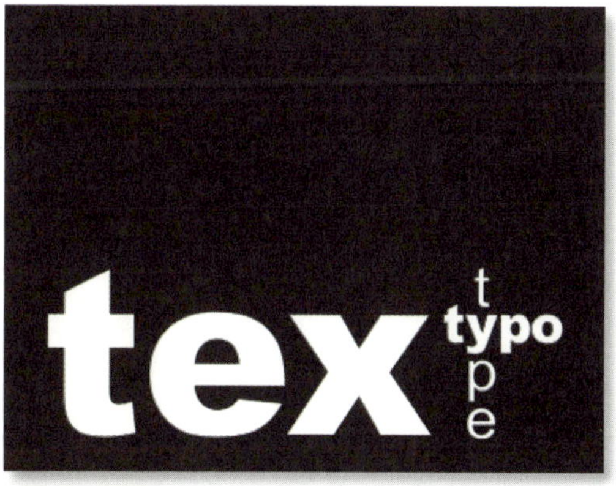

▴ **Abbildung 16.12**
Der fertig gestaltete Text ist hier noch etwas mehr bearbeitet worden, sollte aber ähnlich aussehen. ■

16.2.2 Absatztext

Um einen Absatztext zu erzeugen, wird das horizontale oder das vertikale Text-Werkzeug verwendet. Im Unterschied zum Punkttext muss zuvor mit dem jeweiligen Werkzeug ein Rahmen aufgezogen werden, der für den Text als Begrenzungsrahmen dient. Das bedeutet, dass der Textfluss nur innerhalb des Rahmens erfolgt.

Der Text bricht um und wird automatisch in der nächsten Zeile fortgeführt, sobald er den rechten Rand des Rahmens erreicht. Sind mehr Zeichen vorhanden als in den Rahmen passen, wird dies über ein kleines Kreuz in der rechten unteren Ecke des Rahmens angezeigt.

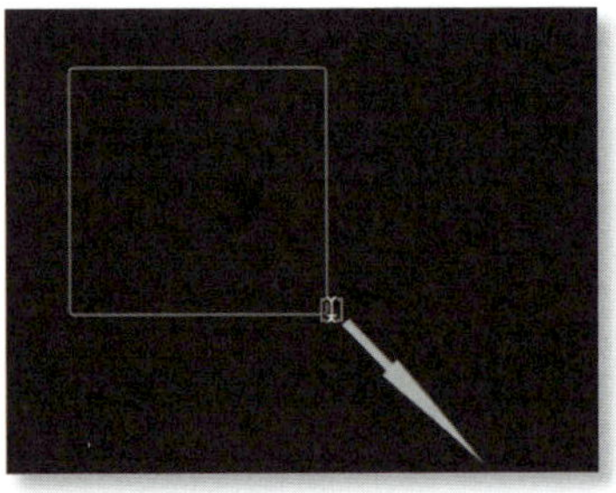

▲ Abbildung 16.13
Für einen Absatztext wird erst einmal ein Rahmen aufgezogen.

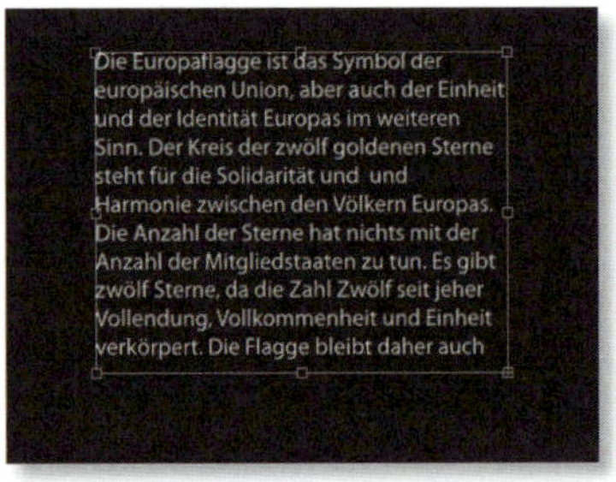

Die Europaflagge ist das Symbol der
europäischen Union, aber auch der Einheit
und der Identität Europas im weiteren
Sinn. Der Kreis der zwölf goldenen Sterne
steht für die Solidarität und und
Harmonie zwischen den Völkern Europas.
Die Anzahl der Sterne hat nichts mit der
Anzahl der Mitgliedstaaten zu tun. Es gibt
zwölf Sterne, da die Zahl Zwölf seit jeher
Vollendung, Vollkommenheit und Einheit
verkörpert. Die Flagge bleibt daher auch

▲ Abbildung 16.14
Ein überfüllter Textrahmen zeigt seine Überfülle durch ein kleines ausgekreuztes Kästchen unten rechts an.

▲ Abbildung 16.15
Hier sieht man das Kästchen noch besser.

Quadratische Textrahmen aufziehen

Drücken Sie, während Sie einen Textrahmen aufziehen, die Taste [⇧], um einen Rahmen mit gleichen Seitenlängen zu erhalten.

Größe eines Textrahmens ändern | Um die Größe des Begrenzungsrahmens zu ändern, ziehen Sie an einem der acht Anfasser des Rahmens in die gewünschte Richtung. Wird der Mauszeiger über einem Anfasser positioniert, ändert sich sein Aussehen. Der Rahmen kann dann verändert werden.

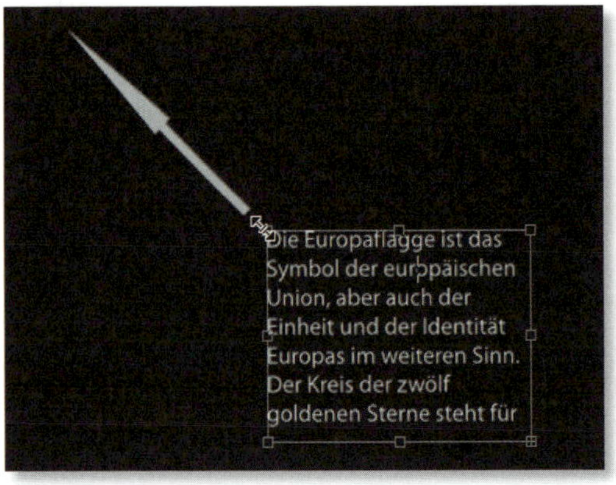

Abbildung 16.16 ▶
Die Größe eines Textrahmens kann über das Ziehen an einem der acht Anfasser des Rahmens geändert werden.

Mit Hilfe der Taste [⇧] können Sie einen bereits vorhandenen Rahmen proportional vergrößern bzw. verkleinern. Wenn Sie während der Skalierung die Tasten [⇧]+[Strg] verwenden, wird der Rahmen proportional und vom Mittelpunkt aus skaliert.

16.2.3 Punkttext in Absatztext umwandeln und umgekehrt

Es ist ohne weiteres möglich, Punkt- in Absatztext umzuwandeln und umgekehrt. Dazu wird die zu konvertierende Textebene am besten in der Zeitleiste mit dem Auswahl-Werkzeug markiert. Anschließend muss das Werkzeug gewechselt und das vertikale oder das horizontale Text-Werkzeug ausgewählt werden.

Anschließend wird bei gedrückter rechter Maustaste an einer beliebigen Stelle im Kompositionsfenster geklickt, worauf ein Popup-Menü erscheint. Dort wählen Sie je nachdem die Option IN PUNKTTEXT UMWANDELN oder IN ABSATZTEXT UMWANDELN. Die Umwandlung wird erst wirksam, wenn danach mit dem Text-Werkzeug in den Text geklickt wird.

Text auswählen

Ein Doppelklick auf eine Textebene genügt, um alle Zeichen auszuwählen.

Mit einem Doppelklick bei aktivem horizontalen oder vertikalen Text-Werkzeug auf ein Wort wird dieses ausgewählt.

Bei drei Klicks wird die ganze Zeile, bei vier Klicks der ganze Absatz und bei fünf Klicks der gesamte Text ausgewählt.

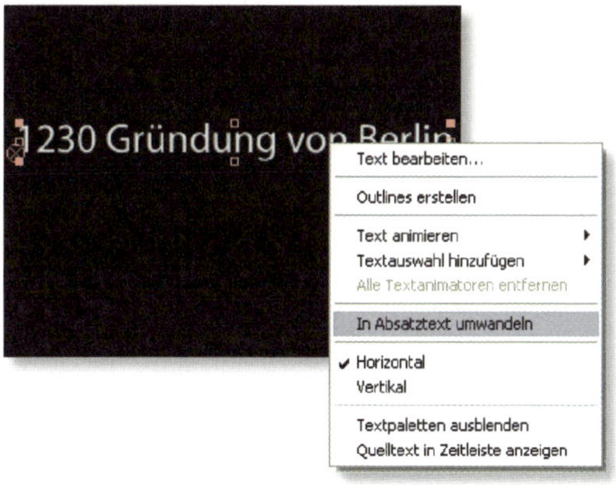

▲ **Abbildung 16.17**
Punkttext kann in Absatztext umgewandelt werden und umgekehrt.

▲ **Abbildung 16.18**
Nach der Umwandlung des Punkttextes wird der für den Absatztext typische Rahmen angezeigt.

16.2.4 Horizontalen in vertikalen Text umwandeln und umgekehrt

Der Weg, um horizontalen in vertikalen Text umzuwandeln oder umgekehrt, ist ähnlich wie die Umwandlung von Punkttext in Absatztext.

Wählen Sie dazu die Textebene in der Zeitleiste mit dem Auswahl-Werkzeug aus. Wechseln Sie dann zu einem der beiden Text-Werkzeuge, klicken an beliebiger Stelle ins Kompositionsfenster und wählen dort HORIZONTAL oder VERTIKAL.

Überfüllter Textrahmen

Absatztext kann mehr Text enthalten, als momentan im Textrahmen angezeigt wird. Vor der Umwandlung in Punkttext sollte der Textrahmen aufgezogen werden, bis der gesamte Text sichtbar ist, da unsichtbarer Text bei der Umwandlung gelöscht wird.

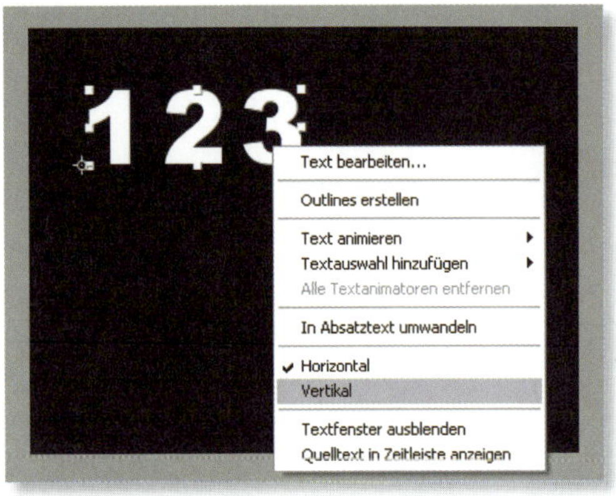

▲ **Abbildung 16.19**
Horizontaler Text kann leicht in vertikalen Text umgewandelt werden.

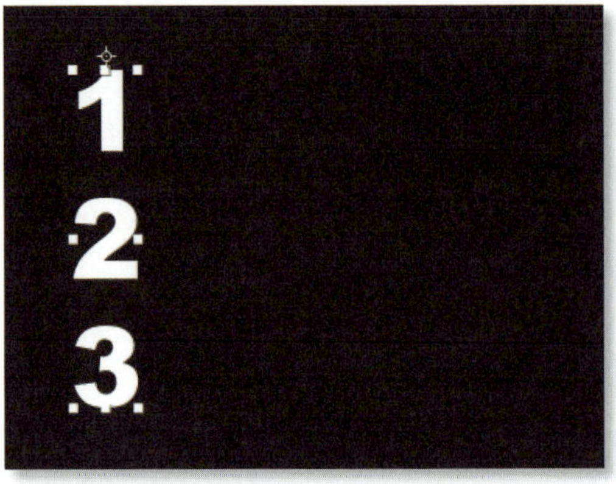

▲ **Abbildung 16.20**
Tatsächlich – der Text ist jetzt vertikal ...

16.2.5 Ebeneneinstellungen ein- und ausblenden

Bei der Bearbeitung von Text kann es lästig sein, wenn der markierte Text farbig unterlegt wird. Besonders bei Veränderungen der Textfarbe kann das sehr stören. Um die farbige Untermalung auszublenden und dennoch den ausgewählten Text bearbeiten zu können, wählen Sie Ansicht Ebeneneinstellungen ausblenden bzw. [Strg]+[⇧]+[H]. Danach verändern Sie die Textattribute wie gewünscht. Bei der nächsten Textauswahl wird die farbige Untermalung allerdings sofort wieder sichtbar und kann wieder deaktiviert werden.

Markierter Text

Wenn der Text markiert oder der Textcursor im Text platziert ist, kann er weder von Punkt- in Absatztext noch von horizontalem in vertikalen Text umgewandelt werden.

16.2.6 Text aus anderen Anwendungen einfügen

In After Effects lässt sich Text aus anderen Anwendungen in jede Textebene einfügen. Möglich ist es, Text aus Adobe-Programmen und aus beliebigen Texteditoren zu verwenden. Dazu wird der Text in der anderen Anwendung mit [Strg]+[C] kopiert und in eine Textebene mit [Strg]+[V] eingesetzt. Wählen Sie zuvor noch das horizontale oder das vertikale Text-Werkzeug aus und setzen den Textcursor in den Text der gewünschten Ebene.

Textebenen aus Photoshop und Illustrator | Für Textebenen aus Photoshop oder Illustrator gibt es die schöne Funktion, diese auch in After Effects bearbeiten zu können. Sämtliche Formatierungen der Texte bleiben in After Effects erhalten. In Photoshop mit der Option Text verkrümmen erstellter Text landet in After Effects allerdings auf einer Geraden.

Beim Import wählen Sie gegebenenfalls im Feld Ebenenoptionen den Eintrag Ebene wählen ❶. Suchen Sie sich dort die Textebene aus und bestätigen mit OK. Sie können Dateien mit mehreren Ebenen aber auch als Komposition importieren und haben dann auf jede Ebene der Datei Zugriff.

Photoshop-Text in editierbaren Text umwandeln | Nachdem Sie eine Photoshop-Textebene einer Komposition hinzugefügt haben, markieren Sie sie und wählen dann EBENE • IN EDITIERBAREN TEXT UMWANDELN. Danach lässt sich der Text mit der Zeichen- und der Absatz-Palette neu formatieren. Illustrator-Textebenen können leider nicht in editierbaren Text umgewandelt werden.

◀ **Abbildung 16.21**
Um Text aus Photoshop in After Effects zu editieren, wird die Photoshop-Textebene beim Import ausgewählt.

16.3 Textformatierung

Dieser Abschnitt führt Sie durch sämtliche Optionen der Zeichen- und der Absatz-Palette, die mit einigen Beispielen visualisiert werden. Hier können Sie auch gerne einfach nur nachschlagen, falls Sie eine Formatierungsoption noch nicht kennen oder sie vergessen haben.

16.3.1 Die Zeichen-Palette

Veränderungen, die in der Zeichen-Palette erfolgen, wirken sich nur auf Textebenen oder Textzeichen aus, die zuvor markiert wurden. Es ist möglich, einzelne Zeichen innerhalb eines Textes unterschiedlich zu formatieren. Wenn Sie mit Adobe Illustrator oder Adobe Photoshop vertraut sind, wird Ihnen die Zeichen-Palette sicher bekannt vorkommen.

Sollte die Zeichen-Palette nicht sichtbar sein, wählen Sie FENSTER • ZEICHEN bzw. Strg+6. Sämtliche Werte in der Zeichen-Palette können bequem geändert werden, indem Sie den Mauszeiger über dem jeweiligen blau geschriebenen Wert positionieren und der Wert dann, wenn ein Hand-Symbol erscheint, bei gedrückter Maustaste »gezogen« wird. Es kann aber auch einfach auf einen Zahlenwert geklickt werden, um diesen zu markieren und einen neuen Wert über die Tastatur einzugeben. Obendrein stehen Popup-Menüs zur Auswahl voreingestellter Werte zur Verfügung.

TrueType-Schriften

TrueType-Schriften werden vergleichbar einer Vektorgrafik aus Konturen aufgebaut und können verlustfrei skaliert werden. Sie werden zur Darstellung am Bildschirm sowie beim Druck eingesetzt.

OpenType-Schriften

OpenType-Schriften können sowohl auf dem Mac wie auch auf Windows-Rechnern verwendet werden; sie sind plattformübergreifend kompatibel.

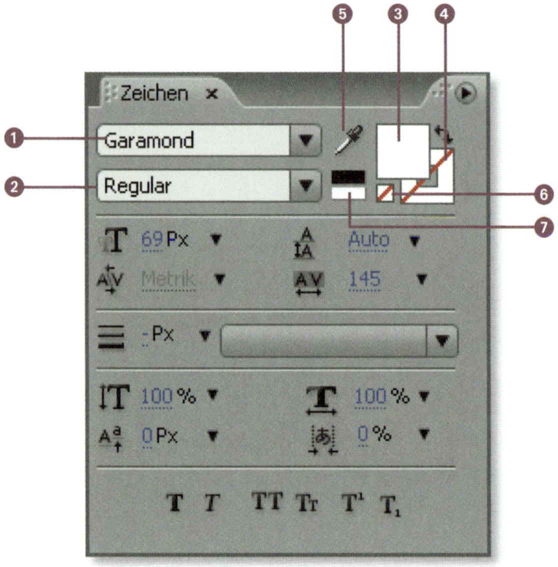

Abbildung 16.22 ▸
Die Zeichen-Palette, hier in ihrer vollen Pracht, bietet große Formatierungsmöglichkeiten.

▴ Abbildung 16.23
Verschiedene Schriftarten innerhalb einer Textebene sind kein Problem.

Schriftart auswählen | Im Feld ❶ wählen Sie die auf dem System installierten Schriftarten aus. Hier kann auch der Name einer installierten Schrift eingegeben werden, die dann sehr schnell gefunden wird. Wenn Sie mehrere Schriften auf Ihrem System installiert haben, erhalten die Schriftnamen folgende Zusätze: »(TT)« für TrueType-Schriften, »(OT)« für OpenType-Schriften und »(T1)« für Type 1-Schriften.

▴ Abbildung 16.24
Unterschiedliche Schriftschnitte müssen auf dem System installiert sein, damit sie angewendet werden können.

Schriftschnitt auswählen | Der Schriftschnitt ❷ kann zwischen Schriftschnitten wie BOLD, REGULAR, ITALIC gewechselt werden. Der Schriftschnitt ist eine Variante der oben gewählten Schriftart. Da nicht immer alle Schriftschnitte installiert sind, können simulierte Schriftschnitte, die Faux-Schnitte, verwendet werden. Lesen Sie mehr dazu weiter unten.

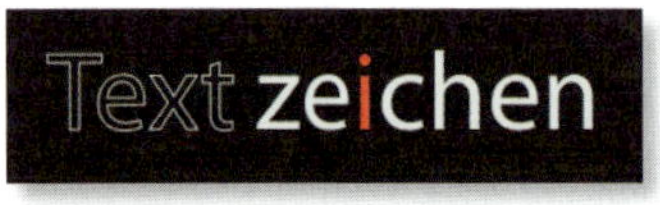

▴ Abbildung 16.25
Text kann in unterschiedlichen Flächen- und Konturfarben erscheinen.

Text- und Konturfarbe ändern | Wählen Sie den zu ändernden Text aus und klicken dann auf das Flächenfarbfeld ❸, um mit dem Farbwähler eine neue Textfarbe zu definieren. Eine Konturfarbe definieren Sie über das Feld ❹. Die weiteren Optionen gelten für die Kontur und die Textfarbe gleichermaßen. Mit der Pipette ❺ lässt sich ebenfalls eine neue Farbe wählen. Das Feld ❻ dient dazu, keine Farbe darzustellen, und ist für die Darstellung als Konturschrift gedacht. Ist keine Kontur gewählt, wird der Text unsichtbar. Mit dem Feld ❼ wechseln Sie die Farben schnell zwischen Schwarz und Weiß.

▲ **Abbildung 16.26**
Die Kontur kann unter der Flächenfarbe des Texts liegen oder darüber.

Konturoptionen | Die Linienstärke der Kontur ❽ nimmt durch höhere Werte zu und durch geringere ab. Im Feld ❾ legen Sie mit KONTUR ÜBER FÜLLUNG fest, dass die Textkontur die Flächenfarbe des Texts überlagern soll bzw. umgekehrt mit FÜLLUNG ÜBER KONTUR.

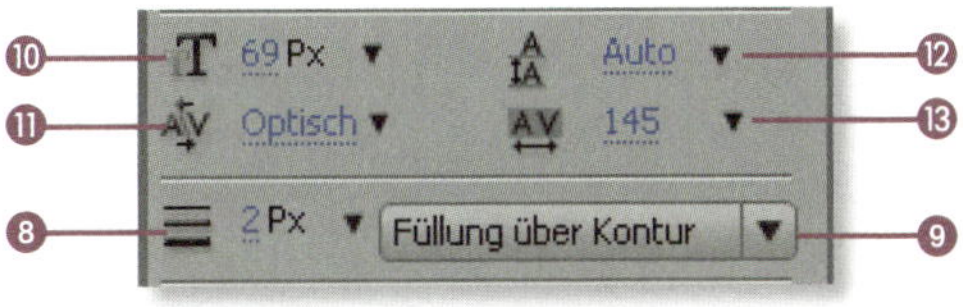

◄ **Abbildung 16.27**
Auch die Schriftgröße, Konturbreite, Zeichenabstände und die Zeilenabstände von mehrzeiligem Text lassen sich ändern.

Schriftgröße | Die SCHRIFTGRÖSSE ❿ definiert die Textgröße in Pixel.

Zeichenabstand (Kerning) | Mit dem KERNING ⓫ wird der Abstand zwischen zwei Zeichen festgelegt. Die Option METRIK verwendet den Zeichenabstand der installierten Schrift. Bei dem Eintrag OPTISCH vergleicht After Effects die benachbarten Zeichen und sucht einen optimalen Zeichenabstand. Die Zeichen können sich auch überschneiden, wenn Sie hohe negative Werte verwenden, was allerdings dem Sinn des Kernings nicht gerade nahe kommt, da es für die optische Feinabstimmung der Buchstabenabstände gedacht ist.

▲ **Abbildung 16.28**
So extrem (wie hier zur Demonstration dargestellt) sollte das Kerning nicht verwendet werden. Es dient zur Feinabstimmung der Zeichenabstände.

Zeilenabstand | Mit dem ZEILENABSTAND ⓬ wird der Abstand zwischen den Textzeilen bestimmt, die markiert sind. Die Option AUTO ist für gut lesbaren Text empfehlenswert.

Laufweite | Die LAUFWEITE ⓭ erhöht die Zeichenabstände mehrerer markierter Zeichen oder verringert sie bis zur gegenseitigen Überschneidung.

Vertikal und horizontal skalieren | Mit den Feldern VERTIKAL SKALIEREN ❶ und HORIZONTAL SKALIEREN ❷ (Abbildung 16.30) wird ausgewählter Text bei höheren Werten gestreckt und bei niedrigen Werten gestaucht.

▲ **Abbildung 16.29**
Die Skalierung lässt sich für jedes Textzeichen einzeln einstellen.

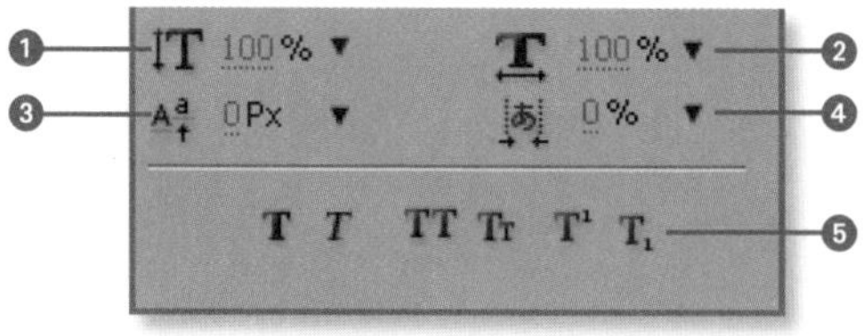

Abbildung 16.30 ▶
Weitere Optionen der Zeichen-Palette sind Textzeichenskalierung, hochgestellte Zeichen, die Faux-Schnitte und Tsume.

▲ **Abbildung 16.31**
Auch hoch- und tiefgestellte Textzeichen sind möglich.

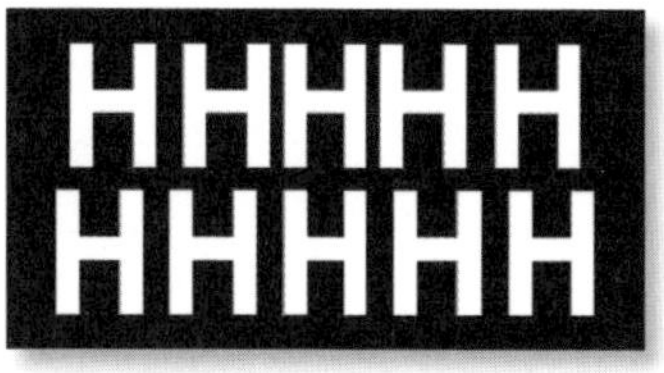

▲ **Abbildung 16.32**
Unpassend, aber deutlich: Im oberen Beispiel wurde der Raum um das mittlere Textzeichen mit Tsume verringert.

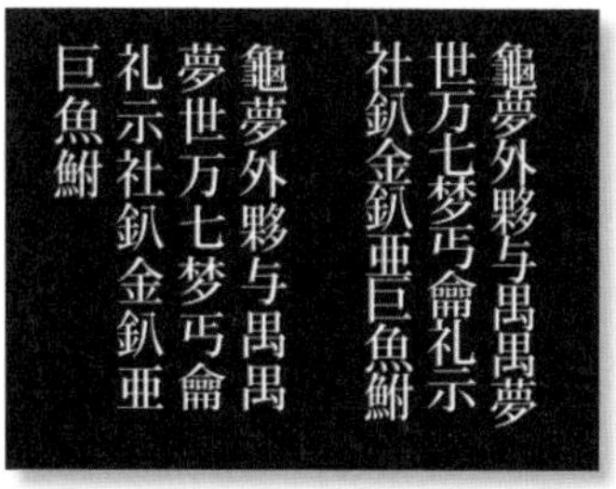

▲ **Abbildung 16.33**
Hier passt die Anwendung von Tsume: links mit einem Wert für Tsume von 0 Prozent und rechts mit 100 Prozent.

Grundlinienverschiebung | Mit der Grundlinienverschiebung ❸ wird der Abstand der ausgewählten Zeichen von ihrer Grundlinie festgelegt. Die Grundlinie ist eine gedachte Linie, auf der die Textzeichen »stehen«. Resultat der Grundlinienverschiebung sind hoch- oder tiefgestellte Textzeichen.

Tsume | Tsume ist nicht etwa eine Spezialität eines Sushi-Restaurants. – Mit Tsume ❹ wird der Raum um markierte Zeichen verringert. Bei einem Wert von 100 % ist der Raum rechts und links von einem Textzeichen am geringsten. Die Funktion ist nicht mit Kerning zu verwechseln, bei der der Abstand zweier benachbarter Textzeichen verändert wird. Tsume wird vor allem bei chinesischen, japanischen und koreanischen Schriften (CJK-Schriften) angewendet.

Faux-Schnitte | Sind entsprechende Schriftschnitte nicht auf Ihrem System installiert, können diese mit den Feldern ❺ für Faux Fett, Faux Kursiv, Grossbuchstaben, Kapitälchen, Hochgestellt, Tiefgestellt simuliert werden. Typografisch ist diese Einstellungen allerdings nicht zu empfehlen.

Vertikale Standardausrichtung Roman | Zu finden ist die Option über den Schalter ❻ im Menü der Zeichen-Palette ❼. In vertikalen Textzeilen werden die Zeichen gedreht, wenn die Option inaktiv ist. Chinesische, japanische und koreanische Zeichen werden nicht gedreht. Die Option sollte vor der Texteingabe gewählt werden.

Tate-Chuu-Yoko | Falls Sie es schwer haben, den Namen der Funktion auszusprechen, nutzen Sie einfach die beiden anderen gebräuchlichen Namen *Kumimoji* oder *Renmoji* ... Es handelt sich hierbei nicht um das, was Sie vielleicht vermuten: Dies ist keine Figur des Tai Chi Chuan. Sie finden die Funktion im Menü der Zeichen-Palette ❽. Sinn und Zweck der Funktion liegt darin, Zeichen innerhalb einer vertikalen Textzeile horizontal auszurichten, wie es bei chinesischen, japanischen und koreanischen Schriften oft nötig ist.

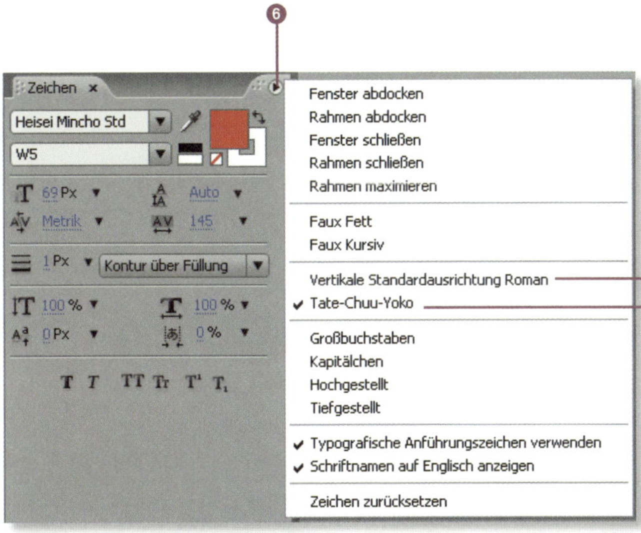

◄ **Abbildung 16.34**
Im Menü der Zeichen-Palette verbergen sich weitere umfangreiche Optionen.

Schriftnamen auf Englisch anzeigen

Die Option dient dazu, fremde Zeichensätze auf Englisch anzeigen zu lassen, und findet sich im Menü der Zeichen-Palette.

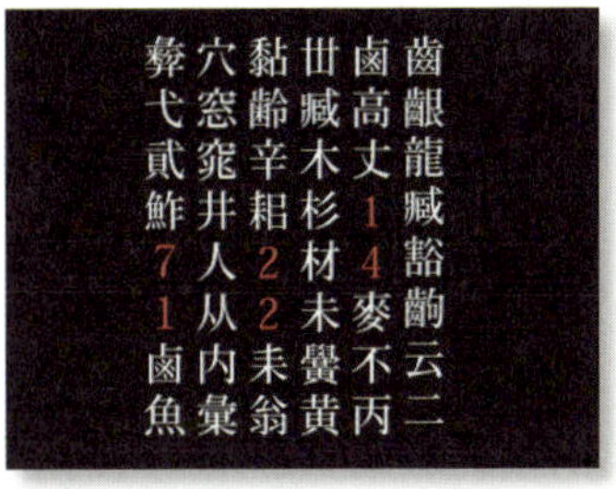

▲ **Abbildung 16.35**
Hier ein chinesischer Text ohne die Anwendung von Tate-Chuu-Yoko.

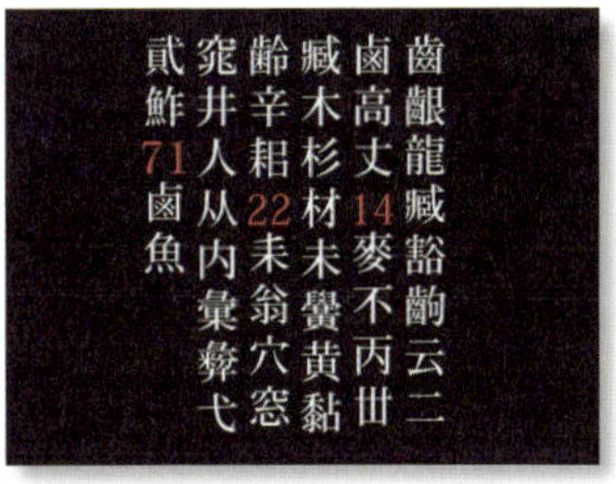

▲ **Abbildung 16.36**
Tate-Chuu-Yoko dient dazu, Zeichen innerhalb einer vertikalen Textzeile horizontal auszurichten. Hier ein Text nach Anwendung der Option.

Zeichen zurücksetzen

Ebenfalls im Menü der Zeichen-Palette zu finden. Alle Änderungen im markierten Text werden auf die Standardwerte zurückgesetzt.

Typografische Anführungszeichen | Im Menü der Zeichen-Palette wechseln Sie zwischen typografischen, also geschwungenen, und geraden Anführungszeichen. Dazu sollte die Option vor der Eingabe der Zeichen gewählt werden.

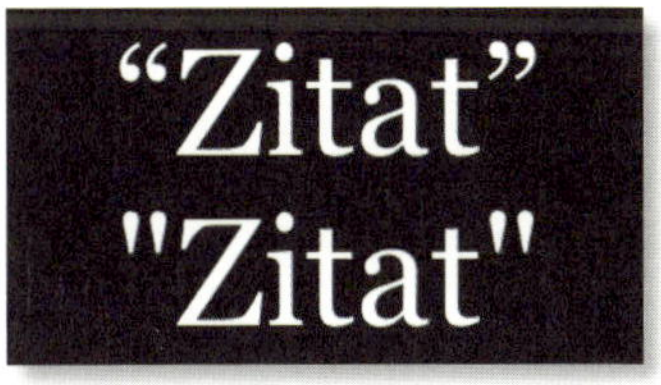

▲ **Abbildung 16.37**
Oben wurden typografische Anführungszeichen verwendet und unten normale.

16.3.2 Die Absatz-Palette

Die Absatz-Palette enthält umfangreiche Möglichkeiten zur Formatierung von Absätzen. Dazu gehören Optionen wie Textausrichtung, Texteinzüge und Zeilenabstand, wie später zu sehen sein wird. Ein Absatztext kann aus einer oder mehreren Zeilen bestehen. Bei Punkttext gilt jede Zeile als Absatz. Um Text in mehreren Absätzen zu formatieren, müssen die entsprechenden Absätze markiert sein.

Über den kleinen dreieckigen Schalter oben rechts in der Absatz-Palette gelangen Sie in das Menü der Absatz-Palette mit weiteren Optionen.

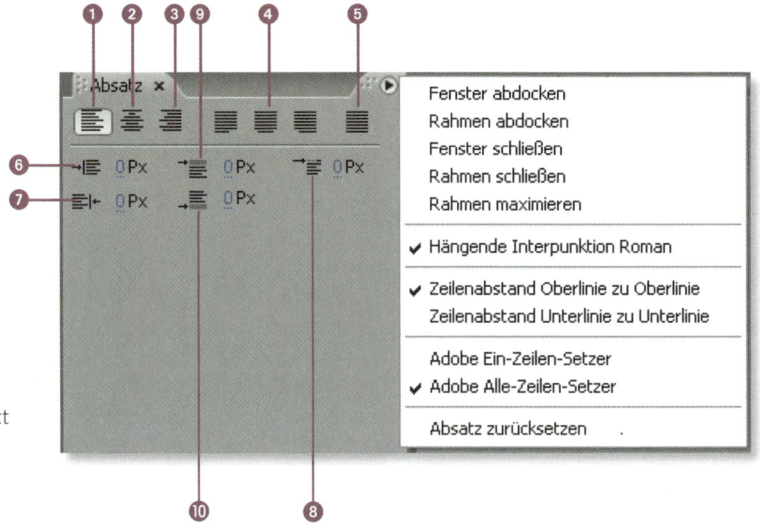

Abbildung 16.38 ▸
Auch die Absatz-Palette versteckt ein nicht unbeachtliches Menü.

Textausrichtung | Mit den Schaltern für TEXTAUSRICHTUNG wird der Text am linken Rand des Textrahmens ausgerichtet ❶, in der Mitte zentriert ❷ oder am rechten Rand orientiert ❸.

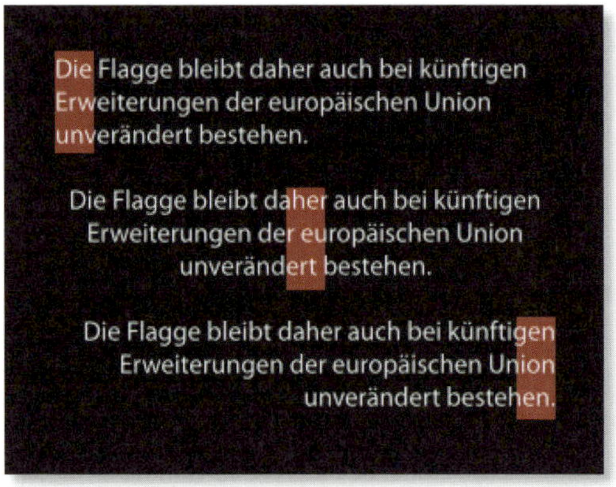

Abbildung 16.39 ▸
Das Beispiel zeigt linksbündigen, zentrierten und rechtsbündigen Text.

Die Schalter für BLOCKSATZ ❹ spannen den Text zwischen dem linken und rechten Rand des Textrahmens auf, während die letzte Textzeile links, mittig oder rechts ausgerichtet wird. Der Schalter ❺ dient dem reinen Blocksatz.

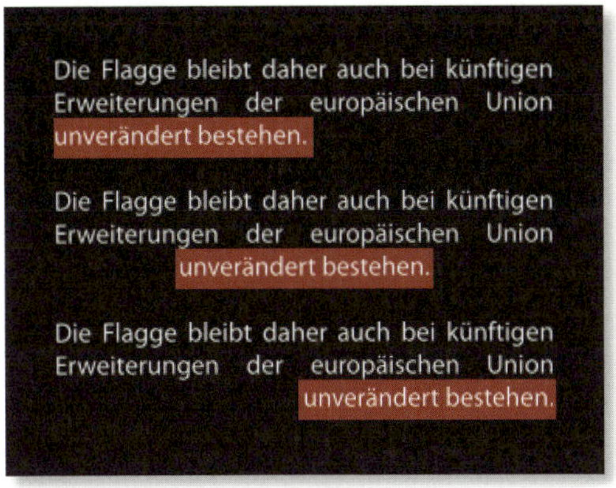

▲ **Abbildung 16.40**
Beim Blocksatz kann die letzte Zeile linksbündig, zentriert oder rechtsbündig gesetzt werden.

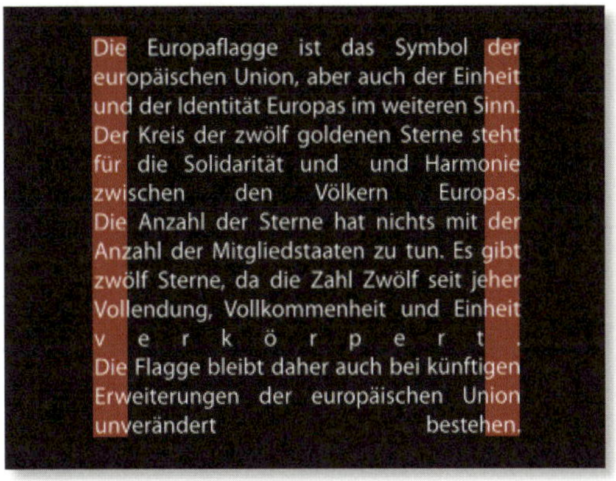

▲ **Abbildung 16.41**
Beim reinen Blocksatz sind alle Zeilen zwischen linkem und rechtem Rand aufgespannt, was oft unansehnlich wirkt.

Texteinzüge | Die nächsten Schalter sind den Texteinzügen gewidmet. Befindet sich das Text-Werkzeug in einem Absatz und Sie erhöhen die Werte für Einzug am linken Rand ❻, wird der gesamte linke Rand des Absatzes nach rechts eingerückt. Entsprechend rücken die Werte für Einzug am rechten Rand ❼ den Absatz nach links ein. Erhöhen Sie die Werte für Einzug erste Zeile ❽, wird die jeweils erste Zeile eines jeden markierten Absatzes nach rechts eingerückt. Mit Abstand vor Absatz einfügen ❾ wird, wie Sie vermuten, vor dem markierten Absatz ein Abstand erzeugt, mit Abstand nach Absatz einfügen ❿ – richtig – danach.

Absatz zurücksetzen

Zu guter Letzt lassen sich mit Absatz zurücksetzen sämtliche Änderungen in der Absatz-Palette wieder auf die Standardwerte zurücksetzen.

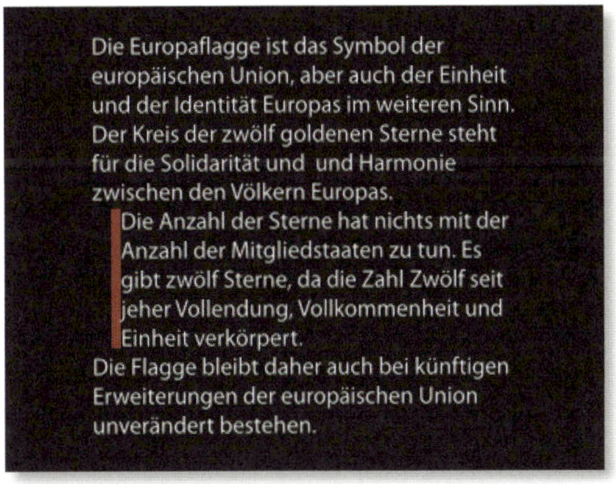

▲ **Abbildung 16.42**
Werden die Werte für Einzug am linken Rand erhöht, wird der gesamte linke Rand des Absatzes nach rechts eingerückt.

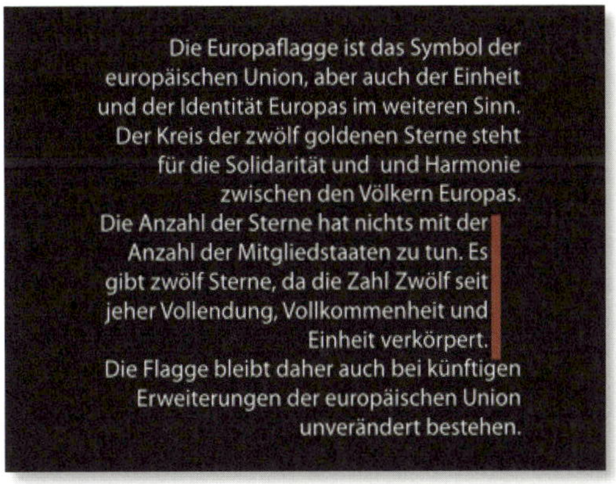

▲ **Abbildung 16.43**
Werden die Werte für Einzug am rechten Rand erhöht, wird der gesamte rechte Rand des Absatzes nach links eingerückt.

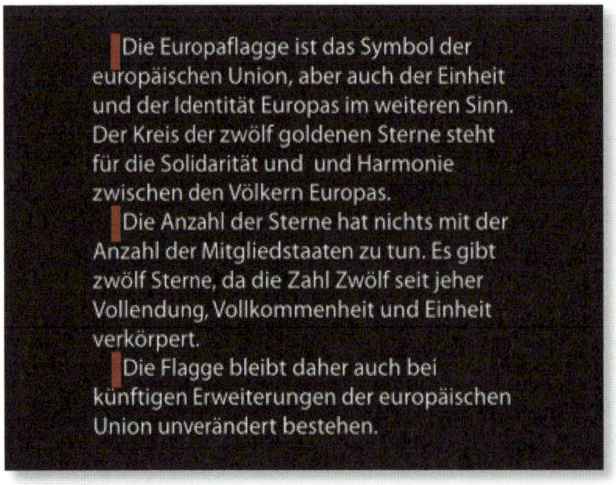

▲ **Abbildung 16.44**
Werden die Werte für Einzug erste Zeile erhöht, wird die jeweils erste Zeile eines jeden markierten Absatzes nach rechts eingerückt.

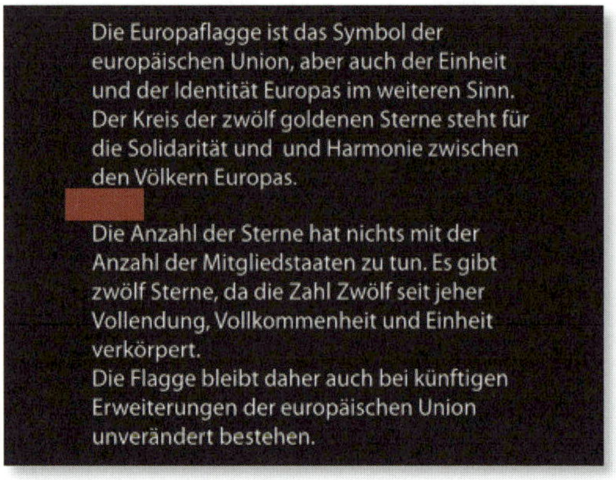

▲ **Abbildung 16.45**
Mit Abstand vor Absatz einfügen wird vor dem Absatz ein Abstand erzeugt.

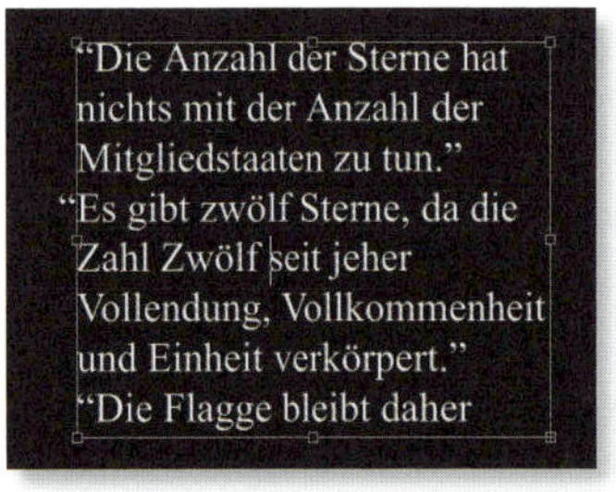

▲ **Abbildung 16.46**
Mit der Option Hängende Interpunktion Roman werden Anführungsstriche außerhalb eines Textrahmens dargestellt.

▲ **Abbildung 16.47**
Der Zeilenabstand kann von Grundlinie zu Grundline oder ...

▲ **Abbildung 16.48**
... von Oberlinie zu Oberlinie gemessen werden.

Hängende Interpunktion Roman | Die Option Hängende Interpunktion Roman aus den Palettenoptionen dient dazu, Anführungszeichen außerhalb eines Textrahmens darzustellen, wenn ein Häkchen gesetzt ist. Ohne Häkchen verbleiben die Anführungszeichen innerhalb des Textrahmens.

Zeilenabstand | Der Zeilenabstand bestimmt den Abstand von einer Textzeile zur nächsten. Mit den Optionen Zeilenabstand Oberlinie zu Oberlinie und Zeilenabstand Unterlinie zu Unterlinie wird gewählt, ob der Abstand von einer Grundlinie zur anderen Grundlinie oder zwischen den Oberlinien der Textzeichen gemessen wird.

Adobe Ein-Zeilen-Setzer | Längere Texte müssen umgebrochen werden, wenn sie von einer Zeile zur nächsten weiterfließen sollen. Ziel ist hierbei, ein optisch möglichst ausgeglichenes Schriftbild zu erzeugen, d.h. es sollten im Text möglichst keine unregelmäßigen Zeichen- und Wortabstände sichtbar sein. Mit der Option Adobe Ein-Zeilen-Setzer wird für jede Textzeile einzeln die günstigste Stelle für einen Zeilenumbruch gesucht. Der Umbruch kann hier manuell gesteuert werden.

Adobe Alle-Zeilen-Setzer | Der Adobe Alle-Zeilen-Setzer vergleicht mehrere Textzeilen miteinander, um ungünstige Umbrüche im Textverlauf zu vermeiden. Die günstigsten Umbrüche werden verwendet. Das Resultat ist ein Schriftbild mit gleichmäßigeren Abständen.

Die Europaflagge ist das Symbol der europäischen Union, aber auch der Einheit und der Identität Europas im weiteren Sinn. Der Kreis der zwölf goldenen Sterne steht für die Solidarität und und Harmonie zwischen den Völkern Europas.
Die Anzahl der Sterne hat nichts mit der Anzahl der Mitgliedstaaten zu tun. Es gibt zwölf Sterne, da die Zahl Zwölf seit jeher Vollendung, Vollkommenheit und Einheit v e r k ö r p e r t .
Die Flagge bleibt daher auch bei künftigen Erweiterungen der europäischen Union unverändert bestehen.

▲ **Abbildung 16.49**
Das Schriftbild wirkt im Blocksatz mit dem Adobe Ein-Zeilen-Setzer eher mäßig.

Die Europaflagge ist das Symbol der europäischen Union, aber auch der Einheit und der Identität Europas im weiteren Sinn. Der Kreis der zwölf goldenen Sterne steht für die Solidarität und und Harmonie zwischen den Völkern Europas.
Die Anzahl der Sterne hat nichts mit der Anzahl der Mitgliedstaaten zu tun. Es gibt zwölf Sterne, da die Zahl Zwölf seit jeher Vollendung, Vollkommenheit und Einheit verkörpert.
Die Flagge bleibt daher auch bei künftigen Erweiterungen der europäischen Union unverändert bestehen.

▲ **Abbildung 16.50**
Mit dem Adobe Alle-Zeilen-Setzer sieht es schon besser aus.

17 Text animieren

Auf einfachem Wege sind umfangreichste Animationen von Texteigenschaften wie Skalierung, Drehung, Textfarbe usw. zu erreichen. Verwenden Sie vorgegebene Textanimationen oder erstellen Sie eigene Animationen mit Textanimator-Gruppen.

17.1 Welche Möglichkeiten der Textanimation gibt es?

Textebenen lassen sich auf mehreren verschiedenen Wegen animieren. Wie jede andere Ebene auch sind Textebenen über die **Transformieren-Eigenschaften** einer Ebene, also die Eigenschaften SKALIERUNG, DREHUNG, POSITION etc. animierbar. Doch darin liegt nicht die eigentliche Stärke bei der Textanimation. Denn die Transformieren-Eigenschaften beeinflussen die gesamte Ebene, nicht die einzelnen Texteigenschaften. Diese lassen sich eigenständig mit recht einfachen Funktionen animieren.

Mehrere Texteigenschaften wie TEXTFARBE, ZEICHENDREHUNG, ZEICHENSKALIERUNG etc. lassen sich in **Textanimator-Gruppen** zusammenfassen und als Eigenschaftsgruppe über einen festgelegten Zeitraum animieren. Dabei ist es möglich, einzelne Zeichen, einen Bereich von Zeichen oder den ganzen Text mit einer Bereichsauswahl zu versehen.

Auch der **Quelltext** einer Textebene ist animierbar. Hierbei werden die Textzeichen im Zeitverlauf abrupt zu anderen Zeichen gewechselt oder ihre Formatierung ändert sich.

Den Eiligen sei die Verwendung von vordefinierten Textanimationen empfohlen – zur Erstellung komplexer Animationen, wenn's noch schneller gehen soll.

Auch wenn es ein Vorgriff auf das Kapitel 18, »Masken, Matten und Alphakanäle«, ist, wird in diesem Kapitel schon einmal ein Maskenpfad erstellt und der Text entlang dieses Pfads animiert. Und noch etwas: Der Betrag, um den eine Texteigenschaft verändert, also animiert wird, kann mit Expressions-Auswahlen dynamisch kontrolliert werden.

17.2 Arbeiten mit Textanimator-Gruppen

Jede Textebene kann einen oder mehrere Animatoren, auch Textanimator-Gruppen genannt, enthalten. Jeder dieser Animatoren wird der Textebene einzeln hinzugefügt und kann – ganz nach Ihrer Wahl – verschiedene Eigenschaften der Textzeichen, beispielsweise Deckkraft oder Laufweite, enthalten.

Diese Eigenschaften müssen nicht unbedingt selbst mit Keyframes animiert werden. Stattdessen lässt sich die Animation der gewählten Texteigenschaften durch eine animierte Auswahl erreichen, die ebenfalls im Animator enthalten ist. Alle Textzeichen, die sich innerhalb der Auswahl befinden, werden animiert.

Da die Auswahl allein animiert werden kann, um sämtliche gewählten Eigenschaften im Zeitverlauf zu verändern, ist es nicht nötig, viele Keyframes für viele verschiedene Eigenschaften zu setzen, um mit Textanimator-Gruppen komplexe Animationen zu schaffen.

17.2.1 Der Animator, seine Eigenschaften und die Bereichsauswahl

Sie können sich das alles nicht so richtig vorstellen? – Müssen Sie auch nicht. Im anschließenden Workshop geht es gleich praktisch los. Da sehen wir dann weiter.

Schritt für Schritt: Text animieren in der Praxis

1 Vorbereitung

Fürs Erste wenden wir uns der Textanimation mit einem einfachen Beispiel zu. Animiert werden die Eigenschaften Drehung und Skalierung für einzelne Zeichen eines kleinen Textes. Schauen Sie sich dazu das Movie »animator« aus dem Ordner 17_Textanimation/Animation1 an.

Legen Sie ein neues Projekt an und erstellen eine Komposition in der Größe 384 × 288 mit einer Länge von 5 Sekunden.

Klicken Sie mit dem horizontalen Textwerkzeug in die leere Komposition, um eine Textebene zu schaffen. Tippen Sie das Wort »Animator« ein und wählen in der Zeichen-Palette die Schriftart Arial oder Myriad Pro bzw. eine andere ähnliche verfügbare

Schriftart. Die Schriftgröße soll etwa 75 px betragen. Bewegen Sie den Mauszeiger vom Text fort, um das Verschieben-Werkzeug zu erhalten, und ziehen Sie den Text in die Mitte der Komposition.

2 Animator hinzufügen

Sobald Sie eine Eigenschaft hinzufügen, die Sie animieren möchten, wird automatisch ein Animator angelegt. Markieren Sie dazu die Textebene und wählen im Menü ANIMATION • TEXT ANIMIEREN • DREHUNG.

Der Textebene wird in der Zeitleiste unter TEXT ❶ ein Eintrag mit dem automatisch generierten Namen ANIMATOR 1 ❷ hinzugefügt. Die anderen Optionen unter TEXT wie QUELLTEXT, PFADOPTIONEN und MEHR OPTIONEN ignorieren wir vorerst. Sie werden später noch besprochen.

In der Animator-Gruppe ist die Auswahl mit dem automatischen Namen BEREICHSAUSWAHL1 und die Animatoreigenschaft DREHUNG enthalten.

▲ **Abbildung 17.1**
Der zu animierende Text wird in der Mitte der Komposition platziert.

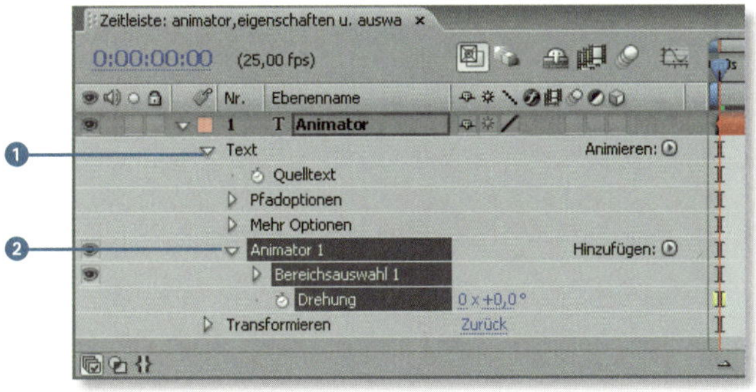

◂ **Abbildung 17.2**
Eine Animator-Gruppe enthält eine oder mehrere Eigenschaften und mindestens eine Auswahl.

3 Wie funktioniert eine Auswahl?

Jede Auswahl ist zuerst immer so eingerichtet, dass sich der gesamte Text innerhalb der Auswahl befindet. Wird in unserem Falle die Eigenschaft DREHUNG verändert, wirkt sich die Änderung auf den gesamten Text aus, es sei denn, die Auswahl wird anders eingerichtet.

Um die Auswahl im Kompositionsfenster anzuzeigen, klicken Sie auf den Namen der Animatorgruppe in der Zeitleiste. Im Kompositionsfenster werden Anfang und Ende der Auswahl mit senkrechten Linien markiert. Sie können die Auswahl ändern, indem Sie auf das kleine Dreieck ❶ (Abbildung 17.3) klicken und Anfang oder Ende der Auswahl verschieben.

Animatoren und Auswahl benennen

Es ist günstig, sich von Anfang an daran zu gewöhnen, Animatoren zu benennen, um Verwirrung zu vermeiden. Die Benennung erfolgt wie bei Ebenen, Kompositionen etc. Markieren Sie dazu das Wort ANIMATOR und betätigen [↵] im Haupttastaturfeld. Tippen Sie einen Namen ein und bestätigen erneut mit [↵]. Eine Bereichsauswahl wird auf gleichem Wege benannt.

Abbildung 17.3 ▸
Eine Bereichsauswahl hat zwei typische Markierungen für ANFANG (links) und ENDE (rechts) der Auswahl, die verschoben werden können. Der Text wird nur innerhalb der Auswahl verändert.

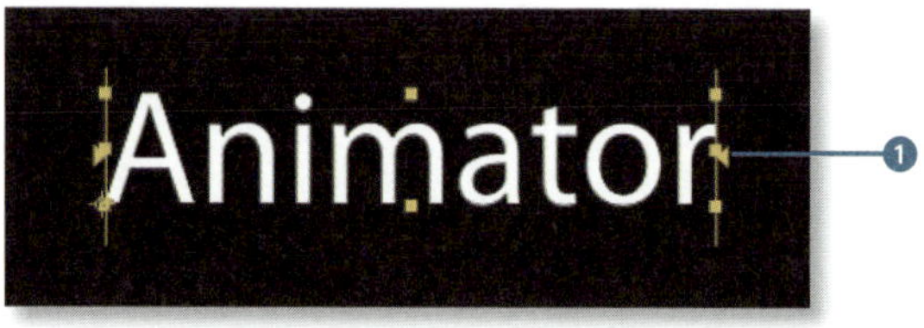

Sie können die Auswahl auch in der Zeitleiste ändern.

Öffnen Sie die BEREICHSAUSWAHL1 per Klick auf das kleine Dreieck. Dort befinden sich die Einträge ANFANG, ENDE und VERSATZ. Wenn Sie den Wert bei ANFANG auf über 0 % ziehen, wandert der Beginn der Auswahl ein paar Zeichen weiter. Bei ENDE wählen Sie Werte unter 100 % , um die Auswahl zu verändern. Wenn Sie Werte mit der Maus »ziehen«, sobald das Hand-Symbol über einem Wert erscheint, lässt sich die Auswahl sehr bequem ändern. Auf diese Weise legen Sie einen Auswahlbereich fest, der über den Versatz-Wert verschoben werden kann.

Versatz im Kompositionsfenster

Indem Sie bei gedrückter ⇧-Taste auf das kleine Dreieck der Anfang- oder Ende-Markierung klicken und diese ziehen, können Sie den Auswahlbereich verschieben. Die Werte bei VERSATZ werden angepasst.

Abbildung 17.4 ▸
Die Auswahlmarkierungen für ANFANG und ENDE können bequem in der Zeitleiste verschoben werden.

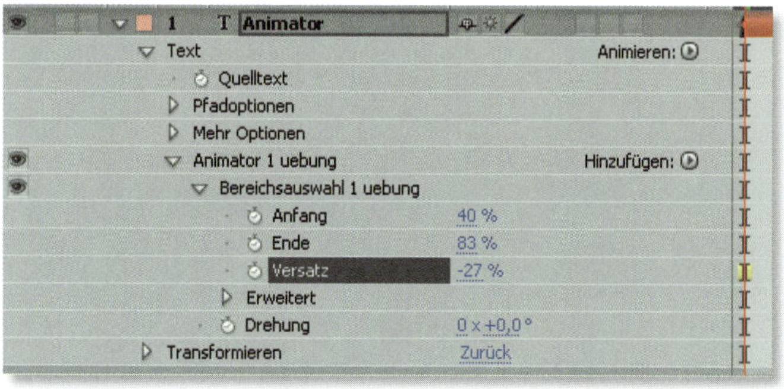

Textzeichen gleichzeitig animieren

Wenn Sie die Textzeichen nicht nacheinander, sondern alle gleichzeitig animieren wollen, darf die Auswahl nicht animiert werden. In diesem Falle setzen Sie die Werte für ANFANG auf 0 % und für ENDE auf 100 %, um den ganzen Text auszuwählen. Anschließend werden nur für die Drehung Keyframes gesetzt, beispielsweise bei 0 Sekunden 0 x +0,0° und bei 2 Sekunden 1 x +0,0°.

4 Auswahl animieren

Legen Sie zuerst für die Eigenschaft DREHUNG eine ganze Umdrehung fest und tragen 1 × +0,0° ins Wertefeld ein. Ziehen Sie die Zeitmarke auf den Zeitpunkt 00:00. Stellen Sie die Werte für ANFANG, ENDE und VERSATZ auf 0 %. Setzen Sie einen Keyframe für ENDE. Ziehen Sie die Zeitmarke auf 02:00 und setzen den Wert für ENDE auf 100 %. Schon ist die erste Animation gemacht.

Abbildung 17.5 ▸
Zum Animieren der dem Animator hinzugefügten Texteigenschaften werden ANFANG oder ENDE der Auswahl animiert. Die Zeichen ändern sich nacheinander, sobald die animierte Auswahl über ein Zeichen »wandert«.

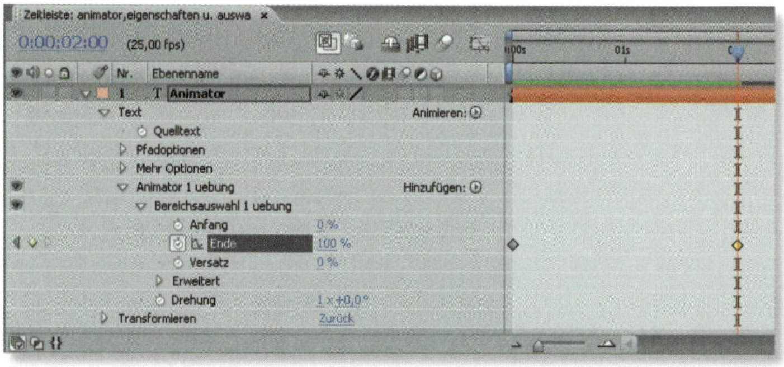

Wie Sie sehen, ist es nicht nötig, für die Drehung einen Keyframe zu setzen. Das Ende der Auswahl wandert über die Textzeichen, die nacheinander eine ganze Umdrehung vollführen.

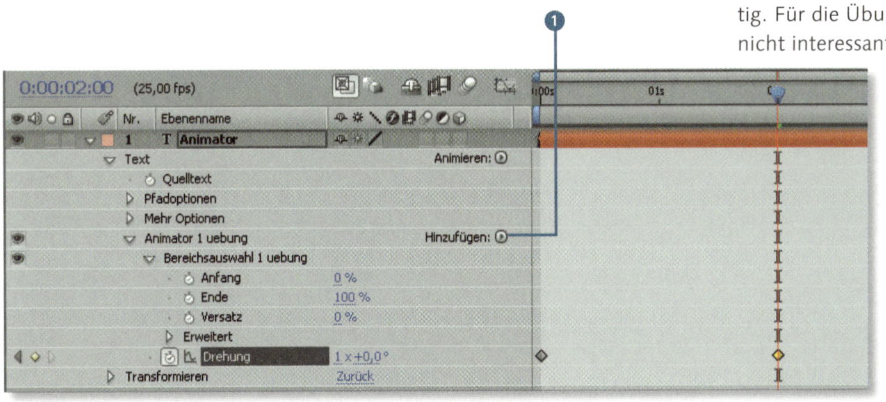

▼ Abbildung 17.6
Wird nur die Eigenschaft DREHUNG animiert, ändern sich die ausgewählten Zeichen gleichzeitig. Für die Übung ist dies aber nicht interessant.

5 Eigenschaft zur Animator-Gruppe hinzufügen

Zusätzlich zur Drehung soll die Eigenschaft SKALIERUNG animiert werden. Um einem Animator bzw. einer Animator-Gruppe eine Eigenschaft hinzuzufügen, klicken Sie auf die Schaltfläche ❶ bei HINZUFÜGEN und wählen unter EIGENSCHAFT in unserem Falle SKALIERUNG. Die Eigenschaft wird danach zusätzlich zur Drehung angezeigt. Ändern Sie den Wert der Skalierung auf 130 %, ohne einen Keyframe zu setzen. Wenn Sie die Animation abspielen, wird die Drehung **und** die Skalierung der Zeichen mit der animierten Auswahl beeinflusst. Das war es schon. Sie können Ihrer ersten Animator-Gruppe natürlich noch beliebig viele Eigenschaften hinzufügen.

Animatoren und Eigenschaften entfernen

Einzelne Animatoren, deren Eigenschaften oder Bereichsauswahlen lassen sich schnell entfernen, wenn sie zuvor markiert wurden und dann die Taste [Entf] gedrückt wird. Sämtliche Animatoren einer Textebene entfernen Sie über ANIMATION • ALLE TEXTANIMATOREN ENTFERNEN.

▲ Abbildung 17.7
In der fertigen Animation sieht man, dass jedes Zeichen einzeln mit den im Animator festgelegten Eigenschaftswerten verändert wird. ■

17.2.2 Mehr als ein Animator und eine Auswahl

Einer Textebene können mehrere Animatoren hinzugefügt werden. Jeder Animator übernimmt dabei die Animation weiterer Texteigenschaften. Die Bereichsauswahl kann dazu dienen, einzelne Worte oder Textteile auszuwählen, die im Zeitverlauf animiert werden, während andere Textteile von der Veränderung ausgenommen sind. In einem Beispiel soll dies verdeutlicht werden.

Schritt für Schritt: Animatoren und ausgewählte Bereiche

1 Vorbereitung

Schauen Sie sich zuerst das Movie »abspann« aus dem Ordner 17_TEXTANIMATION/ANIMATION2 an. Es wurden die Eigenschaften ZEICHENVERSATZ, DECKKRAFT und SKALIERUNG mit zwei Animatoren und verschiedenen Auswahlbereichen animiert.

Legen Sie ein neues Projekt an und erstellen Sie eine Komposition in der Größe 720 × 576 mit einer Länge von 10 Sekunden. Ziehen Sie mit dem horizontalen Textwerkzeug in der leeren Komposition einen Textrahmen auf. Geben Sie folgenden Text ein: Kamera / Igor O'Brien / Musik / Shana Ryan / Les Colorites. Die Trennstriche bezeichnen den Zeilenumbruch mit [↵] im Haupttastaturfeld.

2 Formatierung

Markieren Sie den Text und wählen in der Zeichen-Palette die Schriftart ❶ IMPACT oder eine andere Schriftart. Markieren Sie dann das Wort »Kamera« und »Musik« und wählen eine Schriftgröße ❷ von 30 px. Wählen Sie für alle Namen eine Schriftgröße von 55 px. Markieren Sie in das Wort »Musik« und wählen einen Zeilenabstand ❸ von 100 px.

Bewegen Sie den Mauszeiger vom Text fort, um das Verschieben-Werkzeug zu erhalten, und ziehen Sie den Text an den unteren linken Rand der Komposition.

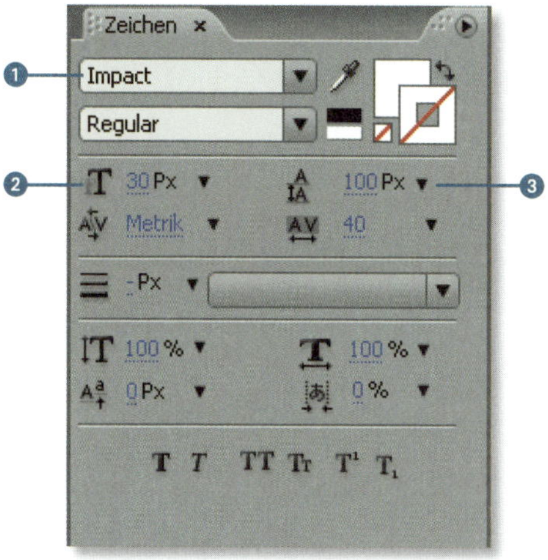

▲ **Abbildung 17.8**
Über die Zeichen-Palette formatieren Sie den Text für die Übung.

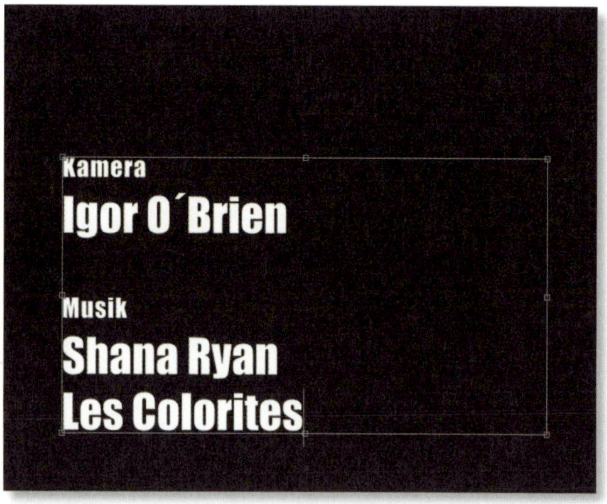

▲ **Abbildung 17.9**
Der formatierte Text soll in etwa wie hier zu sehen platziert sein.

3 Erster Animator und erste Auswahl

Markieren Sie die Textebene und wählen ANIMATION • TEXT ANIMIEREN • SKALIERUNG. Markieren Sie das Wort ANIMATOR1 und drücken [↵] im Haupttastaturfeld, um einen neuen Namen einzugeben z.B. »Ani: Themen«. Ziehen Sie das Ende der BEREICHSAUSWAHL1 auf das Ende des Wortes »Kamera«. Sehr schön.

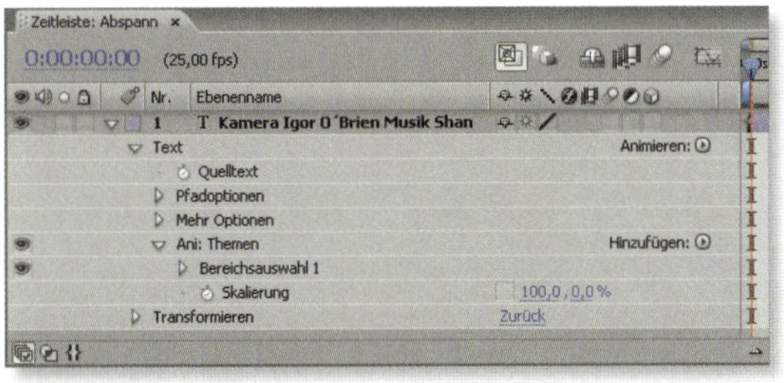

▲ **Abbildung 17.10**
Dem Animator wird eine erste Bereichsauswahl hinzugefügt.

▲ **Abbildung 17.11**
Im Kompositionsfenster wird die erste Bereichsauswahl auf das Wort »Kamera« beschränkt. Ebenso wird danach mit der Auswahl für das Wort »Musik« verfahren.

4 Zweite Auswahl

Die zweite Wahl ist die Musik. Zumindest wird sie hier so ausgewählt. Klicken Sie auf den Schalter bei HINZUFÜGEN und wählen AUSWAHL • BEREICH. Standardmäßig ist wieder der gesamte Text ausgewählt. Verschieben Sie ANFANG und ENDE der Auswahl, um diese auf das Wort »Musik« einzugrenzen. Gut.

5 Animation der Auswahlbereiche

Entfernen Sie zunächst das Verketten-Symbol bei der Eigenschaft SKALIERUNG ❶ (Abbildung 17.12). Setzen Sie dann den y-Wert ❷ auf 0%. Entfernen Sie das Augen-Symbol vor dem Animator ❸. Die Wirkung des Animators ist damit erst einmal ausgeblendet.

Öffnen Sie BEREICHSAUSWAHL 1 und BEREICHSAUSWAHL 2. Setzen Sie jeweils einen ersten Keyframe bei ENDE zum Zeitpunkt 00:00. Verschieben Sie die Zeitmarke auf 00:14. Verschieben Sie dann, um automatisch einen zweiten Key zu generieren, die Ende-Markierung für »Kamera« und »Musik« im Kompositionsfenster jeweils genau auf den Beginn des Wortes.

Anschließend klicken Sie noch einmal auf das Augen-Symbol des Animators und sehen sich dann die Animation an. Schließen Sie die Liste per Klick auf das kleine Dreieck beim Animator.

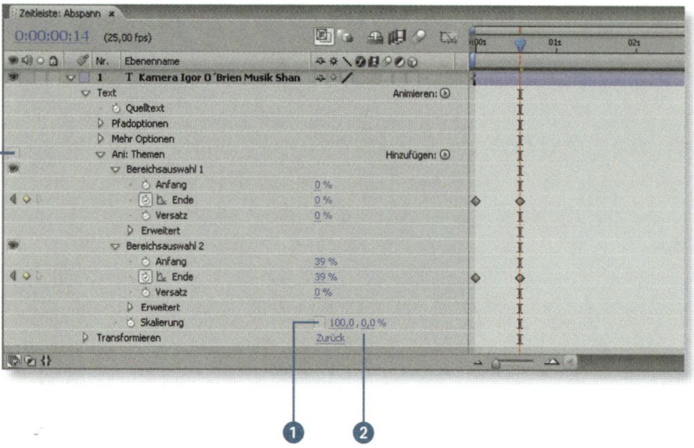

Abbildung 17.12 ▸
Für die beiden Auswahlbereiche wird die Animation mit Keyframes für Ende realisiert.

▲ **Abbildung 17.13**
Um automatisch einen zweiten Key zu generieren, wird die Ende-Markierung für »Kamera« und »Musik« im Kompositionsfenster jeweils genau auf den Beginn des Wortes verschoben ...

▲ **Abbildung 17.14**
... danach sollte sich die Ende-Markierung mit der Anfang-Markierung decken.

6 Neuen Animator, Eigenschaft und Auswahl hinzufügen

Weiter geht's mit den Namen. Diese werden über die Eigenschaften Deckkraft und Zeichenversatz animiert.

Generieren Sie einen neuen Animator über den Schalter bei Animieren ❹ und wählen den Eintrag Deckkraft. Benennen Sie den neuen Animator mit »Ani: Namen«. Wählen Sie für den neuen Animator über Hinzufügen • Eigenschaft den Eintrag Zeichenversatz und anschließend Hinzufügen • Auswahl • Bereich.

Zeichenversatz

Mit der Eigenschaft Zeichenversatz werden die eingegebenen Textzeichen durch andere im Alphabet enthaltene Zeichen ersetzt. Bei einem Wert von 3 wird aus ABC beispielsweise DEF.

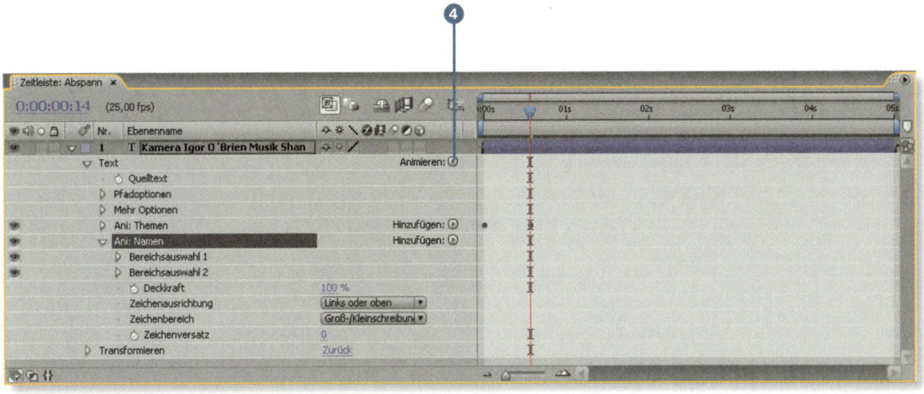

▲ Abbildung 17.15
Ein zweiter Animator wird hinzugefügt, um die Namen von den Themenüberschriften verschieden zu animieren.

7 Animation der Auswahl

Markieren Sie die Bereichsauswahl 1 und stellen Sie Anfang und Ende der Bereichsauswahl 1 auf den Namen »Igor O'Brien« ein. Die Bereichsauswahl 2 stellen Sie auf »Shana Ryan / Les Colorites« ein. Setzen Sie die Deckkraft auf 0 % und den Wert bei Zeichenversatz auf 8. Schalten Sie zum Arbeiten wieder das Augen-Symbol des Animators aus.

◀ Abbildung 17.16
Die erste Bereichsauswahl wird auf den Namen »Igor O'Brien« eingestellt.

▼ Abbildung 17.17
Der Anfang der Bereichsauswahl 1 und der Bereichsauswahl 2 werden animiert.

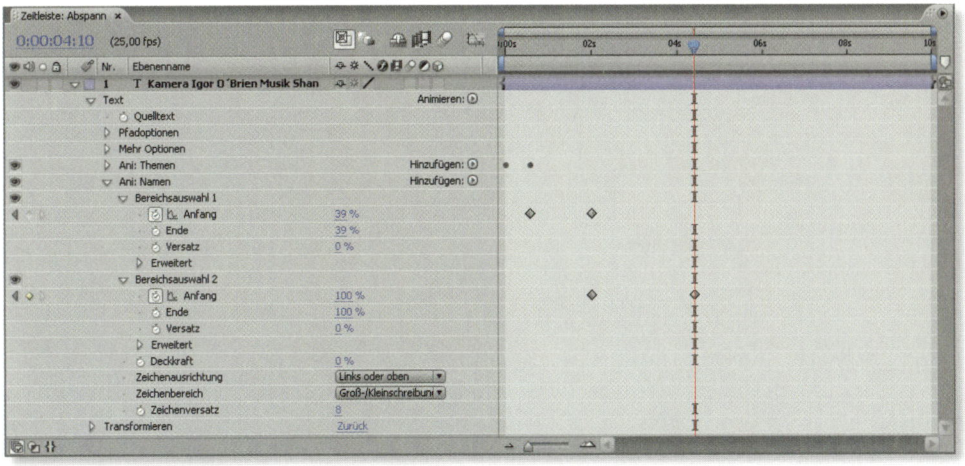

Öffnen Sie die Bereichsauswahl 1 und setzen bei 00:14 einen Key bei Anfang. Verschieben Sie die Zeitmarke auf 02:00 und ziehen die Anfang-Markierung auf das Ende des Namens »O'Brien«. Wenn dabei die Markierungen in die nächste Zeile springen, ist's nicht so schlimm, nur sollte kein weiteres Zeichen ausgewählt sein.

Setzen Sie für die Bereichsauswahl 2 einen ersten Key für Anfang bei 02:00. Den nächsten generieren Sie automatisch bei 04:10 durch Verschieben der Anfang-Markierung ans Ende des Worts »Colorites«. Vergessen Sie nicht, das Augen-Symbol für den Namen-Animator wieder anzuschalten.

8 Animation umkehren

Um den Text in gleicher Weise wieder auszublenden, wie er zuvor eingeblendet wurde, soll die Animation zum Schluss umgekehrt verlaufen.

Markieren Sie dazu die Textebene und drücken die Taste [U], um alle bisher gesetzten Keys einzublenden. Sie vermeiden damit die Anzeige unendlicher Listen, die After Effects bietet. Verschieben Sie die Zeitmarke auf 06:14.

Klicken Sie mit gedrückter [⇧]-Taste auf die Worte Ende ❶ und ❷, um die dort gesetzten Keys auszuwählen. Wählen Sie [Strg]+[C] und dann [Strg]+[V], um die Keys bei 06:14 einzusetzen. Klicken Sie auf die eingefügten, noch markierten Keys mit der rechten Maustaste und wählen aus dem Kontextmenü Keyframe-Assistenten • Keyframereihenfolge umkehren oder im Menü Animation. Verschieben Sie dann die beiden letzten Ende-Keyframes auf den Zeitpunkt 06:20.

▼ **Abbildung 17.18**
So sollten die Keyframes im fertigen Projekt aussehen.

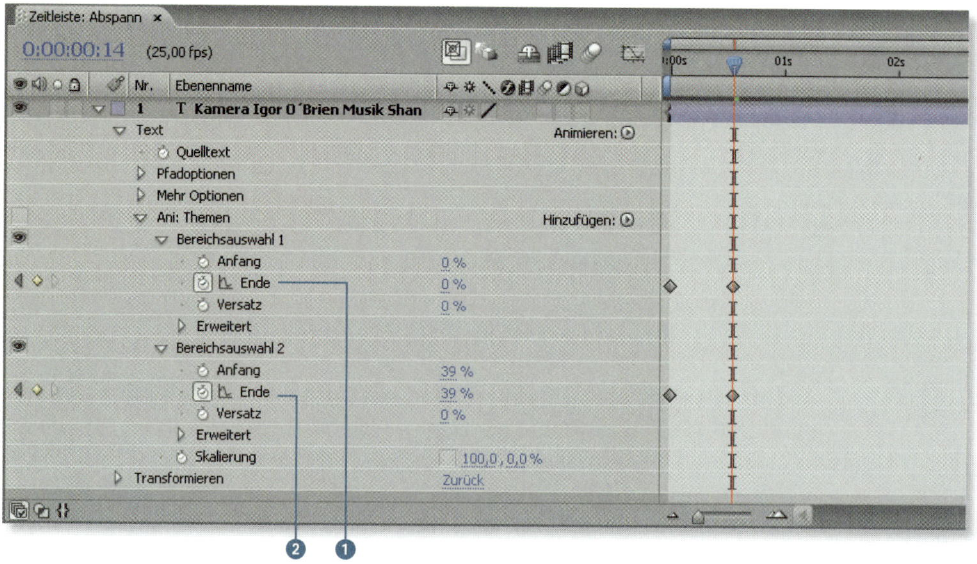

Anschließend markieren Sie zuerst die Keys bei ANFANG der Bereichsauswahl 1, setzen sie bei 06:20 ein, kehren sie um und verschieben den letzten Key auf 07:05. Wiederholen Sie den Vorgang mit den Keys bei ANFANG für die Bereichsauswahl 2.

Das war's eigentlich schon. Schauen Sie vielleicht noch in das Projekt »animation2.aep« im Ordner 17_TEXTANIMATION/ANIMATION2. Dort befindet sich eine weitere, ähnlich animierte Textebene, mit der der Abspann fortgesetzt wird. ■

17.2.3 Erweiterte Optionen der Bereichsauswahl

Hier wird es leicht wissenschaftlich. Jede Bereichsauswahl verfügt unter dem Eintrag ERWEITERT ❸ über eine Liste an weiteren Optionen, die das Aussehen der Animation beeinflussen können. Im Folgenden werden wir uns die Optionen nacheinander genauer ansehen.

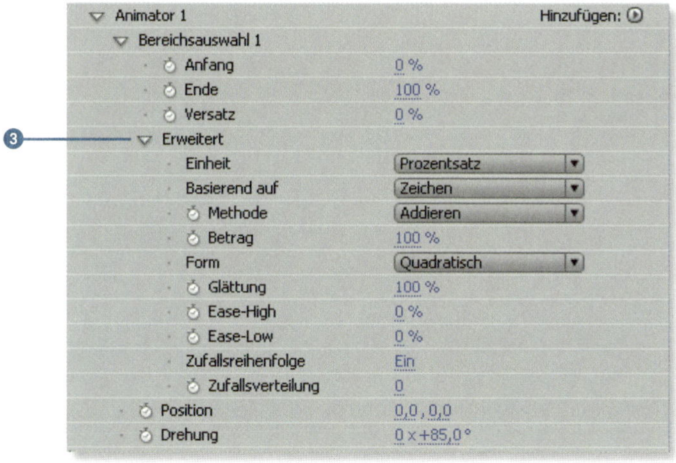

◀ **Abbildung 17.19**
Unter dem Eintrag ERWEITERT befindet sich eine lange Liste mit Optionen für die Bereichsauswahl.

Einheit | Über das Popup-Menü legen Sie fest, wie die Einheit von START, ENDE und VERSATZ angegeben wird. Zur Wahl stehen PROZENTSATZ und INDEX. Die Werte werden also in Prozent ausgedrückt oder numerisch als Ziffern, z.B. erhält das erste Textzeichen die Ziffer 1, das zweite die 2 etc. In Zusammenhang dazu steht der nächste Eintrag.

Basierend auf | Hier bieten sich vier Optionen an. Wählen Sie ZEICHEN, wird jedes Textzeichen und jedes Leerzeichen in der Bereichsauswahl nummeriert. Tragen Sie dann beispielsweise bei Start den Wert 5 ein, so beginnt Ihre Auswahl nach dem fünften Textzeichen. Wählen Sie ZEICHEN OHNE LEERZEICHEN, werden die Leerzeichen ignoriert. Bei WÖRTERN werden ganze Worte gezählt, bei ZEILEN ganze Zeilen.

Auswahl umkehren

Eine Bereichsauswahl kann umgekehrt werden, indem der Modus Subtrahieren eingestellt wird. Voraussetzung ist, dass keine weitere Auswahl vorhanden ist.

▲ **Abbildung 17.20**
Hier sind zwei sich überlappende Auswahlbereiche sinnbildlich und unterschiedlich farbig dargestellt, die durch Anwendung verschiedener Modi miteinander interagieren.

▲ **Abbildung 17.21**
Im Modus Addieren wirkt sich z.B. eine geringe Deckkraft auf die addierten Bereiche aus (hier auf den ganzen Text).

▲ **Abbildung 17.22**
Im Modus Subtrahieren wird nur die **nicht** subtrahierte Auswahl von der geringen Deckkraft beeinflusst.

▲ **Abbildung 17.23**
Im Modus Differenz werden die Auswahlbereiche addiert und der überlappende Bereich abgezogen. Dieser ist von der geringen Deckkraft nicht beeinflusst.

Methode | Die Methode ist wichtig für die Arbeit mit mehr als einer Bereichsauswahl. Standardmäßig ist Addieren eingestellt. Bei zwei Auswahlbereichen werden also beide einander hinzuaddiert. Die animierten Eigenschaften wirken sich dann auf alle addierten Zeichen aus. Ist die in der Reihenfolge weiter unten liegende Auswahl auf Subtrahieren eingestellt, wird sie von der oberen Auswahl abgezogen. Bei Überschneiden wird nur der Auswahlbereich animiert, der sich bei zwei Bereichen überlappt. Bei Min wird der Minimalwert der Eigenschaften dort verwendet, wo sich die Auswahlbereiche **nicht** überlappen. Bei Max wird der Maximalwert dort verwendet, wo sich die Bereiche berühren. Bei Differenz werden die Auswahlbereiche addiert, der überlappende Bereich wird aber wieder abgezogen, also nicht von den Eigenschaften beeinflusst.

Betrag | Die Option ist sinnvoll, um das Ergebnis einer Animation zu beeinflussen. Bei 100 % werden die Animationen nicht verändert. Bei geringeren Werten nehmen die Eigenschaftswerte insgesamt ab, und bei 0 % werden sie ignoriert. Bei –100 % kehrt sich die Animation um.

Form | Diese Option empfehle ich Ihnen, experimentell zu testen. Verwenden Sie dazu am besten die Eigenschaft Skalierung oder Position und verändern Sie dort den y-Wert. Die eingestellten Eigenschaftswerte werden nur bei Quadratisch auf jedes Textzeichen hundertprozentig angewandt. Bei Ramp Up ergibt sich beispielsweise eine Staffelung der Zeichen vom minimalen zum maximalen Eigenschaftswert (siehe Abbildung 17.24).

Glättung | Mit der Glättung wird der Übergang bei der Animation von Zeichen zu Zeichen bestimmt. Bei 0 % wirkt die Animation abrupt und der Übergang ähnelt einem Schreibmaschineneffekt.

Ease-High | Setzen Sie die Werte auf 100 %, um die Animation für jedes Zeichen einzeln abzubremsen, sobald es sich dem Maximalwert nähert. Bei –100 % wird die Animation beschleunigt, wenn der Maximalwert erreicht wird. Sichtbar wird die Option, wenn die Auswahl vom Start zum Ende langsam animiert ist.

Ease-Low | Setzen Sie die Werte auf 100 %, um die Animation für jedes Zeichen einzeln abzubremsen, sobald es sich dem Minimalwert nähert. Bei –100 % wird die Animation beschleunigt, wenn der Minimalwert erreicht wird. Sichtbar wird die Option, wenn die Auswahl vom Ende zum Start langsam animiert ist.

Zufallsreihenfolge | Wenn Sie den Start einer Auswahl zum Ende hin animieren, werden alle Zeichen nacheinander verändert. Wird ZUFALLSREIHENFOLGE auf EIN gesetzt, ändern sich die Zeichen in einer zufälligen Reihenfolge.

Zufallsverteilung | Hiermit wird der Basiswert festgelegt, mit dem die zufällige Reihenfolge berechnet wird, um Ähnlichkeiten zu verhindern.

▲ **Abbildung 17.24**
Die Option FORM steuert, wie Eigenschaftswerte innerhalb der Auswahl dargestellt werden.

17.3 Verwackeln- und Expression-Auswahl

Wie Ihnen vielleicht schon aufgefallen ist, haben Sie außer der Bereichsauswahl noch zwei andere Auswahlmöglichkeiten: die Verwackeln-Auswahl und die Expression-Auswahl.

17.3.1 Expression-Auswahl

Eine Expression-Auswahl wird verwendet, um den Betrag der in der Animatorgruppe enthaltenen Eigenschaftswerte dynamisch zu verändern. Zur Berechnung des Betrags wird mit der JavaScript-basierten Expression-Sprache gearbeitet, für die unter dem Eintrag BETRAG ❶ ein Editorfeld ❷ angelegt ist.

Da die Expression-Auswahl mit der Expression-Sprache arbeitet, die im Kapitel 24, »Expressions«, Thema ist, sei hier auf dieses Kapitel verwiesen. Vorweggenommen sei erwähnt, dass die Werte anderer Eigenschaften auf Texteigenschaften übertragen werden können. Sie können so zum Beispiel die Audioamplitude einer Sounddatei nutzen, um Ihre Animationen mit Sound zu synchronisieren. Die Eigenschaftswerte werden gewissermaßen miteinander verlinkt. Aber dazu dann lieber an entsprechender Stelle mehr.

Beispiele

Um die Optionen der Bereichsauswahl in der Praxis zu sehen, können Sie gern die Beispiele auf der DVD zum Buch im Ordner 17_TEXTANIMATION/BEISPIELE/AUSWAHLOPTIONEN ansehen. Dort befinden sich mehrere Beispielmovies und das dazugehörende Projekt »bereichsauswahl.aep«.

▲ **Abbildung 17.25**
Ein Beispiel für die Anwendung von EASE-HIGH befindet sich auf der DVD zum Buch im Projekt »bereichsauswahl.aep«.

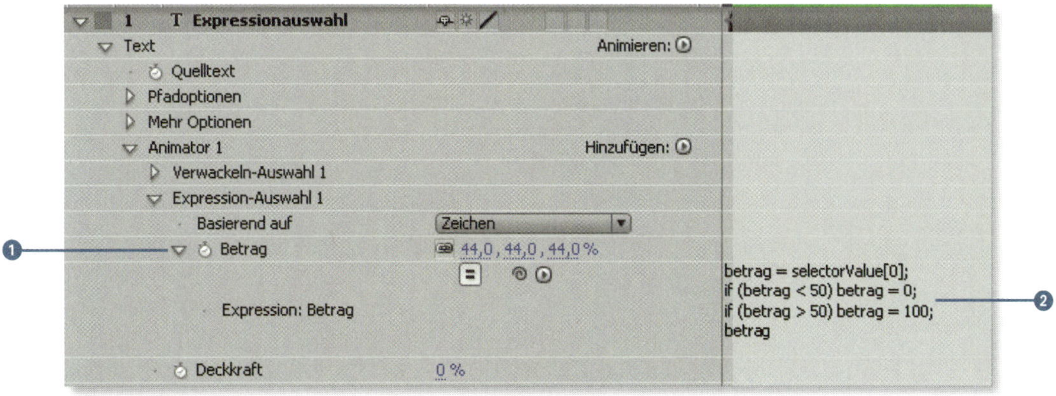

▲ **Abbildung 17.26**
Mit der Expression-Auswahl wird der Betrag, um den eine Texteigenschaft verändert wird, dynamisch kontrolliert.

17.3.2 Verwackeln-Auswahl

Mit der Verwackeln-Auswahl wird der Wert einer Eigenschaft, die dem Animator hinzugefügt wurde, per Zufallszahl berechnet, also verwackelt. Die Verwackeln-Auswahl enthält einige Eigenschaften, über die sich zum Beispiel die Menge der Verwacklungen pro Sekunde einstellen lassen. An einem kleinen Beispiel soll das anschaulich werden.

Schritt für Schritt: Verwackelte Eigenschaften

1 Vorbereitung

Schauen Sie sich zuerst das Movie »europaflagge« aus dem Ordner 17_TEXTANIMATION/ANIMATION3 an. Mit mehreren Auswahlbereichen wurden über die Eigenschaften NEIGUNG und SKALIERUNG einzelne Worte animiert und deren Eigenschaften verwackelt. Öffnen Sie das bereits vorbereitete Projekt »europaflagge.aep« aus demselben Ordner und arbeiten darin weiter. Falls die verwendete Schriftart nicht auf Ihrem Rechner installiert ist, können Sie einfach eine eigene festlegen und damit arbeiten.

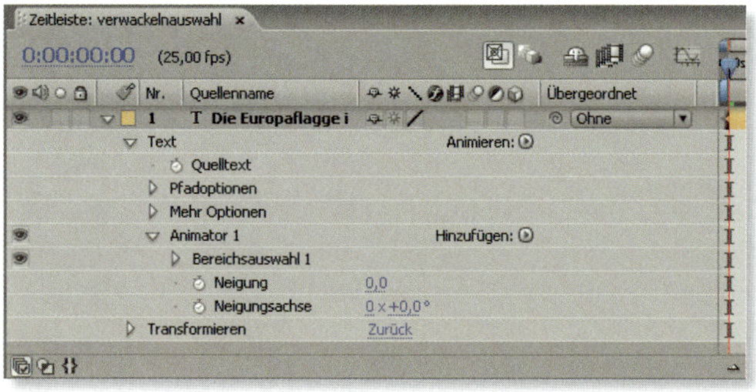

Abbildung 17.27 ▸
Die Zeitleiste am Beginn der Animation

2 Animator und Bereichsauswahl hinzufügen

Die gelb hervorgehobenen Worte sollen durch drei Bereichsauswahlen vom restlichen Text abgegrenzt werden.

Wählen Sie zuerst bei markierter Textebene einen Animator über ANIMATION • TEXT ANIMIEREN • NEIGUNG. Ziehen Sie die Anfang-Markierung genau vor das erste Zeichen des Wortes »Europaflagge« und die Ende-Markierung genau hinter das letzte Zeichen des Wortes.

Wählen Sie dann über den Schalter HINZUFÜGEN ❶ • AUSWAHL • BEREICH zwei weitere Bereichsauswahlen und stellen diese so ein, dass die Worte »goldenen Sterne« und »Flagge« eingegrenzt sind.

◂ **Abbildung 17.28**
Die gelb dargestellten Texte sollen mit drei Bereichsauswahlen eingegrenzt werden.

Um eine Bereichsauswahl im Kompositionsfenster einzublenden, klicken Sie in der Zeitleiste auf das Wort BEREICHSAUSWAHL 2 etc. Benennen Sie anschließend noch mit [↵] auf der Haupttastatur Ihre drei Auswahlen und die Animatorgruppe wie in der Abbildung.

3 Eigenschaftswerte festlegen

Tragen Sie bei NEIGUNG den Wert 40 ein. Die durch die drei Auswahlbereiche eingegrenzten Worte werden dadurch verändert.

Wählen Sie über den Schalter HINZUFÜGEN ❶ • AUSWAHL • EIGENSCHAFT den Eintrag SKALIERUNG. Die Eigenschaft wird dem Animator hinzugefügt. Tragen Sie für die Skalierung den Wert 220 % ein. Die ausgewählten Worte sehen jetzt ziemlich unansehnlich aus. Das ändert nun die Verwackeln-Auswahl.

Reihenfolge der Auswahl

Die Auswahlen interagieren über die Einstellungen bei METHODE in den Auswahl-Optionen unter ERWEITERT miteinander. Daher ist es oft notwendig, die Auswahlen in einem Animator in eine andere Reihenfolge zu bringen, damit das gewünschte Ergebnis erzielt wird. Eine Auswahl wird dazu in der Zeitleiste markiert und nach oben oder unten gezogen.

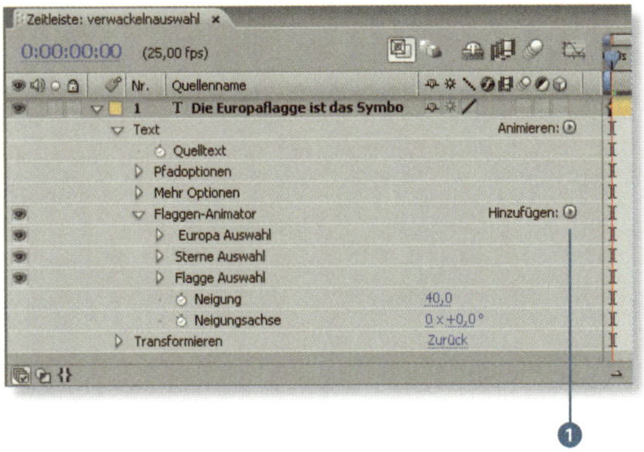

▴ **Abbildung 17.29**
In der Zeitleiste sollten drei Bereichsauswahlen, hier mit »Europa Auswahl«, »Sterne Auswahl« und »Flagge Auswahl« bezeichnet, sichtbar werden.

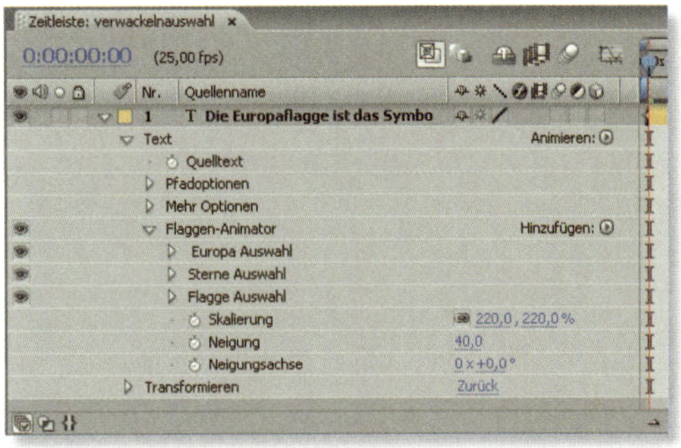

▴ **Abbildung 17.30**
Die Werte der Eigenschaften NEIGUNG und SKALIERUNG wirken sich auf die ausgewählten Bereiche aus. Es fehlt nur noch die Verwackeln-Auswahl.

4 **Verwackeln-Auswahl hinzufügen**

Wählen Sie über den Schalter HINZUFÜGEN • AUSWAHL den Eintrag VERWACKELN. Öffnen Sie die Optionen für die Verwackeln-Auswahl und tragen bei VERWACKLUNGEN/SEKUNDE den Wert 0,5 ein. Schon ist die Animation fertig.

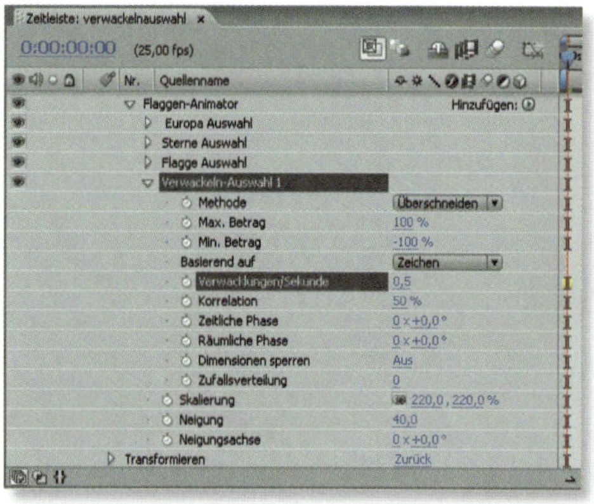

▲ **Abbildung 17.31**
Die Verwackeln-Auswahl wird dem Animator hinzugefügt und erscheint in der Zeitleiste.

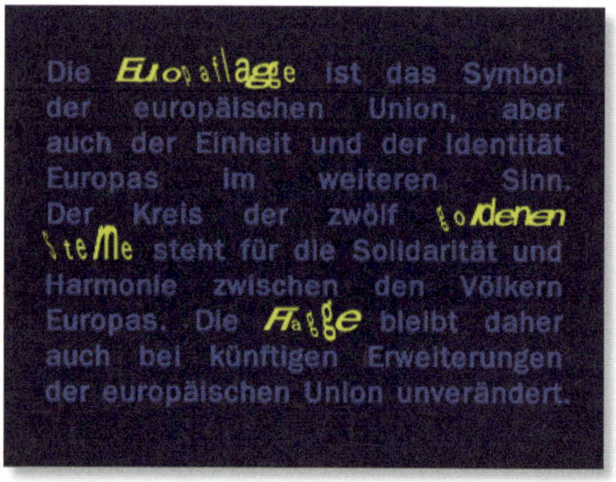

▲ **Abbildung 17.32**
Nach erfolgreicher Arbeit sollte das Ergebnis dieser Abbildung ähneln.

Eine Verwackeln-Auswahl bezieht sich grundsätzlich auf den gesamten Text einer Textebene. Es wird also der ganze Text nach den im Animator enthaltenen Eigenschaften »verwackelt«. Eine Einschränkung der Verwackeln-Auswahl auf bestimmte Bereiche erfolgt durch eine Bereichsauswahl, so wie Sie es eben eingestellt haben.

Wie Sie im vorhergehenden kleinen Workshop sehen konnten, bietet die Verwackeln-Auswahl einige **Optionen**, denen wir uns hier wieder ausführlich widmen.

▼ **Abbildung 17.33**
Die Verwackeln-Auswahl bietet Optionen zum Einstellen der Frequenz des Verwackelns und mehr.

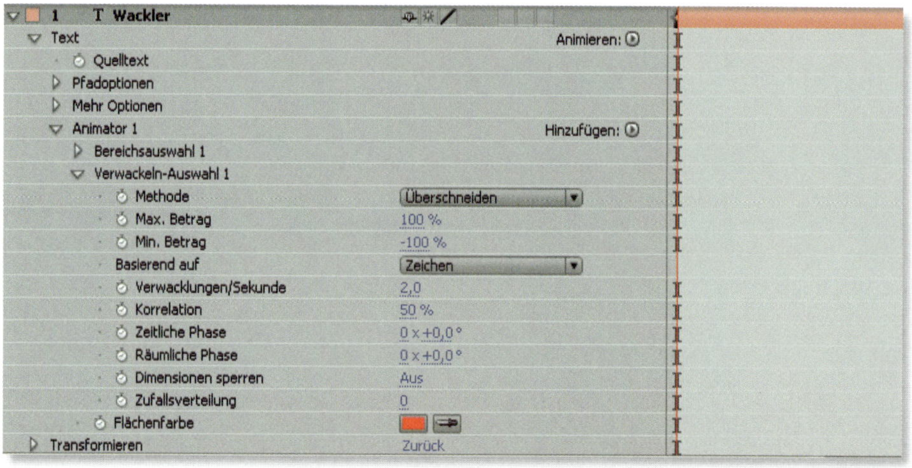

Methode | Die Methode, die Sie auch bei einer Bereichsauswahl vorfinden, ist bei der Verwackeln-Auswahl immer auf ÜBERSCHNEIDEN eingestellt. Es wird also nur der Bereich »verwackelt«, der sich bei zwei Auswahlen überlappt. Die anderen Modi sind im Folgenden beschrieben.

Max. Betrag/Min. Betrag | Hier wird die maximale bzw. die minimale Abweichung von den eingestellten Eigenschaftswerten festgelegt. Haben Sie beispielsweise eine Neigung von 40° bei einem Max.-Wert von 100% und einem Min.-Wert von –100% festgelegt, so wird der Text zwischen 40° und –40° geneigt.

Basierend auf

Hier wird festgelegt, ob die Verwacklungen einzelne Zeichen, Zeichen ohne Leerzeichen, ganze Wörter oder ganze Zeilen beeinflussen sollen.

Verwacklungen/Sekunde | Geben Sie hier geringere Werte ein, um die Animation zu verlangsamen, und höhere, um die Animation unruhiger wirken zu lassen.

Korrelation

Die Wechselwirkung mit den Zeichen der Textebene wird hier bestimmt. Bei einem Wert von 0% werden alle Zeichen unabhängig voneinander »verwackelt«, bei 100% werden sie um den gleichen Betrag gleichzeitig »verwackelt«.

Zeitliche Phase | Mit der zeitlichen Phase wird das Verwackeln variiert. Basis der Abwandlung ist die zeitliche Phase der Animation, die hier verändert wird.

Räumliche Phase | Auch diese Option dient dazu, Abwandlungen des Verwackelns zu erzielen. Basis ist die Phase der Animation pro Zeichen.

Dimensionen sperren | Bei einer mehrdimensionalen Eigenschaft werden die vorhandenen Dimensionen um gleiche Werte verwackelt, wenn die Option auf EIN gestellt ist. Beispielsweise werden bei der zweidimensionalen Eigenschaft SKALIERUNG für die vertikale und die horizontale Skalierung gleiche Werte verwendet. Die Skalierung erfolgt also proportional.

17.4 Mehr Optionen

Das Leben könnte schöner sein, wenn es nicht so viele Optionen gäbe? Nun, Sie müssen ja nicht alle der beschriebenen Optionen verwenden. Hier werden nur noch ein paar verbliebene erläutert. Damit es nicht gar zu trocken wird, hier ein Beispiel.

Schritt für Schritt: Textanimation mit der Gruppen-Option

1 Vorbereitung

Schauen Sie sich zuerst das Movie »glockenspiel« aus dem Ordner 17_TEXTANIMATION/ANIMATION4 an. Animiert wurde hier nur die Eigenschaft DREHUNG unter Verwendung einer Verwackeln-Auswahl und den noch erwähnenswerten Optionen. Zum Bearbeiten öffnen Sie das vorbereitete Projekt »glockenspiel.aep« aus demselben Ordner. Sollte die verwendete Schriftart auf Ihrem System fehlen, suchen Sie eine andere Schrift aus.

2 Animator und Bereichsauswahl hinzufügen

Wählen Sie die Textebene aus und fügen dann, wie inzwischen schon bekannt, einen Animator über ANIMATION • TEXT ANIMIEREN • DREHUNG hinzu. Geben Sie bei DREHUNG den Wert 40 ° in das Wertefeld ein. Markieren Sie die BEREICHSAUSWAHL 1 und löschen Sie sie mit [Entf]. Fügen Sie dann über HINZUFÜGEN • AUSWAHL eine Verwackeln-Auswahl hinzu. Die Zeichen wackeln jetzt etwas unansehnlich hin und her.

▲ **Abbildung 17.34**
Am Anfang steht eine Verwackeln-Auswahl.

▲ **Abbildung 17.35**
Ohne weitere Optionen wackeln die Textzeichen um einen imaginären Ankerpunkt, der irgendwo nahe bei jedem einzelnen Zeichen liegt.

3 Gruppieren-Optionen

Öffnen Sie die Liste unter MEHR OPTIONEN ❶. Belassen Sie den Eintrag bei ANKERPUNKTGRUPPIERUNG auf ZEICHEN.

Zur Erläuterung: Wir haben für die Eigenschaft DREHUNG einen Wert festgelegt. Jedes Zeichen wird in unserer bisherigen Animation jeweils um einen eigenen unsichtbaren Bezugs- bzw. Ankerpunkt herum gedreht. Wenn Sie unter ANKERPUNKTGRUPPIERUNG den Eintrag WORT auswählten, bezöge sich die Drehung auf einen Ankerpunkt pro Wort.

Was soll diese GRUPPIERUNGSAUSRICHTUNG bedeuten? – Sie können sich das in etwa so vorstellen: Der Ankerpunkt, bei uns der Drehpunkt eines jeden Zeichens, kann verschoben werden. Bei positiven Werten im Feld ❷ wird der Ankerpunkt nach rechts, bei negativen Werten nach links verschoben. Bei positiven Werten im Feld ❸ wird der Ankerpunkt nach unten, bei negativen Werten nach oben verschoben.

Für unser Beispiel tragen Sie in das rechte Feld den Wert –730, damit die Ankerpunkte der Zeichen nach oben verschoben werden. Schauen Sie sich die Animation an. – Jedes Zeichen scheint an einem unsichtbaren Faden zu hängen.

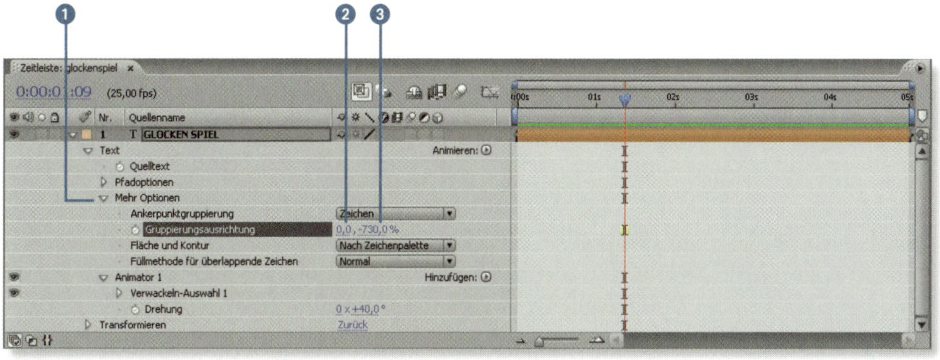

▼ Abbildung 17.36
So viele Optionen sind es gar nicht. Geändert wird auf jeden Fall ein Wert bei GRUPPIERUNGSAUSRICHTUNG.

4 Füllmethoden

Wählen Sie aus dem Popup-Menü bei FÜLLMETHODE FÜR ÜBERLAPPENDE ZEICHEN den Eintrag MULTIPLIZIEREN oder experimentieren Sie mit den verschiedenen Füllmethoden. Sich überlappende Zeichen werden ähnlich berechnet wie überlagerte Ebenen mit den Ebenenmodi.

5 Keyframes

Damit das Glockenspiel nicht gleich wie wild beginnt, setzen wir ein paar Keys für die Drehung. Und zwar wird zum Zeitpunkt 00:00 ein erster Key für die Drehung auf 0° gesetzt, bei 01:00 auf 40°, bei 03:00 ebenfalls auf 40° und bei 04:00 wieder auf 0°. Das war es. Zum Abschluss aktivieren Sie vielleicht noch die Schalter ❹ und ❺ für Bewegungsunschärfe, damit es hübsch aussieht. ■

▼ Abbildung 17.37
Keyframes für die Drehung verhindern ein allzu wildes Glockenspiel zu Beginn, da auch der größte Verwackler eine Eigenschaft mit dem Wert 0 nicht rühren kann.

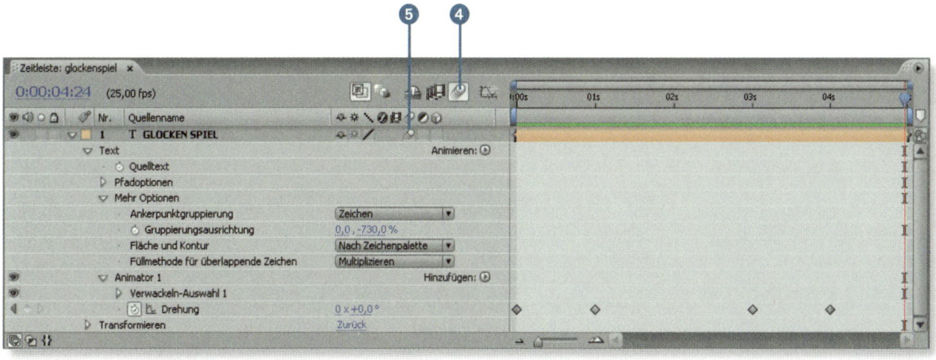

▲ **Abbildung 17.38**
Die Animation wirkt besser als die Abbildung – das ist versprochen.

17.5 Quelltextanimation

Bisher unerwähnt blieb die Möglichkeit, den Textinhalt innerhalb einer Textebene im Zeitverlauf zu ändern. Bei einer Quelltextanimation wird gewissermaßen die Textquelle, nämlich das einzelne Textzeichen verändert. Das Wort »Quelle« kann beispielsweise durch das Wort »Welle« ersetzt werden. Allerdings geschieht dies nicht allmählich, wie es bei einer echten Quelle der Fall sein könnte, sondern abrupt. Dabei können auch die Formatierungen des Textes geändert werden.

Der Weg zum Quelltext ist einfach. Tippen Sie Ihren Text ein, wie mittlerweile hoffentlich gewohnt, und öffnen dann die Textoptionen der Ebene.

Es wird ein erster Keyframe per Klick auf das Stoppuhr-Symbol gesetzt. Vor jeder neuen Texteingabe oder Formatierungsänderung wird die Zeitmarke verschoben. Die angezeigten Keyframes sind automatisch auf Interpolationsunterdrückung eingestellt, das bedeutet, dass die Übergänge nicht allmählich berechnet werden. Änderungen werden also erst bei Erreichen eines Keyframes sichtbar.

▼ **Abbildung 17.39**
Keyframes für den Quelltext sind immer auf Interpolationsunterdrückung gesetzt: quadratisch. Änderungen sind nur abrupt am Keyframe sichtbar.

▲ **Abbildung 17.40**
Die Animation ist hier zwar nicht sichtbar, aber es handelt sich dennoch um animierten Quelltext innerhalb einer Textebene.

17.6 Vorgegebene Textanimationen

Wenn Sie sehr schnell zu animierten Ergebnissen bei der Arbeit mit Text kommen wollen, ist es sinnvoll, vorgegebene Textanimationen zu verwenden. After Effects bietet eine sehr große Auswahl solcher vorgegebenen Animationen, die Sie auf jede Textebene anwenden können.

Die Vorgaben werden in der Palette Effekte und Vorgaben bereitgehalten, die Sie über Fenster • Effekte und Vorgaben bzw. mit Strg+5 öffnen. In der Palette werden neben den Vorgaben die Effekte und eventuell von Ihnen selbst angelegte Vorgaben aufgeführt, deren Erstellung bereits beschrieben wurde. In der Palette öffnen Sie die Textanimationsvorgaben über den Eintrag Animationsvorgaben • Text.

Die Liste der Vorgaben ist, wenn Sie erst einmal einen Ordner geöffnet haben, recht lang. Damit Ihnen das Ausprobieren nicht ebenso lang wird, können Sie sich die Ergebnisse auch über die Hilfe als Vorschau anzeigen lassen. Dazu wählen Sie über das Menü Hilfe • Galerie der Animationsvorgaben. Daraufhin öffnet sich die Vorgabenliste in Ihrem Browser, wo die Animationsvorgaben thematisch aufgelistet sind. Eine zweite Möglichkeit besteht darin, sich die animierten Vorgaben in Adobe Bridge anzeigen zu lassen. Sie starten Bridge zu diesem Zweck über Animation • Vorgaben durchsuchen.

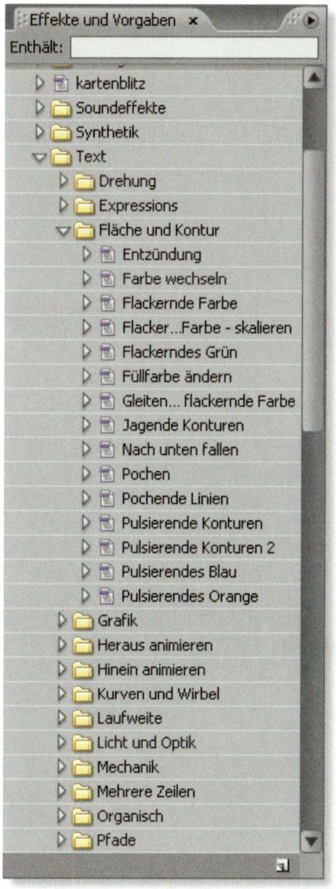

▲ **Abbildung 17.41**
Die Listen der vorhandenen Textvorgaben im Text-Ordner sind lang ...

17.6.1 Vorgegebene Textanimation anwenden

Sie können eine vorgegebene Textanimation anwenden, indem Sie die Textebene markieren und anschließend in der Vorgaben-Palette auf eine Vorgabe doppelklicken. Wenn Sie Animationsvorgabe in Bridge gefunden haben, können Sie sie ebenfalls über einen Doppelklick einer markierten Textebene zuweisen. Über Animation • Alle Textanimatoren entfernen wird die Aktion wieder rückgängig gemacht.

Schauen Sie sich ruhig einmal die hinzugefügten Animatoren, Eigenschaften und Keyframes in der Zeitleiste an. Die Vorgaben können Sie dort noch modifizieren.

17.7 Text und Masken

17.7.1 Text am Maskenpfad animieren

Um mit Texten und Masken experimentieren zu können, empfiehlt es sich, nach der Lektüre des Kapitels 18, »Masken, Matten und Alphakanäle«, noch einmal zu diesem Abschnitt zurückzukehren und das Gelernte dann zu kombinieren. Wir werden hier trotzdem schon einmal einen kleinen Vorgriff auf das Maskenkapitel wagen und heimlich einen ersten Maskenpfad für einen Text benutzen.

Machen Sie sich im folgenden Workshop nicht zuviel Gedanken um Begriffe, die mit Masken zu tun haben. Im Maskenkapitel werden Sie alles Weitere zu Masken erfahren.

Schritt für Schritt: Auf unsichtbaren Pfaden: Wellenreiter

1 Vorbereitung

Schauen Sie sich das fertige Movie aus dem Ordner 17_TEXTANIMATION/WELLENREITER mit dem Namen »wellenreiter« an. Zum Bearbeiten öffnen Sie das vorbereitete Projekt »wellenreiter.aep« aus demselben Ordner. Es enthält zum einen die fertige Komposition zum Abgucken und zum anderen eine vorbereitete Komposition namens »uebung«, in der Sie arbeiten werden. Der Text darin ist bereits formatiert, und auch ein Maskenpfad ist schon angelegt.

Wenn Sie die Textebene markieren, wird der Maskenpfad angezeigt. Wie Sie selbst einen solchen Pfad erstellen, erfahren Sie im Kapitel 18, »Masken, Matten und Alphakanäle«. Falls Ihnen die Kompositionsgröße zu groß erscheint, stellen Sie die Kompositionsansicht auf 50%. Stören Sie sich nicht daran, dass der Text zu Beginn angeschnitten ist, er wird später zu einer nicht unbedingt lesbaren Welle.

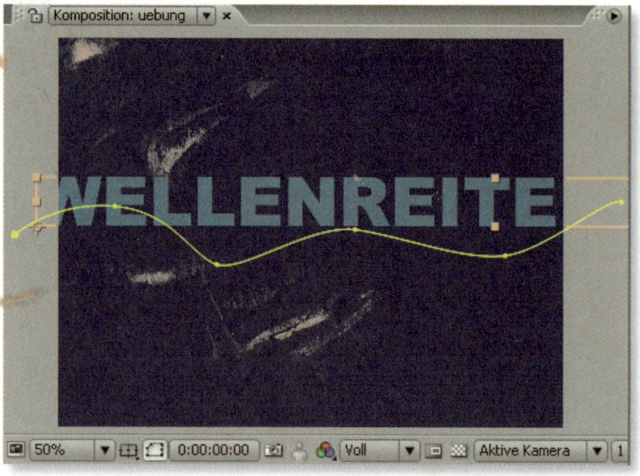

Abbildung 17.42 ▸
Dies ist die Ausgangssituation für die Animation: ein Text und ein Maskenpfad im unbeteiligten Nebeneinander.

2 Text am Pfad

Um einen Text einen Pfad entlang zu führen, brauchen Sie nicht viel Aufwand zu treiben. Öffnen Sie die Textoptionen ❶ und die Pfadoptionen ❷ in der Zeitleiste. Wählen Sie dann aus dem Popup-Menü ❸ den Eintrag WELLENMASKE. Kaum haben Sie so gewählt, werden einige Pfadoptionen eingeblendet. Wählen Sie bei AUSRICHTUNG ERZWINGEN ④ die Option EIN. Dadurch wird der Text zwischen Anfang und Ende des Maskenpfads wie beim Blocksatz gestreckt. Öffnen Sie den Eintrag MEHR OPTIONEN und wählen bei FÜLLMETHODE FÜR ÜBERLAPPENDE ZEICHEN den Eintrag INEINANDERKOPIEREN.

◂ **Abbildung 17.43**
Schon wird der Text am Pfad ausgerichtet.

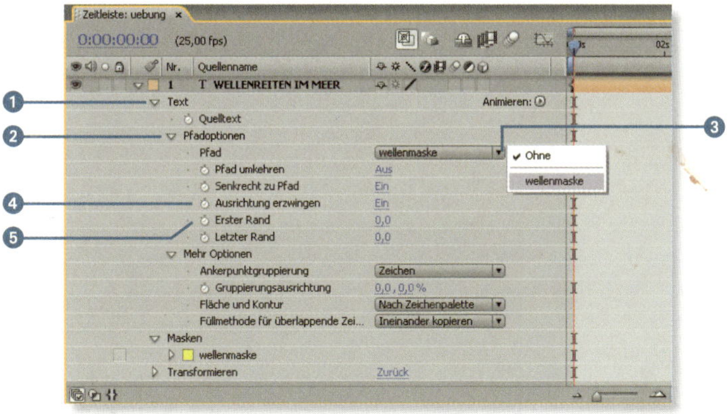

◂ **Abbildung 17.44**
In der Zeitleiste wird die Maske in den PFADOPTIONEN als Pfad für den Text ausgewählt. Zum Pfad passende Optionen werden nach der Auswahl des Maskenpfads in der Zeitleiste eingeblendet.

3 Animation

Zur Animation der Textzeichen werden wir Keys für ERSTER RAND ⑤ setzen. Setzen Sie den ersten Key am Zeitpunkt 00:00 und tragen den Wert –2000 ins Feld. Gehen Sie dann mit der Taste Ende ans Ende der Komposition bei 10:00 und tragen den Wert –500 ins Feld. Wie bei einer Ziehharmonika strecken sich die Abstände zwischen den Textzeichen. Duplizieren Sie die Ebene einmal mit Strg+D und blenden mit der Taste U die Keys der neuen Ebene ein. Verändern Sie darin die Werte für ERSTER RAND bei 00:00 auf –200 und bei 10:00 auf –1500. Die Textzeichen beider Ebenen bewegen sich jetzt gegenläufig.

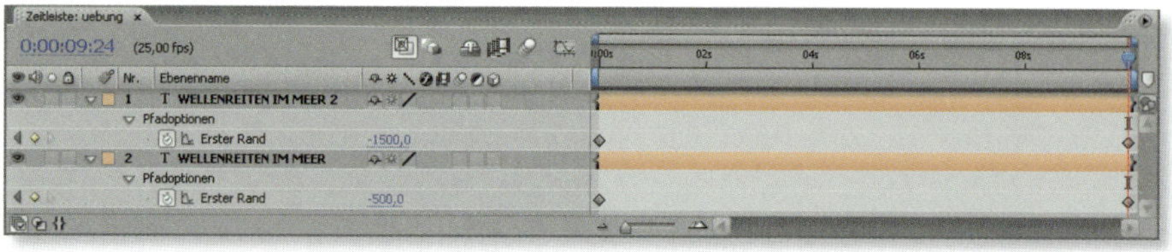

▲ **Abbildung 17.45**
Ein Duplikat der zuerst angelegten Textebene wird mit anderen Werten bei Erster Rand animiert.

4 Weitere Duplikate

Von den beiden Ebenen werden Duplikate mit leicht veränderten Einstellungen geschaffen. Schließen Sie sämtliche Ebeneneigenschaften, um Platz zu sparen. Markieren Sie dann beide Ebenen und duplizieren Sie sie einmal. Schieben Sie die neuen Ebenen in der Zeitleiste nach oben. Lassen Sie beide Ebenen ausgewählt und ändern dann die Schriftgröße auf 200 px.

Blenden Sie anschließend die Eigenschaft Deckkraft mit der Taste T bei markierten Ebenen ein. Stellen Sie den Deckkraftwert auf 50 % für beide Ebenen. Wählen Sie in den Pfadoptionen unter Ausrichtung erzwingen die Option Aus. – Richtig, solange beide Ebenen ausgewählt sind, müssen Sie die Änderungen nicht in jeder Ebene einzeln vornehmen.

Behalten Sie die neuen beiden Ebenen markiert und duplizieren Sie sie ein weiteres Mal. Die entstandenen vier 200 px großen Ebenen verteilen Sie, um die »Wellen« zu erzeugen, mit dem Auswahl-Werkzeug V auf neue Positionen im Kompositionsfenster.

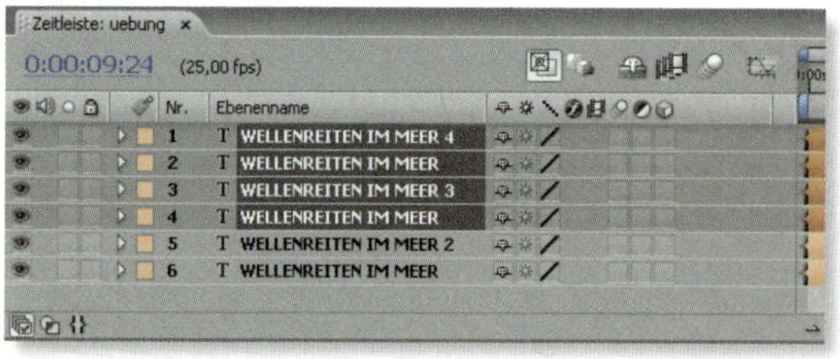

▲ **Abbildung 17.46**
Von den beiden ersten Textebenen werden nochmals je zwei Duplikate erzeugt und dort die Formatierung des Texts verändert.

▲ **Abbildung 17.47**
Die vier Duplikate mit neuer Schriftgröße werden in der Komposition verschieden angeordnet.

5 Ein Wellenreiter

Legen Sie eine neue Textebene über Ebene • Neu • Text an und tippen den Text »Wellenreiten am Meer« ein. Wählen Sie Arial

Regular oder eine ähnliche Schriftart. Die Schriftgröße soll etwa 40 px betragen. Als Textfarbe wählen Sie ein helles Türkis.

Um den Text ähnlich wie die »Wellen« animieren zu können, wird der Maskenpfad benötigt. Wir kopieren ihn aus einer der anderen Ebenen. Markieren Sie dazu eine der Ebenen und blenden die Maske mit der Taste [M] ein. Klicken Sie auf das Wort Maske 1, drücken dann [Strg]+[C] zum Kopieren und fügen den Pfad mit [Strg]+[V] in der neuen Textebene ein. Wählen Sie in den Pfadoptionen der neuen Textebene die kopierte Maske als Pfad für den Text aus.

6 Animation des neuen Textes

Die Animation für die neue Textebene ist ganz ähnlich zu den anderen Ebenen. Setzen Sie einen ersten Key beim Zeitpunkt 00:00 für Erster Rand. Positionieren Sie den Mauszeiger über dem Wert für Erster Rand. Sobald das Hand-Symbol erscheint, können Sie den Wert »ziehen«. Dabei »wandert« der Text den Pfad entlang.

Ziehen Sie den Wert solange nach rechts, bis der Text vollständig am rechten Bildrand verschwunden ist. Verschieben Sie die Zeitmarke auf 05:00 und verschieben dann den Text solange nach **links**, bis er am **linken** Bildrand verschwunden ist. Sehen Sie sich die Animation an.

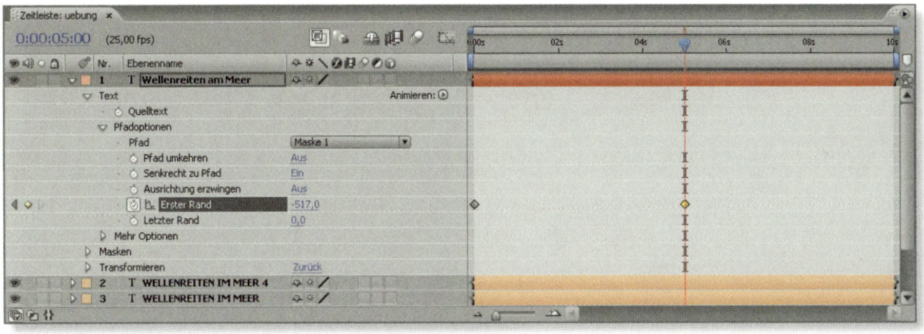

▲ **Abbildung 17.48**
Eine weitere Textebene wird neu formatiert und über den ersten Rand auf dem Maskenpfad animiert.

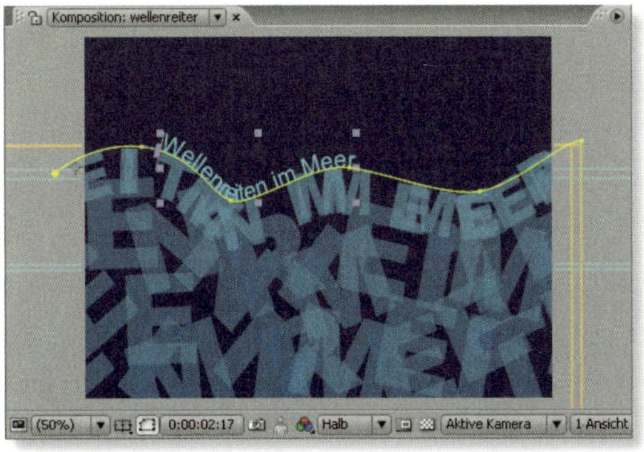

◄ **Abbildung 17.49**
Der Text scheint auf den »Wellen« zu reiten.

7 Neue Duplikate

Ich will Sie nicht ärgern, aber damit das Ganze ein bisschen nett aussieht, benötigen Sie noch ein paar Duplikate der neuen Textebene, wobei jedes Duplikat eine etwas größere Schrift haben sollte, damit der Eindruck einer räumlichen Perspektive entsteht. Die Einstellungen für ERSTER RAND sollten ebenfalls bearbeitet werden, damit nicht alle Texte zur gleichen Zeit ins Bild treten. Letztendlich ist es natürlich Geschmackssache.

Da Sie bereits alles Nötige wissen, lasse ich Sie an dieser Stelle allein. Das ganz fertige Projekt liegt Ihnen zum Abgucken ja vor. ■

Abbildung 17.50 ►
Zum Schluss reiten drei Texte auf den »Wellen«.

17.7.2 Weitere Pfadoptionen

Im vorigen Workshop sind ein paar wenige Pfadoptionen zu kurz gekommen. Genauer gesagt handelt es sich nur um zwei Optionen: PFAD UMKEHREN und SENKRECHT ZU PFAD.

Interessant sind diese Optionen, wenn der Text auf einem kreisförmigen Maskenpfad ausgerichtet wird. Sobald der kreisförmige Pfad für den Text ausgewählt wird, befindet er sich innerhalb des Maskenpfads.

Nach Anwendung der Option PFAD UMKEHREN ❶ ist der Text auf den äußeren Rand des Maskenpfads orientiert. Die Option SENKRECHT ZU PFAD ❷ richtet jedes einzelne Textzeichen senkrecht zum Maskenpfad aus, wenn die Option auf EIN gestellt ist. Ansonsten wird der Text senkrecht zur Komposition angezeigt.

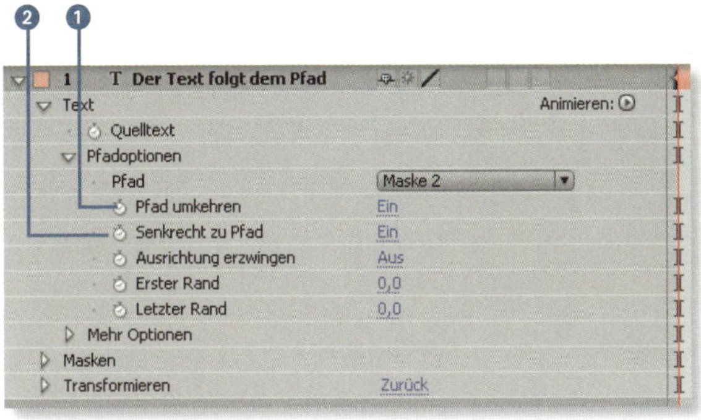

▲ **Abbildung 17.51**
Die Pfadoptionen bestimmen die Ausrichtung der Textzeichen am Pfad und ihre Position darauf.

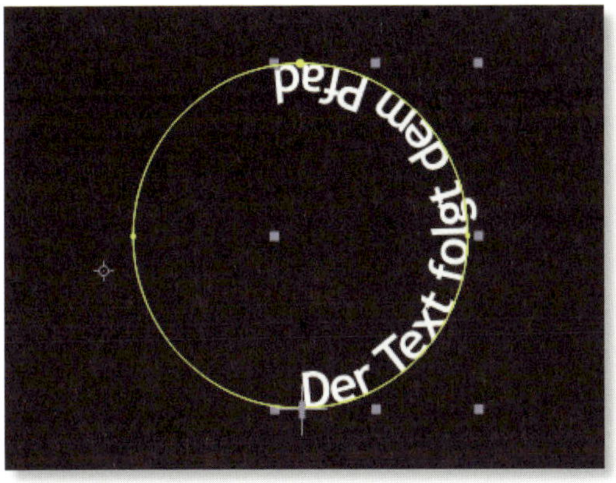

▲ **Abbildung 17.52**
Ein Text in einem kreisförmigen Maskenpfad verläuft innerhalb des Pfads.

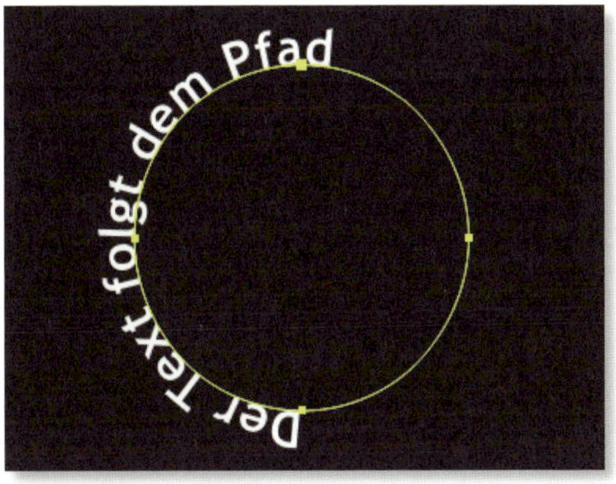

▲ **Abbildung 17.53**
Unter Verwendung der Option Pfad umkehren verläuft der Text genau umgekehrt auf dem Pfad.

▲ **Abbildung 17.54**
Über die Option Senkrecht zu Pfad wird jedes Textzeichen senkrecht auf dem Pfad ausgerichtet.

▲ **Abbildung 17.55**
Ist die Option Senkrecht zu Pfad ausgeschaltet, wird der Text in Bezug zur Komposition gesetzt.

Beispiele

Auf der DVD zum Buch im Ordner 17_TEXTANIMATION/BEISPIELE/TEXTAMPFAD finden Sie zwei Movies und das Projekt »textampfad.aep«. Hier sind Texte entlang eines kreisförmigen Maskenpfads animiert worden. Sollte die Schrift nicht auf Ihrem System installiert sein, wählen Sie eine andere Schriftart. Die Animation wird dennoch deutlich. Vielleicht bauen Sie eine der Animationen später ja einmal nach.

▲ **Abbildung 17.56**
Auf der DVD zum Buch findet sich eine Animation mehrerer Textebenen entlang eines kreisförmigen Maskenpfads (hier mit eingeschalteter Bewegungsunschärfe).

17.7.3 Masken aus Text erstellen

Sie sehen, die Überschneidungen zum Kapitel 18 »Masken, Matten und Alphakanäle« häufen sich, und es wird Zeit, dieses Kapitel abzuschließen, damit Sie schnell weiter im Text kommen.

Aus einem Text Masken zu generieren, ist ganz einfach. Markieren Sie dazu die Textebene und wählen dann im Menü EBENE • KONTUREN ERSTELLEN oder über Klick mit der rechten Maustaste OUTLINES ERSTELLEN. Sie erhalten eine neue Ebene, und diese wiederum enthält Masken für jedes Textzeichen. Die entstehenden Masken sind geschlossene Maskenpfade, aber das sagt Ihnen hier noch nichts. Sinnvoll ist das Generieren von Masken aus Text, um Effekte, die Pfade als Referenz nutzen, mit Text zu kombinieren oder um Ebenen am Pfad entlang zu animieren.

▼ **Abbildung 17.57**
Nach Anwenden des Befehls KONTUREN ERSTELLEN entsteht eine neue Ebene in der Zeitleiste, welche die automatisch aus den Textzeichen generierten Masken enthält.

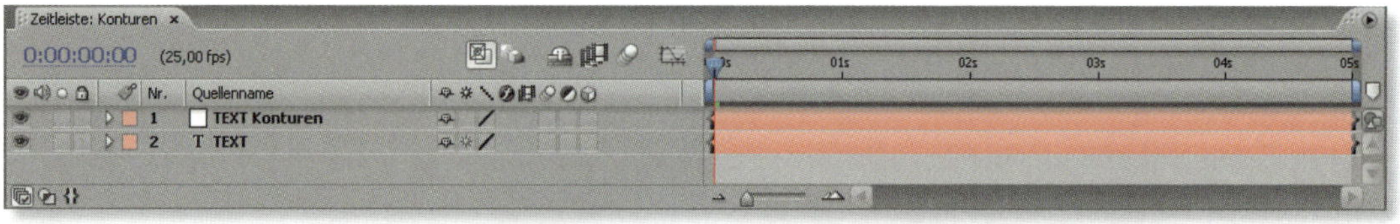

Abbildung 17.58 ▶
Und so können sie aussehen, die Textmasken.

TEIL VII

Masken und Effekte

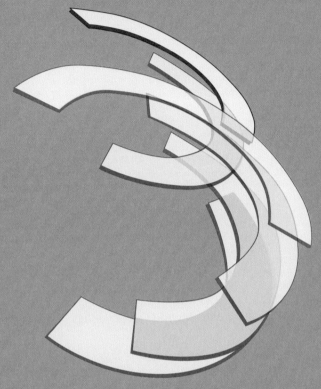

18 Masken, Matten und Alphakanäle

Das Durchsichtige, Durchscheinende wie Luft oder Wasser ist transparent. Es ist notwendig, Transparenzen zu definieren, um zwei oder mehr Bilder bzw. Videos visuell miteinander zu kombinieren. Als Compositing-Programm bietet After Effects vielfältige Möglichkeiten, Transparenzen selbst einzustellen bzw. transparentes Material aus anderen Applikationen zu übernehmen.

Beim Einstellen der Transparenz für ein Bild werden Teile dieses Bildes unsichtbar bzw. transparent gesetzt, so dass ein darunter befindliches Bild sichtbar werden kann. Auf diese Weise lassen sich beliebig viele Bilder zu einem neuen Layout kombinieren oder unerwünschte Bildbereiche entfernen und durch anderes Bildmaterial ersetzen.

Bei der Arbeit mit solchen transparenten Bildbereichen begegnen uns zunächst einige Begriffe, die zur Verwirrung beitragen können, im Grunde aber vieles gemeinsam haben.

18.1 Begriffsdefinitionen

18.1.1 Alphakanal

Ein Alphakanal beschreibt die transparenten Bereiche eines Bildes.

Die Farbinformation eines Bildes ist in den so genannten Farbkanälen enthalten. Für RGB-Bilder gibt es jeweils einen Kanal für die Farben Rot, Grün und Blau. Mit welcher Transparenz oder Deckkraft die Pixel eines Bildes dargestellt werden, wird als Transparenzinformation im Alphakanal gespeichert. Jedem Pixel eines Bildes sind somit je drei Farbkanalwerte und ein Alphakanalwert zugeordnet.

Abbildung 18.1 ▸
Dieses Bild wird vollständig deckend ohne transparente Bildbereiche dargestellt.

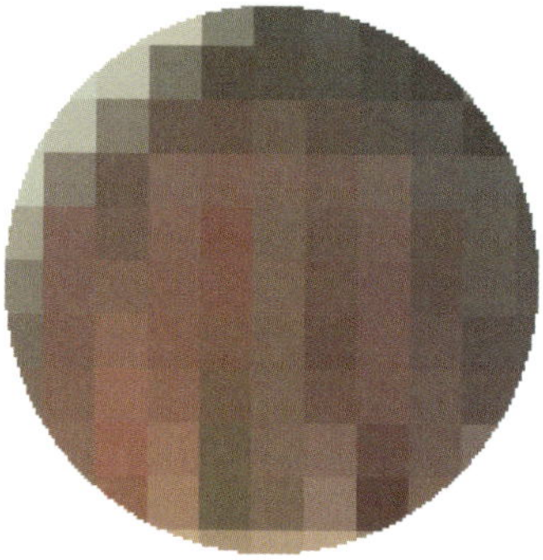

Abbildung 18.2 ▸
Jedes Pixel setzt sich aus drei Werten für die Farben Rot, Grün und Blau und dem Alphakanalwert zusammen. Ein Rotton kann z.B. die Werte R: 180, G: 101, B: 86 und Alpha: 255 (also deckend) haben.

Jeder der vier Kanäle für Rot, Grün, Blau und Alpha kann, wenn er mit einer Farbtiefe von 8 Bit gespeichert wurde, 256 Grau- bzw. Transparenzabstufungen darstellen. Für die After Effects Standard-Version sind hier keine höheren Werte möglich. In der Professional-Version von After Effects kann Bildmaterial verarbeitet werden, das mit einer Informationstiefe von 16 Bit pro Farbkanal bzw. für den Alphakanal erstellt wurde. Damit lassen sich hochwertige 65.536 Abstufungen darstellen. Noch feiner sind die darstellbaren Nuancen bei 32-Bit-Material, das in der Pro-Version ebenfalls verarbeitbar ist.

Damit eine Datei mitsamt Alphakanal gespeichert werden kann, muss sie insgesamt mindestens eine Farbtiefe von 32 Bit oder höher aufweisen. Das entspricht der Einstellung ÜBER 16 MIO. FARBEN bzw. TRILLIONEN FARBEN, die für einige Ausgabeformate in After Effects getroffen werden kann.

Im Alphakanal wird die Transparenzinformation immer als Graustufenbild gespeichert. Dabei entsprechen der Schwarzwert des Graustufenbildes einer vollständigen Transparenz des Materials und der Weißwert der vollständigen Deckkraft. Enthält der Alphakanal hundertprozentiges Schwarz, wird in den RGB-Kanälen keine Bildinformation dargestellt und das Bild ist transparent, also durchsichtig. Bei hundertprozentigem Weiß verhält es sich genau umgekehrt. Die Zwischenwerte werden als Grauwerte dargestellt und ebenfalls als Transparenz auf die RGB-Farbkanäle übernommen. Ob ein Bild in Teilen oder gänzlich transparent dargestellt werden soll, »merkt« sich der Alphakanal sozusagen pixelweise.

Andere Applikationen, andere Transparenzspeicherung: Da im Compositing mit Dateien aus unterschiedlichsten Applikationen gearbeitet wird, muss After Effects »damit leben«, verschiedene Arten der **Speicherung der Alphainformation** zu erkennen. In After Effects kann sowohl ein separater Alphakanal verwendet werden, um innerhalb einer Komposition die Transparenzen eines Bildes oder Videos zu bestimmen, als auch ein schon in der Datei vorhandener Alphakanal zum Einsatz kommen. Jede Ebene in einer After Effects-Komposition kann einen Alphakanal, der im importierten Material enthalten ist, auch korrekt darstellen.

▲ **Abbildung 18.3**
Durch die Information im Alphakanal (hier die oberste Ebene) werden die Pixel in den einzelnen RGB-Kanälen transparent oder deckend gesetzt.

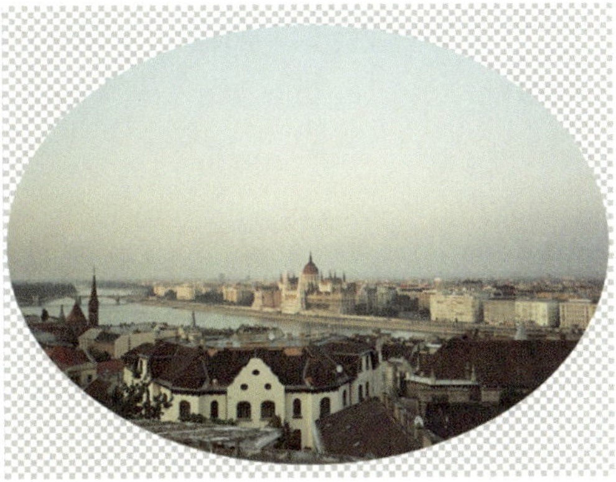

▲ **Abbildung 18.4**
Alle Kanäle zusammengemischt ergeben dieses Bild.

Separater Alphakanal | Manche Programme unterstützen keinen in der Datei enthaltenen Alphakanal. Dieser kann dann als separate Datei erstellt und in After Effects mit der RGB-Datei kombiniert werden.

Über diese Möglichkeit lässt sich jede Bildebene, die Sie in After Effects verwenden, mit der Alphainformation einer anderen Datei kombinieren. Damit können Bildbereiche auf der Grundlage einer – möglichst in Schwarz-Weiß angelegten – Bildebene freigestellt werden. Der Alphakanal kann aus vielen anderen Applikationen als separate Datei exportiert werden. 3D-Programme bieten diese Option immer an.

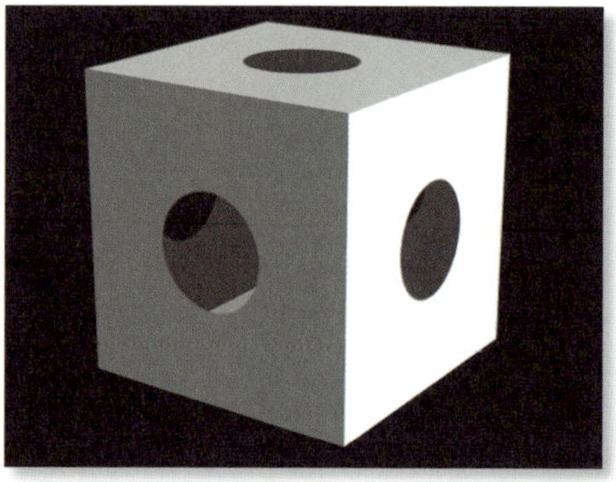

▲ **Abbildung 18.5**
Die Alphainformation in einer separaten Datei

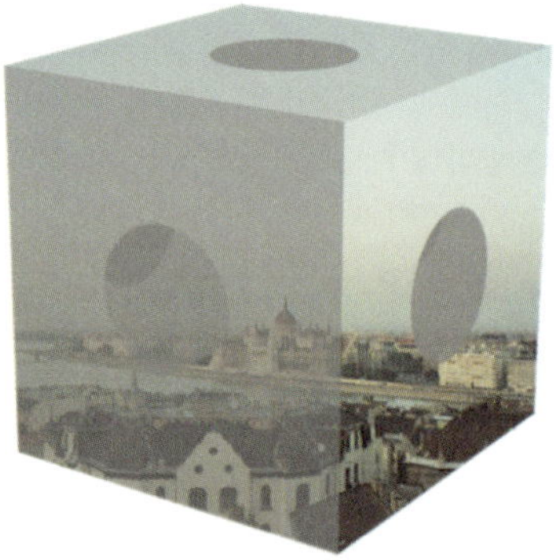

▲ **Abbildung 18.6**
Hier wurde die Alphainformation der Datei mit einem Bild kombiniert.

Direkter Alphakanal | Der direkte Alphakanal wird auch als **Straight Alpha Channel** bezeichnet. Bei dieser Art der Speicherung wird die Alphainformation vollständig in einem separaten Kanal neben den RGB-Kanälen gespeichert. Eine in dieser Form gespeicherte Datei enthält also vier Kanäle. Die Farbinformation in den RGB-Kanälen wird durch die Alphainformation nicht verändert. Das ergibt den Vorteil, dass halbtransparente Flächen korrekt dargestellt werden.

▲ **Abbildung 18.7**
Bei der Speicherung mit direktem Alphakanal liegt die Alphainformation in einem separaten Kanal vor. Aus den sichtbaren RGB-Kanälen (hier zusammengemischt als ein Kanal dargestellt) kann die Transparenzinformation nicht abgeleitet werden.

Programme, die keine direkten Alphakanäle unterstützen, können so gespeicherte Transparenzinformation nicht interpretieren und zeigen die Transparenzen nicht an. In After Effects werden sowohl der direkte als auch der integrierte Alphakanal unterstützt.

Integrierter Alphakanal | Der integrierte Alphakanal wird auch als **Premultiplied Alpha Channel** bezeichnet. Auch bei Dateien mit integriertem Alphakanal wird die Transparenzinformation in einem extra Kanal neben den RGB-Farbkanälen gespeichert. Zusätzlich wird die Transparenzinformation allerdings noch in die RGB-Kanäle eingerechnet. Vollkommen transparente Bereiche werden mit einer Farbe – meist Schwarz oder Weiß – vollfarbig dargestellt. Enthält die Datei auch halbtransparente Bereiche, wird die Farbe prozentual in die jeweiligen Pixel eingerechnet. Das heißt für halbe Deckkraft 50 % der Farbe des Pixels und 50 % der eingerechneten Farbe. In den meisten Programmen wird die Transparenzinformation integriert gespeichert. Für Sequenzen aus 3D-Applikationen gilt dies in jedem Fall.

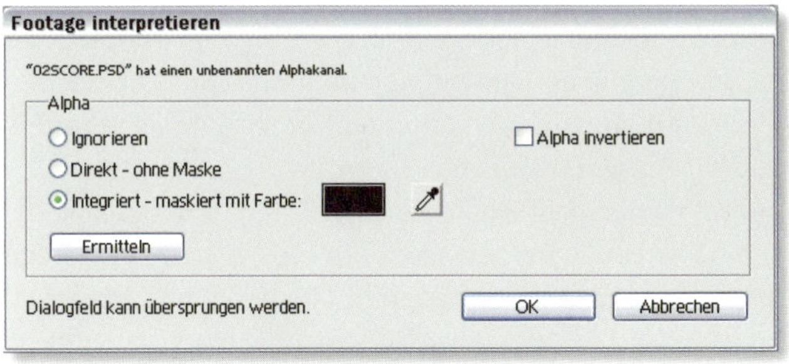

◂ **Abbildung 18.8**
Beim Import von Dateien, die Alphainformationen enthalten, blendet After Effects bisweilen diesen Dialog ein.

▴ **Abbildung 18.9**
Bei der Speicherung mit integriertem Alpahakanal liegt der Alphakanal separat neben den RGB-Kanälen vor. In die RGB-Kanäle wurde die Alphainformation hier mit der Farbe Schwarz eingerechnet.

▴ **Abbildung 18.10**
In diesem Beispiel wurde der integrierte Alphakanal falsch interpretiert. Am Rand des Schriftzugs ist daher noch die schwarze Farbe erkennbar, die bei der integrierten Speicherung verwendet wurde.

After Effects blendet beim Import von Dateien mit Alphainformationen bisweilen den Dialog FOOTAGE INTERPRETIEREN ein. Wenn Sie wissen, in welcher Art die Alphainformation gespeichert wurde, wählen Sie dort eine der Optionen DIREKT oder INTEGRIERT, wenn nicht, hilft der Button ERMITTELN.

18.1.2 Masken und Matten

Um ein Bild oder Video mit Transparenz zu versehen, kann die Deckkraft reduziert werden. Es wird dann insgesamt durchscheinend oder ganz unsichtbar dargestellt. Um nur Teilbereiche eines Bildes unsichtbar oder durchscheinend und andere dagegen deckend zu gestalten, werden Masken und Matten benötigt.

Deckkraft

Mit der Deckkraft wird festgelegt, ob und wie stark durchscheinend bzw. opak (also deckend) Bildbereiche oder das gesamte Bild dargestellt werden. Beträgt die Deckkraft eines Bildes 100 %, ist es vollkommen deckend. Bei 0 % Deckkraft sind Bildbereiche oder das gesamte Bild unsichtbar. Dazwischen liegende Werte führen zu einem mehr oder weniger durchsichtigen Bild.

Masken und Matten in der traditionellen Filmtechnik | Masken sind ursprünglich in der Filmtechnik eingesetzt worden, um unerwünschte Bildteile in einem Film abzudecken und diese dann durch erwünschtes Bildmaterial zu ersetzen, z.B. um einen Bildvordergrund mit einem anderen als den beim Filmdreh verfügbaren Hintergrund auszustatten. Dazu wurden ein Film für den Vordergrund und einer für den gewünschten Hintergrund gedreht. Um die beiden Filme in einem Endprodukt, dem Kinofilm, zu vereinen, mussten gewünschter Vorder- und Hintergrund miteinander kombiniert werden.

Da in der Realität nicht einfach ein im Hintergrund befindlicher Schornstein gesprengt werden kann, nur weil er im Film störend wirkt, wurde der störende Hintergrund bei der Filmnachbearbeitung mit einer festen, also unveränderlichen Maske abgedeckt und dann eine Kopie des Vordergrundfilms erstellt. Ergebnis war ein maskierter Vordergrundfilm. Für den Hintergrundfilm hingegen wurde der genau umgekehrte Teil abgedeckt und ebenfalls eine Kopie angefertigt. Die zwei entstandenen maskierten Kopien konnten nun nochmals in einer Endkopie zum fertigen Kinofilm zusammenkopiert werden.

Problematisch wird eine feste Maskierung, wenn ein beweglicher Vordergrund, beispielsweise ein Schauspieler, mit einem neuen Hintergrund kombiniert werden soll. Die Lösung hierfür wäre, für jedes Filmbild die Maske an die veränderte Vordergrundfigur anzupassen – ein sehr aufwändiges Unterfangen. Einfacher ist da die Verwendung einer beweglichen Maske, die sich selbst an die Silhouette des Schauspielers anpasst. Wird der Schauspieler vor einem einfarbigen Hintergrund aufgenommen, ist diese Situation gegeben. Dabei wird – auch heute noch – ein blauer oder grüner Hintergrund verwendet, der **Bluescreen** bzw. **Greenscreen**.

Anders als bei dem Verfahren mit einer festen Maske enthielt die maskierte Filmkopie eine Maske, die sich in jedem Filmbild für sich betrachtet an die Silhouette des Schauspielers anpasste. Eine solche Maske bewegt sich gewissermaßen und wird daher auch als Wandermaske bzw. Traveling Matte bezeichnet. – Also doch eine Matte ... – In After Effects ist die Bezeichnung Maske und Matte noch einmal etwas anders zu verstehen.

Bluescreen

Der Bluescreen ist ein blauer Hintergrund, vor dem eine Szene spielt. Bei der Nachbearbeitung des Materials kann die blaue Farbe mit entsprechenden Filtern transparent gesetzt werden (siehe auch Abschnitt 19.4, »Keying-Effekte«).

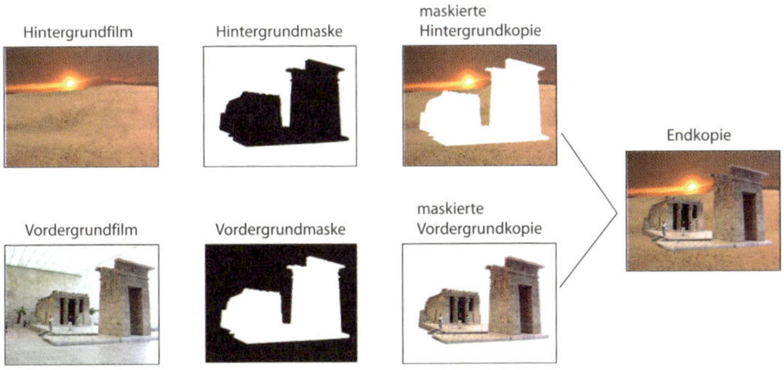

◂ **Abbildung 18.11**
Um den gewünschten Vorder- und Hintergrund miteinander zu kombinieren, werden Masken erstellt, welche die entsprechenden Bereiche des Vorder- bzw. Hintergrundfilms abdecken. In einer Endkopie werden die gewünschten Bildinhalte miteinander kombiniert.

Maske | Eine Maske dient dazu, Teilbereiche eines Bildes deckend oder transparent darzustellen. Eine Maske besteht aus einem geschlossenen Pfad, der auf einer Bildebene erstellt wird. Bildbereiche innerhalb des Maskenpfads werden deckend dargestellt, sind also sichtbar, Bildbereiche außerhalb sind vollständig durchsichtig bzw. unsichtbar. Die Ränder der Maske können weich auslaufen.

▲ **Abbildung 18.12**
Ein Bild ohne transparente Bereiche

▲ **Abbildung 18.13**
Das gleiche Bild aus Abbildung 18.12 mit einem Maskenpfad

Matte | Eine Matte ist eine Ebene, die Informationen enthält, die in einer anderen Ebene verwendet werden, um dort Transparenzen zu erzeugen. Die Matte-Ebene selbst bleibt unsichtbar.

Es kann sowohl die Alphainformation als auch die Helligkeitsinformation der Matte-Ebene dazu verwendet werden, um in einer anderen Ebene transparente Bildbereiche zu erzeugen. Beim Nutzen der Alphainformation ist die Farbe oder Helligkeit im Bild egal. Beim Nutzen der Helligkeitsinformation wird mit Schwarz-Weiß-Bildern bzw. -Filmen gearbeitet, deren Graustufenwerte für mehr oder minder deckende Bereiche sorgen. Im Gegensatz zu Masken können Matten somit auch komplexe transparente Übergänge schaffen. Ob es sich bei der Matte-Ebene um eine Bilddatei, einen Film oder auch eine Textebene handelt, ist frei wählbar.

▲ **Abbildung 18.14**
Noch ein Bild ohne transparente Bereiche

▲ **Abbildung 18.15**
Ein Graustufenbild, das als Matte verwendet werden kann. Ein Graustufenfilm kann ebenfalls als Matte definiert werden. Weiße Pixel definieren volle Deckkraft, schwarze Pixel transparente Bildbereiche.

▲ **Abbildung 18.16**
Hier das Ergebnis, wenn das Bild aus Abbildung 18.14 mit der Matte aus Abbildung 18.15 kombiniert wird. Das Raster im Hintergrund deutet die transparenten Bereiche an.

18.2 Matten und ihre Verwendung

Matten tragen die verschiedensten Bezeichnungen. So begegnen uns häufig Track Mattes, Spurmatten, Traveling Mattes, bewegte Masken, Luminanzmatten und Alphamatten.

Egal, ob Ihnen der eine oder andere Begriff begegnet, Sie können immer von Folgendem ausgehen: Grundsätzlich ist eine Matte ein Bild, das als Transparenzinformation für ein anderes Bild dient. Es handelt sich hierbei beispielsweise um ein Schwarz-Weiß- bzw. Graustufenbild. Es kann aber auch ein Schwarz-Weiß- bzw. Graustufenfilm als Matte verwendet werden.

In dem Programm, in dem die Matte verwendet wird, muss allerdings die Matte auch als Transparenzinformation für das andere Bild angegeben werden. Dabei kann die Transparenzinformation wie erwähnt sowohl aus den Helligkeits- als auch aus den Alphawerten eines Bildes gewonnen werden. Die Matte selbst wird nicht dargestellt, sondern dient nur als Referenz.

Matten werden besonders dann benötigt, wenn ein Bild keinen eigenen Alphakanal zur Darstellung der Transparenz enthält oder wenn bewegtes Filmmaterial zur Darstellung der Transparenz verwendet werden soll.

◂ **Abbildung 18.17**
Hier ein Graustufenfilm mit Text, der als Matte für eine andere Bildebene verwendet werden kann

▾ **Abbildung 18.18**
Der Graustufenfilm bewirkt als Matte dort Transparenzen, wo der Film kein hundertprozentiges Weiß enthält. Dort, wo es weiße Bereiche im Film gibt, wird hier ein Himmel sichtbar.

18.2.1 Alphamatte erstellen

Eine Alphamatte ist dann gegeben, wenn die Alphainformation einer Ebene zur Erzeugung von Transparenzen in einer anderen Ebene verwendet wird. Alphamatten werden oft verwendet, um z.B. Videomaterial in einem Text darzustellen. Diese Kombination können Sie in After Effects leicht herstellen. Schauen wir uns also an, wie es gemacht wird.

Schritt für Schritt: Das Bild im Text

1 Vorbereitung

Importieren Sie aus dem Ordner 18_MASKEN/ALPHAMATTE die Dateien »hintergrund«, »fuellebene« und »text«. Legen Sie eine

Komposition in der Größe 384 × 288 mit einer Dauer von 10 Sekunden an. Ziehen Sie die Dateien in den linken Bereich der Zeitleiste.

2 Ebenen anordnen

Wenn Sie in After Effects mit einer Matte arbeiten wollen, ist es zunächst wichtig, eine Ebene als Matte-Ebene und eine andere als Füllebene festzulegen. Außerdem kann noch ein Hintergrund hinzugefügt werden. Die Matte-Ebene besteht in unserem Falle aus einer Photoshop-Textebene, die mit dem Inhalt eines Bildes gefüllt werden soll.

Um das gewünschte Ergebnis zu erhalten, ist es wichtig, die Reihenfolge der Ebenen in der Zeitleiste wie in Abbildung 18.20 einzuhalten. Die Matte-Ebene muss immer direkt über der Füllebene liegen. Die Transparenzinformation wird von der Matte-Ebene nur auf die direkt unter ihr befindliche Ebene übertragen. Ordnen Sie die Ebenen so an, dass die Ebene »text« ganz oben in der Zeitleiste »liegt« und darunter dann die Ebene »fuellebene« und »hintergrund«.

▲ **Abbildung 18.19**
Die oberste Textebene soll als Alphamatte für die darunterliegende Füllebene dienen. Ganz unten kann ein Hintergrundbild hinzugefügt werden.

▲ **Abbildung 18.20**
In der Zeitleiste wird die Matte-Ebene, hier der Text, ganz oben und darunter die Füllebene und der Hintergrund angeordnet.

Bewegte Maske

Track Matte ist ein anderer Ausdruck für Bewegte Maske. Obwohl Track Matte oft für eine sich bewegende Matte steht, muss sie sich in After Effects nicht bewegen.

3 Alphamatte festlegen

Im unteren linken Bereich der Zeitleiste befindet sich der Button Ebenenmodifenster ❶, mit dem Sie das entsprechende Fenster ein- bzw. ausblenden. Unter dem Listeneintrag BewMas ❷ lässt sich der Text für das Bild als Alphamatte wählen. Klicken Sie dazu in der Füllebene auf den Eintrag Ohne. Im Einblendmenü wählen Sie den Eintrag Alpha Matte ´text.psd´.

Automatisch wird unsere Matte-Ebene unsichtbar gestellt, wie Sie auch am Augen-Symbol ❸ der Ebene erkennen können. Auch das Augen-Symbol der Füllebene hat sich automatisch geändert, und die Trennlinie zwischen beiden Ebenen ist verschwunden.

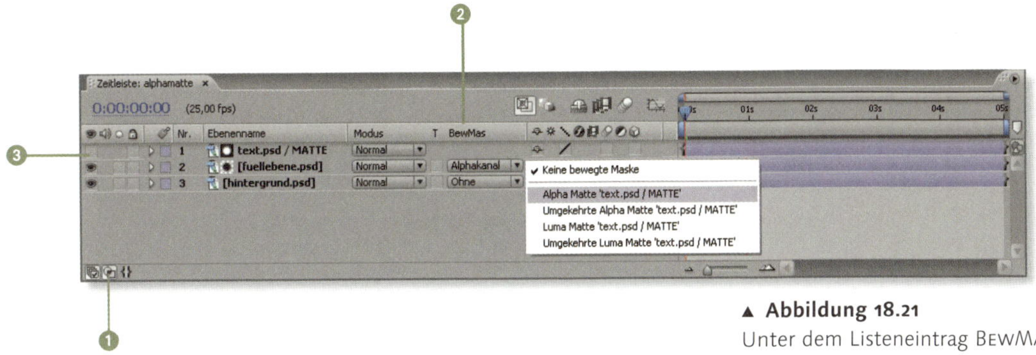

▲ **Abbildung 18.21**
Unter dem Listeneintrag BEWMAS wird die Textebene als Alphamatte für die Füllebene definiert.

Verschieben Sie jetzt die Matte-Ebene gemeinsam mit der Füllebene ein Stück nach oben in den Himmel über Budapest. Markieren Sie dazu beide Ebenen in der Zeitleiste. Wenn Sie nur eine der beiden Ebenen auswählen, verschieben Sie damit entweder den Bildinhalt im Text oder die Matte über dem Bildinhalt.

Probieren Sie vielleicht auch einmal den Eintrag UMGEKEHRTE ALPHA MATTE aus dem Einblendmenü und betrachten Sie das Ergebnis. Falls Sie alles rückgängig machen wollen, wählen Sie den Listeneintrag KEINE BEWEGTE MASKE und klicken für den Text auf das Augen-Symbol.

After Effects-Text als Matte

In After Effects erstellte Textebenen lassen sich ebenfalls als Matten für Videos verwenden. Zum Erstellen von Text in After Effects siehe Kapitel 16, »Text erstellen«.

◄ **Abbildung 18.22**
Das Ergebnis: Das Bild der Füllebene ist im Text der Matte-Ebene sichtbar.

18.2.2 Luminanzmatte erstellen

Eine Luminanzmatte ist dann gegeben, wenn die Helligkeitswerte einer Bildebene als Quelle für die Transparenzeinstellung in einer anderen Ebene verwendet werden. Es bietet sich daher an, als

▼ **Abbildung 18.23**
In der Zeitleiste wird die Matte-Ebene über der Füllebene platziert, ganz wie bei der Erstellung einer Alphamatte.

Matte ein Schwarz-Weiß-Bild oder eine Graustufendatei bzw. einen Graustufenfilm zu verwenden. Dies kann beispielsweise ein Film zum Trennen der Vordergrund- von den Hintergrundbereichen eines Films sein.

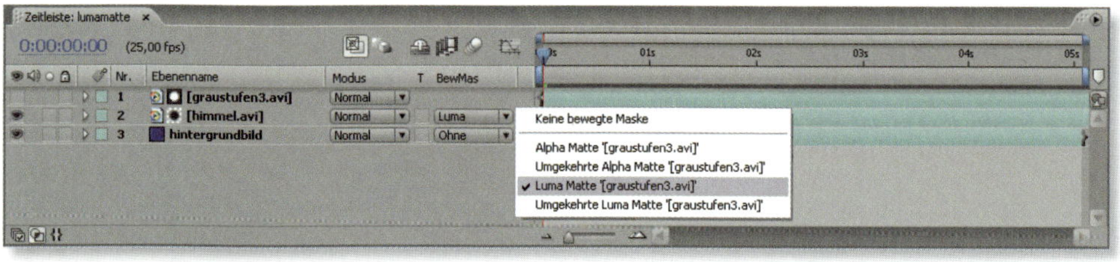

Effekte als Matte

Außerdem können Sie Effekte, die Sie auf eine Ebene angewandt haben, als Graustufenfilm verwenden, beispielsweise die Generieren-Effekte ZELLMUSTER, RADIOWELLEN, GEWITTER oder den Effekt FRAKTALE STÖRUNGEN aus der Effektkategorie STÖRUNG UND KÖRNUNG. Damit ergeben sich vielfache interessante Kombinationsmöglichkeiten.

Traveling Mattes

Animierte Matten werden in After Effects auch Traveling Mattes genannt. Die Bezeichnung stammt aus einem weiter oben beschriebenen Maskierungsverfahren beim Film.

Der Weg, eine Luminanzmatte herzustellen, ist dem im vorigen Abschnitt beschriebenen gleich. Es wird als einziger Unterschied im Einblendmenü in der Spalte BEWMAS der Eintrag LUMA MATTE bzw. UMGEKEHRTE LUMA MATTE gewählt. Bei Letzterem werden nicht die schwarzen Pixel als Transparenzwerte verwendet, sondern umgekehrt die weißen.

18.2.3 Matte animieren

Während in einem Bild mit direktem oder integriertem Alphakanal die RGB-Kanäle mit dem Alphakanal in einer Datei verbunden sind, lässt sich die Matte im Nachhinein unabhängig von den RGB-Kanälen animieren oder austauschen.

Zur Animation einer Matte-Ebene stehen Ihnen alle Animationsmöglichkeiten von After Effects zur Verfügung. Probieren Sie doch einfach mal aus, die Matte-Text-Ebene, die Sie im Workshop »Das Bild im Text« im Abschnitt 18.2.1 verwendet haben, mit einer der Transformieren-Eigenschaften z.B. per Position oder per Rotation zu animieren. Achten Sie dabei darauf, dass sich der Mattetext nicht außerhalb der Grenzen der Füllebene befindet, da er sonst angeschnitten erscheint.

18.2.4 Transparenz erhalten

Einen Beitrag zur Verwirrung leistet eventuell der Schalter »Transparenz erhalten«, den wir uns hier etwas genauer anschauen. Der Schalter befindet sich im Ebenenmodifenster, das Sie über den entsprechenden Button ❶ einblenden. In der Zeitleiste von After Effects müssen sich mindestens eine Textebene und ein Video bzw. eine Bildebene befinden. Der Text muss dabei **unterhalb** der Bildebene platziert sein.

Anschließend kann in der Spalte »T« ❷ die Option TRANSPARENZ ERHALTEN für die über dem Text befindliche Bildebene aktiviert werden. Deckende Bereiche des Bildes werden anschließend nur dann angezeigt, wenn sie sich mit deckenden Bereichen der darunter liegenden Ebene oder Ebenen überlappen.

Wenn Sie weitere Ebenen unter der aktivierten Bildebene platzieren, werden weitere Teile der Bildebene sichtbar.

▼ **Abbildung 18.24**
Die Option Transparenz erhalten muss in der Spalte »T« aktiviert werden, damit deckende Bereiche der Bildebene in deckenden Bereichen der Textebene sichtbar sind.

▲ **Abbildung 18.25**
Eine Bildebene und eine Textebene wurden in der Zeitleiste übereinander plaziert.

▲ **Abbildung 18.26**
Das Ergebnis, wenn die Option Transparenz erhalten aktiviert wurde

18.3 Masken: Schon wieder Pfade

Eine Maske definiert wie eine Matte auch transparente und deckende Bereiche eines Bildes.

Ein **Maskenpfad** wird entweder als offener oder geschlossener Pfad erstellt. Damit eine Maske die Transparenz einer Ebene beeinflusst, muss sie geschlossen sein. In diesem Fall sind die Bereiche innerhalb des Pfads deckend, die äußeren transparent, durchsichtig dargestellt. In After Effects können Sie eine Vielzahl an Masken auf einer Ebene anlegen.

Mit Hilfe von Masken können Sie einem Material, das keinen Alphakanal enthält, transparente Bereiche hinzufügen. Ebenso ist das auch bei Material möglich, das bereits transparente Bereiche enthält.

Sobald Sie eine oder mehrere Maske erstellt haben, stehen Ihnen weit reichende Bearbeitungsmöglichkeiten offen. So können Sie die Form jeder Maske im Nachhinein verändern und animieren. Eine Maske kann außerdem an ihren Rändern weichgezeichnet werden. Durch unterschiedliche Deckkrafteinstellungen für mehrere Masken können Teilbereiche eines Bildes ein- und ausgeblendet werden.

Über Maskenmodi können Masken miteinander interagieren, was die Darstellung der sichtbaren Bildbereiche beeinflusst. Sie können Alphakanäle und Text in Masken konvertieren (mehr dazu aber weiter unten im Text). Sehr wichtig ist auch die Verwendung der Maskenpfade als Referenzpfad für bestimmte Effekte und Text.

Zu guter Letzt lassen sich Maskenpfade auch noch in Bewegungspfade umwandeln bzw. umgekehrt. Zu Bewegungspfaden finden Sie Informationen im Abschnitt 11.2, »Die räumliche Interpolation und Bewegungspfade«.

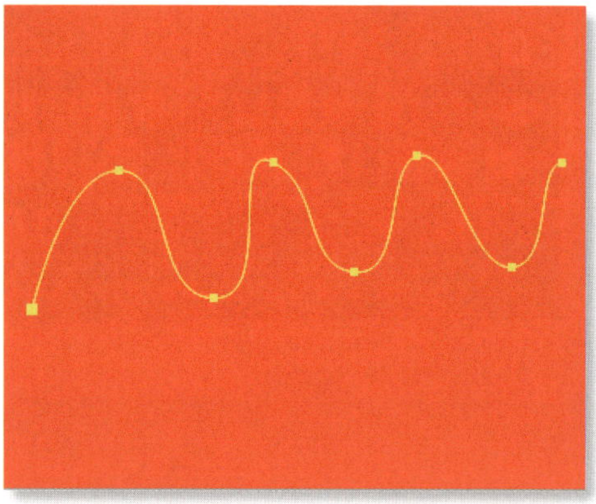

▲ **Abbildung 18.27**
Offene Maskenpfade können als Referenz für Effekte und Text dienen, schaffen aber keine transparenten Bildbereiche.

▲ **Abbildung 18.28**
Geschlossene Maskenpfade definieren transparente und deckende Bildbereiche.

18.3.1 Masken erstellen

Ihnen stehen sechs Wege offen, um Masken zu kreieren:

1. mit den Masken-Werkzeugen
2. Alphakanäle in Masken konvertieren
3. numerisch mit der Maskenform-Dialogbox
4. Text in Masken konvertieren
5. Pfade aus Illustrator oder Photoshop verwenden
6. mit dem Grafiktablett

Gehen wir es praktisch an. Wie Sie mit den Masken-Werkzeugen Masken bzw. Maskenpfade erzeugen, erfahren Sie im folgenden Workshop.

Schritt für Schritt: Einfache Maskenformen erstellen

1 Vorbereitung

Um mit Maskenpfaden umgehen zu lernen, ist es am besten, mit wenigen und einfachen Maskenformen zu beginnen. Importieren Sie zunächst ein Bild, das Sie maskieren möchten, und ziehen es in die Zeitleiste.

In der Werkzeugpalette stehen Ihnen erst einmal drei einfache Möglichkeiten für die Erstellung von Maskenpfaden zur Verfügung. Sie finden dort Werkzeuge für rechteckige und ovale Masken und für offene oder geschlossene freie Maskenformen.

2 Rechteckige und ovale Masken

Wählen Sie in der Werkzeugpalette das Werkzeug für rechteckige Maskenformen. Markieren Sie die zu maskierende Ebene und ziehen bei gedrückter Maustaste ein Rechteck im Kompositionsfenster auf. Damit wird ein geschlossener Maskenpfad erstellt, der standardmäßig gelb dargestellt wird. Wie Sie sehen, wird die Ebene nun innerhalb des Maskenpfads angezeigt und außerhalb transparent gestellt, so dass die Hintergrundfarbe Ihrer Komposition sichtbar wird.

Um eine **elliptische Maske** hinzuzufügen, wechseln Sie das Werkzeug durch längeres Gedrückthalten der Maus auf das Rechteckige-Maske-Werkzeug und wiederholen die oben genannten Schritte. Um schnell zwischen den beiden Werkzeugen zu wechseln, drücken Sie die Taste Q.

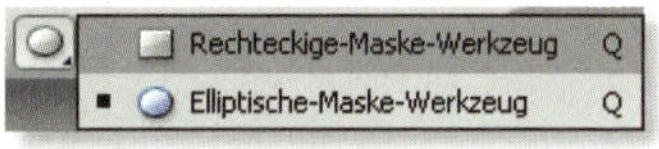

▲ **Abbildung 18.29**
Durch Gedrückthalten der Maus auf dem Rechteckige-Maske-Werkzeug ist im Menü das Elliptische-Maske-Werkzeug wählbar.

Masken proportional skalieren

Um eine Maske proportional zu skalieren, ziehen Sie die Maske auf und drücken währenddessen die ⇧-Taste. Wenn Sie zusätzlich die Strg-Taste verwenden, wird die Maske außerdem von ihrem Mittelpunkt her aufgezogen. Dieser liegt beim Erstellen der Maske genau dort, wo Sie zuerst ins Bild geklickt haben.

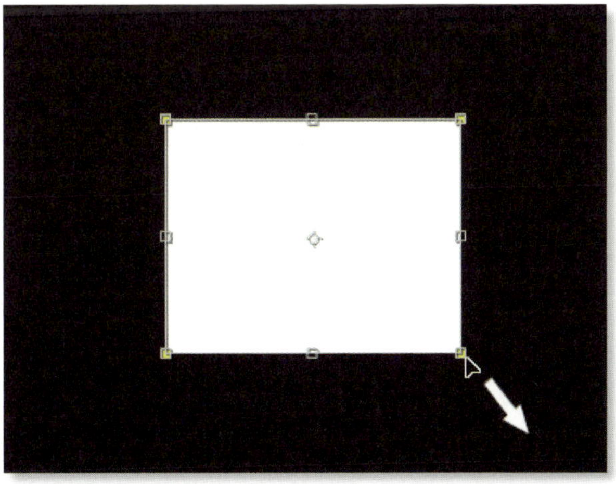

◄ **Abbildung 18.30**
Bei gedrückter Maustaste lässt sich eine Maske im Kompositionsfenster aufziehen. Das kleine Kreuz in der Mitte stellt den Maskenmittelpunkt dar.

▲ **Abbildung 18.31**
Mit dem Zeichenstift-Werkzeug werden offene und geschlossene Maskenpfade erstellt.

3 Offene und geschlossene Masken

Um einen frei geformten offenen oder geschlossenen Maskenpfad anzulegen, benötigen Sie das Zeichenstift-Werkzeug.

Markieren Sie die zu maskierende Ebene und klicken Sie mit dem Zeichenstift-Werkzeug auf selbige Ebene. Es entsteht ein erster Maskenpunkt. Klicken Sie in etwas Abstand dazu weitere Male, um einen Pfad zu zeichnen. Die Pfadsegmente bestehen standardmäßig aus Geraden. Möchten Sie einen Maskenpfad mit Bézier-Kurven anlegen, ist nichts weiter nötig, als an jedem neu erstellten Punkt bei gedrückter Maustaste zu ziehen. Mit der aus dem Punkt gezogenen Tangente lässt sich der Maskenpfad biegen. Der Pfad wird erst dann geschlossen und maskiert die Ebene, wenn Sie **ein weiteres Mal** auf den **ersten** Maskenpunkt klicken.

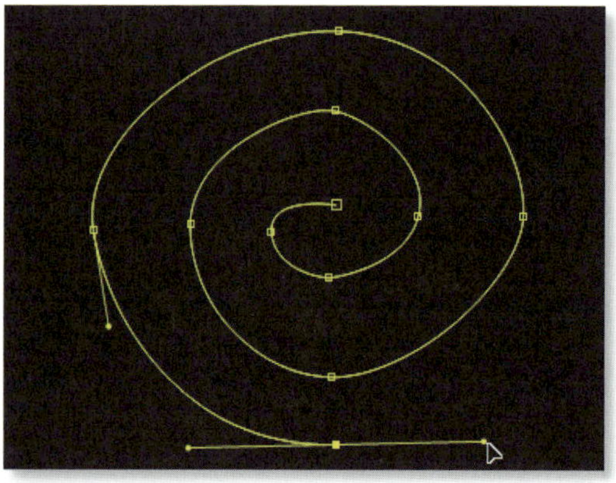

▲ **Abbildung 18.32**
Bei gedrückter Maustaste und Ziehen an einem Maskenpunkt entstehen Tangenten, über die sich der Pfad biegen lässt.

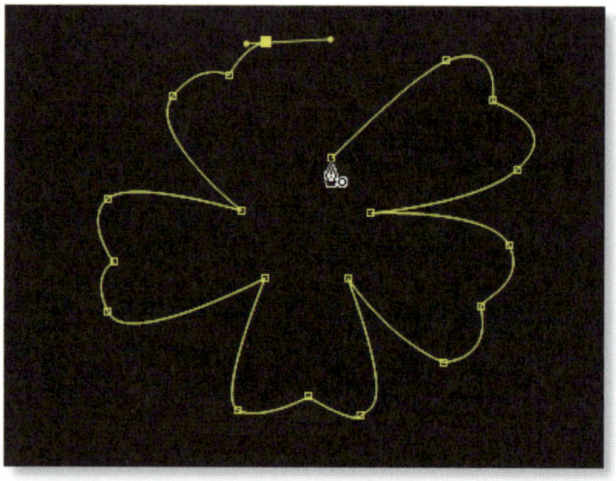

▲ **Abbildung 18.33**
Ein kleiner Kreis neben dem Zeichenstift-Werkzeug zeigt, dass der Maskenpfad beim Klick auf den zuerst gesetzten Maskenpunkt geschlossen wird.

▲ **Abbildung 18.34**
Der Effekt RADIOWELLE bedient sich der Maskenform, um daraus sich ausbreitende Wellen zu generieren.

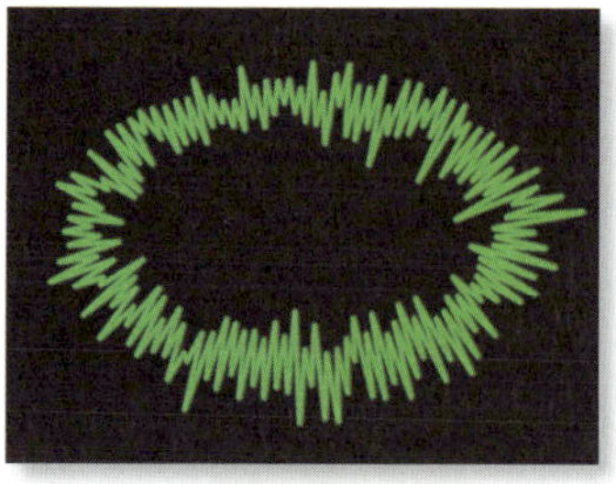

▲ **Abbildung 18.35**
Der Effekt AUDIO-WELLENFORM stellt hier die Audiodaten einer Tondatei entlang eines Maskenpfads dar.

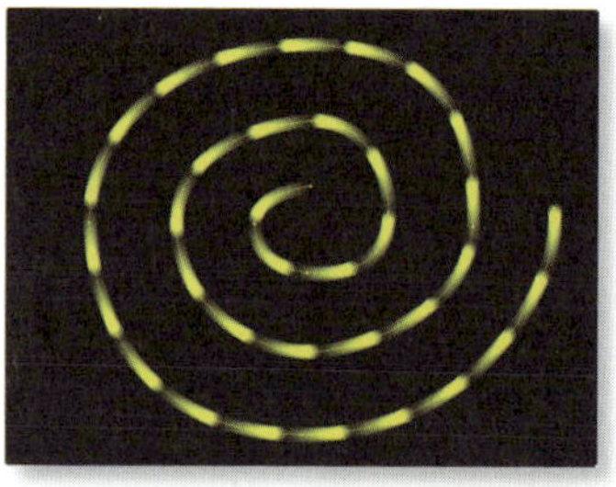

▲ **Abbildung 18.36**
Der Effekt VEGAS orientiert sich hier an einem Maskenpfad.

Sie wundern sich vielleicht, warum ein Pfad als offene Maske, die keine Transparenzen definiert, geschaffen werden kann. Es liegt daran, dass Maskenpfade auch als Referenz für Effekte, Texte und Ebenen dienen können. Allerdings dienen dazu sowohl geschlossene als auch offene Pfade. ■

18.3.2 Bearbeitung von Masken

Wie Sie schon sehen konnten, ist es möglich, nicht nur eine Maske pro Ebene anzulegen. Auf den nächsten Seiten erfahren Sie schrittweise in einem Workshop, wie Sie mit Maskenpfaden und Maskenpunkten umgehen können. Mit dem Zeichenstift-Werkzeug arbeiten Sie wie mit einer Schere, die Formen aus Papier ausschneidet.

Masken Ein- und Ausblenden

Masken können über den Button MASKEN ANZEIGEN im Kompositionsfenster ein- und ausgeblendet werden.

Schritt für Schritt: Scherenschnitt: Maskenpfade

1 Vorbereitung

Schauen Sie sich zuerst das Movie »scherenschnitt.mov« aus dem Ordner 18_MASKEN/SCHERENSCHNITT an, welches wir gemeinsam neu bauen werden. Importieren Sie anschließend aus demselben Ordner die Dateien: »chinoise«, »geisha1«, »geisha2«. Legen Sie eine Komposition in der Größe 768 × 576 mit einer Dauer von 12 Sekunden an.

Die Dateien »geisha1« und »geisha2« habe ich bereits freigestellt. Die Datei »chinoise« werden wir als Nächstes so ausschneiden, dass wir daraus eine Vordergrund-, eine »Mittelgrund«- und eine Hintergrundebene erhalten. Dazu wird »chinoise« dreimal in der Zeitleiste benötigt. Benennen Sie die Ebenen mit »chinoise HG« für den Hintergrund, »chinoise MG« für den Mittel- und »chinoise VG« für den Vordergrund.

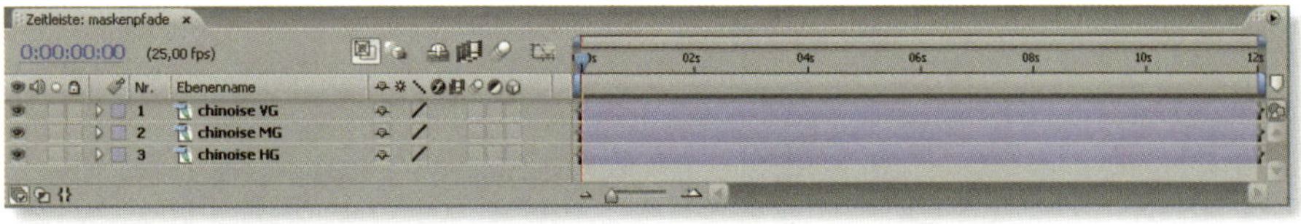

▼ **Abbildung 18.37**
Die Datei »chinoise« wird dreimal in der Komposition benötigt – als Vorder-, Mittel- und Hintergrund.

2 Erste Vordergrundmaske zeichnen

Zum Erstellen einer freien Maskenform wird das Zeichenstift-Werkzeug verwendet. Sie setzen damit einen Maskenscheitelpunkt nach dem anderen, um einen Maskenpfad zu definieren.

Zeichnen Sie mit dem Zeichenstift-Werkzeug zuerst einen Pfad um die sitzende Figur im Vordergrund. Achten Sie darauf, nicht zu viele Maskenscheitelpunkte zu verwenden. Wenn die Rundungen jetzt noch nicht hundertprozentig an die Kontur angepasst sind, macht das nichts. Es lässt sich später noch korrigieren.

Ansicht verschieben

Mit der Leertaste blenden Sie unabhängig davon, welches andere Werkzeug gerade ausgewählt ist, temporär das Hand-Werkzeug ein, um die Ansicht im Kompositionsfenster zu verschieben.

Sinnvoll ist es, die Punkte auf markante Eckpunkte im Bild zu setzen. Sie können dabei die **Darstellungsgröße zoomen**, indem Sie z.B. mit dem Zoom-Werkzeug ins Bild klicken.

Wenn Sie einen Maskenscheitelpunkt setzen und dann gleichzeitig ziehen, erhalten Sie zwei miteinander verbundene Tangenten, mit denen sich der Pfad biegen lässt. Um die Tangenten einzeln zu bearbeiten, klicken und ziehen Sie mit dem Cursor am Endpunkt der Tangente. Wiederholen Sie das Spiel, sind die Tangenten erneut verbunden.

Abbildung 18.38 ▸
Für den Vordergrund werden zwei Masken – eine für den Tisch, eine für die Figur – geschaffen, die hier unterschiedlich eingefärbt sind.

Wie Sie sehen konnten, wechselte auch der Cursor. Halten Sie die Maustaste über dem Zeichenstift-Werkzeug in der Werkzeugpalette gedrückt, finden Sie sämtliche Pfad-Werkzeuge. Das Scheitelpunkt-konvertieren-Werkzeug dient dazu, zwischen Eck- und Kurvenpunkt umzuschalten, wenn auf einen Maskenscheitelpunkt geklickt wird. Ziehen Sie damit an einer Tangente, wird jeweils zwischen verbundenen und einzeln bearbeitbaren Tangenten hin und hergeschaltet. Sie können die Werkzeuge übrigens auch auf Bewegungspfade anwenden.

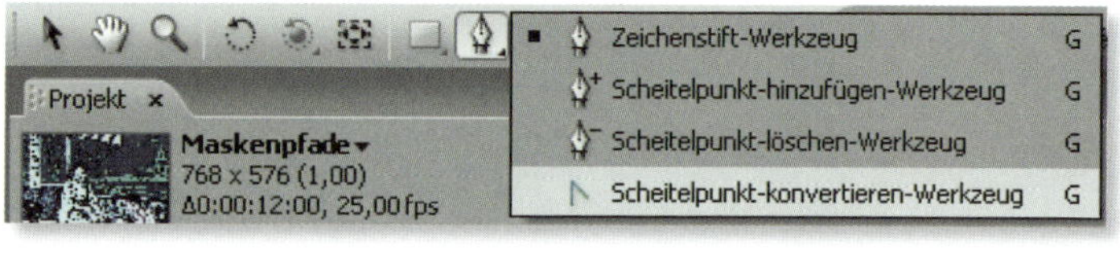

Abbildung 18.39 ▸
Ein freier Maskenpfad wird mit dem Zeichenstift-Werkzeug geschaffen und mit den anderen Werkzeugen im Einblendmenü bearbeitet.

Schließen Sie die Maske durch Klick auf den ersten Maskenpunkt. Wenn Sie die darunter liegenden Ebenen ausblenden, können Sie die freigestellte Figur bewundern. Außer der Figur wurde alles ausgeblendet, auch der Tisch, um den wir uns später kümmern. Damit die Figur nachher nicht eckig ausgeschnitten ist, sollten Sie den Pfad mit Bézier-Kurven an Rundungen anpassen. Hierfür ist ein wenig Übung nötig – im nächsten Schritt mehr dazu.

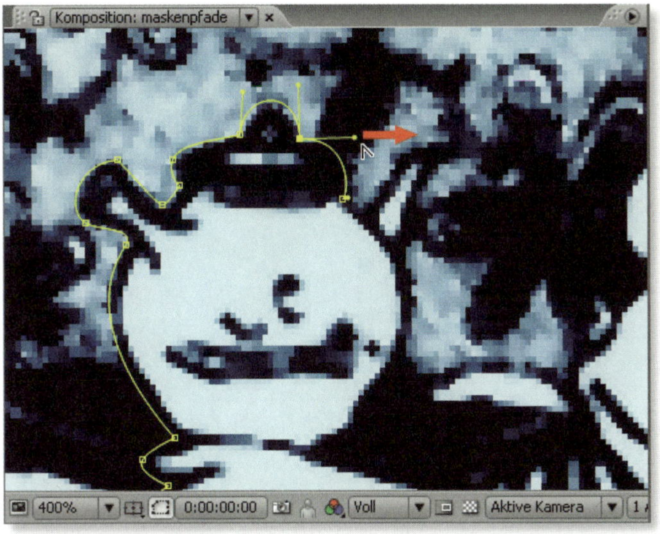

▲ **Abbildung 18.40**
Die Tangenten eines Maskenscheitelpunkts werden mit dem Scheitelpunkt-konvertieren-Werkzeug zwischen verbundenen und unabhängigen Tangenten umgeschaltet.

Masken und Grafiktablett

Freie Maskenformen können komfortabel mit einem Grafiktablett gezeichnet werden. Es bedarf allerdings einiger Gewohnheit, wenn Sie bisher nur mit der Maus gearbeitet haben.

3 Maske nachträglich bearbeiten

Sie sind nicht zufrieden? – Ist ein Maskenscheitelpunkt markiert, erscheinen wieder die Tangenten und sind mit Auswahl- und Pfad-Werkzeugen bearbeitbar. Maskenscheitelpunkte, die Sie nachträglich verändern wollen, lassen sich sehr einfach mit dem Auswahl-Werkzeug markieren und verschieben.

Mit dem Auswahl-Werkzeug lassen sich **mehrere Maskenpunkte auswählen**, indem Sie ein Rechteck über den Punkten aufziehen. Dazu ist es manchmal nötig, die Maske zuvor in der Zeitleiste zu markieren. Klicken Sie dort auf den Namen der Maske und ziehen dann einen Rahmen über den gewünschten Punkten auf.

Haben Sie mehrere Maskenpunkte ausgewählt, können Sie diese **frei transformieren**. Dazu wählen Sie im Menü EBENE • MASKIEREN • FREIE TRANSFORMATIONSPUNKTE oder [Strg]+[T]. Noch einfacher ist ein Doppelklick auf einen der markierten Maskenpunkte.

Sie können nun einfach in das eingeblendete Rechteck klicken und die Maskenpunkte gemeinsam verschieben. Skalieren oder drehen Sie die ausgewählten Punkte, indem Sie an einer Randmarkierung ziehen. Achten Sie auf den Cursorwechsel, wenn Sie die Maus über den Rahmen und die Markierungen darin bewegen. Drehungen beziehen sich auf den kleinen Punkt in der Mitte, der angeklickt und verschoben werden kann. Per Doppelklick ins Rechteck bestätigen Sie die Änderung.

Tastenzauber

Die Taste [G] lässt sie schnell zum Zeichenstift wechseln. Ein schneller Wechsel zwischen den einzelnen Pfadwerkzeugen ist ebenfalls mit der Taste [G] möglich. Mit der Taste [V] wechseln Sie wieder zum Auswahl-Werkzeug.

Masken auswählen und löschen

Natürlich können Sie ungeliebte Masken entfernen. Öffnen Sie die Eigenschaft MASKEN in der Zeitleiste. Markieren Sie dort die Maske, werden alle Maskenpunkte ausgewählt. Drücken Sie dann die [Entf]-Taste, um alle Punkte zu löschen. Ebenso können Sie auch markierte Maskenpunkte aus dem Pfad löschen.

▲ **Abbildung 18.41**
Maskenpunkte können zur Bearbeitung ausgewählt werden, indem ein Rahmen über den Punkten aufgezogen wird.

▲ **Abbildung 18.42**
Ausgewählte Maskenpunkte können frei transformiert werden.

4 Masken im Ebenenfenster

Masken können im Kompositions- und im Ebenenfenster bearbeitet werden. Da wir die Maske für die Figur geschlossen haben, wird der Tisch, der ebenfalls freigestellt werden soll, nicht mehr angezeigt. Es macht hier Sinn, im Ebenenfenster weiterzuarbeiten.

Abbildung 18.43 ►
In der Karte EBENE ist die Bearbeitung der Masken manchmal einfacher als im Kompositionsfenster.

Um **Masken im Ebenenfenster** zu **bearbeiten**, wählen Sie eine der folgenden Möglichkeiten:

Markieren Sie die Ebene »chinoise VG« in der Zeitleiste und wählen dann EBENE • EBENE ÖFFNEN oder Sie klicken die Ebene einfach doppelt an. Die Ebene wird als extra Registerkarte über dem Kompositionsfenster angezeigt. Um den gesamten Bildinhalt der Ebene plus Masken anzuzeigen, entfernen Sie das Häkchen bei RENDERN ❶. Jetzt kann der Pfad für den Tisch erstellt werden.

Manchmal ist es bequemer, Maskenpunkte im Ebenenfenster auszuwählen. Wenn Sie doch lieber im »normalen« Kompositionsfenster arbeiten, wechseln Sie über die Registerkarte dorthin. Wenn Ihre Kompositionen sinnvoll benannt sind, bereitet das keine Probleme.

5 Maske für die mittlere Ebene der Komposition

Jetzt haben Sie schon einiges gelernt, und die Maske für die mittlere Ebene unserer Komposition sollte Ihnen leichter fallen. Schalten Sie zuerst das Augen-Symbol der obersten Vordergrundebene aus und wählen Sie **Maske schützen** ❷.

Übrigens lassen sich **geschützte Masken ausblenden**, was sinnvoll ist, da Sie diese Masken ja nicht mehr bearbeiten. Wenn Sie das Schloss-Symbol gewählt haben, wählen Sie anschließend EBENE • MASKIEREN • GESCHÜTZTE MASKEN AUSBLENDEN.

Erstellen Sie anschließend die Maske wie in Abbildung 18.45.

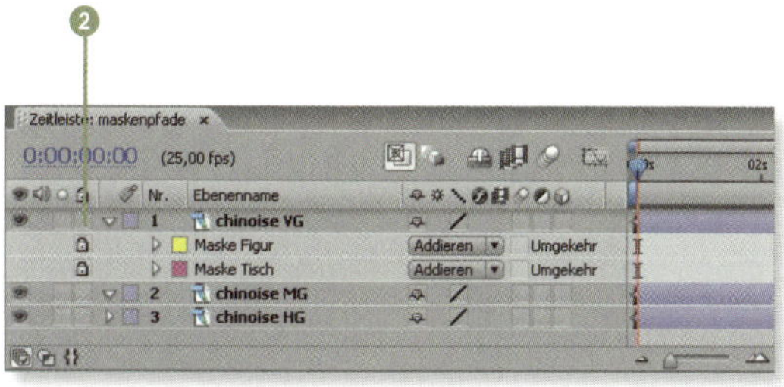

▲ **Abbildung 18.44**
Fertig bearbeitete Masken lassen sich mit dem Schloss-Symbol schützen.

▲ **Abbildung 18.45**
Ähnlich wie hier sollte die Maske aussehen.

6 Maske für den Hintergrund

Recht einfach haben wir es mit dem Hintergrund. Wir sparen uns Zeit, indem wir die eben erstellte Maske von der Mitte auf den Hintergrund kopieren. Öffnen Sie hierzu die mittlere Ebene »chinoise MG« in der Zeitleiste und dort die Maskeneigenschaften. Sie können auch die Taste [M] verwenden, um die Maske einzublenden.

Sie entdecken die MASKE 1. Um **sämtliche Maskenpunkte auswählen und kopieren** zu können, markieren Sie einfach das Wort MASKE 1. Wählen Sie anschließend BEARBEITEN • KOPIEREN. Um die Maske auf der Hintergrundebene einzufügen, markieren Sie die »chinoise HG« und wählen BEARBEITEN • EINFÜGEN.

Einen separaten Hintergrund haben wir jetzt allerdings noch immer nicht. Öffnen Sie also die Maskeneigenschaften der Hintergrundebene und setzen ein Häkchen bei UMGEKEHRT ❶. Daraufhin werden die Pixel **außerhalb** des Maskenpfads deckend dargestellt.

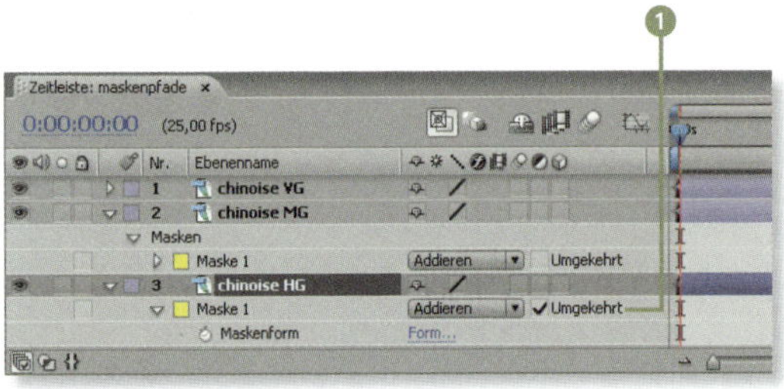

▲ **Abbildung 18.46**
Die »Mittelgrund-Maske« wird kopiert, in die Ebene »chinoise HG« eingefügt und mit der Option UMGEKEHRT verwendet.

▲ **Abbildung 18.47**
Die umgekehrte Maske im Kompositionsfenster

7 Animation

Wir sind soweit und können als Nächstes »geisha1« und »geisha2« auftreten lassen. Setzen Sie zuerst die Zeitmarke auf den Zeitpunkt 02:15. Ziehen Sie dann »geisha1« in die Zeitleiste direkt auf die Zeitmarke, um die Ebene an diesem Zeitpunkt beginnen zu lassen. Platzieren Sie die Ebene unter der Ebene »chinoise VG«.

▼ **Abbildung 18.48**
Die »geisha1« wird mit Positionskeyframes animiert.

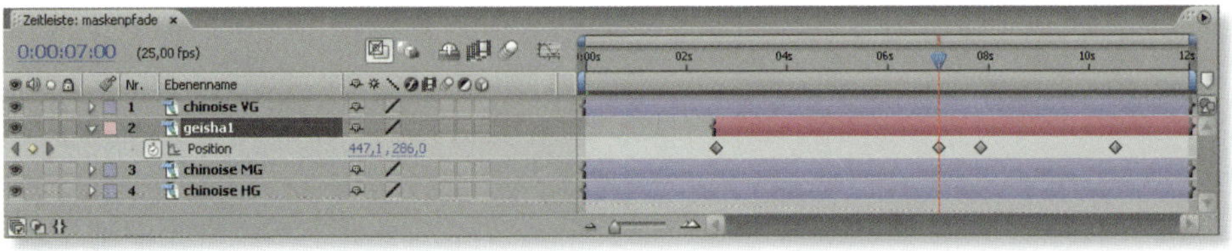

Damit »geisha1« durchs Bild »läuft«, müssen wir noch Positionskeyframes setzen. Öffnen Sie dafür die Positionseigenschaft der Ebene mit der Taste [P] und setzen den ersten Keyframe bei 02:15, indem Sie auf das Stoppuhr-Symbol klicken.

Klicken Sie die Ebene im Kompositionsfenster an und verschieben Sie sie nach links außerhalb der Komposition. Die »geisha1« hat dort noch zu tun, bevor sie ins Bild kommt. Den zweiten Keyframe setzen Sie dann bei 07:00, indem Sie erneut die Ebene verschieben, bis »geisha1« wie in der Abbildung 18.50 positioniert ist.

◂ **Abbildung 18.49**
Auf dem ersten Keyframe wird die Geisha links außerhalb der Komposition platziert.

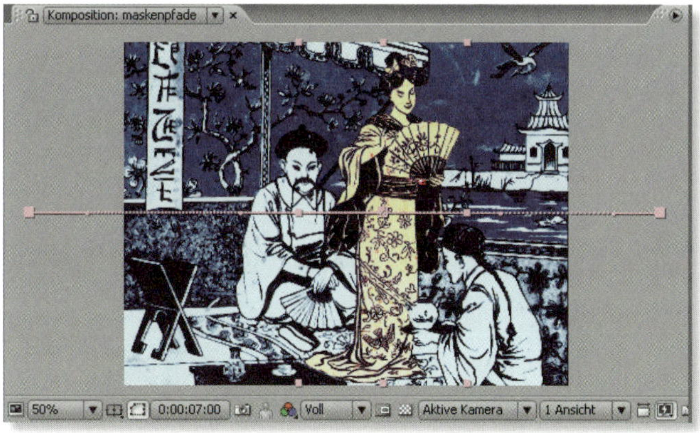

◂ **Abbildung 18.50**
Hier bleibt die Geisha kurz stehen, bevor sie rechts aus dem Bild verschwindet.

Sie können die Positionswerte auch numerisch setzen, indem Sie auf die XY-Koordinatenwerte bei der Positionseigenschaft klicken und dort folgende Werte eintragen: 1. Keyframe: –164, 286 und 2. Keyframe: 447, 286 Bestätigen Sie dann mit [↵]. Die Geisha bleibt kurz stehen und verschwindet dann nach rechts.

Um die Bewegung kurz anzuhalten, kopieren Sie den Positionskeyframe bei 07:00 und setzen ihn bei 07:21 ein. Den letzten Keyframe benötigen wir bei 10:13 mit den Positionswerten 927, 286. Damit sich keine unerwünschten Bewegungen im Positionspfad ergeben, markieren Sie alle Keyframes per Klick auf das Wort Position und wählen dann Animation • Keyframe-Interpolation. Im Dialogfeld suchen Sie unter Geometrische Interpolation den Eintrag Linear aus und bestätigen mit OK.

In dem Projekt auf der DVD wurden außerdem noch die Zeitkurven der Positionseigenschaft bearbeitet. Wie Sie das machen, erfahren Sie ausführlich im Kapitel 11.3.3 »Geschwindigkeitskurven bearbeiten«.

8 Animation der »geisha2«

Jetzt zu »geisha2«: Positionieren Sie die Zeitmarke bei 06:08 und ziehen die Ebene »geisha2« direkt auf die Zeitmarkierung. Platzieren Sie die Ebene unter die »Mittelgrundebene« »chinoise MG«. Setzen Sie den ersten Keyframe für die Positionseigenschaft bei 06:08 auf die Werte 932, 297, den zweiten Keyframe bei 07:00 auf die Werte 712, 297. Geisha 2 bleibt auf ein paar Worte bei Geisha 1 stehen. Kopieren Sie den Keyframe bei 07:00 und fügen ihn bei 07:15 ein. Den letzten Keyframe setzen Sie bei 11:22 auf die Werte –116, 297.

Wählen Sie unter Keyframe-Interpolation wieder Linear. Sie haben es geschafft! Die in diesem Workshop angewendeten Effekte lernen Sie im Kapitel 19, »Effekte«, kennen. Für den Hintergrund habe ich den Effekt Einfärben verwendet und für den Vordergrund den Effekt Vegas.

▼ **Abbildung 18.51**
Die fertige Animation in der Zeitleiste

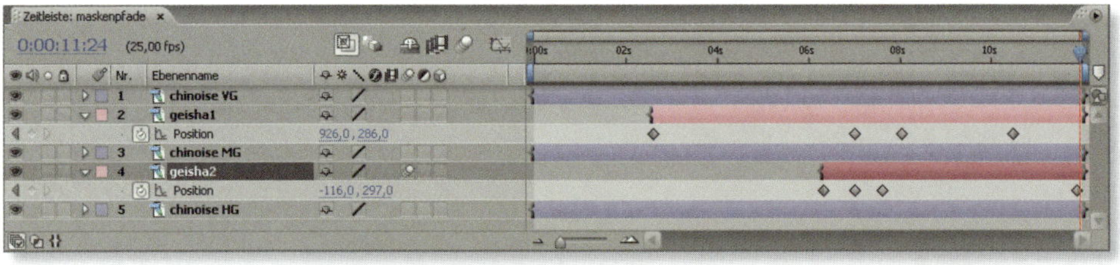

Abbildung 18.52 ▶
In der fertigen Animation bleiben die zwei Geishas kurz voreinander stehen.

18.3.3 RotoBézier-Masken

Nachdem Sie nun eine Menge Übung im Zeichnen von Bézier-Masken mit dem Zeichenstift-Werkzeug haben, können Sie sich in Zukunft die Arbeit erleichtern, indem Sie die RotoBézier-Option zum Zeichnen verwenden. Mit dieser Option werden nur Maskenpunkte entlang einer Kontur gesetzt. Zwischen den einzelnen Maskenpunkten werden automatisch Kurvensegmente geschaffen, die annähernd der Kontur entsprechen, wenn Sie genügend Maskenpunkte setzen. Tangenten entstehen dabei nicht, da diese automatisch berechnet werden. Anschließend kann das Ergebnis noch bearbeitet werden, indem die Spannung von Maskenpunkten verändert wird, d.h. Sie können den Pfad eckiger oder gebogener gestalten.

Schritt für Schritt: Samurai: RotoBézier-Maske erstellen

1 Vorbereitung

Importieren Sie aus dem Ordner 18_MASKEN/ROTOBEZIER die Datei »samurai.psd«. Ziehen Sie die importierte Datei auf das Kompositionssymbol im Projektfenster, um eine Komposition in der Größe der importierten Datei anzulegen. Um die Option ROTOBÉZIER zu aktivieren, klicken Sie bei aktivem Zeichenstift-Werkzeug auf das kleine Häkchen.

◂ **Abbildung 18.53**
Mit der RotoBézier-Option lassen sich komfortabel Bézier-Masken erstellen.

2 RotoBézier-Pfad für den Samurai

◂ **Abbildung 18.54**
Ein mit der RotoBézier-Option erstellter Maskenpfad passt sich automatisch an die Kontur an, ohne dass mit Tangenten gearbeitet werden muss.

Erstellen Sie, wenn Sie die RotoBézier-Option aktiviert haben, durch einfaches fortlaufendes Klicken entlang der Kontur des in der Mitte sitzenden Samurai einen Bézier-Pfad. Schließen Sie die Maske wie gewohnt per Klick auf den ersten Maskenpunkt.

3 Spannung der Maskenpunkte einstellen

Der Pfad zwischen den Maskenscheitelpunkten kann in weichen Kurven oder in Geraden verlaufen. Bei RotoBézier-Masken wird dies über die Spannung des Pfads geregelt. Bei einer geringen Spannung sind die Kurven weicher. Um die Spannung des entstandenen Maskenpfads einzustellen, wählen Sie zunächst das Scheitelpunkt-konvertieren-Werkzeug und dann einen oder mehrere Punkte mit dem Werkzeug aus und ziehen Sie anschließend den Cursor nach rechts oder links. Sie konvertieren damit die Punkte zwischen Bézier- und Eckpunkt. In der Infopalette, die Sie mit [Strg]+[2] einblenden, wird die von Ihnen gewählte Spannung angezeigt. Ein Wert von 100 entspricht einem Eckpunkt. Kleinere Werte führen zu einer Biegung der Pfadsegmente. In den Abbildungen 18.55 und 18.56 sehen Sie hierfür ein etwas deutlicheres Beispiel als unseren Samurai.

Werkzeuge schnell wechseln

Sie können die Werkzeuge für die Pfadbearbeitung schnell wechseln, indem Sie die Taste [G] verwenden, wenn eines der Werkzeuge ausgewählt ist.

▲ **Abbildung 18.55**
Die Spannung der Maskenpunkte beträgt hier 0.

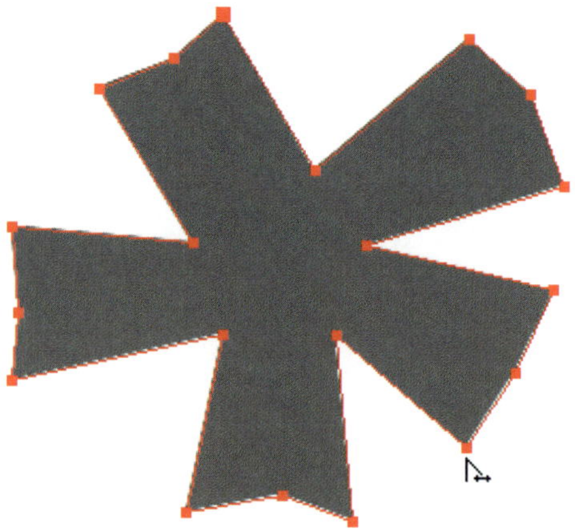

▲ **Abbildung 18.56**
Die Spannung der Maskenpunkte beträgt hier 100.

Außerdem lassen sich Maskenpunkte mit dem Scheitelpunkt-konvertieren-Werkzeug schnell zwischen Bézier- und Eckpunkt umschalten. Klicken Sie dazu einfach, ohne zu ziehen, abwechselnd auf einen ausgewählten Punkt.

4 Masken im Nachhinein in RotoBézier-Masken umwandeln

Sie können Masken, die nicht mit der RotoBézier-Option erstellt wurden, im Nachhinein in RotoBézier-Masken umwandeln. Dazu markieren Sie einen oder mehrere Maskenpunkte und wählen im Menü Ebene • Maskieren • RotoBézier. Die mit den Tangenten vorgenommenen Einstellungen werden dann allerdings leicht verändert.

Um eine RotoBézier-Maske in eine Standard-Maske zu konvertieren, wählen Sie den gleichen Weg. ■

Bevor wir mit dem nächsten Workshop starten, noch ein paar weitere Informationen zum Arbeiten mit Masken.

18.3.4 Öffnen und Schließen von Masken

Wenn Sie einmal eine zittrige Hand haben und den ersten Maskenpunkt zum Schließen einer Maske nicht treffen können, steht Ihnen dazu folgender Weg offen: Wählen Sie die Maske in der Zeitleiste aus und nehmen Sie den Weg Ebene • Maskieren • Geschlossen.

Umgekehrt können Sie eine geschlossene Maske öffnen, indem Sie ein Pfadsegment auswählen (Klick auf den Pfad zwischen zwei Punkten) und den gleichen Weg wie oben nachvollziehen.

18.3.5 Die Option Pausstift

Wenn Sie freigestelltes (also transparentes) Material in After Effects verwenden, können Sie mit dem Pausstift aus dem Alphakanal Maskenpfade generieren. Der Pausstift ist dem Zauberstab in Adobe Photoshop ähnlich. Anstelle einer Auswahl werden Masken entlang der Konturen im Alphakanal angelegt. Die eigentlich als Pixelinformation vorliegende Transparenz wird in eine Vektorinformation umgewandelt. Diese Möglichkeit erspart Ihnen ganz besonders bei transparentem animiertem oder gefilmtem Material viel Arbeit, da die Maskenpfade pro Frame generiert werden, sich also an die veränderten Bildbereiche anpassen. Außerdem können Sie die Luminanzinformation (den Rot-, Grün- und Blaukanal) einer Ebene als Quelle nutzen, um Masken daraus zu generieren.

Zur Optimierung des Pfades stehen außerdem einige Optionen bereit. Die Maskenpfade können Sie im Nachhinein für verschiedene Effekte oder Text verwenden.

Schritt für Schritt: Drachenpfad: Alphakanal abpausen

1 Vorbereitung

Auf der DVD zum Buch finden Sie im Ordner 18_Masken/Drache einen bereits freigestellten Film, auf den Sie den Befehl Pausstift anwenden können. Importieren Sie dazu den Film »drache.avi«

und ziehen ihn dann auf das Kompositionssymbol im Projektfenster, um eine Komposition in der Größe und Dauer des Films zu erstellen.

2 Pausstift anwenden und Einstellungen

Markieren Sie die Drache-Ebene in der Zeitleiste und wählen dann Ebene • Pausstift. In der erscheinenden Dialogbox Pausstift legen Sie über die Toleranz ❶ fest, wie genau die Masken der Kontur entsprechen. Bei niedrigen Werten erzielen Sie die höchste Genauigkeit, allerdings werden auch kleine Störungen als Masken nachgezeichnet.

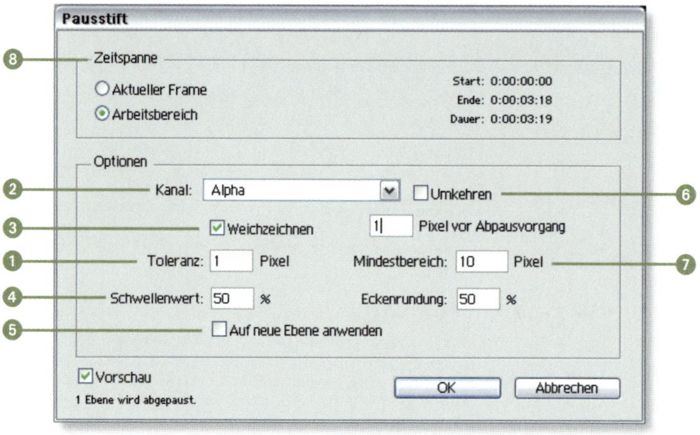

Abbildung 18.57 ▸
Im Dialog Pausstift wird unter anderem festgelegt, wie genau das Abpausen erfolgen soll.

Der Kanal ❷ ist standardmäßig auf Alpha eingestellt. Sie können im Popup-Menü auch den Rot-, Grün- oder Blaukanal und die Luminanz als Quelle für die zu generierenden Masken wählen. Weichzeichnen ❸ verwenden Sie, um kleinere Störungen im Alphakanal vor dem Abpausen zu nivellieren. Kleine Werte sind dazu meist vollkommen ausreichend, z.B. 1 Pixel vor Abpausvorgang.

Der Schwellenwert ❹ erweitert oder verringert die nachzuzeichnende Matte und dient ebenfalls der genauen Anpassung der Masken an die gewünschte Kontur. Sollen die Masken auf einer neuen Ebene angelegt werden, erstellt Ihnen After Effects diese automatisch, wenn Sie Auf neue Ebene anwenden ❺ aktivieren.

Sie können vor dem Abpausen die Mattekontur Umkehren ❻. Welche Konturen ausgewählt sind, sehen Sie dann, wenn Sie die Vorschau aktivieren. Sie können außerdem verhindern, dass sehr kleine und viele Masken entstehen, indem Sie den Wert bei Mindestbereich ❼ erhöhen. Masken, die kleiner wären als der angegebene Pixelwert, werden gar nicht erst erstellt. Tragen Sie hier einen Wert von etwa 100 oder 150 ein. Die Prozentangabe bei ECKENRUNDUNG gibt an, wie abgerundet die Maskenpfade an Scheitelpunkten erscheinen.

Über die Optionen im Feld ZEITSPANNE ⑧ legen Sie fest, ob nur der AKTUELLE FRAME an der Position der Zeitmarke abgepaust werden soll oder bei animiertem Material der festgelegte ARBEITSBEREICH. In unserem Falle wählen Sie also die Option ARBEITSBEREICH.

3 Der Abpausvorgang

Bestätigen Sie den Dialog mit OK. Der Fortgang des Abpausens wird im Infofenster angezeigt. Es kann etwas dauern. Nach dem Abpausen sind eine ganze Reihe Masken (manchmal weit mehr, als Sie benötigen) in der Zeitleiste entstanden. Es hängt ganz von den getroffenen Einstellungen im Dialog ab.

Für jeden Frame, in dem sich die Maske veränderte, hat der PAUSSTIFT in der abgepausten Ebene einen Maskenform-Keyframe gesetzt.

▼ **Abbildung 18.58**
PAUSSTIFT generiert häufig mehr Masken, als Sie benötigen. Für jeden Frame, in dem sich die Formen im Alphakanal änderten, wurde ein Maskenform-Keyframe gesetzt.

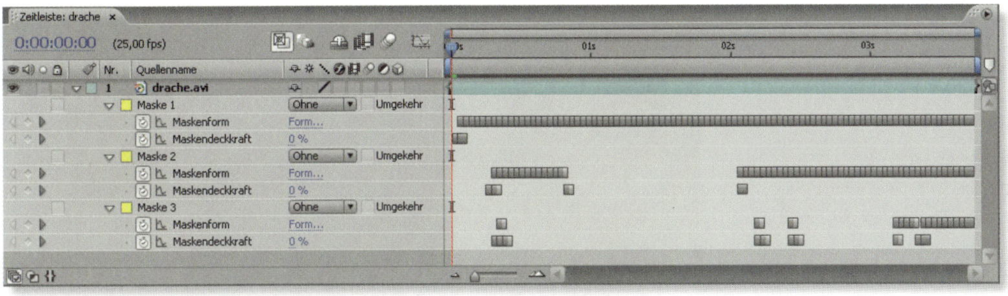

◀ **Abbildung 18.59**
Diese Abbildung zeigt die Alphainformation des Drachenfilms. Schwarze Bereiche sind transparent, weiße deckend dargestellt. Die Konturen im Alphakanal wurden mit dem Pausstift in Masken konvertiert.

Lesen Sie dazu mehr im Abschnitt 17.7, »Text und Masken«. Interessant sind auch die im Abschnitt 19.3.3, »Effekte am Pfad«, beschriebenen Möglichkeiten.

Sie können anschließend Effekte oder Text auf die generierten Maskenformen anwenden. Das fertige Beispiel für diesen Workshop befindet sich im Ordner 18_MASKEN/DRACHE im Projekt »alphaabpausen.aep«.

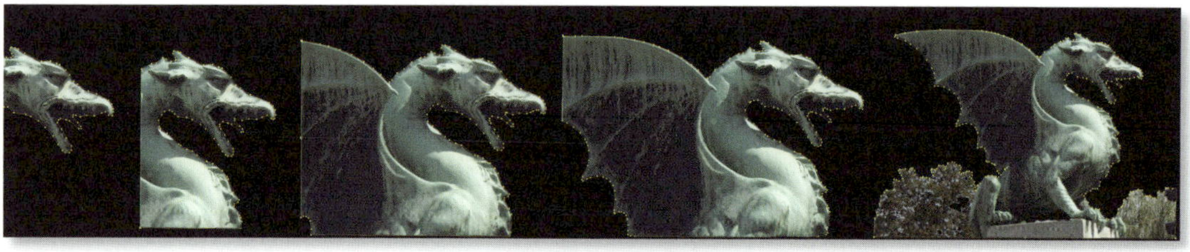

▲ **Abbildung 18.60**
Bei animierten Sequenzen passt PAUSSTIFT die Maske(n) an die neuen Formen im Alphakanal an.

Abbildung 18.61 ▶
Auf die mit der Funktion PAUSSTIFT generierten Maskenpfade lassen sich Effekte anwenden wie hier der Effekt VEGAS.

18.3.6 Maskenformen numerisch ändern

Wenn Sie eine Maske erstellt haben, können Sie ihre Form zwischen Rechteck, Ellipse und Bézier ändern und numerisch Werte für die Größe der Maske festlegen. Sie finden die Dialogbox MASKENFORM in der Zeitleiste per Klick auf FORM ❶.

▲ **Abbildung 18.62**
Durch Klick auf FORM wird der Dialog MASKENFORM geöffnet, um Masken numerisch zu bestimmen.

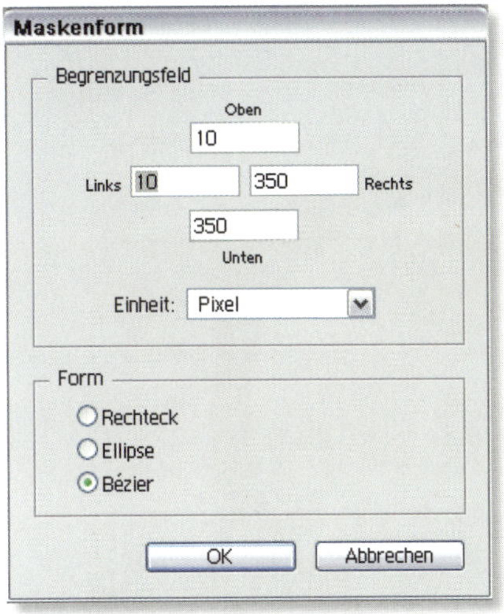

◂ **Abbildung 18.63**
In der Maskenform-Dialogbox kann die Form der Maske nachträglich geändert werden.

Die numerischen Werte in der Box beziehen sich auf den linken und auf den oberen Rand der Komposition. Wenn Sie also die Maske 10 Pixel vom oberen Rand beginnen und 350 Pixel vom oberen Rand enden lassen wollen, tragen Sie bei OBEN den Wert 10 und bei UNTEN den Wert 350 ein. Tragen Sie bei LINKS 20 und bei RECHTS 200 ein, wenn Sie die Maske 20 Pixel vom linken Rand beginnen und 200 Pixel vom linken Rand enden lassen wollen.

◂ **Abbildung 18.64**
Die Werte aus der Dialogbox MASKENFORM wurden hier auf eine Maske angewandt.

18.3.7 Form einer Maske ersetzen

Im Ebenenfenster können Sie jede Maske über das Popup-Menü ZIELMASKE ❶ (Abbildung 18.65) auswählen. Die von mir erstellte Maske heißt »apfelmaske«. Wenn die Maske »apfelmaske« im Popup-Menü unter dem Eintrag ZIEL ausgewählt und danach eine x-beliebige neue Maske erstellt wird, so wird die als Ziel gewählte

Maske durch die neue ersetzt. Haben Sie ZIEL: OHNE gewählt, wird die Maske nicht ersetzt, sondern eine neue hinzugefügt.

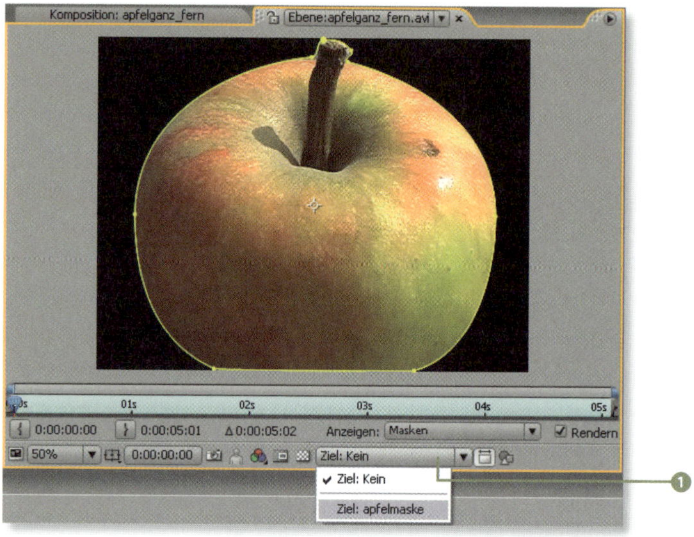

Abbildung 18.65 ▸
Über das Popup-Menü ZIELMASKE können bereits erstellte Masken ausgewählt und ersetzt werden.

▲ Abbildung 18.66
Das Ausschnitt-Werkzeug hat mehrere Funktionen: Verschieben Sie Ebenen hinter Masken, den Ankerpunkt einer Ebene oder Videomaterial in einer geschnittenen Ebene.

18.3.8 Ebene hinter einer Maske verschieben

Haben Sie erst einmal eine Maske gezeichnet und möchten dann doch lieber einen anderen Ausschnitt der Ebene zeigen, müssen Sie die Maske nicht neu erstellen oder verschieben. Das Ausschnitt-Werkzeug hilft weiter. Klicken Sie damit in die Ebene und ziehen Sie Ihr Bild an den gewünschten Platz.

▲ Abbildung 18.67
Um den gewünschten Bildausschnitt zu sehen, muss die Ebene erst noch hinter der Maske verschoben werden.

▲ Abbildung 18.68
Voilà!

18.3.9 Masken animieren

After Effects bietet Ihnen vielfältige Animationsmöglichkeiten von Masken an. Jede Maske in der Zeitleiste verfügt über mehrere Maskeneigenschaften, die Sie wie alle anderen Eigenschaften auch über Keyframes animieren können.

Im folgenden Workshop werde ich Sie mit den Maskeneigenschaften vertraut machen. In Masken steckt nämlich noch viel mehr drin. – Außer der Möglichkeit, Teile von Ebenen freizustellen, können Eigenschaften wie Maskendeckkraft und Maskenform animiert werden. Wenn Sie später das Effekte-Kapitel durchgearbeitet haben, werden Sie durch die Kombination von Masken mit Effekten viele spannende Möglichkeiten entdecken. Es empfiehlt sich zuvor, den Workshop »Scherenschnitt: Maskenpfade« in Kapitel 18.3.2 gemacht zu haben.

Schritt für Schritt: Maskenball: Maskeneigenschaften

1 Vorbereitung

Schauen Sie sich zunächst das Movie »maskenball« aus dem Ordner 18_MASKEN/MASKENBALL an. Importieren Sie danach die Dateien »kuerbi« und »kuerbis«. Legen Sie eine Komposition in der Größe 768 × 576 mit einer Dauer von 6:05 Sekunden an. Für die Animation sollen die Datei »kuerbis« freigestellt und Textzeichen als Masken verwendet werden.

2 Kuerbis freistellen und Textmasken anlegen

Positionieren Sie die Zeitmarke bei 00:00 und ziehen die Datei »kuerbis« in die Komposition. Mit der Zeichenfeder erstellen Sie einen geschlossenen Maskenpfad wie in der folgenden Abbildung.

▲ **Abbildung 18.69**
Zuerst wird die Ebene »kuerbis« mit einem Maskenpfad freigestellt.

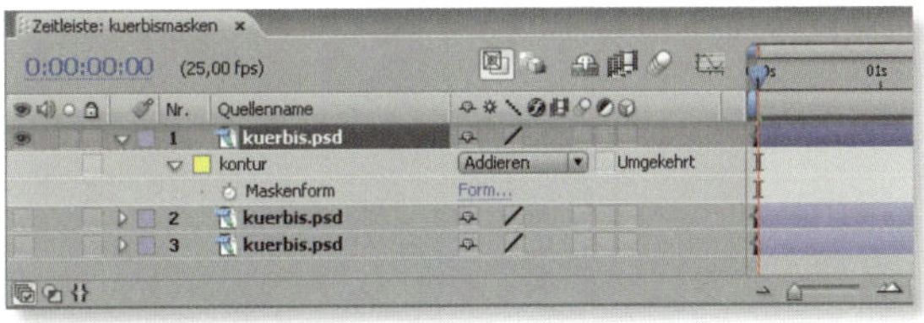

▲ **Abbildung 18.70**
Die maskierte Kürbis-Ebene wird zweimal dupliziert. Weiter geht die Arbeit zunächst bei der obersten Ebene.

Da wir den Pfad später noch für zwei weitere Ebenen gebrauchen können, duplizieren Sie die Ebene »kuerbis« zweimal mit

[Strg]+[D]. Der Maskenpfad ist in jeder duplizierten Ebene enthalten. Schalten Sie die beiden unteren Ebenen unsichtbar und arbeiten weiter in der obersten.

3 Text erstellen

Als Nächstes sollen zwei Buchstabenmasken ein »Loch« in die oberste Kürbis-Ebene schneiden. Wenn Sie glauben, es ist notwendig, für jeden Buchstaben eine Maske zu zeichnen, irren Sie sich. Glücklicherweise lässt sich Text in Maskenpfade umwandeln. Dazu benötigen Sie eine Textebene. Wählen Sie EBENE • NEU • TEXT. Im Kompositionsfenster erscheint eine Markierung, die Sie schon aus den Text-Kapiteln kennen.

Tippen Sie nun einfach drauf los und schreiben das Wort »Masken« in Großbuchstaben. Um den Text auch gut lesbar anzuzeigen, ändern Sie noch die Größe. Falls Ihnen das Fenster zum Editieren von Text abhanden gekommen ist, öffnen Sie es über FENSTER • ZEICHEN. Markieren Sie anschließend den Text per Doppelklick auf die Textebene (es öffnet sich nicht wie sonst das Ebenenfenster). Geben Sie im Zeicheneditor den Wert 120 ein ❶. Verwenden Sie dem Grausen der Grafiker zum Trotz die Schriftart ARIAL BLACK oder eine ähnliche.

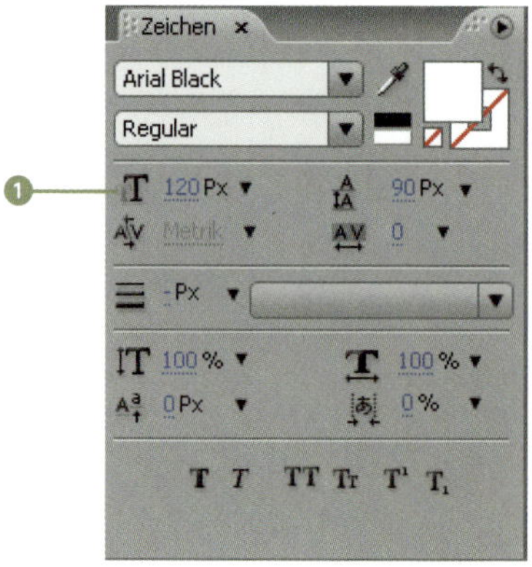

Abbildung 18.71 ▸
In der Palette ZEICHEN wird der Schriftzug angepasst.

4 Masken aus Textzeichen generieren

Und jetzt machen wir Masken aus dem Text. Markieren Sie die Ebene und wählen dann EBENE • KONTUREN ERSTELLEN. Fertig.

Die Masken befinden sich in einer neuen Ebene »Masken Konturen« direkt über Ihrer Textebene. Wenn Sie die Konturen-Ebene öffnen, finden Sie dort sieben Masken vor. Für den Buchstaben »A« gibt es zwei Masken, eine für die Innen- und eine für die Außenform. Alle Masken sind auf den Maskenmodus DIFFERENZ geschaltet. Zu den Modi jedoch später mehr. Ändern Sie noch per Klick auf die Kästchen ❷ die Maskenfarben.

▲ **Abbildung 18.72**
Aus dem Wort »Masken« werden für jeden einzelnen Buchstaben Maskenpfade generiert. Hier wurden die Maskenpfade noch verschieden gefärbt.

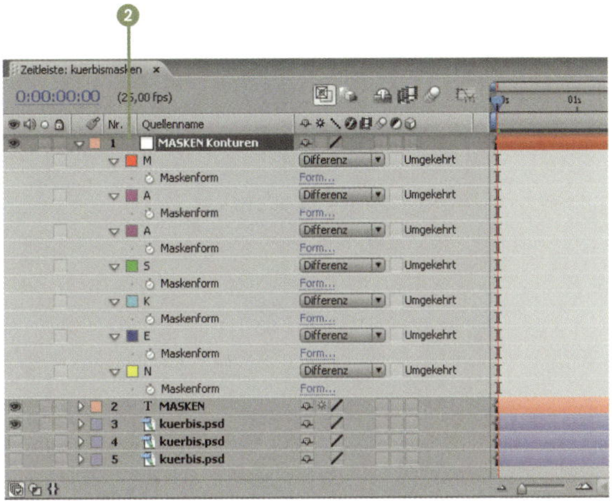

▲ **Abbildung 18.73**
Die entstandenen Masken werden automatisch nach dem Buchstaben benannt, aus dem sie generiert wurden.

5 Masken kopieren und positionieren

Als Nächstes nehmen wir uns eine Kopie der ersten beiden Buchstabenmasken »M« und »A« und verwenden sie beim Kürbis. Die Masken-Kontur-Ebene benötigen wir nur noch als Behälter der Textmasken und können sie unsichtbar schalten (Augen-Symbol). Die Textebene können Sie löschen.

Markieren Sie die Maske »M« und die zwei Masken für »A« per Klick auf ihre Namen in der Zeitleiste und wählen [Strg]+[C]. Markieren Sie dann die Ebene »kuerbis« und wählen [Strg]+[V]. Öffnen Sie die Positionseigenschaft der Ebene »kuerbis« und tippen Sie für die XY-Position die Werte 222, 120 ins Feld.

Masken anzeigen

Drücken Sie bei markierter Maskenebene die Taste [M], um alle Masken auf einer Ebene einzublenden. Drücken Sie zweimal kurz nacheinander die Taste [M], um für alle Masken die Maskeneigenschaften einzublenden.

◄ **Abbildung 18.74**
Die Masken werden positioniert wie hier in der Abbildung.

Masken umbenennen

Sie können die Namen von Masken leicht ändern, indem Sie den Namen markieren und dann die Taste [↵] im Haupttastaturfeld verwenden. Nach der Umbenennung betätigen Sie die Taste erneut. Für Ebenen- und Kompositionsnamen gilt übrigens das Gleiche.

Verschieben, skalieren und drehen Sie dann die Masken »M« und »A« im Modus FREIE TRANSFORMATION (Doppelklick auf markierten Maskenpfad im Kompositionsfenster, wenn alle Maskenpunkte ausgewählt sind) wie in Abbildung 18.74. Mehrere Masken können Sie in der Zeitleiste mit der Taste [⇧] per Klick auf den Maskennamen nacheinander auswählen.

Haben Sie die Positionierung? – Gut! Es fehlen noch zwei Masken für »Nase« und »Mund«, die Sie mit dem Zeichenstift zeichnen. Benennen und färben Sie auch diese Masken ein. Die Masken für Nase und Mund sind wirkungslos? – Das liegt am Maskenmodus.

6 Maskenmodi ändern

Neben jeder Maske finden Sie ein Popup-Menü, das standardmäßig auf ADDIEREN eingestellt ist. Die Pixel jeder neu erstellten Maske werden zu den schon angezeigten Pixeln hinzuaddiert.

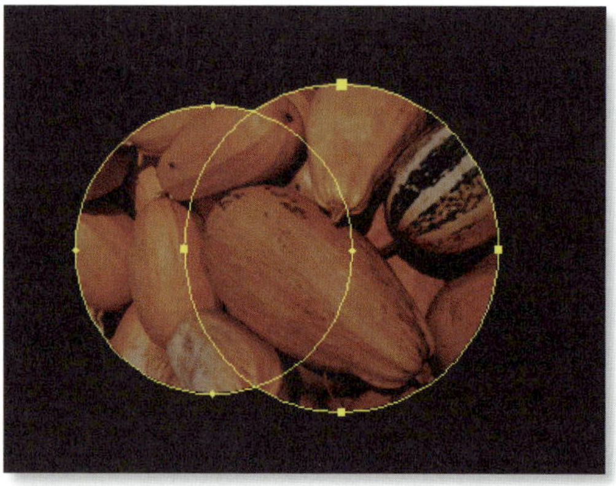

▲ **Abbildung 18.75**
Masken im Modus ADDIEREN

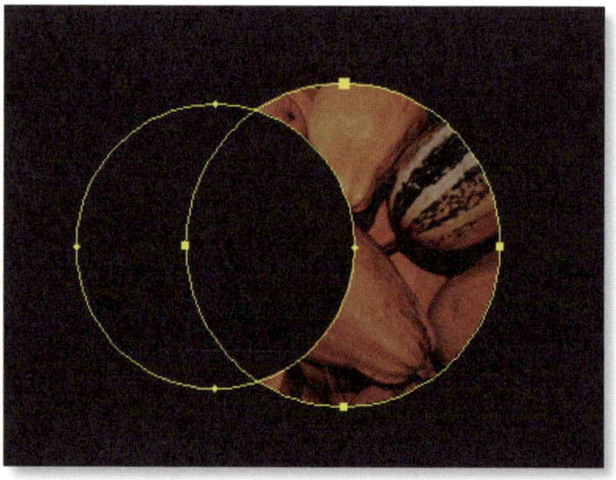

▲ **Abbildung 18.76**
Die linke Maske wurde auf den Modus SUBTRAHIEREN eingestellt.

▲ **Abbildung 18.77**
Beide Masken sind auf den Modus DIFFERENZ eingestellt.

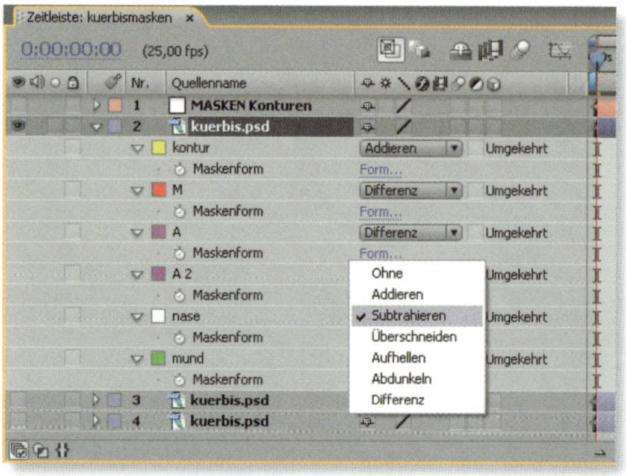

▲ **Abbildung 18.78**
Neben jeder Maske befindet sich ein Einblendmenü mit den Maskenmodi.

In unserem Workshop ist die oberste, die Maske für die Kürbiskontur, auf ADDIEREN eingestellt. Die kopierten Masken wurden automatisch im Modus DIFFERENZ angelegt. Für die Masken »Nase« und »Mund« benötigen wir, damit später alles wie im Movie aussieht, den Modus SUBTRAHIEREN.

7 Buchstabenmasken animieren

Im nächsten Schritt werden wir die Maskenform der Masken »M«, »A« und »Mund« animieren. Zuerst zum Buchstaben »M«.

Wählen Sie die Eigenschaft MASKENFORM. Setzen Sie einen ersten Keyframe bei 00:05 per Klick auf das Stoppuhr-Symbol. Den zweiten Keyframe setzen Sie bei 00:09. Wechseln Sie dafür in den Modus FREIE TRANSFORMATIONSPUNKTE, indem Sie doppelt auf einen der Maskenpunkte klicken. Dazu sollten zuvor alle Maskenpunkte ausgewählt sein. Skalieren Sie die Maske horizontal zu einem Strich, indem Sie die Maske am Rahmen nach unten ziehen. Der Keyframe für die veränderte Maske wird automatisch gesetzt.

Sie setzen den nächsten Keyframe, indem Sie den ersten Keyframe bei 00:05 kopieren und bei 00:13 einsetzen. Sie haben nun ein zwinkerndes »Auge«. Kopieren Sie alle drei fertigen Keyframes und setzen Sie sie bei 01:00 ein, um das Zwinkern zu wiederholen. Für das »A« gehen Sie genauso vor und übernehmen auch die Zeitpunkte für die Keys ähnlich wie in Abbildung 18.80.

▲ **Abbildung 18.79**
Im Modus FREIE TRANSFORMATIONSPUNKTE wird die Maske »M« skaliert.

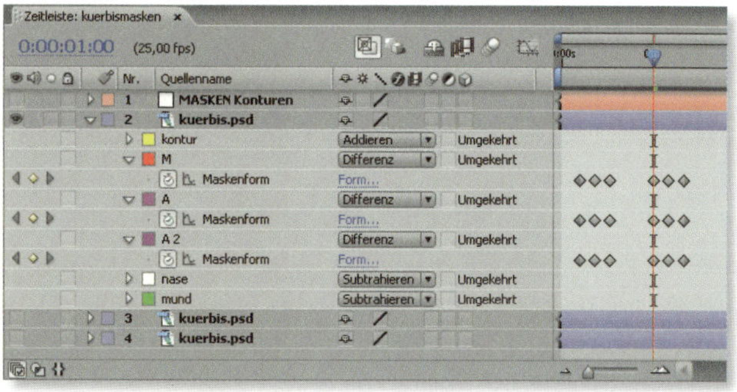

▲ **Abbildung 18.80**
Die Keyframes werden mehrfach kopiert und eingesetzt.

8 Mund animieren

Um den »Mund« zu animieren, benötigen Sie ebenfalls Keys in der Eigenschaft MASKENFORM. Arbeiten Sie hier mit dem Scheitelpunkt-konvertieren-Werkzeug ähnlich wie im Workshop »Scherenschnitt: Maskenpfade« und ziehen Sie an den Tangenten, um den Pfad unterschiedlich zu biegen.

Setzen Sie wieder einen ersten Key per Klick auf das Stoppuhr-Symbol am Zeitpunkt 00:00. Ziehen Sie die Zeitmarke um je ca. 10 Frames weiter, um dort einen neuen Key für die Maskenform zu setzen. Simulieren Sie dazu die »Mundbewegung« mit den Tangenten. Fahren Sie in 10-Frameschritten fort und setzen dann den letzten Key ca. bei 02:00.

Zu guter Letzt blenden wird die oberste, die Kontur-Maske für den Kürbis, mit der Eigenschaft MASKENDECKKRAFT aus. Setzen Sie den ersten Key bei 02:00 auf 100 % und dann bei 02:12 auf 0 %. Das Ergebnis sollte wie in der Zeitleiste aussehen.

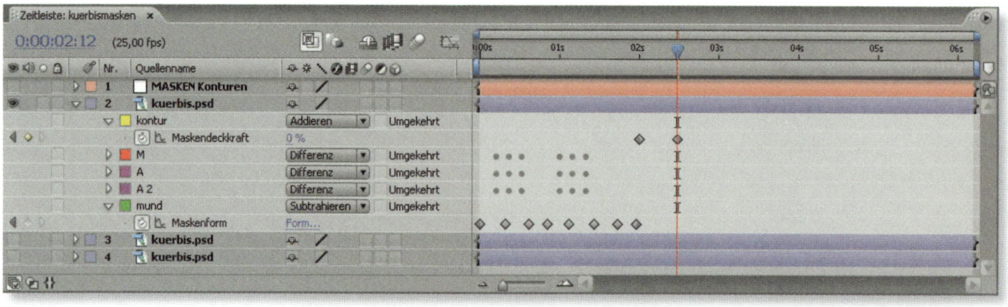

▲ **Abbildung 18.81**
Nachdem die Masken für Mund und Kontur des Kürbis bearbeitet wurden, sollten die Keyframes wie hier verteilt sein.

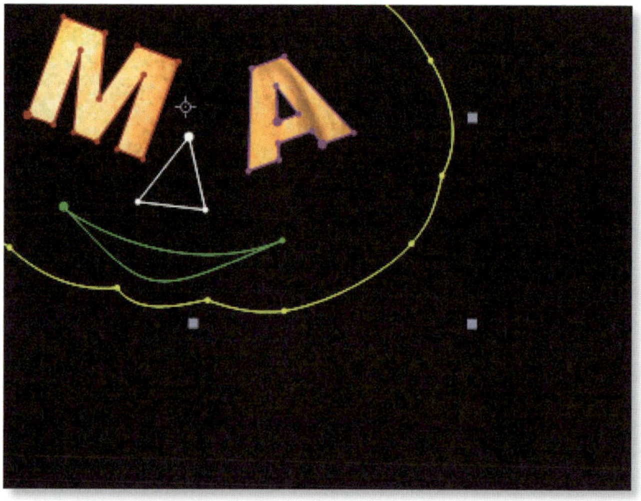

Abbildung 18.82 ►
Außer den beiden Buchstabenmasken wird alles andere ausgeblendet.

9 In der Wiederholung liegt das Vergnügen

Da sich ab hier die Schritte im Großen und Ganzen wiederholen, möchte ich Ihnen und mir lange Beschreibungen ersparen und lasse Sie an dieser Stelle bei der Animation der anderen beiden Kürbis-Ebenen allein.

Das Handwerkszeug für die weiteren Schritte haben Sie jedenfalls. Versuchen Sie, zur Übung das Movie »maskenball« am besten selbstständig zu Ende nachzubauen. In Abbildung 18.84 der Zeitleiste sehen Sie die Keyframes der fertigen Animation.

Wenn Sie gar nicht weiterwissen, können Sie gern in das bereits fertig gebaute Projekt »maskenball.aep« hineinschauen. Es befindet sich im selben Ordner wie die Dateien für diesen Workshop. Zum einfachen Vergleichen können Sie das ganze Projekt auch wie normales Rohmaterial in Ihr Übungsprojekt importieren. Es wird dann als Ordner mit dem Namen »Maskenball.aep« angezeigt. Darin befindet sich die fertig gebaute Komposition »kuerbismasken«. – Viel Erfolg!

◀ **Abbildung 18.83**
Das Endbild der Animation könnte so aussehen.

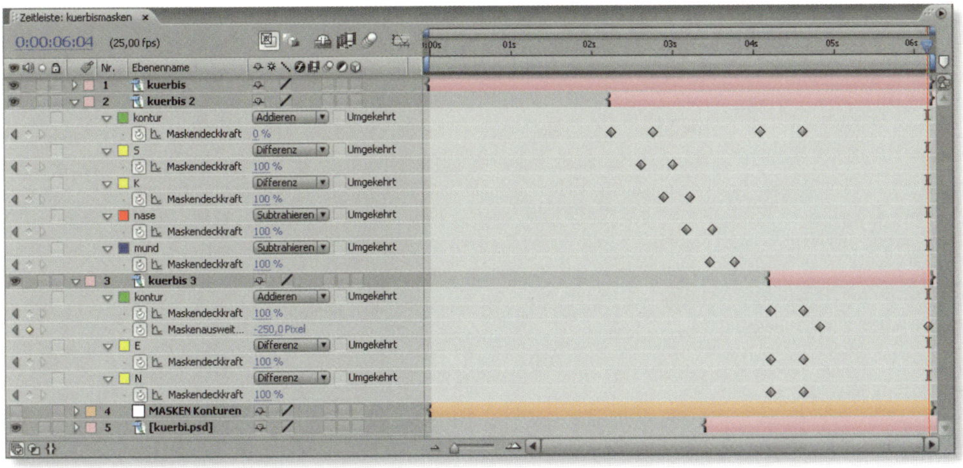

▲ **Abbildung 18.84**
Die Animation der beiden anderen Kürbisebenen erfolgt auf ähnliche Weise wie bei der ersten Kürbis-Ebene.

18.4 Masken-Interpolation

Photoshop- und Illustrator-Pfade

Photoshop- und Illustrator-Pfade können ebenfalls als Masken bzw. Maskenformen verwendet werden. Markieren und kopieren Sie dazu den Pfad im jeweiligen Programm und fügen ihn dann auf einer Ebene in After Effects ein.

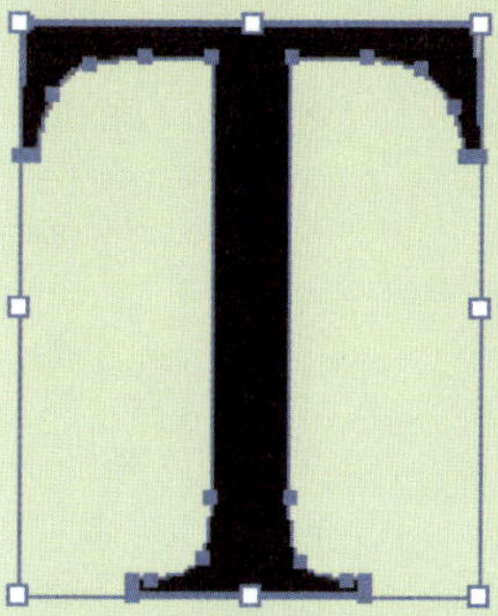

Wählen Sie in Illustrator vor dem Kopieren eines Pfads unter BEARBEITEN • VOREINSTELLUNGEN • DATEIEN VERARBEITEN UND ZWISCHENABLAGE im sich öffnenden Dialogfeld die Option AICB und PFADE BEIBEHALTEN.

Wie Sie im Workshop »Maskenball: Maskeneigenschaften« gesehen haben, lässt sich die Form einer Maske in After Effects über Keyframes für die Eigenschaft MASKENFORM problemlos animieren. Im Workshop haben wir die Animation der Maskenform recht einfach gehalten und per Hand die Form der Maske an bestimmten Keyframes verändert.

Diese Art der Animation wird problematisch, wenn Sie zum Beispiel eine einfache Form wie ein Quadrat in eine komplexere Form wie einen Buchstaben umwandeln wollen. Hierbei wird die Maske nicht nur skaliert oder gedreht, sondern komplett modifiziert.

Ein Quadrat besteht, wenn es eine Maske ist, aus vier Maskenscheitelpunkten. Mit den vier Punkten des Quadrats lässt sich schwer ein »T« oder ein »S« nachformen. Es müssten also weitere Maskenpunkte für den Übergang hinzugefügt werden. Genau das macht After Effects automatisch für Sie, wenn es den Übergang von der einen in die andere Maskenform berechnet. Sie müssen also nur die Anfangs- und Endform einer Maske für die Animation festlegen. Hierfür ist ein praktisches Beispiel das Sicherste.

Schritt für Schritt: Morphing: Maskenformen umwandeln

1 Vorbereitung

Legen Sie ein neues Projekt an und darin eine Komposition in der Größe 384 × 288 mit einer Dauer von 5 Sekunden. Bleiben wir ruhig bei dem Beispiel, ein Quadrat in ein »T« umzuwandeln.

Um den Formübergang zu realisieren, werden mindestens zwei Maskenform-Keyframes benötigt, nämlich einen für die Ausgangsform, das Quadrat, und einen für das »T« als Endform. Erstellen Sie zunächst eine Text-Ebene und tippen dort den Buchstaben »T« ein.

2 Kontur aus Text generieren

Markieren Sie die Textebene in der Zeitleiste und wählen den Weg EBENE • KONTUREN ERSTELLEN. Achten Sie darauf, dass sich die Zeitmarke am Zeitpunkt 00:00 in der Komposition befindet. Es entsteht eine Ebene namens »T Konturen«, die eine Maske in der Form des »T« enthält. Diese werden wir auf einer anderen Ebene verwenden. Blenden Sie daher die Text- und die Kontur-Ebene mit dem Augen-Symbol aus.

3 Farbfläche und Quadrat

Erstellen Sie über EBENE • NEU • FARBFLÄCHE oder mit [Strg]+[Y] eine neue Farbfläche in beliebiger Farbe. Zeichnen Sie mit dem Rechteckige-Maske-Werkzeug ein Rechteck bzw. Quadrat auf der Farbfläche. Wählen Sie die Farbfläche in der Zeitleiste aus und blenden Sie mit der Taste [M] die erstellte Maske ein. Benennen Sie die Maske mit dem Namen »rechteck«. Setzen Sie am Zeitpunkt 00:00 einen Keyframe für die Eigenschaft MASKENFORM.

4 Maskenmorph erstellen

Blenden Sie die Maske der Ebene »T Konturen« ein und klicken auf das Wort MASKENFORM ❶. Wählen Sie [Strg]+[C]. Setzen Sie die Zeitmarke auf das Ende der Komposition bei 05:00.

Klicken Sie anschließend auf den Namen der Maske »rechteck« ❷ in der Farbfläche und wählen dann [Strg]+[V]. Das »T« sollte danach in einem Keyframe fixiert sein. Sehen Sie sich die Animation in der Vorschau an. Der Übergang von der einen in die andere Maskenform wird von After Effects automatisch berechnet. – Es sieht nur etwas unelegant aus.

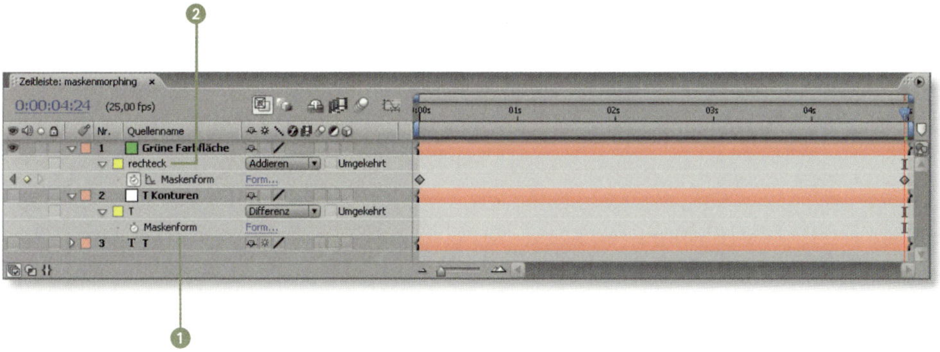

▼ Abbildung 18.85
Die Maskenform des ehemaligen Buchstaben »T« wird kopiert und in die Maskenform des Rechtecks eingefügt.

Aber es geht auch eleganter. After Effects bietet in der Professional-Version einen Assistenten an, der sich auch noch intelligent nennt. Dazu gleich mehr.

18.4.1 Intelligente Masken-Interpolation (nur Pro)

Der SmartMask-Assistent, wie er auch genannt wird, bietet Ihnen die Möglichkeit, auch komplizierte Formübergänge ansehnlich zu gestalten. Über den Assistenten haben Sie – wie der Name schon verrät – die Möglichkeit, auf die Interpolation (also die Berechnung der Zwischenformen bei einem Übergang zweier Masken) Einfluss zu nehmen. Die Formübergänge sehen so genauer und glatter aus. Sie finden den Assistenten unter FENSTER • INTELL. MASKEN-INTERPOLATION.

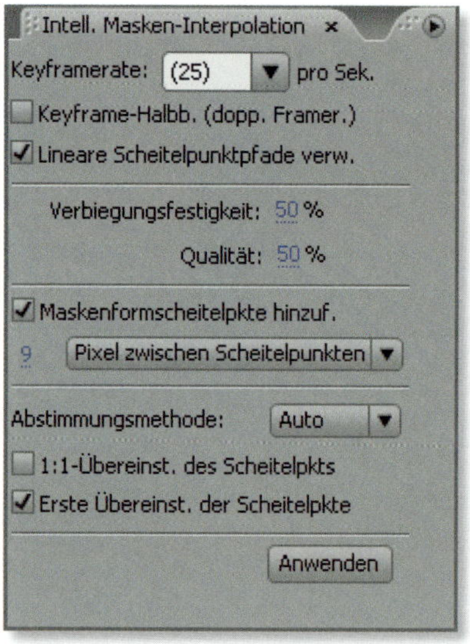

Abbildung 18.86 ▸
Die Dialogbox Intelligente Masken-Interpolation mit allen verfügbaren Optionen

Damit der Assistent wirken kann, müssen mindestens zwei aufeinander folgende Maskenform-Keyframes ausgewählt sein. Falls Sie den vorhergehenden Workshop noch geöffnet haben, wählen Sie am besten gleich die beiden Keyframes des Quadrats und des »T« aus.

Sie können per Klick auf die Schaltfläche Anwenden die Berechnung der Maskenformübergänge mit dem Assistenten starten, ohne die voreingestellten Werte zu ändern. Beim Abspielen in der Vorschau sehen Sie wie in Abbildung 18.88 sofort einen Unterschied. In der Zeitleiste sind etliche Keyframes für jeden Frame entstanden.

▾ Abbildung 18.87
Vor Verwendung der intelligenten Masken-Interpolation müssen mindestens zwei Maskenform-Keyframes ausgewählt sein.

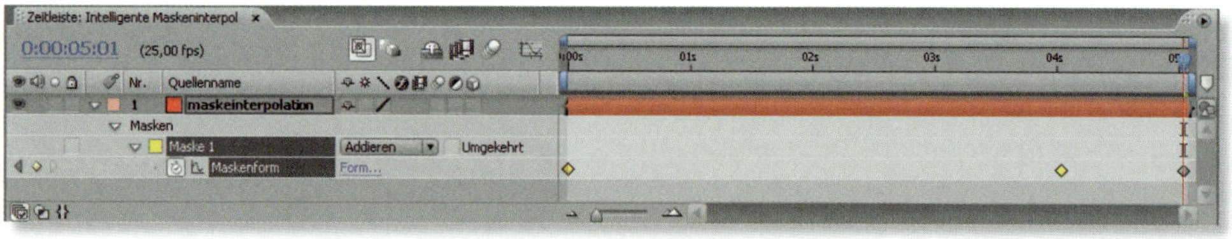

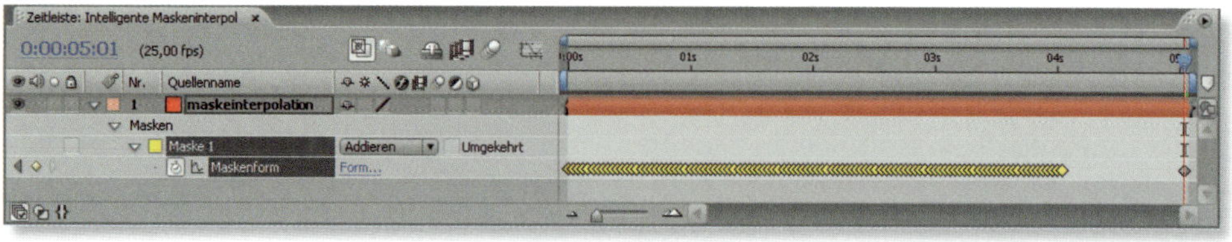

▴ Abbildung 18.88
Nach Verwendung des Assistenten Intelligente Masken-Interpolation sind etliche zusätzliche Keyframes entstanden.

Wenn Ihnen die Formübergänge nicht zusagen, können Sie die Optionen der Palette ändern und den Assistenten erneut anwenden. Um die Änderung durch den Assistenten rückgängig zu machen, ist es hier am besten, Strg+Z zu verwenden.

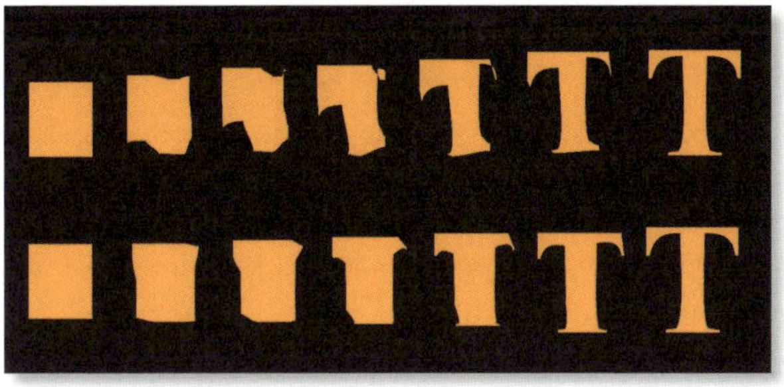

◂ **Abbildung 18.89**
Oben sehen Sie die Transformation vom Rechteck zum »T« mit der Standard-Berechnung, unten die gleiche Transformation unter Verwendung der Palette INTELLIGENTE MASKEN-INTERPOLATION.

In der Dialogbox INTELLIGENTE MASKEN-INTERPOLATION stehen viele Optionen zu Verfügung, die sich Ihnen bei einiger Geduld experimentell erschließen. Doch es lohnt sich!

Beispiele

Auf der Buch-DVD finden Sie im Ordner 18_MASKEN/MASKENMORPHING die Datei »maskenmorph.aep« mit den beschriebenen Beispielen.

1:1-Übereinstimmung des Scheitelpunkts | Die letzte Option in der Box, 1:1-ÜBEREINSTIMMUNG DER SCHEITELPUNKTE, sehen wir uns zuerst an. Es geht um die Übereinstimmung der Maskenscheitelpunkte. Wichtig für den Übergang von einer Form in die andere ist vor allem die Übereinstimmung des ersten Scheitelpunkts zweier Masken. Der erste Scheitelpunkt ist bei offenen Maskenpfaden immer der Maskenpunkt, der zuerst gesetzt wurde. Bei geschlossenen Masken wird er automatisch angelegt.

Wenn Sie genau hinschauen, können Sie entdecken, dass in jeder Maske ein Punkt immer etwas größer als die anderen dargestellt ist. Genau – da ist er, der erste Scheitelpunkt. Die besten Ergebnisse erzielen Sie, wenn die beiden ersten Scheitelpunkte zweier Maskenformen in ihrer Position übereinstimmen oder wenigstens dicht beieinander liegen.

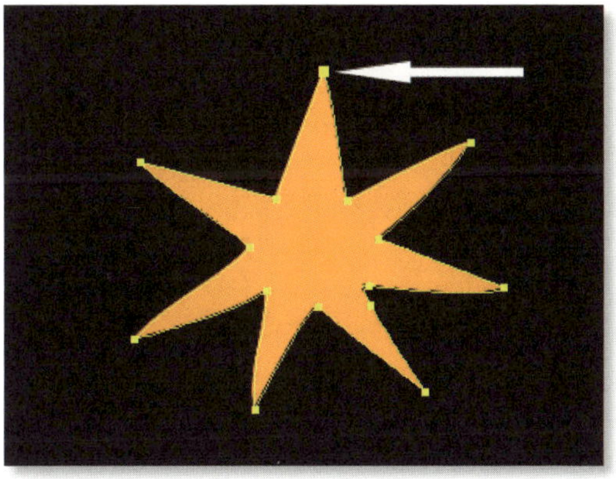

▴ **Abbildung 18.90**
Vergleichen Sie den ersten Scheitelpunkt in dieser und der folgenden Abbildung. Sie befinden sich fast an gleicher Stelle.

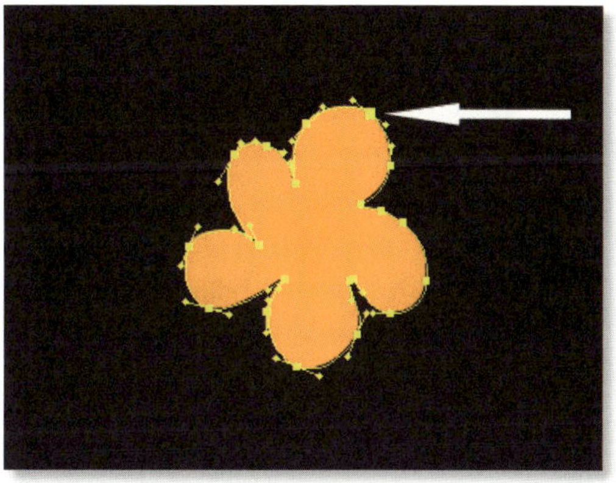

▴ **Abbildung 18.91**
Der erste Scheitelpunkt ist immer etwas dicker als die anderen Punkte. Hier wurde er nachträglich nach oben gesetzt, um die Transformationen glatter zu machen.

Erster Maskenscheitelpunkt

Um den ersten Scheitelpunkt zu ändern, markieren Sie einen anderen Maskenpunkt und wählen im Menü EBENE • MASKIEREN • ERSTEN SCHEITELPUNKT SETZEN.

▲ **Abbildung 18.92**
In der oberen Transformation stimmte der erste Scheitelpunkt nicht überein, unten dagegen schon.

Mit der 1:1-Übereinstimmung des Scheitelpunkts versucht der Assistent, die ersten Scheitelpunkte zweier Masken möglichst deckungsgleich festzulegen, um beste Ergebnisse zu erzielen. Besser bedient ist man jedoch, selbst den Punkt zu definieren, auf den es ankommt. Aktivieren Sie im Assistenten die Checkbox, sobald die Scheitelpunkte übereinstimmen. Manchmal wird der Assistent sogar unnötig, wenn die ersten Scheitelpunkte im Voraus übereinstimmen.

Keyframerate | Über die KEYFRAMERATE legen Sie fest, wie viele Keyframes pro Sekunde für die Formänderung erzeugt werden. Im nächsten Feld KEYFRAME-HALBBILDER können Sie die Anzahl der Keyframes schnell durch Anklicken der Checkbox verdoppeln.

Lineare Scheitelpunktpfade verwenden | Die Checkbox LINEARE SCHEITELPUNKTPFADE VERWENDEN führt zu seltsamen Animationen, wenn sie willkürlich deaktiviert wird. Beinhaltet Ihre Animation Drehungen von Masken, ist die Option schon eher sinnvoll.

Der Assistent dreht die Masken bei aktivierter Option nicht als Formübergang, sondern verkleinert sie erst bis zur Unsichtbarkeit und vergrößert sie dann umgedreht wieder. Der Assistent berechnet den gedrehten Formübergang schon besser, wenn Sie die Checkbox LINEARE SCHEITELPUNKTPFADE VERWENDEN deaktivieren und dann die Einstellungen auf die markierten Keyframes der Masken anwenden (Abbildung 18.93).

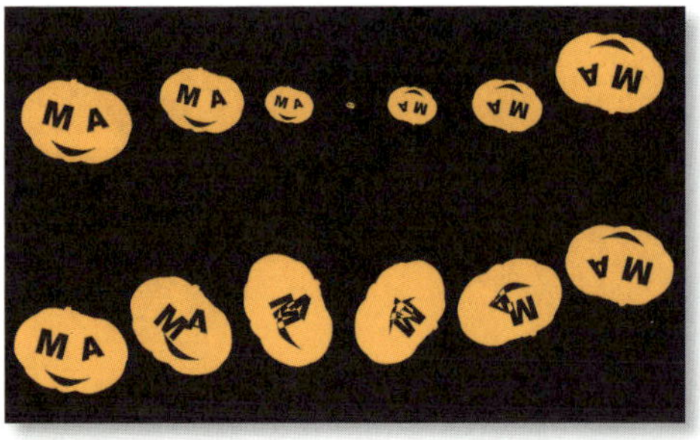

▲ **Abbildung 18.93**
Oben war die Option LINEARE SCHEITELPUNKTPFADE VERWENDEN aktiviert. Unten wurde die Option deaktiviert. – Die Drehung wird zwar ohne Skalierung ausgeführt, die Zwischenformen überzeugen jedoch nicht sonderlich.

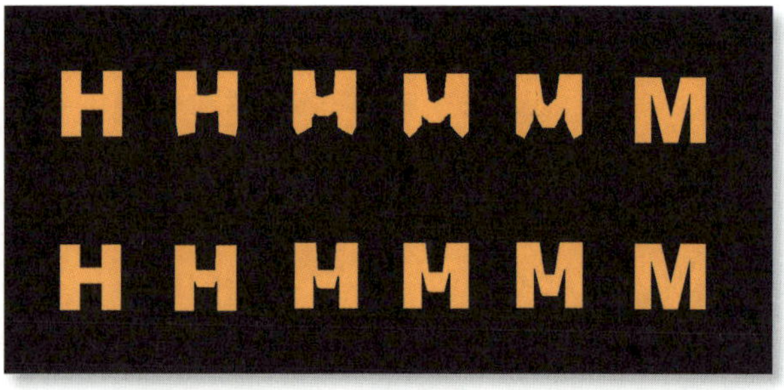

▲ **Abbildung 18.94**
Oben eine Transformation mit einer Verbiegungsfestigkeit von 0 – die Form wird etwas verbogen. Unten mit einem Wert von 100 – die Form wird von der einen in die andere gedehnt.

Verbiegungsfestigkeit | Mit der Option VERBIEGUNGSFESTIGKEIT können Sie beeinflussen, ob bei einer Transformation die Zwischenformen eher verbogen werden oder die Ausgangsform weitestgehend erhalten bleibt und nur in die andere Form hinein gedehnt wird. Probieren Sie es aus – zum Beispiel mit der Transformation von »H« zu »M« wie in Abbildung 18.94!

Qualität | Mit der Option QUALITÄT legen Sie fest, wie die Scheitelpunkte zweier Formen einander entsprechen. Die Maskenpunkte sind in der Reihenfolge ihrer Erstellung nummeriert bzw. bei geschlossenen Masken automatisch nummeriert. Wählen Sie einen Wert von 0 für die Qualität, so werden die Scheitelpunkte zweier Masken verglichen und Scheitelpunkte mit der gleichen Nummer einander zugeordnet. Bei einem Wert von 100 hält sich INTELLIGENTE MASKEN-INTERPOLATION nicht mehr an die Nummerierung und sucht nach der besten Zuordnung der Scheitelpunkte, was lange dauern kann.

Maskenformscheitelpunkte hinzufügen | Die Option MASKENFORMSCHEITELPUNKTE HINZUFÜGEN können Sie nutzen, um festzulegen, ob und wie weitere Punkte dem Maskenpfad während der Transformation hinzugefügt werden. Wenn Sie die Option deaktivieren, werden nur die Maskenpunkte für die Transformation genutzt, die im ersten und letzten Keyframe enthalten sind. Die Transformation wird allerdings bei einer höheren Anzahl an Maskenpunkten qualitativ besser.

▲ **Abbildung 18.95**
Oben eine Transformation ohne zusätzliche Maskenformscheitelpunkte und unten mit zusätzlichen Punkten

18.4.2 Maskenpfad versus Bewegungspfad

Wie weiter oben bereits erwähnt, dienen die Masken nicht nur dem Freistellen von Bildbereichen oder zum Transformieren von einer Form in die andere. Interessant werden die Masken auch dadurch, dass sie als Referenz für die Bewegung von Ebenen, die Orientierung von Text am Pfad und für Effekte, die entlang eines Pfads animiert werden können, dienen.

Zur Orientierung von Ebenen am Pfad kommen wir jetzt. Im Kapitel »Keyframe-Interpolation« haben Sie mit Bewegungspfaden bereits einige Erfahrungen sammeln können. Bewegungspfade sind den Maskenpfaden insofern ähnlich, als dass sie beide mit den gleichen Werkzeugen bearbeitet werden können. Sie können sowohl einen Maskenpunkt als auch den Keyframe eines Bewegungspfads zwischen Eck- und Kurvenpunkt hin- und herschalten und den Pfad mit Tangenten biegen.

Zur Kombination von Effekten und Pfaden kommen wir später im Abschnitt 11.3.3, »Effekte am Pfad«, und zur Textanimation entlang eines Pfads haben Sie schon im Kapitel 17 etwas gelesen.

Aber vor allem beinhalten die Bewegungspfad-Keyframes und die Maskenpunkte Positionsinformationen, die auf andere Eigenschaften, die mit Positionswerten arbeiten, übertragen werden können. Das bedeutet konkret, dass Sie einen Maskenpfad in die Positionseigenschaft einer Ebene einfügen können und somit ein

Bewegungspfad generiert wird, der genauso geformt ist wie Ihr Maskenpfad. Umgekehrt lässt sich der Bewegungspfad in eine Maske einfügen. Außerdem können Sie sowohl einen Bewegungspfad als auch einen Maskenpfad in Positionswerte von Effekten einfügen. Und los geht's:

Schritt für Schritt: Ariadne – Maskenpfad in Bewegungspfad einsetzen

1 Vorbereitung

Schauen Sie sich zuerst das Movie »ariadne.mov« aus dem Ordner 18_MASKEN/ARIADNE an. Kopieren Sie dann den Ordner ARIADNE auf Ihre Festplatte und importieren die Dateien »labyrinth« und »wolle« in ein neues Projekt. Ziehen Sie die Datei »labyrinth« auf das Kompositionssymbol im Projektfenster, um eine neue Komposition zu schaffen. Achten Sie darauf, dass die Komposition eine Dauer von 4 Sekunden besitzt. Fügen Sie die Datei »wolle« der Komposition hinzu.

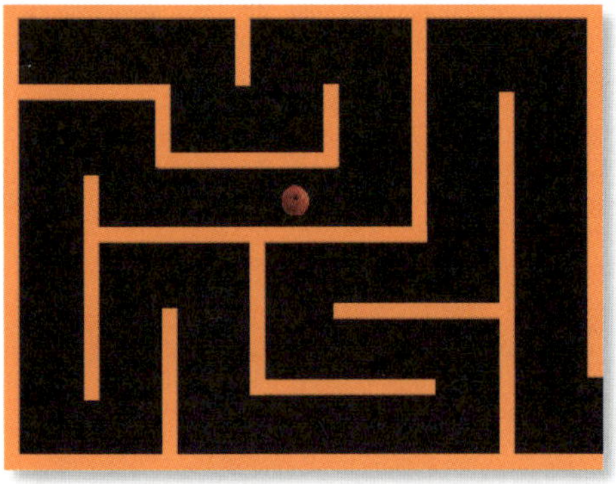

▲ **Abbildung 18.96**
Ariadnes Wollknäuel soll den Weg aus dem Labyrinth finden.

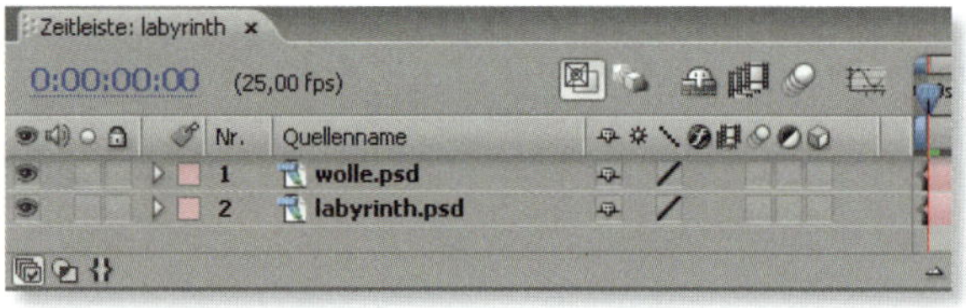

▲ **Abbildung 18.97**
Die Ebene »wolle« befindet sich über der Ebene »labyrinth«.

2 Maskenpfad erstellen

Ariadnes Wollknäuel weiß auch nicht mehr genau, wie es aus dem Labyrinth heraus soll, und folgt lieber einem Maskenpfad.

Erstellen Sie also zunächst einen Maskenpfad mit dem Zeichenstift-Werkzeug auf der Ebene »labyrinth«. Setzen Sie den ersten Maskenscheitelpunkt oben links im Labyrinth. Setzen Sie an jeder »Ecke« im Labyrinth einen neuen Maskenscheitelpunkt, bis Sie einen Pfad wie in Abbildung 18.98 erhalten. Bearbeiten Sie den Pfad nach, wie Sie es in den vorhergehenden Workshops gelernt haben, bis er dem abgebildeten ähnelt.

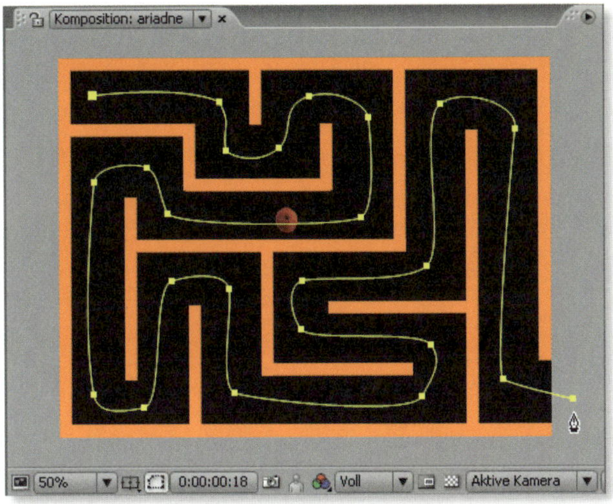

◀ **Abbildung 18.98**
Mit dem Zeichenstift-Werkzeug wird ein Maskenpfad erstellt. Nach der Bearbeitung sollte der Maskenpfad etwa so wie dieser hier aussehen.

3 Bewegungspfad für das Wollknäuel

Um aus dem Maskenpfad einen Bewegungspfad für das Wollknäuel zu erhalten, markieren Sie die Ebene »labyrinth« und drücken die Taste [M], um die soeben erstellte Maske einzublenden. Klicken Sie auf das Wort MASKENFORM und drücken die Tastenkombination [Strg]+[C], um die Maske zu kopieren.

Markieren Sie anschließend die Ebene »wolle« und drücken die Taste [P], um die Positionseigenschaft anzuzeigen. Setzen Sie die Zeitmarke auf 00:00 an den Anfang der Komposition. Markieren Sie das Wort POSITION und wählen [Strg]+[V]. Fertig.

▼ **Abbildung 18.99**
Das Wort MASKENFORM wird markiert. Anschließend wird die Maske kopiert und in die Positionseigenschaft der Ebene »wolle« eingefügt.

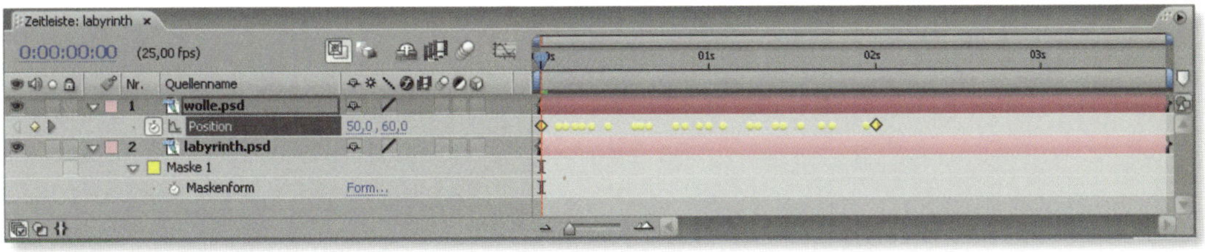

4 Roving Keyframes

Die kleinen runden Punkte, die in der Positionseigenschaft entstanden sind, nennt man Roving Keyframes. Es sind zeitlich nicht fixierte Keys, wie Sie bereits aus dem Kapitel »Keyframe-Interpolation« wissen.

Wenn Sie an einem der beiden »normalen« Keys ziehen, bewegt sich die Reihe mit. Die zeitlichen Abstände zwischen den Keys bleiben dabei proportional erhalten. Sie können so Ihre Animation zeitlich anpassen. Klicken Sie den letzten Keyframe an und ziehen ihn bis ans Ende der Komposition, damit sich die

Dauer der Animation verlängert. Achten Sie dabei darauf, dass Sie nur den letzten Keyframe anklicken, da sich sonst die gesamte Reihe verschieben kann.

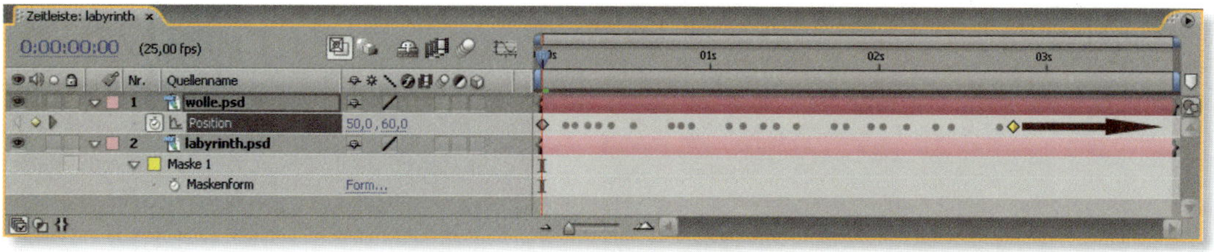

▲ **Abbildung 18.101**
Der letzte Keyframe wird angeklickt und zeitlich verschoben. Die Reihe der zeitlich nicht fixierten Keyframes (Roving Keyframes) wandert mit.

5 Maskenpfad und Effekt

In dem auf der DVD befindlichen Projekt »ariadne.aep«, das sich im selben Ordner befindet wie die Workshopdateien, wurde der Maskenpfad zusätzlich noch für den Effekt STRICH verwendet. Der Maskenpfad wurde in den Effekteinstellungen unter der Option PFAD ausgewählt. Durch die Animation des Stricheffekts erscheint es so, als rollte das Wollknäuel tatsächlich einen Faden ab. Wie Sie Effekte anwenden und animieren, erfahren Sie im nächsten Kapitel. ■

18.4.3 Bewegungspfad versus Maskenpfad

Der umgekehrte Weg als der im vorigen Workshop vorgestellte – aus einem Bewegungspfad einen Maskenpfad zu generieren – ist folgender: Zuerst wird ein Bewegungspfad geschaffen, indem die Positionseigenschaft einer Ebene animiert wird. Auf einer zweiten Ebene, die möglichst so groß ist, dass nachher der Maskenpfad in ihr Platz findet, wird eine x-beliebige Maske gezeichnet. Markieren Sie dann alle Keyframes des Bewegungspfads und wählen Strg+C. Anschließend markieren Sie die Maske auf der anderen Ebene, so dass alle Scheitelpunkte ausgewählt sind, und fügen dann mit Strg+V den Bewegungspfad ein. Fertig. Der Bewegungspfad sollte danach Ihrem Maskenpfad entsprechen.

19 Effekte der Standard- und der Pro-Version

Menschen auf dem Mond? – Mit Keying-Effekten kein Problem. Eine Blumenwiese unter Wasser? – Mit dem Kaustikeffekt kein Thema. Farbstichige oder kontrastarme Aufnahmen wie neu? Eine neue Farbe für Ihr Auto? – Mit Color Finesse! Bilder und Videos verzerren, verflüssigen oder zertrümmern? Es ist fast alles machbar. Hier ein Einblick in die Welt der Effekte.

Gleich zu Beginn sei warnend erwähnt: Mit Effekten können Sie eine Menge, eine große Menge Zeit verbringen. Effekte sind gewissermaßen unendlich. Ein erster Blick in die lange Liste, die sich im Effektmenü befindet und nur die Effektkategorien zeigt, soll Sie jedoch nicht abschrecken. Die Liste ist eher als eine Aufzählung der Möglichkeiten zu begreifen. Effekte können die Rettung sein, wirken jedoch schnell auch plump. Die Wirkung eines Effekts will daher gut getestet und geübt sein, erst recht dann, wenn die Effekte untereinander auch noch kombiniert werden.

Die Standard-Version von After Effects enthält weniger Effekte als die Professional-Ausführung. Einige sehr nützliche Effekte fallen somit für den Standard-Besitzer weg. Doch auch ohne diese ist die Palette der Möglichkeiten noch immer sehr umfangreich. Außerdem gibt es hunderte kostenlose und kommerzielle Effekte von After Effects- Enthusiasten.

In der Professional-Version kann wahlweise mit einer Projektfarbtiefe von 8, 16 oder 32 Bit gearbeitet werden. Die meisten Effekte, die mit der Pro-Version vorkommen, sind auch für den 16-Bit-Farbraum optimiert und können in 16-Bit-Projekten sorgenfrei verwendet werden. Für den 32-Bit-Farbraum stellt After Effects ebenfalls eine ganze Reihe an dafür optimierten Effekten bereit. Besitzer der Standard-Version müssen sich über die Wahl der Projektfarbtiefe keine Gedanken machen, da hier ausschließlich mit 8 Bit gearbeitet werden kann.

Am Ende dieses Kapitels werden Sie feststellen, dass Sie die meisten Effekte noch nicht kennen gelernt haben. Dies ist nicht etwa wieder eine Sparmaßnahme und auch keine böse Absicht. Sie werden selbst bald sehen, dass ein einziges Kapitel nur als

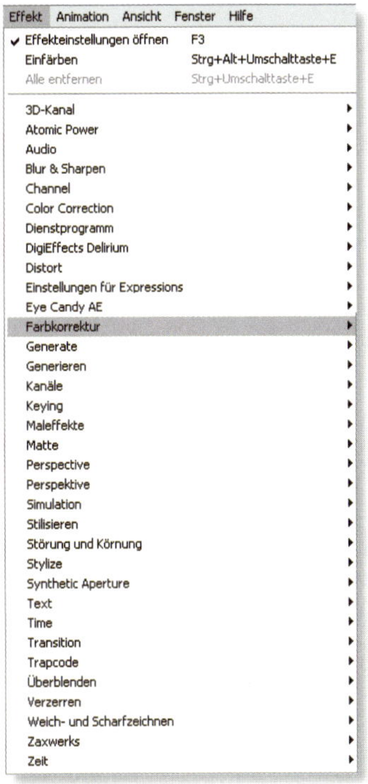

▲ **Abbildung 19.1**
Unter dem Menüeintrag Effekt befindet sich eine lange Liste mit Einträgen. Hier sind allerdings nur die Effektkategorien aufgelistet.

Farbtiefe und Effekte

Alle Effekte in der Effekte- und Vorgaben-Liste sind mit der maximal möglichen Farbtiefe gekennzeichnet, die ein Effekt unterstützt. Wird ein Effekt, der nur eine geringe Farbtiefe unterstützt (z.B. 8 Bit), in einem Projekt mit höherer Bittiefe verwendet, erscheint neben dem Effekt ein Warnsymbol.

Anregung zu eigenen Reisen in die unendlichen Weiten und Kombinationsmöglichkeiten der Effekte dienen kann.

19.1 Effekt-Grundlagen

Zunächst widmen wir uns einigen Effekten, die sowohl in der Standard- als auch der Pro-Version von After Effects enthalten sind. Anschließend werde ich Sie mit einigen sehr nützlichen Effekten aus der Professional-Version bekannt machen. Die nur in der Professional-Version enthaltenen Effekte werden im Folgenden mit dem Zusatz »(nur Pro)« gekennzeichnet.

Der folgende Workshop soll Ihnen zum ersten Kennenlernen und als Grundlage für den Umgang mit Effekten dienen.

Schritt für Schritt: Bild einfärben mit Effekten

1 Vorbereitung

Das fertige Movie zum Workshop finden Sie im Ordner 19_Effekte/Starteffekte. Es trägt den Titel »sardine.mov«. Legen Sie für den Workshop ein neues Projekt an, speichern es unter einem eindeutigen Namen ab und importieren dann mit [Strg]+[I] die Datei »sardinen.psd«. Wählen Sie die Importoption Importieren als • Komposition. Klicken Sie dann doppelt auf die Komposition im Projektfenster, um sie zu öffnen. Öffnen Sie mit [Strg]+[K] den Dialog Kompositionseinstellungen und tragen eine Kompositionsdauer von fünf Sekunden ein.

▲ **Abbildung 19.2**
Dieses Bild ist in mehrere Ebenen aufgeteilt und wird mit Effekten verändert.

▲ **Abbildung 19.3**
Die einzelnen Ebenen der importierten Datei finden sich in der Zeitleiste wieder.

2 Effekt hinzufügen

In der Zeitleiste befinden sich vier Ebenen. Die Sardinen-Schachtel ist in mehrere Ebenen separiert worden. Das gibt uns die

Möglichkeit, diese Ebenen unterschiedlich mit Effekten zu bestücken.

Markieren Sie zunächst die Ebene »blau«. Zum Hinzufügen des ersten Effekts wählen Sie im Menü Effekt • Farbkorrektur • Einfärben. Sofort öffnen sich die Effekteinstellungen in einem separaten Fenster. Dort wird der Effekt Einfärben angezeigt.

In der Zeitleiste zeigt das Effekt-Symbol ❶ an, dass die Ebene mindestens einen Effekt enthält. Um den hinzugefügten Effekt in der Zeitleiste anzuzeigen, markieren Sie die Ebene »blau« und drücken die Taste [E]. Auf diese Weise blenden Sie sämtliche Effekte ein, die einer Ebene hinzugefügt wurden.

Klicken Sie nun in der Zeitleiste auf das kleine Dreieck ❷, um die Effekteigenschaften sichtbar zu machen. Änderungen können Sie nach Belieben entweder in den Effekteinstellungen oder in der Zeitleiste vornehmen.

Effekte ein- und ausblenden

Eine Ebene, der ein Effekt hinzugefügt wurde, wird mit dem Effektsymbol »*f*« vor jedem Effekt in den Spalten A/V-Funktionen und Ebenenschalter der Zeitleiste gekennzeichnet. Per Klick auf das Effektsymbol in der Spalte Ebenenschalter werden sämtliche Effekte der Ebene aus- bzw. eingeblendet. In der Spalte A/V-Funktionen ist dies für jeden Effekt einzeln möglich.

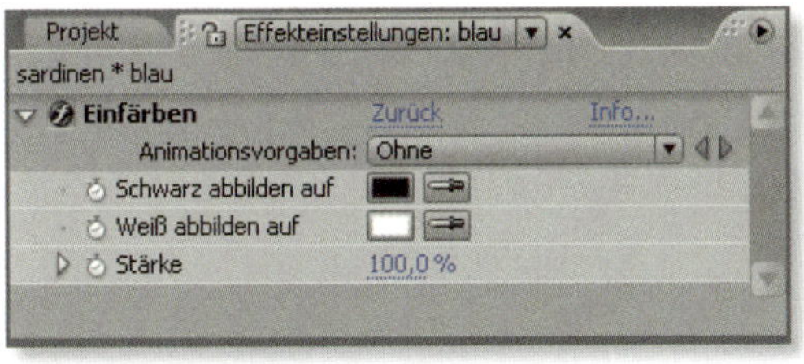

▲ **Abbildung 19.4**
Wird ein Effekt aus dem Effektmenü gewählt, öffnen sich sofort die Effekteinstellungen in einem Extra-Fenster. Hier kann der Effekt bearbeitet werden.

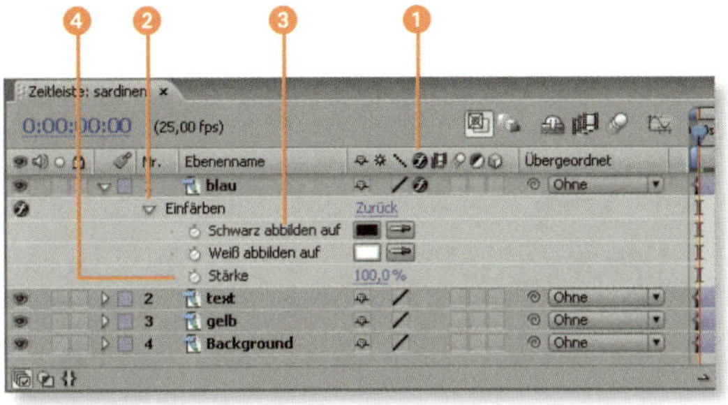

▲ **Abbildung 19.5**
Effekte können auch in der Zeitleiste eingeblendet und dort bearbeitet werden.

3 Effekt einstellen und animieren

Unser Effekt Einfärben zeigt sich mit sehr überschaubaren Einstellmöglichkeiten. Sie finden zwei Farbfelder vor. Das Feld Schwarz abbilden auf ❸ dient dazu, die dunklen Pixel im Bild zu beeinflussen, das andere ist für die hellen Bereiche zuständig. Mit der Stärke ❹ wird die Auswirkung auf das Bild festgelegt. Wie Sie sehen können, bleibt bei einem Wert von 0 % alles beim Alten.

Der Stärke-Wert ist bereits auf 100 % eingestellt, so dass die blaue Ebene in Schwarz-Weiß angezeigt wird. Setzen Sie am Zeitpunkt 00:00 je einen Key für die beiden Farbfelder des Effekts. Klicken Sie dazu jeweils auf das Stoppuhr-Symbol im Effektfenster bzw. in der Zeitleiste. Ziehen Sie anschließend die Zeitmarke auf den Zeitpunkt 02:12. Ändern Sie hier die Farbe, indem Sie auf das schwarze Farbfeld klicken. Es öffnet sich der Farbwäh-

> **Effekte zurücksetzen**
>
> Um einen Effekt auf die »Werkseinstellung« zurückzusetzen, klicken Sie im jeweiligen Effekt auf das Wort Zurück. Sind bereits Keyframes für die Effekteigenschaften gesetzt worden, hat das Zurücksetzen nur eine Auswirkung auf den aktuellen Frame; die Effekteinstellungen an Keyframes vor und hinter dem aktuellen Frame bleiben erhalten.

Ler. Suchen Sie sich eine neue Farbe aus, z.B. ein kräftiges Blau. Bestätigen Sie mit OK und wählen Sie dann für das weiße Farbfeld eine hellere Farbe, z.B. Orange. Ändern Sie die Farben nochmals am Ende der Komposition bei 05:00. Ich habe ein dunkles Blau und Türkisblau gewählt.

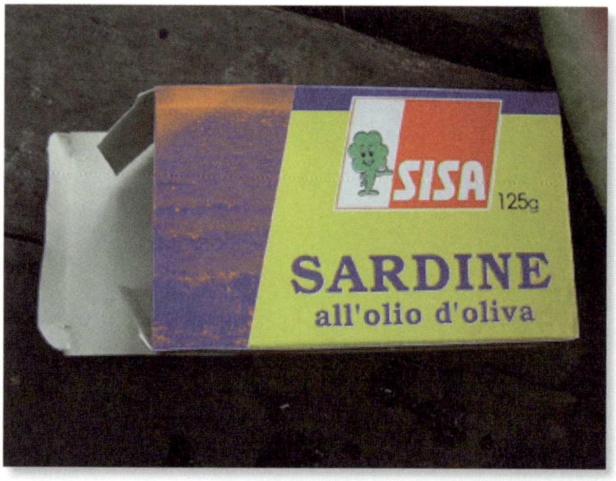

Abbildung 19.6 ▸
Durch Verwendung eines Effekts erscheint ein Bild beispielsweise schnell in anderen Farben.

▲ **Abbildung 19.7**
Die Farben werden per Keyframes animiert.

4 Effekte und Vorgaben

Öffnen Sie über das Menü Fenster die Palette Effekte und Vorgaben bzw. mit [Strg]+[5], wenn sie noch nicht eingeblendet ist. Die Palette enthält alle installierten Effekte und erlaubt ein komfortableres Arbeiten, als es über den Menüeintrag Effekt möglich ist. Um einen bestimmten Effekt aus der langen Liste der Effekte schnell aufzufinden, tippen Sie den Namen des Effekts einfach in das Eingabefeld ein. Tippen Sie dort »einfä« ins Feld. Der Effekt Einfärben wird angezeigt, gegebenenfalls müssen Sie die Liste Animationsvorgaben zuklappen.

Markieren Sie die Ebene »gelb« und klicken anschließend unter Farbkorrektur doppelt auf den Effekt in der Palette. Der Effekt wird daraufhin der markierten Ebene hinzugefügt. Animieren Sie

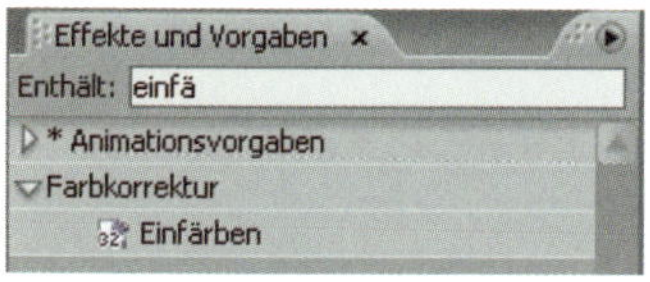

▲ **Abbildung 19.8**
In der Effektepalette kann ein Effekt durch Eintippen seines Namens gesucht und gefunden werden.

den Effekt ähnlich dem Einfärben-Effekt der Ebene »blau«, damit sich auch die gelbe Fläche farblich ändert. – Die Farben und zeitlichen Abstände wählen Sie nach Ihrem Geschmack.

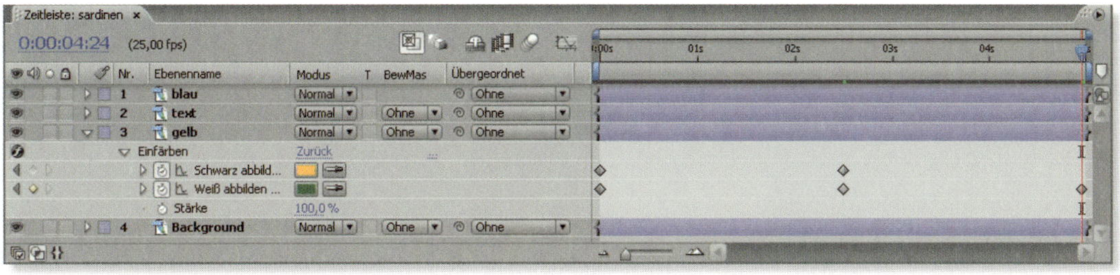

▼ **Abbildung 19.9**
Auch die Ebene »gelb« erhält den Effekt BILD EINFÄRBEN und dieser wird ebenfalls animiert.

5 Colorama

Der Text soll ebenfalls eingefärbt werden, allerdings mit einem anderen Effekt. Markieren Sie die Ebene »text« und tippen dann »colora« ins Eingabefeld der Effektepalette. Klicken Sie doppelt auf den angezeigten Effekt FARBKORREKTUR • COLORAMA. Der Text wird zuerst in ein grauenerregendes Grün getaucht. Ändern wir das schnell.

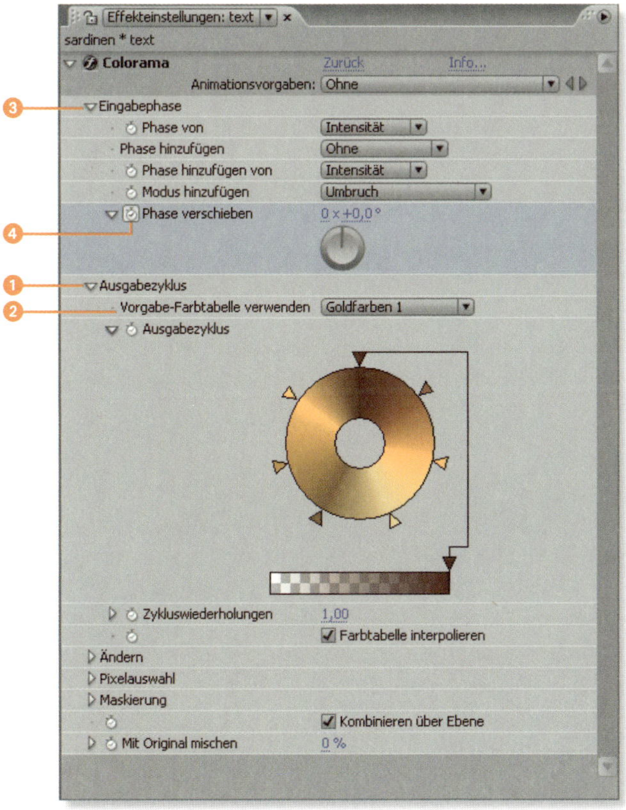

◀ **Abbildung 19.10**
Der Effekt COLORAMA weist schon einige Einstellungsmöglichkeiten mehr auf.

Effekte umbenennen

Sie können jeden Effekt umbenennen, den Sie bereits einer Ebene hinzugefügt haben. Klicken Sie dazu in der Zeitleiste oder im Effektfenster auf den Namen des Effekts und drücken Sie die Taste [↵] im Haupttastaturfeld. Geben Sie einen passenden Namen ein und drücken erneut die Taste [↵].

Klicken Sie auf das kleine Dreieck bei AUSGABEZYKLUS ①. Wählen Sie aus dem Einblendmenü bei VORGABE-FARBTABELLE VERWENDEN ② den Eintrag GOLDFARBEN 1. Schon besser. Animieren können wir natürlich auch. Öffnen Sie dazu die Einstellungen unter EINGABEPHASE ③. Uns interessiert hier der Eintrag PHASE VERSCHIEBEN.

Ziehen Sie die Zeitmarke auf den Zeitpunkt 00:00. Setzen Sie danach im Effektfenster einen ersten Keyframe per Klick auf das Stoppuhr-Symbol bei PHASE VERSCHIEBEN ④. Verschieben Sie die Zeitmarke auf den Zeitpunkt 05:00 ans Ende der Komposition. Ändern Sie den Wert für PHASE VERSCHIEBEN auf 1 × +0,0°. Schauen Sie sich die Animation in der Vorschau an.

6 Noch ein Effekt und die Hierarchie

Zum Schluss fügen wir noch einen Effekt zur Ebene »text« hinzu. Schließen Sie den Effekt COLORAMA, indem Sie im Effektfenster auf das kleine Dreieck vor dem Effektnamen klicken.

Wählen Sie unter EFFEKT • PERSPEKTIVE den Effekt ALPHA ABSCHRÄGEN oder tippen Sie das Wort »alpha« ins Eingabefeld der Effektepalette und fügen den Effekt der Textebene hinzu. Der Effekt nutzt die Information im Alphakanal und erzeugt einen reliefartigen Eindruck. Die Einstellmöglichkeiten im Effekt sind selbsterklärend. Ändern Sie ruhig die Werte der Effekteigenschaften durch Ziehen mit gedrückter Maustaste. Schon haben Sie das Handwerkszeug, um mit weiteren Effekten zu arbeiten!

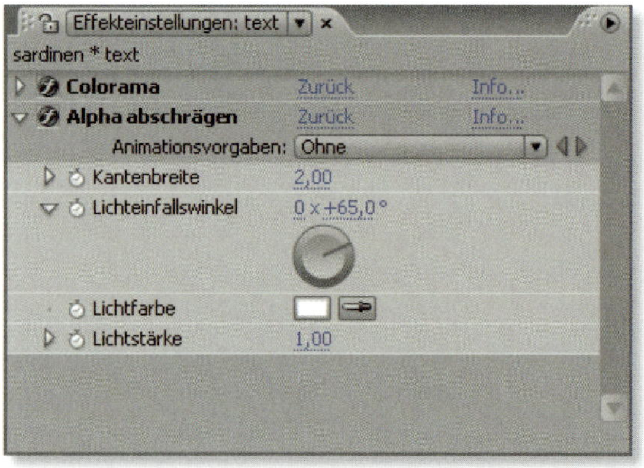

Abbildung 19.11 ▶
Hier wurde der Effekt ALPHA ABSCHRÄGEN unter dem Effekt COLORAMA platziert.

Noch ein letztes Wort zur **Effekthierarchie**: Es kommt sehr darauf an, in welcher Reihenfolge die Effekte im Effektfenster erscheinen. Sie können dies gleich einmal in Erfahrung bringen, indem Sie den Effekt ALPHA ABSCHRÄGEN markieren und im Effektfenster nach ganz oben ziehen.

▲ **Abbildung 19.12**
Die Reihenfolge der Effekte kann im Effektfenster verändert werden. Doch Vorsicht ...

▲ **Abbildung 19.13:**
... durch einen Tausch der Reihenfolge der Effekte im Effektfenster ergeben sich sehr unterschiedliche visuelle Wirkungen.

19.2 Effekt-Beispiele

Sicher können hier nicht sämtliche Effekte der Standard-Version (und der Professional-Version) erläutert werden, ohne den Rahmen des Buchs zu sprengen. Ich möchte Ihnen aber wenigstens noch ein paar weitere Effekte vorstellen.

Zeitverkrümmung (nur Pro)

Pro Weiterführende Informationen zur Arbeit mit dem Effekt Zeitverkrümmung finden Sie auf www.mediatrainings.de.

19.2.1 Radialer Weichzeichner

Unter der Effektkategorie Weich- und Scharfzeichnen befindet sich unter anderem der Effekt Radialer Weichzeichner, mit dem Sie einem Bild schnell ein dynamisches Aussehen verleihen. Im Effektfenster präsentiert sich der Effekt mit wenigen, leicht beherrschbaren Einstellungen.

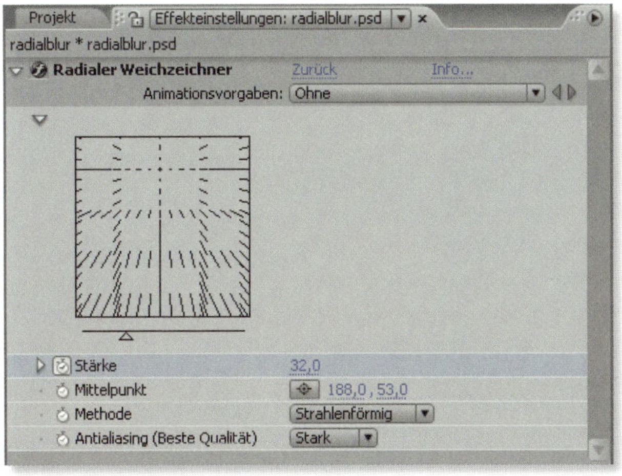

◀ **Abbildung 19.14**
Die Einstellmöglichkeiten des Effekts Radialer Weichzeichner sind recht übersichtlich.

Je höher die Werte bei STÄRKE gewählt werden, desto stärker wird das Bild ausgehend vom MITTELPUNKT verwischt. Der Mittelpunkt kann, wenn der Name des Effekts im Effektfenster markiert wurde, an jede beliebige Stelle des Bildes gezogen werden. Außerdem ist es möglich, zwischen den Methoden KREISFÖRMIG und STRAHLENFÖRMIG zu wählen.

▲ **Abbildung 19.15**
Vor der Anwendung eines Effekts wirkt dies Bild eigentlich auch schon recht dynamisch.

▲ **Abbildung 19.16**
Nach der Anwendung des Effekts RADIALER WEICHZEICHNER mit der Methode STRAHLENFÖRMIG

19.2.2 Selektiver Weichzeichner

Der Effekt SELEKTIVER WEICHZEICHNER aus der Effektkategorie WEICH- UND SCHARFZEICHNEN ermöglicht eine Weichzeichnung von Bildteilen, während Konturen im Bild scharfgezeichnet bleiben.

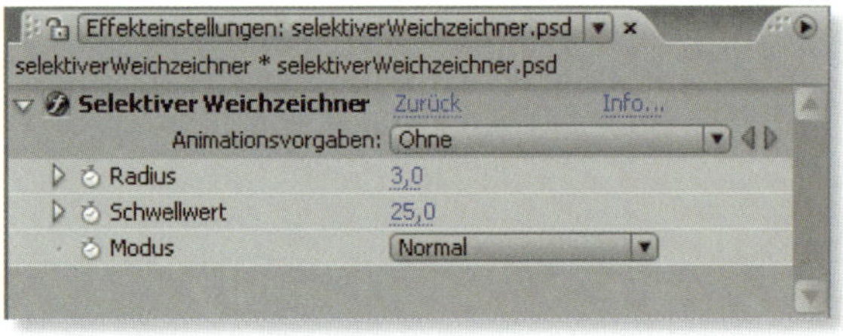

Abbildung 19.17 ▶
Mit dem Effekt SELEKTIVER WEICHZEICHNER können Bildteile weichgezeichnet werden, während Konturen im Bild scharfgezeichnet bleiben.

Beispiele

Im Ordner 19_EFFEKTE auf der DVD zum Buch befindet sich die Projektdatei »weitereEffekte.aep« mit einigen Beispielen zu den hier beschriebenen Effekten.

Bei Flächen mit geringen Farbunterschieden und Kontrasten im Bild wirkt sich der Effekt sichtbar aus. Die Unterschiede werden nivelliert. Bei niedrigen Werten unter SCHWELLENWERT werden nur ähnliche Pixel vom Effekt weichgezeichnet, während bei hohen Werten auch sehr unterschiedliche Pixel betroffen sind.

Über die Werte bei RADIUS wird bestimmt, in welchem Farb- oder Helligkeitsbereich der Effekt nach Pixelunterschieden sucht. Unter MODUS wird mit NUR KANTEN festgelegt, dass das Bild in Schwarz-Weiß angezeigt wird und Konturen im Bild weiß hervorgehoben werden. Mit INEINANDERKOPIEREN bleiben die Farben des Bildes sichtbar und Konturen werden weiß betont.

▲ **Abbildung 19.18**
Ein Bild ohne den Effekt SELEKTIVER WEICHZEICHNER

▲ **Abbildung 19.19**
Der selektive Weichzeichner hat hier nur ähnliche Bildteile verändert.

19.2.3 Mosaik

Wenn Sie beispielsweise vorhaben, das Gesicht eines Menschen in einem Video für den Zuschauer unkenntlich zu machen, ist der Effekt MOSAIK genau das Richtige für Sie. Sie finden den Effekt in der Effektkategorie STILISIEREN.

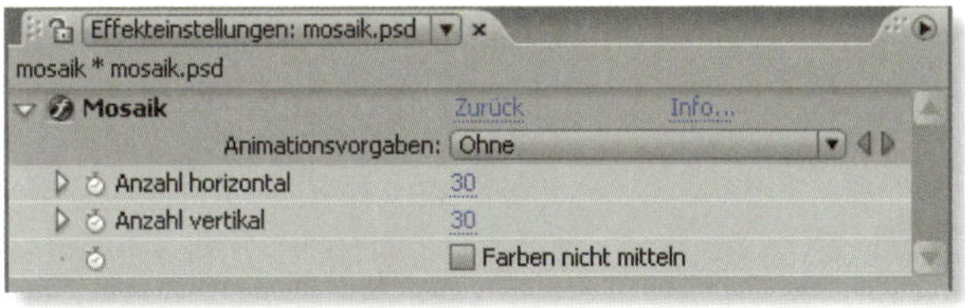

◀ **Abbildung 19.20**
Der Effekt MOSAIK kann dazu dienen, Bildbereiche für den Zuschauer unkenntlich zu machen.

▲ **Abbildung 19.21**
Vor der Anwendung des Effekts ...

▲ **Abbildung 19.22**
... und nach Anwendung des Effekts MOSAIK auf eine maskierte Ebene

In dem hier abgebildeten Beispiel wurde der Effekt allerdings genau umgekehrt gebraucht, nämlich um das Gesicht besonders hervorzuheben. Sie können die Größe der »Mosaiksteinchen« über Anzahl horizontal und Anzahl vertikal bestimmen. Wird das Häkchen bei Farben nicht mitteln nicht gesetzt, ergeben sich weichere Farbabstufungen zwischen den Mosaiksteinchen. Damit sich der Effekt nicht auf die gesamte Bildebene auswirkt, können Teile des Bildes mit einer Maske freigestellt werden.

19.2.4 Vegas

Da der Effekt Vegas ein kleines bisschen mehr an Einstellmöglichkeiten bietet, soll hier ein Workshop folgen.

Schritt für Schritt: Den Vegas-Effekt anwenden

1 Vorbereitung

Für diesen Workshop habe ich ein Projekt für Sie vorbereitet. Sie finden es auf der Buch-DVD im Ordner 19_Effekte/Vegas. Schauen Sie sich bitte zuvor auch das beiliegende Movie »vegas.mov« aus dem gleichen Ordner an. Kopieren Sie den Ordner Vegas auf Ihre Festplatte. Öffnen Sie dann das Projekt »vegas.aep« und klicken Sie im Projektfenster doppelt auf die ebenfalls »vegas« benannte Komposition, um diese zu öffnen. Sie finden darin zwei Ebenen vor. Die Ebene »leuchtturm« dient als Hintergrund. Die Ebene »text.psd« ist ein Text auf transparentem Hintergrund. Mit anderen Worten: Die Ebene enthält eine Alphainformation, die wir uns mit dem Effekt Vegas zunutze machen.

2 Effekt Vegas hinzufügen

Öffnen Sie die Palette Effekte und Vorgaben mit [Strg]+[5]. Tippen Sie die Buchstaben »veg« ins Eingabefeld. Klicken Sie anschließend bei markierter Ebene »text« doppelt auf den angezeigten Effekt Generieren • Vegas. Noch sieht der Effekt ganz harmlos aus, aber unter den kleinen Dreiecken verbirgt sich eine lange Liste an Einstellungen. Ich gehe hier nicht jeden Punkt mit Ihnen durch, aber eine Möglichkeit schauen wir uns doch an.

Öffnen Sie zuerst die Einstellungen unter Bildumrisse ❶. Mit dem Einblendmenü unter Kontur ❷ wird grundsätzlich entschieden, ob sich die leuchtreklameartige Punktlinie, die entstehen soll, an einem Maskenpfad (ebenfalls eine spannende Sache) oder an den Bildumrissen orientieren soll. Belassen Sie es bei Bildumrisse.

Wählen Sie nun unter Kanal ❸ den Eintrag Alphakanal aus dem Einblendmenü. Der Effekt sucht sich jetzt die Konturen des

Textes auf Grundlage der Alphainformation. Resultat ist eine Linie entlang der Textkontur.

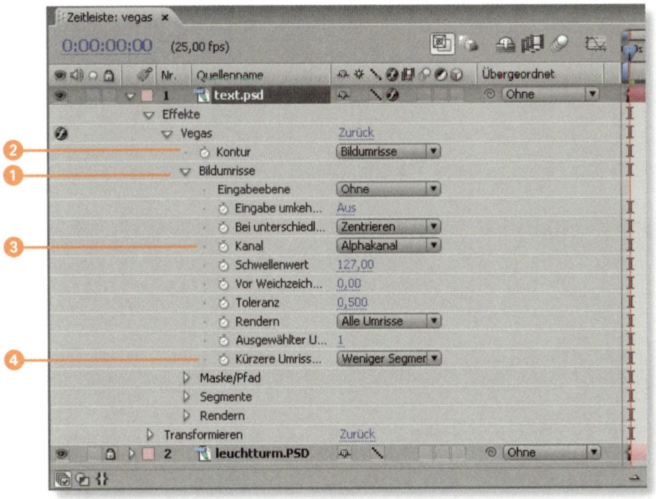

◀ **Abbildung 19.23**
Zu Beginn sollte die Liste in Ihrer Zeitleiste nicht länger als hier abgebildet sein.

Unter Kürzere Umrisse haben ④ wählen Sie bitte noch den Eintrag Weniger Segmente. Dies bewirkt, dass Konturen innerhalb eines Buchstabens wie beim »A« von Vegas auch weniger Segmente erhalten. Das ist schöner. Schließen Sie die Liste Bildumrisse.

◀ **Abbildung 19.24**
Der Vegas-Effekt nutzt hier die Alphainformation der Textebene.

3 Segmente

Öffnen Sie die Einstellungen unter Segmente ⑤. Tippen Sie die Zahl 19 ins Wertefeld, um anstelle der 32 voreingestellten Segmente nur 19 zu erhalten.

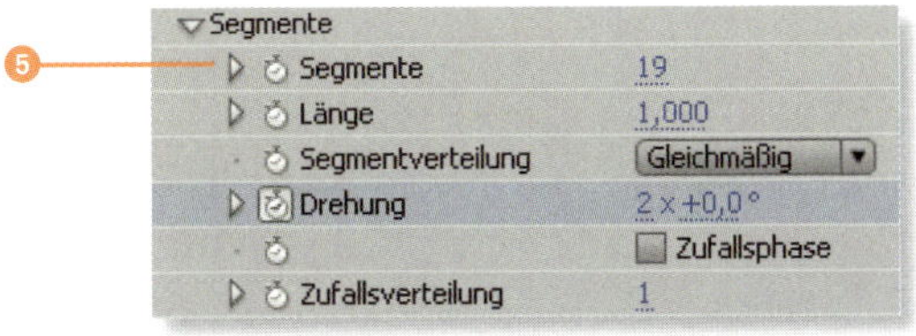

◀ **Abbildung 19.25**
Die Wirkung einer Reklame wird durch die Animation der Drehung der Segmente erreicht.

Nun zur Animation: Setzen Sie die Zeitmarke auf den Zeitpunkt 00:00 und klicken auf das Stoppuhr-Symbol bei Drehung. Verschieben Sie die Zeitmarke auf den Zeitpunkt 02:15. Tippen Sie als Drehungswert 2 × +0,0° ins Wertefeld und bestätigen mit [↵] im Haupttastaturfeld. Am Ende der Komposition, also bei 04:00, tippen Sie 0 × +0,0° ins Wertefeld. Schließen Sie die Liste Segmente. Schauen Sie sich jetzt einmal die Animation an. Mit etwas Phantasie wirkt das doch schon fast wie in Las Vegas.

▲ **Abbildung 19.26**
Mit wenigen Keyframes fast schon eine Wirkung wie bei einer Reklame in Las Vegas

Keyframes werden nicht angezeigt

Wenn Sie ausschließlich im Effektfenster arbeiten, werden Ihnen die Keyframes in der Zeitleiste nicht automatisch angezeigt, wenn dort der Effekt nicht eingeblendet ist. Ein solches Arbeiten spart lange Listen im Zeitleistenfenster. Wollen Sie Ihre Keyframes doch einmal wiedersehen, markieren Sie die Ebene in der Zeitleiste und drücken die Taste [U].

4 Etwas mehr Pepp

Öffnen Sie nun noch die Einstellungen unter Rendern ❻. Wählen Sie unter Angleichungsmodus den Eintrag Transparent. Daraufhin verschwindet der Text und nur die Vegas-Kontur bleibt.

▲ **Abbildung 19.27**
Die Einstellungen unter Rendern bewirken ein anderes Aussehen des Vegas-Effekts.

Setzen Sie die Zeitmarke auf den Zeitpunkt 01:00 und klicken auf das Stoppuhr-Symbol bei Farbe. Das voreingestellte Gelb wird im Key »gespeichert«. Verschieben Sie die Zeitmarke auf 01:15 und klicken dann auf das Farbfeld im Effektfenster. Wählen Sie im Farbwähler ein reines Weiß und bestätigen mit OK.

Setzen Sie die Zeitmarke auf 02:15 und klicken auf das Stoppuhr-Symbol für Stärke. Ändern Sie den Wert im Wertefeld auf 4,5. Ändern Sie dann noch einmal den Wert für die Stärke am Ende der Komposition (also bei 04:00), und zwar auf 10. Zu guter Letzt tippen Sie anstelle der 0 eine 1 ins Wertefeld bei Härte. Das war's. Das Gleiche können Sie auch mal mit einem Maskenpfad probieren – sehr interessant, zudem dieser ja außerdem noch animierbar ist.

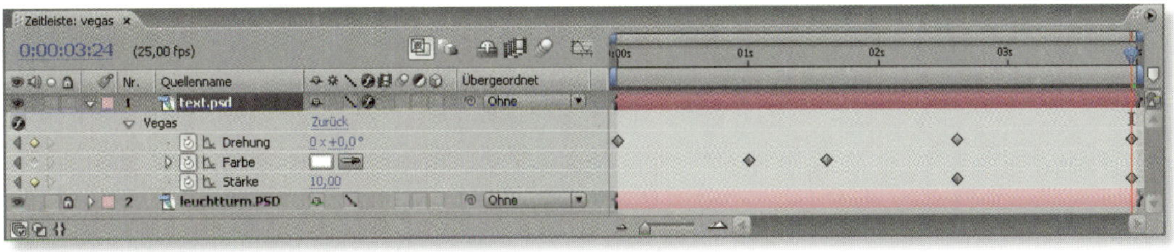

▲ **Abbildung 19.28**
Zum Ende der Animation sollte es in der Zeitleiste so wie hier aussehen.

◀ **Abbildung 19.29**
Farbe und Stärke der Vegas-Segmente lassen sich schnell ändern.

19.3 Arbeiten mit Effekten

19.3.1 Effekte kombinieren

Manchmal ist es sinnvoll, das Potential einzelner Effekte miteinander zu kombinieren. Die resultierenden Gestaltungsmöglichkeiten sind dann vergleichbar mit denen des Schachspiels. Einige Effekte verlangen geradezu nach einer Kombination mit anderen Effekten. Im nächsten Beispiel werden wir uns eine Kombination des Effekts Kaustik mit dem Effekt Zellmuster näher ansehen. Beide Effekte sind sowohl in der Standard- als auch der Pro-Version von After Effects enthalten.

Schritt für Schritt: Simulation einer Wasseroberfläche

1 Vorbereitung

Bevor wir uns wirklich mit simuliertem Wasser beschäftigen, werden wir eine Komposition anlegen, die als Graustufenmatrix für den Effekt Kaustik verwendet werden soll. Legen Sie für unser Beispiel ein neues Projekt an. Erstellen Sie eine Komposition mit dem Namen »Zellmuster« in der Größe 320 × 240 und einer Dauer von 5 Sekunden. Fügen Sie der Komposition eine neue Farbfläche hinzu. Drücken Sie dazu [Strg]+[Y]. Die Farbe der Ebene ist egal, die Größe soll der Komposition entsprechen. Wichtig ist, dass die Ebene die gesamten fünf Sekunden sichtbar ist.

2 Biologie in After Effects: Zellmuster

Blenden Sie mit [Strg]+[5] die Palette EFFEKTE UND VORGABEN ein und tippen die Buchstaben »zellm« ins Eingabefeld. Markieren Sie die neu geschaffene Ebene und klicken Sie doppelt auf den Effekt GENERIEREN • ZELLMUSTER. Die Ebene wird danach mit einer zellartigen Struktur gefüllt.

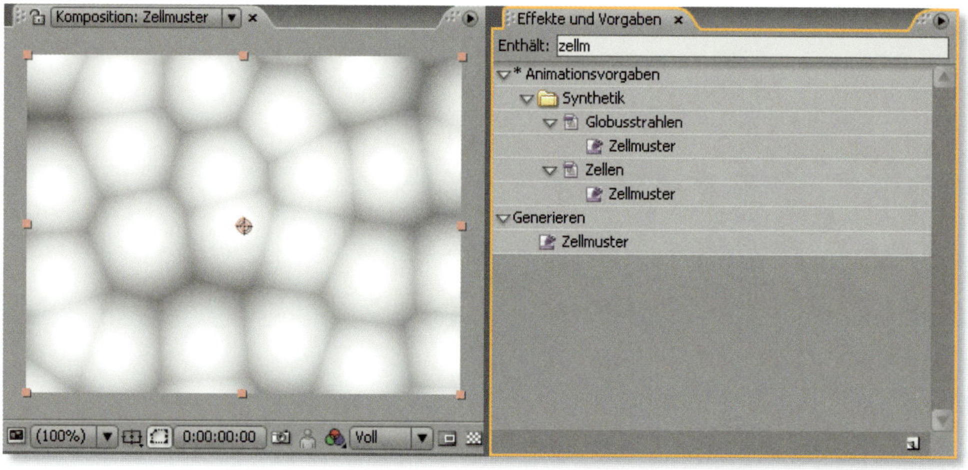

▲ **Abbildung 19.30**
Die Ebene wird mit einem Zellmuster gefüllt.

Um sehr starke optische Veränderungen der Struktur zu erhalten, probieren Sie ruhig einmal andere Muster aus dem Einblendmenü unter ZELLMUSTER ①. Kehren Sie anschließend aber zum Eintrag BLASEN zurück. Erhöhen Sie dann den Wert für KONTRAST ② auf 180.

Den Eintrag bei ÜBERLAUF belassen Sie auf BESCHNEIDEN. Hiermit wird festgelegt, wie Werte dargestellt werden, die sich außerhalb des Graustufenbereichs von 0 – 255 befinden. Dies beeinflusst den Kontrast des Zellmusters. Tippen Sie bei VERTEILEN ③ den Wert 1,5 ein und gleich darunter bei GRÖSSE den Wert 90.

Unter KACHEL-OPTIONEN ④ können Sie festlegen, wie viele Zellen sich den Platz auf einer Kachel teilen. Bei höheren Werten erreichen Sie ein wilderes Zellmuster. Setzen Sie ein Häkchen bei KACHELN AKTIVIEREN und wählen 10 Zellen horizontal und vertikal.

Wir kommen zur Animation des Zellmusters, das sich leicht verändern soll. Setzen Sie unter EVOLUTION ⑤ zum Zeitpunkt 00:00 einen ersten Keyframe. Setzen Sie dann die Zeitmarke auf den Zeitpunkt 05:00 ans Ende der Komposition. Ändern Sie den

Evolutionswert auf 0 × +180°. Öffnen Sie die OPTIONEN FÜR EVOLUTION und setzen ein Häkchen bei ZYKLUSEVOLUTION ❻. Damit schreitet die Evolution wie bei manchem Präsidenten nicht unendlich fort, was Rechenzeit spart. Werte bei EVOLUTION sorgen dafür, dass in der Form des Zellmusters feine Änderungen erzeugt werden. Wird die Zyklusevolution verwendet, kehrt die Evolution bei jeder Umdrehung zum Ursprungszustand zurück.

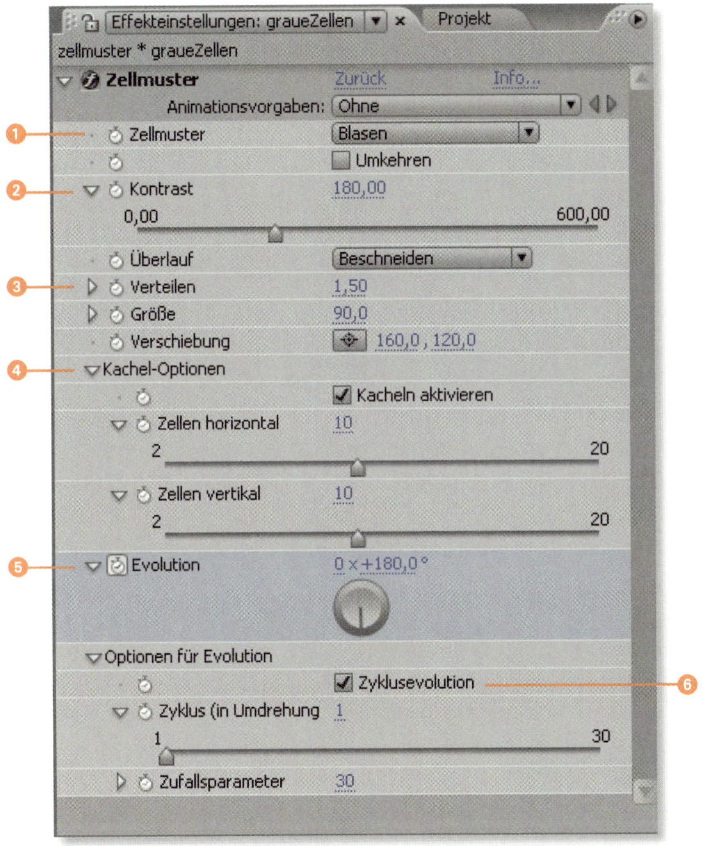

◀ **Abbildung 19.31**
Mit dem Effekt ZELLMUSTER lassen sich alle erdenklichen Zellformen kreieren und animieren.

Tippen Sie dann noch bei ZUFALLSPARAMETER den Wert 30 ein. Das auf diese Weise wabernde Zellmuster verwenden wir gleich als Matrix für die Wasseroberfläche des Kaustikeffekts.

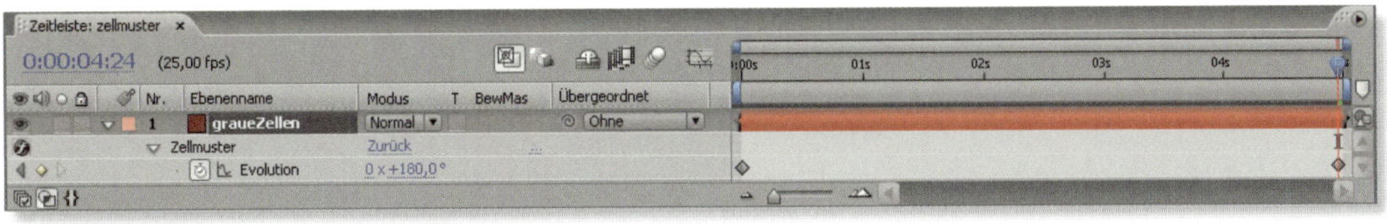

▲ **Abbildung 19.32**
Der Effekt ZELLMUSTER benötigt nichts als eine Farbfläche.

3 Kaustik-Vorbereitung

▲ **Abbildung 19.33**
Diese grauen Zellen werden später für den Effekt KAUSTIK als Graustufenmatrix verwendet.

Zur Simulation einer Wasseroberfläche bietet sich hervorragend der Effekt KAUSTIK an. Möglichkeiten sind die Spiegelung einer beliebigen Bildebene in der Wasseroberfläche bzw. der Blick durch das Wasser auf den Grund, der wiederum eine beliebige Bildebene darstellen kann.

Legen Sie eine neue Komposition mit dem Namen »Kaustik« in der Größe 320 × 240 mit einer Dauer von fünf Sekunden an. Fügen Sie der Komposition eine Farbfläche hinzu und wählen aus dem Menü EFFEKT • SIMULATION • KAUSTIK. Ohne weitere Ebenen macht der Effekt noch keinen Sinn.

Importieren Sie also mit Strg+I aus dem Ordner 19_EFFEKTE/KAUSTIK/BILDMATERIAL die Dateien »buch.psd«, »schach.psd«, »FX.psd« und »wasser.mov«. Gegebenenfalls wählen Sie beim Import im Dialog FOOTAGE INTERPRETIEREN die Option ERMITTELN. Fügen Sie die importierten Dateien der Komposition »Kaustik« hinzu. Achten Sie darauf, dass alle Ebenen zum Zeitpunkt 00:00 beginnen.

Ziehen Sie außerdem die Komposition »Zellmuster« in die Komposition »Kaustik«. Als auf diese Weise verschachtelte Komposition ist unser Zellmuster für den Effekt KAUSTIK einsetzbar. Blenden Sie alle Ebenen außer der Farbfläche mit dem Kaustik-Effekt aus, indem Sie auf das Augen-Symbol jeder Ebene klicken.

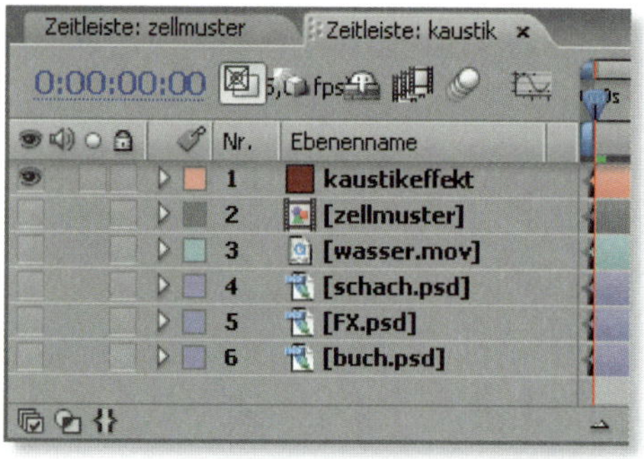

Abbildung 19.34 ▶
Die Komposition »Zellmuster« wird in die Komposition »Kaustik« verschachtelt. Auf diese Weise können die animierten Zellen für den Effekt KAUSTIK verwendet werden.

4 Kaustik einstellen

Der Effekt KAUSTIK funktioniert nach folgendem Prinzip: Der Effekt nutzt maximal drei Ebenen. Eine ist der »Meeresgrund« und eine der Himmel. Die dritte, mittlere Ebene ist die Wasseroberfläche. Sie dient der Verzerrung der Himmel- bzw. Meeresgrundebene. Für die Wasseroberfläche verwenden wir zuerst unser Zellmuster. Der Effekt Kaustik »holt« sich die Helligkeitsinformation aus der Zellebene und übersetzt sie in Wellenberge und -täler. Wie beim echten Wasser wirkt ein Wellenberg dann wie eine vergrößernde Lupe. Das ist das Prinzip. Im Effekt stecken allerdings weit mehr Einstellmöglichkeiten, die sich am besten durch Probieren erschließen. Machen wir die ersten Schritte gemeinsam.

Markieren Sie die Ebene, die den Effekt KAUSTIK enthält, und drücken die Taste [E]. Doppelklicken Sie auf den Namen des Kaustik-Effekts, um die Einstelloptionen im Effektfenster zu öffnen. Die Einträge UNTEN, BELEUCHTUNG und MATERIAL ignorieren wir zunächst. Öffnen Sie dafür die Listen unter WASSER und HIMMEL. – Ja, das sieht umfangreich aus. So schlimm ist es aber nicht.

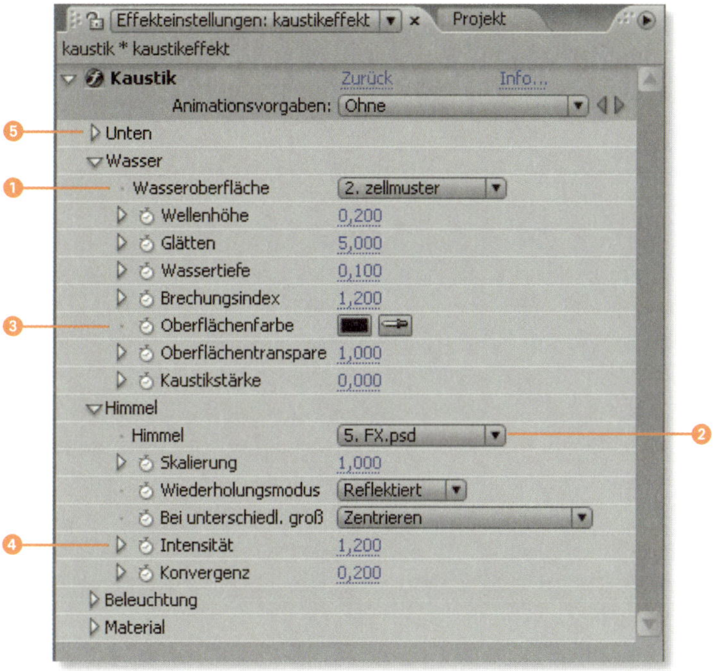

◄ **Abbildung 19.35**
Der Effekt KAUSTIK präsentiert sich mit erschlagend vielen Einstellmöglichkeiten, die dann doch recht gut handhabbar sind

Wählen Sie aus dem Einblendmenü unter WASSEROBERFLÄCHE ① die Ebene »Zellmuster«, um diese Ebene als Graustufenmatrix für die Wellenberge und -täler festzulegen. Wählen Sie aus dem Menü unter HIMMEL ② die Ebene »FX.psd«, um diese Ebene als Spiegelung auf der Wasseroberfläche anzuzeigen. Stellen Sie mit dem Farbwähler Schwarz als OBERFLÄCHENFARBE ③ ein.

Für die OBERFLÄCHENTRANSPARENZ wählen Sie den Wert 1. Damit wird die Wasseroberfläche vollkommen undurchsichtig. Legen Sie die INTENSITÄT ④ mit 1,2 fest. Spielen Sie jetzt einmal die Animation ab. – Das Zellmuster wird auf den Text übertragen. Damit haben Sie bereits die wichtigsten Hebel in der Hand. Die anderen Einstellmöglichkeiten erschließen sich schnell über Ausprobieren.

Wellenhöhe und Konvergenz

Wenn der Effekt KAUSTIK nur allmählich Wirkung zeigen soll, so lässt sich das über die WELLENHÖHE im Effekt regeln. Bei einem Wert von 0 wird keine der Ebenen verzerrt. Auch ein Wert 0 bei der KONVERGENZ verhindert eine Verzerrung der Bildinhalte.

Abbildung 19.36 ►
Das Zellmuster wird über den Effekt KAUSTIK auf den Text übertragen.

5 Variation

Um den Effekt zu variieren, öffnen Sie die Liste unter UNTEN im Effektfenster und wählen dann für UNTEN ❺ die Ebene »schach.psd«. Es ändert sich erst einmal überhaupt nichts, da die Oberflächentransparenz auf den Wert 1 eingestellt ist.

Verringern Sie die Oberflächentransparenz auf 0 und erhöhen die Werte bei GLÄTTEN auf 15 und bei WASSERTIEFE auf 0,5. Ersetzen Sie die WASSEROBERFLÄCHE mit der Ebene »wasser.mov«. Schauen Sie sich die Animation in der Vorschau an.

Und jetzt viel Spaß beim weiteren Probieren! Sie werden durch das Auswechseln der Ebenen für UNTEN, WASSEROBERFLÄCHE und HIMMEL sicher noch eine Menge unterschiedlichster Ergebnisse erzielen. Übrigens können als Ebenen für die Wasseroberfläche auch die Effekte RADIOWELLE, FRAKTALE STÖRUNGEN (nur Pro) und VEKTORPINSEL verwendet werden. Beispiele dafür enthält das Projekt »kaustik_fertig.aep« im Ordner 19_EFFEKTE/KAUSTIK. Sie können dort die Ebenen für die Wasseroberfläche in der Komposition namens »Kaustik« schnell austauschen und in die Referenzkompositionen hineinschauen.

Abbildung 19.37 ►
In diesem Beipiel wurde als »Boden« ein Schachmuster für den Effekt KAUSTIK gewählt, als Himmel dienen die Buchstaben »FX«.

Im folgenden Workshop sind sowohl Effekte der Standard- als auch der Pro-Version von After Effects enthalten. Es werden die Standard-Effekte Kartenblende und Kanten aufrauen sowie die Effekte Leuchten (nur Pro) und Gewitter (nur Pro) verwendet. Da diese Effekte zum Teil sehr umfangreiche Einstellmöglichkeiten aufweisen, würde es den Rahmen sprengen, auf jede Möglichkeit einzugehen. Sie erhalten dennoch das nötige Handwerkszeug für eigene Experimente. Und lassen Sie sich nicht von den vielen Parametern abschrecken. Also los geht's.

Schritt für Schritt: Effektvolle zwei Sekunden

1 Vorbereitung

Damit alles etwas einfacher geht, habe ich für Sie ein Projekt vorbereitet. Es befindet sich im Ordner 19_Effekte/Effektkombi und heißt »effektkombi.aep«. Kopieren Sie sich den gesamten Ordner Effektkombi auf Ihre Festplatte. Schauen Sie sich zuerst die fertige Animation aus dem gleichen Ordner mit dem Namen »blitz.mov« an. Starten Sie dann das Projekt »effektkombi.aep« und klicken doppelt auf die darin enthaltene Komposition »blitz«, um diese zu öffnen.

Sollte beim Öffnen eine Meldung erscheinen, die besagt, dass eine Schriftart oder ein Schriftschnitt nicht auf Ihrem System installiert ist, lassen Sie sich davon nicht beunruhigen und bestätigen mit OK. Sie können nachher die Ebene »Blitz« markieren und in der Palette Zeichen, die Sie mit Strg+6 einblenden, Schriftart und -schnitt ändern. Ich habe im fertigen Projekt die Schriftart Arial Black und den Schriftschnitt Italic verwendet.

▲ **Abbildung 19.38**
Los geht's mit mit einem einfachen Text und einer Ellipse.

▲ **Abbildung 19.39**
Die Textebene und die Ebene »ellipse« werden noch mit Effekten bestückt.

Im Projektfenster finden Sie die Komposition »blitz« vor, die die Ebenen »pfad«, »BLITZ«, »ellipse« und »Weiße Farbfläche« enthält. Jetzt werden wir die Text-Ebene und die Ebene »ellipse« mit Effekten bestücken.

2 Der Effekt Kartenblende

Öffnen Sie mit [Strg]+[5] die Palette EFFEKTE UND VORGABEN und tippen die Buchstaben »kartenbl« ins Eingabefeld. Markieren Sie die Ebene »BLITZ« und klicken doppelt auf ÜBERBLENDEN • KARTENBLENDE. Der Effekt KARTENBLENDE »zerschneidet« die Ebene in kleine Karten. Ändern Sie die Werte bei ZEILEN ① und SPALTEN ② und tippen jeweils den Wert 20 ein, um das Raster, auf dem die Aufteilung in Karten beruht, zu ändern.

Rechenzeit verkürzen

Bei rechenintensiven Effekten ist es hilfreich, die Vorschau zu optimieren. Weitere Informationen dazu finden Sie im Kapitel 9, »Optimieren der Vorschau«.

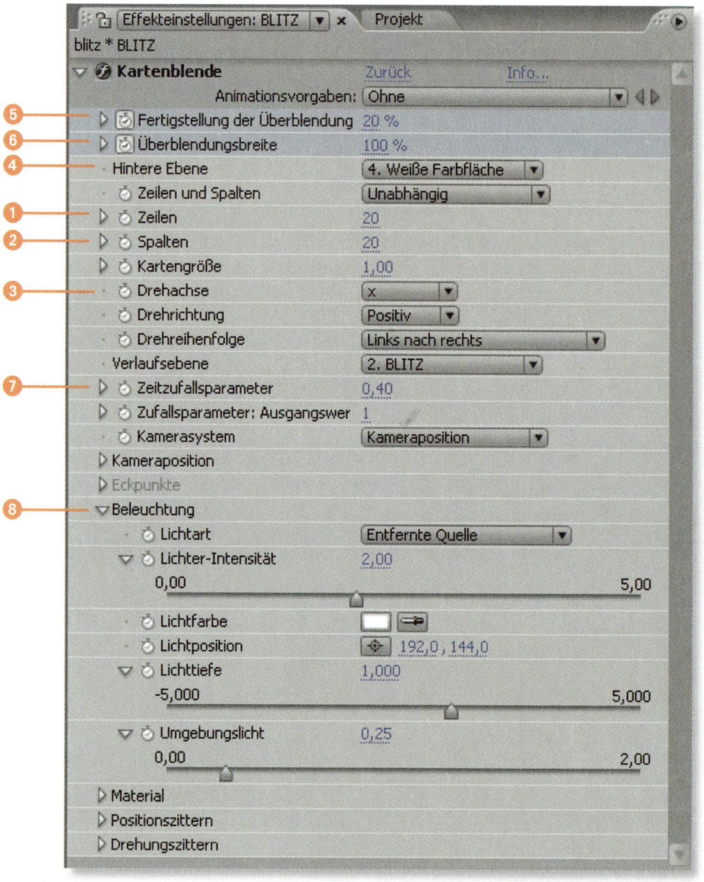

Abbildung 19.40 ▶
Im Wesentlichen ist der Effekt KARTENBLENDE über die FERTIGSTELLUNG DER ÜBERBLENDUNG bedienbar. Alles andere beeinflusst »nur« das Aussehen.

Die Karten werden um eine Achse, die unter DREHACHSE ③ geändert werden kann, gedreht. Belassen Sie die Drehachse auf X. Nach der Drehung wird die Rückseite der Karten sichtbar. Dafür kann jede Ebene ausgewählt werden, die in der Komposition enthalten ist. In unserem Fall wählen Sie unter HINTERE EBENE ④ die Ebene »Weiße Farbfläche«.

Damit sich nun auch etwas tut, kommen wir jetzt zum Motor des Effekts. Positionieren Sie die Zeitmarke auf 00:00 und setzen einen ersten Keyframe bei Fertigstellung der Überblendung ⑤ per Klick auf das Stoppuhr-Symbol. Ersetzen Sie den voreingestellten Wert mit 100 %. Verschieben Sie die Zeitmarke auf 02:00 und tippen dann den Wert 20 % ein. Setzen Sie danach noch einen ersten Key bei Überblendungsbreite ⑥ am Zeitpunkt 00:00. Belassen Sie den Wert auf 50 %. Ändern Sie am Zeitpunkt 02:00 den Wert auf 100 %. Ändern Sie noch den Wert unter Zeitzufallsparameter ⑦ auf 0,4. Öffnen Sie die Einstellungen unter Beleuchtung ⑧ und tragen dort für Lichter-Intensität den Wert 2 ein.

Spielen Sie die Animation in der Vorschau ab.

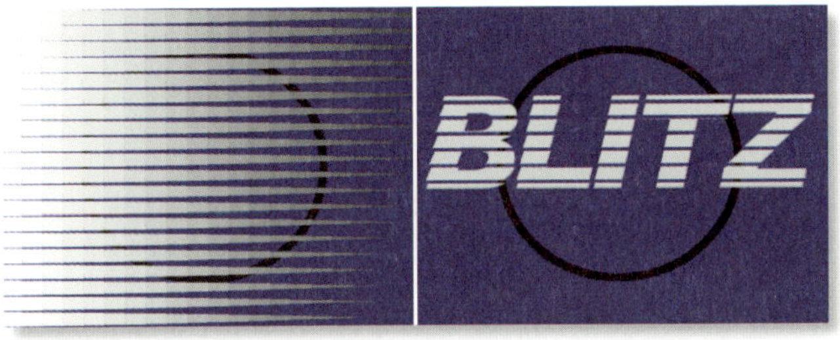

◄ **Abbildung 19.41**
Die weiße Farbfläche wird allmählich in den Text überblendet.

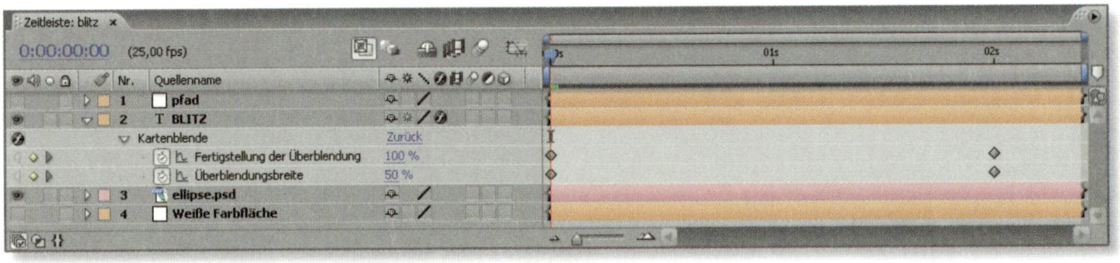

▲ **Abbildung 19.42**
Mit Keyframes für Fertigstellung der Überblendung und Überblendungsbreite ist die Animation schnell gemacht.

3 Der Effekt Kanten aufrauen

Der Effekt Kanten aufrauen bedient sich der Alphainformation einer Ebene und fügt an den Kanten der Alphamaskierung Störungen hinzu. Dies erfolgt durch Anwenden von Berechnungen mit Fraktalen. Das ist aber besser visuell nachzuvollziehen. Schließen Sie die Effekteinstellungen der Kartenblende per Klick auf das Dreieck. Markieren Sie die Ebene »BLITZ« und wählen dann im Menü Effekt • Stilisieren • Kanten aufrauen.

Probieren Sie auch einmal die Einträge aus dem Einblendmenü unter Kantenart ① (Abbildung 19.43) aus. Zum Schluss sollte aber Korrodiert ausgewählt sein. Tippen Sie anschließend bei Kantenschärfe ② den Wert 2 ein. Damit nicht gleich zu Beginn unserer Animation der Rost am Text nagt, setzen Sie einen ersten Keyframe am Zeitpunkt 00:00 für den Fraktaleinfluss ③. Setzen

Sie den Wert auf 0. Verschieben Sie die Zeitmarke auf 00:12 und setzen den Wert auf 1.

Die anderen Einstellmöglichkeiten lassen wir unberührt. Wenn Sie diese ausprobieren wollen, empfehle ich Ihnen, die Ebene einfach mit [Strg]+[D] zu duplizieren und den Effekt hier auszutesten. Achten Sie aber darauf, für welche Ebene Sie den Effekt ändern. Man kann sich da leicht irren. Um hundertprozentig den Effekt zu verändern, den Sie auch ändern wollten, klicken Sie doppelt auf den Namen des entsprechenden Effekts in der Zeitleiste. Dieser Effekt wird dann aktuell im Effektfenster angezeigt.

Evolution

Der Effekt Kanten aufrauen kann mit Keyframes für die Evolution animiert werden. Dies funktioniert genauso wie beim Effekt Zellmuster, der im Workshop »Simulation einer Wasseroberfläche« in Abschnitt 19.3.1 erläutert wird.

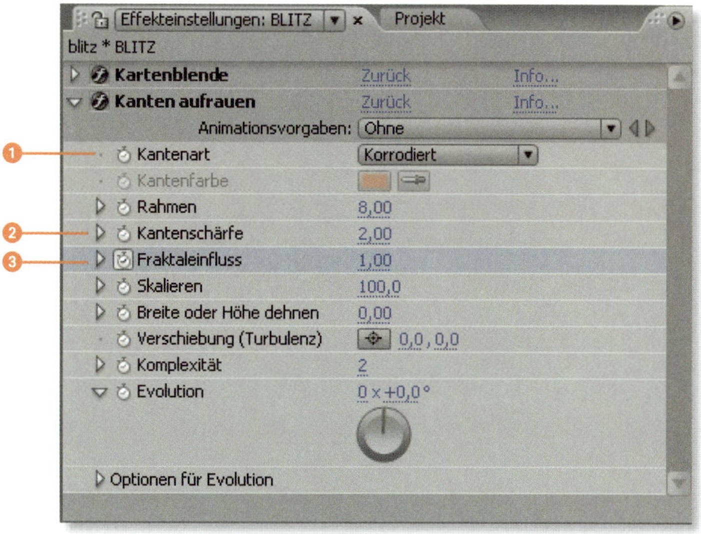

Abbildung 19.43 ▸
Der Effekt Kanten aufrauen fügt der Alphainformation einer Ebene Störungen hinzu.

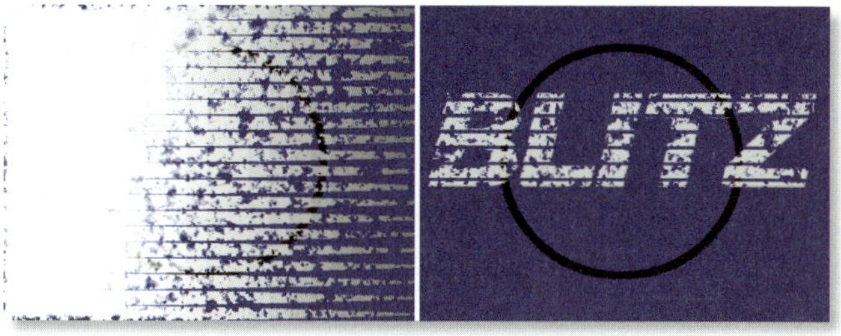

Abbildung 19.44 ▸
Die Kanten der Alphamaskierung wirken wie vom Rost angefressen.

▾ Abbildung 19.45
Der Fraktaleinfluss des Effekts Kanten aufrauen wird zu Beginn auf 0 gesetzt, damit der Effekt zunächst keine Wirkung zeigt.

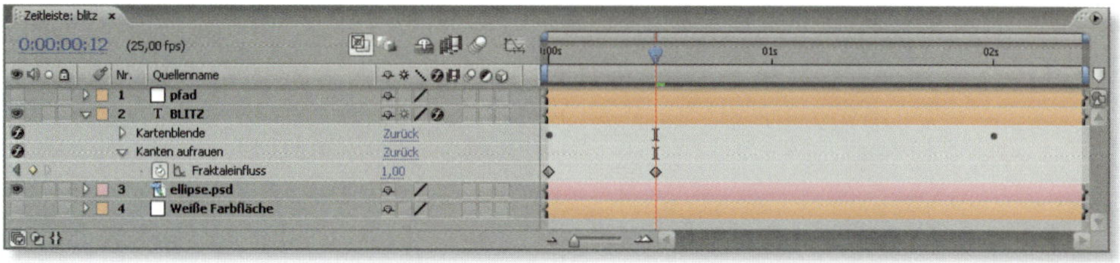

4 Der Effekt Leuchten (nur Pro)

Jetzt werden wir den Text noch zum Leuchten bringen. Markieren Sie die Ebene »BLITZ« und wählen EFFEKT • STILISIEREN • LEUCHTEN. Der Effekt LEUCHTEN (nur Pro) hellt bestimmte, im Bild vorhandene Farben je nach eingestellter Intensität auf. Es kann aber auch zusätzlich zu den RGB-Farbtönen ein Farbverlauf im Alphakanal festgelegt werden. Die Farben des Alphakanals befinden sich dann wie eine weitere Ebene vor oder hinter den RGB-Farbtönen. So soll es sein.

Setzen Sie die Zeitmarke vorerst auf den Zeitpunkt 02:00. Wählen Sie im Effektfenster unter KANAL ① den Eintrag ALPHAKANAL. Als Farben für den Farbverlauf im Alphakanal wählen Sie ein helles Blau für FARBE A ②. Für die FARBE B, das zweite Farbwahlfeld, legen Sie ein reines Weiß fest. Unter RADIUS ③ wird festgelegt, inwieweit sich das Leuchten um den Text legt. Tippen Sie den Wert 23 ins Wertefeld. Erhöhen Sie, damit das Leuchten sichtbar wird, den Wert für INTENSITÄT ④ auf 4. Wählen Sie unter ORIGINAL BERECHNEN ⑤ den Eintrag DAVOR.

Nun zur Animation. Verschieben Sie die Zeitmarke auf den Zeitpunkt 01:10 und setzen einen ersten Keyframe für INTENSITÄT per Klick auf das Stoppuhr-Symbol. Tippen Sie eine 0 als Wert ein. Springen Sie mit der Taste `Bild↓` zwei Frames weiter auf 01:12. Ändern Sie den Wert der Intensität wieder auf 4. Damit lassen wir erst an diesem Zeitpunkt das Leuchten beginnen.

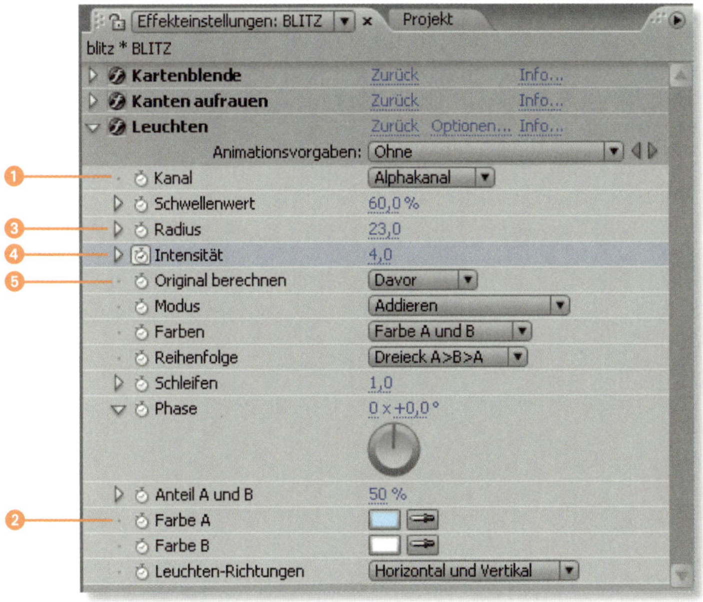

◂ Abbildung 19.46
In diesem Workshop wird der Alphakanal der Ebene »BLITZ« zum Leuchten gebracht.

Setzen Sie weiterhin folgende Keys für die Intensität: bei 01:14 den Wert 0, kopieren Sie den Key und setzen ihn bei 01:18 wieder ein. Wählen Sie bei 01:20 den Wert 4 und schließlich bei 02:08 den Wert 0. Sehr gut! – Schon haben wir fast alles, was wir brauchen. Schauen Sie sich dazwischen wieder die Vorschau an.

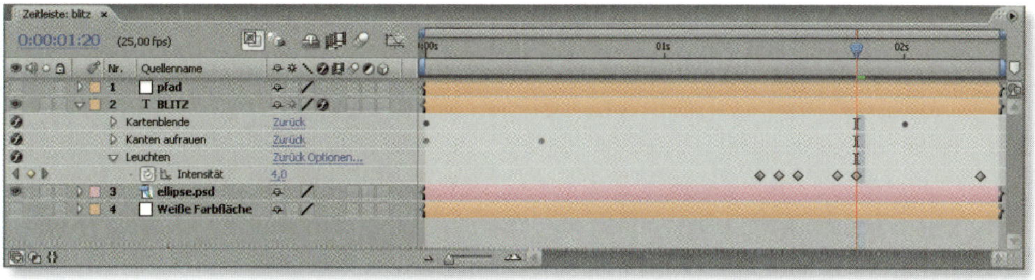

▲ **Abbildung 19.47**
Die Intensität des Effekts LEUCHTEN (nur Pro) wird animiert, bis die Animation einem Blitzlicht ähnelt.

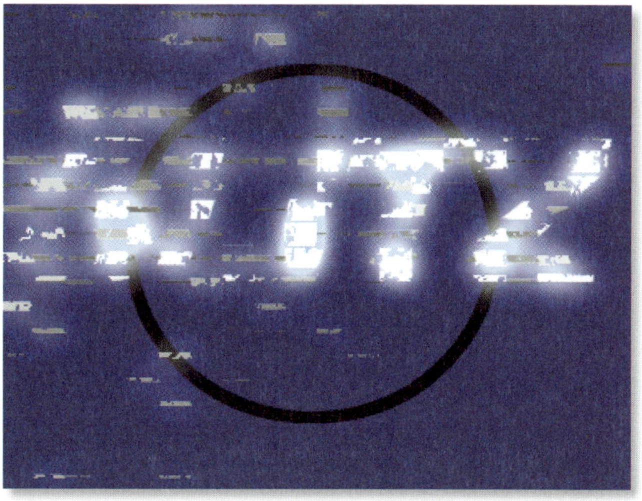

Abbildung 19.48 ▶
Hinter dem Text befindet sich der leuchtende Alphakanal, dem zwei verschiedene Farben zugewiesen wurden: ein helles Blau und Weiß.

5 Der Effekt Gewitter (nur Pro)

Pro

Halten Sie noch ein wenig durch. In diesem vorletzten Schritt geht es um die Ebene »ellipse«. Sie können also die Einstellungen der Ebene »BLITZ« schließen.

Markieren Sie die Ebene »ellipse« und wählen im Menü EFFEKT • GENERIEREN • GEWITTER. Verzagen Sie nicht bei der neuerlich langen Liste der Einstellungen. – Gleich haben Sie's geschafft! Klicken Sie zuerst auf das Augen-Symbol der Ebene »BLITZ«, damit das Gewitter darunter zum Vorschein kommt. Der Effekt GEWITTER verwendet einen Ausgangspunkt für seine Blitze, den URSPRUNG, und einen Punkt, den die Blitze ungefähr oder sogar ganz genau treffen sollen, die RICHTUNG.

Zum ersten Probieren wechseln Sie die Einträge unter BLITZART 1 und wählen zum Schluss den Eintrag BRÜCHIG. Achtung: Die Berechnung des Effekts kann etwas dauern.

Für ALPHAHINDERNIS ② tragen Sie den Wert –2 ins Wertefeld. Positive Werte führen hier dazu, dass sich dem Blitz nichttransparente Bereiche als Hindernis in den Weg stellen. Bei negativen Werten ist es genau umgekehrt. Ändern Sie noch folgende Werte: KERNRADIUS ③ unter KERNEINSTELLUNGEN auf 5,0, TURBULENZ ④ auf 2,00 VERZWEIGUNG ⑤ auf 100%. Setzen Sie anschließend ein Häkchen bei HAUPTKERN DÄMPFEN ⑥.

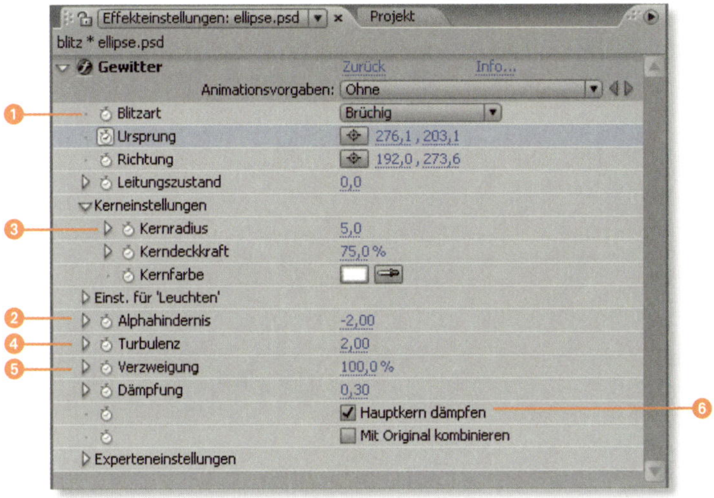

◄ **Abbildung 19.49**
Für den Workshop sind nur einige der Effekteinstellungen des Effekts GEWITTER (nur Pro) interessant.

6 Letzter Schritt

Hier geht es weiter mit der Animation. In der Ebene »Pfad« liegen vorbereitete Keyframes bereit, die wir verwenden, um den Ursprung des Blitzes genau auf der Ellipsenform entlangzuführen. Markieren Sie die Ebene »pfad« und drücken die Taste [U], um die Keys einzublenden. Klicken Sie auf das Wort POSITION und wählen [Strg]+[C], um die Keys zu kopieren. Markieren Sie dann die Ebene »ellipse« und drücken die Taste [E]. Öffnen Sie den Effekt GEWITTER (nur Pro) per Klick auf das Dreieck.

Verschieben Sie die Zeitmarke auf den Zeitpunkt 00:20. Markieren Sie das Wort URSPRUNG und wählen Sie jetzt [Strg]+[V], um die kopierten Keys einzusetzen. Verschieben Sie die Zeitmarke auf den Zeitpunkt 02:00. Klicken Sie den letzten Keyframe in der Reihe der eingefügten Keys an und ziehen ihn deckungsgleich zur Zeitmarke. Für den Film auf der DVD habe ich die Ebene »ellipse« noch einmal dupliziert. Auf der unteren der beiden Ellipsenebenen habe ich die Blitzart auf ELASTISCH gestellt und den Wert für TURBULENZ auf 1,55 verändert. Dadurch ergibt sich ein leuchtendes Halo.

Sie haben es geschafft! Um das Ergebnis zu beurteilen, rendern Sie am besten die Komposition. Oh! – Schalten Sie zuvor noch die Ebene »BLITZ« wieder auf sichtbar ... Falls bei Ihnen alles schief ging, können Sie gern im fertigen Projekt abgucken. Es heißt »blitz_fertig.aep« und befindet sich im Ordner dieses Workshops.

▼ **Abbildung 19.50**
Der Ursprung des Blitzes wird entlang der zuvor sichtbaren Ellipsenform geführt. Dafür wird ein elliptischer Bewegungspfad geschaffen.

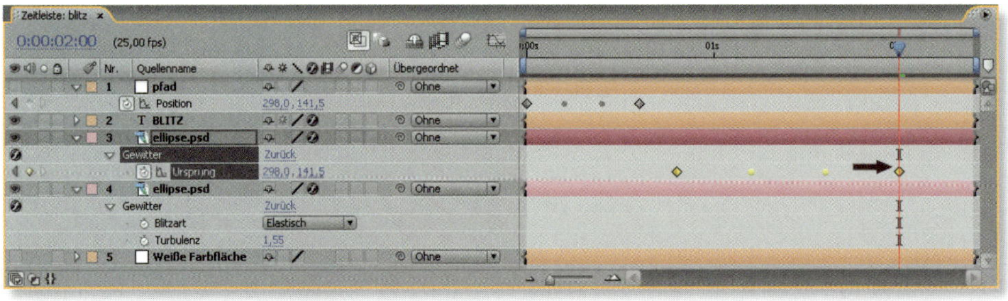

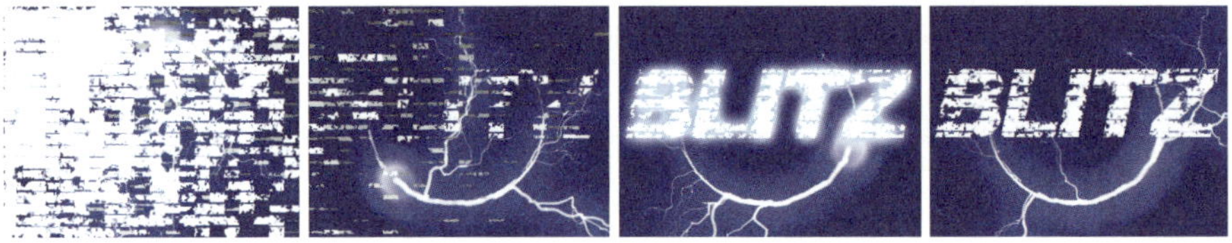

▲ **Abbildung 19.51**
Das Ergebnis der Animation ist hier in Standbildern zu sehen.

19.3.2 Effekt kopieren über Einstellungsebenen

Eine mühselige Arbeit kann es sein, einen Effekt, den Sie für eine Ebene nach Ihren Wünschen eingestellt haben, mit den gleichen Einstellungen auf andere Ebenen zu übertragen. Eine Variante ist es, den Effekt samt Effekteinstellungen zu kopieren und dann einzeln in jede andere Ebene einzusetzen.

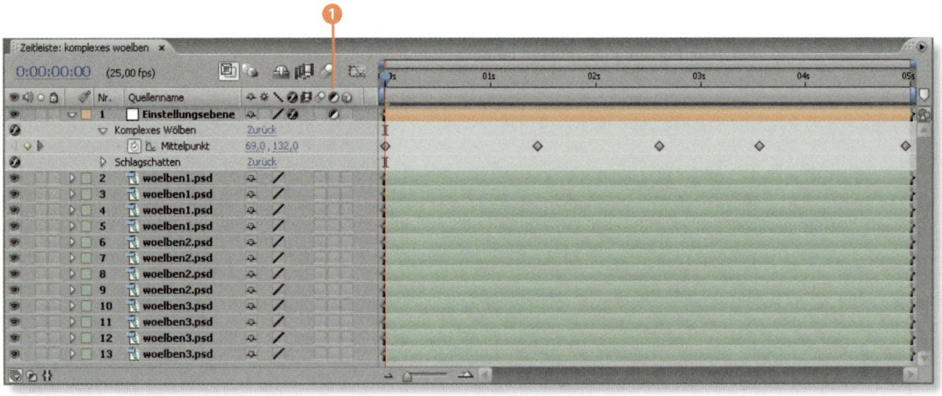

▲ **Abbildung 19.52**
Die Einstellungsebene muss sich über den Ebenen befinden, auf die sich die darin enthaltenen Effekte auswirken sollen.

Dies ist jedoch viel zu umständlich. Über EBENE • NEU • EINSTELLUNGSEBENE kreiert After Effects für Sie eine Ebene, deren Effekteinstellungen sich auf alle im Zeitplan **darunter** befindlichen Ebenen auswirken. In der Abbildung der Zeitleiste sehen

Sie hierfür ein Beispiel. Der Verzerren-Effekt KOMPLEXES WÖLBEN (nur Pro) und der Perspektive-Effekt SCHLAGSCHATTEN (Standard) wurden auf die oberste, die Einstellungsebene angewandt. Sämtliche unter der Effektebene befindlichen Ebenen erhalten daraufhin einen Schatten und werden wie mit einer Lupe vergrößert, sobald sie in den Einflussbereich des Wölben-Effekts geraten.

Sie können eine Einstellungsebene über den Ebenenschalter ❶ ein- und ausschalten. Über diesen Schalter ist es auch möglich, bereits vorhandene Ebenen zur Einstellungsebene zu erklären. – Es ist eine Sache der Einstellung, welche Ebene Hammer oder Amboss ist. Sie finden das abgebildete Beispiel im Ordner 19_EFFEKTE im Projekt »weitereEffekte.aep« in der Komposition »komplexes woelben«.

▲ **Abbildung 19.53**
Alle hier sichtbaren Blumen werden durch eine einzige Effektebene beeinflusst, die so genannte Einstellungsebene.

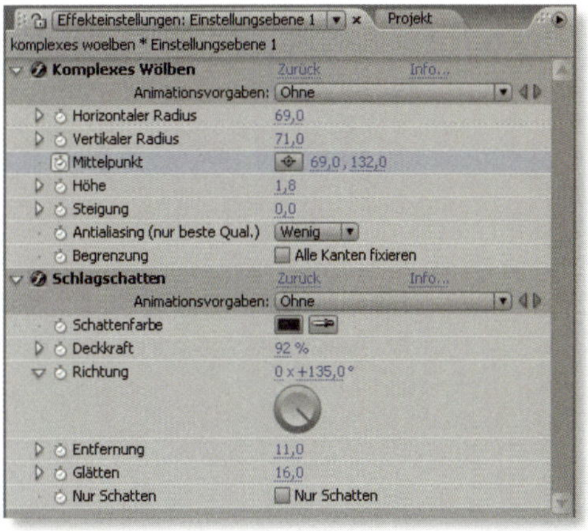

▲ **Abbildung 19.54**
Die Effekte KOMPLEXES WÖLBEN und SCHLAGSCHATTEN wurden hier auf die Einstellungsebene angewandt.

19.3.3 Effekte am Pfad

Eine großartige Möglichkeit ist es, Effekte einem Maskenpfad folgen zu lassen. Dazu werden die Maskenpunkte kopiert und in die Positionseigenschaft eines Effekts eingesetzt. Nicht alle Effekte können mit Positionswerten animiert werden. Typische Effekte, bei denen eine solche Animation möglich ist, sind beispielsweise die Rendering-Filter BLENDENFLECKE, STRAHL, GEWITTER (nur Pro) ODER BLITZ.

Um einen Maskenpfad in einen Effektpositionspunkt einzusetzen, werden zuerst die Maskeneigenschaften in der Zeitleiste geöffnet. Dort wird das Wort MASKENFORM ❶ (Abbildung 19.55) markiert. Mit [Strg]+[C] wird der Pfad kopiert und kann dann in jeden beliebigen Effektpositionspunkt eingesetzt werden. Dazu

Animationsvorgabe

Ein sehr komfortabler Weg, einmal angelegte Effekteinstellungen auf eine oder mehrere andere Ebenen zu übertragen, ist das Verwenden von Animationsvorgaben. Im Abschnitt 10.3, »Animationsvorgaben verwenden und anlegen«, finden Sie alle dazu nötigen Informationen.

wird dieser Effektpositionspunkt ② markiert und dann der Maskenpfad mit Strg+V eingesetzt.

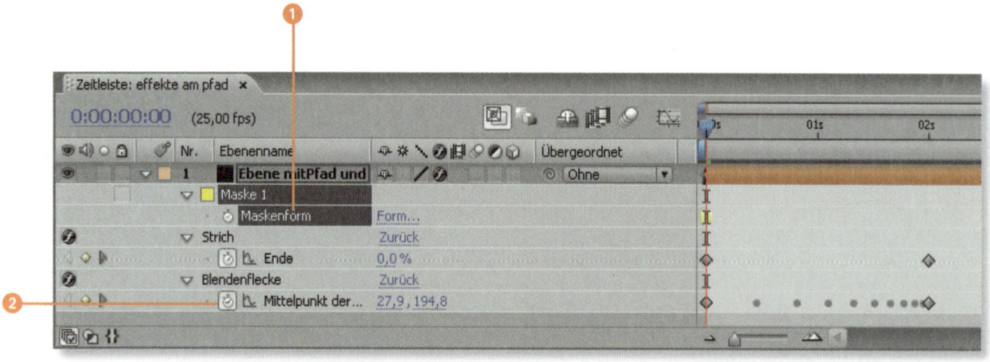

▲ **Abbildung 19.55**
Nachdem das Wort Maskenform markiert wurde, wird der Maskenpfad kopiert. Nach dem Markieren des Effektpositionspunkts wird der Maskenpfad dort als Reihe von Keyframes eingefügt.

Beispiel

Ein Beispiel befindet sich im Ordner 19_Effekte im Projekt »weitereEffekte.aep« in der Komposition »effekte am pfad«.

Resultat sind eine Reihe von Roving Keyframes, also zeitlich nicht fixierten Keyframes, die ihrer Anzahl nach genau der Anzahl der Maskenpunkte entsprechen. Zu beachten ist noch, dass die Effektpositionspunkte durchaus verschiedene Namen haben. Bei dem Effekt Blendenflecke heißt dieser Punkt Mittelpunkt der Lichtbrechung, beim Effekt Gewitter (nur Pro) sind es Ursprung und Richtung, beim Effekt Blitz sind es Anfangspunkt und Endpunkt etc.

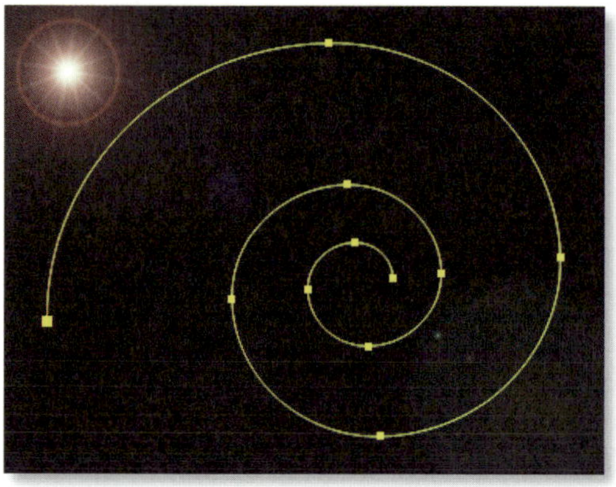

▲ **Abbildung 19.56**
Zuerst liegen Maskenpfad und der Effekt Blendenflecke ohne Zusammenhang nebeneinander.

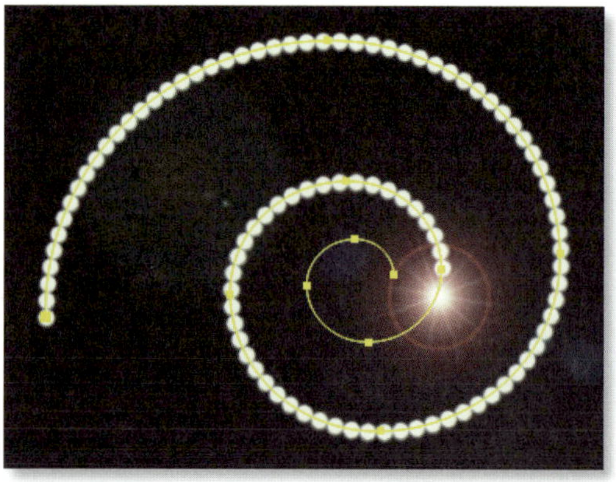

▲ **Abbildung 19.57**
Nach dem Einfügen des Maskenpfads in den Effektpositionspunkt Mittelpunkt der Lichtbrechung folgt der Blendenfleck genau dem Pfad. Hier wurde zusätzlich noch der Generieren-Effekt Strich auf den Pfad angewendet.

19.4 Keying-Effekte

In diesem Abschnitt kommen wir zu einigen Keying-Werkzeugen, die After Effects in sehr abgespeckter Form in der Standard-Version und in umso größerem Umfang in der Professional-Version bereitstellt. After Effects bietet verschiedene Keying-Möglichkeiten, die weit über das Auskeyen einer einzigen Farbe hinausgehen. Einige dieser Möglichkeiten werden auf den folgenden Seiten vorgestellt. Der Professional-Variante liegt außerdem der professionelle Keyer Keylight von The Foundry bei, der schon in Hollywood-Filmen Einsatz fand!

19.4.1 Wozu dient das Keying?

Angenommen, ein Moderator soll im Fernsehen einen Beitrag zu einer Katastrophe abgeben, etwa einem Wüstensturm. Dabei sollen im Hintergrund ständig Bilder der Katastrophe sichtbar sein. Da es am Katastrophenort etwas ungemütlich wäre, wird der Moderator im Studio aufgenommen. – Schon haben wir das Problem: Wie kommen bloß die Katastrophenbilder in den Hintergrund?

Vielen ist sicher der **Blue- oder Greenscreen** ein Begriff. Es handelt sich hierbei um einen blauen oder grünen Hintergrund, der hinter eine Filmszene gespannt wird. In der Postproduktion kann die blaue bzw. grüne Farbe des Hintergrunds durch anderes Bildmaterial ersetzt werden. Technisch gesehen wird in der Postproduktion die blaue Farbe des Bluescreens transparent gesetzt, die blauen Pixel werden also ausgeblendet. Wird der Moderator vor blauem Hintergrund aufgenommen, kann anschließend jedes Bildmaterial als Ersatz für die blaue Farbe dienen. Und genau darum soll es jetzt gehen.

Keylight (nur Pro)

Pro Weiterführende Informationen zum Keying mit dem Effekt Keylight finden Sie auf www.media-trainings.de.

19.4.2 Color-Key

Der wohl einfachste Keying-Effekt ist der Effekt Color-key. Dieser Keying-Effekt ist auch in der Standard-Version von After Effects enthalten. Oft lassen sich schon mit diesem Effekt befriedigende Ergebnisse erzielen. Jetzt aber zur Anwendung.

Schritt für Schritt: Ein neuer Hintergrund mit Color-Key

1 Vorbereitung

Kopieren Sie sich den Film »colorkey« aus dem Ordner 19_Effekte/Keying/Movie von der DVD auf Ihre Festplatte. Legen Sie ein neues Projekt an und importieren die Filmdatei. Ziehen Sie die importierte Datei im Projektfenster auf das Kompositionssymbol, um eine Komposition in der richtigen Größe und Dauer zu erhalten.

2 Der Effekt Color-Key

Öffnen Sie mit [Strg]+[5] das Fenster EFFEKTE UND VORGABEN, falls es nicht sichtbar ist. Tippen Sie »color-key« ins Eingabefeld. Markieren Sie die Ebene »colorkey.avi« und klicken doppelt auf KEYING • COLOR-KEY.

Der Effekt ist auf die Keyfarbe Blau voreingestellt. Um diese Farbe der blauen Hintergrundfarbe im Movie stärker anzunähern, klicken Sie mit der Pipette ① direkt auf die blaue Farbe des Hintergrunds. Erhöhen Sie allmählich die Werte der TOLERANZ ②, um die Farbe verschwinden zu lassen. Gehen Sie dabei nicht weiter als bis zu einem Wert von 90. Bei höheren Werten entstehen in diesem Beispiel leicht kleine transparente Löcher in Bereichen, die nicht gekeyt werden sollen.

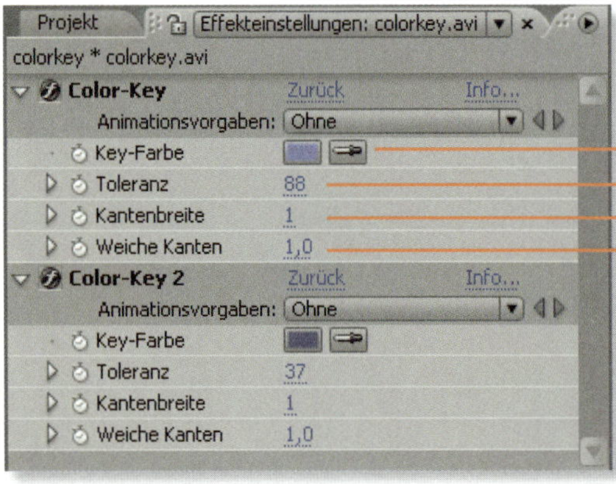

▲ **Abbildung 19.58**
Um zu bestimmten Ergebnissen zu gelangen, kann der COLOR-KEY auch mehrfach verwendet werden.

▲ **Abbildung 19.59**
Die Originalaufnahme enthält einen blauen Hintergrund, der ausgetauscht werden soll.

Beim Abspielen des Films ist sichtbar, dass ein blauer Rest in der rechten oberen Ecke verblieben ist. Den entfernen wir gleich. Tippen Sie zuvor noch für die KANTENBREITE ③ den Wert 1 ein. Damit wird die Matte, also der transparente Bereich, den wir geschaffen haben, an den Kanten erweitert. Tippen Sie auch für WEICHE KANTEN ④ den Wert 1 ein. Die Mattekante wird dadurch leicht weichgezeichnet.

Wenden Sie den COLOR-KEY ein zweites Mal auf die Ebene an. Suchen Sie sich im Movie eine Stelle, an der die blaue Restfarbe gut zu sehen ist. Klicken Sie nun mit der Pipette des zweiten Farbkeys auf dieses Blau. Erhöhen Sie den Toleranzwert auf ca. 37. Alles Blau sollte jetzt verschwunden sein. Tippen Sie bei KANTENBREITE und WEICHE KANTEN jeweils wieder den Wert 1 ins Feld.

▲ **Abbildung 19.60**
Nach einmaliger Anwendung des Effekts Color-Key verbleibt noch ein Rest Blau.

▲ **Abbildung 19.61**
Ein zweiter Color-Key entfernt auch das restliche Blau.

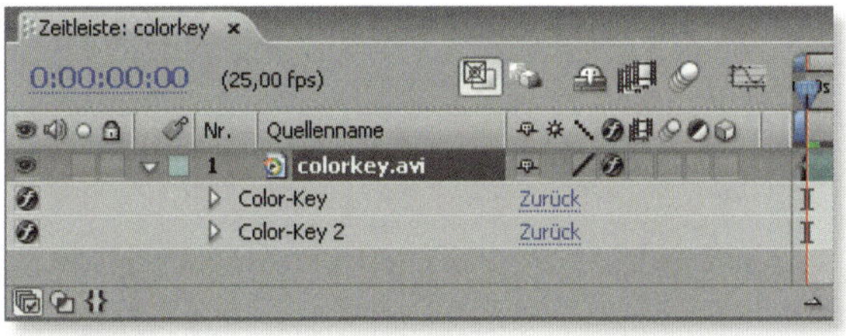

◀ **Abbildung 19.62**
Auch in der Zeitleiste sind die angewendeten Effekte sichtbar.

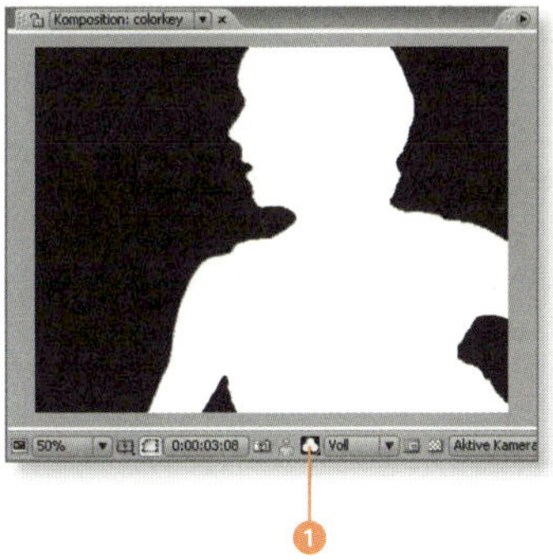

▲ **Abbildung 19.63**
Ein korrekt gekeytes Material weist auch dann keine Löcher auf, wenn nur der Alphakanal der Komposition eingeblendet wird.

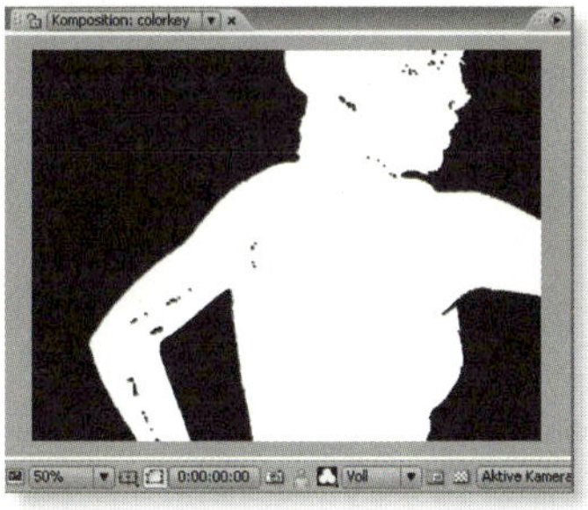

▲ **Abbildung 19.64**
Dieses Material weist transparente Löcher auf. Die Einstellungen im Keyeffekt müssen modifiziert werden.

Keying überprüfen

Oft werden Pixel in Bereichen ausgekeyt, in denen das unerwünscht ist. Diese kleinen, transparenten Löcher werden sehr gut sichtbar, wenn Sie kurz nur den Alphakanal der Komposition anzeigen lassen. Die Schaltfläche dafür befindet sich am unteren Rand der Komposition 1. Dort deaktivieren Sie erstmal den Hintergrund, wählen den Eintrag Alpha aus der Liste und schalten mit RGB wieder zurück.

3 Der Effekt Key-Farbe unterdrücken (nur Pro)

Das Keying sieht schon ganz gut aus, aber ein Manko bleibt noch. Bei genauem Hinsehen fallen unschöne blaue Ränder an der Mattekante auf.

Abhilfe schafft hierbei der Effekt Key-Farbe unterdrücken (nur Pro). Er befindet sich im Menü unter Effekt • Keying. Gleich nach der Anwendung ist das Manko beseitigt. Bei Bedarf

Vorbereitung des Key-Materials

Wenn Sie selbst eine Bluescreen-Aufnahme durchführen wollen, benötigen Sie einen formatfüllenden blauen Hintergrund. Dieser sollte bestens ausgeleuchtet sein. Achten Sie darauf, dass keine Schatten auf den Vorhang fallen und dass der Stoff faltenfrei ist. Wichtig ist, dass die Keyfarbe, in diesem Falle Blau, nicht in den Gegenständen oder der Kleidung der Personen auftaucht, die Sie vor einen anderen Hintergrund platzieren wollen.

können die Werte für Unterdrückung noch erhöht oder eine andere Farbe gewählt werden. Sollten Sie den Unterschied nicht erkennen können, verringern Sie einmal die Toleranzwerte für den ersten Color-Key und schalten dann den Effekt Key-Farbe unterdrücken (nur Pro) aus und ein.

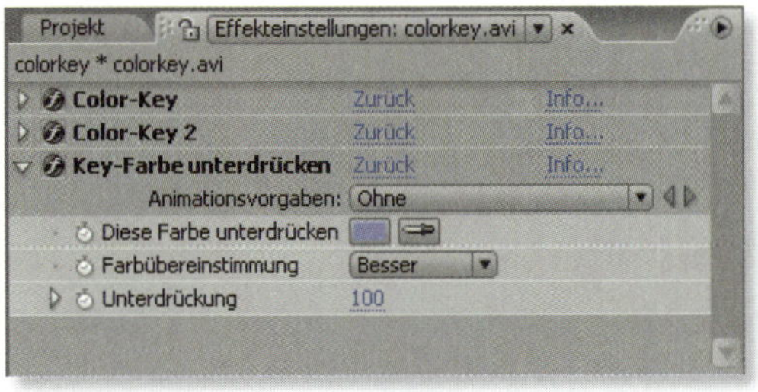

▲ **Abbildung 19.65**
Mit dem Effekt Key-Farbe unterdrücken (nur Pro) lassen sich unschöne Ränder an der Mattekante beseitigen.

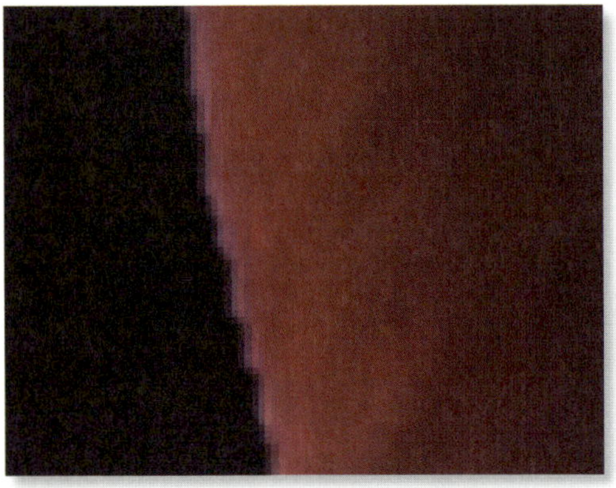

▲ **Abbildung 19.66**
An der Mattekante sind noch Reste der Keyfarbe erkennbar.

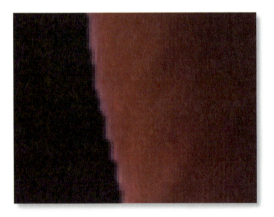

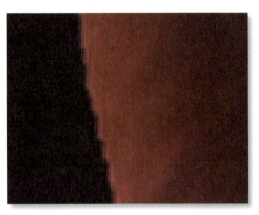

▲ **Abbildung 19.67**
Nach Anwendung des Effekts Key-Farbe unterdrücken sieht die Mattekante schon viel besser aus.

Kameraaufnahme

Material, das für das spätere Keying bestimmt ist, sollte mit einer Kamera aufgenommen werden, die mit einer Farbabtastung von 4:2:2 oder besser 4:4:4 arbeitet. Bei einer geringeren Abtastrate sind schlechte Keying-Ergebnisse oft unvermeidlich. Zum Farbsampling finden Sie weitere Informationen im Kapitel 20, »Farbkorrektur«, im Abschnitt »Farbsampling«.

4 Der neue Hintergrund

Importieren Sie zum Schluss noch die Datei »colorkeyHG.psd« aus dem Ordner 19_Effekte/Keying/Bildmaterial ins Projekt. Ziehen Sie das Hintergrundbild am Zeitpunkt 00:00 in die Zeitleiste. – Kaum zu glauben, dass der Hintergrund vorher nicht da war. Oder?

▲ **Abbildung 19.68**
Nachdem der Hintergrund hinzugefügt wurde, scheint es fast so, als ob Maria tatsächlich am Meer tanzt.

16-Bit-Projekt

Bei der Bearbeitung von Material, das gekeyt werden soll, erreicht man selten gute Ergebnisse, wenn im Standardprojektmodus von 8 Bit pro Kanal gearbeitet wird. Wechseln Sie daher unter DATEI • PROJEKTEINSTELLUNGEN • FARBTIEFE die Projektfarbtiefe auf 16 BIT PRO KANAL. Dies macht natürlich nur Sinn, wenn Ihr Filmmaterial in entsprechender Qualität vorliegt. Für diesen und die folgenden Workshops wurde aus Platzgründen mit dem zwar gebräuchlichen, aber für Keying-Zwecke minderwertigen DV-Material gearbeitet.

19.4.3 Linearer Color-Key (nur Pro)

Pro

Der im vorigen Workshop beschriebene COLOR-KEY wurde dort zweimal angewendet, um die blaue Hintergrundfarbe vollständig zu entfernen. Eine schon komfortablere Möglichkeit für solche Arbeiten bietet sich mit dem Effekt LINEARER COLOR-KEY (nur Pro) an.

▲ **Abbildung 19.69**
Im Originalbild ist in der blauen Hintergrundfarbe ein Schatten sichtbar, der mit dem Effekt LINEARER COLOR-KEY (nur Pro) entfernt wird.

▲ **Abbildung 19.70**
Im Ergebnis ist das Blau samt Schatten vollständig verschwunden.

In Abbildung 19.69 ist ein Schatten auf dem blauen Hintergrund sichtbar. Um sowohl den blauen Schatten als auch den helleren blauen Farbbereich transparent zu setzen, wäre es wieder möglich, den Effekt COLOR-KEY zweimal anzuwenden, einmal für den helleren Teil vom Blau, einmal für den Schatten.

Der Effekt LINEARER COLOR-KEY (nur Pro) hält für solche Fälle mehrere Pipetten bereit. Mit der ersten Pipette ❶ wird die Hauptfarbe, die transparent werden soll, aufgenommen, indem in den betreffenden Farbbereich geklickt wird. Mit der Plus-Pipette ❷ werden weitere Farben der Farbauswahl hinzugefügt. Die Minus-Pipette ❸ dient dazu, Farben aus der Farbauswahl zu entfernen. Dazu setzt man die Pipette in den Farbbereich, der eigentlich nicht transparent werden soll.

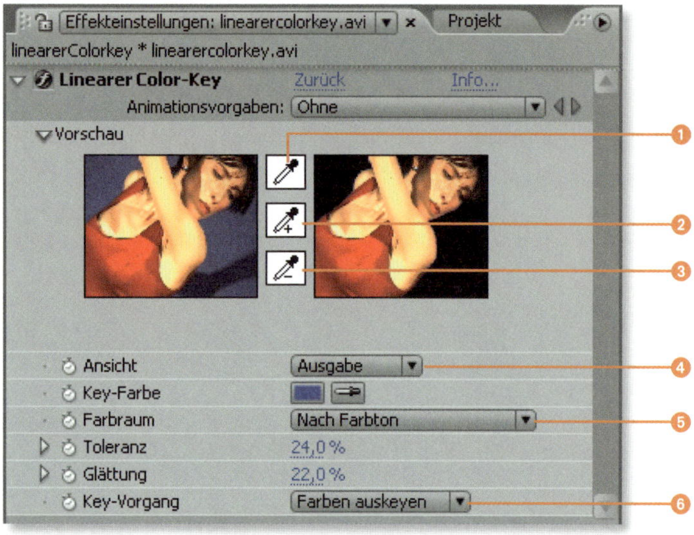

Abbildung 19.71 ▶
Mit dem Effekt LINEARER COLOR-KEY (nur Pro) sind recht komfortable Keying-Arbeiten möglich.

Im Effektfenster wird im linken Bild das Original angezeigt. Im rechten Bild wird je nach Wahl aus dem Einblendmenü unter ANSICHT ❹ das Ergebnis (AUSGABE), das Original (NUR QUELLE) oder die entstandene Matte (NUR MATTE) angezeigt.

Soll nur eine Farbe transparent gesetzt werden wie im abgebildeten Beispiel, ist der Wechsel unter FARBRAUM ❺ von NACH RGB-WERTEN auf NACH FARBTON günstig. Auch NACH CHROMINANZ-WERTEN (Farbton und Sättigung) kann gekeyt werden. Werden die Werte bei TOLERANZ erhöht, vergrößert sich der Bereich der ausgekeyten Farben. Die GLÄTTUNG ist für den Übergang an der Mattekante verantwortlich.

Die letzte Option im Effekt ist der KEY-VORGANG ❻. Hier wird zwischen den Einträgen FARBEN AUSKEYEN und FARBEN BEHALTEN gewählt. Wird der Effekt ein zweites Mal angewandt und dort die Option FARBEN BEHALTEN eingestellt, kann der Effekt dazu dienen, bestimmte, mit den Pipetten definierte Farben vom Keying auszunehmen. Zwei auf diese Weise eingestellte Key-Effekte können also gegenläufig angewandt werden: einer, um Farben verschwinden zu lassen, der andere, um Farbbereiche beizubehalten.

Beispiele

Auf der Buch-DVD finden Sie im Ordner 19_EFFEKTE /KEYING das Projekt »keying.aep«, das alle hier dargestellten Beispiele enthält. Kopieren Sie sich am besten den gesamten Ordner KEYING auf Ihre Festplatte, um die Beispiele reibungslos ansehen zu können.

19.4.4 Matte vergrößern/verkleinern (nur Pro)

Ein nützliches Hilfsmittel ist der Effekt MATTE VERGRÖSSERN/VERKLEINERN (nur Pro) aus dem Menü EFFEKT • MATTE. Der Effekt hilft dabei, kleine transparente Löcher aus Farbbereichen zu entfernen, die nicht transparent sein sollen. Sollen solche Löcher geschlossen werden, verwendet man bei FAKTOR negative Werte. Die Matte wird dann entsprechend verkleinert. Sollen Ränder an den Außenkanten einer Matte entfernt werden, helfen positive Werte.

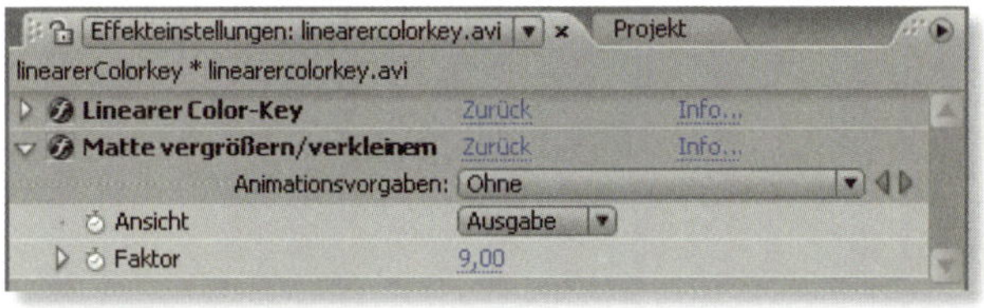

▲ **Abbildung 19.72**
Mit negativen bzw. positiven Werten bei FAKTOR im Effekt MATTE VERGRÖSSERN/VERKLEINERN (nur Pro) lassen sich Matten leicht verbessern.

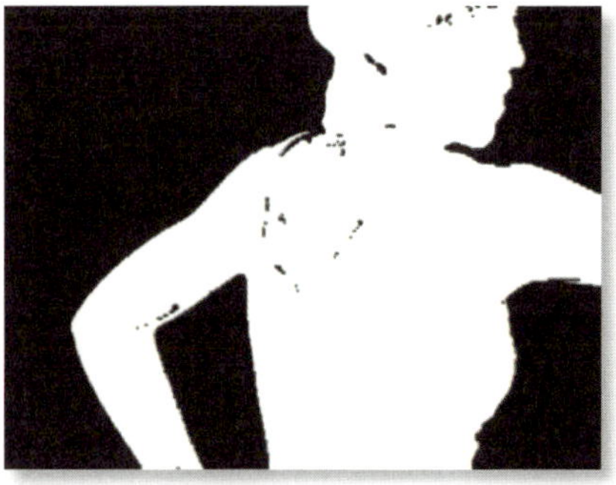

▲ **Abbildung 19.73**
Was aussieht wie eine Grafik zeigt, dass im Material kleine transparente Löcher enthalten sind, die mit Hilfe des Effekts MATTE VERGRÖSSERN/VERKLEINERN (nur Pro) geschlossen werden können.

▲ **Abbildung 19.74**
Die Mattekante weist in dieser Abbildung einen unerwünschten dunklen Rand auf.

▲ **Abbildung 19.75**
Nach Anwendung des Effekts MATTE VERGRÖSSERN/VERKLEINERN (nur Pro) ist der dunkle Rand weitgehend beseitigt.

19.4.5 Innerer/Äußerer Key (nur Pro)

Neben den schon beschriebenen Keying-Effekten bildet der Effekt Innerer/Äusserer Key (nur Pro) insofern eine Besonderheit, dass er ohne einen speziellen blauen oder grünen Hintergrund auskommt und diesen dennoch transparent setzen kann. Voraussetzung ist allerdings, dass die Person im Vordergrund nur minimale Bewegungen ausführt. Sie werden gleich sehen, warum.

Schritt für Schritt: Keying ohne Bluescreen

1 Vorbereitung

Kopieren Sie sich den Film »innerouter« aus dem Ordner 19_Effekte/Keying/Movie von der DVD auf Ihre Festplatte. Legen Sie ein neues Projekt an und importieren den Film. Ziehen Sie die importierte Datei im Projektfenster auf das Kompositionssymbol, um eine Komposition in der richtigen Größe und Dauer zu erhalten.

Vorkenntnisse erforderlich

Gleich vorneweg sei gesagt, dass der anschließend beschriebene Keyeffekt mit Maskenpfaden arbeitet. Sie sollten also Kenntnisse im Umgang mit Maskenpfaden haben oder zuvor das Kapitel 18, »Masken«, studieren.

2 Maskenpfade erstellen

Zuerst werden zwei Maskenpfade angelegt. Die beiden Pfade müssen parallel zueinander verlaufen und sich an den Konturen unserer freizustellenden Person orientieren. Dazu verwenden Sie das Zeichenstift-Werkzeug.

▲ **Abbildung 19.76**
Mal sehen, ob dieser Hintergrund wegzubekommen ist und durch einen anderen ersetzt werden kann.

▲ **Abbildung 19.77**
Die beiden Maskenpfade müssen die Konturen der Person einigermaßen genau nachzeichnen. Der erste Pfad wird innerhalb der Person, der andere außerhalb gezeichnet.

Die Pfade sollten für unsere Zwecke lieber mit ein paar mehr Pfadpunkten ausgestattet sein, um später bei Korrekturen der

Maske einige Anfasser zu haben. Auf eine sehr akribische Nachformung der Konturen kommt es nicht an. Aber je genauer, desto besser sind danach die Ergebnisse. Entnehmen Sie den Pfadverlauf der beiden Masken bitte der Abbildung 19.77. Die abgebildeten Masken wurden am Zeitpunkt 00:00 erstellt.

Zeichnen Sie den ersten Maskenpfad **innerhalb** der Person und den zweiten Pfad parallel dazu **außerhalb** der Person. Sie werden sagen: »Toller Trick ... einfach eine Maske drumherum zu zeichnen ...« – Der Trick kommt aber erst jetzt.

3 Der Effekt Innerer/Äußerer Key (nur Pro)

Öffnen Sie mit [Strg]+[5] die Palette Effekte und Vorgaben und tippen die Buchstaben »inn« ins Eingabefeld. Markieren Sie die Ebene »innerouter.avi« und klicken doppelt auf den Effekt Keying • Innerer/Äusserer Key (nur Pro). Nach dem Hinzufügen des Effekts ist der Bereich zwischen den beiden Maskenpfaden zum großen Teil schon transparent. Es kommt aber auf die Feineinstellung an.

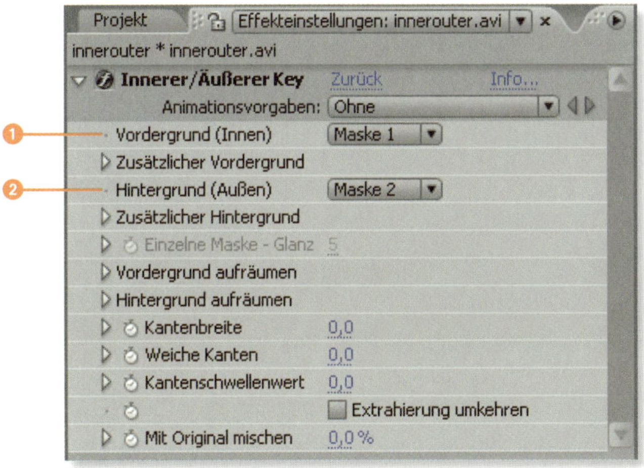

◂ **Abbildung 19.78**
Die zuvor erstellten Masken werden vom Effekt Innerer/Äusserer Key (nur Pro) automatisch als Vorder- und Hintergrund erkannt.

Der Effekt arbeitet folgendermaßen: Die Maske 1 (innerer Pfad) wird automatisch als Vordergrund definiert 1, während der Maske 2 (äußerer Pfad) automatisch der Part des Hintergrunds zugeordnet wird 2.

Der Effekt sieht den Pfad der Maske 1, also den Vordergrund, als einen Pinselstrich, der die Deckkraft der Bildpixel erhöhen und dessen Strichstärke breiter oder dünner sein kann. Die Kontur der Person wird damit ausgeweitet bzw. verringert. Ebenso ist es mit dem Hintergrundpfad, nur dass hier die Deckkraft der Bildpixel verringert wird. Der Hintergrundpfad erweitert so den transparenten Bereich zur Kontur hin.

Die Optionen unter ZUSÄTZLICHER VORDERGRUND und ZUSÄTZLICHER HINTERGRUND sind für weitere Maskenpfade gedacht und werden verwendet, wenn beispielsweise mehr als eine Person oder ein weiteres Objekt freigestellt werden sollen.

4 Vorder- und Hintergrund aufräumen

Zur Feineinstellung der Transparenz zwischen den beiden Maskenpfaden dienen die Optionen VORDERGRUND AUFRÄUMEN und HINTERGRUND AUFRÄUMEN. Klicken Sie jeweils auf das kleine Dreieck, um die Einstellungsliste zu öffnen. Keine Angst! – Die langen Listen dort dienen den optionalen acht Masken. Klappen Sie jeweils den Eintrag AUFRÄUMEN 1 auf ①. Wählen Sie unter PFAD ② die MASKE 1 und unter PFAD ③ die MASKE 2 aus. Mit den jeweils vorhandenen Reglern für PINSELRADIUS ④ und PINSELDRUCK ⑤ lässt sich der transparente Bereich zwischen den Pfaden recht genau bestimmen.

Ich bin mit folgenden Werten gut zurechtgekommen: Unter VORDERGRUND AUFRÄUMEN: PINSELRADIUS 26, PINSELDRUCK 24. Unter HINTERGRUND AUFRÄUMEN: PINSELRADIUS 24, PINSELDRUCK 95.

Sie können Ihr Ergebnis durch die Optionen KANTENBREITE, WEICHE KANTEN und KANTENSCHWELLENWERT im Nachhinein noch anpassen, wenn Sie mit der entstandenen Matte nicht zufrieden sind.

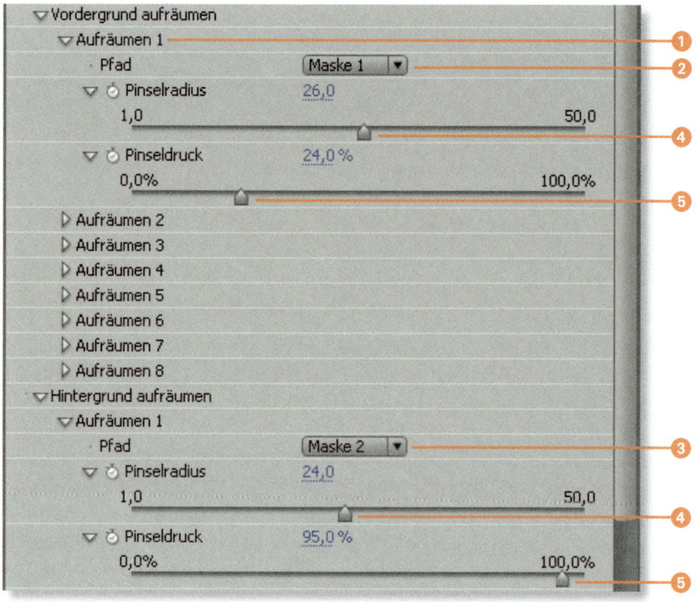

Abbildung 19.79 ▸
Für den Workshop benötigen Sie nur die abgebildeten Regler für Pinselradius und Pinseldruck, und zwar für Vordergrund und Hintergrund.

5 Wenn Sie noch Zeit und Lust haben

Das Gemeine an dem Movie für diesen Workshop ist, dass Katrin im Movie eine leichte Drehung macht. Die Masken machen diese Drehbewegung aber nicht einfach so mit. Daher müssten im Grunde noch Keyframes für die Maskenform der beiden Pfade gesetzt werden. Ich habe es mir zugemutet und der Maskenform einige Keyframes verpasst. Schließlich kam noch das Hintergrundbild hinzu. Wenn Sie noch Zeit und Lust haben, modifizieren Sie also noch die Maskenform. Das Hintergrundbild finden Sie im Ordner 19_EFFEKTE/KEYING/BILDMATERIAL. Es heißt »innerouterHG.psd«.

Die fertige bearbeitete Datei befindet sich im Ordner 19_EFFEKTE KEYING. Dort befindet sich das Projekt mit dem Namen »keying.aep« mit der Komposition »innerOuter Key«.

◂ **Abbildung 19.80**
Nach fertiger Bearbeitung könnte das Ergebnis so wie hier aussehen.

▾ **Abbildung 19.81**
Die Maskenform wurde hier noch per Keyframes angepasst, um Bewegungen im Bild auszugleichen.

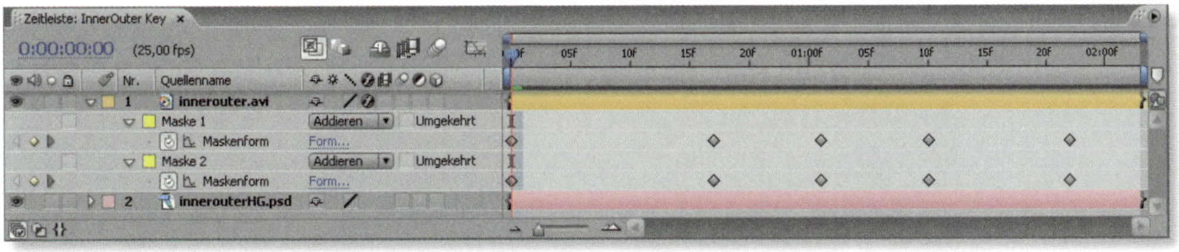

19.4.6 Differenz-Matte (nur Pro)

Angenommen, Sie möchten den Protagonisten Ihres Films in keinem geringeren Ambiente als auf dem Mond aufnehmen. In der Realität befinden Sie sich aber auf der Erde, und dort läuft Ihr Protagonist vor einem beliebigen anderen Hintergrund durchs Bild. Mit dem Effekt INNERER/ÄUSSERER KEY (nur Pro) ist der

Protagonist schwer vom Hintergrund zu isolieren, da hier eine aufwändige Maskenanimation nötig wäre.

Der Effekt DIFFERENZ-MATTE (nur Pro) hingegen verwendet zum Auskeyen eines Hintergrundes ein Referenzbild. Dieses Bild ist ein Standbild vom Hintergrund **ohne** Protagonisten. Anschließend wird der Protagonist vor dem haargenau gleichen Hintergrund gefilmt.

▲ **Abbildung 19.82**
Die Referenzebene bzw. das Standbild ist ein statischer Hintergrund. Die Protagonistin tritt erst später ins Bild.

▲ **Abbildung 19.83**
Der Hintergrund ändert sich nicht, während die Protagonistin im Vordergrund Bewegung ins Bild bringt.

Um aus einem fertigen Film ein **Standbild** herauszubekommen, bietet After Effects den Einzelbildexport an. Dazu wird die Zeitmarke auf die Stelle im fertigen Film postiert, in der kein Protagonist weit und breit sichtbar ist. Über KOMPOSITION • FRAME SPEICHERN UNTER • DATEI kann dann das Standbild gerendert werden. Danach wird es als Ebene der Filmkomposition hinzugefügt ❶ und im Effekt DIFFERENZ-MATTE (nur Pro) unter DIFFERENZEBENE ❷ als Referenzbild festgelegt.

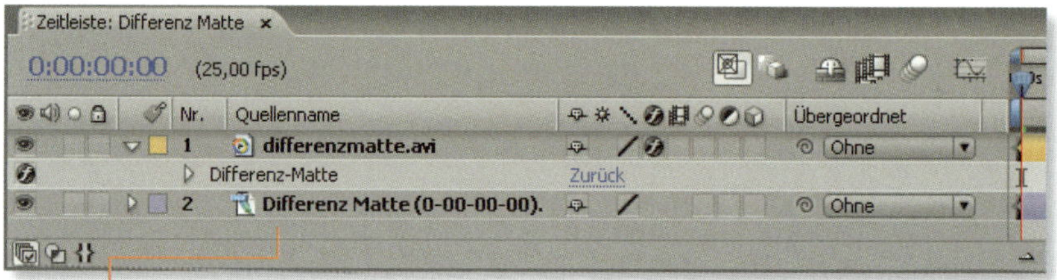

❶

▲ **Abbildung 19.84**
Für den Effekt DIFFERENZ-MATTE (nur Pro) wird in der Zeitleiste eine Referenzebene hinzugefügt, die ein Standbild des aufgenommenen Films ohne Protagonistin ist.

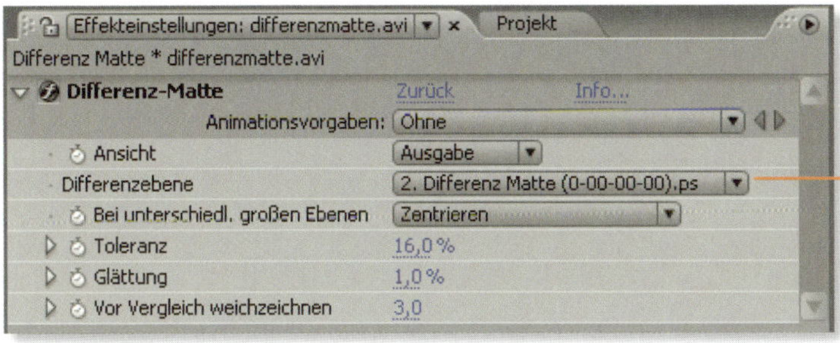

◀ **Abbildung 19.85**
Im Effekt Differenz-Matte (nur Pro) muss das Standbild als Differenzebene festgelegt werden.

Der Effekt vergleicht schließlich das Referenzbild Frame für Frame mit dem Movie des aufgenommenen Helden. Bildbereiche im Movie, die denen im Referenzbild gleichen, werden transparent gesetzt, also ausgekeyt. Die ungleichen Bildbereiche, sprich dort, wo sich unser Protagonist befindet und bewegt, bleiben deckend. Unsauber wird das Keying, wenn die Kamera bei der Aufnahme verwackelt wird oder beispielsweise ein roter Schal zufällig mit einem gleichen Rot im Hintergrund zusammentrifft. Auch kleine Veränderungen im Hintergrund wie sich bewegende Blätter oder der Schatten des Protagonisten, der auf den Hintergrund fällt, führen zu unbefriedigenden Ergebnissen. Idealbedingungen sind natürlich nur im Studio zu erreichen.

Ist das Keying gelungen, kommt zum Schluss die Mondlandschaft hinzu, und schon spaziert der Held, nein die Heldin, auf dem Mond. Das Beispiel dazu befindet sich im Ordner 19_Effekte/Keying im Projekt »keying.aep« und dort in der Komposition »Differenz-Matte«.

◀ **Abbildung 19.86**
Bei einem gelungenen Keying ist vom früheren Hintergrund keine Pixelspur mehr übrig. Und schon spaziert die Heldin auf dem Mond herum.

20 Farbkorrektur

Zuerst sollen in diesem Kapitel ein paar grundlegende Fragen geklärt werden. Daher geht es diesmal mit etwas Theorie los. Sie werden dann durch einige nützliche Werkzeuge der Farbkorrektur bis hin zu dem professionellen Farbkorrekturwerkzeug Color Finesse geführt. An mehreren Beispielen werden wichtige Farbkorrekturmöglichkeiten demonstriert.

20.1 Grundlagen der Farbenlehre

Zum besseren Verständnis einiger nachfolgend in den Workshops genannter Begriffe werden in diesem Kapitel zu Beginn ein paar Überlegungen zu farbtheoretischen Fragen angestellt. Die Farbenlehre umfasst weit mehr, doch das für die weitere Arbeit Relevante ist hier zusammengefasst.

20.1.1 Die Grundfarben

Nach dem Drei-Farben-Modell, welches zur Darstellung der Farben am Bildschirm eingesetzt wird, können beinahe alle vom menschlichen Auge wahrnehmbaren Farben durch Mischung dreier Grundfarben erzeugt werden. Dabei ist es nicht möglich, eine der drei Grundfarben Rot, Grün, Blau durch das Mischen der beiden anderen Farben zu erhalten. Die Grundfarben werden auch als Primärfarben bezeichnet, die Mischfarben als Sekundärfarben. Die Farbdarstellung auf dem Bildschirm, im Fernseher oder bei Videoprojektoren wird über die Mischung der drei Farben Rot, Grün und Blau erreicht. Basis für die Farbdarstellung ist hier die additive Farbmischung.

20.1.2 Additive Farbmischung

Die Darstellung von Farben auf Bildschirmen und Fernsehern beruht auf der additiven Mischung von Farben. Daher ist diese Art der Farbmischung für die digitale Bildbearbeitung und damit auch für die Farbkorrektur in Film und Video von Bedeutung.

Komplementärfarben

Ergeben zwei Farben bei additiver Farbmischung Weiß, werden diese als Komplementärfarben bezeichnet. Das Gleiche gilt bei subtraktiver Farbmischung für zwei Farben, die gemeinsam Schwarz ergeben.
Dies gilt für Rot + Cyan, Grün + Magenta und Blau + Gelb.

▲ **Abbildung 20.1**
Bei einer Überlagerung aller drei Grundfarben der additiven Farbmischung, also Rot, Grün und Blau, ergibt sich Weiß.

▲ **Abbildung 20.2**
Bei einer Überlagerung aller drei Grundfarben der subtraktiven Farbmischung, also Cyan, Magenta und Gelb, ergibt sich Schwarz.

Farbe kann bei der additiven Farbmischung als eine Addition von Lichtfarben, die im Wahrnehmungsbereich des menschlichen Auges liegen, beschrieben werden. Jede der wahrnehmbaren Farben entspricht einer bestimmten Wellenlänge des sichtbaren Lichts. Wird also ein roter Scheinwerfer angeschaltet, so wird nur dieser Teil des Spektrums des sichtbaren Lichts projiziert. Kommt ein Scheinwerfer mit grünem Licht hinzu, wird ein weiterer Teil des sichtbaren Lichtspektrums projiziert und zu dem Teil des Spektrums, der für die Farbe Rot verantwortlich ist, addiert.

Bei einem Mischen aller drei Grund- bzw. Primärfarben der additiven Farbmischung, also Rot, Grün und Blau, entsteht Weiß. Das Mischen der Farben untereinander ergibt die folgenden weiteren Farben.

- Rot + Blau = Magenta
- Rot + Grün = Gelb
- Grün + Blau = Cyan

20.1.3 Subtraktive Farbmischung

Die subtraktive Farbmischung findet beim Drucken von Farben Anwendung. Im Gegensatz zur additiven Farbmischung werden aus den wahrnehmbaren Spektralbereichen des Lichts durch den Auftrag von Farbpigmenten bestimmte Bereiche absorbiert. Eine Farbe ist hier so definiert, dass nicht wie bei der additiven Farbmischung mit jeder Farbe ein bestimmter Teil des sichtbaren Lichtspektrums hinzukommt. – Jede Farbe **vermindert** den Teil des sichtbaren Spektrums. Man kann sich das so vorstellen: Eine weiße Farbfläche reflektiert das Spektrum des sichtbaren weißen Lichts zu 100 %. Wird eine Farbe aufgetragen, z.B. Magenta, werden andere Farbanteile des Spektrums (in diesem Fall vorrangig Grün) von dieser Farbe absorbiert, also gefiltert. – Nur der Magentaanteil des weißen Lichts kann den Filter passieren.

Die Primärfarben der subtraktiven Farbmischung sind Cyan, Magenta und Gelb (CMY). Werden diese übereinander gedruckt, ergibt sich daraus Schwarz – der schwarzen Fläche entkommt also kein Teilchen des weißen Lichts. Da dieses Schwarz im Druck kaum dunkel genug erscheint, wird das Schwarz mit einer Extra-Druckfarbe (K) erzeugt. Zum Schluss ergibt sich also CMYK.

Die Mischung von Cyan, Magenta und Yellow untereinander ergibt folgende Farben:

- Magenta + Gelb = Rot
- Cyan + Gelb = Grün
- Cyan + Magenta = Blau

20.1.4 Farbkreis

Zur besseren Orientierung und um Farben übersichtlich verwalten zu können, werden diese beispielsweise in einem Farbkreis angeordnet. Bei der Bildbearbeitung ist dadurch eine schnelle und zuverlässige Kontrolle über Farbton (Hue) und Sättigung (Saturation) gegeben. Der Farbton kann dabei in Winkelwerten angegeben werden. Der Winkel gibt also an, wo im Farbkreis die Farbe zu finden ist. Hinzu kommt die Angabe der Sättigung in Prozent, welche die Intensität einer Farbe angibt und vom Mittelpunkt des Farbkreises gesehen nach außen zunimmt.

Die Komplementärfarben liegen sich in einem Farbkreis immer genau gegenüber.

▲ **Abbildung 20.3**
Oft werden Farben in einem Farbkreis dargestellt. Bei der Bildbearbeitung ermöglicht das eine zuverlässige Kontrolle über Farbton und Sättigung. Gut erkennbar ist im Mittelpunkt das bei der additiven Farbmischung von Komplementärfarben entstehende Weiß.

20.1.5 Farbsampling

Bei der Übertragung von analogen Videosignalen wie etwa vom RGB-Chip der Kamera bis zur Aufzeichnung auf Band wird das Videosignal in eine Helligkeitsinformation (Y) und in zwei Farbdifferenzsignale (UV) umgewandelt. Die Farbdifferenzsignale sind Rot (U=R-Y) und Blau (V=B-Y). Jeder Farbanteil wird also abzüglich des Helligkeitsanteils übertragen. Die Schreibweise für diese Form der Signalübertragung ist YUV (bzw. YCbCr) in der analogen Welt. Das Pendant in der Welt der digitalen Datenübertragung nennt sich YCC.

Durch die Übertragung des Videosignals als YUV-Signal wird gegenüber einer Speicherung der RGB-Information eine starke Kompression des Signals ermöglicht. Neben weiteren Kompressionsmöglichkeiten vor der Speicherung lässt sich durch eine unterschiedliche Frequenz bei der Abtastung, beim Sampling von Helligkeits- und Farbinformationen so die Datenmenge bereits erheblich reduzieren. Da das menschliche Auge sehr viel stärker auf Helligkeitsschwankungen als auf Farbschwankungen reagiert, kann bei der Farbe gespart werden. Schon daher kann Alexis Sorbas in Michael Cacoyannis' Film auch ohne Farbe über den Bildschirm tanzen. So wird der Grünanteil im Format YUV bereits eingespart und durch Berechnung aus den Helligkeits- und Farbdifferenzsignalen rekonstruiert. Aber auch bei den beiden anderen Farben lässt sich noch sparen.

Da das Helligkeitssignal den Bildinhalt am besten transportiert, wird es mit einer hohen Abtastrate ausgelesen. Bei den Farbdifferenzsignalen wird, abhängig vom verwendeten System, mit der gleichen oder einer geringeren Abtastrate gearbeitet. In jedem Falle wird die Helligkeitsinformation für jeden Bildpunkt voll abgetastet und aufgezeichnet, die Farbinformation aber, je nach Qualitätsstufe, nur für jeden vierten oder zweiten Bildpunkt. Dieses Abtastverhältnis wird in Zahlen ausgedrückt.

▲ **Abbildung 20.4**
Das Videosignal ist in eine Helligkeitsinformation Y und zwei Farbdifferenzsignale U und V aufgeteilt.

4:1:1-Farbsampling | Das 4:1:1-Farbsampling findet bei DV-NTSC Anwendung. Dabei wird die Helligkeitsinformation für jeden und die Farbinformation nur für jeden vierten Bildpunkt abgetastet.

4:2:0-Farbsampling | DV-PAL arbeitet mit 4:2:0-Farbsampling, wobei für jede Bildzeile abwechselnd nur je eine der beiden Farbinformationen erfasst wird. Außerdem wird nur für jeden zweiten Bildpunkt überhaupt eine Farbinformation erfasst. Wenn Sie die Abbildungen dazu vergleichen, könnte man meinen, dass einige Bildpunkte recht farblos erscheinen müssten. Doch die Datenreduzierung liegt nur bei der Speicherung so vor, später wird die fehlende Farbinformation vom Fernseher, Videomonitor oder sonstigem Wiedergabegerät durch Interpolation rekonstruiert.

Die Qualität der beiden Formate DV-NTSC (4:1:1) und DV-PAL unterscheidet sich unwesentlich voneinander. Beide sind Formate des Consumer-Bereichs.

Die Abtastrate ist bei 4:1:1- und 4:2:0-Farbsampling für Keying und aufwändige Farbkorrektur nicht geeignet. Bei anspruchsvolleren Arbeiten wird daher zu dem höheren Qualitätsstandard mit 4:2:2- und 4:4:4-Farbsampling gegriffen.

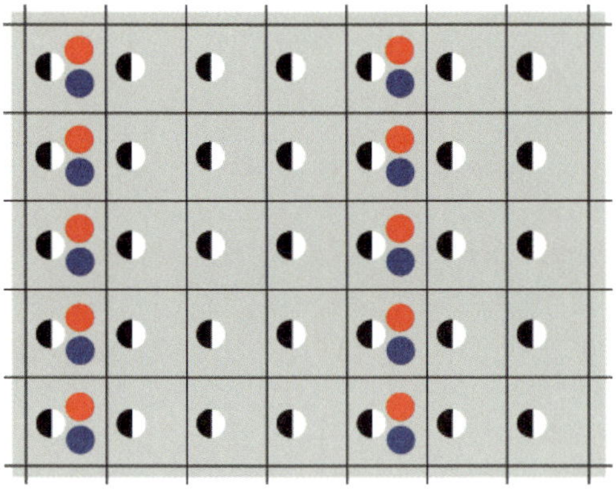

▲ **Abbildung 20.5**
DV-NTSC verwendet 4:1:1-Farbsampling.

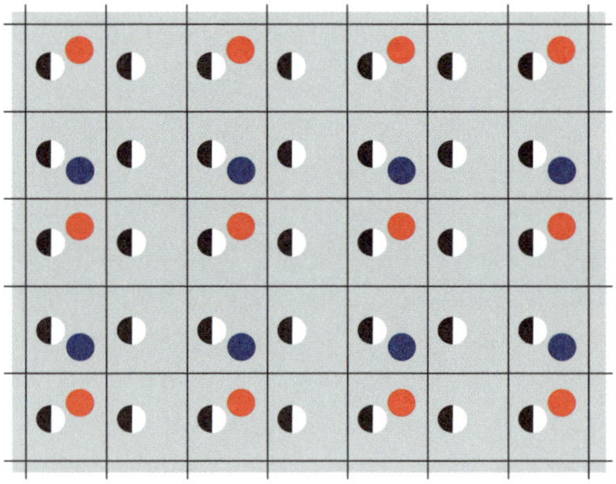

▲ **Abbildung 20.6**
4:2:0-Farbsampling wird bei DV-PAL eingesetzt.

4:2:2-Farbsampling | Das 4:2:2-Farbsampling entspricht der Norm ITU-R BT.601 (früher CCIR-601), der »**I**nternational **T**elecommunication **U**nion«. Die Abtastrate wurde hier auf 4:2:2 festgelegt. Es wird also nur die Hälfte der Farbinformation übertragen, ohne dass dies erheblich auffällt. Ein solches Farbsampling findet bei D1, DVCPro 50 und Digital Betacam Anwendung.

4:4:4-Farbsampling | Bei höchsten Ansprüchen an die Qualität wird sogar ein 4:4:4-Farbsampling mit enormen Datenmengen und Anforderungen an die Hardware nötig. Es wird die volle Helligkeits- und Farbinformation für jeden Bildpunkt aufgezeichnet. Dies ist bei professioneller Effektbearbeitung, Farbkorrektur und Keying von großem Vorteil.

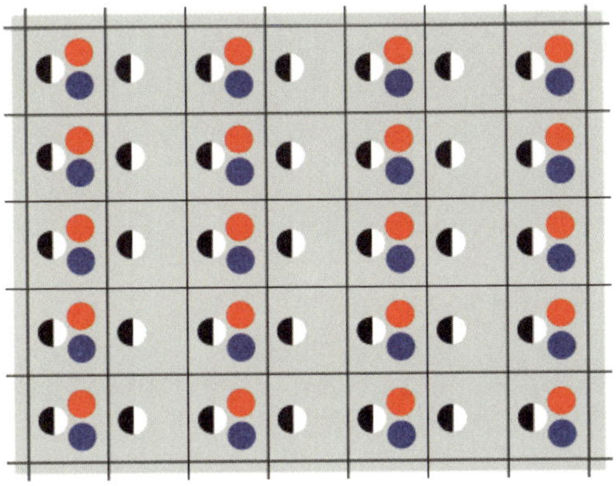

▲ **Abbildung 20.7**
4:2:2-Farbsampling erfolgt nach der Norm ITU-R BT.601 (früher CCIR-601).

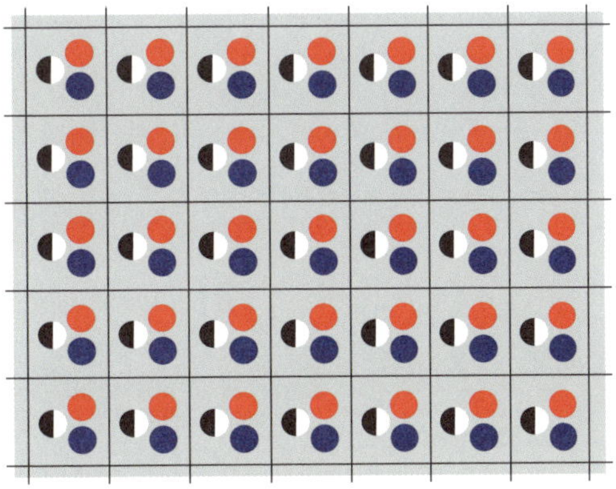

▲ **Abbildung 20.8**
4:4:4-Farbsampling garantiert professionelle, höchste Bildqualität.

Ein Band, das diese hochqualitative Aufzeichnung erlaubt, ist HDCAM SR. Hier werden allerdings RGB-Daten und kein YUV-Signal aufgezeichnet. Das bringt einen großen Qualitätsvorteil, da immer im RGB-Farbraum gearbeitet werden kann, ohne in YUV umwandeln zu müssen. Abgesehen davon ist die Bildauflösung bei weitem höher als bei den DV-Formaten.

Als Vorgänger des HDCAM SR-Formats hat das HDCAM-Format große Verbreitung gefunden und erfreut sich in Europa einiger Beliebtheit. Zur Reduktion der Datenmenge wird dort ein Farbsampling von 3:1:1 eingesetzt.

CMYK in After Effects

Dateien, die im CMYK-Modus erstellt wurden, werden von After Effects normalerweise nicht unterstützt. Eine Ausnahme bilden Illustrator- und EPS-Dateien, die den CMYK-Farbraum verwenden. Ansonsten ist vor dem Import eine Umwandlung in den RGB-Farbraum nötig.

20.1.6 RGB-Modell und After Effects

Wie bereits erwähnt, werden Farben am Bildschirm nach dem Prinzip der additiven Farbmischung dargestellt. Auch After Effects nutzt das RGB-Modell, um Farben darzustellen. Außer Dateien, die im RGB-Modus erstellt wurden, unterstützt After Effects Dateien im Modus Graustufen, Farbpalette oder Schwarzweiß. Solche Dateien wandelt After Effects beim Import nach RGB um.

Zur genauen Definition der Farbe eines jeden Bildpixels werden die Farbwerte in After Effects als RGB-Werte angegeben. Für die Speicherung dieser Farbinformation werden Farbkanäle verwendet. Dabei ist jeder Farbkanal bei der Standard-Projekteinstellung mit einer Informationstiefe von 8 Bit ausgestattet. Dies entspricht 256 möglichen Abstufungen bzw. Farbwerten pro

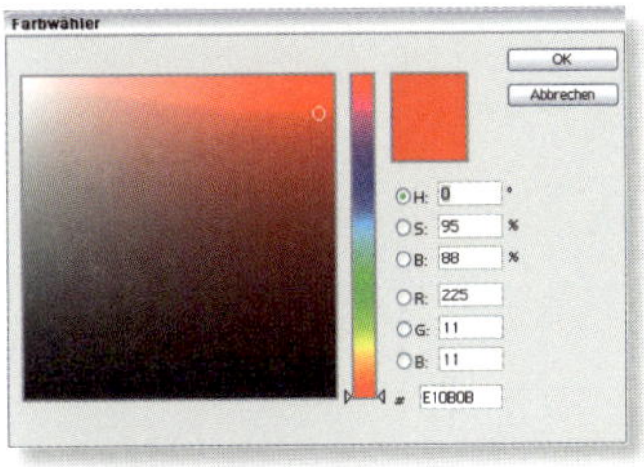

▲ **Abbildung 20.9**
Im Farbwähler von After Effects kann der Farbwert im RGB-Modus angegeben werden. Die Angabe im Format FSH (Farbton, Sättigung, Helligkeit) und Hexadezimal ist ebenfalls möglich.

Kanal. Zur Darstellung der Farbe eines Pixels werden die drei Kanäle übereinander gelegt. Multipliziert man die Abstufungsmöglichkeiten der Kanäle miteinander, ergeben sich 16,7 Millionen mögliche Farbwerte pro Pixel. Um nun eine ganz bestimmte Farbe aus den 16,7 Millionen Möglichkeiten angeben zu können, wird für jeden Farbkanal die Nummer der Abstufung angegeben, z.B. für Schwarz R = 0, G = 0, B = 0, oder für einen Blauton R = 0, G = 10, B = 255.

20.1.7 Projektfarbtiefe

Farbtiefe

Die Farbtiefe wird in Bit pro Kanal (bpc) angegeben und beschreibt die Menge der Farbinformationen, die pro Pixel und Farbkanal (z.B. R,G,B) verfügbar sind. Mit steigendem Bitwert nimmt die Zahl der darstellbaren Farben zu.

Für die Bearbeitung von Farbverläufen in hoher Qualität, für die Farbkorrektur, beim Arbeiten mit Keying-Effekten oder bei Verwendung von Daten aus 3D-Applikationen ist es zu empfehlen bzw. nötig, die Projektfarbtiefe auf 16 bzw. 32 Bit pro Kanal einzustellen, sollten Farbabstufungen sichtbar werden.

Sie erreichen dies über Datei • Projekteinstellungen. Im Feld Farbeinstellungen wählen Sie die Projektfarbtiefe aus dem Einblendmenü unter Tiefe.

Bei höheren Farbtiefen können weit mehr Farbabstufungen als bei einem 8-Bit-Projekt dargestellt werden. Pro Kanal sind es 65.536 Abstufungen bei einem 16-Bit-Projekt, die miteinander multipliziert Trillionen möglicher Farbwerte darstellen können. Das erlaubt feinere Übergänge zwischen den Farben und sichert Details, die sonst verloren gehen würden.

Im professionellen Bereich ist eine 10-, 12- oder 16-Bit-Farbwelt bereits gang und gäbe. Die 32-Bit-Fließkommawelt klingt vielleicht noch so utopisch wie einst die Existenz der Quasare. Während die anderen Bit-Welten aus Festkommazahlen, also aus Ganzzahlwerten bestehen, werden in der 32-Bit-Welt Fließkommawerte verwendet. Somit lässt sich ein sehr viel größerer Bereich an Werten darstellen.

Entscheidend, ob die 32-, 16- oder die 8-Bit-Projekttiefe gewählt wird, ist jedoch die gewünschte Ausgabequalität. Es macht keinen Sinn, per se eine hohe Projektfarbtiefe zu wählen, da sich dadurch auch die Rechenzeit erhöht. Außerdem wird die Ausgabe einer sehr hohen Farbtiefe nur von einigen Ausgabeformaten, z.B. bei der Ausgabe als OpenEXR-Sequenz unterstützt. Allerdings kann es sinnvoll sein, auch für eine Ausgabe im 8-Bit-Modus eine höhere Projektfarbtiefe zu wählen oder dies dann beim Rendern einzustellen. After Effects berechnet dann Farbwerte mit höherer Präzision. Eine Ausgabe mit Trillionen Farben bzw. Gleitkommazahl wird beispielsweise bei der Ausgabe einer TIFF-Sequenz unterstützt.

16-Bit-Farbmodus (nur Pro) | Den 16-Bit-Farbmodus sollten Sie verwenden, wenn Sie feinere Details und Verläufe erhalten wollen und wenn Sie mit Cineon-Dateien arbeiten oder eine HDTV-Ausgabe geplant ist. Bedenken Sie dabei, das sich die Berechnungszeit und der RAM-Verbrauch der Vorschau bei höheren Projektfarbtiefen erhöhen.

After Effects unterstützt den 16-Bit-Farbmodus bereits seit längerem. Dementsprechend viele Effekte sind daher auch im 16-Bit-Modus anwendbar. In der Palette Effekte und Vorgaben, die Sie mit Strg+5 einblenden, können Sie sich alle unterstützten Effekte über das Palettenmenü anzeigen lassen. Sie gelangen über das kleine Dreieck oben rechts in der Palette dorthin. Wählen Sie dann Nur 16-bpc-Effekte anzeigen.

32-Bit-Farbmodus (nur Pro) | Den 32-Bit-Farbmodus sollten Sie dann verwenden, wenn Effektberechnungen in höchster Qualität oder die Weiterverwendung von Daten aus oder in 3D-Applikationen geplant ist und HDR-Bilder (High Dynamic Range) verwendet werden. Alle von After Effects unterstützten 32-Bit-Effekte können Sie sich wie im 16-Bit-Modus beschrieben in der Palette Effekte und Vorgaben anzeigen lassen.

Bei der Verwendung des 32-Bit-Farbmodus bleiben Details und Farbunterschiede in sehr hellen und sehr dunklen Bildbereichen erhalten, da mit Helligkeitswerten über 100 % sichtbarem Weiß gearbeitet werden kann.

HDR-Bilder sind mit einem sehr hohen Beleuchtungsumfang (High Dynamic Range) aufgezeichnet worden, der dem in der Natur vorkommenden annähernd entspricht. Damit liegt der Beleuchtungsumfang von HDR-Bildmaterial weit über dem von 8- und 16-Bit-Material. Am Computermonitor und auf Filmmaterial ist nur ein begrenzter Beleuchtungsumfang darstellbar, es sei denn, es wird ein spezieller HDR-Monitor verwendet. Beim Import konvertiert After Effects daher die Fließkommawerte von 32-Bit-Bildmaterial zur Darstellung am Monitor in den Arbeitsfarbraum Ihres Projekts. Dabei wird, wenn nichts anderes eingestellt ist, ein voreingestellter Konvertierungswert für einen normalen Monitor verwendet.

Wie Sie den Arbeitsfarbraum wählen, erfahren Sie im folgenden Abschnitt.

20.1.8 Farbmanagement

Um eine möglichst farbgetreue und einheitliche Darstellung von Farben auf unterschiedlichen Wiedergabemedien zu erzielen, sollten Sie Ihren Monitor zuvor kalibrieren und ein Farbprofil des

Monitors erstellen. Dies gilt insbesondere, wenn Sie vorhaben, Farbkorrekturarbeiten in After Effects vorzunehmen.

Anschließend wählen Sie einen Arbeitsfarbraum, der zu Ihrem gewünschten Ausgabemedium passt. Der von Ihnen gewählte Arbeitsfarbraum wird mit der Projektdatei gespeichert. Ein Projekt, in dem ein RGB-Arbeitsfarbraum gespeichert wurde, sollte an jedem anderen kalibrierten Monitor mit gleichen Farben angezeigt werden.

Monitorprofil

Das Monitor-Farbprofil definiert, wie die Farben am Monitor dargestellt werden.

Monitor kalibrieren und Profil erstellen | Um eine möglichst objektive Beurteilung der Farbwerte auf verschiedenen Anzeigegeräten zu ermöglichen, können Sie Ihren Monitor unter Windows und unter Mac OS mit entsprechenden Dienstprogrammen kalibrieren. Noch sicherer ist allerdings die Verwendung eines Farbmessgeräts (Kolorimeters), das die Farben im Gegensatz zum menschlichen Auge objektiv misst, und der Einsatz von spezieller Software.

Arbeitsfarbraum

Ein Arbeitsfarbraum ist der Farbraum, der in After Effects bei der Bearbeitung verwendet wird. Er bildet die Grundlage der internen Farbberechnung und Definiton von Farben.

Beim Kalibrieren wie auch zur Beurteilung von Farben bei der Farbkorrektur ist es günstig, ablenkende Farben auf dem Desktop und in der Programmumgebung zu entfernen. Empfehlenswert ist beispielsweise ein neutrales Grau als Desktopfarbe. Auch vom Umgebungslicht sollte der Monitor möglichst abgeschirmt sein und darf keinesfalls manuell in Kontrast oder Helligkeit nachträglich verändert werden

Unter Windows finden Sie unter START • SYSTEMSTEUERUNG in der klassischen Ansicht schnell das Dienstprogramm ADOBE GAMMA, mit dem Sie schrittweise bis zur Speicherung Ihres Monitor-Profils als ICC-Profil geführt werden. Für LCD-Monitore ist ein zuverlässiges Ergebnis mit ADOBE GAMMA nicht gewährleistet. Unter Mac OS befindet sich der Kalibrierungsassistent auf der Registerkarte SYSTEMSTEUERUNGEN • MONITORE • FARBEN.

ICC-Profil

Ein ICC-Profil beschreibt den Farbraum eines Farbeingabe- bzw. -wiedergabegeräts wie Scanner, Monitor, Videobeamer und Drucker.

Der Name ICC steht für International Color Consortium. Dieses wurde 1993 zur Vereinheitlichung der Farbmanagementsysteme gegründet.

Arbeitsfarbraum einstellen | An anderer Stelle wurde es zwar bereit erwähnt, aber passend zum Thema soll hier noch einmal auf die Projekteinstellungen verwiesen werden. Um eine hohe Farbgenauigkeit zwischen den Einstellungen in Ihrem Projekt und dem Farbraum des Ausgabemediums zu erhalten, sollten Sie den Arbeitsfarbraum nach der Kalibrierung Ihres Monitors an Ihren Ausgabefarbraum anpassen.

Unter DATEI • PROJEKTEINSTELLUNGEN finden Sie unter ARBEITSFARBRAUM verschiedene Farbprofile. Bei der Einstellung OHNE verwendet After Effects den Farbraum des Monitors. Wenn die Ausgabe für Video oder die Fernsehübertragung vorgesehen ist, wählen Sie SDTV (PAL), für eine HDTV-Ausgabe HDTV (REC. 709). Für eine Web-Ausgabe wählen Sie sRGB IEC61966-2.1. Die Vorschau Ihrer Animationen kann sich bei der Verwendung eines Arbeitsfarbraums allerdings erheblich verlangsamen.

20.2 Luminanzbasierende Farbkorrektur

Die luminanzbasierende Farbkorrektur nimmt einen wesentlichen Platz bei der Farbkorrektur ein und steht zumeist am Anfang. After Effects bietet zur Korrektur der **Helligkeitswerte** eines Bildes bereits in der Standardversion wichtige Werkzeuge an, von denen hier einige vorgestellt werden.

20.2.1 Tonwertkorrektur

Ein probates Mittel, kontrastarmen, flauen Bildern ein klares Aussehen zu verleihen, liegt in der Anwendung des Effekts TONWERTKORREKTUR. Er befindet sich im Menü unter EFFEKT • FARBKORREKTUR.

▲ **Abbildung 20.10**
Hier das nicht korrigierte Originalbild

▲ **Abbildung 20.11**
Nach der Korrektur wirkt das Bild schon viel klarer.

Der Effekt arbeitet mit einer **Histogramm**-Anzeige, die dazu dient, die Helligkeitsverteilung der Pixel innerhalb eines Bildes darzustellen. Auf der horizontalen Achse des Histogramms werden die Helligkeitsstufen dargestellt. Die vertikale Achse zeigt die Menge der Bild-Pixel für jede Helligkeitsstufe an. Ein Berg im Histogramm zeugt also davon, dass ganz besonders viele Bildpixel in dem entsprechenden Helligkeitsbereich vorhanden sind.

Über Regler für den Weiß- und Schwarzpunkt und einen Regler für den Gammawert können die Helligkeitswerte korrigiert werden. Dabei steht der **Weißpunkt** für ein absolutes Weiß im Bild und der **Schwarzpunkt** für ein absolutes Schwarz. Der **Gammawert**, auch Graupunkt genannt, repräsentiert die Bildbereiche mittlerer Helligkeit.

Farbtiefe

Sie können den Effekt sowohl in 8-, 16- und auch 32-Bit-Projekten verwenden. Mit höheren Projektfarbtiefen wächst auch der Helligkeitsbereich des Effekts entsprechend.

Beispiele

Die hier im Text erwähnten Beispiele finden Sie gesammelt auf der Buch-DVD im Ordner 20_FARBKORREKTUR. Das Projekt »farbkorrektur.aep« beinhaltet alle im Text besprochenen Effekte anhand von abgebildetem Beispielmaterial.

Falls beim Start fehlende Effektreferenzen gemeldet werden sollten, installieren Sie Color Finesse bitte nach oder starten das Projekt ohne das Plugin.

Wird der Regler für den Schwarzpunkt EINGABE: TIEFEN ❶ nach rechts verschoben, ist das Resultat ein dunkleres, kontrastreicheres Bild, bei dem die Feinheiten in den dunklen Bildbereichen verloren gehen. Verschieben Sie den zweiten Regler für den Schwarzpunkt AUSGABE: TIEFEN ❷, resultiert dies in einem helleren Bild. Tiefschwarze Farbbereiche sind dann nicht mehr zu finden.

Bei einem Verschieben des Reglers für den Weißpunkt EINGABE: LICHTER ❸ nach links hellt sich das Bild auf und wird kontraststärker. Ein Verschieben des zweiten Reglers für den Weißpunkt AUSGABE: LICHTER ❹ nach links führt zu einem dunkleren, kontrastschwachen Bild.

Schließlich, wenn Weiß- und Schwarzpunkt neu gesetzt sind, können noch die Mitteltöne über den Gammaregler ❺ beeinflusst werden. Eine Verschiebung nach links hellt das Bild auf und verringert den Kontrast. Genau umgekehrt verhält es sich bei einer Verschiebung nach rechts.

Im Übrigen lässt sich der Effekt auch sehr gut zur Regelung der Helligkeitswerte in den einzelnen Farbkanälen einsetzen. Dazu wird der entsprechende Kanal im Einblendmenü unter KANAL ❻ ausgewählt. Die in den einzelnen Kanälen vorgenommenen Änderungen merkt sich After Effects. Der Effekt muss also nicht für jeden Kanal neu hinzugefügt werden.

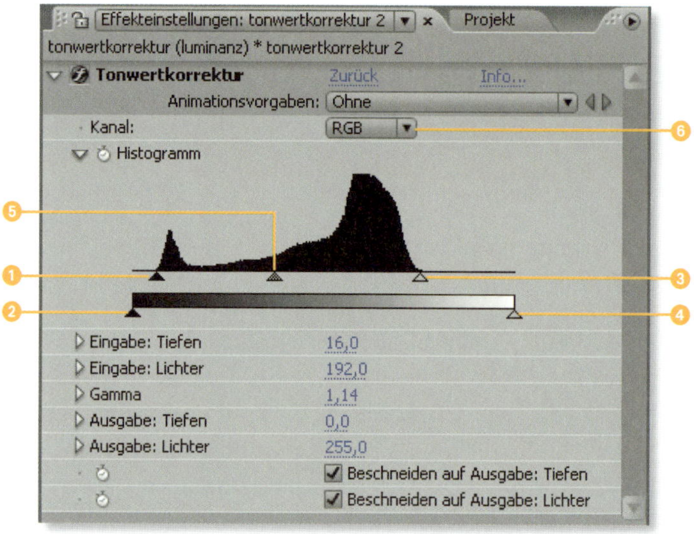

Abbildung 20.12 ▶
Der Effekt TONWERTKORREKTUR dient dazu, kontrastarmen Bildern ein klareres Aussehen zu verleihen.

20.2.2 Kurven

Wie der Effekt TONWERTKORREKTUR dient auch der Effekt KURVEN der Anpassung kontrastarmer Bilder. Allerdings bietet er dabei noch mehr Kontrolle als der Effekt TONWERTKORREKTUR.

Der Effekt KURVEN befindet sich ebenfalls im Menü unter EFFEKT • FARBKORREKTUR. Nach dem Anwenden des Effekts wird ein Kurvendiagramm angezeigt, das der Bearbeitung der Helligkeitswerte des Bildes dient. Der Schwarzpunkt kann durch Anklicken und Ziehen des Punkts unten links 7 verschoben werden, der Weißpunkt über den Punkt oben rechts 8.

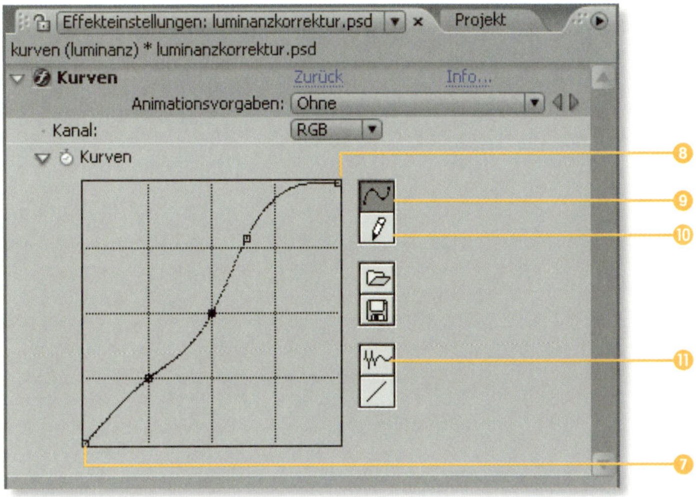

◂ **Abbildung 20.13**
Der Effekt KURVEN gibt Ihnen große Kontrolle über die Helligkeitswerte im Bild, da bis zu 14 Punkte definiert werden können, die die Helligkeitswerte fixieren.

Ein Verschieben des **Schwarzpunkts** nach rechts führt zu einem kontrastreichen Bild ohne Feinzeichnung in schwarzen Bildbereichen. Eine Verschiebung nach oben hellt das Bild auf und macht es kontrastärmer.

Wird der **Weißpunkt** nach links verschoben, hellt sich das Bild auf und wird kontrastreicher. Beim Verschieben nach unten wird es dunkler und kontrastärmer.

Der Kurve können weitere Punkte hinzugefügt werden, solange die Schaltfläche BÉZIER 9 aktiv ist. Um einen Punkt hinzuzufügen, klicken Sie einfach auf die Kurvenlinie. Jeder hinzugefügte Punkt gibt Ihnen weitere Kontrolle über die Helligkeitswerte. Die Kurvenpunkte können intuitiv verschoben werden, um die Helligkeitsverteilung im Bild schnell zu korrigieren. Ziehen Sie dabei nur ganz sensibel an den Punkten, da Sie sonst möglicherweise höchst unerwünschte Ergebnisse erhalten. Wenn Sie einen Punkt entfernen möchten, ziehen Sie den Punkt einfach nach außerhalb der Diagramm-Anzeige.

Zeichenstift und Glätten

Bei aktiviertem ZEICHENSTIFT 10 kann eine Freihandkurve gezeichnet werden, die mit der Schaltfläche GLÄTTEN 11 in eine formschön geschwungene Kurve verwandelt wird.

Die Bearbeitung der Kurven ist standardmäßig auf RGB eingestellt, um die Luminanz eines Bildes zu regeln. Werden die RGB-Kanäle alle in gleicher Weise verändert, bleibt der Farbton erhalten. Im Einblendmenü unter KANAL sind jedoch auch die einzelnen Farbkanäle wählbar. Werden die Farbkanäle in einem unterschiedlichen Verhältnis zueinander eingestellt, verändert sich auch der Farbton. Änderungen in den einzelnen Farbkanälen merkt sich After Effects wieder ganz genau.

Auch dieser Effekt ist bei einer 32-Bit-Farbtiefe verwendbar. Leider lässt sich die Größe des Fensters aber nicht anpassen, und die einzelnen Kurven sind nicht nebeneinander darstellbar, was ein eher intuitives Arbeiten mit sich bringt.

▲ **Abbildung 20.14**
Das Originalbild wirkt sehr flau.

▲ **Abbildung 20.15**
Dem mit dem Effekt KURVEN korrigierten Bild fehlt es nur in den ganz dunklen Bereichen etwas an Details.

20.3 Chrominanzbasierende Farbkorrektur

Bei der chrominanzbasierenden Farbkorrektur geht es vor allem um die Änderung des **Farbtons**. Wie bei den zuvor erläuterten Effekten TONWERTKORREKTUR und KURVEN auch die Farbwerte beeinflusst werden können, sind bei den chrominanzbasierenden Farbkorrektur-Werkzeugen auch Helligkeitsänderungen möglich. Das Augenmerk liegt jedoch auf der Änderung des Farbtons. Wird dieser manipuliert, kann eine blaue Blume bei gleich bleibenden Helligkeitswerten zu einer roten, grünen oder beliebig andersfarbigen Blume umgefärbt werden.

20.3.1 Farbton/Sättigung

Der Effekt FARBTON/SÄTTIGUNG zeigt recht anschaulich, was mit dem Ändern eines Farbtons eigentlich bewirkt werden kann. Sie finden den Effekt im Menü unter EFFEKT • FARBKORREKTUR. Er verwendet zur Auswahl des Farbtons den Farbkreis. Wenn Sie sich die Farben nacheinander auf einen Kreis verteilt vorstellen, so ist es gut nachvollziehbar, dass mit einer bestimmten Winkelangabe eine bestimmte Farbe angegeben werden kann.

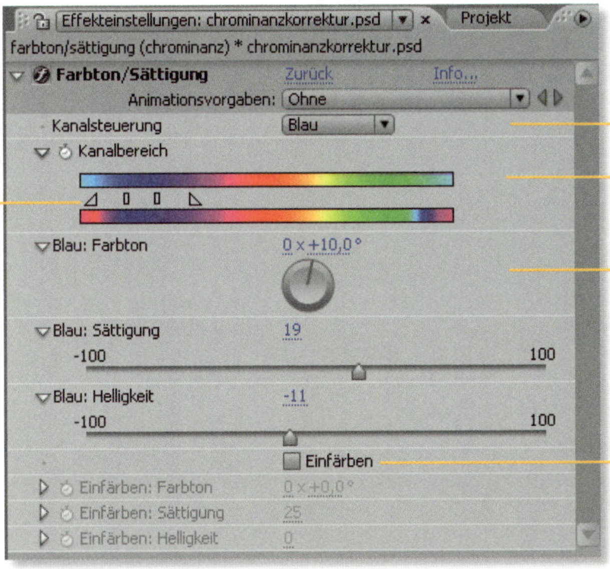

◄ **Abbildung 20.16**
Mit dem Effekt FARBTON/SÄTTIGUNG lassen sich einzelne Farbbereiche umfärben, der Farbstich aus einem Bild entfernen oder das gesamte Bild wird in einen Farbton »getaucht«.

Der Gradmesser bei BLAU: FARBTON ① arbeitet genau so. Wenn Sie den Regler auf andere Werte als den voreingestellten Wert 0 ziehen, ändern sich im ganzen Bild bzw. dem gewählten Farbkanal die Farben.

Sie können in dem Effekt unter KANALSTEUERUNG ② einen bestimmten Farbkanal wählen, den Sie ändern möchten. Normalerweise ist hier STANDARD eingestellt. Im abgebildeten und auf der DVD befindlichen Beispiel wurde der Blaukanal ausgewählt. Der für Blau vordefinierte Farbbereich wird unter KANALBEREICH ③ angezeigt.

▲ **Abbildung 20.17**
Im Originalbild hat der Himmel einen blauen Farbton.

▲ **Abbildung 20.18**
Hier wurde über die Kanalsteuerung der Kanalbereich für Cyan und Blau ausgewählt, daher wirkt sich der rote Farbton nur auf den zuvor blauen Himmel aus.

Die zwei Dreiecke und die zwei kleinen Balken 4 lassen sich verschieben, um den Kanalbereich zu verändern. Damit erreichen Sie gegebenenfalls eine genauere Auswahl des Farbbereichs, in dem Sie den Farbton ändern wollen. Ist der Kanalbereich einmal definiert, lassen sich, wie in den Abbildungen zu sehen, sehr schön nur die Blautöne des Himmels im Bild umfärben. Die anderen Farbkanäle werden auf gleiche Weise beeinflusst. Neben der Farbtonänderung bietet der Effekt außerdem die Möglichkeit, die Sättigung, also die Intensität, und auch die Helligkeit des Farbtons beeinflussen zu können.

Wird ein Häkchen bei EINFÄRBEN 5 gesetzt, erscheinen die Regler oben deaktiviert. Dafür erhalten Sie Regler für Farbton, Sättigung und Helligkeit, um das Bild einzufärben. Ohne Rücksicht auf die im Bild vorhandenen Farbunterschiede wird das Bild basierend auf der Helligkeit in eine neue Farbe »getaucht«.

Abbildung 20.19 ▶
In diesem Beispiel ist das Häkchen bei EINFÄRBEN im Effekt FARBTON/SÄTTIGUNG gesetzt worden.

20.3.2 Farbbalance

Der Effekt FARBBALANCE aus dem Menü EFFEKT • FARBKORREKTUR dient dazu, die Bildfarben über Regler für die Kanäle Rot, Grün und Blau zu beeinflussen. Dabei stellt der Effekt für jeden Farbkanal drei Regler zu Verfügung, um Schatten, Mitten und Spitzlichter separat einstellen zu können. Wird ein Wert von –100 verwendet, verschwindet die Farbe vollständig. Bei positiven Werten wirkt der Farbton intensiver.

Unter LUMINANZ ERHALTEN kann ein Häkchen gesetzt werden. After Effects versucht dann, die Helligkeitswerte des Originals mit den eingestellten Werten in Einklang zu bringen.

Effekteinstellungen: chrominanzkorrektur.psd ▾ × | Projekt ▸
farbbalance (chrominanz) * chrominanzkorrektur.psd

▽ ⊘ **Farbbalance** Zurück Info...
 Animationsvorgaben: Ohne ▾ ◁ ▷
▷ ⏱ Balance: Rot Schatten -11,0
▷ ⏱ Balance: Grün Schatten -4,0
▷ ⏱ Balance: Blau Schatten -30,0
▷ ⏱ Balance: Rot Mitten 32,0
▷ ⏱ Balance: Grün Mitten 14,0
▷ ⏱ Balance: Blau Mitten 24,0
▷ ⏱ Balance: Rot Spitzlicht 16,0
▷ ⏱ Balance: Grün Spitzlicht 11,0
▷ ⏱ Balance: Blau Spitzlicht 18,0
 · ⏱ ☐ Luminanz erhalten

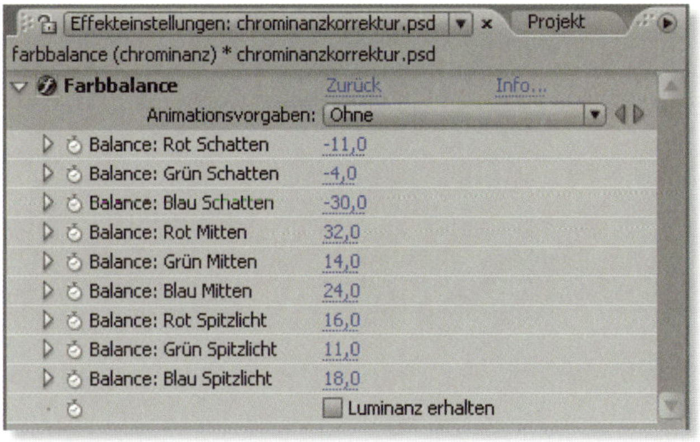

◀ **Abbildung 20.20**
Mit dem Effekt FARBBALANCE können die Farben für die Kanäle Rot,
Grün und Blau separat verändert
werden.

Viel Weiteres muss zu dem Effekt nicht gesagt werden, da sich
die Bedienung intuitiv erschließt und die Einstellungen stark vom
jeweils verwendeten Material abhängen.

▲ **Abbildung 20.21**
Das Originalbild wirkt etwas eingetrübt.

▲ **Abbildung 20.22**
Etwas sonniger erscheint das Motiv nach Anwendung des Effekts FARBBALANCE.

20.4 Color Finesse

Das leistungsstarke Werkzeug zur professionellen Farbkorrektur
stammt aus dem Hause Synthetic Aperture und ist in After Effects
als Plugin integriert. Color Finesse bietet komfortable Möglichkeiten der automatischen und manuellen primären und sekundären Farbkorrektur. Das Plugin kommt mit traditionellen Ana-
lysetools wie dem Waveformmonitor und dem Vectorscope, um
die Farb- und Helligkeitsverteilung sowie Sättigungswerte eines
Bildes beurteilen zu können. Außerdem dienen ein Kurvendiagramm und ein Histogramm als Kontrollmöglichkeit. Ein Vorteil
bei der Korrektur mit Color Finesse ist die interne Berechnung
der Farbkorrektur mit Fließkommagenauigkeit. Damit werden bei

umfangreichen Farbkorrekturen Fehler vermieden, die bei der Auf- und Abrundung von Werten entstehen können. Die bisher beschriebenen Möglichkeiten der Farbkorrektur werden in Color Finesse vereint.

Probleme | Leider ist es auch in der vorliegenden After Effects-Version noch immer nicht gelungen, Color Finesse in die Bedienoberfläche von After Effects zu integrieren. Das Plugin zeigt sich also mit einer eigenen Benutzeroberfläche, wie noch zu sehen sein wird. Ein weiteres Ärgernis besteht darin, dass immer nur ein Frame des ausgewählten Videos in Color Finesse angezeigt werden kann, während sämtliche geänderten Parameter in einem einzelnen Keyframe wiederum in der Benutzeroberfläche von After Effects gespeichert werden können. Somit ist es innerhalb der Color Finesse-Oberfläche nicht möglich, die Farbkorrektur im Zeitverlauf zu beurteilen. Und das Setzen von Keyframes für einzelne und verschiedene Parameter ist gänzlich unter den Teppich gekehrt worden.

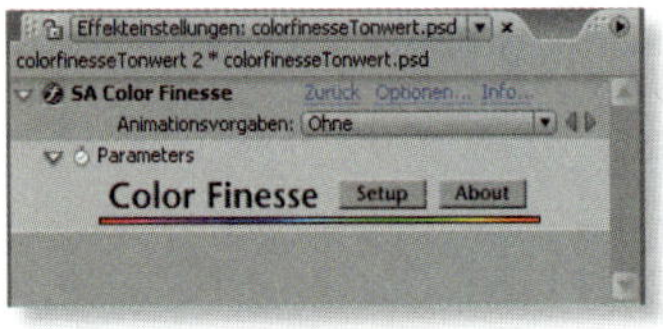

▲ **Abbildung 20.23**
Im After Effects-Effektfenster erscheint nur ein Hinweis auf das umfangreiche Farbkorrekturwerkzeug Color Finesse. Erst der Druck auf die Taste Setup startet das eigentliche Plugin.

Color Finesse installieren | Das soll Sie aber nicht bremsen, einen Blick auf dieses trotzdem sehr nützliche Werkzeug zu werfen. Allerdings müssten Sie zuvor noch, falls nicht geschehen, das Plugin installieren. Es ist im Lieferumfang als Software von Drittanbietern in After Effects Standard und Professional enthalten und benötigt einen separaten Registrierungsschlüssel, der auf der CD-Hülle zu finden ist.

20.4.1 Die Benutzeroberfläche von Color Finesse

Zunächst lernen Sie die Benutzeroberfläche von Color Finesse kennen.

Markieren Sie eine Ebene in der Komposition und öffnen Sie mit Strg+5 die Palette Effekte und Vorgaben. Tippen Sie die Buchstaben »color f« ins Eingabefeld und klicken dann doppelt auf den Effekt SA Color Finesse, um ihn der Ebene hinzuzufügen.

Das Plugin zeigt sich zunächst ganz unscheinbar im Effektfenster. Klicken Sie dort auf die Schaltfläche Setup.

Es wird die Benutzeroberfläche von Color Finesse gestartet. Von After Effects ist vorerst nichts mehr zu sehen. Man gelangt aber schnell dorthin zurück, indem in der rechten unteren Ecke von Color Finesse eine der Schaltflächen Cancel oder OK betätigt wird.

Vorbereitung

Starten Sie ein neues Projekt und importieren Sie mit Strg+I die Datei »colorfinesseTonwert.psd« aus dem Ordner 20_Farbkorrektur/Bildmaterial. Ziehen Sie die Datei auf das Kompositionssymbol im Projektfenster, um eine neue Komposition zu erstellen. Die Dauer ist egal, da hier nur ein Standbild als Beispiel verwendet wird.

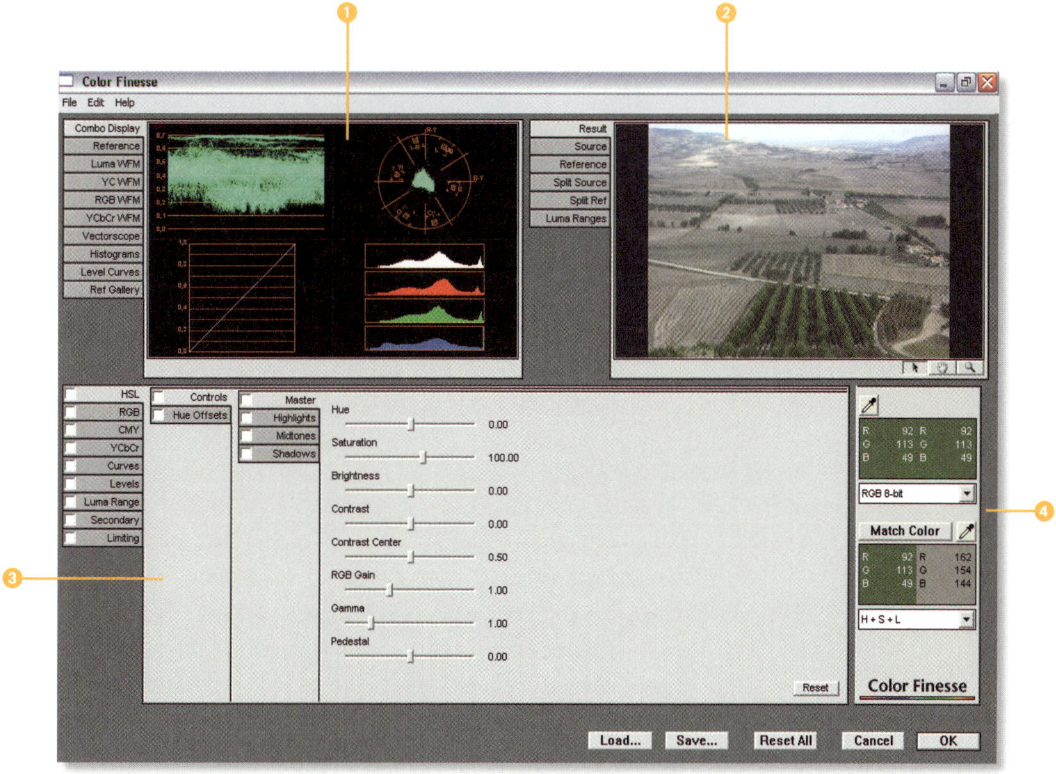

▲ **Abbildung 20.24**
Color Finesse zeigt sich mit eigener Benutzeroberfläche. After Effects ist im Hintergrund noch anwesend.

Die Benutzeroberfläche unterteilt sich in vier Hauptbereiche. Diese sind das Analysefenster, das Bildfenster, der Einstellbereich und das Farbinfofenster.

- Im **Analysefenster** 1 ist standardmäßig die Registerkarte Combo Display gewählt. Diese Anzeige stellt die vier wichtigsten Analysewerkzeuge innerhalb eines Fensters dar. Zur einzelnen Anzeige dann später mehr.
- Das **Bildfenster** 2 zeigt das Bild an der aktuellen Zeitmarkenposition in der After Effects-Zeitleiste. Ein Abspielen des Videos ist innerhalb des Plugins nicht möglich. Es sind über die Registerkarten verschiedene Anzeigemöglichkeiten gegeben, auf die noch eingegangen wird.
- Im **Einstellbereich** 3 werden verschiedene Möglichkeiten der Farbkorrektur angeboten. So sind Luminanzkorrekturen ebenso möglich wie das Entfernen eines Farbstichs oder das Umfärben eines Farbbereichs.
- Das **Farbinfofenster** 4 ist ein Hilfsmittel zur Kontrolle der Farbkorrektur. Mit der darunter befindlichen Anzeige bei Match Color ist auch eine automatische Farbkorrektur möglich. Doch auch dazu später mehr. Lassen Sie dabei Ihr Projekt ruhig geöffnet, wir schließen nach dem folgenden Abschnitt daran an.

Voreinstellungen

Sie finden die Color Finesse-Voreinstellungen im Menü unter Edit • Preferences. In der Karte General können die Menge der Rückgängig-Schritte und einige Einstellungen zur Benutzeroberfläche festgelegt werden. In der Karte Video System sollte PAL eingestellt sein. Unter Video Level Coding bleibt 0-255 (8-bit) eingestellt. Falls für eine Sendeanstalt produziert wird, sollte allerdings 16-235 (8-bit) gewählt werden (Abbildung 20.25).

Die Karte WFM/VS dient der Anpassung der Vectorscope- und Waveformmonitor-Anzeige.

20.4.2 Waveformmonitor

Da Color Finesse mit dem Waveformmonitor als Analysewerkzeug ausgestattet ist, sollen hier ein paar Worte dazu verloren werden. Kurz gesagt dient der Waveformmonitor dazu, die Helligkeitsverteilung (Luminanzwerte) und die Farbwerte (Chrominanzwerte) in einem Videobild zu beurteilen. Color Finesse bietet dazu sogar mehr als einen Waveformmonitor (WFM) an.

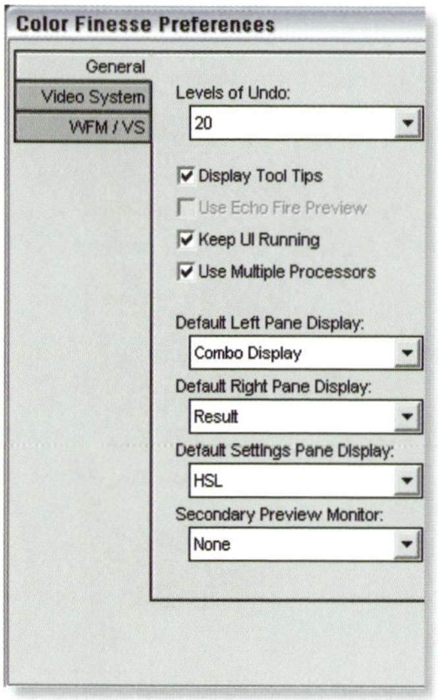

▲ **Abbildung 20.25**
Unter EDIT • PREFERENCES befinden sich die Voreinstellungen für Color Finesse.

Luma Waveformmonitor | Recht leicht verständlich ist die Waveformmonitor-Darstellung, wenn nur die Luminanzwerte eines Bildes in Betracht gezogen werden. Diese sind schnell über die Registerkarte LUMA WFM ① zu erreichen.

Die Helligkeitswerte des Beispielbildes (Abbildung 20.26) werden im Luma-Waveformmonitor (Luma WFM) dem Bild entsprechend von links nach rechts dargestellt. Das heißt die linke obere Ecke des Monitors entspricht der linken oberen Ecke im Bild usw. Die Helligkeitswerte der Bildpunkte werden auf der vertikalen Achse dargestellt. Die obere Kante des Monitors zeigt die rein weißen Bildpunkte, die untere die absolut schwarzen. Das Monitorbild lässt sich daher wie in den Abbildungen gezeigt interpretieren.

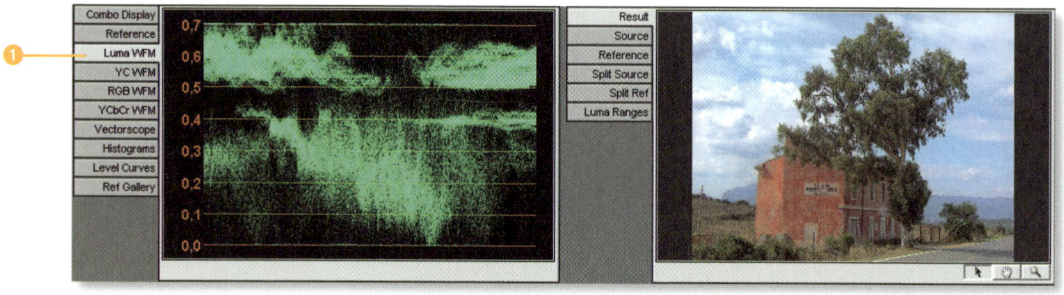

▲ **Abbildung 20.26**
In diesem Beispiel ist die Helligkeitsverteilung im Bild recht gleichmäßig.

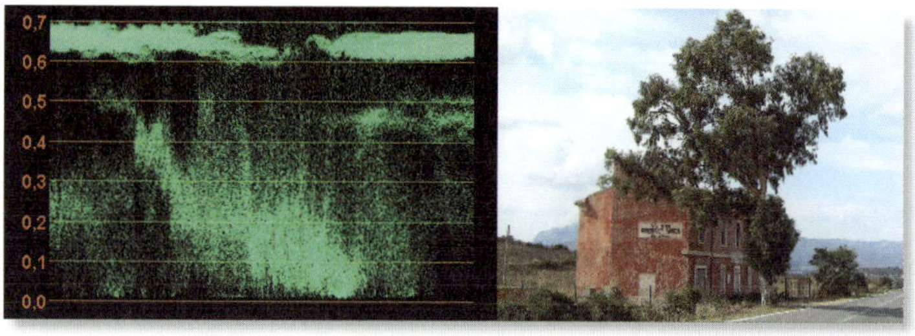

▲ **Abbildung 20.27**
Im oberen Bereich des Waveformmonitors sind die hellen Punkte dicht gedrängt: Den hellen Bereichen des Bildes fehlt es an Details.

◂ **Abbildung 20.28**
Im oberen Bereich des Waveformmonitors fehlt es an Punkten: Das Bild ist zu dunkel und wirkt kontrastarm.

◂ **Abbildung 20.29**
Der Hauptteil der Bildpunkte für den hellen und dunklen Bildbereich ist im Waveformmonitor deutlich nach oben gedrängt. Das Bild wirkt zu hell und kontrastarm. Den Schatten fehlt Tiefe.

RGB-Waveformmonitor | Eine weitere Monitor-Anzeige wird mit dem RGB-Waveformmonitor geboten. Dieser ist über die Registerkarte RGB WFM erreichbar. Hier wird die Helligkeitsverteilung im Bild jeweils für die drei Farben Rot, Grün und Blau einzeln dargestellt.

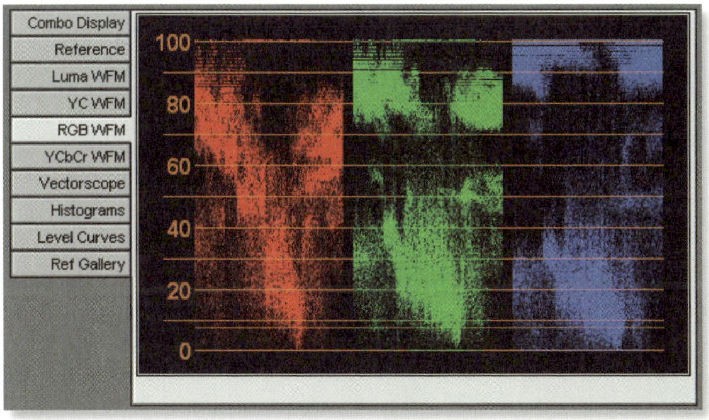

◂ **Abbildung 20.30**
Der RGB-Waveformmonitor zeigt die Helligkeitsverteilung im Bild für die Farben Rot, Grün und Blau einzeln an.

YCbCr-Waveformmonitor | Der Farbdifferenzmonitor (YUV-Anzeige) wird über die Registerkarte YCBCR eingeblendet. Hier dient die linke Anzeige der Helligkeitsinformation (Y). In den beiden anderen Anzeigen wird die Farbdifferenzinformation (U, V) dargestellt, wobei die mittlere Anzeige den blauen Farbbereich minus Helligkeitsinformation und die rechte Anzeige den roten Farbbereich minus Helligkeit darstellt. Die Chromainformation wird im YCbCr-Waveformmonitor in einem Bereich von +100 % am oberen Rand bis –100 % am unteren Rand dargestellt.

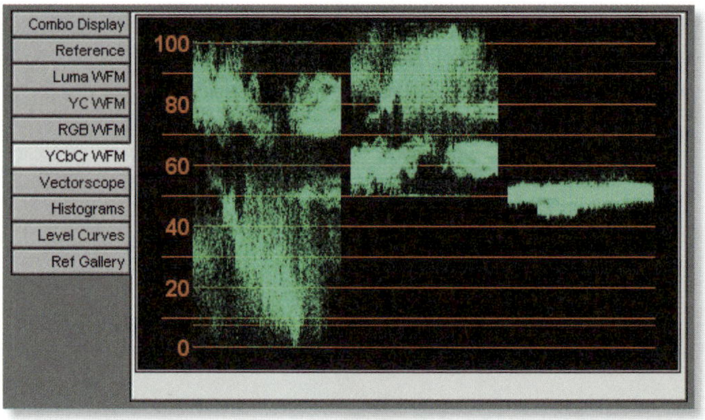

Abbildung 20.31 ▶
Der YCbCr-Waveformmonitor zeigt links die Helligkeitsinformation (Y) an und in den beiden anderen Anzeigen die Farbdifferenzinformation (U, V).

Im folgenden Workshop wird das neue Wissen angewendet.

Schritt für Schritt: Ein flaues Bild korrigieren mit Color Finesse

1 Vorbereitung

Kehren Sie noch einmal zum letzten Projekt zurück bzw. starten Sie ein neues Projekt und importieren Sie mit [Strg]+[I] die Datei »colorfinesseTonwert.psd« aus dem Ordner 20_Farbkorrektur/Bildmaterial. Ziehen Sie die Datei auf das Kompositionssymbol im Projektfenster, um eine neue Komposition zu erstellen.

Das Landschaftsbild wirkt eindeutig zu flau. Blenden Sie im Analysefenster den Waveformmonitor für die Luminanzwerte im Bild über die Registerkarte Luma WFM ein. Wie zu sehen ist, erscheinen alle Bildpunkte stark nach oben gedrängt. Es fehlen also Bildpunkte in gesättigtem Schwarz. Wir korrigieren dies mit Hilfe der Einstellungsmöglichkeiten unter HSL.

▼ **Abbildung 20.32**
Das Bild wirkt flau, und im Waveformmonitor für Luminanzwerte spiegelt sich das mit nach oben gedrängten Punkten wider.

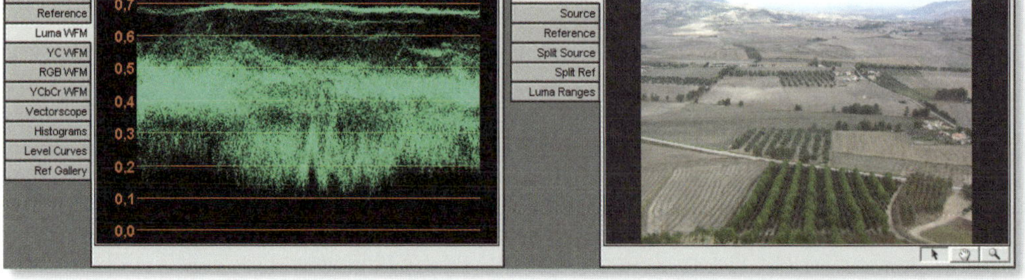

2 Arbeit mit den HSL-Einstellungen

Die HSL-Karte steht für die Veränderung der Farb-, Sättigungs- und Helligkeitseinstellungen (**H**ue, **S**aturation, **L**uminance) eines Bildes. In der Karte CONTROLS können die Werte für Glanzlichter, Mitteltöne und Schatten (Highlights, Midtones, Shadows) einzeln geändert werden. Die Karte MASTER beinhaltet sämtliche Regler noch einmal, um auf das gesamte Bild Einfluss nehmen zu können.

RGB Gain

Durch die RGB Gain-Werte werden hellere Bildbereiche stärker als dunklere beeinflusst. Die Einstellung der Bildhelligkeit erfolgt durch Multiplikation.

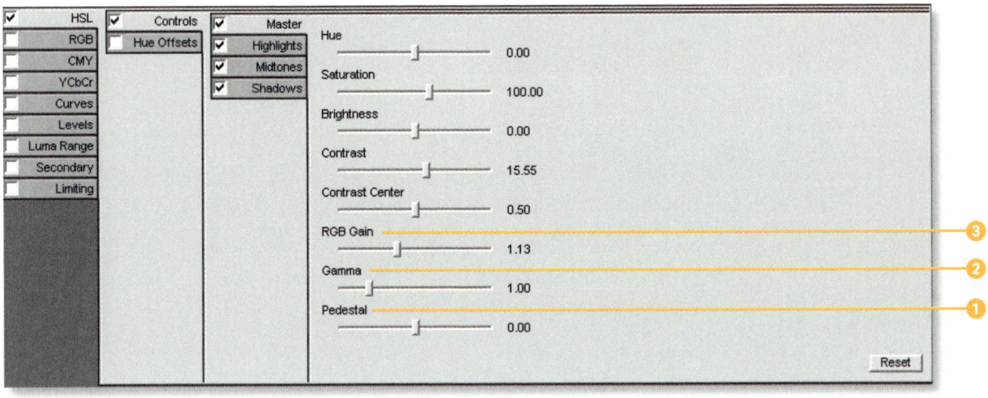

▲ **Abbildung 20.33**
Auf der HSL-Karte lassen sich unter CONTROLS Farb-, Sättigungs- und Helligkeitseinstellungen für Glanzlichter, Mitteltöne und Schatten einzeln bewerkstelligen.

Recht gute Ergebnisse erhalten Sie in unserem Beispiel, wenn Sie mit der Karte SHADOWS beginnend die Werte für PEDESTAL ①, GAMMA ②, und RGB GAIN ③ intuitiv verändern. Dazu können Sie an den einzelnen Reglern ziehen oder auch den jeweiligen Wert direkt anklicken, um in das dann aktive Feld einen numerischen Wert einzutippen.

Als Orientierung dient Ihnen der Luma-Waveformmonitor. Achten Sie darauf, dass sich die große untere Punktewolke langsam nach unten bewegt und die Punkte dann am unteren Rand des Monitors beginnen.

Bei der Karte HIGHLIGHTS achten Sie darauf, dass sich die dicht gedrängten Punkte am oberen Rand des Waveformmonitors etwas weiter verteilen. Vermeiden Sie »Punktehaufen« in der Anzeige. Sie werden sicher öfter zwischen den Karten hin- und herwechseln, um die für Sie passende Einstellung zu erreichen. Dabei kommen letztendlich oft andere Werte zustande als die, mit denen Sie begonnen haben. Probieren Sie es aus!

Übrigens müssen Sie keine Häkchen in die Boxen der Karten setzen, um loszulegen. Diese kommen automatisch hinzu, sobald Sie eine Veränderung vornehmen.

Gamma

Mit den Gammawerten werden die Mitteltöne im Bild beeinflusst, ohne dass Lichter oder Schatten in Mitleidenschaft gezogen werden. Oft ist ein zu dunkler oder zu heller Bildbereich über die Gammawerte schon korrigierbar.

Pedestal

Die Pedestal-Werte werden als fester Wert den vorhanden Pixelwerten hinzuaddiert. Ist der hinzuaddierte Wert negativ, wird das Bild insgesamt heller (aus Schwarz wird Grau), positive Werte führen zur Abdunklung.

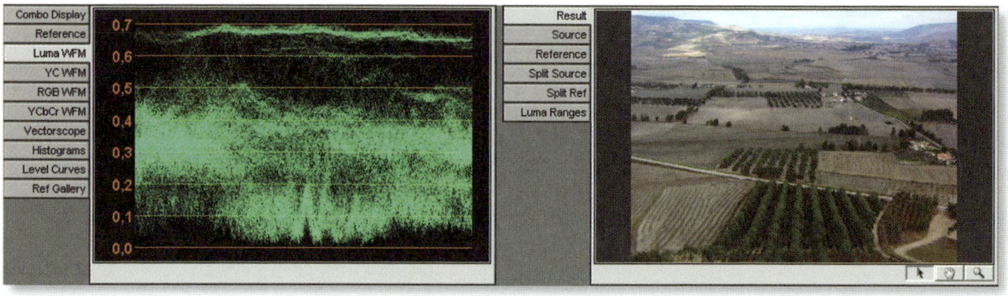

▲ **Abbildung 20.34**
Das korrigierte Bild sieht doch um einiges besser aus als das Original. Im Waveformmonitor erscheinen die Helligkeitswerte nun relativ gleichmäßig verteilt.

Reset

Ist Ihnen die Änderung innerhalb einer Karte ordentlich misslungen, hilft ein Klick auf die Schaltfläche RESET, die sich auf jeder der Einstellungskarten in der rechten unteren Ecke befindet. Am unteren Rand der Benutzeroberfläche befindet sich die Schaltfläche RESET ALL, um alle Einstellungen zurückzusetzen.

Einstellungen ein- und ausblenden

Durch einen Klick auf die Häkchen der Einstellungskarten können die gemachten Änderungen schnell ein- und ausgeblendet werden. Dies ist zum Vergleich der Vorher-nachher-Wirkung äußerst nützlich.

3 Save and Load

Wenn Sie dringend mal Luft schnappen müssen und Sorge haben, Ihr Kollege könnte inzwischen an Ihren Farbkorrektur-Einstellungen drehen, ist es sicherer, die Einstellungen zu speichern. Über die Schaltfläche SAVE am unteren Rand der Color Finesse-Benutzeroberfläche werden die Einstellungen in einer Datei mit der Endung .cfs gespeichert. Über die Schaltfläche LOAD sind die Einstellungen schnell wiederhergestellt.

4 Level Curves

Eine sehr gute Kontrolle zur Beurteilung der Helligkeitsveränderungen im Bild ist mit der Anzeige unter LEVEL CURVES gegeben. Vielleicht erinnern Sie sich noch an den weiter oben im Text erläuterten Effekt KURVEN. Die LEVEL CURVES-Anzeige funktioniert nach dem gleichen Prinzip.

Das fertige Beispiel zu diesem Projekt finden Sie übrigens im Ordner 20_FARBKORREKTUR. Es heißt »farbkorrektur.aep« und der Titel der Komposition lautet »colorfinesseTonwert«. Wenn Sie das Bild aus dem Nebel geholt haben, gratuliere ich Ihnen! Gleich kommt das Vectorscope.

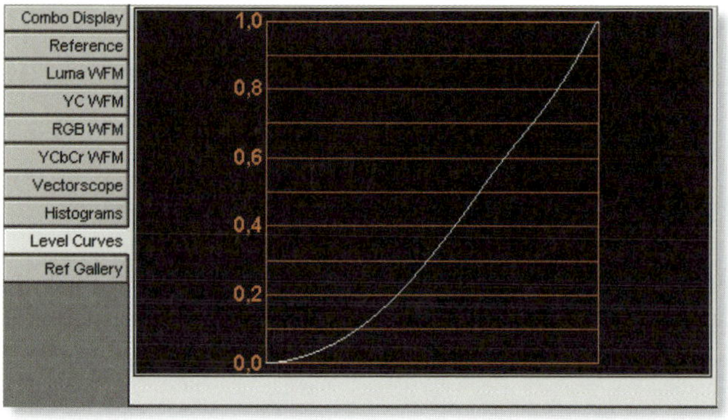

▲ **Abbildung 20.35**
Mit der Anzeige LEVEL CURVES lassen sich Helligkeitsänderungen im Bild ebenfalls sehr gut kontrollieren.

20.4.3 Farbkorrektur an verschiedenen Zeitpunkten

Wenn Sie vorhaben, Color Finesse einzusetzen, um an verschiedenen Stellen eines Films verschiedene Farbanpassungen durchzuführen, so ist dies möglich, indem Sie zwischen der Benutzeroberfläche von Color Finesse und After Effects hin- und herschalten.

Dazu wird der Effekt COLOR FINESSE wie gewohnt auf die Filmebene angewandt. Sie können dann die Filmebene markieren und die Taste [E] betätigen, um den Effekt einzublenden. Beim Aufklappen der Effekteigenschaften finden Sie die vielen Color Finesse-Parameter auf das Wörtchen PARAMETERS zusammengeschrumpft. Dort können wie üblich Keyframes gesetzt werden, um die Farbkorrektureinstellungen an bestimmten Zeitpunkten zu ändern. Sämtliche Color Finesse-Einstellungen werden in einem Keyframe zu bestimmten Zeitpunkten fixiert.

Sie müssen jedoch jedes Mal den Button SETUP im Effektfenster betätigen, um neue Anpassungen in Color Finesse durchzuführen. Für diese werden die Keyframes dann zwar automatisch gesetzt, aber um zu einem anderen Zeitpunkt zu gelangen, ist es nötig, Color Finesse über OK oder CANCEL zu verlassen und dann in der After Effects-Zeitleiste den neuen Zeitpunkt anzusteuern. Danach wechseln Sie wieder zu Color Finesse ... Pontius und Pilatus grüßen Sie.

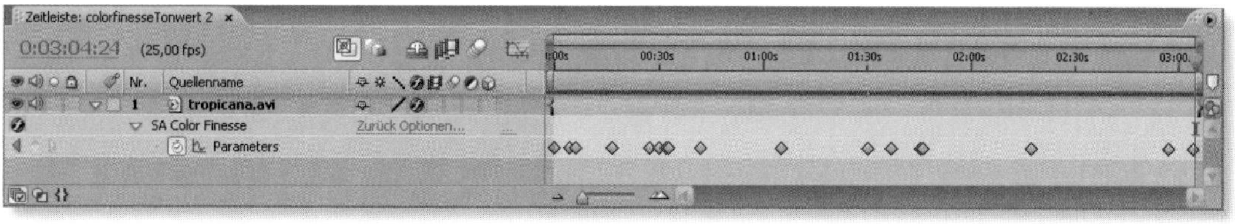

▼ Abbildung 20.36
Bei entsprechender Muße können Sie mit Color Finesse auch Farbkorrekturen im Zeitverlauf eines Films vornehmen.

20.4.4 Vectorscope

Das Vectorscope ist ein Analysewerkzeug, um Farbton und Sättigung eines Videosignals zu überprüfen. Sie erreichen das Analysewerkzeug über die Registerkarte VECTORSCOPE. Dabei wird jeder Bildpunkt durch einen Punkt in der Vectorscope-Anzeige repräsentiert. Diese stellt einen Farbkreis dar, in dem die Bildfarben entgegen dem Uhrzeigersinn in folgender Reihenfolge zugeordnet werden: Rot, Gelb, Grün, Cyan, Blau, Magenta.

Stark gesättigte Bildpunkte, also die intensiver leuchtenden Farben, werden je nach Grad der Sättigung weiter außen am Rand des Farbkreises dargestellt. In der Mitte sammeln sich alle die Bildpunkte, die eine weniger hohe bzw. gar keine Sättigung aufweisen. Dort sind daher auch sämtliche unbunten Farben zu finden, also Weiß, Grau und Schwarz. Wird die Sättigung im Bild erhöht, wandern die Punkte in der Anzeige also nach außen, während sich bei einer Verringerung der Sättigung die Punkte zur Mitte hin bewegen. Auch bei der Manipulation einer Farbe wandern die Punkte – diesmal allerdings von einem Farbsegment ins andere, rund um den Farbkreis.

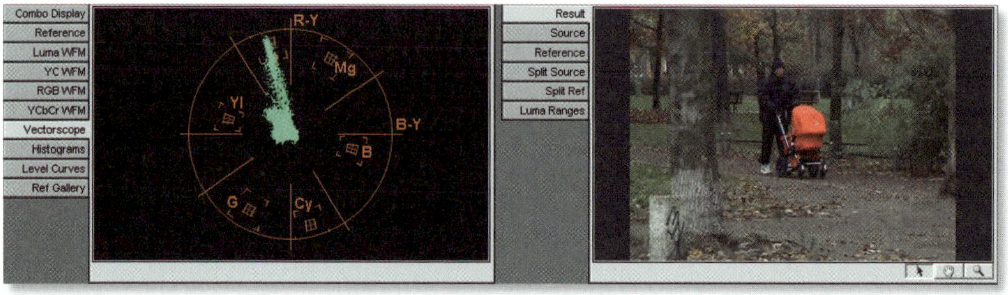

▲ **Abbildung 20.37**
Das Vectorscope zeigt eine deutliche Rotverschiebung einiger Bildpunkte bis in den übersättigten Bereich. Diese stammen von dem knallroten Kinderwagen.

Korrekturmöglichkeiten | Ein **Farbstich** lässt sich im Vectorscope sehr schnell erkennen, da in diesem Fall eine deutliche Verschiebung einiger Bildpunkte in ein bestimmtes Segment des Farbkreises zu beobachten ist.

Auch ein Überschreiten der Farbsättigungsgrenze, die bei der Ausgabe für eine Ausstrahlung im Fernsehen zu beachten wäre, lässt sich mit dem Analysewerkzeug schnell bestimmen. In den Segmenten der Primärfarben Rot, Grün und Blau und in denen der Sekundärfarben Gelb, Cyan und Magenta befindet sich zur Kontrolle jeweils ein Kästchen. Sollten die Bildpunkte über diese Kästchen hinaus verteilt sein, zeigt das eine Übersättigung der jeweiligen Farbe an. Das sollte natürlich vermieden werden.

In der Abbildung 20.37 sehen Sie ein kontrastarmes Bild mit einem leuchtenden roten Kinderwagen. Der Blick aufs Vectorscope zeigt die deutliche Rotverschiebung einiger Bildpunkte bis in den übersättigten Bereich.

Schritt für Schritt: Farbstich entfernen mit Color Finesse (nur Pro)

1 Vorbereitung

Starten Sie ein neues Projekt und importieren die Datei »farbstich.psd« aus dem Ordner 20_FARBKORREKTUR/BILDMATERIAL. Ziehen Sie die Datei auf das Kompositionssymbol im Projektfenster, um eine neue Komposition zu erstellen. Auf die Dauer der Komposition kommt es nicht an.

Markieren Sie die Ebene in der Komposition und fügen Sie über das Menü EFFEKT • SYNTHETIC APERTURE den Effekt SA

Color Finesse hinzu. Betätigen Sie die Schaltfläche Setup, um die Benutzeroberfläche zu starten. Klicken Sie auf die Karte Vectorscope, um das Analysewerkzeug in voller Größe anzuzeigen.

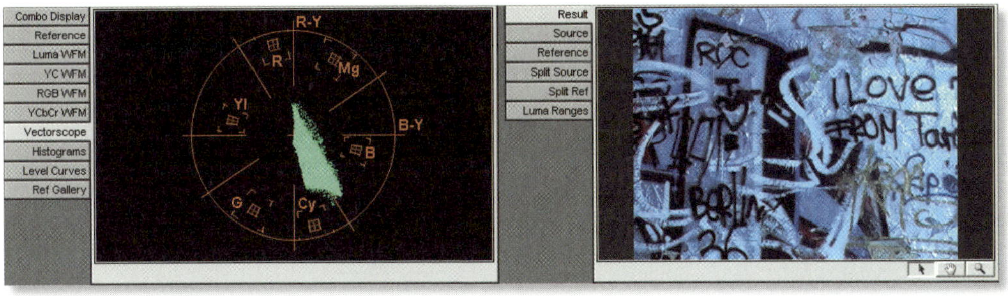

▲ **Abbildung 20.38**
Der Blaustich des Originalbilds spiegelt sich in einer Farbverschiebung hin zum Cyan-Segment im Vectorscope wider.

2 Split Source

Wechseln Sie die Ansicht im Bild-Fenster auf Split Source. Damit wird die Ansicht geteilt. Links sehen Sie das Bild im Originalzustand, rechts das korrigierte Ergebnis. Sie können die Bildteilung frei wählen, indem Sie die kleinen weißen Dreiecke oben und unten ① verschieben.

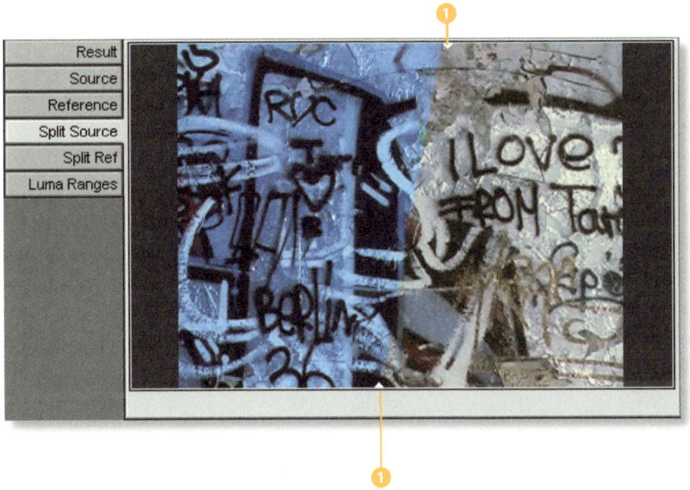

◂ **Abbildung 20.39**
Durch die Wahl der Anzeige Split Source ist sowohl das Original als auch das Ergebnisbild sichtbar.

3 Vectorscope interpretieren

Wenn Sie die Darstellung im Vectorscope anschauen, sehen Sie eine deutliche Konzentration der Bildpunkte im Cyan-Farbsegment. Ein Ausgleich der Farbverschiebung wäre über eine Erhöhung des komplementären Farbanteils möglich, also der Farbe, die der Farbe Cyan im Farbkreis gegenüberliegt. Das bedeutet somit eine Verschiebung hin zum Rot-Segment.

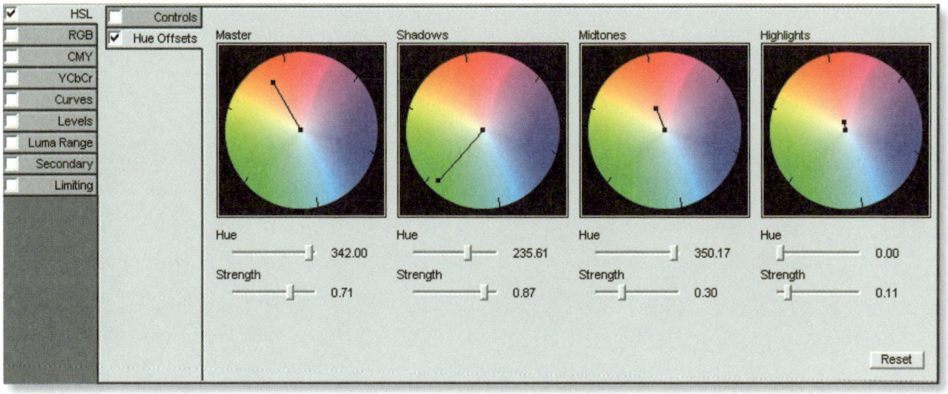

▲ **Abbildung 20.40**
Die Entfernung eines Farbstichs ist mit den Hue Offsets und der Beurteilung im Vectorscope kein Problem.

Klicken Sie in der HSL-Karte auf Hue Offsets. Dort finden Sie vier hübsche Farbkreise vor. Über diese lassen sich die Farben jeweils für die Schatten, Mitteltöne und Glanzlichter bzw. insgesamt im Bild verschieben. In der Mitte eines jeden Farbkreises befindet sich ein kleiner Punkt, den Sie anklicken und in ein bestimmtes Farbsegment ziehen können. Die Entfernung zum Mittelpunkt bestimmt die Stärke der Einfärbung und die Rotation auf dem Farbkreis die Farbe.

Das Gleiche erreichen Sie mit den Reglern unter den Farbkreisen. Hue bestimmt hier die Farbe und Strength die Stärke der Färbung. Na dann drauf los! – Ziehen Sie den Punkt für den Master ins rote Farbsegment und passen Sie eventuell die Schatten-, Mittelton- und Glanzlichtfarben noch an. Der Farbstich sollte allmählich verschwinden.

Die genauen Einstellungen sind natürlich von vielen subjektiven Faktoren abhängig. Wenn beispielsweise Sonnen- oder Lampenlicht auf Ihren Bildschirm fällt oder Sie bereits sehr lange am Computer sitzen, fallen die Ergebnisse sicher jeweils unterschiedlich aus. Aber Sie haben ja das Vectorscope als objektiven Betrachter, das Ihnen verrät, in welche Richtung sich die Farben verschieben – egal bei welcher Beleuchtung.

Kleine Änderungen bei Hue Offset

Wenn Sie in den Farbkreisen bei Hue Offset nur minimale Änderungen vorhaben, drücken Sie beim Ziehen des Punkts im Farbkreis gleichzeitig die Taste [⇧]. Ihre Mausbewegungen werden dann um ein Zehnfaches minimiert.

▼ **Abbildung 20.41**
Nach der Korrektur des Farbstichs sind die Bildpunkte im Vectorscope um den Mittelpunkt gruppiert.

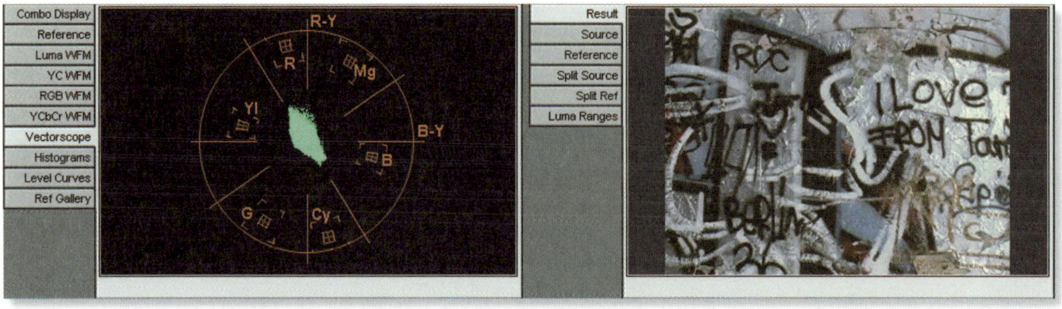

Das fertige Beispiel zu diesem Projekt finden Sie wieder im Ordner 20_FARBKORREKTUR unter dem Titel »farbkorrektur.aep« und der Name der Komposition lautet »colorfinesseFarbstich«. ■

20.4.5 Primäre und sekundäre Farbkorrektur

Primäre Farbkorrektur | Die bisher in diesem Kapitel gezeigten Beispiele waren der Korrektur der Helligkeitsverhältnisse in einem Bild oder der Regelung der Farbwerte im gesamten Bild gewidmet. Diese Korrekturen stehen am Anfang der Farbkorrektur, bevor ein bestimmter Look für das Video erzeugt wird. Dabei kann ein bestimmter Farbstich sogar erwünscht sein, um beispielsweise eine kühle Farbstimmung zu erreichen.

Sekundäre Farbkorrektur | Bei der sekundären Farbkorrektur werden bestimmte Teile des Bildes korrigiert. Dies geschieht, nachdem die primäre Korrektur abgeschlossen ist. Um nur bestimmte Bildteile zu korrigieren, müssen diese ausgewählt werden. Wie das in der Praxis aussieht, schauen wir uns im folgenden Workshop an. Hier wird ein Objekt im Bild einfach vollkommen umgefärbt.

Schritt für Schritt: Sekundäre Farbkorrektur mit Color Finesse

1 Vorbereitung

Starten Sie ein neues Projekt und importieren die Datei »selektiveKorrektur.psd« aus dem Ordner 20_FARBKORREKTUR/BILDMATERIAL. Ziehen Sie die Datei auf das Kompositionssymbol im Projektfenster, um eine neue Komposition zu erstellen.

◂ **Abbildung 20.42**
In diesem Beispiel sollen die Farben der Fahne geändert werden.

Fügen Sie zur Ebene »selektiveKorrektur« wie in den vorherigen Workshops den Effekt SA COLOR FINESSE hinzu. Starten Sie die Benutzeroberfläche über die Schaltfläche SETUP. Wählen Sie im Einstellbereich die Karte SECONDARY.

2 Secondary

Die Karte SECONDARY beinhaltet weitere sechs, von A bis F bezeichnete Karten, die alle genau gleich aufgebaut sind. Es können damit sechs Farbbereiche ausgewählt bzw. kombiniert und gleichzeitig korrigiert werden. Für unser Beispiel genügt es zunächst, die Karte A zu verwenden. Sie finden im rechten oberen Bereich vier Pipetten vor, die dazu dienen, vier Farben aufzunehmen. Sie können sich sicher schon denken, welche Farbe hier verändert werden soll. – Richtig: die roten und die grünen Farbtöne der Fahne.

▼ Abbildung 20.43
In der Karte SECONDARY befinden sich sechs Karten (A–F).

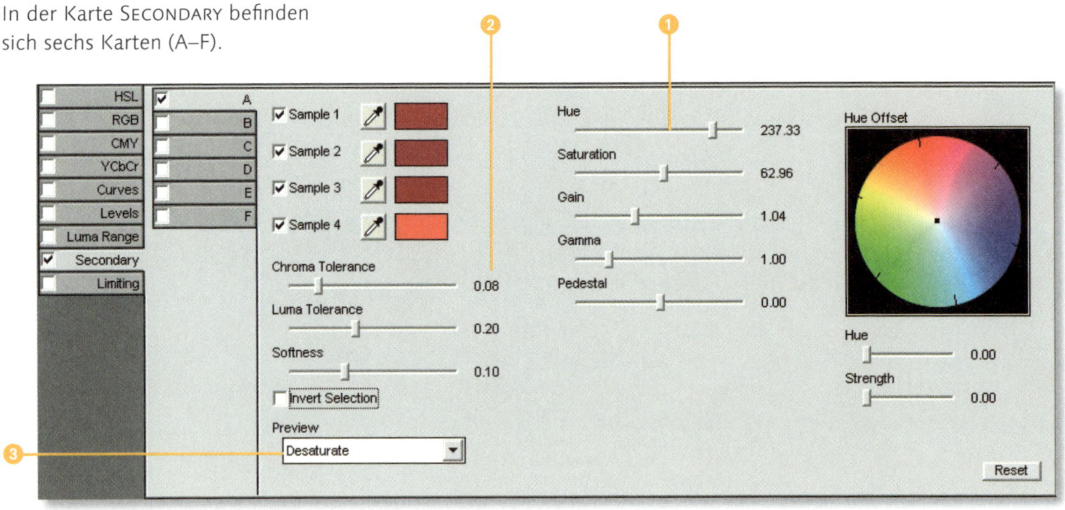

Um zuerst sowohl die hellen als auch die dunkleren Rottöne zu »erwischen«, müssen diese vor der Farbkorrektur mit den Pipetten ausgewählt werden. Klicken Sie also mit der ersten Pipette auf einen sehr hellen Rotton und wählen Sie dann mit den anderen Pipetten zwei mittlere und einen sehr dunklen roten Farbton aus. Es wird immer die Farbe an der Pipettenspitze aufgenommen. Ziehen Sie dann an dem Regler für HUE (1), bis Sie die Farbe Blau gefunden haben und diese anstelle des Rots sichtbar wird.

Wenn danach noch nicht alle roten Bereiche in der Fahne beeinflusst werden, können Sie die Farbauswahl noch über die Regler CHROMA TOLERANCE (2), LUMA TOLERANCE und SOFTNESS verändern. Dabei können allerdings andere, unerwünschte

Lupe und Hand

Mit dem Lupen-Symbol in der rechten unteren Ecke des Bildfensters klicken Sie ins Bild, um Bereiche zu vergrößern. Bei gleichzeitigem Drücken der [Strg]-Taste wird das Bild wieder verkleinert. Das Hand-Symbol neben der Lupe dient dem Verschieben des Bildes.

Bereiche ausgewählt werden. Um diese besser im Auge zu behalten, empfiehlt es sich, unter PREVIEW ③ eine andere Vorschau zu wählen. Sehr gut sichtbar sind die Auswahlbereiche mit der ALPHA-Vorschau und mit DESATURATE, wobei die nicht ausgewählten Bereiche entfärbt werden. Zurück zur alten Anzeige wechseln Sie mit OFF.

◄ **Abbildung 20.44**
Mit der Preview-Einstellung DESATURATE lassen sich Bildbereiche, die nicht ausgewählt sind, entsättigt darstellen.

Probieren Sie also etwas, um die für Sie passenden Werte herauszufinden. Kommen Sie zu keinen passenden Ergebnissen, hilft es, die Samplefarben zu ändern. Sie können zuvor die Häkchen vor den Farben entfernen, um die Auswirkung einer einzelnen Samplefarbe zu testen. Ganz einfach ist es nicht, einen bestimmten Farbbereich im Zeitverlauf eines Videos zu isolieren. Schließlich haben wir hier nur ein einzelnes Bild verwendet.

3 Abschluss

Nachdem Sie die rote Farbe der Fahne durch ein Blau ersetzt haben, wechseln Sie in die Karte B. Wählen Sie dort wieder vier Samplefarben, nun für die grüne Farbe der Fahne. Wählen Sie dann mit dem Regler für HUE ein Rot und passen die Toleranz an. Wenn nur noch die Farben Ihrer gewünschten Auswahl beeinflusst werden, können Sie neben dem Farbton auch die Sättigung unter SATURATION und die Helligkeitswerte unter GAIN, GAMMA und PEDESTAL für den ausgewählten Bereich verändern.

Auch der schon aus dem Workshop zum Farbstich bekannte HUE OFFSET-Farbkreis dient der farblichen Änderung Ihres Auswahlbereichs.

Das fertige Beispiel zu diesem Projekt finden Sie wieder im Ordner 20_FARBKORREKTUR unter dem Titel »farbkorrektur.aep«, und der Name der Komposition lautet »colorfinesseSelektiveKorrektur«.

Samplegrösse

Sie können den normal auf nur einen Pixel festgelegten Samplebereich vergrößern. Klicken Sie bei aktiver Pipette und gedrückter [⇧]-Taste ins Bild, werden 3 × 3 Pixel aufgenommen. Mit der Taste [Strg] sind es schon 5 × 5 Pixel und mit beiden Tasten gemeinsam 9 × 9 Pixel. Die Tastenkombinationen gelten für die Arbeit mit allen Pipetten in Color Finesse.

Abbildung 20.45 ▶
Nach der sekundären Farbkorrektur sind die Farben der Fahne Rot, Weiß und Blau.

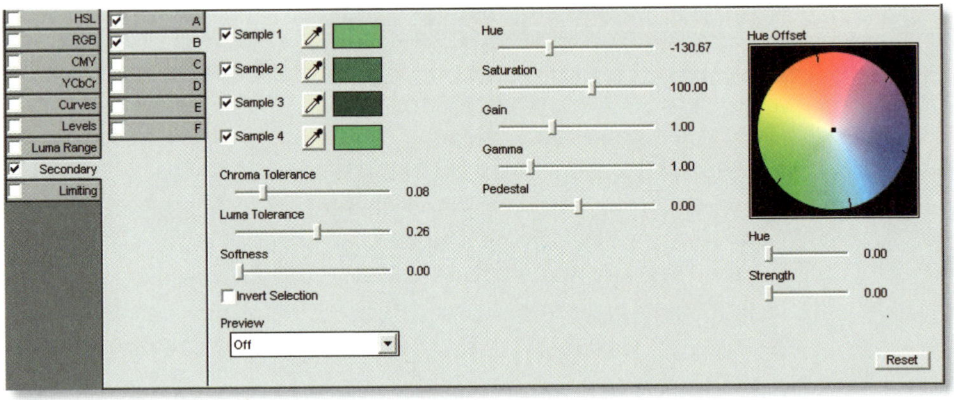

▲ **Abbildung 20.46**
Ist der Auswahlbereich einmal festgelegt, lässt sich an der Farbe »drehen«. Änderungen sind mit HUE, SATURATION, GAIN, GAMMA, PEDESTAL und mit HUE OFFSET möglich.

Einige Ansichten und Funktionen sind in den vorangegangenen Workshops noch unerwähnt geblieben. Dazu gehören die Referenzgalerie, ein paar Bildfenster, das Farbinfofenster und einige Karten im Einstellbereich.

20.4.6 Referenzbild

Über die Karte REF GALLERY können Referenzbilder festgelegt werden. Diese Referenzbilder dienen dem Vergleich mit dem zu korrigierenden Bild, sind aber auch dienlich, um bestimmte Farben aus dem Referenzbild zu sampeln, sprich von dort aufzunehmen.

In der Referenzgalerie werden alle im After Effects-Projekt enthaltenen Standbilder und Movies angezeigt, sofern sie von QuickTime gelesen werden können. Auch QuickTime-Videos können in die Referenzgalerie geladen werden. Das Hinzuladen neuer Dateien erfolgt über die Schaltfläche ① am unteren Rand. Per Doppelklick auf eine der in der Galerie enthaltenen Dateien oder durch Klick auf das Symbol ② wird das Referenzbild in der Karte REFERENCE ③ angezeigt.

Wenn Sie Movies als Referenz verwenden, können Sie auf die Bildanzeige in der Karte REFERENCE klicken und bei gedrückter Maustaste ziehen, um ein anderes Bild aus dem Movie als Referenzbild auszuwählen. Im Bildfenster kann das Referenzbild über die Karte REFERENCE eingeblendet werden. Mit der Karte SPLIT REF ④ sind sowohl das Referenz- als auch das Ergebnisbild der Farbkorrektur sichtbar.

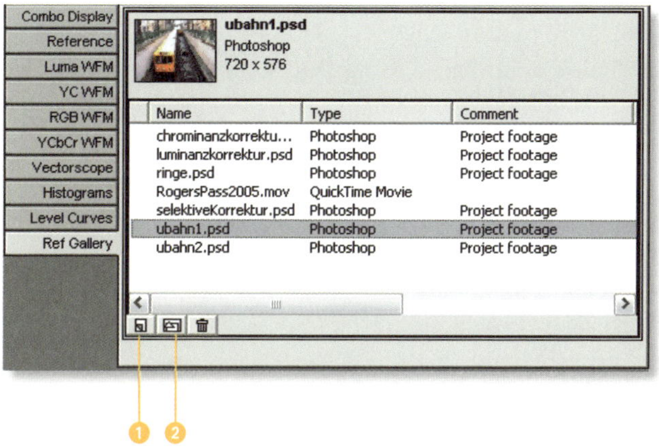

◂ **Abbildung 20.47**
In die Referenzgalerie können Standbilder und Movies geladen werden. Sie dienen als Vergleichsbilder oder um Farben daraus zu sampeln.

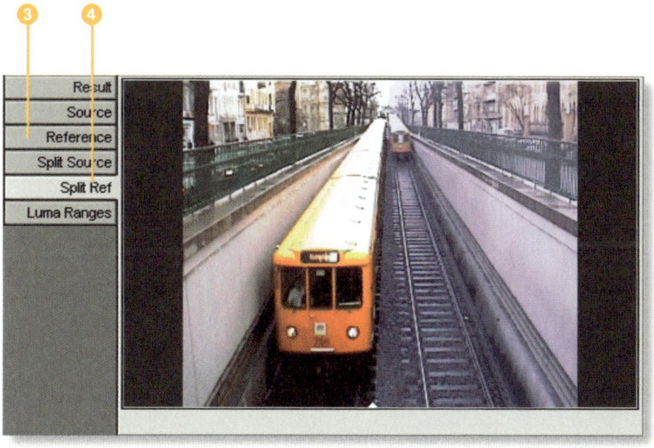

◂ **Abbildung 20.48**
Über die Karte SPLIT REF werden sowohl das Referenzbild als auch das Ergebnisbild der Farbkorrektur angezeigt.

20.4.7 Farbinfofenster

Weitere Kontrolle über farbkorrigierte Bildbereiche erhalten Sie mit dem Farbinfofenster. Der obere Bereich dient der Kontrolle der korrigierten Farbe. Der untere Bereich unter der Schaltfläche MATCH COLOR ist für die automatische Farbkorrektur bestimmt.

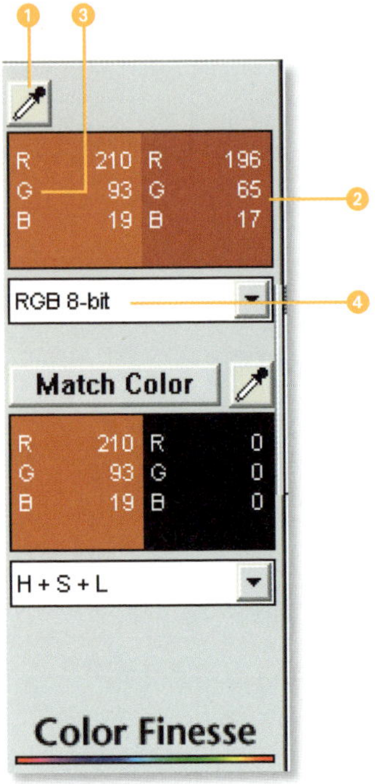

▲ **Abbildung 20.49**
Das Farbinfofenster dient zur Kontrolle der Farbkorrektur und zur automatischen Farbkorrektur mit MATCH COLOR. Die numerische Angabe der Farbwerte im Farbinfofenster kann über das Einblendmenü gewechselt werden.

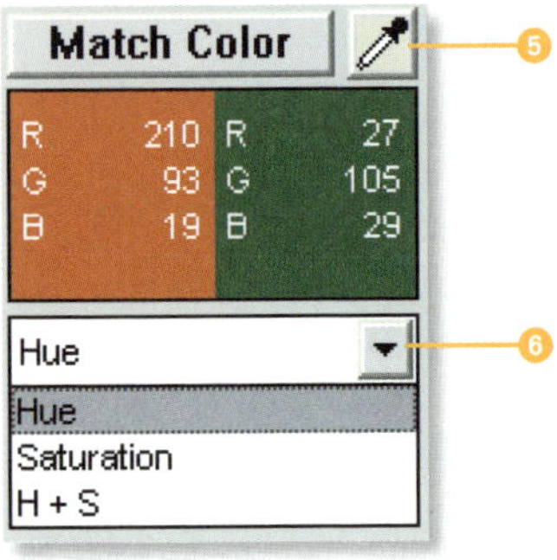

▲ **Abbildung 20.50**
Die Match Color-Funktion im Farbinfofenster bietet Möglichkeiten der automatischen Farbkorrektur.

Um die Farbwerte einer ausgewählten Farbe kontrollieren zu können, wird diese im Originalbild mit der Samplepipette 1 aufgenommen. Die Farbe erscheint daraufhin zunächst sowohl in der rechten als auch in der linken Anzeige 2 und 3. Werden Korrekturen vorgenommen, wird in der rechten Anzeige die korrigierte Farbe eingeblendet. Außer der Original- und der Ergebnisfarbe sind die jeweiligen Farbwerte sichtbar. Anhand dieser numerischen Angaben lässt sich leicht beurteilen, ob ein Farbanteil überwiegt. In welchem Format diese numerischen Angaben erfolgen, können Sie im oberen Einblendmenü 4 festlegen. Es kann für RGB zwischen 8, 10, 16 Bit und Fließkomma- oder Prozentangabe gewählt werden. Außerdem ist noch eine Anzeige im HSL- und Hex-Format möglich.

Wenn Sie eine ganz bestimmte Farbe als Samplefarbe wählen wollen, so ist dies mit einem Klick auf die Samplepipette bei gleichzeitigem Gedrückthalten der Strg-Taste möglich. Anschließend kann die Farbe im Standard-Farbwähler ausgewählt werden.

20.4.8 Automatische Farbkorrektur mit Match Color

Die Match Color-Funktion im Farbinfofenster dient dem automatischen Korrigieren von Quell- zu Zielfarbbereichen.

Die zu korrigierende Quellfarbe wird mit der unter »Farbinfofenster« erwähnten Samplepipette aufgenommen. Mit der Zielfarbpipette bei MATCH COLOR 5 kann eine Farbe aus einem Referenzbild aus der Karte REFERENCE aufgenommen werden. Oder Sie definieren die Zielfarbe selbst, indem Sie bei gleichzeitigem Drücken der Strg-Taste auf die Zielfarbenpipette klicken und in dem sich öffnenden Farbwähler eine Farbe aussuchen.

Anschließend wird die Quellfarbe per Klick auf die Schaltfläche MATCH COLOR durch die Zielfarbe ersetzt.

Welche Art der **automatischen Farbkorrektur** dabei angewendet wird, ist abhängig von der im Einstellungsfenster aktuell ausgewählten Einstellungskarte. Pro Karte sind im Einblendmenü 6 verschiedene Farbkorrekturmöglichkeiten wählbar. In der HSL-Karte finden Sie beispielsweise eine größere Auswahl im Einblendmenü als in der Karte SECONDARY. Wenn Sie die einzelnen Karten durchgehen, werden Sie feststellen, dass nicht jede Karte mit der Match Color-Funktion ausgestattet ist. Schön ist die Möglichkeit, nur einzelne Farbkanäle (z.B. in der RGB-Karte) oder nur die Sättigung eines Bildes beeinflussen zu können (z.B. HSL-Karte).

20.4.9 Farbkanalkorrektur (RGB, CMY, YCbCr)

In Color Finesse lassen sich einzelne Farbkanäle über die Einstellkarten **RGB, CMY** und **YCbCr** beeinflussen. Für die Helligkeitsregelung stehen in jeder Karte jeweils drei Masterregler für GAMMA, PEDESTAL und GAIN zur Verfügung. Außerdem sind in jeder Karte weitere Regler für verschiedene Farbkanäle enthalten. So sind in der RGB-Karte die Luminanzwerte für die Primärfarben Rot, Grün und Blau einzeln steuerbar. In der CMY-Karte gilt das Gleiche für die Sekundärfarben Cyan, Magenta und Yellow.

Die YCBCR-Karte funktioniert etwas anders. Hier können die Helligkeitswerte (Y) unabhängig von den Farbkanälen verändert werden. Die Farbkanäle wiederum werden durch die Regler für CB und CR beeinflusst, ohne die Helligkeitsinformation zu stören. Dabei verändern sich die Farben mit dem CB-Regler in Richtung Gelb bzw. Blau auf dem Farbkreis und mit dem CR-Regler in Richtung Grün bzw. Rot.

Zusätzlich kann die Farbkorrektur in allen drei Farbkanal-Karten noch für Glanzlichter, Mitteltöne und Schatten (HIGHLIGHTS, MIDTONES, SHADOWS) extra bearbeitet werden.

Falls Sie sich fragen, wie After Effects den CMY-Modus oder den YCBCR-Modus verträgt, kann man das mit einem »gar nicht« beantworten. Color Finesse arbeitet nur intern in diesen Modi und wandelt anschließend das Ergebnis für After Effects in den RGB-Modus um. Die Umgangsweise mit Luminanzreglern wird übrigens im Workshop »Flaues Bild mit Color Finesse korrigieren« im Abschnitt 20.4.2 anhand der HSL-Karte erläutert.

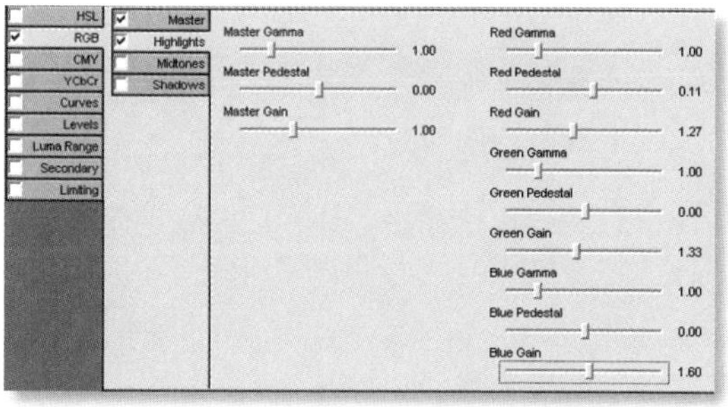

▲ **Abbildung 20.51**
Farbkanäle lassen sich in Color Finesse einzeln steuern. Dazu werden die Karten RGB, CMY und YCBCR verwendet.

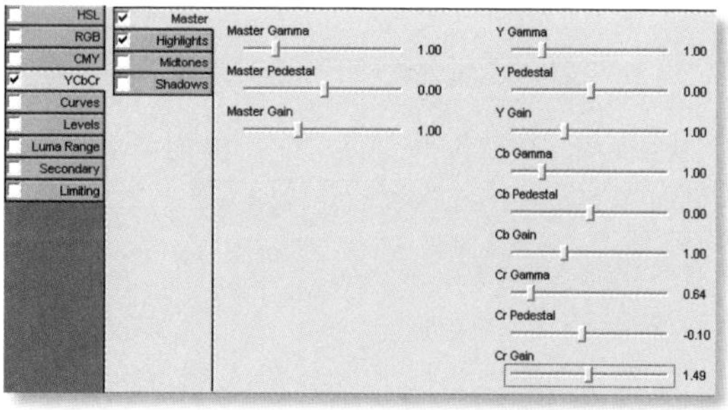

▲ **Abbildung 20.52**
Die YCBCR-Karte ermöglicht es, die Luminanzwerte im Bild unabhängig von den Farbkanälen zu verändern. Umgekehrt wird die Luminanz durch Änderungen in den Farbkanälen CB und CR nicht beeinflusst.

20.4.10 Curves

Die Karte CURVES beinhaltet eine Master-Kurve und drei Kurven für die Farben Rot, Grün und Blau. Die Umgangsweise damit ist ähnlich wie bei dem Effekt KURVEN, der im Abschnitt mit gleichnamiger Überschrift erläutert wird. Durch einfaches Klicken auf die Kurve können Sie bis zu 16 Kurvenpunkte hinzufügen, die mit der Taste [Entf] wieder gelöscht werden können, sofern der Kurvenpunkt markiert ist. Soll die Bearbeitung rückgängig gemacht werden, hilft ein Klick auf die Schaltfläche RESET am rechten unteren Rand der Karte. Einzelne Kurven können nur per Klick mit der rechten Maustaste auf eine der Kurven und der Wahl des Eintrags RESET CURVE aus dem Einblendmenü zurückgesetzt werden.

▼ Abbildung 20.53
Die Karte CURVES beinhaltet Kurven für die Farbkanäle Rot, Grün und Blau. Mit den Pipetten kann der Schwarz-, der Weiß- und der Graupunkt im Bild festgelegt werden.

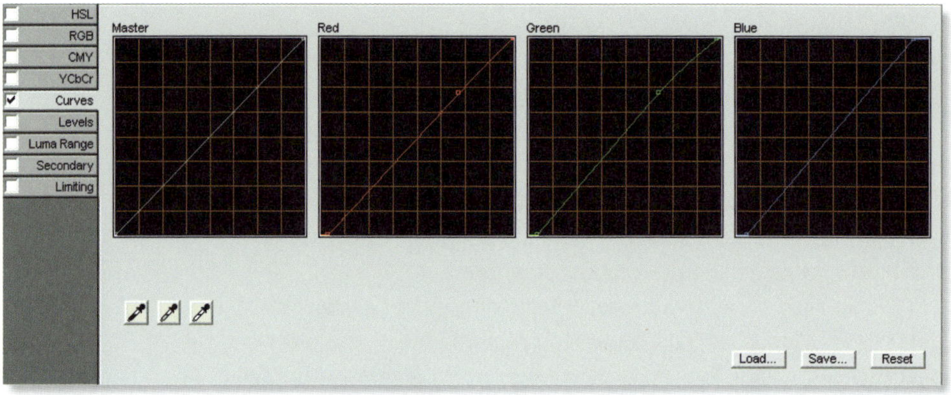

Mit der Schaltflächen SAVE ist es möglich, die Bearbeitung als Datei zu speichern. Über die Schaltfläche LOAD können nicht nur Kurven aus Color Finesse neu geladen werden, sondern auch Kurven aus Adobe Photoshop.

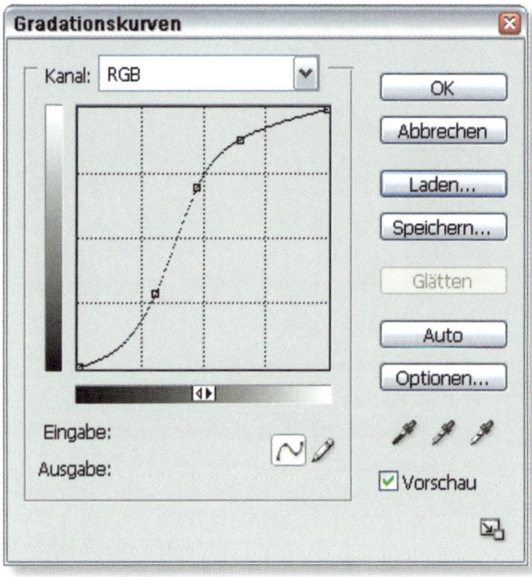

▲ Abbildung 20.54
Über die Schaltfläche SPEICHERN können Kurven, hier für RGB ...

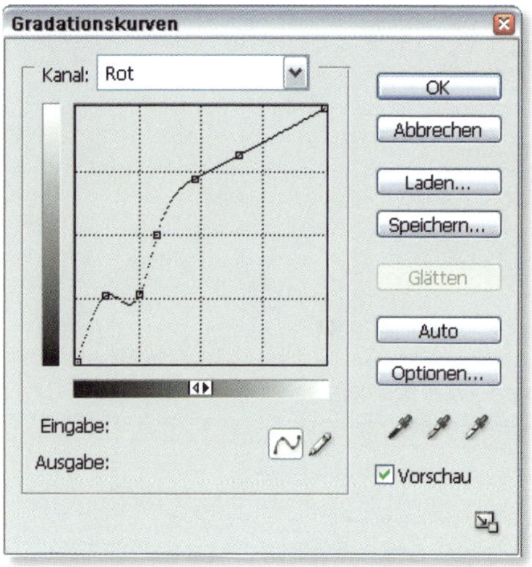

▲ Abbildung 20.55
... und den Rot-Kanal in Photoshop gespeichert und ...

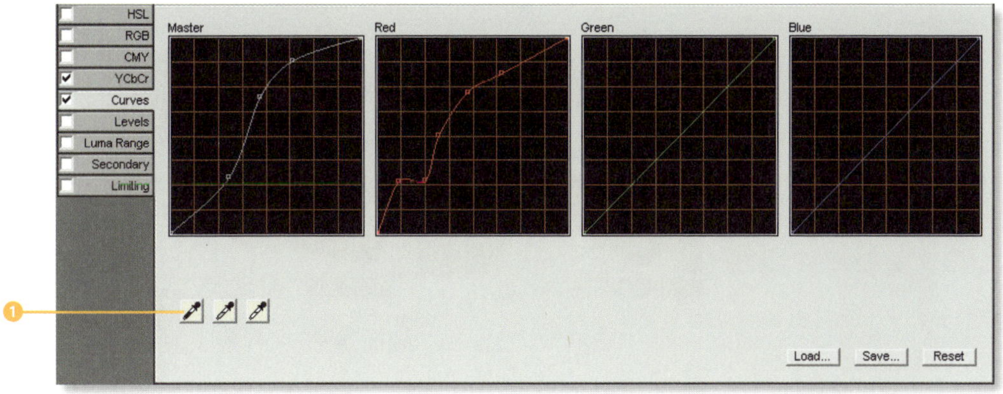

▲ **Abbildung 20.56**
... in Color Finesse geladen werden.

Kontrastwerte | Eine zusätzliche Funktion deuten schon die drei Pipetten unter den Kurven ① an. Diese dienen dem automatischen Setzen der Kurven und korrigieren die Kontrastwerte im Bild. Mit der Pipette links wird der Punkt im Bild bestimmt, der als absolutes Schwarz definiert sein soll (Schwarzpunkt). Klicken Sie mit dieser Pipette auf einen dementsprechend dunklen Bereich im Bild. Die Pipette rechts dient der Festlegung des Weißpunkts, also des Punkts, der als absolutes Weiß definiert wird. Klicken Sie mit dieser Pipette auf einen sehr hellen Bereich im Bild. Die mittlere Pipette ist dem Graupunkt vorbehalten und sollte in einen Bildbereich gesetzt werden, der eine neutrale Farbe in einem mittleren Farbbereich enthält. Falls ein mittleres Grau im Bild vorkommt, ist dieses die Wahl. Die Kurven werden automatisch an die neu gesetzten Werte angepasst.

20.4.11 Levels

In der Karte LEVELS finden Sie eine Histogramm-Ansicht sowohl für die Input-Werte, also die Helligkeitswerte des Originalbilds, als auch für die Output-Werte vor. Die Output-Werte dienen der Darstellung des korrigierten Ergebnisses. Sie können sich außerdem die In- und Outputwerte für die einzelnen Farbkanäle Rot, Grün und Blau anzeigen lassen.

Sie können sowohl die Input- als auch die Outputwerte verändern. Verändern Sie das Histogramm in der Input-Anzeige, so wird das Ergebnis sofort in der Output-Anzeige sichtbar. Hierbei werden allerdings nicht nur die veränderten Input-Werte angezeigt, sondern das Ergebnis nach der gesamten Farbkorrektur, also auch wenn diese in anderen Einstellungskarten stattgefunden hat.

Die Handhabung der Regler unter der jeweiligen Histogramm-Ansicht gleicht derjenigen beim Effekt TONWERTKORREKTUR, der unter gleichnamigem Titel weiter oben im Text erläutert wurde.

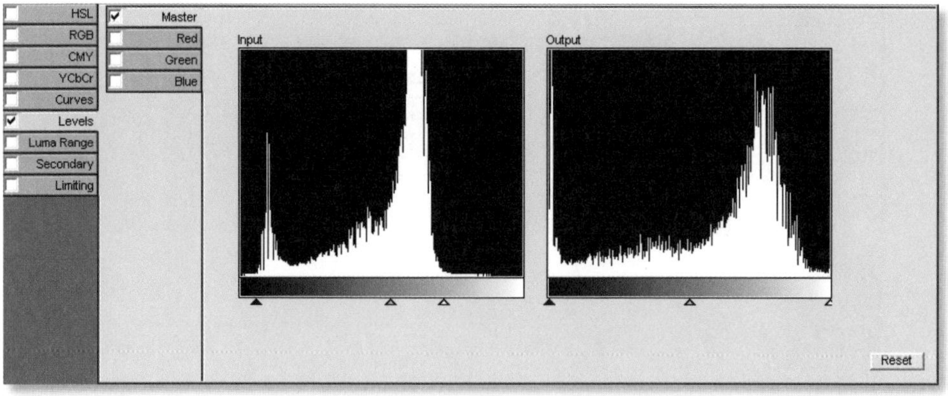

▲ Abbildung 20.57
Die Karte LEVELS beinhaltet eine Histogramm-Anzeige sowohl für die Input-Werte (Originalbild) als auch für die Output-Werte (nach der Farbkorrektur).

Die Regler unterhalb des Output-Histogramms können merkwürdig erscheinen. Diese erfüllen jedoch den schönen Zweck, am Endergebnis der gesamten Farbkorrektur nochmals eine Tonwertkorrektur vornehmen zu können. Dies ist sehr nützlich, wenn die anderen, bereits erläuterten Farbkorrekturmöglichkeiten beispielsweise zu einem Bild mit unerwünschten Kontrastverhältnissen geführt haben.

20.4.12 Luma Range

Zur Einstellung von Glanzlicht-, Mittelton- und Schattenbereichen dient die Karte LUMA RANGE. Mit dem Anfasser links werden die Schattenbereiche des Bilds definiert, mit dem Anfasser rechts die Glanzlichtbereiche. Beide Werte beeinflussen ebenfalls die Mitteltonbereiche. Die Histogramm-Anzeige unter den Anfassern zeigt die Helligkeitsverteilung im Bild an. Eine gute Kontrolle über die Ergebnisse der Bearbeitung erhalten Sie erst, wenn Sie die Karte LUMA RANGES im Bildfenster einblenden.

▼ Abbildung 20.58
In der Karte LUMA RANGE werden die Glanzlicht-, Mittelton- und Schattenbereiche eines Bildes neu definiert.

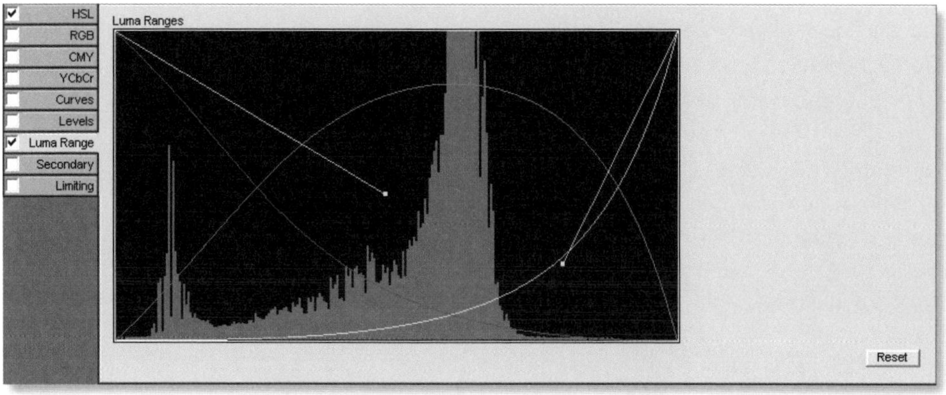

Wenn Sie sich wundern, warum all Ihre Änderungen eigentlich vollkommen wirkungslos auf das Ergebnisbild in der Karte RESULT des Bildfensters bleiben, empfehle ich Ihnen, einmal die Einstellungen für HIGHLIGHTS, MIDTONES und SHADOWS in der Karte HSL zu verändern und dann wieder an den Kurven zu ziehen. Danach müsste klar werden, wie sich die Neudefinition der Helligkeitsbereiche auswirkt. Falls immer noch keine Änderung eintritt, starten Sie Color Finesse noch einmal und behalten das Fenster RESULT immer im Auge, wenn Sie die Kurven ändern.

◀ **Abbildung 20.59**
Im Bildfenster werden über die Karte LUMA RANGES die Schatten-, Mittelton- und Glanzlichtbereiche eines Bilds in Schwarz-, Weiß- und Grauwerten dargestellt.

20.4.13 Limitierung von Luma- und Chromawert

Soll ein Video an eine Sendeanstalt weitergegeben werden, ist eine Limitierung der Helligkeits- und Farbwerte im Bild notwendig. Überschreiten bestimmte Bildbereiche maximale Luma- oder Chromawerte, wird das Videomaterial als nicht sendefähig eingestuft.

Für die Limitierung der Helligkeitswerte bietet Color Finesse die Regler auf der linken Seite in der Karte LIMITING an. Diese und auch die Regler für die Chroma-Limitierung rechts sind auf übliche IRE-Werte voreingestellt und sollten nur dann verändert werden, wenn dies von der Sendeanstalt Ihrer Wahl ausdrücklich erwünscht ist. Fragen Sie im Zweifelsfalle nach.

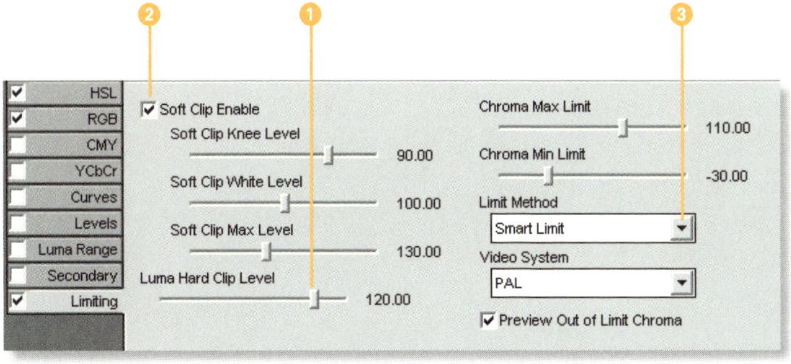

◀ **Abbildung 20.60**
In der Karte LIMITING wird eine sendefähige Ausgabe Ihres Videomaterials ermöglicht. Luma- und Chromawerte werden sendefähig limitiert.

IRE

IRE steht als Abkürzung für Institut of Radio Engineers. Die Helligkeitswerte werden oft in IRE-Einheiten angegeben, beispielsweise im Waveform-monitor.

Luma-Limiting | Mit dem Regler Luma Hard Clip Level ① wird ein IRE-Wert festgelegt, der das absolute Limit darstellt, auf den die Luma-Werte platziert werden sollen. Alle Helligkeitswerte über dem eingestellten IRE-Wert werden gekappt. Ein Häkchen bei Soft Clip Enable ② zu setzen, ist empfehlenswert, da die Beschneidung der Helligkeitsbereiche damit etwas sanfter erfolgt. Mit den Reglern für Knee Level und Max Level werden die minimalen und maximalen Werte für die Limitierung eingestellt. Der White Level-Regler legt fest, bei welchem IRE-Wert reines Weiß liegen soll. War die Justierung erfolgreich, bleiben kaum noch Pixel übrig, die durch Luma Hard Clip Level beeinflusst werden.

Chroma-Limiting | Mit dem Regler Chroma Max Limit werden helle Bereiche von gesättigtem Cyan und Gelb begrenzt. Der Regler Chroma Min Limit dient der Begrenzung heller Bereiche von gesättigtem Rot und Blau. Zur Limitierung der Farbwerte können unter Limit Method ③ die Methoden Reduce Saturation (Reduzieren der Sättigung), Reduce Luma (Reduzieren der Helligkeitswerte) oder Smart Limit (eine Kombination aus beiden Methoden) gewählt werden. Hier ist Smart Limit die richtige Wahl, da so die Bildfarben in bestmöglicher Qualität erhalten und gleichzeitig limitiert werden.

Wichtig für ein erfolgreiches Limitieren der Luma- und Chromawerte ist die passende Wahl Ihres Videosystems unter Video System.

Mit einem Häkchen in der Box Preview Out of Limit Chroma werden Ihnen die Bereiche im Bild angezeigt, die durch die Chroma-Limitierung beeinflusst werden. Sind das sehr große Bereiche, sind diese gut erkennbar, denn sie werden schwarz.

Zum Test können Sie gern aus dem Ordner 20_Farbkorrektur das Projekt mit dem Titel »farbkorrektur.aep« öffnen. In der Komposition »Uebersaettigt« wurde Color Finesse auf die dort enthaltene Ebene angewandt. Starten Sie Color Finesse und verschieben einmal den Regler Chroma Max Limit nach links. Dabei beobachten Sie das Fenster Result. Es entsteht ganz irdisch ein schwarzes Loch.

TEIL VIII
Fortgeschrittenes Arbeiten

21 3D in After Effects

Es mag verwirrend erscheinen, mit einem 2D-Animationsprogramm im dreidimensionalen Raum arbeiten zu können. Tatsächlich ist diese Möglichkeit für das Programm noch relativ jung und wurde ab der Version 5 in After Effects integriert. Seitdem ist es möglich, zweidimensionale Flächen im 3D-Raum zu animieren, die 3D-Szenerie mit verschiedenen Lichtquellen zu beleuchten und über Kameras eine weitere Art der Animation zu erreichen.

Die Assoziation liegt nahe, dass 3D-Objekte in After Effects selbst generiert werden könnten. Dem ist nicht so. Es ist nicht möglich, 2D-Ebenen zu extrudieren, also eine Materialdicke hinzuzufügen. Als kostenpflichtiges Plugin kann hier aber der **3D-Invigorator** der Firma Zaxwerks empfohlen werden, mit dem auch das Extrudieren gelingt. Mit diesem Plugin lassen sich einfache 3D-Objekte für After Effects schaffen. Ebenfalls sehr interessant sind die **3D Assistants** von Digital Anarchy. Mit diesen Plugins ist es beispielsweise möglich, 3D-Ebenen mit ein paar wenigen Klicks zu einem perfekten Kubus oder einem Zylinder zu formen oder die 3D-Ebenen räumlich gestaffelt anzuordnen.

Zum Erstellen komplizierter Objekte greift man lieber auf einschlägige 3D-Software zurück. After Effects ist auf Dateien verschiedener 3D-Applikationen gut vorbereitet und ermöglicht deren Weiterverarbeitung. Zunächst soll es aber um den 3D-Raum und den Umgang mit 3D-Ebenen in After Effects gehen.

Invigorator nicht mitgeliefert

Falls Sie die Zaxwerks-Installations-CD in Ihrem neuen After Effects 7-Softwarepaket vermissen – die Post hat sie nicht auf dem Gewissen: Sie wird in dieser Version nicht mehr mitgeliefert. Es ist aber möglich, eine ältere Version des Plugins in After Effects 7 zu verwenden. Ab der Version 3.1.0 sollte dies keine Probleme bereiten. Für ein Upgrade auf neuere Invigorator-Versionen wenden Sie sich direkt an Zaxwerks: www.zaxwerks.com

3D-Invigorator-Bonuskapitel

Auf der Website zum Buch unter www.galileodesign.de/1141 finden Sie ein Bonuskapitel zum 3D-Invigorator. Hier werden die wichtigsten Funktionen ausführlich erläutert.

3D Assistants Lite

Die 3D Assistants Lite werden mit der aktuellen Version nicht mehr mitgeliefert und müssen hinzugekauft werden. Informationen und Tutorials zu den Plugins finden Sie auf www.digitalanarchy.com und auf www.mediatrainings.de.

21.1 2D- und 3D-Ebenen und Koordinaten

Sie können jede 2D-Ebene in eine 3D-Ebene verwandeln, indem Sie die 3D-Option für die Ebene aktivieren (dazu gleich mehr). Statt der bisherigen X- und Y-Achse zur Positionierung von 2D-Ebenen kommt eine Z-Achse für die Tiefe hinzu. Eine 3D-Ebene bleibt flächenhaft, kann aber auf der Z-Achse vom Betrachter weg und zu ihm hin verschoben und im Raum gedreht werden. After Effects errechnet dabei die perspektivische Verjüngung der Ebenen und erzeugt realistisch wirkende Szenarien. Bei Einstellungsebenen hat die 3D-Option keine Wirkung auf die darunter liegenden Ebenen, wie es bei angewandten Effekten der Fall ist.

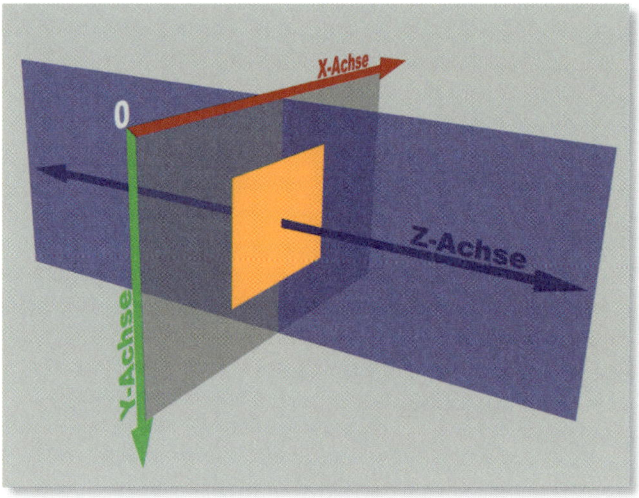

Abbildung 21.1 ▶
Eine 3D-Ebene (orange Fläche) wird mittels der Koordinaten X, Y und Z im Raum positioniert und kann animiert werden.

2D- und 3D-Ebenen mischen

In einer Komposition können sowohl 2D- als auch 3D-Ebenen enthalten sein. Was bei der Arbeit mit gemischten Ebenen zu beachten ist, wird im Kapitel 13, »Rendern«, näher beschrieben.

In einer Komposition wird jede Ebene anhand ihres Ankerpunkts auf den Achsen X, Y und Z im Raum positioniert. Für die Achsen X und Y liegt der Nullpunkt oben links im Kompositionsfenster. Die 3D-Ebenen befinden sich, wenn nichts geändert wurde, immer auf dem Nullpunkt der Z-Achse. Die Position einer 3D-Ebene wird also durch drei Werte für die X-,Y- und die Z-Achse repräsentiert.

Die **Werte** für diese drei Achsen geben an, wo sich der Ankerpunkt der Ebene im Raum befindet.

- Werden die Werte für die **X-Achse** verringert, verschiebt sich eine 3D-Ebene – von vorne betrachtet – nach links und umgekehrt nach rechts.
- Auf der **Y-Achse** verschiebt sich eine 3D-Ebene nach oben, wenn die Werte verringert werden, und umgekehrt nach unten.
- Verringert man schließlich die Werte für die **Z-Achse**, bewegt sich die Ebene auf den Betrachter zu und umgekehrt vom Betrachter fort in die Tiefe des Raums.

Für jede 3D-Ebene werden die drei Achsen einzeln angezeigt, wenn die Ebene markiert ist. Jeder Achse ist zur besseren Unterscheidung eine andere Farbe zugeteilt. Die X-Achse wird dabei in rot, die Y-Achse in grün und die Z-Achse in blau dargestellt. Um die Position der Ebene in Richtung einer Achse zu ändern, kann direkt an der jeweiligen Achse gezogen werden. Zur Veranschaulichung der Arbeit mit 3D-Ebenen geht es jetzt zum praktischen Teil.

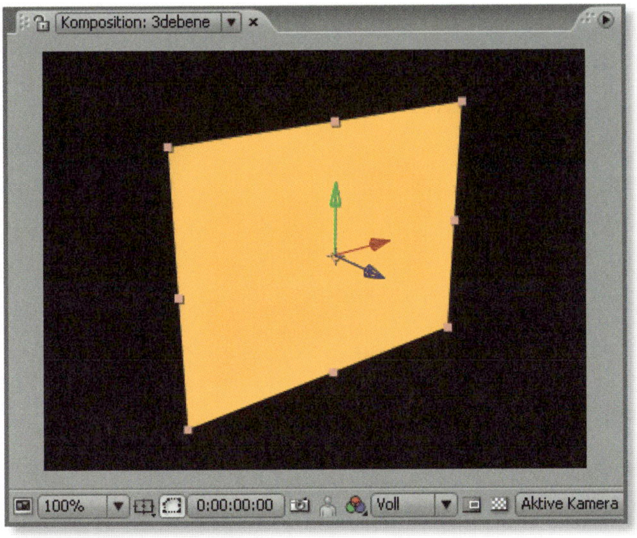

◂ **Abbildung 21.2**
Für jede 3D-Ebene werden in After Effects drei Achsen (x: rot, y: grün und z: blau) angezeigt, anhand derer sie im Raum verschoben werden können.

21.1.1 2D-Ebenen in 3D-Ebenen umwandeln und animieren

In diesem Workshop geht es darum, 2D-Ebenen in 3D-Ebenen umzuwandeln und diese im Raum zu animieren. Dabei wird die grundsätzliche Arbeit mit 3D-Kompositionen erläutert.

Schritt für Schritt: Der Umgang mit 3D-Ebenen

1 Vorbereitung

Zuerst schauen Sie sich, wie immer, das fertige Movie »raum.mov« aus dem Ordner 21_3D/3D-Ebenen an. Die dort animierten Buchstaben können Sie entweder importieren oder – falls Sie das Textkapitel bereits durchgearbeitet haben – selbst erstellen (Schriftart: Arial Black, Schriftgröße: 115 px). Für den Import finden Sie die vier Illustrator-Dateien »R«, »A«, »U«, und »M« im Ordner 21_3D/3D-Ebenen.

Die Kompositionsgröße soll 384 × 288 betragen. Für die Dauer wählen Sie fünf Sekunden.

2 Buchstaben positionieren

Setzen Sie die Zeitmarke auf den Zeitpunkt 00:00. Ziehen Sie die importierten Dateien in das Zeitplanfenster. Die Dateien werden in der Mitte des Kompositionsfensters zentriert.

Verteilen Sie jetzt die Buchstaben so, dass sich das Wort »RAUM« ergibt. Zum Verschieben der Lettern nutzen Sie am besten die ⇧-Taste, damit die Buchstaben auf einer Linie »stehen«. Sollte Ihnen der voreingestellte schwarze Hintergrund ebenso trist erscheinen wie mir, wählen Sie unter Komposition • Hintergrundfarbe ein Himmelblau.

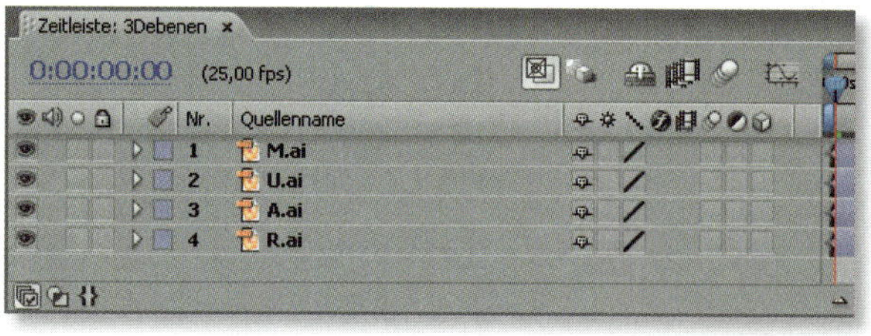

▲ **Abbildung 21.3**
Die 3D-Komposition beginnt mit 2D-Ebenen.

▲ **Abbildung 21.4**
Zu Beginn sollen die Lettern zum Wort »Raum« zusammengestellt werden.

3 2D-Ebenen in 3D-Ebenen umwandeln

Wandeln Sie alle Ebenen in 3D-Ebenen um. Dazu klicken Sie für jede Ebene in der Spalte 3D-Ebene auf das Würfel-Symbol ❶. Sie können auch alle Ebenen schnell umwandeln, indem Sie den Mauszeiger bei gedrückter Maustaste über die Würfel-Symbole ziehen. Wenn Sie die Ebenen markieren, werden danach die Achsen X, Y und Z für jede Ebene angezeigt.

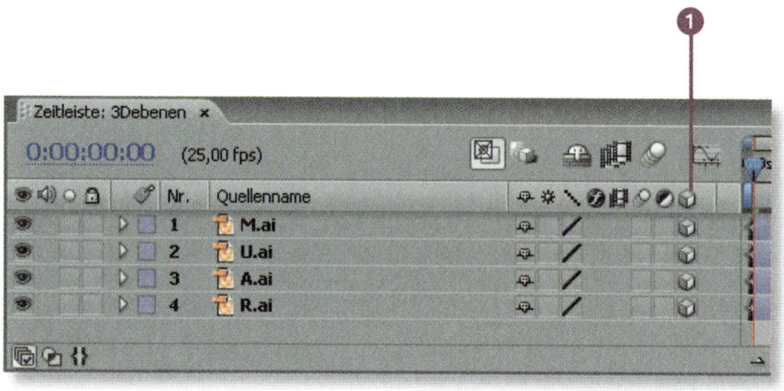

▲ **Abbildung 21.5**
Zum Aktivieren der 3D-Eigenschaft wird das Würfel-Symbol ❶ für die Ebenen angeklickt.

▲ **Abbildung 21.6**
Für jede 3D-Ebene werden die Ebenenachsen eingeblendet, wenn die Ebene markiert ist.

4 Ebenen im Raum verschieben

Im nächsten Schritt soll zuerst das »R« im Raum in die Tiefe verschoben und animiert werden. Öffnen Sie dazu die Transformieren-Eigenschaften der Ebene »R«. Im Vergleich zu den 2D-Ebenen sind die Ausrichtung, die X-Drehung, Y-Drehung und die Z-Drehung hinzugekommen. Bei Ankerpunkt und Position stehen dabei für jede Achse drei Werte für X, Y und Z.

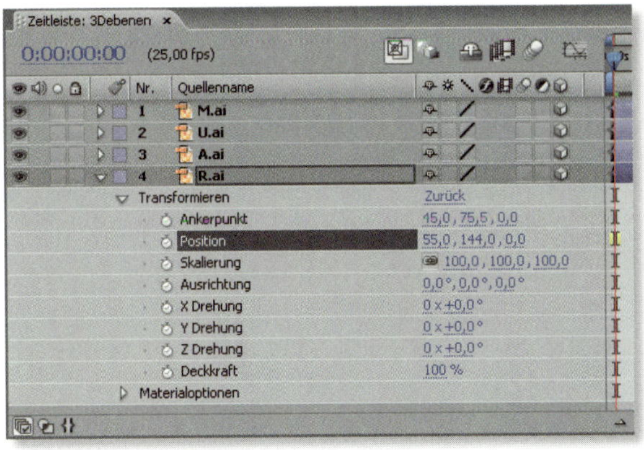

◄ **Abbildung 21.7**
In der Zeitleiste sind bei den 3D-Ebenen einige Eigenschaften hinzugekommen.

Um die Ebene im Raum zu verschieben, ergeben sich drei Möglichkeiten. Zum Ersten: Die Ebene kann direkt im Kompositionsfenster angeklickt und frei, also in jede Richtung unabhängig, verschoben werden. Zum Zweiten: Es kann jeweils auf eine der angezeigten Achsen der Ebene geklickt und daran gezogen werden, um die Ebene ausschließlich auf **einer** Achse zu verschieben. Neben dem Mauszeiger erscheint in diesem Fall ein kleines x, y oder z, um anzuzeigen, um welche Achse es sich handelt. Und zum Dritten: Die Werte für X, Y oder Z werden in der Zeitleiste geändert. Wählen Sie vorerst die dritte Möglichkeit.

▲ **Abbildung 21.8**
Um eine Ebene ausschließlich in Richtung einer Achse zu verschieben, wird die Achse angeklickt und gezogen.

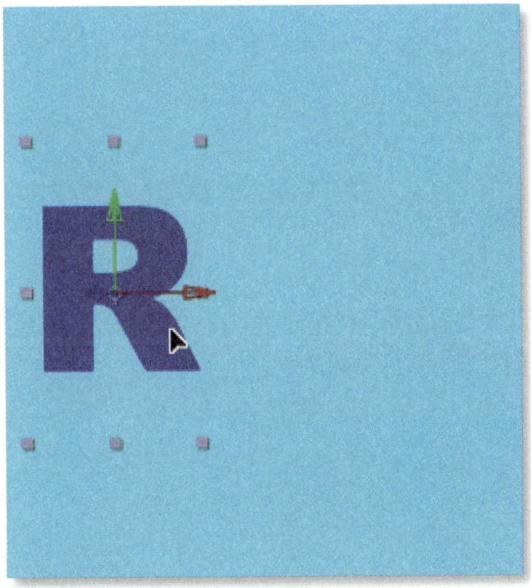

▲ **Abbildung 21.9**
Um eine Ebene frei nach allen Richtungen zu verschieben, wird in die Ebene geklickt und gezogen.

5 Animation

Setzen Sie zum Zeitpunkt 00:00 den ersten Key für die Position. Erhöhen Sie den dritten, also den Z-Wert, durch Klicken und Ziehen nach rechts, um damit das »R« vom Betrachter weg zu bewegen. Seien Sie forsch und ziehen den Wert ordentlich in die Höhe, bis Sie etwa 2500 erreicht haben. Am Zeitpunkt 00:18 ziehen Sie den Z-Wert zurück auf 0.

Es fehlt noch die Drehung. Setzen Sie für X-Drehung und Y-Drehung einen ersten Key bei 00:00 mit 0 × +0,0°. Bei 00:18 setzen Sie die Drehung jeweils auf 1 × +0,0°.

▼ **Abbildung 21.10**
Die Drehung kann für jede Achse einzeln animiert werden.

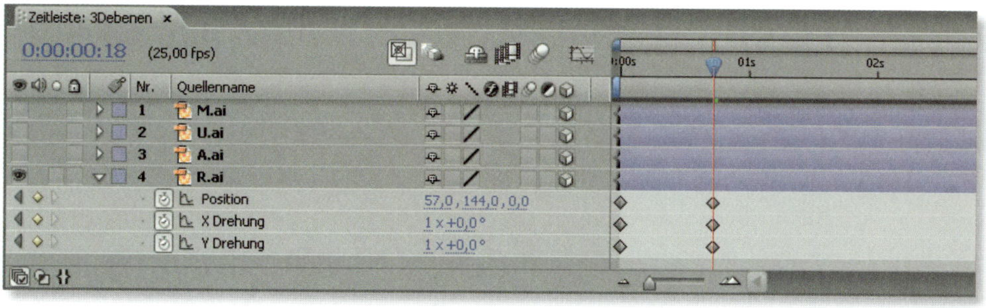

6 Weitere Ebenen animieren

Animieren Sie die anderen Buchstaben auf die gleiche Weise. Dazu können die Keyframes für die Drehung übernommen werden. Klicken Sie in der Ebene »R« mit [⇧] auf X-Drehung und auf Y-Drehung, um die Keys auszuwählen. Kopieren Sie diese mit [Strg]+[C]. Markieren Sie dann alle anderen Buchstaben mit [⇧], während die Zeitmarke auf 00:00 am In-Point der Ebenen steht, und wählen Sie dann [Strg]+[V], um die Keys in die Ebenen einzufügen.

▼ **Abbildung 21.11**
Gleiche Drehungswerte können bequem als Kopie in die anderen Ebenen eingefügt werden.

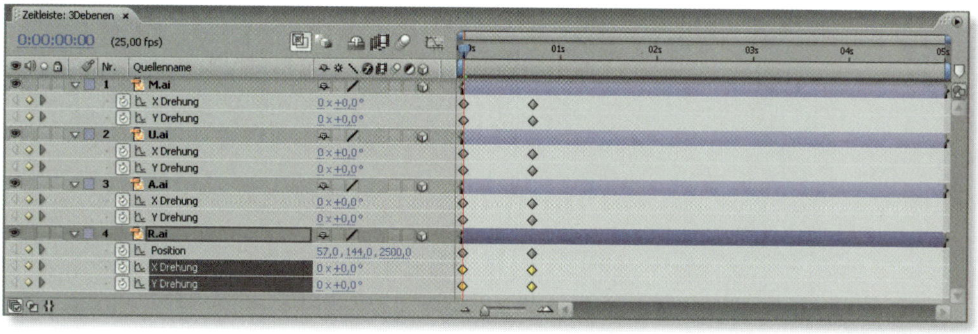

Drücken Sie dann die Taste [P], um die Positionseigenschaft der Ebenen einzublenden, und setzen Sie je einen Key. Klicken Sie jeweils einzeln nacheinander in den Z-Wert und tragen dort 2500

ein. Anschließend setzen Sie bei 00:18 jeweils einen zweiten Key mit dem Z-Wert 0. Damit die Buchstaben nacheinander ins Bild kommen, verschieben Sie die Ebenen noch so, dass der In-Point jeweils mit den letzten Keys der vorhergehenden Ebene übereinstimmt. Zum Ausrichten des In-Points an den Keys ist es günstig, beim Verschieben die [⇧]-Taste zu drücken.

Die kleine Animation ist an dieser Stelle schon fertig. Sie sehen: Obwohl hier nicht skaliert wurde, haben sich die Buchstaben verkleinert, je höher der Z-Wert gewählt wurde, und die perspektivische Verzerrung geschah ebenfalls automatisch.

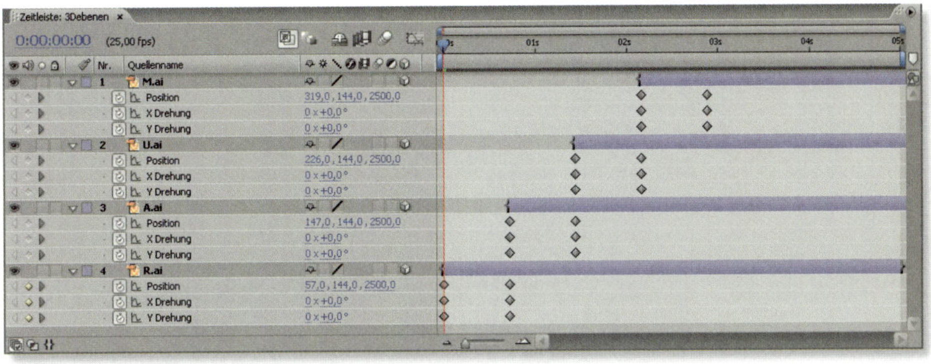

▼ **Abbildung 21.12**
Für die fertige Animation werden die Ebenen zeitlich jeweils ein Stück versetzt.

21.1.2 3D-Ebenen im Kompositionsfenster

Sie haben das Kompositionsfenster bisher als zweidimensionale Fläche wahrgenommen und kennen gelernt. An dieser Darstellung ändert sich, wie Sie im vorhergehenden Workshop gerade sehen konnten, auch dann nichts, wenn mit 3D-Ebenen gearbeitet wird.

Die 3D-Darstellung in After Effects führt oft zu Orientierungsproblemen. Die Darstellung eines Gitters fehlt, auf dem wie in vielen 3D-Applikationen üblich dreidimensionale Objekte platziert werden. Daher ist das Kompositionsfenster eher als ein Fenster zu betrachten, durch das in den 3D-Raum geschaut wird, das einen Ausschnitt dieses Raumes zeigt. Stellen Sie sich vielleicht den Blick durch Ihre Fotokamera auf eine 3D-Szenerie vor.

Auf einen dreidimensionalen Raum kann von allen Seiten geschaut werden, also von vorne, links, oben, hinten, rechts und von unten. Zusätzlich ist noch ein Blick aus einem festgelegten Blickwinkel auf die 3D-Szenerie möglich. Wird eine After Effects-Kamera verwendet, kann der Raum aus jedem Blickwinkel betrachtet werden. Wie Sie mit verschiedenen Ansichten und mit mehreren Kompositionsfenstern arbeiten, erfahren Sie im folgenden Workshop.

Schritt für Schritt: 3D-Ebenen positionieren

In diesem Workshop geht es um die Positionierung von 3D-Ebenen, die Arbeit mit mehreren Ansichten und die Ausrichtung und Animation eines selbstgebauten 3D-Objekts.

1 Vorbereitung

Schauen Sie sich das Movie »objekt.mov« aus dem Ordner 21_3D/3D-FLAECHEN an. Das Flächenobjekt bauen wir aus vier Ebenen, die dazu im Raum gedreht und positioniert werden. Anschließend wird die Komposition verschachtelt und das Flächenobjekt animiert.

Die erste Komposition erstellen Sie ausnahmsweise in einer quadratischen Größe von 384 × 384 mit einer Dauer von 5 Sekunden. Benennen Sie die Komposition mit dem Namen »objekt«. Importieren Sie die Dateien »flaecheA.ai« und »flaecheB.ai« aus dem Ordner 21_3D/3D-FLAECHEN. Ziehen Sie die Dateien in die Zeitleiste der Komposition. Schalten Sie die 3D-Option für beide Ebenen ein.

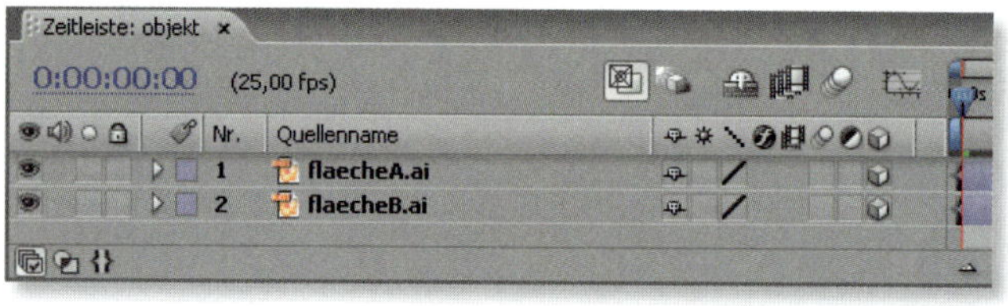

Abbildung 21.13 ▸
Für die importierten Illustrator-Dateien wird die 3D-Option aktiviert.

2 Kompositionsansichten einrichten

Zur Arbeitserleichterung stellt After Effects Ihnen mehrere Kompositionsansichten zur Verfügung. In jeder Kompositionsansicht kann die 3D-Szenerie aus verschiedenen Blickwinkeln betrachtet werden. Um mehrere Kompositionsansichten zu erhalten, erweitern Sie das Kompositionsfenster, bis alle Schaltflächen am unteren Rand sichtbar sind. Über die Schaltfläche ANSICHTENLAYOUT AUSWÄHLEN ❶ suchen Sie den Eintrag 4 ANSICHTEN – LINKS aus. Andere Optionen sind natürlich auch erlaubt. – Probieren Sie diese aus, um sich mit den verschiedenen Möglichkeiten vertraut zu machen.

In dem hier favorisierten Ansichtenlayout wird die 3D-Szenerie in drei verkleinerten Ansichten in den voreingestellten Blickwinkeln von OBEN, von VORNE und von RECHTS dargestellt. Die vierte, große Ansicht stellt die Szenerie durch die standardmäßig definierte AKTIVE KAMERA dar. Veränderungen in Ihrer Arbeit werden in allen Ansichten gleichzeitig aktualisiert. In den Ansichten von OBEN und von RECHTS sehen Sie nur einen dünnen Strich, da auf die Seiten der Flächen geschaut wird und es ja keine Materialdicke gibt.

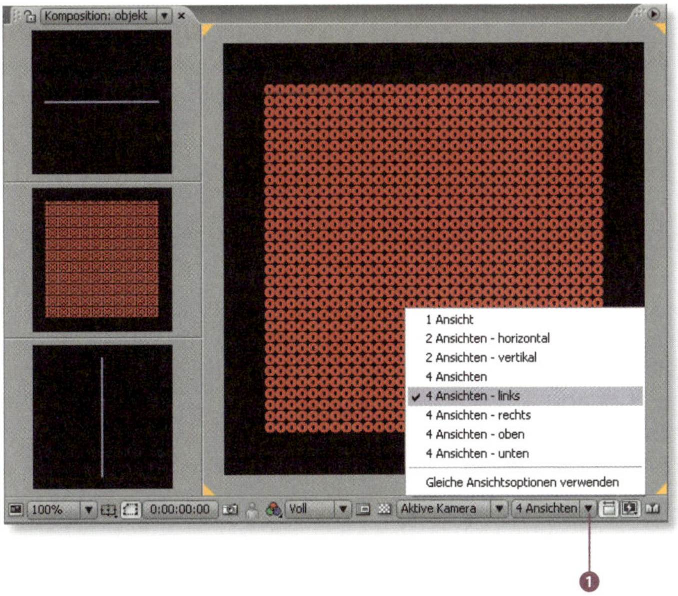

◀ **Abbildung 21.14**
Bei der Arbeit mit 3D-Kompositionen wird die Arbeit durch die optionalen vier Kompositionsansichten oft erleichtert.

3 Blickwinkel ändern

Per Klick in eine Ansicht können Sie diese aktivieren. Die ausgewählte Ansicht wird an den Ecken markiert.

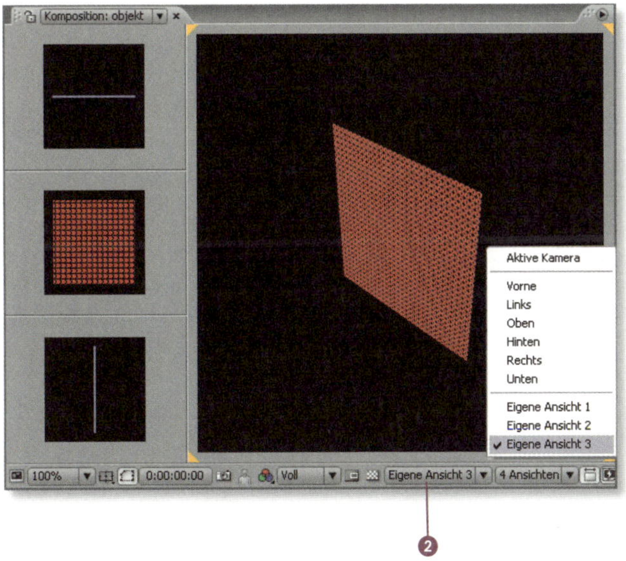

◀ **Abbildung 21.15**
Für jede Kompositionsansicht sind verschiedene Blickwinkel wählbar.

Arbeitsbereich speichern

Über Fenster • Arbeitsbereich • Neuer Arbeitsbereich können Sie eine einmal eingerichtete Arbeitsoberfläche dauerhaft sichern. Vergeben Sie einen eindeutigen Namen für die Arbeitsoberfläche. Der neue Arbeitsbereich erscheint in der Liste der voreingestellten Arbeitsbereiche.

Aktivieren Sie die Ansicht Aktive Kamera und wählen dann über die Schaltfläche 3D-Ansichten ❷ einen anderen Blickwinkel aus,

Kamera-Werkzeuge zum Ändern der Ansicht

Wenn Sie eine Eigene Ansicht im Kompositionsfenster gewählt haben, lässt diese sich mit den Kamera-Werkzeugen verändern. Die Ansicht kann gedreht und auf der X- und Y-Achse oder der Z-Achse verschoben werden. Die Veränderung hat keine Auswirkung auf das gerenderte Ergebnis.

Tastaturbefehl für 3D-Ansicht festlegen

Auf die Tasten F10, F11 und F12 sind standardmäßig die Ansichten von Vorne, Eigene Ansicht 1 und Aktive Kamera gelegt. Um beispielsweise für F10 eine andere Ansicht festzulegen, suchen Sie zuerst im Kompositionsfenster eine neue Ansicht (z.B. von Links) aus und wählen dann Ansicht • Tastaturbefehl für 'Links' zuweisen • F10 ('Vorne' ersetzen) aus.

und zwar Eigene Ansicht 3. Damit wird die 3D-Szenerie perspektivisch dargestellt. Viele Anwender bevorzugen diese Ansicht, da hier besser vorstellbar ist, wie die Flächen im 3D-Raum verschoben werden. Zum genauen Arbeiten sind die anderen Ansichten ohne perspektivische Verzerrung allerdings unverzichtbar, wie Sie noch sehen werden.

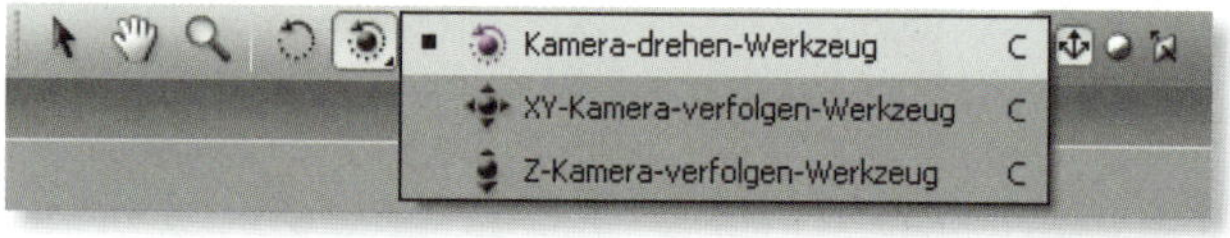

▲ **Abbildung 21.16**
Wenn eine Eigene Ansicht im Kompositionsfenster gewählt wurde, lässt diese sich mit den Kamera-Werkzeugen verändern. Sonst werden die Kamera-Werkzeuge, wie der Name verspricht, für die Arbeit mit Kameras verwendet.

4 Flächen drehen

Welche Kompositionsansicht für die Positionierung der Ebenen aktiv ist, wählen Sie am besten nach Ihrem eigenen Geschmack. Duplizieren Sie die Ebene »flaecheB« mit Strg+D. Blenden Sie die Rotationseigenschaft für die duplizierte Ebene mit der Taste R ein. Ziehen Sie den Wert für die Y-Drehung auf 90° und beobachten Sie dabei die Veränderung in den vier Kompositionsansichten. Blenden Sie nach der Veränderung die Eigenschaften der Ebene wieder aus.

Jetzt zur Ebene »flaecheA«. Blenden Sie die Rotationseigenschaften ein. Die Ebene soll in die Waagerechte gedreht werden. Dazu drehen wir sie um die X-Achse um 90°.

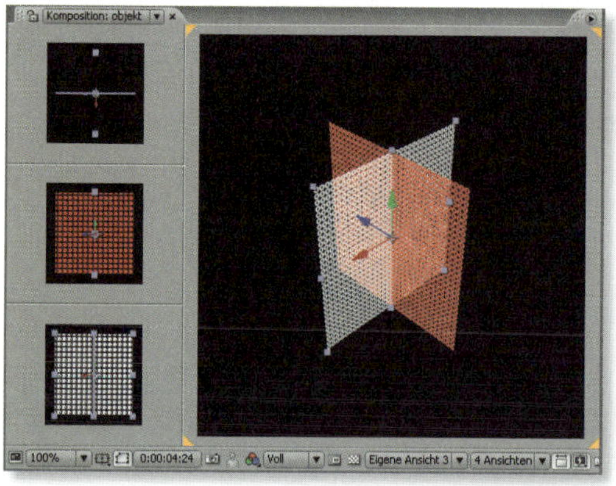

▲ **Abbildung 21.17**
Um aus den Flächen ein einfaches 3D-Objekt zu bauen, werden die Flächen im Raum noch gedreht. Hier die »flaecheB«, um 90° auf der Y-Achse gedreht.

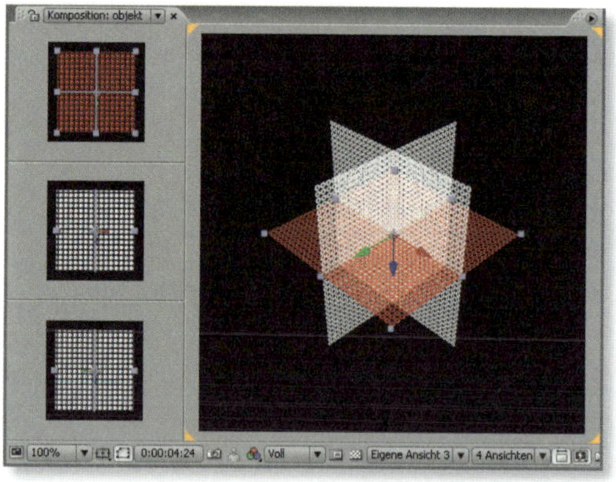

▲ **Abbildung 21.18**
Nach der Bearbeitung ist die »flaecheA« um 90° auf der X-Achse gedreht.

5 Fläche A verschieben

Damit es nicht zu einfach wird, verschieben wir Ebene »flaecheA« so, dass sie wie ein Dach auf den beiden senkrechten weißen Flächen landet. Dazu kann die Ebene an der durch die Drehung senkrecht orientierten Z-Achse nach oben gezogen werden. In welchem der vier Kompositionsfenster Sie das tun, bleibt Ihnen überlassen. Günstig für die genaue Positionierung ist es jedoch, die Ansicht von RECHTS zu verwenden. Nutzen Sie eventuell Lineale und Hilfslinien über ANSICHT • LINEALE EINBLENDEN zur genauen Positionierung.

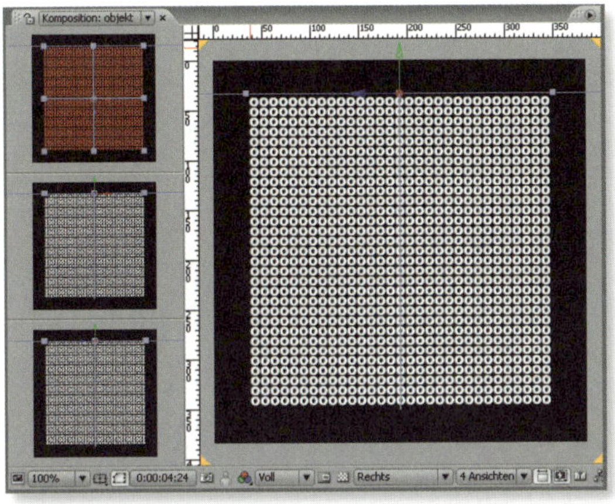

▲ **Abbildung 21.19**
In der Ansicht von rechts lässt sich die »flaecheA« sehr genau positionieren.

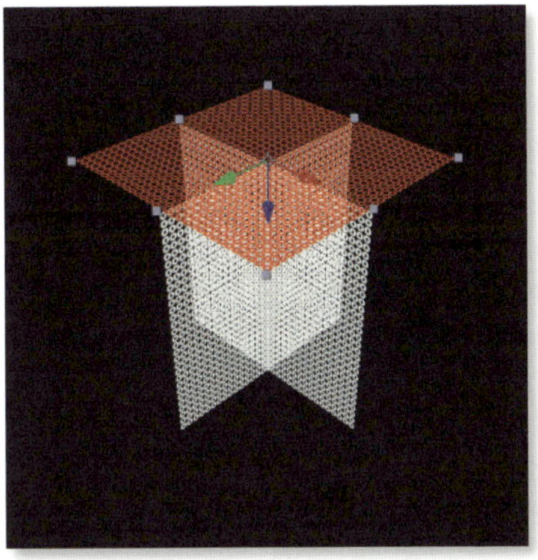

▲ **Abbildung 21.20**
Im Lokalachsenmodus wird die Z-Achse der »flaecheA« senkrecht dargestellt. Wird daran gezogen, lässt sich die Fläche bequem über den beiden weißen Flächen positionieren.

Duplizieren Sie anschließend die fertig positionierte Ebene. Die zweite Ebene soll nach unten verschoben werden, gewissermaßen als Boden.

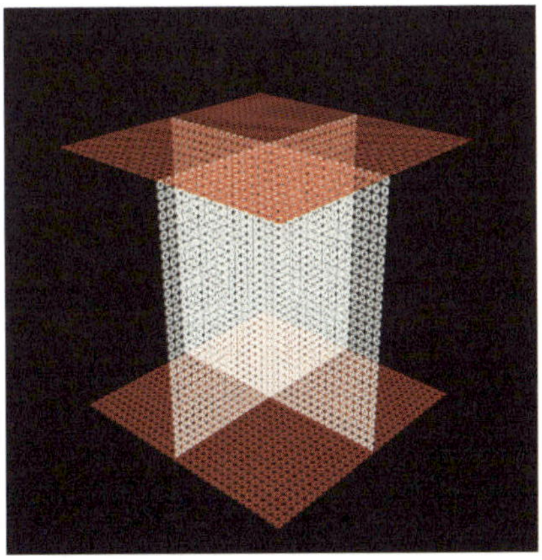

◄ **Abbildung 21.21**
So sollte das fertige 3D-Objekt aussehen.

Achsenmodi

Die Achsen von 3D-Ebenen können im Lokalachsenmodus, im Weltachsenmodus und im Sichtachsenmodus angezeigt werden. Jede 3D-Ebene ist standardmäßig auf den **Lokalachsenmodus** ❶ eingestellt. Dabei werden die Achsen in Bezug zu der 3D-Ebene dargestellt und drehen sich mit, wenn die Ebene gedreht wird. Im **Weltachsenmodus** ❷ richten sich die Achsen nach den Kompositionskoordinaten, auch wenn die Ebene schon gedreht ist. Im **Sichtachsenmodus** ❸ sind die Achsen in Bezug auf die aktive Kompositionsansicht ausgerichtet.

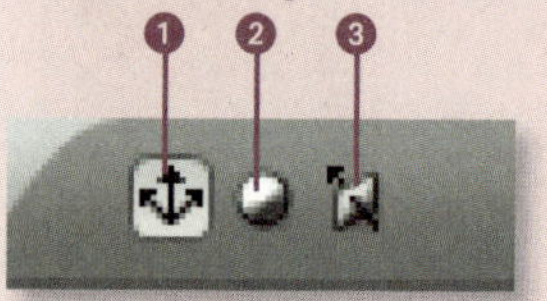

▲ **Abbildung 21.22**
Über die Achsenmodi in der Werkzeuge-Palette sind die Achsen einer 3D-Ebene im Lokal-, Welt- oder Sichtachsenmodus darstellbar.

6 Finale Komposition anlegen

Unser fertiges Flächenobjekt soll in eine zweite Komposition verschachtelt und dort animiert werden. Legen Sie dafür eine zweite Komposition in der Größe 384 × 288 mit einer Dauer von 5 Sekunden an und geben Sie der Komposition den Namen »finale«.

7 Komposition verschachteln

Verschachteln Sie die Komposition »objekt« in die Komposition »finale«, um die soeben positionierten Ebenen zusammenzufassen und als ein einziges Objekt zu animieren. Zum Verschachteln ziehen Sie die Komposition »objekt« einfach wie ein Rohmaterialelement in die Komposition »finale«.

Es müssen noch die Schalter Transformationen falten ❶ und 3D-Ebene ❷ für die verschachtelte Komposition aktiviert werden, da ansonsten das Flächenobjekt nicht als Objekt, sondern als flache Scheibe dargestellt wird.

8 Ausrichtung des Objekts

Wählen Sie dabei wieder über die Schaltfläche Ansichtenlayout auswählen den Eintrag 1 Ansicht, damit das angezeigte Ergebnis nicht zu verwirrend wird. Wählen Sie außerdem im Kompositionsfenster unter 3D-Ansichten den Eintrag Aktive Kamera. Von dem Objekt sieht man noch nicht viel? Stimmt! – Aber gleich.

Öffnen Sie die Eigenschaft Transformieren. Setzen Sie den Z-Wert bei Position auf 450, um das ganze Objekt zu sehen. Verändern Sie die Werte unter Ausrichtung leicht, um das Objekt ein wenig gekippt anzuzeigen (zum Beispiel auf die Werte 100,0°, 75,0°, 295,0°). Sie können die Ausrichtung auch direkt im Kompositionsfenster mit dem Drehen-Werkzeug verändern. Wechseln Sie dazu im Popup-Menü auf Ausrichtung.

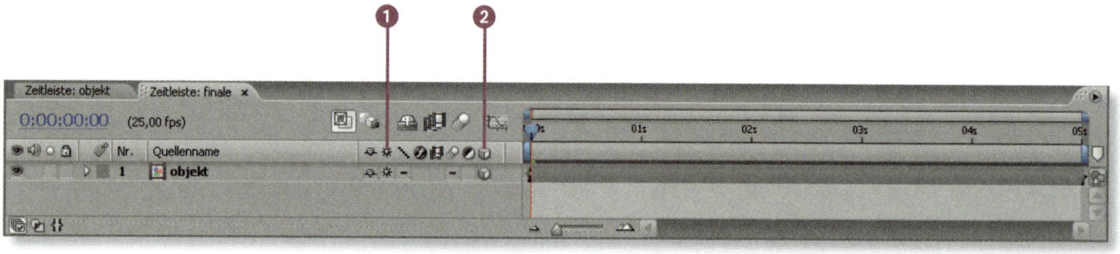

▲ **Abbildung 21.23**
Nach der Verschachtelung sind die Ebenen des Objekts zu einer Ebene zusammengefasst, und es wird die 3D-Option aktiviert.

Abbildung 21.24 ▶
Das Drehen-Werkzeug beeinflusst je nach Wahl im Popup-Menü die Werte der Drehung oder der Ausrichtung von 3D-Ebenen.

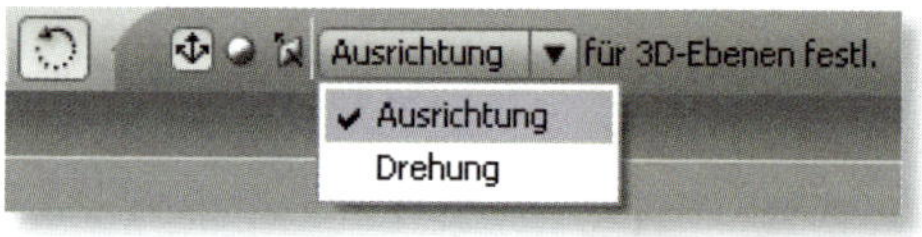

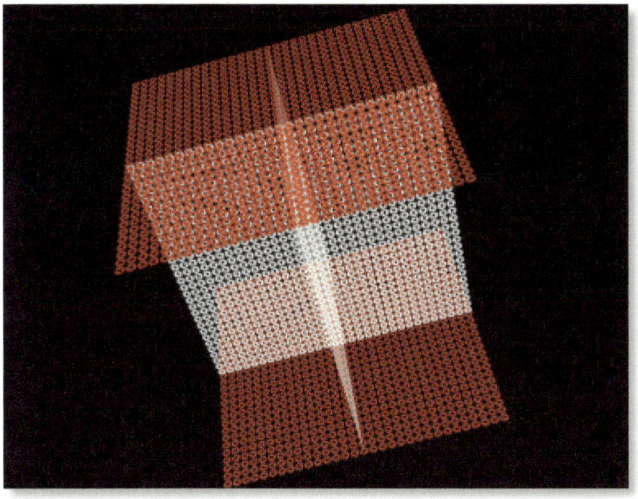

◂ **Abbildung 21.25**
Das ausgerichtete Objekt könnte so aussehen.

Ausrichtung oder Drehung

Es mag verwundern, warum es eine Ausrichtungsoption gibt, wo doch für jede einzelne Achse die Drehen-Eigenschaften vorhanden sind. Hilfreich ist die Ausrichtung, um ein Objekt oder eine Fläche im Raum zu neigen und anschließend mit den Werten für die Drehung zu animieren. Die Drehung ermöglicht im Gegensatz zur Ausrichtung mehrere Umdrehungen um die jeweilige Achse. Für die Animation geringfügiger Neigungen im Raum kann es aber Sinn machen, die Ausrichtung zu verändern, da die X-, Y- und Z-Neigungswerte in einem einzigen Key repräsentiert werden und so mit weniger Keys als bei der Drehung gearbeitet werden kann.

9 Objekt animieren

Nach dem steinigen Weg beginnt jetzt endlich der Spaß. Zuerst animieren wir die Position. Setzen Sie zum Zeitpunkt 00:00 einen ersten Key. Tragen Sie einen Z-Wert von 5500 ein. Verschieben Sie die Zeitmarke auf 02:00 und tragen einen Z-Wert von 1100 ein. Kopieren Sie den Key und fügen ihn bei 04:00 wieder ein. Zwei Sekunden bleibt unser Objekt also auf Position. Bei 04:18 setzen Sie den Z-Wert auf –750. Damit liegt das Objekt hinter dem Betrachter und wird unsichtbar.

Weiter zur Drehung. Setzen Sie jeweils einen Key bei 00:00 für Y-Drehung und Z-Drehung mit 0 × +0,0°. Die nächsten Keys folgen jeweils bei 04:18 mit dem Wert 2 × +0,0°. Fertig.

▾ **Abbildung 21.26**
Die Keyframes der fertigen Animation

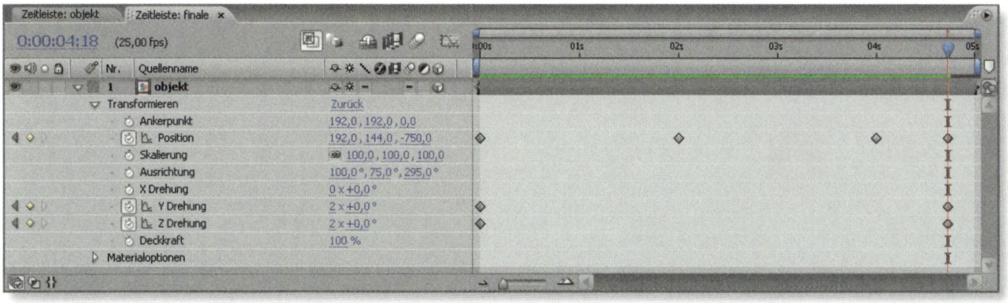

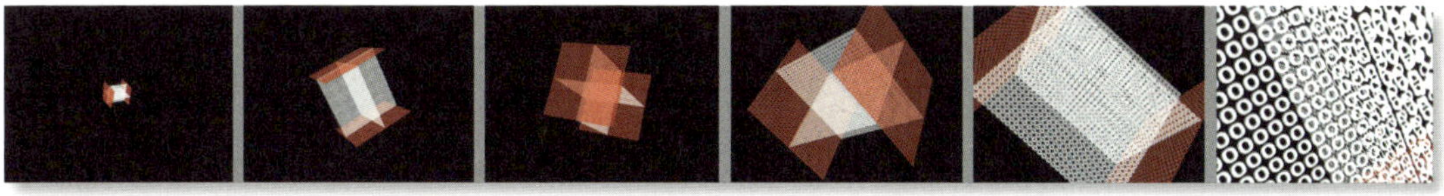

▴ **Abbildung 21.27**
Das fertig animierte Objekt hier in Standfotos dargestellt

Die Arbeit mit 3D-Ebenen ist an dieser Stelle noch nicht beendet. In den nächsten Abschnitten liegt der Schwerpunkt allerdings auf der Arbeit mit Licht- und Kameraebenen. Trotzdem lohnt es sich, die Workshops in diesen Kapiteln auch zur besseren Handhabung von 3D-Ebenen durchzuarbeiten.

21.2 Licht und Beleuchtung

Den Reiz einer Szene macht es aus, wenn diese ins richtige Licht getaucht wird. Sie werden jetzt verschiedene Lichtquellen kennen lernen und deren Wirkung auf 3D-Ebenen mit unterschiedlichen Materialoptionen erproben.

21.2.1 Lichtquellen

In After Effects gibt es einige animierbare Lichtquellen. Man kann sich diese wie Scheinwerfer vorstellen, die im Raum positioniert werden können. Dabei ist die Position wie auch die Beleuchtungsrichtung animierbar. Lichtquellen sind selbst immer 3D-Ebenen. Die Option muss also nicht extra eingeschaltet werden. Für Ebenen, auf die sich die Beleuchtung auswirken soll, ist es allerdings notwendig, die 3D-Option zu aktivieren. 2D-Ebenen bleiben vom Licht unbehelligt.

Doch schreiten wir zur Tat. Im folgenden Workshop erfahren Sie, wie Lichtebenen angelegt und animiert werden. Außerdem wird erläutert, wie sich verschiedene Materialoptionen auf 3D-Ebenen auswirken.

Schritt für Schritt: Lichtquellen anlegen und animieren

1 Vorbereitung

Sie ahnen es sicher schon, dass auch in diesem Workshop zuerst ein Movie begutachtet werden soll. Hier ist das Movie »drachenlogo« aus dem Ordner 21_3D/Logo. Die Animation erfolgte ausschließlich durch eine Lichtquelle und deren Einstellung.

Für die Komposition benötigen Sie eine Größe von 384 × 288 mit einer Dauer von 5 Sekunden. Importieren Sie die beiden Dateien »drache_logo.psd« und »text.psd« aus oben genanntem Ordner und ziehen sie zum Zeitpunkt 00:00 in die Zeitleiste.

2 3D-Ebenen einrichten

Aktivieren Sie die 3D-Option für beide Ebenen. Im Unterschied zu 2D-Ebenen wird die Reihenfolge von 3D-Ebenen nicht in der Zeitleiste festgelegt, sondern durch ihre Position im Raum. Das heißt, 2D-Ebenen, die sich im Zeitplan über anderen 2D-Ebenen befinden, überdecken diese. Bei 3D-Ebenen überdecken die weiter vorn beim Betrachter befindlichen Ebenen diejenigen Ebenen, die sich räumlich dahinter befinden. Die Reihenfolge in der Zeitleiste spielt dafür keine Rolle.

▼ **Abbildung 21.28**
Die beiden importierten Ebenen werden in die Zeitleiste gezogen und die 3D-Option wird aktiviert.

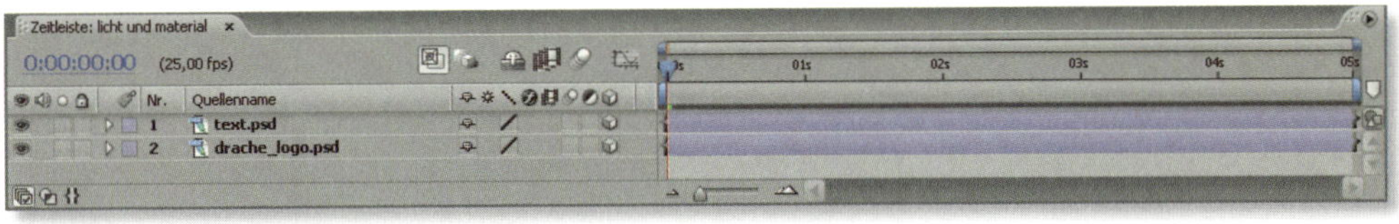

Wählen Sie im Kompositionsfenster das Ansichtenlayout 2 ANSICHTEN ❶. Die Ebene »drache_logo« soll auf der Z-Achse ein Stück in die Tiefe verschoben werden. Markieren Sie dazu die Ebene und arbeiten dann in der Ansicht von OBEN (linke Ansicht) ❷. Positionieren Sie den Mauszeiger über der blauen Z-Achse, bis ein kleines »z« neben dem Mauszeiger erscheint, und ziehen die Ebene in dieser Ansicht nach oben. Tatsächlich wird dadurch die Ebene im Raum nach hinten verschoben. Verschieben Sie die Ebene so weit, bis das Logo in der Ansicht AKTIVE KAMERA nicht mehr angeschnitten erscheint.

Tasten zum Ein- und Auszoomen und Verschieben

Um ein Kompositionsfenster zu vergrößern, betätigen Sie die Taste [.]. Zum Verkleinern wählen Sie [,]. Benutzen Sie dafür nicht den Ziffernblock der Tastatur. Zum Verschieben der Ansicht innerhalb des Kompositionsfensters drücken Sie die Taste [H] oder die Leertaste und ziehen gleichzeitig mit der Maus.

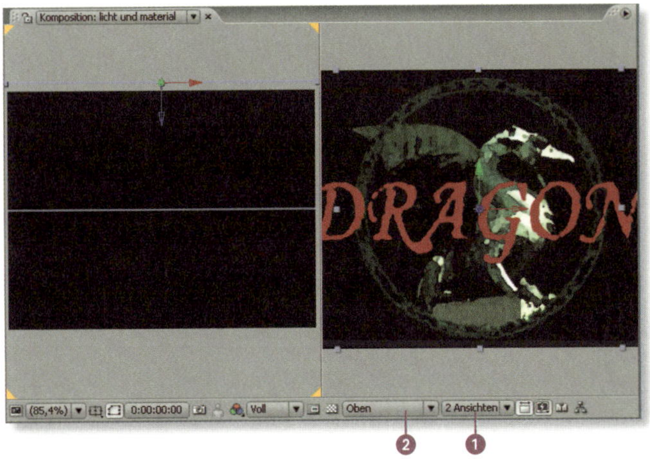

◀ **Abbildung 21.29**
Die Ebene »drachenlogo« wird auf der Z-Achse in die Tiefe verschoben, bis das Logo vollständig in der Ansicht AKTIVE KAMERA (rechte Ansicht) erscheint.

3 Hintergrund hinzufügen

Da später eine Lichtquelle hinzugefügt wird, die einen Schatten des Logos auf einen Hintergrund projizieren soll, benötigen wir einen solchen Hintergrund. Auf den Kompositionshintergrund wirken sich Lichtquellen nämlich nicht aus. Wählen Sie EBENE • NEU • FARBFLÄCHE oder [Strg]+[Y]. Die Farbfläche soll eine Größe von 600 × 500 und eine drachengrüne, recht dunkle Farbe haben.

Schalten Sie die 3D-Option ein und verschieben Sie die Farbfläche in der Ansicht Oben noch hinter das Drachenlogo. Bei Bedarf vergrößern Sie die Ansicht. Machen Sie sich keine Gedanken darüber, dass die Ebene in der Ansicht Oben außerhalb des Kompositionsfensters zu liegen scheint. Das ist eben das Verwirrende an der Darstellungsart. Für das Endergebnis entscheidend ist jedoch, wie das Ganze in der Ansicht Aktive Kamera (rechte Ansicht) aussieht.

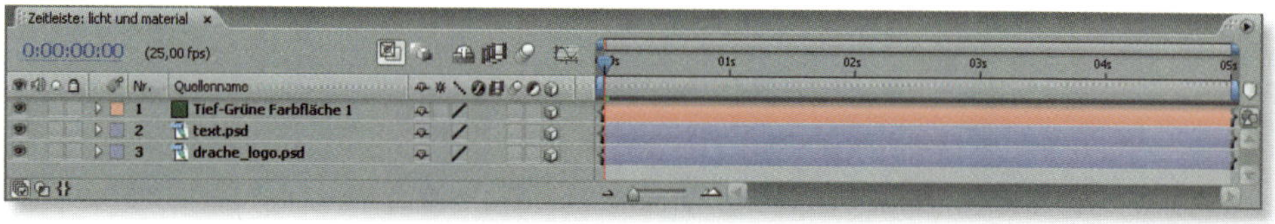

▲ **Abbildung 21.30**
Die Reihenfolge der Ebenen »drache_logo.psd«, »text.psd« und der Farbfläche in der Zeitleiste ist für deren räumliche Reihenfolge nicht entscheidend.

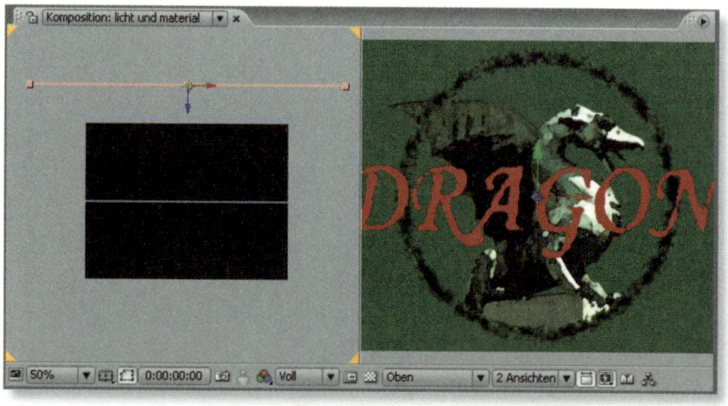

Abbildung 21.31 ▶
Die Farbfläche wird in der Ansicht Oben auf der Z-Achse ganz nach hinten verschoben, wie es sich für einen Hintergrund gehört.

4 Lichtebene hinzufügen

Lichtquellen werden ebenfalls als Ebenen angelegt und befinden sich nach deren Einrichtung in der Zeitleiste. Lichtebenen haben also wie alle Ebenen einen In- und einen Out-Point. Vor dem In- und nach dem Out-Point wirkt sich die Lichtebene daher auch nicht auf die 3D-Ebenen aus.

Zur Einrichtung wählen Sie Ebene • Neu • Licht. Es erscheint ein Einstellungsdialog, den wir ignorieren können, da alle darin enthaltenen Optionen auch in der Zeitleiste für die Lichtebene wählbar sind. Auf diese Optionen gehe ich später genauer ein. Die Standardlichtquelle ist Spot, und die wollen wir auch haben. Bestätigen Sie mit OK. Achten Sie darauf, dass die Lichtebene zum Zeitpunkt 00:00 beginnt.

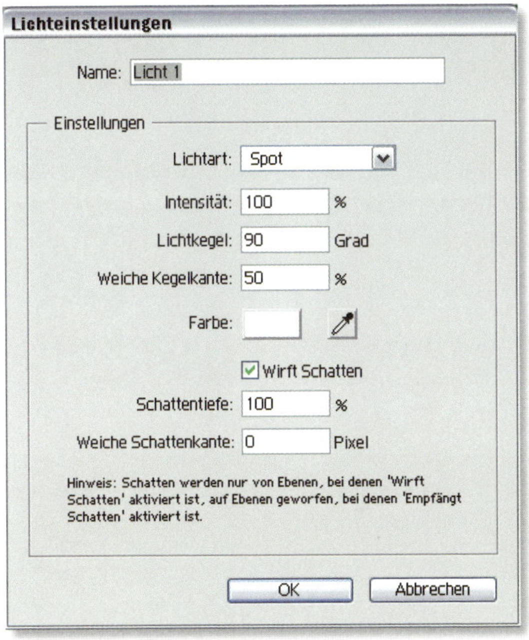

◂ **Abbildung 21.32**
Die Einstellungen aus dem Dialog Lichteinstellungen können später in der Zeitleiste animiert werden.

Zum besseren Verständnis konzentrieren wir uns auf die Ansicht Rechts. Dort sind unsere 3D-Ebenen als senkrechte Linien erkennbar. Von der Lichtebene ist die **Lichtquelle** ❶, der **Lichtkegel** ❷ und der **Zielpunkt** ❸ sichtbar.

Lichtposition und Leuchtrichtung ändern

Zum Ändern der Position einer Lichtquelle ziehen Sie an einer der Achsen der Lichtquelle, um damit die Lichtquelle und den Zielpunkt gleichzeitig und parallel auf einer Achse zu verschieben. Ziehen Sie nur an der Lichtquelle, ohne dass eine Achse aktiviert ist, wird diese frei und unabhängig vom Zielpunkt verschoben. Ziehen Sie nur am Zielpunkt, wird dieser unabhängig von der Leuchtquelle verschoben und ändert so die Beleuchtungsrichtung.

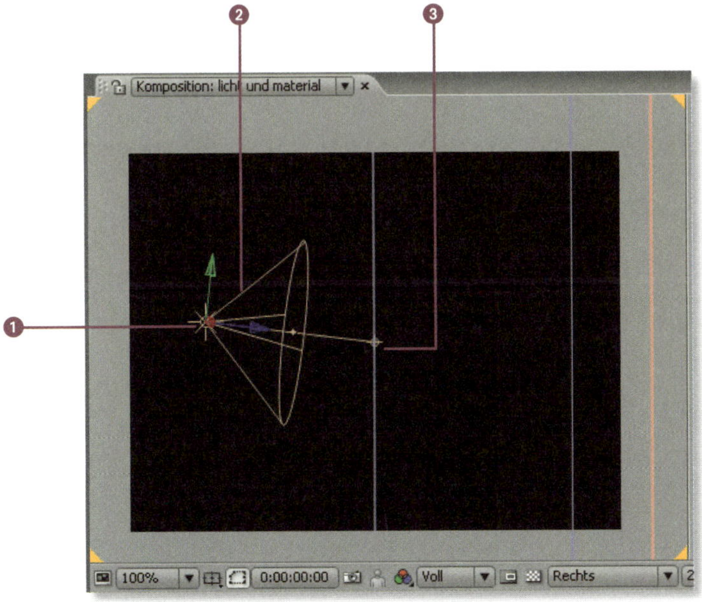

◂ **Abbildung 21.33**
Lichter werden ähnlich positioniert bzw. verschoben wie 3D-Ebenen.

Die Lichtquelle ist in gleicher Weise animierbar (Position, Drehung) wie 3D-Ebenen. Der Zielpunkt bestimmt die Beleuchtungsrichtung und ist ebenfalls animierbar. Zu Beginn ist der Zielpunkt auf den Kompositionsmittelpunkt gerichtet. Der Lichtkegel ist ebenfalls animierbar.

5 Animation der Lichtquelle

Zuerst werden wir die Position der Lichtquelle animieren, später ein paar weitere Lichtoptionen. Öffnen Sie die Lichtebene und blenden die Transformieren-Eigenschaften ein. Setzen Sie einen ersten Key für die Eigenschaft Position bei 00:00. Zu diesem Zeitpunkt soll der Lichtkegel von links auf Logo und Text leuchten. Am besten ist das in der Ansicht Oben einstellbar. Ziehen Sie dazu an der Lichtquelle, ohne eine der Achsen zu treffen. Der Zielpunkt muss dabei an seiner Position bleiben.

▼ **Abbildung 21.34**
Zur Animation der Lichtquelle sind nur zwei Keyframes in der Positionseigenschaft nötig.

Setzen Sie anschließend die Zeitmarke mit der Taste [Ende] auf das Ende der Komposition. Arbeiten Sie weiterhin in der Ansicht Oben und ziehen die Lichtquelle auf die gegenüberliegende Seite. Text und Logo werden dabei von rechts beleuchtet.

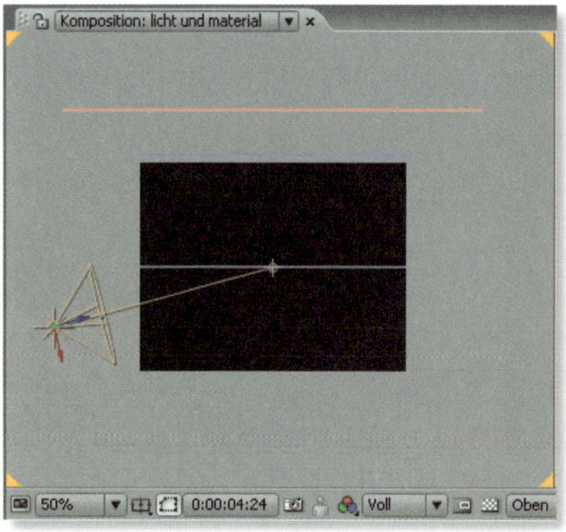

▲ **Abbildung 21.35**
Der erste Keyframe für die Lichtposition fixiert die Beleuchtung von links.

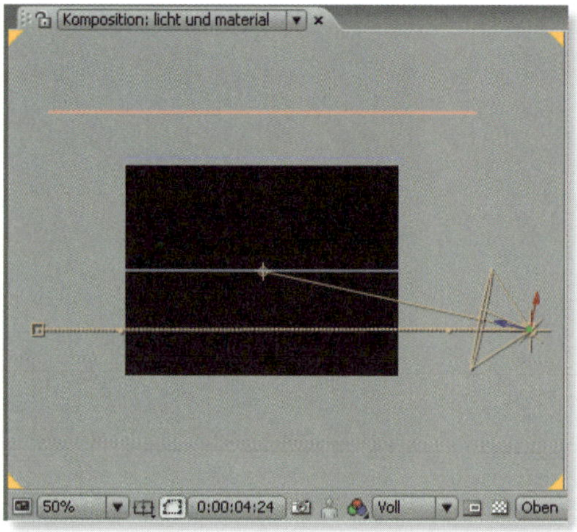

▲ **Abbildung 21.36**
Mit dem zweiten Keyframe für die Lichtposition entsteht ein Bewegungspfad, der nachträglich modifiziert werden kann.

6 Bewegungspfad bearbeiten

Noch sieht die Animation unansehnlich aus. Es ist also noch einiges zu tun. In der Ansicht von OBEN wird der Bewegungspfad der Lichtebene leicht kreisförmig eingestellt. Sehr schlecht ist der ein Quadratmillimeter große Anfasser zu sehen, mit dem die Tangenten den Pfad krümmen können. Vergrößern Sie die Ansicht daher auf 200% und verschieben Sie sie mit der Taste [H] soweit, bis der rechte Keyframe sichtbar wird. Da ist der Anfasser ❶. Ziehen Sie den Anfasser nach unten, um den Pfad zu krümmen. Die Ansicht kann danach wieder verkleinert werden. Auf der linken Seite verfahren Sie genauso, bis der Pfad leicht kreisförmig gebogen ist.

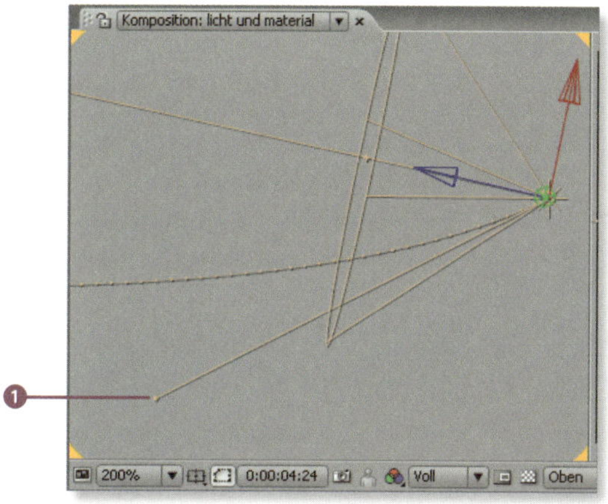

▲ **Abbildung 21.37**
Anhand der sehr kleinen Anfasser wird der Bewegungspfad gekrümmt.

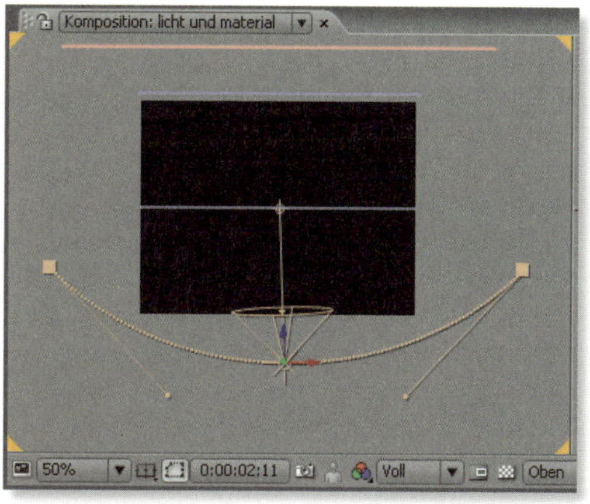

▲ **Abbildung 21.38**
Der Bewegungspfad nach der Bearbeitung

7 Lichtoptionen

Öffnen Sie für die Lichtebene die Liste mit den Optionen. Hier lässt sich festlegen, welche **Lichtart** gewünscht wird ❶ (Abbildung 21.39).

- Die Einstellung PARALLEL resultiert in einer Lichtquelle ohne Lichtkegel, vergleichbar mit einer leuchtenden Fläche, die Licht in eine Richtung aussendet, oder der Sonne, deren Licht aufgrund der Entfernung beinahe parallel einfällt.
- Die Einstellung SPOT, die wir verwenden, resultiert in einer Lichtquelle, deren Licht ähnlich wie bei einem Scheinwerfer durch einen Lichtkegel begrenzt ist.
- PUNKTLICHT ist mit einer Glühbirne zu vergleichen – das Licht strahlt von einem Punkt aus gleichmäßig in alle Richtungen.

- Umgebungslicht schließlich dient der Aufhellung der Szene insgesamt; es ist nicht animierbar und kommt aus allen Richtungen.

Bleiben wir beim Spotlicht. Die hier verfügbaren Optionen sind auch bei den anderen Lichtquellen teilweise vorhanden. Unter Intensität tragen wir für unsere Animation einen Wert von 200 % ein. Unter Farbe belassen wir es bei Weiß.

Für die Option Lichtkegel aber setzen wir Keys. Stellen Sie zum Zeitpunkt 00:00 einen Wert von 50,0° ein und setzen einen Key. Bei 02:12 setzen Sie den Wert auf 90,0° und am Ende der Komposition wieder auf 50,0°. Der Lichtkegel wird also erst dann aufgezogen, wenn die Lichtquelle frontal auf das Logo leuchtet.

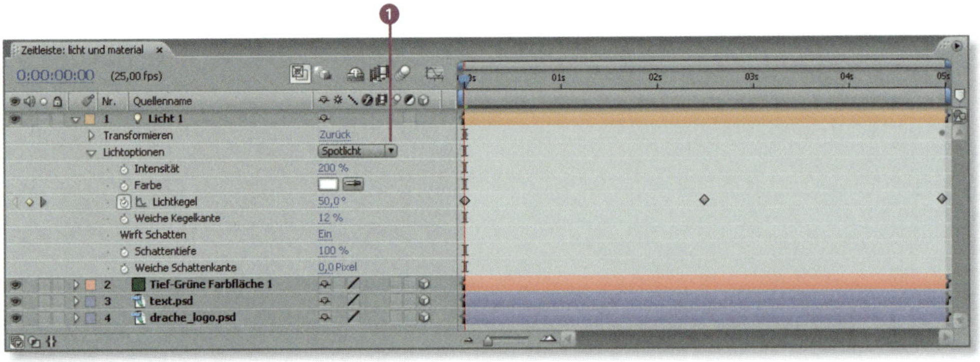

▲ **Abbildung 21.39**
Der Lichtkegel wird über drei Keyframes animiert.

Unter Weiche Kegelkante setzen Sie den Wert von 50 % auf 12 %. Schauen Sie sich zwischendrin ruhig einmal die Animation an.

▲ **Abbildung 21.40**
So sollte die Animation zum Zeitpunkt 00:00 aussehen.

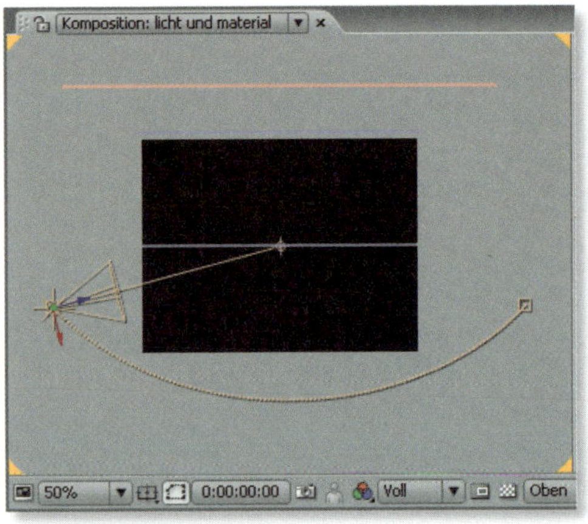

▲ **Abbildung 21.41**
In der Ansicht von Oben ist der schmalere Lichtkegel gut erkennbar.

8 Materialoptionen: Die Schattenwelt

Dies ist nicht wie in der realen Welt: Beleuchtete Ebenen können in After Effects Schatten werfen oder nicht. Teuflisch gut. Und passend zum Logo des Lindwurms. Schatten können nicht allein in der Lichtebene festgelegt werden, sondern die Einstellung hängt mit den **Materialoptionen** der 3D-Ebenen zusammen.

Die Vorgehensweise: Zuerst wählen Sie unter Wirft Schatten den Eintrag Ein, falls die Option in der Lichtebene inaktiv ist. Schließen Sie die Lichtebene und öffnen Sie die Ebene »drache_logo« und dort die Materialoptionen. Wählen Sie bei Wirft Schatten ebenfalls den Eintrag Ein. Und jetzt geht's.

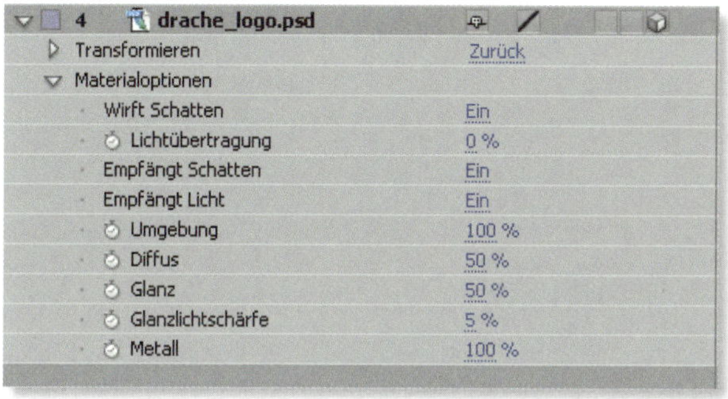

◂ **Abbildung 21.42**
Die Materialoptionen einer 3D-Ebene sind recht umfangreich und verändern die Wirkung des Lichts auf die Ebene.

Schauen Sie sich mal die Animation an. Der Schattendrachen wandert jetzt die Hintergrundebene entlang. Sie können die Option für jede 3D-Ebene einschalten. Ist Ihnen der Schatten zu dunkel, können Sie das in der Lichtebene unter Schattentiefe ändern. Ich habe dort einen Wert von 80 % eingestellt.

◂ **Abbildung 21.43**
Sind die Materialoptionen richtig gewählt, sind realistisch wirkende Schatten möglich.

9 Noch mehr Materialoptionen

Weitere Materialoptionen stellen Sie bitte für die Textebene ein. Die Änderungen werden am besten sichtbar, wenn das Spotlicht frontal auf das Logo fällt.

Stellen Sie unter Glanz einen Wert von 100% ein, um das ankommende Licht wie ein Spiegel zu reflektieren. Bei 0% gibt es keine Refelexion. Unter Glanzlichtschärfe wird die Randschärfe des Reflexionspunkts festgelegt. Wählen Sie 50%. Der Lichtpunkt wirkt dadurch etwas kleiner.

Unter Diffus wird die Reflexion diffusen Lichts eingestellt. Bei 0% wird gar kein diffuses Licht reflektiert. Mit einem Wert von 40% erhalten Sie einen mittelgroßen Glanzpunkt.

Die Option Metall bewirkt bei 0% einen Glanzpunkt in der Farbe des einfallenden Lichts und bei 100% einen in der Farbe der Ebene. Bei 100% belassen wir's. Da wir anschließend noch ein Umgebungslicht hinzufügen, stellen Sie die Option bei Umgebung auf 20%. Bei 100% wird Umgebungslicht vollständig reflektiert.

Schließlich können Sie noch wählen, ob die Ebene überhaupt Licht oder Schatten empfängt. Schalten Sie beide Optionen Empfängt Schatten und Empfängt Licht auf Ein. Die Lichtübertragung dient dazu, die Ebene durchscheinend wie ein Dia zu machen (dazu mehr anschließend an diesen Workshop).

10 Umgebungslicht hinzufügen

Jetzt haben Sie's gleich. Setzen Sie nur noch schnell die Zeitmarke auf den Zeitpunkt 00:00 und gehen noch einmal den Weg Ebene • Neu • Licht. Wählen Sie im Einstellungsdialog unter Lichtart gleich Umgebungslicht. Unter Intensität tragen Sie 100% ein. OK.

Schon haben Sie's und können sich fühlen wie Siegfried, der Drachentöter. Behalten Sie aber immer ein Auge auf Hagen.

▼ Abbildung 21.44
Die fertige Animation in der Zeitleiste

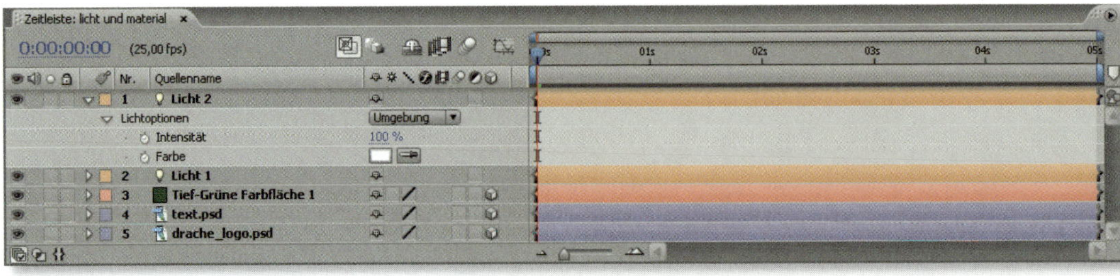

21.2.2 Lichtübertragung

Wie bereits im vorigen Workshop angekündigt wollte ich Ihnen noch ein Beispiel für die Option Lichtübertragung bei 3D-Ebenen zeigen. Also holen Sie sich erst mal einen Kaffee und dann geht es gleich weiter.

Die Option Lichtübertragung, die für 3D-Ebenen einstellbar ist, kann dazu dienen, Durchlichtprojektionen zu kreieren. Für diese Möglichkeit drängt sich der Vergleich mit einem Kirchenfenster auf, durch das Licht fällt. In magisch leuchtenden Farben illuminiert die Christusgeschichte geheimnisvoll den Kirchenraum. In After Effects – weniger poetisch ausgedrückt – werden Bildinhalte durch Verwendung der Lichtübertragung auf die 3D-Szenerie projiziert.

In der Anwendung benötigen Sie für eine solche Projektion eine Lichtquelle, eine Ebene, deren Bildinhalt projiziert werden soll, und eine Projektionsfläche. Die Lichtquelle sollte die Bildebene von hinten beleuchten, während in der Bildebene in den Materialoptionen die Option Lichtübertragung ❶ auf 100 % eingestellt wird. Außerdem muss noch die Option Wirft Schatten für die Bildebene von Aus auf Ein umgeschaltet werden.

Vorsicht!

Bei Verwendung des OpenGL-Render-Plugins wird die Lichtübertragung leider nicht dargestellt.

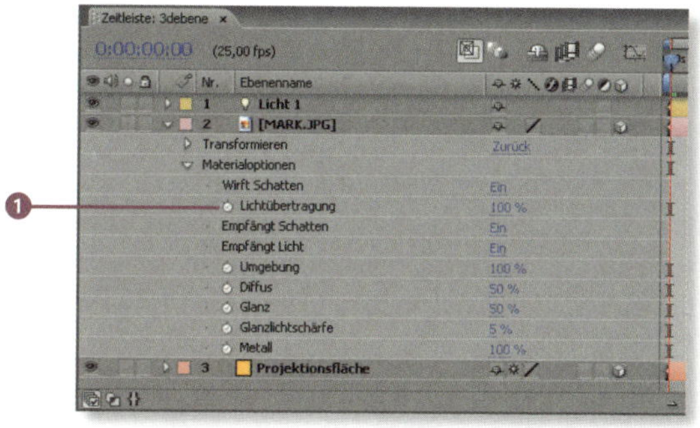

▲ **Abbildung 21.45**
Für eine wirkungsvolle Projektion muss der Wert für Lichtübertragung auf 100 % und die Option Wirft Schatten auf Ein gesetzt werden.

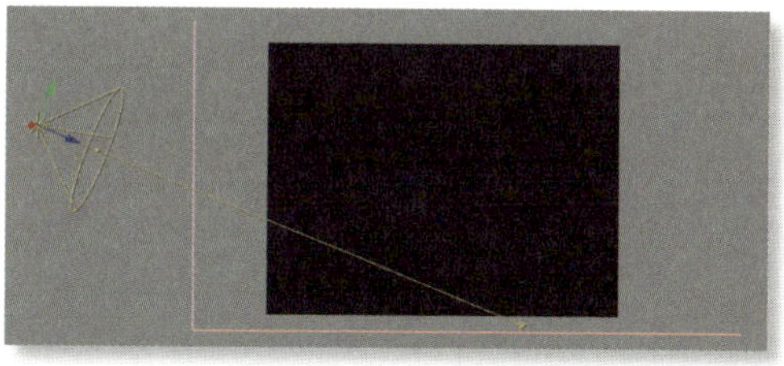

▲ **Abbildung 21.46**
Die Lichtquelle wird für eine erfolgreiche Projektion hinter die Ebene, die projiziert werden soll, platziert.

◂ **Abbildung 21.47**
So kann eine Projektion aussehen.

Das Gleiche gilt für die Lichtquelle. Wenn Sie die Bildebene oder die Lichtquelle animieren, können Sie spannende Ergebnisse erzielen, wie Sie in Abbildung 21.46 sehen.

21.3 Die Kamera: Ein neuer Blickwinkel

Beispiele

Auf der DVD zum Buch finden Sie im Ordner 21_3D/Textur zwei Beispielprojekte und das Movie »projektor«, in denen die Option Lichtübertragung verwendet wurde. Das Projekt »lichtuebertragung1.aep« stellt eine Grundanordnung dar. Im Projekt »lichtuebertragung2.aep« wurde ein wenig mehr getan.

Bisher haben Sie von festgelegten Blickwinkeln aus auf die 3D-Szenerie geschaut, wie zum Beispiel von oben, von links oder durch die Ansicht Aktive Kamera, die als Standardkamera sofort aktiviert wird, wenn eine 3D-Ebene in der Komposition auftaucht. Weitere Kameras, die Sie selbst einrichten können, geben Ihnen weit reichende neue Möglichkeiten, um realistisch wirkende Bewegungen durch einen 3D-Raum zu kreieren. Die Tiefenschärfe-Einstellung einer Kamera macht es möglich, einzelne Ebenen besonders hervorzuheben, während andere im Unschärfebereich der Kamera nur angedeutet werden.

21.3.1 Kameraebenen und Kameraoptionen

Grundsätzlich ist erst einmal wichtig, dass eine neue Kamera (wie eine Lichtquelle) als Ebene in der Zeitleiste erscheint. Außerdem werden auch Kameras als Drahtgitterobjekte in Ihren Kompositionsansichten dargestellt. Denn nicht immer wird durch die neue Kamera selbst geschaut. Sie schauen vielmehr auf die gesamte 3D-Szenerie mitsamt der neuen Kamera, um diese im Raum zu positionieren. Im gerenderten Ergebnis ist sie dann – keine Sorge – nicht sichtbar.

Damit die selbst erstellte Kamera Wirkung zeigt, müssen 3D-Ebenen in der Komposition enthalten sein. Die Kamera selbst ist bereits eine 3D-Ebene.

Besser wird das aber anhand eines praktischen Beispiels im folgenden Workshop deutlich. In diesem Workshop erfahren Sie, wie Kameraebenen erstellt werden und wie man mit den Kameraoptionen umgeht.

Schritt für Schritt: Kamerafahrt und Kamerazoom

1 Vorbereitung

Es ist gewiss kein Geheimnis mehr, dass auch für diesen Workshop ein fertiges Beispielmovie bereitliegt. Es befindet sich im Ordner 21_3D/Textkamera und heißt »pause.mov«.

Für die Komposition benötigen Sie eine Größe von 384 × 288 mit einer Dauer von 11 Sekunden. Importieren Sie die Datei »text.psd« aus oben genanntem Ordner und ziehen Sie zum Zeitpunkt

00:00 in die Zeitleiste. Setzen Sie die Kompositionshintergrundfarbe über KOMPOSITION • HINTERGRUNDFARBE auf weiß.

2 Textebene im Raum platzieren

Schalten Sie die 3D-Option für die Textebene ein. Wählen Sie im Kompositionsfenster als Ansichtenlayout den Eintrag 4 ANSICHTEN. Ersetzen Sie die Ansicht VORNE durch die Ansicht EIGENE ANSICHT 1 und die Ansicht RECHTS durch die Ansicht LINKS.

◂ **Abbildung 21.48**
Zuerst werden vier Kompositionsansichten gewählt.

Als Nächstes wird die Textebene in die Waagerechte gebracht. Blenden Sie dazu mit der Taste R die Drehungs-Eigenschaften ein. Verändern Sie die X-DREHUNG auf –90°.

▾ **Abbildung 21.49**
Zu Beginn wird die Textebene in die Waagerechte gedreht.

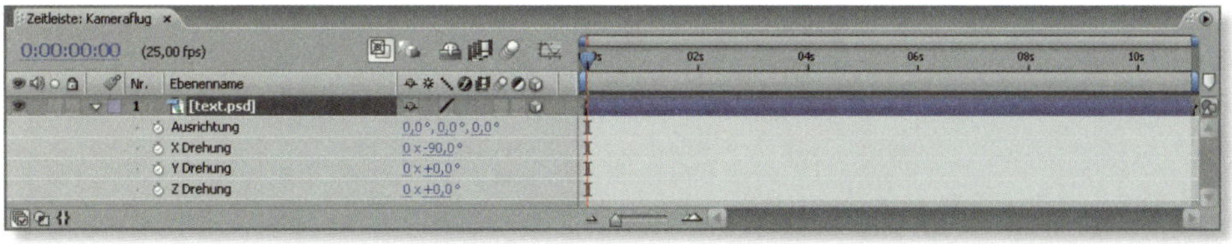

3 Kamera hinzufügen und Kameraeinstellungen

Erstellen Sie über EBENE • NEU • KAMERA eine neue Kameraebene. Der Dialog KAMERAEINSTELLUNGEN sieht kompliziert und mächtig aus, die Handhabung der Einstellungen ist aber einfacher, als es scheint.

In den VORGABEN ❶ (Abbildung 21.50) wählen Sie die Einstellung 35 MM für die häufig verwendete 35mm-Filmkamera. Die Einstellungen ZOOM, BLICKWINKEL und BRENNWEITE hängen zusammen und wirken sich darauf aus, wie groß die Komposition beim Blick durch die Kamera abgebildet wird. Wenn Sie den Wert für eine der drei Einstellungen verändern, passen sich die jeweiligen beiden anderen Werte an. Die FILMGRÖSSE ❷ simuliert die Größe des belichteten Bereichs eines Films und bestimmt den erfassten Ausschnitt der Szene.

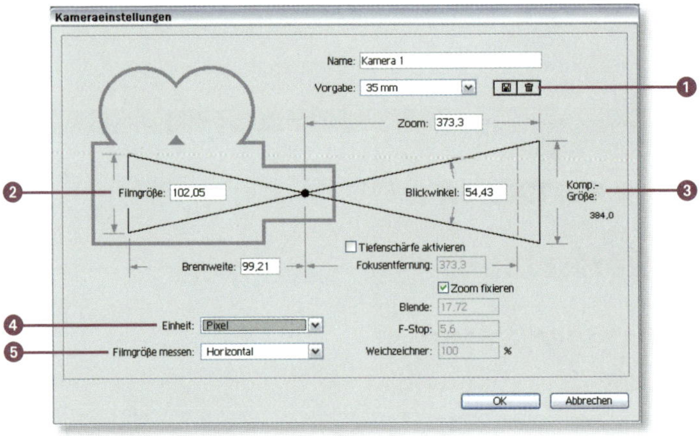

Abbildung 21.50 ▶
Der Dialog KAMERAEINSTELLUNGEN wirkt komplizierter, als er ist. Hier werden grundlegende Eigenschaften der Kamera festgelegt.

Die KOMPOSITIONSGRÖSSE ❸ entspricht den zuvor von Ihnen gewählten Einstellungen. Die EINHEIT ❹ kann in PIXEL, MILLIMETER und ZOLL angegeben werden. Bei der Einstellung MILLIMETER erkennen Sie, dass die Brennweite unseren voreingestellten 35 mm entspricht. Die Filmgröße wird normalerweise immer horizontal gemessen, kann aber unter FILMGRÖSSE MESSEN ❺ noch auf VERTIKAL und DIAGONAL geändert werden.

Einen interessanten weiteren Optionsbereich – die Tiefenschärfe-Einstellungen – schauen wir uns im nächsten Workshop genauer an. Nach dem OK erscheint die Kamera als Drahtgitterdarstellung in Ihren Kompositionsansichten und als Ebene in der Zeitleiste.

4 Kameraoptionen

Wenn Sie die Kameraeigenschaften unter TRANSFORMIEREN und KAMERAOPTIONEN öffnen, kommt eine schöne Liste zusammen. Es finden sich die wichtigsten, auch im Einstellungendialog wählbaren Kameraoptionen wieder. Sie müssen also nicht immer in die Einstellungen zurückkehren. Wenn Sie dies dennoch wollen, klicken Sie einfach doppelt auf die Kameraebene. Das Gleiche gilt übrigens für Lichtebenen. Mit den Kameraoptionen beschäftigen wir uns teilweise in diesem und im nächsten Workshop.

Die Blickrichtung einer Kamera wird ähnlich den Leuchtquellen über den ZIELPUNKT ❻ eingestellt.

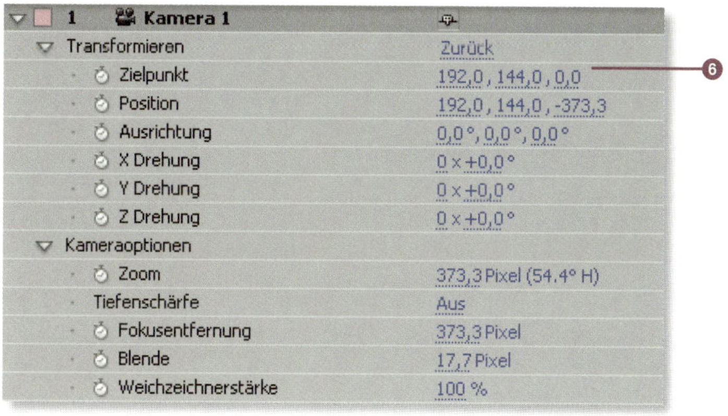

◂ **Abbildung 21.51**
Die Transformieren-Eigenschaften der Kamera ähneln denen der 3D-Ebenen. Unter KAMERAOPTIONEN sind die animierbaren, wichtigsten Optionen des Dialogs KAMERAEINSTELLUNGEN zusammengefasst.

Wollen Sie die Position der Kamera ändern, ist dies ebenfalls vergleichbar mit den Leuchtquellen. Ziehen Sie an einer der Achsen ❼, um die Kamera und den Zielpunkt ❾ **gleichzeitig und parallel** zu verschieben. Ziehen Sie am Kamerakörper ❽, um die Kamera unabhängig in allen Richtungen zu verschieben. Wird nur der Zielpunkt bewegt, verbleibt die Kamera an ihrer Position, und die Blickrichtung ändert sich.

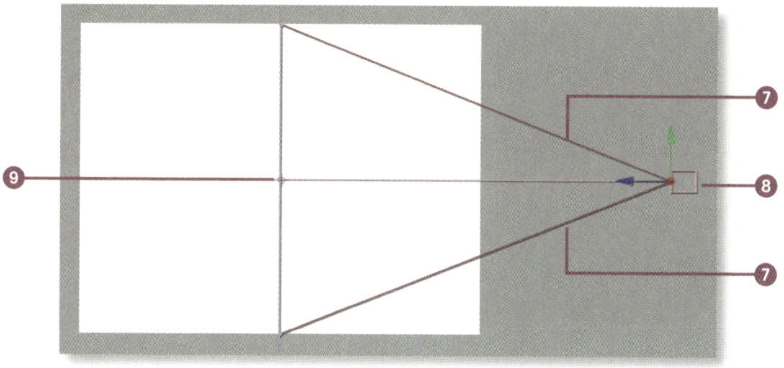

◂ **Abbildung 21.52**
Die Kamera wird hier in der Ansicht von links gezeigt. Positioniert wird sie ähnlich wie 3D-Ebenen und Lichter.

5 Kamera positionieren

Die Kamera soll zu Beginn so positioniert sein, dass sie von schräg oben auf den Text »schaut«. Wählen Sie dazu die Ansicht LINKS und verkleinern oder vergrößern diese eventuell mit den Tasten [,] und [.]. Verschieben Sie die Ansicht innerhalb des Kompositionsfensters mit der Maus bei gedrückter Taste [H] oder Leertaste. Ziehen Sie die Kamera nach oben, **ohne** eine der Achsen zu treffen, bis sie in einem leicht schrägen Winkel eingestellt ist. Verschieben Sie dann die Kamera wie in Abbildung 21.53 von links gesehen an den Rand der als Linie dargestellten Textebene. Hier ist es wiederum günstig, die Achsen zu nutzen (es erscheint ein kleines x, y oder z neben dem Mauszeiger), um die Bewegung auf diese Achse einzuschränken. Setzen Sie für den ZIELPUNKT und die POSITION den ersten Key bei 00:00.

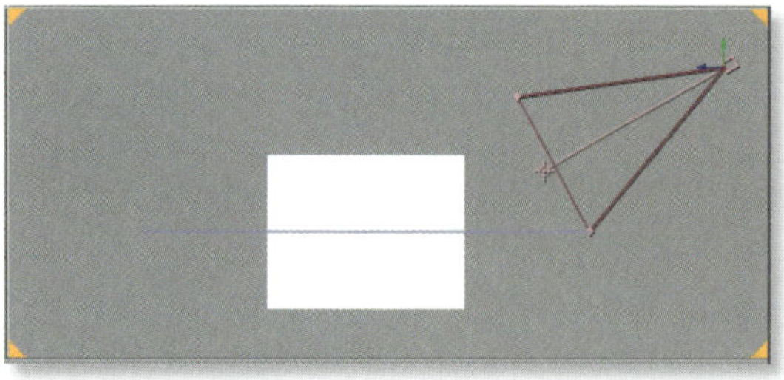

▲ **Abbildung 21.53**
Handhabbar ist die Kamera in der Ansicht von links. Sie sollte zum Zeitpunkt 00:00 wie in dieser Abbildung ausgerichtet sein.

▲ **Abbildung 21.54**
Der Blick durch die Kamera zum Zeitpunkt 00:00

In den Transformieren-Eigenschaften der Kamera findet sich auch die Eigenschaft Ausrichtung. Ich rate Ihnen vorerst davon ab, diese zu animieren oder zu verändern. Durch eine Änderung wird die Kamera von ihrem Zielpunkt abgelenkt, was zu unerwünschten Ergebnissen führen kann. Interessant ist die Option zum Schwenken der Kamera.

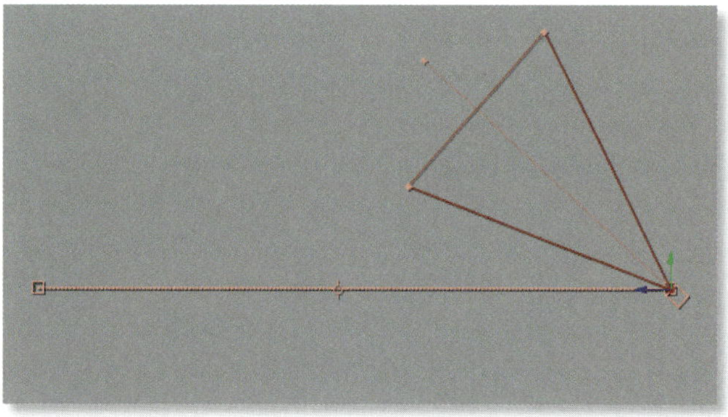

▲ **Abbildung 21.55**
So sollte es nicht aussehen: Durch Änderung der Werte bei der Kameraeigenschaft Ausrichtung wird die Kamera von ihrem Zielpunkt abgelenkt, der in diesem Fall auf dem Bewegungspfad liegt.

6 Kameraflug zum Wort »Kurze«

Im nächsten Schritt lassen wir die Kamera zum Wort »Kurze« fliegen und dieses ins Visier nehmen. Wechseln Sie die Ansicht Aktive Kamera zur Ansicht Kamera 1. Sie können damit das Endergebnis der Kameraanimation kontrollieren.

Wechseln Sie in der Werkzeugleiste von Lokalachsenmodus auf Weltachsenmodus ❶. Setzen Sie die Zeitmarke auf 02:12. Verschieben Sie dann in der Ansicht Oben die Kamera auf der Z-Achse nach hinten und auf der X-Achse soweit nach links, bis das Wort »Kurze« wie in der Abbildung 21.59 am unteren Bildrand der Ansicht Kamera 1 erscheint. In der Zeitleiste sind automatisch zwei neue Keys für den Zielpunkt und die Position entstanden.

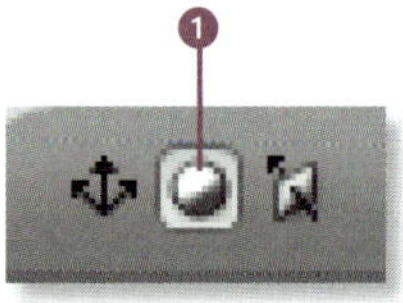

▲ **Abbildung 21.56**
Durch einen Wechsel vom Lokal- zum Weltachsenmodus sind manche Positionierungen einfacher.

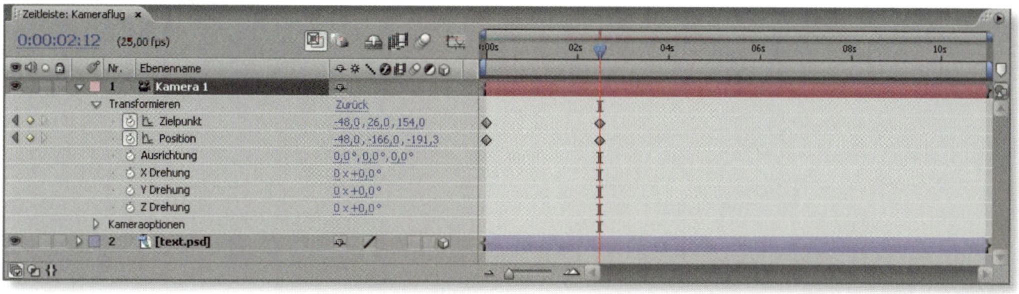

▲ **Abbildung 21.57**
Die Zeitleiste nach dem Verschieben der Kamera am Zeitpunkt 02:12

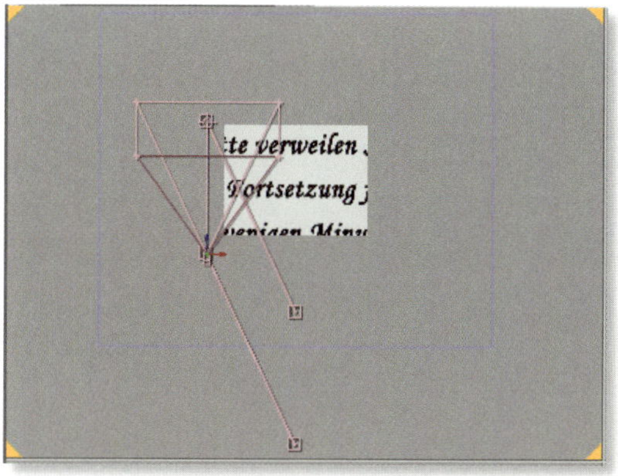

▲ **Abbildung 21.58**
Um die Kamera zum Wort »Kurze« fliegen zu lassen, wird sie in der Ansicht von oben dorthin verschoben.

▲ **Abbildung 21.59**
Der Blick durch die Kamera in der Ansicht Kamera 1 auf das Wort »Kurze« am Zeitpunkt 02:12

7 Kamera exakt positionieren

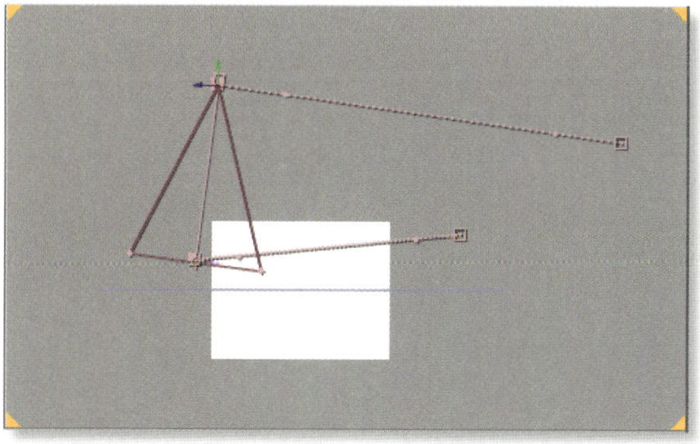

▲ **Abbildung 21.60**
In der Ansicht Links wird die Kamera so verschoben, bis das Wort »Kurze« gut lesbar in der Ansicht Kamera 1 erscheint.

▲ **Abbildung 21.61**
Der Blick durch die Kamera in der Ansicht Kamera 1 auf das Wort »Kurze« am Zeitpunkt 02:12 nach der genauen Positionierung

Das Wort »Kurze« ist noch nicht so wie gewünscht im Bild zu sehen. In der Ansicht LINKS ziehen Sie die Kamera, ohne eine Achse zu treffen, beinahe senkrecht nach oben, bis in der Ansicht KAMERA 1 das Wort »Kurze« fast mittig erscheint. Ziehen Sie die Kamera noch auf der Y-Achse ein Stück nach unten, bis nur noch das Wort »Kurze« lesbar ist. Korrigieren Sie die Kameraposition gegebenenfalls in der Ansicht OBEN. Sollte es nicht hundertprozentig klappen: Es ist ja nur eine Übung ...

8 Kameraflug zum Wort »Pause«

Kopieren Sie die beiden Keys vom ZIELPUNKT und der POSITION am Zeitpunkt 02:12 und setzen Sie sie bei 03:12 wieder ein. Somit verweilt die Kamera einen Moment auf dem Wort. Setzen Sie dann die Zeitmarke auf 06:00. Ziehen Sie jetzt die Kamera in der Ansicht OBEN auf der X-Achse nach rechts, bis in der Ansicht KAMERA 1 das Wort »pause« etwa mittig erscheint. Kopieren Sie die Keys am Zeitpunkt 06:00 und setzen Sie sie am Zeitpunkt 07:00 wieder ein, damit die Kamera kurz auf dem Wort verweilt.

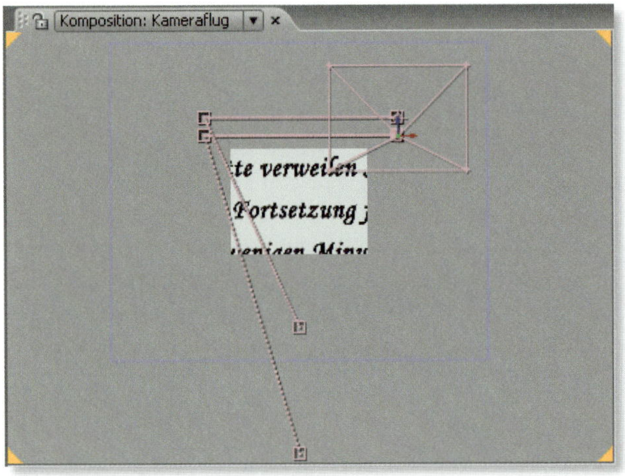

Abbildung 21.62 ▸
Die Kamera wird in der Ansicht OBEN am Zeitpunkt 06:00 auf der X-Achse nach rechts bewegt, bis das Wort »pause« in der Ansicht KAMERA 1 erscheint.

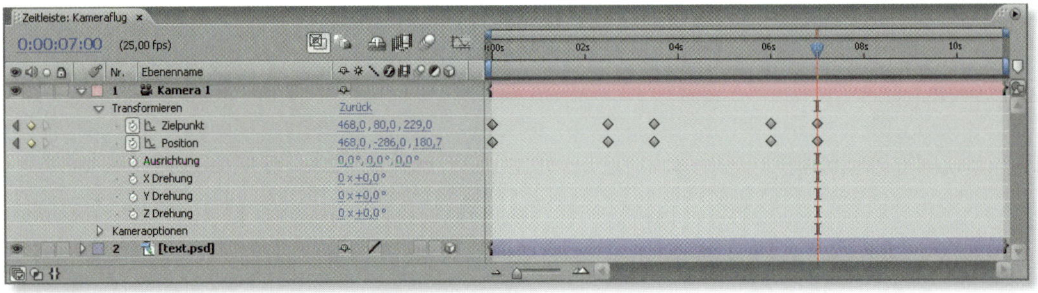

▲ **Abbildung 21.63**
Die Zeitleiste nach dem Verschieben der Kamera am Zeitpunkt 06:00

◂ **Abbildung 21.64**
In diesem Schritt soll das Wort »pause« erscheinen.

9 Bewegungspfad linear

Ihre Kamera hat, wie Sie es von animierten Ebenen kennen, einen Bewegungspfad erhalten. Die Standardeinstellung für Bewegungspfade ist ein gekrümmter Pfad. In unserem Workshop soll der Bewegungspfad allerdings gerade verlaufen.

Klicken Sie daher auf das Wort ZIELPUNKT und dann mit ⇧ auf POSITION in der Zeitleiste, um alle Keys zu markieren, und wählen dann ANIMATION • KEYFRAME-INTERPOLATION. In dem Dialog stellen Sie die GEOMETRISCHE INTERPOLATION auf LINEAR. Bestätigen Sie mit OK.

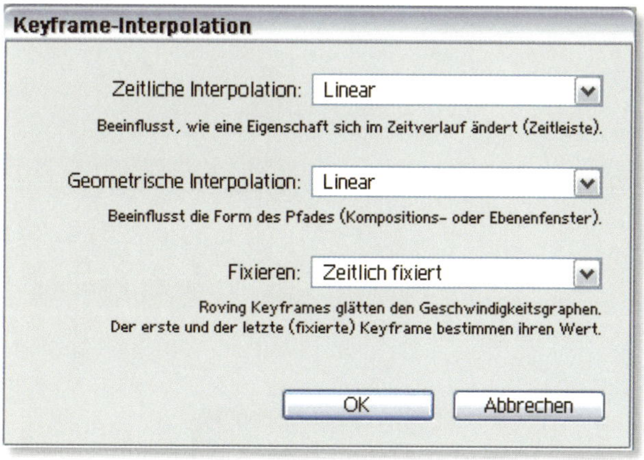

◂ **Abbildung 21.65**
Im Dialog KEYFRAME-INTERPOLATION wird der Bewegungspfad der Kamera auf LINEAR gesetzt.

10 Neue Position und Zoom

Zum Schluss wird die Kamera den gesamten Text ins Blickfeld nehmen. Setzen Sie die Zeitmarke auf den Zeitpunkt 08:15. Ziehen Sie die Kamera in der Ansicht OBEN auf der Z-Achse und anschließend auf der X-Achse in die Mitte des Textes. Orientieren Sie sich hierbei an dem Textausschnitt, der in der Ansicht zu sehen ist – es ist die Textmitte.

▲ **Abbildung 21.66**
Zum Zeitpunkt 08:15 wird die Kamera genau über dem Text zentriert.

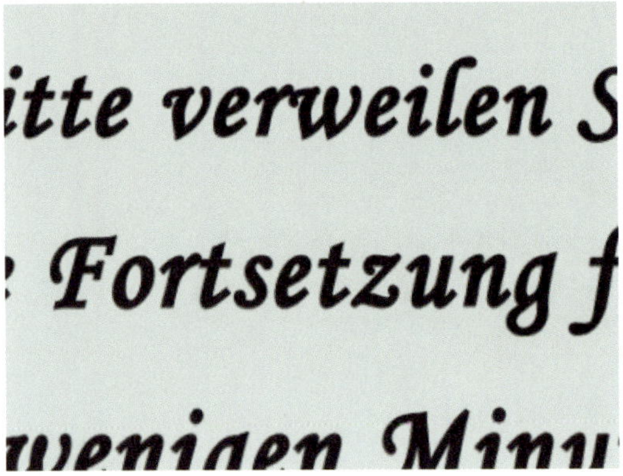

▲ **Abbildung 21.67**
Der Blick durch die Kamera in der Ansicht KAMERA 1 am Zeitpunkt 08:15.

Öffnen Sie zum Animieren des Zooms die KAMERAOPTIONEN in der Zeitleiste und setzen Sie einen Key für ZOOM. Setzen Sie die Zeitmarke auf den Zeitpunkt 09:15 und ändern den Wert für ZOOM auf 100. Der nächste Kaffee ist endlich fällig. Machen Sie einfach eine kurze Pause. Die Fortsetzung folgt gleich.

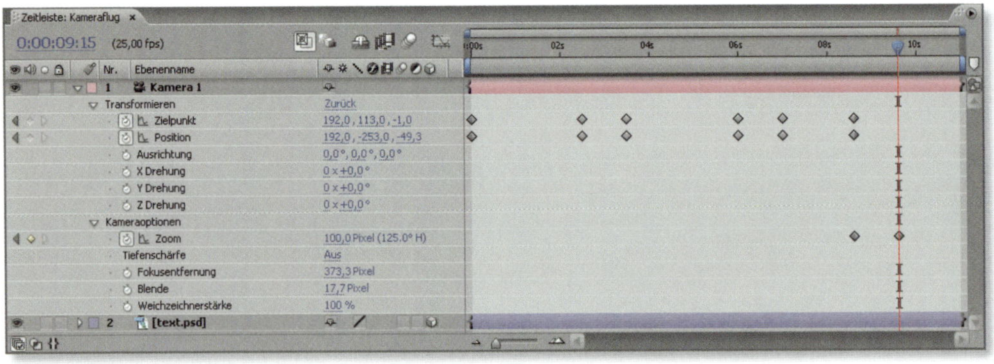

▲ **Abbildung 21.68**
Die Zeitleiste mit den Keyframes der fertigen Animation

Abbildung 21.69 ▶
Der Blick durch die Kamera sollte bei erfolgreicher Animation zum Schluß den gesamten Text zeigen.

21.3.2 Tiefenschärfe

Wie im vorhergehenden Workshop schon angekündigt, sollten später noch ein paar Kameraoptionen geklärt werden. Es handelt sich um die Einstellungen für die Tiefenschärfe. Sie kennen die Wirkung von der Fotokamera – eine kleine Blende bewirkt eine hohe Tiefenschärfe: Das Motiv ist, obwohl man nur auf einen bestimmten Punkt scharf gestellt hatte, durchgängig klar erkennbar. Bei einer großen Blendenöffnung hingegen ist das Motiv vor und hinter dem Punkt, auf den scharf gestellt wurde, verschwommen. Um Teile einer 3D-Szenerie zu betonen, bietet sich die Tiefenschärfe-Einstellung hervorragend an.

In diesem Workshop wird nicht nur die Tiefenschärfe besprochen, sondern auch die Ausrichtung von 3D-Ebenen zur Kamera.

Schritt für Schritt: Fokus, Pokus, Tiefenschärfe

1 Vorbereitung

Diesmal müssen Sie nicht ganz so viel vorbereiten, da ich Ihnen ein Projekt mitgegeben habe, das Sie einfach öffnen können, um darin weiterzuarbeiten. Das Projekt heißt »fokus.aep« und ist im Ordner 21_3D/Tiefenscharf zu finden. Kopieren Sie sich am besten den gesamten Ordner auf die Festplatte.

Dort liegen auch das Movie »blumenmeer«, das den fertigen Film darstellt, und das fertige Projekt »fertig.aep« zur Anschauung bereit. Öffnen Sie das Projekt »fokus.aep«. Es sind bereits eine Kamera und einige Ebenen, die die Kamera ins Visier nimmt, angelegt. Zum Arbeiten verwenden Sie zwei Kompositionsansichten. Stellen Sie eine Ansicht auf Links und die andere auf Kamera 1.

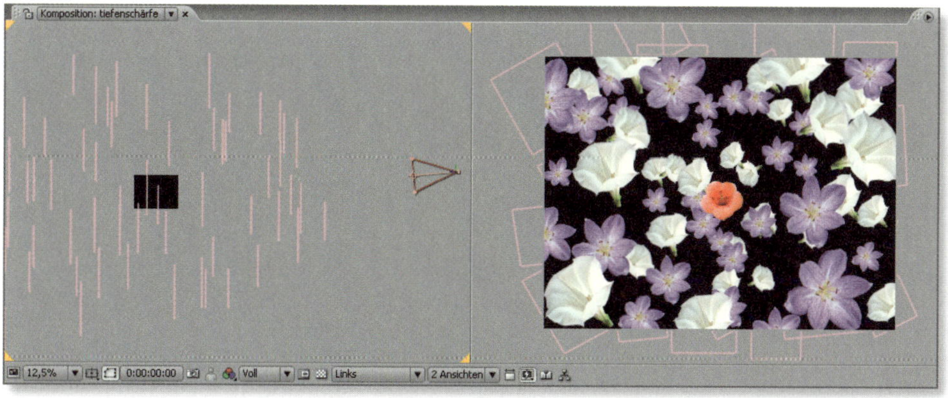

▲ **Abbildung 21.70**
Die Kamera ist recht weit von den etwa 60 Ebenen, die das Blumenmeer bilden, entfernt. Noch sind alle Blumen klar erkennbar.

2 Tiefenschärfe einschalten und Optionen

Die Tiefenschärfe können Sie im Dialogfeld KAMERAEINSTELLUNGEN und in der Zeitleiste aktivieren. Doppelklicken Sie auf die Ebene KAMERA 1 in der Zeitleiste, um das Dialogfeld zu öffnen. Setzen Sie ein Häkchen bei TIEFENSCHÄRFE AKTIVIEREN ❶.

Der Fokus bezeichnet den absoluten Schärfepunkt. Ein Bild, das sich also genau auf dem Fokuspunkt befindet, wird absolut scharf dargestellt. Mit der FOKUSENTFERNUNG ❷ legen Sie fest, wie weit entfernt von der Kameraposition dieser Schärfepunkt liegt. Vor und hinter dem Fokuspunkt werden die Bildbereiche abhängig von der gewählten BLENDE ❸ unscharf. Je kleiner der Blendenwert, desto größer ist der Bereich vor und hinter dem Fokuspunkt, innerhalb dessen die Bildbereiche scharf erkennbar sind. Das ist der Tiefenschärfebereich. Durch die Animation der Fokusentfernung ist es möglich, den Tiefenschärfebereich so zu verschieben, dass neue Objekte in den scharfen Bereich eintreten, während andere im unscharfen Bereich liegen.

F-STOP ❹ ist nichts weiter als eine andere Art der Messung des Blendenwerts; die Werte der Blende und von F-Stop hängen daher zusammen. Wird also der eine Wert verändert, ändert sich auch der andere. Die Option ZOOM FIXIEREN ❺ bewirkt, dass die Fokusentfernung dem Wert des Zooms entspricht. Mit dem WEICHZEICHNER ❻ kann eingestellt werden, wie stark Bildbereiche, die außerhalb des Tiefenschärfebereichs liegen, weichgezeichnet werden. Ändern Sie die Werte in den Kameraeinstellungen nicht. Das machen wir in der Zeitleiste. Schließen Sie den Dialog mit OK.

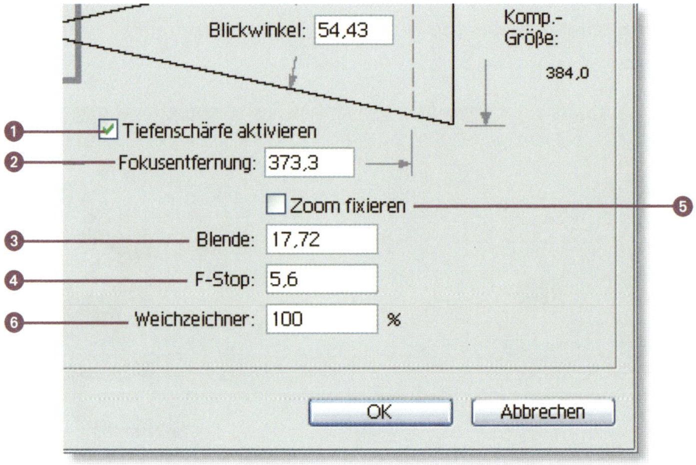

▲ **Abbildung 21.71**
Im Dialog KAMERAEINSTELLUNGEN befinden sich auch Optionen für die Tiefenschärfe einer Kamera.

3 Blende einstellen und Fokusentfernung animieren

Öffnen Sie die Kameraoptionen der KAMERA 1 in der Zeitleiste. Zuerst wählen wir hier einen recht niedrigen Blendenwert, um das Blumenmeer wie durch Tränen verschwommen erscheinen zu lassen. Der F-Stop-Wert fehlt, da der Blendenwert ihn ersetzt. Setzen Sie den Blendenwert auf 100.

▲ **Abbildung 21.72**
Die Kamera kann den Fokuspunkt durch die Ebenen wandern lassen.

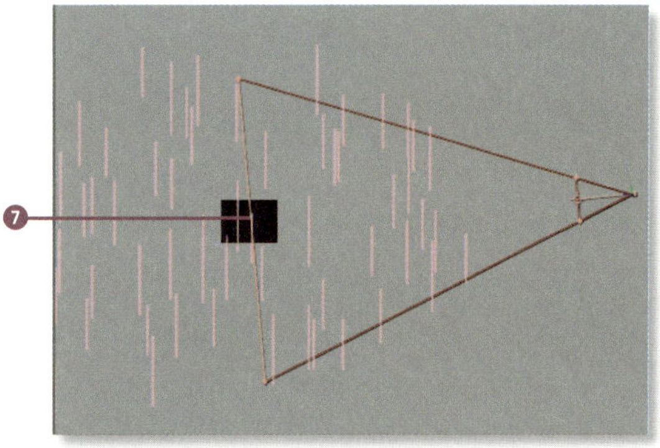

▲ **Abbildung 21.73**
Außer der Kamera selbst wird auch der dazugehörende Fokuspunkt der Kamera mit angezeigt.

Jetzt lassen wir den Fokuspunkt durch die gestaffelten Blumenebenen wandern. Und dabei raten Sie mal, welche Blume dann ganz klar und scharf sichtbar sein soll. – Ja, die rote!

Setzen Sie für FOKUSENTFERNUNG einen Wert von 1170 und einen Key zum Zeitpunkt 00:00. Ziehen Sie die Zeitmarke auf 01:12 und setzen die Fokusentfernung auf den Wert 2620. Um den Unschärfe- Schärfeeffekt zu verstärken, setzen Sie die Weichzeichnerstärke auf 1000 %. In der Ansicht LINKS lässt sich sehr gut nachvollziehen, wie der Fokuspunkt ❼ durch die Ebenen »wandert«. Verändern Sie dazu den Wert FOKUSENTFERNUNG ruhig noch einmal durch Ziehen des Werts in der Zeitleiste.

3D-Entwurf

Sie können für 3D-Kompositionen Lichter, Schatten und die Wirkung der Tiefenschärfe einer Kamera aus- und einschalten, um das Rendern beim Arbeiten zu beschleunigen. Klicken Sie dazu in der Zeitleiste auf den Schalter 3D-Entwurf ❽.

▲ **Abbildung 21.74**
Über den Schalter 3D-ENTWURF wird die Wirkung von Lichtern, Schatten und Tiefenschärfe aus- und eingeschaltet.

4 Kamera zur Ebene ausrichten: Kamera liebt Blume

Da sich die Kamera in die Blume »verguckt« hat, lassen wir sie schnell herbeieilen, um die Blume nah zu sehen. In der Ansicht LINKS lässt sich die Kamera dazu am einfachsten verschieben. Drücken Sie die Taste [P], um die Positionseigenschaft der Kamera einzublenden. Setzen Sie für Position einen Key bei 01:12. Setzen Sie die Zeitmarke auf 03:12 und ziehen die Kamera mit aktiver Z-Achse nahe an die Blumenebene heran. Da jetzt alles verschwommen ist, wird ein weiterer Key bei FOKUSENTFERNUNG benötigt. Ziehen Sie den Wert solange, bis die rote Blume klar erkennbar ist, also auf einen Wert um 700.

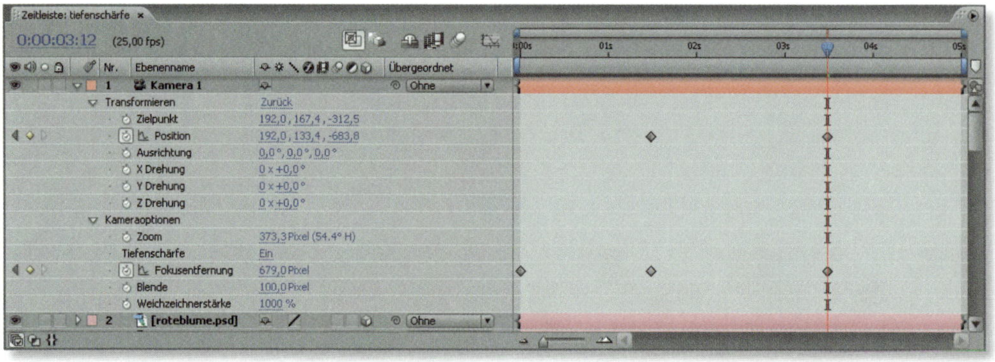

▲ **Abbildung 21.75**
Keyframes für die Position und die Fokusentfernung der Kamera

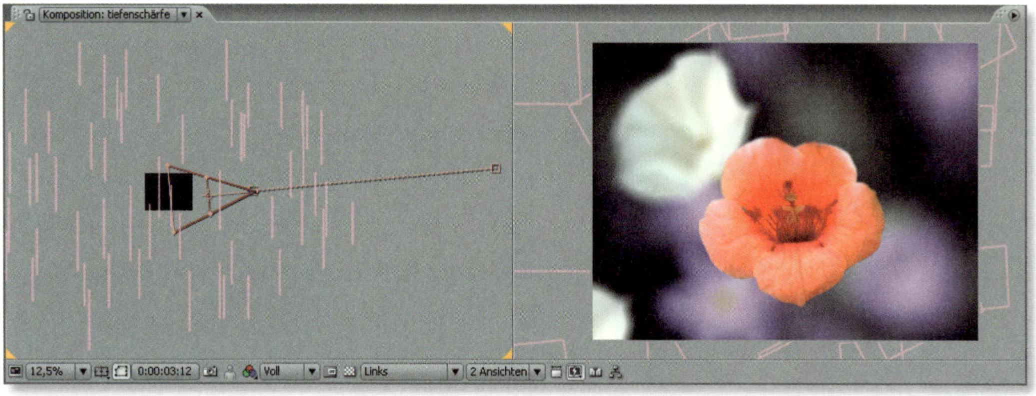

▲ **Abbildung 21.76**
In der Ansicht LINKS ist die Kamerafahrt anhand des Bewegungspfads nachvollziehbar. In der Ansicht AKTIVE KAMERA ist nur noch die rote Blume klar erkennbar.

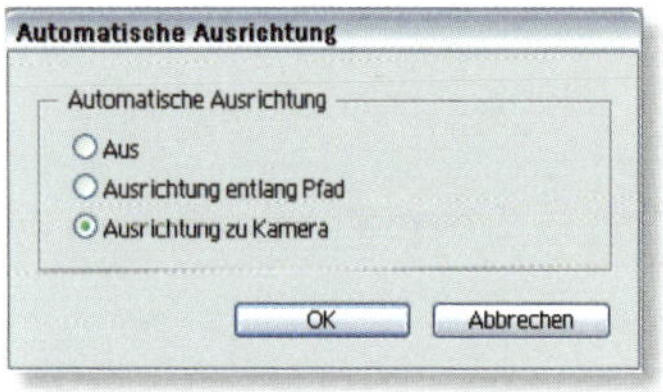

▲ **Abbildung 21.77**
Über den Dialog AUTOMATISCHE AUSRICHTUNG lassen sich 3D-Ebenen zur Kamera hin ausrichten.

5 Ebene zur Kamera ausrichten: Blume liebt Kamera

Die Kamera soll in diesem Schritt ein Stück um die Blume »herumfliegen«. Die Blume richtet sich dabei nach der Kamera.

Zum Ausrichten einer Ebene zur Kamera wählen Sie die Ebene »roteblume.psd« aus und gehen dann im Menü über EBENE • TRANSFORMIEREN auf AUTOMATISCHE AUSRICHTUNG. Es öffnet sich ein Dialog, in dem Sie AUSRICHTUNG ZU KAMERA aktivieren. Es folgt das Neupositionieren der Kamera. Ziehen Sie die Zeitmarke auf den Zeitpunkt 04:12. Wechseln Sie die Ansicht LINKS zur Ansicht OBEN. Verschieben Sie den Zielpunkt ❶ genau mittig auf die Blume-Ebene.

Ziehen Sie die Kamera nach rechts, **ohne** eine der Achsen zu aktivieren, bis die Kamera etwa in einem 90°-Winkel zu den übrigen Ebenen steht. Achten Sie darauf, dass der Fokus genau auf der Ebene der Blume verbleibt, oder justieren ihn nach, sonst wird sie unscharf.

Das Verschieben der Kamera ist nicht so einfach, da die Ansicht zur Bearbeitung recht klein gewählt werden muss. Vergrößern und verkleinern Sie die Darstellung eventuell mit den Tasten [,] und [.]. Kümmern Sie sich erst nach der Positionierung der Kamera um den gekrümmten Bewegungspfad und ziehen ihn dann an den Tangenten ❷ und ❸ zu einer schönen gebogenen Kurve. Wenn es dabei doch nicht so richtig klappen will und nicht toll aussieht, ärgern Sie sich nicht. Jetzt wissen Sie immerhin, wie 3D-Ebenen zur Kamera ausgerichtet werden.

Mein Tipp

Verändern Sie die Interpolationsart für den Bewegungspfad auf Bézier und bearbeiten dann die Tangenten. Das ist für Sie ja kein Problem mehr.

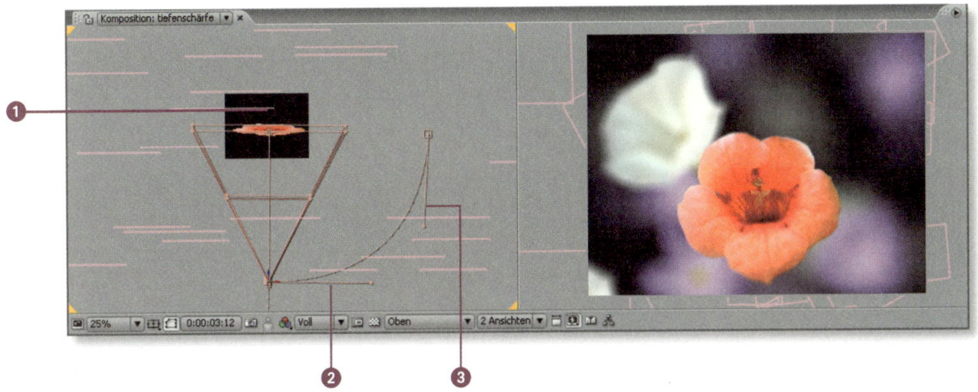

▲ **Abbildung 21.78**
In der Ansicht OBEN wird die Kamera in einem 90°-Winkel verschoben.

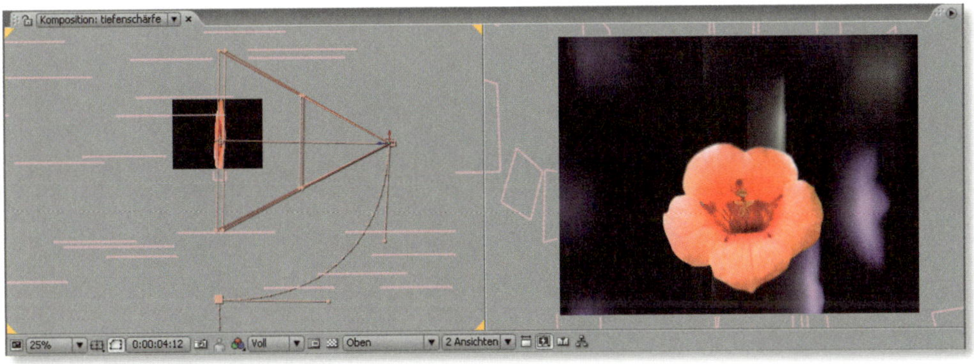

▲ **Abbildung 21.79**
Die 3D-Ebene macht den Schwenk mit, da die Ausrichtungsoption aktiviert ist. Rechts ein letzter Blick auf die Blume.

21.3.3 Kamera-Werkzeuge

Die schon im Workshop »Der Umgang mit 3D-Ebenen« erwähnten Kamera-Werkzeuge dienen der Bearbeitung und Neueinrichtung der Ansichten im Kompositionsfenster, was besonders in den Einstellungen EIGENE ANSICHT deutlich wird. Diese Änderungen haben keinen Einfluss auf das Endergebnis.

Aber: Werden die Werkzeuge in einer Kameraansicht z.B. KAMERA 1 angewendet, ändern sich sehr wohl Drehung und X-, Y-, Z-Position der Kamera. Dies hat einen Einfluss auf das Endergebnis! Die Kamera-Werkzeuge dienen so als große Arbeitserleichterung, da Sie mit den Werkzeugen einfach irgendwo ins Kompositionsfenster klicken können, ohne umständlich in verschiedenen Ansichten nach Achsen zu suchen. Die Kameraposition ändern Sie dann sehr einfach, indem Sie sie bei aktiviertem Werkzeug über das Kompositionsfenster ziehen. Daher hier noch einmal diese Werkzeuge.

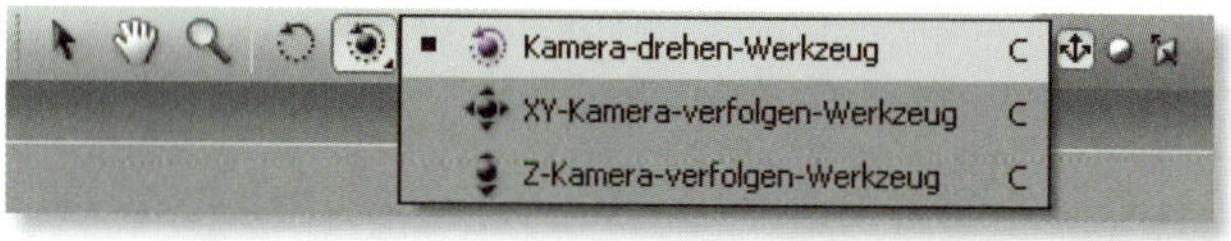

▲ **Abbildung 21.80**
Hervorragend. Die Arbeit mit den Kamera-Werkzeugen macht das Animieren der Kamera zu einem intuitiven Vergnügen.

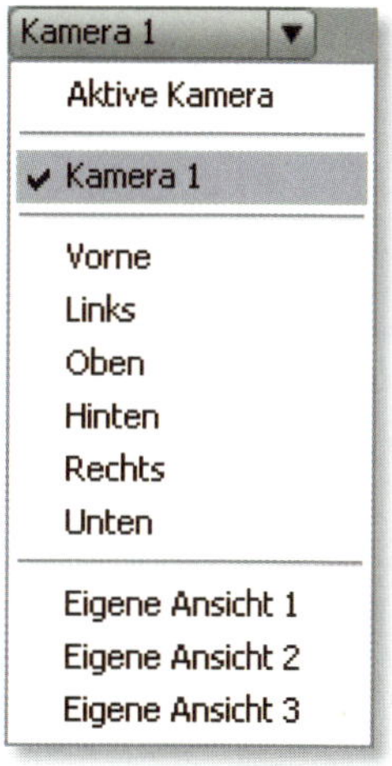

▲ **Abbildung 21.81**
Um eine Kamera mit den Kamera-Werkzeugen bearbeiten zu können, muss diese im Einblendmenü 3D-ANSICHTEN gewählt werden.

Tastenkürzel

Um das Arbeiten mit den Werkzeugen noch einfacher zu machen, lässt sich sehr einfach mit der Taste C zwischen den Werkzeugen wechseln.

Bei aktivem KAMERA-DREHEN-WERKZEUG wird die Kamera um den Zielpunkt gedreht. Bei ausgewähltem XY-KAMERA-VERFOLGEN-WERKZEUG werden Kamera und Zielpunkt gleichzeitig und parallel auf der X- bzw. Y-Achse verschoben. Mit dem Z-KAMERA-VERFOLGEN-WERKZEUG werden Zielpunkt und Kamera ebenso auf der Z-Achse verschoben.

22 Malen und Retuschieren

After Effects bietet mit drei unauffälligen Werkzeugen umfangreichste Bearbeitungsmöglichkeiten für die Retusche in Film- und Bildmaterial: der Pinsel, der Kopierstempel und der Radiergummi. Sie basieren auf auflösungsunabhängigen Vektoren. Dabei werden mit dem **Pinsel** Striche erzeugt, die vorhandene Bildbereiche überdecken oder diese transparent setzen. Mit dem **Kopierstempel** ist es möglich, Pixel aus einem gewählten Bildbereich zu kopieren und an anderer Stelle im Bild wieder hinzuzufügen. Der **Radiergummi** dient dazu, Bildpixel oder auch bereits gemalte Pinselstriche durchscheinend oder unsichtbar zu machen. Für beide, den Kopierstempel wie den Radiergummi, werden dabei ebenfalls Striche erzeugt. Alle diese Bearbeitungsmöglichkeiten sind non-destruktiv, fügen dem Bild also keinen Schaden zu. Jeder Strich, ob vom Pinsel-, Kopier- oder Radier-Werkzeug erzeugt, besitzt mannigfaltige animierbare Eigenschaften und ist nachträglich bearbeitbar.

Durch die Anwendung eines der drei Werkzeuge auf eine Ebene wird dieser der Effekt MALEN aus der Effektkategorie MALEFFEKTE hinzugefügt. Dort befindet sich auch der dem Malen sehr ähnliche Effekt VEKTORPINSEL, mit dem Striche sogar verwackelt werden können.

22.1 Pinsel und Pinselspitzen

Zum Einstieg werden Sie die für alle drei Werkzeuge wichtigen Paletten MALEN und PINSELSPITZEN in einem kleinen Workshop kennen lernen.

Schritt für Schritt: Zeichnen mit After Effects – 1, 2, 3 ... Start

1 Vorbereitung

In diesem kleinen Workshop erhalten Sie die Aufgabe, die Zahlen 1, 2 und 3 mit unterschiedlichen Farben und Strichstärken auf eine Ebene zu zeichnen.

Legen Sie dazu ein neues Projekt und darin eine Komposition in einer von Ihnen gewünschten Größe an. Die Dauer der Komposition ist ebenfalls frei wählbar. Erstellen Sie über das Menü EBENE • NEU • FARBFLÄCHE bzw. mit [Strg]+[Y] eine schwarze Ebene. Klicken Sie im Kompositionsfenster doppelt auf die Ebene, um das Ebenenfenster zu einzublenden, denn nur dort haben die Malen-Werkzeuge eine Wirkung.

2 Arbeitsbereich wechseln

Öffnen Sie über FENSTER • MALEN bzw. [Strg]+[8] und FENSTER • PINSELSPITZEN bzw. [Strg]+[9] die gleichnamigen Paletten. Noch besser allerdings ist es, Sie wechseln gleich den gesamten Arbeitsbereich. Wählen Sie dazu bei FENSTER • ARBEITSBEREICH den Eintrag MALEN ❶. Der Arbeitsbereich enthält danach bereits beide Paletten, und Kompositions- und Ebenenfenster sind nebeneinander angezeigt. Ein Doppelklick auf die Ebene im Kompositionsfenster öffnet diese wieder im Ebenenfenster. Ziehen Sie, um Platz zu sparen, gegebenenfalls die Palette PINSELSPITZEN auf die Palette MALEN und wechseln dann zwischen beiden Registerkarten hin und her.

Das Gedächtnis der Malen-Palette

Veränderungen in der Malen-Palette bleiben Ihnen auch dann erhalten, wenn Sie ein anderes Werkzeug verwenden, zum Beispiel den Kopierstempel oder den Radiergummi. Sie sollten also in jedem Fall überprüfen, ob die gewählten Einstellungen zur jeweiligen Aufgabe noch passend sind.

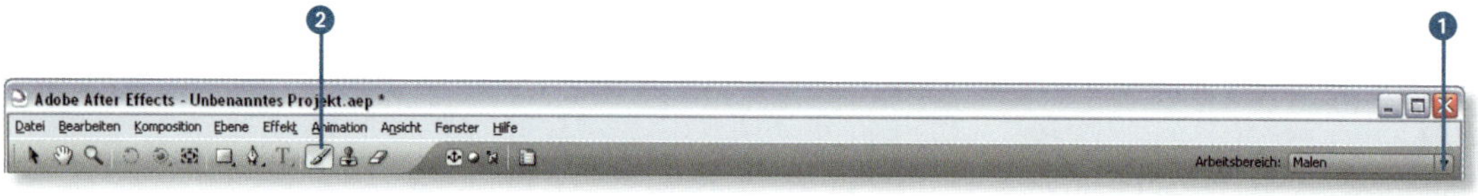

▲ **Abbildung 22.1**
Die Wahl des Arbeitsbereichs MALEN ermöglicht ein bequemes Arbeiten im Ebenenfenster, während das Endergebnis im Kompositionsfenster angezeigt wird.

3 Erste Schritte mit der Malen-Palette

Die Bearbeitung erfolgt beim Malen, Radieren und Kopieren im Ebenenfenster. Auch der kleinste Versuch, im Kompositionsfenster zu arbeiten, wird mit einer Warnung bestraft. Wählen Sie zunächst das **Pinsel-Werkzeug** ❷ aus. Sie können sofort loslegen. Versichern Sie sich aber zuerst, dass unter METHODE ❸ NORMAL gewählt ist, unter KANÄLE • RGBA und unter DAUER • KONSTANT. Malen Sie nun eine 1 in die linke Seite des Ebenenfensters.

Für die zweite Zahl ändern Sie die Farbe über den Farbwähler ❹. Sie können in einem Bild auch Farben mit der Pipette aufnehmen und dann mit dieser Farbe malen. Die beiden Einstellungen DECKKRAFT und FLUSS verändern die Transparenz des Strichs. Setzen Sie den Wert für FLUSS auf 10%.

Auswahl-Werkzeug zum Verschieben

Um einen mit dem Pinsel-, Kopier- oder Radier-Werkzeug erzeugten Strich zu verschieben, verwenden Sie das Auswahl-Werkzeug und klicken dann direkt in die Mitte eines Strichs. So einfach können Sie den Strich an eine andere Stelle ziehen. Das Verschieben mit den Pfeil-Tasten ist ebenfalls möglich.

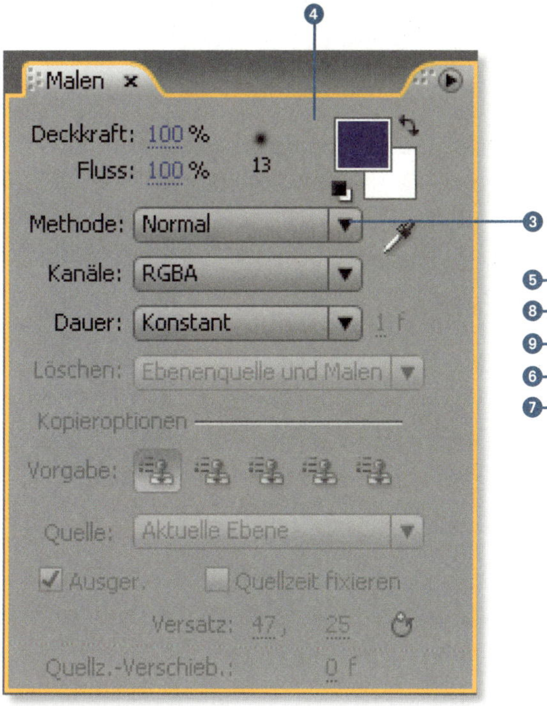

▲ **Abbildung 22.2**
In der Palette Malen werden die Farbe, die Deckkraft, die Kanäle, auf die sich der Strich auswirkt, und mehr festgelegt. Die Kopieroptionen sind noch inaktiv.

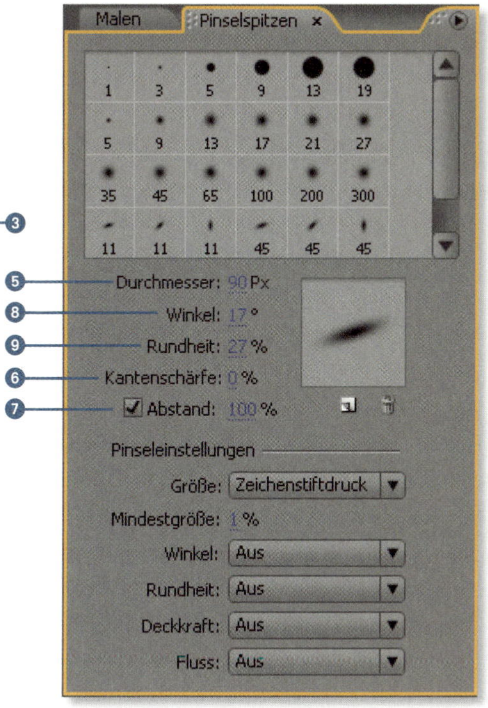

▲ **Abbildung 22.3**
In der Palette Pinselspitzen können Sie vordefinierte Pinselspitzen aus dem oberen Feld wählen oder selbst neue definieren.

4 Erste Schritte mit der Pinselspitzen-Palette

Wechseln Sie in die Palette Pinselspitzen. Tragen Sie bei Durchmesser ❺ einen neuen Wert ein, z.B. 32. Legen Sie die Kantenschärfe ❻ mit 100 % und den Abstand ❼ mit 10 % fest. Malen Sie danach eine 2 im Ebenenfenster. Der »rauchige«, sehr durchscheinende Charakter dieses Strichs ist auf den zuvor gewählten Wert von 10 % bei Fluss zurückzuführen.

Für die nächste Zahl stellen Sie die Werte bei Durchmesser auf 90 px, bei Winkel ❽ auf 17° und bei Rundheit ❾ auf 27 %. Sie erkennen schon in der Vorschau neben den Werten, dass damit die Form einer Zeichenfeder simuliert wird. Ändern Sie die Kantenschärfe auf 0 %, setzen Sie ein Häkchen bei Abstand und tippen einen Wert von 100 % ins Wertefeld. Dadurch wird eine punktierte Linie entstehen. Setzen Sie jetzt noch in der Palette Malen den Wert für Fluss auf 100 % zurück und wählen eine neue Farbe. Malen Sie dann eine 3 im Ebenenfenster.

Die Verwendung eigener, auf Bildern basierender Pinselspitzen zur Simulation von natürlichen Malwerkzeugen, wie es beispielsweise Photoshop erlaubt, ist leider nicht möglich.

Selbsterstellte Pinselspitze sichern

Wenn Sie eigene Werte für die Parameter einer Pinselspitze definiert haben, können Sie diese sichern. Wählen Sie aus dem Palettenmenü über die Menü-Schaltfläche den Eintrag Neuer Pinsel. Als Name werden einige Parameter vorgegeben. Die neue Pinselspitze ist nach dem OK neben den Standard-Spitzen zu finden. Das Gleiche ist auch in der Pinselpalette über die Schaltfläche Speichern erreichbar.

Abbildung 22.4 ▸
Das Ergebnis Ihrer ersten Schritte sollte dieser Abbildung ähnlich sehen.

Pinselspitzen anhängen/zurücksetzen

Sie können die Pinselspitzen wieder auf Standardwerte zurücksetzen. Klicken Sie dazu auf die kleine Menü-Schaltfläche und wählen dann im Palettenmenü den Eintrag PINSELSPITZEN ZURÜCKSETZEN. Sie haben dann die Wahl zwischen ANHÄNGEN, ABBRECHEN und OK. Anhängen bewirkt eine Erweiterung der Standardpalette um die von Ihnen erstellten Pinselspitzen. Die Schaltfläche OK löscht angehängte Vorgaben. Es sind dann nur noch die Standard-Vorgaben vorhanden.

5 Der Effekt Malen

Wählen Sie bei markierter Ebene im Menü EFFEKT den Eintrag EFFEKTEINSTELLUNGEN ÖFFNEN. Im Effektfenster ist der Effekt MALEN sichtbar. Er enthält eine äußerst karge Liste.

Aktivieren Sie den Eintrag AUF TRANSPARENZ MALEN mit einem Häkchen. Sie blenden damit den Bildinhalt der Originalebene aus, auf der Sie gemalt haben, und es bleiben lediglich Ihre Malstriche zu sehen. Falls einer Ihrer Malstriche doch nicht sichtbar ist, so liegt das sicherlich daran, dass Strich- und Hintergrundfarbe der Komposition einander gleichen wie ein Ei dem anderen. Ändern Sie die Farbe über KOMPOSITION • HINTERGRUNDFARBE. Schließen Sie die Effekteinstellungen wieder.

Abbildung 22.5 ▸
Die schwarze Originalfarbe der Ebene kann durch die Option AUF TRANSPARENT MALEN ausgeblendet werden.

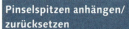

Abbildung 22.6 ▸
Der Effekt MALEN enthält im Effektfenster nur eine Option.

22.1.1 Malen-Optionen in der Zeitleiste

So karg es im Effektfenster aussah, so reichhaltig tummeln sich nach unserem Workshop die Optionen in der Zeitleiste. Wir werfen hier nur einmal einen kleinen Blick hinein.

▼ **Abbildung 22.7**
In der Zeitleiste sind noch eine Menge mehr Optionen für Striche verborgen, als an dieser Stelle abgebildet sind.

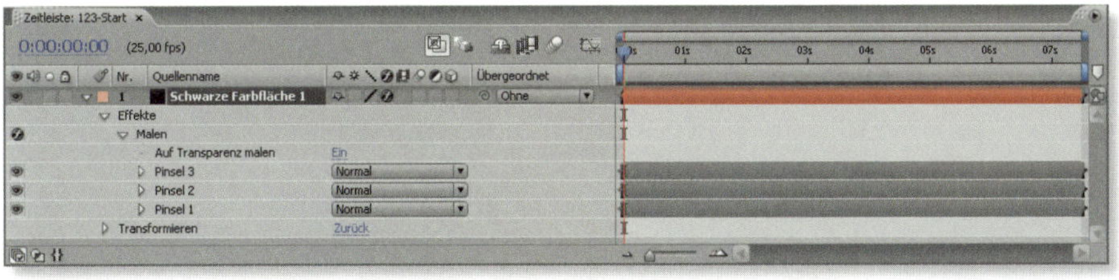

Markieren Sie die schwarze Farbfläche in der Zeitleiste und drücken dann zweimal kurz hintereinander die Taste [P]. Der Effekt MALEN wird daraufhin in der Zeitleiste geöffnet. Darin enthalten ist wieder die Option AUF TRANSPARENZ MALEN. Außerdem finden Sie dort drei Einträge, PINSEL 1, PINSEL 2 und PINSEL 3. Jeder Eintrag steht für einen der gemalten Striche. Die Nummerierung erfolgt fortlaufend. Der letztgemalte Strich trägt die höchste Nummer und befindet sich auch ganz oben in der Reihenfolge.

Reihenfolge ändern | Sie können die Reihenfolge jederzeit verändern, indem Sie einen Pinsel auswählen und nach oben oder unten verschieben. Die Renderreihenfolge der Malstriche verläuft vom untersten zum obersten Strich in der Zeitleiste.

Pinsel umbenennen | Zum Umbenennen eines Pinsels markieren Sie den Namen des Pinsels und drücken die Taste [↵], tragen den neuen Namen ein und betätigen wieder [↵]. Zum **Ausblenden eines Pinsels** klicken Sie auf das Augen-Symbol.

Neben jedem Pinsel befindet sich ein grauer Balken, der nicht etwa eine neue Ebene darstellt, sondern die Dauer der Sichtbarkeit des Pinsels bzw. Strichs anzeigt. Das soll es für Ihren Einstieg zunächst gewesen sein, aber es gibt natürlich noch weitaus mehr Möglichkeiten. Dazu kommen wir auf den nächsten Seiten.

Pinsel löschen

Sie haben zwei Möglichkeiten. Klicken Sie mit dem Auswahl-Werkzeug direkt auf die Mitte eines Strichs, um den Strichpfad zu markieren, und betätigen dann die Taste [Entf]. Wählen Sie alternativ den Pinsel in der Zeitleiste aus und betätigen auch hier die Taste [Entf].

▲ **Abbildung 22.8**
Jeder mit den Pinsel-, Kopier- oder Radier-Werkzeug erzeugte Strich besteht aus einem Pfad, der in der Mitte des Strichs verläuft.

22.1.2 Anzeigeoption im Ebenenfenster

Im Ebenenfenster haben Sie unter dem Menüpunkt ANZEIGEN die Möglichkeit, Effekte, Masken und Ankerpunktpfade auszublenden. Diese sind dort in der Reihenfolge ihrer Anwendung aufgelistet. Wenn Sie ein Häkchen am Anfang der Liste setzen, z.B. bei MASKEN, werden alle nachfolgenden Bearbeitungen ausgeblendet. Mit dem Eintrag OHNE ist das Material im Originalzustand sichtbar. Um den Originalzustand anzuzeigen, können Sie aber auch das Häkchen bei RENDERN entfernen.

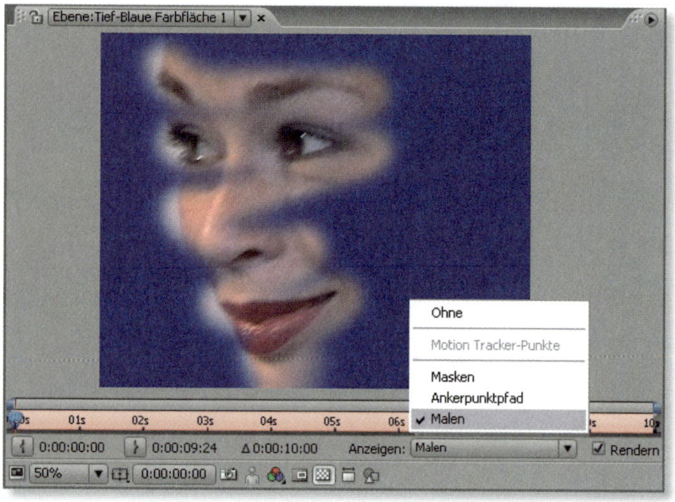

Abbildung 22.9 ▸
Im Ebenenfenster können Bearbeitungschritte ein- und ausgeblendet werden.

▴ **Abbildung 22.10**
In diesem Beispiel wurde innerhalb einer verschachtelten Komposition nur in den RGB-Kanälen gemalt.

22.1.3 Malen auf Text

Um auf in After Effects erstellte Texte oder Buchstaben zu malen, ist eine kleine Vorbereitung nötig. Zuerst muss eine Komposition für den Text erstellt werden. Dort organisieren Sie Ihre Textebenen. Anschließend erstellen Sie eine zweite Komposition, in der dann gemalt, radiert oder kopiert werden kann. Die zuerst angelegte Textkomposition ziehen Sie dann wie jedes Rohmaterial aus dem Projektfenster in die zweite Komposition. Mehr dazu erfahren Sie im Abschnitt 7.4, »Verschachtelte Kompositionen«.

Auf die in der zweiten Komposition entstandene Ebene können Sie wie auf jeder anderen Ebene malen. Wenn Sie die Malstriche nur innerhalb der Textzeichen anzeigen lassen wollen, wählen Sie in der Malen-Palette vor dem Malen unter Kanäle den Eintrag RGB aus. Die Striche werden nur innerhalb der Buchstaben, sprich in den opaken Bereichen angezeigt.

22.2 Malstriche bearbeiten

Wenn Sie mit dem Werkzeug Pinsel (oder auch Kopierstempel oder dem Radiergummi) ähnlich wie im vorhergehenden Workshop einen Strich erzeugt haben, können Sie die Parameter des Strichs im Nachhinein ändern.

Aber aufgepasst! – Diese Änderung ist nicht in der Malen-Palette oder in der Palette Pinselspitzen möglich! Diese beiden Paletten dienen nur dazu, die Eigenschaften eines zukünftig noch zu zeichnenden Strichs festzulegen. Also: Erst wenn Sie **danach** im Ebenenfenster malen, werden die Einstellungen wirksam und sichtbar.

Um einen schon vorhandenen Strich zu modifizieren, müssen die Eigenschaften in der Zeitleiste verändert werden. Im Workshop haben Sie da schon kurz hineingeschaut.

22.2.1 Konturoptionen

Wenn Sie die Eigenschaftsliste eines Pinsel- oder anderen Malstrichs in der Zeitleiste über die kleinen Dreiecke öffnen, finden Sie unter KONTUROPTIONEN ❶ die Eigenschaften aufgelistet, die in den beiden Paletten enthalten sind. Wenn Sie dort die Werte verändern oder eine neue Farbe wählen, wird der Strich dementsprechend modifiziert.

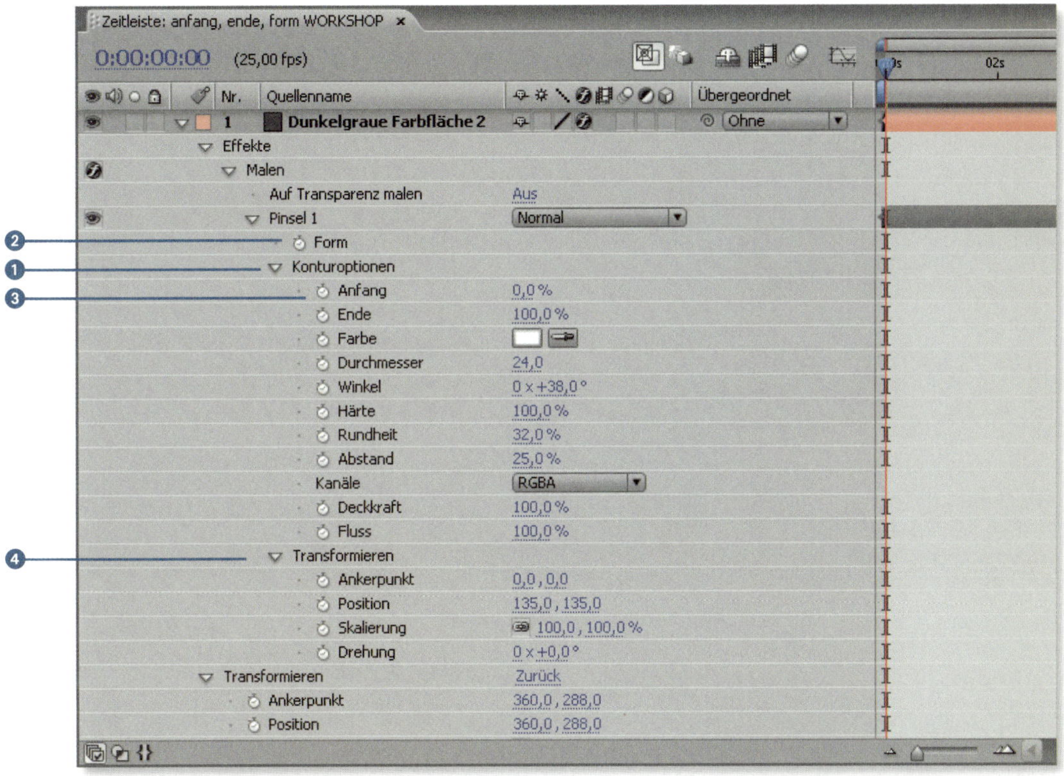

▲ **Abbildung 22.11**
In der Zeitleiste befinden sich die Optionen der Paletten MALEN und PINSELSPITZEN als animierbare Eigenschaften aufgelistet. Hier werden Änderungen an bereits erstellten Strichen vorgenommen.

Falls Sie den Eintrag KANTENSCHÄRFE vermissen, der für einen weichen oder harten Strich sorgt – dieser heißt hier HÄRTE. Hinzugekommen sind die Eigenschaften FORM ❷ sowie ANFANG und ENDE ❸ und weitere Optionen unter TRANSFORMIEREN ❹. An späterer Stelle dann mehr zum Transformieren von Strichen.

Im folgenden kleinen Workshop schauen wir uns die Eigenschaften FORM sowie ANFANG und ENDE genauer an. Die anderen Eigenschaften sollten Sie ohne weitere Hilfe schnell handhaben können. Probieren Sie einfach die Eigenschaften einmal durch, nachdem Sie einen Strich gemalt haben.

Schritt für Schritt: Der Anfang, das Ende und die Form des Pinsels

1 Vorbereitung

In diesem Workshop lernen Sie zwei Möglichkeiten, wie Sie einen **Strich animieren** können. In der ersten Variante sieht das Ergebnis so aus, als würde der Strich gerade erst beim Abspielen der Animation von Hand gezeichnet. Anschließend soll er einige Formumwandlungen durchlaufen.

Legen Sie zuerst ein neues Projekt an und darin eine Komposition mit einer Dauer von 10 Sekunden. Die Größe darf 720 × 576 (PAL) betragen. Fügen Sie dann mit [Strg]+[Y] eine Farbfläche in der Größe der Komposition hinzu. Wählen Sie unter Arbeitsbereich oben rechts den Eintrag MALEN. Klicken Sie gegebenenfalls im Kompositionsfenster doppelt auf die Ebene, um diese im Ebenenfenster für die Bearbeitung zu öffnen.

Beispiele

Die Beispiele zu den Workshops und zu einigen im Text erläuterten Funktionen finden Sie auf der Buch-DVD im Ordner 22_MALEN. Öffnen Sie das Projekt »malen.aep«. Sie finden darin Kompositionen vor, die ähnliche Namen tragen wie die Workshops bzw. beschriebene Funktionen.

2 Anfang

Wählen Sie wie im ersten Workshop das Pinsel-Werkzeug aus und modifizieren dann wieder über die Paletten MALEN und PINSELSPITZEN die Einstellungen des Pinsels nach Ihrem Geschmack. Achten Sie aber darauf, dass bei Methode NORMAL, bei Kanäle RGBA und bei Dauer KONSTANT gewählt ist.

Wählen Sie keinen sehr dicken Durchmesser für den Strich. Schreiben Sie dann das Wort »Anfang« in einem einzigen Durchgang ins Ebenenfenster.

Ebenen zur Bearbeitung doppelt anklicken

Wenn Sie eine neue Ebene mit den Werkzeugen Pinsel, Kopierstempel oder Radierer bearbeiten wollen, muss diese zuvor erst im Ebenenfenster per Doppelklick geöffnet werden. Wird das nicht gemacht, kann es sein, dass versehentlich die falsche Ebene bearbeitet wird.

3 Ende animieren

Nachdem Sie das Wort geschrieben haben, wählen Sie das Auswahl-Werkzeug und klicken damit genau auf die Mitte des erstellten Strichs. Es wird der in jedem Strich vorhandene Pfad angezeigt, und wenn Sie etwas genauer hinschauen, sehen Sie den Anfangspunkt, ein kleiner Kreis mit einem Kreuz. Dieser liegt genau da, wo Sie mit dem Zeichnen angesetzt haben.

▲ **Abbildung 22.12**
Jeder Strich hat einen Anfangspunkt, der dort liegt, wo angesetzt wurde, um den Strich zu zeichnen.

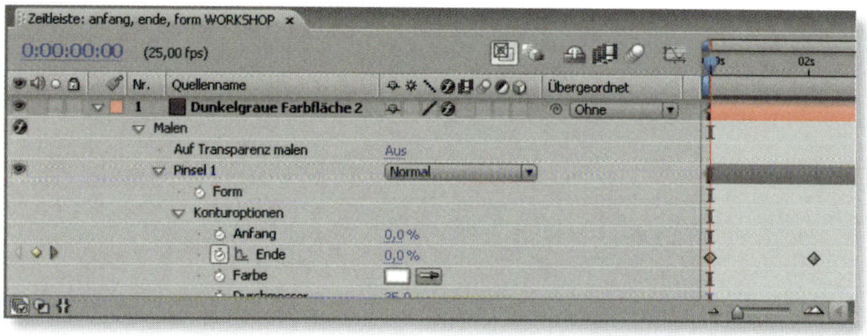

▲ **Abbildung 22.13**
Für die Eigenschaft ENDE werden Keyframes gesetzt, um den Strich zu animieren.

Öffnen Sie in der Zeitleiste den Eintrag Konturoptionen. Setzen Sie bei Ende am Zeitpunkt 00:00 einen ersten Key per Klick auf das Stoppuhr-Symbol. Tippen Sie den Wert 0 % ins Wertefeld von Ende. Der Strich ist zunächst verschwunden. Verschieben Sie die Zeitmarke auf den Zeitpunkt 02:00 und verändern den Wert bei Ende nun wieder auf 100 %. Drücken Sie die Taste [0] im Ziffernblock, um eine Vorschau anzuzeigen. Schon wird das Wort wie von selbst geschrieben.

4 Form animieren

Jetzt werden wir den Strich noch wie in Ovids »Metamorphosen« von einer Form in die andere transformieren.

Verschieben Sie dazu die Zeitmarke auf den Zeitpunkt 03:00 und setzen einen ersten Key für die Eigenschaft Form des bereits vorhandenen Strichs. Den zweiten Key generieren Sie automatisch am Zeitpunkt 06:00, indem Sie dort einfach eine neue Form, nämlich das Wort »Ende« zeichnen bzw. schreiben. Aufgepasst! – Dazu muss wieder das Pinsel-Werkzeug gewählt werden, und Sie sollten den Namen Pinsel 1 in der Zeitleiste anklicken, damit dieser Strich ausgewählt ist. Ansonsten erhalten Sie nämlich einen neuen Strich. Wenn Sie es so gemacht haben, wird die bisherige Form des Strichs durch die neue ersetzt und in einem Key gespeichert. After Effects berechnet selbstständig die Interpolation zwischen den Keys, also den Übergang von der einen in die andere Form.

Das war es im Grunde schon. Aus Spaß habe ich noch ein paar mehr Formen hinzugefügt. Dieser kleine Workshop hat Ihnen gezeigt, dass die Form eines Striches ersetzt wird, wenn dieser ausgewählt ist und ein neuer Strich gemalt wird. – Passen Sie also auf, ob Sie das wirklich wollen!

Übrigens: Ich habe geschummelt. Sie wundern sich vielleicht über die Exaktheit der Linienführung in den abgebildeten Beispielen. Ich habe sie gar nicht mit dem Pinsel-Werkzeug gemalt, sondern aus einem Maskenpfad kopiert, um genauere Pfade zu erhalten. Wie das funktioniert, erfahren Sie im folgenden Abschnitt.

Zu viele Pinselstriche

Wenn Sie mit dem Pinsel, Kopierstempel oder Radierer arbeiten, sollten Sie darauf achten, nicht »wie wild« ständig in die Ebene zu klicken, da jeder neue Klick einen neuen Strich erzeugt. – Es kann also in der Zeitleiste recht schnell sehr unübersichtlich werden, wo Sie auf jeden Strich Zugriff haben.

Vorsicht bei Eigenschaftsänderungen

Sollten Sie in der Zeitleiste eine Eigenschaft wie die Farbe ändern, so wirkt sich das in diesem Workshop auf alle von Ihnen gezeichneten Formen aus, da diese ja nur aus einem einzigen Strichpfad bestehen.

Vorsicht bei der Bearbeitung mehrerer Striche

Wenn Sie mehrere Striche gemalt haben, sollten Sie darauf achten, immer nur den oder die Striche ausgewählt zu haben, die Sie tatsächlich bearbeiten wollen. Zur Sicherheit drücken Sie vor der Bearbeitung die Taste [F2], um sämtliche Striche zu deselektieren.

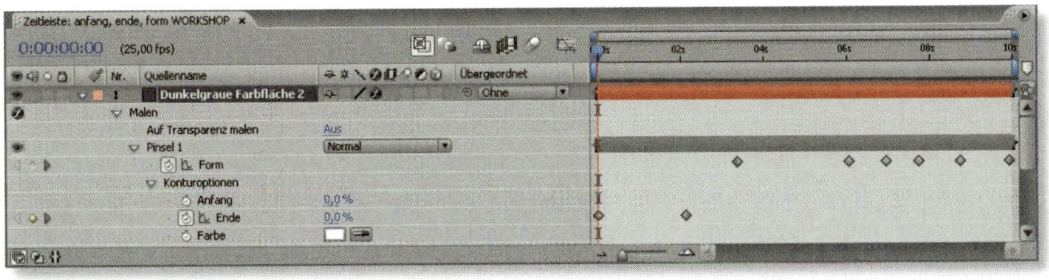

▲ **Abbildung 22.14**
Auch in der Eigenschaft Form werden Keyframes gesetzt. After Effects berechnet selbstständig den Übergang von der einen in die andere Form.

▲ **Abbildung 22.15**
After Effects errechnet die Zwischenstufen der Formen, die mit Keyframes fixiert wurden.

22.2.2 Strichpfad als Maskenpfad und umgekehrt

Jeder mit dem Pinsel-, Kopier- oder Radier-Werkzeug erzeugte Strich besteht aus einem Pfad, der genau in der Mitte des Strichs verläuft. Sie können diesen Pfad direkt mit dem Auswahl-Werkzeug anklicken und beispielsweise verschieben. Außerdem kann der Pfad kopiert und an anderer Stelle eingesetzt werden.

Um einen Strichpfad in einen Maskenpfad zu verwandeln, drücken Sie auf der Ebene, die den Strich enthält, zweimal kurz hintereinander die Taste P und wählen dann die Eigenschaft FORM aus. Kopieren Sie danach den Pfad des mit dem Pinsel-, Kopier- oder Radier-Werkzeug erstellten Strichs mit Strg+C. Wählen Sie anschließend die Ebene aus, die den Maskenpfad enthält, drücken die Taste M und markieren dann die Eigenschaft MASKENFORM. Fügen Sie den Strichpfad mit Strg+V ein.

Umgekehrt funktioniert es ebenso: zuerst die Maskenform auswählen, dann kopieren und in die Form-Eigenschaft des Strichs einsetzen. Sie können übrigens auch Pfade aus Adobe Illustrator für diese Prozedur verwenden.

22.2.3 Transformieren von Strichen

Transformieren per Tastatur

Bei aktivem Auswahl-Werkzeug und **ausgewähltem** Strich können Sie zum Verschieben des Strichs die Pfeil-Tasten verwenden. Zum Drehen verwenden Sie im Ziffernblock + und -. Zum Skalieren verwenden Sie die Tasten ebenfalls, aber in Verbindung mit der Taste Strg bzw. Alt. Eine Hinzunahme der Taste ⇧ bewirkt bei allen Optionen einen Versatz in Zehner- statt in Einer-Schritten.

Die Transformieren-Eigenschaften, die in der Zeitleiste für jeden Strich einzeln verfügbar sind, sollten nicht mit den gleichnamigen Transformieren-Eigenschaften einer Ebene verwechselt werden. Der Unterschied besteht darin, dass hier nur der Strich, im Falle der Ebene aber die ganze Ebene mit allen enthaltenen Effekten etc. transformiert werden kann. Damit Sie nicht zufällig die Ebeneneigenschaften transformieren, markieren Sie die Ebene und drücken die Taste P zweimal kurz hintereinander. Somit werden sicher nur die Pinseleigenschaften angezeigt.

Wichtig beim Transformieren ist es, sich zu vergegenwärtigen, dass jeder Strich einen Anfangspunkt besitzt, wie Sie im letzten Workshop bereits gelernt haben. Dieser Anfangspunkt ist der Ankerpunkt des Strichs, um den sich sozusagen alles dreht.

Wenn Sie unter TRANSFORMIEREN die Werte bei ANKERPUNKT verändern, bleibt dieser fixiert, während der Strich verschoben wird. Eine Änderung bei der Eigenschaft POSITION wiederum verschiebt sowohl den Ankerpunkt als auch den Strich gemeinsam.

Die Skalierung wird immer auf den Ankerpunkt bezogen und vergrößert den Strich. Falls Sie den Durchmesser beibehalten wollen, hilft nur eine Korrektur der Werte bei Durchmesser in den Konturoptionen. Auch die Eigenschaft Drehung nimmt den Ankerpunkt als Bezugspunkt.

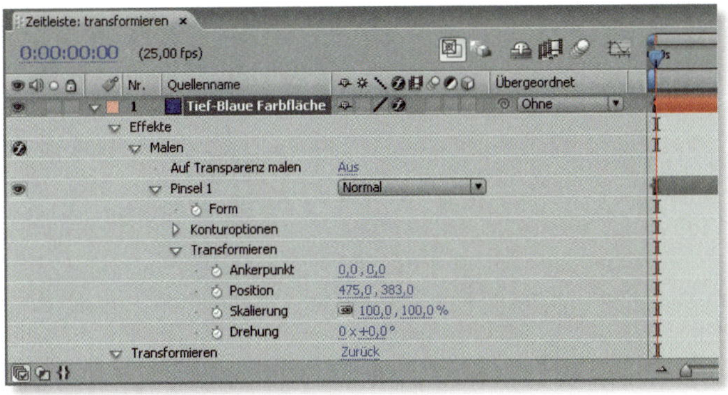

◂ **Abbildung 22.16**
Die Transformieren-Eigenschaften sind bei jedem Strich änderbar und nicht zu verwechseln mit den Transformieren-Eigenschaften einer Ebene.

22.2.4 Ein paar Helfer beim Malen

Um etwas flotter arbeiten zu können, sind hier ein paar helfende Funktionen aufgelistet.

Durchmesser und Kantenschärfe | Der Durchmesser und die Kantenschärfe einer Pinselspitze lassen sich sehr schön mit Hilfe der Strg-Taste einstellen. Wenn Sie bereits das Ebenenfenster geöffnet haben, wählen Sie den Pinsel, den Kopierstempel oder den Radiergummi und drücken dann **zuerst** die Strg-Taste. Platzieren Sie danach den Mauszeiger im Ebenenfenster, drücken die Maustaste und verändern durch Ziehen den Pinseldurchmesser. Lassen Sie dann zuerst die Strg-Taste los und ziehen weiter bei gedrückter Maustaste, um auch die Kantenschärfe einzustellen. Diese wird mit einem zweiten Kreis dargestellt.

Gerade Linien zeichnen | Mit Hilfe der Taste ⇧ können Sie gerade Linien zeichnen. Dazu klicken Sie zuerst am Startpunkt der Linie ins Ebenenfenster, drücken dann die Taste ⇧ und klicken auf den Endpunkt der Linie. Wenn Sie die Taste weiter gedrückt halten, können Sie die geraden Liniensegmente beliebig fortsetzen.

Farbwahlfeld schnell wechseln | Mit der Taste X können Sie sehr schnell zwischen Vorder- und Hintergrundfarbe in der Malen-Palette wechseln. Die Taste D ermöglicht ein schnelles Austauschen selbstgewählter Farben mit Schwarz und Weiß.

Die Alt-Taste

Wenn Sie die [Alt]-Taste betätigen, wird bei aktivem Pinsel-Werkzeug immer die Pipette anstelle der Pinselspitze eingeblendet. Sollten Sie das Kopierstempel-Werkzeug gewählt haben, können Sie bei gedrückter [Alt]-Taste den Aufnahmebereich festlegen, von dem aus Pixel kopiert werden sollen.

Werkzeuge wechseln

Um schnell zwischen den Werkzeugen Pinsel, Kopierstempel und Radierer zu wechseln, nutzen Sie die Tastenkombination [Strg]+[B].

Aufnahmebereich der Pipette vergrößern | Mit der Pipette können Sie Farben eines Bildes übernehmen und dadurch als Vordergrundfarbe für die nächsten zu malenden Striche festlegen. Mit der Taste [Strg] wird nicht nur ein Pixel aufgenommen, sondern ein Bereich von 4 × 4 Pixel. Der Durchschnittswert wird als Vordergrundfarbe festgelegt.

Deckkraft und Fluss per Tastatur | Wenn die Malen-Palette aktiv ist, können Sie mit der numerischen Tastatur die Werte von DECKKRAFT und FLUSS in 10%-Schritten festlegen. Mit den Tasten [1] bis [9] stellen Sie den Deckkraftwert von 10% bis 90% ein. Die Taste [,] setzt den Wert auf 100%. Um die Werte für FLUSS zu ändern, nehmen Sie dabei immer die [⇧]-Taste hinzu.

22.2.5 Grafiktablett verwenden

Wenn Sie ein Grafiktablett an Ihren Computer angeschlossen haben, können Sie auch den Zeichenstift des Tabletts verwenden, um mit den Pinsel-, Kopier- oder Radier-Werkzeugen Striche zu erzeugen. Dabei kann festgelegt werden, welche Eigenschaft des Strichs in welchem Maße durch den Zeichenstift beeinflusst wird.

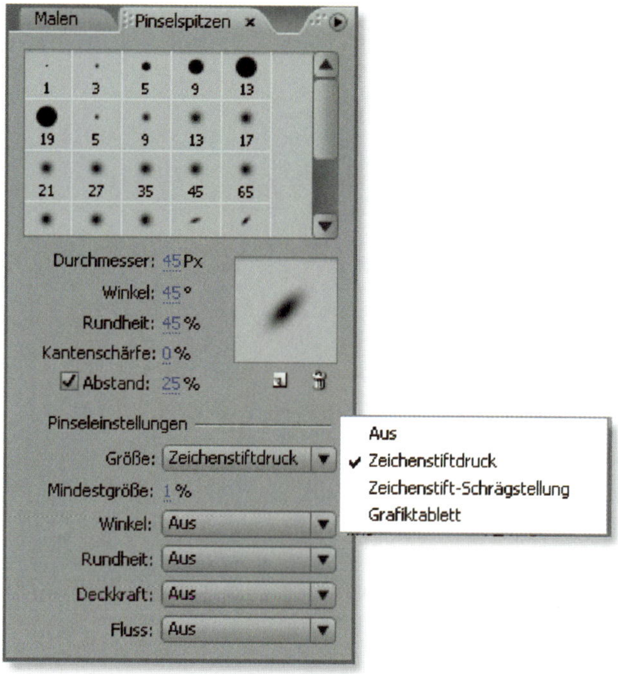

Abbildung 22.17 ▸
In den PINSELEINSTELLUNGEN können Zeichenstiftdruck, die Zeichenstift-Schrägstellung oder die Rändelradposition am Grafiktablett zur dynamischen Veränderung der Pinselspitze gewählt werden.

In der Palette PINSELSPITZEN befindet sich die Sektion PINSELEINSTELLUNGEN. Dort können Sie für die Pinsel-Eigenschaften GRÖSSE, WINKEL, RUNDHEIT, DECKKRAFT und FLUSS jeweils wählen, ob diese durch den Zeichenstiftdruck, die Zeichenstift-Schrägstellung oder die Rändelradposition am Grafiktablett beeinflusst werden. Sie können so zum Beispiel die Deckkraft oder die Größe des Pinselstrichs oder auch beide Eigenschaften durch Ihren individuellen Stiftandruck dynamisch verändern.

22.2.6 Malen auf Kanälen

Mit den Malen-, Radieren- und Kopierwerkzeugen haben Sie die Möglichkeit, nur bestimmte Kanäle eines Bildes zu beeinflussen. Dazu befindet sich in der Palette MALEN ein Einblendmenü unter KANÄLE. Dort wählen Sie den Eintrag RGBA, RGB oder ALPHAKANAL.

Wie die unterschiedliche Wahl sich auswirkt, wird an einer Bildebene mit transparenten Bereichen recht anschaulich. In dem abgebildeten Beispiel sehen Sie ein durchbrochenes Spitzendeckchen, welches leicht bläulich eingefärbt wurde, um sich besser vom Hintergrund abzuheben. Die kleinen Karos zeigen die transparenten Bereiche an.

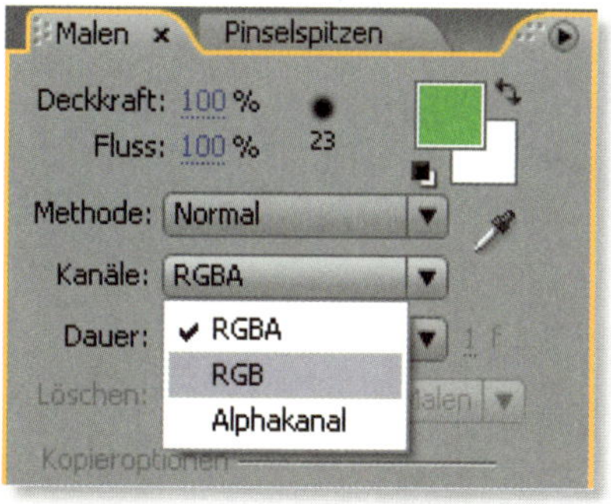

◂ **Abbildung 22.18**
Die Kanalwahl in der Malen-Palette entscheidet sehr über das Endergebnis einer Bearbeitung durch Malen-, Radieren- oder Kopieren-Werkzeuge.

- Wenn Sie mit dem Malen-Werkzeug Farbe auftragen und **RGBA** gewählt haben, ist nachher ein Strich sowohl in den transparenten Bereichen (dem Alphakanal der Ebene) als auch in den deckenden (den RGB-Kanälen) sichtbar. Diese Option wurde bei dem roten Fleck gewählt.
- Bei dem grünen Fleck sind nur noch die bereits deckenden Bereiche farblich verändert worden. Dies war mit der Kanalwahl **RGB** möglich.
- Die fehlende Ecke im Deckchen ist mit der Kanalwahl **Alphakanal** erzeugt worden. Dazu wurde die Farbe in der Malen-Palette auf schwarz eingestellt. Mit weißer Farbe können in diesem Kanal zuvor transparente Bereiche wieder sichtbar gemacht werden. Grau bewirkt halbtransparente Farben. Der Malen-Pinsel wird beim Malen mit schwarzer Farbe im Alphakanal dem Radiergummi-Werkzeug sehr ähnlich.

▲ **Abbildung 22.19**
Wie die Kanalwahl das Endergebnis beeinflusst, sieht man sehr gut an einem Bild mit transparenten Bereichen.

▲ **Abbildung 22.20**
Mit dem Malen-Werkzeug in verschiedenen Kanälen erzeugte Veränderungen

22.2.7 Blendmodi

Interessante Wirkungen erzielen Sie auch durch das Verwenden unterschiedlicher Blendmodi. In der Malen-Palette sind eine ganze Reihe davon unter METHODE aufgelistet (siehe Abbildung 22.23). Sie können jeden Strich in einem eigenen Überblendmodus zu den Bildpixeln bzw. zu anderen überlagerten Strichen einstellen. In der Zeitleiste ist der Modus eines Strichs jederzeit änderbar. Dazu befindet sich die gleiche Liste wie in der Malen-Palette neben jedem Strich.

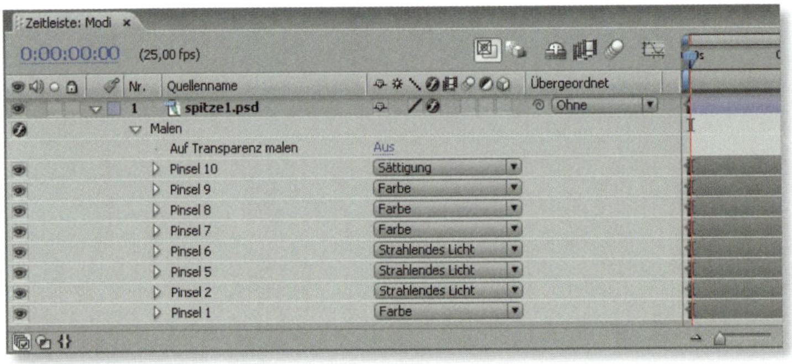

▲ **Abbildung 22.21**
Neben jedem einzelnen Strich befindet sich ein Menü, das die Liste der möglichen Blendmodi enthält.

▲ **Abbildung 22.22**
In diesem Beispiel wurde mit verschiedenen Blendmodi für die einzelnen Striche gearbeitet, um das Spitzen-Deckchen einzufärben.

22.2.8 Dauer und Animation

Bevor ein Strich gemalt wird, kann in der Malen-Palette eine Dauer festgelegt werden. Daraus ergeben sich einige Animationsmöglichkeiten, die bisher nicht besprochen worden sind. Im Einblendmenü bei DAUER haben Sie die Wahl zwischen den Optionen KONSTANT, MALEN ANIMIEREN, EINZELNER FRAME und EIGENE.

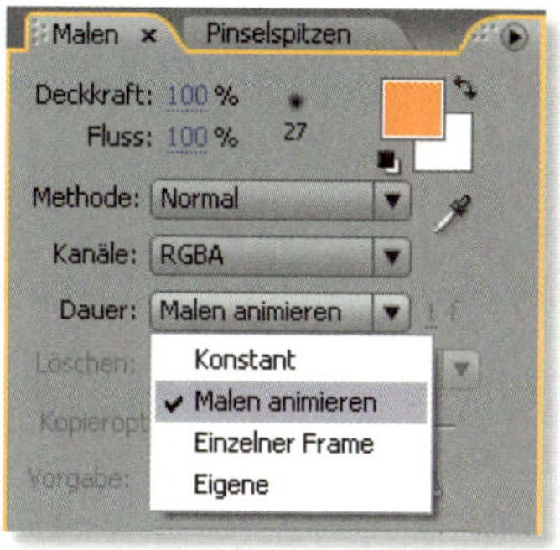

▲ **Abbildung 22.24**
Über die Art des Erscheinens eines Strichs entscheidet die Wahl der Optionen bei DAUER.

Konstant | Die Option KONSTANT ist Ihnen bereits aus den beiden Workshops in diesem Kapitel bekannt. Wenn ein Strich mit dieser Option gemalt wird, ist er normalerweise über die gesamte Länge der Komposition sichtbar. Eine Ausnahme entsteht allerdings, wenn Sie die Zeitmarke an einen neuen Zeitpunkt ziehen, denn jeder Strich, den Sie malen, beginnt genau dort, wo Ihre Zeitmarke positioniert war ❶. Und er endet dort, wo der Out-Point einer Ebene ❷ platziert ist.

Die Dauer eines Strichs kann im Nachhinein durch das Verschieben des In- ❸ bzw. Out-Points ❹ verändert werden, was ein früheres oder späteres Erscheinen bzw. Verschwinden des Strichs bewirkt. Sie können den Balken für die Dauer auch insgesamt verschieben, ohne dass sich die zeitliche Position der Ebene dabei verändert. Keyframes, die Sie für die Pinseleigenschaften gesetzt haben, werden dabei mitbewegt.

▲ **Abbildung 22.23**
Die verschiedenen Modi unter METHODE in der Malen-Palette probieren Sie am besten selber einmal aus.

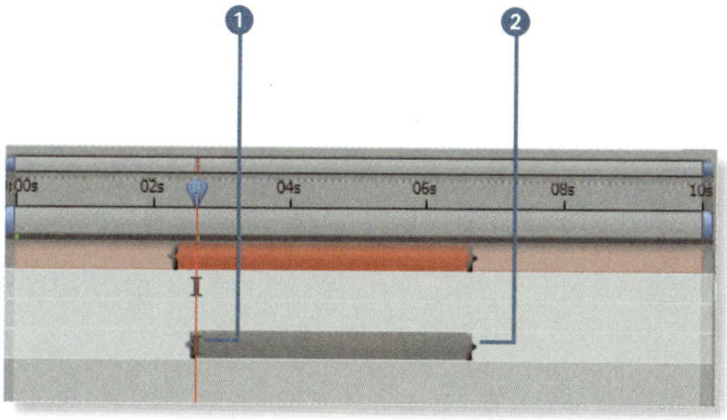

▲ **Abbildung 22.25**
Ein Strich beginnt dort, wo die Zeitmarke zu Beginn des Malens positioniert war, und endet da, wo der Out-Point der Ebene liegt.

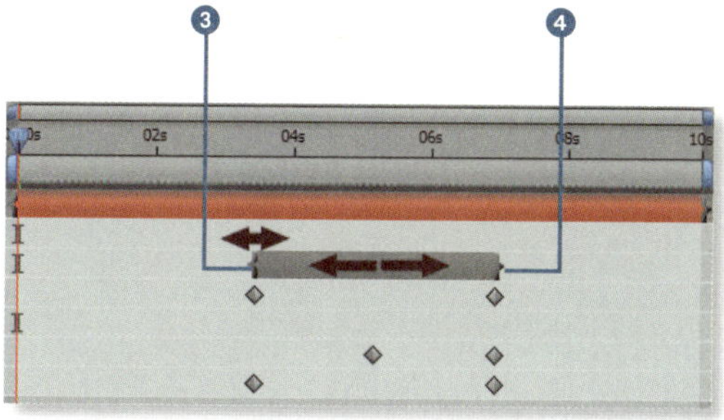

▲ **Abbildung 22.26**
Der Balken für die Dauer bzw. Sichtbarkeit eines Strichs sowie dessen In- und Out-Point können verschoben werden.

Malen animieren | MALEN ANIMIEREN ist eine tolle Sache. Sie sollten es unbedingt ausprobieren! Im Workshop »Der Anfang, das Ende und die Form« haben Sie einen Malstrich über Keyframes in der Eigenschaft ENDE animiert. Die Option MALEN ANIMIEREN funktioniert ganz genauso und setzt freundlicherweise die Keyframes in der Eigenschaft ENDE automatisch für Sie.

Die Option muss gewählt werden, **bevor** gemalt wird. Der erste Keyframe entsteht automatisch dort, wo die Zeitmarke zu Beginn positioniert wird. Wenn Sie danach loslegen, zeichnet After Effects Ihre Mausbewegung zeitlich 1:1 auf. Beim Betrachten des Ergebnisses in der Vorschau werden Sie bemerken, dass auch die Geschwindigkeitsänderungen Ihrer Linienführung identisch gespeichert wurden. Sie können die Geschwindigkeit anschließend noch durch das Verschieben der Keyframes in der Eigenschaft ENDE anpassen.

Falls Sie beim Malen sehr langsam waren, ist es möglich, dass der letzte Keyframe bereits außerhalb Ihrer gewählten Kompositionszeit gesetzt wurde. Um den Keyframe trotzdem zu erreichen, passen Sie die Länge der Komposition an oder verschieben den Balken für die Ebenendauer bzw. für die Dauer des Strichs in der Zeitleiste.

Einzelner Frame und Eigene – Rotoscoping | Als Rotoskopieren oder Rotoscoping bezeichnet man das Malen auf einer Reihe von fortlaufenden Einzelbildern eines Films, um eine trickfilmartige Animation zu schaffen oder für Retuschearbeiten.

Mit den beiden Optionen EINZELNER FRAME und EIGENE kann trickfilmartig auf einzelnen Frames gemalt, radiert oder kopiert werden. Für die Trickfilmanimation eignen sich die Optionen jedoch weniger, da die vorherigen und nachfolgenden Frames im Vergleich zum aktuellen Frame nicht angezeigt werden (dies ist dafür über den Maleffekt VEKTORPINSEL (nur Pro) möglich). Für die als Rotoscoping bekannten Verfahren sind die Optionen aber gut geeignet. Mit dem Kopierstempel-Werkzeug können beispielsweise Retuschearbeiten innerhalb einiger weniger Frames eines Films gut durchgeführt werden.

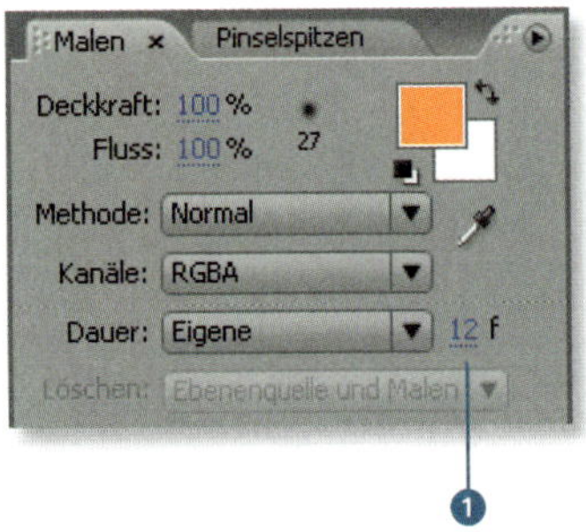

▲ **Abbildung 22.27**
Bei der Option EIGENE lässt sich eine Frameanzahl für die Dauer der zu schaffenden Striche festlegen.

Wenn Sie die Option EINZELNER FRAME gewählt haben, wird ein Strich mit der Dauer eines Frames erstellt. Verwenden Sie die Tasten [Bild↓], um einen Frame vorwärts zu gehen, und [Bild↑], um einen Frame rückwärts zu springen.

Mit der Option EIGENE lässt sich die Dauer eines Strichs mit einer eigenen Anzahl an Frames definieren. Das kleine Eingabefeld ❶, das bei dieser Wahl aktiv wird, dient dazu, die gewünschte Anzahl einzutragen. Der danach erstellte Strich ist auf diese Dauer festgelegt. Mit der Tastenkombination [Strg]+[Bild↓]

und [Strg]+[Bild ↑] können Sie schnell um die gewählte Anzahl an Frames vor- oder zurückspringen.

Wenn Sie noch das Format **Filmstreifen** (.flm) kennen, dann wissen Sie, dass eine frameweise Bearbeitung von Filmmaterial in ähnlicher Weise früher nur in Photoshop möglich war. Diesen früher recht umständlichen Weg können Sie sich heute meist ganz ersparen. Wenn Sie das Filmstreifen-Format trotzdem suchen: Es ist im Ausgabemodul unter FORMAT zu finden.

22.3 Radiergummi

Mit Hilfe des Radieren-Werkzeugs können Bildpixel transparent gesetzt werden und Striche, die zuvor mit den Pinsel- oder Kopier-Werkzeugen gezeichnet wurden, durchscheinend oder unsichtbar gemacht werden. Auch für den Radierer wird nach der Anwendung ein Pfad angelegt, der über die bereits erläuterten Optionen FORM, KONTUROPTIONEN und TRANSFORMIEREN in der Zeitleiste modifiziert werden kann.

Die Pinselspitze eines Radierers wird ebenfalls auf dieselbe Art und Weise eingestellt wie die eines Malstrichs.

▲ **Abbildung 22.28**
Mit dem Radieren-Werkzeug werden Bildpixel oder zuvor mit den Pinsel- oder Kopier-Werkzeugen gezeichnete Striche durchscheinend oder unsichtbar.

Löschen | Im Radieren-Modus sind zusätzlich drei neue Optionen unter LÖSCHEN wählbar. Dort wird zuerst festgelegt, welche Bildteile gelöscht werden sollen. Sie können mit der Option EBENENQUELLE UND MALEN sowohl die Pixel der Originalebene als auch zuvor mit den Pinsel- oder Kopier-Werkzeugen gezeichnete Striche transparent setzen.

Wenn Sie die Option NUR MALEN gewählt haben, bleibt die Originalebene von Ihrem Tun unbehelligt, und nur die zuvor gemalten Striche werden dort transparent, wo der Radierer über sie hinwegstreicht.

Die Option NUR LETZTE KONTUR dient schließlich dazu, den mit den Pinsel- oder Kopier-Werkzeugen zuletzt gemalten Strich transparent zu setzen. Originalebene und sämtliche anderen Striche bleiben erhalten.

▲ **Abbildung 22.29**
Unter LÖSCHEN wird festgelegt, was im Bild transparent werden soll.

Dauer | Unter DAUER sollten Sie beim Radieren den Eintrag KONSTANT auswählen, da Sie sonst womöglich den mit dem Radieren-Werkzeug erstellten Strich animieren, aber vielleicht haben Sie auch genau das im Sinn. Die Werte bei DECKKRAFT und FLUSS verändern die mit dem Radieren-Werkzeug erstellten Striche ähnlich wie die mit dem Pinsel-Werkzeug erstellten Striche. Meist werden Sie mit Werten bei 100 % arbeiten.

Radierwerkzeug temporär einsetzen

Wenn Sie das Malen- oder das Kopierstempel-Werkzeug gewählt haben, können Sie mit der Tastenkombination [Strg]+[⇧] kurz das Werkzeug wechseln. Stattdessen wird dann das Radier-Werkzeug verwendet, und Sie können die zuvor erzeugten Striche wegradieren.

Kanäle | Nicht unerheblich ist, welche Wahl Sie im Einblendmenü KANÄLE getroffen haben.

- **RGBA:** Egal welche Farbe Sie gewählt haben, die Pixel werden dort transparent gesetzt, wo der Radierer waltet.
- **RGB:** Hier kommt es auf die Hintergrundfarbe in der Palette MALEN an. Es entstehen keine transparenten Bereiche, stattdessen werden die Originalpixel wegradiert und dafür erscheint die gewählte Hintergrundfarbe.
- **Alphakanal:** Auch hier kommt es auf die Hintergrundfarbe in der Palette an. Diese kann nur zwischen Schwarz, Weiß und den dazwischenliegenden Graustufen gewählt werden. Ist Schwarz gewählt, werden die Pixel transparent. Ist Weiß gewählt, werden sie wieder sichtbar.

▲ **Abbildung 22.30**
Im Modus RGBA werden Pixel transparent gesetzt, egal welche Farbe in der Malen-Palette gewählt wurde.

▲ **Abbildung 22.31**
Im Modus RGB werden die Originalpixel durch eine in der Malen-Palette gewählte Hintergrundfarbe ersetzt (in diesem Falle durch ein Blau).

Mit dem Radieren-Werkzeug erstellte Striche nachträglich ändern

Genau wie die mit den Pinsel- und Kopier-Werkzeugen erstellten Striche auch können Sie die Striche des Radier-Werkzeugs in der Zeitleiste mit den Optionen unter KONTUROPTIONEN und TRANSFORMIEREN nachträglich bearbeiten. Auch das Umbenennen und Löschen oder das Umsortieren in eine neue Reihenfolge wird in der Zeitleiste vollzogen. Lesen Sie mehr dazu im Abschnitt 22.2.

▲ **Abbildung 22.32**
Im Modus ALPHAKANAL können bereits transparente Bildpixel wieder sichtbar gemacht werden.

22.4 Der Kopierstempel

Eine hervorragende Möglichkeit, um Retuschearbeiten in After Effects an Standbildern und bewegtem Filmmaterial durchzuführen, bietet sich mit dem Kopierstempel-Werkzeug, das dem aus Photoshop bekannten Werkzeug sehr ähnlich ist.

Mit dem Kopierstempel können Sie nicht nur Bildbereiche innerhalb einer Ebene kopieren und an anderer Stelle einsetzen, sondern es ist auch ein ebenenübergreifender Einsatz möglich. So können Sie Bildbereiche einer Ebene in eine zweite Ebene übertragen. Malstriche oder Effekte, die sich vor dem Kopieren bereits auf der Ebene befinden, werden von dem Kopierstempel-Werkzeug ebenfalls mitkopiert.

Die nachträgliche Bearbeitung eines mit dem Kopierstempel-Werkzeug erzeugten Strichs erfolgt wie beim Malen und beim Radieren in der Zeitleiste. Dort können Sie unter KONTUROPTIONEN und unter TRANSFORMIEREN die gleichen Modifikationen durchführen, wie sie im Abschnitt 22.2 beschrieben wurden. Nun aber zuerst einmal zur Handhabung des Kopierstempel-Werkzeugs.

Schritt für Schritt: Retusche und Montage – Das doppelte Lottchen

Im folgenden Workshop wird zunächst ein wenig Retuschearbeit nötig sein, bevor wir zur Verdoppelung des »Lottchens« kommen. Öffnen Sie für diesen Workshop das vorbereitete Projekt auf der Buch-DVD. Es befindet sich im Ordner 22_MALEN/LOTTCHEN und heißt »kopieren.aep«.

◂ **Abbildung 22.33**
In diesem Bild wird zuerst der Fensterrahmen retuschiert. Anschließend wird das »Lottchen« verdoppelt.

In dem Projekt sind zwei Kompositionen enthalten. Die Komposition »kopieren fertig« ist dafür da, sie nachher als Ihre eigene

Übung zu verkaufen oder dort abzugucken. – Aber fangen Sie erst einmal mit der Komposition »kopieren« an. Diese enthält die Datei »kopieren.mov«. Hier soll zuerst der Fensterrahmen retuschiert werden.

1 Vor dem Kopieren

▲ **Abbildung 22.34**
Zuerst muss das Kopierstempel-Werkzeug in der Werkzeugleiste aktiviert werden.

Aktivieren Sie das Kopierstempel-Werkzeug in der Werkzeugleiste und wechseln Sie den Arbeitsbereich auf MALEN. Um mit dem Kopierstempel-Werkzeug arbeiten zu können, klicken Sie doppelt auf die zu bearbeitende Ebene in der Zeitleiste, damit diese im Ebenenfenster geöffnet wird.

Bevor Sie einen Bereich in einem Bild kopieren, legen Sie zuerst, wie Sie es von den Malen- und Radieren-Werkzeugen bereits gewohnt sind, die Parameter für die Pinselspitze wie DURCHMESSER, WINKEL, RUNDHEIT und weitere fest. Für den DURCHMESSER wählen Sie beispielsweise 45 px.

In der Malen-Palette sollten dazu DECKKRAFT und FLUSS auf 100 % eingestellt sein. Die gewählte Farbe ist uns gleich, da mit jeder Farbe ebensogut kopiert werden kann. Bei METHODE sollten Sie darauf achten, dass NORMAL gewählt wurde. Unter KANÄLE sollte RGBA und unter DAUER sollte KONSTANT stehen. Die Kopieroptionen sind im Anschluss an den Workshop noch Thema.

▲ **Abbildung 22.35**
Auch für das Kopierstempel-Werkzeug wird zunächst die Pinselspitze eingestellt.

▲ **Abbildung 22.36**
In der Malen-Palette sind nun auch die KOPIEROPTIONEN aktiviert.

2 Kopierstempel zur Retusche anwenden

Zum Anwenden des Kopierstempels betätigen Sie die [Alt]-Taste. Dadurch wechselt der Mauszeiger im Ebenenfenster in ein Fadenkreuz. Klicken Sie damit in einen Bildbereich, aus dem Sie Pixel aufnehmen wollen. Bewegen Sie dann den Mauszeiger an die Stelle, wo Pixel eingesetzt werden sollen. In unserem Falle nehmen Sie Pixel aus dem Bereich links neben dem Fenster auf ❶ und setzen diese Pixel über dem Fenster wieder ein ❷.

◂ **Abbildung 22.37**
Der Kopierstempel nimmt Bildbereiche dort auf, wo das Fadenkreuz sichtbar ist, und fügt diese unter dem Kreis ein.

3 Kopierstempel zur Montage anwenden

Wenn Sie das Fenster erfolgreich retuschiert haben, wiederholen Sie das Procedere und nehmen Pixel aus dem »Lottchen« auf.

▴ **Abbildung 22.38**
Um das »Lottchen« zu verdoppeln, ist etwas Zielwasser nötig.

▴ **Abbildung 22.39**
Fertig! – Das doppelte Lottchen bewegt sich vollkommen gleich.

Einsatzzweck

Wie Sie aber vielleicht schnell bemerkt haben, ist das Kopieren vor allem bei statischen Aufnahmen lohnenswert.

Legen Sie diese gleich rechts daneben wieder ab. Um das ganze »Lottchen« zu kopieren, müssen Sie höchstwahrscheinlich mehrfach ansetzen. Es ist etwas Zielwasser nötig, damit nicht unerwünschte Verschiebungen auftreten, die beipielsweise an der Mauerkante leicht deutlich werden. Nach dem Kopieren haben Sie ein identisches zweites Lottchen. Sogar die Bewegungen sind vollkommen gleich. ■

22.4.1 Kopieroptionen in der Malen-Palette und in der Zeitleiste

Wenn der Kopierstempel gewählt wurde, werden in der Malen-Palette weitere Optionen unter Kopieroptionen aktiviert. In der Zeitleiste kommen die Einträge Kopierquelle, Kopierposition, Kopierzeit bzw. Kopierintervall unter den Konturoptionen hinzu. Da die Optionen in der Zeitleiste oft im Zusammenhang mit denen der Malen-Palette stehen, werden diese Optionen hier unter einer Überschrift zusammengefasst. Beispiele befinden sich im Projekt »malen.aep« auf der DVD.

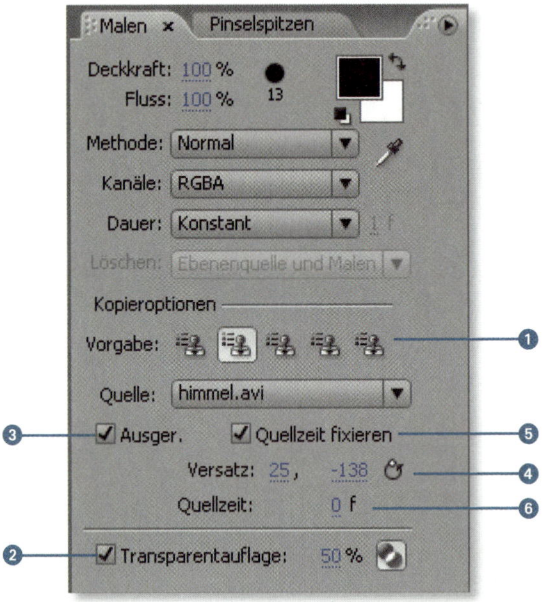

Abbildung 22.40 ▸ In der Malen-Palette können bis zu fünf Vorgaben mit unterschiedlichen Kopieroptionen angelegt werden.

Vorgabe | Die fünf als Stempel gekennzeichneten Kopiervorgaben **1** dienen dazu, schnell zwischen unterschiedlich gewählten Kopieroptionen zu wechseln. Sobald Sie eine der Kopieroptionen verändern, wird diese neue Einstellung in der aktuell aktiven Vorgabe gespeichert. Die Vorgaben sind auch dann noch verfügbar, wenn Sie auf einer anderen Ebene oder in einer anderen Komposition arbeiten. Zum schnellen Umschalten zwischen den fünf Vorgaben nutzen Sie die Tasten [3] bis [7] im Haupttastaturfeld.

Die Einstellungen der aktuell aktiven Vorgabe können dupliziert werden. Dazu klicken Sie bei gedrückter [Alt]-Taste auf die Vorgabe und klicken gleich anschließend ebenfalls bei gedrückter [Alt]-Taste auf eine andere Vorgaben-Schaltfläche.

Quelle | Unter QUELLE legen Sie fest, aus welcher Ebene Pixel kopiert werden sollen, um sie an anderer Stelle einzusetzen. Sie haben die Wahl zwischen dem Eintrag AKTUELLE EBENE und weiteren Ebenen, soweit diese in Ihrer Komposition enthaltenen sein sollten. Ist AKTUELLE EBENE gewählt, legen Sie die Zielebene gleichzeitig als Quellebene fest. Wenn Sie eine andere Ebene auswählen, beispielsweise ein anderes Movie, können Sie den Inhalt der Quell- und Zielebene mischen und interessante Effekte erzielen.

Für das Kopieren aus einer anderen Ebenenquelle empfiehlt es sich, ein Häkchen bei TRANSPARENTAUFLAGE ❷ zu setzen. Wenn Sie dann kopieren, wird die Quellebene über der Zielebene als Orientierung transparent eingeblendet. Gleich rechts neben der Option TRANSPARENTAUFLAGE befindet sich eine Schaltfläche mit zwei Kreisen bzw. Kugeln. Ist diese aktiviert, wird die Quellebene im Differenzmodus in die Zielebene eingeblendet.

Sie können direkt drauflos malen, um die Quellebene 1:1 zu kopieren. Falls Sie eine andere Stelle der Quellebene kopieren möchten, müssen Sie diese so verschieben, dass die zu kopierende Stelle deckungsgleich über dem Ziel liegt. Dazu benutzen Sie die Tasten [Alt]+[⇧] und ziehen die Ebene an eine neue Position.

▲ **Abbildung 22.41**
Die Datei links wurde in diesem Beispiel als Quellebene angegeben. Pixel daraus wurden in die Zielebene rechts kopiert und ersetzen dort den Himmel.

Abbildung 22.42 ▸
Ist die Option TRANSPARENTAUFLAGE aktiviert, wird als Orientierung die Kopierquelle über dem Zielbild eingeblendet.

Blendmodi beim Kopieren

Interessante Effekte erzielen Sie beim Kopieren, wenn Sie in der Malen-Palette für die eingefügten Pixel als METHODE einen anderen Blendmodus als den standardmäßig eingestellten Modus NORMAL verwenden.

Kopierquelle | In der Zeitleiste gibt es zu der Option QUELLE der Malen-Palette eine Entsprechung in den KONTUROPTIONEN. Sie können dort im Nachhinein unter KOPIERQUELLE das Bild oder Movie wechseln, aus dem Pixel kopiert werden sollen.

Ausgerichtet | Bevor Sie mit dem Kopieren beginnen, definieren Sie mit [Alt] immer einen Quellpunkt, von dem aus Pixel kopiert werden. Mit einem zweiten Klick legen Sie dann den Ort fest, wo die kopierten Pixel abgelegt werden. Zwischen Quell- und Zielpunkt gibt es also einen bestimmten Versatzwert.

▲ Abbildung 22.43
Links sehen Sie hier das Originalbild. Für das Ergebnisbild rechts wurde die Option AUSGERICHTET deaktiviert, um Pixel immer von ein und demselben Ort, hier der Person mit der roten Jacke, zu kopieren.

Wenn Sie bei AUSGERICHTET ❸ (Abbildung 22.40) ein Häkchen gesetzt haben, bleibt der Versatzwert bei jedem nachfolgenden Strich gleich groß, und der Quellpunkt wandert beim Kopieren synchron zum Zielpunkt mit. Fehlt das Häkchen, wird der Versatzwert für jeden neuen Strich neu definiert. Auf diese Weise werden Pixel immer von ein und demselben Ort bzw. Quellpunkt kopiert und können in unterschiedlichen Abständen im Bild eingefügt werden.

Versatz | Der Versatzwert zwischen Quell- und Zielpunkt kann über die X- und Y-Werte bei VERSATZ auch numerisch festgelegt werden. Wenn Sie den Mauszeiger über einem der Werte positionieren, wechselt der Mauszeiger in ein Hand-Symbol. Sie können die Werte dann durch Ziehen verändern oder nutzen die Tasten [Alt]+[⇧] im Ebenenfenster. Ihre Kopierquelle wird halbtransparent über dem Zielbild eingeblendet. Die Versatzwerte lassen sich auf Null zurücksetzen, indem Sie auf das kleine Symbol ❹ (Abbildung 22.40) neben den Versatzwerten klicken.

Quellzeit fixieren aktiviert/deaktiviert | Wenn Sie ein Häkchen bei QUELLZEIT FIXIEREN ❺ setzen, wird der Frame Ihres Quellmaterials kopiert, der unter QUELLZEIT ❻ festgelegt wurde. Sie können, um aus einem anderen Frame zu kopieren, hier schnell die Werte ändern. Dazu sollten Sie ein Movie als Kopierquelle nutzen.

Das heißt, sollte bei QUELLZEIT der Wert 0 f oder 1 f stehen, wird der allererste Frame Ihres unter QUELLE angegebenen Materials kopiert, bei einem Wert von 25 f der Frame, der in der PAL-Norm nach einer Sekunde sichtbar ist. Werden höhere Werte verwendet, als sie Ihr Movie »hergibt«, d. h. ist Ihr Movie nicht so lang wie die eingetragene Framezahl, fängt After Effects einfach von vorn an zu zählen.

Ist die Option QUELLZEIT FIXIEREN deaktiviert, wird anstelle der Option QUELLZEIT die Option QUELLZEIT-VERSCHIEBUNG angezeigt. Wenn für die Quellzeit-Verschiebung der Wert 0 eingesetzt wurde, wird immer der Frame kopiert, der gerade an der aktuellen Position der Zeitmarke sichtbar ist. Sie können danach die Zeitmarke verschieben, um aus einem anderen Frame zu kopieren, oder die Werte bei Quellzeit-Verschiebung ändern.

Kopierzeit und Kopierintervall | Wenn Sie in der Malen-Palette ein Häkchen bei QUELLZEIT FIXIEREN gesetzt haben, wird nach der Anwendung des Kopierstempels die Konturoption KOPIERZEIT in der Zeitleiste angezeigt. Sie können dort die Werte ändern, ohne Keyframes zu setzen, um Frames aus einem anderen Zeitpunkt

Kopierposition

Die Option KOPIERPOSITION in der Zeitleiste können Sie verwenden, um den Bildinhalt des bereits kopierten Materials in X- und Y-Richtung zu verschieben. Für kleinere Korrekturen im kopierten Bildbereich eignet sich die Option recht gut.

Die beim Lesen dieses wissenschaftlichen Abschnitts entstanden intervallartigen Kopfschmerzen lindern Sie vielleicht bei etwas Quellwasser und praktischen Übungen.

im kopierten Bildbereich darzustellen. Dies macht natürlich nur Sinn, wenn zuvor aus einem Movie kopiert wurde.

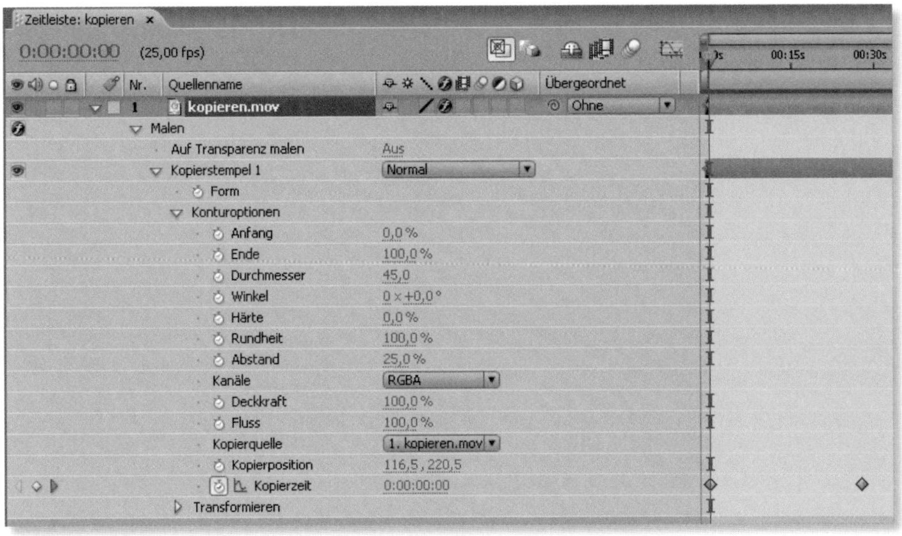

▲ **Abbildung 22.44**
In der Zeitleiste werden vier nur beim Kopieren verfügbare Konturoptionen angezeigt: Kopierquelle, Kopierposition und Kopierzeit. Der Eintrag Kopierintervall ist nur sichtbar, wenn in der Malen-Palette Quellzeit fixieren deaktiviert wurde.

Die Option eignet sich aber auch sehr gut, um Änderungen in der Geschwindigkeit des kopierten Bildbereichs zu gestalten. Dazu setzen Sie einen Keyframe für den im kopierten Bildbereich zuerst angezeigten Frame, z.B. 0:00:00:00, und wählen dann für den zweiten Keyframe einen anderen Zeitpunkt, z.B. 0:00:10:00. Durch das Verschieben des zweiten Keyframes ändern Sie die Geschwindigkeit des angezeigten kopierten Materials.

Ihr kopiertes Material kann mit der Option auch in Schleife abgespielt werden, also mehrmals hintereinander. Angenommen, Ihr kopiertes Movie ist nur 10 Sekunden lang und Sie wählen für den zweiten Keyframe eine Kopierzeit von 30 Sekunden. In diesem Falle wird das kopierte Material dreimal hintereinander abgespielt.

Die Option Kopierintervall wird in der Zeitleiste dann sichtbar, wenn Sie vor dem Kopieren die Option Quellzeit fixieren deaktiviert hatten. Wie mit der Option Kopierzeit können Sie durch ein Ändern der Werte Bildinhalte aus anderen Zeitpunkten im kopierten Material sichtbar machen. Auch mit der Animation verhält es sich ganz ähnlich.

23 Der Motion-Tracker (nur Pro)

Der Motion-Tracker (nur Pro) bietet einige Möglichkeiten zur Synchronisation von Filmmaterial mit später hinzugefügten Effekten oder Bilddaten. Auch manche verwackelten Aufnahmen können gerettet – stabilisiert – werden.

23.1 Wie funktioniert der Motion-Tracker?

Das kleine Fenster des Motion-Trackers lässt die Anwendungsvielfalt des Werkzeugs kaum erahnen. Mit Hilfe des Trackers können Sie später hinzugefügte Bilder, Videos oder Effekte so mit Ihrem Filmmaterial verknüpfen, synchronisieren bzw. integrieren, als wäre alles gemeinsam aufgezeichnet worden. Der Tracker verfolgt dabei einen oder mehrere Punkte in dem aufgenommenen Material, beispielsweise das Rücklicht eines Autos, das Vergissmeinnicht im Haar Ihrer Freundin oder auch einen markanten, extra für den Tracker angehefteten Punkt. Nach dem Verfolgen hat sich der Tracker die Positionsdaten des verfolgten Punkts genau gemerkt. Dieser Positionspfad lässt sich anschließend auf anderes Bildmaterial oder Effekte übertragen. Im Ergebnis bewegt sich das Bildmaterial oder ein Effekt entlang des vom Tracker aufgezeichneten Pfads. So lässt sich das Vergissmeinnicht leicht durch eine Rose ersetzen.

Auch verwackeltes Filmmaterial ist ein Thema für den Tracker. Salopp gesagt schlägt der Tracker einfach einen Nagel in das aufgenommene Material, und somit kann an dieser Stelle nichts mehr wackeln. Aber keine Angst, es wird danach kein Loch in der Leinwand sichtbar sein. Doch dazu später mehr.

23.1.1 Die Tracker-Steuerungen-Palette

Für das Motion-Tracking stellt Ihnen After Effects die Tracker-Steuerungen-Palette zur Verfügung, die Sie über Fenster • Tracker-Steuerungen erreichen. Zunächst ein kurzer Überblick.

Abbildung 23.1 ▶
Über die Tracker-Steuerungen-Palette können verschiedenste Arten des Trackings eingerichtet werden.

Die Tracker-Steuerungen-Palette unterteilt sich in zwei Hauptkategorien für das Tracking. Zum einen kann eine Bewegung verfolgt werden, zum anderen lassen sich verwackelte Aufnahmen stabilisieren. Wenn Sie BEWEGUNG STABILISIEREN ❶ gewählt haben, wird als Track-Art ❷ standardmäßig STABILISIEREN verwendet. Haben Sie BEWEGUNG VERFOLGEN ❸ gewählt, ist standardmäßig TRANSFORMIEREN eingestellt.

Bei diesen beiden Track-Arten können Sie das Tracking weiter spezifizieren, indem Sie eine der Boxen POSITION, DREHUNG oder SKALIERUNG ❹ aktivieren. Je nachdem, in welcher Box Sie ein Häkchen gesetzt haben, werden in Ihrer Zielebene Keyframes für Position, Drehung oder Skalierung generiert, nachdem Sie die Schaltfläche ANWENDEN ❺ betätigt haben. Eine Kombination mehrerer Boxen ist ebenfalls möglich. Die generierten Keyframes bewirken, dass Ihre Zielebene oder auch ein Effektpunkt Ihrem getrackten Feature, also einem markanten Punkt im aufgenommenen Material folgt.

23.2 Motion-Tracking in der Praxis

Zuerst möchte ich Ihnen den Tracker mit einem ersten Beispiel zum Kennen- und Verstehenlernen nahe legen. Anschließend werden Sie weitere verschiedene Tracking-Arten kennen lernen. Für diese ist der folgende Workshop grundlegend.

In diesem Workshop geht es um die Handhabung der Tracker-Steuerungen-Palette, die anhand von vorbereitetem Videomaterial geübt wird. Der Tracker verfolgt einen zu wählenden Punkt im Video, indem er diesen Punkt mit so genannter »Subpixelgenauigkeit« von einem zum nächsten Frame des Videos vergleicht. Der Tracker verwendet also intern nicht nur Pixelgenauigkeit, sondern eine höhere Auflösung, indem er die Pixel in noch kleinere Einheiten unterteilt. Schauen Sie sich zuerst das Ziel an. – Das fertige Movie befindet sich im Ordner 23_MOTION-TRACKER/POSITION und heißt »sternchen.mov«.

Schritt für Schritt: Bewegung verfolgen mit dem Motion-Tracker: Position

1 Vorbereitung

Öffnen Sie das vorbereitete Projekt aus dem Ordner 23_MOTION-TRACKER/POSITION. Es heißt »workshop.aep«. Darin enthalten ist die Komposition »positionverfolgen«. Öffnen Sie diese mit einem Doppelklick auf das Kompositionssymbol im Projektfenster. Die Komposition enthält das Video »positionverfolgen.mov« und die Bilddatei »sternchen.ai«. Auf das Video wurde der Effekt BLENDENFLECKE angewendet, der im Menü unter EFFEKT • GENERIEREN • BLENDENFLECKE zu finden ist. Ziel wird es sein, diesen Blendenfleck mit dem schwarzen Punkt am Zeigefinger von Katrin zu synchronisieren. Und auch das Sternchen soll dort landen.

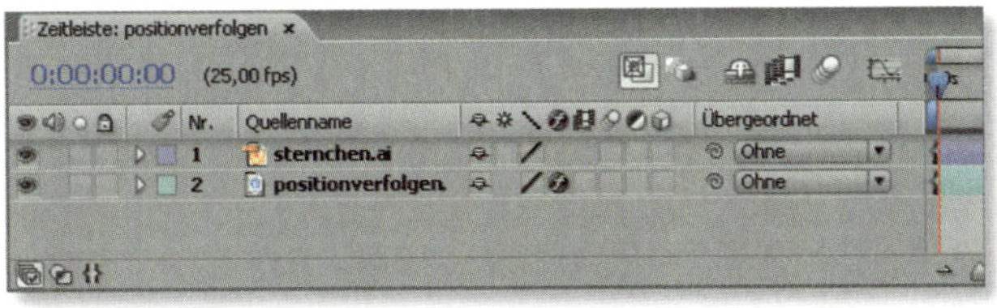

▲ **Abbildung 23.2**
Bevor mit dem Verfolgen begonnen wird, befinden sich ein Video mit dem Effekt BLENDENFLECKE und eine Bilddatei in der Zeitleiste.

▲ **Abbildung 23.3**
Der Blendenfleck und das Sternchen sollen beide mit der Bewegung des Zeigefingers synchronisiert werden.

2 Einstellungen in der Tracker-Steuerungen-Palette

Wählen Sie unter ARBEITSBEREICH ganz oben rechts den Eintrag MOTION-TRACKING, um die Tracker-Steuerungen einzublenden. Alternativ wählen Sie im Menü unter FENSTER den Eintrag TRACKER-STEUERUNGEN. Passen Sie außerdem das Kompositionfenster so an, dass das Video vollständig angezeigt wird.

In der Tracker-Steuerungen-Palette wählen Sie gegebenenfalls unter BEWEGUNGS-QUELLE ❶ die Datei »positionverfolgen.mov« aus. Daraufhin werden weitere Schaltflächen in der Palette aktiv.

Abbildung 23.4 ▸
In den TRACKER-STEUERUNGEN wird zuerst die Bewegungsquelle festgelegt und danach entschieden, ob eine Bewegung verfolgt oder stabilisiert werden soll.

Zuallererst wird festgelegt, ob eine Bewegung verfolgt oder stabilisiert werden soll. Klicken Sie in unserem Fall auf die Schaltfläche BEWEGUNG VERFOLGEN ❷. Sofort wird über dem Kompositionsfenster das Ebenenfenster geöffnet. Dieses enthält einen TRACK-PUNKT, der mit 1 nummeriert ist. Das hat den Grund, dass Sie mehr als einen Punkt im Video mit mehreren Track-Punkten verfolgen können.

Abbildung 23.5 ▸
Nachdem das Video in der Tracker-Steuerungen-Palette gewählt wurde, erscheint ein erster Track-Punkt im Ebenenfenster.

Wundern Sie sich nicht, dass der Blendenfleck und das Sternchen nicht mehr sichtbar sind! Diese werden im Ebenenfenster nicht angezeigt. Ins Kompositionsfenster können Sie einfach per Klick auf die Karte KOMPOSITION zurückwechseln. Aber bleiben Sie zunächst im Ebenenfenster.

In den TRACKER-STEUERUNGEN ist unter TRACK-ART ❸ automatisch TRANSFORMIEREN eingestellt. Belassen Sie es bei dieser Einstellung. Diese Tracking-Art erlaubt das Verfolgen der Position, der Drehung und der Skalierung, was mit Häkchen in den dementsprechend benannten Boxen entschieden wird. Wir benötigen nur eines in der Box POSITION ❹. Zu den anderen Schaltflächen kommen wir gleich.

3 Der Track-Punkt

Schauen wir uns den Track-Punkt genauer an! Der Track-Punkt setzt sich aus Suchregion ❶, Feature-Region ❷ und Anfügepunkt ❸ zusammen.

- Das **Feature** ❷ ist der Punkt, der verfolgt werden soll. In unserem Falle ist dies die Fingerspitze, die zur besseren Erkennung schwarz markiert ist. Der Tracker benötigt zum Verfolgen Punkte, die sich im gesamten aufgenommenen Material klar von der Umgebung unterscheiden. Die Feature-Region wird später auf den zu verfolgenden Feature-Punkt gesetzt.
- Die **Suchregion** ❶ ist immer größer als die Feature-Region. Der Tracker sucht nur in dieser Region in den zu verfolgenden Frames nach dem Feature-Punkt.
- Der **Anfügepunkt** ❸ liegt meistens genau in der Mitte der Feature-Region. Mit diesem Punkt wird festgelegt, wo ein Effektpunkt oder der Ebenenmittelpunkt einer Bilddatei angefügt wird, nachdem das Verfolgen bzw. das Tracking abgeschlossen wurde.

4 Track-Punkt anpassen

Um den **Track-Punkt insgesamt** zu **verschieben**, klicken Sie in eins der beiden Rechtecke der Suchregion oder der Feature-Region, ohne dabei den Anfügepunkt oder den Rahmen einer Region zu treffen. Der Bildbereich der Feature-Region wird dabei zur haargenauen Positionierung stark vergrößert, wenn Sie nicht ohnehin schon in einer starken Vergrößerung arbeiten.

Um die **Suchregion** zu **skalieren**, klicken Sie einen der Eckpunkte der Region an und ziehen an einem Punkt. Mit der Taste [⇧] wird die Region proportional vergrößert. Zum Verschieben der Suchregion allein und ohne zu skalieren klicken Sie den Rahmen der Region an und ziehen die Region an eine neue Position.

Die **Feature-Region skalieren** Sie wie die Suchregion an den Eckpunkten. Wenn Sie die Feature-Region per Klick auf deren

Neuer Tracker

Mit jedem Klick auf eine der Schaltflächen BEWEGUNG VERFOLGEN oder BEWEGUNG STABILISIEREN fügen Sie einen neuen Tracker hinzu. Sie sollten also nicht sinnlos exzessiv auf die Schaltflächen klicken. Jeder Tracker erhält eine fortlaufende Nummer und kann unter AKTUELLER TRACK ausgewählt werden. Jeder Tracker kann mehrere Track-Punkte enthalten.

Tracker komplett löschen

Einen Tracker, den Sie loswerden wollen, löschen Sie am besten in der Zeitleiste. Klicken Sie auf den Namen des unerwünschten Trackers, z.B. TRACKER 224, und drücken Sie die Taste [Entf].

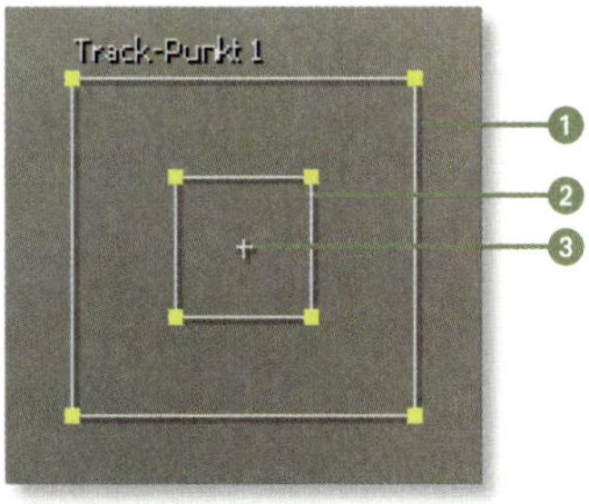

▲ **Abbildung 23.6**
Der Trackpunkt setzt sich aus Suchregion, Feature-Region und Anfügepunkt zusammen.

Rahmen verschieben, wird die Suchregion in gleichem Maße versetzt. Der Anfügepunkt verbleibt dabei an seiner alten Position. Das Gleiche erreichen Sie bei Hinzunahme der Taste [Alt], wenn das Auswahl-Werkzeug aktiv ist. Um den **Anfügepunkt** zu **verschieben**, klicken Sie diesen direkt an.

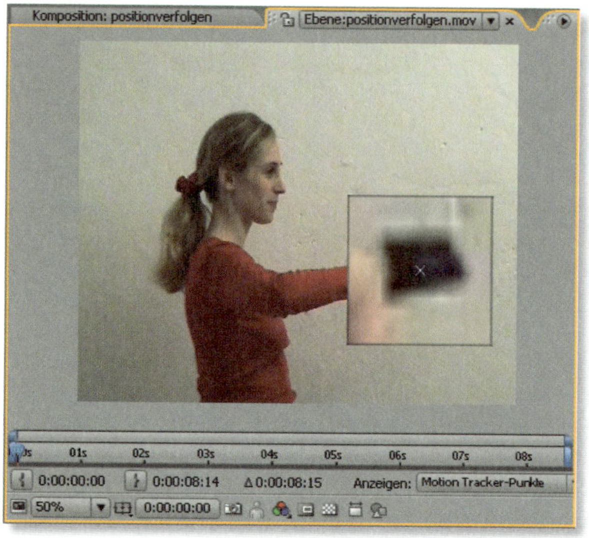

Abbildung 23.7 ▶
Standardmäßig wird der Bildbereich innerhalb der Feature-Region beim Verschieben des Track-Punkts stark vergrößert, wenn nicht ohnehin eine große Vergrößerung gewählt wurde.

Position der Zeitmarke

Vor dem Einrichten des Track-Punkts sollte sich die Zeitmarke im ersten Frame des zu verfolgenden Materials befinden.

Ziehen Sie jetzt den gesamten Trackpunkt auf die Spitze des Zeigefingers. Achten Sie darauf, dass das kleine Kreuz in der Mitte des vergrößerten Bildbereichs genau auf der Fingerspitze platziert wird. Passen Sie anschließend die Feature-Region so an, dass sie etwas größer als die schwarze Fingerkuppe ist. Vergleichen Sie die Einstellungen mit der folgenden Abbildung.

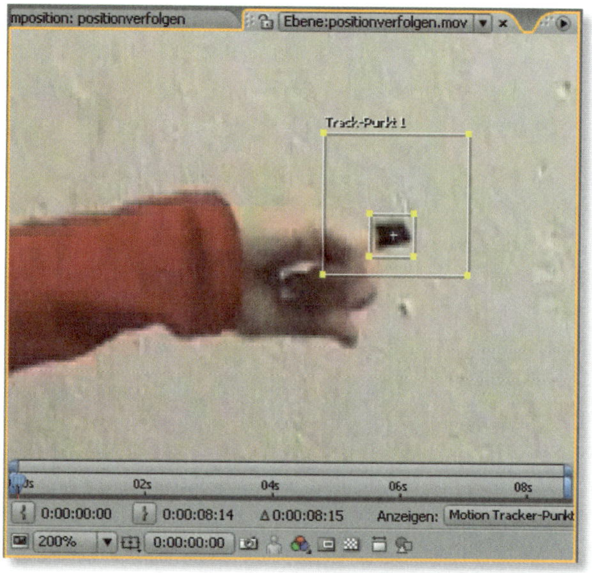

Abbildung 23.8 ▶
Der Anfügepunkt liegt meist in der Mitte der Feature-Region. Diese sollte das Feature recht genau umschließen. Die Suchregion wird nicht viel größer gewählt.

5 Bewegung verfolgen

Wählen Sie eine Vergrößerung im Ebenenfenster, bei der Ihr gesamtes Videobild angezeigt wird. Stellen Sie sicher, dass in der Tracker-Steuerungen-Palette unter TRACK-ART der Eintrag TRANSFORMIEREN gewählt ist. In der Tracker-Steuerungen-Palette befinden sich bei ANALYSIEREN folgende Schaltflächen: FRAME RÜCKWÄRTS ANALYSIEREN ❶, RÜCKWÄRTS ANALYSIEREN ❷, VORWÄRTS ANALYSIEREN ❸ und FRAME VORWÄRTS ANALYSIEREN ❹.

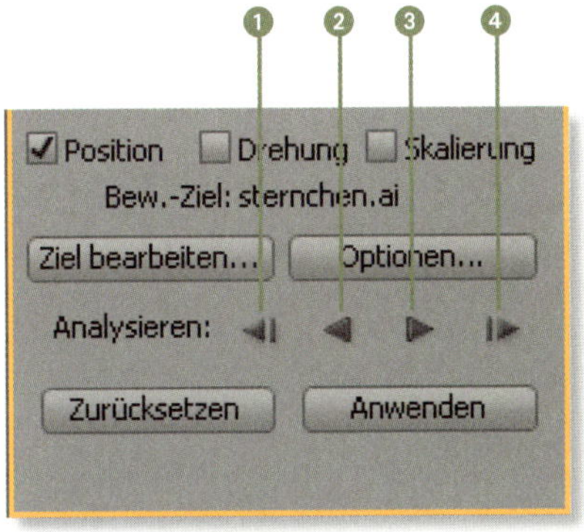

▲ **Abbildung 23.9**
Das Tracking wird mit den Analysieren-Schaltflächen gestartet.

Klicken Sie auf die Schaltfläche VORWÄRTS ANALYSIEREN ❸, um das Tracking in Abspielrichtung zu starten. Der Track-Punkt folgt jetzt der Fingerkuppe, unserem Feature, solange dieses sich eindeutig von der Umgebung abhebt. Danach erscheint im Ebenenfenster eine Reihe von Pünktchen, den Keyframe-Marken. Diese werden in der Zeitleiste tatsächlich als einzelne Keyframes gespeichert, und jeder dieser Keys enthält die Koordinaten des Anfügepunkts bzw. des Feature-Zentrums für den jeweiligen Frame.

Sie werden schon beim ersten Tracking bemerken, dass der Track-Punkt plötzlich irgendwo hängenbleibt. In diesem Falle – und das macht die Arbeit beim Tracking – muss der Trackpunkt ab genau der Stelle angepasst werden, wo er das Feature verloren hat. Lassen Sie sich also davon nicht beirren! Oft muss man mehrmals neu ansetzen oder das gesamte Tracking nochmals wiederholen. Dies hängt auch entscheidend vom vorbereiteten Tracking-Material ab. Und das ist – zugegeben – in diesem Workshop nicht ideal. Aber ideal zum Üben.

Wie das Tracking präzisiert wird, erfahren Sie im Abschnitt 23.3, »Das Tracking verbessern«, nach diesem Workshop. Doch zunächst möchte ich mit Ihnen die bereits vorhandenen Tracking-Daten anwenden.

Ein- und Auszoomen im Ebenenfenster

Hilfreich ist es, die Ansicht im Ebenenfenster, beispielsweise beim Einstellen der Feature-Region, zu vergrößern bzw. zu verkleinern. Dies erreichen Sie durch eine Bewegung Ihres Maus-Scrollrades. Alternativ nutzen Sie die Taste [,] zum Verkleinern und die Taste [.] zum Vergrößern.

Bild im Ebenenfenster verschieben

Mit der Taste [H] oder der Leertaste verschieben Sie den Bildausschnitt im Ebenenfenster, falls der Track-Punkt am Rand verborgen ist.

Zurücksetzen

Mit der Schaltfläche ZURÜCKSETZEN in der Tracker-Steuerungen-Palette werden sämtliche Tracking-Daten des ausgewählten aktuellen Trackers gelöscht. Sind diese bereits auf eine Zielebene oder einen Effektpunkt angewendet worden, bleiben die Tracking-Daten dort erhalten.

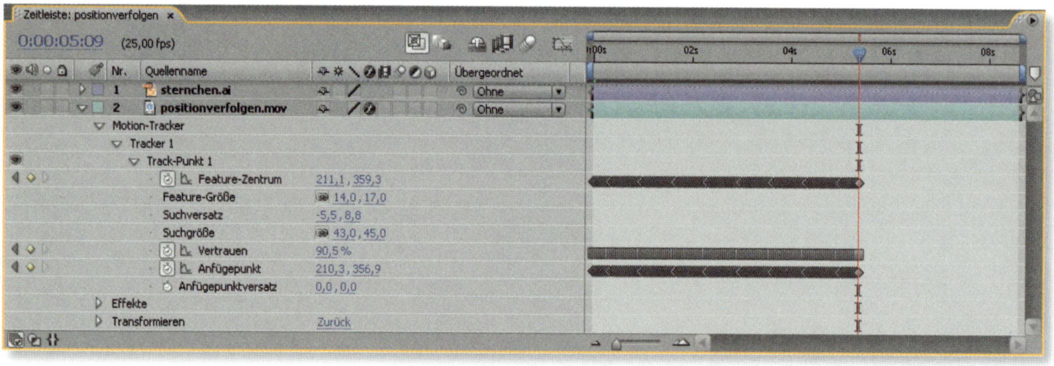

▲ **Abbildung 23.10**
In der Zeitleiste werden die Tracking-Daten in Keyframes gespeichert.

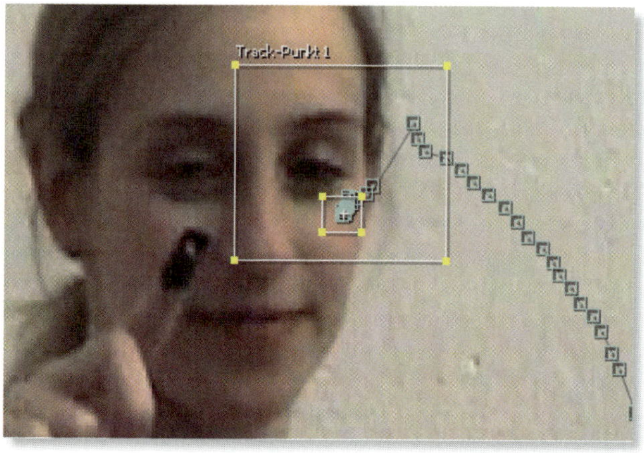

Abbildung 23.11 ▶
In der Vergrößerung ist gut sichtbar, wo der Track-Punkt das Feature verloren hat.

6 Tracking-Daten auf Bilder und Effekte anwenden

Die ermittelten Tracking-Daten können auf Bilddaten und Effektpunkte angewendet werden. Eine weitere Verwendung bietet sich mit Expressions, die auf die Tracking-Daten zugreifen können. In unserem Falle wenden wir die Daten zuerst auf die Ebene »sternchen.ai« an.

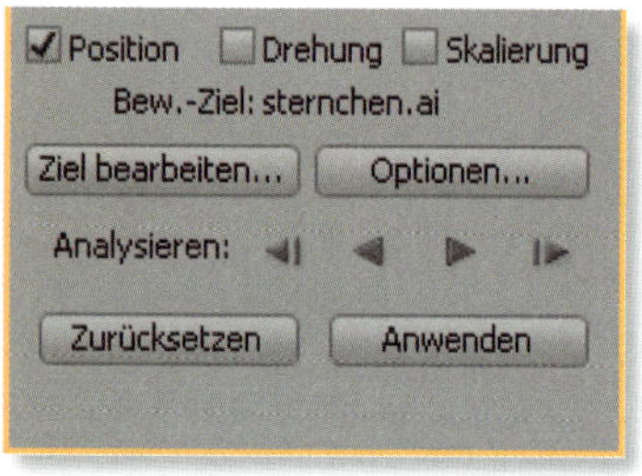

▲ **Abbildung 23.12**
Mit der Schaltfläche Ziel bearbeiten wird das Bewegungsziel festgelegt und mit der Schaltfläche Anwenden werden Keyframes zum Ziel hin kopiert.

▲ **Abbildung 23.13**
Im Dialogfenster Bewegungsziel kann eine Ebene oder ein Effektankerpunkt gewählt werden.

Klicken Sie in der Tracker-Steuerungen-Palette auf ZIEL BEARBEITEN. Im Fenster BEWEGUNGSZIEL sollte unter EBENE bereits das Sternchen zu finden sein. Dort kann aber auch jede andere Ebene, soweit sie sich in der Zeitleiste befindet, ausgewählt werden. Bestätigen Sie den Dialog mit OK.

Betätigen Sie jetzt die Schaltfläche ANWENDEN. Im Fenster ANWENDUNGSOPTIONEN FÜR MOTION TRACKER wählen Sie unter DIMENSIONEN ANWENDEN den Eintrag X UND Y. Eine davon abweichende Wahl beschränkt die resultierende Bewegung auf die Dimension X oder Y. Bestätigen Sie mit OK.

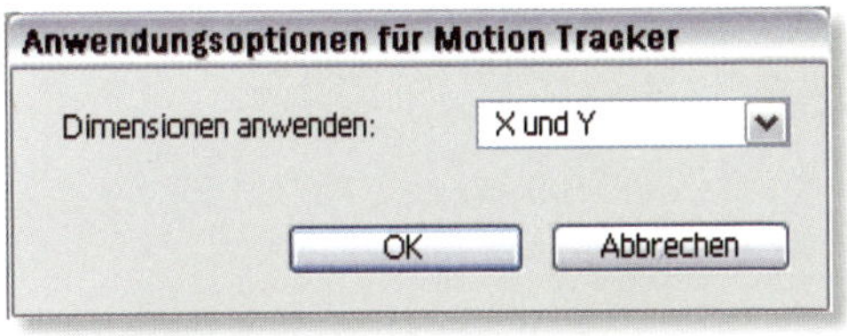

◂ **Abbildung 23.14**
In diesem Dialogfenster können die Bewegungen auf die Dimension x oder Y beschränkt werden.

In der Ebene »sternchen« befinden sich nun Keys für die Eigenschaft POSITION. Schauen Sie sich in der Vorschau das Ergebnis an. Das Sternchen scheint an der Fingerspitze zu kleben! Erst da, wo unser Feature verloren ging, bleibt das Sternchen einfach unverändert stehen.

Weiter geht's mit dem Effekt. Grundsätzlich sollten Effekte, auf deren Effektankerpunkte Sie die Tracking-Daten anwenden wollen, in der Ebene enthalten sein, die das zu verfolgende Feature enthält. In unserem Falle befindet sich daher der Effekt auf der Ebene »positionverfolgen.mov«.

Wählen Sie in den Tracker-Steuerungen unter BEWEGUNGSQUELLE die Ebene »positionverfolgen.mov«. Wählen Sie unter AKTUELLER TRACK den Eintrag TRACKER 1. Betätigen Sie die Schaltfläche ZIEL BEARBEITEN und wählen unter EINSTELLUNGEN FÜR EFFEKTANKERPUNKT den Eintrag BLENDENFLECKE/MITTELPUNKT DER LICHTBRECHUNG. Bestätigen Sie mit OK.

Klicken Sie auf die Schaltfläche ANWENDEN und wählen unter DIMENSIONEN ANWENDEN den Eintrag x UND Y. Nach Ihrem OK erscheinen Keyframes für den Effekt BLENDENFLECKE in der Eigenschaft MITTELPUNKT DER LICHTBRECHUNG. – In der Vorschau sehen Sie nun einen leuchtenden Stern an der Fingerkuppe.

Prima! – Damit haben Sie schon die Grundlage für die weiteren Erläuterungen! Das fertige Beispiel befindet sich auf der DVD im Ordner 23_MOTION-TRACKER im Projekt »motiontracking.aep« und dort in der Komposition »positionverfolgen«.

Tracking-Daten auf Effekte in anderen Ebenen anwenden

Eine Übertragung der Tracking-Daten in Effektankerpunkte anderer Ebenen ist aus der Tracker-Steuerungen-Palette heraus nicht möglich. Sie können aber die Track-Daten in der Zeitleiste kopieren und in Effektankerpunkte anderer Ebenen einfügen oder mit Expressions arbeiten, um die Track-Daten auszulesen.

Effektankerpunkt

Einen Effektankerpunkt finden Sie nicht in jedem Effekt vor. Zudem tragen die Effektankerpunkte kaum jemals den gleichen Namen. Es handelt sich aber immer um Punkte, die Positionswerte beschreiben. Effekte mit solchen Positionswerten sind interessant für den Motion-Tracker.

Abbildung 23.15 ▸
Nach dem erfolgreichen Anwenden der Tracking-Daten sind Effekt und Sternchen-Ebene mit der Bewegung des Zeigefingers synchron.

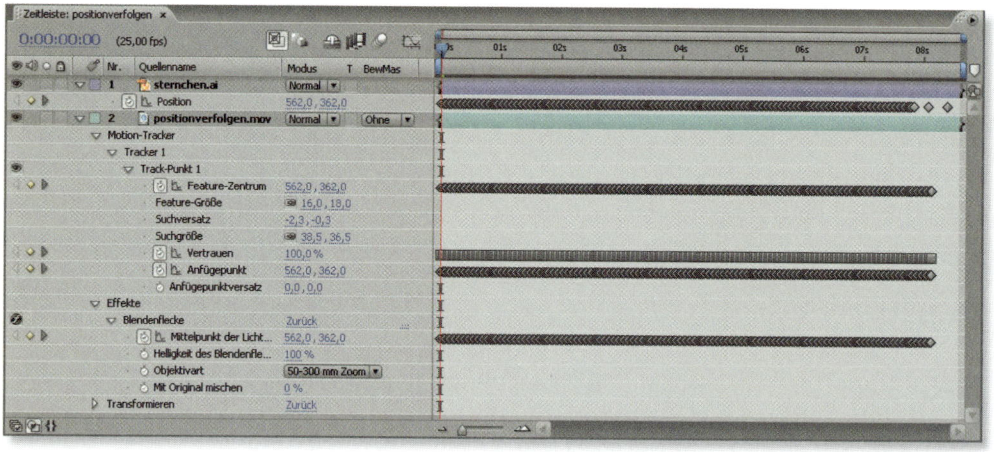

▲ **Abbildung 23.16**
Die angewendeten Tracking-Daten erscheinen als Keyframes in der Zeitleiste unter POSITION und MITTELPUNKT DER LICHTBRECHUNG.

23.2.1 Track-Punkt hinzufügen

Sie können jedem Tracker weitere Track-Punkte hinzufügen, um mehr als ein Feature in Ihrem aufgenommenen Material zu verfolgen. Um einen neuen Track-Punkt hinzuzufügen, wählen Sie im Menü der Tracker-Steuerungen-Palette den Eintrag NEUER TRACK-PUNKT.

Allerdings ist dabei zu beachten, dass die Daten zusätzlicher Track-Punkte nicht auf eine andere Ebene oder einen Effektankerpunkt übertragen werden können, solange mit der Schaltfläche ANWENDEN der Tracker-Steuerungen-Palette gearbeitet wird. Außerdem können zusätzliche Track-Punkte ausschließlich die Position verfolgen, nicht beispielsweise Position und Drehung gleichzeitig.

Sinnvoll ist die Verwendung mehrerer Track-Punkte also vor allem dann, wenn die Track-Daten später von Expressions ausgelesen werden sollen, um darüber andere Eigenschaften zu animieren. Mit der etwas uneleganteren Methode können Keyframes der zusätzlichen Track-Punkte natürlich auch kopiert und in andere Ebenen eingesetzt werden. Weitere Informationen zur Handhabung von Expressions finden Sie im Kapitel 24, »Expressions«.

23.3 Das Tracking verbessern

Wie Sie zuvor im Workshop bereits sehen konnten, verläuft das Tracking oft nicht in den gewünschten Bahnen. Ein Track-Punkt kann leicht das Feature, das er verfolgen soll, verlieren. Man nennt dies eine **driftende Feature-Region**.

Damit die Fehlerquote relativ gering bleibt, sollte das Feature bereits vor der Aufnahme deutlich von der Umgebung abgehoben werden. Am besten eignet sich dafür ein Objekt, dessen Farbe, Kontrast und Form sich nicht stark ändern. Dies könnte ein farbiger Tischtennisball sein, der dort platziert wird, wo später neues Bildmaterial oder ein Effekt »angehängt« werden soll. Während der Aufnahme sollte dieses Feature möglichst nie verdeckt werden. Da sich die Beleuchtungsverhältnisse und der Blickwinkel auf das verfolgte Objekt während einer Aufnahme leicht ändern können, ist es kein Wunder, dass beim Tracken manchmal nicht gleich alles glatt läuft. Aber der Tracker bietet einige Möglichkeiten für die verschiedensten Bedingungen, die im folgenden Abschnitt beschrieben sind.

Es bieten sich drei Möglichkeiten, das Tracking zu verbessern: das erneute Anpassen der Feature- und Suchregion, die Optionen für den Motion-Tracker und das manuelle Korrigieren der Marken, die der Tracker für das Feature-Zentrum setzt.

Frame vorwärts/rückwärts analysieren

Zum Herantasten an einen Zeitpunkt, an dem die Feature-Region wegzudriften beginnt, sind die Schaltflächen FRAME VORWÄRTS ANALYSIEREN und FRAME RÜCKWÄRTS ANALYSIEREN sinnvoll, die Sie im vorigen Workshop kennen gelernt haben, da hier das Analysieren Frame für Frame erfolgt.

Mit der Schaltfläche RÜCKWÄRTS ANALYSIEREN erhalten Sie manchmal andere und eventuell bessere Ergebnisse als beim VORWÄRTS ANALYSIEREN, da die Reihenfolge beim Vergleichen der Einzelbilder umgekehrt erfolgt.

23.3.1 Feature-Region und Suchregion neu anpassen

Um einen wegdriftenden Track-Punkt in die gewünschte Bahn zu lenken, wird nicht etwa der bisherige Teil des Trackings, bei dem alles gut lief, verworfen. Vielmehr wird die Zeitmarke kurz vor die Stelle platziert, wo der Trackpunkt das Feature verlor. Nach dem erneuten Anpassen der Feature- und der Suchregion kann das Tracking einfach per Klick auf eine der Schaltflächen bei ANALYSIEREN fortgesetzt werden. Die zuvor vom Tracker gespeicherten Keyframes werden dabei überschrieben. Der Anfügepunkt sollte dabei nicht verschoben werden, sonst »holpert« es nachher in der Bewegung der angefügten Bilddatei bzw. des angefügten Effekts.

23.3.2 Optionen für den Motion-Tracker

Hinter der Schaltfläche Optionen der Tracker-Steuerungen-Palette verbergen sich umfangreiche Einstellungen zum Anpassen und Präzisieren des Trackings. Außerdem kann in dem sich öffnenden Dialogfeld Optionen für 'Motion-Tracker' ein neuer Track-Name für den aktuellen Track vergeben oder, wenn vorhanden, ein Tracker-Plugin eines Drittanbieters gewählt werden.

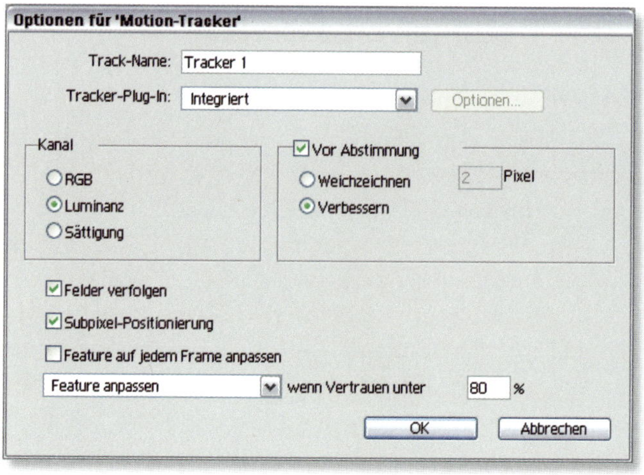

Abbildung 23.17 ▸
Das Dialogfeld Optionen für 'Motion-Tracker' bietet viele Optionen zum Verbessern des Trackings.

Wenn Vertrauen unter

Unterschreitet die Genauigkeit, mit der das Feature bestimmt werden kann, den im Eingabefeld bestimmten Prozentwert, so wird die gewählte Option ausgeführt. Die Bewegung kann gestoppt, fortgesetzt oder die Feature-Region kann automatisch angepasst werden. Wird die Bewegung extrapoliert, setzt der Tracker Keyframes, indem er vermutet, wo entlang sich das Feature weiterhin bewegt. Dies ist hilfreich, wenn das Feature kurzzeitig verdeckt ist.

Folgende weitere Optionen sind verfügbar:

- **Kanal:** Unter Kanal legen Sie fest, ob innerhalb der Feature-Region RGB-, Luminanz- oder Sättigungswerte des Features mit den nachfolgenden Frames verglichen werden. Wählen Sie beispielsweise RGB für ein stark andersfarbiges Feature, das verfolgt werden soll, oder Luminanz, wenn die Helligkeitswerte eindeutig verschieden von der Umgebung sind, z.B. bei einer bewegten Lichtquelle.
- **Vor Abstimmung:** Um während des Trackings Störungen im Material zu nivellieren, sind Werte von 2 Pixel unter Weichzeichnen gängig. Das Weichzeichnen erfolgt nur während des Trackings innerhalb der Feature-Region. Mit der Option Verbessern hebt der Tracker intern Konturen deutlicher hervor, um eine Verbesserung des Trackings zu erzielen.
- **Felder verfolgen:** Bei Videomaterial mit Halbbildern (interlaced) sollte hier ein Häkchen gesetzt werden. Es werden beide Videohalbbilder beim Verfolgen berücksichtigt, und auch die Framerate wird verdoppelt. Das in den Beispielen verwendete Material ist allerdings progressiv.
- **Subpixel-Positionierung:** Ist diese Option gewählt, wird die Berechnungsgenauigkeit zur Platzierung von Positionskeyframes erhöht und weitestgehend an die Feature-Region angepasst.

- **Feature auf jedem Frame anpassen:** Wird die Box aktiviert, versucht der Tracker, die Feature-Region automatisch an das Feature anzupassen.

23.3.3 Feature-Zentrum anpassen

Die sicherlich aufwändigste Methode, die Track-Daten zu korrigieren, ist das manuelle Verschieben der Marken, die der Tracker für das Feature-Zentrum setzt. Es soll hier trotzdem erwähnt sein, da sich kleine Korrekturen damit gut bewerkstelligen lassen. Eine Feature-Zentrum-Marke ❶ kann mit dem Auswahl-Werkzeug angeklickt und manuell verschoben werden. Mit der Taste [⇧] lassen sich mehrere Marken nacheinander auswählen und dann verschieben. Die Taste [Entf] löscht ausgewählte Marken.

Das erfolgreiche Tracking erfordert etwas Erfahrung und Geduld und ist mit jedem neuen Material eine neue Herausforderung! Wenn es also nicht gleich beim ersten Mal so klappt, wie Sie sich das vorstellen, verzagen Sie nicht. Welche Methode für das Verbessern des Trackings am günstigsten ist, hängt stark vom Material ab – da hilft oft nur Probieren.

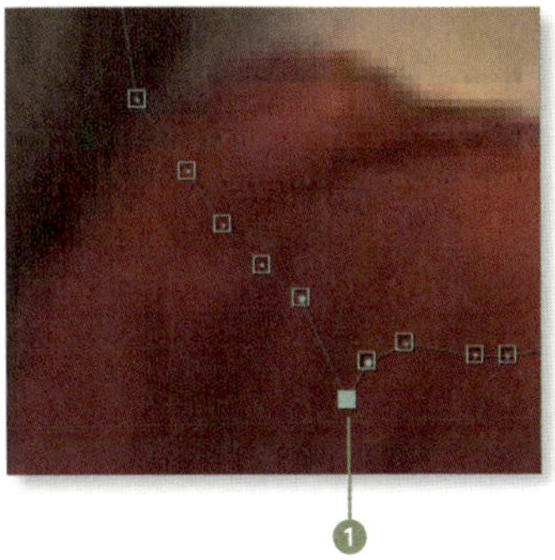

▲ **Abbildung 23.18**
Für kleine Korrekturen gut: Das manuelle Verschieben der Marken für das Feature-Zentrum mit dem Auswahl-Werkzeug

Keyframe-Interpolation anpassen

Die im Tracker in der Zeitleiste angezeigten Keyframes können wie die Keyframes eines Bewegungspfads interpoliert werden. Um eine andere Interpolationsmethode festzulegen, markieren Sie die entsprechenden Keyframes in der Zeitleiste und wählen ANIMATION • KEYFRAME-INTERPOLATION. Zur genauen Handhabung lesen Sie mehr im Kapitel 11, »Keyframe-Interpolation«.

23.4 Tracking-Daten in der Zeitleiste

Wie bereits erwähnt, wird mit jedem Betätigen einer der Schaltflächen BEWEGUNG VERFOLGEN oder BEWEGUNG STABILISIEREN ein neuer Tracker angelegt. In der Zeitleiste erscheint ein zusätzlicher Eintrag MOTION-TRACKER. Um die Tracker einzublenden, klicken Sie auf die kleinen Dreiecke. Jeder Tracker wird fortlaufend nummeriert und enthält sämtliche Track-Punkte, die jeweils gesetzt wurden.

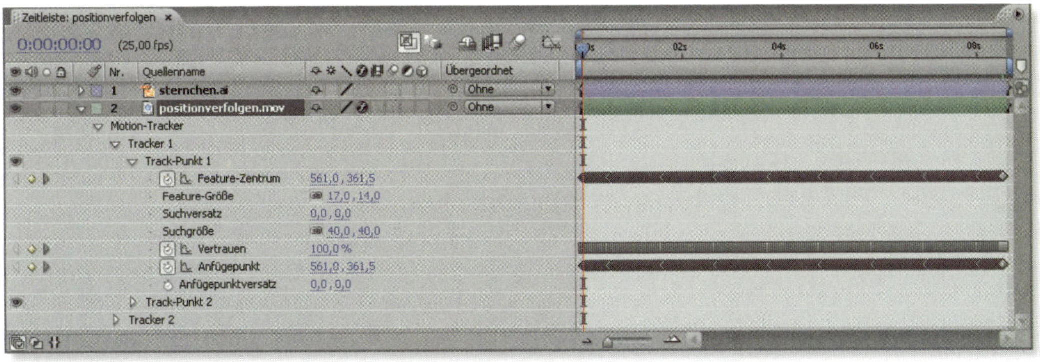

▲ **Abbildung 23.19**
Jeder Track-Punkt ist mit einer Reihe animierbarer Eigenschaften ausgestattet.

Tracker bzw. Track-Punkt umbenennen

Zum Umbenennen eines Trackers oder Track-Punkts markieren Sie den bisherigen Namen in der Zeitleiste, drücken dann die Taste [↵] im Haupttastaturfeld, geben den neuen Namen ein und bestätigen erneut mit der Taste [↵].

Jeder Track-Punkt enthält die folgenden zum Teil animierbaren Eigenschaften:

- **Feature-Zentrum:** Werden die Werte für das Feature-Zentrum geändert, verschiebt sich der gesamte Track-Punkt. Die Werte geben die Positionskoordinaten des Feature-Zentrums an.
- **Feature-Größe:** Die Feature-Größe gibt eigentlich die Größe der Feature-Region, also der Region, die an das zu verfolgende Feature angepasst wird, in Pixel an.
- **Suchversatz:** Wie der Name bereits besagt, handelt es sich hierbei um den Versatz der Suchregion gegenüber der Feature-Region.
- **Suchgröße:** Die Suchgröße gibt die Größe der Suchregion in Pixel an.
- **Vertrauen:** Gibt die Genauigkeit an, mit der das verfolgte Feature durch den Tracker im Suchbereich bestimmt werden konnte.
- **Anfügepunkt:** Werden die Werte für den Anfügepunkt verändert, verschiebt sich dieser unabhängig von Feature- und Suchregion. Eine Ebene oder ein Effektankerpunkt wird mit der Schaltfläche ANWENDEN an der Position des Anfügepunkts an das verfolgte Feature angefügt.
- **Anfügepunktversatz:** Eine Änderung der Werte an dieser Stelle führt ebenfalls zu einer Verschiebung des Anfügepunkts unabhängig von der Feature- und Suchregion. Allerdings werden hier die Werte als Abstand zum Feature-Zentrum ausgedrückt. Den Anfügepunkt zu verschieben macht nur dann Sinn, wenn das anzufügende Objekt nicht genau auf dem verfolgten Feature platziert werden soll.

▲ **Abbildung 23.20**
Es stehen die Track-Arten STABILISIEREN, TRANSFORMIEREN, PARALLELER ECKPUNKT, PERSPEKTIVISCHER ECKPUNKT und ROH zur Verfügung.

23.5 Track-Arten

In der Tracker-Steuerungen-Palette finden Sie unter TRACK-ART fünf Kategorien, mit denen verschiedene Anforderungen des Trackings erfüllt werden können. Um Ihnen einen Überblick zu geben, werden hier die Track-Arten im Einzelnen noch einmal genauer beschrieben.

23.5.1 Bewegung verfolgen (Track-Art Transformieren)

Wenn Sie einen Effekt oder eine Bildebene bestimmten Punkten im Filmmaterial, z. B. einem fliegenden roten Ball, folgen lassen wollen, wählen Sie in der Tracker-Steuerungen-Palette BEWEGUNG VERFOLGEN. Als TRACK-ART erscheint der Eintrag TRANSFORMIEREN.

Transformieren: Position | Diese Art des Trackings ist für das Verfolgen einzelner Feature-Punkte wie zum Beispiel dem Rücklicht eines Autos gedacht. Es wird ein Häkchen bei POSITION gesetzt. Die ermittelten Tracking-Daten werden als Positions-Keyframes in eine von Ihnen gewählte Ebene, die Zielebene, oder einen Effektankerpunkt eingesetzt. Im Workshop aus Abschnitt 23.2 finden Sie hierzu und als Grundlage für die weiteren Track-Arten eine genaue Erläuterung.

Transformieren: Drehung | Für diese Track-Art wird ein Häkchen in der Box DREHUNG gesetzt. Diese Art des Trackings kann angewendet werden, um beispielsweise die Enden eines gefilmten Stabes in der Quellebene zu verfolgen, an die später eventuell ungeheure Gewichte geknüpft werden sollen.

Der Tracker setzt zur Ermittlung der Tracking-Daten automatisch zwei Track-Punkte, die im abgebildeten Beispiel manuell je auf ein Ende des Stabes verschoben wurden. Die Feature- und Suchregion wurden justiert. Wie bei allen Track-Arten wird das Tracking der Drehung über eine der Analysieren-Schaltflächen der Tracker-Steuerungen-Palette gestartet. Beim Anwenden der ermittelten Track-Daten generiert der Tracker Keyframes für die Eigenschaft DREHUNG in der Zielebene.

Für die Abbildungen 23.21 und 23.22 wurde außer für die Drehung auch in der Box POSITION ein Häkchen gesetzt. So wurden in der Zielebene mit den zwei Erdkugeln Keyframes sowohl für die Position als auch für die Drehung generiert.

Effektpunktsteuerungen verfolgen

Die Option EFFEKTPUNKTSTEUERUNGEN VERFOLGEN sei hier der Vollständigkeit wegen erwähnt. Im Workshop am Anfang des Kapitels haben Sie bereits eine Möglichkeit kennen gelernt, Track-Daten in einen Effektpunkt zu übertragen. Dazu wurde der Effektankerpunkt in der Tracker-Steuerungen-Palette als Ziel angegeben. Sie können die richtigen Tracker-Einstellungen aber auch erreichen, indem Sie zuerst den Effektankerpunkt in der Zeitleiste markieren, im Falle des Effekts BLENDENFLECKE wäre dies der MITTELPUNKT DER LICHTBRECHUNG. Anschließend wird im Menü ANIMATION der Eintrag EFFEKTPUNKTSTEUERUNGEN VERFOLGEN aktiv. Wenn Sie diese Option auswählen, wird im Tracker automatisch das passende Bewegungsziel eingestellt. Die Track-Art ist in diesem Falle TRANSFORMIEREN und es wird die Position verfolgt.

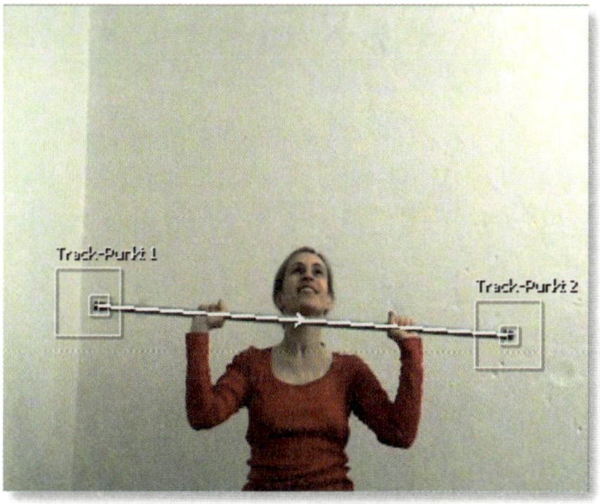

▲ **Abbildung 23.21**
Um Keyframes für die Drehung erstellen zu können, ermittelt der Tracker den Winkel zwischen den zwei Track-Punkten.

▲ **Abbildung 23.22**
Nach dem Betätigen der Schaltfläche ANWENDEN passt sich die Zielebene (die beiden Erdkugeln) der Bewegung der zwei Track-Punkte an.

Beispiele

Zu den in diesem Abschnitt beschriebenen Track-Arten finden Sie auf der DVD zum Buch im Ordner 23_MOTION-TRACKER das Projekt »motiontracking.aep«. Darin sind mehrere Kompositionen mit Anwendungsbeispielen zu einigen der hier vorgestellten Track-Arten enthalten.

Transformieren: Skalierung | Ein Häkchen in der Box für SKALIERUNG bewirkt ein ähnliches Tracking wie das der Drehung. Es werden ebenfalls automatisch zwei Trackpunkte geschaffen. Bei der Anwendung des Track-Ergebnisses auf eine Zielebene werden dort Skalierungs-Keyframes generiert. Die Zielebene wird dabei proportional skaliert, und zwar im Verhältnis der Entfernung der beiden Track-Punkte zueinander. Verringert sich die Entfernung, wird die Zielebene also verkleinert, ansonsten vergrößert.

23.5.2 Eckpunkte verfolgen

Mit den beiden Track-Arten PARALLELER ECKPUNKT und PERSPEKTIVISCHER ECKPUNKT bietet der Motion-Tracker (nur Pro) die Möglichkeit, jeweils vier Punkte in bewegtem Filmmaterial zu verfolgen. Auf diese Weise lässt sich beispielsweise ein Werbeplakat in einem Film leicht durch ein in der Postproduktion erstelltes Standbild ersetzen.

Paralleler Eckpunkt | Diese Track-Art ist dafür geeignet, vier Punkte eines Rechtecks (also eines Werbeplakats, eines Fernsehers oder dergleichen) zu verfolgen, die günstigenfalls ohne perspektivische Verjüngung aufgenommen wurden. Der Tracker bietet dazu drei Track-Punkte an, während ein vierter automatisch berechnet wird. Vor dem Tracking platzieren Sie die Feature- und die Suchregion der drei aktiven Track-Punkte auf die Ecken des zu verfolgenden Rechtecks. Der vierte Punkt verschiebt sich automatisch. Welcher der vier Track-Punkte das sein soll, können Sie selbst neu definieren.

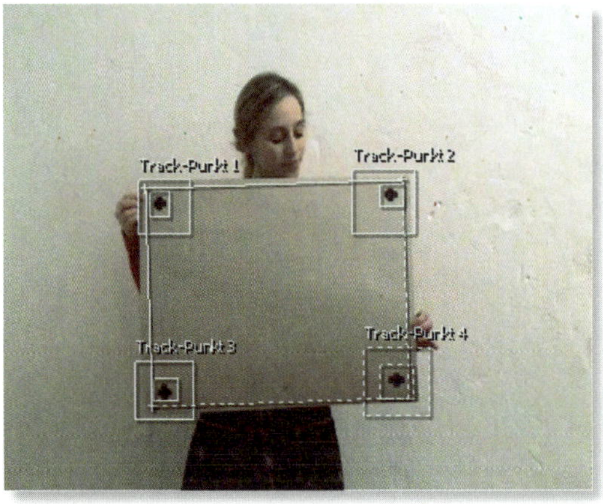

▲ **Abbildung 23.23**
Die schwarz markierten Feature-Punkte werden mit drei Track-Punkten verfolgt, während der vierte Punkt automatisch berechnet wird.

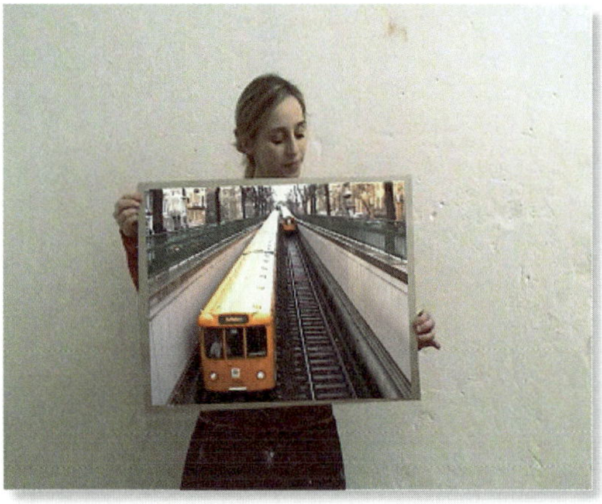

▲ **Abbildung 23.24**
Nach Anwendung der ermittelten Track-Daten werden die Ecken der Zielebene auf der vorherigen Position der Anfügepunkte platziert.

Dazu markieren Sie den Punkt, der zukünftig automatisch berechnet werden soll, und klicken bei gedrückter [Alt]-Taste auf die Feature-Region des Track-Punkts.

Die Anfügepunkte (kleine Kreuze in der Mitte der Feature-Region) können außerhalb der Feature-Region platziert werden. Nach dem Anwenden der ermittelten Track-Daten werden die Ecken einer Zielebene genau auf die Position der Anfügepunkte gesetzt. Dies wird über den Effekt ECKPUNKTE VERSCHIEBEN erreicht. Der Tracker generiert dort für jede Ecke Keyframes. Außerdem werden Keyframes für die Positionseigenschaft der Zielebene generiert.

Perspektivischer Eckpunkt | Diese Track-Art ist ähnlich der zuvor beschriebenen Track-Art PARALLELER ECKPUNKT. Allerdings sind nun alle vier Track-Punkte am Tracking beteiligt und müssen auf die vier Ecken eines rechteckigen Features eingerichtet werden. Die Verwendung dieser Track-Art ist für rechteckige Flächen gedacht, die perspektivisch verjüngt aufgenommen wurden. Das könnte zum Beispiel ein Buchdeckel sein, der geöffnet wird, oder wie im abgebildeten Beispiel das schwarze Tuch. Nach der Anwendung der Track-Daten werden auch hier Keyframes in der gewählten Zielebene für den Effekt ECKPUNKTE VERSCHIEBEN und für die Eigenschaft POSITION generiert.

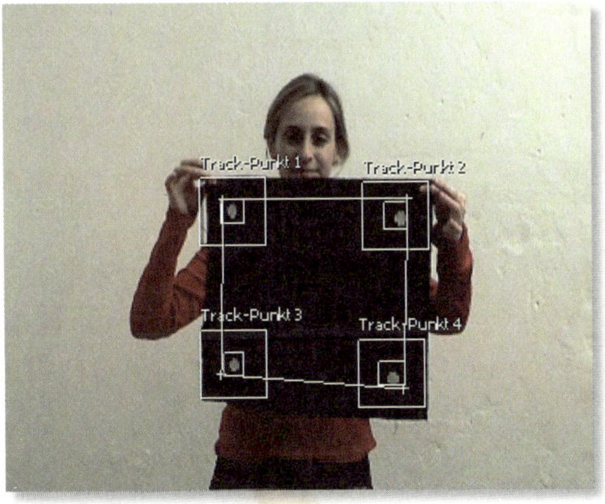

▲ **Abbildung 23.25**
Mit der Track-Art PERSPEKTIVISCHER ECKPUNKT lassen sich perspektivisch verjüngte Flächen tracken. Alle vier Track-Punkte sind aktiv.

▲ **Abbildung 23.26**
Die Ecken der Zielebene liegen auch hier nach Anwendung der Track-Daten auf der vorherigen Position der Anfügepunkte.

23.5.3 Roh

Die Track-Art ROH ist nicht etwa besonders grobschlächtig, sondern dafür gedacht, Punkte in bewegtem Material zu verfolgen, wenn eine Zielebene noch nicht vorhanden ist. Ist ROH gewählt, wird nur ein Track-Punkt sichtbar. Da mit dieser Track-Art nur die Position eines Features verfolgt werden kann, ist diese Verfolgen-Option schon von vornherein aktiviert und weitere Optionen wie DREHUNG und SKALIERUNG sind nicht verfügbar.

Wenn Sie weitere Track-Punkte benötigen, können Sie diese über das Menü der Tracker-Steuerungen-Palette hinzufügen. Das Menü erreichen Sie über die kleine, runde Schaltfläche oben links mit der Option NEUER TRACK-PUNKT. Die Feature- und die Suchregion des Track-Punkts werden wie üblich eingerichtet. Nach dem Analysieren der Bewegung des Features werden die ermittelten Track-Daten dauerhaft in der Filmebene gespeichert.

Die Daten können anschließend per Expression ausgelesen oder auf eine später hinzugekommene Zielebene angewendet werden. Dazu muss die Track-Art allerdings beispielsweise auf TRANSFORMIEREN gewechselt werden, denn bei der Track-Art ROH sind die Schaltflächen ZIEL BEARBEITEN und ANWENDEN nicht aktiv.

23.5.4 Bewegung stabilisieren

Wenn Sie eine verwackelte Kameraaufnahme nachträglich stabilisieren wollen, wählen Sie die Track-Methode BEWEGUNG STABILISIEREN. Erhoffen Sie sich aber nicht zuviel. Sehr stark verwackelte Aufnahmen büßen eine Menge Bildinformation an den Rändern der Aufnahme ein und sind auch schwierig zu tracken. Als TRACK-ART erscheint der Eintrag STABILISIEREN. Beim Stabilisieren einer Bewegung ist die Quellebene immer auch die Zielebene, da diese die verwackelte Aufnahme enthält und stabilisiert werden soll.

Stabilisieren: Position | Haben Sie diese Track-Art gewählt, kann ein Track-Punkt auf dem Feature, also dem zu verfolgenden Punkt, im Film platziert werden, welches nach Anwendung der ermittelten Track-Daten unverrückbar an derselben Stelle verbleiben soll. Die Feature-Region und der Suchbereich des Trackpunkts werden wie bei allen Trackarten eingerichtet. Mehr dazu erfahren Sie im Workshop »Bewegung verfolgen: Position« in Abschnitt 23.2.

Nach Anwendung der Track-Daten wackelt nicht mehr der Punkt im Bild, sondern der Bildrahmen verwackelt um den getrackten Punkt. Dies ist der Grund für Bildverluste an den Rändern der verwackelten Aufnahme, die eine Skalierung notwendig machen. Trotzdem ist dieses Tracking für kleinere Korrekturen gut geeignet. Damit der verfolgte Punkt fixiert bleibt, werden Keyframes für den Ankerpunkt der Ebene generiert, welche die Verwacklung ausgleichen.

◂ **Abbildung 23.27**
Wenn eine verwackelte Aufnahme stabilisiert wird, kommen leicht Bildverluste an den Rändern zustande. Also: besser ein Stativ verwenden!

Stabilisieren: Drehung | Die Box für die Drehung wird oft gemeinsam mit der Box Position verwendet. Zusätzlich können damit auch leichte Verwacklungen um die Kameraachse ausgeglichen werden. Dabei werden nach dem Anwenden der Track-Daten neben den Keyframes für den Ankerpunkt auch Keyframes für die Drehung generiert, die den Verwacklungen entgegenwirken. Wurde die Kamera während der Aufnahme geschwenkt, sollte die Box Position deaktiviert werden.

24 Expressions

Schon geringe Kenntnisse im Umgang mit Expressions geben Ihnen große Möglichkeiten an die Hand, komplexe Animationen ohne aufwändiges Setzen vieler Keyframes zu schaffen. Ändern Sie ganze Sets von animierten Eigenschaften im Handumdrehen, schaffen Sie Beziehungen zwischen verschiedenen Eigenschaften. Expressions sind ein weites Feld, gehen wir ein Stück hinein ...

24.1 Was sind Expressions?

Expressions sind eine oder mehrere Anweisungen beziehungsweise Ausdrücke in Form von Formeln, die dazu dienen, einem **Parameter** (Eigenschaft eines Objekts) einen **Wert** zuzuweisen.

Sie haben selbst schon den verschiedensten Eigenschaften Werte zugewiesen und damit eine Änderung oder Animation einer Eigenschaft erreicht. Zum Beispiel kann der Wert **100**, den Sie in der Eigenschaft DECKKRAFT ins Wertefeld eintippen, eine Expression sein. Sie können aber auch eine Berechnung wie **10*5** als Expression verwenden. Das Ergebnis dieser Berechnung verändert dann entsprechend die Eigenschaft, in der es verwendet wird.

Die Stärke der Expressions liegt aber nicht einfach nur darin, einer Eigenschaft einen unveränderlichen Wert zuzuweisen. Die Hauptanwendung von Expressions ist, verschiedene **Eigenschaften miteinander zu verbinden.**

In diesem Anwendungsfall sind Expressions vergleichbar mit einer Pipeline, die zwei Eigenschaften einer Ebene (wie beispielsweise die Position und die Drehung) miteinander verbindet. Durch diese Pipeline werden Werte von hier nach da, von einer Eigenschaft zur anderen übertragen. Allerdings geht das nur in einer Richtung.

Das bedeutet konkret, dass für eine Animation beider Eigenschaften nur eine der Eigenschaften mit Keyframes bestückt werden muss. Nennen wir sie die Quelleigenschaft. Oder besser die Quelleigenschaften, denn es ist möglich, die Werte aus mehreren unterschiedlichen Eigenschaften per Expression zu einer Zieleigenschaft zu übertragen. Die Zieleigenschaft erhält anstelle von Keyframes eine Expression. Diese Expression liest die Werte der mit Keyframes animierten Eigenschaft aus und überträgt sie. Die übertragenen Werte werden dann in der Zieleigenschaft verwendet.

Schon ist die Beziehung definiert: Die Eigenschaft mit der Expression übernimmt jetzt immer die Werte der Quelleigenschaft, egal wie dort die Keyframes hin- und herverschoben werden. Hinzu kommt, dass alle möglichen Eigenschaften mit Expressions bestückt werden können. Auf diese Weise kann eine ganze Heerschar an Eigenschaften über eine einzige, mit Keyframes bedachte Eigenschaft beeinflusst werden. Veränderungen sind im Nu bewerkstelligt. – Wir haben es also mit einem sehr mächtigen Instrument zu tun.

Expressions sind bei aller Arbeitserleichterung, die sie bieten, sehr kleinlich, was ihre Schreibweise angeht. Weniger salopp ausgedrückt: Expressions basieren auf der Programmiersprache JavaScript und müssen eine genaue Schreibweise einhalten. Bei einer fehlerhaften Syntax droht die Expression mit gelben Warndreiecken und verweigert einfach den Dienst.

Sie mögen nun Angst bekommen und denken, dass Sie mit Expressions in diesem Fall nichts anfangen können. Sie können Ihre Sorgen als Nicht-Programmierer aber besänftigen, denn After Effects ist freundlich zu Ihnen und hilft Ihnen beim Schreiben der Expressions. Folgen Sie einfach den nächsten Workshops und Sie werden sehen, dass es gar nicht so schwer ist, einen Einstieg zu finden.

24.1.1 Animationen übertragen

In After Effects haben Sie verschiedene Möglichkeiten, eine Animation auf einen Satz anderer Ebenen oder Eigenschaften zu übertragen. Dazu gehören die schon früher besprochenen verschachtelten Kompositionen, die ebenenhierarchische Verknüpfung (Parenting) und eben die Expressions.

Mehrere Ebenen einer Komposition lassen sich, wenn sie in einer anderen Komposition verwendet werden, zu einer einzigen Ebene zusammenfassen. Eine Änderung in der auf diese Weise verschachtelten Kompositionsebene wirkt sich auf alle darin enthaltenen Ebenen gleichermaßen aus. Bei der ebenenhierarchischen Verknüpfung sieht es schon anders aus. Hier werden einzelne animierte Eigenschaften auf eine oder mehrere andere Ebenen, die hierarchisch mit der jeweils übergeordneten Ebene verknüpft sind, identisch übertragen. Eine Verschachtelung von Kompositionen ist dazu nicht nötig.

Expressions professionell

Wenn es dann später richtig losgehen soll, empfehle ich Ihnen das Studium einer JavaScript-Lektüre, z.B. das Handbuch JavaScript von Christian Wenz, ebenfalls erschienen bei Galileo Press (ISBN 3-89842-617-3).

Noch ein wenig anders ist es bei den Expressions. Jede Expression überträgt Werte von einer oder mehreren Eigenschaften zu einer einzigen anderen Eigenschaft. Dabei spielt es keine Rolle, ob es sich dabei um gleiche oder unterschiedliche Eigenschaften handelt. Sollen Animationen von einer Eigenschaft auf mehrere andere Eigenschaften übertragen werden, ist es notwendig, für jede dieser Eigenschaften eine eigene Expression zu schreiben.

Doch lassen Sie nicht den Kopf zu sehr qualmen. In der Praxis sieht manches einfacher aus.

24.2 Expressions in der Praxis

Der folgende Workshop beschreibt ein einfaches Beispiel zum Erstellen von Expressions.

Schritt für Schritt: Eigenschaften verknüpfen

Für diesen Workshop und auch die folgenden finden Sie ein vorbereitetes Projekt auf der DVD zum Buch im Ordner 24_Expressions vor. Kopieren Sie am besten den gesamten Ordner auf Ihre Festplatte.

Der Ordner enthält das Projekt »expressions.aep«, das Sie zum eigenen Nachbau der Übungen nutzen, und das Projekt »expressions_fertig.aep« für Ihren Vergleich mit den Ergebnissen. Außerdem ist ein Ordner Bildmaterial mit dem dazugehörenden Rohmaterialien enthalten.

1 Vorbereitung

Öffnen Sie das Projekt »expressions.aep« und doppelklicken dort auf die Komposition »start«. Sollte das Rohmaterial als fehlend angezeigt werden, öffnen Sie den Ordner Rohmaterial im Projektfenster und verlinken das Rohmaterial neu, indem Sie es im Projektfenster markieren und dann den Befehl Datei • Footage ersetzen • Datei wählen.

In der Komposition »start« befinden sich die zwei Ebenen »apfel« und »apfel2«. Die Ebene »apfel« wurde mit Keyframes animiert. Markieren Sie die Ebene und blenden die Keyframes mit der Taste U ein. Es wurden für die Eigenschaften Skalierung, Drehung und Deckkraft Keys gesetzt.

Ziel ist es hier, die Ebene »apfel2« auf die gleiche Weise zu animieren, ohne jedoch einen einzigen Keyframe dazu zu verwenden. Wir lösen es mit Expressions.

Abbildung 24.1 ▶
Zu Beginn ist nur der rote Apfel animiert. Mit Hilfe von Expressions wird die Animation auf den grünen Apfel übertragen.

▲ **Abbildung 24.2**
Für den roten Apfel wurden Keyframes für die Eigenschaften SKALIERUNG, DREHUNG und DECKKRAFT gesetzt.

Expressions ein- und ausblenden

Markieren Sie die Ebene, von der Sie annehmen, dass sie Expressions enthält, und drücken zweimal kurz hintereinander die Taste [E], um die Expressions einzublenden. Das Gleiche müssen Sie tun, um sie wieder auszublenden.

2 Expression hinzufügen

Markieren Sie die Ebene »apfel2« und drücken zuerst die Taste [S], um die Skalierung einzublenden, und danach [⇧]+[R] und [⇧]+[T] zum Einblenden der Drehungs- und die Deckkrafteigenschaft.

Für alle drei Eigenschaften sollen Expressions festgelegt werden, die die jeweiligen Eigenschaftswerte aus der Ebene »apfel« auslesen und übertragen.

Markieren Sie dazu zuerst das Wort SKALIERUNG und wählen dann ANIMATION • EXPRESSION HINZUFÜGEN. In der Zeitleiste erscheint die Skriptzeile `transform.scale`. Die Zeile bewirkt erst einmal nichts und ist die voreingestellte Expression.

Ziehen Sie also, während der Skripttext markiert bleibt, das Gummiband auf das Wort SKALIERUNG der Ebene »apfel« und lassen es dort los. Die Ansicht im Kompositionsfenster wird kurz deaktiviert, ein roter Rahmen macht dies sichtbar. – Lassen Sie sich davon nicht stören. Zur Bestätigung der Expression drücken Sie die Taste [↵] im Ziffernblock.

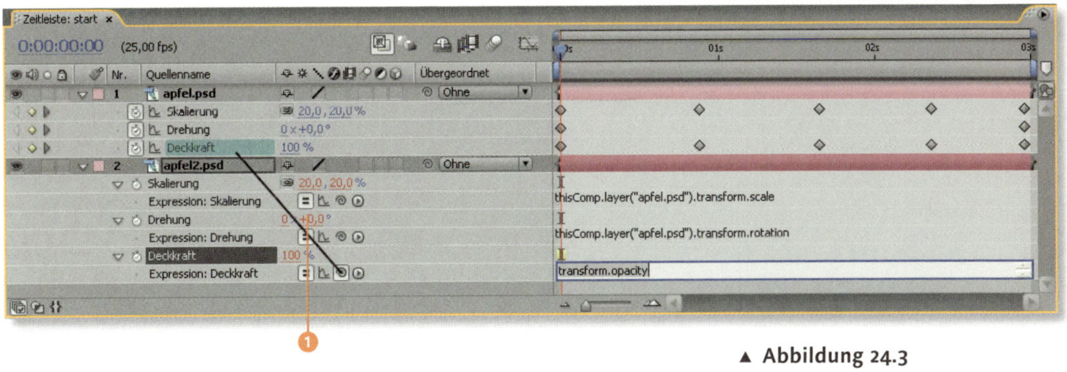

▲ **Abbildung 24.3**
Nach dem Hinzufügen einer Expression kann eine Eigenschaft mit jeweils einer anderen Eigenschaft verknüpft werden, wobei es sehr hilfreich ist, das Gummiband zu verwenden.

Der Expression-Text hat sich nach dem Einsatz des Gummibands geändert. Es ist zu lesen:

```
thisComp.layer("apfel.psd").transform.scale
```

Aus der Eigenschaft SKALIERUNG der Ebene »apfel« werden also die Werte aus dieser Komposition ausgelesen. Da die Expression in der Eigenschaft SKALIERUNG der Ebene »apfel2« geschrieben ist, werden die ausgelesenen Werte dort verwendet. Fein.

Drücken Sie zur Bestätigung [↵] im Ziffernblock, nicht die [↵] im Haupttastaturfeld. Alternativ klicken Sie in einen leeren Bereich der Oberfläche. Spielen Sie danach einmal die Animation ab. Der grüne Apfel wird skaliert wie der rote.

3 Noch zwei Expressions

Für die Drehung und die Deckkraft wiederholen Sie den Spaß. Diesmal fügen wir die Expressions aber auf anderem Weg hinzu.

Drücken Sie die Taste [Alt] und klicken dann jeweils auf das Stoppuhr-Symbol der Eigenschaften DREHUNG und DECKKRAFT. Ziehen Sie danach wieder bei markiertem Expression-Text jeweils das Gummiband von der Drehung bzw. der Deckkraft zur animierten Drehung bzw. Deckkraft der Ebene »apfel«.

Es werden wieder automatisch die passenden Expressions hinzugefügt. Die Syntax ist ebenfalls genau richtig. Das Gummiband ist also ein großer Helfer! Sie sehen, die Sache mit den Expressions kann ganz leicht von der Hand gehen. Nachdem Sie die Animationen übertragen haben, verändern Sie doch einmal die Keyframes in der Ebene »apfel«. Das ganz Große an den Expressions ist nämlich, dass jetzt die Animationen der Ebene »apfel2« automatisch angepasst werden. – Toll, was? ■

Rote Eigenschaftswerte | Als Sie im Workshop die Expressions hinzugefügt haben, färbten sich die Werte neben den Eigenschaften rot ein.

Expression ein- und ausschalten

Eine Expression wird durch ein Gleichheitszeichen in der Zeitleiste ❶ gekennzeichnet. Klicken Sie darauf, wird die Expression deaktiviert und das Gleichheitszeichen erscheint durchgestrichen. Ein erneuter Klick schaltet die Expression wieder ein.

Expression hinzufügen und löschen

Um eine Expression hinzuzufügen, drücken Sie die [Alt]-Taste und klicken auf das Stoppuhr-Symbol der gewünschten Eigenschaft. Auf gleichem Wege können Sie Expressions auch wieder löschen.

Richtige Wertedimensionen

Eigenschaften können unterschiedliche Wertedimensionen besitzen. So hat die Eigenschaft DECKKRAFT die Dimension 1 (Prozentwert) und die SKALIERUNG die Dimension 2 (Breite und Höhe) oder 3 (Breite, Höhe und Tiefe). Wenn Sie Werte aus Eigenschaften mit der Wertedimension 1 in eine Eigenschaft mit der Wertedimension 2 oder 3 übertragen, so erhalten Sie durch Verwendung des Gummibands immer richtige Wertedimensionen. Auch mit der Syntax kann nichts schief gehen.

Dies zeigt Ihnen an, dass sich dort eine Expression befindet. Wenn Sie diese roten Werte anklicken und neue Werte eintragen, beeinflusst das nicht das Ergebnis Ihrer Expression. Wird die Expression deaktiviert, wirken sich Ihre Veränderungen aber doch aus. Haben Sie also nur mal so aus Quatsch eine Skalierung von 2000% eingestellt, so ist diese nach dem Ausschalten der Expression auch deutlich sichtbar.

Gummiband | Das im Workshop genutzte Gummiband haben Sie verwendet, um Werte direkt aus einer Eigenschaft in eine andere zu übertragen. Dies ist sowohl innerhalb einer Ebene möglich, um die Werte verschiedener Ebeneneigenschaften zu verknüpfen, als auch ebenenübergreifend wie im Workshop. Auch ein kompositionsübergreifender Einsatz des Gummibands ist möglich, wenn die Kompositionen nebeneinander in extra Fenstern geöffnet werden, wie in der Abbildung.

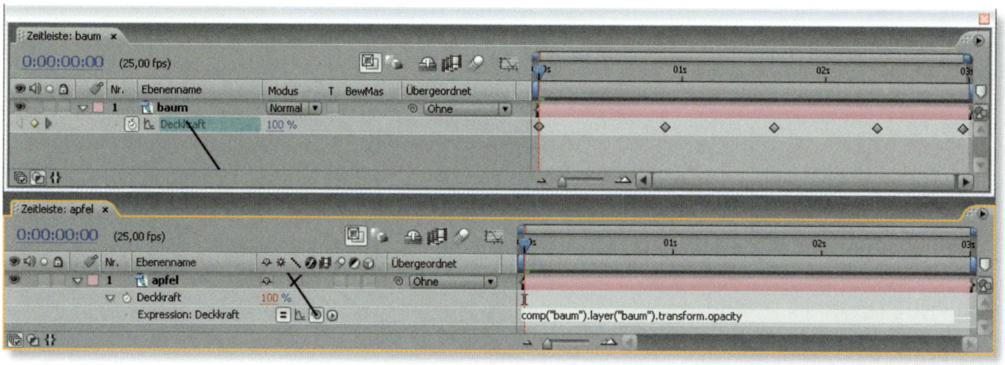

▲ **Abbildung 24.4**
Mit dem Gummiband können Werte auch kompositionsübergreifend ausgelesen werden. Dazu öffnen Sie zwei Kompositionen in extra Fenstern.

24.3 Die Sprache der Expressions

Die Expression-Sprache in After Effects ist objektorientiert.

Objekte | Objekte sind wie im realen Leben Dinge, die über gewisse Eigenschaften verfügen. Objekte können beispielsweise Kompositionen, Ebenen oder Masken sein.

Wie bei einer Matroschka (den ineinander verschachtelten russischen Holzpuppen) kann ein Objekt andere Objekte enthalten. Auf After Effects bezogen sind es in einer Komposition allerdings mehrere mögliche Ebenen, wobei in jeder Ebene mehrere Masken enthalten sein können. Die Ebenen sind dabei die Unterobjekte einer Komposition, die Masken bilden wiederum Unterobjekte einer Ebene.

Attribute und Methoden | Zu jedem Objekt gehören spezifische Attribute (Eigenschaften) und Methoden (Aktionen). Bei einer Komposition wären das **Eigenschaften** wie Höhe, Breite und Dauer. Eine Ebene hat die Ihnen ebenfalls bekannten Eigenschaften wie Position, Skalierung, Deckkraft etc. Eine **Methode** kann es sein, Zahlenwerte per Zufall zu generieren. Wenn Sie zum Beispiel für die Eigenschaft DECKKRAFT die Methode `random(100)` verwenden, werden zufällige Deckkraftwerte im Bereich von 0–100% generiert.

24.3.1 Adressierung

Um Werte aus der Eigenschaft einer Ebene, sagen wir der Quellebene, auszulesen und diese in einer anderen Eigenschaft, der Zielebene, zu verwenden, ist eine Adressierung nötig. Klar wird das, wenn Sie bedenken, dass eine Komposition mehrere Ebenen enthalten kann. In einer Expression muss also ein Adresspfad von der Ziel- zur Quellebene definiert werden.

In After Effects erfolgt die Adressierung hierarchisch vom äußeren zum inneren Objekt.

Gehen wir einmal von zwei Ebenen aus. In der "Ebene_A" sind Keyframes für die Drehung festgelegt worden. In der "Ebene_B" sollen die Werte davon für die Deckkraft per Expression übernommen werden. In die Expression-Sprache übersetzt liest sich das Ganze dann folgendermaßen:

```
thisComp.layer("Ebene_A").rotation
```

Bei der Adressierung wird also das äußerste Objekt, hier das Kompositionsobjekt `thisComp`, zuerst angegeben. Um das Objekt `layer` vom übergeordneten Objekt `thisComp` (der aktuellen Komposition) zu trennen, wird ein Punkt gesetzt. In Klammern `("Ebene_A")` befindet sich zur Identifizierung der Ebene deren Ebenenname. Am Ende der Expression, wieder getrennt durch einen Punkt, findet sich die Eigenschaft `rotation`, aus welcher der entsprechende Wert ausgelesen werden soll.

Beispiele

Die nachfolgend im Text dieses Abschnitts erwähnten Expression-Beipiele finden Sie in Aktion im Ordner 24_EXPRESSIONS auf der Buch-DVD und dort im Projekt »expressionsprache.aep«.

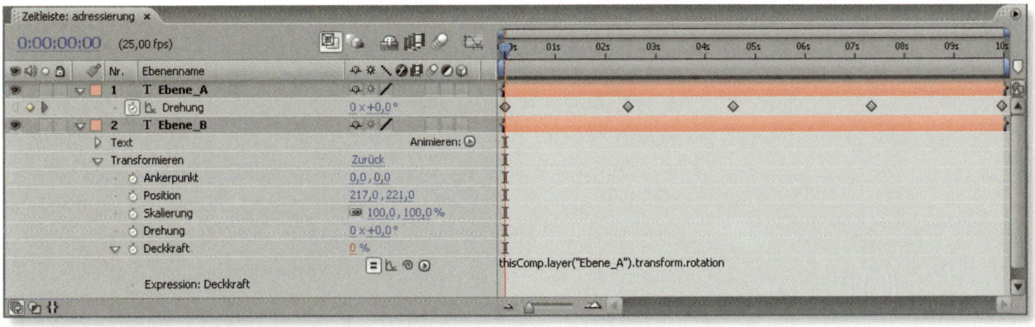

▼ Abbildung 24.5
Hier werden die Drehungswerte der "Ebene_A" ausgelesen und für die Deckkrafteigenschaft der "Ebene_B" verwendet.

Abbildung 24.6 ▸
In der Komposition wird das Ergebnis der Expression und der Drehung visualisiert.

Innerhalb von Objekten | Sollen Werte von Eigenschaften innerhalb ein und derselben Ebene ausgelesen und übertragen werden, ist eine aufwändige Adressierung nicht nötig. Angenommen, wir wollten innerhalb der Ebene »hintergrundbild« den Wert der Eigenschaft Skalierung auslesen und in die Eigenschaft Position übertragen, dann könnte einfach das Wörtchen `scale` in das Expression-Feld der Positionseigenschaft getippt werden.

Machen wir es noch einmal einfacher. Tippen Sie beispielsweise das Wörtchen `width` als Expression in die Eigenschaft Drehung der Ebene »hintergrundbild«. – Daraufhin übernimmt die Drehung den Wert der Breite des Hintergrundbilds. Tippen Sie anstelle dessen `thisComp.width` ein, so wird die Breite der aktuellen Komposition als Drehungswert eingesetzt.

▾ **Abbildung 24.7**
Innerhalb eines Objekts kann man sich eine aufwendige Adressierung sparen.

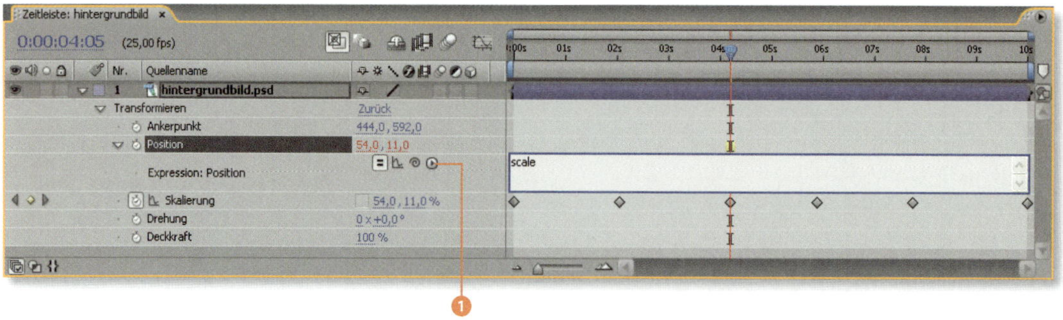

24.3.2 Globale Objekte

Eine spezielle Art von Objekten sind globale Objekte. Globale Objekte zeichnen sich dadurch aus, dass auf diese Art von Objekten direkt zugegriffen werden kann. Damit wird auch klar, dass bei einer Adressierung zuerst das globale Objekt angegeben werden muss.

Im Beispiel `thisComp.layer("Ebene_A").rotation` ist das Objekt `thisComp` demzufolge ein globales Objekt. `thisComp` kann weitere, nicht globale Objekte enthalten. Hier wäre es das in diesem Falle nicht globale Objekt `layer("Ebene_A")`, welches u.a. die Eigenschaft `rotation` besitzt.

24.3.3 Attribute und Methoden

Attribute sind Eigenschaften eines Objekts. Methoden sind Aktionen, die ein Objekt durchführen kann.

Eine Methode kann bei der objektorientierten Programmierung daran erkannt werden, dass auf sie immer zwei runde Klammern `( )` folgen, in denen oft Parameter stehen. Ein Beispiel wäre folgende Expression:

```
thisComp.layer("hintergrundbild").position.wiggle(4,
50)
```

Hier werden die Werte der Eigenschaft `position` der Ebene `layer("hintergrundbild")` ausgelesen und mit der Methode `wiggle()` verwackelt. In Klammern stehen die Parameter dafür. An erster Stelle wird angegeben, dass die ausgelesenen Positionswerte viermal pro Sekunde um einen Betrag von 50 verwackelt werden.

Da hier nicht auf sämtliche Attribute und Methoden, die After Effects anbietet, eingegangen werden kann, sei Ihnen die »After Effects-Referenz für Expression-Elemente« in der After Effects-Hilfe empfohlen, in der Sie eine Vielzahl an Informationen zu passenden Attributen und Methoden erhalten. Einen vertiefenden Einblick in den Umgang mit Expressions geben Ihnen die weiteren Workshops.

24.3.4 Expression-Sprachmenü

Da es nicht ganz leicht ist, immer genau zu wissen, welche Attribute und Methoden ein Objekt besitzt, bietet Ihnen After Effects das Expression-Sprachmenü, das in der Zeitleiste über den kleinen runden Button ❶ zu finden ist, sobald eine Expression hinzugefügt wurde.

Das im Menü ausgewählte Element wird dort in Ihrer Expression platziert, wo sich gerade der Cursor befindet. Wenn Sie das Expression-Sprachmenü nutzen, können Sie sich also nur noch vertippen, wenn Sie den eingefügten Expressionteil modifizieren.

Name statt Nummer

Um Objekte in einer Expression eindeutig identifizieren und referenzieren zu können, ist es für Ebenen und auch für Kompositionen, Effekte oder Masken sehr wichtig, unverwechselbare Namen festzulegen und diese in einer Expression anstelle einer Nummer zu verwenden.

Die Ebenennummer beispielsweise ändert sich bereits dann, wenn eine Ebene in der Zeitleiste nach oben oder unten verschoben wird. In einer Expression wird die Nummer jedoch nicht aktualisiert. So kann die schönste Expression so wirkungsvoll sein wie ein Bier ohne Alkohol.

Eindeutige Ebenennamen

Bei der Benennung von Ebenen macht es Sinn, eindeutige, zu ihrer Funktion und ihrem Zweck passende Ebenennamen zu verwenden.

Ebenen und Eigenschaften umbenennen

Eine Umbenennung von Ebenen oder Eigenschaften, nachdem Expressions sich darauf beziehen, ist kein Problem, da die neuen Namen in den Expressions automatisch aktualisiert werden. Wenn dies in Ausnahmefällen nicht der Fall sein sollte, müssen die Expressions von Hand aktualisiert werden.

Abbildung 24.8 ▸
Über das Dreieck in der Zeitleiste lässt sich das Expression-Sprachmenü öffnen.

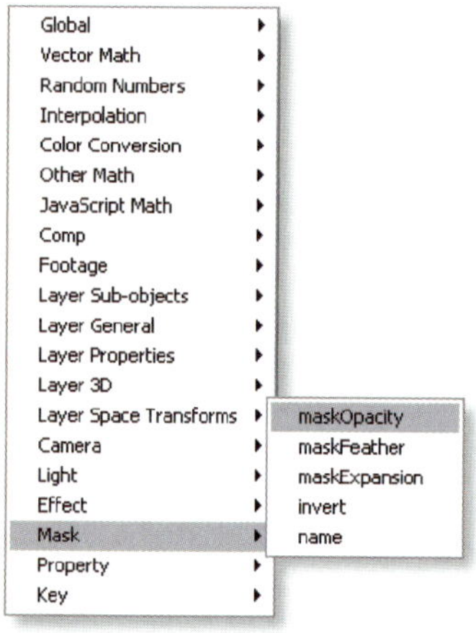

▴ Abbildung 24.9
Das Expression-Sprachmenü enthält Schreibweisen für Objekte, Eigenschaften und Methoden.

Syntax in After Effects

In der objektorientierten Programmierung folgen auf Methoden wie erwähnt zwei runde Klammern ( ). In After Effects wurde von dieser Konvention teilweise abgerückt.

Sie können das Menü wie ein Baukastensystem benutzen. Dazu ein kleines Beispiel: Angenommen, Sie wollten für die Ebene »hintergrundbild«, auf der Sie eine Maske gezeichnet haben, für die Eigenschaft DREHUNG eine Expression bauen. So können Sie unter dem Listeneintrag GLOBAL schauen, welche globalen Objekte zur Verfügung stehen, und wählen da z. B. `thisComp`. Zur Trennung vom nächstfolgenden Sprachelement setzen Sie dann manuell einen Punkt.

Anschließend schauen Sie unter dem Eintrag `Comp`, von welchen Sprachelementen `thisComp.` gefolgt werden kann. In der bei `Comp` eingeblendeten Liste wählen Sie vielleicht `layer(name)` und setzen wieder manuell einen Punkt. Unter `Layer Sub-objects` wählen Sie dann ein Unterobjekt aus, sagen wir `mask(name)`, wieder gefolgt von einem Punkt. Schließlich wählen Sie noch unter MASK den Eintrag `maskOpacity` aus. Das Ganze liest sich dann mit den hinter jedem Sprachelement hinzugefügten Punkten so:

```
thisComp.layer(name).mask(name).maskOpacity
```

Nach einer kleinen Modifizierung, bei der die wirklichen Namen der Ebene und der Maske eingetragen werden, könnte es dann so aussehen:

```
thisComp.layer("hintergrundbild").mask("kreis").
maskOpacity
```

Schon sollte die Eigenschaft DREHUNG mit den Werten der Maskendeckkraft versorgt werden.

24.4 Einheiten und Dimensionen

24.4.1 Werteanpassung

Bei der Arbeit mit Expressions werden oft Werte verschiedener Eigenschaften miteinander verknüpft. Da verschiedene Eigenschaften unterschiedliche Einheiten haben, sind nicht selten Werteanpassungen nötig, die der Expression hinzugefügt werden. Im folgenden Workshop nehmen wir das Problem genauer unter die Lupe.

Schritt für Schritt: Verschiedene Eigenschaften, verschiedene Einheiten

1 Vorbereitung

Öffnen Sie das Projekt »expressions.aep« aus dem Ordner 24_ EXPRESSIONS auf der DVD. Klicken Sie doppelt auf die Komposition »wertanpassung«.

Für die Ebene »schalter« wurde die Eigenschaft DREHUNG animiert. Sie finden einen Wertebereich von 0° bis 360° in der Animation vor. In After Effects wird das mit den Werten 0 × 0,0° und 1 × 0,0° ausgedrückt. Die Werte der Drehung sollen hier auf die Eigenschaft DECKKRAFT in der Ebene »lampe« übertragen werden.

Die Deckkraft verfügt aber nur über einen Wertebereich von 0% bis 100%. Werden die Drehungswerte also 1:1 übertragen, ergibt es sich, dass die Animation der Deckkraft jedes Mal beim Erreichen einer Drehung von 100° beendet ist. Ziel ist es jedoch, dass die Deckkraft der Lampe nur dann 100% beträgt, wenn die Drehung 360° erreicht.

◂ **Abbildung 24.10**
Ziel des Workshops ist es, dass die Deckkraft der Lampe nur dann 100% beträgt, wenn die Drehung des Schalters 360° erreicht.

▴ **Abbildung 24.11**
Für den Schalter wurde die Eigenschaft DREHUNG animiert. Die Drehungswerte sollen auf die Eigenschaft DECKKRAFT der Lampe übertragen werden.

2 Expression hinzufügen und anpassen

Markieren Sie die Ebene »lampe« und drücken die Taste [T], um die Eigenschaft DECKKRAFT anzuzeigen. Klicken Sie bei gedrückter [Alt]-Taste auf das Stoppuhr-Symbol, um eine Expression hinzuzufügen. Ziehen Sie dann das Gummiband auf das Wort für die

> **Mathematische Operatoren**
>
> Die Schreibweise für mathematische Opaeratoren innerhalb einer Expression ist wie folgt:
>
> - für Division /
> - für Multiplikation *
> - für Addition +
> - für Subtraktion -
>
> Nutzen Sie zum Tippen der Operatoren die Tastatur im Ziffernblock.

Eigenschaft Drehung und schauen sich dann die resultierende Animation an.

So ganz passend zur Drehung scheint die Deckkraftanimation der Lampe nicht zu sein. Gleichen wir also die Werte der beiden Eigenschaften einander an.

3 Eigenschaftswerte anpassen

Klicken Sie auf den Text der Expression. Die Expression wird markiert und ist damit editierbar. Sie können das Expression-Feld am unteren Rand des Feldes vergrößern, sobald ein kleiner Doppelpfeil anstelle des Mauszeigers erscheint. Dies ist im Moment allerdings nur ein Hinweis. Wir brauchen das erst später.

Platzieren Sie den Textcursor am Ende der Expression und tippen dann folgende Werte und Operatoren in das Feld.

```
/ 360 * 100
```

▲ **Abbildung 24.12**
Nach dem Hinzufügen der Expression für die Eigenschaft Deckkraft beeinflusst die Drehung des Schalters die Deckkraft der Lampe.

Bestätigen Sie mit [↵] im Ziffernblock, nicht im Haupttastaturfeld, und spielen Sie nun noch einmal die Animation ab. Jetzt passt es!

Wenn ein Wert von 360 aus der Drehung ausgelesen wird, erfährt dieser eine Division durch 360, was 1 ergibt. Multipliziert mit 100 erhalten wir den für die volle Deckkraft nötigen Wert. Natürlich können Sie gleich durch 3,6 teilen, achten Sie allerdings darauf, dass Expressions die amerikanische Schreibweise von 3.6 benötigen.

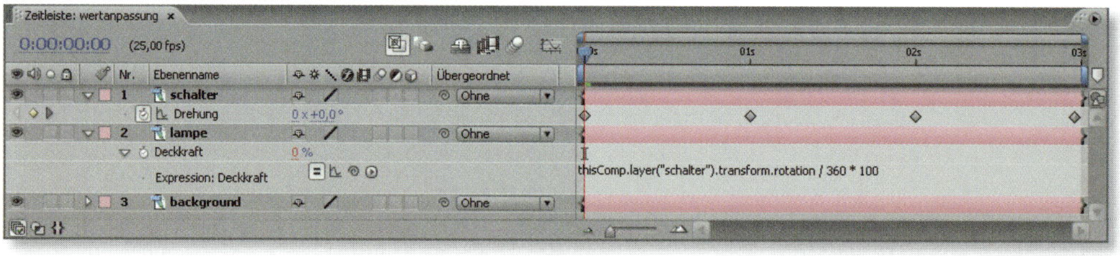

▲ **Abbildung 24.13**
Um den ausgelesenen Drehungswert an den Wertebereich der Deckkraft anzupassen, wird die Expression modifiziert.

24.4.2 Dimensionen und Arrays

Die Dimensionen, um die es in diesem Abschnitt gehen soll, sind die Wertedimensionen verschiedener Eigenschaften. Die Dimension einer Eigenschaft ist daran erkennbar, mit wie vielen Werten diese beschrieben werden muss. Eine eindimensionale Eigenschaft ist zum Beispiel die Deckkraft.

Um die Position einer Ebene in der Komposition zu definieren, sind bereits zwei Werte für die X-Position und die Y-Position nötig. Handelt es sich um eine 3D-Ebene, kommt noch der Wert für die Z-Position hinzu. Die Wertedimension der Positionseigenschaft kann also zwei- oder dreidimensional sein. Ebenso verhält es sich mit der Skalierung. Auch vierdimensionale Eigenschaften sind möglich, wie zum Beispiel bei Farben (R, G, B, Alpha).

Da mit Expressions ein- und mehrdimensionale Eigenschaften miteinander verbunden werden können, entstehen kleine Kommunikationsprobleme, wenn eine mehrdimensionale Eigenschaft nur einen Eigenschaftswert mitgeteilt bekommt. In diesem Fall ist die Eigenschaft eingeschnappt und deaktiviert einfach die ungezogene Expression.

Schauen wir also im nächsten Workshop den Expressions auf die Finger, ob sie auch die richtige Wertedimension mitteilen.

Modulo-Operator

Mit dem Modulo-Operator wird der Rest aus der Division zweier Ganzzahlen angegeben. Der Operator dafür ist ein %-Zeichen.
Ein Beispiel für die Verwendung des Modulo-Operators finden Sie auf der Buch-DVD im Ordner 24_EXPRESSIONS im Projekt »expressionsprache.aep« und dort in der Komposition »modulo-Operator«.

Schritt für Schritt: Verschiedene Eigenschaften, verschiedene Dimensionen

1 Vorbereitung

Öffnen Sie das Projekt »expressions.aep« aus dem Ordner 24_EXPRESSIONS auf der DVD. Klicken Sie doppelt auf die Komposition »arrays«. Darin enthalten sind die Ebenen »background«, »schalter«, »Skalierung« und »linie«. Die Ebene »schalter« wurde per Drehung animiert. Mit diesen Drehungswerten soll nun die Eigenschaft SKALIERUNG der Textebene »Skalierung« versorgt werden. Die Linie soll in nur einer Dimension skaliert werden.

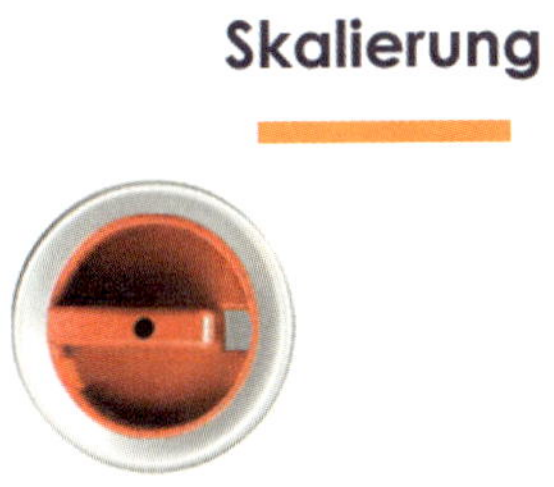

◂ **Abbildung 24.14**
In diesem Beispiel soll die Drehung des Schalters die X-, Y-Skalierung des Texts beeinflussen. Die Linie soll nur in einer Dimension skaliert werden.

▴ **Abbildung 24.15**
Zu Beginn sind nur Keyframes für die Drehung des Schalters sichtbar ...

Variablen

Als Variablen bezeichnet man Platzhalter für Werte. Diese werden in den Variablen veränderlich gespeichert. Eine Variable lässt sich anstelle langer Ausdrücke verwenden und gestaltet ein Skript übersichtlicher. Bei der Verwendung von Variablen muss darauf geachtet werden, dass weder Sonderzeichen, Umlaute noch Leerzeichen im Namen der Variable enthalten sind. Günstig ist es, aussagekräftige Variablennamen zu vergeben, die Kommentare als Erläuterung überflüssig machen.

2 Expressions hinzufügen und Arrays kennen lernen

Markieren Sie die Ebene »Skalierung« und drücken Sie die Taste [S], um die Skalierungseigenschaft einzublenden. Fügen Sie mit der Taste [Alt] und einem Klick auf das Stoppuhr-Symbol bei der SKALIERUNG eine Expression hinzu.

Markieren Sie die Ebene »schalter« und drücken die Taste [R], um die Eigenschaft DREHUNG anzuzeigen. Ziehen Sie das Gummiband von der SKALIERUNG auf das Wort DREHUNG, um die Drehungswerte auszulesen und die Expression automatisch zu ändern. Erweitern Sie das Expression-Feld durch Ziehen am unteren Rand des Expression-Feldes. Folgender Code sollte zu sehen sein:

```
temp = thisComp.layer("schalter").transform.rotation;
[temp, temp]
```

After Effects hat also eine Variable mit dem Namen `temp` angelegt und verwendet diese als Zwischenspeicher für die Werte, die aus der Eigenschaft `rotation` der Ebene `layer("schalter")` ausgelesen werden.

In der letzten Zeile ist die Variable `temp` gleich zweimal in eckigen Klammern zu sehen. Hier wird der ausgelesene eindimensionale Drehungswert auf zwei Werte aufgeteilt, da es sich bei der Skalierung ja um eine zweidimensionale Eigenschaft handelt.

Solche in eckigen Klammern stehenden Werte werden **Array** genannt. Das tolle Gummiband hat also die richtige Dimension unserer Skalierung erkannt. Alles ist in Ordnung.

▼ **Abbildung 24.16**
Wird das Gummiband zur Übertragung von Eigenschaftswerten verwendet, werden auch die Dimensionen der jeweiligen Eigenschaft richtig interpretiert.

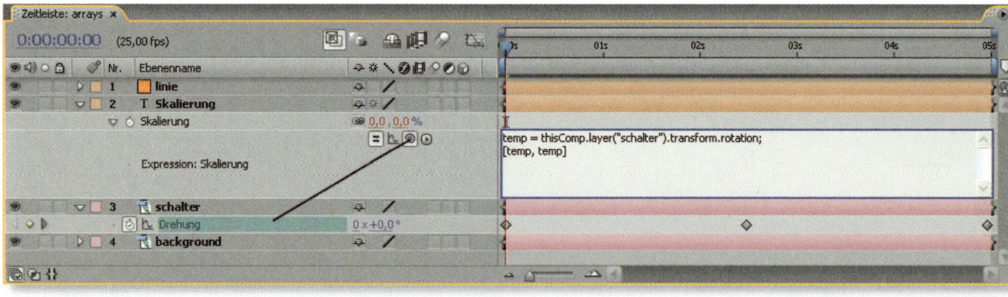

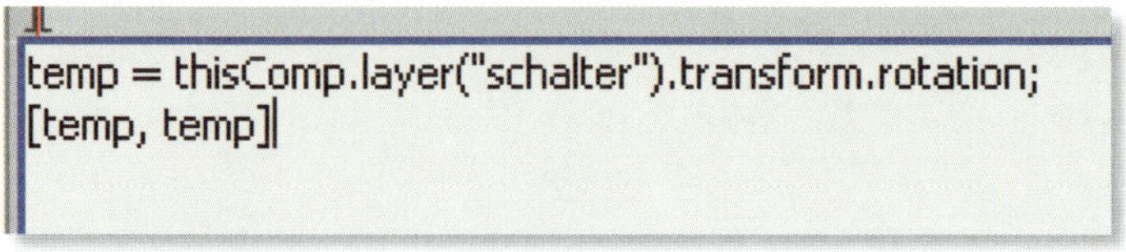

▲ **Abbildung 24.17**
Die Werte der eindimensionalen Eigenschaft DREHUNG werden mittels der Variablen `temp` auf die zweidimensionalen Skalierungswerte aufgeteilt.

Damit Sie nun auch einmal das Warnfenster kennen lernen, löschen Sie eine `temp`-Variable aus dem Array und drücken ↵ im Ziffernblock. In der Folge erscheint eine Fehlermeldung, die Expression wird deaktiviert und ist mit einem Warndreieck markiert. Machen Sie die Aktion also wieder rückgängig.

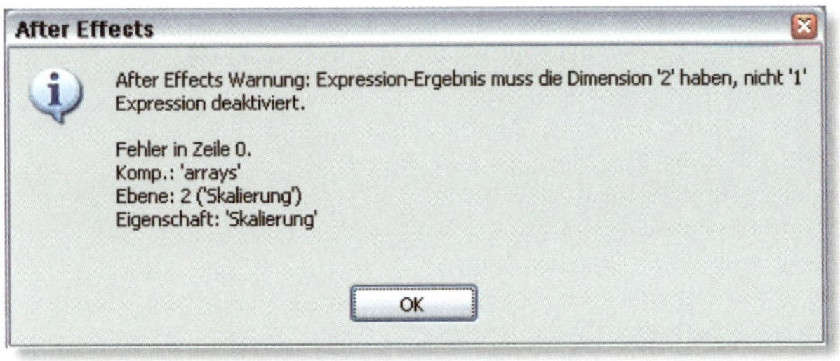

▲ **Abbildung 24.18**
Hier wurde die Dimension der Eigenschaft nicht beachtet. Das wird mit einer Warnmeldung bestraft.

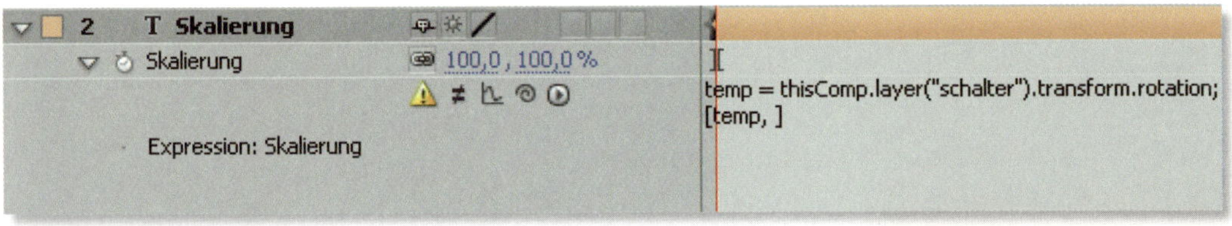

▲ **Abbildung 24.19**
Eine Expression, in der etwas nicht stimmt, wird deaktiviert und mit einem Warndreieck markiert.

3 Linie skalieren

Nachdem die Skalierung des Textes erfolgreich war, geht es jetzt darum, die Ebene »linie« ebenfalls zu skalieren. Hier soll jedoch nur die Breite animiert werden. Fügen Sie zunächst eine Expression für die Eigenschaft SKALIERUNG der Ebene »linie« hinzu. Ziehen Sie das Gummiband wieder auf die Drehungseigenschaft der Ebene »schalter« und vergrößern dann das Expression-Feld, bis die gesamte Expression angezeigt wird.

Löschen Sie dann die zweite der im Array befindlichen Variablen und tippen stattdessen den Wert `100` ins Array. Die letzte Zeile sollte dann wie folgt aussehen:

```
[temp, 100]
```

Drücken Sie zum Beenden des Editierens ↵ im Ziffernblock. Die Linie wird anschließend nur noch horizontal skaliert, während die vertikalen Werte immer 100 % betragen.

Expressions mit mehreren Anweisungen

Wenn eine Expression mehrere Anweisungen enthält, ist es der Übersichtlichkeit halber günstig, die Expression in mehrere Zeilen aufzuteilen. Die einzelnen Anweisungen werden dabei durch Semikola abgeschlossen; danach betätigen Sie ↵ im Haupttastaturfeld, um in der nächsten Zeile weiterzuschreiben.

Welchen Wert die Eigenschaft annimmt, die eine Expression mit mehreren Anweisungen enthält, hängt von der letzten Anweisung in der Expression ab. Diese sollte in der letzten Zeile stehen. Die letzte Anweisung enthält den bzw. die Werte, die als Ergebnis der Expression an die Eigenschaft übergeben werden, und benötigt kein Semikolon.

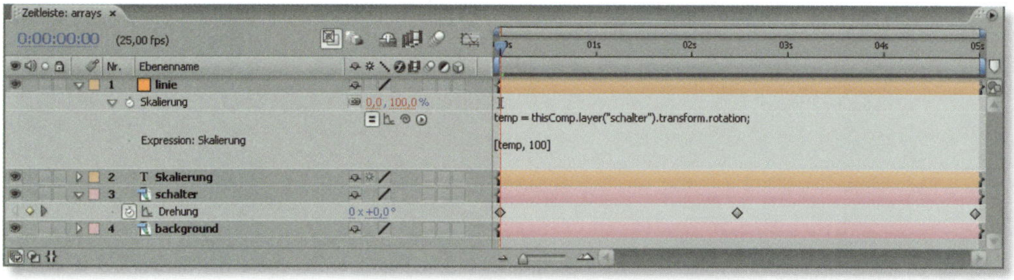

▲ **Abbildung 24.20**
Um die Linie nur vertikal zu skalieren, wird der zweite Wert im Array, der für die vertikale Skalierung zuständig ist, mit dem Wert 100 festgelegt.

24.4.3 Mehrdimensionale Eigenschaften auslesen

Im vorangegangenen Workshop haben Sie Arrays kennen gelernt. Dazu ist noch zu sagen, dass die Werte innerhalb eines Arrays in einer bestimmten Reihenfolge gespeichert werden.

Für die Positionseigenschaft einer 3D-Ebene müssten, da es sich um eine mehrdimensionale Eigenschaft handelt, drei Werte in einem Array stehen, zum Beispiel `[100, 100, 100]`. Diese drei Werte stehen für die X-, Y- und die Z-Position der Ebene. Innerhalb des Arrays sind diese Werte intern nummeriert, und zwar beginnend mit 0, 1, 2. So steht `position[0]` für den X-Wert der Position.

Im folgenden Workshop werden wir uns dieses Wissen zu nutze machen und spezielle Werte einer Eigenschaft zur Animation auslesen.

Wertedimension und Array

Mehrdimensionale Eigenschaften wie Skalierung und Position benötigen mehrere Werte, die in einem Array in eckigen Klammern, z.B. `[100, 100]` angegeben werden. Innerhalb des Arrays werden die Werte durch Kommata voneinander getrennt.

Schritt für Schritt: Den Wert der Eigenschaft eines Objekts auslesen

1 Vorbereitung

Wie auch in den anderen Workshops befindet sich eine vorbereitete Komposition im Projekt »expressions.aep« aus dem Ordner 24_Expressions auf der DVD.

Klicken Sie doppelt auf die Komposition »arrays_auslesen«. Sie finden die Ebenen »Q« und »Lesbar« vor. Das »Q« wurde über die Eigenschaft Skalierung animiert. Auf die Ebene »Lesbar« soll sich nur der Y-Wert der zweidimensionalen Skalierung auswirken, und zwar auf die Eigenschaft Stärke des Effekts Gaussscher Weichzeichner, der bereits auf die Ebene angewandt wurde.

▲ **Abbildung 24.21**
Zu Beginn des Workshops existieren das Wort »Lesbar« und der Buchstabe »Q« unabhängig nebeneinander.

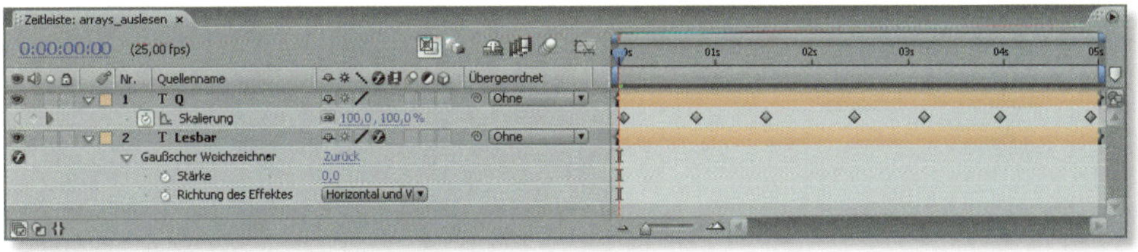

▲ **Abbildung 24.22**
Nur der Y-Wert der zweidimensionalen Eigenschaft SKALIERUNG soll sich auf den Effekt GAUSSSCHER WEICHZEICHNER für das Wort »Lesbar« auswirken.

2 Expression hinzufügen und modifizieren

Blenden Sie den Effekt GAUSSSCHER WEICHZEICHNER mit der Taste [E] für die Ebene »Lesbar« ein. Fügen Sie in der Eigenschaft STÄRKE eine Expression hinzu. Blenden Sie die Eigenschaft SKALIERUNG für die Ebene »Q« ein. Ziehen Sie dann das Gummiband von der Ebene »Lesbar« auf das Wort SKALIERUNG. Es erscheint der folgende Expression-Text:

```
thisComp.layer("Q").scale[0]
```

▲ **Abbildung 24.23**
Der Effekt GAUSSSCHER WEICHZEICHNER wird nach dem Hinzufügen der Expression in Abhängigkeit von der Skalierung des Buchstabens »Q« animiert.

Es wird also automatisch der X-Wert der Skalierung ausgelesen, was an der 0 in den eckigen Klammern zu erkennen ist. Eindimensionale Eigenschaften, die mehrdimensionale Eigenschaften auslesen, verwenden automatisch den ersten Wert der mehrdimensionalen Eigenschaft.

Um anstelle dessen den Y-Wert zu erhalten, tippen Sie statt der `0` eine `1` in die eckigen Klammern.

Wenn Sie nun die Animation abspielen, wirkt sich der ausgelesene Skalierungswert doch recht stark auf den Weichzeichner aus. Sie können das ändern, indem Sie die Expression mit dem Zusatz `/ 10` ergänzen. Die ausgelesenen Werte werden so durch 10 dividiert.

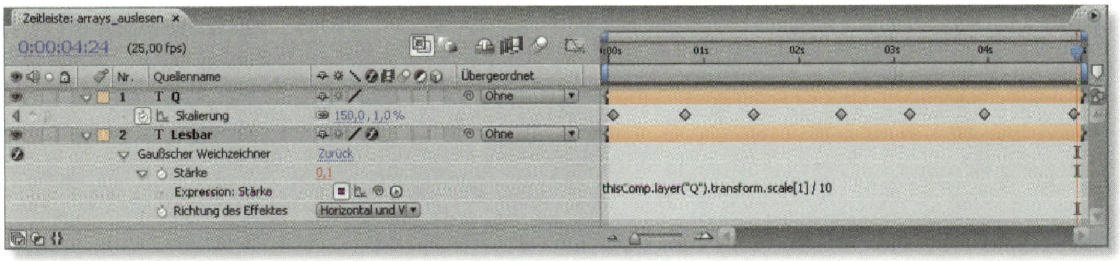

▲ **Abbildung 24.24**
Die Eins in den eckigen Klammern der Expression zeigt an, dass der Y-Wert der Skalierung der Ebene »Q« ausgelesen wird.

24.4.4 Mathematische Operationen mit Arrays

Im Workshop haben Sie den ausgelesenen Wert in der Expression durch 10 dividiert. Eine kleine Besonderheit bilden bei solchen Operationen die Arrays. Ein Array besteht immer aus mehreren Werten und kann mit jedem mathematischen Operator modifiziert werden. In diesem Sinne sind Arrays mit Vektoren vergleichbar, und die Gesetze der Vektorrechnung gelten demzufolge auch für Arrays.

Zum Beispiel ist es kein Problem, die Werte des Arrays `[100, 100]` mit einem Faktor zu multiplizieren, z.B. `[100, 100] * 50`. Auch die Division macht keine Probleme: `[100, 100] / 50`.

Anders sieht es bei der Subtraktion und der Addition aus. Wenn Sie vorhaben, beiden Werten des Arrays den Wert `15` hinzuzuaddieren, kann nicht einfach eine `+15` hinter das Array geschrieben werden. Anstelle dessen sieht die Operation so aus: `[100, 100]+[15, 15]`. Oder `[100, 100] - [15, 15]` bei der Subtraktion.

24.5 Expressions im Einsatz: Bewegung ohne Keyframes

Um den Einsatz von Expressions zu erläutern, werden Sie im folgenden Workshop ganz ohne Keyframes auskommen und eine Bewegung allein unter Verwendung von Expressions erzeugen.

Für die Erzeugung der Bewegung nutzen wir die Kosinusfunktion. Außerdem werden Sie Variablen einsetzen und eine *if-then*-Bedingung verwenden.

Schritt für Schritt: Herr Kosinus lernt laufen

1 Vorbereitung

Öffnen Sie wie in den anderen Workshops das Projekt »expressions.aep« aus dem Ordner 24_EXPRESSIONS auf der DVD. Klicken Sie doppelt auf die Komposition »herrKosinus«.

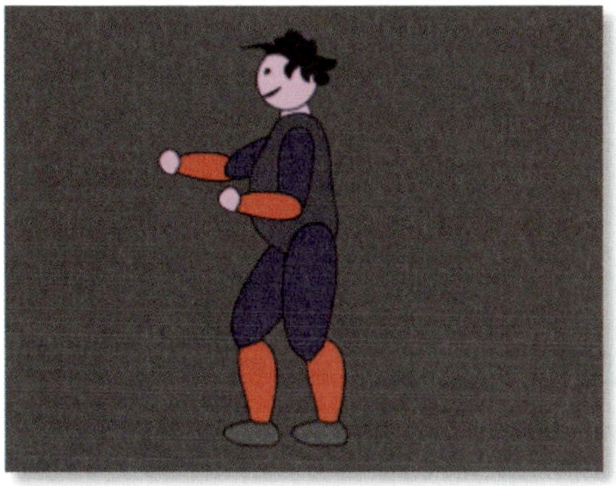

▲ **Abbildung 24.25**
Der Herr Kosinus vor dem Hinzufügen der Kosinusbewegung

▲ **Abbildung 24.26**
Die Illustrator-Datei wurde als Komposition in After Effects importiert und enthält die korrekten Ebenennamen für alle Gliedmaßen des Herrn Kosinus.

Die darin befindlichen Ebenen wurden in Illustrator erstellt und als Komposition importiert.

Herr Kosinus besteht aus mehreren Einzelteilen, die so animiert werden sollen, dass sich eine Laufbewegung ergibt. Eine schwingende Bewegung der Arme und Beine wäre dafür wünschenswert. Es bietet sich an, eine Sinus- oder eine Kosinusbewegung für die Arme und Beine zu erzeugen. Damit alles richtig funktioniert, befinden sich die Ankerpunkte der Einzelteile bereits an ihrem physikalisch richtigen Drehpunkt.

2 Kosinusbewegung für ein Null-Objekt

After Effects bietet die Möglichkeit, unsichtbare Hilfsebenen (**Null-Objekte**) anzulegen, die standardmäßig den Namen »Ungültig« zugewiesen bekommen. Null-Objekte können für andere Ebenen und Effekte als Steuerungsebenen verwendet werden.

Um uns Arbeit zu sparen und spätere Änderungen schneller bewerkstelligen zu können, ist es günstig, die Bewegung für die Gliedmaßen des Herrn Kosinus in einer solchen Ebene zu speichern. Wählen Sie also Ebene • Neu • Null-Objekt.

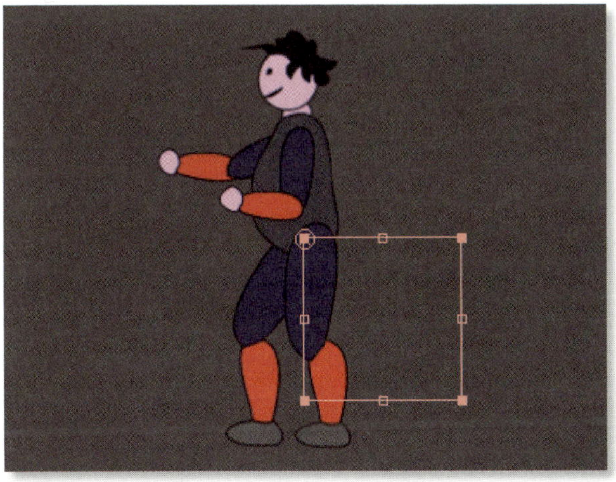

◂ **Abbildung 24.27**
Ein Null-Objekt ist nur als Rahmen sichtbar. Nach dem Rendern ist vom Null-Objekt nichts mehr zu sehen.

3 Kosinusbewegung für die Gliedmaßen

Markieren Sie die neu geschaffene Ebene namens »Ungültig 1« und drücken Sie die Taste `R`, um die Drehungseigenschaft einzublenden. Fügen Sie für die Eigenschaft Drehung eine Expression hinzu, indem Sie bei gedrückter `Alt`-Taste auf das Stoppuhr-Symbol klicken. Lassen Sie die Skriptzeile `transformation.rotation`, die zuerst erscheint, markiert und klicken dann auf das kleine Dreieck ❶. Hier befindet sich das **Expression-Sprachmenü**. In dem Menü sind alle Sprachelemente enthalten, die in Expressions verwendet werden können. Wählen Sie aus dem Menü den

Eintrag JAVASCRIPT MATH und dort den Eintrag MATH.COS(VALUE). Das Sprachelement ersetzt nun die zuvor markierte Skriptzeile.

Damit sich der Kosinus tatsächlich auf unsere Drehungseigenschaft auswirkt, benötigt er noch ein paar Werte. Wir werden den Wert `time`, also die Kompositionszeit, dafür verwenden. Markieren Sie dazu das Wort `value` in der Expression und ersetzen es mit dem Wort `time`. Es bewegt sich noch immer nichts. Also fügen Sie am Ende der Expression noch den Operator `40` hinzu, also:

```
Math.cos(time) * 40
```

Kurven für Expressions

Eine Kurve für den Expression-Verlauf können Sie über den kleinen Kurven-Schalter ❸ einblenden, wenn gleichzeitig auch der Schalter für den Diagrammeditor ❶ aktiviert wurde. Die Kosinusbewegung ist darin sehr schön erkennbar.

Daraus ergibt sich eine Drehung im Bereich von 40° bis –40°. Noch sieht das ganz unspektakulär aus, da das Null-Objekt ja unsichtbar ist.

Als Nächstes übertragen wir diese Bewegung aber auf die Ebene »BeinLinks«. Blenden Sie mit der Taste [R] die Eigenschaft DREHUNG für diese Ebene ein und fügen eine Expression hinzu. Lassen Sie den Expression-Text ausgewählt und ziehen das Gummiband ❷ auf das Wort DREHUNG der Ebene »Ungültig 1«. Automatisch wird folgende Expression generiert:

```
thisComp.layer("Ungültig 1").transform.rotation
```

Drücken Sie die Taste [0] im Ziffernblock, um die Vorschau zu berechnen. Sie sehen, das Bein bewegt sich mit! Allerdings wirkt die Drehung noch zu langsam. Fügen Sie also in der Expression der Ebene »Ungültig 1« hinter dem Wort `time` den Operator `* 5` hinzu. – Nun sieht es doch schon ganz realistisch aus!

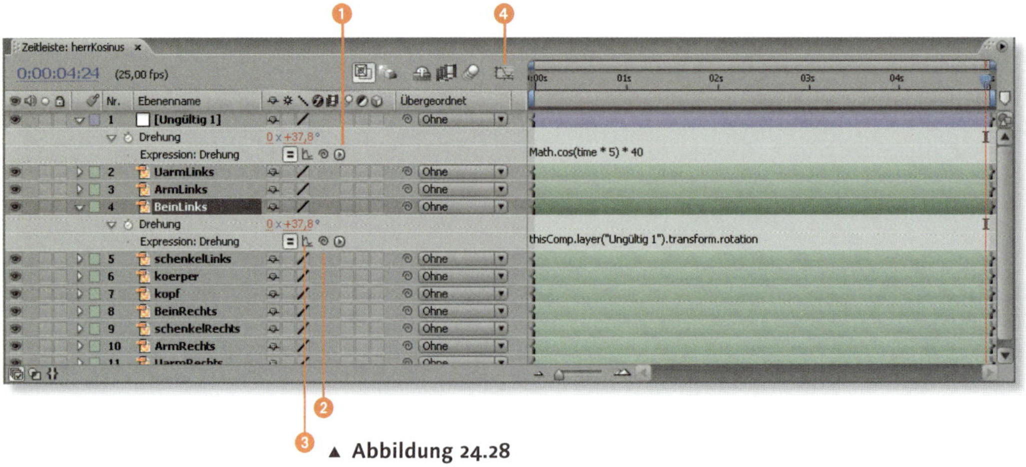

▲ **Abbildung 24.28**
In der Null-Objekt-Ebene »Ungültig 1« wird die Kosinusbewegung für die Gliedmaßen definiert.

4 Parenting

Im nächsten Schritt widmen wir uns dem Unterschenkel mitsamt Fuß. Zuerst wird die Ebene »schenkelLinks« mit dem eben animierten »BeinLinks« verknüpft. Blenden Sie dazu, falls noch nicht vorhanden, die Spalte ÜBERGEORDNET ein, indem Sie mit der rechten Maustaste auf den grauen Bereich neben dem Ebenennamen klicken. Wählen Sie aus dem Einblendmenü den Eintrag SPALTEN • ÜBERGEORDNET. Deaktivieren Sie für den nächsten Schritt die Expression für die Ebene »BeinLinks« per Klick auf das Gleichheitszeichen.

Klicken Sie anschließend auf das Wort OHNE in der Ebene »schenkelLinks« und wählen dort den Eintrag BEINLINKS. Sie haben damit dem Unterschenkel das Bein übergeordnet. Der Unterschenkel wird danach alle Bewegungen des Beins mitmachen.

Im Unterschied zu Expressions, mit denen eine solche Verknüpfung natürlich auch möglich ist, können beim eben eingesetzten Parenting mehrere Eigenschaften auf eine untergeordnete Ebene übertragen werden – in unserem Falle die Position und Drehung des Beins. Um das zu sehen, aktivieren Sie die Expression durch einen erneuten Klick auf das Gleichheitszeichen und spielen die Vorschau ab.

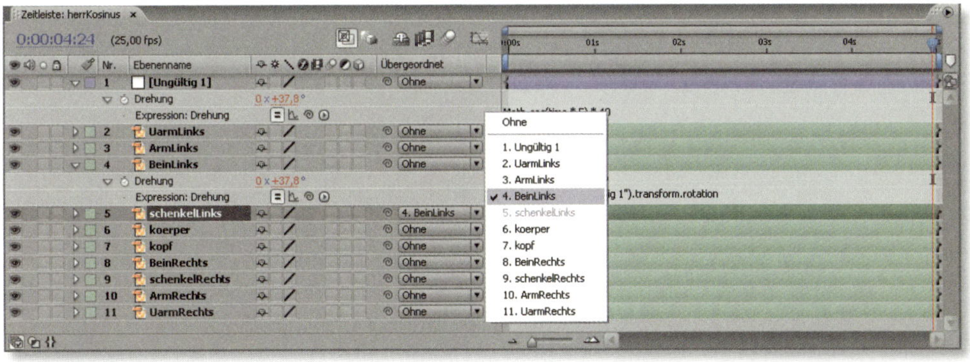

▲ **Abbildung 24.29**
Für den Herrn Kosinus wird die Animation über eine Mischung aus Expressions und Parenting erreicht.

5 Drehung auslesen

Das Bein wirkt zur Zeit noch wie an einen Besen gebunden. Gönnen wir dem Unterschenkel also eine eigene Drehbewegung. Fügen Sie dazu der Eigenschaft DREHUNG der Ebene »schenkelLinks« eine Expression hinzu. Ziehen Sie dann einfach das Gummiband auf das Wort DREHUNG der Ebene »BeinLinks«, um den dortigen Drehungswert auf den Unterschenkel zu übertragen. Die automatisch generierte Expression lautet:

```
thisComp.layer("BeinLinks").transform.rotation
```

Nun, finden Sie, sieht es aus wie bei einem Hampelmann? – Wir ändern das sofort.

6 Variable und if-then-Bedingung hinzufügen

Natürlich kann ein Bein nicht nach vorn umknicken. Es muss also eine Bedingung her, die die Drehbewegung des Unterschenkels beschränkt. Zuerst definieren wir dazu in der Ebene »schenkelLinks« eine Variable namens `drehung`. Tippen Sie die Variable und ein Gleichheitszeichen wie folgt vor der bisherigen Expression ein:

```
drehung = thisComp.layer("BeinLinks").transform.
rotation;
```

Geschweifte und Eckige Klammern

Geschweifte Klammern erhalten Sie mit der Tastenkombination [AltGr]+[7] ({) bzw. [0] (}). Eckige Klammern erhalten Sie mit [AltGr]+[8] ([) bzw. [9] (]).

Die Drehungswerte werden ab jetzt in der Variable `drehung` gespeichert. Da noch weitere Zeilen folgen, lassen Sie die erste Zeile mit einem Semikolon ; enden. – Das ist Pflicht! Per Druck auf die Taste [↵] im Haupttastaturfeld wechseln Sie in die nächste Zeile. Am unteren Rand des Felds wechselt der Mauszeiger zu einem kleinen Doppelpfeil. Vergrößern Sie das Expression-Feld durch Ziehen.

Nun kommt die Bedingung. Tippen Sie die folgenden weitere Zeilen ins Expression-Feld:

```
if (drehung > 1) {
drehung = 1;
}
```

Das war es auch schon mit der if-then-Bedingung. Das »then« muss in JavaScript nicht geschrieben werden. Die geschweifte Klammer reicht aus. Immer wenn die Drehungswerte 1° übersteigen, werden sie infolge der Bedingung auf 1 zurückgesetzt.

▼ Abbildung 24.30
Eine if-then-Bedingung verhindert das Umknicken des Beins des Herrn Kosinus nach vorn.

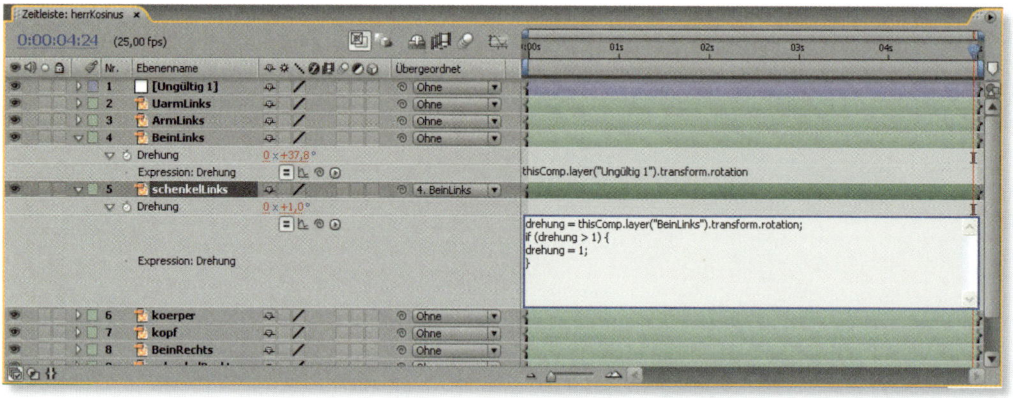

7 Das andere Bein bewegen

Wie Sie sich bestimmt denken können, ist der Rest der Animation nicht mehr besonders kompliziert. Es wiederholt sich – mit kleinen Modifizierungen – nur alles.

Wählen Sie für die Ebene »schenkelRechts« aus der Spalte ÜBERGEORDNET den Eintrag BEINRECHTS, um die Ebenen per Parenting zu verknüpfen. Markieren Sie die beiden Ebenen »BeinRechts« und »schenkelRechts« und drücken die Taste R.

Fügen Sie zuerst für die Ebene »BeinRechts« eine Expression hinzu und ziehen Sie dann das Gummiband auf das Wort DREHUNG der Ebene »Ungültig 1«. Fügen Sie der Expression den Operator `* - 1` hinzu, um eine gegenläufige Drehbewegung zu erhalten. Das Resultat sollte folgende Expression sein:

```
thisComp.layer("Ungültig 1").transform.rotation * - 1
```

Fügen Sie anschließend eine Expression für die Drehung der Ebene »schenkelRechts« hinzu und ziehen das Gummiband auf das Wort DREHUNG der Ebene »BeinRechts«. Eigentlich müsste auch noch unsere if-then-Bedingung hinzu. Es fällt in diesem Beispiel ausnahmsweise aber kaum auf, wenn sie fehlt – es sei denn, Sie erhöhen den Drehungswert für die Ebene »schenkelRechts«. Ich habe die if-then-Bedingung jedenfalls hinzugetippt.

Expressions kopieren und einfügen

Eine sehr bequeme Möglichkeit zum Kopieren von Expressions ist, die entsprechende Eigenschaft, die die Expression enthält, zu markieren und BEARBEITEN • NUR EXPRESSION KOPIEREN zu wählen. Fügen Sie die Expression entweder in einer anderen Ebene oder in einer anderen Eigenschaft mit Strg+V ein, indem Sie zuvor die jeweilige Ebene oder Eigenschaft auswählen.

▼ **Abbildung 24.31**
Auch das andere Bein wird in seiner Bewegung mit einer if-then-Bedingung eingeschränkt.

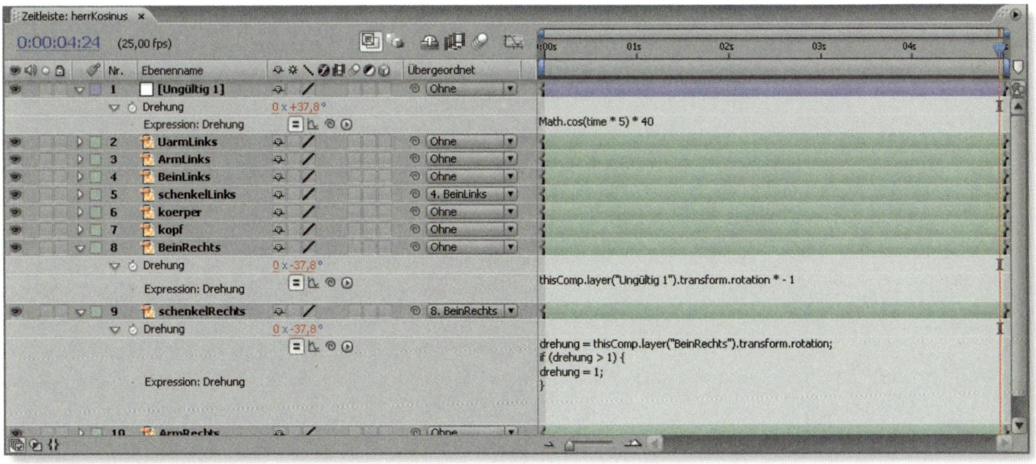

8 Rest

Die Animation der Arme wird genauso gehandhabt wie die der Beine. Verknüpfen Sie zuerst die Unterarme mit den Oberarmen per Parenting und fügen dann die Expressions für die Oberarme hinzu, die die Kosinusbewegung auslesen. Für die Unterarme wird wieder die Drehung der Oberarme ausgelesen und eine if-then-Bedingung hinzugefügt.

Falls Sie bei den einigermaßen vielen Ebenen den Überblick verloren haben, schauen Sie sich die fertige Animation in der Projektdatei »expressions_fertig.aep« aus dem Ordner 24_Expressions auf der DVD an. Die entsprechende Komposition heißt auch dort »herrKosinus«.

Eine abgewandelte Animation befindet sich in der Komposition »herrKosinus2«. Diese liegt auch als gerenderte Version namens »herrKosinus.mov« vor.

Abbildung 24.32 ▸
Zum Schluss läuft Herr Kosinus.

24.6 Effekte und Expressions

Bei der Arbeit mit Effekten geben Ihnen Expressions praktische Hilfsmittel an die Hand. Sehr nützlich sind Expressions beispielsweise, wenn die Positionseigenschaft einer Ebene animiert wurde und ein Effektpunkt sich deckungsgleich zur Ebenenposition bewegen soll oder umgekehrt. Im nächsten Workshop wird dies am praktischen Beispiel anschaulich.

Schritt für Schritt: Ebenenkoordinaten in Kompositionskoordinaten übersetzen

1 Vorbereitung

Öffnen Sie wieder das Workshop-Projekt »expressions.aep« aus dem Ordner 24_Expressions auf der DVD. Klicken Sie doppelt auf die Komposition »koordinaten1«.

Sie finden zwei Ebenen vor. Die Ebene »Hintergrund« enthält den Effekt Strudel aus der Effektkategorie Verzerren. Dieser Effekt besitzt die Eigenschaft Mittelpunkt, die bereits animiert ist. Zur Positionierung verwendet der Effekt die Koordinaten der Ebene, auf die er angewendet wurde. Jetzt sollen die Positionskoordinaten des Mittelpunkts so auf die Position der Ebene »ring« übertragen werden, dass sich diese Ebene deckungsgleich mit dem Strudel bewegt.

◀ **Abbildung 24.33**
Zu Beginn sind der Ankerpunkt der Ebene »ring« und der Mittelpunkt des Effekts STRUDEL nicht deckungsgleich. Zu sehen ist auch, dass die Ebenengröße des Hintergrunds nicht mit der Kompositionsgröße übereinstimmt.

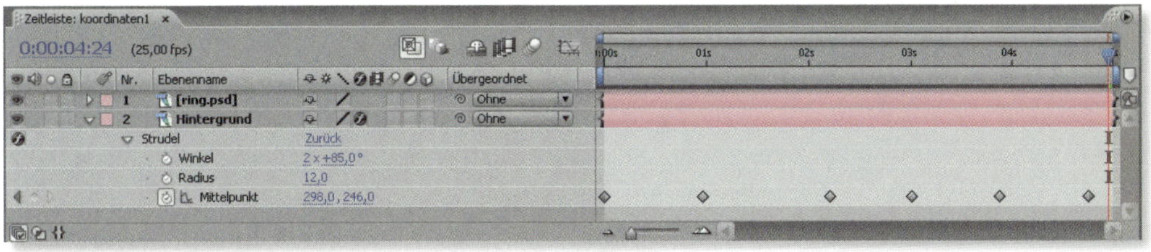

▲ **Abbildung 24.34**
Die Ebene »ring« soll die Animation des Effektpunkts MITTELPUNKT des Effekts STRUDEL als Positionswerte übernehmen.

2 Mittelpunkt auslesen

Der folgende Schritt wird Ihnen gleich ein kleines Problem aufzeigen, das wir dann anschließend lösen.

Blenden Sie die Eigenschaft POSITION der Ebene »ring« ein und fügen per gedrückter [Alt]-Taste eine Expression hinzu. Ziehen Sie das Gummiband auf das Wort MITTELPUNKT des Effekts STRUDEL in der Ebene »Hintergrund«, um die dort enthaltenen Werte auszulesen. Drücken Sie nun die Taste [0] im Ziffernblock, um die Vorschau zu berechnen.

Man sollte annehmen, dass Strudel und Ring deckungsgleich verlaufen. Dies ist jedoch nicht der Fall, da zuerst die Ebenenkoordinaten des Hintergrunds in Kompositionskoordinaten übersetzt werden müssen.

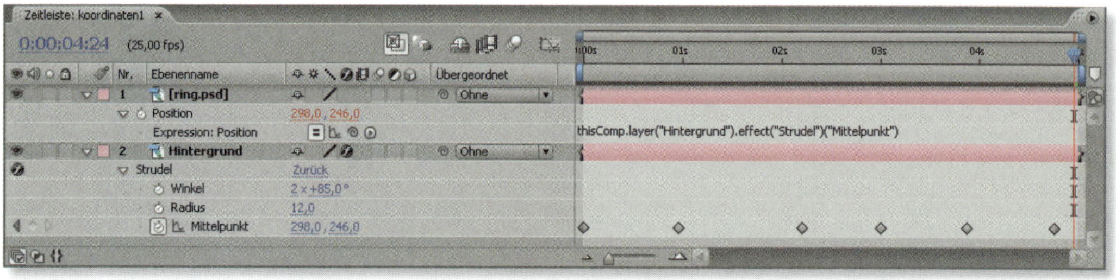

▲ **Abbildung 24.35**
Das einfache Auslesen der Positionswerte des Mittelpunkts erzeugt keine deckungsgleiche Animation.

▲ **Abbildung 24.37**
Nachdem die Ebenenkoordinaten in Kompositionskoordinaten übersetzt wurden, sind Effektmittelpunkt und Ankerpunkt des Rings deckungsgleich.

3 Koordinaten übersetzen

Um eine deckungsgleiche Animation zu erhalten, wird die Expression geändert und ein Dolmetscher eingeschaltet, der die Ebenenkoordinaten in Kompositionskoordinaten übersetzt. Markieren Sie dazu den Text der Expression und tippen dann:

```
hgebene = thisComp.layer("Hintergrund");
hgebene.toComp(hgebene.effect("Strudel").
param("Mittelpunkt"))
```

In der ersten Zeile wird also der Pfad zur Ebene »Hintergrund« in der Variablen namens `hgebene` gespeichert. In der nächsten Zeile kommt die Transformationsmethode `toComp(point, t = time)` zum Einsatz. Hiermit wird ein Punkt aus dem Ebenen-Raum in den Kompositions-Raum übersetzt. In den Klammern der Methode stehen die Parameter der Eigenschaft MITTELPUNKT des Effekts STRUDEL der Ebene »Hintergrund«.

Wenn Sie jetzt die Animation erneut in der Vorschau anzeigen lassen, werden Sie bemerken, dass sich nun Ring und Strudel deckungsgleich bewegen.

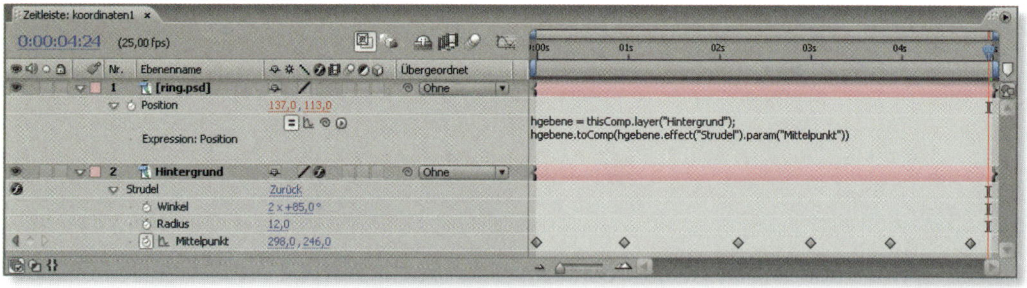

▲ **Abbildung 24.37**
Die fertige Expression für den Ring

In der Komposition »koordinaten2« im Projekt »expressions_fertig.aep« finden Sie noch ein Beispiel für den umgekehrten, im Workshop beschriebenen Fall. In der Komposition wurde die Ebene »ring« per Position animiert. Diesmal sollten die Positionswerte auf zwei Effektmittelpunkte, nämlich die vom Effekt BLENDENFLECKE und die vom Effekt KOMPLEXES WÖLBEN übertragen werden. Ohne Dolmetscher für die Koordinaten stimmten diese auch hier nicht überein. Als Dolmetscher wurde daher die Transformationsmethode `fromComp(point, t = time)` verwendet. Weitere solche Dolmetscher finden Sie im Expression-Sprachmenü (kleines Dreieck neben jeder Expression) unter dem Unterpunkt Layer Space Transforms.

24.6.1 Schieberegler für Expressions

Im folgenden Workshop werden Sie einige Effekte für Expressions kennen lernen. Das Ziel wird ein aus Textebenen bestehendes 3D-Objekt sein, das sich über Schieberegler manipulieren lässt.

Schritt für Schritt: Eine animierbare DNS

Auch diesmal finden Sie eine vorbereitete Komposition im Workshop-Projekt »expressions.aep« im Ordner 24_Expressions auf der DVD vor.

Klicken Sie doppelt auf die Komposition »dns«. In der Komposition befinden sich fünf Ebenen. Drei davon sorgen für die richtige Beleuchtung, eine Kamera sorgt für den richtigen Blickwinkel. Die Ebene, um die es sich dreht, heißt »after effects«. Es ist eine Farbfläche mit dem Effekt Einfacher Text.

Ziel ist es zuerst, die Ebene mehrmals zu duplizieren und dabei zu erreichen, dass sie um einen Betrag auf der Y-Achse versetzt wird, der ihrer Höhe entsprechend ist. Die duplizierten Textzeilen müssten dann wie bei einer Jalousie untereinander erscheinen. Später wird diese Jalousie noch ähnlich einer DNS in sich verdreht.

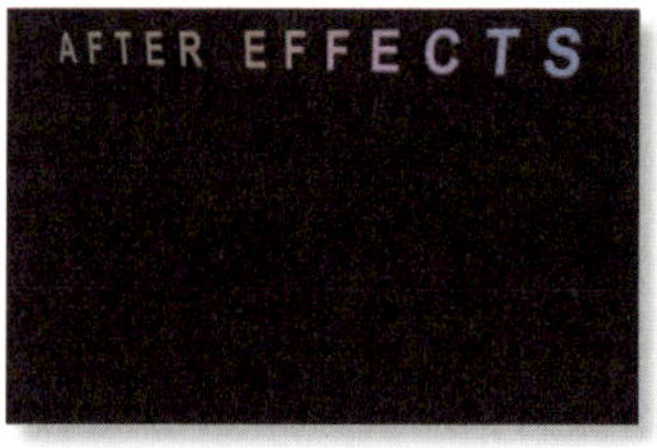

▲ **Abbildung 24.38**
Zu Beginn ist nur eine beleuchtete 3D-Textzeile sichtbar.

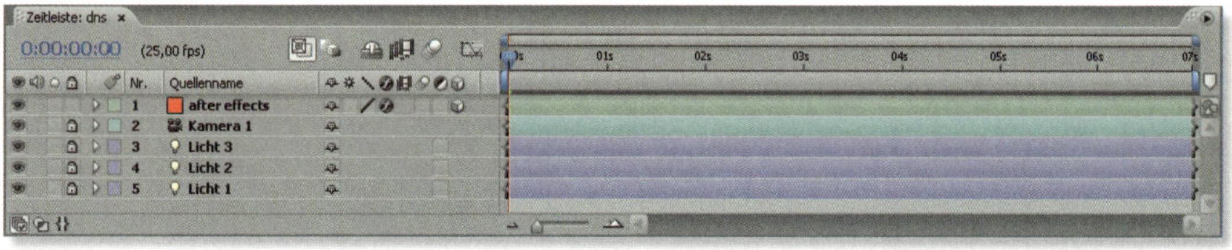

▲ **Abbildung 24.39**
Drei Lichter sorgen für die Beleuchtung. Eine Kamera sorgt für den richtigen Blickwinkel auf den Text.

1 Expression für den Höhenversatz

Blenden Sie zunächst die Eigenschaft Position der Textebene mit der Taste [P] ein. Fügen Sie dieser Eigenschaft eine Expression hinzu, indem Sie die [Alt]-Taste drücken und auf das Stoppuhr-Symbol klicken. Ersetzen Sie die vordefinierte Expression und tippen anstelle dessen die folgenden Zeilen in das Expression-Feld. Ziehen Sie dafür das Feld am unteren Rand etwas größer. Hier der Code:

```
ebene = index - 1;
     Yauslesen = thisComp.layer(ebene).position[1];
     hoehe = height;
     Ypos = Yauslesen+hoehe;
[position[0], Ypos, position[2]]
```

Sie erhalten zunächst eine Fehlermeldung und die Expression wird deaktiviert. Darum kümmern wir uns später. Gehen wir die Expression Zeile für Zeile durch.

In der ersten Zeile wird die Ebenennummer in der Variable `ebene` gespeichert. Der Operator `-1` sorgt dafür, dass mit `index` nicht Werte der aktuellen Ebene ausgelesen werden, sondern die Werte der Ebene mit der jeweils nächstgeringeren Nummer.

In der zweiten Zeile wird in der Variable `Yauslesen` die aus der zuvor definierten Ebene ausgelesene Y-Position zwischengespeichert. Dabei sorgt die im Array stehende `1` dafür, dass es sich dabei auch wirklich um die Y-Position handelt: `position[1]`.

In der dritten Zeile wird die Höhe der aktuellen Ebene in der Variable `hoehe` gespeichert. In der vierten Zeile schließlich wird der Wert für die Höhe dem Wert der ausgelesenen Y-Position hinzuaddiert, woraus sich die neue Position der aktuellen Ebene ergibt.

Die fünfte Zeile enthält dann ein Array mit drei Werten: `position[0]` für die X-Position, die Variable `Ypos` für die Y-Position und `position[2]` für die Z-Position.

2 if-then-Bedingung

Um zu vermeiden, dass die Expression gleich zu Beginn deaktiviert wird, muss die Expression modifiziert werden. Es wird eine Bedingung für die Anweisung `index - 1` benötigt, denn die Ebene mit der Nummer 1 kann ja nicht Werte aus einer Ebene 0 auslesen, die es nicht gibt. Ergänzen Sie das kleine Programm also um folgende fettgedruckte Bedingung:

```
ebene = index - 1;
if (ebene < 1){
     ebene = 1;
}
Yauslesen = thisComp.layer(ebene).position[1];
     hoehe = height;
     Ypos = Yauslesen+hoehe;
[position[0], Ypos, position[2]]
```

Schon haben Sie das kleine Programm fertig und können es gleich anwenden.

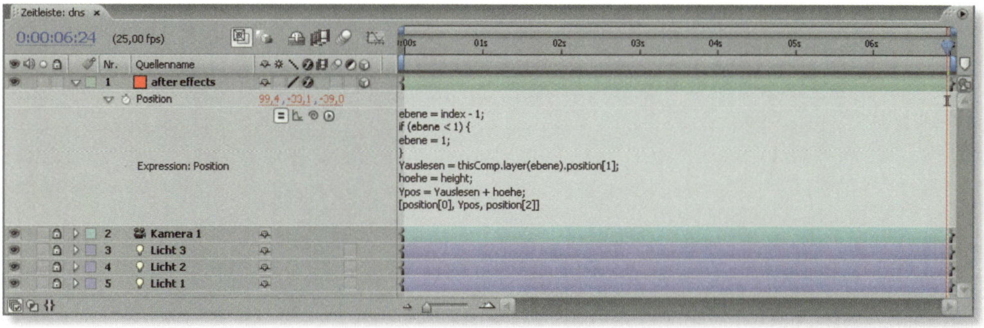

▲ **Abbildung 24.40**
Ein kleines Programm liest die Ebenenposition der Ebene mit der nächstkleineren Ebenennummer aus und versetzt auf dieser Basis die aktuelle Ebene ein Stück weiter auf der Y-Achse.

3 Duplikate, Duplikate

Duplizieren Sie die Ebenen einfach etwa 2874 Mal. Nein, nein – das ist nun doch zuviel. Aber ein paar Duplikate sollten Sie erzeugen, damit wir testen, ob das Prográmmchen auch richtig tickt. Markieren Sie also die Ebene »after effects« und duplizieren Sie sie mit [Strg]+[D]. Jedes der Duplikate enthält dann die vorbereitete Expression. Die Ebenen sollten im Kompositionsfenster in regelmäßigem Versatz untereinander angeordnet werden. Wenn das soweit funktioniert, können Sie die Ebenen ab der Ebene 2 wieder löschen.

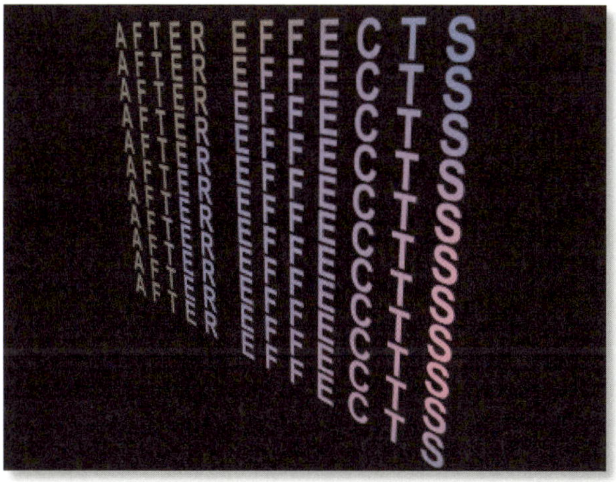

◄ **Abbildung 24.41**
Die entstandenen Duplikate werden anschließend noch einmal entfernt, um weitere Einstellungsmöglichkeiten hinzuzufügen.

Noch sind wir nämlich nicht fertig mit allen Vorbereitungen. Die entstehende DNS soll noch in ihrer Höhenausdehnung verstellbar sein und auch in sich verdreht werden können. Löschen Sie also die Duplikate wieder, beginnend ab der Ebene mit der Nummer 2.

4 Null-Objekt und Schieberegler

Fügen Sie der Komposition über Ebene • Neu • Null-Objekt eine Ebene hinzu, die als Einstellebene für die spätere DNS dienen soll.

Kommentare hinzufügen

Kommentare stören den Ablauf der Expression nicht, wenn sie mit den richtigen Zeichen eingeleitet werden, helfen aber bei der Orientierung oder Teamwork. Sie können in jeder Zeile der Expression Kommentare wie folgt hinzufügen:
//dies ist eine Anmerkung
/* dies ist ein mehrzeiliger Kommentar***/**.

Das entstandene Null-Objekt ist in der Komposition unsichtbar und trägt standardmäßig den Namen »Ungültig«. Benennen Sie die Ebene um und geben ihr den Namen »Einstellebene«. Ziehen Sie die Ebene in der Zeitleiste unter die Ebene »after effects« und achten Sie darauf, das sie dort auch in Zukunft bleibt.

Markieren Sie die neue Ebene »Einstellebene« und wählen dann Effekt • Einstellungen für Expressions • Einstellungen für Schieberegler. Drücken Sie die Taste [E], um den Effekt einzublenden, und klappen Sie den Effekt in der Zeitleiste auf.

Der Schieberegler wird uns dazu dienen, die Abstände zwischen den Textzeilen flexibel zu gestalten. Positionieren Sie dazu den Cursor im Code unseres kleinen Programms genau hinter `height` und tippen wie folgt ein Additionszeichen hinzu:

```
hoehe = height +;
```

Belassen Sie den Cursor hinter dem Additionszeichen und ziehen das Gummiband auf das Wort Schieberegler der Ebene »Einstellebene«. Automatisch wird der Expression eine lange Anweisung hinzugefügt:

```
hoehe = height + thisComp.layer("Einstellebene").
effect("Einstellungen für Schieberegler")
("Schieberegler");
```

Bestätigen Sie die Expression mit [↵] im Ziffernblock, nicht im Haupttastaturfeld.

▼ **Abbildung 24.42**
Um die Werte des Schiebereglers auszulesen, wird das Gummiband auf das entsprechende Wort der Ebene »Einstellebene« gezogen.

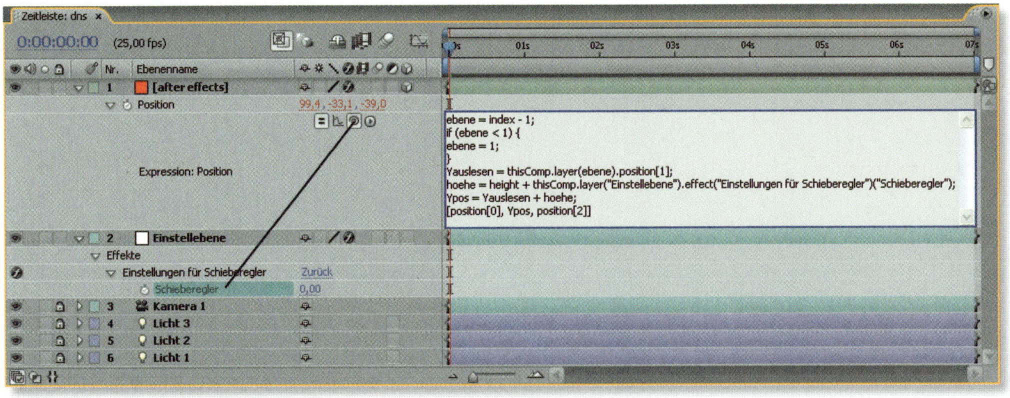

5 Duplikate, zum Zweiten

Nun wieder Duplikate! – Aber wieder nur zum Test. Nachdem Sie einige Duplikate erstellt haben, verändern Sie einmal die Werte des Schiebereglers durch Ziehen. Die Textzeilen wandern auseinander ... aber auch die obere Zeile bewegt sich! Das macht sich schlecht für unsere DNS! Entschuldigung, aber die Duplikate müssen nochmals fort, beginnend ab Ebene 2.

6 Else

Damit die erste Textzeile fixiert bleibt, fügen Sie bitte dem Programm die folgende if-else-Bedingung hinzu (an welcher Stelle genau entnehmen Sie bitte der Abbildung):

```
if (index > 1) {
    Ypos;
} else {
    Ypos = position[1];
}
```

Else ist nicht nur ein typischer Name für eine Großmutter. Im Skript könnte man sie mit »sonst« übersetzen. Die eingetippten neuen Zeilen lesen sich übersetzt: Wenn die aktuelle Ebenennummer größer ist als eins, dann führe das aus, was bei `Ypos` definiert wurde, else, nein – ansonsten setze `Ypos` gleich der Y-Position der aktuellen Ebene.

Prima! – Jetzt wird es eine richtige Klasse-DNS.

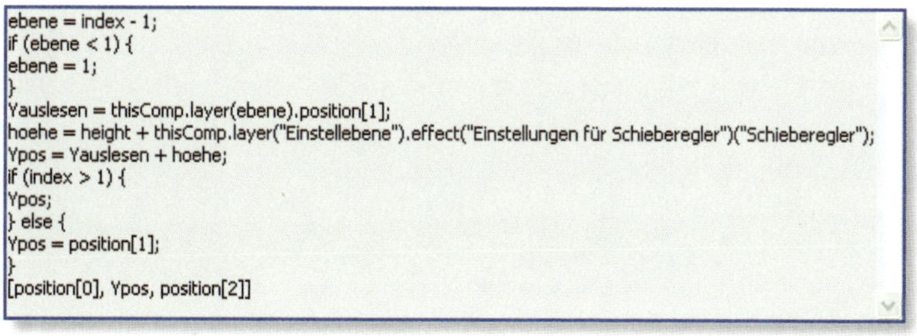

```
ebene = index - 1;
if (ebene < 1) {
ebene = 1;
}
Yauslesen = thisComp.layer(ebene).position[1];
hoehe = height + thisComp.layer("Einstellebene").effect("Einstellungen für Schieberegler")("Schieberegler");
Ypos = Yauslesen + hoehe;
if (index > 1) {
Ypos;
} else {
Ypos = position[1];
}
[position[0], Ypos, position[2]]
```

◂ **Abbildung 24.43**
Damit die erste Textzeile später nicht wandert, sondern fixiert bleibt, bestimmt eine if-else-Bedingung, dass die Ebenen erst ab Ebenennummer 2 versetzt werden.

7 Noch ein paar Regler

Ein bisschen noch, dann kommen wir zum Spaß an der Sache. Um die später duplizierten Textzeilen in sich verdrehen zu können, benötigen wir noch ein paar Regler.

Markieren Sie die Ebene »Einstellebene« und wählen dann dreimal den Weg EFFEKT • EINSTELLUNGEN FÜR EXPRESSIONS • EINSTELLUNGEN FÜR WINKEL. Markieren Sie den ersten der drei Effekte in der Zeitleiste, drücken dann die Taste [↵], diesmal im Haupttastaturfeld, nicht im Ziffernblock. Tippen Sie den Namen "`x-drehung`" ins Feld und bestätigen wieder mit [↵]. Verfahren Sie genau so mit den beiden anderen Effekten und benennen Sie sie mit "`y-drehung`" und mit "`z-drehung`". Klappen Sie die Effekte auf, so dass jeweils das Wort WINKEL sichtbar wird.

Effekteinstellungen-Fenster

Effekte für Expressions werden wie andere Effekte auch im Effektfenster angezeigt. Wenn Ihnen die Listen in der Zeitleiste zu lang werden, können Sie auch dort Einstellungen vornehmen. Auch das Gummiband können Sie bis ins Effektfenster auf eine Eigenschaft ziehen.

Markieren Sie nun die Ebene »after effects« und drücken die Taste [R] zum Einblenden der Drehungseigenschaften. Fügen Sie mit der [Alt]-Taste der X- und der Z-Drehung jeweils eine Expression hinzu. Markieren Sie den jeweiligen Expression-Text und ziehen dann das Gummiband auf das Wort WINKEL des entsprechenden Effekts in der Ebene »Einstellebene« – also für X DREHUNG auf den Schieberegler »x-drehung« etc. Bestätigen Sie jeweils mit [↵] im Ziffernblock. Sie sind fast fertig, fast.

▼ Abbildung 24.44
Über die Einstellungen für Winkel können die Textzeilen in sich verdreht werden.

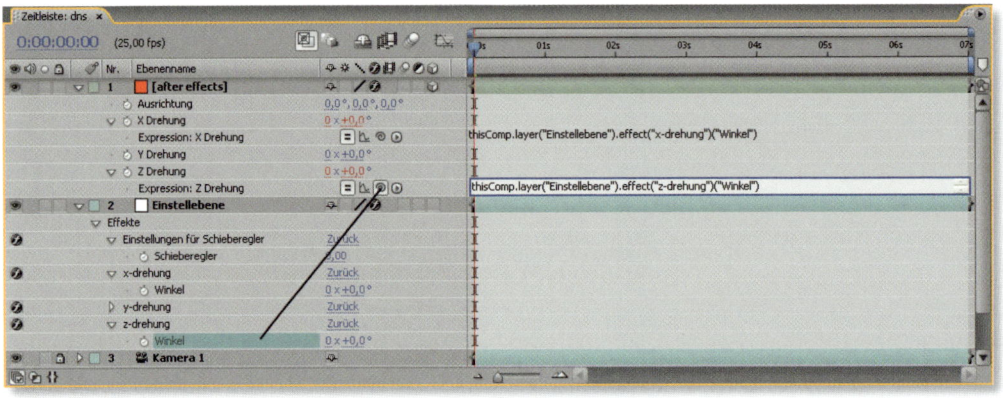

8 Y-Drehung

Sie werden sehen, diese Expression lohnt sich ganz besonders. Fügen Sie der Eigenschaft Y DREHUNG der Ebene »after effects« eine Expression hinzu. Tippen Sie folgenden Code in das Expression-Feld:

```
ebene = index - 1;
if (ebene < 1) {
    ebene = 1;
}
winkel = thisComp.layer(ebene).rotationY;
drehung = winkel+
```

Lassen Sie den Cursor hinter dem + verweilen und ziehen dann noch einmal das Gummiband auf das Wort WINKEL im Effekt »y-drehung« der Ebene »Einstellebene«. Das Ergebnis davon zeigt die Abbildung 24.45.

Es wird wieder die Ebenennummer der nächstgeringeren Ebene in der Variable `ebene` zwischengespeichert. In der Variable `winkel` wird dann der Wert der Y-Drehung dieser Ebene zwischengespeichert. Anschließend wird diesem Drehungswert der Wert des Schiebereglers hinzuaddiert, und in der Variable `dre-`

hung steht dann das Ergebnis dieser Operation. Jede neue Ebene wird gegenüber der vorigen Ebene um diesen Betrag versetzt.

Aber genug der langen Erläuterung. – Die Wirkung wird nach dem Duplizieren der Ebene »after effects« erfahrbar.

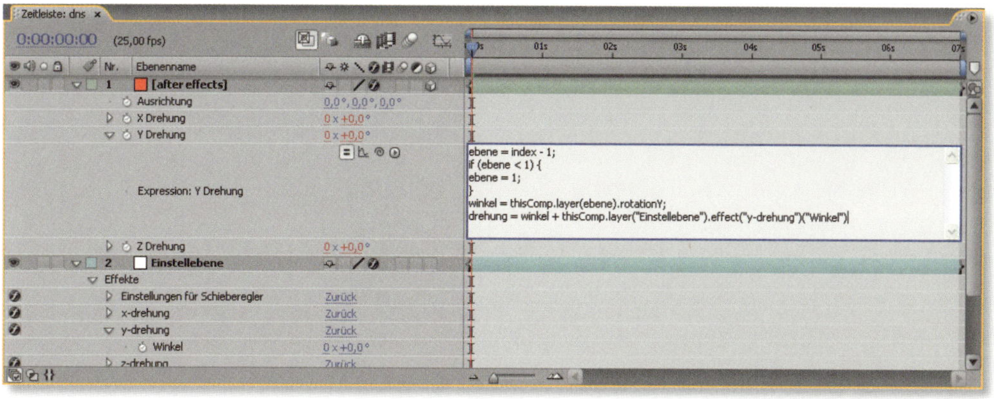

▲ **Abbildung 24.45**
Für die Y-Drehung wird ein Versatz zwischen den einzelnen Duplikaten der Ebenen programmiert.

9 Duplikate zum Dritten

Duplizieren Sie die Ebene mindestens zehnmal. Und jetzt: viel Spaß! Ziehen Sie an den Werten der Regler, um die Abstände und Winkel der einzelnen Textzeilen zu ändern.

Sie können für die Regler natürlich auch Keyframes setzen. Auch die Kameraposition kann animiert werden. Alles in allem ergeben sich fast süchtig machende Möglichkeiten. Zwei gerenderte Beispiele liegen der DVD im Expression-Ordner bei. Sie heißen »dns.mov« und »dns1.mov«. Allerdings wurde hier noch ein etwas mehr getrickst. Eine Komposition dazu finden Sie im Projekt »expressions_fertig.aep«. Sie heißt »dns2«. Die Komposition zur Übung heißt »dns1« und befindet sich im gleichen Projekt.

Ich könnte mir vorstellen, dass Sie nun eine Menge Zeit damit verbringen werden, die Möglichkeiten auszuprobieren. Ich konnte jedenfalls nicht gleich damit aufhören.

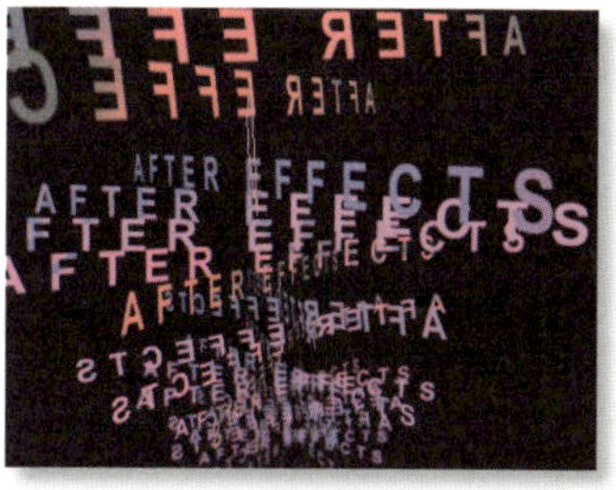

▲ **Abbildung 24.46**
Manche Einstellungen führen auch zu recht ungeordnet wirkenden Ergebnissen.

▲ **Abbildung 24.47**
Durch die Winkelveränderungen mit den Schiebereglern ergeben sich vielfältige Formen.

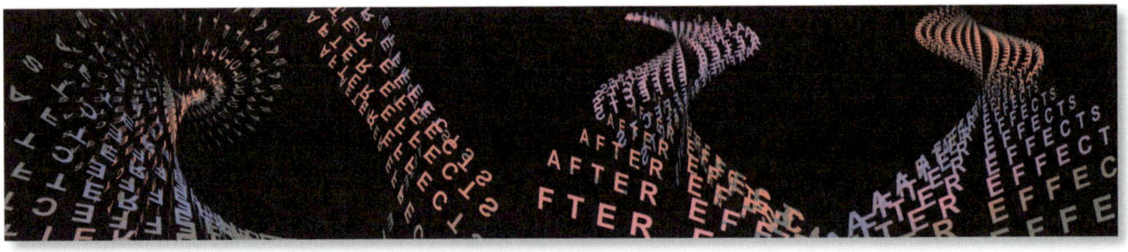

▲ **Abbildung 24.48**
... noch ein paar Beispiele.

24.7 Expression-Editor

Der Expression-Editor ist als Teil des Diagrammeditors in After Effects enthalten. Bei Expressions, die aus mehreren Zeilen bestehen, ist die Arbeit darin etwas übersichtlicher.

Sie blenden den Diagrammeditor über den Button ① ein. Über den Button DIAGRAMMTYP ② wählen Sie aus dem Einblendmenü den Eintrag EXPRESSION-EDITOR ANZEIGEN. Wenn Sie anschließend eine Eigenschaft anklicken, die eine Expression enthält, wird diese im Expression-Feld ③ angezeigt, das sich unterhalb der Werte- bzw. Geschwindigkeitskurven im Diagrammeditor befindet. Sie können das Feld am oberen Rand erweitern bzw. verkleinern.

Um Expressions anderer Eigenschaften anzuzeigen, wählen Sie diese nacheinander aus. Es wird der jeweilige Programmcode eingeblendet. Das Schreiben von Expressions im Editor unterscheidet sich nicht von der in diesem Kapitel beschriebenen Art und Weise.

Externer Editor

Expressions können ebenfalls mit einem externen Editor erzeugt und anschließend ins Expression-Feld kopiert werden.

▼ **Abbildung 24.49**
Ein etwas bequemeres Arbeiten ermöglicht – besonders bei langen Expressions – der Expression-Editor, der im Diagrammeditor enthalten ist.

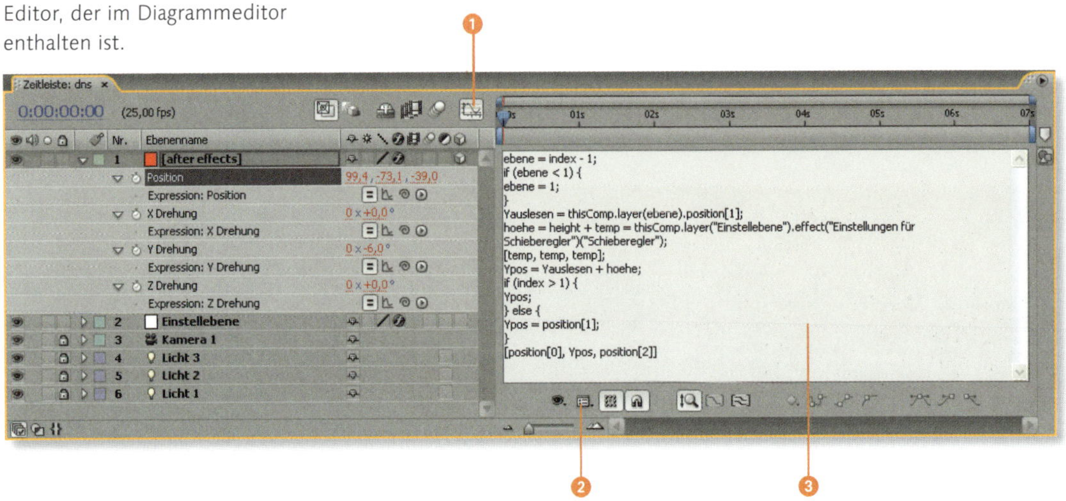

24.8 Audiospuren für Expressions nutzen

In früheren Versionen bot After Effects den Keyframe-Assistenten MOTION MATH an, um beispielsweise an die Audioinformation einer Ebene zu gelangen. Das Skript layeraud.mm erfreute sich zu diesem Zwecke großer Beliebtheit. In der vorliegenden Version hält After Effects die Möglichkeit bereit, Audioinformationen in Keyframes zu konvertieren. Wählen Sie dazu ANIMATION • KEYFRAME-ASSISTENT • AUDIO IN KEYFRAMES KONVERTIEREN.

After Effects generiert daraufhin aus allen in der Komposition enthaltenen Audioebenen eine Ebene mit dem Namen »Audioamplitude«. In dieser befinden sich drei Schieberegler für den linken, den rechten und für beide Audiokanäle. Zwei Beispiele, wie die Keyframes der Audioamplitude für die Animation anderer Eigenschaften ausgewertet werden können, befinden sich im Projekt »expressions_fertig.aep« in den Kompositionen »audioInKeys1« und »audioInKeys2«.

▼ **Abbildung 24.50**
Die Audioinformation von Soundebenen kann über den Keyframe-Assistenten AUDIO IN KEYFRAMES KONVERTIEREN für die Animation mit Expressions ausgewertet werden.

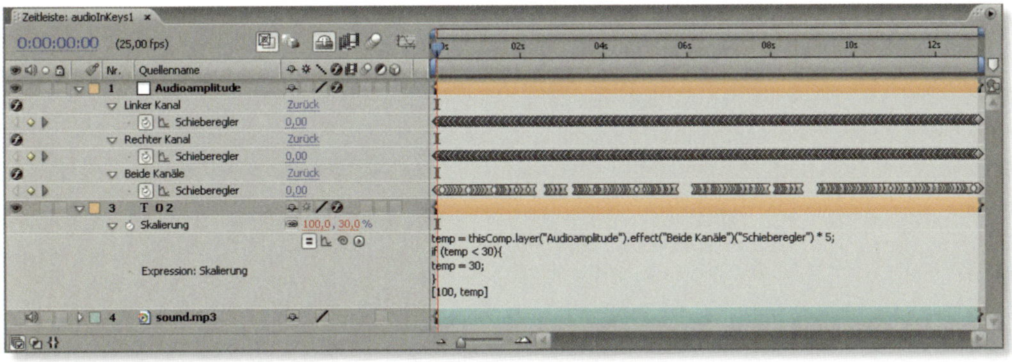

Der Verlauf einer mit Expressions erzeugten Animation kann im Diagrammeditor über den Button KURVE NACH EXPRESSION ANZEIGEN ④ eingeblendet werden. Dies sieht man besonders gut, wenn mit einer Expression die Audiodaten einer Ebene ausgelesen werden.

▼ **Abbildung 24.51**
Hier werden Audiodaten von einer Expression ausgelesen und für die Eigenschaft SKALIERUNG verwendet. Der Verlauf der Animation lässt sich im Diagrammeditor einblenden.

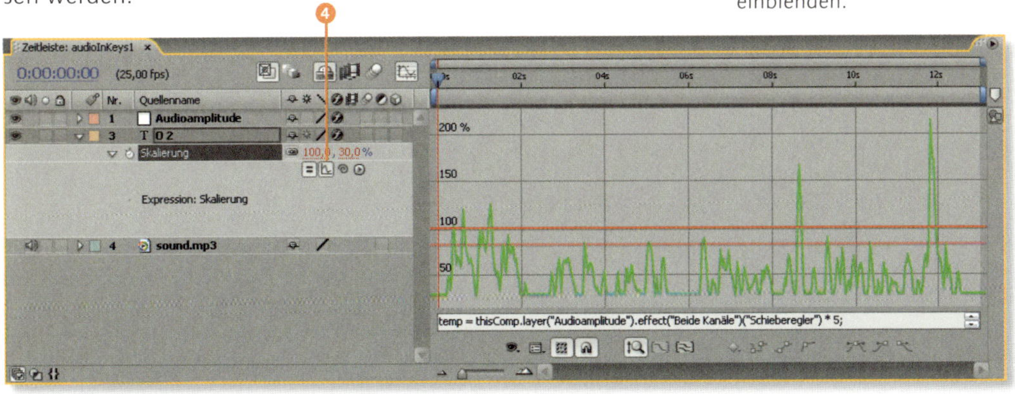

24.9 Expressions dauerhaft sichern

Audioamplitude glätten

Wurde die Audioamplitude für die Animation anderer Eigenschaften verwendet, wirken diese oft recht stark verwackelt. Verwenden Sie die Palette unter FENSTER • GLÄTTEN, um die Keyframes der Audioamplitude zu glätten und so weichere Animationen zu erhalten.

Expressions lassen sich nur auf einem kleinen Umweg vom Projekt getrennt dauerhaft sichern.

Eine Methode dabei ist, die Expression insgesamt auszuwählen und dann in einen Texteditor zu übertragen und das Dokument abzuspeichern.

Eine andere Methode wäre, die Expression zu kopieren und dann in einen Effekt wie zum Beispiel den Effekt EINSTELLUNGEN FÜR SCHIEBEREGLER unter EINSTELLUNGEN FÜR EXPRESSIONS einzufügen. Anschließend kann der Effekt als Animationsvorgabe mitsamt der Expression dauerhaft gesichert werden. Öffnen Sie dazu den Effekt mit [F3] im Effektfenster und markieren den Namen des Effekts. Wählen Sie dann ANIMATION • ANIMATIONSVORGABE SPEICHERN.

Um den Effekt mitsamt Expression wieder auf eine andere Ebene anzuwenden (dies kann auch in einem anderen Projekt sein), wählen Sie ANIMATION • ANIMATIONSVORGABE ANWENDEN.

Zu beachten ist bei all diesen Möglichkeiten allerdings, dass sich Expressions oft auf ganz bestimmte Eigenschaften in anderen Ebenen beziehen. Diese Ebenen werden natürlich nicht mitkopiert, und so muss dann doch oft das ganze Projekt mit allen seinen internen Beziehungen und Abhängigkeiten gesichert werden.

Das A und O ist auch für Expressions wie immer das aep.

TEIL IX

After Effects im Workflow

25 Workflow mit Photoshop und Illustrator

25.1 Zusammenarbeit mit Adobe Photoshop

Das Programm Photoshop ist für die Welt der digitalen Bildbearbeitung so zentral wie das Fußballspiel für die Welt der Ballspiele. Eine Integration der von Photoshop kommenden Dateien ist auch für die Arbeit mit After Effects grundlegend. Und die Zusammenarbeit dieser beiden Programme hat einen goldenen Boden, schon allein deshalb, weil beide Programme aus dem gleichen Hause stammen. In Photoshop richtig vorbereitete Dateien können den Arbeitsprozess mit After Effects stark beschleunigen. So kann eine Photoshop-Datei bereits Ebeneneinstellungen, Masken, Effekte und einiges mehr enthalten, das größtenteils in After Effects übernommen werden kann. Photoshop bietet somit eine ideale Vorbereitungsmöglichkeit für Bilddateien, die anschließend in After Effects animiert werden sollen. Damit die Übergabe der Photoshop-Dateien reibungslos funktioniert, sind zuerst die Vorbereitungen in Photoshop das Thema.

25.1.1 Bilddaten in Photoshop vorbereiten

Damit Bilddaten aus Photoshop korrekt an After Effects übergeben werden, ist es notwendig, ein paar Kleinigkeiten zu beachten.

Photoshop-Version

Die folgenden Beschreibungen beziehen sich auf die Arbeit mit Photoshop CS2. Die meisten Funktionalitäten unterscheiden sich aber nicht oder kaum von denen der älteren Vorgänger-Versionen 7 und CS.

CMYK | Dateien im CMYK-Modus werden von After Effects nicht unterstützt, da After Effects im RGB-Farbraum arbeitet. Die Daten sollten vor dem Import also unbedingt in den RGB-Farbmodus umgewandelt oder am besten gleich in diesem erstellt werden. Ändern Sie den Modus in Photoshop unter BILD • MODUS auf RGB-FARBE bzw. wählen Sie beim Anlegen einer Datei unter FARBMODUS den Eintrag RGB-FARBE.

Ebenennamen | Photoshop-Dateien bestehen häufig aus einer Vielzahl von Ebenen, die After Effects so übernimmt, wie sie in

Photoshop erstellt wurden. Dazu zählen auch die in Photoshop vergebenen Ebenennamen. Eine eindeutige Benennung der Ebenen in Photoshop ist also nötig, um spätere Verwirrungen in After Effects zu vermeiden. Werden die Ebenennamen und -inhalte in Photoshop nachträglich verändert, so wird die in After Effects verwendete Photoshop-Datei beim nächsten Öffnen des Projekts (oder wenn Sie in After Effects die Option FOOTAGE NEU LADEN verwenden) aktualisiert. Eine nachträglich in Photoshop gelöschte Ebene wird in After Effects als fehlend angezeigt und mit einem Platzhalter ersetzt.

Auflösung | Die Auflösung einer Photoshop-Datei für After Effects ist anders zu betrachten als für eine Print-Ausgabe. Während im Printbereich die Menge der Pixel pro Inch (dpi) für die Qualität der Ausgabe entscheidend ist, ist es für After Effects die Größe des Bildes, also die Menge der Pixel in Breite und Höhe. Beim Vergleich einer Datei mit der Breite und Höhe von beispielsweise 768 × 576 (PAL) und einer dpi-Zahl von 600 gegenüber einer Datei mit gleicher Breite und Höhe bei 72 dpi werden Sie in After Effects keinen Unterschied feststellen.

Wenn Sie also planen, das Photoshop-Bild in After Effects zu skalieren, sollten Sie nicht die dpi-Zahl erhöhen, sondern die Bildgröße in Photoshop auf den maximalen Wert Ihrer Skalierung einstellen. Angenommen, Sie möchten in einer After Effects-Komposition mit der Größe von 768 × 576 Pixeln (PAL) ein Photoshop-Bild von 0% (unsichtbar) auf 100% (kompositionsfüllend) skalieren, so legen Sie es in Photoshop in der Größe 768 × 576 Pixel an.

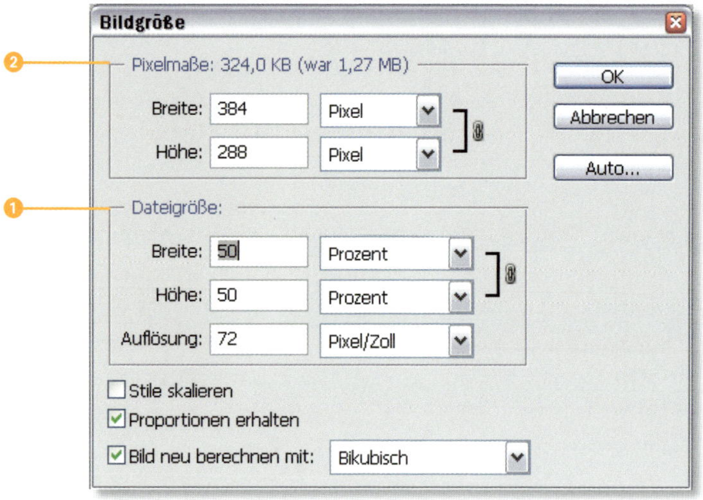

Abbildung 25.1 ▸
Die Qualität der Darstellung einer Photoshop-Datei in After Effects hängt von der richtig gewählten Bildgröße, nicht von der Auflösung ab.

Wenn die Bildgröße im Nachhinein verändert werden soll, wählen Sie in Photoshop unter DATEIGRÖSSE eine Prozentangabe 1 oder Sie geben unter PIXELMASSE 2 die neue notwendige Pixelanzahl ein. Die Prozentangabe ist dort ebenfalls möglich. Bei AUFLÖSUNG müssen Sie nichts ändern.

25.1.2 Import und Animation einer Photoshop-Datei

Den Umgang mit einer Photoshop-Datei lernt man am besten am praktischen Beispiel – daher hier ein kleiner Workshop zum Thema.

Schritt für Schritt: Der Umgang mit Photoshop-Dateien

1 Öffnen der Photoshop-Datei

Für diesen Workshop habe ich eine Datei in Photoshop für Sie vorbereitet, die Sie, sofern Sie Photoshop installiert haben, am besten zuerst in Photoshop öffnen. Sie finden die Datei »herbstmusik.psd« im Ordner 25_INTEGRATION_CS/PHOTOSHOP.

Schauen Sie sich die Ebenenorganisation in Photoshop gut an und vergleichen Sie sie später in After Effects.

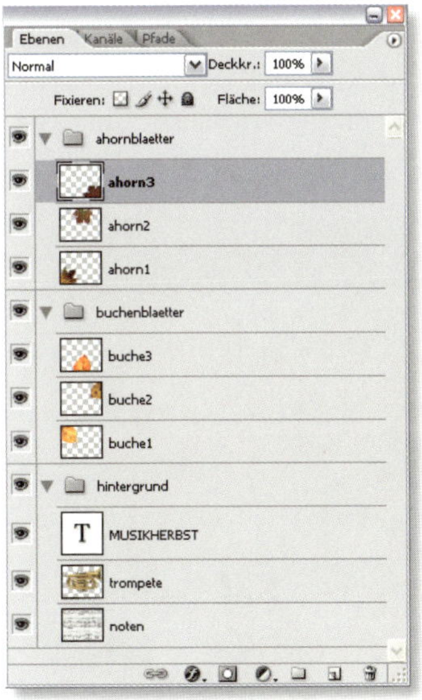

▲ **Abbildung 25.2**
In Photoshop sind die Ebenen in mehreren Ordnern als Ebenensätze verpackt und jeweils eindeutig benannt worden.

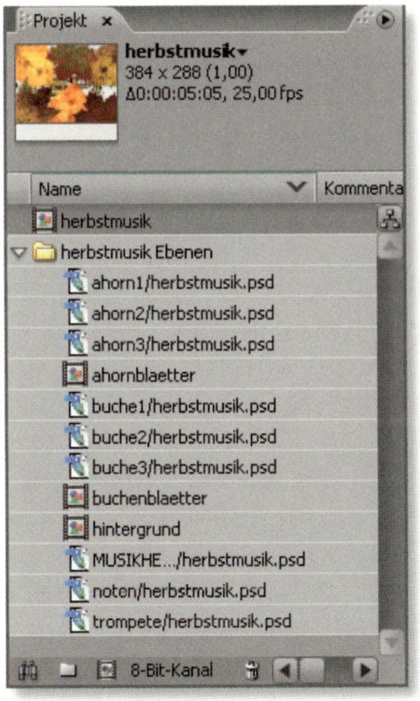

▲ **Abbildung 25.3**
After Effects übernimmt beim Import Ebenengruppen als Kompositionen, die in einer Gesamtkomposition enthalten sind. Sämtliche Benennungen werden korrekt wiedergegeben.

2 Import der Photoshop-Datei

Importieren Sie die Datei »herbstmusik.psd« aus oben genanntem Ordner mit [Strg]+[I] in ein neues After Effects-Projekt. Unter IMPORTIEREN ALS wählen Sie den Eintrag KOMPOSITION – BESCHNITTENE EBENEN, um die Ebenen in ihrer vollen Größe zu erhalten.

3 Ergebnis in After Effects

Nach dem Import hat After Effects einen Ordner mit dem Namen der importierten Datei angelegt. Dieser enthält entsprechend den in Photoshop angelegten Ordnern bzw. Ebenengruppen drei Kompositionen. Diese drei Kompositionen wiederum sind in einer finalen Komposition zusammengefasst, die wieder den Namen der Photoshop-Datei trägt (siehe auch Abbildung 25.3).

▼ **Abbildung 25.4**
In der Komposition »herbstmusik« sind alle anderen Kompositionen mit den Photoshop-Ebenengruppen bereits enthalten.

Außerdem ist ein Zugriff auf sämtliche in Photoshop angelegten Ebenen möglich. Die Ebenen sind dank der korrekten Übergabe der Ebenennamen eindeutig identifizierbar.

Abbildung 25.5 ▶
In der Photoshop-Datei ist das Ausgangslayout bereits angelegt und von After Effects korrekt übernommen worden.

4 Animation des Herbstlaubs

Die Blätter überlagern in unserer Komposition das eigentliche Bild und sollen nacheinander den Hintergrund freigeben. Legen Sie zuvor die Dauer der Kompositionen auf jeweils fünf Sekunden fest. Markieren Sie dazu die jeweilige Komposition und ändern die Dauer über KOMPOSITION • KOMPOSITIONSEINSTELLUNGEN bzw. Strg+K.

Öffnen Sie dann die Komposition »buchenblaetter« mit einem Doppelklick auf die Komposition im Projektfenster. Markieren Sie alle drei darin enthaltenen Ebenen und drücken die Taste P, um die Positionseigenschaft einzublenden. Setzen Sie für die Ebene »buche2« den ersten Key bei 00:00 und verschieben Sie dann die Zeitmarke auf 01:14. Ziehen Sie nun das Blatt nach links aus dem Bild.

Weitere Importoption

Für Photoshop-Dateien mit mehreren Ebenen, die Sie als Komposition importieren wollen, ist es auch möglich, im Importdialog unter IMPORTIEREN ALS den Eintrag FOOTAGE zu wählen. In dem danach erscheinenden weiteren Importdialog gibt es wieder den Eintrag IMPORTIEREN ALS. Dort wählen Sie KOMPOSITION. Unter FOOTAGE-MASSE wählen Sie EBENENGRÖSSE, um die Ausmaße der Ebenen beizubehalten. Mit der Option DOKUMENTGRÖSSE werden die Ebenen auf die Größe des Dokuments beschnitten.

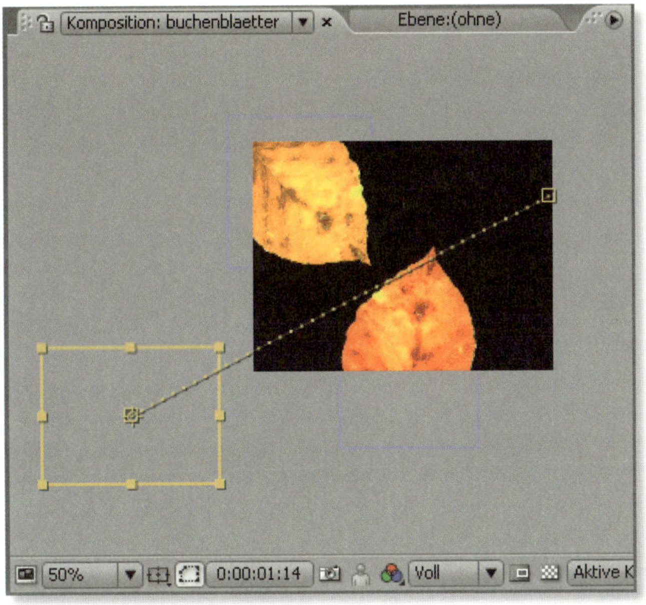

◂ **Abbildung 25.6**
Die Buchenblätter werden per Position und Drehung so animiert, dass sie von ihrer aktuellen Position zur gegenüberliegenden Seite durch das Bild fliegen.

Blenden Sie dann mit ⇧+R die Rotationseigenschaft der Ebene ein und setzen Sie wieder einen ersten Key bei 00:00. Den zweiten Key setzen Sie wieder bei 01:14 automatisch durch Änderung des Drehungswerts auf 0 × 250°.

Mit den beiden anderen Ebenen verfahren Sie ähnlich. Setzen Sie zeitlich versetzt Keys für die Position und die Drehung wie in der Abbildung und lassen Sie nach vier Sekunden alle Blätter verschwinden. Achten Sie darauf, dass die Blätter möglichst immer quer über das Bild »fliegen«.

Lassen Sie die letzte Sekunde ohne Animation, indem der letzte Key bei 04:00 gesetzt wird. Öffnen Sie danach die Komposition »ahornblaetter« und animieren Sie die darin enthaltenen

Ebenen in gleicher Weise mittels Position und Drehung. Lassen Sie auch diese Animation nach vier Sekunden enden.

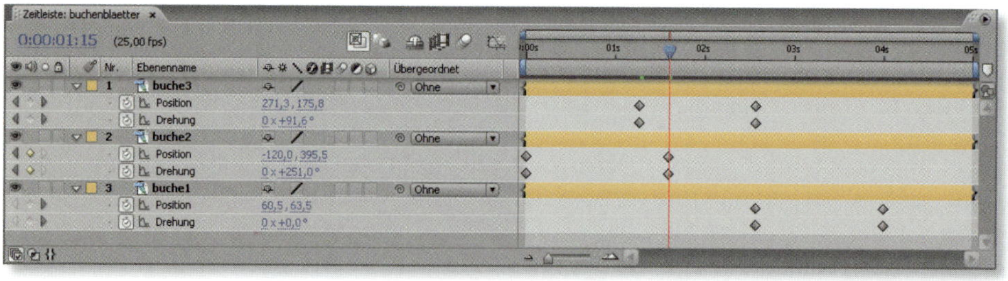

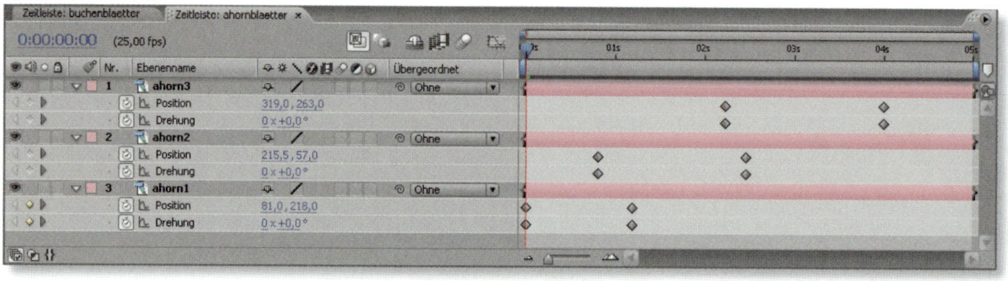

▲▲ **Abbildung 25.7**
Die Animation der Buchenblätter wird zeitlich so variiert, dass die Blätter sich nacheinander zu bewegen beginnen.

▲ **Abbildung 25.8**
Die Ahornblätter werden ähnlich wie die Buchenblätter zeitlich versetzt animiert.

5 Textänderung

Nach erfolgreicher Herbstlaubanimation öffnen Sie die Komposition »herbstmusik« und schauen sich erst einmal Ihre Animation an. Die Blätter geben den Blick auf Noten, Trompete und Text frei. Da die Schriftart Arial nicht passend erscheint, werden wir sie ändern. Dazu öffnen Sie die Komposition »hintergrund«. Markieren Sie dort die Ebene »Musikherbst« und wählen Sie dann Ebene • In editierbaren Text umwandeln. Der Text ist dadurch mit den After Effects-Textwerkzeugen bearbeitbar geworden. Ändern Sie den Text nun nach Ihrem Geschmack.

Abbildung 25.9 ▶
Nach der Animation der Blätter wird das darunterliegende Bild sichtbar.

Sollten im Workshop noch Fragen aufgekommen sein, schauen Sie sich vielleicht einmal die Projektdatei »musikherbst.aep« aus dem Workshop-Ordner an. ■

Photoshop-Dateien in Ebenen konvertieren | Wenn Sie Photoshop-Dateien mit mehreren Ebenen in After Effects als FOOTAGE und auf eine Ebene reduziert importiert haben, können Sie die Ebenen nachträglich in After Effects wieder herstellen.

Die entsprechende Ebene wird dazu in der Zeitleiste ausgewählt. Anschließend wählen Sie den Befehl EBENE • IN KOMPOSITION MIT EBENEN KONVERTIEREN. Es wird eine zusätzliche Komposition angelegt, die genau die Ebenen enthält, die auch in Photoshop angelegt wurden.

Photoshop-Sequenzen

Wie der Import von Photoshop-Sequenzen vonstatten geht, erfahren Sie genauestens im Abschnitt 5.2.2 im Workshop »Die Bilder lernen laufen: Trickfilm«.

25.1.3 Datei extern bearbeiten

Es gibt eine sehr komfortable Möglichkeit, Dateien, die bereits in After Effects importiert sind, ohne große Umwege zu bearbeiten. Die Datei wird dazu im Projektfenster ausgewählt. Über den Befehl BEARBEITEN • DATEI EXTERN BEARBEITEN bzw. Strg + E wird die Datei im externen Bearbeitungsprogramm, z. B. in Photoshop, geöffnet.

Nachdem die Änderungen im Originalprogramm erstellt **und abgespeichert** wurden, wird die Datei ohne weitere Schritte sofort in After Effects aktualisiert. Sie finden diesen Bearbeitungsbefehl übrigens auch in anderen Adobe-Programmen. Voraussetzung für das Funktionieren des Befehls ist natürlich, dass die jeweils zur Bearbeitung nötigen Programme in den aktuellen Versionen auch auf dem System installiert sind.

25.1.4 Was wird aus Photoshop übernommen?

In dem vorangegangenen Workshop haben Sie sich bereits mit der Integration von Photoshop-Dateien in After Effects vertraut machen können. Es wurden Ebenensätze bzw. Ebenengruppen als Unterkompositionen in einer Gesamtkomposition sowie in Photoshop festgelegte Ebenennamen übernommen. Außerdem blieben beim Import die in Photoshop genau festgelegte Position der Ebenen und, was nicht auf den ersten Blick deutlich wurde, auch die Deckkraft, Sichtbarkeit (Augen-Symbol) und die Transparenz erhalten. Der aus Photoshop übernommene Text konnte in After Effects editiert werden.

Die Integration mit Photoshop-Dateien umfasst noch einiges mehr, z.B. die Übernahme von Füllmethoden, Ebenenmasken, Vektormasken, Beschnittgruppen, einige Ebeneneffekte, Einstellungsebenen und Hilfslinien. Wichtig ist, dass die Dateien, die

Beispieldateien

Zum eigenen Testen der von Photoshop übernommenen Einstellungen liegen auf der DVD im Ordner 25_INTEGRATION_CS/PHOTOSHOP/BEISPIELDATEIEN einige Photoshop-Dateien bereit.

korrekt importiert werden sollen, zuvor im PSD-Dateiformat abgespeichert wurden.

Füllmethoden | Alle in Photoshop angewendeten Füllmethoden werden in After Effects korrekt übernommen. Sie entsprechen den Ebenentransfermodi in After Effects. In der Abbildung sehen Sie das Ergebnis der Füllmethode LUMINANZ, die in Photoshop auf die Moskauer Basiliuskathedrale angewendet wurde.

▲ **Abbildung 25.10**
Die beiden Bilder Metroplakat und Basiliuskathedrale wurden in Photoshop mit der Füllmethode LUMINANZ gemischt.

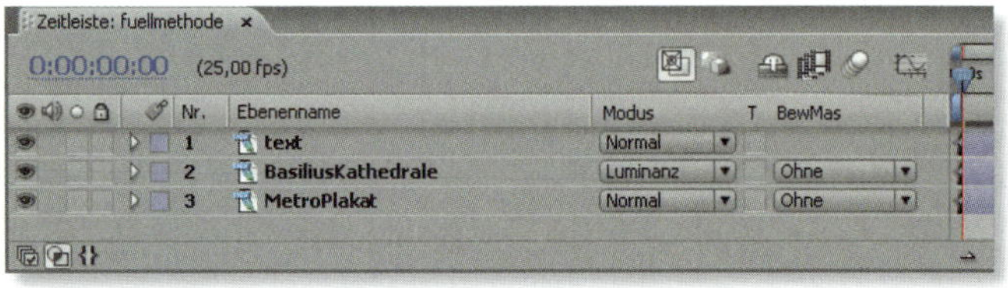

▲ **Abbildung 25.11**
In After Effects wurde die in Photoshop festgelegte Füllmethode LUMINANZ richtig übernommen.

Ebenenmasken | In Photoshop erstellte Ebenenmasken werden in After Effects als Transparenzeinstellung der importierten Datei übernommen. Photoshop unterstützt für jede Ebene Transparenzen und eine Ebenenmaske. After Effects kombiniert diese beim Import im Alphakanal. Die Ebenenmaske selbst ist daher in After Effects nicht mehr veränderbar.

Vektormasken | Sie können in Photoshop aus einem Arbeitspfad oder einem Beschneidungspfad für jede Ebene eine Vektormaske erstellen. Wenn Sie die mit der oder den Vektormaske/n abgespeicherte Datei in After Effects als Komposition importieren, wird für jede Ebene, die eine Vektormaske enthält, eine After Effects-Maske generiert.

▲ **Abbildung 25.12**
Hier ein Bild ohne Vektormaske

▲ **Abbildung 25.13**
Das gleiche Bild mit Vektormaske bringt eine andere Ebene zum Vorschein.

▲ **Abbildung 25.14**
Im Register PFADE wird die in Photoshop angelegte Vektormaske angezeigt.

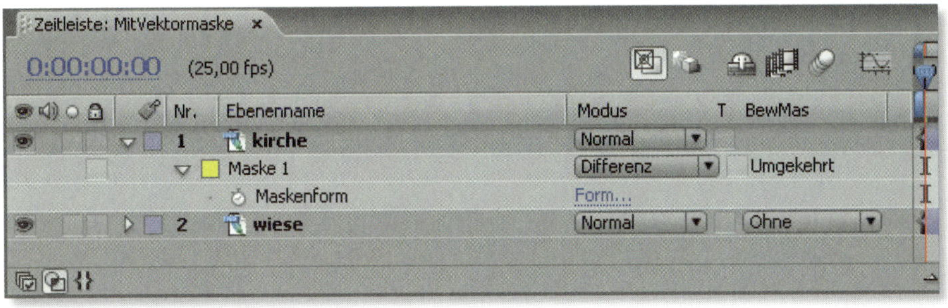

▲ **Abbildung 25.15**
Für die in Photoshop erstellte Vektormaske wird in After Effects eine Maske angelegt.

Beschnittgruppen | Wenn Sie in Photoshop eine Schnittmaske für eine Ebene festgelegt haben, sollte die Datei in After Effects als Komposition importiert werden. Es wird dann automatisch eine Komposition erzeugt, die eine Unterkomposition enthält. In dieser Unterkomposition sind die in Photoshop über die Beschnittgruppe zusammengruppierten Ebenen enthalten. Um das gleiche Ergebnis wie in Photoshop zu erzielen, hat After Effects den Schalter TRANSPARENZ ERHALTEN aktiviert ① (Abbildung 25.19).

▲ **Abbildung 25.16**
Für die Füllebene wurde in Photoshop eine Schnittmaske festgelegt.

▲ **Abbildung 25.17**
Das Ergebnis der Schnittmaske: Der Himmel ist in der Trompete enthalten.

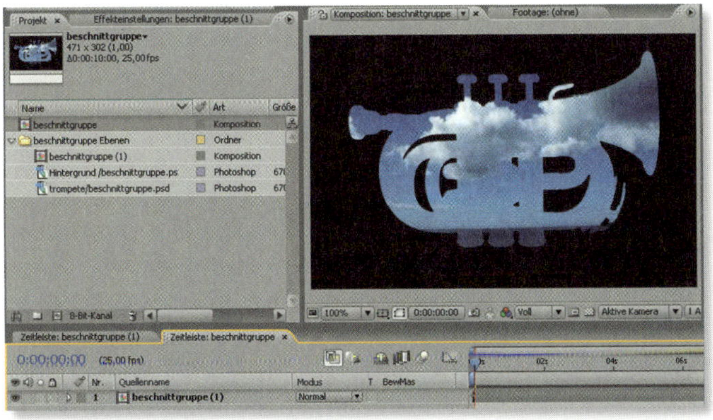

◀ **Abbildung 25.18**
After Effects legt für eine Photoshop-Beschnittgruppe automatisch eine Unterkomposition an, die die Photoshop-Ebenen enthält. Die Unterkomposition wird automatisch in eine Hauptkomposition verschachtelt.

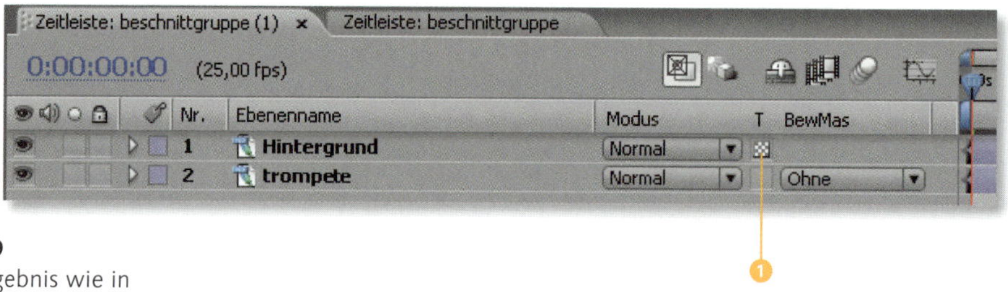

▲ **Abbildung 25.19**
Um das gleiche Ergebnis wie in Photoshop zu erzielen, hat After Effects den Schalter TRANSPARENZ ERHALTEN aktiviert.

Einstellungsebenen | In After Effects werden alle in Photoshop erstellten Einstellungsebenen bis auf die VERLAUFSUMSETZUNG übernommen. Damit After Effects dies richtig macht, muss die Photoshop-Datei mit den Einstellungsebenen als Komposition importiert werden. After Effects legt eigene Einstellungsebenen mit entsprechenden Effekten an, die in After Effects geändert werden können. Erkennbar sind die Einstellungsebenen an dem Symbol 2 in der Zeitleiste.

▲ **Abbildung 25.20**
Mehrere in Photoshop erstellte Einstellungsebenen

▲ **Abbildung 25.21**
Das Ergebnis der Bildbearbeitung

Abbildung 25.22 ▶
Bis auf die VERLAUFSUMSETZUNG werden sämtliche Einstellungsebenen in After Effects korrekt übernommen.

Ebeneneffekte | After Effects übernimmt die meisten Photoshop-Ebeneneffekte problemlos. After Effects legt dabei, um den jeweiligen Ebeneneffekt richtig zu interpretieren, oft zusätzliche Ebenen mit passenden Ebenenmodi oder ganze Kompositionen an. Damit in After Effects ein Zugriff auf die Einstellungen der Effekte erlaubt ist, müssen die mit Effekten erstellten Dateien als Komposition in After Effects importiert werden. Innerhalb von After Effects blenden Sie die Effekteinstellungen bei markierter Ebene mit der Taste [E] ein und doppelklicken anschließend auf den Namen des Effekts, um das Effektfenster zu öffnen. Dort stellen Sie die gewünschten Änderungen ein.

Der Effekt **Schlagschatten** wird mit fast allen seinen Einstellmöglichkeiten nach After Effects übertragen. Vergleichen Sie dazu die Abbildungen 25.24 und 25.25. Nur die Einstellungen unter QUALITÄT bleiben auf der Strecke. Ganz ähnlich verhält es sich beim Effekt SCHATTEN NACH INNEN.

▲ **Abbildung 25.23**
In Photoshop wurde dem Schatten noch eine Störung hinzugefügt. Der Schatten wirkt daher körnig.

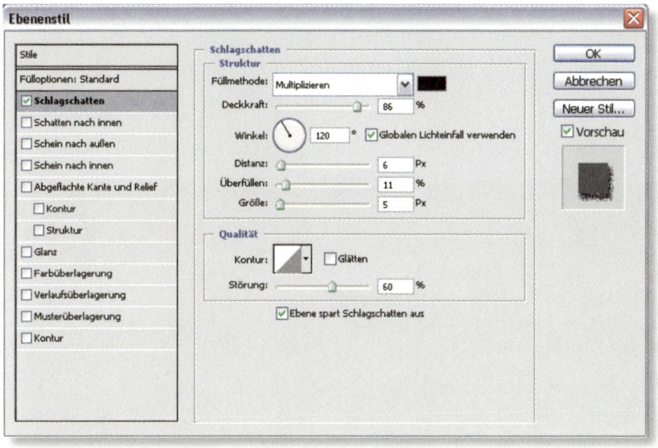

▲ **Abbildung 25.24**
Der Ebeneneffekt Schlagschatten in Photoshop

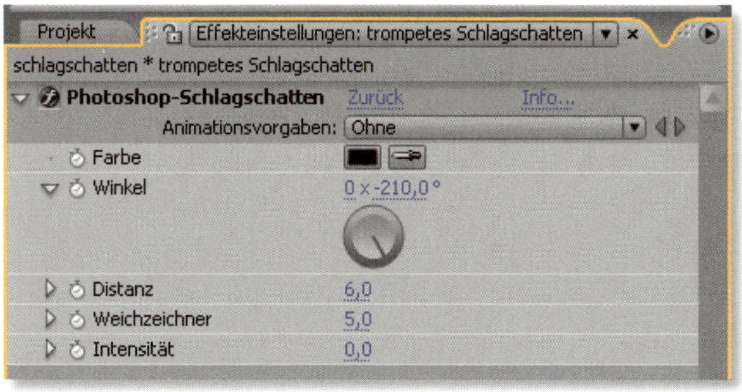

▲ **Abbildung 25.25**
Nicht alle Einstellungen des Photoshop-Schlagschattens werden nach After Effects übernommen, aber doch die wichtigsten.

Die Effekte SCHEIN NACH AUSSEN und SCHEIN NACH INNEN werden ebenfalls fast vollständig übertragen. Für den Effekt SCHEIN NACH INNEN wird eine Unterkomposition angelegt, die in der Hauptkomposition enthalten ist. Der Effekt muss in After Effects etwas nachjustiert werden.

▲ **Abbildung 25.26**
Die Photoshop-Effekte SCHEIN NACH AUSSEN und SCHEIN NACH INNEN sind hier recht deutlich sichtbar.

▲ **Abbildung 25.27**
In After Effects sehen die Photoshop-Effekte SCHEIN NACH AUSSEN und SCHEIN NACH INNEN nach dem Nachjustieren ganz elegant aus.

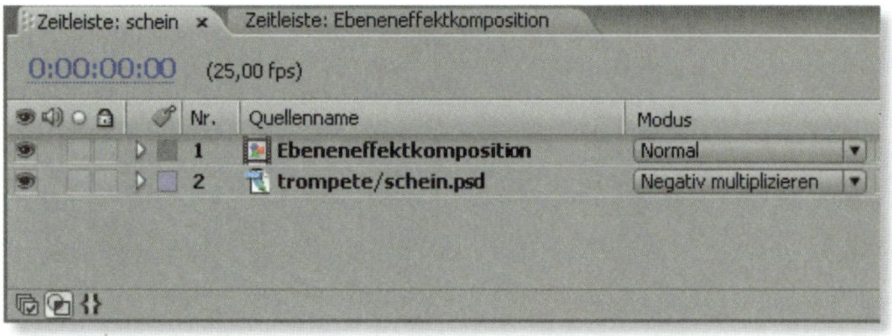

Abbildung 25.28 ▶
Für den Effekt SCHEIN NACH INNEN wird in After Effects eine Ebeneneffektkomposition als Unterkomposition angelegt.

Vom Effekt ABGEFLACHTE KANTE UND RELIEF werden die Einstellungen für KONTUR und STRUKTUR nicht übernommen, es sei denn, die Datei wird als Footage importiert. Doch dann sind Änderungen in After Effects nicht mehr möglich. Als Komposition importiert bleiben Farbe, Winkel, Tiefe und einige andere Einstellungen modifizierbar.

Für den Effekt FARBÜBERLAGERUNG legt After Effects wieder eine Unterkomposition an und übernimmt die Einstellungen korrekt. Die Effekte GLANZ, VERLAUFSÜBERLAGERUNG, MUSTERÜBERLAGERUNG und KONTUR werden von After Effects leider nicht übernommen.

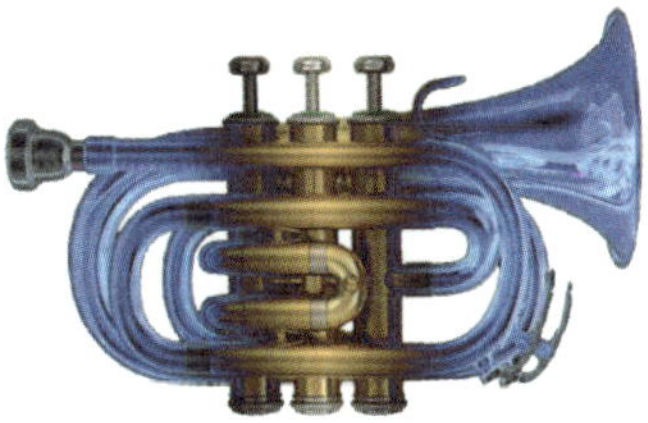

▲ **Abbildung 25.29**
Hier das Ergebnis des Effekts VERLAUFSÜBERLAGERUNG in Photoshop

Photoshop-Pfade in After Effects | In Photoshop erstellte Pfade können in After Effects als Masken oder als Bewegungspfad verwendet werden. Dazu wird der in Photoshop generierte Pfad markiert und mit [Strg]+[C] kopiert. Anschließend kann der Pfad in After Effects auf einer beliebigen Ebene mit [Strg]+[V] eingefügt werden.

Wird dabei nur die Ebene markiert, legt After Effects für den eingefügten Pfad eine oder mehrere Masken an. Wird die Eigenschaft Position einer Ebene markiert, fügt After Effects Bewegungskeyframes in die Ebene ein. Die Ebene folgt dann animiert dem Pfadverlauf. Dabei sollten Sie beachten, dass natürlich nicht mehr als ein Pfad auf einmal in die Positionseigenschaft eingefügt werden kann.

▲ **Abbildung 25.30**
Von der in Photoshop angelegten Verlaufsüberlagerung ist in After Effects nichts übrig geblieben.

▲ **Abbildung 25.31**
Ein Photoshop-Pfad kann in Photoshop ausgewählt und kopiert werden, um ihn anschließend in After Effects zu verwenden.

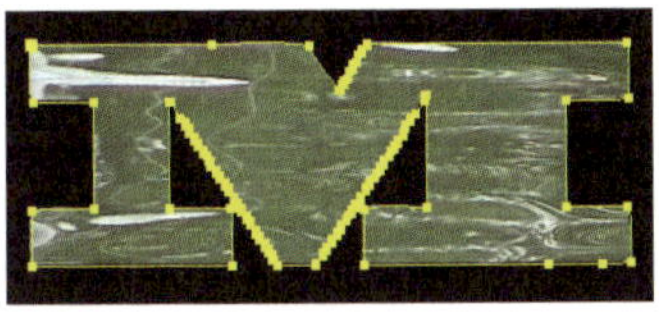

▲ **Abbildung 25.32**
Ein in Photoshop kopierter Pfad kann in einer After Effects-Ebene als Masken- oder Bewegungspfad eingefügt werden. Hier sehen Sie den Pfad als Maske in einem Video.

Weitere Informationen

Zur Vertiefung Ihrer Kenntnisse finden sich weitere Informationen zur Verwendung von Pfaden in After Effects im Abschnitt 11.4, »Pfade als Keygenerator«.

▲ **Abbildung 25.33**
In diesem Beispiel wurde ein Photoshop-Pfad einmal als Maske in eine Videoebene eingesetzt und in der Farbfläche als Bewegungspfad verwendet. Die runden »Punkte« im Bewegungspfad sind Roving Keyframes (zeitlich nicht fixierte Keyframes).

25.1.5 Photoshop-Dateien aus After Effects ausgeben und erzeugen

Aus After Effects können einzelne Frames als Dateien im Photoshop-Dateiformat ausgegeben werden. Dies dient zum einen der Weitergabe einzelner Frames aus einer Animation zur Printausgabe, zum anderen aber auch dazu, Standbilder der Animation in After Effects weiterzuverwenden. Der aktuelle Frame wird dabei entweder als Datei mit allen in After Effects angelegten Ebenen oder als eine zu einer Ebene zusammengerechnete Datei gespeichert. .

Die Optionen dazu befinden sich unter KOMPOSITION • FRAME SPEICHERN UNTER • DATEI bzw. PHOTOSHOP MIT EBENEN. Wenn die erste Option gewählt wurde, wird die Renderliste geöffnet. Darin legen Sie die Qualitätseinstellungen fest, und die Datei wird mit dem Namen der Komposition und der genauen Framenummer des Frames, den Sie rendern, ausgegeben.

Wenn Sie eine Photoshop-Datei mit Ebenen ausgeben, müssen Sie die Datei nur abspeichern. Rendern ist nicht erforderlich. Sämtliche After Effects-Ebenen finden Sie auch in Photoshop wieder. Wenn Ihre Komposition auch verschachtelte Kompositionen enthält, so werden diese in Photoshop als Ebenengruppe angezeigt. Sie haben also auch auf die Ebenen der verschachtelten Komposition Zugriff. Eine Benennung der Ebenen ist hier wieder einmal sehr ratsam.

Photoshop-Dateien erzeugen | Eine schöne Möglichkeit ist es, dass After Effects selbst Photoshop-Dateien erzeugen kann. Dies geht über EBENE • NEU • ADOBE-PHOTOSHOP-DATEI. Die automatisch geöffnete Photoshop-Datei erhält die Größe der After Effects-Komposition und kann nun bearbeitet werden. In After Effects wird die neue Datei zugleich automatisch in der aktuellen Komposition verwendet. Leider werden Änderungen nicht automatisch aktualisiert. Sie müssen daher jedes Mal den Befehl DATEI • FOOTAGE NEU LADEN verwenden, um Änderungen sichtbar zu machen.

25.2 Zusammenarbeit mit Adobe Illustrator

Die Integration mit Adobe Illustrator erlaubt es Ihnen, die umfangreichen Möglichkeiten dieser vektorbasierten Grafikapplikation mit After Effects zu neuen Höhen zu führen. Nutzen Sie Vektorgrafiken für animierte Tricksequenzen, für das Mischen mit Videomaterial oder als 3D-Material.

Im Verlaufe des Buches sind Sie des Öfteren mit Illustrator-Dateien in Berührung gekommen. Auffallend ist die perfekte Skalierbarkeit der Illustrator-Dateien, die ohne Qualitätsverlust in After Effects möglich ist. Auch für den 3D-Invigorator von Zaxwerks, der als kostenpflichtiges Plugin für After Effects zu haben ist, ist Illustrator eine Grundlage, um 3D-Objekte in After Effects zu generieren. Mehr dazu erfahren Sie im Zusatzkapitel »Der

3D-Invigorator«, das Sie auf der Website zum Buch unter www.galileodesign.de/1114 unter BUCHUPDATES finden.

25.2.1 Bilddaten in Illustrator vorbereiten

Neben Photoshop gehört Illustrator zu einer der wichtigsten, mit After Effects assoziierten Applikationen, die auf Grund ihrer sehr guten Integration einen unkomplizierten Arbeitsablauf ermöglichen. Zuerst stellt sich wieder die Frage danach, was Sie in Illustrator (hier wurde mit Illustrator CS2 gearbeitet) vor dem Import in After Effects beachten sollten.

Damit Grafikdateien aus Illustrator in After Effects möglichst problemlos verarbeitet werden können, beachten Sie folgende Hinweise.

Einheiten

Setzen Sie die Einheiten in Illustrator unter BEARBEITEN • VOREINSTELLUNGEN • EINHEITEN UND ANZEIGELEISTUNG im Einblendmenü ALLGEMEIN auf PIXEL, um in After Effects und der Illustrator-Datei mit den gleichen Dimensionen arbeiten zu können.

CMYK | Es ist möglich, CMYK-Dateien, die im AI-Format gespeichert wurden, in After Effects zu importieren. Um in After Effects bestmögliche Ergebnisse ohne Farbverschiebungen zu erzielen, verwenden Sie in Illustrator bereits bei der Erstellung Ihrer Dateien den Modus RGB-FARBE. Unter DATEI • DOKUMENTFARBMODUS können Sie den Modus im Nachhinein ändern und verwenden auch hier den Eintrag RGB-FARBE.

Ebenen | Falls Objekte einer Illustrator-Datei in After Effects einzeln animiert werden sollen, ist es notwendig, diese in Illustrator bereits in einzelnen Ebenen angelegt zu haben. Wie bei Photoshop-Dateien sollten Ebenen auch in Illustrator eindeutig benannt werden, um in After Effects die Zuordnung zu vereinfachen.

Text | Sollte die Illustrator-Datei auf verschiedenen Systemen verwendet werden, stellen Sie sicher, dass die in Illustrator verwendeten Fonts auf den anderen Systemen installiert sind. Es ist auch möglich, die Illustrator-Texte zuvor in Pfade umzuwandeln, um die Schriftart auf anderen Systemen in gleicher Weise anzuzeigen. Markieren Sie dazu den Text in Illustrator und wählen SCHRIFT • IN PFADE UMWANDELN. Ebenso komfortabel wie in Illustrator können Sie in After Effects Text editieren. Die dafür zur Verfügung stehenden Zeichen- und Absatzpaletten gleichen denen in Illustrator.

Pfade | Sie können Illustrator-Pfade in After Effects verwenden. Um die Pfade in After Effects verwenden zu können, aktivieren Sie in Illustrator unter BEARBEITEN • VOREINSTELLUNGEN • DATEIEN VERARBEITEN UND ZWISCHENABLAGE die Optionen AICB und

PFADE BEIBEHALTEN. Die Pfade werden ebenso wie in Photoshop zuerst in Illustrator mit Strg+C kopiert und dann mit Strg+V entweder auf einer markierten Ebene als Maske oder in der markierten Positionseigenschaft einer Ebene oder eines Effekts als Bewegungskeyframes eingesetzt.

Schnittmarken | Wenn in Illustrator keine Schnittmarken definiert werden, importiert After Effects die Illustrator-Datei in den Ausmaßen der Ebenen mit den größten horizontalen und vertikalen Abmessungen. Die in Illustrator festgelegte Dokumentgröße wird dabei ignoriert. Um die Datei dennoch in der Größe des Dokuments in After Effects zu erhalten, legen Sie Schnittmarken fest. Achten Sie in Illustrator darauf, dass keine Ebene ausgewählt ist, und wählen dann OBJEKT • SCHNITTBEREICH • ERSTELLEN. Es werden Schnittmarken in der Größe des Dokuments festgelegt.

Falls Sie die Illustrator-Datei in einer anderen Größe als der des Dokuments in After Effects verwenden möchten, können Sie mit dem Rechteck-Werkzeug M in Illustrator einen entsprechenden Rahmen aufziehen, diesen ausgewählt lassen und dann auf gleichem Wege wie oben Schnittmarken in der Größe des Rechtecks erstellen.

Sichern | Beim Sichern der Illustrator-Datei wählen Sie das Illustrator-Dateiformat (.ai). In den ILLUSTRATOR-OPTIONEN wählen Sie PDF-KOMPATIBLE DATEI ERSTELLEN und setzen auch ein Häkchen bei KOMPRIMIERUNG VERWENDEN. After Effects sollte dann die Datei ohne Probleme importieren können.

Illustrationen

Die hier abgebildeten Illustrationen hat das Büro für Gestaltung Anke Thomas (www.anketho.de) freundlicherweise zur Verfügung gestellt.

25.2.2 Import und Animation einer Illustrator-Datei

Den Umgang mit Illustrator-Dateien möchte ich Ihnen in dem folgenden Workshop an einem praktischen Beispiel verdeutlichen.

Schritt für Schritt: Der Umgang mit einer Illustrator-Datei

1 Öffnen der Illustrator-Datei

Sie müssen nicht erst selbst eine Datei in Illustrator erstellen. Für diesen Workshop liegt bereits die Datei »ueberflieger.ai« im Ordner 25_INTEGRATION_CS/ILLUSTRATOR für Sie bereit. Schauen Sie sich die Datei zuerst in Illustrator an, sofern das Programm auf Ihrem System installiert ist.

2 Import der Illustrator-Datei

Importieren Sie die Datei »ueberflieger.ai« aus dem bereits genannten Ordner mit Strg+I in ein neues After Effects-Projekt. Wählen Sie unter IMPORTIEREN ALS den Eintrag KOMPOSITION – BESCHNITTENE EBENEN. Da ich die Illustrator-Datei mit Schnittmarken versehen habe, wird die After Effects-Komposition in der gleichen Größe angelegt wie das Illustrator-Dokument. Durch Verwendung der Option BESCHNITTENE EBENEN bleiben die Illustrator-Ebenen in ihrer Größe erhalten. Der Ankerpunkt wird auf den Mittelpunkt einer jeden Ebene gesetzt.

Mit der Option IMPORTIEREN ALS • KOMPOSITION werden die Ebenen auf die Dokumentgröße beschnitten und in dieser Größe auch importiert. Der Ankerpunkt aller Ebenen entspricht dann dem Dokumentmittelpunkt.

Umwandlung beim Import

Beim Import einer Illustrator-Datei wandelt After Effects Text in Pfade um. Leere Bereiche einer Grafik werden in After Effects durch Umwandlung in Alphakanäle transparent dargestellt. Die Vektorinformation der Illustrator-Datei wird in Pixel umgerechnet.

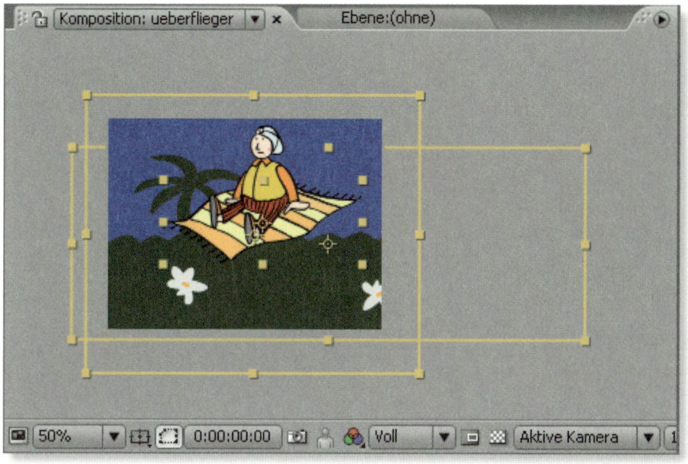

◀ **Abbildung 25.34**
Mit der Importoption KOMPOSITION – BESCHNITTENE EBENEN bleiben die in Illustrator festgelegten Ebenengrößen auch in After Effects erhalten.

3 Animation der Palmen

Kontrollieren Sie zuerst die Dauer der Komposition und ändern Sie sie gegebenenfalls auf etwa fünf Sekunden Länge.

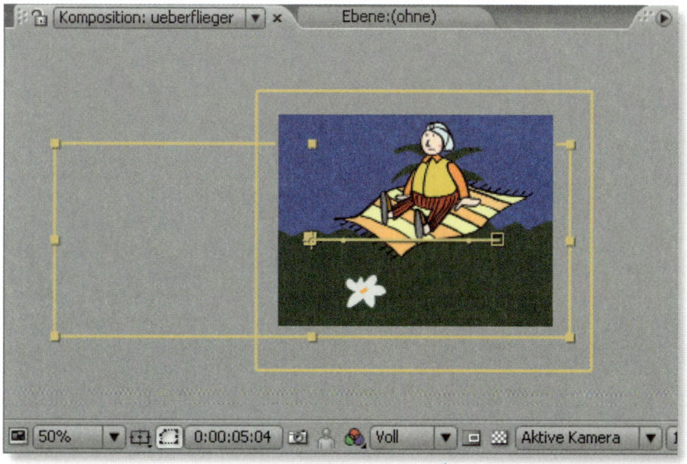

◀ **Abbildung 25.35**
Die Ebene »palmen« wurde nach links verschoben und hier zur besseren Darstellung mit einem gelben Rahmen eingefärbt.

Markieren Sie zur Animation die Ebene »palmen« und blenden Sie mit der Taste [P] die Positionseigenschaft ein. Vergewissern Sie sich, dass die Zeitmarke auf dem Zeitpunkt 00:00 steht und setzen Sie mit der Stoppuhr einen ersten Key. Drücken Sie die Taste [Ende], damit die Zeitmarke ans Ende der Komposition springt. Ziehen Sie dann die Ebene »palmen« bei gleichzeitigem Drücken der Taste [⇧] im Kompositionsfenster soweit nach links, bis der rechte Rand der Ebene fast mit dem rechten Rand der Komposition abschließt. Vor der Animation des Kalifs und seines Teppichs aktivieren Sie noch den Schalter OPTIMIEREN (1).

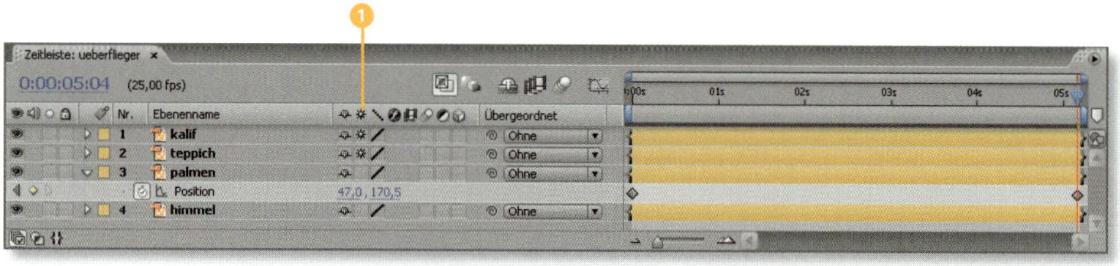

▼ **Abbildung 25.36**
Die Animation der »palmen«-Ebene erfolgt über die Eigenschaft POSITION mit zwei Keyframes.

4 Unterkomposition für Kalif und Teppich

Jetzt sollen Kalif und Teppich gemeinsam animiert werden. Dazu ist es günstig, wenn beide Ebenen einen gemeinsamen Ankerpunkt besitzen. Andernfalls zieht das bei der später geplanten Skalierung unerwünschte Ergebnisse nach sich. Zum Zusammenfassen der Ebenen mit einem gemeinsamen Ankerpunkt wird eine Unterkomposition erstellt.

Markieren Sie dazu die Ebenen »kalif« und »teppich« und wählen Sie im Menü unter EBENE den Eintrag UNTERKOMPOSITION ERSTELLEN. Geben Sie einen Namen für die neue Komposition ein. Mit der Option ALLE ATTRIBUTE IN DIE NEUE KOMPOSITION VERSCHIEBEN werden alle Einstellungen, die an den Ebenen vorgenommen wurden, in die neue Komposition übernommen. Lassen Sie die Option aktiviert und bestätigen Sie mit OK.

Der Ankerpunkt der Unterkomposition sitzt nun genau in der Mitte des Kompositionsfensters, und die Umrahmung der Ebenen entspricht der Kompositionsgröße. Wollen Sie Änderungen an den einzelnen Ebenen der Unterkomposition vornehmen, muss die zugehörige Komposition geöffnet werden. Aktivieren Sie auch für die neu entstandene Unterkomposition den Schalter OPTIMIEREN.

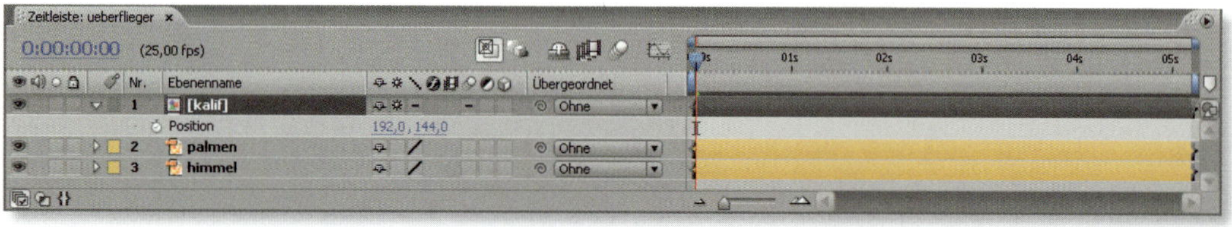

▼ **Abbildung 25.37**
Die beiden Ebenen »kalif« und »teppich« wurden in einer Unterkomposition zusammengefasst. Diese ist danach als verschachtelte Komposition in der Hauptkomposition enthalten.

5 Animation des Kalifs und seines Teppichs

Der Kalif ist recht froh, mit dem Teppich sicher verbunden zu sein, denn er soll jetzt über die Landschaft fliegen.

Um den Kalifen von rechts nach links durchs Bild fliegen zu lassen, blenden Sie mit der Taste [P] die Positionseigenschaft der Unterkomposition ein. Ziehen Sie die Zeitmarke auf den Zeitpunkt 00:00 und setzen Sie einen ersten Positionskey. Verschieben Sie den Kalifen im Kompositionsfenster nach rechts außen, bis er dort verschwindet. Verschieben Sie die Zeitmarke auf das Ende der Komposition und ziehen Sie den Kalifen dann nach links außen, bis er dort wieder verschwindet.

Blenden Sie mit der Taste [S] die Eigenschaft SKALIERUNG für die Unterkomposition ein. Setzen Sie einen ersten Key bei 01:00 auf 100 %. Einen zweiten Key setzen Sie bei 02:10 mit dem Wert 180 %. Verschieben Sie dann den Kalifen im Kompositionsfenster ein wenig nach unten, bis das Gesicht des Kalifen zu sehen ist. Es entsteht automatisch ein neuer Key in der Positionseigenschaft. Einen letzten Skalierungskey benötigen wir noch bei 04:00 mit dem Wert 100 %. Sie sehen, mit Illustrator-Dateien arbeitet es sich so bequem wie mit jedem anderen Rohmaterial.

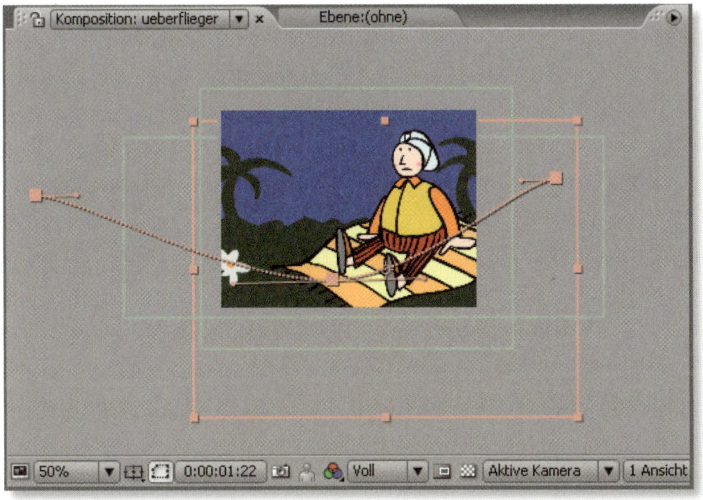

◀ **Abbildung 25.38**
Der animierte Kalif mit Bewegungspfad

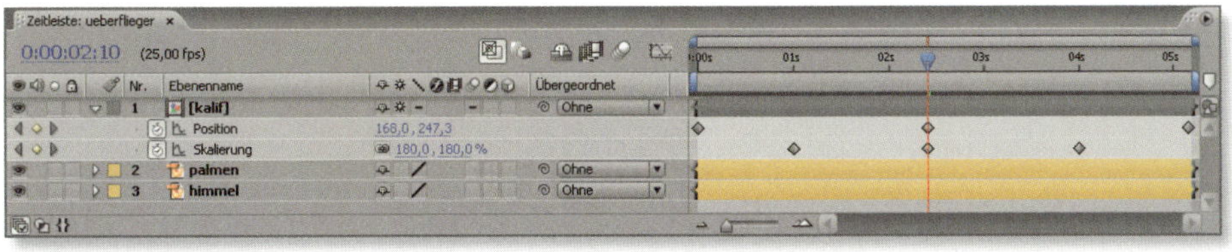

▲ **Abbildung 25.39**
Die Keyframes der fertigen Animation des Kalifen und seines Teppichs

Illustrator-Sequenzen

Illustrator-Sequenzen werden von After Effects wie jede andere Sequenz auch importiert. Es ist wie bei allen Sequenzen notwendig, vor dem Import die Illustrator-Dateien in gleicher Größe zu erstellen und fortlaufend zu nummerieren. Für die Dateien sollte ein extra Ordner angelegt werden

Kontinuierlich rastern | Im Workshop haben Sie die kontinuierliche Rasterung von importierten Illustrator-Dateien bereits erfolgreich eingesetzt, um die optimale Qualität der Datei auch bei hohen Skalierungen zu sichern. Der im Workshop beschriebene Schalter OPTIMIEREN bzw. TRANSFORMATIONEN FALTEN ist dafür verantwortlich, wie After Effects auf die Illustrator-Ebene angewendete Transformationen, Masken und Effekte rendert.

Zur Erläuterung: Beim Import der Illustrator-Datei wandelt After Effects die Vektorinformation in Pixel um. Wird nun die Datei in After Effects **ohne** aktiven OPTIMIEREN-Schalter über 100 % skaliert, wirkt die Grafik unscharf, da hier Pixel vergrößert werden. Ist der Schalter aber aktiv, werden die in After Effects angewendeten Transformationen wie Skalierung und Drehung zuerst mit der Originaldatei berechnet. Danach erfolgt erst das Rastern, also das Umwandeln in Pixel.

▲ **Abbildung 25.40**
Bei einer Illustrator-Datei, die ohne die Option KONTINUIERLICH RASTERN über 100 % skaliert wird, wirken die Konturen unscharf.

▲ **Abbildung 25.41**
Wurde die Option KONTINUIERLICH RASTERN aktiviert, gibt es bei der Darstellungsqualität von skalierten Dateien keine Probleme.

In früheren After Effects-Versionen war das Anwenden von Masken und Effekten auf optimierte Ebenen (auch verschachtelte optimierte Kompositionen) nicht möglich. Inzwischen ist dies jedoch kein Problem mehr. Sie können also getrost mit den Effekten und Masken arbeiten. Ein weinendes Auge bleibt allerdings dabei: Einige Effekte haben, auf optimierte Ebenen angewendet, ein anderes Aussehen als bei nicht optimierten Ebenen. Dies wird deutlich, wenn die optimierte Ebene gemeinsam mit dem Effekt skaliert wird. Bei einer optimierten Ebene wird der Effekt nicht mitskaliert.

▲ **Abbildung 25.42**
Der Effekt KOMPLEXES WÖLBEN auf eine nicht skalierte Illustrator-Datei angewendet

▲ **Abbildung 25.43**
Der Effekt wird bei der Skalierung der optimierten Ebene nicht mitskaliert und muss im Nachhinein angepasst werden.

26 Workflow mit Premiere Pro, Encore DVD, Final Cut Pro, Avid und Motion

26.1 Zusammenarbeit mit Adobe Premiere Pro

Adobe hat in den letzten Versionen von Premiere einigen Fortschritt im Vergleich zu anderen Schnittprogrammen gemacht und dem Programm passend zum Namenszusatz Pro professionelle Funktionen gegönnt. Premiere Pro zeichnet sich unter den Videoschnittlösungen durch die beste Integration mit After Effects aus. Für einen flüssigen Arbeitsprozess ist die gute Integrierbarkeit der Adobe-Applikationen untereinander ein großer Vorteil.

Wie bei allen Schnittprogrammen, deren Daten mit anderen Programmen ausgetauscht werden sollen, ist es auch für den Austausch zwischen Premiere und After Effects entscheidend, welche Daten der Zeitleiste und der darin bearbeiteten Clips übernommen werden sollen. Dabei geht es um die Übernahme von In- und Out-Points der geschnittenen Clips, Schnittmarken, Überblendungen, Effekten, Titeln, Änderungen der Clipgeschwindigkeit und Transformationen.

After Effects übernimmt die Daten aus Premiere Pro in Form eines Premiere-Projekts. Dabei werden viele Funktionen unterstützt, aber es geht auch manches verloren. Der umgekehrte Weg ist, ein Premiere Pro-Projekt aus After Effects zu exportieren und darüber die After Effects-Bearbeitung in Premiere Pro zu verwenden. Die nachfolgenden Beschreibungen beziehen sich auf die Verwendung von Premiere Pro 2.0. Viele der Funktionen sind aber auch mit älteren Premiere-Versionen identisch oder ähnlich.

Premiere Pro will Windows

Premiere Pro kann nur auf Windows-Rechnern installiert werden. Für den Mac ist leider keine kompatible Version zu haben. Auch der Import von Premiere-Projekten in eine auf dem Mac installierte After Effects-Version ist nicht möglich. Die einzige Möglichkeit, dennoch Premiere-Daten in ein AfterEffects-Projekt auf dem Mac zu bekommen, ist der Weg über das Dateiformat AAF (Abschnitt 26.1.3).

26.1.1 Videodaten in Premiere Pro vorbereiten

Wenn Sie vorhaben, die Bearbeitungsfunktionen von Premiere Pro zu nutzen und das Projekt dann in After Effects abzuschließen oder einige Bearbeitungsschritte dort vorzunehmen, sind ein paar Dinge zu beachten.

Clipgeschwindigkeit

Die können Sie in Premiere Pro auch frei gestalten. After Effects übersetzt sie in Dehnungswerte.

Clipmarken

Clipmarken werden in After Effects als Ebenenmarker übernommen. Wie After Effects mit Premiere Pro konkret zusammenarbeitet, schauen wir uns im folgenden Workshop genauer an.

Clips | Es ist günstig, Clips innerhalb von Premiere Pro eindeutig zu benennen und diese in Ordnern zu organisieren. After Effects übernimmt beides und noch mehr.

Sequenzen | Sequenzen aus Premiere Pro werden in After Effects als Kompositionen eingesetzt. Eine eindeutige Benennung von Sequenzen in Premiere Pro ist angebracht. Das in der Sequenz enthaltene Rohmaterial wird automatisch mitimportiert, und die Bearbeitung innerhalb der Sequenz bleibt unter Beachtung der weiteren Ausführungen erhalten.

Titel und Texte | Sollten Sie planen, Ihr Premiere Pro-Projekt in After Effects abzuschließen, empfehle ich Ihnen, dort auch Titel und Texte zu gestalten, denn After Effects lässt von den Premiere-Texten beim Import nicht viel übrig. Stattdessen finden Sie Farbflächen vor, die immerhin die Dauer der Titel und Texte widerspiegeln.

Effekte | Es ist empfehlenswert, in Premiere nur die Effekte anzuwenden, die auch in After Effects zur Verfügung stehen. Premiere Pro-spezifische Videoüberblendungen wie EINSCHWINGEN, DEHNEN & STAUCHEN, HERAUSSCHÄLEN oder AUFFALTEN (in der Effektepalette von Premiere Pro mit einem Rechteck dargestellt) übernimmt After Effects nicht und stellt auch diese nur als Farbfläche dar, welche noch die Dauer der Videoüberblendung erkennen lässt.

Transparenzen und Überblendungen | Deckkrafteinstellungen, die Überblendung WEICHE BLENDE aus dem Ordner VIDEOÜBERBLENDUNGEN und die Überblend-Effekte aus dem Ordner ÜBERBLENDEN werden von After Effects übernommen und können problemlos in Premiere Pro animiert und in After Effects modifiziert werden.

Bewegungen | Einstellungen und Animationen, die Sie in Premiere Pro für die Eigenschaften POSITION, SKALIERUNG, DREHUNG oder ANKERPUNKT festlegen, werden von After Effekts übernommen. Keyframes für animierte Eigenschaften finden Sie unter dem Eintrag TRANSFORMIEREN in der Zeitleiste.

26.1.2 Import einer Premiere Pro-Datei

In diesem Workshop kommt es auf den Vergleich der Premiere Pro-Datei mit dem in After Effects angezeigten Ergebnis nach dem Import des Premiereprojekts an.

Schritt für Schritt: Der Umgang mit Premiere Pro-Daten

1 Öffnen der Premiere Pro-Datei

Starten Sie Premiere Pro und öffnen Sie zuerst das Premiere-Projekt. Falls Sie eine ältere oder gar keine Premiere-Version besitzen, vergleichen Sie einfach mit den hier abgebildeten Screenshots.

Sie finden die Premiere-Projektdatei »integration.prproj« im Ordner 26_INTEGRATION_VIDEO/PREMIERE. Das aus Premiere gerenderte Movie befindet sich im selben Ordner und trägt den Namen »footballmatch.mov«. Schauen Sie sich die Ordnerstruktur im Projektfenster von Premiere Pro an und vergleichen Sie sie später in After Effects.

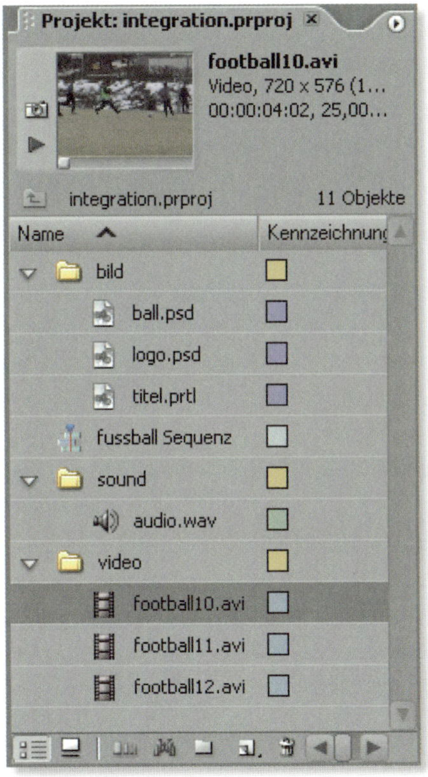

▲ **Abbildung 26.1**
Im Premiere-Projekt wurden Ordner und Rohmaterialien eindeutig benannt, um spätere Verwirrungen zu vermeiden.

2 In Premiere Pro

Im Schnittfenster des Premiere-Projekts befinden sich ein in Premiere Pro erstellter Titel, ein per Drehung und Position animierter Ball, eine Photoshop-Datei bzw. ein Logo, drei Videos und eine Audiodatei.

Auf die Videos habe ich die Videoüberblendungen WEICHE BLENDE und RADIALES WISCHEN und die Videoeffekte EINFÄRBEN und LINEARE BLENDE angewendet. Die beiden letzteren gehören zu den Effekten, die in After Effects problemlos mit allen Keyframes übernommen werden. Zu erkennen ist dies am Stecker-Symbol ❶. WEICHE BLENDE ist aber nicht in After Effects vorhanden.

Zusätzlich habe ich den In-Point des allerersten Videos zum Standbild erklärt und die Geschwindigkeit des letzten Clips verlangsamt. In der Audiospur befinden sich Clipmarken. Mal sehen, was After Effects von all dem übrig lässt ...

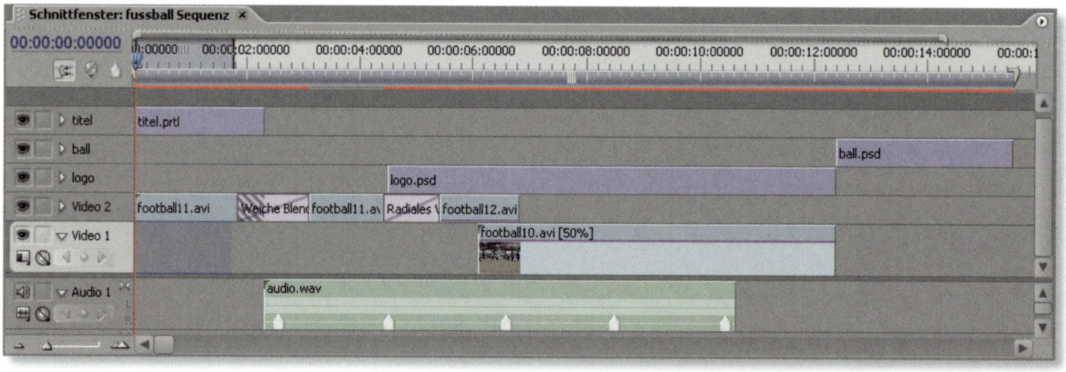

▼ **Abbildung 26.2**
Im Premiere-Schnittfenster sind mehrere Clips geschnitten und ineinander überblendet worden.

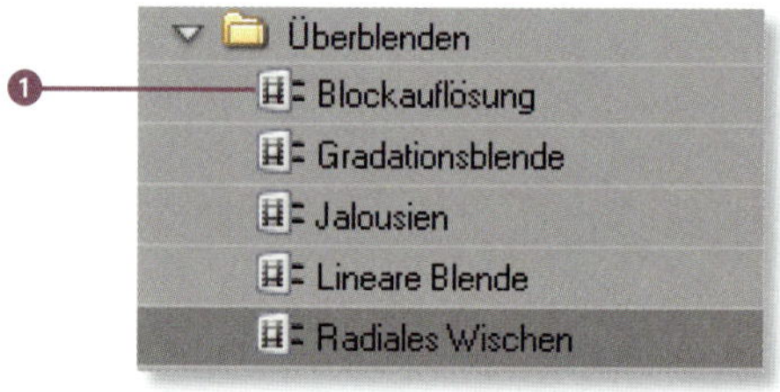

Abbildung 26.3 ▶
Mit dem Stecker-Symbol gekennzeichnete Effekte, die auch in After Effects vorhanden sind, werden problemlos mit allen Keyframes nach After Effects übernommen.

3 Import der Premiere Pro-Datei

Ein Premiere-Projekt, das Sie in After Effects importieren wollen, speichern Sie ganz normal wie jede andere Premiere Pro-Projektdatei.

Starten Sie After Effects und importieren Sie die Datei »integration.prproj« aus dem Ordner 26_INTEGRATION_VIDEO/PREMIERE mit Strg+I. Im Dialog DATEI • IMPORTIEREN wählen Sie die zuvor gesicherte Premiere Pro-Datei mit ÖFFNEN aus. Im Dialog PROJEKT IMPORTIEREN wählen Sie den Eintrag ALLE SEQUENZEN unter SEQUENZ AUSWÄHLEN und setzen gegebenenfalls ein Häkchen bei AUDIO IMPORTIEREN. After Effects übernimmt die in Premiere Pro angelegten Projektordner mit identischen Namen.

Die in Premiere Pro erstellte Sequenz erscheint in After Effects als Komposition.

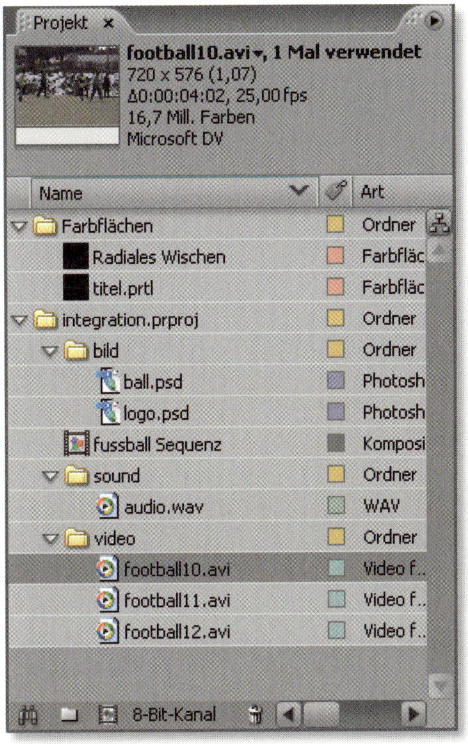

◂ **Abbildung 26.4**
Im After Effects-Projektfenster sieht es ganz ähnlich wie in Premiere Pro aus. Alle Benennungen sind erhalten geblieben. Die in Premiere Pro erstellte Sequenz erscheint hier als Komposition.

4 Was wurde übernommen

Im Ordner FARBFLÄCHEN befinden sich von After Effects erzeugte Farbflächen, die anstelle der Videoüberblendung RADIALES WISCHEN und des Titels erscheinen. Die Überblendung und der Titel selbst sind dahin, und die Farbflächen deuten nur noch das Timing und die Position an. Doppelklicken Sie auf die Komposition im Projektfenster, um sie zu öffnen. Markieren Sie alle Ebenen in der Zeitleiste mit [Strg]+[A] und drücken Sie die Taste [U], um die zu After Effects übernommenen Keys anzuzeigen.

Schauen wir einmal, was After Effects alles von Premiere Pro übernommen hat. Die Reihenfolge der in Premiere angelegten Spuren spiegelt sich in der Ebenenreihenfolge wider. Der Titel überdeckt als Farbfläche die darunter befindlichen Ebenen. Der Ball ist mit den Keys für Position und Drehung übernommen worden.

Das Logo ist mitsamt Transparenz erhalten geblieben. Das erste Video wird weiterhin als Standbild angezeigt. Zu verdanken ist dies der in After Effects angewendeten Zeitverzerrung ❶.

Rohmaterial neu verlinken

Sollten beim Import der Premiere-Datei in After Effects Dateien als fehlend angezeigt werden, ist nur dieVerknüpfung zu den Dateien abhanden gekommen. Kopieren Sie in diesem Falle den Ordner PREMIERE aus dem Ordner 26_INTEGRATION_VIDEO auf Ihre Festplatte und versuchen Sie den Import erneut oder verlinken Sie das Rohmaterial neu mit dem importierten Projekt. Wählen Sie dazu die jeweilige fehlende Datei im Projektfenster aus und wählen dann DATEI • FOOTAGE ERSETZEN • DATEI.

Die Videoüberblendung Weiche Blende wurde zu Deckkraft-Keyframes ❷ gewandelt.

Für das Video »football12.avi« ist der Videoeffekt Lineare Blende ❸, für das Video »football10.avi« der Effekt Einfärben komplett mit Keys erhalten geblieben. Auch die Geschwindigkeitsänderung ist dabei und wurde in einen Wert für die Dehnung ❹ übersetzt. Die Videoüberblendung Radiales Wischen ist als Farbfläche ❺ sichtbar und enthält Anfang und Ende der Überblendung. Die In- und Out-Points der Videos werden korrekt angezeigt und können nun nachträglich noch verändert werden. Es bietet sich jedoch an, den Videoschnitt in Premiere Pro mit den dort vorhandenen professionellen Werkzeugen zu gestalten. Jetzt noch zur Audio-Ebene: Die Clipmarken sind Ebenenmarken in After Effects. – Es ist doch eine ganze Menge übernommen worden.

After Effects zuerst installieren

Das Premiere Pro-Plugin, das für den Import der Premiere Pro-Projekte in After Effects verantwortlich ist, wird erst mit der Installation von Premiere Pro installiert. Für ein reibungsloses Funktionieren des Imports der Premiere Pro-Projekte in After Effects wird empfohlen, After Effects vor Premiere Pro zu installieren.

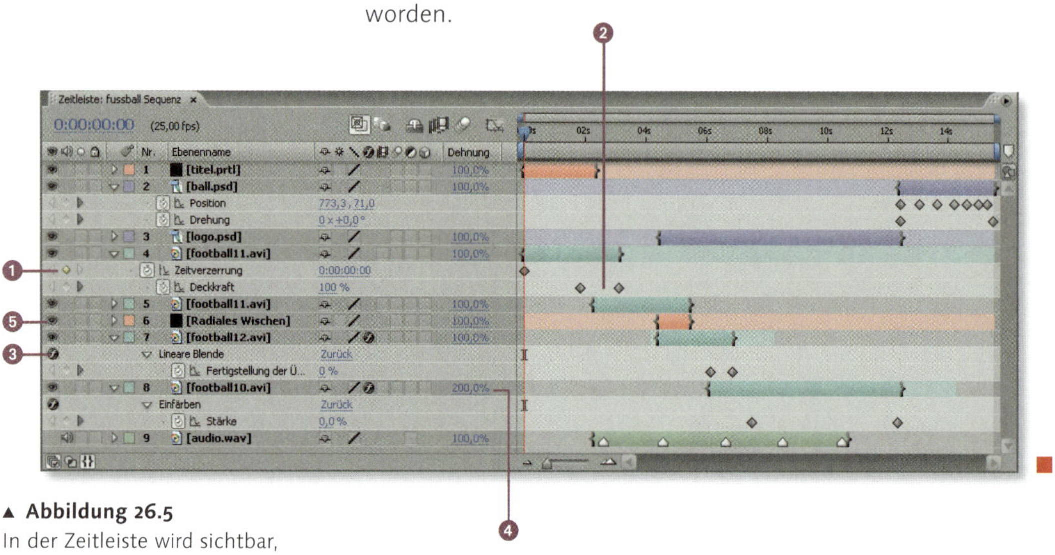

▲ **Abbildung 26.5**
In der Zeitleiste wird sichtbar, dass einige Überblendungen und der Titel aus Premiere Pro verloren gegangen sind, aber das meiste wurde doch korrekt übernommen.

26.1.3 AAF-Dateien

Die Weitergabe von Zeitleisten- und Clipinformationen an andere Programme ist durch den Export als AAF (Advanced Authoring Format) aus Premiere Pro möglich. After Effects ist wie andere Programme auch in der Lage, AAF-Dateien zu importieren. Für die Besitzer eines Mac ist es über dieses Format möglich, in After Effects mit Premiere Pro-Daten zu arbeiten. In Premiere Pro wird eine AAF-Datei über Projekt • Projekt exportieren als AAF erzeugt.

Nach dem Import in After Effects sind allerdings eine Menge der Ursprungsinformationen wie Projektordner, Textebenen und Clipmarken und Effekte verloren gegangen. Für komplexe Premiere-Projekte ist der Austausch über das AAF-Dateiformat daher noch nicht zu empfehlen.

AAF-Beispiel

Im Ordner 26_Integration_Video/Premiere befindet sich die Datei »integration.aaf«, anhand derer Sie die übernommenen Funktionen selbst studieren können. Es handelt sich um das ins AAF-Format exportierte Premiere Pro-Projekt des vorangegangenen Workshops.

Rohmaterial wird unter Mac OS und manchmal auch unter Windows als fehlend und mit einem Platzhalter angezeigt. Über Footage ersetzen kann das Material jedoch neu verlinkt werden. Immerhin bleiben die In- und Out-Points geschnittener Clips korrekt erhalten. Und auch manche Überblendung bleibt bestehen. Daneben werden Deckkrafteinstellungen korrekt dargestellt.

26.1.4 Capturing über Premiere Pro (nur Production Studio und nur Windows)

Als Besitzer des Adobe Production Studio Bundles haben Sie die Möglichkeit, die Aufnahme von Videodaten direkt von After Effects aus zu starten. Sie wählen dazu Datei • Importieren • In Premiere Pro erfassen.

Premiere Pro wird daraufhin gestartet, und nachdem Sie einen Dateinamen und einen Speicherort festgelegt haben, öffnet sich das Fenster Aufnehmen. Nach der Aufnahme erscheint das neue Rohmaterial automatisch importiert im After Effects-Projektfenster.

26.1.5 After Effects-Daten in Premiere Pro

Außer der erwähnten Möglichkeit der Datenübernahme von After Effects nach Premiere Pro über die Zwischenablage können Sie auf herkömmlichem Wege wie in den früheren After Effects-Versionen Ihr gerendertes Ergebnis in Premiere Pro weiterverwenden. Doch das ist natürlich nicht, was Sie hören wollen.

After Effects-Projekte können auch als Premiere Pro-Projekte exportiert werden. Premiere Pro bietet (neben Encore DVD) mit Adobe Dynamic Link außerdem die Möglichkeit, After Effects-Kompositionen ohne Rendervorgang in einem Premiere Pro-Projekt zu verwenden. Die After Effects-Kompositionen werden dabei identisch übernommen. Dazu gleich mehr. Allerdings sind diese Funktionen für die Mac-Welt unterschlagen worden. Die letztere der beiden Möglichkeiten ist zudem nur dem Besitzer des Adobe Production Studio zugänglich.

Premiere Pro-Projekte exportieren | Es ist einfach, aus einer After Effects-Datei eine Premiere Pro-Datei zu erzeugen. Wählen Sie dazu in After Effects Datei • Exportieren • Adobe Premiere Pro-Projekt. Geben Sie anschließend einen Speicherort an. Das Rendern der After Effects-Daten ist nicht nötig.

Das Premiere Pro-Projekt starten Sie wie gewohnt. Welche Daten aus After Effects nach Premiere Pro übernommen werden, entnehmen Sie bitte dem Abschnitt »Was übernimmt Premiere Pro?« weiter unten im Text.

Clips und Ebenen austauschen

Ein sehr bequemer Weg, bearbeitete Clips zwischen Premiere Pro und After Effects auszutauschen, bietet sich mit der Zwischenablage. Sie können sowohl in Premiere Pro bearbeitete Clips als auch in After Effects bearbeitete Ebenen markieren, mit Strg+C kopieren und im jeweils anderen Programm mit Strg+V einfügen.

Alle Einstellungen, die beim Import von Premiere Pro-Projekten unterstützt werden, bleiben auch bei den in After Effects eingefügten Clips erhalten.

Adobe Dynamic Link

Weitere Informationen zur Arbeit mit Adobe Dynamic Link finden Sie im Abschnitt 26.3, »Adobe Dynamic Link (nur Production Studio und nur Windows)«.

Der herkömmliche Weg | Wenn Sie auf herkömmlichem Weg Daten aus After Effects in Premiere Pro übernehmen wollen, beachten Sie bitte folgende Hinweise:

Es ist wichtig, Animationen, die weiterbearbeitet werden sollen, aus After Effects in optimaler Qualität auszugeben. Animationen rendern Sie in After Effects auf gewohntem Wege in ein in Premiere Pro importierbares Format wie QuickTime oder AVI. Dabei sollten Sie die Datei ohne verlustbehaftete Komprimierung speichern, um eine hohe Qualität beizubehalten ❶. Falls Sie Transparenzen mitspeichern wollen, ist die Ausgabeeinstellung RGB+ALPHA ❷ zwingend.

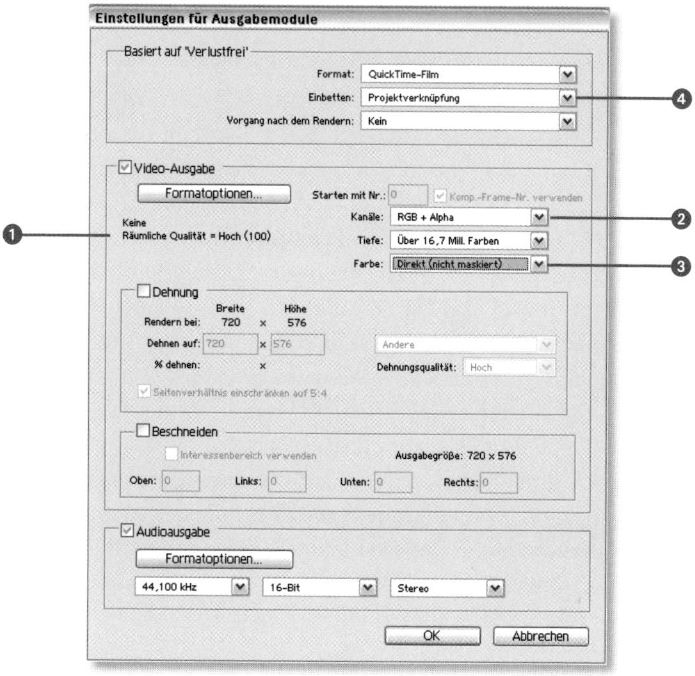

Abbildung 26.6 ▸
Ein Projekt, das von After Effects aus in Premiere Pro weiterverarbeitet werden soll, wird als Filmdatei unkomprimiert gerendert und anschließend in Premiere Pro importiert.

Wird der Ausgabedatei die Transparenzinformation mitgegeben, ist zu empfehlen, unter FARBE den Eintrag DIREKT (NICHT MASKIERT) ❸ zu wählen. Es wird ein direkter Alphakanal separat neben den RGB-Kanälen angelegt. Mit der Option INTEGRIERT (MASKIERT) speichern Sie die Transparenzinformation in einem integrierten Alphakanal, bei dem es in Premiere Pro zu einer veränderten Anzeige halbtransparenter Flächen kommen kann. Vergleichen Sie dazu die folgenden Abbildungen. Mehr zu direkten und integrierten Alphakanälen lesen Sie im Kapitel 18, »Masken, Matten und Alphakanäle«.

Unter dem Punkt EINBETTEN ist es günstig, den Eintrag PROJEKTVERKNÜPFUNG ❹ zu wählen, wenn Sie spätere Aktualisierungen Ihrer After Effects-Animationen planen. In der gerenderten Datei wird dadurch ein Link zur Projektdatei mitgespeichert. Das After Effects-Projekt lässt sich dann schnell von Premiere Pro aus starten, indem Sie in Premiere Pro den Befehl BEARBEITEN • ORIGINAL BEARBEITEN bzw. Strg+E verwenden.

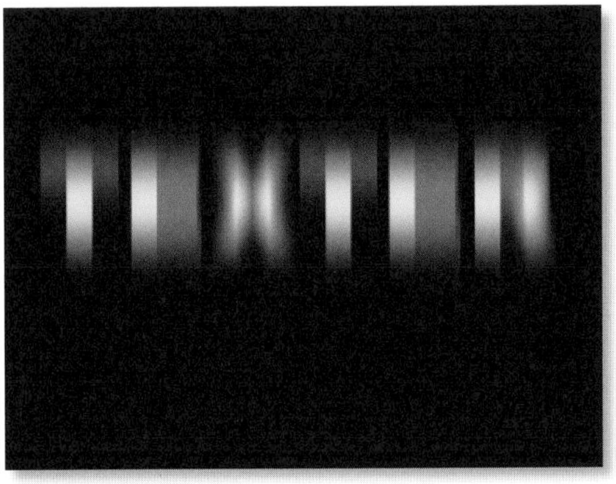

▲ **Abbildung 26.7**
Ein weichgezeichneter Text wird in Premiere richtig dargestellt, wenn er wie hier mit direktem Alphakanal aus After Effects ausgegeben wurde.

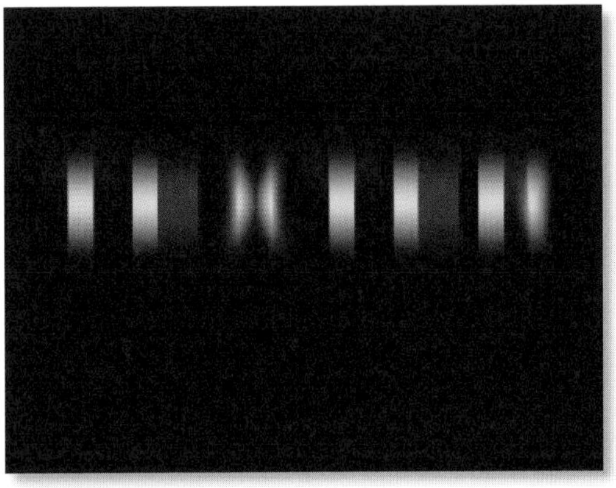

▲ **Abbildung 26.8**
Im Vergleich zur Abbildung des Texts mit direktem Alphakanal erscheint die Darstellung des Texts mit indirektem Alphakanal fehlerhaft.

Zur Weiterbearbeitung in Premiere Pro ist auch die Ausgabe einer Bildsequenz (TIFF, TGA oder PSD) unproblematisch, da Bildsequenzen von Premiere Pro ebenfalls importiert werden können. Auf diesem Weg können Sie zum Beispiel in After Effects animierte Titel und Texte als gerenderte Sequenz in Premiere Pro verwenden.

Was übernimmt Premiere Pro? | In After Effects geschnittene Ebenen übernimmt Premiere Pro identisch. Transparente Dateien werden ebenso dargestellt wie in After Effects. Auch Deckkrafteinstellungen und sämtliche animierten Transformationseigenschaften werden in Premiere korrekt dargestellt und sind dort modifizierbar.

Weitere Informationen zum Rendern von Dateien finden Sie in Kapitel 13.

Verschachtelte Kompositionen übernimmt Premiere Pro als Sequenz, so dass Sie auch in Premiere immer noch Zugriff auf die einzelnen Elemente der Komposition haben. Ebenen, die in After Effects mit DEHNUNG zeitverzerrt wurden, werden in dieser veränderten Geschwindigkeit in Premiere angezeigt und können dort verändert werden.

Nicht unterstützte Effekte stellt Premiere Pro nicht dar, alle anderen Effekte werden mitsamt Keyframes korrekt übernommen. In After Effects erstellte Textebenen werden in Premiere Pro nicht übernommen. Ebenso ergeht es Licht- und Kameraebenen. Maskierungen bleiben auf der Strecke und auch Füllmethoden. Farbflächen, die nicht in Kompositionsgröße erstellt wurden, werden nach dem Kopieren und Einsetzen in Premiere Pro in Kompositionsgröße dargestellt.

26.2 Zusammenarbeit mit Adobe Encore DVD

Das Authoring-Programm Encore DVD ist ein weiteres Produkt aus dem Hause Adobe, das sich nahtlos mit After Effects integrieren lässt. Menüs aus Encore DVD lassen sich in After Effects animieren und in Encore DVD weiterverwenden. Es ist aber auch möglich, Menüs in After Effects zu erstellen und in Encore DVD einzubauen.

Im Zusammenhang mit der DVD-Menüerstellung sollte eigentlich zuerst Photoshop erwähnt werden. Auf Grund der hervorragenden Zusammenarbeit von Photoshop und Encore DVD werden die DVD-Menüs für die weitere Verwendung in Encore DVD zumeist in Photoshop erstellt. Alle Elemente, die nötig sind, um eine Schaltfläche für Encore DVD zu kreieren, können in Photoshop als Ebenengruppen entworfen und in Encore DVD als Menü importiert werden. Mit Encore DVD wiederum kann aus einem DVD-Menü ein After Effects-Projekt erzeugt werden, um Schaltflächen in After Effects zu animieren. Das animierte Ergebnis ist danach in Encore DVD beispielsweise als Intro der DVD-Menüs verwertbar.

26.2.1 Menüs erstellen mit After Effects, Photoshop und Encore DVD

After Effects hält aber auch noch die Möglichkeit bereit, ein Menü gleich in After Effects zu gestalten und als Photoshop-Datei mit Ebenen auszugeben, welche dann in Encore DVD als Menü verwendet werden kann.

Diesen Weg schauen wir uns in dem nun folgenden Workshop genauer an. Für diesen Workshop wurde Encore DVD 2.0 verwendet. Trotzdem ist der Workshop mit der Vorgängerversion nachvollziehbar.

Schritt für Schritt: Ausgabe eines Encore DVD-Menüs aus After Effects

1 Vorbereitung

Für diesen Workshop finden Sie ein bereits vorbereitetes After Effects-Projekt im Ordner 26_Integration_Video/EncoreDVD mit dem Namen »dvdmenue.aep« vor. Es enthält die Komposition »commercials« mit einer Hintergrundebene und mehreren Ebenen, aus denen teilweise Schaltflächen für Encore DVD entstehen sollen.

Das DVD-Menü ist in After Effects erstellt worden. Genauso gut wäre es natürlich möglich gewesen, ein solches Menü in Photoshop zu bauen und das Resultat anschließend in Encore DVD als Menü zu importieren. Unser After Effects-DVD-Menü besteht aus zwei Ebenen, die als Platzhalter für Videominiaturen dienen sollen. Dazu gehören ein paar leicht blau eingefärbte Rahmen, die nur dann eingeblendet werden sollen, wenn eines der Movies in Encore DVD ausgewählt wird. Die Texte mit den Jahreszahlen sollen immer sichtbar sein.

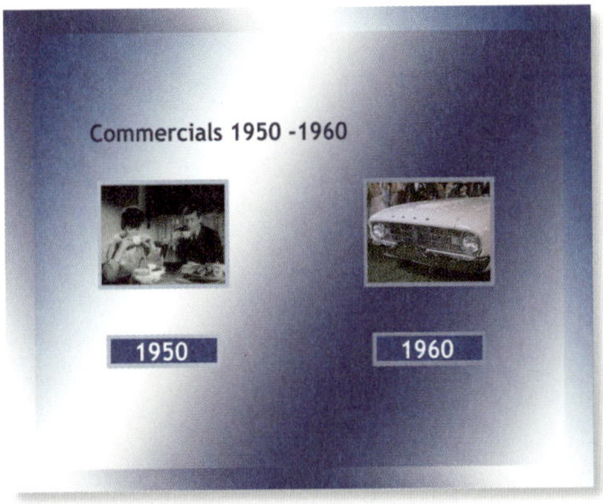

▲ **Abbildung 26.9**
Die umrahmten Teile des DVD-Menüs sollen aus After Effects als Schaltflächen für Encore DVD ausgegeben werden.

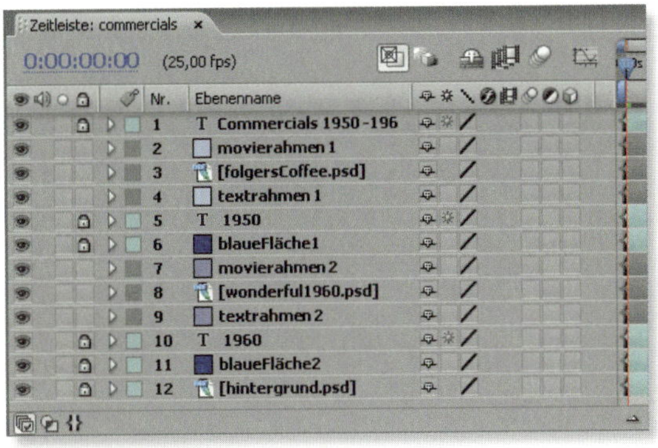

▲ **Abbildung 26.10**
In der Zeitleiste sind die Ebenen, die Encore DVD-Schaltflächen werden sollen, in grau dargestellt.

2 Encore DVD-Schaltflächen erstellen

Um eine Encore DVD-Schaltfläche zu erstellen, markieren Sie zuerst die Ebenen »movierahmen 1«, »folgersCoffee.psd« und »textrahmen 1« und wählen dann Ebene • Adobe Encore DVD • Schaltfläche erstellen. In dem sich öffnenden Dialog (Abbildung 26.11) vergeben Sie einen Namen für die neue Schaltfläche, z.B. »movies1950«. Unter Subpicture 1 wählen Sie »textrahmen 1«, unter Subpicture 2 »movierahmen 1« und unter Videominiatur »folgersCoffee.psd«. Bestätigen Sie den Dialog mit OK.

Die neu entstandene Schaltfläche wird in der Zeitleiste als verschachtelte Komposition angezeigt. Vor den von Ihnen vergebenen Namen wurde das Präfix (+) gesetzt ❶ (Abbildung 26.12). Encore DVD erkennt daran, dass es sich um eine Schaltfläche handelt.

Abbildung 26.11 ▸
Im Dialog zum Erstellen der Encore DVD-Schaltfläche werden die einzelnen Ebenen, die später zur Hervorhebung der Videominiaturen dienen, ausgewählt.

Öffnen Sie die neu entstandene Komposition »(+)movies1950« im Projektfenster per Doppelklick auf das Kompositionssymbol. Die Komposition enthält die zuvor markierten Ebenen. Der als Subpicture 1 definierten Ebene wurde das Präfix (= 1), der als Subpicture 2 definierten Ebene das Präfix (= 2) hinzugefügt, während die Videominiatur mit einem (%) gekennzeichnet wurde. Diese Namenskonvention ist für eine richtige Interpretation der Ebenen in Encore DVD zwingend.

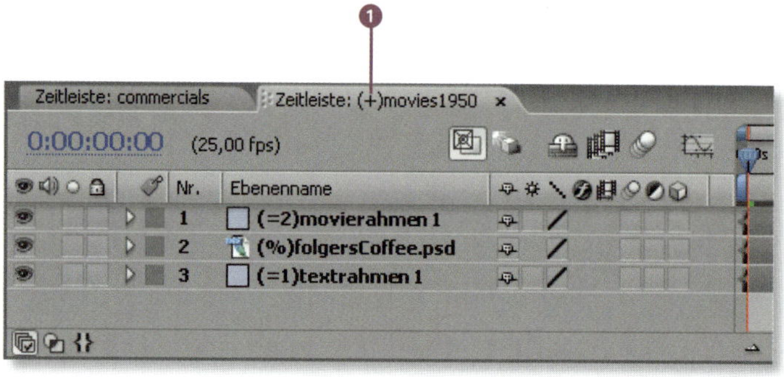

Abbildung 26.12 ▸
Die neu entstandene Schaltflächenkomposition enthält alle Ebenen der Schaltfläche. Encore DVD benötigt zur Identifikation der Ebenen für jede Ebene ein Präfix.

Für die zweite Schaltfläche, die aus den Ebenen »textrahmen2«, »movierahmen2« und »wonderful1960.mov« bestehen soll, gehen Sie ebenso vor.

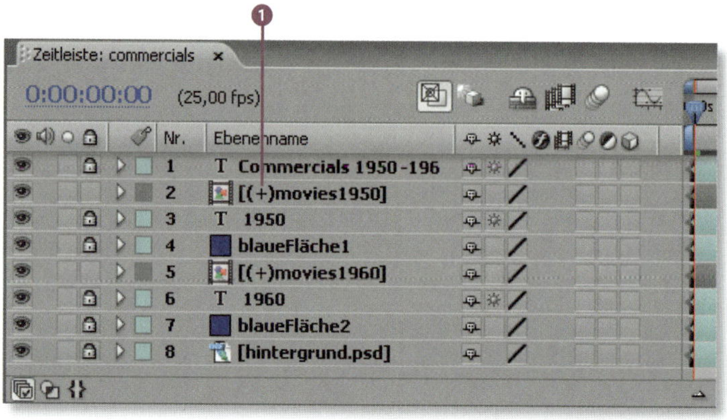

Abbildung 26.13 ▸
Die neu erstellten Encore DVD-Schaltflächen erscheinen in der Zeitleiste als verschachtelte Kompositionen mit dem Präfix (+).

3 Photoshop-Datei ausgeben

Um das von Ihnen erstellte Menü in Encore DVD verwenden zu können, muss ein PSD erzeugt werden, das alle notwendigen Ebenen enthält. Da After Effects jeden Frame einer Komposition als PSD-Datei mit den in der Komposition enthaltenen Ebenen ausgeben kann, nutzen wir diese Möglichkeit.

Öffnen Sie die Komposition »commercials« und wählen dann KOMPOSITION • FRAME SPEICHERN UNTER • PHOTOSHOP MIT EBENEN. Speichern Sie die Datei. Die entstandene Photoshop-Datei lässt sich anschließend als Menü in Encore DVD importieren.

Und schon haben Sie ein erstes DVD-Menü in After Effects erstellt. Falls doch etwas schief gegangen sein sollte: Eine fertige Projektdatei namens »dvdmenuefertig.aep« und die PSD-Datei »commercials.psd« liegen im Ordner ENCOREDVD zur Anschauung bereit. ■

Namenskonvention für einzelne Ebenen

Sie können die Encore-Namenskonvention auch für einzelne Ebenen festlegen. Markieren Sie dazu die entsprechende Ebene und wählen EBENE • ADOBE ENCORE DVD und eine der Auswahlmöglichkeiten SUBPICTURE 1 ZUWEISEN, SUBPICTURE 2 ZUWEISEN oder SUBPICTURE 3 ZUWEISEN. Das entsprechende Präfix wird dann dem Namen der Ebene beigefügt.

26.2.2 Encore DVD-Schaltflächen in After Effects animieren

Wenn Sie in Encore DVD ein Menü erstellt haben, dessen Schaltflächen animiert werden sollen, bietet sich After Effects an, um damit die Animation zu bewerkstelligen. Aus Encore DVD heraus ist es möglich, ein After Effects-Projekt zu generieren, in welchem dann die Animation erfolgt. Das Ergebnis der Animation wird anschließend gerendert und in Encore DVD importiert, um es dort beispielsweise als Intro zu verwenden.

Um in Encore DVD ein After Effects-Projekt zu generieren, suchen Sie ein in Encore DVD geschaffenes Menü im Projektfenster aus und wählen dann MENÜ • AFTER EFFECTS-KOMPOSITION ERSTELLEN. Das Menü wird für After Effects als PSD-Datei unter einem von Ihnen festgelegten Namen gespeichert. Kurz darauf wird ein After Effects-Projekt geöffnet, das Ihr Encore DVD-Menü als Komposition enthält. Gleichzeitig wird die Renderliste angezeigt.

Die Animation kann nun mit den in der Komposition enthaltenen Elementen erfolgen. Danach rendern Sie die Komposition als unkomprimiertes AVI mit bester Qualität. Als Ausgabeformat ist nur AVI für den späteren Import in Encore DVD geeignet. Falls Sie aus Encore DVD heraus später noch Änderungen an der After Effects-Komposition beabsichtigen, empfiehlt es sich, eine Projektverknüpfung mitzuspeichern. Sie können dann über den in den Adobe-Programmen enthaltenen Befehl ORIGINAL BEARBEITEN bzw. [Strg]+[E] schnell Modifikationen vornehmen.

Nach dem Rendern wählen Sie in Encore DVD den Importbefehl ALS ASSET IMPORTIEREN, um das entstandene AVI in Encore DVD zu verwenden. Das unkomprimierte AVI wird beim Import automatisch in das MPEG2-Format umgewandelt. Dies ist auch der Grund, warum die Animation unkomprimiert aus After Effects ausgegeben werden sollte.

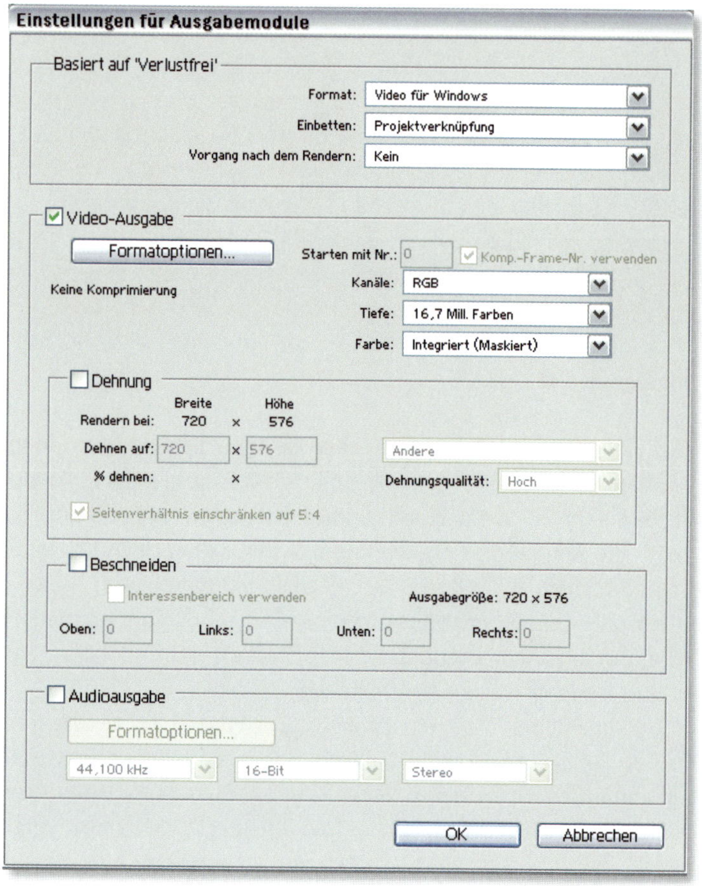

Abbildung 26.14 ▶
Die hier abgebildeten After Effects-Ausgabeeinstellungen sollten beim Rendern einer Animation für den Import in Encore DVD gewählt werden.

26.2.3 DVD-Menü-Vorlagenprojekte

Im Funktionsumfang von After Effects sind auch DVD-Menü-Vorlagenprojekte enthalten, die Sie als Ausgangspunkt eigener Kreationen verwenden können. Sie öffnen die Vorschau auf diese Projekte über DATEI • VORLAGENPROJEKTE DURCHSUCHEN. Anschließend wird Adobe Bridge gestartet.

Dort können Sie wählen, ob Sie beispielsweise gerade an einem Hochzeitsmenü oder einem geschäftlichen Menü interessiert sind. Die Projektvorlagen sind in entsprechend bezeichneten Ordnern gespeichert. Im Vorschaufenster von Bridge können Sie sich die Projektvorlagen animiert anzeigen lassen. Per Doppelklick auf eine Vorlage wird diese als After Effects-Projekt geöffnet. Dort befinden sich im Projektfenster jeweils für den gewünschten Ausgabetyp Ordner mit Kompositionen im Standard PAL und NTSC.

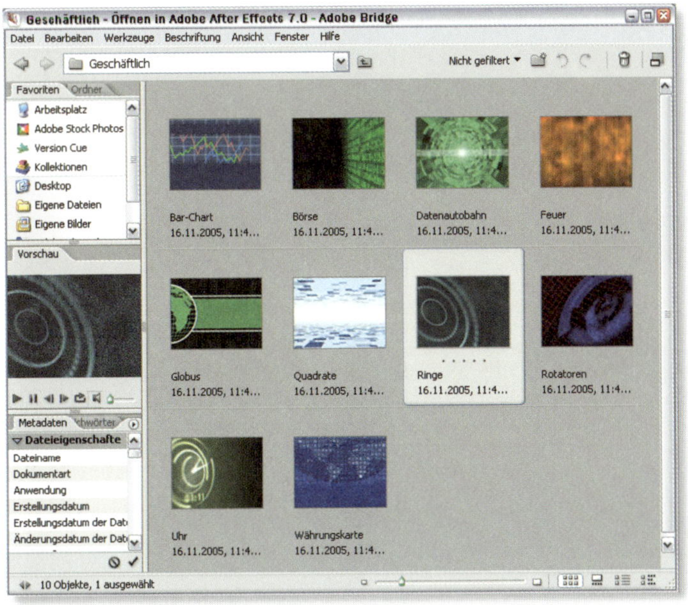

◂ **Abbildung 26.15**
In Adobe Bridge werden DVD-Menü-Vorlagenprojekte verwaltet.

26.3 Adobe Dynamic Link (nur Production Studio und nur Windows)

Über Adobe Dynamic Link haben Sie in den Anwendungen Premiere Pro und Encore DVD schnellen Zugriff auf Kompositionen aus After Effects. Der Arbeitsprozess wird dadurch sehr organisch gestaltet.

Adobe Dynamic Link ermöglicht die Übernahme von Kompositionen aus After Effects in Premiere Pro und Encore DVD mit sämtlichen darin enthaltenen Ebenen. Kompositionen müssen nicht mehr erst gerendert werden, um diese in den beiden anderen Applikationen zu verwenden.

Der Clou dabei ist: Wenn Sie in der Komposition innerhalb von After Effects Änderungen vornehmen und zuvor das Projekt speichern, werden diese Änderungen sofort auch in Premiere Pro bzw. Encore DVD ohne zeit- und platzraubendes Rendering sichtbar. Und: Sämtliche in After Effects erstellten Animationen, Effekte etc. werden hundertprozentig gleich in Premiere Pro angezeigt.

Übrigens: Sie können auch in Premiere Pro After Effects-Kompositionen starten. Diese sind danach in After Effects verfügbar.

RGB zu YUV

Dynamisch verknüpfte Kompositionen werden in Premiere Pro vom After Effects-Farbraum (RGB) in den Premiere Pro-Farbraum (YUV) gewandelt, wenn ein entsprechendes Ausgabeformat gewählt wurde.

26.3.1 After Effects-Komposition verknüpfen

Sie finden die Option in Premiere Pro und Encore DVD unter DATEI • ADOBE DYNAMIC LINK • AFTER EFFECTS-KOMPOSITION IMPORTIEREN. Suchen Sie dann ein Projekt aus. Die darin enthaltenen Kompositionen werden im Dialog KOMPOSITION IMPORTIEREN angezeigt und per Doppelklick oder mit OK hinzugefügt. Der Import per Drag and Drop von Projektfenster zu Projektfenster ist ebenfalls möglich.

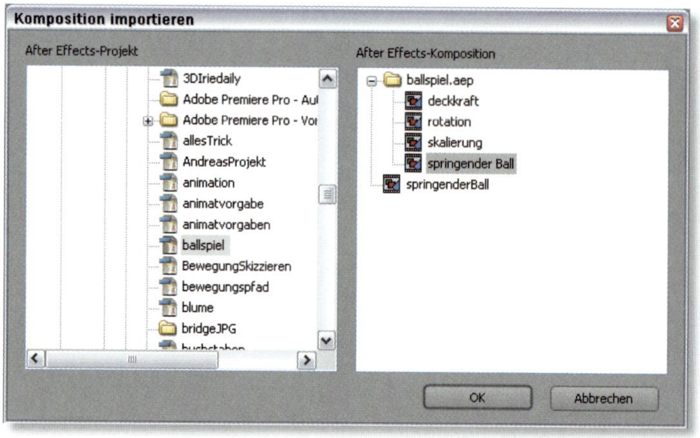

Abbildung 26.16 ▸
In der linken Seite des Import-Dialogs wird das Projekt gesucht. Auf der rechten Seite sehen Sie die enthaltenen Kompositionen.

Farbtiefe

In After Effects können Sie in Projekten mit den Farbtiefen 8, 16 oder 32 Bit pro Kanal arbeiten. Wird eine After Effects-Komposition mit hoher Farbtiefe in Premiere Pro verlinkt, kann es sinnvoll sein, die Farbtiefe für die Verarbeitung von Sequenzen in Premiere Pro zu erhöhen. Wählen Sie dazu PROJEKT • PROJEKTEINSTELLUNGEN • VIDEO-RENDERING • MAXIMALE BITTIEFE. Die Verarbeitung verlangsamt sich eventuell.

Hervorzuheben ist, dass die After Effects-Kompositionen vor der Verwendung in einer der beiden anderen Applikationen nicht erst gerendert werden müssen. Notwendig ist es allerdings, das After Effects-Projekt zuvor zu speichern.

Die Inhalte der Kompositionen werden wie gerendertes Material in Premiere Pro oder Encore DVD eingefügt. Dabei wird allerdings nur eine Verknüpfung zu der After Effects-Komposition geschaffen. After Effects rendert daher die Komposition im Hintergrund, wenn diese in Premiere Pro oder Encore DVD angezeigt werden soll. Somit ist es auch nicht verwunderlich, dass sämtliche Effekte, Texte oder sonstigen Einstellungen, die in After Effects erstellt wurden, in den beiden Applikationen korrekt dargestellt werden. Das Rendern im Hintergrund hat dafür seinen Preis und geht zu Lasten der Vorschaugeschwindigkeit. Man kann sich Abhilfe mit Offline-Dateien schaffen, wie später noch zu sehen sein wird.

Sehr angenehm ist, dass Änderungen, die an verknüpften Kompositionen in After Effects vorgenommen werden, in den anderen Applikationen sofort aktualisiert werden. In Premiere Pro können Sie dazu die verlinkte Komposition wie anderes Material auch einer Sequenz hinzufügen und mit allen Premiere Pro-Werkzeugen bearbeiten. Auch in Encore DVD können alle Werkzeuge zur Bearbeitung verwendet werden. Wenn die After

Effects-Komposition Audiomaterial enthält, wird dieses in beiden Anwendungen ebenfalls separat verlinkt. Modifizierungen daran in After Effects werden in beiden Applikationen unabhängig vom Bildmaterial aktualisiert. Mehrere Audioebenen werden in einer Spur zusammengefasst.

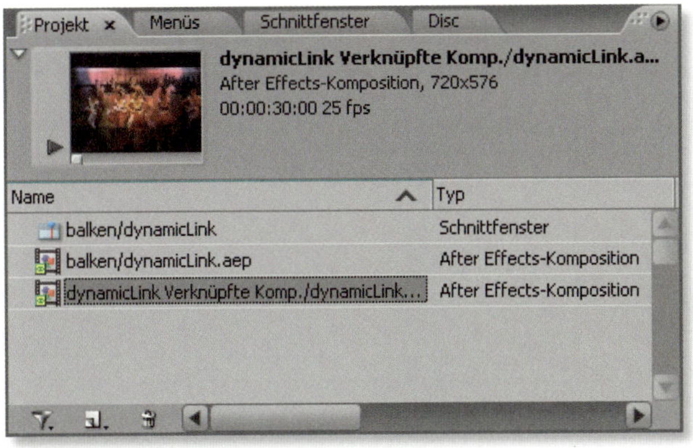

◀ **Abbildung 26.17**
Verknüpfte Kompositionen werden mit einem entsprechenden Symbol im Projektfenster wie hier in Encore DVD gekennzeichnet.

Sollten Sie das After Effects-Projekt unter neuem Namen abspeichern, verwenden Premiere Pro und Encore DVD weiterhin die Kompositionen des alten Projekts. Änderungen im neuen Projekt werden also nicht übernommen.

26.3.2 Neue After Effects-Komposition

Sie finden die Option in Premiere Pro und Encore DVD unter Datei • Adobe Dynamic Link • Neue After Effects-Komposition.

Wenn After Effects noch nicht geöffnet ist, wird es über die obige Option gestartet und ein neues Projekt sowie eine neue Komposition angelegt. In bereits geöffneten After Effects-Projekten wird eine neue Komposition angelegt. Diese Komposition ist dynamisch verknüpft. Die Möglichkeiten sind also die gleichen wie bei sonstigen verknüpften Kompositionen.

Die Größe der neuen Komposition entspricht der des Premiere Pro- bzw. Encore DVD-Projekts. Auch das Pixel-Seitenverhältnis, die Framerate und die Audiosamplerate werden übernommen.

26.3.3 Offline-Kompositionen

Offline-Kompositionen sind sinnvoll, wenn sich die Anzeige der verlinkten Kompositionen in Premiere Pro oder Encore DVD sehr verlangsamt. Es ist aber auch möglich, dass eine Komposition offline angezeigt wird, wenn Sie das After Effects-Projekt mit der verknüpften Komposition gelöscht, verschoben oder umbenannt haben.

Verlinkungen löschen

In Premiere Pro oder Encore DVD enthaltene verknüpfte Kompositionen löschen Sie mit der Taste [Entf]. Bei Premiere Pro ist dies sowohl im Schnittfenster als auch im Projektfenster möglich. Bei Encore DVD ist es nur möglich, wenn die Komposition nicht innerhalb des Projekts verwendet wird.

Original bearbeiten

Mit der Tastenkombination [Strg]+[E] können Sie eine im Projektfenster einer Adobe-Anwendung markierte Datei in der jeweiligen Originalanwendung öffnen und dort bearbeiten. Änderungen werden in dem Programm sofort aktualisiert, von wo aus Sie die Bearbeitung gestartet haben. Für Kompositionen, die über Dynamic Link verknüpft wurden, gilt der Befehl in gleicher Weise.

Kompositionsnamen ändern

Sie können Kompositionen umbenennen, die mit anderen Anwendungen verknüpft wurden, ohne die Verknüpfung dadurch zu deaktivieren. Allerdings verwenden die anderen Anwendungen weiterhin den alten Kompositionsnamen.

Um eine Komposition offline zu stellen, wählen Sie in Premiere Pro bei markierter Komposition PROJEKT • OFFLINE ERSTELLEN. In Encore DVD wird die Komposition in eine DVD-kompatible Datei konvertiert, um sie offline zu stellen. Wählen Sie dazu DATEI • TRANSKODIEREN • JETZT TRANSKODIEREN.

Wenn Sie die Komposition erneut verlinken wollen, wählen Sie einen der folgenden Wege.

1. In **Adobe Premiere Pro** markieren Sie die Komposition im Projektfenster und wählen PROJEKT • MEDIEN VERBINDEN. Suchen Sie anschließend das Projekt aus, welches die zuvor verlinkte Komposition enthält, und klicken es doppelt an oder betätigen die Schaltfläche AUSWÄHLEN. Es sollte automatisch die richtige Komposition neu verlinkt werden.
   In Premiere Pro können Sie die Verbindung eines Clips zu einer verlinkten Komposition zeitweise unterbrechen. Dazu wird der Clip markiert und die Option CLIP • AKTIVIEREN gewählt. Das dort befindliche Häkchen wird entfernt – die Verbindung ist unterbrochen. Zum erneuten Aktivieren nehmen Sie den gleichen Weg.
2. In **Encore DVD** wählen Sie die Komposition im Projektfenster aus. Klicken Sie dann mit der rechten Maustaste auf die Komposition und wählen ORIGINAL WIEDERHERSTELLEN. Wenn sich ein Textinhalt in After Effects inzwischen von »Bettlerlohn« auf »Managergehalt« geändert hat, wird dieser nun wieder korrekt in Encore DVD aktualisiert.

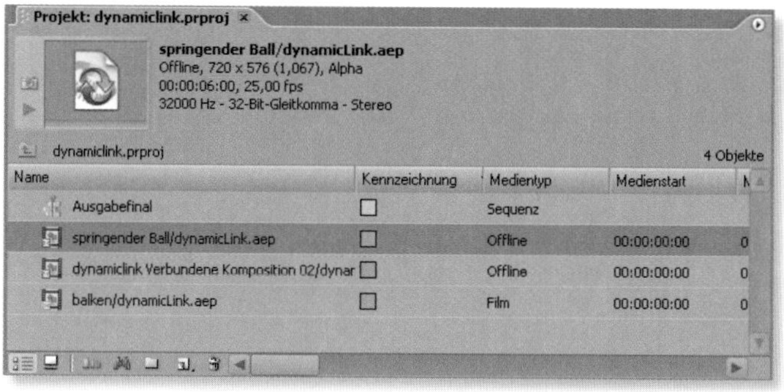

Abbildung 26.18 ▶
Offline-Kompositionen werden mit einem entsprechenden Symbol wie hier im Premiere Pro-Projektfenster gekennzeichnet.

26.4 Automatic Duck für Apple Final Cut Pro, Apple Motion und Avid

Hätten Sie sich vorstellen können, dass eine automatische Ente der babylonischen Sprachverwirrung Herr werden könnte? – Im Falle von Automatic Duck tut sie ihr Bestes, um Informationen zwischen verschiedensten Schnitt- und Compositing-Systemen auszutauschen. Das Plugin ist zwar nicht kostenlos, ermöglicht dafür aber auch die Übersetzung der Zeitleisteninformation und vieler anderer Informationen hin zu After Effects. Leider geht es darüber nicht auch umgekehrt von After Effects zu anderen Systemen.

Interessant für After Effects ist Automatic Duck deshalb, weil es die Integration mit Final Cut Pro, Avid und Apple Motion sehr vereinfacht. Wenn in allen diesen Applikationen das Automatic Duck Pro Export bzw. Import-Plugin installiert ist, steht dem Austausch nicht mehr allzu viel im Wege.

26.4.1 Export und Import

Automatic Duck arbeitet beim Export und Import XML- und OMF-basiert. XML-Dateien haben dabei den Vorteil, dass eine große Menge verschiedener Informationen eingebettet werden können. Solch eine XML-Datei kann in After Effects über Automatic Duck importiert werden.

◂ Abbildung 26.19
Das Plugin Automatic Duck hilft sehr dabei, Informationen zwischen verschiedensten Schnitt- und Compositing-Systemen auszutauschen

Final Cut Pro | Aus Final Cut Pro exportieren Sie eine XML-Datei über Datei • Export • Automatic Duck XML Export. Der Import dieser Datei in After Effects funktioniert ganz ähnlich über Datei • Import • Automatic Duck Pro Import. Es ist sogar der Import per Drag and Drop möglich. Dabei werden nicht nur die Schnittdaten übertragen, sondern auch gleich die verknüpften Mediendateien importiert und säuberlich in einem extra Ordner verwahrt. Durch die importierten Dateien ist Ihnen die Möglichkeit gegeben, die Clips innerhalb von After Effects neu zu trimmen bzw. den Inhalt eines Clips zu verschieben. Mehr Informationen dazu finden Sie im Abschnitt 8.3, »Trimmen von Ebenen«.

Avid | Auch ein Import von OMF-Projekten ist über das Plugin möglich – für Avid-Cutter, die mit After Effects arbeiten, auf jeden Fall eine sehr empfehlenswerte Alternative zu den in After Effects integrierten OMF-Import- und Exportmöglichkeiten (diese sollten, wenn das Automatic Duck-Plugin installiert wird, entfernt werden). Der Import erfolgt wieder über DATEI • IMPORT • AUTOMATIC DUCK PRO IMPORT, und es wird die beispielsweise aus Avid Xpress Pro exportierte OMF-Datei ausgewählt.

Apple Motion | Aus Motion heraus muss nicht erst eine spezielle Datei exportiert werden. Stattdessen wird das Projekt einfach gespeichert. Über den schon erwähnten Importweg wird es dann in After Effects als Komposition mit einem dazugehörigen Ordner angelegt, der die Mediendaten enthält.

26.4.2 Was wird unterstützt?

Final Cut Pro | Aus Final Cut Pro werden wie auch in den anderen von Automatic Duck unterstützten Applikationen die wichtigsten Informationen, also Bildgröße, Framerate, Layer, Schnittpunkte (In-/Out-Point), übernommen.

Außerdem werden von Final Cut Pro beispielsweise Überblendungen, Deckkraft, Skalierung, Position, Drehung aus dem Tab BEWEGUNG, TEXT, GESCHWINDIGKEITSÄNDERUNGEN und FREEZE und einige in Final Cut Pro verwendete After Effects-Plugins und deren Einstellungen übernommen. Dazu gehören zum Beispiel Digi Effects, Boris FX, Digital Anarchy und Synthetic Aperture Color Finesse. Farbkorrekturen werden also auch in After Effects korrekt angezeigt.

Avid | Von Avid werden unter anderem Überblendungen, Matte Key, Geschwindigkeitsänderungen, Freeze, Deckkraft, Positionsinformationen und Text übernommen.

Automatic Duck im Web

Auf die weitere Entwicklung von Automatic Duck darf man gespannt sein. Verfolgen kann man sie unter www.automaticduck.com.

Apple Motion | Für Apples Motion sind es neben anderem Deckkraft, Skalierung, Position, Drehung, Text und in Motion verwendete After Effects-Plugin-Einstellungen. Verschachtelte Clips und Ebenen übernimmt After Effects als verschachtelte Kompositionen.

27 Integration mit 3D-Applikationen

In diesem Kapitel geht es um die Verwendung von Kamera- und 3D-Daten aus 3D-Applikationen in After Effects. Oft können nur einige Daten oder ein aus den Programmen ausgegebener Film verwendet werden, manchmal aber auch ganze Projekte.

27.1 Warum externe 3D-Programme nutzen?

Nachdem Sie bereits einige Erfahrungen mit dem 3D-Raum in After Effects gewinnen konnten, werden Sie vielleicht fragen, wozu es Sinn machen soll, noch 3D-Applikationen zu After Effects hinzuzuziehen.

Wie schon erwähnt wurde und auch zu sehen war, bietet After Effects nicht die Möglichkeit, komplexe 3D-Objekte zu kreieren oder 3D-Objekte zu verformen, von Charakteranimation ganz zu schweigen. Dies wäre ein Grund zur Verwendung von speziellen 3D-Programmen. Ein weiterer liegt in den unterschiedlichen Stärken von einer 2D-orientierten Anwendung wie After Effects und einem 3D-Programm. Oft lassen sich Aufgaben wie der Einbau eines 3D-Objekts in eine real gedrehte Filmszene schneller und komfortabler in After Effects bewerkstelligen. Die Anwendung von Effekten innerhalb eines 3D-Programms kann den Arbeitsprozess sehr verlangsamen. Da After Effects selbst mit einer großen Anzahl an Effekten ausgestattet ist, die durch Plugins erweitert werden können, ist es auch hier oft sinnvoll, eine Kombination aus 3D- und 2D-Compositing zu nutzen.

27.2 Datenübergabe an After Effects

Die Begegnung von After Effects mit der dritten Dimension tritt in Form verschiedener 3D-Applikationen wie Autodesk Maya, Maxon Cinema 4D, Autodesk 3ds Max, NewTek Light Wave 3D und weiteren auf. Wesentlich bei der Zusammenarbeit mit allen 3D-Anwendungen ist die Frage der Datenübergabe vom 3D-Programmen an After Effects.

Bei der Datenübergabe an After Effects geht es darum, auf Informationen aus der 3D-Szene Zugriff zu haben. Das kann die Position von Objekten, Lichtern und Kameras und weitere spezielle Informationen wie Orientierung und Blickwinkel einer Kamera oder die Lichtfarbe betreffen. Diese Informationen werden zusätzlich zu den Farb- und Alphakanälen in Hilfskanälen gespeichert und aus den 3D-Programmen entweder als separate Dateien oder innerhalb einer einzigen Datei ausgegeben.

Notwendig sind diese Daten, um die importierten 3D-Objekte, Lichter und Kameras bestmöglich mit dem 3D-Raum von After Effects in Einklang zu bringen. Sind die Position eines 3D-Objekts, die Beleuchtung und die Kamerafahrt aus der 3D-Anwendung bekannt, kann eine in After Effects kreierte 3D-Ebene an ähnlicher Stelle im Raum positioniert, durch die After Effects-Lichter ähnlich beleuchtet und mit einer After Effects-Kamera aus dem gleichen Blickwinkel betrachtet werden. Je mehr Daten an After Effects übergeben werden können, desto mehr Kontrollmöglichkeiten bieten sich für eine reibungslose Integration der 3D-Daten.

Eine Einschränkung möchte ich auch hier noch erwähnen, da ich oft danach gefragt werde. Es ist nicht möglich, einzelne Objekte der importierten 3D-Dateien zu animieren, und auch das nachträgliche Verformen ist in After Effects nicht machbar. Durch die Einbindung von 3D-Dateien in After Effects erweitern sich die Möglichkeiten dennoch enorm.

27.2.1 Art der Datenübergabe

Die einzelnen 3D-Programme geben unterschiedlich viele Informationen weiter.

3ds Max to After Effects

Für 3ds Max ist es über das Plugin MAX2AE von der Firma Boomer Labs (www.boomerlabs.com) möglich, weitere Informationen zum Beispiel von Kameras, Lichtern und Hilfsebenen nach After Effects zu übernehmen.

Cinema 4D | Besonders hervorzuheben ist die Integration mit Maxon Cinema 4D. Aus dem Programm können sogar ganze After Effects-Projekte ausgegeben werden. Dadurch ist es möglich, über eine Vielzahl an Daten in After Effects zu verfügen. Da haben die Entwickler von Maxon großartige Arbeit geleistet!

RLA und RPF | Eine andere verbreitete Form der Datenübergabe wird über die Formate RLA und RPF gewährleistet. Die Ausgabe in diese Formate ist in verschiedenen 3D-Programmen wie beispielsweise in Autodesk 3ds Max möglich. RLA- und RPF-Dateien enthalten die Rot-, Grün-, Blau- und Alphakanäle (RGBA) und zusätzliche Informationen in den Hilfskanälen wie die Tiefeninformation innerhalb einer einzigen Datei. RPF-Dateien enthalten auch Kameradaten. Die Dateiendungen sind .rpf bzw. .rla.

Tiefeninformation | Basierend auf der Z-Information, also der Tiefeninformation, kann einer Ebene in After Effects eine Tiefenschärfe zugewiesen werden. Eine andere Möglichkeit besteht darin, Objekte aus einer 3D-Applikation anhand der Tiefeninformation gezielt ein- oder auszublenden, um After Effects 3D-Ebenen zwischen Vorder- und Hintergrund einer 3D-Szene zu platzieren.

Die Tiefeninformation wird außer im Falle von RLA und RPF meist als separate Datei ausgegeben. Hier sind Softimage-Dateien und Electric Image-Dateien zu erwähnen. Softimage-Dateien mit der Endung .pic speichern die Tiefeninformation in einer Datei mit der Endung .zpic. Electric Image-Dateien mit der Dateiendung .img speichern diese Information in einer Datei mit der Endung .eiz.

ZPIC- und EIZ-Dateien

Weder die ZPIC-Datei noch die EIZ-Datei kann in After Effects importiert werden. Damit After Effects die Tiefeninformation dennoch erkennt, muss die ZPIC-Datei zusammen mit der PIC-Datei und die EIZ-Datei zusammen mit der IMG-Datei in einem gemeinsamen Ordner gespeichert sein. Beim Import der PIC- oder der IMG-Datei erkennt After Effects dann automatisch die Tiefeninformation.

27.2.2 Wie kommt After Effects an die Daten heran?

Wie After Effects die Daten aus den verschiedenen Programmen empfängt, hängt sehr von der verwendeten 3D-Applikation ab. Im besten Falle werden die Kameras und Lichter, die in einer 3D-Szene enthalten sind, nach dem Import in After Effects in gleicher Weise mit den After Effects-Kameras und -Lichtern dargestellt. Hier ist wieder **Cinema 4D** mit Lorbeeren zu bedenken, das die beste Integration ermöglicht. Besonders komfortabel ist dabei, dass Cinema 4D After Effects-Kompositionen beim Import selbst kreiert und auch Licht- und Kameraebenen schon mit den passenden Einstellungen anlegt. Diese Möglichkeiten bieten andere Programme nur zum Teil, und es sind oft einige Anpassungen erforderlich, wenn es erwünscht ist, 3D-Ebenen von After Effects in diesen importierten 3D-Szenen genau zu platzieren.

Für eine sichere Übereinstimmung ist es häufig nötig, Objektdaten wie die Position, Kameradaten wie den Blickwinkel und bei Lichtern den Lichtkegel zu notieren und den dafür verwendeten Zettel nicht versehentlich als Butterbrotpapier zu nutzen. Die darauf enthaltenen Informationen müssen oft manuell zur richtigen Einstellung von Lichtern und Kameras und zur Positionierung von 3D-Ebenen eingegeben werden.

After Effects kann auf **Kanalinformationen**, die wie bei RLA- und bei RPF-Dateien innerhalb von Dateien mitgespeichert wurden, mit den eigens dafür geschaffenen 3D-Kanal-Effekten (nur Pro) zugreifen. Auf die in ZPIC- und EIZ-Dateien gespeicherten Informationen greift After Effects ebenfalls über die 3D-Kanal-Effekte zu. Die in RPF-Dateien enthaltenen Kameradaten können importiert werden. After Effects kreiert dann eine auf den Daten basierende Kameraebene.

Ein wichtiger Helfer bei der Positionsbestimmung von Objekten innerhalb einer importierten 3D-Szene ist die in After Effects enthaltene **Infopalette**. Auf Basis der in der Palette angezeigten Informationen werden Werte für 3D-Kanal-Effekte wie 3D-Nebel und Tiefenschärfe eingestellt.

27.3 Umgang mit 3D-Daten in After Effects

Der Umgang mit 3D-Daten in After Effects unterscheidet sich von Applikation zu Applikation, ist aber oft ähnlich.

27.3.1 RPF/RLA-Sequenzen importieren

Im Folgenden wird der Umgang mit 3D-Daten anhand einiger wichtiger Formate veranschaulicht. Dieser Workshop hat den Import und die Weiterverwendung einer RPF-Sequenz in After Effects zum Thema. In gleicher Weise wie nachfolgend beschrieben werden auch **RLA-Sequenzen** in After Effects weiterverarbeitet.

Schritt für Schritt: Umgang mit einer RPF-Sequenz

Das Beispielmovie für diesen Workshop liegt im Ordner 27_Integration_3D/RPFImport bereit und heißt »3draum.mov«. Die Kompositionsgröße müssen Sie nicht selbst bestimmen, sie ergibt sich bei den nächsten Schritten.

1 Import einer RPF-Sequenz

Importieren Sie aus dem Ordner 27_Integration_3D/RPFImport/Sequenz die Datei »3dsequenz.rpf«. Markieren Sie dafür eine der Dateien und setzen Sie gegebenenfalls ein Häkchen bei RLA/RPF Sequenz ❶ und klicken auf Öffnen.

Im folgenden Dialog Footage interpretieren klicken Sie auf Ermitteln und OK. After Effects erkennt dann automatisch, wie der Alphakanal des Rohmaterials erstellt wurde.

Ziehen Sie die RPF-Sequenz im Projektfenster auf die Kompositionsschaltfläche. Es wird automatisch eine Komposition in der richtigen Größe in der Länge der Sequenz angelegt. Importieren Sie anschließend die Datei »text.psd« aus dem Ordner 27_Integration_3D/ RPFImport und ziehen Sie die Datei beginnend am Zeitpunkt 00:00 in die entstandene Komposition.

Framerate der Sequenz anpassen

Falls sich die Framerate der Ausgabedatei von der Rate der importierten RPF- oder RLA-Sequenz unterscheidet, sollte die Framerate der Sequenz an die gewünschte Ausgabeframerate angepasst werden. Dazu wählen Sie die Sequenz im Projektfenster aus und ändern die Framerate unter Datei • Footage interpretieren • Footage einstellen im Feld Framerate.

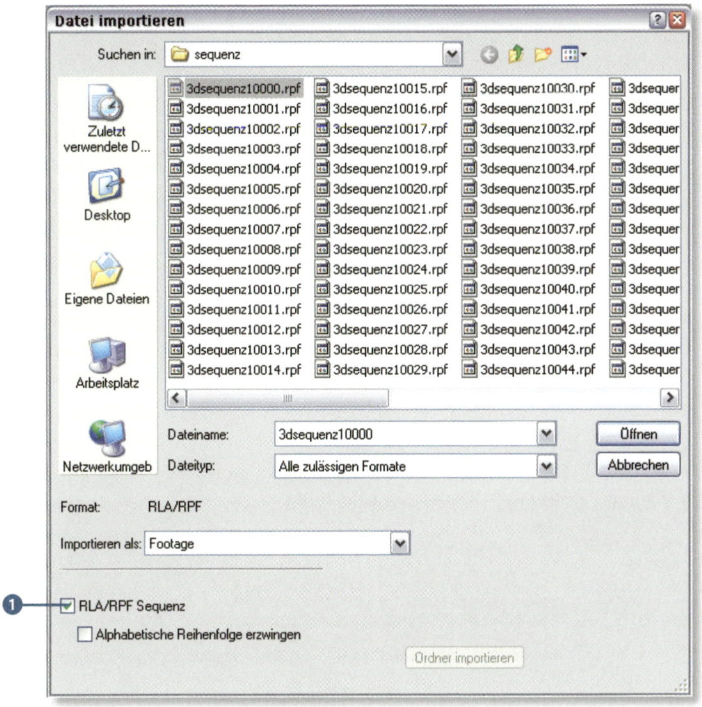

Abbildung 27.1
Zum Importieren einer RLA/RPF-Sequenz muss ein Häkchen bei RLA/RPF SEQUENZ gesetzt sein.

Abbildung 27.2
Die importierte 3D-Szenerie

2 RPF-Kameradaten auslesen

Der Text »RPF« soll dabei auf der roten Fläche in der 3D-Szene platziert werden und die perspektivische Verzerrung der in der Szene befindlichen Flächen, die durch die Kamerabewegung entsteht, übernehmen. Um dies zu erreichen, muss in After Effects eine Kamera geschaffen werden, die sich genauso bewegt wie die

Kamera aus der 3D-Szene. Außerdem muss sich der Blickwinkel der beiden Kameras gleichen, damit der Text »RPF« sich so im Raum zu bewegen scheint wie die anderen Flächen.

Die Daten der Kamera aus der 3D-Szene kann After Effects auslesen, da sie in der RPF-Datei mitgespeichert sind. Dazu klicken Sie auf die RPF-Sequenz in der Zeitleiste, gehen zum Zeitpunkt 0:00:00 und wählen dann ANIMATION • KEYFRAME-ASSISTENT • RPF-KAMERA-IMPORT. After Effects legt daraufhin automatisch eine neue Kameraebene an. Markieren Sie einmal die Ebene und lassen sich mit der Taste [U] die in der Kameraebene enthaltenen Keys anzeigen. Für jeden Frame wurden die Daten für die Position und die Drehung der Kamera in Keys gespeichert.

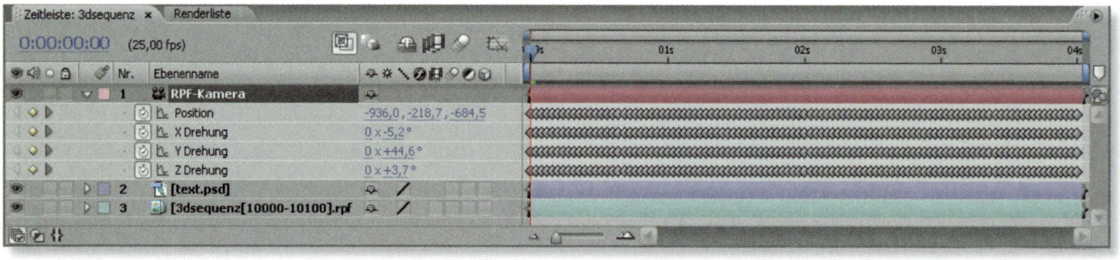

▲ **Abbildung 27.3**
Nach dem Auslesen der RPF-Kameradaten werden für jeden Frame der Kameraebene mehrere Keyframes erstellt.

3 Text positionieren und Kamera anpassen

Damit der Text »RPF« dabei auch wirklich auf der roten Fläche landet, muss die 3D-Option ❶ für den Text aktiviert werden. Falls die Option nicht sichtbar ist, blenden Sie sie über die Schaltfläche für Ebenenschalter ❷ ein. Dabei wirkt sich die Kamerabewegung auf den Text aus. Nur die Position des Textes im Raum stimmt noch nicht. Um den Text mit der roten Fläche in Übereinstimmung zu bringen, ist es notwendig, die Positionsdaten der roten Fläche zu kennen. Diese müssen im 3D-Programm eingesehen und notiert werden. Abhängig von der im 3D-Programm verwendeten Einheit muss hier eventuell noch eine Umrechnung der Werte stattfinden. In unserem Falle hatte die rote Fläche in der 3D-Applikation die Positionsdaten 0, 0, 150. Markieren Sie die Ebene »text.psd« und drücken die Taste [P], um die Positionseigenschaft einzublenden.

Tragen Sie die Positionsdaten der Fläche in veränderter Reihenfolge für den Text ein, und zwar: 0, –150, 0. Die geänderte Reihenfolge muss gewählt werden, da nicht alle Positionskoordinaten in After Effects denen im 3D-Programm entsprechen. Je nach Programm werden die Koordinaten in XYZ oder XZY dargestellt.

Der Text hat sich der roten Fläche angenähert, passt aber immer noch nicht hundertprozentig. Der Grund ist, dass der Kamerablickwinkel in der RPF-Sequenz nicht enthalten ist und manuell angepasst werden muss. Aber der Blickwinkel der Kamera aus dem 3D-Programm ist uns ebenfalls bekannt, da er zuvor notiert wurde. Er beträgt 45°. Klicken Sie doppelt auf die Kameraebene, um den Dialog KAMERAEINSTELLUNGEN anzuzeigen. Tragen Sie dort unter BLICKWINKEL den richtigen Wert ein.

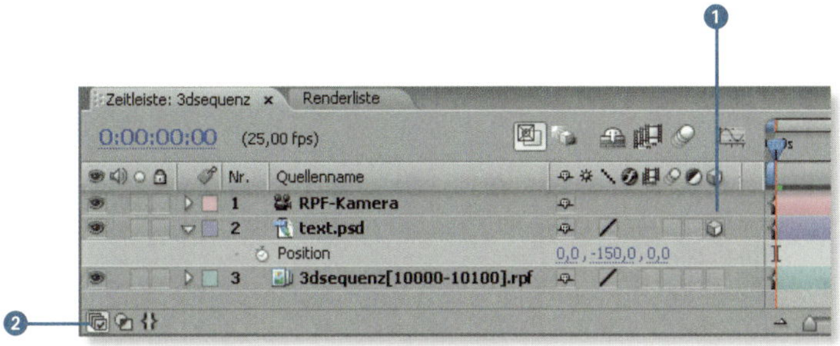

◀ **Abbildung 27.4**
Der Komposition wird die Ebene »text.psd« hinzugefügt und die 3D-Option für die Ebene aktiviert. Erst dann wirkt sich die Kameraanimation auf die Textebene aus.

◀ **Abbildung 27.5**
Nach der richtigen Übernahme der Positionswerte auf die Textebene scheint diese tatsächlich im Raum der 3D-Szene zu liegen.

Nun sollte es passen. Es hat sich aber ein anderes Problem ergeben: Der Text liegt über der Säule. Wie man ihn hinter die Säule bekommt, erfahren Sie im nächsten Workshop. ■

27.3.2 3D-Kanaleffekte

Im vorangegangenen Workshop haben Sie After Effects-Kameradaten aus einer RPF-Sequenz auslesen lassen. Eine weitere Möglichkeit, an Informationen innerhalb einer RPF- oder RLA-Datei zu gelangen, ist es, 3D-Kanaleffekte zu verwenden. Einige davon schauen wir uns im nächsten Workshop genauer an.

Schritt für Schritt: 3D-Kanaleffekte ID Matte und 3D-Nebel anwenden

Zur Anwendung der 3D-Kanaleffekte nutzen wir die im vorigen Workshop entstandene Projektdatei.

1 Der Effekt ID Matte

Um die Säule vor den Text zu bekommen und den Text trotzdem auf der roten Fläche zu belassen, bietet es sich an, den Effekt ID Matte anzuwenden. Im 3D-Programm kann jedem Objekt eine Objekt-ID zugewiesen werden, anhand derer jedes Objekt identifizierbar ist. Der Effekt ID Matte kann anhand der Objekt-ID ein- bzw. ausgeblendet werden.

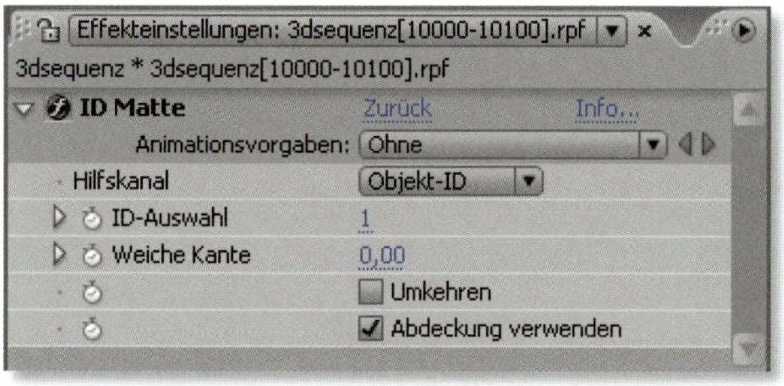

Abbildung 27.6 ▶
Mit dem Effekt ID Matte lassen sich Objekte anhand ihrer Objekt- bzw. ihrer Material-ID isolieren.

▲ **Abbildung 27.7**
In dieser Abbildung ist die per ID Matte isolierte Säule aus der RPF-Sequenz zu sehen. Die normalerweise auf Schwarz voreingestellte Hintergrundfarbe ist hier zur Verdeutlichung geändert.

Um den Effekt anzuwenden, markieren Sie die Sequenz in der Zeitleiste und wählen Effekt • 3D-Kanal • ID Matte. Es öffnet sich das Effektfenster mit den Effekteinstellungen. Da die Objekte in unserer Szene von eins bis vier nummeriert sind, ist erst einmal nichts mehr zu sehen.

Wenn Sie unter ID-Auswahl den Wert 1 eintippen, wird die Säule allein sichtbar. Der roten Fläche ist die Objekt-ID 2, den Flächen im Hintergrund allen gemeinsam der Wert 3 und dem Boden der Wert 4 zugeordnet. Für die weitere Arbeit wollen wir die Säule isolieren und belassen den Wert bei 1.

Zur Erläuterung der anderen Optionen des Effekts: Unter Hilfskanal wird festgelegt, ob die Objekte aufgrund ihrer Objekt-ID oder ihrer Material-ID ausgewählt werden. Mit der Option Weiche Kante lässt sich die entstandene Matte an ihren Rändern weichzeichnen. Die Option Umkehren kehrt die ID-Auswahl um. Abdeckung verwenden dient dem Entfernen unerwünschter Pixel entlang der Mattekante, ist aber nur wirkungsvoll, wenn ein so genannter Abdeckungskanal (auch Coverage genannt) in der 3D-Sequenz enthalten ist. In der RPF-Sequenz ist das der Fall, setzen Sie also ein Häkchen bei der Option.

2 Text zwischen Säule und roter Fläche

Sie haben die Säule isoliert, und jetzt muss der Rest der 3D-Datei wieder sichtbar gemacht werden. Ziehen Sie dazu die RPF-Sequenz ein zweites Mal in die Zeitleiste, und zwar so, dass sie sich unter der Sequenz mit der ID Matte befindet. Auch diese Sequenz muss am Zeitpunkt 00:00 beginnen. Damit der Text unter der Säule erscheint, ziehen Sie die Textebene in der Zeitleiste zwischen die beiden 3D-Sequenzen.

Im ID-Matte-Effekt können Sie noch den Wert für WEICHE KANTE auf 1,00 setzen. Damit integriert sich die Säule noch besser ins Bild.

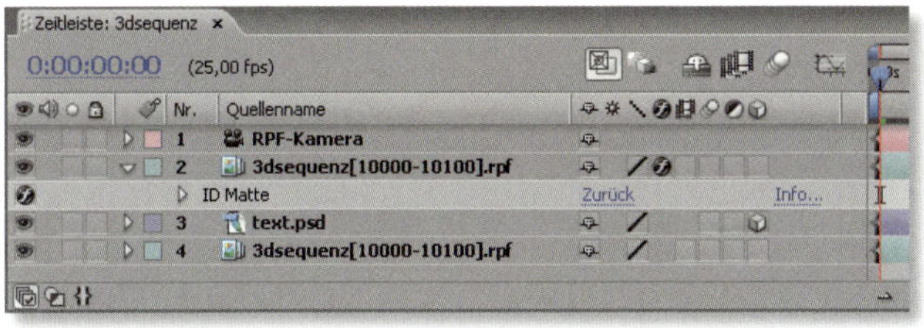

▲ **Abbildung 27.8**
Die RPF-Sequenz wird ein zweites Mal in die Zeitleiste gezogen und der Text zwischen die zwei RPF-Sequenzen platziert.

▲ **Abbildung 27.9**
In der Komposition ist nicht zu erkennen, dass der Text erst nachträglich der 3D-Szene hinzugefügt wurde.

3 Der Effekt 3D-Nebel

Der Effekt 3D-NEBEL fügt der 3D-Szene anhand der Z-Tiefeninformation Nebel hinzu. Mittels einer Verlaufsebene kann man sehr realistische Nebeleffekte erzielen. Importieren Sie zuerst die Verlaufsebene »graustufenfilm.mov« aus dem Ordner 27_INTEGRATION_3D/RPFIMPORT.

Ziehen Sie den Film in die Zeitleiste beginnend bei 00:00 und klicken Sie auf das Augen-Symbol, um den Film unsichtbar zu schalten. Wählen Sie anschließend die 3D-Sequenz in der Zeitleiste aus, auf die bisher kein Effekt angewendet wurde. Wählen Sie im Menü EFFEKT • 3D-KANAL • 3D-NEBEL.

Der Effekt ist so neblig eingestellt, dass das Bild verschwindet. Es müssen zunächst also die Werte für START DES NEBELS und ENDE DES NEBELS geändert werden. Der Nebel wird damit in der 3D-Szene anhand der Tiefeninformation verteilt. Da die hinterste Fläche der 3D-Szene sehr weit entfernt ist, müssen recht hohe Werte gewählt werden. Sie können die Werte durch Anklicken und gleichzeitiges Ziehen intuitiv anpassen. Noch besser ist es, die Z-Tiefeninformation zur Verfügung zu haben und die Werte daraufhin einzustellen. Aus dem 3D-Programm sind die Werte für die nächstgelegene und am weitesten entfernte Fläche der 3D-Szene bekannt. Tragen Sie bei ENDE DES NEBELS –3500 und bei START DES NEBELS 800 ein.

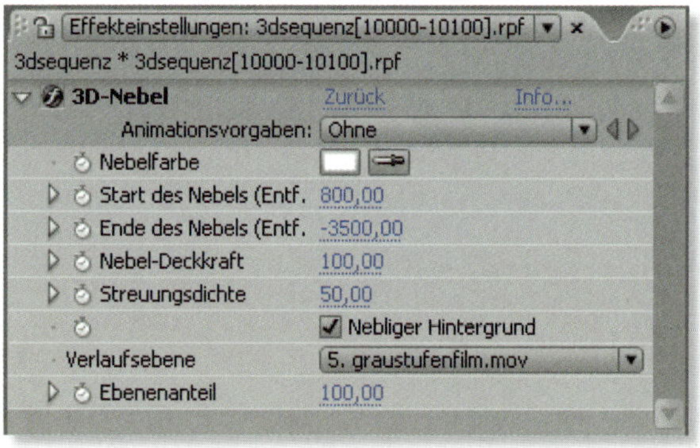

Abbildung 27.10 ▶
Zur Anwendung des Effekts 3D-NEBEL sollte die Z-Tiefeninformation bekannt sein, um Start und Ende des Nebels festzulegen.

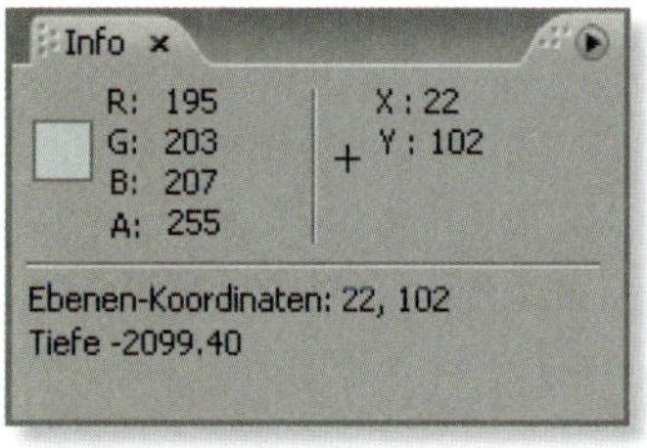

▲ **Abbildung 27.11**
Bei ausgewähltem Effekt können per Mausklick im Kompositionsfenster Werte wie die Z-Tiefe im Infofenster angezeigt werden.

Wenn die Werte zuvor nicht bekannt sind, können sie über das Infofenster in Erfahrung gebracht werden. Sie öffnen das Infofenster mit [Strg]+[2]. Klicken Sie danach auf das Wort 3D-NEBEL im Effektfenster. – Das Wort muss ausgewählt sein! Wenn Sie dabei einzelne Flächen in der 3D-Sequenz innerhalb des Kompositionsfensters anklicken, werden die für den Effekt interessanten Werte im Infofenster angezeigt. Dies gilt für alle 3D-Kanaleffekte. Oft ist es notwendig, die Parameter der Effekte anhand der ausgelesenen Werte einzustellen.

Der Nebel zieht sich noch etwas undramatisch durch die Szene. Zum Hinzufügen der Dramatik wählen Sie den Graustufenfilm unter dem Eintrag VERLAUFSEBENE aus. Der Effekt verwendet die Helligkeitswerte der Graustufenebene, um die Anzeige des Effekts zu modifizieren. Sichtbar wird das aber erst so richtig, wenn Sie den Wert bei EBENENANTEIL auf 100% erhöhen. Verändern Sie ruhig noch die anderen Werte nach Ihrem Geschmack.

▲ **Abbildung 27.12**
Die 3D-Szene mit in After Effects hinzugefügtem Nebel

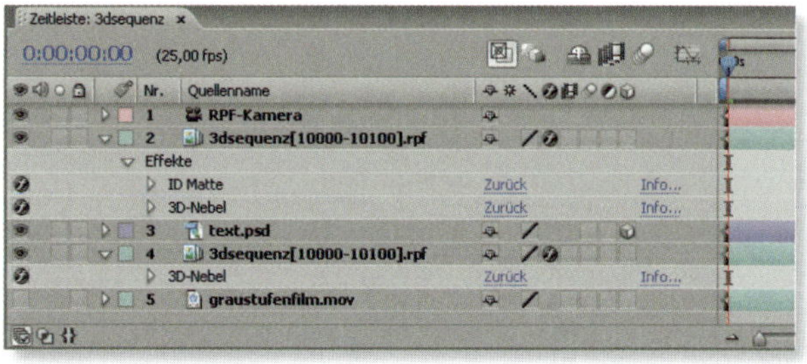

▲ **Abbildung 27.13**
Der Effekt 3D-NEBEL erscheint in der Zeitleiste ebenso wie der Effekt ID MATTE.

Sie sind selbsterklärend. Zu guter Letzt können Sie auf die isolierte Säule den Effekt 3D-NEBEL mit den gleichen Werten anwenden, um auch die Säule im Nebel zu sehen. ■

Weitere 3D-Kanaleffekte sind die Effekte 3D-KANAL EXTRAHIEREN, DEPTH MATTE und TIEFENSCHÄRFE.

3D-Kanal extrahieren | Mit dem Effekt 3D-Kanal extrahieren können Informationen wie die Z-Tiefe oder die Objekt-ID aus einer RPF- oder RLA-Sequenz ausgelesen werden.

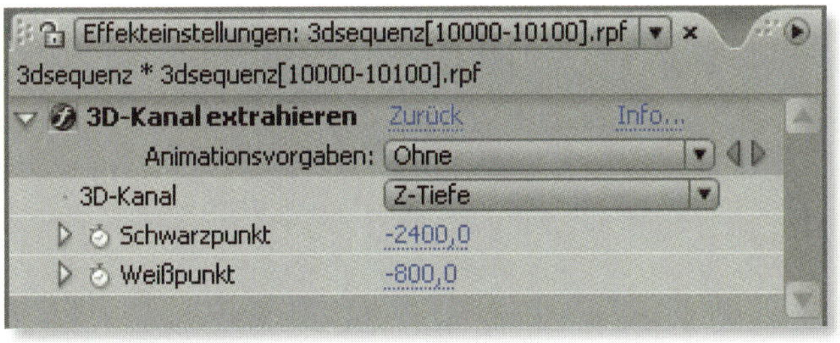

◂ **Abbildung 27.14**
Mit dem Effekt 3D-Kanal extrahieren können Informationen wie die Z-Tiefe oder die Objekt-ID aus einer RPF- oder RLA-Sequenz ausgelesen werden.

Im Falle der ausgelesenen Z-Tiefe wird über den Effekt eine Graustufenebene erstellt. Der Schwarzwert und der Weißwert sind einstellbar, um dem entferntesten Punkt der 3D-Szene die Farbe Schwarz und dem nächstgelegenen Punkt die Farbe Weiß zuzuordnen oder umgekehrt. Dazwischen werden alle Distanzen als Graustufen dargestellt. Auf diese Graustufeninformation können zum Beispiel die Effekte Ebenenübergreifender Weichzeichner und Verwackeln zugreifen. Er wird auf eine weitere Bildebene angewandt, die anhand der Graustufeninformation weichgezeichnet werden soll.

▴ **Abbildung 27.15**
Der Effekt 3D-Kanal extrahieren stellt einige Möglichkeiten bereit, Informationen aus 3D-Dateien auszulesen.

▴ **Abbildung 27.16**
Hier wurde aus der im Workshop verwendeten RPF-Sequenz der Tiefenkanal mit dem Effekt 3D-KANAL EXTRAHIEREN isoliert.

Der ebenenübergreifende Weichzeichner verwendet weiße Pixel der Graustufenebene, um Bildteile unscharf erscheinen zu lassen, während schwarze Pixel das Bild unbeeinflusst lassen.

Depth Matte | Im vorangegangenen Workshop »3D-Kanaleffekte« wurde ein Objekt anhand seiner Objekt-ID isoliert. Mit dem Effekt Depth Matte ist es ebenfalls möglich, Bildteile zu isolieren bzw. auszublenden.

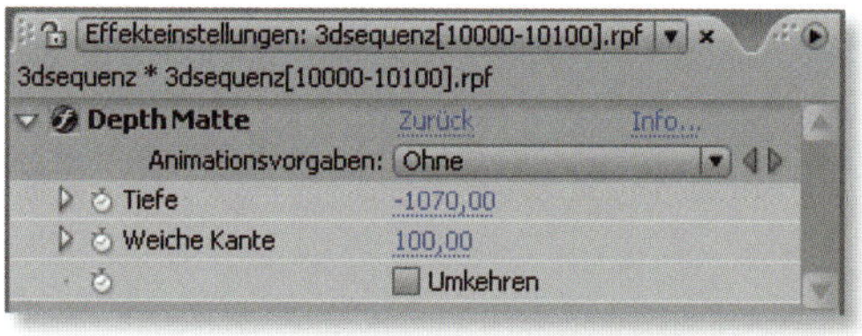

Abbildung 27.17 ▸
Der Effekt Depth Matte schneidet das Bild auf der Z-Achse und blendet Bildteile vor bzw. hinter dem eingestellten Tiefe-Wert aus.

Der Effekt schneidet das Bild auf der Z-Achse und blendet Bildteile vor bzw. hinter dem eingestellten Z-Wert aus. Eingestellt wird das über die Werte bei Tiefe.

▴ Abbildung 27.18
Die RPF-Sequenz hier ohne 3D-Kanaleffekt

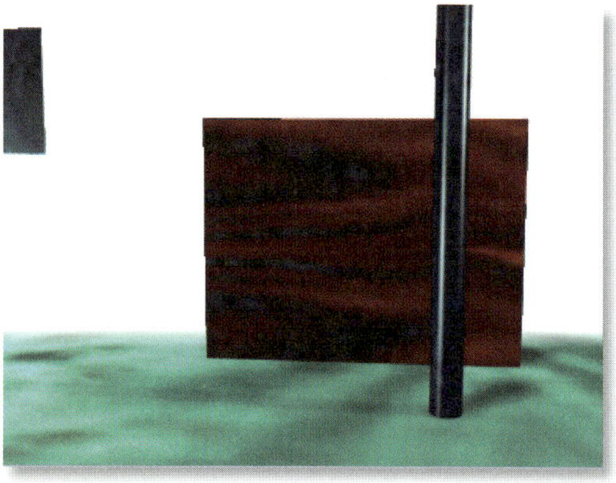

▴ Abbildung 27.19
Nach Verwendung des Effekts Depth Matte sind Bildteile ausgeblendet, die auf der Z-Achse weiter hinten liegen.

Tiefenschärfe | Der Effekt Tiefenschärfe nutzt ebenfalls die Tiefeninformation einer 3D-Szene zum Weich- bzw. Scharfzeichnen von Bildteilen. Dabei wird eine Kamera simuliert, die auf einen bestimmten Wert auf der Z-Achse fokussiert.

Dieser Wert wird mit der Fokalebene angegeben. Unter Maximaler Radius wird die Stärke des Weichzeichners eingestellt, mit Fokusbereich der Bereich, der optimal scharf angezeigt wird, und mit dem Fokalbereich wird bestimmt, wie randscharf der Fokusbereich erscheint. Wie beim Effekt Verwackeln sollte man sich aber nicht zuviel erwarten, da bei größeren Radien Artefakte an den Objektkanten und am Bildrand auftreten können.

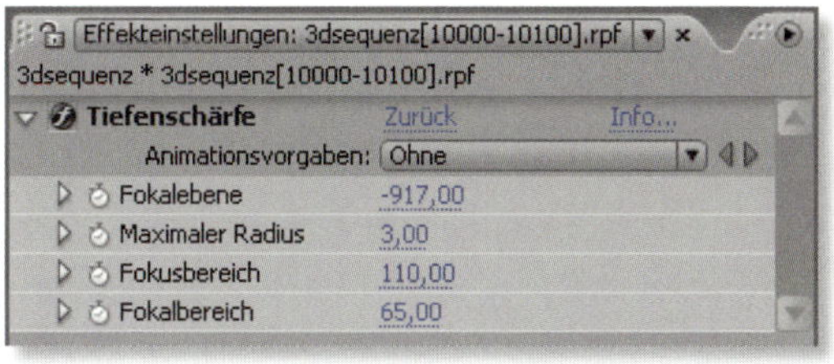

◂ **Abbildung 27.20**
Der Effekt TIEFENSCHÄRFE nutzt die Tiefeninformation einer 3D-Szene zum Weich- bzw. Scharfzeichnen von Bildteilen.

◂ **Abbildung 27.22**
Hier wurde auf die RPF-Sequenz der Effekt TIEFENSCHÄRFE angewandt.

27.4 Maya-Dateien übernehmen

Um 3D-Daten aus Maya in After Effects zu übernehmen, steht der schon beschriebene Weg über RLA- und RPF-Sequenzen zur Verfügung. After Effects ist aber auch in der Lage, Kameradaten aus Maya-Projektdateien zu übernehmen. Die Maya 3D-Szene wird aus Maya als IFF-Sequenz ausgegeben. Als solche kann sie wie jede andere Sequenz in After Effects importiert werden.

27.4.1 Vorbereitungen in Maya

Vor dem Import ist es wichtig, in Maya eine Renderkamera zu erstellen, die die Animation enthält, die Sie in After Effects übernehmen wollen. Außerdem sollten Sie im Maya-Projekt Keyframes für jeden Frame Ihrer Animation schaffen, indem Sie die Kameradaten einem so genannten Baking unterziehen. Dazu wählen Sie in Maya EDIT • KEYS • BAKE SIMULATION. Reduzieren Sie vor dem Baking das Projekt so weit wie möglich. Entfernen Sie alle für die Kameraanimation nicht relevanten Animationen und löschen Sie statische Kanäle. Sie sparen Importzeit und Speicher. Sichern Sie diese Datei als Projektdatei mit der Endung .ma.

27.4.2 Maya-Daten importieren

Beim Import eines Maya-Projekts wird automatisch die Option Importieren als auf Komposition gesetzt. Nach dem Import sind entweder eine oder zwei Kompositionen entstanden. Dies ist davon abhängig, ob in Maya mit einem quadratischen oder mit einem rechteckigen Pixelseitenverhältnis gearbeitet wurde. Sind quadratische Pixel gewählt worden, entsteht nur eine Komposition, die die Kameradaten enthält. Ist das Maya-Projekt in rechteckigen Pixeln erstellt, entsteht eine Komposition mit rechteckigen Pixeln, die eine zweite Komposition mit quadratischen Pixeln enthält. Die Komposition mit quadratischen Pixeln wiederum enthält die Kameradaten. Dieser werden die gerenderten Maya-Sequenzen und 3D-Ebenen, die Sie in After Effects erstellen wollen, hinzugefügt.

Damit später hinzugefügte Ebenen mit dem 3D-Raum von Maya übereinstimmen, ist zu empfehlen, zuvor in Maya ein Nullobjekt zu erstellen, das in Maya dort platziert wird, wo sich später in After Effects eine 3D-Ebene befinden soll. Die Positionsdaten des Nullobjekts werden in After Effects übernommen. Um die Positionsdaten dann auf in After Effects kreierte 3D-Ebenen anzuwenden, tragen Sie die Positionsdaten des Nullobjekts in der Positionseigenschaft der 3D-Ebene ein.

In den neueren Maya-Versionen sollte eine Umrechnung von Maya-Einheiten (cm) in After Effects-Einheiten (Pixel) nicht nötig sein. Bei älteren Versionen werden die Maya-Werte durch den Faktor 0,035 dividiert, um den korrekten Pixelwert für After Effects zu erhalten.

27.5 Cinema 4D-Dateien übernehmen

Beispiel

Auf der DVD zum Buch finden Sie im Ordner 27_Integration_3D/Cinema4D die Datei »cinema4dszene.aec«. Importieren Sie diese Datei zum Testen ruhig einmal in ein After Effects-Projekt. Oder Sie öffnen das After Effects-Projekt »cinema.aep«. Dort wurde die aec.-Datei bereits importiert.

Wenn Sie Cinema 4D Nutzer sind und vorhaben, die Stärken von Cinema 4D mit denen von After Effects zu kombinieren, haben Sie sich für die beste Variante entschieden, 3D-Daten in After Effects zu integrieren. Dank der Pionierarbeit, die die Mitarbeiter der Firma Maxon für die Integration mit After Effects geleistet haben, sind alle möglichen Daten einer 3D-Szene in After Effects integrierbar. Aus dem Cinema 4D-Projekt kann, was hervorragend ist, eine After Effects-Projektdatei ausgegeben werden, in der bereits automatisch alle notwendigen Einstellungen zur Wiederherstellung der 3D-Szene in After Effects enthalten sind.

So werden Kamerafahrten ohne die Notwendigkeit irgendeiner Umrechnung in After Effects übernommen. In Cinema 4D gesetzte Lichter werden auch in After Effects mit ihren korrekten Farben und Schatten dargestellt und sind sogar noch modifizierbar. Zum Übernehmen von Objekt-IDs oder zur Wiedergabe von Reflexionen und Glanzlichtern etc. in After Effects sind eine Vielzahl an zusätzlichen Kanälen in Cinema 4D wählbar. Alle gewünschten Daten werden über das so genannte Multi-Pass-Rendering in einem Durchgang aus dem Cinema 4D-Projekt ausgegeben.

▼ Abbildung 27.22
Das Projektfenster von Cinema 4D

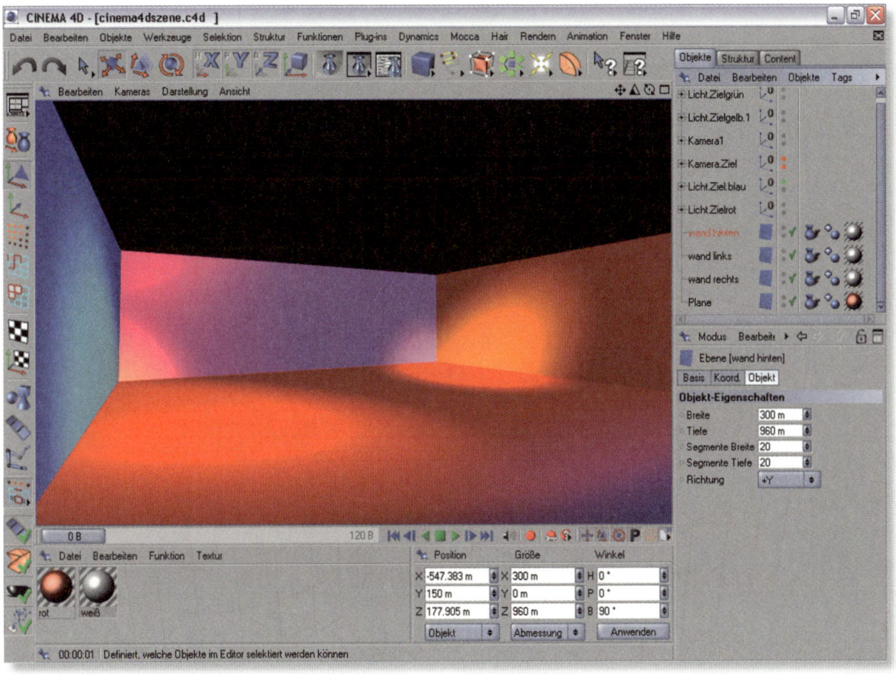

27.5.1 Vorbereitungen in Cinema 4D

Maßeinheiten | 3D-Applikationen nutzen oft andere Maßeinheiten als After Effects, um Objekte zu positionieren. Da After Effects in Pixel misst, sollte in Cinema 4D die Maßeinheit ebenfalls auf Pixel umgestellt werden. Sie ändern die Maßeinheit in Cinema 4D unter BEARBEITEN • PROGRAMM-VOREINSTELLUNGEN bzw. [Strg]+[E]. In dem sich öffnenden Dialogfeld wählen Sie zuerst EINHEITEN und dann unter MASSEINHEITEN ❶ den Eintrag PIXEL.

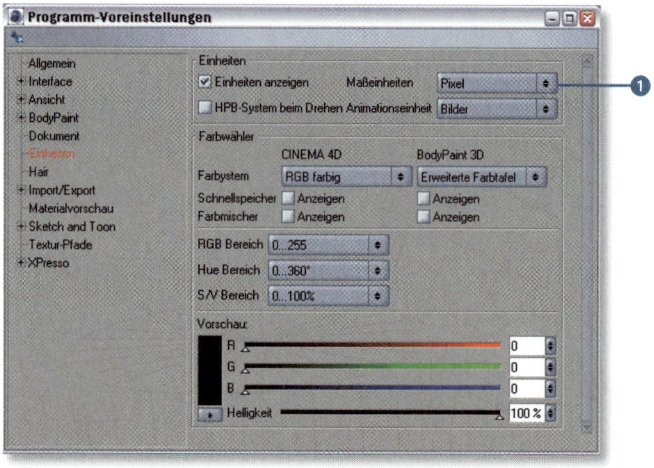

Abbildung 27.23 ▶
Innerhalb des Cinema 4D Projekts sollte die Maßeinheit zum Arbeiten auf Pixel umgestellt werden.

Cinema-Koordinaten | Um 3D-Ebenen innerhalb von After Effects korrekt in der Cinema 4D-Szene zu positionieren, ist es oft nötig, Positionswerte von 3D-Objekten aus Cinema 4D zu notieren und diese manuell in die Positionsdaten einer After Effects 3D-Ebene einzusetzen. Die Cinema-Koordinaten sollten dazu auf den Eintrag WELT ❷ gesetzt und für die Größe der Objekte der Eintrag ABMESSUNG+ ❸ gewählt werden.

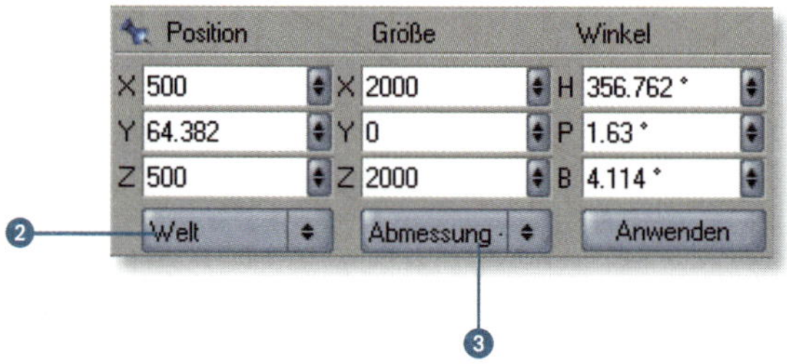

Abbildung 27.24 ▶
Zur korrekten Übertragung von Positionswerten sollten die Cinema-Koordinaten auf die Einträge WELT und ABMESSUNG+ gesetzt werden.

Drehung in Cinema 4D

In Cinema 4D werden Drehungen mit den Bezeichnungen Heading, Pitch und Bank angegeben. Heading steht für die X-Achse, Pitch für die Y-Achse und Bank für die Z-Achse.

Render-Voreinstellungen | Über die Render-Voreinstellungen wird in Cinema 4D festgelegt, ob beim Rendern eine After Effects-Projektdatei geschrieben wird und welche Kanäle als Informationen hinzugefügt werden sollen. Das entsprechende Dialogfeld öffnen Sie in Cinema 4D über RENDERN • RENDER-VOREINSTELLUNGEN bzw. Strg+B.

Unter dem Eintrag SPEICHERN muss ein Häkchen bei KOMPOSITIONS-PROJEKTDATEI ❹ gesetzt und aus dem Popup-Menü der Eintrag AFTER EFFECTS gewählt werden, um eine After Effects-Projektdatei mit sämtlichen relevanten Daten zu generieren. Die resultierende Datei wird mit der Endung **.aec** unter der von Ihnen festgelegten Pfadangabe abgespeichert.

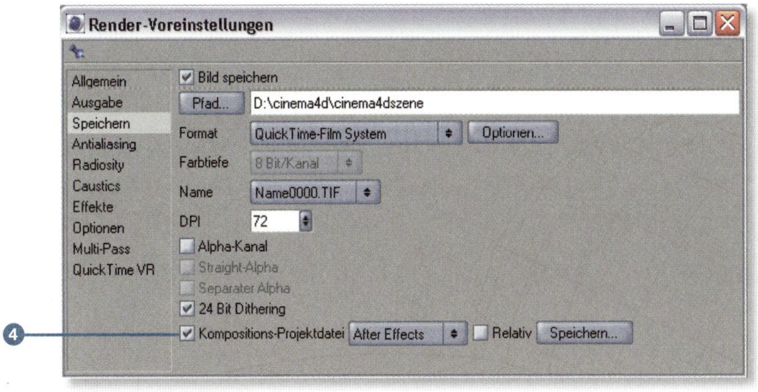

◀ **Abbildung 27.25**
In den RENDER-VOREINSTELLUNGEN wird die Ausgabe einer After Effects-Projektdatei aus Cinema 4D aktiviert.

Unter dem Eintrag MULTI-PASS befindet sich das Popup KANÄLE ❺ (Abbildung 27.26). Hier kann aus einer Vielzahl an Kanälen gewählt werden, die in die resultierende Datei aufgenommen werden sollen. Dazu sollten die Optionen MULTI-PASS RENDERING AKTIVIEREN ❻ und MULTI-PASS-BILD SPEICHERN ❼ gewählt werden. Sind Lichter in der 3D-Szene enthalten, können diese separat ausgegeben werden. Wählen Sie unter SEPARATE LICHTER ❽ den Eintrag ALLE bzw. SELEKTIERTE, wenn Sie nur die zuvor ausgewählten Lichter ausgeben wollen.

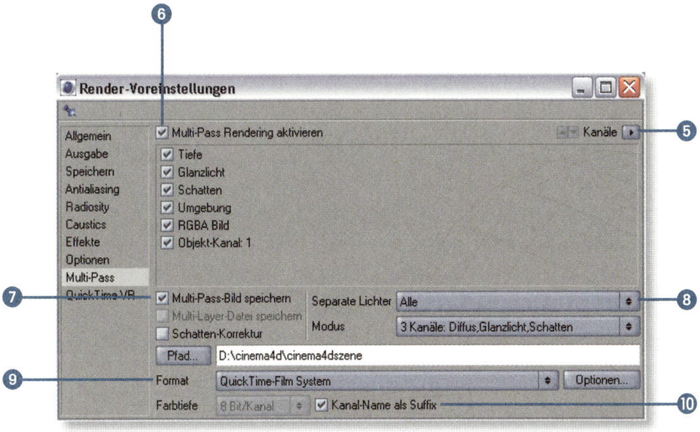

◀ **Abbildung 27.26**
Das MULTI-PASS RENDERING muss aktiviert sein, um sämtliche Informationen in einem Durchgang auszugeben.

Günstig ist es, unter FORMAT ❾ den Eintrag QUICKTIME-FILM SYSTEM zu wählen, da das QuickTime-Format auch Alphakanäle unterstützt. Die gewählten Kanäle und Lichter werden in das Format Ihrer Wahl, in diesem Falle als separate QuickTime-Filme gerendert. In der von Cinema 4D geschriebenen After Effects-Projektdatei werden diese dann zu einer kompletten 3D-Szene kombiniert, die der Cinema-Szene perfekt gleicht.

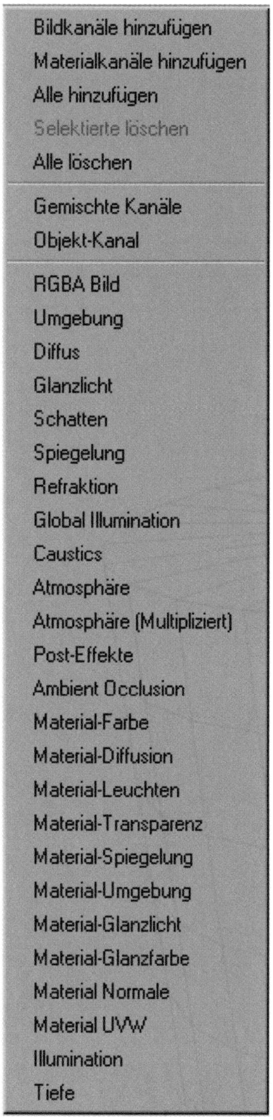

▲ **Abbildung 27.27**
Eine ganze Menge zusätzlicher Informationen kann der After Effects-Projektdatei über das Hinzufügen der hier abgebildeten Kanäle mitgegeben werden.

Um die resultierenden QuickTime-Filme unterscheiden zu können, belassen Sie das Häkchen bei Kanal-Name als Suffix ⑩. Um die QuickTime-Filme im gleichen Ordner wie die After Effects-Projektdatei (.aec) abzuspeichern, wählen Sie die entsprechende Pfadangabe. Unter dem Eintrag Ausgabe wählen Sie die Ausgabeauflösung, das Filmformat, die Dauer und Bildrate der zu rendernden QuickTime-Dateien. Wenn Sie alle Einstellungen getroffen haben, rendern Sie die Cinema 4D-Datei, indem Sie auf das Rendersymbol in der Symbolleiste von Cinema 4D klicken.

Für jeden gewählten Kanal wird ein separater QuickTime-Film erzeugt. Zusätzlich wird eine aec.-Datei angelegt, die auf diese QuickTime-Dateien zugreift.

27.5.2 Cinema 4D-Daten importieren

Um eine Cinema 4D-Szene in After Effects zu verwenden, genügt es, die aus Cinema 4D geschriebene Projektdatei mit der Endung .aec in ein After Effects-Projekt zu importieren.

Cinema-Import-Plugin | Zuvor muss das Cinema-Import-Plugin installiert werden. Wenn Sie es nicht zur Verfügung haben, laden Sie es sich von der Maxon-Website unter www.maxon.net/jumps/download_updates_d.html herunter. Das Plugin wird anschließend in den Ordner Plug-Ins im After Effects-Installationsordner kopiert. Nach einem Neustart von After Effects sollte der Import der .aec-Datei funktionieren.

CINEMA 4D Composition und Special Passes | Nach dem Import sind im After Effects-Projektfenster die Ordner CINEMA 4D Composition und Special Passes enthalten. Im Ordner Special Passes sind Zusatzinformationen gespeichert, die für die Darstellung der 3D-Szene weniger, aber für weitergehende Anwendungen wie die Erstellung von Objektmatten interessant sind.

Der Ordner CINEMA 4D Composition enthält die finale Komposition. Wenn Sie diese per Doppelklick öffnen, wird die korrekt wiedergegebene Cinema-Szene angezeigt. In dieser Komposition sind After Effects-Lichtquellen und eine Kamera enthalten, die so eingestellt sind wie die Lichtquellen und die Kamera in Cinema 4D. Allerdings verfügen die After Effects-Lichtquellen über weniger Einstellmöglichkeiten.

Lichtkompositionen | Um auf die Lichtstimmung der Cinema-Szene auch im Nachhinein in After Effects Einfluss zu haben, werden extra Lichtkompositionen angelegt. Sie können auf das Augen-Symbol der Lichtkompositionen klicken, um die Lichter für die Cinema-Szene ein- und auszublenden.

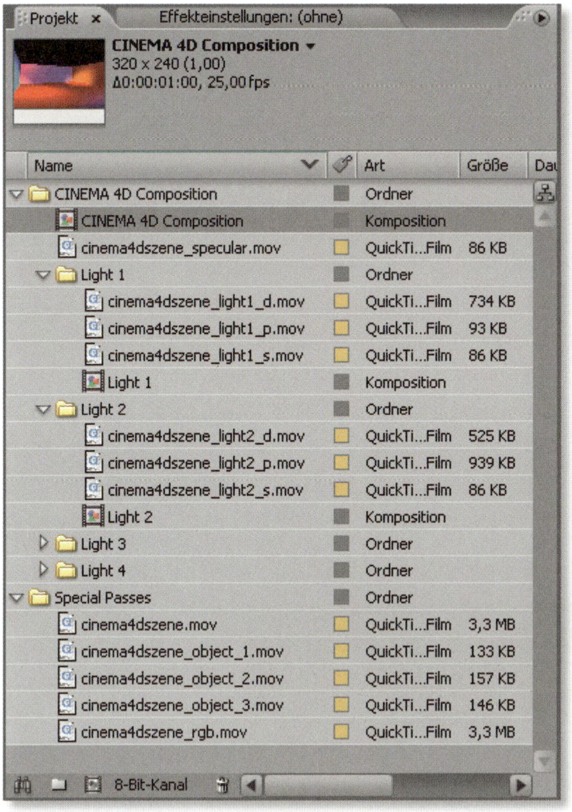

▲ **Abbildung 27.28**
Nach dem Import der .aec-Datei wird eine Gesamtkomposition, die CINEMA 4D COMPOSITION und mehrere Lichtkompositionen angelegt. Jede Komposition enthält die von Cinema 4D erzeugten QuickTime-Filme.

Aus Cinema 4D separat ausgegebene Lichter werden in Extrakompositionen gespeichert. Eine solche Lichtkomposition enthält mehrere Ebenen, die über die Ebenenmodi so miteinander kombiniert sind, dass die Lichtverhältnisse der Cinema-Szene unverfälscht wiedergegeben werden. Die Wirkung der einzelnen Ebenen lässt sich am besten durch das Ein- und Ausblenden der Ebenen testen.

▼ **Abbildung 27.29**
Die Cinema 4D-Komposition enthält alle Lichtquellen des Cinema 4D-Projekts und zusätzliche entsprechende After Effects-Lichtquellen, um After Effects 3D-Ebenen zu beleuchten. Eine After Effects-Kamera enthält die korrekten Einstellungen der Cinema 4D-Kamera.

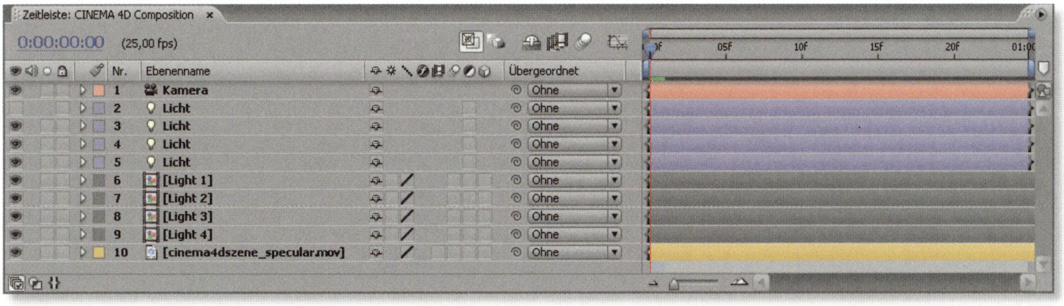

QuickTime | Sie sehen, dass eine Cinema-Szene in After Effects mit mehreren QuickTime-Filmen realisiert wird, die über entsprechende Ebenenmodi miteinander interagieren. Für die Darstellung der Schatten wird dabei der Modus MULTIPLIZIEREN verwendet, für Lichter der Modus ADDIEREN (Abbildung 27.30).

3D-Ebenen | Wenn Sie 3D-Ebenen, die Sie in After Effects erstellen, in die Cinema-Szene einbauen wollen, sollten Sie Positionswerte von Objekten aus der Cinema-Szene notiert haben, in deren Nähe Sie die 3D-Ebenen positionieren wollen. Sollten Sie zum Beispiel eine in After Effects verwendete Grafik auf eine in Cinema 4D erstellte Fläche platzieren wollen, sollten die Positionsdaten der Fläche bekannt sein. Die Daten werden dann manuell in die Positionsdaten der Grafik (für die zuvor die 3D-Ebenenoption aktiviert wurde) eingetragen.

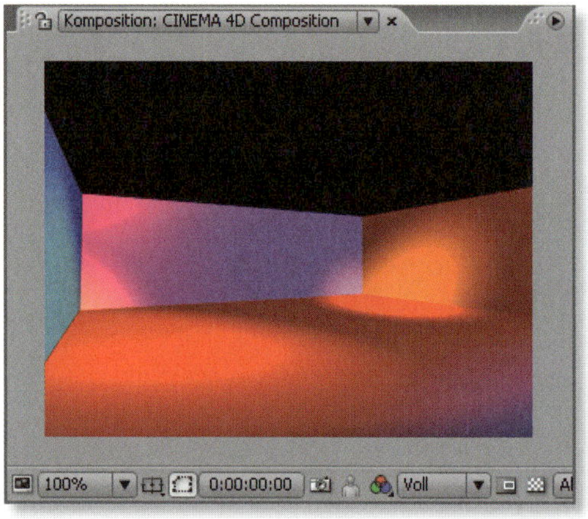

Abbildung 27.30 ▸
Die Cinema 4D-Szene wurde korrekt in After Effects übernommen.

Da die Y-Achse aus der Cinema-Szene in After Effects allerdings vertauscht ist, sind negative Werte in After Effects durch das Entfernen des Minuszeichens in positive Werte zu verwandeln und positive Werte durch ein Minuszeichen in negative Werte. Abgesehen von diesem kleinen Haken werden Sie mit Cinema 4d die weitreichendste Integration erleben.

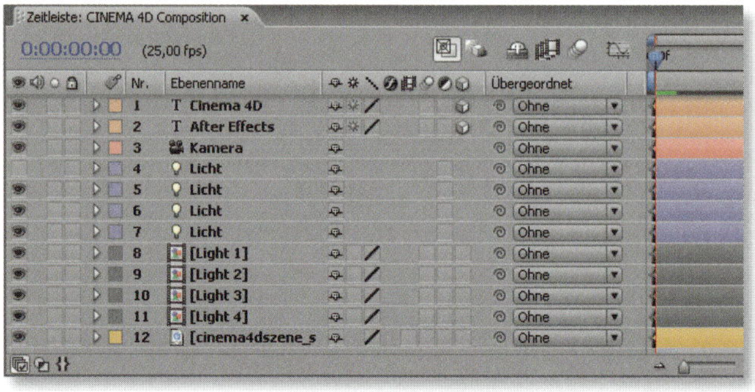

Abbildung 27.31 ▸
Der Komposition wurden zwei After Effects-3D-Ebenen hinzugefügt, die durch die von Cinema 4D automatisch erstellten Lichter und die Kamera beeinflusst werden, als wären sie in Cinema 4D erstellt worden.

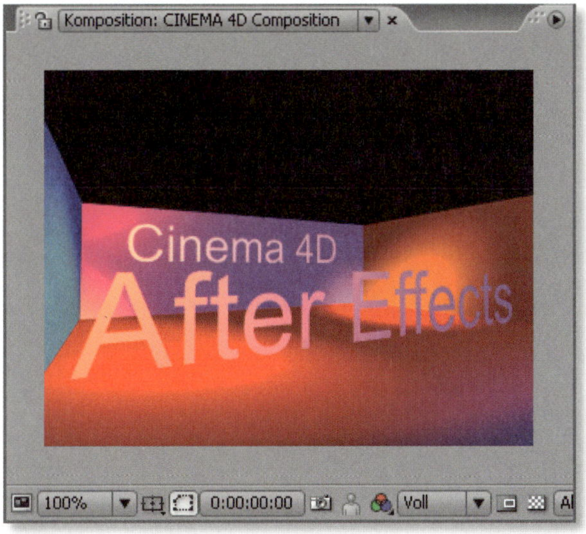

◄ **Abbildung 27.32**
Hier wurden der Cinema 4D-Szene zwei After Effects 3D-Ebenen hinzugefügt, die sich nahtlos in den Cinema 4D-Raum integrieren lassen.

TEIL X
Anhang

28 Die DVD zum Buch

Für die Buch-DVD haben der Autor und der Verlag für Sie einige Schmankerl zusammengestellt. Sie finden attraktive Video-Lektionen, eine 30-Tage-Vollversion von After Effects 7 für Mac und Windows, Beispielprojekte mit After Effects und alle Workshop-Dateien des Buchs.

28.1 Beispieldateien

Auf der DVD finden Sie nach Kapiteln geordnet die Workshop-Dateien des Buchs.

In jedem Ordner liegt zumeist der fertige Film des Projekts, die zum Nachbau nötigen einzelnen Dateien und eine Projektdatei (**aep**). Als besonderen Service haben wir Ihnen die Projektdateien sowohl für Version 7 als auch für Version 6.5 von After Effects bereitgelegt, so dass Sie die Workshops auch mit der älteren Version von After Effects nachvollziehen können.

Die auf der DVD mitgelieferten Filmdateien der fertigen Projekte schauen Sie sich am besten mit dem QuickTime-Player an, bevor Sie das Projekt beginnen. Unter Windows ist der Player nicht vorinstalliert. Sie können den aktuellsten Player kostenlos von der Apple-Website downloaden. Hier der Link dazu: www.apple.com/quicktime/download.

Beachten Sie: Die Daten auf der DVD sind ausschließlich für Sie zum Üben vorgesehen! Sie dürfen nicht in kommerziellen Projekten verwendet und nicht weitergegeben werden.

28.2 Demoprojekte

Wir bedanken uns sehr herzlich beim SAE-Institute für die freundlichen Unterstützung. Dank der Absolventen der SAE können wir Ihnen einige After Effects-Projekte und auch interessante Projekte, die mit anderer Software erstellt wurden, zur Ansicht zur Verfügung stellen. Bitte beachten Sie, dass die Ihnen zur Verfügung gestellten Dateien nur für Ihren privaten Gebrauch bestimmt sind und nicht kommerziell verwendet werden dürfen. Das Copyright der Dateien liegt bei den genannten Motiondesignern.

28.2.1 Alfons Akamp: Präsentation und Beleuchtungsanimation einer Zahnarztpraxis

- Projektname: Präsentation und Beleuchtungsanimation einer Zahnarztpraxis
- Copyright: Alfons Akamp

Info zum SAE

Das SAE Institute ist die weltweit größte internationale Institution für Medien-Ausbildung und -Studium der Bereiche Tontechnik, Multimedia, Digital Film, Animation und 3D: www.sae.edu.

Die Zahnarztpraxis wurde mit AutoCAD 2002 und 2004 konstruiert. Beleuchtung und Materialien wurden in Accurender 3.1 eingefügt. Die Überblendeffekte sowie der Filmanfang wurden mit Adobe After Effects 6 erstellt, dort wurde auch geschnitten und getrimmt.

28.2.2 Daniel Schmidt: Sushi Corner

- Projektname: Sushi Corner
- Copyright: Daniel Schmidt

Erstellt mit Toon Boom Studio (2D-Animation) und Vegas Video (Schnitt und Compositing)

28.2.3 Kai-Uwe Wallner: Shot Town

- Projektname: Shot Town
- Copyright: Kai-Uwe Wallner

Erstellt mit Cinema 4D.

28.2.4 Mathias Kohlschmidt: Galileo wird 5

- Projektname: Galileo wird 5
- Copyright: Mathias Kohlschmidt

Dieses Projekt entstand als Abschlussarbeit bei der SAE. Aufgabe war es, den 5. Geburtstag von Galileo Press zu feiern.

28.2.5 Robert Perdok: Showreel, Statement Wetterdienst

- Projektname: Showreel, Statement, Wetterdienst
- Copyright: Robert Perdok

»Showreel« wurde erstellt mit Lightwave 3D, Maya, After Effects und Premiere. »Statement« und »Wetterdienst« entstanden in Maya und After Effects. Die Auflösung ist PAL 720 × 756.

28.2.6 SAE Berlin, Fachbereich Digitalfilm 2004

Dieser Ordner enthält After Effects-Arbeiten des Fachbereichs Digitalfilm 2004.

- »Lowdown« von Florian Feldmann, Julian Reinhold
- »Euphoria« von Felix Hild
- »Galileo« von Sven Klaus
- »Scope« von Julian Reinhold
- »Untitled« von Sebastian Spitze

28.2.7 Stefan Albertz, Philipp Gutberlet: Düsseldorf – Invitation from a city

- Projektname: DVD »Düsseldorf. Invitation from a city«
- Copyright: Stefan Albertz, Philipp Gutberlet
- Werkzeuge (zur Bilderstellung): Maya, Vue d'esprit, Photoshop, After Effects

Sie finden drei Szenen aus dem Intro der DVD. Der Komplexität nach sind die von Szene01 (die einfachste) nach Szene03 (die umfangreichste) sortiert. Die Datei »DemoComposition.aep« enthält ein Beispielsetup aller drei Szenen, wie es in etwa in der Produktion verwendet wurde (dabei kamen noch einige Layerverdopplungen mit selektiven Farbkorrekturen hinzu, was aber hier eher verwirrend wäre).

Die Bilddaten liegen in den Formaten TIF und IFF vor. TIF wurde verwendet, wenn die LZW-Kompression am besten anschlug (Bilder mit geringen Details). Ansonsten wurde IFF verwendet, da es sowohl vom PC als auch vom Mac inzwischen problemlos gelesen werden kann und da es recht hoch komprimiert und dennoch sehr performant ist.

28.3 Demoversionen

Adobe Systems stellt seinen Kunden eine kostenlose 30-Tage-Vollversion zu After Effects 7 zur Verfügung, die wir freundlicherweise an Sie weitergeben dürfen. Es handelt sich um eine englischsprachige Version für Macintosh und Windows.

Auch eine Demoversion von Adobe Encore DVD 2 und von Adobe Premiere Pro 2 haben wir für Sie bereitgelegt. Adobe stellt allerdings nur Windows-Versionen der Programme zur Verfügung. Beide Tryout-Versionen gab es zum Drucktermin des Buchs nur in englischer Sprache. Es handelt sich um 30-Tage-Vollversionen der Produkte.

28.4 Video-Lektionen

In diesem Ordner finden Sie ein attraktives Special: Aus drei Video-Trainings der Reihe Galileo Design wurden für Sie relevante Lehrfilme ausgekoppelt und zu einem Training zusammengestellt.

Um das Training zu starten, gehen Sie auf der Buch-DVD in den Ordner Video-Training und klicken dort auf der obersten Ebene als Windows-Benuter die Datei »Start-PC.exe« und als Mac-Anwender die Datei »Start-Mac« an. Alle anderen Dateien können Sie ignorieren.

Das Video-Training startet und Sie finden sich auf der Oberfläche wieder.

▲ **Abbildung 28.1**
Die Benutzeroberfläche des Video-Trainings.

Das Video-Training besteht aus vier Kapiteln mit jeweils mehreren Lektionen, die aus drei verschiedenen Trainings der Reihe Galileo Design entnommen wurden. Bitte klicken Sie im rechten Bereich auf einen Lektionen-Namen, und schon läuft die Video-Lektion los. Sie finden folgende Filme:

Kapitel 1: Neu in After Effects 7

1. Die Arbeitsoberfläche (7:13)
2. Der Diagrammeditor (5:18)
3. Rendertest (After Effects 6.5 und 7) (1:59)
4. Animationsvorgaben (3:08)
5. Der 32-Bit-Farbraum (1:01)
6. Eine Animation zum Abschluss (0:46)

Diese Video-Lektionen wurden dem Video-Training »Adobe After Effects 7 – Professionelle Workshops« von slashCAM entnommen, ISBN 3-89842-766-8.

Kapitel 2: Premiere Pro 2

1. Einleitung
2. Ein neues Projekt anlegen (06:57)
3. Assets und Verknüpfungen (08:57)
4. Die Arbeitsoberfläche (11:22)
5. Schnittfenster I (09:31)
6. Schnittfenster II (10:52)
7. Schnitte in der Timeline (07:18)
8. Clips trimmen (05:26)
9. Beleuchtung korrigieren (07:08)
10. Clips schärfen (03:57)

Kapitel 3: Encore DVD 2

1. Einleitung
2. DVD-Menüs in Photoshop erzeugen (09:08)
3. DVD-Projekt in Encore DVD 2 vorbereiten (08:16)
4. DVD strukturieren und ausgeben (08:15)

Die Video-Lektionen von Kapitel 2 und 3 wurden dem Video-Training »Adobe Premiere Pro 2« von Robert Klaßen entnommen, ISBN 3-89842-799-4.

Kapitel 4: Photoshop CS2 Grundlagen

1. Einleitung
2. Schnelleinstieg: Ein erstes Projekt (14:02)
3. Grundlegender Aufbau der Arbeitsoberfläche (04:20)
4. Pixel und Vektoren (15:08)
5. Dateien anlegen und speichern (10:33)
6. Bilder vergrößern und verkleinern (15:04)
7. Das Prinzip der Ebenen (02:02)
8. Bilder für den Ausdruck vorbereiten (02:06)

Die Video-Lektionen aus Kapitel 4 wurden dem Video-Training »Adobe Photoshop CS2« von Marc Weber entnommen, ISBN 3-89842-710-2.

Sollten Sie Probleme bei der Verwendung der Video-Trainings haben, so finden Sie unter http://www.galileodesign.de/hilfe/Videotrainings_FAQ Hilfe.

Index

B

C

D

F

G

H

N

O

Q

R

S

T

U

Z

NEU

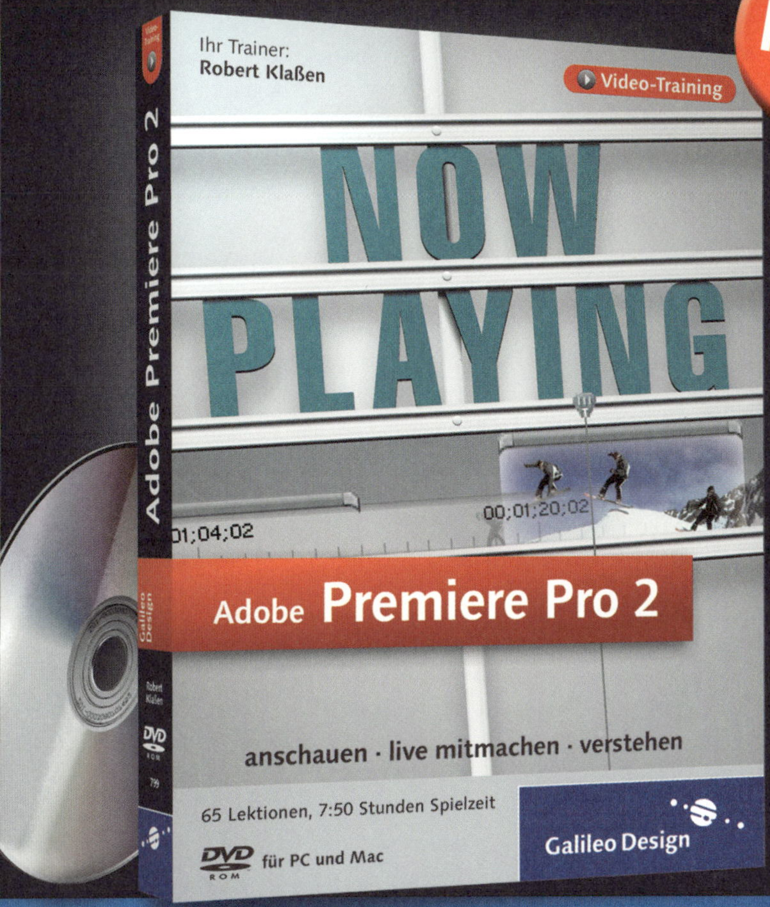

Screens aus dem Premiere-Kurs

- Premiere lernen per Film
- Live-Modus zum Mitmachen
- Mit Einführung in Audition 2 und Encore DVD 2

DVD für Windows und Mac
65 Lektionen, 8 Std. Spielzeit, 29,90 Euro

>> www.GalileoDesign.de/1254

Videoschnitt und Effekte

Video-Training anschauen · live mitmachen · verstehen

Trailer

Kostenlose Video-Lektionen im Web ...
>> www.galileodesign.de/trailer

In Vorbereitung

Galileo Design
Know-how für Kreative

Intuitiv und schnell zum guten Ergebnis

Mit Praxisworkshops zum Nachbauen im Galileo Live-Modus

DVD, Windows und Mac, ca. 8 Stunden Spielzeit,
39,90 Euro
ISBN 3-89842-800-1, Juni 2006

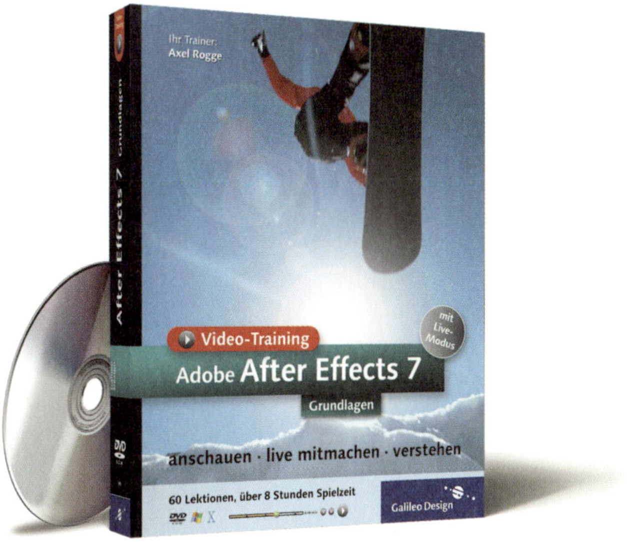

After Effects 7

www.galileodesign.de

Video-Training

Axel Rogge

Adobe After Effects 7 – Für Einsteiger und Fortgeschrittene

Das Video-Training auf DVD

Wer After Effects 7 professionell einsetzen möchte, muss sich mit vielen Funktionen und Möglichkeiten der Software auseinandersetzen. Warum sich nicht von einem privaten Trainer helfen lassen? Axel Rogge ist Cutter bei ProSiebenSat.1 Production und führt Sie auf durchaus unterhaltsame Art und Weise kompetent durch die Compositing-Software: Nach einem Einstiegsprojekt zum Aufwärmen importieren Sie Rohmaterial, erlernen die Arbeit mit Keyframes, Titeln, Masken und 3D und erstellen überzeugende Effekte.

>> www.galileodesign.de/1252

Profi-Effekte mit Howto-Workshops

Bekannte Motion Graphics

Zum Nachbauen im Live-Modus

DVD, Windows und Mac, ca. 8 Stunden Spielzeit, 49,90 Euro
ISBN 3-89842-766-8, Juni 2006

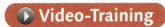

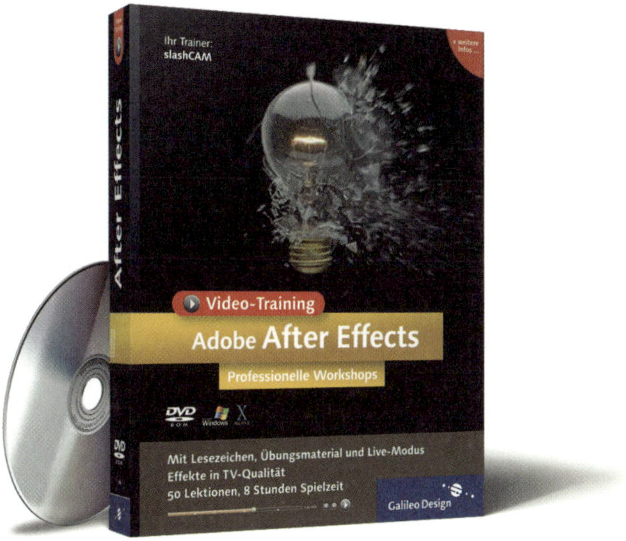

Professionelle AE-Workshops

www.galileodesign.de

Video-Training

slashCAM

Adobe After Effects 7 – Professionelle Workshops

Das Video-Training auf DVD zur neuen Version

Live dabei in der hohen Schule von After Effects: In diesem Video-Training führen Ihnen die Macher von slashCAM den State-of-the-art in Motion Graphics und TV-Design vor Augen. Und zeigen, wie's gemacht wird: Acht Kapitel erklären Film für Film, wie jeweils ein großes Projekt produziert wird – mit dem neuen After Effects 7 und zusätzlichen Tools wie Cinema 4D, Illustrator und Photoshop. Dabei entstehen professionelle News-Opener, Typo-Titlings, Greenscreen-Effekte, DVD-Menüs und mehr. Auch das Beispielmaterial finden Sie auf der DVD – zum Nachbauen oder für eigene Experimente.

>> www.galileodesign.de/1182

edition PAGE
1.000 Seiten
Photoshop CS2
Das Praxishandbuch
Sibylle Mühlke
Adobe Photoshop CS2
Das Praxisbuch zum Lernen und Nachschlagen
Komplett in Farbe, mit Referenzkarte und Video-Lektionen
→ 20 Video-Lektionen
→ 30-Tage-Vollversion Photoshop CS2 Mac und Windows
→ Demoversionen hilfreicher Plug-ins
→ Alle Beispielfotos
Galileo Design
Photoshop CS2 verständlich erklärt
Zum Lernen und Nachschlagen
Plus Video-Lektionen und Referenzkarte mit Tastenkürzeln
49,90 Euro
www.GalileoDesign.de/1089
Photoshop CS2
Thomas Bredenfeld
Photoshop CS2 professionell
Maike Jarsetz
Das Photoshop-Buch für digitale Fotografie
Aktuell zu Photoshop CS2
Canon EOS 350D
Illustrator CS2
Weitere Neuheiten für die Bildbearbeitung
> www.GalileoDesign.de
Galileo Design
Know-how für Kreative

Der neue Weg zum Lernerfolg

 # Video-Training

Neue Lernkurse

Adobe Creative Suite

Digitale Fotografie

Canon EOS 350D

Nikon D70s

Mac OS X 10.4 Tiger

anschauen ▪ live mitmachen ▪ verstehen

 Trailer

Kostenlose Trailer unter ...
www.galileodesign.de/video-training

Mit diesen Video-Trainings lernen Sie intuitiv – durch Zuschauen und Ausprobieren. Vertrauen Sie dem Können erfahrener Trainer und der Medienkompetenz eines Fachverlages.

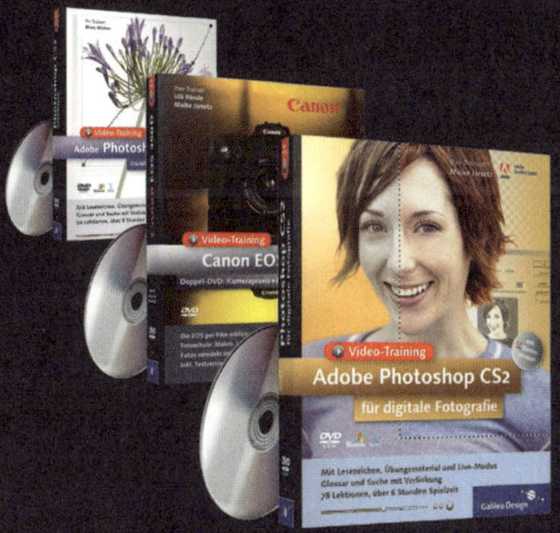

✗ *Komfortable Navigation*

✗ *Mitmachen im Live-Modus*

✗ *Ausdruckbare Zusammenfassungen*

✗ *Wisssenstests*

✗ *Technischer Support*

Galileo Design
Know-how für Kreative.

Mit Profitipps, die man sich sonst in jahrelanger Arbeit aneignen muss

Geeignet für alle Schnittprogramme

Mit Übungsfilm auf DVD

ca. 256 S., 2. Auflage, mit DVD, 29,90 Euro
ISBN 3-89842-833-8

Die Videoschnitt-Schule

www.galileodesign.de

mit Infoklappen

»Die Videoschnitt-Schule ist in einem Satz rundrum gelungen. Man spürt beim Lesen, dass hier ein Profi aus dem Nähkästchen plaudert.«
ComputerVideo, Feb. 2006

Axel Rogge

Die Videoschnitt-Schule

Tipps und Tricks für spannendere und überzeugendere Filme

Machen Sie mehr aus Ihrem Videofilm und erfahren Sie, wie Sie mit einfachen Mitteln unterhaltsamere, überzeugendere, spannendere Filme präsentieren können. Hier lernen Sie, worauf Sie schon beim Dreh achten können, welche Szenen Sie auswählen sollten und welche Videoeffekte, Übergänge und Hintergrundmusik am besten geeignet sind. Erzeugen Sie durch einen geschickten Schnitt mehr Emotionen und Tempo, bauen Sie Erholungsphasen ein und fesseln Sie so Ihre Zuschauer!

>> www.galileodesign.de/1324

Bibliografische Information Der Deutschen Bibliothek
Die Deutsche Bibliothek verzeichnet diese Publikation in der Deutschen Nationalbibliografie; detaillierte bibliografische Daten sind im Internet über http://dnb.de abrufbar.

ISBN 3-89842-720-X
ISBN13 978-3-89842-720-3

© Galileo Press GmbH, Bonn 2006
1. Auflage 2006

Der Name Galileo Press geht auf den italienischen Mathematiker und Philosophen Galileo Galilei (1564–1642) zurück. Er gilt als Gründungsfigur der neuzeitlichen Wissenschaft und wurde berühmt als Verfechter des modernen, heliozentrischen Weltbilds. Legendär ist sein Ausspruch Eppur se muove (Und sie bewegt sich doch). Das Emblem von Galileo Press ist der Jupiter, umkreist von den vier Galileischen Monden. Galilei entdeckte die nach ihm benannten Monde 1610.

Lektorat Ruth Wasserscheid
Korrektorat Jürgen Dubau, Freiburg
Herstellung Steffi Ehrentraut
Einbandgestaltung Hannes Fuß, www.exclam.de
Typografie und Layout Vera Brauner
Satz Jan Carthaus Publishing, Radolfzell (www.carthaus.com)
Druck Kösel, Altusried-Krugzell

Dieses Buch wurde gesetzt aus der Linotype Syntax (9,25 pt/13 pt) in Adobe InDesign CS2.
Gedruckt wurde es auf chlorfrei gebleichtem Offsetpapier.

Gerne stehen wir Ihnen mit Rat und Tat zur Seite:
ruth.wasserscheid@galileo-press.de bei Fragen und Anmerkungen zum Inhalt des Buches
service@galileo-press.de für versandkostenfreie Bestellungen und Reklamationen
ralf.kaulisch@galileo-press.de für Rezensions- und Schulungsexemplare

Das vorliegende Werk ist in all seinen Teilen urheberrechtlich geschützt. Alle Rechte vorbehalten, insbesondere das Recht der Übersetzung, des Vortrags, der Reproduktion, der Vervielfältigung auf fotomechanischem oder anderen Wegen und der Speicherung in elektronischen Medien.

Ungeachtet der Sorgfalt, die auf die Erstellung von Text, Abbildungen und Programmen verwendet wurde, können weder Verlag noch Autor, Herausgeber oder Übersetzer für mögliche Fehler und deren Folgen eine juristische Verantwortung oder irgendeine Haftung übernehmen.

Die in diesem Werk wiedergegebenen Gebrauchsnamen, Handelsnamen, Warenbezeichnungen usw. können auch ohne besondere Kennzeichnung Marken sein und als solche den gesetzlichen Bestimmungen unterliegen.

Hat Ihnen dieses Buch gefallen?
Hat das Buch einen hohen Nutzwert?

Wir informieren Sie gern über alle Neuerscheinungen von Galileo Design. Abonnieren Sie doch einfach unseren monatlichen Newsletter:

www.galileodesign.de

Galileo Design

Die Marke für Kreative.